刑法学文丛

陈兴良 /著

共同犯罪论（第四版）
上册

A Theory of Criminal Complicity

中国人民大学出版社
·北京·

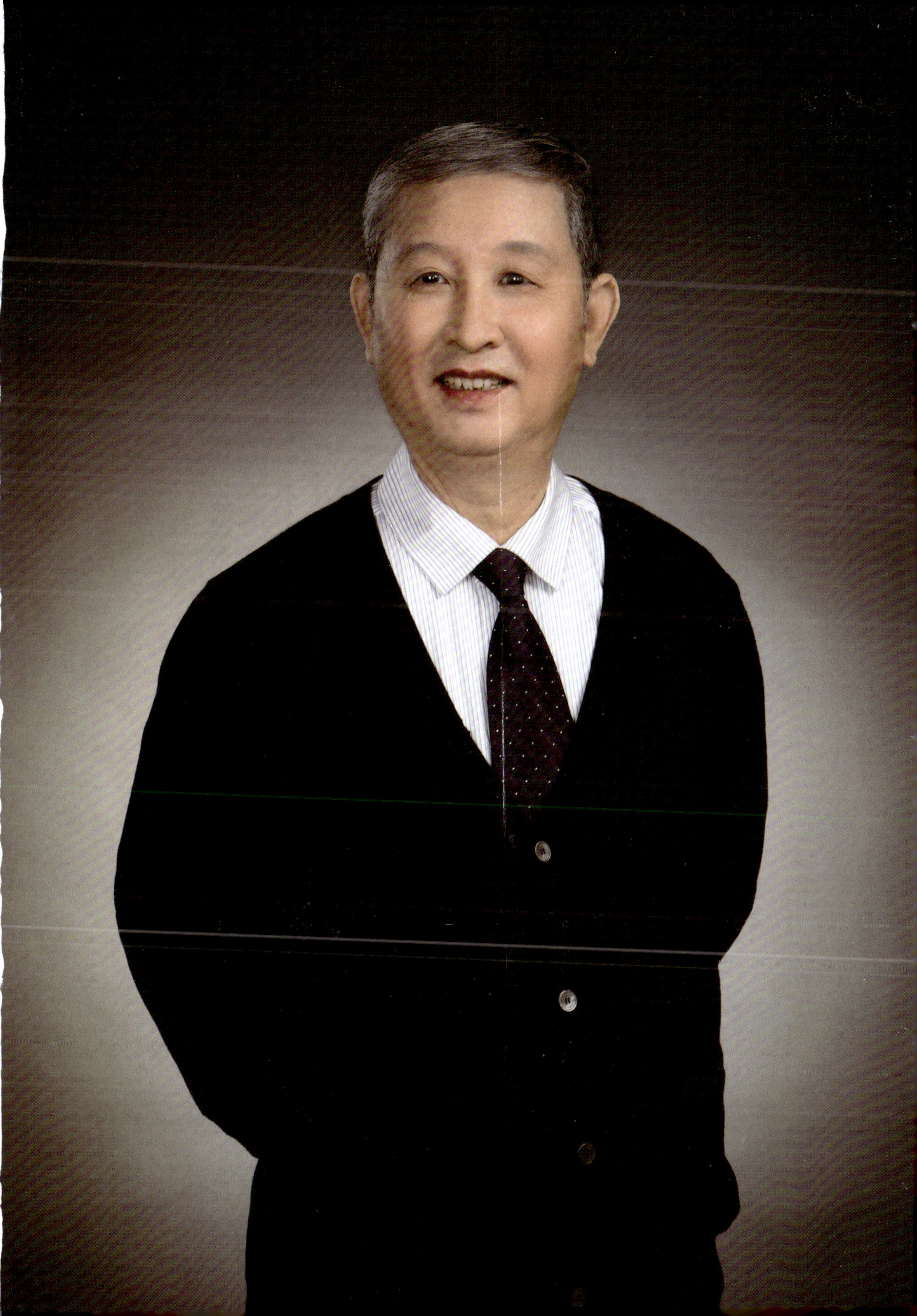

总　序

一个人开始对自己的学术生涯进行总结的时候，也就是学术创造力衰竭的时候。"刑法学文丛"这一作品集就是对我的刑法学研究生涯的一个总结，因此也是我的学术创造力衰竭的明证。

刑法学研究是我毕生从事的事业。与刑法学的结缘，始于1978年，这年2月我以77级学生的身份入读北京大学法律学系。1978年被称为中国改革开放的元年，这一年12月召开的中国共产党第十一届三中全会确定了改革开放的方针。至于说到法制的恢复重建，是以1979年7月1日刑法等7部法律通过为标志的。从1949年到1979年，在这30年的时间里我国是没有刑法，也没有民法的，更不要说行政法。1979年刑法是社会主义中国的第一部刑法，从1950年开始起草，共计33稿，至1979年仓促颁布。这部刑法的起草经历了我国与苏联的政治蜜月期，虽然此后我国与苏联在政治上决裂，但刑法仍然保留了明显的苏俄痕迹。同时，从1950年代成长起来的我国刑法学家，基本上都是接受苏俄刑法学的学术训练，他们在荒废了20年以后回到大学重新执教，恢复的是苏俄刑法学的学术传统，我们是他们的第一批正规学生。1979年7月1日通过的刑法，生

效日期是1980年1月1日。而根据课程安排，我们这个年级从1979年9月开始学习刑法这门课程。也就是说，我们是在刑法尚未生效的时候开始学习刑法的，课程一直延续到1980年7月。一年时间，学完了刑法的总则与分则。对于刑法，我们只是粗略地掌握了法条，对其中的法理则不知其然，更不用说知其所以然。至于司法实务，更是因为刑法刚开始实施，许多罪名还没有实际案例的发生，所以不甚了然。大学期间，我国学术百废待兴，刚从"文化大革命"中走出来，受到摧残最为严重的法学学科几乎是一片废墟，我们经历了这个过程。现在很难想象，我们在整个大学四年时间里，每一门课程都没有正式的教科书，我们是在没有教科书的情况下完成学业的。也正是如此，我们阅读了大量非法学的书籍，基于本人的兴趣，我更是阅读了当时在图书馆所能借阅的大量哲学著作，主要是西方17世纪以来的，包括英国、法国、德国的哲学著作，对康德、黑格尔的德国古典哲学尤其着迷。因为原来就有一定的马克思主义哲学的基础，所以我对于马克思主义来源之一的德国古典哲学理解起来较为容易。这段阅读经历，在一定程度上培养了我的哲学气质，也对我此后的刑法研究产生了重大影响，我在1980年代后期至1990年代初期的刑法哲学研究，就是这段读书经历的衍生物。我在1981年年底完成的学士论文题目是《论犯罪的本质》，这就是一个具有本体论性质的题目。从这个题目也可以看出当时我的学术偏好。但这篇论文很不成功，只是重复了马克思主义关于犯罪的阶级性等政治话语，缺乏应有的学术性。因此，论文的成绩是良好而没有达到优秀。我的本科刑法考试成绩也只是良好，当时我的兴趣并不在刑法，后来只是因为一个偶然的原因才走上刑法的学术道路。

在我1982年2月大学毕业的时候，正是社会需要人才的时候，我们班级的大部分同学被分配到最高人民法院、最高人民检察院和中央机关，也有部分同学回到各省的高级法院和检察院，还有部分同学到各个高校担任教师，从事学术研究。而我们这些较为年轻的同学则考上了硕士研究生，继续在大学学习。我考上了中国人民大学法律系（从1988年开始改称法学院）研究生，师从我国著名的刑法学家高铭暄教授和王作富教授，开始了我的刑法学习生涯。

1982年2月，我从北京大学来到中国人民大学。中国人民大学成为我接受法学教育的第二所大学。正是在这里，我接受了最为经典的带有明显苏俄痕迹的刑法学的学术训练。我的硕士论文是王作富教授指导的，题目是《论我国刑法中的正当防卫》，这是一篇贴近司法实务的论文，也是我最初的论文写作。该文答辩时是4万字，后来扩充到20余万字，于1987年以《正当防卫论》为书名在中国人民大学出版社出版，成为我的第一部个人专著。到1988年3月获得法学博士学位的时候，我娴熟地掌握了已经在中国本土化的苏俄刑法学，这成为我的刑法学的学术底色。

1984年12月，我在硕士毕业的时候就已经办理了在中国人民大学法律系留校任教的手续，因此博士学位相当于是在职攻读。当然，当时课时量较少，没有影响博士阶段的学习。1988年3月博士论文答辩获得通过，论文是高铭暄教授指导的，题目是《共同犯罪论》，有28万字。这是我第一次完成篇幅较大的论文。博士论文虽然以我国刑法关于共同犯罪的规定为基本线索，但汲取了民国时期所著、所译的作品，例如较多的是日本20世纪30、40年代的作品，试图将这些学术观点嫁接到我国刑法关于共同犯罪的理论当中。其中，以正犯与共犯二元区分为中心的理论模型就被我用来塑造我国刑法中的共同犯罪的理论形象。后来，我的博士论文被扩充到50余万字，于1992年在中国社会科学出版社出版。以上在硕士论文和博士论文基础上修改而成的两部著作，是我早期学习以苏俄刑法学为基础的刑法知识的产物，由此奠定了我的学术根基。

从1984年开始，我在中国人民大学法学院任教，从事刑法的学术研究。在中国人民大学法学院，我完成了从助教到教授的教职晋升：1984年12月任助教、1987年12月任讲师、1989年9月任副教授、1993年6月任教授、1994年任博士生导师。及至1998年1月，我回到母校——北京大学法学院任教。在大学担任教职，培养学生当然是主业。但对于研究型大学的教师来说，学术研究也是其使命之所在、声誉之所系。因此，我将相当的精力投入刑法的学术研究，见证了我国刑事法治的演进过程，也参与了我国刑法学术的发展进程。在我自己看来，我在提升我国刑法研究的学术水平与拓展我国刑法研究的理论疆域这两方面作出了努力，有所贡献。我的研究领域主要在以下五个面向：

（一）刑法哲学

1992年由中国政法大学出版社出版的《刑法哲学》一书，可以说是当时篇幅最大的一部刑法著作，也是我的成名作，这一年我35岁，距离大学本科毕业正好10年。《刑法哲学》一书可以说是我对过去10年学习与研究刑法的总结之作，完成了我对以苏俄刑法学为源头的我国刑法学的理论提升与反思，并且确定了我进一步研究的学术方向。这是我国整个法学界第一部采用哲学方法研究部门法的著作，因而受到瞩目。在《刑法哲学》的基础上，我于1996年在中国方正出版社出版了《刑法的人性基础》一书，并于1998年在中国人民大学出版社出版了《刑法的价值构造》一书。以上三部著作构成了我的刑法哲学研究三部曲，成为我的刑法学术研究的一个独特面向。

我的刑法哲学研究是在一种十分独特的学术生态环境下进行的，也是我在极度贫乏的我国刑法学中试图突破，寻求前途的一种学术能力。如前所述，当我在1980年代中期进入刑法学术界的时候，我国刑法理论还是苏俄刑法学的"拷贝"，当然也结合刚刚颁布的我国刑法进行了一些阐述。但从总体上来说，我国当时的刑法理论是十分肤浅的，这对于正处于知识饥渴阶段的我来说，是很不解渴的。1988年当我获得博士学位的时候，现有的刑法知识我已经完全掌握了。当时我国学术尚未对外开放，在一个自闭的学术环境中，我基于对拘泥于法条的低水平解释的刑法理论现状的不满，以为刑法理论的出路在于从刑法解释学提升为刑法哲学。因此，在刑法哲学的名义下，我对现有的刑法知识进行了体系化的整理，并试图探索我国刑法学的出路。在刑法哲学的三部曲中，《刑法哲学》一书是在对苏俄刑法知识的系统化叙述的基础上，以罪刑关系为中心建构了一个刑法学的理论体系，可以看作是对苏俄刑法知识的哲理化改造。如果说，《刑法哲学》一书还是以叙述刑法本身的知识为主的，那么，《刑法的人性基础》与《刑法的价值构造》两书则是对刑法的形而上的研究，实际上可以归属于法理学著作

而非刑法学著作。这是在学术境况晦暗不明的情况下，从哲学以及其他学科汲取知识，寻求刑法学的突破的一种努力。刑法哲学的研究从1990年持续到1996年，这是我从33岁到38岁这样一段生命中的黄金季节。尽管刑法哲学的研究给我带来了较高的声誉，但这只是我进入真正的刑法学研究的学术训练期。正是刑法哲学的研究使我能够把握刑法的精神与哲理，从思想的高度鸟瞰刑法学术。

（二）刑法教义学

1997年我国完成了一次大规模的刑法修订，从这时起，我将学术目光转向刑法条文本身。1997年3月，我在40岁的时候于中国人民公安大学出版社出版了《刑法疏议》一书，这是一部以法条为中心的注释性的刑法著作，是我从刑法哲学向刑法解释学的回归。《刑法疏议》一书中的"疏议"一词，是一个特定的用语，不仅仅具有解释的意思，而且具有疏通的含义。我国唐代有一部著名的著作，称为《唐律疏议》，流传千古，被认为是我国古代最为重要的律学著作。《刑法疏议》这个书名就带有明显的模仿《唐律疏议》的色彩，这也表明我试图从我国古代律学中汲取有益的知识。我国古代的律学，是一门专门的学问。律学与现在的法学还是有所不同的，法学是清末从国外移植的学术，主要是从日本，以及通过日本而吸收德国的刑法知识。因为该书是对刑法条文的逐条注释，随着时间的推移，该书的内容很快就过时了。该书成为我的著作中唯一一部没有修订再版的著作，这次也同样没有收入"刑法学文丛"作品集。

2001年我在商务印书馆出版了《本体刑法学》一书，这是继《刑法疏议》之后又一部关注刑法本身的著作。但《本体刑法学》完全不同于《刑法疏议》：后者是逐条逐句地注释刑法条文的著作；前者则是没有一个刑法条文，而以刑法法理为阐述客体的著作。《本体刑法学》是《刑法疏议》的后续之作，力图完成从法条到法理的提炼与升华。《本体刑法学》这个书名中的"本体"一词来自康德哲学，具有物自体之义。我将法条视为物之表象，把法理看作是隐藏在法条背后的物自体。因此，《本体刑法学》是纯粹的刑法之法理的叙述之作。这里应该指出，在整个1980年代我国刑法学还是在一种与世隔绝的状态下进行学术研究

的。只是从1990年代初开始，随着我国对外开放，与国外的学术交流也随之展开。尤其是英美、德日的刑法学译著在我国的出版，为我国刑法学者打开了一扇学术之窗。从刑法的对外学术交流来看，最初是与日本的交流，后来是与德国的交流，这些都在相当程度上为我国的刑法学研究提供了学术资源。刑法学界开始对我国传统的刑法学进行反思，由此开启了我国当代的刑法知识的转型之路。

2003年我在中国政法大学出版社出版了《规范刑法学》一书，这是我的第一本刑法教科书，或者也可以称为刑法体系书。该书以我国的刑法条文为中心线索，完整地展开对刑法总论和刑法各论的知识铺陈，以适应课堂教学的需要。该书到目前已经出版了第三版，篇幅也做了较大规模的扩充。《规范刑法学》对于刑法总则的法理阐述是较为简单的，其重点是对刑法分则的分析。我国刑法是一部所谓统一的刑法典，所有罪名都规定在一部刑法之中，有近500个罪名，其他法律中都不能设立罪名。《规范刑法学》对这些罪名逐个进行了构成要件的分析。对于重点罪名分析得尤为详细，这对于正确把握这些犯罪的法律特征，具有一定的参考价值。除了刑法规定以外，我国还存在司法解释制度，即最高人民法院和最高人民检察院可以就审判与检察中涉及的法律适用问题作出解释。这种解释本身就有法律效力，可以在判决书中援引。自从刑法实施以来，最高人民法院和最高人民检察院作出了大量的司法解释，这种解释实际上成为一种准法律规范。《规范刑法学》一书中所称的"规范"，不仅包括刑法规定，而且包括司法解释。因此，《规范刑法学》尽可能地将司法解释融合到法理叙述当中，并且随着司法解释的不断颁布该书也不断进行修订。

2010年我在中国人民大学出版社出版了《教义刑法学》一书，这是一部以三阶层的犯罪论体系为中心线索，并对比四要件的犯罪论体系，系统地叙述德日刑法知识的著作。该书所称的教义刑法学，是指教义学的刑法学。该书以教义或曰信条（Dogma）为核心意念，以三阶层的犯罪论体系为逻辑框架，在相当的深度与广度上，体系性地叙述了刑法教义的基本原理，充分展示了以教义学为内容的刑法学的学术魅力。该书对三阶层的犯罪论体系和四要件的犯罪构成理论进行

了比较研究，是对三阶层的犯罪论体系的本土化的知识转换，为引入三阶层的犯罪论体系清理地基创造条件。该书是我为推动我国当代刑法知识的转型，以德日刑法知识取代以苏俄刑法学为底色的刑法知识所做的一种学术努力。

（三）刑事法治

1998年对于我来说又是人生道路上的一个转折点，这一年1月我回到了母校——北京大学法学院任教。与此同时，从1997年到1999年我在北京市海淀区人民检察院兼职担任副检察长，这段挂职经历使我进一步了解司法实务工作，尤其是对于我国刑事诉讼程序的实际运作情况有了切身的了解，这对于我此后进行的刑事法治研究具有重要助益。这也在一定程度上使我的学术视野超出刑法学，建立了刑事一体化，即整体刑法学的观念，从而开阔了理论视域。2007年我在中国人民大学出版社出版的《刑事法治论》一书，就是这一方向的努力成果。这是一部面向法治现实之作，而且是以刑事司法实际运作为结构，贯穿了刑事司法体制改革的中心线索。该书讨论了刑事法治的一般性原理，基于刑事法治的理念，我对警察权、检察权、辩护权和审判权都进行了法理探究：寻求这些权力（利）的理性基础，描述这些权力（利）的运作机理，探讨这些权力（利）的科学设置。同时，我还对劳动教养和社区矫正这两种制度进行了研究。尤其是劳动教养，它是中国独特的一种带有一定的保安处分性质的制度。但由于保安处分的决定权被公安机关所独占，其被滥用日甚一日。我在该部分内容中明确提出了分解劳动教养，使其司法化的改革设想。

刑事法治，是我在过去20多年时间里始终关注的一个现实问题，也是基于对我国的社会现状所进行的刑事法的理论思考，为推进这个领域的法治建设所做的一份学术贡献。尽管现实与理想之间存在巨大的差距，这种差距难免使我们失望，但学术努力仍然是值得的。我国目前正处在一个法治国家建设的关键时刻，既需要改革的勇气，也需要改革的思想。

（四）刑法知识论

2000年我在《法学研究》第1期发表了《社会危害性理论：一个反思性检

讨》一文，这是我对深受苏俄影响的我国刑法学反思的开始。社会危害性是苏俄刑法学中的一个核心概念，被认为是犯罪的本质特征。正是在社会危害性的基础之上，建构了苏俄刑法学的理论体系。我国刑法学也承继了社会危害性理论，以及在此基础上的四要件的犯罪构成体系，由此形成我国刑法学的基本理论框架。对社会危害性理论的批判，成为我对苏俄刑法学的学术清算的切入口。2006年我在《政法论坛》第5期发表《刑法知识的去苏俄化》一文，明确地提出了去除苏俄刑法知识的命题，从知识社会学的角度展开对苏俄刑法学的批判，并对我国刑法知识的走向进行了探讨。其结论反映在我发表在《法学研究》2011年第6期的《刑法知识的教义学化》一文当中，这就是吸收德日刑法知识，建构我国的刑法教义学知识体系。在这当中，完成从苏俄的四要件到德日的三阶层的转变，可以说是当务之急。当然，我国的知识转型并没有完成，四要件的犯罪构成体系仍然占据着通说的地位，但三阶层的犯罪论体系已经开始普及，走向课堂，走向司法。围绕着以上问题的思考，我于2012年在中国人民大学出版社出版了《刑法的知识转型（学术史）》和《刑法的知识转型（方法论）》两书，为10年来我对我国刑法知识的研究画上了一个句号。刑法知识论的研究，使我从具体的刑法规范与刑法法理中抽身而出，反躬面向刑法学的方法论与学术史。这是一个刑法学的元科学问题，也是我的刑法学研究的最终归宿。

（五）判例刑法学

在我的刑法研究中还有一个独特的领域，这就是判例刑法学。我国传统的刑法学研究都是以刑法的法条为中心的，这与我国存在司法解释制度但没有判例制度具有一定的关联性。然而，判例对于法律适用的重要性是不言而喻的。因此，深入的刑法学研究必然会把理论的触须伸向判例。前些年，我国虽然没有判例制度，但最高人民法院公报以及最高人民法院刑事审判庭出版的案例选编等司法实际素材，为刑法的判例研究提供了可能性。我在法学院一直为刑法专业的硕士生开设案例刑法研究的课程，作为刑法总论与刑法各论学习的补充，受到学生的欢迎。在这种情况下，我以最高人民法院刑事审判庭出版的有关案例为素材，进行

判例刑法学的研究，于2009年在中国人民大学出版社出版了《判例刑法学》（上下卷）一书。该书从案例切入，展开法理叙述，将案例分析与法理研究融为一体，成为刑法学研究的一个新面向。

2010年中国正式建立了判例制度，这是一种具有中国特色的判例制度，称为案例指导制度。这种判例制度完全不同于德日国家的判例制度，它是以最高人民法院不定期颁布指导性案例的方式运行的。最高人民法院颁布的指导性案例在下级法院审判过程中具有参照的效力。这里的参照，既非具有完全的拘束力，又不是完全没有拘束力，而是具有较弱的拘束力。这些指导性案例虽不能在判决书中援引，但判决与指导性案例存在冲突的，可以作为上诉的理由。尽管这一案例指导制度仍然具有较强的行政性，它是以颁布的方式呈现的，而不是在审判过程中自发形成的规则秩序；但它毕竟是一种新的规则提供方式，对于我国司法实践具有重要的意义。判例制度的关键功用在于通过具体判例形成具有可操作性的司法裁判规则，因此，对于裁判规则的提炼是一项重要的工作。我作为首席专家，从2010年开始承担了《中国案例指导制度》的国家社科重大项目，并于2013年年初在北京大学出版社出版了《人民法院刑事指导案例裁判要旨通纂》（上下卷）一书。该书在对既有的刑事指导案例进行遴选的基础上，提炼出对于刑事审判具有指导意义的裁判要旨，并对裁判要旨进行了法理阐述，以此为司法机关提供参考。

刑法学属于部门法学，它与公民权利具有密切的联系。因此，刑法学者不仅是一个法条主义者，更应该是一个社会思想家；既要有对于国家法治的理想，又要有对于公民社会的憧憬；既要有对于被害人的关爱之情，又要有对于被告人的悲悯之心。

罪刑法定主义是我所认知的刑法学的核心命题：它是刑法的出发点，同时也是刑法的归宿。在我的刑法理论研究中，罪刑法定主义占据着极为重要的位置。中国1979年刑法并没有规定罪刑法定原则，反而在刑法中规定了类推制度。及至1997年刑法修订，废弃了类推制度，规定了罪刑法定原则，由此而使中国刑

法走上了罪刑法定之路。在我国刑法规定罪刑法定原则的前后，我先后撰文对罪刑法定主义进行了法理上的深入探讨。这些论文编入《罪刑法定主义》一书，由中国法制出版社于2010年出版。在该书的封底，我写了这样一句题记，表达了我对罪刑法定主义的认知："罪刑法定主义：正义之所归，法理之所至。"罪刑法定主义应当成为刑法的一种思维方式，并且贯穿于整个刑法体系。我国刑法虽然规定了罪刑法定原则，但这只是一个开端，还会经历一段罪刑法定司法化的艰难进程。在相当一个时期，我国刑法学者还要为实现罪刑法定原则而奋斗。

整体刑法学的研究也是值得提倡的。李斯特提出了整体刑法学的命题，这对于今天我国的刑法学研究仍然具有指导意义。北京大学法学院教授、我的前辈学者储槐植教授提出了刑事一体化的思想，追求刑法的内在结构合理（横向协调）与刑法运行前后制约（纵向协调）。作为一种方法论，刑事一体化强调各种刑法关系的深度融合。应该说，整体刑法学与刑事一体化都是从系统论的角度看待刑法，反对孤立地研究刑法，提倡把刑法置于整个法律体系与社会关系中进行分析。对于这样一种刑法研究的方法论，我是十分赞同的。因为刑法本身的研究领域是较为狭窄的，必须拓宽刑法的研究领域，并且加深刑法的研究层次。对于刑法，应当以教义学为中心而展开。如果说，刑法教义学是在刑法之中研究刑法，那么，还需要在刑法之上研究刑法的刑法哲学、在刑法之外研究刑法的刑法社会学、在刑法之下研究刑法的判例刑法学等等。除了对刑法的学理研究以外，刑法学者还应当关注社会现实，关注国家法治建设。只有这样，才能使刑法学不仅是一种法教义学，而且具有经世致用的功效。

刑法是具有国别的，刑法效力是具有国界的；然而，刑法知识与刑法理论是具有普适性的，是可以跨越国界的。因此，我始终认为我国刑法学应当融入世界刑法学的知识体系中去，而不是游离于世界刑法学之外。在这种情况下，我国应当向德、日、英、美等法治发达国家学习先进的刑法理论。相对而言，由于历史的原因，我国借鉴的是大陆法系的法律制度，包括法律技术与思维方法。因此，吸收与汲取德日刑法知识是更为便利的。从1980年代以来中国刑法学演进的路

径来看，其也是在学术上的对外开放当中发展起来的。最初是引进日本的刑法知识，后来是引进德国的刑法知识；开始是以引进刑法总论知识为主，后来逐渐引进刑法各论知识；从翻译出版刑法体系书（教科书），到后来翻译出版刑法学专著，经历了一个发展过程。这些来自德日的刑法知识对于中国刑法学的发展起到了重要的促进作用，推动了我国刑法学的发展。我国学者将这些舶来的刑法知识用于解决中国刑事立法与刑事司法中的问题，其实践功能也是十分明显的。可以说，我国刑法学正在融入德日刑法知识的体系之中。

"刑法学文丛"作品集将对已经出版的个人著作进行修订整理，陆续出版。我的著作初期散落在各个出版社，首先要对各个出版社的编辑在我的著作出版过程中付出的辛勤劳动，表示衷心感谢。自2006年起，我的著作列入中国人民大学出版社的"中国当代法学家文库"，出版了20余种。现在，我的个人专著以"刑法学文丛"的名义修订出版，作为本人学术生涯的一个总结。对于中国人民大学出版社的编辑在我的著作出版过程中的敬业、细致和认真的职业精神，表示敬意。30年来以学术为旨归，以写作为志业，虽劳人筋骨，伤人心志，亦执着以求，守职不废。这对于一个学者来说，当然是本分。然此盈彼亏，心思用于学问多，则亏欠家人亦多。因此，对于夫人蒋莺女士长久以来对我的理解与襄助，深表谢意。

自从1987年我在中国人民大学出版社出版第一本个人专著《正当防卫论》以来，正好30年过去了。这30年是我学术研究的黄金时节，在此期间，出版了数十种个人专著，主编了数十种著作以及两种连续出版物，即《刑事法评论》（40卷）和《刑事法判解》（9卷），发表了数百篇论文。收入"刑法学文丛"的，是我在这30年间出版的个人专著，共计以下14种，分为18卷（册），计一千余万字：

1. 《刑法哲学》
2. 《刑法的人性基础》
3. 《刑法的价值构造》

4.《刑法的知识转型（方法论）》

5.《刑法的知识转型（学术史）》

6.《刑事法治论》

7.《正当防卫论》

8.《共同犯罪论》

9.《刑法适用总论》（上卷）

10.《刑法适用总论》（下卷）

11.《规范刑法学》（上册）

12.《规范刑法学》（下册）

13.《判例刑法学》（上卷）

14.《判例刑法学》（下卷）

15.《本体刑法学》

16.《教义刑法学》

17.《口授刑法学》（上册）

18.《口授刑法学》（下册）

学术是一个逐渐累积的过程，每个人都只是一门学科所形成的知识链中的一个节点。我作为从20世纪80年代开始登上我国刑法学术舞台的学者，学术生命能够延续到21世纪20年代，正好伴随着我国刑事法治的恢复重建和刑法学科的起死回生，以及刑法知识的整合转型，何其幸也。"刑法学文丛"所收入的这些作品在刑法学术史上，都只不过是"匆匆过客"。这些作品的当下学术意义日渐消解，而其学术史的意义日渐增加，总有一天，它们会成为刑法学术博物馆中的古董摆设，这就是历史的宿命。

在"刑法学文丛"作品集的编辑过程中，总有一种"人书俱老"的感叹。我知道，这里的"书"并不是一般意义上的书，而是指书法的"书"。但在与"人"的对应意义上，无论对这里的"书"作何种理解都不重要，而对"俱老"的意识和体悟才是最为真实和深刻的。对于一个写作者来说，还有什么比亲笔所写的

书，伴随着自己一天天老去，更令人激动的呢？

最后，我还要感谢中国人民大学出版社对我的厚爱。如前所述，我的第一本专著《正当防卫论》就是1987年在中国人民大学出版社出版的。从2006年开始人大出版社将"陈兴良刑法研究系列"纳入"中国当代法学家文库"，这次又专门为我出版"刑法学文丛"作品集。我还要感谢北京冠衡刑辩研究院院长刘卫东律师为作品集的出版慷慨解囊，提供资助。作为我指导的法律硕士，刘卫东在律师从业生涯中践行法治，成为业界翘楚。为师者，我感到十分荣幸。

是为序。

陈兴良
谨识于北京海淀锦秋知春寓所
2017年9月1日

序

高铭暄

共同犯罪理论是刑法学的重要组成部分。社会上共同犯罪现象的复杂性，决定了刑法中共同犯罪制度的重要性，从而也决定了刑法学中共同犯罪理论的丰富性。可以说，共同犯罪是一个非常值得研究的课题。对于那些勇于探索、敢于创新的刑法理论工作者来说，共同犯罪这一研究领域永远是一片充满诱惑的土地。

新中国成立以来，特别是《中华人民共和国刑法》公布施行以后，共同犯罪的研究取得了重大进展，曾先后出版了一批高质量的论著。陈兴良同志在总结前人研究的基础上，有所发展，有所创新，写出了洋洋40余万言的由博士学位论文修订而成的专著——《共同犯罪论》。作为陈兴良同志的指导教师，我参与了论义的指导、审阅与答辩，并为陈兴良同志在学术上取得的这一成就而感到由衷的高兴。

这篇博士论文在我看来具有如下特点：

（1）体系完整，结构合理。这篇论文力图建立一个具有中国特色的共同犯罪理论体系。在这个体系框架中，共同犯罪的定罪量刑以及与此有关的各种问题都得到合理妥当的安排。应该说，作者构筑的这一共同犯罪理论体系是成功的：首

先是总体框架的完整性。凡是共同犯罪中涉及的所有问题都被纳入了这个体系，对过去研究薄弱的问题，例如关于共同犯罪与身份、共同犯罪与认识错误、共同犯罪与一罪数罪、共同犯罪与连累犯等，都得到了较为充分的阐述，从而在共同犯罪的理论体系中占有一席之地。其次是整体结构的合理性。这篇论文共分上下两篇，上篇各章分别研究共同犯罪的定罪与量刑问题，下篇各章分别研究与共同犯罪的定罪与量刑相关的问题。这样，作为总论的上篇与作为各论的下篇互相衔接，形成一个整体，具有严谨的逻辑结构。

（2）立意新颖，构思精巧。论文在理论观点上不落俗套、勇于创新，提出了一系列颇具新意的见解。例如在关于正犯与共犯的关系问题上，传统共同犯罪理论上存在共犯从属性说与共犯独立性说的聚讼，作者在总结我国刑法学界研究成果的基础上，创立了共犯从属性与独立性统一说，由此解释了我国刑法中的实行犯与非实行犯的关系。又如，关于共同犯罪的范围，传统共同犯罪理论上存在犯罪共同说与行为共同说的纷争，作者在批判地借鉴这两种学说的基础上指出：共同犯罪是犯罪的一种特殊形态，而刑法中的共同犯罪制度不过是共同犯罪现象在法律上的反映。因此，共同犯罪的范围应当决定于社会上存在着的共同犯罪现象以及处理共同犯罪的司法实践的客观要求。基于这一立论，作者根据主观和客观相统一的原则，即共同犯罪是共同犯罪故意和共同犯罪行为的辩证统一，明确提出可以建立共同犯罪的主观与客观统一说，由此科学地界定了共同犯罪的范围。上述这些观点的提出，在相当程度上丰富与推进了我国刑法学中共同犯罪的理论研究。

（3）结合实践，阐述法理。将共同犯罪的理论与实践紧密地结合起来，是这篇论文的一个重要特色。作者在清理传统的共同犯罪的理论观点，建立共同犯罪理论的新体系的基础上，将理论触须直接伸向司法实践，重在解决刑事审判工作中处理共同犯罪时的定罪与量刑的疑难问题。这篇论文运用共同犯罪理论分析了形形色色的共同犯罪案例，从案例的剖析中抽象出一般原则，从而使案例分析与理论阐述有机地结合起来。例如，在关于对从犯如何比照主犯从轻、减轻处罚或

者免除处罚的问题上,作者在分析一些共同犯罪案件中对从犯量刑的偏颇后概括出若干理论原则,对于司法实践具有直接的参考价值。这篇论文还以一定的篇幅探讨了关于共同犯罪案件处理的司法解释。对于司法解释中作者认为正确的内容予以充分的肯定,并汲取到共同犯罪理论中来。对于司法解释中作者认为有不妥之处,提出了商榷与匡正的意见。例如关于内外勾结进行贪污或者盗窃的定性问题,关于将投机倒把的帮助行为解释为投机倒把的表现形式问题,关于共同盗窃中的数额问题,关于军地互涉案件的管辖问题等,作者都一一进行了探讨,阐明了本人的观点,这对于完善司法实践工作具有一定的现实意义。

(4) 立足中国,纵横比较。这篇论文注意在立足于中国现实的基础上,将纵向研究与横向研究相结合,从而丰富了共同犯罪理论。这篇论文的立论以我国刑法关于共同犯罪的规定为依据,但又不限于对法条的注疏,而是在比较研究上下功夫、做文章。首先是纵向比较。这篇论文以相当的篇幅阐述了共同犯罪的历史沿革,根据大量的中外法制史料,初步勾勒出了共同犯罪制度演变的历史轨迹,从而为加深对我国刑法中的共同犯罪规定的理解奠定了基础,也使这篇论文具有一种深邃的历史感。其次是横向比较。这篇论文在观点阐述与论证中引述了大量的外国刑法理论,包括大陆法系国家与英美法系国家以及苏联、东欧等国家的刑法理论;并对这些理论观点进行了分析比较,汲取其精华,从而使论文的理论深度大为提高。同时,这篇论文还援引了将近 30 个国家的刑法关于共同犯罪的立法例。在此基础上,作者对如何完善我国刑法中共同犯罪的立法提出了建设性的意见,这对于刑法修改工作无疑具有一定的参考价值。

(5) 逻辑清晰,可读性强。这篇论文的观点建立在对有关分歧意见的引述与辨析的基础之上,使读者对我国刑法学界在共同犯罪问题上的理论研究进展情况一目了然。在这种援引翔实的理论资料的基础上得出的见解有一定的独到性,思路清楚,逻辑性强。同时,这篇论文在理论观点的阐述中援引不少案例,深入浅出,增加了可读性。

综上所述,陈兴良同志的博士学位论文《共同犯罪论》是一部力作,体现了

作者深厚、扎实的理论功底与严谨、科学的学术品格。正如答辩委员会在决议中所指出的,这篇博士学位论文将我国关于共同犯罪问题的研究推向了一个新的高度。这个评价是恰如其分的。

是为序。

1988 年 4 月

序

马克昌

共同犯罪是一种复杂的社会现象，它比个人单独犯罪对统治阶级具有更大的社会危害性。为了便于同这种犯罪现象作斗争，各国刑法都有关于共同犯罪的规定。但是在理论上对共同犯罪进行专门研究的著作，直到近代才出现。

德国是出版共同犯罪专著最早的国家。1860年德国刑法学者布黎（Buri）出版了《共犯与犯罪庇护的理论》，提出了主观主义的共犯论，主张应当以行为的目的—利益的差别，探求共同正犯与从犯的区别。1890年德国刑法学者毕克迈尔（Birkmeyer）出版了《德国最高法院的共犯与裁决的理论》，提出了客观主义的共犯论，主张以因果关系论中的原因说为基础，说明共同正犯与教唆犯、从犯的区分。这两种不同的共同犯罪理论的提出，在刑法学界产生了广泛的影响。此后德国刑法学者发表了不少关于共同犯罪的论文或专著，形成行为共同说与犯罪共同说、共犯独立性说与共犯从属性说的长期对立和争论，至今未获解决，以至于有的学者感叹："共犯论是德国刑法学上最黑暗而混乱的一章。"

日本对共同犯罪的研究，不亚于德国。1909年日本著名刑法学者牧野英一发表了《共犯的基础观念》一文，提出了因果关系的拓宽与因果关系的延长的论

点，用以阐明横的共犯与纵的共犯的不同特征，受到不少刑法学者的赞同。1932年刑法学者草野豹一郎发表了《刑法改正草案与从犯的从属性》一文，提出了共同意思主体说，为日本审判实践中早已存在的共谋共同正犯的见解提供了理论根据。这一观点在日本刑法学界引起了激烈的争论。第二次世界大战后，1952年植田重正出版了《共犯的基本问题》，1954年齐藤金作出版了《共犯理论研究》。齐藤的专著对主观的共犯论、客观的共犯论、共同意思主体说一一进行了分析和评价，表明了支持共同意思主体说的立场。在20世纪50年代末，大塚仁的《间接正犯研究》（1958年）、齐藤金作的《共犯判例与共犯立法》（1959年）相继出版了，显示了对共同犯罪理论研究的注意。在20世纪60年代，日本刑法学界对共同犯罪问题的研究更为重视，这方面出版了不少专著和论文集，其中影响较著者有：西村克彦的《共犯论序说》（1961年）、《共犯理论与共犯立法》（1962年），西原春夫的《间接正犯理论》（1962年）、中义胜的《间接正犯》（1963年）、齐藤金作六十诞辰论文集《现代共犯理论》（1964年）、西村克彦的《共犯的分析》（1966年）。诚如共同犯罪理论专家西村克彦所说，"这段时间里，共犯理论获得了大丰收"。1975年下村康正出版了《共谋共同正犯与共犯理论》专著，系统地论述了共谋共同正犯理论，对之给予了充分的肯定。在20世纪80年代，日本刑法学者对共同犯罪的研究更深入一步，除论文集之外，特别注重专著的出版。1981年大越义久出版了《共犯的处罚根据》，逐一评述了责任共犯说、社会的完全性侵害说、行为无价值惹起说、纯粹的惹起说与修正的惹起说，阐明了自己赞成修正的惹起说的理由。1982年西田典之出版了《共犯与身份》，以身份概念为中心，论述了围绕德国刑法第50条的理论，批判地检讨了构成的身份、加减的身份的区别，提出了自己对日本刑法第65条的解释。1987年佐伯千仞出版了《共犯理论的源流》，收录了作者早年发表的关于共同犯罪的论文，同时收录了中义胜等学者的评论。日本刑法学者对共同犯罪的研究付出了巨大努力，在不少方面取得了可喜的进展，但是仍然存在很多争论的问题没有解决，因而中义胜在评论中说："认为'共犯论是绝望之章'，确实不足为怪。"

苏联建立后，在社会主义建设过程中，对共同犯罪的研究逐步引起关注。建国初期，苏联刑法学者以马克思主义为指导，在刑法教科书中对共同犯罪进行了论述，围绕共犯从属性观点进行了争论和批评。在 20 世纪 30 年代，维辛斯基就共同犯罪问题提出了一系列错误观点，在司法实践中造成了很大危害。1941 年苏联著名刑法学者 А. Н. 特拉依宁出版了《共同犯罪论》——苏维埃刑法学科史上研究共同犯罪的第一部专著，被誉为"50 年代末期以前这方面唯一有价值的著作"。在这些年里，还有 В. 高里吉涅尔、А. 拉普捷夫、В. Д. 孟沙金、Б. С. 乌捷夫斯基等学者发表了关于共同犯罪问题的论著。1956 年维辛斯基在共同犯罪问题上的错误观点受到了公正的批判。在 20 世纪 60 年代以后，苏联刑法学者进一步开展了对共同犯罪的研究，出版了一批有影响的专著。1960 年、1962 年 М. И. 克瓦廖夫先后出版了《共同犯罪》的第一部分和第二部分，1968 年 Г. И. 巴依姆尔津出版了《牵连行为的责任》，1969 年 Ф. Г. 布尔恰克出版了《苏维埃刑法中的共同犯罪学说》，1974 年 П. Ф. 捷里诺夫出版了《共同犯罪的责任》。苏联刑法学者用主客观相统一的观点对共同犯罪的概念进行了科学的分析，在对共同犯罪形式的研究上给予了较多的注意，将牵连行为（预先未通谋的隐匿、不检举和纵容）作为共同犯罪的专门问题予以阐述，表现了苏联刑法学者关于共同犯罪理论研究的特点。

中华人民共和国成立后，我国刑法学者就对共同犯罪的研究给予了一定的注意。1957 年李光灿同志出版了《论共犯》一书。这是新中国第一本关于共同犯罪的著作，随后该书于 1981 年再版。1986 年吴振兴同志出版了《论教唆犯》，1987 年李光灿等同志出版了《论共同犯罪》，林文肯等同志出版了《共同犯罪理论与司法实践》。两年内有三本关于共同犯罪的理论著作问世，显示了我国刑法学者对共同犯罪问题的关注。

在 1988 年年初，高铭暄教授的第一届博士研究生陈兴良同志撰写了博士学位论文《共同犯罪论》，随后送我评审，我得以较早地阅读了这篇论文。这篇论文以马克思主义为指导，广泛地吸取了已有的研究成果，从我国的实际情况出

发，对共同犯罪进行了系统而全面的研究，规模宏大，构思精密，材料丰富，内容充实。这篇论文对存在的争论不仅如实地加以介绍，而且一一加以评析，表明了作者自己的独立见解。不少观点，发前人之所未发，表现了作者的开拓精神。尽管个别看法尚有可议之处，但将这篇论文放在共同犯罪理论研究发展史上来考察，可以看出，这是一篇发展了前人研究成果、对共同犯罪理论作出贡献的力作。我为陈兴良同志写出体大思精的著作感到由衷的高兴。在以这篇论文为基础的专著行将出版之际，特应作者函约，欣然命笔，乐为作序。

1988 年 8 月于珞珈山

第四版出版说明

《共同犯罪论》是我在刑法教义学领域的主要作品，它作为博士学位论文写作于1987年。1988年3月博士学位论文答辩通过，初版于1992年。从本书写作至今已经将近36年，从本书初版到现在也已经过去了31年。本书之所以没有被淘汰，主要是因为在初版以后的两次修订中，我对过时的法条进行了替换，并将近些年来我对共犯教义学的最新研究成果以附录的形式收入本书。尽管如此，正如我在本书第三版的出版说明中所言，本书呈现给读者的是一种抱残守缺的面目。从2020年8月到2021年1月，通过将近半年时间的努力，我终于完成了对《共同犯罪论》一书较为彻底的修订。本书的篇幅，从第三版的58万字，再到第四版修订以后的约110万字，字数增加了近一倍。这是我多年跟踪共犯教义学理论研究的成果。因此，本书第四版将以一种全新的面目与读者见面。对于我来说，多年心愿，一朝实现，不亦乐乎。

本书是一部共犯教义学著作，主题是对共同犯罪进行全面系统的学术论述。本书的内容区分为上下两篇，其中：上篇是总论，讨论共同犯罪的本体性问题，主要包括共同犯罪定罪量刑的一般原理。下篇是各论，研讨共同犯罪的相关性问

题。《共同犯罪论》第四版的修订，预期的目标是吸收我国共同犯罪论的前沿成果，反映共同犯罪立法的晚近演变，尤其是呈现共同犯罪司法的最新进展。为达到这一修订目的，需要对全书进行较大规模的内容充实与较大幅度的结构调整。本书第四版对全书从结构到内容都做了大量的删改和增补，使本书的体系更加完整、论述更加细致，可以说达到并超过了我的预期。

本书上篇的结构和内容的主要调整，表现为将原导论修改为第一章，标题是共同犯罪的中外立法史。此外还新增三章，这就是第二章"共同犯罪的现行立法史"和第三章"共同犯罪的学术史"和第四章"共同犯罪的区分制与单一制"。这部分内容涉及共犯教义学的基本理论，因而予以加强。

第一，共同犯罪立法史。我国刑法关于共同犯罪的立法从1979年刑法到1997年刑法经历了较大的修订，内容具有较大的变化。对此，本书第四版进行了系统的描述与精细的评述，对于了解我国从1979年刑法关于共同犯罪的规定到1997年刑法关于共同犯罪的规定的演变过程具有一定的参考价值。

第二，共同犯罪学术史。我国刑法学界的共同犯罪论，经历了一个从四要件的共同犯罪论到三阶层的共同犯罪论的演进过程。正是在清理对合式的共同犯罪论的基础上，我国逐渐建立起阶层式的共同犯罪论。对这一共同犯罪教义学的知识演变过程的叙述同样是我国共同犯罪理论的不可分割的重要组成部分。

第三，区分制与单一制。在本书第一版出版的时候，我国刑法学界还不存在关于正犯与共犯的区分制与单一制的讨论。然而，现在这已经是一个不能回避的问题，也是以区分制为逻辑前提的本书的共同犯罪论的一个前置性问题。本书第四版对区分制与单一制的基本原理与核心内容做了介绍，在此基础上论证了区分制的合理性。

在第四版上篇的相关章节，还对第三版中的部分内容进行了删改和增添。例如在共同犯罪形式一章，第三版是按照法理上的共同犯罪形式和法律上的共同犯罪形式这两部分进行论述的，内容显得单薄，而且体系性地位不甚明确。本书第四版删去了共同犯罪形式这一章名，修改为共同犯罪形态，并且区隔为三章：第

八章"共犯形态Ⅰ：对合犯罪　聚众犯罪　集团犯罪"、第九章"必要共犯Ⅱ：恶势力犯罪"、第十章"共犯形态Ⅲ：黑社会性质组织犯罪"。共犯教义学中的共同犯罪主要是指任意共同犯罪，因此，任意共同犯罪是本书的核心内容。然而，刑法除对任意共同犯罪的规定以外，还包括必要共同犯罪。尤其是聚众犯罪、集团犯罪、恶势力犯罪等必要共同犯罪的犯罪形式是当前我国刑法惩治的重点。对这些必要共同犯罪形态的论述，极大地充实了本章内容，并且对于司法机关正确认定必要共同犯罪具有指导意义。

本书第四版对下篇的内容和结构做了较大幅度的调整。本书第三版下篇分为11章，第四版尽可能将具有自主内容的专题设置为独立的章节，因而将下篇内容调整为17章。新增的六章是：(1)共同犯罪的中立帮助；(2)共同犯罪的片面共犯；(3)共同犯罪的实行过限；(4)共同犯罪的不作为犯；(5)共同犯罪的共犯形态；(6)共犯行为的正犯化。在这6章中，片面共犯、实行过限和共同犯罪的不作为犯在第三版中是依附于相关章节的，而中立的帮助行为、共同犯罪的共犯形态和共犯行为的正犯化这三章则是完全新增的内容。

第一，中立的帮助行为虽然属于帮助犯的内容，但随着共犯教义学的发展，中立的帮助行为逐渐成为一个独立的共同犯罪专题，吸引刑法学者的学术关注。中立的帮助行为在法理上具有一定的出罪功能，对于那些具有技术型、业务性、专业性或者职业性的帮助行为，在入罪的时候设置了较为严格的限制条件，对于避免共同犯罪处罚的扩张具有重要的意义。

第二，共同犯罪的共犯形态，包括共犯教义学中所谓间接共犯和共同共犯。间接共犯是指共犯之共犯，例如，帮助犯之帮助犯和教唆犯之教唆犯等特殊形态。在通常情况下，帮助犯是对正犯的帮助，因而属于正犯之帮助犯。然而在某些特殊情况下，在司法实践中存在对帮助犯的帮助的情形，这就是帮助犯之帮助犯。教唆犯亦如此：在通常情况下，教唆犯是对正犯的教唆，在司法实践中亦存在对教唆犯的教唆。这就是所谓连锁教唆。共同共犯则是指二人以上构成的共犯，例如共同教唆犯和共同帮助犯。在共犯教义学中，讨论较多的是共同正犯，

第四版出版说明

即二人以上共同实行犯罪的情形,而共同共犯则较少涉及。我认为,无论是间接共犯还是共同共犯都是共犯的特殊形态,这些特殊类型的共犯值得研究。

第三,共犯行为正犯化,随着共犯行为正犯化立法的发展,它在一定程度上突破了正犯与共犯之间的界限:一方面以法律拟制的方式扩张了正犯的范围,另一方面又限缩了帮助犯的范围。正犯与帮助犯之间的此消彼长,给正犯与共犯的关系带来重大影响,因而值得注意。更为重要的是,在共犯行为正犯化以后,如何处理正犯与帮助犯的关系,尤其是给司法实践中对帮助犯的司法认定都会带来一定的困难,因而需要对此进行专门研究。

除上述新增内容以外,本书第四版还对某些章名做了调整。例如,将共同犯罪与法人的章名修改为共同犯罪的单位犯罪,将共同犯罪与犯罪停顿状态的章名修改为共同犯罪的未完成形态。最后,还对各章的顺序做了调整,使之更加符合犯罪论体系的内在逻辑。

本书成书于20世纪80年代,在那个时期我国共犯教义学还处于草创阶段,本书第三版呈现的共同犯罪理论水平也还是停留在那个年代。随着我国刑法教义学的发展,我国共同犯罪论发生了巨大的变化,共犯教义学已然成型。遥想我写作本书的1987年[①],当时我国刑法学界对共同犯罪理论的研究还处在萌芽阶段。当时除少数论文以外,可供参考的共同犯罪专著共计三本,这就是:(1)李光灿:《论共犯》。该书只有三万字,是于1957年出版的,在1982年由法律出版社再版。(2)李光灿、马克昌、罗平:《论共同犯罪》(中国政法大学出版社1987年版)。(3)吴振兴:《论教唆犯》(吉林人民出版社1986年版)。在以上三本书中,除李光灿的《论共犯》以外,其他两本书是在我写作期间出版的。当时我还主要参考了民国时期的著作,例如耿文田的《教唆犯论》(商务印书馆1935年版)等。至于国外著作,主要参考的是民国时期翻译的日本学者的著作,以及在

[①] 本书的写作时间是1987年。博士学位论文答辩时间是1988年3月25日。在博士学位论文答辩通过以后,又陆续对本书内容进行了增补,直到1992年由中国社会科学出版社正式出版。

1950 年代翻译的苏俄学者的著作。由此可见，本书是在资料极度匮乏的背景下写成的，可谓惨淡经营之作。这是一种历史的局限性，非人力所能超越。

在本书出版以后，我国刑法学的发展突飞猛进，取得了丰硕的学术成果。在共同犯罪领域亦如此。这次修订，我随手从书架上找到的共同犯罪著作就达数十本之多，现罗列如下：

(1) 莫洪宪：《有组织犯罪研究》，湖北人民出版社 1998 年版

(2) 黄常仁：《间接正犯与正犯后的正犯》，台北汉兴书局有限公司 1998 年版

(3) 陈子平：《共同正犯与共犯论》，台北五南图书出版公司 2000 年版

(4) 台湾刑事法学会编著：《共犯与身份》，台北学林文化事业有限公司 2001 年版

(5) 刘凌梅：《帮助犯研究》，武汉大学出版社 2003 年版

(6) 马克昌、莫洪宪主编：《中日共同犯罪比较研究》，武汉大学出版社 2003 年版

(7) 陈家林：《共同正犯研究》，武汉大学出版社 2004 年版

(8) 卢建平主编：《有组织犯罪比较研究》，法律出版社 2004 年版

(9) 田鹏辉：《片面共犯研究》，中国检察出版社 2005 年版

(10) 阎二鹏：《共犯与身份》，中国检察出版社 2007 年版

(11) 吴光侠：《主犯论》，中国人民公安大学出版社 2007 年版

(12) 李成：《共同犯罪与身份关系研究》，中国人民大学出版社 2007 年版

(13) 赵辉：《组织犯及其相关问题研究》，法律出版社 2007 年版

(14) 杨金彪：《共犯的处罚根据》，中国人民公安大学出版社 2008 年版

(15) 杨志刚：《诱惑侦查研究》，中国法制出版社 2008 年版

(16) 陈世伟：《论共犯的二重性》，中国检察出版社 2008 年版

(17) 刘瑞瑞：《不作为共犯研究》，广西师范大学出版社 2009 年版

(18) 金星：《诱惑侦查论》，法律出版社 2009 年版

(19) 朴宗根：《正犯论》，法律出版社 2009 年版

(20) 陈洪兵：《共犯论思考》，人民法院出版社 2009 年版

(21) 于志刚主编：《共同犯罪的网络异化研究》，中国方正出版社 2010 年版

(22) 陈洪兵：《中立行为的帮助》，法律出版社 2010 年版

(23) 江溯：《犯罪参与体系研究——以单一正犯体系为视角》，中国人民公安大学出版社 2010 年版

(24) 任海涛：《承继共犯研究》，法律出版社 2010 年版

(25) ［日］高桥则夫：《共犯体系和共犯理论》，冯军、毛乃纯译，中国人民大学出版社 2010 年版

(26) 肖本山：《共犯过限论》，中国人民公安大学出版社 2011 年版

(27) 刘斯凡：《共犯界限论》，中国人民公安大学出版社 2011 年版

(28) 刘雪梅：《共犯中止研究》，中国人民公安大学出版社 2011 年版

(29) 李凤梅：《教唆犯论——以独立构成说为视角的建构》，中国社会科学出版社 2011 年版

(30) 王志远：《共犯制度的根基与拓展——从"主体间"到"单方化"》，法律出版社 2011 年版

(31) 刘德法：《聚众犯罪理论与实务研究》，中国法制出版社 2011 年版

(32) 袁雪：《共犯认识错误问题研究》，中国人民公安大学出版社 2011 年版

(33) 黄丽勤、周铭川：《共同犯罪研究》，法律出版社 2011 年版

(34) 邹兵：《过失共同正犯研究》，人民出版社 2012 年版

(35) 陈雄飞：《从归责与负责论共犯责任》，法律出版社 2012 年版

(36) 王光明：《共同实行犯研究》，法律出版社 2012 年版

(37) 魏东：《教唆犯研究》，中国人民公安大学出版社 2012 年版

(38) 张伟：《帮助犯研究》，中国政法大学出版社 2012 年版

(39) 吴波：《共同犯罪停止形态研究》，上海人民出版社 2012 年版

(40) 田淼：《共犯的共犯》，中国长安出版社 2013 年版

（41）田森：《共犯之共犯的规范理论研究》，中国长安出版社 2013 年版

（42）江澍：《刑法中的帮助行为》，中国社会科学出版社 2013 年版

（43）钱叶六：《共犯论的基础及其展开》，中国政法大学出版社 2014 年版

（44）林维主编：《共犯论研究》，北京大学出版社 2014 年版

（45）[日] 西田典之：《共犯理论的展开》，江溯、李世阳译，中国法制出版社 2014 年版

（46）阎二鹏：《犯罪参与体系之比较研究与路径选择》，法律出版社 2014 年版

（47）莫晓宇：《涉众型犯罪研究》，中国人民公安大学出版社 2015 年版

（48）张开骏：《共犯从属性研究》，法律出版社 2015 年版

（49）周啸天：《共犯与身份论的重构和应用》，法律出版社 2017 年版

（50）李世阳：《共同过失犯罪研究》，浙江大学出版社 2018 年版

（51）娄永涛：《共犯未遂的构造研究》，吉林大学出版社 2018 年版

（52）郑泽善：《共犯论争议问题研究》，中国书籍出版社 2019 年版

（53）叶琦：《论共同犯罪中的认识错误》，上海人民出版社 2020 年版

（54）秦雪娜：《共犯从属性研究》，中国法制出版社 2020 年版

（55）何庆仁：《共同犯罪的归责基础与界限》，中国社会科学出版社 2020 年版

（56）陆旭：《中立帮助行为研究》，中国政法大学出版社 2021 年版

（57）张伟：《非典型正犯与犯罪参与体系研究》，中国法制出版社 2021 年版

（58）张开骏：《共犯解释论》，上海大学出版社 2022 年版

上述共同犯罪著作清单展示了在我的《共同犯罪论》一书出版以后的三十多年来我国刑法学界在共同犯罪领域所取得的研究成果。这些成果绝大部分都是在各位作者答辩通过的博士学位论文进行修订的基础上出版的，由此可见在我国刑法学界博士学位论文成为学术成果的主要载体，博士研究生成为学术研究的主要

力量。从上述书单的书名可以看出,博士学位论文的选题已经从"大题大做"演变为"小题大做"。我的博士学位论文题目是共同犯罪的一级标题,而此后再也没有以共同犯罪作为博士学位论文题目的,而是共同犯罪的二级标题,甚至三级标题,例如不作为共犯、共犯之共犯、诱惑侦查等选题,甚至已经是共同犯罪的四级或者五级标题。由此可见我国关于共同犯罪研究的逐渐深入。这里还应当指出,这些著作都是以共犯为书名的作品,也就是说,是共犯的专著。至于其他涉及共犯内容的著作,则更是不胜枚举。例如何庆仁的《义务犯研究》(中国人民大学出版社2010年版)一书的第五章"义务犯的正犯原理"和第六章"义务犯与参与",就是基于义务犯而对正犯与共犯的研究。

随着我国共犯教义学的发展,我继续跟进研究,发表了相关的共同犯罪论文。这些代表我的最新共同犯罪研究成果被以附录的形式被收录在本书第三版。这次修订,将附录的内容悉数融入本书各个章节。经过修订,本书的整体与局部都有一定的改观。同时,此次修订还将近些年撰写的与共同犯罪有关的论文一并收入本书的相关章节,以充实本书的内容。例如恶势力犯罪和黑社会性质组织犯罪,是当前我国刑法学界关注的热点问题,我对此专题亦进行了研究,并形成系列论文。这次修订使这些研究成果得到吸收。当然,本书所赖以立论的基本资料还是出自本书初版时代。如果对这些资料全部进行替换,那就无异于重写本书,而这是难以做到的。因此,即便经过修订,本书的基本框架和主体内容不可能完全改变,而只能是部分内容的更替和更换。此外,本书中有些内容虽然目前似乎已经过时,例如本书"共同犯罪的单位犯罪"一章的第一节"单位犯罪概述",其中相当篇幅是在论证单位犯罪规定的正当性与必要性,因而具有明显的立法论性质,似乎与本书刑法教义学的性质存在一定的抵牾。但这部分内容成稿于20世纪80年代后期,当时我国单位犯罪的立法处于萌芽状态,对于刑法是否规定单位犯罪还存在重大争议。在这一背景下,这部分具有立法论性质的内容具有其历史价值,因而予以保留。

在本书修订过程中,最大的困难在于对本书第三版中所引案例的处理。这是

第四版出版说明

因为在本书写作的1987年，我国1979年刑法实施才不到七年，司法实践中累积的共同犯罪案例还极为有限，并且当时对案例的分析与研究还十分欠缺。在这种情况下，当时本书所引的案例都是未经加工的原始案例，对于共同犯罪理论的印证性与论证性都还极为薄弱。在本书修订过程中，对这些案例如何处理，对我来说是一个难题。近些年来，《刑事审判参考》刊登了大量权威案例，其中不仅清晰地叙述了共同犯罪案件的案情及审判过程与判决结果，而且还包含了裁判理由，对共同犯罪定罪量刑的争议问题和判决结论进行了深入的理论分析，展示了我国司法机关在个案中运用共犯教义学的实践经验，极大地充实了我国共同犯罪理论。经过努力，我采用这些具有学术含量的案例替换了前三版中只具有以案说法性质的案例，由此提升了本书的实践价值。

在本书修订过程中，我国围绕着区分制与单一制的争论不断，虽然通说还是区分制，但单一制亦有一定市场。本书可以说是在我国最早引入区分制的共同犯罪理论著作，我在本书第四版仍然坚持区分制的共犯教义学立场。区分制的特点是以正犯与共犯的二元区分为中心线索展开共犯教义学原理，值得关切的是，我国刑法采用的是共同犯罪概念，而刑法总则并没有采用正犯与共犯的概念，只是在刑法分则中规定了共犯的概念。在这种情况下，如何将共同犯罪概念和正犯与共犯的概念对接，这是一个值得关注的问题。尤其是共犯这个概念，在使用中存在一定的混乱，我认为，共同犯罪是正犯与共犯的上位概念，也就是说，共同犯罪包含了正犯与共犯。正犯是指实施犯罪构成要件行为的人，因而亦称为实行犯。共犯概念则较为复杂：广义上的共犯是共同犯罪的简称，狭义上的共犯则是相对于正犯而言的组织犯、教唆犯和帮助犯。因此，本书第四版在论述过程中，交替使用共犯一词，其含义是广义上的共犯还是狭义上的共犯，应当根据具体语境确定。

本书是以共犯教义学为皈依的著作，共犯只是刑法教义学中的一个片段，然而对共同犯罪论知识点的全面展示，要求对整个刑法教义学的知识支撑与学术底蕴。本书以共同犯罪为切入点，完整地展示了刑法教义学中的犯罪论与刑罚论的

第四版出版说明

原则与制度，尤其是涉及犯罪论的全部内容，例如构成要件论、违法性论、责任论、未完成罪、共犯之共犯、单位犯罪论、罪数论、竞合论等。可以说，共同犯罪论是刑法教义学的一个缩影或者镜像。

对旧书的修订类似于对房屋的修理，即便想要修旧如新，也还是会留下新旧斑驳的痕迹。因为学术专著是根据写作当时的法条、案例和资料进行创作的，正如一个建筑物是由建筑时的砖瓦、木料和泥沙构筑而成的。对建筑物的整修只能是对个别破损的修补和对腐朽材料的更换，而不是完全推倒重建。对专著的修订亦如此，只能替换部分过时的资料，而不可能根据现在的资料完全重写。因此，在本书经过修订以后，个别资料的重复或者观点的抵牾也许仍然存在，案例的陈旧和法条的过时也是在所难免。

特此说明。

谨识于昆明滨江俊园寓所

2021 年 8 月 23 日

增补于三亚领海寓所

2022 年 2 月 18 日

定稿于北京海淀锦秋知春寓所

2023 年 3 月 21 日

第三版出版说明

《共同犯罪论》是我的博士学位论文，1988年3月通过答辩，经过修订以后，于1992年在中国社会科学出版社出版，1995年重印过一次。2006年本书第二版被纳入中国当代法学家文库·陈兴良刑法研究专著系列在中国人民大学出版社出版了。转眼之间，十年过去了。2017年本书第三版被纳入"陈兴良刑法学"作品集出版。

这次出版，并没有对原书进行大规模的修订，而只是对相关法条进行了调整，同时将近年来我在共同犯罪领域发表的论文以附录的形式收入本书。实际上，最应该收入本书附录的是《走向共犯的教义学——一个学术史的考察》（载陈兴良主编：《刑事法评论》第25卷，北京大学出版社2009年版）。在"主编絮语"中，我指出："共犯是刑法总论中的一个重要理论问题，我国的共同犯罪理论源自苏俄刑法学，并且具有我国的特点。随着德日刑法学关于共犯的理论引入我国，我国经历了一个从共同犯罪论到共同犯罪理论的演变过程，理论研究也越来越深入，这是值得肯定的。本文在对学术史的资料进行梳理的基础上，对有关共犯的理论问题也发表了个人的见解。"因此，本书只能归入前共同犯罪理论的

第三版出版说明

著作，也可以说是对共同犯罪理论的集大成，只是在观点上和资料上都已经陈旧。在《走向共犯的教义学——一个学术史的考察》一文中，我对《共同犯罪论》出版以后，我国共同犯罪理论的演进过程做了较为详尽的梳理，对于了解本书出版以后的25年来，我国在共同犯罪理论研究领域取得的成果具有参考价值。因为该文已经作为《刑法的知识转型（学术史）》的一章编入该书，为避免重复，所以未将该文纳入本书的附录。

如前所述，《共同犯罪论》反映的是20世纪80年代关于共同犯罪的学术研究成果，现在已经完全落伍了。但因为时间和精力有限，不可能进行大规模的修订。那样的话，无异于重写。因此，这次第三版只能以这样一种抱残守缺的面目呈现给读者。这是令人遗憾的，也是本书的宿命。

谨识于北京海淀锦秋知春寓所
2017年6月4日

第二版出版说明

《共同犯罪论》是我在博士学位论文基础上修订的一部著作,也是唯一的一部严格意义上的刑法专著——围绕某一专题展开的学术论著。该书的主体部分写于1987年上半年,因为我清楚地记得在9月份开学之初,我就把博士学位论文的初稿交给了导师高铭暄教授。博士学位论文答辩时约28万字,在出版前又作了修订,增加到45万字。博士学位论文是在1988年3月答辩通过的,一直到1992年6月才由中国社会科学出版社出版,1995年8月又重印过一次,现在在坊间已不见本书的踪影。《共同犯罪论》(第一版)出版以后,1994年获北京市第三届哲学社会科学优秀成果一等奖。

共同犯罪是刑法学中的一个重大课题,也是大陆法系刑法理论中最为精致,甚至是烦琐的一个论题。我对共同犯罪问题的关注并非来自兴趣,而是起因于本科阶段刑法总论的考试。我大约是在大二的下学期开始学习刑法的,任课老师是北京大学法学院"刑法三杨"之一的杨敦先老师,另二杨是杨春洗老师和杨殿升老师。我们都知道,我国第一部刑法是于1979年7月1日通过并于1980年1月1日正式施行的。而我是在1979年9月开始学刑法的,这时刑法刚颁布2个月、

第二版出版说明

尚未实施。当时根本就没有刑法教科书，甚至连刑法讲义也没有。杨敦先老师当时正值盛年，除在校内讲课以外，还承担着社会上普及刑法的使命。杨老师一手拿着刑法条文，一手拿着刑法宣讲提纲，给我们讲授刑法总论。当时我国刑法学随着刑法的颁布刚刚复苏，资料十分匮乏，对刑法的理解也局限在法条释义上。杨老师的讲课紧密结合司法实践，注重刑法的实践理性。我的感觉是，好像我们学完刑法就要到法院办案，十分实用。而我当时对形而上的法理正有兴趣，因而刑法学得并不扎实。果然，考试时出了问题：我对共同犯罪中的主犯、从犯、胁从犯和实行犯、教唆犯、帮助犯这两套分类法混淆，因而在进行案例分析时答案错被扣分，刑法总论的考试只得了一个良好。这对我的上进心是一个不小的挫折。及至硕士研究生时开始专攻刑法，我下决心非把共同犯罪问题搞清楚不可。因此，我最初发表的论文基本上都是以共同犯罪为题的，例如我的第一篇论文《论我国刑法的间接正犯》［载《法学杂志》，1984（1）］和第二篇论文《论教唆犯的未遂》［载《法学研究》，1994（2）］等。在博士学位论文选题的时候，经高老师同意，将题目定为共同犯罪。共同犯罪是刑法教科书的二级标题，现在以此作为博士学位论文题目是难以想象的，通常选择刑法教科书的三级标题，甚至四级标题作为博士学位论文题目。在为我的本书写的序中，马克昌教授曾经回顾了德、日、苏等国家刑法学界的共同犯罪学说史，以日本而论，大塚仁的《间接正犯研究》（1958年）、西原春夫的《间接正犯理论》（1962年）、西田典之的《共犯与身份》（1982年），如果我没有记错的话，都是他们的博士学位论文。而这些都是刑法教科书的三级标题，可见日本共同犯罪研究的深入程度。在我写共同犯罪博士学位论文的时候，国外的资料还十分罕见，我只能翻故纸堆，从图书馆的阴暗角落翻检民国时期的论著、新中国成立初期的苏联论著，以及零星介绍过来的现代外国刑法论著。在这种情况下，我开始了对共同犯罪的理论跋涉，这是一种与故纸堆中的故人的学术对话，在写作的那段时间，我分明感到精神上的寂寞与孤独。现在看来，本书也只是达到了当时学术条件下所能达到的水准。当然，本书在出版以后对司法实务还是具有一定影响的，因而受到欢迎与好评。但

第二版出版说明

以今天的眼光看来，资料的陈旧，论证的粗疏，都是难以原谅的。我想，现在让我再写一遍，我一定能比过去写得更好。可是，历史是无法更改的，今天我也没有能力再作大的修订。在这种情况下，我只是根据1997年刑法和此后的司法解释，对本书作了有限的补正。在本书（第一版）出版以后，我又对共同犯罪的某些专题作过研究，例如共同犯罪与身份、间接正犯等。这些成果未能在第一版中得到反映。为使读者对我国关于共同犯罪的立法修订过程有所了解，我在本书末附录了两篇论文：一篇是《晚近刑事立法中的共同犯罪现象及其评释》[载《法学》，1993（1）]。该文主要是对1979年刑法实施后单行刑法中关于共同犯罪的规定进行了评述。另一篇是《历史的误读与逻辑的误导——评关于共同犯罪的修订》（载陈兴良主编：《刑事法评论》，第2卷，北京，中国政法大学出版社，1998）。该文主要是对1997年刑法就共同犯罪修订的内容进行了评述。上述两文，对于完整地理解我国共同犯罪的立法演变具有一定的参考价值。

俗话曰："时过境迁"。这里的"时"是指时间关系，这是的"境"是指空间关系。每个人都生活在一定的时空之中，时过境迁意味着这种时空转换的必然性。对于我来说，物理上的时空变化是难以抗拒的，精神上则难免有时空停滞的效应。某一个时期，对于我们来说，是永远定格的，它不会时过境迁。博士学位论文就是这样一个永远定格的时点的载体，翻检它就会令人想起那艰难的求学年代。

谨识于北京大学法学院科研楼609工作室
2006年6月12日

前　　言

苏俄著名的刑法学家 A．H．特拉伊宁指出："共同犯罪的学说，是刑法理论中最复杂的学说之一。"① 我之所以选择共同犯罪作为博士学位论文的题目，绝不是为了满足解决复杂问题的好胜心，而是因为共同犯罪问题不仅在司法实践中具有十分重要的意义，而且在刑法理论中占有十分重要的地位，这对我产生了极大的诱惑力。

在司法实践中，共同犯罪是经常发生的犯罪形态之一。我曾对某基层法院于1985年审理的刑事犯罪案件做过统计：该法院全年共审理刑事案件120个，案犯160人，其中：共同犯罪案件26个，占案件总数的21.67%；共同犯罪人60个，占案犯总数的37.5%。这个数字大体上正确地反映了共同犯罪案件在全部刑事犯罪案件中所占的比例。共同犯罪案件具有一定的复杂性，如何正确地对共同犯罪进行定罪量刑，就成为保证刑事审判工作质量的一个重要问题。

研究共同犯罪问题不仅具有实际意义，在刑法理论上也是一个重要课题。自

---

① ［苏］A.H. 特拉伊宁：《犯罪构成的一般学说》，王作富等译，231页，北京，中国人民大学出版社，1958。

前言

从近代刑法学作为一门独立的学科诞生以来，共同犯罪一直是刑法学家热衷于研究的传统问题。正如日本刑法学家西村克彦所指出的："共犯，几乎成了永恒的主题。"[①] 在共同犯罪的研究领域内，众说纷纭，学派林立，观点聚讼，历久不衰。历史上的共同犯罪理论作为文化遗产能给我们以启迪，但是，共同犯罪恰恰也正是被历史上的刑法学家搞得混乱不堪的问题之一。我国刑法学界对共同犯罪的研究起步于 20 世纪 50 年代。1957 年法律出版社出版了李光灿同志的专著《论共犯》，虽然只有 3 万字，但在当时的历史条件下是十分难能可贵的。对共同犯罪的真正研究，还是在 1979 年刑法颁行以后，尤其是在 1983 年全国人大常委会《关于严惩严重危害社会治安的犯罪分子的决定》颁布以后，犯罪团伙问题曾经引起全国范围的广泛讨论，使共同犯罪的研究呈现一派生机勃勃的景象。值得一提的是，1986 年吉林人民出版社出版了吴振兴同志的专著《论教唆犯》；1987 年中国政法大学出版社出版了李光灿、马克昌、罗平同志的专著《论共同犯罪》；同年，中国政法大学出版社还出版了林文肯、茅彭年同志的专著《共同犯罪理论与司法实践》。这些关于共同犯罪的专著加上在各法学刊物上发表的关于共同犯罪的论文极大地丰富了我国刑法学理论，并为本书的写作打下了地基。因此，共同犯罪是一个具有理论意义的重大课题。建立具有中国特色的共同犯罪理论，成为我们这一代刑法理论工作者责无旁贷的任务。

在前人研究的基础上，本书根据我国的刑事立法与司法，并借鉴外国立法例，对共同犯罪作了系统、全面的研究。我愿将本书奉献给我国刑法学界，为中国刑法理论的繁荣发展尽我绵薄之力。由于本人才疏学浅，本书无论是在观点的论证还是在文字的表达上，都不乏值得进一步商榷与推敲之处，敬请刑法学界的各位师长同仁不吝赐教。

---

① ［日］西村克彦：《东西方的共犯论》，载《国外法学资料》，1982（1），20 页。

总目录

上篇 总论

第一章 共同犯罪的中外立法史

第二章 共同犯罪的现行立法史

第三章 共同犯罪的学术史

第四章 共同犯罪的区分制与单一制

第五章 共同犯罪的基础理论

第六章 共同犯罪行为

第七章 共同犯罪故意

第八章 共犯形态Ⅰ：对合犯罪 聚众犯罪 集团犯罪

第九章 必要共犯Ⅱ：恶势力犯罪

第十章 共犯形态Ⅲ：黑社会性质组织犯罪

第十一章 共犯的分类

第十二章 主　犯

第十三章　从　犯

第十四章　胁从犯

第十五章　教唆犯

下篇　各论

第十六章　共同犯罪的因果关系

第十七章　共同犯罪的中立帮助

第十八章　共同犯罪的片面共犯

第十九章　共同犯罪的实行过限

第二十章　共同犯罪的认识错误

第二十一章　共同犯罪的不作为犯

第二十二章　共同犯罪的过失犯罪

第二十三章　共同犯罪的单位犯罪

第二十四章　共同犯罪的未完成形态

第二十五章　共同犯罪的共犯形态

第二十六章　共同犯罪的罪数形态

第二十七章　共同犯罪的间接正犯

第二十八章　共犯行为的正犯化

第二十九章　共同犯罪的数额犯

第三十章　共同犯罪的身份犯

第三十一章　共同犯罪的连累犯

第三十二章　共同犯罪的刑事诉讼

主要参考书目

索　引

后　记

上册目录

上 篇 总 论

第 一 章 共同犯罪的中外立法史 ……………………………… (3)
  第一节 共同犯罪的中国立法史 ……………………………… (3)
  第二节 共同犯罪的外国立法史 ……………………………… (23)

第 二 章 共同犯罪的现行立法史 ……………………………… (38)
  第一节 共同犯罪的立法背景概述 ……………………………… (38)
  第二节 1979年《刑法》的共犯立法 ……………………………… (46)
  第三节 1997年《刑法》的共犯立法 ……………………………… (64)

第 三 章 共同犯罪的学术史 ……………………………… (89)
  第一节 共犯观念的嬗变 ……………………………… (89)
  第二节 共犯二重性说的衰败 ……………………………… (97)
  第三节 部分犯罪共同说的接受 ……………………………… (106)
  第四节 共犯处罚论的引入 ……………………………… (118)

　　　　　　　第五节　共犯教义学的转型……………………………………（127）
第 四 章　共同犯罪的区分制与单一制……………………………………（153）
　　　　　　　第一节　正犯与共犯的区分制……………………………………（153）
　　　　　　　第二节　正犯与共犯的单一制……………………………………（161）
　　　　　　　第三节　区分制与单一制的抉择…………………………………（167）
第 五 章　共同犯罪的基础理论……………………………………………（172）
　　　　　　　第一节　共同犯罪的性质…………………………………………（172）
　　　　　　　第二节　共同犯罪的范围…………………………………………（206）
　　　　　　　第三节　共同犯罪的构成…………………………………………（230）
第 六 章　共同犯罪行为……………………………………………………（240）
　　　　　　　第一节　共犯行为概述……………………………………………（240）
　　　　　　　第二节　正犯行为…………………………………………………（255）
　　　　　　　第三节　组织行为…………………………………………………（285）
　　　　　　　第四节　教唆行为…………………………………………………（289）
　　　　　　　第五节　帮助行为…………………………………………………（296）
第 七 章　共同犯罪故意……………………………………………………（303）
　　　　　　　第一节　共犯故意概述……………………………………………（303）
　　　　　　　第二节　正犯故意…………………………………………………（315）
　　　　　　　第三节　组织故意…………………………………………………（321）
　　　　　　　第四节　教唆故意…………………………………………………（325）
　　　　　　　第五节　帮助故意…………………………………………………（333）
第 八 章　共犯形态Ⅰ：对合犯罪　聚众犯罪　集团犯罪………………（338）
　　　　　　　第一节　共犯形态概述……………………………………………（338）
　　　　　　　第二节　对合犯罪…………………………………………………（348）
　　　　　　　第三节　聚众犯罪…………………………………………………（358）
　　　　　　　第四节　集团犯罪…………………………………………………（369）
第 九 章　必要共犯Ⅱ：恶势力犯罪………………………………………（375）
　　　　　　　第一节　恶势力犯罪概念的演变…………………………………（375）

	第二节 恶势力犯罪的特征	(385)
	第三节 恶势力集团犯罪的认定	(398)
第 十 章	共犯形态Ⅲ：黑社会性质组织犯罪	(406)
	第一节 黑社会性质组织犯罪概述	(406)
	第二节 黑社会性质组织犯罪的组织特征	(408)
	第三节 黑社会性质组织的经济特征	(422)
	第四节 黑社会性质组织的行为特征	(435)
	第五节 黑社会性质组织的危害性特征	(442)
第十一章	共犯的分类	(455)
	第一节 共犯分类的比较研究	(455)
	第二节 共犯分类的立法规定	(463)
第十二章	主 犯	(476)
	第一节 主犯的概念	(476)
	第二节 主犯的认定	(483)
	第三节 主犯的处罚	(485)
第十三章	从 犯	(504)
	第一节 从犯的概念	(504)
	第二节 从犯的认定	(510)
	第三节 从犯的处罚	(515)
第十四章	胁从犯	(521)
	第一节 胁从犯的概念	(521)
	第二节 胁从犯的认定	(527)
	第三节 胁从犯的处罚	(539)
第十五章	教唆犯	(543)
	第一节 教唆犯的概念	(543)
	第二节 教唆犯的认定	(560)
	第三节 教唆犯的处罚	(570)

上 篇

总 论

第一章
共同犯罪的中外立法史

作为犯罪的一种特殊形态,共同犯罪和单独犯罪具有同样悠久的历史。然而,在刑事立法上以法条的形式确立共同犯罪制度,经历了一个漫长的演变过程。对共同犯罪的历史沿革进行考察,对于研究我国刑法中的共同犯罪制度,建立具有我国特色的共犯教义学理论,无疑具有重要的意义。

第一节 共同犯罪的中国立法史

一、中国古代刑法中的共同犯罪

我国春秋战国以前的刑法中是否存在共同犯罪的规定,到目前为止还没有得到法律文献的确凿证明,但从后世的文献资料中可以发现当时十分成熟的处理共同犯罪的原则。例如《尚书·胤征》有"歼厥渠魁,胁从罔治"的记载:歼是灭,引申为都处死刑。渠是巨的古体字,是巨的借字,巨是大。魁是头,引申为头领。胁是威迫。从是随从。罔是不。治是问罪。"歼厥渠魁,胁从罔治"是指

对首恶分子应当处以死刑,对于那些胁从分子则不予问罪。作为记载夏朝的历史文献,《尚书·胤征》确定的处理共同犯罪和犯罪集团的原则,具有较高的政策水平。从比较法制史的角度来考察,在目前已知的文明古国中,唯有我国在距今四千年前就确定了这一处罚共同犯罪和犯罪集团的原则。这一原则对共犯区分首犯与胁从,对首犯是必歼,对胁从是罔治,这就是依据参与者在共同犯罪或者犯罪集团中的地位以及所起的作用,确定应负的刑事责任。在当时的历史条件下,确实是一种先进的刑法制度。① 及至西周,《尚书·周书·康诰》记载:"凡民自得罪,寇攘奸宄,杀越人于货,暋不畏死,罔弗憝。"据《集传》的解释,自得罪是指非为人诱陷。由此可知,凡罪犯不是因为他人的诱陷而犯罪的,都应单独承担刑事责任,从而推断诱陷者与被诱陷者的存在以及主犯与从犯的区别。

根据古代文献的记载,直到战国时期,共同犯罪的规定才见诸法律。战国时魏文侯相李悝所撰《法经·杂律》规定:"越城,一人则诛,自十人以上夷其乡及族,曰城禁。"根据这一规定,十人以上越城,危害性大于一人越城,因此加重其刑。这就是对共同犯罪加重处罚原则的肇始。

(一)《秦律》关于共同犯罪的规定

在《秦律》中,共同犯罪的规定散见于各处,还没有形成统一的共同犯罪的概念及处罚原则。从1975年出土的睡虎地秦墓竹简来看,《秦律》关于共同犯罪的规定体现了下述原则。

1. 共同犯罪加重处罚原则

《秦律》继承《法经》的立法精神,实行对共同犯罪加重处罚的原则。睡虎地秦墓竹简的《法律答问》指出:"五人盗,臧(赃)一钱以上,斩左止,有(又)黥以为城旦;不盈五人,盗过六百六十钱,黥劓(劓)以为城旦;不盈六百六十到二百廿钱,黥为城旦;不盈二百廿以下到一钱,迁(迁)之。"② 根据

---

① 参见宁汉林:《中国刑法通史》,第二分册,164页,沈阳,辽宁大学出版社,1986。
② 《睡虎地秦墓竹简》,150页,北京,文物出版社,1978。

这一规定，五人共同行盗，赃物在一钱以上，就要断足并黥为城旦；不满五人，盗窃超过六百六十钱的，才黥为城旦；不满六百六十钱而在二百二十钱以上，仅黥为城旦。至于不满二百二十钱而在一钱以上的，只处以流刑。显然，除赃物的数额以外，共同犯罪人数的多少，是处罚轻重的一个决定性因素。

2. 共同犯罪的共谋定罪原则

《秦律》对于偶然在一起共同作案，而互相之间主观上没有共同犯罪故意的，不以共犯论处，分别以单独犯罪论处。例如《法律答问》指出："甲乙雅不相智（知），甲往盗丙，毚（才）到，乙亦往盗丙，与甲言，即各盗，其臧（赃）直（值）各四百，已去而偕得。其前谋，当并赃（赃）以论；不谋，各坐臧（赃）。"① 这就是说，甲乙如果有预谋，就属于共同犯罪，因此应将两人赃数合并一起而论，没有预谋，就应以所盗赃数分别论处。

3. 共同犯罪中的教唆犯加重处罚原则

《秦律》对唆使他人犯罪的谋遣者规定加重处罚。《法律答问》指出："人臣甲谋遣人妾乙盗主牛，买（卖），把钱偕邦亡。出徼，得，论各可（何）殹（也）？当城旦黥之，各畀主。"② 这里的谋遣既包含有主谋的意义，也含有指使、唆使的意义。谋遣者既可以是共同犯罪中的主谋者，也可以是共同犯罪中的指使者。在《法律答问》所记载的上述案例中，甲既是犯罪的主谋者，又是犯罪的指使者，他虽然没有参加盗窃犯罪，后与乙一同携赃逃跑，应处以同一之刑。

(二)《汉律》关于共同犯罪的规定

汉承秦制，刑法关于共同犯罪的规定也是如此。《汉律》虽然已经失传，但根据有关历史文献，还是可以归纳出《汉律》关于共同犯罪之规定的特点。

---

① 《睡虎地秦墓竹简》，156页，北京，文物出版社，1978。
② 《睡虎地秦墓竹简》，152页，北京，文物出版社，1978。

1. 《汉律》特别注重追究共同犯罪中的首恶犯与造意犯的刑事责任

关于首恶，《汉书》记载："偃本首恶，非诛偃无以谢天下，乃遂族偃。"① 关于造意，《魏志》记载："太祖怒收逵等，当送狱取造意者，逵即言我造意，遂走诣狱。"② 《汉律》这种严惩首恶犯与造意犯的立法精神，对于《唐律》"诸共犯罪，造意为首"的共同犯罪规定具有重大影响。

2. 《汉律》注重追究教唆犯的刑事责任

《汉律》有使人杀人的规定，这从《汉书》的一系列记载中可以知其大概。例如，《汉书》指出："嗣侯毋害，本始二年坐使人杀兄弃市。武安侯慢，元寿二年坐使奴杀人免。乐侯义坐使人杀人，髡为城旦。阳兴侯昌坐朝私留它县，使庶子杀人，弃市。富侯龙，元康元年坐使奴杀人，下狱瘐死。"③ 这里的使人杀人就是指使他人去杀人，相当于《唐律》中的教令犯、现代刑法中的教唆犯。从对使人杀人者的处罚来看，有弃市、有免（免去爵位）、有髡为城旦等。上述使人杀人虽只是个案记载，还不是一般性的规定，但任何法律制度的发展都是一个从个别到一般的过程，正是在对《汉律》使人杀人的大量个案的总结与概括的基础上，形成了《唐律》关于教令犯的规定。因此，《汉律》处罚使人杀人的规定，对于《唐律》关于教令犯的规定具有重大影响。

3. 《汉律》关于谋杀的规定

《汉书》记载："嗣博阳侯陈塞，坐谋杀人，會（会）赦免。"④ 又如，《汉书》载："律曰：'斗以刃伤人，完为城旦，其贼加罪一等，与谋者同罪'。"⑤ 在继承《汉律》关于谋杀的规定的基础上，《唐律》在贼盗律中明文规定了谋杀的刑事责任，这在一定程度上也是受到了《汉律》的影响。

---

① 《汉书·主父偃传》。
② 《魏志·贾逵传》。
③ 《汉书·王子侯表》。
④ 《汉书·功臣表》。
⑤ 《汉书·薛宝传》。

第一节 共同犯罪的中国立法史

以上对《秦律》和《汉律》关于共同犯罪的规定进行了初步考察，可以看出，《秦律》和《汉律》对共同犯罪虽然还没有概括性的一般规范，但已经出现了一系列共同犯罪的个别规范和重要概念，这些规范和概念对《唐律》产生了重大影响，可以明显地看出《唐律》与《秦律》、《汉律》之间在关于共同犯罪的规定上的继承关系。因此，《秦律》和《汉律》是我国封建刑法中的共同犯罪制度发展过程中的一个十分重要的阶段。

晋人张斐是我国历史上对共同犯罪理论具有重要贡献的第一个刑法学家。张斐的《律表》对共同犯罪的重要概念从学理上加以概括，至今成为我们理解我国古代刑法关于共同犯罪规定的重要依据。张斐指出："唱首先言谓之造意，二人对议谓之谋，制众建计谓之率，三人谓之群。"① 这些解释言简意赅，是对《晋律》关于共同犯罪的规定的理论抽象与提炼，并为《唐律》建立完备的共同犯罪制度奠定了理论基础。

(三)《唐律》关于共同犯罪的规定

《唐律》是我国古代刑法的楷模，各种刑法制度在《唐律》中都发展到了登峰造极的地步，共同犯罪制度也不例外。《唐律》对共同犯罪的规定分为总则性规范和分则性规范两大类，前者是对共同犯罪的一般规定，后者是对个别罪名的共同犯罪的规定。现将《唐律》中的共同犯罪的规定分述如下。

1.《唐律》关于共同犯罪区分首犯与从犯的规定

《唐律》指出："诸共犯罪者，以造意为首，随从者减一等。"② 根据《唐律疏议》的解释，共犯罪者，谓二人以上共犯，以先造意者为首，余并为从。③ 我认为，这里所谓共犯罪，是指共同实行犯罪，亦即现代刑法中的共同正犯。在共同正犯中，唱首先言的造意犯应负主要的刑事责任，其他随从者承担次要的刑事

---

① 《晋书·刑法志》。
② 《唐律疏议》，115页，北京，中华书局，1983。
③ 参见《唐律疏议》，116页，北京，中华书局，1983。

责任。

2.《唐律》关于家人共犯罪止坐尊长的规定

所谓家人共犯,根据《唐律疏议》的解释,是指祖、父、伯、叔、子、孙、弟、姪共犯。① 这些人共同犯罪,依照《唐律》的规定,只处罚尊长,卑幼无罪。如果尊长依法不受处罚,例如尊长八十以上、十岁以下或犯有笃疾,则归罪于次尊长。但如果家人共犯盗窃财物(侵)与斗殴杀伤(损)之类的犯罪,则不适用上述止坐尊长的原则,而以凡人首从论。例如,家人共杀伤人,如果尊长是造意犯,则尊长为首,余者为从,都应受处罚。

3.《唐律》关于外人和监临主守的官吏共同犯罪的规定

《唐律》规定:"即共监临主守为犯,虽造意,仍以监主为首,凡人以常从论。"② 这就是说,外人与监临主守的官吏共同犯罪,虽外人造意,仍以监临主守的官吏为首犯,外人以从犯论处。例如,外人唱首先言,勾结主管仓库的官吏共同盗窃库绢五匹,虽然由外人造意,仍以监主为首,处二年徒刑;外人则依常盗的从犯论处,合杖一百。③《唐律》规定加重封建官吏的刑事责任,主要是为了更好地维护封建地主阶级的利益。

4.《唐律》关于某些犯罪不分首从的规定

《唐律》规定:"若本条言'皆'者,罪无首从;不言'皆'者,依首从法。"④《唐律疏议》以贼盗律为例解释说,本条规定"谋杀期亲尊长、外祖父母,皆斩"。在这种言"皆"的情况下,就没有首从可言。本条规定"谋杀人者,徒三年。假有二人共谋杀人,未行事发,造意者为首,徒三年;从者徒二年半"。在这种不言"皆"的情况下,就应区分首从。⑤ 除本条言"皆"者外,《唐律》

---

① 参见《唐律疏议》,116 页,北京,中华书局,1983。
② 《唐律疏议》,116 页,北京,中华书局,1983。
③ 参见《唐律疏议》,116 页,北京,中华书局,1983。
④ 《唐律疏议》,117 页,北京,中华书局,1983。
⑤ 参见《唐律疏议》,117 页,北京,中华书局,1983。

还规定:"即强盗及奸,略人为奴婢,犯阑入;若逃亡及私度、越度关栈垣篱者,亦无首从。"① 那么,这些犯罪为什么也不分首从呢?《唐律疏议》指出,强盗之人,各肆威力;奸者,身并自犯,不为首从。略人为奴婢者,理与强盗义同,阑入者,谓阑入宫殿及应禁之所,各自身犯,亦无首从。其他应征逃亡及私度、越度关栈垣篱者,均以正犯论处,亦不分首从。② 由此可见,不分首从的犯罪除有些是严重危害封建统治阶级利益与秩序的以外,还有些是各肆威力或者各自身犯的犯罪,这些犯罪的构成具有某些特点,即虽然是共同实施,但又具有各自犯罪的性质,因而从立法技术上考虑,对其不分首从,这种对共同犯罪规定的细致区分,表明《唐律》关于共同犯罪的立法达到了相当高的水平。

5.《唐律》关于谋杀的规定

《唐律》规定:"诸谋杀人者,徒三年;已伤者,绞;已杀者,斩。从而加功者,绞;不加功者,流三千里。造意者,虽不行仍为首。即从者不行,减行者一等。"③ 这是关于谋杀罪的一般规定。这里所谓谋杀,根据《唐律疏议》的解释,是指二人以上,若事已彰露,欲杀不虚,虽独一人,亦同二人谋法。④ 这就是说,杀人可能是一人所为,但事先有二人以上谋议的,仍以谋杀论处。如果造意的人没有亲自杀人,仍为首犯。这里的造意者,就相当于现代刑法中的教唆犯。所谓加功,根据《唐律疏议》的解释,是指同谋共杀,杀时加功,虽不下手杀人,当时共相拥迫,由其遮遏,逃窜无所,既相因藉,始得杀之,如此经营,皆是加功之类。⑤ 我国学者认为这种加功者就是帮助犯⑥,我认为,这种加功者应是次要的正犯,与起辅助作用的帮助犯还是有所区别的。《唐律》还规定,谋杀

---

① 《唐律疏议》,117页,北京,中华书局,1983。
② 参见《唐律疏议》,117页,北京,中华书局,1983。
③ 《唐律疏议》,329页,北京,中华书局,1983。
④ 参见《唐律疏议》,329页,北京,中华书局,1983。
⑤ 参见《唐律疏议》,329页,北京,中华书局,1983。
⑥ 参见吴振兴:《论教唆犯》,27页,长春,吉林人民出版社,1986。

各级官吏、卑幼谋杀尊长、部曲奴婢谋杀主、妻妾谋杀故夫之祖父母父母,应加重处罚;而对尊长谋杀卑幼的则减轻处罚。这些规定在一定程度上体现了封建等级制度。

6.《唐律》关于共谋伤害的规定

《唐律》规定:"诸同谋共殴伤人者,各以下手重者为重罪,元谋减一等,从者又减一等;若元谋下手重者,余各减二等;至死者,随所因为重罪。"① 根据《唐律疏议》的解释,同谋共殴伤人,是指二人以上,同心计谋,共殴伤人。例如,甲乙丙丁谋殴伤人,甲为元谋,乙下手最重,殴人一支折。以下手重者为重罪,乙合徒三年;甲是元谋,减一等,合徒二年半,丙丁等为从,又减一等,合徒二年。② 《唐律》关于共谋伤害下手重者为重罪的规定,是名例律中造意为首的原则的例外,体现了《唐律》中共同犯罪立法的灵活变通以及对具体情节的细致规定。

7.《唐律》关于共同窃盗的规定

《唐律》规定:"诸共盗者,併赃论。"③ 根据《唐律疏议》的解释,如果十人共同窃盗十匹,每人分得一匹,亦各应以窃盗十匹论罪。④ 对共同窃盗予以併赃论罪,明显地看出《唐律》对共同犯罪处罚不同于单独犯罪的特点。

以上概览了《唐律》关于共同犯罪的规定,由此可以看出,《唐律》关于共同犯罪的规定,全面细致,在古代刑法中达到相当完备的程度,因而完全或基本上为后世历代封建王朝所沿用。自唐以后,宋、元、明、清的刑律都承袭了《唐律》关于共同犯罪的规定,无大变动。

---

① 《唐律疏议》,390页,北京,中华书局,1983。
② 参见《唐律疏议》,390页,北京,中华书局,1983。
③ 《唐律疏议》,375页,北京,中华书局,1983。
④ 参见《唐律疏议》,375页,北京,中华书局,1983。

二、我国近代刑法中的共同犯罪

(一)《大清新刑律》关于共同犯罪的规定

我国历史上的共同犯罪制度的重大变革始于1911年公布的《大清新刑律》。在此以前,1910年颁行的《大清现行刑律》关于共同犯罪的规定,仍然沿袭《唐律》。而《大清新刑律》则引入了西方刑法中的共同犯罪制度,使共同犯罪制度从内容到形式都发生了深刻的变化。《大清新刑律》关于共同犯罪的规定具有如下六个特点。

1.《大清新刑律》对共同犯罪人实行正犯、从犯和教唆犯三分法

我国古代刑法对共犯的分类,都是按参与者在共同犯罪中的作用,分为首犯与从犯。这种两分法自《唐律》确定以后沿袭近千年而不改。但《大清新刑律》则完全摈弃了这种首犯与从犯的二分法,而按共同犯罪人在共同犯罪中的分工,分为正犯(实行犯)、从犯(帮助犯)和造意犯(教唆犯)。

2.《大清新刑律》对共同犯罪的规定体现了以行为为中心的刑法客观主义立场

近代西方的早期刑法是以行为为中心而建立起来的,共同犯罪制度也是如此。这种行为中心论的刑法客观主义对《大清新刑律》产生了一定的影响。例如,《大清新刑律》对共同犯罪的规定,以正犯为中心,第29条规定:"二人以上共同实施犯罪之行为者,皆为正犯,各科其刑。于实施犯罪行为之际帮助正犯者,准正犯论。"《大清新刑律》规定教唆犯依正犯之例处断,帮助犯得减正犯之刑一等或二等。由此可见,教唆犯与帮助犯的刑事责任都是以正犯为标本的,正犯是共同犯罪的中心。

3.《大清新刑律》明确规定了造意犯和从犯的概念,使共犯分类得以完善

《大清新刑律》第30条规定:"教唆他人使之实施犯罪之行为者,为造意犯。"第31条规定:"于实施犯罪行为以前帮助正犯者,为从犯。"这些规定虽然

使用的是封建刑法中的术语，例如造意犯、从犯等，但内容却是全新的。在以《唐律》为楷模的我国古代刑法中，造意犯是指共同正犯中的唱首先言者。[①] 在一般情况下，造意犯也是参与实施犯罪的，《唐律》涉及造意犯不行的情况，只是例外。因此，《唐律》中的造意犯与现代刑法中的教唆犯全然不同。[②]《唐律》中规定的教令犯，是指非身自行，乃唆使他人犯罪的人，它不包括于所谓共犯罪之内。根据《唐律》，教令人虽非与被教令人共同加功，但在法律上，被教令人的行为视同教令人的行为。教令犯的成立，系于被教令人的正犯行为，如其系既遂或未遂，教令犯亦同。至于被教令人有无责任能力、其责任形式、违法性及身份等，与教令人无关。因此，所谓间接正犯仍为教令犯。[③] 由此可知，在某种意义上说，现代刑法中的教唆犯与间接正犯都包括在教令犯这个概念中，《唐律》没有独立的教唆犯的概念，帮助犯也是如此。因此，正如日本刑法学家西村克彦指出：在《唐律》里，除"共（共同）犯罪者（正犯）"之外，并没有设立像人们所说的教唆或是帮助这样的与共犯罪者（正犯）相对立存在的概念，来作为一般的共犯类型。其原因，使用滋贺教授的话来说，就是：并不是嫌区别它们麻烦，而是在于要把更为广泛的犯罪的协力行为认定为"犯罪"行为。[④] 可以认为，《唐律》不设教唆犯与帮助犯的规定，是其共同犯罪制度的一大缺陷，而《大清新刑律》则在一定程度上扭转了这种局面，对我国刑法中共同犯罪制度的发展产生了深远的影响。

4.《大清新刑律》规定了共同犯罪的竞合和在身份犯的情况下如何处罚共犯的问题

《大清新刑律》第32条规定："于前教唆或帮助，其后加入实施犯罪之行为者，从其所实施者处断。"根据这一规定，《大清新刑律》对共同犯罪的竞合是采

---

① 参见戴炎辉：《中国法制史》，3版，80页，台北，三民书局，1979。
② 参见吴振兴：《论教唆犯》，24页，长春，吉林人民出版社，1986。
③ 参见戴炎辉：《中国法制史》，3版，81页，台北，三民书局，1979。
④ 参见[日]西村克彦：《东西方的共犯论》，载《国外法学资料》，1982（1），21页。

取正犯行为吸收共犯行为的原则。《大清新刑律》第33条规定:"凡因身分成立之罪,其教唆或帮助者虽无身分,仍以共犯论。因身分致刑有轻重者,其无身分之人,仍科通常之刑。"根据这一规定,教唆或帮助他人实行以身份为构成要件的犯罪,即使教唆犯或帮助犯没有身份,仍然可以构成该罪的共犯。如果身份对量刑具有影响的,对没有身份的共犯仍科以通常之刑。这些规定对于共同犯罪的定罪与量刑都具有一定的意义,并且丰富了共同犯罪的法律制度。

5.《大清新刑律》还规定了片面共犯和过失共犯

《大清新刑律》第34条规定:"知本犯之情而共同者,虽本犯不知共同之情,乃以共犯论。"从这个规定来看,《大清新刑律》中的片面共犯包括片面正犯、片面教唆犯和片面帮助犯。《大清新刑律》第35条规定:"于过失罪有共同过失者,以共犯论。"第36条规定:"值人故意犯罪之际,因过失而助成其结果者,准过失共同正犯论;但以其罪应论过失者为限。"应该说,《大清新刑律》对过失共犯的规定是扩大了共同犯罪的范围,因而不科学。至于关于片面共犯的规定及其范围,也不无讨论的余地。

6.《大清新刑律》在分则中还对个别罪名的共同犯罪作了具体规定

《大清新刑律》第26章杀伤罪第315条规定:"犯前二条之罪,当场助势而未下手者,以从犯论。"第316条规定:"二人以上同时下手伤害一人者,皆以共同正犯论。同时伤害二人以上者,以最重之伤害为标准,皆以共同正犯论。其当场助势而下手未明者,以前二项之从犯论。"显然,这与总则关于准正犯的规定是有矛盾的,在这里主要考虑的是行为人在共同犯罪中的作用。此外,《大清新刑律》第320、321、322、323条等条文还规定了教唆自杀的犯罪,这是对总则关于造意犯规定的补充。

《大清新刑律》关于共同犯罪的规定,虽然存在不少缺陷,但从总体上说,是对我国古代刑法的共同犯罪制度的重大变革,具有一定的历史意义。但《大清新刑律》1911年颁布以后未及施行,就于同年爆发了辛亥革命。

辛亥革命以后,建立了中华民国。1912年3月11日,袁世凯一上台,就颁

13

布了《大总统令（关于暂行援用从前施行之法律及新刑律之规定）》，指出："现在民国法律未经议定颁布，所有从前施行之法律及《新刑律》除与民国国体抵触各条，应失效力外，余均暂行援用，以资遵守，此令。"1912年4月30日又公布了《删修新刑律与国体抵触各章条》，并将《大清新刑律》易名为《暂行新刑律》，对共同犯罪的规定未作任何改动。1912年8月正式公布《暂行新刑律》。①1914年12月24日北洋政府又颁行了《暂行新刑律补充条例》，该条例共15条，其中两条涉及共同犯罪。第3条规定："二人以上共犯刑律第285条之罪，及第286条关于奸淫之罪，而均有奸淫行为者，处死刑或无期徒刑。"第10条规定："三人以上，携带凶器，共同犯刑律第349条至352条各第一项之罪者，各依本刑加一等。其本刑系无期徒刑者，得加至死刑。"这些规定加重了个别罪名的共同犯罪人的刑事责任。此后，1914年，法律编查会陆宗祥、董康等人以保护袁世凯总统权力为主旨，提议修改《暂行新刑律》，聘请日本人冈田朝太郎参与其事，1915年2月10日拟成刑法草案。在段祺瑞统治时期，又以王宠惠、董康为总裁修订完成第二次刑法草案。这两个刑法草案对共同犯罪的规定个别地方有所变动：第二次修正案将共犯罪改为共犯。中国刑法，自《唐律》以来，一直将共同犯罪称为共犯罪，《暂行新刑律》承袭该名。第二次修正案始改为共犯，其理由在于：原案本章名共犯罪，但恐误以为别种罪名，故改为共犯。②第二次修正案还对从犯的规定作了修改，关于修改理由，《本案与暂行新刑律之异同其重要者如左》一文指出：从犯，《暂行律》以事前帮助者为限，此外则准正犯，然事中帮助不问其行为与犯罪之关系如何，概与正犯同罚，未见平允，故《本案》不

---

① 在我国法制史学界，通说认为《暂行新刑律》是由北洋政府于1912年8月颁行的，参见张晋藩主编：《中国法制史》，385页，北京，群众出版社，1983。还有学者认为是由北洋政府于1912年3月30日颁布的，参见张国福：《中华民国法制简史》，147页，北京，北京大学出版社，1986。异说认为《暂行新刑律》是由南京临时政府制定、孙中山于1912年3月30日公布的，参见周密：《中国刑法史》，387页，北京，群众出版社，1985。本书采通说，此注。

② 参见郭卫、周定枚主编：《六法判解理由总集》，第三册，刑法及其附录，84页，上海，上海法学书局，1935。

第一节 共同犯罪的中国立法史

分事前中，凡帮助正犯者皆为从犯，惟以事中为直接及重要之帮助者为限，处以正犯之刑。[①] 第二次修正案还将造意犯改称教唆犯，避免了造意和教唆因词义不同而产生混乱。[②] 最后，第二次修正案在分则中规定了同谋犯。《本案与暂行新刑律之异同其重要者如左》一文指出："同谋犯罪而未实施者既不能谓为共同正犯，又与教唆情形不能并论，日本判例认为共同正犯，而学者多非难之，谓为误解共同实行之观念，中外学者或以之为教唆，或以之为从犯聚讼无定，故《本案》仿俄及瑞典等国之例，另设同谋犯于分则杀人强盗恐吓等罪定之。"[③] 上述两次刑法草案，迄未颁布施行。

（二）1928年和1935年《中华民国刑法》关于共同犯罪的规定

国民党政权建立以后，指定王宠惠主持起草《中华民国刑法》，1928年3月10日公布。1928年国民党刑法是以北洋军阀政府的《暂行新刑律》为蓝本，吸收日本、德国等国刑法原则拼凑而成的。此后，随着国内形势的变化，国民党政府立法院又着手修订刑法，几经周折，于1935年1月1日公布。从共同犯罪的规定来看，这两个刑法有所差别，这种差别体现了从客观主义共犯理论向主观主义共犯理论的转变，也适应了国民党政府加强刑事镇压的需要。现将国民党政府的两个刑法的特点分述如下。

1.1928年刑法对教唆犯采共犯从属性原则，而1935年刑法则转变为共犯独立性原则

1928年刑法第43条规定："教唆他人使之实施犯罪之行为者，为教唆犯。教唆犯处以正犯之刑。"因此，教唆犯之成立，须视被教唆者有无实施犯罪行为为断。教唆而不从，则既无正犯，自无教唆犯可言。[④] 而1935年刑法第29条规定："教唆他人犯罪者，为教唆犯。教唆犯依其所教唆之罪处罚之。"这主要是因

---

① 参见杨鸿烈：《中国法律发达史》，下册，1045页，上海，商务印书馆，1930。
② 参见蔡枢衡：《中国刑法史》，215页，南宁，广西人民出版社，1983。
③ 杨鸿烈：《中国法律发达史》，下册，1051页，上海，商务印书馆，1930。
④ 参见石松：《刑法通义》（一），175～176页，上海，商务印书馆，1928。

为教唆犯恶性甚大，宜采独立处罚主义。所以改为依其所教唆之罪处罚之，以期明确。^① 1935年刑法第29条第2款规定："被教唆人虽未至犯罪，教唆犯仍以未遂犯论，但以所教唆之罪有处罚未遂犯之规定者为限。"这更说明1935年刑法对教唆犯不同于1928年刑法的处罚原则。

2. 关于从犯的规定

1928年刑法对帮助犯的规定承袭《暂行新刑律》，将事前帮助一概视为从犯，而对事中帮助犯则予以区分：凡于实施犯罪行为之际为直接及重要之帮助者，处以正犯之刑。对于其他非直接及重要的事中帮助者，仍处以从犯之刑。而1935年刑法则没有做这种区别，不分事前事中，凡帮助他人犯罪之行为，概以从犯论。只是对从犯由必减即从犯之刑减正犯之刑二分之一，改为得减即从犯之处罚得按正犯之刑减轻之，俾法官斟酌情形自由裁量。所以，1935年刑法较之1928年刑法扩大了帮助犯的范围，并对帮助犯的处罚采灵活规定。^②

3. 关于共同犯罪与身份的规定

1928年刑法关于共同犯罪与身份的规定，承袭《暂行新刑律》，在条文上仅称身份不及特定关系，在解释上则认为特定关系亦为身份。^③ 而1935年刑法则明确将其他特定关系与身份并列。因为身份指专属于犯人一身之主观的特定资格及人身的关系，身份本系特定关系之一种。1935年刑法因特定关系而有关于罪之成立或刑之重轻或免除者颇多，仅用身份关系为标准尚不足以资概括，故以"或其他特定关系"一语补充之。^④

4. 关于过失共犯的规定

1928年刑法第47条规定："二人以上于过失罪有共同过失者，皆为过失正

---

① 参见郭卫、周定枚：《六法判解理由总集》，第三册，刑法及其附录，106页，上海，上海法学书局，1935。
② 参见郭卫：《新编刑法学总论》，209页，上海，会文堂新记书局，1946。
③ 参见俞承修：《中华民国刑法总则释义》，上册，252页，上海，上海法学编译社，1947。
④ 参见赵琛：《刑法总则》，5版，192页，上海，商务印书馆，1947。

犯。"而 1935 年刑法则无此规定。关于 1928 年刑法是否承认过失共犯，在学理上存在不同见解。一是肯定说，认为 1928 年刑法第 47 条规定是为了解决过失罪之共犯，指出：共犯中自有过失之罪，毫无疑义。本条特定以明文，示其义例。[①] 二是否定说，认为 1928 年刑法第 47 条关于二人以上于过失罪有共同过失者皆为过失正犯的规定，不同于《暂行新刑律》第 35 条于过失罪有共同过失者以共犯论的规定，是不认为有过失共犯。[②] 但无论对 1928 年刑法第 47 条的规定如何理解，一般都认为 1935 年刑法对过失共犯不加规定，是不认为过失有共同犯罪。

三、我国革命根据地刑法中的共同犯罪

中国革命的胜利，经历了一个武装斗争、建立革命根据地、从农村包围城市、然后夺取全国政权的过程。因此，在全国性的革命政权建立以前，我党已经建立了地方性的人民民主政权，这就是革命根据地。在革命根据地时期，人民民主法制有了很大发展。在刑事立法方面，为了同各种敌对分子作斗争，颁行了大量的法律、法令和条例。在这个时期，共同犯罪制度作为打击反革命活动和其他严重的刑事犯罪活动的刑法制度得以确立，并不断地发展与完善。

（一）土地革命时期根据地刑法关于共同犯罪的规定

革命根据地的建立，始于土地革命时期。在这个时期，由于立法经验还不足，有些法律关于共同犯罪的规定完全沿袭国民党的刑法。例如 1931 年的《赣东北特区苏维埃暂行刑律》第 6 章关于共同犯罪的规定，无异于 1928 年《中华民国刑法》的规定。这在革命根据地建立之初，是不可避免的。应该指出，革命根据地的共同犯罪制度是在同反革命作斗争中产生和发展起来的。例如 1932 年

---

① 参见石松：《刑法通义》（一），197 页，上海，商务印书馆，1928。
② 参见郭卫：《新编刑法学总论》，203～204 页，上海，会文堂新记书局，1946。

4月8日公布的《湘赣省苏区惩治反革命犯暂行条例》规定了参加反革命组织的共同犯罪。条例第1条规定:"凡公开的或秘密的加入一切反革命组织,企图破坏革命,颠覆苏维埃的反革命分子,均受本条例制裁。"应该指出,该条例所规定的不是共同犯罪的一般规范,而仅是对反革命共同犯罪的规定。而且,从规定的内容上来说,也是十分简单和粗糙的,还只是共同犯罪制度的雏形。

1934年4月8日公布的《中华苏维埃共和国惩治反革命条例》(以下简称《条例》)对共同犯罪的规定有所发展,主要表现在以下四个方面。

1.《条例》规定对反革命的组织犯处以重刑

《条例》第3条规定:"凡组织反革命武装军队及团匪、土匪侵犯苏维埃领土者,或煽动居民在苏维埃领土内举行反革命暴动者,处死刑。"《条例》第5条还规定:"组织各种反革命团体,实行反对和破坏苏维埃,意图维持或恢复豪绅地主资产阶级统治者,处死刑。其情形较轻者,处三年以上的监禁。"这里所谓组织各种反革命团体的人,就是共同犯罪中的组织犯。对这样的首恶分子,规定处以极刑。

2.《条例》对反革命的教唆犯、帮助犯以单独犯罪论处并对连累犯处以与实行犯相同之刑

《条例》第28条规定:"凡以反革命为目的,混入苏维埃机关,对于反革命分子或地主资产阶级之任何犯罪分子故意纵容或唆使逃跑或重罪轻罚,对于革命分子则加以冤枉或施以非刑或压制其对于反革命分子控告与揭发者,处以死刑。其情形较轻者,处二年以上的监禁。"《条例》第30条规定:凡藏匿与协助本条例第3条至29条所规定的各种罪犯同罪。[1] 以上条文中所说的唆使者,就是教唆犯,协助者就是帮助犯,纵容与藏匿者就是连累犯。《条例》规定了教唆犯和帮助犯的法定刑,表明是作为单独犯罪论处的;而《条例》对连累犯规定与正犯同罪,在处刑上未予区别对待。

---

[1] 参见李光灿、马克昌、罗平:《论共同犯罪》,25页,北京,中国政法大学出版社,1987。

3. 《条例》规定对胁从犯从轻处罚

《条例》第33条规定:"凡被他人胁迫非本人愿意又确无法避免其胁迫而犯罪者,或未觉察该项犯罪行为的最终目的者,或与实施该项犯罪行为无直接关系者,均得按照各该条文的规定减轻或免除其处罚。"该《条例》明确规定胁从犯可以减轻或免除处罚,是在关于共同犯罪的立法上的创举。

4. 《条例》规定对工农出身的共同犯罪人减轻处罚

《条例》第34条规定:"工农分子犯罪而不是领导的或重要的犯罪行为者,得依照本条例各项条文的规定,比较地主资产阶级分子有同等犯罪行为者,酌量减轻其处罚。"工农出身的反革命分子,既然已经加入反革命组织,表明其已经叛变了原来的阶级,成为人民的敌人。因此阶级成分只是量刑时的一个参考因素,但《条例》作为一个原则加以规定。这不能不说是唯成分论的"左"倾错误在刑事立法中的体现。

从以上分析可以看出,《中华苏维埃共和国惩治反革命条例》是根据地长期同反革命作斗争经验的总结,对共同犯罪的规定也在一定程度上体现了惩办与宽大相结合的政策,在某些具体规定上可以说是具有开创性的,但也不可避免地具有其历史局限性。

(二)抗日战争时期根据地刑法关于共同犯罪的规定

抗日战争时期,各革命根据地都颁布了各种刑事法规,主要有:1939年陕甘宁边区颁布的《抗战时期惩治汉奸条例》《抗战时期惩治盗匪条例》《惩治贪污条例》。1942年晋察冀边区颁布的《破坏坚壁财物惩治办法》《惩治贪污条例》。晋冀鲁豫边区1941年和1942年先后颁布的《惩治盗毁空窖清野财物办法》《惩治贪污暂行办法》以及其他抗日根据地颁布的刑事法规。抗日战争时期各根据地法律对共同犯罪的规定包括以下内容。

1. 对共同犯罪处以重刑

《晋察冀边区破坏坚壁财物惩治办法》第3条规定,结伙三人以上窃盗坚壁财物者处死刑、无期徒刑或10年以上有期徒刑。而第4条规定窃盗坚壁财物者

处 2 年以上 7 年以下之有期徒刑，得并科 2 000 元以上之罚金。三人以上结伙盗窃的法益侵害性要大于单独盗窃，因此，法律规定了轻重不同的法定刑，这是根据地法律运用刑罚武器严惩共同犯罪的一个例证。

2. 教唆犯、帮助犯与正犯同罪

《陕甘宁边区抗战时期惩治汉奸条例》第 5 条规定："教唆放纵或协助犯第 3 条各款之罪者，与本犯同罪。"又如，《陕甘宁边区抗战时期惩治盗匪条例》第 4 条规定："凡教唆庇纵或协助犯第 2 条各款之罪者，与本犯同罪。"这些规定对共同犯罪人没有加以区别对待。

3. 对犯特种罪行的教唆犯、帮助犯较之犯其他罪行的教唆犯、帮助犯从重处罚

《晋冀鲁豫边区惩治盗毁空室清野财物办法》第 9 条规定："凡教唆或帮助他人犯盗毁空室清野财物之罪者，依刑法之规定从重处罚之。"我国学者认为这是规定对教唆犯、帮助犯较之实行犯从重处罚[1]，这是对该条规定的误解。我认为，这是指对教唆或帮助他人犯盗毁空室清野财物之罪的较之教唆或帮助他人犯其他罪的从重处罚。因为条文中所谓"刑法之规定"，是指 1935 年《中华民国刑法》关于教唆犯和帮助犯的规定。在抗日战争时期，中国共产党与国民党重新建立了统一战线，实行国共第二次合作，因此对于国民党的某些法律在表面上也不得不予以适用。[2] 例如，1941 年 2 月 4 日公布的《晋察冀边区关于逮捕搜索侦查处理刑事、特种刑事犯之决定》第 1 条规定："普通刑事犯之范畴，依中华民国刑法之规定。"第 2 条第六项将犯晋察冀边区破坏坚壁财物惩治办法之罪者规定为特种刑事犯。由此可见，当时根据地法律还是在一定范围内承认国民党刑法的。只有明确这一点，我们才能正确地理解《晋冀鲁豫边区惩治盗毁空室清野财物办法》第 9 条的规定，而不至于将其理解为教唆犯、帮助犯较之正犯从重处罚。

---

[1] 参见马克昌：《刑事立法中共同犯罪的历史考察》，载《武汉大学学报》，1983（4），58 页。
[2] 参见肖永清主编：《中国法制史简编》，下册，422 页，太原，山西人民出版社，1982。

4. 对教唆犯、帮助犯以从犯论处

《晋冀鲁豫边区惩治贪污暂行办法》第 8 条规定："教唆或帮助他人贪污者，以从犯论。"又如，《晋冀鲁豫边区毒品治罪暂行条例》第 6 条规定："帮助他人犯本条例第 2、第 3、第 4 条之罪者，按正犯之刑减轻之。"这些规定对帮助犯以从犯论予以减轻处罚是正确的，对教唆犯也一律以从犯论却失之过轻。

5. 对帮助犯规定独立的法定刑

《晋冀鲁豫边区毒品治罪暂行条例》第 6 条规定："帮助他人施打吗啡或吸用毒品者，不论初犯或再犯，处七年以下有期徒刑，并科一千元以下之罚金。"又如，《山东省禁毒治罪暂行条例》第 8 条规定："帮助他人犯以前各条之罪者，处五年以上十年以下有期徒刑。"

6. 对胁从犯从轻处罚

《陕甘宁边区抗战时期惩治盗匪条例》第 6 条规定："犯第 2 条各款之罪，经政府认为确实是被威逼而构成从犯者得减刑。"又如，《胶东区惩治窃取空舍清野财物暂行办法》第 10 条规定："被敌伪欺骗利诱，或被捕与敌伪共同行动，见财起意而抢掠者，得依第 9 条酌情减轻处罚之。"

7. 对连累犯的规定

《晋察冀边区破坏坚壁财物惩治办法》第 6 条规定："明知系因不法而取得之坚壁财物，而收受、搬运、寄藏、故买或为牙保者，处一年以上七年以下有期徒刑，得并科五百元以下之罚金。"又如，《陕甘宁边区政府禁止仇货取缔伪币条例》第 10 条规定："凡隐藏暗地运入之仇货而经检举者，除运货人得受第 8 条之处罚外，其隐藏货物者，亦受同等之处罚。"

（三）解放战争时期根据地刑法关于共同犯罪的规定

解放战争时期，革命根据地逐步扩大，根据地的法制也有所发展。这个时期根据地法律关于共同犯罪的规定具有以下特点。

1. 对共犯区分首要分子与胁从分子，规定首要分子从重处罚，而胁从分子从轻处罚

1946年6月12日施行的《晋冀鲁豫边区高等法院关于特种案犯运用刑法的指示》指出：如确系胁从或盲从分子，悔改有据或其情节为人民所原有者，应减轻或免除其刑；如确系首谋分子或情节严重为人民所痛恨者，得处死刑或无期徒刑。①

2. 对教唆犯以实行犯论，帮助犯以从犯论，集体犯罪以其负责人为主犯

1948年1月10日公布的《晋冀鲁豫边区惩治贪污条例》第5条规定："教唆他人贪污，照正犯治罪；帮助他人贪污，照从犯治罪。"第6条规定："集体贪污以其负责人为主犯，其余依情节分别照正犯或从犯治罪。"

3. 对从犯规定独立的法定刑

1945年12月29日公布实施的《苏皖边区惩治叛国罪犯（汉奸）暂行条例》第5条规定："前条各款之从犯，处一年以上十年以下有期徒刑。"

4. 对连累犯的规定

1946年3月公布的《苏皖边区第一行政区惩治汉奸施行条例》第5条规定："包庇、隐匿或纵容第3条之罪犯者，处七年以下一年以上有期徒刑。"第6条规定："包庇、隐匿或纵容第4条之罪犯者，处三年以下有期徒刑。"

通观革命根据地法律关于共同犯罪规定的发展，可以发现，由于受区域的限制，各根据地法律关于共同犯罪的规定各不相同，并存在矛盾之处；有些规定不够合理，这也是历史局限性所致，这些都是根据地法律关于共同犯罪规定的不成熟性的表现。但我们必须看到，根据地法律关于共同犯罪的规定在同反革命和其他刑事犯罪作斗争中发挥了重要作用，许多规定至今为我国刑法所继承并得以发展。因此，我们要珍惜这笔宝贵的法律遗产。

---

① 参见韩延龙、常兆儒：《中国新民主主义革命时期根据地法制文献选编》，第3卷，192～193页，北京，中国社会科学出版社，1981。

第二节 共同犯罪的外国立法史

一、外国古代刑法中的共同犯罪

（一）罗马法关于共同犯罪的规定

西方的法律文明可以溯源到古代罗马，罗马法是世界法律发达史上的一大奇迹。在罗马社会以前，古代奴隶制的著名法典，例如《汉穆拉比法典》（约公元前1792年—1750年）、《中亚述法典》（约公元前20世纪）和《赫梯法典》（约公元前15世纪）都没有关于共同犯罪的规定。这不是偶然的，除政治上的原因以外，当时立法者的法律意识没有发展到对各种共同犯罪人加以细致地区分的程度，这也是一个不容忽视的原因。西方古代法律中的共同犯罪制度胚胎于古罗马法。尽管罗马人被称为民法的巨人、刑法的侏儒，因而在罗马法上未设共同犯罪的一般规定，但我们仍然可从罗马法中找到后世共同犯罪制度的萌芽。根据有关刑法学家的介绍，罗马法视每一犯罪之参与人为构成犯罪之行为人而加以处罚，尤其在多数之犯罪，起因者与共犯均具有同一之可罚性，亦即不问其协力行为如何，皆科以同等及全部之刑罚。在罗马法中，数人共犯中负同一责任之人，称为Socii，领导者称为princeps soeleris, reus principalis，从属者称为factores, qui fecit 或 qui suis manibus 或 pecator reus，从犯称为minister，教唆犯称为actor，所有参与人概括称为consortes 或 participes。① 由于对各共同犯罪人处以同一之刑，因此法律上的这种共同犯罪人的区别并无意义。这种责任平等主义，被后世刑法学家认为是近代法国刑法关于共犯责任规定的直接渊源。

（二）中世纪法律关于共同犯罪的规定

在西方中世纪，仍然没有关于共同犯罪的一般规范，只是在法典中偶然发现

---

① 参见蔡墩铭：《唐律与近世刑事立法之比较研究》，200页，台北，汉苑出版社，1976。

第一章　共同犯罪的中外立法史

关于共同犯罪的个别记载。例如，中世纪的《萨利克法典》（公元516年）第10条第2款规定："如果男女奴隶串通自由人偷窃其主人的任何东西，窃贼（原注：指自由人）除归还所窃东西外，应罚付600银币，折合15金币。"在当时奴隶还不具有人的资格，在法律上被视为物。因此，尽管男女奴隶串通自由人进行盗窃，但法律上只规定对自由人的处罚，奴隶则由主人任意处罚。《萨利克法典》第13条第1款还规定："如果三个人劫走一个自由姑娘，他们各须罚付30金币。"第14条第5款规定："如果有人攻击迁居的人，所有参与这攻击的人们都应罚付2 500银币，折合63金币。"第14条第6款规定："如果有人侵犯人家的农庄，所有被揭发参与这攻击的人们，应罚付63金币。"以上这些规定，都涉及共同犯罪的问题。显然，统治者逐渐认识到，数人共同犯罪对社会所造成的危害比单个人犯罪更为严重。所以，有必要在法律上对共同犯罪加以规定。

不仅从中世纪遗留下来的法律文件中可以发现关于共同犯罪的规定，而且在一些历史文献中也可以看到当时的统治者是如何处理共同犯罪的。例如，英国1356年《查理四世黄金诏书》第24章第9条指出："上述对于叛逆者及彼等之子女之各项规定，余等亦命令应以同样严峻之程度施之于彼等之党徒、同谋与协助者，及诸人之子女。"[①] 在此提出的党徒、同谋、协助者等概念，虽非严格意义上的法律术语，但由此可以得知当时统治者是如何处罚共同犯罪的，对于我们认识西方历史上的共同犯罪制度的发展有所裨益。又如，英国的《夫瓦沙编年史》关于1381年瓦特·泰勒领导的农民起义的记载中有这样一个片段：国王到了肯特郡，来到一个叫俄斯普林的村庄。他命人把村长和所有的人都召集来，齐集在一个市场的空地上，叫他的一个大臣对他们说，他们犯了怎样的弥天大罪，又说因为国王知道这件事是由少数人领导的，因此应该使某些人负责，而不是全体受罚。所以他命令他们说出谁是祸首，不然就会受到国王永久恼怒而被称为叛逆。当人们听到这个要求，了解惩罚少数首领就可赦免大家时，他们互相望着不

---

① 《外国法制史资料选编》，上册，284页，北京，北京大学出版社，1982。

作声。最后有人说:"大人,看见他了吧?这个城镇的骚乱,就是由他开始的!"于是他立刻被捕、被绞死了。这样一会儿就绞死了七个人。① 在上述事件中,国王利用惩办祸首赦免随从的许诺巧妙地瓦解了农民起义,这表明当时的统治者十分娴熟地运用两手政策来对付大规模的农民起义,这种政治斗争的实际经验对刑法中的共同犯罪制度的发展不能没有影响,这也在一定程度上体现了剥削阶级刑法中的共同犯罪制度的阶级本质。

任何法律制度的产生和发展,不仅离不开一定社会的物质生活条件,而且还无不受法学理论的影响,共同犯罪制度也概莫能外。在西方历史上共同犯罪制度的成熟过程中,中世纪意大利的法学理论起到了不容忽视的促进作用。在复兴罗马法的口号下,意大利的法学家对罗马法进行注释,注释法学由此发达起来。意大利刑法学家将罗马法注释的研究成果运用于刑法的研究,从犯罪构成要件的解释着手开始区分正犯与共犯的概念。除正犯之外,中世纪意大利刑法学家将共犯分为三种:一是教唆犯,二是单纯的精神帮助犯,三是行为帮助犯。② 但在意大利刑法中,仍无共同犯罪的一般性规定,只是在个别罪名中有所涉及而已。

(三)《加洛林纳刑法典》关于共同犯罪的规定

西方历史上较为成熟的共同犯罪的立法例首次出现在 1532 年德国的《加洛林纳刑法典》。这部法典是在德国农民战争(1524 年—1525 年)以后制定的,并于 1532 年经帝国国会批准,为表示对查理五世皇帝的敬意,这部法典就被命名为《加洛林纳刑法典》。③《加洛林纳刑法典》第 177 条规定:"明知系犯罪行为而帮助犯罪行为者,则无论用何方式,均应受刑事处分,其处分按行为者之刑减轻之。"该刑法典虽然没有全面地规定共同犯罪,但从该规定我们可以看出,《加洛林纳刑法典》将实行犯与帮助犯加以区别,这是刑事立法上区分所谓正犯与共

---

① 参见郭守田主编:《世界通史资料选辑》(中古部分),197 页,北京,商务印书馆,1964。
② 参见蔡墩铭:《唐律与近世刑事立法之比较研究》,203 页,台北,汉苑出版社,1976。
③ 参见[苏]康·格·费多罗夫:《外国国家和法律制度史》,叶长良、曾宪义译,132 页,北京,中国人民大学出版社,1985。

犯的肇始。虽然《加洛林纳刑法典》仅规定了帮助犯，但法律对帮助的方式没有限制（无论用何种方式），因此有些刑法学家认为《加洛林纳刑法典》继承了意大利刑法学家关于教唆犯、精神帮助与行为帮助的理论而加以包括的规定[①]，是有一定道理的。尤其是《加洛林纳刑法典》对帮助犯采取责任减轻原则，不仅在概念上对正犯与共犯加以区分，而且在罪责上亦予区别，这对于后世的共同犯罪制度产生了深远的影响。

二、外国近代刑法中的共同犯罪

随着封建社会的没落，资产阶级生产关系得以进一步发展。顺应这一历史潮流，17、18世纪的启蒙学家对封建制度进行了猛烈的抨击，为即将到来的近代大革命大声呐喊。在刑法学领域，刑法学家对实行罪刑擅断的封建刑法进行批判，为近代刑法的诞生创造了理论基础。意大利刑法学家切萨雷·贝卡里亚（1738年—1794年）是一个杰出的代表。贝卡里亚在1764年所写的《论犯罪与刑罚》一书中阐述了其关于共同犯罪的立法思想。贝卡里亚指出："当很多人去共同冒险的时候，所谓的危险越大，他们就越希望平均地承担它，因而，也就越难找出一个甘愿比其他同伙冒更大风险的实施者。只有当为那个实施者规定了一份酬劳时，才会出现例外。既然他获得了一份对他较大冒险的报酬，那么对他的刑罚也应当相应增加。"[②] 贝卡里亚对实行犯与其他共同犯罪人应处以同一之刑的观点进行的论证，为后来的《法国刑法典》奠定了理论基础。

（一）1810年《法国刑法典》关于共同犯罪的规定

西方近代刑法中的共同犯罪制度的确立是以《法国刑法典》为标志的。《法国刑法典》是法国大革命的胜利成果，也是17、18世纪启蒙学家的革命思想影

[①] 参见蔡墩铭：《唐律与近世刑事立法之比较研究》，203页，台北，汉苑出版社，1976。
[②] ［意］贝卡里亚：《论犯罪与刑罚》，黄风译，40页，北京，中国大百科全书出版社，1993。

响的结果。1791年制定的刑法典草案，人们通称为1791年《法国刑法典》，最先创立了资产阶级刑法的体系，根本改革了封建刑法，在立法技术上开始将刑法划分为总则与分则两部分，并在刑法总则中确立了共同犯罪制度，这是一个伟大的创举。但是这部草案，始终没有正式施行。拿破仑上台以后，由立法委员诺亚伊尔等人着手起草刑法典的工作，于1810年2月12日通过，2月22日公布，这就是人们通常所说的《法国刑法典》，又称为1810年《法国刑法典》。这部刑法典术语准确、概念简明、结构合理、体系严谨，贯彻了罪刑法定、罪刑均衡、刑罚人道等刑法基本原则。关于共同犯罪的规定也是如此，对于这一点可以从恩格斯在《反杜林论》一书中评论所谓拉萨尔由于策动盗窃首饰匣的企图而被控告时所说的一段话中得到印证。恩格斯指出：法兰西法根本没有像普鲁士邦法中所说的"策动"犯罪这种不确切的范畴，更不用说什么策动犯罪未遂了。法兰西法只有教唆犯罪，而这只有在"通过送礼、许愿、威胁、滥用威望或权力、狡猾的挑拨或该受惩罚的诡计"（刑法典第60条）来进行时才可以判罪。埋头于普鲁士邦法的检察机关，完全和杜林先生一样，忽略了法兰西法的十分明确的规定和普鲁士邦法的含糊的不确定性之间的重大差别，对拉萨尔提出了预谋的诉讼并引人注目地失败了。[①] 恩格斯在此所说的法兰西法，就是指1810年《法国刑法典》。[②]《法国刑法典》对共同犯罪的规定，确实如同恩格斯所评价的那样，是明确具体的，与肤浅、含糊和不确定的普鲁士邦法形成鲜明的对照。

1810年《法国刑法典》从第59条至第63条以5条的篇幅规定了共同犯罪，可以说是较为完备的。其规定具有以下四个特点。

1. 《法国刑法典》将共犯区分为正犯与从犯

所谓正犯就是实施犯罪实行行为的人，刑法分则对实行行为都有具体规定。因此，《法国刑法典》未再作详细规定。所谓从犯，是指除正犯以外应当追究刑

---

① 参见《马克思恩格斯选集》，2版，第3卷，450页，北京，人民出版社，1995。
② 参见《马克思恩格斯选集》，2版，第3卷，注释284，840页，北京，人民出版社，1995。

事责任的其他共犯。对此,刑法分则没有明文规定。所以《法国刑法典》对从犯作了具体而细致的规定。

2.《法国刑法典》将教唆犯纳入从犯的范畴,称为教唆从犯

《法国刑法典》第60条第1款规定:"凡以馈赠、约许、威胁、利用权势、奸诈、教唆或指使他人犯重罪或轻罪者,应以该重罪或轻罪之从犯论。"《法国刑法典》摈弃了普鲁士邦法的含混规定,而代之以对教唆行为的明确规定,在立法技术上是十分科学的。但《法国刑法典》把教唆犯与帮助犯混为一谈,说明当时的共同犯罪观念尚未成熟。

3.《法国刑法典》将连累犯视为共同犯罪

《法国刑法典》将连累犯作为共同犯罪来处理,在一定程度上扩大了共同犯罪的范畴,并且对连累犯处以与正犯相同之刑,显然加重了连累犯的刑事责任。《法国刑法典》第63条规定:"但关于前条所称之隐匿犯,应判处死刑、无期重惩役或流放之刑时,除证明其于隐匿时期知法律上应处以上列三种刑罚而故犯者外,仅处以有期重惩役。"这是在某种特定的情况下,对连累犯的刑事责任加以限制。

4.《法国刑法典》实行责任平等主义原则

《法国刑法典》规定对从犯应处以与正犯相同之刑,实行所谓责任平等主义的刑事责任原则。这一原则的历史渊源是罗马法,理论根据则来自贝卡里亚的学说。但这种在概念上将正犯与从犯加以区别,在处罚上不分轩轾的规定,是在无形中将共同犯罪的立法予以单纯化。

综上所述,《法国刑法典》所确立的共同犯罪制度,具有一定的科学性与进步性,但因近代刑法的共同犯罪制度尚处于草创时期,不免带有历史的局限性。

(二)1871年《德国刑法典》关于共同犯罪的规定

继1810年《法国刑法典》后,对近代共同犯罪制度的发展作出巨大贡献的是1871年《德国刑法典》。1868年,在普鲁士领导下的北德意志联邦建立以后,联邦帝国议会决议制定刑法典,并由司法部门组织力量,以1851年普鲁士刑法

典为基础制定了统一刑法典,1870年5月3日作为北德意志联邦刑法典与施行法同时公布,定于1871年1月1日起施行。德意志帝国建立后,为了巩固统一后的社会制度,对1870年北德意志联邦刑法典作修改,于1871年5月15日作为德意志帝国刑法典正式颁布,1872年1月1日起施行,这就是著名的1871年《德国刑法典》。《德国刑法典》对共同犯罪的规定与《法国刑法典》相比具有以下四个特点。

1. 《德国刑法典》增加了共同正犯的规定

该法典第47条规定:"二人以上共同实行犯罪时各以为正犯处罚之。"这就使共同犯罪的规定更加全面,并弥补了《法国刑法典》对正犯的规定过于简单的缺陷。

2. 《德国刑法典》将教唆犯规定为独立的共犯

《德国刑法典》将教唆犯从从犯中独立出来,成为共犯的一种,使共犯的分类更加完善。《德国刑法典》第48条规定:"教唆者之刑,照可适用为其教唆之犯罪之法律定之。"由此可见,《德国刑法典》对教唆犯的处罚采共犯从属性原则。《德国刑法典》对教唆犯加以独立规定的立法例,较之《法国刑法典》有所进步。

3. 《德国刑法典》对从犯采得减主义

该法典第49条规定:"从犯之刑,照可适用为其帮助之犯罪之法律定之。但得按照犯罪未遂予以减轻。"对从犯减轻处罚,符合共同犯罪的实际情况,具有一定的科学性,因此至今为世界上大多数国家所沿用。

4. 《德国刑法典》使连累犯独立成罪

《德国刑法典》把连累犯与共同犯罪加以区别,在刑法分则中明文规定连累犯,使共同犯罪的概念更加科学。

进入20世纪以后,西方共犯理论发生了重大变化,共犯独立性取代共犯从属性说而出现。在刑事立法上,个别国家的刑法,例如1902年《挪威刑法典》完全采共犯独立性说,废止了传统的共同犯罪立法,该刑法典在总则中没有设立

共犯的专章，只在第 58 条规定："多数人共同犯罪，若其共同之行为，确系情节轻微，得处以最低度或较轻之刑。"在分则中处罚共犯者时则规定："凡犯某种行为成共同犯之者……"如果仅仅处罚正犯，就没有"或共同之者"的字样。这样，在《挪威刑法典》中，共同正犯、教唆犯、从犯的分类被取消，共同实施犯罪行为的，各负自己行为的责任。其他国家的刑法典则在传统的共同犯罪立法的基础上，吸收共犯独立性说，对个别规定予以改进。尤其是在第二次世界大战以后，在世界性的刑法改革运动中，各国纷纷修改刑法典，共同犯罪的立法也有所发展。

（三）英美法系刑法关于共同犯罪的规定

普通法国家属英美法系，这些国家实行的共同犯罪制度具有完全不同于大陆法系的特点。英美法系国家实行判例法，一般没有成文的刑法典。因此，在法律中没有对共同犯罪的系统规定，共同犯罪的规定散见于各种判例和一些单行法规。当然，也存在对共同犯罪规定相对集中的法律，例如英国 1861 年《从犯和教唆犯法》等。现将英美法系刑法中的共同犯罪制度的内容简述如下。

1. 关于共谋与教唆

在英美刑法中，共谋和教唆称为未完成罪，是一种独立于共犯的犯罪形态。在英美刑法理论中，未完成罪是指一般将导致另一犯罪的初始的犯罪，例如，企图伤害罪往往发展为殴击罪，而它本身是一种独立的犯罪。《模范刑法典》规定未遂、教唆和共谋是未完成罪。[①] 犯罪教唆是指一个人以命令、劝说、煽动、引诱鼓励或其他方式促使另一个人去实施或参与实施犯罪行为。在英国的习惯法上，教唆他人犯任何罪行，包括犯简易审决罪行，本身就是一项应予起诉罪。1952 年英国《治安法院法》规定，被控教唆他人犯简易审决罪的人，最高刑罚可达本人犯该项罪行的刑罚。但教唆犯谋杀罪的另有规定。根据 1861 年《侵犯

---

① 参见《布莱克法律词典》，英文版，686 页，美国，西方出版公司，1979。

人身罪法》第 4 条规定，教唆他人犯谋杀罪的，处监禁十年。① 由此可见，在英美刑法中，教唆行为本身就是一种犯罪实行行为，是构成要件的行为，而不像大陆法系刑法那样，教唆行为是共犯行为，是从属于实行犯的行为。在这个意义上说，英美刑法对教唆犯是实行独立性原则的。② 共谋是指两个或两个以上的人同意实施某项犯罪行为或非法行为，或以犯罪的手段完成某项不是犯罪的行为。构成共谋必须具备以下要件：第一，必须有两个或两个以上的人之间协议。第二，这种协议必须是计划实施某项犯罪行为或非法行为，或以犯罪的手段完成某项不是犯罪的行为。第三，共谋者必须有将犯罪计划进行到底的意图。第四，必须有具体的行为来表明共谋者的共同意图。③ 惩罚共谋的根据是共谋使犯罪故意的性质明朗化并可能导致精心策划的犯罪最终得以实施。因此，共谋是一种独立的犯罪。如果共谋并同时实施了某一故意犯罪，那就应当予以并罚。美国许多州把共谋罪和完成罪（即共谋的计划已经实现）作为两个罪来定罪，一个是作为不完整罪的"犯罪共谋"，另一个是作为完整罪的共同犯罪。例如，两个人在共谋抢银行之后确实又抢了银行，则定为两个罪：共谋抢银行和抢银行。如果某个犯罪的共谋和完成都是在同一个州，两个罪在同一法院作为一个案件来审理，因此在二罪分别量刑之后常常按合并（吸收）原则来决定应执行的刑罚，有些州的刑法典已经作了这样的明文规定。但是，如果共谋罪和完成罪不在同一个州发生，因而不属同一州管辖，那就或者采取引渡办法交给一个法院审理，或者是两处审理交给一处执行（这种情况常常就不按吸收原则来决定应执行的刑罚）。④ 根据大陆法系刑法的规定，共谋只不过是某一共同犯罪的预备行为，应按犯罪阶段的一般

---

① 参见欧阳涛等：《英美刑法刑事诉讼法概论》，76 页，北京，中国社会科学出版社，1984。
② 英国第一个教唆罪（把教唆规定为实质性犯罪）的判例是 1801 年赫余斯案。被告人唆使某人家的一名仆人去偷窃主人的东西，仆人拒绝了这个要求。美国第一个教唆罪的判例是 1834 年莱勒斯案。现在，美国有些州把犯罪教唆规定为独立的不完整的犯罪，少数州则把它作为共同犯罪处理。参见储槐植，《美国刑法》，99 页，北京，北京大学出版社，1987。
③ 参见欧阳涛等：《英美刑法刑事诉讼法概论》，72～74 页，北京，中国社会科学出版社，1984。
④ 参见储槐植：《美国刑法》，103～104 页，北京，北京大学出版社，1987。

第一章 共同犯罪的中外立法史

原理解决。大陆法系刑法一般不惩罚着手实行犯罪以前的预备行为，仅对某些特别严重的犯罪的预备（包括共谋，又称阴谋）在刑法分则中加以规定，使之成为独立的犯罪，例如《日本刑法》第78条规定了预备阴谋内乱罪，预备或阴谋内乱的，处1年以上10年以下监禁。因此，英美刑法把共谋当作一种独立的犯罪，与大陆法系刑法还是具有相通之处的。当然，英美刑法把教唆、共谋这些共同犯罪现象作为未完成罪而分离出去，有损于共同犯罪制度的完整性，这也是两大法系共同犯罪观念的差别所致。

2. 关于共犯的分类

英美刑法中共犯的划分较为混乱。在1967年《刑事法令》颁布以前，英国刑法将犯罪分为叛逆罪、重罪和轻罪三类。叛逆罪中没有从犯，对参与者均以主犯论处，颇似中国《唐律》言"皆"而不分首从的犯罪。轻罪中没有必要划分主从犯，实行犯构成一级主犯，其他共犯则成立二级主犯。在重罪中，区分主犯与从犯，其中，主犯分为一级主犯和二级主犯。所谓一级主犯，是指自己实施（相当于大陆法系刑法中的直接正犯）或假手不知情的第三者实施犯罪行为（相当于大陆法系刑法中的间接正犯）的人。所谓二级主犯，是指由他人实施犯罪行为，而自己在场煽动、教唆、帮助或鼓励实施犯罪。从犯分为事前从犯和事后从犯。所谓事前从犯，是指事前与主犯共同图谋不法行为，或者煽动、唆使主犯实施犯罪行为而自己不到现场的人。所谓事后从犯，是指明知他人已犯重罪，而有意窝藏、包庇或协助其逃跑，使罪犯得以逃避罪责的人。[①] 1967年《刑事法令》废除了重罪与轻罪的区别，共同犯罪人的分类随之发生了变化。现在，英国刑法中只存在主犯和共犯的区分，主犯是实施或参与实施犯罪的人，即实行犯。共犯，又分为从犯和帮助犯。从犯是指不在现场，但在犯罪前对罪犯进行协助、煽动、鼓励或出谋划策的人。帮助犯是指在犯罪中实际参与对罪犯进行帮助的人。英国刑法对共犯的分类既不是以行为人在共同犯罪中的分工为标准，也不是以行为人在

---

① 参见欧阳涛等：《英美刑法刑事诉讼法概论》，81页，北京，中国社会科学出版社，1984。

共同犯罪中的作用为标准,而是以行为时是否在场及时间为标准,因而其科学性是值得怀疑的。

美国刑法中的共犯分类稍异于英国刑法。在20世纪60年代以前,美国刑法通行普通法中的四分法,即把共同犯罪人分为一级主犯、二级主犯、事前从犯和事后从犯。从20世纪60年代开始,《模范刑法典》打破了传统的共犯分类法,认为共同犯罪中各犯的人格独立,各有各的责任,他们各自对社会的实际危险性并不总是同他们在共同犯罪中的行为类型(实行、帮助、教唆、指挥等)相一致。各个共犯之间既相互勾结,又彼此利用,所以不能只根据行为类型来确定责任。刑法分则条文规定的犯罪行为的实行者的定罪和量刑无须在刑法总则里另作规定;原先普通法上的二级主犯和事前从犯在《模范刑法典》里统称为"同谋犯",而不再用主犯和从犯这类字样;普通法上的最后一类事后从犯,其实不是共同犯罪人,按"妨害审判罪"另作处理。《联邦刑法》于1976年废除了主犯与从犯的区分,规定:"凡实行犯罪或者帮助、唆使、引诱、促使、要求他人犯罪的,都按主犯处罚。"[①] 由此可见,美国刑法对共同犯罪人的分类趋于简单化,并且各州也不统一。

英美法系没有成文刑法典的特点决定了其共同犯罪制度的分散性以及不协调性,在理论上也未能形成像大陆法系国家那么庞大而具有内在逻辑的共同犯罪理论。因此,英美刑法给人的印象是非常注重实用,只要便于司法机关处理案件,对法律规范上以及法律理论上的相互矛盾现象也可以不屑一顾。

三、苏东各国刑法中的共同犯罪

(一) 苏俄刑法关于共同犯罪的规定

十月革命胜利以后,在苏维埃政权初期的法令中,对共同犯罪的问题就十分

---

① 储槐植:《美国刑法》,107~108页,北京,北京大学出版社,1987。

注意。1919年《苏俄刑法指导原则》首次在立法上明文规定了共同犯罪,此后,共同犯罪制度不断完善。

1919年《苏俄刑法指导原则》第21条规定:"数人(结伙、匪帮、聚众)共同实施的行为,实行犯、教唆犯和帮助犯都受处罚。"这是关于共同犯罪一般概念的规定,虽然它还很不完善,但一反大陆法系国家刑法典不设共同犯罪概念之规定的传统立法例,首次在刑法上明文引入共同犯罪概念,对共同犯罪制度起到了奠基的作用,具有重大的历史意义。《苏俄刑法指导原则》第22条、第23条、第24条还分别规定了实行犯①、教唆犯和帮助犯的概念。在对共同犯罪的处罚上,1919年《苏俄刑法指导原则》一个引人注目的特点是规定"刑罚方法不是依照参加程度来决定,而是依照犯罪人及其所实施的行为的危害程度来决定"。这种注重共同犯罪的社会危害性的观点体现了社会主义刑法的性质,但将危害程度与参加程度截然割裂,却有失偏颇。同时,1919年《苏俄刑法指导原则》对各个共犯的刑事责任未加具体区分,并过分注重共犯的人身危险性,这也是一个缺陷。

1922年《苏俄刑法典》关于共同犯罪的规定,在基本内容上沿袭了1919年《苏俄刑法指导原则》。但有一个重大改进,该刑法典第15条规定:"对于每一参加犯罪的人所应判处的刑罚方法,应当依照他参加这个犯罪的程度、犯罪人的危害程度和这个罪行的危害程度来决定。"这就是说,在确定各个共犯的刑事责任的时候,要把参加程度与危害程度结合起来考察,在危害程度上又坚持主观与客观相统一的原则,把共犯的人身危险性与其所实施的犯罪行为的客观危害性结合起来考察。正如苏俄刑法学家恰当地评价说:"如果说,《指导原则》中忽略了每个犯罪人参加实施犯罪的程度,而且在确定责任时只考虑该人本身的危险性,那

---

① 这里的实行犯,亦称为执行犯,相对于正犯。正犯一词在中国古代刑法中通用,中国近代刑法也承继了正犯一词,并将其与共犯相对应。然而,在1949年以后,正犯与共犯的概念都被列入旧法用语而弃用。在翻译苏俄刑法刑法典、教科书和论著的时候,代之以实行犯一词,有时也采用执行犯的用语。本书前三版都采用实行犯一词,第四版改用正犯的概念。只是在某些场合偶尔采用实行犯一词。特此说明。

第二节 共同犯罪的外国立法史

么,在 1922 年的《刑法典》中,对上述两个方面则都同样地予以考虑了。"[1]

1926 年《苏俄刑法典》对共同犯罪的规定,在总结前几次刑事立法经验的基础上,达到了较为完备和成熟的程度。1960 年《苏俄刑法典》对共同犯罪的规定作了进一步的补充,使之相对完善。1960 年《苏俄刑法典》关于共同犯罪的规定内容如下。

1. 关于共犯的分类

1960 年《苏俄刑法典》将共犯分为四种:直接实施犯罪的,是实行犯。组织实施犯罪或领导实施犯罪的,是组织犯。怂恿他人实施犯罪的,是教唆犯。以建议、指点、供给工具和排除障碍等方法帮助实施犯罪,或者藏匿犯罪人或湮灭罪迹的,是帮助犯。(第 17 条)这种四分法基本上是按照参与者在共同犯罪中的分工进行分类的,较好地解决了共同犯罪的定罪问题。

2. 关于共同犯罪的处罚原则

1960 年《苏俄刑法典》规定对共犯的处罚,应当依照共犯参加犯罪的程度和性质来决定(第 17 条),这是对共犯处罚的一般原则。共犯个别具有从重或者从轻情节的,《苏俄刑法典》在量刑的有关章节中加以照应规定。例如,第 39 条规定有组织地结伙犯罪的,是加重责任的情节。第 38 条规定,犯罪是由于受到威胁、强迫,或者受到物质上的、职务上的以及其他从属关系的影响而实施的,是减轻责任的情节。

3. 关于连累犯的规定

1960 年《苏俄刑法典》第 18 条对隐匿行为作了规定,第 19 条则对不检举行为作了规定,这两种犯罪的连累行为都只有在刑法分则有特别规定时,才负刑事责任,这就正确地区分了共同犯罪与连累犯的关系。

应当指出,在 1989 年苏联解体以后,从 1993 年开始对《苏俄刑法典》进行

---

[1] [苏] A.A. 皮昂特科夫斯基等:《苏联刑法科学史》,曹子丹等译,84 页,北京,法律出版社,1984。

修改，制定了《俄罗斯联邦刑法典》。该法典对共同犯罪的规定基本上沿袭了《苏俄刑法典》的规定，未作重大调整。

（二）东欧各国刑法关于共同犯罪的规定

第二次世界大战以后，东欧各国在制定刑法典的时候，大都以《苏俄刑法典》为蓝本，但又各有特色。这些特点主要有以下三点。

1. 关于共同犯罪概念的规定

有些东欧国家刑法典对共同犯罪的概念作了更为科学的规定。例如《阿尔巴尼亚刑法典》第 12 条规定："数人共同故意实施犯罪或者以这种目的组织犯罪团体的，都是共同犯罪。"1926 年《苏俄刑法典》对共同犯罪的概念是这样规定的："对于实施犯罪的人（直接实施犯罪的人及他们的共犯——教唆犯和帮助犯），应当一律适用司法改造性质的社会保卫方法。"这一规定没有从正面解决共同犯罪的概念问题，而是以共犯为支点，建立共同犯罪的一般规定，不够理想。而《阿尔巴尼亚刑法典》则对共同犯罪抽象到"共同故意实施犯罪"的程度，较为科学。但组织犯罪团体，不过是共同犯罪的一种特殊形式，它本可包括在"数人共同故意实施犯罪"的含义之内。《阿尔巴尼亚刑法典》却把两者相提并论，显得在逻辑上不够严谨，在文字上不够简练。当然，与 1926 年《苏俄刑法典》的规定相比，还是大有进步的。

2. 关于共犯的分类

有些东欧国家刑法典对共犯的分类，在实行犯、教唆犯、帮助犯的基础上，增加组织犯一类，形成四分法。例如，《阿尔巴尼亚刑法典》第 13 条第 3 款规定："组织犯罪团体、领导犯罪团体、制定犯罪计划或者指挥实施犯罪的人，是组织犯。"这种将组织犯视为单独共犯类型的立法例，是一个创举，对社会主义刑法中的共同犯罪制度的发展与完善作出了贡献。例如，1960 年《苏俄刑法典》就吸收了这一成果，对共犯改用四分法，增加了组织犯的规定。

3. 关于共同犯罪处罚的具体规定

有些东欧国家刑法典对共犯减轻或加重处刑的效力是否及于其他共犯的问题

作了具体规定。例如,《匈牙利刑法典》第 28 条规定:"凡由数人共犯之罪,如遇其中之一犯罪人有不处罚或特别减轻处罚之情形时,其效力不及于其他犯罪人;但在行为人中之一人有适用加重处刑之情形时,其影响及于其他的行为人,但以知情者为限。"这就使共同犯罪的规定更加细致,值得我们借鉴。

第二章
共同犯罪的现行立法史

我国第一部《刑法》是 1979 年颁布的，在此之前，我国的单行刑法中虽然也有关于共同犯罪的规定，但其内容并不完整，也没有形成体系。1979 年《刑法》首次设立专节对共同犯罪做了规定，为司法机关正确认定共同犯罪提供了规范根据。随着刑法立法的发展，在 1979 年《刑法》实施过程中，我国采用单行刑法的方式对刑法进行了增补与修订，其中涉及共同犯罪的内容。及至 1997 年我国颁布了第二部《刑法》，该《刑法》是在对 1979 年《刑法》进行大规模修订基础上形成的，其中也包括对共同犯罪的重大修订。本章以 1979 年《刑法》到 1997 年《刑法》关于共同犯罪的修订为线索，对我国共同犯罪的现行立法演变过程进行描述。

第一节 共同犯罪的立法背景概述

一、中外共同犯罪立法的借鉴

我国古代刑法中存在共犯罪之制，这里的共犯罪在类型上相当于我国现行刑

第一节 共同犯罪的立法背景概述

法中的共同犯罪,但在性质上又存在重大区别。我国台湾地区学者戴炎辉教授指出:自汉以来,已有共犯罪之制,至唐律始详备。唐之共犯罪,似采取"扩张的正犯概念",凡对于实现构成要件的结果,为共同行为者,即是共犯罪之人;此与现代刑法共犯之并列为共同正犯、教唆犯、从犯三种形式者不同,仍包括的承认一"共犯"形式,而于其中分为造意与随从,以造意者为首,随从者减一等。[①] 由此可见,我国古代刑法关于共犯罪的规定是较为独特的。若用现代共犯理论分析,共犯罪在其外形上相当于共同正犯,而这里的正犯具有扩张的性质,因为在某些犯罪中包含了犯罪的加功,即现在刑法中的帮助行为。而在共犯罪以外另设教唆犯,对教唆犯单独设罪,完全否定教唆犯的从属性,体现了我国古代刑法的主观主义色彩。

及至清末刑法改革,以《日本刑法》为摹本,引入了大陆法系的共犯制度,并深受当时刑法起草人冈田朝太郎教授的影响。《大清新刑律》《暂行新刑律》仍采《唐律》之规定,将第六章称为共犯罪,并分别规定了共同正犯、教唆犯与从犯(帮助犯),即对共同犯罪人采三分法。这一规定虽有"共犯罪"之名,但其内容已为德日刑法的共犯制度所替换。对此,我国台湾地区学者陈子平教授指出:大清新刑律、暂行新刑律不仅深受当时日本刑法典之影响,更为新刑律起草人冈田朝太郎氏之见解所左右。当时,日本旧刑法[明治十二年(1889年)]第八章称"数人共犯"其中第一节称"正犯";第二节称"从犯",其"正犯"规定中包含教唆犯在内。至日本现行刑法[明治四十年(1907年)]第一篇第十一章虽然改称"共犯",其中却又分别规定为共同正犯(第60条)、教唆犯(第61条)、从犯(第62条、第63条),而依然将共同正犯包含在第十一章"共犯"里。由此可推知,日本旧刑法中所称的"数人共犯"与现行刑法所称的"共犯",其意义应属相同,皆仅作对应于单独犯之概念。再从上述冈田氏之见解以观,更可获知我国暂行新刑法第八章称"共犯罪"系出自冈田氏之主张,且其意义应与

---

① 参见戴炎辉:《中国法制史》,3版,73页,台北,三民书局,1979。

日本新旧刑法之"数人共犯""共犯"概念相同。① 如上所述,《大清新刑律》《暂行新刑律》称共犯罪,与日本1889年《刑法》相同。日本1907年《刑法》已改为共犯,而我国则迟至民国时期的1928年《刑法》才改为共犯。但这里的共犯,与共同犯罪同义。例如,民国学者王觐称共犯(Teilnahme)者,数人共同犯罪,别于一人单独犯罪而言者也。② 在这个意义上的共犯,包括了共同正犯、教唆犯和帮助犯。值得注意的是,德、日刑法关于共同犯罪的规定采用的是不同的标题:《德国刑法典》称"正犯与共犯",而《日本刑法典》则称"共犯",因此德国刑法体系书与日本刑法体系书分别依其刑法称呼。不过,从具体内容上来看,都是关于共同正犯、教唆犯与从犯(帮助犯)的规定,因而在内容上并无根本区别。德、日刑法对共同犯罪都以区分正犯与共犯为中心线索而展开,采二元体系而排除了不区分正犯与共犯的单一体系。同样,我国民国时期关于共犯的理论,也采用的是二元体系。我国民国学者在论及共犯之意义时指出:刑法亦如他国立法例,就共犯(Teilnahme, complicit)只个别规定其意义,未共通规定其意义,故关于共犯之共通意义,即基本上观念,仍只有取决于学说;而学说又恰如后述,有正反之二派;对于共犯之共通意义,亦因所持见解不同,而有不同。即共犯,泛之,固可称曰:"二人以上共同犯罪"。但进一步之定义,则成问题,余系取后述之犯罪共同说,故对于共犯详细之定义,解为应为"二人以上协助(共同加功)成立同一犯罪"③。以上对共犯的解释,区分广义与狭义。广义上的共犯包括正犯,相当于共同犯罪。狭义上的共犯,则相对于正犯而言,指教唆犯与帮助犯。大体上可以说,德国刑法中的共犯是指狭义上的共犯,而日本刑法中的共犯则是指广义上的共犯。我国民国时期的刑法学,基本上承袭日本,采广义上的共犯概念。

---

① 参见陈子平:《共同正犯与共犯论——继受日本之轨迹及其变迁》,22页,台北,五南图书出版公司,2000。
② 参见王觐:《中华刑法论》,姚建龙勘校,238页,北京,中国方正出版社,2005。
③ 陈瑾昆:《刑法总则讲义》,吴允锋勘校,196页,北京,中国方正出版社,2004。

二、苏俄共同犯罪立法的影响

1949年中华人民共和国成立以后,我国关于共同犯罪的理论也转向苏俄刑法学。应该说,在苏俄刑法学中,对共犯理论从一开始就否定了正犯与共犯相区分的立场,这主要表现在对古典学派的共犯从属性理论的批判上。例如,苏俄学者指出:共同犯罪的附属理论,在20世纪30年代中期曾经受到批判。T. N. 沃尔科夫写道:共同犯罪的附属理论,因其在方法论上有毛病,不合逻辑,形式主义,而且也不实用,所以是经不起批评的……根据这种理论,一切共犯都可分为"主犯"和"从犯";而且,他们归入哪类,并不取决于共犯具体行为的意义,而是取决于预先规定的、说明共犯行为方式的形式上的特征。[①] 在上述论述中,苏俄学者对共犯从属性理论进行了批判,其罪名之一是形式主义。这里的形式主义,也可以解读为客观主义,即从客观外在形式上对正犯与共犯加以区分。关于这个问题,将在后文探讨。但上述译文中,"主犯"和"从犯"的表述似有所不妥,这里的主犯应指正犯,但在20世纪50年代初期,曾被译为执行犯。例如,以下译文对执行犯作了界定:苏维埃刑法认为,实行犯罪的人为执行犯。凡直接参加执行实现该种犯罪构成的某种行为的一切人,都属于执行犯的概念之内。因此,在杀人犯中,不仅直接实行杀害行为的人是执行犯,当另一人对被害人施行致命打击时,束缚被害人手的人也同样是执行犯。在实行犯罪时对被害人的行动加以阻挠者,也同样是杀人的执行犯。[②]

此外,与"主犯"相对应的"从犯",应是指共犯,包括教唆犯与帮助犯。如上所述,苏俄刑法学强调行为人在共同犯罪中的危害性,这一观点是社会危害

[①] 参见[苏]A. A. 皮昂特科夫斯基等.《苏联刑法科学史》,曹子丹等译,85页,北京,法律出版社,1984。

[②] 参见[苏]苏联司法部全苏法学研究所主编:《苏联刑法总论》,下册,彭仲文译,448页,上海,大东书局,1950。

性理论在共同犯罪制度中的反映。但在对共同犯罪定罪的时候，又不能不考虑共犯的参与程度，即考虑正犯与共犯的形式上关联。因此，在共同犯罪问题上，苏俄刑法学始终在共犯的危害性与参与程度之间徘徊。1922年《苏俄刑法典》第15条规定：对各共犯适用的刑罚方法不仅决定于他们的危害性，而且决定于他们参加实施犯罪的程度。这就确立了兼顾危害性与参与程度的原则，具有某种折中的意味。但危害性主要应在处罚时考虑，在定罪时应当依据的是参与程度，更确切地说是参与形式，即是正犯抑或共犯。这种过于突出危害性的观点，到20世纪30年代发展成为对共犯制度的根本破坏。苏俄学者指出：A. R. 维辛斯基在30年代末发表的意见，对共同犯罪问题的理论探讨及这个制度在实践中的适用，造成了很大的危害。他在第一次全苏苏维埃法与国家科学问题会议的报告中，就共同犯罪问题提出了一系列错误的、对社会主义法制有害的论点。根据他对共同犯罪概念的解释，就会在实践中因国事罪的共同犯罪行为而对那些实际上并没实施犯罪的人追究刑事责任。他否认各共犯之间必须有旨在实施犯罪的协议，认为在帮助犯或教唆犯的行为和实行犯所实施的犯罪行为之间不需要有因果关系。他还否认故意对共同犯罪是必不可少的。维辛斯基根据20世纪英国刑法学家斯蒂芬的论点，认为可以对实施犯罪的过失教唆行为追究刑事责任。这是一种容易导致客观归罪辩护的论点。①

维辛斯基在共犯问题上的极端观点，反映了对共犯定罪时过于强调危害性而忽视参与程度所可能带来的对法治的破坏。及至1958年《苏联和各加盟共和国刑事立法纲要》第17条第4款专门规定了组织犯，指出："组织或领导犯罪的人是组织犯"。1960年《苏俄刑法典》接受了这一规定，1996年《俄罗斯联邦刑法典》也承袭了关于组织犯的规定。可以说，在苏俄刑法学以及此后的俄罗斯刑法学中，组织犯是其共犯规定的特点之一，对此值得我们高度重视。

---

① 参见［苏］A. A. 皮昂特科夫斯基等：《苏俄刑法科学史》，曹子丹等译，86~87页，北京，法律出版社，1984。

第一节 共同犯罪的立法背景概述

《苏俄刑法典》关于共同犯罪的概念性规定，也是其立法特色之一，这与《德国刑法典》是完全不同的。《苏俄刑法典》关于共同犯罪的定义最早是1919年的《苏俄刑法指导原则》提出的。根据该法第21条的规定："数人（结伙、匪帮、聚众）共同实施的行为，实行犯、教唆犯和帮助犯都应受罚"。但是1922年和1926年的《苏俄刑法典》以及1924年的《苏联和各加盟共和国刑事立法基本原则》却没有共同犯罪一般概念的规定而只是划分出共同犯罪人（教唆犯、帮助犯和实行犯），并规定了对他们适用刑罚的一般原则。1958年《苏联和各加盟共和国刑事立法纲要》首次规定了共同犯罪是二人以上共同参与犯罪的概念。1960年《苏俄刑法典》第17条未作任何修改转述了这一规定。1991年《苏联和各加盟共和国刑事立法纲要》（以下简称《纲要》，因苏联解体而未生效）从文字上和实质上更确切地规定了共同犯罪的概念。苏联解体以后，1994年和1996年《俄罗斯联邦刑法典》完全复述了《纲要》关于共同犯罪的一般概念。[①] 共同犯罪一般概念的规定，为正犯与共犯设置了一个上位概念，避免共犯的广义与狭义理解带来的混乱，无疑是有意义的。但共同犯罪一般概念的规定也带来了对共同犯罪研究的一个方法论上的重大转向，即从对正犯与共犯的个别性把握而转向对共同犯罪的整体性思考。对共同犯罪的整体性思考，是把共同犯罪当作犯罪的一种特殊形态，而不是把共犯当作一种修正的犯罪构成形式，一般性地从共同犯罪故意与共同犯罪行为上讨论共同犯罪的定罪要件，而正犯与共犯的具体定罪要件则被遮蔽了。这一消极影响在很大程度上妨碍了对共犯的深入研究，例如，苏俄学者在论及共同犯罪的法律本质问题时指出：共同犯罪的法律本质问题是十分复杂的。关于共同犯罪的法律本质，刑法理论上形成了两种稳定的观点。一种观点的基础是共同犯罪的补充性质（拉丁文 accessorium——"补充的""不独立的"）。另一种理论的拥护者则把共同犯罪看成是独立的犯罪活动形式。共同犯罪的补充

---

① 参见［俄］Н. Ф. 库兹涅佐娃、N. M. 佳日科娃主编：《俄罗斯刑法教程（总论）》，上卷·犯罪论，黄道秀译，379页以下，北京，中国法制出版社，2002。

性质表现在共同犯罪的核心人物是实行犯，而其余共同犯罪人的活动是辅助性的，没有独立的意义，共同犯罪人的行为和他们的责任完全取决于实行犯的行为和他的责任：实行犯的行为应受处罚，共同犯罪人的行为也应受处罚，而如果实行犯不被追究责任，则共同犯罪人也不承担责任。刑法界积极主张共同犯罪逻辑补充性质的人是 M. N. 科瓦廖夫。他在自己的著作中得出这样一个结论，犯罪构成是直接实行犯完成的，而其余的共同犯罪人"并不完成犯罪构成本身"，所以教唆犯和帮助犯的行为中存在某种决定他们责任的"共同犯罪构成"，A. B. 纳乌莫夫也支持补充论，认为它是俄罗斯刑法中责任的基础，但有些保留。然而他承认，共同犯罪人的责任虽然基本上取决于实行犯的责任，但毕竟在一定程度上具有独立性。

但是大多数作者对这一观点持批评态度。[1] 苏俄学者反对上述共同犯罪的补充性质的观点，主要反映了在如何理解共犯（教唆犯或者帮助犯，以及组织犯）的犯罪性这一问题上的立场。因为《苏俄刑法典》规定了共同犯罪的一般概念，基于对共同犯罪概念的理解，认为对犯罪的参与形式包括了正犯行为与共犯行为，因而会得出结论：共犯刑事责任的根据和限度不存在于实行犯的行为之中，而存在于每个人自己所实施的行为之中。[2] 这是一种典型的共犯独立性说的观点，它也是实质性地理解共犯性质的必然结论。因此，正是共同犯罪的一般概念为共同犯罪的整体性考察提供了法律根据。在这种情况下，尽管《苏俄刑法典》也分别对实行犯、组织犯、教唆犯和帮助犯作了规定，其内容类似于《德国刑法典》关于正犯与共犯的规定，但在性质上已经迥然有别。可以说，苏俄刑法学的共犯理论已经走上了一条完全不同于德、日刑法学的学术道路。

我国关于共同犯罪的刑事立法，同样深受《苏俄刑法典》的影响，主要表现

---

[1] 参见［俄］H. Ф. 库兹涅佐娃、N. M. 佳日科娃主编：《俄罗斯刑法教程（总论）》，上卷·犯罪论，黄道秀译，382页，北京，中国法制出版社，2002。

[2] 参见［俄］H. Ф. 库兹涅佐娃、N. M. 佳日科娃主编：《俄罗斯刑法教程（总论）》，上卷·犯罪论，黄道秀译，383页，北京，中国法制出版社，2002。

第一节 共同犯罪的立法背景概述

在规定了共同犯罪的一般概念,即"共同犯罪是指二人以上共同故意犯罪"。这一共同犯罪概念的特点是强调了共同犯罪的主体是二人以上,以此区别于一人构成的单独犯罪,并且将共同犯罪的主观责任形式限于故意,由此排除过失犯的共同犯罪。然而,这一共同犯罪概念对于共同犯罪的客观要素并没有进行描述,也就是说,共同犯罪中的犯罪是指正犯还是也包括共犯,刑法并未加以具体规定。如果这里的犯罪是指刑法分则规定的犯罪,即正犯,因而我国刑法关于共同犯罪的规定在性质上类似于我国《唐律》中的共犯罪。在这种情况下,共犯的定罪根据如何解决呢?因此,这一对共同犯罪概念中犯罪的狭义理解显然难以满足我国刑法中共同犯罪概念所应当具有的为共犯定罪提供法律根据的功能。就此而言,对于我国刑法中的共同犯罪概念中的犯罪似应做广义理解,唯有如此才能使共同犯罪概念涵括正犯与共犯的内容。

除我国刑法中关于共同犯罪的概念规定以外,我国刑法中共同犯罪立法主要条文涉及共犯的分类问题。值得注意的是,在我国刑法起草(1950年至1979年)过程中,关于共犯分类集中在是采用分工分类法还是作用分类法上。对此,参与整个立法过程的我国学者高铭暄归纳了五种分类法:(1)根据犯罪分子在共同犯罪中所起的作用分类。(2)根据犯罪分子在共同犯罪中的分工分类。(3)按分工分类为主,在此基础上吸收作用分类法。(4)基本上按作用分类,教唆犯单独规定。(5)把共犯分为两种类型,集团性的共犯和一般的共犯:对集团性的共犯采作用分类法,对一般的共犯采分工分类法。[①] 在以上五种分类法中最终采用的是第四种意见,即以作用分类法为主,对教唆犯单设一条,同时纳入作用分类法。就分工分类法而言,其功能在于解决共犯的定罪问题;而作用分类法的功能则在于解决共犯的量刑问题。那么,上述第四种意见对共犯的定罪问题是如何解决的呢?对此,高铭暄同样也有此一问,指出:这项方案是否解决了定罪问题?由于为教唆犯单独规定了一条,可以说已解决了定罪问题,因为像组织犯、实行

[①] 参见高铭暄:《中华人民共和国刑法的孕育和诞生》,52~54页,北京,法律出版社,1981。

犯、帮助犯，在条文中已内涵了，定罪是不成问题的。[①] 大概是高铭暄也意识到共犯的定罪是在立法中应当解决的问题。那么，我国刑法关于共犯的规定是如何解决共犯的定罪问题的呢？如同高铭暄所指出的，教唆犯设有专条，为其定罪提供了法律根据。至于其他共犯，包括实行犯、组织犯与帮助犯，根据高铭暄所述，是采用涵括在主犯、从犯与胁从犯的条文中的方式解决其定罪问题的。例如，主犯包含了组织犯与起主要作用的实行犯，从犯包含了帮助犯与起次要作用的实行犯等。在这种情况下，就出现了一个将定罪问题通过量刑概念来解决的本末倒置的逻辑混乱。由此可见，我国《刑法》关于共同犯罪的立法，虽然在相当程度上受《苏俄刑法典》的影响，例如规定共同犯罪的一般概念、组织犯的设立等，但又在很大程度上有别于《苏俄刑法典》。因为《苏俄刑法典》虽然设立了组织犯这一共犯类别，但大体上还是保持了正犯与共犯相区分的逻辑关系。但在我国《刑法》中，采用作用分类法，将共犯分为主犯、从犯、胁从犯与教唆犯，模糊了正犯与共犯的区分，具有《唐律》"共犯罪分首从"立法例的痕迹。至于胁从犯的设立，则是"首恶必办，胁从不问"的刑事政策在共同犯罪制度中的体现，因此，我国《刑法》关于共同犯罪的规定，是十分具有中国特色的。当然，这也为刑法教义学的解释带来相当大的障碍。

第二节 1979年《刑法》的共犯立法

一、1979年《刑法》关于共同犯罪的一般规定

1979年《刑法》是我国第一部刑法典，该法对共同犯罪做了专节规定。值得注意的是，1979年《刑法》中无论是总则还是分则都没有采用共犯一词，而

---

① 参见高铭暄：《中华人民共和国刑法的孕育和诞生》，54页，北京，法律出版社，1981。

第二节 1979年《刑法》的共犯立法

是称为共同犯罪。在传统意义上，共犯有狭义和广义之分：狭义上的共犯对应于正犯，是指帮助犯和教唆犯。而广义上的共犯则是共同犯罪的简称，包括正犯与共犯。在大陆法系刑法典中，关于共犯的规定，通常分为两种情形：第一种是称为正犯与共犯，第二种是称为共犯。而我国1979年《刑法》没有采用以上两种规定，而是称为共同犯罪。在某种意义上说，所谓共同犯罪实际包括了正犯与共犯，因而是广义上的共犯。

在1979年《刑法》中，明确规定了共同犯罪的概念。第22条第1款规定："共同犯罪是指二人以上共同故意犯罪。"此外，第2款还规定："二人以上过失犯罪，不以共同犯罪论处；应当负刑事责任的，按照他们所犯的罪分别处罚。"可以认为，第2款规定是对第1款规定的共同犯罪概念的补充性说明。从这个共同犯罪概念我们可以看出，其作用主要在于将共同犯罪限于共同故意犯罪，而将过失犯罪排除在共同犯罪的范围之外。因而，这个共同犯罪的概念是偏重于从主观上对共同犯罪范围加以限制。然而，共同犯罪区别于单独犯罪的主要特征在于将单独犯罪的正犯行为扩张到共犯行为，以此拓展刑法分则的适用范围，将刑法分则本来仅仅适用于正犯的刑罚扩张适用于共犯。然而，1979年《刑法》关于共同犯罪的概念规定并没有起到这一共犯的立法功能。

1979年《刑法》关于共同犯罪的规定，除共同犯罪的概念以外，还对共犯类型做了规定，即将共犯分为主犯、从犯、胁从犯和教唆犯。至于组织犯，在我国刑法中并不是一种法定类型，而是我国学者从首要分子和主犯的立法规定中分析而形成的一种共犯类型。共犯是承担共同犯罪刑事责任的主体，因而也是刑罚关于共同犯罪规定的落脚点，受到刑法的高度重视。应该说，1979年《刑法》对共犯的规定是较为简单的，并不能完全满足司法机关对共同犯罪案件处理的规则需求。因而，在1979年《刑法》实施不久，我国立法机关就对1979年《刑法》关于共同犯罪的规定做了某种修订。

二、单行刑法对共同犯罪的修订

第一部《刑法》是 1979 年 7 月 1 日颁布、1980 年 1 月 1 日开始施行的。1979 年《刑法》施行不久我国进入改革开放的历史时期，社会形势发生重大的变化，各种犯罪包括刑事犯罪和经济犯罪随之滋生蔓延。在这种情况下，以 1982 年 3 月 8 日全国人民代表大会常务委员会颁布的《关于严惩严重破坏经济的罪犯的决定》和 1983 年 9 月 2 日颁布的《关于严惩严重危害社会治安的犯罪分子的决定》为标志，我国开启了一个"严打"的刑事周期。在此期间，全国人民代表大会常务委员会通过并颁布 22 个单行刑法对刑法典进行修改。这里应当指出的是，修改和补充是两种不同的刑法修正方式：修改是指对原刑法条文的内容作变更性规定，而补充则是对刑法没有规定的内容作补充性规定。如果把与补充相对应意义上的修改称为狭义上的修改，那么包括补充在内的修改则是广义上的修改，也就是所谓修正。因此，22 个单行刑法对刑法典进行的是广义上的修改。如果对 22 个单行刑法进行仔细分析就会发现，这些单行刑法具有以下 3 种形式：（1）条例。这是指 1981 年颁布的《惩治军人违反职责罪暂行条例》。这也是我国单行刑法中唯一以条例命名的法律。在我国古代，条例是刑事律条的代称。条指分条列举，例指体例和凡例。例如，《唐律疏议》中就有"诸篇罪名，各有体例"之语。我国有学者认为，唐代的条例是国家法律的补充法，具有法律实施细则的性质。[①] 在我国现代，条例是指通过一定的立法程序制定的规范性文件，条例的效力位阶低于法律但高于决定、规定等。作为单行刑法的《惩治军人违反职责暂行条例》具有军事刑法的性质，是一种特别刑法，相对独立于刑法典。（2）决定。决定作为我国单行刑法的一种形式，是就某个刑法专门问题所作的规定。例如，1995 年我国在颁布《公司法》的同时又颁布《关于惩治违反公

[①] 参见杨一凡、刘笃才：《历代例考》，7~8 页，北京，社会科学文献出版社，2012。

第二节 1979年《刑法》的共犯立法

司法的犯罪的决定》对公司犯罪作了系统规定。如果采用附属刑法的立法方式，那么完全可以将公司犯罪规定在《公司法》的有关章节之中，但是我国立法机关对附属刑法的立法方式采取较为谨慎的态度。当时，虽然也存在附属刑法这种立法方式，但是一般仅限于比照性规定，具有立法类推的性质。如果是设置刑法没有规定的新罪和设置独立的法定刑，那么一般不采用附属刑法的方式，而是采用决定这种立法方式。（3）补充规定。补充规定也是我国单行刑法的一种表现形式，是对刑法所作的补充性规定。补充规定不同于决定之处在于：决定规定的内容是刑法典所没有的，具有较强的独立性；而补充规定规定的内容是原刑法典具有的，只是进行了不同程度的补充。因此，补充规定对刑法典具有一定程度的依附性。例如，1988年颁布的《关于惩治走私罪的补充规定》就是对刑法典中走私罪的一种立法补充。1979年《刑法》只是在第116条规定了一个概括性的走私罪，对于所有的走私行为（无论走私何种货物、物品）都以走私罪论处。1988年全国人民代表大会常务委员会颁布的《关于惩治走私罪的补充规定》对走私罪的罪名进行分解，分别设立走私国家禁止出口的文物、贵重金属、珍贵动物、珍贵动物制品罪，走私淫秽物品罪，走私货物、物品罪等。该补充规定具有对1979年《刑法》的规定进行补充的性质。

全国人大常委会陆续颁行的22个单行刑法对1979年《刑法》进行修订，其中涉及对共犯问题规定的修订。以下，我对22个单行刑法对共同犯罪修订的主要内容进行归纳与论述。

（一）共犯正犯化的立法规定

共犯正犯化是以正犯与共犯的二元区分为前提的，正犯与共犯区分制的基本逻辑在于：刑法分则规定的是正犯，而刑法总则规定的是共犯。我国刑法总则并没有采用共犯的概念，而是使用共同犯罪的概念。这里的共同犯罪其实包含了正犯与共犯，尤其是主犯、从犯、胁从犯等概念中都涵括了正犯的内容。例如，主犯所包含的组织、领导犯罪集团进行犯罪活动的人，其中的组织犯属于共犯，而被组织进行犯罪活动的人，则属于正犯。从犯所包含的在共同犯罪中起次要作用

的犯罪分子属于正犯，而起辅助作用的犯罪分子则属于帮助犯。至于胁从犯，是被胁迫参加犯罪的人，通常都是正犯。在这种情况下，考虑到刑法总则不仅涉及共犯的定罪量刑问题，而且涉及正犯的类型问题，因此在刑法总则设立共同犯罪的总括性概念，以此涵盖正犯与共犯，似有一定道理。至于刑法分则规定的构成要件行为，都是正犯行为。这里的正犯包含两种情形：第一是本来的正犯，即某种构成要件的行为是物本逻辑意义上的正犯，此种正犯也可以说是实行犯，其行为是实行行为。第二是拟制的正犯，即某种构成要件的行为本来不是正犯行为，而立法机关将其拟制为正犯。这种拟制为正犯的情形包括预备行为拟制为实行行为和共犯行为拟制为正犯行为。其中，共犯行为拟制为正犯的情形，在共犯教义学中称为共犯的正犯化。在共犯正犯化的情况下，其行为本来是共犯行为，例如教唆行为和帮助行为，对此应当以被教唆之罪和被帮助之罪的共犯论处。然而，立法机关基于某种特殊原因，将某些共犯行为拟制为正犯，由此而割裂了与正犯的关系，不是以共同犯罪而是以单独犯罪论处。其中，最为典型的是1991年9月4日全国人大常委会颁布的《关于严禁卖淫嫖娼的决定》［以下简称《决定（一）》］设立的协助组织卖淫罪。

《决定（一）》第1条共两款，第1款规定的是组织卖淫罪；第2款规定："协助组织他人卖淫的，处三年以上十年以下有期徒刑，并处一万元以下罚金；情节严重的，处十年以上有期徒刑，并处一万元以下罚金或者没收财产。"应该说，以上两款规定的两个新罪名之间事实上具有共同犯罪关系，因而一并予以分析。

组织卖淫罪虽然是新设的一个罪名，但并不意味着在上述《决定（一）》颁布以前，组织他人卖淫的行为不是犯罪。实际上，此前组织他人卖淫行为是引诱、容留妇女卖淫罪的客观表现之一。例如我国学者在论及《决定（一）》颁布前的引诱、容留妇女卖淫罪与强迫妇女卖淫罪的关系时指出：对于在组织妇女卖淫过程中，既有引诱、容留妇女卖淫的行为，又有强迫妇女卖淫的行为的人，如

第二节 1979年《刑法》的共犯立法

两种行为没有牵连关系，应按数罪并罚处理。① 由此可见，当时一般都将组织妇女卖淫视为引诱、容留妇女卖淫罪。《决定（一）》颁布以后，组织妇女卖淫行为从引诱、容留妇女卖淫罪中分离出来，独立成罪，并将罪名改为组织他人卖淫罪；相应地，引诱、容留妇女卖淫罪增加了介绍行为，罪名也改为引诱、容留、介绍他人卖淫罪。组织他人卖淫罪中的组织行为和共同犯罪中组织犯的组织行为是有区别的，共同犯罪中的组织犯是指在集团犯罪中起组织、策划、指挥作用的犯罪分子，其组织活动包括建立犯罪集团、领导犯罪集团、制定犯罪活动计划、组织实施犯罪计划、策划于幕后、指挥于现实等。而组织他人卖淫罪中的组织，是指建立卖淫的集团，并在卖淫集团中起组织作用，例如分配任务、协调行动等。两者的根本区别就在于：共同犯罪中的组织犯，组织的是犯罪集团；而组织卖淫罪，由于一般意义上的卖淫（明知自己患有梅毒、淋病等严重性疾病而卖淫除外）并非犯罪行为，卖淫集团不是犯罪集团，因而卖淫集团的组织犯不得视为共同犯罪的组织犯。共同犯罪组织犯的组织行为，除个别组织行为在刑法分则中规定为正犯行为之外，都是共犯行为，包括在刑法总则关于共同犯罪的规定之中，刑法分则并无规定。对于共同犯罪的组织犯应当按照正犯的性质定罪并以主犯从重处罚（刑法分则另有规定的除外）。由于组织他人卖淫罪的组织犯不同于共同犯罪中的组织犯，因而它是一种正犯行为，由刑法分则加以规定。

在正确界定组织卖淫罪的基础上，我们可以较为清楚地看出，协助组织他人卖淫实际上是组织他人卖淫罪的帮助行为，即指为他人实施组织他人卖淫犯罪提供方便，创造有利条件、排除障碍的行为。根据共同犯罪的一般理论，帮助行为作为共犯行为，应根据正犯行为（即被帮助行为）定性。那么，对于协助组织他人卖淫的行为是定组织卖淫罪，还是定协助卖淫罪？对此，我国刑法学界存在以下两种观点②：第一种观点认为，对协助组织他人卖淫的行为应当以组织卖淫罪

---

① 参见赵廷光主编：《中国刑法原理（各论卷）》，290页，武汉，武汉大学出版社，1992。
② 参见李黎明主编：《新罪刑各论》，269～270页，北京，群众出版社，1992。

论处,理由是:(1)协助组织他人卖淫的行为,虽然是组织卖淫罪的帮助行为,但是,既然《决定(一)》规定了组织卖淫罪,那么,对协助组织他人卖淫的行为,应作为组织他人卖淫罪的共犯,以组织卖淫罪论处。(2)《决定(一)》第1条所规定的是组织卖淫罪,协助组织他人卖淫行为是作为本条的第2款,显然,应按组织卖淫罪处理。(3)对协助组织他人卖淫的行为以组织卖淫罪论处符合共犯的理论。如果把共同犯罪中的组织犯与帮助犯分别以不同的罪名进行处罚,显然于法理上是讲不通的。(4)《决定(一)》第1条第2款之所以对协助组织他人卖淫的行为的处刑作了具体详细规定,目的在于区分组织他人卖淫的不同情节,对犯罪人在组织卖淫犯罪中所起的不同作用,分别规定了具体的法定刑,从而方便司法部门操作,更有利于打击组织他人卖淫的犯罪行为。第二种观点认为,对协助组织他人卖淫的行为,应当单独以协助组织卖淫罪论处。理由是:第一,虽然协助组织他人卖淫与组织他人卖淫规定在一个条文里,但这并不能作为协助组织他人卖淫的行为应以组织卖淫罪论处的理由,因为在刑法中,两种犯罪行为规定在一个条文里分别以不同的罪名论处的并不少见。第二,从立法技术上看,既有罪状又有法定刑,就可以成立一个独立的罪名。从《决定(一)》第1条第2款的规定看,对协助组织他人卖淫的行为既规定了明确的罪状,又规定了明确的法定刑,很显然,可以成立协助组织卖淫罪。第三,协助组织卖淫罪的成立并不违背共犯理论。在共同犯罪中,各个共犯的行为虽然互有联系,但其在共同犯罪中所起的作用不同,因此,他们各自所应承担的责任也就不同。对各类犯罪人的行为以不同的罪名进行处罚,并没有违背共同犯罪的理论。在以上两种观点中,从立法本意来看,显然第二种观点是正确的。因为确定一种行为是否是刑法上的一个独立罪名,主要看刑法对这一行为是否作了罪刑式规定,即规定了罪状并规定了相应的法定刑。从上述《决定(一)》对协助组织卖淫罪的规定来看,既有明确的罪状,又有法定刑,毫无疑问是一个独立的罪名。因此,那种认为协助组织卖淫并不是一个独立的罪名的观点是没有根

第二节 1979年《刑法》的共犯立法

据的。[①]

关于共犯正犯化的立法现象,我国立法机关指出:无论在我国以往的立法还是司法实践中,都是将协助犯(应为帮助犯——引者)作为共犯,依照同主犯所犯的共同罪行定罪,比照主犯从轻、减轻或者免除处罚,而不是单独规定刑罚。本款突破了刑法总则的规定,对协助组织他人卖淫的行为单独规定了刑罚。可以说,本款是对协助组织他人卖淫的特别规定,也是对刑法的修改、补充。这样规定主要考虑以下三点:第一,协助组织他人卖淫的法益侵害性较大,特别是有些犯罪分子虽然不是组织、领导者,但其协助组织他人卖淫的手段特别恶劣,后果很严重,如果都按刑法对从犯的一般处罚原则处理,不利于打击这类犯罪活动。第二,协助组织他人卖淫的行为,尽管表现形式多样,但毕竟不同于组织他人卖淫,在一些卖淫嫖娼比较严重的地区,在一些不法人员中,协助组织他人卖淫已具有一定的职业性,这种犯罪活动有其自身的行为特征,所以有必要对这种行为单独规定刑罚。第三,这样规定有利于震慑和惩戒这类犯罪分子,有利于广大人民群众同这类犯罪行为作斗争。[②]

我认为,共犯正犯化的立法方式本身具有一定的合理性。不过,共犯属于刑法总则规定的犯罪类型,这是一般原则,而共犯正犯化则是一种例外情形,应当十分慎重。将协助组织卖淫罪独立设罪,在我看来并不合理。主要理由在于:首先,对协助组织他人卖淫的犯罪分子按照组织他人卖淫罪的从犯处罚,并不会放纵这种犯罪行为。我国1979年《刑法》第24条第2款规定:"对于从犯,应当比照主犯从轻、减轻处罚或者免除处罚。"根据《决定(一)》的规定,组织他人卖淫罪分为两个罪刑单位:第一个罪刑单位是基本犯,处10年以上有期徒刑或者无期徒刑,并处1万元以下罚金或者没收财产。第二个罪刑单位是情节加重

[①] 参见肖常伦:《打击卖淫嫖娼的有力的法律武器》,载《刑法运用问题的探讨》,425页,北京,法律出版社,1992。

[②] 参见全国人大常委会法制工作委员会刑法室:《〈关于严禁卖淫嫖娼的决定〉和〈关于严惩拐卖、绑架妇女、儿童的犯罪分子的决定〉释义》,23页,北京,中国检察出版社,1991。

犯，处死刑，并处没收财产。按照从犯的处罚原则，对于协助组织他人卖淫情节严重的，可比照主犯从轻处罚，即在 10 年以上处刑，这与《决定（一）》规定的法定刑基本上吻合。对于情节较轻的犯罪分子，可比照主犯减轻处罚，即在 10 年以下处罚；对于少数情节轻微的犯罪分子，可比照主犯免除处罚。显然，《决定（一）》规定协助组织他人卖淫罪的法定最低刑是 3 年，因此其处刑重于作为组织他人卖淫罪的从犯。由此可见，两者相比，情节严重的协助组织他人卖淫罪处刑并不轻于作为组织他人卖淫罪的从犯的同种行为，因而不存在不利于打击这类犯罪活动的问题。其次，协助组织他人卖淫的犯罪活动具有自身的行为特征，并不能成为独立成罪的理由。因为任何行为都有一定的特征，即使帮助行为也不例外。况且，协助组织他人卖淫行为与组织他人卖淫行为的界限并不易区分。例如，我国学者认为协助组织妇女卖淫表现之一是：为组织卖淫者充当账房先生，为其收钱管账，或者充当打手，协助组织他人卖淫的犯罪分子强迫妇女卖淫、逼良为娼，对不顺从的大打出手。① 这些行为实际上已经超出协助的范畴，其本身就是一种组织行为，是组织他人卖淫活动中的不同分工而已。还有些学者认为协助组织妇女卖淫行为表现为：为组织他人卖淫者物色、介绍卖淫的对象，提供辅助性的劳役或卖淫的场所。② 这里所说的物色、介绍卖淫对象与提供卖淫场所，实际上是一种容留、介绍他人卖淫的行为。根据立法原意，组织他人卖淫罪是一比较概括的罪名，包含或者说结合了其他与本罪相关联的一些犯罪行为，例如强迫或者引诱、容留、介绍他人卖淫罪等。③ 由此可见，卖淫集团中的强迫或者引诱、容留、介绍他人卖淫行为正是组织他人卖淫的表现之一。若将这种行

---

① 参见全国人大常委会法制工作委员会刑法室：《〈关于严禁卖淫嫖娼的决定〉和〈关于严惩拐卖、绑架妇女、儿童的犯罪分子的决定〉释义》，22 页，北京，中国检察出版社，1991。
② 参见周柏森、张瑞幸：《论〈关于严禁卖淫嫖娼的决定〉的法律适用问题》，载《刑法运用问题探讨》，417 页，北京，法律出版社，1992。
③ 参见全国人大常委会法制工作委员会刑法室：《〈关于严禁卖淫嫖娼的决定〉和〈关于严惩拐卖、绑架妇女、儿童的犯罪分子的决定〉释义》，21 页，北京，中国检察出版社，1991。

为以协助组织他人卖淫罪论处,恰恰难以与组织他人卖淫罪相区别。如果不单设协助组织他人卖淫罪,则对这些行为都可作为组织他人卖淫罪的从犯(包括帮助犯与次要的正犯)处理。再次,由于将组织他人卖淫罪的从犯另立罪名,因而使组织他人卖淫罪的法定最低刑为10年,远远高于故意杀人罪、抢劫罪、强奸罪(这些犯罪的法定最低刑均为3年),形成严重的不协调。而且,在司法实践中,对协助组织他人卖淫罪单独处理,割裂了与组织他人卖淫罪的联系,从而失去了处罚上的比照对象,难免产生量刑失衡的后果。综上所述,《决定(一)》将组织卖淫罪的帮助犯从中分离出来另立罪名的立法并不可取。

(二)以共犯论处的立法规定

在1979年《刑法》中,立法机关没有采用正犯与共犯概念,而是使用共同犯罪一词。在1979年《刑法》分则第162条第1款规定了包庇罪;第2款规定了窝藏罪,第3款规定:"犯前两款罪,事前通谋的,以共同犯罪论处。"这里的以共同犯罪论处,含义十分模糊。因为共同犯罪实际上包含了正犯与共犯。而事先通谋,事后对本犯进行包庇与窝藏,成立本犯所犯之罪的共犯。因此,这里的共同犯罪是指共犯,并不包含正犯,更不是正犯与共犯的合称。虽然现行《刑法》第310条对窝藏、包庇罪的规定中,仍然保留了以共同犯罪论处的表述,但这里使用共同犯罪一词明显受到1979年《刑法》关于共同犯罪概念规定的制约与影响。

在1979年《刑法》实施以后的单行刑法中,开始采用以共犯论处的表述。这一表述的意义不仅在于更为准确地描述了窝藏、包庇等事后帮助行为区别于连累犯,而应当以本犯的共犯论处,而且在于我国刑法正式采用共犯一词,这是对共同犯罪概念的某种修正。例如1988年1月21日全国人大常委会《关于惩治贪污罪贿赂罪的补充规定》[以下简称《补充规定(一)》]第1条规定:"国家工作人员、集体经济组织工作人员或者其他经手、管理公共财物的人员,利用职务上的便利,侵吞、盗窃、骗取或者以其他手段非法占有公共财物的,是贪污罪。与国家工作人员、集体经济组织工作人员或者其他经手、管理公共财物的人员勾结,伙同贪污的,以共犯论处。"我国刑法中的贪污罪是身份犯,没有刑法所规

定的特定身份的人不能构成本罪的正犯，但可以构成本罪的共犯，包括教唆犯和帮助犯。因此，《补充规定（一）》第 1 条对身份犯的共犯做了明文规定，这也是 1979 年《刑法》实施以后，单行刑法对共犯的特别规定，对于我国共犯教义学具有十分重要的意义。此后，1997 年《刑法》修订，在第 382 条将该规定予以吸纳，由此形成《刑法》第 382 条第 3 款的规定："与前两款所列人员勾结，伙同贪污的，以共犯论处。"这一规定表明，虽然贪污罪是身份犯，但没有法定身份的人可以构成贪污罪的教唆犯和帮助犯。

除贪污罪以外，1988 年 1 月 21 日全国人大常委会《关于惩治走私罪的补充规定》[以下简称《补充规定（二）》]第 8 条规定："与走私罪犯通谋，为其提供贷款、资金、帐号、发票、证明，或者为其提供运输、保管、邮寄或者其他方便，以走私罪的共犯论处。"这是对走私罪的共犯的规定。值得注意的是，走私罪不同于贪污罪，它并非身份犯。然而，走私罪同样存在共犯。《补充规定（二）》第 8 条规定的是走私罪的帮助犯，其帮助的具体行为包括两类：第一类是资金票据方面的帮助，是指提供贷款、资金、帐号、发票、证明等情形。第二类是交通运输贩卖的帮助，是指提供运输、保管、邮寄等情形，此外，《补充规定（二）》规定的帮助行为还包括提供其他帮助，这是一种概括性的规定，起到兜底的作用。

刑法分则关于以共犯论处的规定，是一种提示性规定，对刑法总则关于共同犯罪规定起到提示作用。当然，其功能也并非完全限于提示，对于某些犯罪的司法认定在一定情况下具有实质性的功能。例如，对于贪污罪的共犯的规定，表明身份犯也存在非身份犯的共犯，这对于我国刑法总则没有规定共犯与身份的情况下，具有补充规范的功能。而走私罪共犯的规定，则对走私罪的帮助行为进行了具体列举，具有对走私罪的帮助行为的明示功能。

（三）连累犯的提示性规定

全国人大常委会《决定（一）》第 8 条规定："旅馆业、饮食服务业、文化娱乐业、出租汽车业等单位的负责人和职工，在公安机关查处卖淫、嫖娼活动时，隐

第二节 1979年《刑法》的共犯立法

瞒情况或者为违法犯罪分子通风报信的，依照（1979年）刑法第一百六十二条的规定处罚。"这里的《刑法》（1979年）第162条的规定是指包庇罪，这在刑法理论上称为连累犯，是与共同犯罪相关的一种特殊犯罪形态，在此一并加以论述。

在共犯理论中，连累犯是指事前与他人没有通谋，在他人犯罪以后，明知他人的犯罪情况，而故意地以各种形式予以帮助，依法应受处罚的行为。连累犯在某种意义上说，是犯罪的帮助行为。但他与共同犯罪中的帮助犯又有根本区别，区别就在于：在主观上，连累犯事前没有与他人通谋。在客观上，必须是在他人犯罪以后基于主观上的故意而给予他人各种形式的帮助。根据连累犯的特征，《决定（一）》的上述规定有以下两点值得推敲。

第一，对违法行为的事后帮助能否构成连累犯？关于这个问题，在立法过程中就存在争议。一种意见认为，对这些行为追究法律责任是必要的，但可以考虑给予治安处罚，不应追究刑事责任，因为《刑法》第162条规定的包庇罪是指包庇反革命犯罪分子和其他犯罪分子，而卖淫、嫖娼活动除《决定（一）》第5条规定的"明知自己患有梅毒、淋病等严重性病卖淫、嫖娼的"或者"嫖宿不满十四岁的幼女的"构成犯罪外，其他一般的卖淫、嫖娼活动不构成犯罪，只属于违法行为，对违法行为的包庇者，定为犯罪不平衡。另一种意见则认为，根据国家有关的法律、法规以及各行业内部的管理办法，从事旅馆业、饮食服务业、文化娱乐业、出租汽车业等企业单位的人员，不仅有责任采取措施制止本单位发生的卖淫、嫖娼活动，还有义务协助公安机关进行查禁。如果这些单位的工作人员在明知有卖淫、嫖娼活动的情况下，不仅不履行职责协助公安机关查禁，反而在公安机关查处卖淫、嫖娼活动时，还为卖淫、嫖娼人员通风报信或者有意隐瞒情况，性质特别恶劣。这些行为严重破坏了企业、事业单位的社会主义精神文明建设，助长、包庇了违法犯罪活动，干扰了公安机关的正常工作，应当予以惩处。[1]《决定

---

[1] 参见全国人大常委会法制工作委员会刑法室：《〈关于严禁卖淫嫖娼的决定〉和〈关于严惩拐卖、绑架妇女、儿童的犯罪分子的决定〉释义》，83～84页，北京，中国检察出版社，1991。

（一）》采纳了后一种意见将包庇卖淫、嫖娼的活动规定为犯罪从而扩大了包庇对象的范围，使之不限于犯罪分子，而且包括违法人员。我认为，这一规定扩大了打击面，在刑法理论上也是很难站住脚的。如前所述，包庇罪的对象只能是犯罪分子，因而它是一种连累性的犯罪，在古今中外的刑事立法中，连累犯的构成无不以他人的犯罪为前提。例如《唐律》规定："诸知情藏匿罪人，若过致资给，令得隐避者，各减罪人罪一等。"又如，1871年《德国刑法典》规定："在正犯或从犯实施重罪或轻罪后，为使其避免刑罚，或为确保其因犯罪所得的利益，而故意帮助之者，为庇护罪。"如果说，包庇违法人员可以构成犯罪，而包庇实际上只是一种事后的帮助行为，这岂不是轻重颠倒？

第二，如何理解包庇卖淫嫖娼违法犯罪人员犯罪的客观表现？在刑法理论上，一般认为1979年《刑法》第162条规定的包庇罪的所谓包庇，是指向司法机关提供不真实的证明，为犯罪分子掩盖罪行，或者帮助其湮灭罪迹和毁灭罪证等。[①] 但《决定（一）》规定的是隐瞒情况和为违法犯罪分子通风报信。所谓隐瞒情况是指，在公安机关依法查处卖淫、嫖娼活动时，有意隐瞒在本单位发生的卖淫、嫖娼的人员和卖淫、嫖娼者的姓名、住所、所进行的违法犯罪活动事实，以及与这些人员、活动有关的物品、能证明这些犯罪活动的证据等各方面的情况。[②] 质言之，这种所谓隐瞒情况的行为实际上就是知情不举。我国刑法学界有人认为，我国刑法对"知情不举"并未规定为犯罪，但是《决定（一）》以及其他法律、法规已将"隐瞒""掩饰""隐瞒不报""虚报""谎报""拖延不报"等"知情不举"的行为规定为犯罪。由于上述"知情不举"行为都是为犯罪分子开脱罪责，使之逃避法律制裁，因此，除了法律另有规定的，一般都按包庇罪追究其刑事责任。[③] 根据有关法律规定，知情不举除以包庇罪论处以外，还有的规定

[①] 参见高铭暄主编：《中国刑法学》，551页，北京，中国人民大学出版社，1989。

[②] 参见全国人大常委会法制工作委员会刑法室：《〈关于严禁卖淫嫖娼的决定〉和〈关于严惩拐卖、绑架妇女、儿童的犯罪分子的决定〉释义》，84页，北京，中国检察出版社，1991。

[③] 参见周其华主编：《全国人大常委会修改和补充的犯罪》，66页，北京，中国检察出版社，1992。

以渎职罪论处。例如全国人大常委会《关于严惩严重破坏经济的罪犯的决定》第1条（四）规定："对于本条（一）、（二）、（三）所列的犯罪人员，有追究责任的国家工作人员不依法处理，或者因受阻挠而不履行法律所规定的追究职责的；对犯罪人员和犯罪事实知情的直接主管人员或者仅有的知情的工作人员不依法报案和不如实作证的，分别比照刑法（1979年——引者注）第一百八十七条、第一百八十八条、第一百九十条所规定的渎职罪处罚。"这里的"不依法报案和不如实作证"就是知情不举。对同一种知情不举在不同的法律中以不同的犯罪论处，这是法律不协调的表现。况且，知情不举是一种不作为，而包庇则是一种作为，因而对知情不举以包庇论处难以自圆其说。包庇卖淫嫖娼违法犯罪人员犯罪的另一客观表现是，为违法犯罪分子通风报信。所谓为违法犯罪分子通风报信是指，在公安机关依法查处卖淫、嫖娼活动时，将公安机关查处的部署、行动的地点、时间、对象以及其他有关消息告知组织、强迫、引诱、容留、介绍他人卖淫、嫖娼的违法犯罪分子。[①] 这就产生了一个问题，如何将这种包庇行为与有关犯罪的帮助犯加以区分？包庇行为只能发生在他人犯罪之后，而按照法律规定，这种包庇行为发生在"公安机关查处卖淫、嫖娼活动时"。而公安机关查处之时，也正是犯罪活动发生之际。所谓通风报信也正好说明了这一点，只能是在犯罪之前或过程之中。这种行为与包庇行为的特征是不相吻合的，倒恰恰符合帮助犯的特征。

（四）必要共犯的立法规定

在共犯教义学中，将共犯分为任意共犯与必要共犯。一般认为，刑法总则规定的是任意共犯，而刑法分则规定的是必要共犯。在通常情况下，应当出刑法总则规定共犯，因此任意共犯是共犯的立法常态，而必要共犯则是共犯的立法补充。在刑法分则中只宜将那些确有必要的情形规定为必要共犯，如果刑法分则过

[①] 参见全国人大常委会法制工作委员会刑法室：《〈关于严禁卖淫嫖娼的决定〉和〈关于严惩拐卖、绑架妇女、儿童的犯罪分子的决定〉释义》，84～85页，北京，中国检察出版社，1991。

度地规定必要共犯,对于刑法中的共犯立法来说并非正常。我国1979年《刑法》规定的必要共犯,主要是聚众犯罪和集团犯罪。例如,1979年《刑法》第96条规定的聚众劫狱罪,就是必要共犯的适例。因为劫狱通常都采用聚众方式,因而设置为必要共犯具有其合理性。此外,1979年《刑法》第160条对流氓集团的首要分子做了专门规定,设置了加重法定刑,因而流氓集团犯罪也具有必要共犯的性质。

在1979年《刑法》实施以后的单行刑法中,对有关犯罪也规定了必要共犯,这些规定具有值得进一步推敲的地方。例如1991年9月4日全国人大常委会《关于严惩拐卖、绑架妇女、儿童的犯罪分子的决定》〔以下简称《决定(二)》〕第4条是关于阻碍对被拐卖、绑架的妇女、儿童的解救行为的规定,其中第2款指出:以暴力、威胁方法阻碍国家工作人员解救被收买的妇女、儿童的,依照《刑法》(1979年)第157条的规定处罚;协助转移、隐藏或者以其他方法阻碍国家工作人员解救被收买的妇女、儿童,未使用暴力、威胁方法的,依照治安管理处罚条例的规定处罚。第3款设立了聚众阻碍解救被收买的妇女、儿童罪,指出:聚众阻碍国家工作人员解救被收买的妇女、儿童的首要分子,处5年以下有期徒刑或者拘役;其他参与者,依照本条第2款的规定处罚。这是以聚众为形式的犯罪,属于必要共犯。

我国刑法中的聚众犯罪从性质上说,可以分为两种:一种是属于共同犯罪的聚众犯罪,例如1979年《刑法》第95条规定的持械聚众叛乱罪、第96条规定的聚众劫狱罪。另一种是属于单独犯罪的聚众犯罪,例如1979年《刑法》第159条规定的公共场所、交通秩序罪。以上两种聚众犯罪,意义有所不同:前者是将首要分子作为区分重罪与轻罪的界限,聚众的含义是聚集三人以上进行共同犯罪,在这种情况下,法律将共同犯罪人分为首要分子、其他罪恶重大的以及其他积极参加的三种。其中,首要分子是最为严重的共犯。后者是将首要分子作为区分罪与非罪的界限,聚众的含义是聚集三人以上进行犯罪。在这种情况下,根据刑法的规定,参与者并非都构成犯罪,只有首要分子才构成犯罪,那么,上述

第二节　1979年《刑法》的共犯立法

《决定（二）》关于阻碍国家工作人员解救被收买的妇女、儿童行为的规定属于哪一种情况呢？我国刑法学界一般认为，对首要分子应依照《决定（二）》第4条第3款的规定，以聚众阻碍解救妇女、儿童罪处罚；对其他以暴力、威胁方法参与阻碍解救被收买的妇女、儿童的，根据《决定（二）》第4条第2款的规定，应当依照1979年《刑法》第157条，以妨害公务罪处罚，但仅协助转移、隐藏或者以其他方法阻碍国家工作人员解救被收买的妇女、儿童，而未使用暴力、威胁方法的，则属于违法行为，应依照治安管理处罚条例的有关规定处罚。① 由此可见，阻碍国家工作人员解救被收买的妇女、儿童行为不同于只有首要分子构成犯罪的情况，其他参与者中也有构成犯罪的，只不过根据《决定（二）》，以不同的犯罪论处而已。

现在的问题是：同是一种阻碍国家工作人员解救被收买的妇女、儿童的行为，对首要分子与其他重要参与者分别定罪是否科学？应该说，在上述《决定（二）》颁行以前，对以暴力、威胁方法阻碍国家工作人员解救被收买的妇女、儿童行为以妨害公务罪处理是可以的。那么，为什么要对聚众阻碍解救妇女、儿童行为新设罪名呢？立法理由是：近年来，阻碍解救的犯罪行为中出现了一些新的特点、新的行为，这些在法律中没有明确规定，在执行中缺少必要的法律依据。比如，关于聚众阻碍解救的行为。阻碍国家工作人员解救的人往往成十上百，对使用暴力、威胁方法的是否都以妨害公务罪处罚，各地司法机关普遍感到难办。另外，聚众阻碍解救的危害很大，但有的在行为中又未使用暴力、威胁方法，难以妨害公务罪处罚，而只能依照治安管理处罚条例给予治安处罚，对于首要分子，治安处罚太轻，难以起到惩戒作用。应当依据解救工作的需要，对法律作出必要的修改。另外，在执行法中也发现一些公、检、法机关对阻碍解救工作的危害性重视不够，没有能够正确运用法律对阻碍解救的违法犯罪分子给予必要

---

① 参见周道鸾：《试论〈关于严惩拐卖、绑架妇女、儿童的犯罪分子的决定〉的法律适用》，载《中国法学》，1992（4），91页。

的打击,在执法中手软。也要通过法律的规定进一步强调依法惩处阻碍解救的犯罪分子的重要性和必要性。① 以上理由可以归纳为两条:一是对未使用暴力、威胁的首要分子加以补充规定;二是给执法机关更为明确具体的法律规定。尽管在第一点上就同刑法学界还存在对法律的不同理解,例如我国学者认为聚众阻碍解救妇女、儿童罪是指为首纠集多人,以暴力、威胁方法,阻碍国家工作人员解救被收买的妇女、儿童的行为。② 根据这种观点,聚众阻碍解救妇女、儿童罪在客观上只能是采取暴力、威胁的方法。我认为,从立法精神来看,对于聚众阻碍解救妇女、儿童罪的客观行为不能限于暴力、威胁方法。因此,该罪的规定确实使处罚范围有所扩大,这也是完全必要的。但是,在新设聚众阻碍解救妇女、儿童罪的同时,对其他参与者都以妨害公务罪论处则有所不妥。因为在聚众犯罪的情况下,无论是首要分子还是其他重要参与者,主观上具有共同犯罪的故意,客观上具有共同犯罪的行为。因此,对实施聚众犯罪的共同犯罪人,理应以同一犯罪处理,以便区分主犯与从犯,科学地处罚。如果分别以不同的犯罪论处,则容易造成量刑上的偏颇。所以,我认为应当将聚众阻碍解救妇女、儿童罪改为阻碍解救妇女、儿童罪,并将聚众阻碍解救妇女、儿童的首要分子和以暴力、威胁方法阻碍解救妇女、儿童的,作为从重处罚的情节。

(五)单行刑法关于共同犯罪修订的评述

通过以上分析,我们可以看到单行刑法在处理共同犯罪问题上存在一些值得斟酌的地方。这些问题的存在,在一定程度上降低了法律的合理性,同时还会影响到法律的可操作性。这就引申出一个值得注意的问题,就是在单行刑法中如何处理共同犯罪的规定?

共同犯罪是刑法总则的一种法律制度,属于总则性规范。共同犯罪从分散性

---

① 参见全国人大常委会法制工作委员会刑法室:《〈关于严惩卖淫嫖娼的决定〉和〈关于严惩拐卖、绑架妇女、儿童的犯罪分子的决定〉释义》,133~134页,北京,中国检察出版社,1991。
② 参见周道鸾:《试论〈关于严惩拐卖、绑架妇女、儿童的犯罪分子的决定〉的法律适用》,载《中国法学》,1992(4),91页。

第二节 1979年《刑法》的共犯立法

与个别性的规定上升为总则性规定，正是刑事立法进化的表现之一。当然，在刑法总则中集中规定共同犯罪，并不意味着刑法分则与共同犯罪毫无瓜葛。例如，我国刑法分则中对某些犯罪的首要分子或者罪恶重大的主犯，根据其在共同犯罪中所占的地位与所起的作用专门规定了法定刑，1979年《刑法》第160条关于流氓犯罪集团的首要分子的规定，就是典型的例证。因而1979年《刑法》第23条第2款规定："对于主犯，除本法分则已有规定的以外，应当从重处罚。"因此，一般来说，刑法分则对共同犯罪的规定限于有关量刑问题。单行刑法，在刑法理论上是指立法机关为应付某种特殊情况而专门颁布的、仅限于单纯地规定犯罪与刑罚的规范性文件。在单行刑法中，除个别总则性规范以外，大部分都是分则性规范。由于单行刑法是对某种特定事项所作的规定，因而除少数规定，例如《关于惩治泄露国家秘密犯罪的补充规定》具有刑法修正案的性质，比较单纯简明以外，大多数单行刑法都较为详尽具体。在这种情况下，往往涉及总则性问题。我认为，在单行刑法中，涉及共同犯罪的时候，以下两种规定是可取的。

（1）对有关共同犯罪的量刑问题作出规定，使刑法总则关于共同犯罪的量刑原则具体化。例如，1979年《刑法》第26条规定："教唆不满十八岁的人犯罪的，应当从重处罚。"这是我国刑法关于教唆犯处罚的一个重要原则，适用于所有犯罪的教唆犯。由于刑法总则作了这样一般性的规定，在刑法分则中无须再对具体犯罪的教唆犯作重复性规定。即使是单行刑法，由于《刑法》第101条规定："本法总则适用于其他有刑罚规定的法律"，因而即使其不再作具体规定，也同样可以对教唆不满18周岁的人犯罪的教唆犯予以从重处罚。但由于立法者出于对特定事项的强调，突出立法精神，再次予以强调也不是毫无意义的重复。在这方面，我国晚近的单行刑法中可以找出例证。例如全国人大常委会《关于禁毒的决定》第2条第4款规定："利用、教唆未成年人走私、贩卖、运输、制造毒品的，从重处罚。"又如，全国人大常委会《关于惩治走私、制作、贩卖、传播淫秽物品的犯罪分子的决定》第6条规定：成年人教唆不满18岁的未成年人走私、制作、复制、贩卖、传播淫秽物品的，依照本决定有关规定从重处罚。这些

规定虽然在具体表述上还存在一些问题,例如利用与教唆并列,利用是教唆的表现方式还是指间接正犯?又如同一天通过的两个决定,前一决定在未成年人前未加"不满18岁"的修饰词,后一决定则有这一修饰词等。但总的来说,这种照应性规定使教唆未成年人犯罪的教唆犯从重处罚的原则具体化,因而具有一定的意义。

(2)对具体犯罪的首要分子作为加重构成的条件,作出特别规定。首要分子属于主犯,一般来说,对于共同犯罪的主犯应当按照刑法总则的规定予以从重处罚,但刑法已有规定的除外。这里所谓已有规定,就是在刑法分则中已经把某些犯罪的首要分子作为加重构成的条件规定了较重的法定刑。因此,在单行刑法中,为了严厉惩治某些犯罪,也可以照此规定。我国晚近刑事立法中也有这样的例证。例如《关于禁毒的决定》第2条规定:走私、贩卖、运输、制造毒品,有下列情形之一的,处15年有期徒刑、无期徒刑或者死刑,并处没收财产。走私、贩卖、运输、制造毒品集团的首要分子就是这种情形之一,由此体现对这类首要分子从严惩治的精神。除此之外,单行刑法应当避免对共同犯罪作总则性的规定,尤其是不应与刑法总则关于共同犯罪的一般规定相冲突。

第三节 1997年《刑法》的共犯立法

我国1979年《刑法》具有急就章的性质,该法实施不久,我国进入改革开放的历史时期,社会面貌发生了巨大变化。在这种情况下,随着社会关系、经济关系的改变,犯罪情势也发生了剧变。1979年《刑法》对于社会生活和犯罪现象的滞后性日益凸显。为此,从1988年开始我国在通过颁布单行刑法对1979年《刑法》进行修改补充的同时,就开启了长达10年的《刑法》修订准备工作。在此期间,也包含对1979年《刑法》共同犯罪规定的反思和修改。

第三节 1997年《刑法》的共犯立法

一、共同犯罪修订的建言

在对1979年《刑法》修订的过程中，我曾经提出关于共同犯罪规定修订的以下意见。[①]

（一）1979年《刑法》关于共同犯罪立法存在的缺陷

1979年《刑法》对共同犯罪的规定，总的来说是适应司法实践的客观需要的，在理论上也有可取之处，尤其是不少具有中国特色的内容，使整部刑法为之增色，值得我们骄傲。但是，绝不能由此得出我国关于共同犯罪的立法已经完美无缺的结论。从刑法颁行以来的司法实践来看，1979年《刑法》关于共同犯罪的规定还存在以下缺陷。

1. 1979年《刑法》关于共犯分类的规定有待完善

1979年《刑法》对共犯采取以作用分类法为主，分工分类法为辅，将两种分类法统一起来的立法方式，虽然克服了专采某一种分类法的弊病，有利于解决共犯的量刑，同时也适当地解决了共犯的定罪问题，但对共犯的定罪与量刑两者比较而言，对于量刑问题解决得比定罪问题要好一些。例如，1979年《刑法》将教唆犯单列一条，规定得比较详细。1979年《刑法》第26条第2款规定："如果被教唆的人没有犯被教唆的罪，对于教唆犯，可以从轻或者减轻处罚。"这是对教唆未遂的规定。但如果是组织犯或者帮助犯，在被组织或者被帮助的人没有犯被组织或者能帮助的罪的情况下，组织犯或者帮助犯是否构成犯罪，如果构成犯罪应该如何处罚，在法律上没有明文规定，司法机关无法可依。因此，有待于在立法上进一步明确组织犯与帮助犯的法律地位，以便科学地解决其定罪问题。

2. 1979年《刑法》关于共同犯罪的规定失之含糊

1979年《刑法》有些共同犯罪的规定在其表达上不够明晰，各法律条文之

[①] 参见陈兴良：《论共同犯罪立法与司法的完整》，载《法学研究》，1989（2）。

间也存在一些内容上的冲突之处,引起人们误解。例如,1979年《刑法》第23条规定:"组织、领导犯罪集团进行犯罪活动的或者在共同犯罪中起主要作用的,是主犯。"由此得出结论:主犯包括两种人,一是犯罪集团中的首要分子,二是其他在共同犯罪中起主要作用的犯罪分子。但1979年《刑法》第86条指出:"本法所说的首要分子是指在犯罪集团或者聚众犯罪中起组织、策划、指挥作用的犯罪分子。"结合上述两个条文得出结论:主犯包括三种人,即除第23条所说的两种人以外,还包括聚众犯罪的首要分子。由于1979年《刑法》条文内容上的这种含糊性,造成共犯教义学上的混乱。

3. 1979年《刑法》关于共同犯罪的立法不够完整

1979年《刑法》对共同犯罪的规定过于简单,有些应该规定的内容未加规定,影响共同犯罪立法的完整性。例如关于共同犯罪与身份的关系,各国刑法基本上都有规定,我国刑法则付之阙如。又如,关于连累犯,1979年《刑法》分则对几种具体犯罪作了规定,在《刑法》总则中却没有一般性的规定,影响《刑法》总则与分则之间的互相协调。当然,这并不是说共同犯罪立法越详细越好,有些问题可以留给刑法理论解决,例如片面共犯、间接正犯等。但那些与共同犯罪的定罪量刑密切相关的内容在刑法上也得不到体现,就不能不说是一种缺憾。

4. 1979年《刑法》关于胁从犯的规定值得推敲

1979年《刑法》对胁从犯的规定,虽然体现了惩办与宽大相结合的政策,但将胁从犯作为共同犯罪人的一种,存在一些困惑。例如,被胁迫参加犯罪但在共同犯罪中起主要作用的,根据1979年《刑法》显然不是胁从犯,不存在对其减轻或者免除处罚的法律根据。而这种情况,根据惩办与宽大相结合的政策,显然是应当得到宽大处理的。又如,在不存在从犯的案件中,对胁从犯无法比照处罚。

(二)共同犯罪立法的理论案及其说明

针对上述情况,我认为有必要对1979年《刑法》关于共同犯罪立法规定作较大幅度的修改,使之更加完善。在此,本人不揣冒昧,试拟有关共同犯罪的条

文，作为共同犯罪立法的理论案，供立法机关在将来修改刑法时参考。

第×节 共同犯罪

第××条（共同犯罪的概念）

共同犯罪是指二人以上共同故意犯罪（包括实行、组织、教唆和帮助）。

第××条（共同犯罪与过失犯罪）

二人以上共同过失犯罪，不以共同犯罪论处；应当负刑事责任的，按照他们所犯的罪分别处罚。

第××条（共同犯罪与单位犯罪）

二个以上单位共同故意犯罪的，以共同犯罪论处，适用本法规定处罚之。

第××条（共同犯罪的定罪）

实行本法分则所规定的犯罪行为的，是正犯；对于正犯，应当按照本法分则有关条文定罪。

在犯罪集团中起组织、策划和指挥作用的，是组织犯；对于组织犯，应当按照其所组织的犯罪定罪。

教唆他人犯罪的，是教唆犯；对于教唆犯，应当按照其所教唆的犯罪定罪。

明知他人犯罪之情而予以各种形式的帮助的，是帮助犯；对于帮助犯，应当按照其所帮助的犯罪定罪。

第××条（组织犯、教唆犯和帮助犯的未遂）

如果被组织、教唆和帮助的人没有犯被组织、教唆和帮助的罪的，对于组织犯、教唆犯和帮助犯，以犯罪未遂论处。

第××条（共同犯罪与身份犯）

没有特定身份的人组织、教唆和帮助有特定身份的人犯法律要求特定身份的罪的，没有特定身份的人应当以该罪的共犯论处。

因特定身份而致刑有轻重或者免除的，其效力不及于没有这种身份的人。

第××条（共同犯罪与数额犯）

共同犯罪人应当对犯罪总额承担刑事责任。

第二章 共同犯罪的现行立法史

第××条（共同犯罪与连累犯）

在他人犯罪以后，明知他人的犯罪情况，而故意地以各种形式予以帮助的，是连累犯；对于连累犯，不以共同犯罪论处；本法分则有规定的，按照规定追究刑事责任。

实施前款规定的行为而事前通谋的，以共犯论处。

第××条（共同犯罪的量刑）

在共同犯罪中起主要作用的，是主犯；对于主犯，除本法分则已有规定的以外，应当从重处罚。

在共同犯罪中起次要作用的，是从犯；对于从犯，应当比照主犯从轻、减轻或者免除处罚。

第××条（被胁迫、被诱骗参加犯罪）

被胁迫、被诱骗参加犯罪且在共同犯罪中起主要作用的，应当从轻或者减轻处罚。

被胁迫、被诱骗参加犯罪且在共同犯罪中起次要作用的，应当减轻或者免除处罚。

此外，在刑法分则中，还有必要增设知情不举罪，在此不赘述。

为了进一步理解上述试拟用条文的含义，下面我将对这些条文加以必要的解释。

我试拟的共同犯罪条文，从结构上来说，可以分为共同犯罪的概念、共同犯罪的定罪和共同犯罪的量刑这三个有机的组成部分。共同犯罪的概念主要是解决共同犯罪与单独犯罪以及共同过失犯罪、连累犯的区分问题。关于共同犯罪与单独犯罪的区分，不言自明，无须规定。唯共同犯罪与过失犯罪、共同犯罪与单位犯罪的定罪问题需要加以特别规定。共同犯罪的定罪，是按分工分类法，对正犯、组织犯、教唆犯和帮助犯的定罪问题分别加以明确，解决其定罪根据问题。其他关于组织犯、教唆犯、帮助犯的未遂、共同犯罪与身份犯、共同犯罪与数额犯、共同犯罪与连累犯的规定，都与共同犯罪的定罪有关，有必要在法条上予以

界定。共同犯罪的量刑，是按作用分类法，将共犯分为主犯、从犯，分别解决其量刑问题。至于被胁迫、被诱骗参加犯罪的人，我不是把它作为一种独立的共犯类型，而是作为共同犯罪量刑中的一个法定减轻或者免除处罚的情节。如果被胁迫、被诱骗参加犯罪且在共同犯罪中起主要作用的，在作为主犯从重处罚的同时，依法予以从轻或者减轻处罚。如果被胁迫、被诱骗参加犯罪且在共同犯罪中起次要作用的，在作为从犯从轻、减轻或者免除处罚的同时，依法予以减轻或者免除处罚。综上所述，在我提出的共同犯罪立法的理论案中，分工分类法与作用分类法并存，同一个共犯具有双重身份。在定罪的时候，考察其在共同犯罪中的分工；在量刑的时候，考察其在共同犯罪中的作用。我认为，在同一部刑法中，同时采用上述两种分类法，只要处理得当，并不会发生矛盾。

二、共同犯罪修订的评述

修订后的《刑法》对1979年《刑法》关于共犯规定在维持的基础上略有改动。遗憾的是，由于历史的误读与逻辑的误导，尽管其在增补犯罪集团的概念与缩小胁从犯的范围上颇有可圈可点之处，但在承袭共同犯罪人的分类、修改主犯处罚原则上，大有可以非难之处。①

（一）共犯观念：比较与建构

我们应当具有一种什么样的共犯观念，这是共犯立法首先需要解决的一个问题。我国关于共同犯罪的立法之所以疵误迭出，根本原因在于没有建立一种正确的共犯观念。

正确的共犯观念始于正犯与共犯的区分。换言之，正犯与共犯的区分是共犯观念成熟的标志。通观大陆法系各国的共犯理论，基本上是沿着正犯与共犯两条

---

① 关于对1997年共同犯罪立法修订的评述，参见陈兴良：《历史的误读与立即的误导——评关于共同犯罪的修订》，载陈兴良主编：《刑事法评论》，第2卷，北京，中国政法大学出版社，1998。

线索建立起来的,实际上也就是以定罪为中心的。因此,理解正犯与共犯的关系,就成为揭示共同犯罪性质的关键。关于正犯与共犯的关系,在刑法理论上出现过五花八门的学说,主要是存在共犯从属性说与共犯独立性说的聚讼。共犯从属性说是一种客观主义的共同犯罪理论,认为共犯对于正犯具有从属性,共犯之成立及可罚性,以存在一定的实行行为为必要前提。因此,只有在正犯已构成犯罪并具有可罚性的情况下,共犯才从属于正犯而成立并具有可罚性。共犯从属性说以正犯行为为中心,使教唆犯与帮助犯依附于正犯而存在,这就严格地限制了共犯的构成条件,在一定程度上正确地揭示了正犯与共犯的关系。共犯独立性说是一种主观主义的共同犯罪理论,认为犯罪是行为人恶性的表现,共犯的教唆行为或帮助行为,表现了行为人所固有的人身危险性,并对结果具有原因力,即为独立实现自己的犯罪,并非从属于正犯的犯罪,应依据本人的行为而受处罚。换言之,其教唆或帮助不过是利用他人的行为,以实现自己的犯意的方法而已,无异于正犯行为。因此,在二人以上参与共同犯罪的场合,不应认为存在从属于他人犯罪的情形。教唆与帮助行为本身应认为独立地构成犯罪,均可独立予以处罚。共犯独立性说将共犯的可罚性建立在本人行为的基础之上,具有一定的可取之处。但共犯独立性说断然否定共犯对于正犯的从属性,因而无助于正确地揭示正犯与共犯的关系。共犯独立性说认为教唆犯或帮助犯可以脱离正犯而独立构成犯罪,完全忽视了共同犯罪立法的前提,即从分则性规定上升为总则性规定。尤其是个别学者鼓吹的"包括正犯者的概念",认为应该取消正犯与共犯的区分,将共犯包括在正犯的概念之内。这种否定正犯与共犯区分的学说,在刑法理论上又称为共犯独立犯说。例如,共犯独立犯说的倡导者弗尼茨库主张,国家刑罚权的对象不是行为而是行为者,对行为者适用刑罚,当然也要考虑行为,因为行为是行为者性格的外部表现。由于各个行为者的行为各有不同的特征,无论单独犯或共犯都是独立的,因此,不论教唆犯或正犯都是共同惹起结果的行为者,自应受同样的处理。加功于实行行为本身的从犯,应与正犯相同,但未直接或间接加功于实行行为的从犯,由于其行为只不过部分地惹起

结果，其责任与正犯的责任就不能相同。对这样的帮助者必须作为特别的犯罪加以处罚，从而帮助不可在刑法总则中一般地加以规定，而应依各犯罪的性质和特点在刑法分则中规定其刑事责任。这样，在弗氏看来，共犯可有两种处理办法：（1）所有的共同实行犯、教唆犯及主要的从犯，都是相互协力的犯罪的独立正犯。（2）单独帮助则是特别罪的独立正犯。这样，就可以完全取消共犯的规定，使共犯直接适用刑法分则条文。在这种情况下，刑法总则中的共犯制度也就取消了。在某种意义上说，这种共犯独立犯说的共犯观念与我国《唐律》中的共犯观念存在某种相通之处。

共犯观念的前提问题是：刑法分则规定的犯罪行为是否包括犯罪的教唆行为或者帮助行为？关于这个问题，在刑法理论上存在限制正犯论与扩张正犯论之争。限制正犯论认为，行为人自行实施犯罪行为，而实现构成要件者为正犯，非亲自实现构成要件者，则非正犯。此说将正犯之观念，限制于自己亲自实施犯罪构成要件之人，始为正犯，故谓之限制正犯论。依此说，刑罚法令各本条，仅就正犯之既遂行为设其处罚之规定，并未包括未遂及教唆、帮助等行为。因此，这些行为是共犯行为，没有法律特别规定，不得加以处罚。刑法总则上之教唆犯、帮助犯等共犯规定，及欲使正犯之刑罚，扩张于正犯以外之人。所以，共犯规定实为刑罚扩张事由，或刑罚扩张原因。扩张正犯论主张，正犯之范围不应局限于实行构成要件之行为人，凡对实现犯罪构成要件之结果，赋予任何因果条件之关系者，皆为正犯，不分其为亲自实施，或利用教唆、帮助他人实行。因这种学说强调共犯之独立性，扩张了正犯的概念，故谓之扩张正犯论。依此说，刑法分则及刑罚法令各本条所规定的构成要件，并非仅限于正犯有其适用，即教唆及帮助者，亦皆有其适用。教唆及帮助行为，均应依正犯之规定加以处罚。因此，如果没有刑法总则有关共犯的规定，所有对构成要件结果之实现，具有条件关系之行为人，将皆按正犯处罚，故设此共犯规定，将正犯刑罚加以缩小适用，以限制或缩小教唆犯与帮助犯之处罚，本质上一切共犯，仍不失为正犯，又称为刑罚缩小

原因说。① 以上两说，扩张正犯论将共犯行为说成是符合刑法分则规定的构成要件，仅因为缩小刑罚范围而在刑法总则规定的观点是没有根据的。显然，杀人与教唆杀人或者帮助杀人在观念上是有所区别的，刑法分则仅规定了杀人罪的刑事责任，如果没有刑法总则关于共同犯罪的规定，对教唆杀人或者帮助杀人的行为就不能理所当然地适用刑法分则的条文追究刑事责任。因此，主张刑法总则关于共同犯罪的规定是刑罚扩张事由的限制正犯论是有一定道理的。但限制正犯论没有揭示共犯行为之所以应当承担刑事责任的原因，也没有从构成要件上对共犯承担责任的根据加以进一步的说明。我认为，共犯行为之所以应当承担刑事责任，归根到底还是由行为的社会危害性所决定的。教唆与帮助等行为，虽然不是刑法分则规定的正犯行为，但它们在共同犯罪中对于犯罪结果的发生起着大小不等的作用。因此，教唆与帮助等行为也是具有法益侵害性的，这就是共犯应受刑罚处罚的根本原因之所在。那么，现代刑法又为什么不在刑法分则中将教唆与帮助等行为直接规定为犯罪行为呢？这主要是从立法技术上考虑。因为每一种犯罪都有成立共同犯罪的可能，如果对此在刑法分则中逐一加以规定，势必使刑法条文冗长烦琐，出现不必要的重复。而且，从对个别共同犯罪加以惩罚，到共同犯罪发展为一种刑法制度，正是刑法进化的结果，有其历史必然性。所以，在刑法总则中对共同犯罪加以规定，使其适用于刑法分则规定的各种犯罪，这不仅减轻了刑法条文的繁缛，而且便利司法实践。

在论及共犯时，不能不涉及犯罪构成要件的理论。犯罪构成是以一人犯一罪为标本的，因此，根据一般的犯罪构成不能解决共同犯罪的构成问题。共同犯罪的构成不同于单独犯罪的构成，为使共犯承担刑事责任，需要对单独犯罪的构成加以修正。对此，日本刑法学家小野清一郎指出：共犯也和未遂犯一样，是构成要件的修正形式。共犯的各种问题全都应当从这一构成要件修正形式的角度去思考和解决。小野指出：刑法上的责任，是道义的责任，因此原则上必须是个人的

---

① 参见郭君勋：《案例刑法总论》，2版，392～393页，台北，三民书局，1983。

第三节 1997年《刑法》的共犯立法

责任。各人只对各自的行为负责任，这是道义责任的基本要求。在这个意义上，否定犯罪共同说、主张行为共同说的牧野英一的见解是正确的。然而在这种场合，"犯罪"的含义必须加以反省。作为个人刑事责任根据的犯罪本身，与犯罪构成要件的事实，必须予以区别。依据单一的犯罪而产生的数人的责任，这在原理上是不允许的。但是，对与同一个犯罪构成要件事实有关系，为了它的实现而共同行动的数个人的行为分别评价，分别作为犯罪来处罚，至少是不悖理的。正是在这种数人的行为实现一个构成要件事实之上，成立了刑法总则中的共犯概念。换句话说，共犯是在数人的行为实现一个构成要件的场合，对其共同行动的数人的行为分别评价，以各自的行为作为犯罪而令行为人负责任的，因为是以一个构成要件事实为前提来讨论责任的，所以外观上是共同责任，但最终要依据道义责任的观念使之个别化，因此其归宿仍是个人责任。[①] 在此，小野提出了追究共犯刑事责任中的一个难题，这就是个人责任与共同责任的问题。刑事古典学派力主个人责任，因而以共犯从属性说解释共犯责任。但刑事实证学派则力主团体责任，以此与个人责任相抗衡，由此引起共犯观念的变化。我国台湾地区学者蔡墩铭对这种变化作了以下描述：从刑法发展之过程以观，个人对违法之行为所负之责任应限于自己的责任，而不宜扩及于他人的责任。主张共犯从属性者，使共犯均负他人的责任，其见解过于消极，且与法律思想不尽相符，有待修止，以期允当。盖自近世一般平民完成政府解组以后，法学思想再经一次之变迁，在此时期各国所施行者无非平民政治，故从前之个人主义及自由主义之思想，乃成为理所当然之观念，渐趋于伦理化，不易之论。惟社会除个人之外，尚有团体之存在，个人与团体之关系，比诸个人相互关系，亦判然有别，是以觉识团体应先于个人，而有所谓团体主义之产生。其影响于法律学方面，有诚实信用原则之订立，及公序良俗之保护，且为防卫社会及维护团体之必要，对于犯罪现象亦从事

---

① 参见［日］小野清一郎：《犯罪构成要件理论》，王泰译，82、86页，北京，中国人民公安大学出版社，1991。

社会学的研究,遂认为刑罚对象罪犯人之行为,厥其主观的危险性。于是共犯概念随同亦自法律学的现象,而展开为社会学的现象,重视共犯各自之个人之责任,及社会危险性。在此情形之下,共犯之责任无法再认为依存于实行正犯而成立,并进而否定其从属性,强调各自独有之犯罪性与可罚性。受此思想之影响,传统共犯理论自难免面临考验,尤其该项理论所系客观说之诸原则,更受新派学者大肆攻讦,其所维持之正犯与共犯并其形态之观念,又被学者重新加以检讨,而其结果认为正犯与共犯之罪责要无显然之分别,大有废止正犯与共犯的区别之趋势,于是共犯理论步入一崭新之境界,其变迁之剧,绝非始料所及。[①] 在此,刑事古典学派是价值上的个体主义而方法论上的整体主义,即为维护个人自由与权利,主张限制共犯范围,防止刑及无辜。为此,使共犯依附于正犯,将共犯与正犯视为一个共同的刑事责任承担者。而刑事实证学派是价值上的整体主义而方法论上的个体主义,即为维护社会整体利益,需要对共犯加以处罚,共犯行为具有独立的社会危险性。因而,注重各共犯的个别责任,将刑罚个别化原则贯彻于共犯责任之中。但从构成要件理论上来看,正犯与共犯之分别是不可取消的,否则势必导致对共同犯罪制度的否定。对此,日本学者大塚仁曾经从实质与形式两个方面,对正犯与共犯的关系作了精辟的论述,指出:从实质的观点来看,教唆犯、从犯不是直接地实现某犯罪本身,而是与直接实现犯罪的正犯发生联系,促成或者协助正犯实现犯罪。正犯是亲自使某犯罪表现于社会,因而,正犯行为本身就具有实现犯罪的现实危险性、侵害性,但是教唆犯、从犯(指帮助犯——引者注)则处在正犯的背后,对某犯罪的实现来说,其地位是第二性的,因而,教唆行为、帮助行为所具有的实现其犯罪的危险性、侵害性也是以正犯的行为为介体,具有间接性。即,教唆犯、从犯的现实的犯罪性只有以正犯的存在为介体才表现出来。在强调罪刑法定主义,要求对犯罪的成否进行慎重考虑的今日,共犯独立性说的主张具有不能符合社会要求的一面。大塚仁还指出:从属性共犯的观

---

① 参见蔡墩铭:《现代刑法思潮与刑事立法》,301~302 页,台北,汉林出版社,1977。

第三节 1997年《刑法》的共犯立法

念与以犯罪共同说和构成要件理论为基础的共犯理论具有紧密联系，无论是正犯的性质还是从属性共犯本身的性质，都只有根据这种共犯理论来认识才是妥当的。即，所谓正犯是符合基本构成要件的犯罪，是以实行行为为其中心要素的，而从属性共犯则是符合以正犯的基本构成要件为基础并根据刑法总则对教唆犯、从犯规定的一般要件进行修正后得出的教唆犯、从犯的构成要件的犯罪，作为其中心要素的教唆行为、帮助行为与正犯的实行行为不同，只有以正犯的实行行为为介体，才可能具有现实的犯罪性即可罚性。[①] 我认为，大塚仁的这一论述是极有见地的。对于共犯的一定意义上的从属性，是一个不可否认的客观事实。只有从构成要件的类型化上，正确地处理正犯与共犯的关系，才能为共犯的定罪处刑提供科学根据。

在我国刑法中，共同犯罪之"犯罪"的界定是不明确的。1979年《刑法》第22条第1款和修订后的1997年《刑法》第25条第1款规定："共同犯罪是指二人以上共同故意犯罪。"从表面上看，似乎刑法中存在一个关于共同犯罪的法定概念，为共同犯罪的定罪处刑提供了法律根据。但由于这个关于共同犯罪的概念，只解决了主体（二人以上）和主观罪过（故意）的问题，对于何谓共同犯罪之"犯罪"，却不甚了然。如果共同犯罪之"犯罪"沿用一般犯罪之定义，那么，也只是解决了正犯的定罪问题，而没有涉及共犯的定罪问题。但在刑法总则的共同犯罪规定中，迫切需要解决的恰恰是共犯的定罪问题。考之大陆法系各国刑法典，大多没有关于共同犯罪的一般性概念的规定。例如1994年《法国刑法典》第121—6条规定："第121—7条意义上的共犯，按正犯论处。"第121—7条是关于帮助犯与教唆犯的规定，而没有规定共同犯罪的概念。据我所知，在刑法典中规定共同犯罪概念始于苏俄刑法典。例如《苏俄刑法典》（现《俄罗斯联邦刑法典》）第17条第1款规定："二人或二人以上故意共同参加实施某项犯罪，是

---

① 参见［日］大塚仁：《犯罪论的基本问题》，冯军译，279~280页，北京，中国政法大学出版社，1993。

共同犯罪。"在此，虽然也未明确"犯罪"的内容，但第 2 款补充规定："组织犯、教唆犯和帮助犯，与实行犯一样都是共犯。"在这种情况下，共同犯罪之犯罪行为就扩张到组织行为、教唆行为与帮助行为，由此形成不同于单独犯罪的共同犯罪概念。但我国刑法却没有很好地解决这个问题，为此，我曾经提出将共同犯罪的概念修改为："共同犯罪是指二人以上共同故意犯罪（包括实行、组织、教唆和帮助）"①。在这个概念中，指明了共同犯罪行为包括实行、组织、教唆和帮助，即涵括正犯与共犯，从而更为确切。但在刑法修订中，这个问题并未引起立法机关的重视，因此关于共同犯罪的概念依然如故，未作修改。在这种情况下，我国刑法中关于共同犯罪的规定，未明确正犯与共犯的关系，由此造成共犯观念上的失误，引起共同犯罪理论与实践上的混乱。凡此种种，不一而足。在这种立法不足的情况下，只能利用法教义学分析根据将共同犯罪界定为正犯与共犯的上位概念，也就是说，我国刑法中的共同犯罪包含了德日刑法中的正犯与共犯，唯有如此理解才能为我国刑法中的共犯教义学奠定法理基础。

（二）共犯分类：该改而不改

共犯是共同犯罪的实施者，也是共同犯罪的刑事责任的承担者。因此，共犯分类成为各国刑法关于共同犯罪的立法的主要内容，我国刑法也是如此。我国 1979 年《刑法》除第 22 条是关于共同犯罪的一般规定以外，从第 23 条至第 26 条，全部是关于共犯类型的规定。刑法对共犯的规定，从宏观上来说，首当其冲的是共犯的分类问题。

1979 年《刑法》确定的以作用分类法为主、分工分类法为辅的共犯分类法，在世界各国立法中可以说是独树一帜的。在 1979 年《刑法》颁行以后，我国刑法学界关于共犯分类的认识也大体上得到了统一，即认为我国刑法关于共犯的分类是两种分类法的统一，这种分类法既解决了共犯的量刑问题，又解决了共犯的定罪问题。按照这种分类法，将共犯分为主犯、从犯、胁从犯，使共犯的量刑问

---

① 陈兴良：《共同犯罪论》，537 页，北京，中国社会科学出版社，1992。

题得以圆满解决。而教唆犯单独规定一条，组织犯、实行犯、帮助犯在条文中已涵括了，也解决了共犯的定罪问题。因此，从理论上分析，这种分类法主要是以共犯在共同犯罪中所起的作用为分类标准，同时也照顾到共犯的分工情况，特别是第 26 条划分出教唆犯这一类，有利于正确地定罪。而且该条又明确规定，对教唆犯应当按照他在共同犯罪中所起的作用处罚。这样就将教唆犯这一分类，纳入以在共同犯罪中所起的作用为分类标准的分类体系中，从而获得了分类的统一性。

毫无疑问，我国 1979 年《刑法》中的共犯分类法受到了中国古代关于共同犯罪分首从的立法传统的影响。但由于前者与现代的共犯观念上的差别，因而这一共犯分类法在司法适用中出现了一些难以克服的缺陷，主要是它不能很好地解决共犯的定罪问题，甚至出现了共同犯罪的定罪与量刑倒置的司法解释。最高人民法院、最高人民检察院在 1985 年《关于当前办理经济犯罪案件中具体应用法律的若干问题的解答（试行）》（以下简称《解答》）中指出：内外勾结进行贪污或者盗窃活动的共同犯罪（包括一般共同犯罪和集团犯罪），应按其共同犯罪的基本特征定罪。共同犯罪的基本特征一般是由主犯犯罪的基本特征决定的。如果共同犯罪中主犯犯罪的基本特征是贪污，同案犯中不具有贪污罪主体身份的人，应以贪污罪的共犯论处。例如：国家工作人员甲与社会上的乙内外勾结，由甲利用职务上的便利，侵吞、盗窃或者骗取公共财物，乙在共同犯罪中起次要、辅助作用，甲定贪污罪，乙虽然不是国家工作人员，也以贪污罪的共犯论处。售货员甲与社会上的乙、丙内外勾结，由甲利用职务上的便利，采取付货不收款、多付货少收款，或者伪开退货票交由乙、丙到收款台领取现金等手段，共同盗窃国家财物，三人共同分赃，甲定贪污罪，乙、丙也以贪污罪的共犯论处。如果共同犯罪中主犯犯罪的基本特征是盗窃，同案犯中的国家工作人员不论是否利用职务上的便利，应以盗窃罪的共犯论处。例如：社会上的盗窃罪犯甲、乙主谋策划，拉拢企业内仓库保管员丙、值夜班的工人丁共同为甲、乙充当内线，于夜间引甲、乙潜入仓库盗窃国家财物，四人分赃。甲、乙、丁均定盗窃罪，丙虽是国

家工作人员,在参与盗窃活动时也曾利用其仓库保管员职务上的便利,但因他在共同犯罪中起次要或者辅助作用,仍以盗窃罪的共犯论处。[①] 该《解答》虽然已经废止,然而,其所确立的以主犯犯罪的基本特征决定共同犯罪的性质的观点却成为一条司法规则,并为此后的司法解释所承继。例如,最高人民法院于 2000 年 6 月 30 日发布了《关于审理贪污、职务侵占案件如何认定共同犯罪几个问题的解释》第 3 条规定:"公司、企业或者其他单位中,不具有国家工作人员身份的人与国家工作人员勾结,分别利用各自的职务便利,共同将本单位财物非法占为己有的,按照主犯的犯罪性质定罪。"我认为,上述司法解释中主犯犯罪的基本特征决定共同犯罪性质的观点显然有悖于法理。因为,主犯与从犯,是按行为人在共同犯罪中的作用对共同犯罪人的分类,它主要是解决共同犯罪的量刑问题。而共同犯罪的基本特征是指共同犯罪的性质,也就是共同犯罪的定罪问题。显然,这是两个性质完全不同的问题。按照为解决共同犯罪的量刑问题而划分的主犯与从犯来解决共同犯罪的定罪问题,当然不可能得出正确的结论。

在刑法修改中,对共犯分类问题进行了广泛的讨论,我国刑法学界较为一致的观点是改作用分类法为分工分类法。这种观点认为,我国刑法对共同犯罪人进行分类,宜采用以分工为标准的分类法,即将共犯分为组织犯、正犯、帮助犯和教唆犯。[②] 这种观点彻底否定了作用分类法,完全采分工分类法,能够较好地解决共犯的定罪问题,但共犯的量刑问题则难以得到圆满的解决。在我看来,作用分类法与分工分类法不是截然对立的,而是可以得以统一。共同犯罪的定罪,是按分工分类法,对正犯、组织犯、教唆犯和帮助犯的定罪问题分别加以明确,解决其定罪根据问题。共同犯罪的量刑,是按作用分类法,将共犯分为主犯、从犯,分别解决其量刑问题。至于胁从犯,我不是把它作为一种独立的共犯类型,而是作为共同犯罪量刑中的一个法定减轻或者免除处罚的情节。

---

① 参见《最高人民法院公报》,1985(3),12~13 页。
② 参见赵秉志主编:《刑法修改研究综述》,156 页,北京,中国人民公安大学出版社,1990。

第三节 1997年《刑法》的共犯立法

在刑法修订中并没有对共犯分类进行修改,而是保留了原有的分类法,共犯仍然分为主犯、从犯、胁从犯和教唆犯。由于对这种经过司法实践证明存在明显缺陷的法律规定未作修改,因而这种缺陷在修订后的刑法中得以延续。

(三)主犯处罚:不该改而改

我国1979年《刑法》第23条第2款规定:"对于主犯,除本法分则已有规定的以外,应当从重处罚。"这是1979年《刑法》关于主犯处罚的一般原则。我国刑法之所以规定对主犯从重处罚,主要是因为主犯具有其他共同犯罪人不可比拟的法益侵害性。从主观上说,主犯往往是犯意的发起者,具有较深的主观恶性。从客观上说,主犯在共同犯罪中起着核心的主导作用,尤其是集团犯罪或者聚众犯罪中的首要分子,在共同犯罪中起组织、策划、指挥作用,情节特别严重,所以对于主犯应当从重处罚。并且,共同犯罪中的主犯不仅罪行重大,而且往往是累犯、惯犯,这些人恶习难改,对其他不稳定分子也具有感染性。因此,刑罚的特殊预防与一般预防的目的,也要求对这些主犯从重处罚。

在刑法修改中,对1979年《刑法》关于主犯处罚的规定作了修改。修订后的1997年《刑法》第26条第3款规定:"对组织、领导犯罪集团的首要分子,按照集团所犯的全部罪行处罚。"第4款规定:"对于第三款规定以外的主犯,应当按照其所参与的或者组织、指挥的全部犯罪处罚。"由此可见,修订后的刑法以按照参与或者组织、指挥的全部犯罪处罚的原则取代了对主犯的从重处罚的原则。那么,这一修改的立法意图是什么呢?毫无疑问,立法意图在于进一步加重对于主犯的处罚。但是,这一修改是否体现了这一立法意图呢?对此,存在两种不同的观点。第一种观点认为,对犯罪集团的首要分子,按照集团所犯的全部罪行处罚,可以说是一种从重处罚,只是到了极限的程度。这种观点在论述时指出:在讨论刑法(修订草案)过程中,曾有人认为,对"犯罪集团的首要分子,按照集团所犯的全部罪行处罚",还不够重,建议修改为"按照集团所犯的全部罪行,从重处罚"。对于其他主犯,"应当按照其所参与的全部犯罪处罚"也修改为"从重处罚"。其实,这里的"按照集团所犯的全部罪行处罚",或者"按照其所参与的全部犯罪处罚",已经不

限于追究他个人直接所犯的罪行的责任,而是扩及追究他能左右的集团其他成员所犯的全部罪行的责任,或者他所参与的犯罪中其他成员的全部犯罪的责任,应当说这一从重处罚已到极限了,不必也无法再从重处罚了。所以,修订的刑法没有采纳这种建议。[①] 第二种观点认为,1997年修订的《刑法》从表面上看对主犯采对全部组织、指挥、参与的犯罪负责的处罚原则对主犯处罚是重了,而结论却适得其反。之所以造成这样的误差,根本原因在于混淆了共同犯罪的定罪与共同犯罪的量刑这两个不同性质的问题,从而导致以下后果:其一,使得除贪污、受贿等少数犯罪以外的绝大多数共同犯罪的主犯从重处罚,于法无据。其二,由于对主犯不再从重处罚,导致对整个共同犯罪的量刑基点下降到与单独犯罪持平,从而无法体现出刑法对共同犯罪应比单个人犯罪打击为重的原则。[②] 在以上两种观点中,我同意第二种观点,认为立法机关为了加重对主犯,尤其是犯罪集团中的首要分子的处罚,以按照参与或者组织、指挥的全部罪行处罚的原则取代主犯从重处罚的原则,其结果是事与愿违、言与意悖。主要理由如下。

(1) 按照参与或者组织、指挥的全部罪行处罚的原则来自1988年1月21日全国人大常委会《关于惩治贪污罪贿赂罪的补充规定》的以下规定:"二人以上共同贪污的,按照个人所得数额及其在犯罪中的作用,分别处罚。对贪污集团的首要分子,按照集团贪污的总数额处罚;对其他共同贪污犯罪中的主犯,情节严重的,按照共同贪污的总数额处罚。"这一规定体现了对贪污集团的首要分子和情节严重的主犯从重处罚的精神,但这是存在一个前提的,即法律规定对二人以上共同贪污的,按照个人所得数额处罚。也就是说,贪污犯罪中的一般共犯是按照个人贪污所得处罚,而贪污集团的首要分子和情节严重的主犯则按照总数额处罚,相比较而言,对后者的处罚重于前者。但当将这一原则提升为对主犯处罚的一般原则的时候,由于其他共同犯罪中不存在上述前提,因而按照参与或者组

[①] 参见周道鸾等主编:《刑法的修改与适用》,111页,北京,人民法院出版社,1997。
[②] 参见蒋莺:《新旧刑法关于主犯处罚原则之比较》,载《法学》,1997(6),45页。

第三节 1997年《刑法》的共犯立法

织、指挥的全部罪行处罚的原则也就丧失了从重处罚的意蕴。例如，在其他经济犯罪和财产犯罪中，无论是主犯还是从犯都是按照总数额处罚的。以盗窃罪为例，1991年4月12日最高人民法院《关于办理共同盗窃犯罪案件如何适用法律问题的意见》指出：在共同盗窃犯罪中，各共犯基于共同的犯罪故意，实施共同的犯罪行为，应对共同盗窃犯罪行为所造成的危害后果负责。1) 对盗窃集团的首要分子，应按照集团盗窃的总数额依法处罚。2) 对其他共同盗窃犯罪中的主犯，应按照参与共同盗窃的总数额依法处罚。3) 对共同盗窃犯罪中的从犯，应按照参与共同盗窃的总数额，适用《刑法》（指1979年《刑法》，下同）第151条或者第152条；具体量刑时，应根据犯罪分子在共同盗窃中的地位、作用和非法所得数额等情节，根据《刑法》第24条第2款的规定，比照主犯从轻、减轻处罚或者免除处罚。根据这一司法解释的规定，盗窃集团的首要分子、其他共同盗窃犯罪中的主犯和共同盗窃犯罪中的从犯，都是按照盗窃总数额处罚的。因而，在这种情况下，对主犯按照参与的或者组织、指挥的全部罪行，在财产犯罪中就是按照总数额处罚，也就根本没有反映出比从犯更重的处罚。至于在其他刑事犯罪中，根据共同犯罪的一般原理，只要主观上具有共同犯罪故意，客观上具有共同犯罪行为，就应当对共同犯罪的结果承担刑事责任。例如，甲乙二人共同将丙杀害，尽管甲是主犯，乙是从犯，但二人都应对丙的死亡结果承担刑事责任，即定故意杀人罪。在按照参与的犯罪处罚上，根本体现不出对主犯的从重处罚。

(2) 修订后的刑法关于主犯处罚原则的规定之所以未能解决主犯从重处罚的根据问题，是因为混淆了定罪与量刑的界限，以定罪原则代替了量刑原则。定罪是解决罪与非罪问题，即解决刑事责任的质（范围与根据）问题；量刑是解决轻罪与重罪问题，即解决刑事责任的量（程度）问题。从逻辑上来说，量刑是以定罪为前提的，只有解决了刑事责任的质（范围与根据）问题才能圆满地解决刑事责任的量（程度）问题。当然，定罪范围的扩大也可能加重行为人的处罚，在1988年《关于惩治贪污罪贿赂罪的补充规定》关于贪污集团的首要分子按照集

团贪污的总数额处罚就是如此。但这又是以首要分子与其他共同犯罪人定罪范围上的差别为前提的。修订后的《刑法》第 26 条第 3、4 款对主犯处罚原则的规定中"按照……处罚"与 1979 年《刑法》第 23 条第 2 款中"……从重处罚",虽然都采用了处罚一词,但含义有所不同。在我国刑法中,处罚是个多义词,当它单独使用时,是指应当受到的刑罚处罚。在此,仍然没有解决处罚的轻重问题,只是解决要不要处罚的问题。而要不要处罚又是与定罪紧密联系的,因此处罚内含定罪的意蕴。当说"从重处罚"的时候,处罚指量刑,即指应当受到较重的处罚。但在处罚前没有这种程度限定词的情况,处罚一般来说不是指如何量刑,而只是指定罪的法律后果——应当受到刑罚处罚。在援引式法定刑中,"依照……处罚",指的是采用被援引的法定刑适用刑罚。在这些场合,都不反映处罚的轻重。因此,按照组织、指挥的全部罪行处罚,实际上是指首要分子要对他所组织、领导的犯罪集团进行犯罪活动的全部罪行承担刑事责任。[①] 显然,这是对集团犯罪首要分子的定罪原则而非量刑原则。这一原则,并非修订后的刑法的首创,实际上在刑法修改之前,对集团犯罪的首要分子定罪从来就是以此为原则的。例如刑法修改以前的权威教科书指出:犯罪集团或聚众犯罪的首要分子,应对共同犯罪预谋实施的全部犯罪行为和后果负刑事责任,不管他是否直接参与实施某项犯罪。如果集团成员或参与聚众犯罪者实施了预谋犯罪之外的犯罪,自然只能由实施该种犯罪的人自己负责。侵犯财产罪集团的首要分子,应按照该集团侵犯财产的总价额处罚。[②] 因此,按照参与或者组织、指挥的全部罪行处罚这一主犯定罪的原则,不能取代主犯从重处罚的量刑原则。否则,主犯从重处罚就将于法无据。

(3) 根据共同犯罪一般原理,犯罪集团的首要分子本来就应当对财产犯罪的总数额承担刑事责任。不仅如此,其他共同犯罪人,无论是主犯还是从犯,都应

[①] 参见胡康生、李福成主编:《中华人民共和国刑法释义》,37 页,北京,法律出版社,1997。
[②] 参见高铭暄主编:《中国刑法学》,198 页,北京,中国人民大学出版社,1989。

第三节 1997年《刑法》的共犯立法

当对共同实施的财产犯罪总数额承担刑事责任。在共同犯罪中,共犯根据什么数额定罪,是我国刑法学界存在过争论的一个问题。主要存在以下五种观点的分歧:1)分赃数额说,认为各个共犯只对自己实际分得赃物的数额承担刑事责任。2)参与数额说,认为各个共犯应对本人实际参与的经济犯罪数额承担刑事责任。3)犯罪总额说,认为应以共同犯罪的财物总数额作为确定各个共犯的刑事责任的标准。4)分担数额说,认为各个共犯应对本人应当分担的数额负责。5)综合数额说,认为应当综合考虑全案因素,确定各共同犯罪行为的大小,然后据此定罪量刑。[①] 我认为,关于共同犯罪的定罪与数额问题之所以存在各种观点分歧,最根本的一点就是把共同犯罪的定罪量刑与数额的关系混为一谈。其实,犯罪的定罪与数额,是要解决共同犯罪人对什么数额承担刑事责任的问题。而共同犯罪的量刑与数额,是要解决共同犯罪人对一定的数额承担多少刑事责任的问题。正因为没有很好地区分这个问题,以至造成了理论上的混乱。我认为:根据共同犯罪的基本原理,各个共犯在共同犯罪故意和共同犯罪行为的范围内,应对共同犯罪结果承担刑事责任,经济犯罪则要对犯罪总数额承担刑事责任。这是一个定罪原则,与量刑无关。不能因为是从犯就只对个人所得数额承担刑事责任。而我国刑法对绝大多数共同犯罪,包括盗窃、诈骗等财产犯罪都采用犯罪总额说,唯独对于贪污、受贿犯罪采取个人所得说。为了体现对主犯与从犯的区别,又进而对主犯采取犯罪总额说,对从犯采取个人所得说。应该说,这种区分本身就缺乏科学性。尽管如此,在贪污罪中,对主犯采取犯罪总额说,相对于从犯是采取个人所得说而言,尚能体现从重处罚的精神。那么,现在上升为对主犯处罚的一般原则,缺少了这一前提,因而也就不能体现对主犯从犯处罚的精神。由此可见,以按照参与的或者组织、指挥的全部罪行处罚取代主犯从重处罚的原则的立法失误的逻辑演变,最初可以追溯到对共同犯罪人究竟应以什么数额作为定罪标准的认识上的误区。

[①] 参见陈兴良主编:《刑法各论的一般理论》,302~304页,呼和浩特,内蒙古大学出版社,1992。

根据以上论证，我认为修订后的刑法由于取消了对主犯应当从重处罚的规定，进而从整体上取消了对共同犯罪应较之单独犯罪处罚为重的原则。在这种情况下，主犯从重处罚不再是法定情节，而只是酌定情节。

我认为，1979年《刑法》关于主犯从重处罚的规定具有合理性。立法只是确定主犯从重处罚的一般性原则，如何从重处罚则由司法机关根据案情加以确定。共同犯罪中的主犯从重处罚，从犯又比照主犯从轻、减轻或者免除处罚；胁从犯则比照从犯减轻或者免除处罚。由此形成一个共同犯罪人的处罚轻重阶梯，体现了从总体上对共同犯罪的处罚重于对单独犯罪的处罚的立法精神。但修订后的刑法以按照参与的犯罪或者组织、指挥的全部犯罪处罚这样一个不科学的规定，取代1979年《刑法》关于主犯从重处罚的科学规定，完全是由于在定罪与量刑的关系上出现了错误的逻辑推演之所致。

法律的修改应当是十分慎重的，首先应当明确想要表达一种什么样的立法意图，然后考察采取一种什么样的方法将立法意图准确地表达出来。这里，涉及对历史上的法律规定的正确理解，对法律条文的逻辑结构的准确分析。唯有如此，才能制定出科学的法律规范。共同犯罪的修订恰恰缺乏这种理性的态度，表现出对历史的误读与对逻辑的误导，在修改上存在一种任意性、仓促性，因而造成立法上的重大失误。由此可见，立法也是一门遗憾的"艺术"，失误总是难免的。只是希望今后的立法中杜绝低级的、简单的错误，使法典力求完美、圆满，并且垂范永久。

三、刑法修正案对共同犯罪规定的修订

1999年12月25日全国人民代表大会常务委员会第一次采用刑法修正案的方式对1997年《刑法》进行修改，这在我国刑法立法史上具有里程碑的意义。我国在1988年修改宪法时就采用了修正案的立法方式，使1982年《中华人民共和国宪法》（以下简称《宪法》）得以保持长期稳定。采用修正案的立法方式修改刑法对于保持刑法典的长期稳定同样具有重要的意义。时任全国人民代表大会

第三节　1997年《刑法》的共犯立法

法律工作委员会刑法室主任的郎胜长期参与刑法立法工作，他在论及刑法的立法方式时指出："我国的刑事立法……在修改刑法的立法形式上，从采取'决定'、'补充规定'这种制定单行刑法或者采用附属刑法的形式对刑法进行修改，过渡到采用刑法修正案修改刑法，从而使刑法更便于引用和今后的编纂"①。这种立法形式上的进步，为保持刑法典的长久稳定奠定了基础。

从1999年12月25日的《刑法修正案》到2020年12月26日的《刑法修正案（十一）》，我国先后颁布了十一个刑法修正案对1997年《刑法》进行了较大规模的修订。值得注意的是，在第一个刑法修正案之前，全国人大常委会还于1998年12月29日颁布了《关于惩治骗购外汇、逃汇和非法买卖外汇犯罪的决定》，对外汇犯罪做了修订。这些规定中涉及对共同犯罪修订的，主要表现在网络犯罪的帮助行为正犯化。

网络犯罪是我国1997年《刑法》新增的犯罪，我国刑法规定的网络犯罪可以分为三种类型：第一种类型是针对计算机信息系统的犯罪。所谓针对计算机信息系统的犯罪是指直接对计算机信息系统实施的犯罪行为。计算机信息系统可以分为硬件和软件两个部分，因此，针对计算机信息系统的犯罪，也可以区分为两种情形，一是针对计算机硬件实施的毁坏性犯罪，二是针对计算机软件实施的破坏性犯罪。第二种类型是利用计算机网络实施的传统犯罪。所谓利用计算机网络实施传统犯罪，例如网络诈骗、网络盗窃等，均是传统犯罪的网络化。对此，《刑法》第287条规定："利用计算机实施金融诈骗、盗窃、贪污、挪用公款、窃取国家秘密或者其他犯罪的，依照本法有关规定定罪处罚"。第三种类型是妨碍网络业务、网络秩序的犯罪。妨碍网络业务犯罪的侵害客体主要是网络经营活动，具有破坏经济秩序的性质。而妨害网络秩序犯罪的侵害客体主要是网络空间的公共秩序，具有妨害社会管理秩序的性质。我国1997年《刑法》主要规定了

---

① 胡康生、郎胜主编：《中华人民共和国刑法释义》，2版，"郎胜序"，2页，北京，法律出版社，2004。

前两类网络犯罪,而对第一种类型的网络犯罪规定较为简单,难以适应惩治网络犯罪的需要。例如1997年《刑法》规定了非法侵入计算机信息系统罪,本罪侵入行为仅限于侵入国家事务、国防建设、尖端科学技术领域的计算机信息系统。为此,《刑法修正案(七)》增设了非法获取计算机信息系统数据、非法控制计算机信息系统罪,不仅扩张了侵入计算机信息系统的范围,而且增加了行为方式。同时,《刑法修正案(七)》还规定了提供侵入、非法控制计算机信息系统程序、工具罪,本罪的行为是提供专门用于侵入、非法控制计算机信息系统的程序、工具,或者明知他人实施侵入、非法控制计算机信息系统的违法犯罪行为而为其提供程序、工具,情节严重的行为。本罪是前述两个犯罪的帮助犯,但刑法对此专门设立了罪名,属于共犯行为正犯化的立法例。

在刑法的共犯教义学中,区分制是以共犯与正犯的区分为基本逻辑的。当然,单一制是否定两者区分的。我国当前的通说还是区分制。根据区分制,刑法分则对具体犯罪构成要件的规定通常是以正犯为标本的,共犯则是由总则加以规定的。然而,一般必然存在例外。在某些情况下,立法机关直接将某种犯罪的共犯行为规定为正犯,这就是所谓共犯行为正犯化。立法机关之所以将共犯行为规定为单独正犯,主要是考虑到这种共犯行为具有一对多的特征,这种特征是由该行为的专业化与职业化所造成的。在这种情况下,如果仍然以共犯论处,从属于某种正犯,会给定罪量刑带来困难。例如,提供侵入、非法控制计算机信息系统程序、工具罪的提供侵入、非法控制计算机信息系统的程序、工具行为,事实上已经形成一种专门的黑灰行业。虽然在某些案件中存在一对一的情形,但在更多的案件中则是一对多的情形。即某些人专门从事制作并提供侵入、非法控制计算机信息系统的程序、工具,并将这种程序、工具作为一种商品出售或者提供。在这种情况下,如果只能作为共犯论处,则在难以查明利用这些程序、工具进行非法活动的正犯时,就不能对这种侵入、非法控制计算机信息系统的程序、工具的提供者进行定罪量刑,这显然是不合适的。为此,立法机关将这种侵入、非法控制计算机信息系统的程序、工具的提供行为单独设置为正犯,就为惩治这种行为

第三节 1997年《刑法》的共犯立法

提供了明确的法律根据。

根据刑法规定，提供侵入、非法控制计算机信息系统程序、工具罪可以分为两种行为：第一种行为是提供专门用于侵入、非法控制计算机信息系统的程序、工具，第二种行为是明知他人实施侵入、非法控制计算机信息系统的违法行为而为其提供程序、工具。上述两种行为的主要区别在于：是专门程序、工具还是普通程序、工具。专门用于侵入、非法控制计算机信息系统的程序、工具，从该程序、工具本身就可以知道是用于侵入、非法控制计算机信息系统等非法活动的，因而并不需要查明行为人主观上是否明知。而上述专门程序、工具以外的程序、工具，既可以用于网络合法活动，也可以用于网络非法活动。行为人只有明知他人实施侵入、非法控制计算机信息系统的违法行为而为其提供的，才能构成本罪。如果不具有这种明知，则不能构成本罪，由此排除了客观归罪。这里的明知是一种主观违法要素，查清行为人主观上是否具有明知，属于控方的举证职责。

除《刑法修正案（七）》增设的提供侵入、非法控制计算机信息系统程序、工具罪属于网络犯罪的帮助行为正犯化以外，《刑法修正案（九）》增设的帮助信息网络犯罪活动罪也属于网络犯罪的帮助行为正犯化。帮助信息网络犯罪活动罪是指明知他人利用信息网络实施犯罪，为其犯罪提供互联网接入、服务器托管、网络存储、通讯传输等技术支持，或者提供广告推广、支付结算等帮助，情节严重的行为。帮助行为和预备行为一样，都不是实行行为而是非实行行为。在传统刑法中，对于帮助行为和预备行为等非实行行为，借助于刑法总则关于共犯和预备犯的规定予以入罪，在刑法教义学中，将共犯和预备犯的构成要件称为修正的构成要件，以此补充刑法分则以正犯为中心的刑事处罚体系。因此，刑法总则关于共犯和预备犯的规定具有刑罚扩张事由的属性。然而，这种传统的帮助犯和预备犯具有对于正犯的从属性，是按照被帮助的正犯或者所预备实施的正犯的行为性质定罪。例如，帮助杀人的，以杀人罪论处；预备杀人的，也以杀人罪论述。在传统犯罪中，帮助行为和预备行为与实行行为之间具有较为严密的对应关系，因而为帮助行为和预备行为以实行行为论处提供了事实基础。但在网络犯罪

的情况下，传统犯罪被转移到网络空间，由于网络空间的虚拟性所决定，原本面对面实施的犯罪以一种背对背的形式呈现。例如诈骗罪都是当面实施的，因为绝大多数诈骗犯罪都是语言诈骗。然而，在网络诈骗中，诈骗行为可能以网络信息传播的方式向不特定的多数人实施。在这种情况下，网络诈骗不仅丧失了当面性，而且也改变了一对一的特征。在专门化分工的情况下，某些行为人专门从事诈骗信息的传播，为他人诈骗提供便利，因而诈骗的预备和帮助行为与正犯之间的关系疏离化，甚至演变为一种交易关系。为了适应网络犯罪的这些特征，我国刑法在预备行为正犯化的同时，还采取帮助行为正犯化的立法方式。《刑法修正案（九）》增设的帮助信息网络犯罪活动罪的构成要件行为是为信息网络犯罪提供互联网接入、服务器托管、网络存储、通讯传输等技术支持，或者提供广告推广、支付结算等帮助行为。这些帮助行为本来是相关信息网络犯罪的帮助犯，但由于刑法的规定而成为正犯。在司法实践中，上述对网络犯罪活动的帮助行为主要是网络技术支持，是一种在线的帮助。当然，广告推广和支付结算的帮助既可能是线上的帮助也可能是线下的帮助。这些帮助行为不再根据所帮助的行为性质定罪而是单独定罪，因而有利于对这些网络犯罪的帮助行为进行具有针对性的有效惩治。

第三章
共同犯罪的学术史

我国刑法关于共同犯罪的规定，具有较为鲜明的特色。在这种情况下，我国共同犯罪理论的发展在很大程度上受法条的制约。尽管如此，我国的共同犯罪理论还是获得了长足的发展，正在逐渐形成共犯的教义学。本章以我国共犯教义学理论的嬗变为经线，以共犯的基本问题为纬线，进行学术史的考察。

第一节 共犯观念的嬗变

一、共犯概念的辨析

在我国共犯学术史上，首推李光灿先生1957年9月由法律出版社出版的《论共犯》一书。[①] 该书是我国20世纪50年代的第一本刑法学专著，也是80年

[①] 该书第1版我无缘见识，手边收藏的文本是1981年8月第2版，全书约3万字，是我藏书中最薄的一本，隐身在书架中，因为几乎没有书脊，十分难找。因为该书过去从来没有用过，这次为写本书，几乎花了半个小时才找到。

第三章 共同犯罪的学术史

代的第一本再版的刑法学专著。在本书的再版前言，李光灿先生指出：由法律出版社 1957 年 9 月出版的拙作《论共犯》，至今已经 24 年了。它一出世，就面临厄运，备受摧残；始则受到法律虚无主义的围攻和责难；继则遭受诬罔和批判。总之，它问世以来经过了多灾多难的历程。① 《论共犯》一书之所以受到批判，据李光灿先生在再版前言中所言，一是对苏俄学者维辛斯基关于共犯理论中"左"的错误所作的批评。二是使用了若干旧法名词，如实行犯、帮助犯、教唆犯等。这些批判，现在看来当然都是极为可笑的。《论共犯》第 2 版根据 1979 年《刑法》关于共同犯罪的规定作了修改。从内容来看，《论共犯》一书中的共犯，是共同犯罪的简称，因而并没有坚持正犯与共犯相区分的观点，而是从客观与主观两个方面对共同犯罪成立的条件作了分析。尤其值得指出的是，按照刑法关于共同犯罪人的分类对论共同犯罪的定罪问题，从一开始就出现了逻辑上的混乱。例如，在论及共同犯罪的客观方面时指出，从客观方面来看，这可分为两种情况：第一种情况是简单的共同犯罪，即在一个共同犯罪活动中，不分主犯和从犯、教唆犯和胁从犯的情况。这就是说，在这种共同犯罪中，各个犯罪人在参加某一共同犯罪活动时，不论具体分工怎样不同，都有一个一致的目标把他们的活动联结起来成为一个共同的犯罪活动，在共同犯罪中，每一个犯罪人的行为和共同犯罪所发生的危害结果之间都存在着直接或者间接的因果关系。第二种情况是复杂的共同犯罪，即在一个共同犯罪中，不但有主犯，也有一些从犯。这种情况表明，参加这种共同犯罪的从犯的作为或不作为，都和主犯的犯罪行为之间存在着因果关系，因此，无论是主犯的犯罪行为或者其他各共犯者的犯罪行为同这些行为所造成的危害结果之间，都存在者直接的或者间接的因果关系。② 在以上论述中，简单的共同犯罪是指共同正犯。共同正犯是正犯性与共犯性的统一，在德国共犯教义学中，共同正犯的正犯性更受到强调。尤其是在犯罪事实支配理论之

---

① 参见李光灿：《论共犯》，2 版，再版前言，2 页，北京，法律出版社，1981。
② 参见李光灿：《论共犯》，2 版，再版前言，2 页，北京，法律出版社，1981。

第一节 共犯观念的嬗变

下，共同正犯被认为是机能性支配的情形，属于正犯的范畴。例如德国学者在论及共同正犯时指出：这里，首先必须是所有参与人均是共同犯罪决意的主体，因为只有这样，他们才能成为实施支配行为的参与者。此外，每一个参与人还必须在客观上实施了超越预备行为范畴的特定行为。通过最符合目的的"角色分工"（Rollenverteilung），在共同正犯情况下可产生这样的结果，即形式上不属于构成要件该当行为范畴的单个行为，足以作为正犯受处罚。它只是涉及在"分工"范畴内实施全部计划的必要的部分（机能的行为支配，funktionelle Tatherrschaft）。[①] 基于机能性的行为支配理论，超越了形式—客观（formell-objektive Theorie）理论对正犯的限制，而使共同正犯获得了完全的正犯性，并且去除了共犯性。然而，在日本刑法学中，共同正犯的共犯性更受到关注，因而被纳入广义上的共犯概念。例如日本学者在阐述"部分行为全部责任"的法理时指出：共同正犯的刑事责任的构造原则上与以他人的行为为媒介而扩张自己行为的因果性范围的教唆犯、帮助犯相同，而且，从这意义上看，应该说共同正犯是有别于单独正犯的"共犯"的一种。正因为如此，刑法典才在"共犯"这一章中规定了共同正犯。[②]

正是在共犯意义上理解共同正犯，在日本共犯教义学才会发展出共谋共同正犯、共同意思主体说、实质性实行共同正犯论等相关理论。无论上述德国共犯教义学与日本共犯教义学在对共犯的理解上存在何种差异，在正犯与共犯的区分这一点是不存在争议的。但在我国刑法教义学中，正犯与共犯都在一定程度上被称为旧法名词，而且我国刑法的共犯分类采用的是作用分类法，因而在对共同犯罪定罪的时候，没有采用建立在正犯与共犯相区分基础之上的个别认定法，而是采取了共同犯罪行为与共同犯罪故意的整体认定法。在这一整体认定法中，往往引

---

① 参见［德］汉斯·海因里希·耶赛克、托马斯·魏根特：《德国刑法教科书》，徐久生译，789页，北京，中国法制出版社，2001。
② 参见［日］西田典之：《日本刑法总论》，刘明祥、王昭武译，254页，北京，中国人民大学出版社，2007。

第三章 共同犯罪的学术史

入刑法为量刑而规定的主犯与从犯等概念。例如，在上述论述中，李光灿先生在讨论共同正犯时，没有使用正犯（实行犯）的概念，而是使用了主犯与从犯的概念。共同正犯不分主犯与从犯，实际上是指在共同正犯的情况下均是正犯，不分正犯与共犯。至于李光灿先生所讲的复杂的共同犯罪，就是指正犯与共犯并存的共同犯罪。这种所谓共同犯罪形式，在德、日共犯刑法学中是根本不必从整体上加以讨论的，只要对其中的共犯加以认定即可。但在我国共犯教义学中，却在共同犯罪的定罪论述中，采用主犯、从犯等作用分类法的概念，从而出现了逻辑上的混乱。

在此后我国的刑法教科书中，关于共同犯罪的叙述形成了三段论的模式：一是共同犯罪的概念，二是共同犯罪的形式，三是共犯的分类及其刑事责任。其中，共同犯罪的概念主要解决共同犯罪的定罪问题。例如我国刑法教科书在共同犯罪的成立要件的三段标题下，对共同犯罪的定罪问题作了以下论述：共同犯罪成立要件的理论是建立在犯罪构成理论基础上的，它是单个犯罪构成理论的发展。[1] 由此可见，该刑法教科书是把共同犯罪的定罪纳入犯罪构成当中加以研究的。从犯罪构成的角度解决共同犯罪的定罪问题，这是完全正确的。当然，在德、日共犯教义学中并不存在我国刑法学中的犯罪构成的概念，而只有构成要件的概念。因此，对共犯的定罪是构成要件理论所要解决的问题。例如，日本学者小野清一郎最早提出了共犯是构成要件的修正形式的命题，指出：把构成要件明确地当作法律上的概念来把握，认为成立犯罪必须要有"充足"的构成要件，亦即在所有方面都符合构成要件概念规定的事实。然而未遂犯和共犯是赋予不能达到充分满足特定构成要件的某些行为以可罚性的情况，在此意义上，它也可以说是"扩张处罚的原因"。但这并不意味着没有构成要件相符性或构成要件不充足就可以扩张处罚。未遂犯也好，共犯也好，如果不充分满足犯罪的一般概念要素，仍然没有可罚性。对犯罪来说，仍以充分满足构成要件的行为为必要。在这

---

[1] 参见高铭暄主编：《刑法学》，修订本 2 版，188 页，北京，法律出版社，1984。

个意义上，我才把未遂犯和共犯的规定视为构成要件本身的修正。它们不是在"修正"构成要件相符性（贝林后来把它换成"构成要件关系"）时，而是"修正了的构成要件"的充分满足时成立犯罪的。[①] 小野清一郎把正犯的构成要件当作一般的构成要件，共犯并不符合一般的构成要件，但共犯具有修正了的构成要件，这是一种特殊的构成要件。这样，就将共犯纳入构成要件，为共犯提供扩张处罚的类型化、规范化的根据。修正的构成要件的观点为日本学者所承继，日本学者大塚仁甚至直接把未遂犯与共犯的内容放在构成要件该当性中加以论述，认为这是一个被修正的构成要件该当性的问题，大塚仁指出：在构成要件论的立场上，形式上加以说明时，正犯是实施了符合基本的构成要件的实行行为的人，而共犯则可以说是通过符合分别被修正的构成要件的教唆行为、帮助行为而加担正犯的实行行为的人。[②]

二、四要件的共犯理论

从构成要件角度为共犯的定罪提供法理论证，是修正的构成要件说的初衷。当然，共犯定罪的法理论证，仅有修正的构成要件论还是不够的，还需要进一步从共犯的性质，尤其共犯与正犯的关系上加以论证。但在苏俄刑法学中，对于共犯的定罪没有提供特殊的法理，而只是将四要件简单地套用在共同犯罪中。例如，苏俄学者特拉伊宁指出：共同犯罪并不变更刑事责任的根据。不论是单独行动的人，还是共同犯罪中的行为人，都只有在他们的行为包含了相当的犯罪构成的全部因素，特别是包含了像因果关系和罪过这样一类必要的构成因素时，才负

---

① 参见［日］小野清一郎：《犯罪构成要件理论》，王泰译，157～158页，北京，中国人民公安大学出版社，2004。
② 参见［日］大塚仁：《刑法概说（总论）》，3版，冯军译，240页，北京，中国人民大学出版社，2003。

刑事责任。① 共同犯罪的构成与单独犯罪的构成之间到底存在何种差别呢？对此，特拉伊宁指出：共同犯罪并不改变刑事责任的公认的根据，它并没有创造一种新的连带责任；不论是单人的活动或是在共同犯罪时的活动，刑事责任都是以具备了永远是同样必要的构成因素——罪过和因果关系——为前提的。共同犯罪只是创造了责任的特殊形式。因为它是活动——几个人实施同一个犯罪的活动——的特别危险的形式。因此，共同犯罪可以一般地确定为：几个人共同参加实施同一个犯罪，其中每个行为人都应该和犯罪的结果有因果联系和罪过联系。② 在以上关于共同犯罪的犯罪构成的论述中，都只是泛泛而论，而根本没有涉及共犯的定罪根据问题。如果把这里的共同犯罪理解为共同正犯，那么，以上论述也许还有几分意义。但共犯根本不具备刑法分则规定的犯罪构成要件，其定罪根据又如何解释呢？对此，苏俄学者没有从构成要件上加以论证，而是强调了共同犯罪人之间的主观联系，指出：共同犯罪不是几个人活动的简单的凑合。同时，共同犯罪也并不永远和必须是基于事前协议的几个人的活动。在各共犯之间必须有主观联系，即至少组织犯、教唆犯和帮助犯了解执行犯的活动。各共犯之间没有这种起码的主观联系，也就没有共同犯罪。这种主观联系采取比较强烈的形式，就成为划分各种共同犯罪的根据。③ 这种强调共犯之间主观联系的观点，是对维辛斯基观点的一种纠正。因为维辛斯基在20世纪30年代末曾经否认各共犯之间必须有旨在实施犯罪的协议，认为在帮助犯或教唆犯的行为和实行犯的实施的犯罪行为之间不需要有因果关系，他还否认故意对共同犯罪是必不可少的。维辛斯基根据20世纪英国刑法学家斯蒂芬的论点，认为可以对实施犯罪的过失

---

① 参见［苏］A. H. 特拉伊宁：《犯罪构成的一般学说》，王作富等译，231页，北京，中国人民大学出版社，1958。
② 参见［苏］A. H. 特拉伊宁：《犯罪构成的一般学说》，王作富等译，237页，北京，中国人民大学出版社，1958。
③ 参见［苏］A. H. 特拉伊宁：《犯罪构成的一般学说》，王作富等译，237页，北京，中国人民大学出版社，1958。

第一节 共犯观念的嬗变

教唆行为追究刑事责任。这是一种容易导致为客观归罪辩护的论点。[①] 相对于维辛斯基在共犯问题否认主观联系因而导致客观归罪的观点,上述特拉伊宁强调共犯之间主观联系的观点是具有进步意义的。但共犯的定罪首先是一个客观行为的问题。对于这一点特拉伊宁关于共犯的理论恰恰没有涉及。尤其是苏俄共犯教义学否认了共犯对于正犯的一定程度的从属性,共犯的定罪根据就无从说起。

受到苏俄共犯教义学的上述影响,我国共犯教义学也从一开始就偏离了正犯与共犯这一基本线索。例如我国关于犯罪构成的理论著作,在论及共同犯罪的犯罪构成时认为构成共同犯罪必须具备以下条件:(1)共同犯罪的客体。共同犯罪的客体是指我国刑法所保护的而为共同犯罪行为所侵害的社会主义的社会关系。(2)共同犯罪的客观要件。共同犯罪在客观方面,必须要有共同犯罪行为。共同犯罪行为,是指各个共同犯罪人为追求同一危害社会结果,完成同一犯罪而实施的相互联系、彼此配合的犯罪行为。(3)共同犯罪的主体。共同犯罪的主体必须是两个以上的自然人。(4)共同犯罪的主观要件。共同犯罪是指两人以上共同故意犯罪。共同犯罪故意是指犯罪人通过犯罪意思的传递、反馈而形成的,明知他们的行为的合一会发生某种危害社会结果,并且都希望或者放任这种结果发生的主观心理态度。[②] 以上关于共同犯罪的犯罪构成的论述,基本上是在套用四要件的犯罪构成理论,根本没有涉及正犯与共犯的关系问题,也就没有为共犯的定罪提供法理根据。

共同犯罪行为与共同犯罪故意成为我国刑法中的共同犯罪的定罪根据,具有整体论的性质。在这一整体框架下,我开始作了一些具体化的论述。例如王作富教授主编的《中国刑法适用》一书第12章共同犯罪,是我执笔的。在该章中,我对共同犯罪行为与共同犯罪故意除加以总体性地论述以外,在共同犯罪行为中分述如下。

---

① 参见[苏]A. A. 皮昂特科夫斯基等:《苏联刑法科学史》,曹子丹等译,86~87页,北京,法律出版社,1984。
② 参见樊凤林:《犯罪构成论》,259页以下,北京,法律出版社,1987。

（1）实行行为。共同犯罪中的实行行为，是指直接实行刑法分则规定的行为。

（2）组织行为。组织行为，是指组织犯所实施的指挥、策划、领导犯罪的行为。

（3）教唆行为。教唆行为是指能够引起他人实行犯罪的意图的行为。

（4）帮助行为。帮助行为是指为其他共同犯罪人实行犯罪创造便利条件，在共同犯罪中起次要或者辅助作用的行为。

与之对应，我还对共同犯罪故意作了以下分述。

（1）实行故意。共同犯罪中的实行故意，是指实行犯对其犯罪行为会造成危害社会的结果的希望或者放任的心理状态。

（2）组织故意，是指组织犯的犯罪故意。

（3）教唆故意，是指教唆他人犯罪的故意。

（4）帮助故意，是指帮助他人（主要是指实行犯）犯罪的故意。①

除以上对共同犯罪行为与共同犯罪故意的具体论述以外，在关于共同犯罪行为的总述中，在一定程度上涉及共犯的定罪根据问题，我指出：共同犯罪行为和单独犯罪行为相比，具有显著的特点。单独犯罪行为，都是由我国《刑法》分则加以明文规定的。因此，对于单独犯罪，只要直接依照刑法分则的有关规定对犯罪分子定罪就可以了。而共同犯罪行为，除正犯的行为是由刑法分则明文规定的以外，其他共犯的行为，例如组织行为、教唆行为和帮助行为，都是由刑法总则规定的。只有把这些行为与实行行为有机地结合起来，才能正确地解决共同犯罪的定罪问题。② 在以上论述中，我提出要将共犯行为与正犯行为结合起来解决共同犯罪的定罪问题，这实际上已经在一定程度上涉及正犯与共犯的关系。我在《共同犯罪论》的博士论文（1988年3月答辩通过）中，第一次明确地提出引入正犯与共犯的关

---

① 参见王作富主编：《中国刑法适用》，168页以下，北京，中国人民公安大学出版社，1987。
② 参见王作富主编：《中国刑法适用》，168页，北京，中国人民公安大学出版社，1987。

系，以此阐述我国刑法中的共同犯罪的性质，由此开始了我国《刑法》中的共犯理论从苏俄向德日的转型。我指出：西方历史上共同犯罪理论萌生于中世纪意大利刑法学家对犯罪构成要件的解释。凡是充足构成要件的是正犯（实行犯），除此以外的是共犯（教唆犯和帮助犯）。因此，通观大陆法学各国的共同犯罪理论，基本上是沿着正犯与共犯两条线索建立起来的。因而，理解正犯与共犯的关系，就成为揭示共同犯罪性质的关键。关于正犯与共犯的关系，在刑法理论上出现过五花八门的学说，主要是存在共犯从属性说与共犯独立性说的聚讼。我国《刑法》否定了区分正犯与共犯的传统理论格局，确立了统一的共同犯罪概念。但我国《刑法》中的共同犯罪，从构成要件来分析，仍然存在符合刑法分则规定的构成要件的正犯与在刑法分则规定的构成要件的基础上由刑法总则加以补充规定的共犯（包括组织犯、教唆犯与帮助犯）的区别。因此，确立正犯与共犯的关系，对于认识我国刑法中的共同犯罪的性质具有重要意义。[①] 正犯与共犯的关系确立以后，才能将德日共犯教义学引入我国，作为对我国《刑法》关于共同犯罪规定解释的教义学资源。应当指出，我国《刑法》关于共同犯罪的立法规定，以统一的共同犯罪概念为基础，采用作用分类法为主的共犯分类方法，在很大程度上偏离了大陆法系刑法传统的关于共犯的立法格局，甚至与《苏俄刑法典》关于共同犯罪的规定也已经存在重大差别。在这种情况下，若不采用德日共犯教义学原理加以补救，则司法上的许多难题是难以解决的，例如间接正犯、片面共犯、身份犯的共犯等问题。

第二节　共犯二重性说的衰败

一、共犯二重性说的立场

关于共犯的性质，在德日共犯教义学历来存在共犯从属性说与共犯独立性说

[①] 参见陈兴良：《共同犯罪论》，49～50页，北京，中国社会科学出版社，1992。

之争。日本学者小野清一郎指出：关于共犯的从属性和独立性，一直争论不休。对从属性和独立性，必须从各种意义、各种程度上去考虑，这是 M. E. 麦耶尔（M. E. Mayer）以来人们的普通认识。问题的根本点在于，教唆犯或帮助犯是否与正犯（单独的或共同的）的性质完全相同。这不仅是个解释论的问题，而且也是个先于法律的、存在论性质的即实体逻辑性质的问题。[①] 小野清一郎是同时在解释论与存在论的意义上讨论共犯的从属性与独立性的。其实，从属性说与独立性说的对立主要不在于解释论而恰恰在于存在论。在存在论意义上，把共犯与正犯视为同一实体，则从属性是根本不存在的。只有承认共犯与正犯的区别，才有从属性可言。在一般情况下，承认共犯从属性的通说是以正犯的成立为前提承认共犯存在的。但在教唆未遂，即被教唆者没有犯所教唆罪的情况下，对于教唆未遂是否处罚，就成为对共犯从属性说的一大考验。我国刑法明确规定了对教唆未遂的处罚，正是由此出发展开了我国共犯教义学中具有特色的二重性说。

二重性说，即共犯的从属性与独立性的统一说，最初是我国学者伍柳村在讨论教唆未遂时提出的。该命题一经提出，引起了较大的反响，并在一定程度上成为我国共同犯罪研究中的一个热点问题。伍柳村对教唆犯的二重性作了以下论述：教唆犯的犯罪意图既然必须通过被教唆人的决意，并且去实施他所教唆的犯罪行为，才能发生危害结果或者达到犯罪目的，否则，是不可能发生危害结果或者达到犯罪目的的，所以，就教唆犯与被教唆人的关系来讲，教唆犯处于从属地位，教唆犯具有从属性。但是，教唆犯给予他人以犯罪意图这一行为，它与单个人犯罪的故意表示，其危害性是不相同的。单个人犯罪犯意表示还没有发生社会关系，只是个人犯罪意思活动的流露而已，所以不能认为犯罪；而在共同犯罪中，教唆犯的教唆行为则是教唆犯与被教唆人已经发生了人与人之间的社会关系，而且在这种社会关系中，又已显示出教唆他人犯罪这一行为本身对社会危害

---

① 参见［日］小野清一郎：《犯罪构成要件理论》，王泰译，161~162 页，北京，中国人民公安大学出版社，2004。

第二节 共犯二重性说的衰败

的严重程度。无论被教唆人是否去实行犯罪,教唆行为本身都应该认为是犯罪,当然在处罚时也必须考虑被教唆人是否犯了被教唆的罪这一事实。所以,从这个意义上讲,教唆犯在共犯中又处于相对的独立地位,教唆犯又具有相对的独立性。由此可见,教唆犯具有二重性——从属性和相对的独立性。① 伍柳村的这篇论文,可以说是我国关于共犯问题的第一篇具有学术含量的论文。伍柳村以我国《刑法》关于教唆犯的规定为依据,论证了教唆犯的二重性。其中,我国刑法关于"教唆他人犯罪的,应当按照他在共同犯罪中所起的作用处罚"的规定,体现的是教唆犯的从属性。而我国《刑法》关于"如果被教唆的人没有犯被教唆的罪,对于教唆犯,可以从轻或者减轻处罚"的规定,则体现了教唆犯的相对独立性。

伍柳村提出的教唆犯的二重性说,对我具有较大的影响。我采用二重性说,对教唆犯的未遂进行了分析,认为在正犯没有实行教唆犯所教唆的犯罪的情况下,教唆犯所处的犯罪阶段问题,在刑法理论上存在三种观点:(1)预备说;(2)未遂说;(3)既遂说。对此,我指出:可以认为,预备说是共犯从属性理论的观点,既遂说是共犯独立性理论的观点。两者之所以不能正确地解决在实行犯没有实行教唆犯所教唆的犯罪的情况下,教唆犯所处的犯罪阶段问题,就在于共犯从属性理论和共犯独立性理论都没有科学地揭示教唆犯的本质特征。共犯从属性理论否定教唆犯的独立性,表现为客观主义;共犯独立性理论否定教唆犯的从属性,表现为主观主义。我则坚持主观和客观相统一原则,认为教唆犯是独立性和从属性的统一,由此阐发教唆犯在共同犯罪中的特殊地位。从教唆犯是独立性和从属性的统一出发,必然得出在实行犯没有实行教唆犯所教唆的犯罪的情况下,教唆犯是犯罪未遂的结论。② 在当时,我的上文是较早从正面回应伍柳村教

---

① 参见伍柳村:《试论教唆犯的二重性》,载《法学研究》,1982(1),17页。
② 参见陈兴良:《论教唆犯的未遂》,载《法学研究》,1984(2),61~62页。

授的教唆犯的二重性观点的。① 我对教唆犯的二重性的理解，不完全相同于伍柳村。伍柳村的二重性说被我国学者马克昌称为抽象的二重性说，理由是没有结合刑法的规定来论述。② 指称伍柳村的二重性说没有结合刑法的规定论述，并不符合实际。伍柳村把刑法关于教唆犯的一般规定界定为从属性，而把刑法关于教唆未遂的处罚规定界定为相对独立性，这怎么能说是没有结合刑法的规定论述呢？我以为，伍柳村的二重性，恰恰是法律规定的二重性。在被教唆了的人已经犯被教唆罪的情况下，教唆犯只具有从属性而没有独立性；在被教唆的人没有犯被教唆的罪的情况下，教唆犯只具有独立性而没有从属性。在这个意义上的二重性，是对教唆犯的不同情形（既遂与未遂），分别论及从属性与独立性。而我对二重性的理解，是基于犯罪构成要件，认为教唆行为之作为犯罪构成的客观要件是教唆犯的独立性的体现，教唆行为不是正犯行为，教唆犯的犯罪构成客观要件是教唆行为和正犯的实行行为的有机结合，这是教唆犯的从属性的体现。③ 我的这种关于教唆犯的二重性的观点，可以称为构成要件的二重性说。在教唆犯的二重性说的基础上，我还上升为共犯的二重性说，指出：基于上述共犯从属性与独立性统一说，我认为，对于共同犯罪的性质，应在区分正犯与共犯的基础上，对共犯的可罚性从它与正犯的从属性与独立性的统一性上进行科学的论证。④

尽管如此，在我国刑法学界对二重性的界定始终没有达成共识。例如我国学者马克昌虽然也赞同二重性说，但对于如何界定二重性却提出了个人见解。马克昌指出（1979 年）《刑法》第 26 条第 1 款规定的教唆犯，只有在被教唆人实施犯罪时才能成立。这时教唆人与被教唆人构成共同犯罪关系，被教唆人实施的犯罪行为是犯罪预备、未遂或既遂，教唆犯也是犯罪预备、未遂或既遂，这就是教唆犯犯罪的从属性。但这一款规定的教唆犯的刑事责任，则是依其在共同犯罪中

---

① 由于当时学术规范尚未健全，我的上文竟然没有引注。现在看来，这是对伍柳村的大不敬。
② 参见马克昌：《论教唆犯》，载《法律学习与研究》，1987（5），16 页。
③ 参见陈兴良：《论教唆犯的未遂》，载《法学研究》1984（2），62 页。
④ 参见陈兴良：《论共同犯罪的性质与构成》，载《社会科学战线》，1991（2），105 页。

的作用处罚，而不是依照正犯的刑罚处罚，这就是教唆犯处罚的独立性。第 26 条第 2 款规定的教唆犯，是被教唆人没有犯被教唆之罪的情况。在这种情况下，教唆犯与被教唆人根本不成立共同犯罪关系，刑法却仍然对之规定了刑事责任。这里的教唆犯既无犯罪的从属性，也无刑罚的从属性，亦即只有独立性。[1] 马克昌将上述二重性说称为具体的二重性说，以区别于伍柳村的抽象的二重性说。马克昌对 1979 年《刑法》第 26 条第 1 款的分析认为，在这种情况下教唆犯并非像伍柳村所主张的那样，只有从属性而无独立性，而是既有从属性又有独立性，这一观点我是完全赞成的，并且与我基于构成要件的分析结论是相同的。但马克昌认为 1979 年《刑法》第 26 条第 2 款的教唆犯只有独立性没有从属性的观点，我则难以苟同。如果上述情形，教唆犯只有独立性，那么教唆犯就应当构成犯罪既遂。而刑法规定对这种被教唆的人没有犯被教唆的罪的情况下的教唆犯以未遂论处，正是教唆犯的一定程度的从属性的体现。根据我所主张的构成要件的二重性说，教唆未遂是构成要件的二重性的必然结果。

二、共犯二重性理论的批判

二重性说在我国刑法学界受到较为广泛的肯定，此后关于教唆犯的论述一般都论及二重性问题，甚至时至今日还有学者对二重性说进行重新厘定。[2] 由此可见，二重性说在我国刑法学界的学术影响之大。当然，对于二重性说的批评，乃至于否定的观点也始终存在。例如在教唆犯的二重性说产生之初，我国学者就对此进行了批评，指出：独立性说和从属性说的基本理论表明，对于认定教唆犯的刑事责任，从立论根据、分析方法乃至如何适用刑罚，都是根本不同的；应用到具体案件上，结论有时甚至是相反的。在一部刑法里，要么采取独立性说，即完

---

[1] 参见马克昌：《论教唆犯》，载《法律学习与研究》，1987（5），16 页。
[2] 参见陈世伟：《论共犯的二重性》，58 页，北京，中国检察出版社，2008。

全以教唆人所教唆之罪作为定罪基础；要么采取从属性说，即完全以被教唆人所实施之罪作为定罪基础。很难想象，在一部刑法里可以合二而一，或者说具有所谓的二重性。① 上述观点强调了独立性与从属性的互相排斥难以两立。我国学者张明楷对这一观点作了更有力的批判，张明楷提出了"二重性说：不可思议的学说"的命题，指出：不难看出，共犯从属性说与共犯独立性说，不管是应基本观点而言还是就理论基础而言，都是非此即彼、完全对立的，无论如何也看不出来二者可以调和、折中。以行走方向作比喻，从属性说如同走向东方，而独立性说如同走向西方，一个人或者一辆车，不可能同时既向东方行走或行驶，又向西方行走或行驶。但不可思议的是，我国刑法理论上却出现了所谓的"二重性"说，而且愈演愈烈。②

张明楷对二重性说进行了系统的批评，认为我国之所以出现二重性说，是因为对学派之争以及旧派和新派甚至理论缺乏系统与合理的评价。③ 对于这一观点，我是赞成的。当然，系统与合理的评价是建立在对从属性说与独立性说的正确理解之上的。现在看来，在二重性说提出之初，我对共犯从属性说与共犯独立性说的理解是十分肤浅的，甚至是错误的，建立在这一基础之上的二重性说，现在确实需要进行重新的反思与检讨。关于共犯从属性与独立性，日本学者作了以下叙述：共犯从属性说（Theorie der akzessorische Natur der Teilnahme）认为，成立狭义的共犯或者带有可罚性的前提，是需要正犯者实施了一定的行为。共犯独立性说（Theorie der Verselbstandigung der Teilnahme）认为，是由于共犯者的固有行为而成立狭义的共犯并带有可罚性的。古典派一般采用前者，近代学派一般采用后者。在古典学派中，区别了相对于一定的犯罪处于直接的或者重要的地位的行为和只不过具有间接的或者轻微关系的行为，前者本身是能够独立成为

---

① 参见余淦才：《试论教唆犯的刑事责任》，载《安徽大学学报》，1983（2），63页。
② 参见张明楷：《刑法的基本立场》，305页，北京，中国法制出版社，2002。
③ 参见张明楷：《刑法的基本立场》，330页，北京，中国法制出版社，2002。

第二节 共犯二重性说的衰败

犯罪的（正犯），后者只有从属于其他犯罪才能成为犯罪（从属犯，加担犯）。在近代学派中，教唆行为、帮助行为本身也是行为人反社会性格的征表，只要对犯罪结果具有原因力，就可以承认其为共犯。

共犯从属性说与共犯独立性说的对立，显著地表现在关于教唆犯、从犯的未遂的成立的范围上。共犯从属性说认为，只有基于教唆者、帮助者的教唆行为、帮助行为，被教唆者、被帮助者着手于犯罪的实行，其终于未遂时，才可考虑教唆犯、从犯的未遂。共犯独立性说认为，既然教唆者、帮助者实施了教唆行为、帮助行为，即使如被教唆者立即予以拒绝等被教唆者、被帮助者完全没有实施实行行为时，也是教唆犯、从犯的未遂，在处罚其未遂罪的犯罪中就是可罚的。可以说，这是因为共犯从属性说认为教唆者、帮助者的教唆行为、帮助行为与正犯者的实行行为是异质的；而共犯独立性说则认为，教唆行为、帮助行为也不外乎是表现教唆者、帮助者的犯罪意思的实行行为，正犯者的实行行为对教唆者、帮助者来说只不过是因果关系的转述和客观的处罚条件。① 根据以上对共犯从属性说与独立性说的全面阐述，从属性说与独立性说的区别在于共犯的可罚性根据：从属性说认为共犯不具有独立的可罚性，其可罚性依附于正犯而存在。但独立性说认为共犯行为本身是具有可罚性的，因此，在被教唆人没有犯被教唆的罪的情况下，教唆犯也在处罚未遂犯的犯罪中具有可罚性。根据以上共犯从属性说与共犯独立性说的观点分析我国刑法关于教唆犯的规定，不能不认为我国刑法处罚教唆未遂的规定体现了教唆犯的独立性。

那么，对于被教唆的人已经实施的被教唆的罪的情况，对教唆犯按以其在共同犯罪中的作用处罚的规定是否体现了从属性呢？我现在的观点是认为，刑法关于教唆犯的规定是一个整体，只要具有独立性就不可能具有从属性。在这个意义上，二重性说确实难以成立。因为对教唆未遂是否处罚，是考察一部刑法是采用

---

① 参见［日］大塚仁：《刑法概说（总论）》，3版，冯军译，242～243页，北京，中国人民大学出版社，2003。

第三章 共同犯罪的学术史

共犯从属性说还是采用共犯独立性说的标志。在这种情况下，我国学者提出了教唆犯的两种含义的命题，认为我国现行《刑法》第 29 条规定的是广义的教唆犯，即第 1 款规定的是狭义的或真正意义的教唆犯，对此刑法采用的是从属性说。而第 2 款规定的是以教唆的行为方式实施的间接正犯，因而对间接正犯的未遂处罚，并不妨碍教唆犯的从属性的贯彻。① 这一立论的初衷是要排除我国刑法中教唆犯从属性的法律障碍，但论证难以令人信服，因为我国刑法并未规定间接正犯，更不可能在没有规定间接正犯的前提下规定间接正犯的未遂。对于我国《刑法》第 29 条第 2 款，张明楷教授提出了其见解，指出：对于《刑法》第 29 条第 2 款，仍应理解为共同犯罪中的教唆犯未遂的规定，即将其中的"被教唆的人没有犯被教唆的罪"理解为"被教唆的人没有犯被教唆的既遂罪"；详言之，该款的基本含义是，如果被教唆的人着手实行犯罪后，由于意志以外的原因未得逞（未遂）或者自动放弃犯罪或有效地防止结果发生（中止），对于教唆犯，可以从轻或者减轻处罚。这一解释不仅维持了教唆犯从属性说，使教唆犯的处罚根据明确、得当，而且在解释论上具有根据。② 张明楷教授意图将我国《刑法》第 29 条第 2 款的规定，从教唆的未遂（失败的教唆）改而解释为未遂（包括中止、预备）的教唆（失效的教唆）。但这一解释也是难以成立的，因为立法者是以教唆未遂为其规范对象的。例如高铭暄教授在论及 1979 年《刑法》第 26 条第 2 款的规定时，指出：如果被教唆的人没有犯被教唆的罪，对于教唆犯来说，并不排除其教唆行为的社会危害性，这在刑法理论上叫作"教唆未遂"，或者叫作"未成功的教唆"③。

在我国《刑法》未删除第 29 条第 2 款的情况下，想要通过将《刑法》第 29 条第 2 款的规定从教唆未遂（失败的教唆）改而解释为未遂教唆（失效的教唆），

---

① 参见何庆仁：《我国刑法中教唆犯的两种涵义》，载《法学研究》，2004（4），53 页。
② 参见张明楷：《论教唆犯的性质》，载陈兴良主编：《刑事法评论》，第 21 卷，88 页，北京，北京大学出版社，2007。
③ 高铭暄：《中华人民共和国刑法的孕育与诞生》，57 页，北京，法律出版社，1981。

第二节 共犯二重性说的衰败

由此贯彻共犯从属性说，我认为存在法律上的障碍。当然，如何解决这个问题也存在可以商量的余地。我们可以参考德国共犯教义学对这一问题的解决方法。《德国刑法典》第30条规定了共犯的未遂，指出："一、教唆他人实施重罪而未遂的，依该重罪的未遂论处，并依第49条第1款减轻处罚。可适用第23条第3款的规定。二、示意他人犯罪，或接受他人的犯罪请示，或与人他约定实施重罪，或教唆他人实施重罪的，其处罚适用前款规定"。德国学者认为，上述第30条第1款规定的是失败的共犯，第2款规定的是犯罪约定。[①] 在上述失败的共犯中，就包括了教唆未遂。虽然《德国刑法典》以共犯的未遂概括第30条的内容，但德国学者认为第30条是对数人参与并表明是应处罚的共犯的初期阶段的特定重罪的预备行为的例外规定。[②] 由此可见，上述规定是一种例外性的规定。如何在学理上解释这一规定，尤其是如何与共犯从属性说相协调呢？德国学者作了以下阐述：因为正犯行为并没有实际实施，行为非价被限制于精神领域留存的行为不法，它在客观上仅通过重罪意图的表示及赞同重罪意图的表示而表现出来。在所有情况下——体系所陌生的教唆未遂和处于更加初期阶段的无结果的自告奋勇例外——行为的应受处罚性是以他人意志与行为决意的共谋的结合为基础的。关于共犯章节中第30条的排列因对重罪的处罚的依赖性而正当化，此等重罪的既遂必须是所有共犯所追求的（假定的从属性，hypothetische Akzessorietaet）。第30条同样适用于从属性的限制，以至于教唆无认识能力的精神病患者犯罪未遂也应当受处罚。但不容忽视的是，列进未遂章节中的排列同样是有根据的，因为共犯对正犯行为所特有的依赖性，由于缺乏这样的正犯行为而不存在，并且，单纯的"假定的从属性"也不可能被替代。因此，涉及独立的受处罚犯罪预备行

---

① 参见［德］冈特·施特拉腾韦特、洛塔尔·库伦：《刑法总论 I ——犯罪论》，杨萌译，339～342页，北京，法律出版社，2006。
② 参见［德］汉斯·海因里希·耶赛克、托马斯·魏根特：《德国刑法教科书》，徐久生译，850～851页，北京，中国法制出版社，2001。

为，但该犯罪预备行为在结构上，由于它涉及共谋事例，具有共犯的表现形式。① 在以上论述中，提及一个命题："假定的从属性"。这里的假定，是指教唆未遂，是指向被教唆的人犯重罪这一目标的，虽然被教唆的人没有犯重罪，即不存在正犯行为，但教唆犯对于正犯行为所具有的这种依赖性还是存在的，这是一种假定的从属性。在假定的从属性的意义上，维持共犯从属性说。上述理解是否有助于解释我国《刑法》第 29 条第 2 款关于教唆未遂的规定，通过进一步扩大解释从属性程度而维持共犯从属性说，还值得研究。

综上所述，以教唆犯，尤其是以教唆未遂为中心线索，我国刑法学界展开了共犯性质的讨论，这一讨论从 1982 年一直延续至今，仍然未能达成共识。通过这一讨论，在我国刑法学中引入了共犯的从属性说与共犯独立性说等德国刑法教义学，从而使我国刑法学界关于共犯性质的研究逐渐地摆脱了苏俄刑法学的影响，并形成二重性说，达到了较高的学术水平。

第三节　部分犯罪共同说的接受

一、部分犯罪共同说的内容

共同犯罪在何种范围内存在，这是一个关于共同犯罪之共同性的理解问题。关于这个问题，在德国刑法中存在行为共同说与犯罪共同说之争。对此，日本学者指出：共犯以什么为共同？关于这一共犯的根本问题，犯罪共同说与行为共同说是对立的。犯罪共同说（theorie de l'unite du delit）认为数人共同进行特定的犯罪是共犯，客观地预想了构成要件上特定的犯罪（例如，强盗罪），由数人共同实行时是共犯，这种学说与古典学派的立场相适应。相对于此，行为共同说

---

① 参见［德］汉斯·海因里希·耶赛克、托马斯·魏根特：《德国刑法教科书》，徐久生译，851 页，北京，中国法制出版社，2001。

第三节 部分犯罪共同说的接受

(事实共同说)(theorie de I'unite de I'entreprise)认为，共犯是数人用共同的行为实行各自企图的犯罪，这是在近代学派的立场上采用的观点，因为在把犯罪看成是行为人社会危险性的征表的立场上，本来可以考虑脱离了构成要件的自然性行为本身的共同，认为可以在共同者共同的范围内跨越数个构成要件（例如，杀人罪和伤害罪）而存在共同关系。[①] 从以上论述可以看出，犯罪共同论是类型化的、规范化的，也是构成要件化的共犯理论，而行为共同说则是事实性的、自然性的，也是脱离了构成要件的共犯理论。两者之间，区别是十分明显的。当然，目前日本刑法学界犯罪共同说与行为共同说经过各自修正，也存在互相靠拢的趋势。当然，犯罪共同说与行为共同说之间，基于理论根据的不同而造成的差别，还是不可否认的。

关于共同犯罪在什么范围内存在，在苏俄刑法学中并没有涉及犯罪共同说与行为共同说的争论，而是在犯罪构成的意义上讨论。例如，苏俄学者特拉伊宁提出共犯对同一个罪行负责的命题，并从犯罪构成上作了论述，指出：各个共犯的社会面貌、犯罪动机以及其他许多特征，也可能是不相同的。但是，这些差别丝毫也不影响那种把各个共犯联系起来并使共同犯罪制度成为必要的某种一致性。这种一致性表现在，不论每个共犯参与实施犯罪时在客观上和主观上的特别有什么不同，所有的共犯总是对同个罪行负责任。问题的实质在于，作为共同犯罪的概念前提的这种一致性，并不是犯罪构成的一致性。因此，一个共犯对基本的构成负责，而另一个共犯则可能对危害性较大或较小的构成、因而根据刑法典的另一条文负责，这丝毫也不能动摇各个共犯对同一罪行负责的一般原理。[②] 从以上论述可以看出，在苏俄刑法学中共犯对同一罪行负责这一原理表明它更接近于犯罪共同说而非行为共同说。只不过，在某一犯罪具有两个构成——危害较大的构

[①] 参见［日］大塚仁：《刑法概说（总论）》，3版，冯军译，240-241页，北京，中国人民大学出版社，2003。

[②] 参见［苏］A. H. 特拉伊宁：《犯罪构成的一般学说》，王作富等译，241页，北京，中国人民大学出版社，1958。

成与危害较小的构成——的情况下，共犯可以分别适用上述不同的构成，但只能构成同一个犯罪，因而具有罪名的共同性。

我国刑法学对共同犯罪的范围的观点，受到苏俄刑法学的影响，强调共同的犯罪行为必然是指向同一的特定犯罪。但在解释这里的同一的特定犯罪时，又引入了犯罪共同说与行为共同说的理论。例如我国学者马克昌指出：所谓同一的特定犯罪，是仅限于一个犯罪，还是在数个犯罪中也可能存在？在刑法理论中，其说不一。犯罪共同说认为，共同关系是数人共犯一罪的关系，所以行为的分担仅限于一个犯罪，才成立共同犯罪。行为共同说则认为，共同关系为共同表现恶性的关系，只要行为共同，即为共同表现恶性。所以数个犯罪既可由数人相联络而实施，也可认为有行为的分担，对此数个犯罪，自可成立共同犯罪。我们认为共同犯罪总是就特定的即具体的犯罪而言的，只要具备共同犯罪的客观方面和主观方面的要件，则这种特定的犯罪不论是一个还是数个，都不影响共同犯罪的成立。① 从以上论述中，很明显地可看出，我国学者不再把犯罪共同说与行为共同说看作是一种理论上的"他者"，而是将其纳入我国刑法学的理论视阈加以讨论。这是一个重大的变化，不仅对于共犯理论，而且对于整个刑法学的知识形态，都是一个转折。例如，在此前的统编教材《刑法学》中，关于共同犯罪的论述，除对我国刑法关于共同犯罪立法规定的阐述以外，另设专节介绍资产阶级关于共同犯罪的理论，虽然在该节没有涉及犯罪共同说与行为共同说，而是主要介绍共犯从属性说与共犯独立性说，并从政治与意识形态上作了批判。② 无论是从编排体例还是从批判态度上，都可以看出，对于这些德、日共犯理论是作为一种"他者"加以排斥甚至批判的。但后来逐渐地转变了态度，将这些德、日共犯教义学作为我们考察问题的理论背景，融入了我国刑法理论之中。以上马克昌对于犯罪共同说与行为共同说的引用性叙述，是德、日刑法知识开始融入我国刑法学的一

---

① 参见马克昌、罗平：《论共同犯罪的概念和要件》，载《政法论坛》，1985（4），3页。
② 参见高铭暄主编：《刑法学》，修订本，2版，203页以下，北京，法律出版社，1984。

个极好例证。这表明,我国刑法教义学开始打破无产阶级刑法学与资产阶级刑法学的阶级对立的理论模式,它也为我国刑法教义学以后的繁荣提供了学术资源。

我是在共同犯罪研究中较早采用犯罪共同说与行为共同说的相关理论来解释我国刑法关于共同犯罪的规定的,但出于某种创新的冲动,在批判犯罪共同说与行为共同说的基础上,提出了所谓共同犯罪的主观与客观统一说,并对此作了以下论证:主观和客观相统一,是我国刑法中的定罪原则,它贯穿于犯罪论始终。我国刑法中的犯罪概念体现了主客观相统一的原则,因为社会危害性是犯罪的本质特征,而具有社会危害性的行为是由人实施的,人的主观认识和意志支配着行为。所以,社会危害性是主观方面的罪过和客观方面的行为的相互统一。以犯罪概念为基础而展开的犯罪构成理论,也体现了主客观相统一的原则,犯罪构成是主观要件和客观要件的统一,由此说明行为具有社会危害性或者这种社会危害性达到了应受刑罚处罚的程度。我国刑法中的共同犯罪,是犯罪的特殊形态,尽管它在体现主客观相统一的原则上具有某些特点,即刑法明文规定把共同犯罪的主观罪过限定在故意的范围之内,但它仍然体现了主客观相统一的原则。可以说,在确定共同犯罪的范围时坚持主客观相统一的原则,是在犯罪论中贯彻主客观相统一原则的必然结果,因而共同犯罪的主观与客观统一说具有理论根据。[①] 以上论证是从社会危害性出发,在共同犯罪的性质问题上套用了主客观相统一原则,这是一种前教义学的论证。而且,在这一论证的逻辑推理中,存在这样一种认识:犯罪共同说是刑法客观主义,行为共同说是刑法主观主义,而我们应当超越刑法的客观主义与主观主义,由此得出主客观统一说。在这个意义上说,主客观统一说,具有折中主义的性质。这也是我国刑法学界惯常采用的方法,我在当时也未能免俗。对于这种折中主义方法,周光权教授进行了深刻地批判,指出,我国刑法学当前比较严重的问题,还有:对许多重大问题,态度暧昧、似是而非、不能解决问题的折中说流行。其中,流传范围最广、影响力最大的折中说就是

---

① 参见陈兴良:《共同犯罪论》,69~70页,北京,中国社会科学出版社,1992。

"主客观相统一"。这一折中可能存在的问题是：(1)对于犯罪的客观要件、主观要件需要分别判断，例如对于实行行为、间接故意是否存在必须分别判断，判断过程极其复杂，不是主、客观相统一这一口号能够概括的。(2)西方没有任何学派不同时考虑主观、客观，但是从来不提主客观相统一这样的命题，难道我们的概括能力就是强于他们？(3)"主、客观相统一"这类口号，使得思维简单化，混淆了很多复杂的关系，容易使人误解为主、客观要件同等重要，是半斤八两的关系。[1]

二、部分犯罪共同说的聚讼

从方法论角度来说，主客观相统一之类的折中主义提法，确实解决不了重大的理论问题。在多年以后，我也对主客观相统一原则，从价值论与方法论两个方面进行了清理。[2] 实际上，我所说的主客观相统一说，在共同犯罪的范围问题上，与犯罪共同说是较为接近的。例如，在论及不同罪名之间是否存在共犯关系时，我曾经指出：在不同的犯罪之间能否成立共同犯罪呢？对于这个问题，犯罪共同说与行为共同说的回答是迥然相异的。犯罪共同说认为共同犯罪只能共同犯一罪。因此，只能在同一犯罪之内才能成立共同犯罪。行为共同说则认为共同犯罪并不限于共同犯一罪。因此，在不同的犯罪之间也可以成立共同犯罪。我认为，共同犯罪只能是共同犯一罪的关系，罪质互异的犯罪之间无所谓共同犯罪。这是因为，共同犯罪是在共同犯罪故意支配下实施的共同犯罪行为，并由此而造成共同的犯罪结果。如果各人实施的犯罪的性质完全不同，主观上就不可能有共同故意，客观上也不可能有共同行为，因而应当分别予以单独论处。而且，从处罚上来说，共同犯罪人对共同所犯之罪承担刑事责任，而共同犯罪人在犯罪中的

---

[1] 参见周光权：《刑法学的西方经验与中国现实》，载《政治论坛》，2006(2)，29页。
[2] 参见陈兴良：《主客观相统一原则：价值与方法的双重清理》，载《法学研究》，2007(5)。

第三节　部分犯罪共同说的接受

作用有主次之分，他们的刑事责任是互相联系着的，所以法律规定对从犯要比照主犯予以从轻处罚，如果各行为人成立不同的犯罪，各人都应当对自己实施的罪行承担完全的刑事责任，因而不存在共犯关系。[①] 因此，在不同的犯罪之间能否成立共同犯罪这一问题的结论上，其实我之所谓主客观统一说是与犯罪共同说相同的。在这个意义上，所谓主客观统一说其实就是犯罪共同说的另一种表述而已。只不过，主张在不同的犯罪之间不能成立共犯的是完全犯罪共同说，而根据部分犯罪共同说，则不同的犯罪之间是可以成立共犯关系的。而部分犯罪共同说的观点，迟至1993年才介绍到我国，这就是日本学者大塚仁的观点。大塚仁指出：围绕共犯的基本性质，存在着犯罪共同说与行为共同说的对立，我认为，以构成要件理论为基础理解共犯时，应该根据犯罪共同说，即，二人以上者共同实行了某特定犯罪时就成立该犯罪的共同正犯。不过，即使二人以上者共同实行的是不同的犯罪，但是当犯罪具有同质的、互相重合的性质时，在其重合的限度内，也应该解释为成立共同正犯。[②]

在我国刑法学界较早引入部分犯罪共同说的是我国学者张明楷。在《刑法学》（第1版）中，张明楷在讨论共同犯罪应否以符合同一个犯罪构成为前提时，分别介绍了对此存在的两种对立观点，即犯罪共同说与行为共同说。而在介绍犯罪共同说时，又分别介绍了完全犯罪共同说与部分犯罪共同说，指出：犯罪共同说认为，二人以上共同实施同一特定的犯罪（符合同一特定犯罪的构成要件）时，才成立共同犯罪。其中完全犯罪共同说认为，二人以上共同实施的行为在罪名上完全相同时，才成立共同犯罪。部分犯罪共同说认为，二人以上虽然共同实施了不同的犯罪，但当这些不同的犯罪之间具有重合的性质时，则在重合的限度内成立共同犯罪。例如，甲以伤害的故意、乙以杀人的故意共同加害于丙时，只

---

① 参见陈兴良：《论共同犯罪的性质与构成》，载《社会科学战线》，1991 (2)，108页。
② 参见 [日] 大塚仁：《犯罪论的基本问题》，冯军译，251页，北京，中国政法大学出版社，1993。

在伤害罪的范围内成立共同犯罪。① 这里的重合性如何认定呢？对此，张明楷教授认为，在以下四种情况下应当认为犯罪之间存在重合的性质：(1) 当两个条文之间存在法条竞合的关系时，其条文所规定的犯罪，一般存在重合性质。(2) 虽然不存在法条竞合关系，但当两种犯罪所侵犯的同类法益相同，其中一种犯罪比另一种犯罪更为严重，从规范意义上说，严重犯罪包含了非严重犯罪的内容时，也存在重合性质，能够在重合范围内成立共同犯罪。(3) 虽然不存在法条竞合关系，两种犯罪所侵犯的同类法益也不完全相同，但其中一种罪所侵犯的法益包含了另一种犯罪所侵犯的法益，因而存在重合性质时，也能够在重合范围内成立共同犯罪。(4) 在法定转化犯的情况下，如果数人共同实施了转化前的犯罪行为，而部分人实施了转化行为，但他人不知情的，应就转化前的犯罪成立共同犯罪。②

相对于完全犯罪共同说，部分犯罪共同说更有说服力，更能解决司法实践中的超难问题，因而也更可取。以后，在我国出版的有关共同犯罪著作大多赞同部分犯罪共同说。例如，我国学者陈家林在《共同正犯研究》一书中，对部分犯罪共同说的观点作了详细复述，明确表示赞同部分犯罪共同说，并对犯罪重合性质的认定作出补充性说明：认定构成要件的重合，强调的是规范意义上的理解而不是事实意义上的理解。③ 又如，我国学者阎二鹏在《共犯与身份》一书中，也提倡部分犯罪共同说，认为该说符合我国立法实际，并对坚持部分犯罪共同说会不会与刑法中的个人责任原则相矛盾这一部分作了探讨，得出了否定性结论。④ 在某种意义上说，部分犯罪共同说已经成为我国刑法学界的通说。

我对犯罪共同说与行为共同说的观点，前后也发生了转变。虽然早期主张主

---

① 参见张明楷：《刑法学》，上，27页，北京，法律出版社，1997。又见张明楷：《部分犯罪共同说之提倡》，载《清华大学学报》（哲学社会科学版），2001年第1期。
② 参见张明楷：《刑法的基本立场》，273页以下，北京，中国法制出版社，2002。
③ 参见陈家林：《共同正犯研究》，79页，武汉，武汉大学出版社，2004。
④ 参见阎二鹏：《共犯与身份》，140页，北京，中国检察出版社，2007。

第三节 部分犯罪共同说的接受

客观统一说,但后来明确赞成犯罪共同说,认为共同犯罪之共同性,是法律规定的构成要件之共同,而非事实上行为之共同。在这个意义上,犯罪共同说具有合理性。[①] 此后,又有限度地承认部分犯罪共同说,即在实行过限的情况下,承认在过限前相同犯意内可以成立共同犯罪。[②] 后来,在有关论文中,我又对部分犯罪共同说作了全面探讨,尤其是对部分犯罪共同说与构成要件的行为共同说的差异作了分析,因为这两者对不同罪名之间可成立共犯的结论是相同的,这也表明犯罪共同说与行为共同说具有互相接近的趋势,那么,两者之间是否存在性质上的区别呢?对此,我提出:部分犯罪共同说认为,如果数个犯罪的构成要件之间存在重合部分,那么在重合的限度内成立较轻之罪的共同正犯。例如甲以杀人故意、乙以伤害故意共同对丙进行侵害并致其死亡的,甲的杀人行为与乙的伤害行为之间具有重合,但甲的杀人行为已经超出重合部分,具备了故意杀人罪的构成要件,在这种情况下,甲的行为在伤害的限度内与乙是共同正犯,但甲的伤害行为被其杀人行为所吸收,因而最终应以故意杀人罪论处。部分犯罪共同说坚持了只有在同一犯罪的范围内承认共犯关系的犯罪共同说的立场,但对同一犯罪又像严格的或者完全的犯罪共同说那样机械地以最终认定为同一罪名为必要,因而有其可取之处。构成要件的行为共同说认为,只要行为人实施了共同的行为,就可以成立共同正犯,并不要求必须是同一或者特定的犯罪,根据这种观点,甲以杀人的故意、乙以伤害的故意共同对丙进行侵害并致其死亡的,由于甲与乙存在共同行为,尽管甲是杀人行为,乙是伤害行为,同样也构成共同正犯。从这里可以看出,部分犯罪共同说与构成要件的行为共同说尽管都承认在上述案件中,甲和乙之间成立共同正犯,并且结论都是甲定故意杀人罪,乙定故意伤害罪,但共同犯罪的内容是有所不同的。部分犯罪共同说行为,甲和乙是成立故意伤害罪的共同正犯,甲之所以定故意杀人罪而不定故意伤害罪,是因为其行为超出了伤害的

---

① 参见陈兴良:《本体刑法学》,518页,北京,商务印书馆,2001。
② 参见陈兴良:《规范刑法学》,139页,北京,中国政法大学出版社,2003。

性质。但构成要件的行为共同说则完全承认在不同犯罪之间可以成立共同正犯，而这一点恰恰与部分犯罪共同说不同：部分犯罪共同说并不承认不同犯罪之间的共同正犯。① 以上我对共同犯罪的性质的观点的演变，也是德、日刑法学关于共犯的学说引入并被接受的过程，同时也是我国共同犯罪理论不断深化的过程。而这一切，都已经远远地超出了苏俄刑法学关于共同犯罪理论的广度与深度。

三、部分犯罪共同说的采用

值得注意的是，对于共犯法理的采用，在我国司法实践中也出现了某种变动的迹象。在我国传统四要件的犯罪论体系影响下，我国司法实践中基本上采用犯罪共同说，也就是说，只有在二人以上都构成犯罪，甚至只有在共犯相同之罪的情况下，才能成立共同犯罪。如果虽然二人以上共同实施犯罪行为，但其中一人未达到法定刑事责任年龄，只有另外一人构成犯罪，或者虽然二人都构成犯罪，但所触犯的罪名不同的，则被认为不符合我国刑法关于共同犯罪的规定，因而并不认定为共同犯罪。例如高海明、郭永杭绑架案。浙江省绍兴市越城区人民法院经公开开庭审理查明：高海明于2000年3月下旬的一天，经人介绍认识了方韩通、方韩均、赵建荣、赵全康等人（均另案处理），提出让方韩通等人帮助其向沈国良、史文明、高兴来追讨损失费，并商定以关押沈国良等三人的方法索讨。同年4月16日晚，高海明与上述人员在绍兴市区一饭店再次商订作案计划。次日中午，高海明按计划以做生意为名，将与其并无经济纠纷的沈国良、史文明、高兴来三人骗至诸暨市，后伙同方韩通等人强行将沈国良、史文明、高兴来三人带至由郭永杭事先找好的三都镇山上的一小屋内，后又转移至诸暨市五泄风景区及萧山市临浦镇等地关押。在此期间，高海明及赵建荣等人采用暴力、胁迫的方

---

① 参见陈兴良：《共同正犯：承继性与重合性——高海明绑架、郭永杭非法拘禁案的法理分析》，载陈兴良主编：《刑事法评论》，第21卷，41～42页，北京，北京大学出版社，2007。

第三节 部分犯罪共同说的接受

法，向三被害人共索得 20.03 万元。在沈国良等三人被关押期间，郭永杭明知方韩通等人在为高海明追讨生意上的损失费，仍为高海明等人送饭或负责看管三被害人。案发后，19 万元赃款已被依法冻结，其余赃款被追回发还被害人。

浙江省绍兴市越城区人民法院根据上述事实和证据认为：高海明以勒索钱财为目的，伙同他人使用暴力、胁迫方法绑架他人，其行为已构成绑架罪。郭永杭在事前与高海明并不相识，事中在得知高海明等人在追讨债务的情况下，仍对高所关押的人施行看管，其行为已构成非法拘禁罪。因郭永杭主观上以帮他人索取债务为目的，而不明知高海明是以勒索钱财为目的，其与高海明没有共同的犯罪故意，故两被告人不属共同犯罪。公诉机关指控高海明犯绑架罪罪名成立，予以支持；指控郭永杭犯绑架罪罪名及指控两被告人系共同犯罪有误，应予纠正。高海明之辩护人提出高海明之罪名应主定为非法拘禁罪的意见，不予采纳。郭永杭之辩护人提出郭永杭系犯非法拘禁罪的意见及两被告人不属共同犯罪的意见，予以采纳。

浙江省绍兴市越城区人民法院根据《刑法》第 239 条第 1 款，第 238 条第 1 款、第 3 款，第 56 条第 1 款，第 55 条第 1 款，第 64 条之规定，判决：高海明犯绑架罪，判处有期徒刑 12 年，并处罚金 5 万元，剥夺政治权利 2 年（刑期从判决执行之日起计算，判决执行以前先行羁押的，羁押 1 日，折抵刑期 1 日，即 2000 年 5 月 17 日起至 2012 年 5 月 16 日止；罚金款限在判决生效后 10 日内缴清）。郭永杭犯非法拘禁罪，判处有期徒刑 1 年 6 个月（刑期从判决执行之日起计算，判决执行以前先行羁押的，羁押 1 日折抵刑期 1 日，即自 2000 年 4 月 21 日起至 2001 年 10 月 20 日止）。侦查机关冻结的 19 万元，分别发还给各被害人。

一审法院判决后，高海明不服，提起上诉，上诉理由是：原判定罪错误，其所犯的是非法拘禁罪，并非绑架罪；原判未认定其系从犯和犯罪未遂。其辩护人以同样理由进行辩护。

浙江省绍兴市中级人民法院经二审审理查明：原判认定高海明、郭永杭分别实施绑架、非法拘禁的时间、地点、对象及高海明勒索人民币的数额等基本事实

清楚，有被害人沈国良、史文明、高兴来的陈述；证人赵全江、张秀凤、高金林、钱春娥、黄国章、丁中水、陈左、王玮明的证言及作案工具墨镜两副；书证公安机关出具的情况说明、农行存款凭证、金穗理财卡、取款凭证、存款冻结通知书、扣押清单、领条及高海明、郭永杭的供述和辩解等证据证实。

浙江省绍兴市中级人民法院认为：上诉人高海明以勒索钱财为目的，伙同他人使用暴力、胁迫方法绑架他人，其行为构成绑架罪；原审被告人郭永杭在事前与高海明并不相识，事中在得知高海明等人在追讨债务的情况下，仍对高海明所关押的人员实施看管，其行为已构成非法拘禁罪。上诉人高海明与原审被告人郭永杭虽对同一对象共同实施了犯罪行为，但其二人的犯罪故意和目的不同，故不属共同犯罪。高海明及其辩护人对本案定性提出的异议及高系本案从犯与未遂犯的上诉理由和辩护意见，与本案事实和法律规定不符，不予采纳。原审判决定罪及适用法律准确，量刑得当，审判程序合法。裁定：驳回上诉，维持原判。

在本案中，公诉机关对实施绑架行为的高海明等人与在绑架以后只是实施了看管行为的郭永杭等人都认定为构成绑架罪，属于共同犯罪。对此，人民法院认为，高海明构成绑架罪是正确的，但郭永杭事先对绑架并无预谋，事后才在并不知情的情况下，实施了看管被绑架人的行为，主观上没有勒索财物的故意，因而郭永杭并不构成绑架罪而成立非法拘禁罪。但法院判决同时又认为：高海明与郭永杭虽对同一对象共同实施了犯罪行为，其二人的犯罪故意和目的不同，故不属共同犯罪。由此可见，该判决是采用了犯罪共同说：只有共同犯相同之罪的，才能成立共同犯罪。如果所犯罪名不同，则不能成立共同犯罪。然而，在本案中，控方是以高海明、郭永杭构成绑架罪指控的，以高海明为首策划绑架被害人，在这一环节郭永杭并未参与。在被害人被绑架后，郭永杭才介入，参与对被害人的看管。因此，控方认为高海明与郭永杭构成共同犯罪，从刑法理论上分析，这种共同犯罪属于承继的共同正犯。尽管法院判决将郭永杭的罪名改为非法拘禁罪，但高海明所犯的绑架罪中包含了对被绑架人的非法拘禁行为，因而在非法拘禁罪上，高海明和郭永杭具有共犯关系。不仅如此，而且在不具有重合关系的两个不

同罪名之间，根据行为共同说，也是可以成立共犯关系的。高海明、郭永杭绑架案可以十分清楚地反映出我国司法实践在共同犯罪的认定上所采取的极端的犯罪共同说的立场。

随着共犯教义学在发展，我国对于犯罪共同说进行了反思，部分犯罪共同说开始具有一定的影响，因而在司法实践中按照部分犯罪共同说处理共同犯罪案件的情形时有发生。例如陆晓华盗窃案。2012年3月5日下午，经同案人谢某某（盗窃时已满15周岁未满16周岁）提议，被告人陆晓华跟随谢某某至苏州市清塘新村50幢某室盗窃。在谢某某的安排下，陆晓华在外望风，谢某某则钻窗进入该室实施盗窃，共窃得人民币11万元。盗窃得手后，谢某某分给陆晓华人民币6 000元。后谢某某因本次盗窃被公安机关收容教养。

江苏省苏州市金阊区人民法院的主审法官认为，谢某某在盗窃时虽然未达刑事责任年龄，但已满15周岁，且处于正常的发育状态。处于该年龄阶段的人，本已完全具备了盗窃罪的规范意识；更何况，谢某某此前就因盗窃被多次训诫，乃至行政处罚，更能够认识到盗窃行为是不被法律所允许的。从本案盗窃犯意的发起（谢某某提出犯意）、犯前安排分工（谢某某安排陆晓华在外望风）、盗窃行为的实施（谢某某本人自行实施）、赃款的分配（谢某某分得近95%的赃款）等全部核心环节看，谢某某完全处于主导地位，而陆晓华则处于从属性地位。综上，可以得出以下结论：同案人员谢某某虽然未达刑事责任年龄，但已具有完全的规范性意识，实际主导本起犯罪，整个盗窃过程充分体现了其支配性（而非工具性），因此不宜将陆晓华认定为间接正犯。根据陆晓华在本起盗窃中的实际作用，将其按照共同犯罪的从犯予以定罪处罚，更符合本案的客观事实及罪刑相适应的刑法原则。主审法官进一步指出，已达刑事责任年龄人伙同未达刑事责任年龄人作案，二者之间究竟是否存在主体—工具关系，必须根据客观事实进行判断，决不能脱离客观现实，而将二者之间一概界定为操控（主体）与被操控（工具）关系。

对于本案，主审法官主要是从陆晓华是否构成间接正犯角度进行论述的，对

此采取了否定的立场,这当然是正确的。但本案并不仅仅是一个间接正犯能否成立的问题,而是一个关系到共犯成立的方法论问题,因而本案对于观察我国共犯教义学在司法实践中的实际适用具有风向标的意义。

在本案中,陆晓华与谢某某共同实施盗窃犯罪,但谢某某是盗窃行为的具体实施者,陆晓华只是实施了具有辅助性的望风行为。但由于谢某某未达到法定刑事责任年龄,因而不构成盗窃罪。根据全部犯罪共同说,陆晓华是单独犯罪而不能成立共同犯罪。但如果将陆晓华认定为单独犯罪,在本案中存在一定的问题:由于陆晓华只是实施了望风行为并没有具体实施盗窃行为,在这种情况下,如果陆晓华是单独犯罪,其盗窃罪的正犯行为是缺失的。只有在成立共同正犯的情况下,陆晓华才能依据"部分行为之全体责任"的法理,对谢某某的盗窃行为承担刑事责任。如果不按照共同正犯的路径论证,另外一种选择就是间接正犯。但根据间接正犯的性质,利用者必须具有对被利用者的意思支配,然而在本案中谢某某是盗窃犯罪的提议者,而且在盗窃活动中居于支配地位,显然不能认定为被支配者,因而难以适用间接正犯的法理。对本案如果采用部分犯罪共同说,认为陆晓华和谢某某共同实施了盗窃罪的构成要件行为,因而肯定两人之间存在共犯关系。在此前提下,谢某某虽然因为未达到刑事责任年龄而不构成盗窃罪,但这并不影响陆晓华成立共同正犯,因而对整体盗窃行为承担责任。在此基础上,进一步认定陆晓华系共同正犯中的从犯,对其从轻或者减轻处罚。

第四节 共犯处罚论的引入

一、共犯处罚论的内容

我国关于共同犯罪理论在其发展过程中,越来越多地吸收了德、日学说,近年来更是如此。其中,共犯处罚论就是一个引人瞩目的问题。

第四节 共犯处罚论的引入

如前所述，关于共犯的处罚根据问题，最早在苏俄刑法学的框架内，是直接套用犯罪构成要件来解决的；后来采用了德、日共犯教义学中的共犯从属性说与共犯独立性说理论，虽然主张二重性说，但实际上是以从属性说为主。共犯从属性说力图解决共犯的定罪根据问题：只有正犯行为是犯罪构成要件行为。作为非正犯行为的共犯行为为什么具有犯罪性呢？刑法理论上将共犯称为刑罚扩张事由，刑罚为什么会从正犯扩张到共犯？共犯从属性说的答案是：因为共犯对于正犯具有从属性。这种理论，也称为犯罪性的借用说。我国学者指出：犯罪扩张的基础是什么？刑法为何要将对于正犯的处罚规定扩张适用于共犯？回答这些问题，必将探讨立法者创设共犯规定的理论依据，这无疑就是共犯的基础问题。因为它并不是单纯在解释共犯现象，而是要揭示共犯这一社会现象上升为法律制度的根据，它所处理的是共犯的一般观念。同时，它也是解决共犯论诸问题的前提。正确定罪和量刑是共犯论的实际价值。其中正确定罪是共犯论的核心。而在定罪中，重要的问题就是共犯者与非共犯者的区别即可罚性共犯的界限问题。可以说，共犯论的诸问题，如共犯的成立条件、片面共犯、承继共犯、未遂共犯等都是可罚性共犯的界限问题。[1] 从以上论述来看，共犯处罚根据论是共犯的理论基础。它正在取代共犯从属性说与共犯独立性说而成为共犯的中心问题。根据我国学者的介绍，在相当长的一个时期内，日本刑法学共犯论主要是以共犯独立性说与共犯从属性说的对立为中心论点，围绕着教唆未遂是否具有可罚性展开的。直到20世纪70年代末80年代初，随着德国刑法学共犯处罚根据论的传入，日本刑法学者开始考虑为了统一解决上述共犯问题，有必要回到共犯处罚根据上讨论，此后，随着共犯处罚根据论在日本刑法学中的逐步展开，该理论渐渐取得共犯论上的基础理论部分的地位。此后的刑法教科书大都试图在共犯处罚论上构建共犯论。[2] 由此可见，共犯处罚根据论是日本刑法学新近发展起来的共犯理论，

---

[1] 参见刘凌梅：《帮助犯研究》，25～26页，武汉，武汉大学出版社，2003。
[2] 参见杨金彪：《共犯的处罚根据》，12页，北京，中国人民公安大学出版社，2008。

第三章 共同犯罪的学术史

日本学者西田典之对共犯处罚根据论作了以下介绍：共犯规定是处罚扩张事由，那么，为什么应处罚共犯呢？这一般称为共犯的处罚根据论问题，大致可以分为责任共犯论、违法共犯论、因果共犯论这三种学说。

责任共犯论认为，共犯的处罚根据在于使得他人陷入了刑罚与责任之中。也就是，该说从行为人创造出了负有刑事责任的犯罪者这一点中，探求处罚根据，因而称为责任共犯论。

违法共犯论认为，共犯的处罚根据在于使共犯实施了该当于构成要件的违法行为。该论主张，正犯行为只要具有违法性即可，不一定要具有责性，因而称为违法共犯论。

因果共犯论认为之所以应处罚共犯，就在于其与他人所引起的法益侵害之间具有因果性，这又称为惹起说。也就是，所谓共犯，是指以其他犯罪参与者为媒介而间接地实施了法益侵害行为者，为此，遭受侵害的法益必须对共犯本身而言也属于应加以保护的法益。因果共犯论是现在的通说。因果共犯论内部又分为纯粹惹起说与构成要件惹起说这两种学说。纯粹惹起说认为，共犯只要与正犯的违法性结果之间具有因果关系即可。共犯的处罚根据就在于惹起了构成要件违法性，或者说，惹起了由构成要件这一框架所框定的违法性，而并非仅仅只要惹起了法益侵害这一意义上的违法性即可。没有构成要件该当性便没有共犯处罚。确切的表述应该是，某参与者的行为满足了构成要件，这才是共犯的处罚根据。有人主张应称为混合惹起说，为了更符合其实质，本书称为构成要件惹起说。①

从以上论述可以看出，共犯处罚根据论作为一种为共犯处罚提供本质性的根据的理论与共犯从属性说和共犯独立性说之间是存在一定区别的。但不可否认的是，上述两种理论又是存在相通之处的。一般来说，责任共犯论大体上等同于共犯从属形式中的极端从属性说。违法共犯论等同于共犯从属形式中的限制从属性

---

① 参见［日］西田典之：《日本刑法总论》，刘明祥、王昭武译，275 页以下，北京，中国人民大学出版社，2007。

第四节 共犯处罚论的引入

说,而因果共犯论等同于共犯从属形式中的最小从属性说。由此可以看出,共犯处罚根据论是对共犯从属性说的逻辑展开。当然,因果共犯论中的纯粹惹起说主张"没有正犯的共犯",认为教唆未遂具有可罚性,在这一点上又与共犯独立性说存在重合。这里涉及共犯从属性理论,需要加以进一步展开。共犯从属性可分为实行从属性(从属性之有无)与要素从属性(从属性之程度)这两个问题。实行从属性是与共犯独立性说相区分的界限,解决的是是否认同从属性的问题。而要素从属性是一个从属性程度问题,对此我国台湾地区学者陈子平教授指出:在采共犯从属性说之立场,主张共犯之成立以正犯的实行行为(正犯行为)为必要之见解下,该正犯行为以具备犯罪之何种要素为必要,即有关要素从属性之议题,如前所述,向来系以 M. E. 麦耶尔之四种从属形式之分类作为前提而被讨论:(1)以正犯行为该当构成要件为已足之最小从属形式(minimal-akzessorische Form);(2)以正犯行为该当构成要件且违法为必要之限制从属形式(limitiert-akzessorische Form);(3)以正犯行为该当构成要件、违法且有责为必要之极端(严格)从属形式(extrem-akzessorische Form);(4)不仅以正犯行为为该当构成要件、违法且有责为必要,甚至以正犯之可罚性条件、刑的加重减轻事由为必要之夸张从属形式(hyper-akzessorische Form)。……目前以限制从属形式为内容之"限制从属性说"不仅为德国刑法第 26 条所明文规定,亦成为日本之通说。然而,最近多年来,日本已有不少学者对于通说之限制从属性说提出质疑,而逐渐倾向以最小从属形式为内容之最小从属性说立场,甚至采可罚的不法从属性说,亦即主张即便正犯行为不该当构成要件,若属于"可罚的违法行为"即可。[1] 由此可见,德日共犯教义学虽然主张共犯从属性说,但对于从属性程度的要求逐渐减少,至于可罚的不法从属性说,则接近于共犯独立性说。对于共犯处罚根据论与共犯从属性与独立说的关系,我国学者作了以下论述:在要素从属性问题上,

---

[1] 参见陈子平:《论共犯之独立性与从属性》,载陈兴良主编:《刑事法评论》,第 21 卷,23 页,北京,北京大学出版社,2007。

按照责任共犯说→违法共犯论→修正引起说→折中引起说→纯粹引起说的方向，大致可以看出从极端从属性形式（乃至夸张从属性形式）→限制从属性形式→最小从属性形式→共犯独立性方向倾斜的态势。值得指出的是，德国共犯教义学中的纯粹惹起说显示出与共犯独立性亲和的一面，特别是日本刑法教义学中的结果无价值型纯粹惹起说更是如此。①

二、共犯处罚论的适用

无论是共犯从属性与独立性说还是共犯的处罚根据论，都是德日刑法学中的共犯学说，并且与其刑法规定具有一定的相关性。在这种情况下，在我国刑法学中如何采用这些理论呢？关于共犯从属性说与独立性说，如前所述，我国刑法学界提出了二重性说，试图超越从属性说与独立性说。现在我国学者更多地主张共犯从属性说，但如何解释《刑法》第 29 条第 2 款关于教唆未遂的规定，始终是一个难题。至于共犯处罚根据论，我国学者认为，通说的见解基本上坚持了责任共犯说的立场，并提出了我国刑法坚持修正引起说，因为修正引起说是一种主张共犯通过正犯行为共同引起法益侵害结果而受到处理的理论。② 但是，这一观点面临重大的法律障碍。我们可以比较下德、日、中三国刑法关于教唆犯的规定。

《德国刑法典》第 26 条（教唆犯）：故意教唆他人故意实施违法行为的是教唆犯。对教唆犯的处罚与正犯相同。

《日本刑法典》第 61 条（教唆）：教唆他人实行犯罪的，判处正犯的刑罚。教唆教唆犯的，与前项同。

我国《刑法》第 29 条：教唆他人犯罪的，应当按照他在共同犯罪中所起的作用处罚。教唆不满 18 周岁的人犯罪的，应当从重处罚。如果被教唆的人没有

---

① 参见杨金彪：《共犯的处罚根据》，85 页，北京，中国人民公安大学出版社，2008。
② 参见杨金彪：《共犯的处罚根据》，86、94 页，北京，中国人民公安大学出版社，2008。

犯被教唆的罪,对于教唆犯,可以从轻或者减轻处罚。

在上述三国刑法关于教唆犯的规定中,最大的区别就是我国《刑法》第29条第2款对教唆未遂的规定,《日本刑法典》对此没有规定,而《德国刑法典》第30条在未遂犯中规定了共犯的未遂。尤其应当指出的是,德、日刑法典对未遂犯的处罚一般都采法定主义,即法律有规定的才处罚。例如《日本刑法典》第44条规定:"处罚未遂的情形,由各本条规定"。而刑法对教唆未遂未作规定,因而是不可罚的,但对于未遂的教唆则是可罚的。在这种情况下,日本刑法典关于教唆犯的规定就可以理解为只有被教唆的人着手实行犯罪,教唆犯才能成立,从而为实行从属性提供了法律根据,也为共犯的处罚根据论的展开提供了法律空间。当然,德国的情况较为复杂。德国学者认为,《德国刑法典》第30条对数人参与并表明是应处罚的共犯的初始阶段的特定重罪的预备行为作出了例外规定。[1] 但我国《刑法》明文规定处罚教唆未遂,在这种情况下,对于教唆犯的规定:"教唆他人犯罪的"就不能再理解为被教唆的人犯罪才构成教唆犯。把我国《刑法》第29条第1款与第2款分开理解,认为第1款体现了共犯的从属性,第2款体现了共犯的独立性,这正是二重性说的由来,但这种割裂法条之间联系的方法是不可取的。至于主张共犯从属性说的观点,认为可以把《刑法》第29条第2款解释为被教唆的人没有犯被教唆的既遂罪,那么,这种情形是指未遂(预备、中止)的教唆,但这些情形与教唆的未遂是不同的。在论证理解中,论者认为如果不这样解释就会出现处罚不协调现象。例如张明楷教授指出:在现行刑法原则上处罚犯罪预备的情况下,如果认为《刑法》第29条第2款的规定,只适用于教唆者与被教唆者不构成共同犯罪的情形,就会导致处罚的不协调。即如果被教唆者接受教唆后实施预备行为,则对教唆犯适用《刑法》第29条第1款,同时适用《刑法》第22条关于预备犯"可以比照既遂犯从轻、减轻处罚或者免

---

[1] 参见[德]汉斯·海因里希·耶赛克、托马斯·魏根特:《德国刑法教科书》,徐久生译,850~851页,北京,中国法制出版社,2001。

除处罚"的规定;如果被教唆者根本没有实施任何犯罪行为,则对教唆者适用《刑法》第29条第2款,仅"可以从轻或者减轻处罚"[①]。我认为,以上论证是难以成立的。因为在我国《刑法》中,被教唆的人接受教唆后实施预备行为,教唆犯根本不是按照预备犯处罚,而是按照未遂犯处罚。[②] 在这种情况下,教唆犯应当同时引用《刑法》第29条第1款与第23条的规定,因而并不存在刑罚不协调的问题。

在我国共犯教义学中采用共犯从属性说以及共犯处罚论,除法律上的障碍以外,还存在一个重大的理论上的障碍,这就是四要件的犯罪构成体系。在德日共犯教义学中,无论是共犯从属性说还是共犯处罚根据论,都是以三阶层的犯罪论体系为其分析工具与逻辑前提的。正是因为存在着构成要件该当性、违法性与有责性这三个阶层,共犯从属性说才能与之对应地区分出以构成要件该当性为前提的最小限度从属形式,以构成要件该当性、违法性为前提的限制从属形式,以构成要件该当性、违法性与有责性为前提的极端从属形式。同时,也正因为存在着构成要件该当性、违法性与有责性这三个阶层,共犯处罚根据论才能与之对应地区分出以构成要件该当性为前提的因果共犯论,以构成要件该当性、违法性为前提的违法共犯论,以构成要件该当性、违法性与有责性为前提的责任共犯论。而按照我国通行的四要件的犯罪构成体系,由于在四个要件之间不存在逻辑上的位阶关系,因而不存在共犯从属性程度问题,也不存在各种共犯处罚根据论的差别。如果硬要对接,那么只能说,在从属性程度上是采极端从属性说(指《刑法》第29条第1款),在共犯处罚根据上是采责任共犯论(也指《刑法》第29条第1款),但由于《刑法》第29条第2款的存在,又使上述分析变得毫无意义。

[①] 张明楷:《论教唆犯的性质》,载陈兴良主编:《刑事法评论》,第21卷,88页,北京,北京大学出版社,2007。
[②] 参见陈兴良:《共同犯罪论》,395页,北京,中国社会科学出版社,1992。

第四节 共犯处罚论的引入

我国采用四要件的犯罪构成体系使我国吸收德日共犯教义学带来极大的障碍。例如，2002年10月在武汉大学法学院举办的第八次中国刑事法学术研讨会，是以共同犯罪为讨论议题的。我和日本学者高桥则夫教授分别以间接正犯为题目发言。在讨论过程中，高桥则夫提到日本最高法院的以下判例：母亲指示、命令12岁零10个月的长子实施抢劫行为，对此，判决判定既不构成抢劫罪的间接正犯，也不构成抢劫罪的教唆犯，而是构成共同正犯。在本案中，该长子本身具有是非辨别能力，母亲的指示、命令也不足以压制长子的意思，长子是基于自己的意思而决意实施抢劫行为，并且还随机应变地处理问题而最终完成了抢劫。判例正是以此为理由而判定构成共同正犯。① 对于高桥则夫教授所讲的这个判例，我怎么也无法理解。我也讲了一个我国最高人民法院的案例：被告人刘某因与丈夫金某不和，离家出走。一天，其女（时龄12周岁）前来刘某住处，刘某指使其女用家中的鼠药毒杀金某。其女回家后，即将鼠药拌入金某的饭碗中，金某食用后中毒死亡。因其女没有达到刑事责任年龄，对被告人刘某的行为如何定罪处罚，有不同意见：一种意见认为，被告人刘某授意本无犯意的未成年人投毒杀人，是典型的教唆杀人行为，根据《刑法》第29条"教唆不满十八周岁的人犯罪的，应当从重处罚"的规定，对被告人刘某应按教唆犯的有关规定来处罚。另一种意见认为，被告人刘某授意未成年人以投毒的方法杀人，属于故意向他人传授犯罪方法；同时由于被授意人未达到刑事责任年龄，不负刑事责任，因此，对被告人刘某应单独以传授犯罪方法罪论处。最高人民法院审判长会议经讨论认为，本案被告人刘某唆使不满14周岁的人投毒杀人，由于被教唆人不具有刑事责任能力，因此唆使人与被教唆人不能形成共犯关系，被告人刘某非教唆犯，而是"间接正犯"，故对刘某不能直接援引有关教唆犯的条款来处理，而应按其女

---

① 参见 [日] 高桥则夫：《间接正犯》，载马克昌、莫洪宪主编：《中国共同犯罪比较研究》，79～80页，武汉，武汉大学出版社，2003。

实行的故意杀人行为定罪处罚。① 相似的案情，即都是母亲指使 12 周岁的孩子从事犯罪活动，日本法院认定为共同正犯，而我国法院认定为间接正犯，这就是犯罪论体系不同所致。在我国四要件的犯罪构成体系中，被利用者不构成犯罪，无论是何种原因，利用者都成立间接正犯。因为根据四要件的犯罪构成体系，不构成犯罪是无法像三阶层的犯罪论体系那样，进一步地区分因缺乏构成要件该当性而不构成犯罪、因缺乏违法性而不构成犯罪、因缺乏有责性而不构成犯罪。因此，被利用者不构成犯罪的范围较为宽泛，间接正犯的范围也较大。但在三阶层的犯罪论体系中，根据阶层可以区分出共犯从属性程度。因此，根据限制从属性说，教唆不满 14 周岁的人犯罪的，只要不满 14 周岁的人实施了构成要件该当的行为并且具有违法性，则两者之间构成共同正犯，只是对不满 14 周岁的人不处罚而已。如此等等，都与犯罪构成体系有关。

　　关于这个问题，我国学者认为，可以通过对四要件的犯罪构成体系在解释论上予以阶层化的方式加以解决。我国学者指出：从德国当时由极端从属性形式向限制从属性形式缓和的本来道理看，其基本逻辑就在于，当时的教科书通常把犯罪划分为行为侧面和责任侧面。于是，在此背景下，客观违法论虽然以因果的行为论为基础，但是通过这种形式把犯罪划分为客观面和主观面，共犯只是在客观面具有从属性而已，这就是当时限制从属性形式大体的理论基础。如果我国刑法犯罪构成在解释论上能够阶层化、立体化，就有可能使刑法共犯论贯彻这种限制从属性理论。② 我以为，这种愿望是好的。但我国四要件的犯罪构成体系，在四个要件之间只有顺序关系，而没有位阶关系。因为四个要件之间是依存关系，不能想象在没有犯罪故意或者过失的情况下存在犯罪行为，也不能想象在没有犯罪行为的情况下存在犯罪故意或者过失。这种循环论证的逻辑正是四个要件之间一存俱存、一无俱无的关系的真实写照。因此，我认为，只有废弃四要件的犯罪构

---

① 参见最高人民法院：《刑事审判参考》，第 16 辑，74～75 页，北京，法律出版社，2001。
② 参见杨金彪：《共犯的处罚根据》，161～162 页，北京，中国人民公安大学出版社，2008。

成体系，改采三阶层的犯罪论体系，才能为共犯理论的发展提供足够的学术空间。

第五节　共犯教义学的转型

共犯是对应于正犯而言的。如果说，正犯是典型的犯罪类型，那么，共犯就是特殊的犯罪类型。对于犯罪论体系来说，应当不仅能够正确地处理正犯，而且能够正确地处理共犯。当然，共犯具有规范和事实两个层面上的复杂性，由此而成为犯罪论中的所谓绝望之章。本节以共犯为视角，对四要件和三阶层的犯罪论体系在犯罪认定中的方法进行比较，为三阶层理论的司法适用提供参考。

一、四要件的共犯论

四要件的共犯论是建立在四要件的犯罪论体系基础之上的。如果说，三阶层的犯罪论体系具有阶层性，因而三阶层的犯罪论体系可以称为阶层犯罪论，那么建立在阶层犯罪论基础之上的共犯论具有阶层性，可以说是一种阶层的共犯论。四要件的犯罪论体系没有阶层性而具有对合性，因而四要件犯罪论体系可以称为对合犯罪论。建立在对合犯罪论基础之上的共犯论具有对合性，可以说是一种对合的共犯论。

对合犯罪论是苏俄学者创立的一种独特的犯罪论体系，它将犯罪成立条件区分为四个要件，这就是：犯罪客体、犯罪客观方面、犯罪主体、犯罪主观方面。同时，苏俄学者又把这四个要件进一步归纳为犯罪主观要件和犯罪客观要件，并确定了犯罪主观要件和犯罪客观要件之间的对合关系，把主客观相统一确定为犯罪认定原则。苏俄学者把共同犯罪理解为犯罪构成的特殊形式，同样应当根据主客观相统一的原则加以认定。例如，苏俄学者特拉伊宁指出："共同犯罪并不改

变刑事责任的公认的根据，它并没有创造一种新的连带责任；不论是单人的活动或是在共同犯罪时的活动，刑事责任都是以具备两个永远同样必要的构成要素——罪过和因果关系——为前提的。共同犯罪只是创造了责任的特殊形式。因为它是活动——几个人实施同一个犯罪的活动——的特别危险的形式。因此，共同犯罪可以一般地确定为：几个人共同参加实施同一个犯罪，其中每个人都应当和犯罪的结果有因果联系和罪过联系。"① 在此，特拉伊宁对共同犯罪的犯罪构成进行了论述，强调了客观上的因果关系和主观上的罪过对于确定共同犯罪的刑事责任的重要性。因此，特拉伊宁是从犯罪成立的意义上讨论共同犯罪的，这是以主客观要件为中心的整体性的分析方法，并且从帝俄到苏俄，再到当代俄罗斯一脉相承。② 这种整体分析方法，造就了四要件犯罪论体系的对合性特征，并区分于三阶层犯罪论体系的阶层性。在共犯论中，突出的表现就在于不像阶层犯罪论那样，为共犯理论提供构成要件、违法性和有责性这样广阔的理论生存空间，并形成不同学说的争论。在对合犯罪论中的共犯论，其存在空间是极其狭窄的，只能是构成与不构成的区分，根本就不存在各种共犯理论的生存空间。在上述特拉伊宁对苏俄刑法中的共犯的论述中，就明确指出共犯的刑事责任根据是客观上的因果关系和主观上的罪过。只不过在共犯中，因果关系和罪过具有不同于单独犯罪的特点而已。例如苏俄学者在论述共犯的因果关系时指出："共犯中各人对犯罪实行之影响，永远要透过犯罪执行者之自觉活动。各个共犯个别活动之总合，仅只为执行者创造了实行犯罪的真实可能性。这种真实可能性只有在犯罪执行者自觉行动之下，才能成为犯罪的真实完成。共犯中各个人之行为者犯罪实行间之因果必然关系，乃由此而成立。"③在此，苏俄学者论述的是共犯与正犯之间的关系，采用的是因果关系等适用于单独犯罪的论证方法，并没有涉及共犯对于

---

① ［苏］A. H. 特拉伊宁：《犯罪构成的一般学说》，王作富等译，237 页，北京，中国人民大学出版社，1958。

② 参见庞冬梅：《俄罗斯犯罪构成理论研究》，498 页，北京，中国人民大学出版社，2013。

③ ［苏］孟沙金主编：《苏联刑法总论》，下，彭仲文译，442 页，上海，大东书局，1950。

第五节 共犯教义学的转型

正犯的从属性等具有共犯特殊性的分析方法。

在苏俄刑法学界曾经讨论过正犯与共犯的关系,主要是共犯从属性理论,但最终受到批判。苏俄学者对这段历史作了回顾,指出:在20世纪20年代,许多著作对共同犯罪问题的研究,都是从刑事古典学派关于共同犯罪的附属理论的观点出发的。共同犯罪的附属理论,在20世纪30年代中期曾经受到批判。苏俄学者沃尔科夫写道:"共同犯罪的附属理论,因其在方法论上有毛病,不合逻辑,形式主义,而且也不实用,所以是经不起批评的……根据这种理论,一切共犯都可分为'主犯'和'从犯';而且,他们归入哪一类,并不取决于共犯具体形式的意义,而是取决于预先规定的、说明共犯行为的形式上的特征。"目前,还在拥护共同犯罪的附属理论的是苏俄学者科瓦廖夫。在一部著作中,科瓦廖夫写道:"多年来,在刑法书刊中,给这一理论妄加了大量的根本不是它的缺点,而且否认了它无疑所具有的优点。它的无可争辩的优点就是含义确切和结构合理。"但是,绝大多数苏维埃学者并不赞同科瓦廖夫的观点。① 在以上论述中,所谓共同犯罪的附属理论就是共犯从属性理论。而提及的主犯与从犯应当是指正犯与共犯,这是翻译上的原因所造成的。苏俄学者否定了共犯对于正犯的从属性,在这种情况下,苏俄共犯教义学对于共犯自然就偏向于独立性说。同时,苏俄学者还面临着如何论证狭义上的共犯的处罚根据问题。值得注意的是,苏俄学者在对共同犯罪的客观方面的论述中,强调共犯行为对于正犯的因果关系,指出:"从客观方面来讲,为使每一共犯者负刑事责任,必须确定在该共犯者的行为与执行犯所实施的犯罪之间,有着因果关系。只有具备这一条件,才能说教唆犯或帮助犯是促进了犯罪的实施"②。就此而言,苏俄学者的观点类似于德日刑法教义学中的因果共犯论,即从共犯与正犯之间的因果关系上寻找共犯的处罚根据。但在四

---

① 参见[苏]皮昂特科夫斯基等:《苏联刑法科学史》,曹子丹等译,85页,北京,法律出版社,1984。
② [苏]契科瓦则主编:《苏维埃刑法总则》,中,中央人民政府法制委员会翻译室、中国人民大学刑法教研室译,209~210页,北京,中国人民大学出版社,1954。

要件犯罪论的主客观对合的框架下，难以形成与不法共犯论、责任共犯论的争论。同时，苏俄学者在否定共犯从属性的前提下讨论共犯与正犯之间的因果关系，以共犯促进了正犯行为的实施作为共犯的处罚根据，又与德日共犯教义学中坚持共犯违法的独立性的纯粹惹起说较为接近。

应当指出，苏俄刑法中的共犯论之所以否定正犯对于共犯的从属性，除和对合犯罪论具有关联以外，还与《苏俄刑法典》关于共犯的规定存在一定的联系。《苏俄刑法典》第17条指出："二人以上故意共同参加实施某项犯罪，是共同犯罪。组织犯、教唆犯和帮助犯，与实行犯一样都是共犯。"根据这一规定，在《苏俄刑法典》中，共犯与正犯具有相同的性质，都是参与犯罪实施者，在此基础上建构的共同犯罪理论，就没有必要再论及共犯对正犯的从属性问题。

我国刑法承继了《苏俄刑法典》关于共同犯罪的规定，同时又体现了我国的特色。我国1979年《刑法》第22条第1款对共同犯罪作了定义式的规定："共同犯罪是指二人以上共同故意犯罪。"这个共同犯罪的概念和《苏俄刑法典》中的共同犯罪概念相比，《苏俄刑法典》中的共同犯罪概念中规定了实行犯、组织犯、教唆犯和帮助犯，因而在逻辑上涵括了正犯和共犯。而我国刑法的共同犯罪概念中，却没有涉及正犯与共犯，因此，我国刑法中的共同犯罪是一个正犯与共犯的上位概念。在这种情况下，我国刑法对正犯与共犯的区分是不明确的，由此带来共犯论建构上的法律障碍。

在我国早期的刑法教科书中，对于共同犯罪的理论论述就是以二人以上共同故意犯罪为出发点的，并以对合犯罪论为根据而展开。例如我国刑法教科书认为，共同犯罪具有三个特征：（1）从主体来看，必须是二个或者二个以上具有责任能力的自然人。（2）从犯罪的客观要件来看，各个共同犯罪人必须有共同犯罪的行为（作为或不作为）。（3）从犯罪的主观要件来看，各个共同犯罪人都认识到自己不是孤立地实施某一犯罪行为，而是同其他人共同实施这一犯罪行为。综上所述，构成共同犯罪，必须是犯罪的客观要件和主观要件的统一。这就是说，

实施犯罪的大多数人不仅在客观上必须有共同的行为，在主观上还要有共同的故意，两个方面缺一不可。否则，就不能构成共同犯罪。① 即使是犯罪构成理论专著，在论述共同犯罪的犯罪构成的时候，也是从犯罪构成的四要件出发，认为构成共同犯罪必须具备以下条件：（1）共同犯罪的客体；（2）共同犯罪的客观要件；（3）共同犯罪的主体；（4）共同犯罪的主观要件。② 在这种情况下，我国刑法中的共犯论完全丧失了理论发展的空间，沦为对合犯罪论的附庸。

二、三阶层的共犯论

大陆法系的共犯理论具有两个源头，这就是罗马法的主观主义共犯理论和日耳曼法的客观主义共犯理论。对此，我国民国时期著名比较法学家徐朝阳曾经做过论述，指出：主观主义共犯理论代表罗马法系的精神，认为正犯和共犯的犯罪故意，实属一致，刑事责任自应之相等；所以主观说否定从属性的存在，因为无论为正犯、教唆犯或从犯，莫非犯人固有意思之表现，既是犯人固有的意思，为其独立犯罪，而非从属他人犯罪，极为明显。③ 因此，主观主义共犯理论虽然区分正犯与共犯，但对其采取同一处罚原则，因而使正犯与共犯区分的意义大为降低。而客观主义共犯理论源自日耳曼法系的《加洛林纳刑法典》第177条，该条规定："明知系犯罪行为，而帮助犯罪行为者，则无论用何种方式，均应受刑事处分，其处分按行为者之刑而减轻之。"之所以对从犯，即帮助犯采用减轻处罚原则，正是客观主义必然之结果，因为从犯的行为对于犯罪结果的效力不大，其责任自然也随之减轻。④ 以上主观主义共犯理论和客观主义共犯理论分别成为单一制和区分制的渊源。主观主义是建立在条件说基础之上的。条件说，又称全条

---

① 参见杨春洗等主编：《刑法总论》，195~196页，北京，北京大学出版社，1981。
② 参见樊凤林主编：《犯罪构成论》，259页以下，北京，法律出版社，1987。
③ 参见徐朝阳：《比较刑法纲要》，126页，北京，商务印书馆，2014。
④ 参见陈兴良：《共同犯罪论》，2版，126页，北京，中国人民大学出版社，2006。

件同价说，或者条件与原因等同说，它认为条件即原因，而所有条件对结果的作用力相等。以此为基础的主观主义共犯理论认为，无论是正犯还是共犯都对结果具有相同的贡献，因而应当同等处罚，在此基础上形成最初的单一制。例如，李斯特指出："从原因的概念中可以得出结论认为，每个与行为结果的产生有关联者，均是行为结果的造成者。因此，立法者可以从中得出结论，每个原因人，只要他实施了违法的和有责的行为，均可视为正犯，且因此得为实现构成要件承担责任。"日本学者高桥则夫把统一正犯概念这一单一制的核心概念的历史追溯到李斯特，认为李斯特关于统一正犯概念的思想包含了以下三个观点：第一，通过对产生的结果设定条件而参与了结果的惹起的人，就是惹起了结果的人。第二，结果的所有条件都具有同等价值，在参与了结果的惹起的各人之间不存在概念性区别。第三，其不同的刑罚仅仅在同一法定刑内部才具有正当性。① 但在大陆法系刑法中，对于共犯的立法并没有采用单一制而是采用了区分制。对此，李斯特指出，只有《挪威刑法典》采用单一制，而《德国刑法典》则采用了区分制：对各种促使结果发生的行为作出不同的刑法评价，主要区分正犯与共犯，在不同法律评价的基础上严格区分概念上的不同，即正犯为一方面，教唆犯和帮助犯为另一方面。在正犯和共犯的相互关系上，法律更强调前者：共犯的可罚性取决于存在实现全部犯罪特征的"主行为"（Haupttat），共犯因而只能因正犯的符合构成要件的、违法的和有责的行为，在法律评价上只起到参与的作用。② 此后，大多数大陆法系国家刑法都采用区分制。建立在区分制基础上的共犯理论属于主流学说，当然，单一制的共犯理论亦占据一定的地位。在阶层犯罪论产生以后，共犯理论就与阶层理论之间发生了密切的联系。可以说，共犯理论是在阶层犯罪论的体系中获得生长空间的。在此，我从三个面向对共犯理论与阶层理论的关联性进

---

① 参见［日］高桥则夫：《共犯体系和共犯理论》，冯军、毛乃纯译，8页，北京，中国人民大学出版社，2010。

② 参见［德］李斯特：《德国刑法教科书》，修订译本，徐久生译，352页，北京，法律出版社，2006。

行讨论。

（一）限制正犯论与扩张正犯论

从阶层的犯罪论体系出发，正犯与共犯的区分完全是一个构成要件的问题。因此，德国学者指出，"共犯理论（Teilnahmelehre）是构成要件理论的一部分"[1]。这里涉及对构成要件的理解，即构成要件只是包括正犯行为，还是也包括教唆和帮助等共犯行为？对此的不同回答形成限制正犯论和扩张正犯论这两种不同的观点，并且深刻影响了共犯理论。

限制正犯论认为，构成要件只包括正犯行为而不包括共犯行为，由此区分正犯与共犯。可以说，正犯与共犯是构成要件内外的区分，这种区分是以构成要件为中心轴而展开的。因此，正犯与共犯的区分是以限制的正犯概念为逻辑基础的，由此推导出的命题是：刑法分则是以规定正犯的实行行为为标本的。基于这个逻辑，首先就应当区分总则性的任意共犯和分则性的必要共犯。必要共犯是刑法分则规定的，因而各犯罪人的行为均符合构成要件，例如聚合犯和对合犯等犯罪类型，其定罪根据在于刑法分则的规定，而无须适用刑法总则关于共犯的规定。因此，分则性的必要共犯属于广义共犯，严格来说不是共犯理论的内容。总则性的任意共犯属于狭义共犯，只有狭义共犯才是共犯理论需要研究的，而这种研究的必要性在于：狭义共犯的定罪根据何在？

围绕着狭义共犯的定罪根据问题，限制正犯论认为，教唆和帮助等共犯行为不是刑法分则规定的构成要件行为，因而不能从构成要件中寻找定罪根据。例如，德国学者贝林在严格意义上区分正犯与狭义共犯，这里所谓狭义共犯就是指教唆犯和帮助犯。贝林指出："所以法定构成要件局限于实施符合法定构成要件行为的人，所以就要求法律特别规定'教唆'和'帮助'的概念。"[2] 贝林在这

---

[1] ［德］汉斯·海因里希·耶赛克、托马斯·魏根特：《德国刑法教科书》，下，徐久生译，868 页，北京，中国法制出版社，2017。

[2] ［德］贝林：《构成要件理论》，王安异译，174 页，北京，中国人民公安大学出版社，2006。

第三章 共同犯罪的学术史

里所说的"实施符合法定构成要件行为的人"就是正犯，正犯是由刑法分则规定的。教唆犯和帮助犯并不是刑法分则规定的，而是如同贝林所说，它是"法律特别规定"的，这里的法律是指刑法总则。日本学者小野清一郎在评论贝林的共犯概念时，曾经将其分为早期和晚期两个时期。早期的贝林把构成要件当成不法行为类型来把握，因而对共犯形式的认定不免或宽或严。他一方面认为共犯是"构成要件的核心"，另一方面却又认为它是构成要件的"外围"。实现构成要件核心的行为即实行行为，但预备行为、事后行为、协助行为等在广义上也属于构成要件类型的行为。在这种观点里，共同正犯最终也是实现构成要件核心的，而教唆犯及帮助犯（狭义的共犯）虽不能说是"直接地"符合构成要件，但可以承认它们具有"修正后"的相符性。① 只是到了晚年，贝林才明确地以是否符合构成要件为标准区分正犯与共犯。值得注意的是，贝林在此提及修正的构成要件的概念，表现了一种欲将构成要件贯穿于共犯的意图。

日本学者小野清一郎接受了贝林关于修正的构成要件的概念，指出："共犯也和未遂犯一样，是构成要件的修正形式。共犯的各种问题全部都应当从这一构成要件修正形式的角度去思考和解决。"② 修正的构成要件概念，是以共犯定罪亦应符合构成要件为前提的，但共犯毕竟不同于正犯。正犯是本来就符合构成要件的，共犯则需要经过修正以后才符合构成要件。那么，如何理解这里的"修正"呢？小野清一郎指出："对犯罪来说，仍以满足构成要件的行为为必要。在这个意义上，我才把未遂犯和共犯的规定视为构成要件本身的修正。它们不是在'修正'构成要件相符性时，而是在'修正了的构成要件'的'充分满足'时成

---

① 参见［日］小野清一郎：《犯罪构成要件理论》，王泰译，156～157页，北京，中国人民公安大学出版社，2004。
② ［日］小野清一郎：《犯罪构成要件理论》，王泰译，144页，北京，中国人民公安大学出版社，2004。

立犯罪。"① 这段话显得有些晦涩，例如，修正构成要件相符性和修正了的构成要件的充分满足之间，到底有何区分？根据笔者的理解，修正的构成要件是区别于正犯所具有的基本构成要件的，它以基本构成要件为基础，添加某些要素，由此形成共犯的修正了的构成要件。因此，修正的构成要件并没有改变构成要件本身，它还是以区分正犯与共犯为前提而展开的。

修正的构成要件理论，涉及共犯的体系地位问题。例如，共犯论究竟是在构成要件范围内加以讨论，还是作为犯罪特殊类型加以确定？对此，某些学者将共犯纳入构成要件论。例如日本学者大塚仁将构成要件分为基本的构成要件和被修正的构成要件，指出："在刑法各本条和各种刑罚法规中，被具体规定着的构成要件称为基本的构成要件。相对于此，被修正的构成要件，特别是指未遂犯和共犯的构成要件。基本的构成要件大体上是关于既遂犯而且是单独犯的。关于未遂犯和共犯，是以基本的构成要件为前提，按行为的发展阶段或者复数行为人的参与形态，在总则中设立应该修正的一般规定，由这些规定，对基本的构成要件进行了修正，成为各犯罪的未遂犯和共犯的构成要件。"② 将共犯置身于构成要件论，在很大程度上限制了共犯理论的展开，不利于共犯理论的发展。在这个意义上，将共犯确定为犯罪特殊形态较好。例如，德国学者也提出了正犯与共犯理论的体系地位问题，主张共犯理论（Teilnahmelehre）是构成要件理论的一部分，在肯定正犯是自己实施构成要件该当的行为或通过他人实施构成要件该当的行为或作为共同正犯参与此等构成要件该当行为的同时，认为教唆犯和帮助犯则处于构成要件之外，它们的可罚性的前提条件，部分产生于相关之构成要件，其次产

---

① ［日］小野清一郎：《犯罪构成要件理论》，王泰译，158页，北京，中国人民公安大学出版社，2004。
② ［日］大塚仁：《刑法概说（总论）》，3版，冯军译，132页，北京，中国人民大学出版社，2003。

生于与分则中的构成要件有关的总则中的补充规定。① 在这种情况下，德国学者在刑法教科书中仍然将共犯作为犯罪特殊形态加以讨论。由此可见，对于共犯理论的体系地位存在不同处理方式。我倾向于将共犯理论从构成要件中独立出来，确定为犯罪特殊形态，在此基础上充分展开对共犯的研究。

不同于限制正犯论肯定正犯与共犯之间的区分，扩张正犯论则否定正犯与共犯之间的区分，直接将共犯等同于正犯。如前所述，贝林在其早期认为共犯在广义上也是属于构成要件类型的行为。在此基础上，迈耶扩张了构成要件相符性，认为凡是对构成要件的实现给予了因果条件者，全部是实行，都应当是正犯。正如小野清一郎指出，这是把贝林早期的比较含混的类型性构成要件概念再用条件说的因果关系概念进一步加以扩张的结果。按照这种观点，教唆犯、帮助犯也都应当是正犯。因此，麦兹格给正犯下的定义是："所谓正犯，就是用自己的行为赋予构成要件的实现以原因者，不管他的行为是解释还是帮助。"② 扩张正犯论和限制正犯论都认为共犯符合构成要件，但扩张正犯论认为共犯符合的是正犯的构成要件，而限制正犯论认为共犯并不符合正犯的构成要件，它所符合的是修正的构成要件。因此，扩张正犯论和限制正犯论在对构成要件的解释上是完全不同的。在这个意义上说，正犯与共犯理论本身就是一种构成要件理论。

（二）共犯处罚根据论

在共犯理论中，核心问题是处罚根据问题。共犯处罚根据理论从立法论和解释论两个方面展开③，其中立法论提供了共犯处罚的规范根据，解释论则为共犯处罚提供教义学根据。共犯并不符合刑法分则规定的构成要件，因此它的处罚根据在于刑法总则的规定。在这个意义上说，只要刑法总则对共犯处罚进行了规

---

① 参见［德］汉斯·海因里希·耶赛克、托马斯·魏根特：《德国刑法教科书》，下，徐久生译，869页，北京，中国法制出版社，2017。

② ［日］小野清一郎：《犯罪构成要件理论》，王泰译，158~159页，北京，中国人民公安大学出版社，2004。

③ 参见刘斯凡：《共犯界限论》，23页以下，北京，中国人民公安大学出版社，2011。

第五节　共犯教义学的转型

定，那么，处罚共犯就具有规范根据。相对于共犯处罚根据的立法论而言，解释论是极为复杂的，它是在立法论的前提下，进一步为共犯处罚提供法教义学的理论根据。因此，在共犯理论中真正需要研究的是共犯处罚的解释论根据。共犯处罚根据论是在三阶层的框架内展开的，因而它必然以阶层的犯罪论体系为基础。

按照阶层顺序，共犯处罚根据可以分为因果共犯论、违法共犯论和责任共犯论。其中，因果共犯论对应于构成要件阶层，违法共犯论对应于违法性阶层，责任共犯论对应于有责性阶层。尽管从阶层顺序来说，是从因果共犯论、违法共犯论到责任共犯论，但由理论演变的顺序来说，从责任共犯论、违法共犯论到因果共犯论的顺序进行论述，是更为顺畅的。

责任共犯论是较为古老的理论，这种共犯理论认为共犯的处罚根据就在于使正犯堕落，陷入罪责。因此，责任共犯论是从责任要件上，将共犯与正犯相连接。反而言之，如果没有使正犯陷入罪责，则共犯就不能成立。因此，从共犯从属性上来说，这是一种极端的从属形式，它对于限制共犯的范围具有一定的意义。然而，责任共犯论将共犯的处罚根据归之于责任，而没有从构成要件角度揭示共犯与正犯的关联性，因而不能正确地揭示共犯的处罚根据。德国学者指出，责任共犯论现今已经站不住脚了，因为它与《德国刑法典》第 29 条相抵触。[①]那么，《德国刑法典》第 29 条是如何规定的呢？《德国刑法典》是对参与者之独立可罚性的规定："各参与者依其罪责而受处分，无关其他参与者的罪责。"该条揭示了"限制从属性原则"。共同正犯、教唆犯或帮助犯，参与他人"故意之违法行为"，即可处罚，与罪责无关。[②]因此，《德国刑法典》对共犯之于正犯的关系采用的是限制从属性说，换言之，即使未使正犯达到具有责任的程度，共犯同样具有可罚性。由此，责任共犯论就在德国丧失了规范依据而难以成立。另外，

---

① 参见［德］汉斯·海因里希·耶赛克、托马斯·魏根特：《德国刑法教科书》，下，徐久生译，929 页，北京，中国法制出版社，2017。
② 参见林东茂主编：《德国刑法翻译与解析》，34 页，台北，五南图书出版公司，2018。

责任共犯论采用了诱使正犯堕落这样充满伦理色彩的用语，表明其是道义刑法观的产物，而与现代法益刑法观格格不入。

违法共犯论是以违法性为基础的一种共犯处罚根据论，它认为共犯的处罚根据在于促使正犯实施符合构成要件并且违法的行为。正是从违法性的意义上，共犯获得了实质性的处罚根据。相对于责任共犯论而言，违法共犯论并不是从正犯的责任而是从正犯的违法性中寻求共犯的处罚根据。因此，在违法共犯论的语境中，共犯成立范围要大于责任共犯论的。违法共犯论是建立在德国学者韦尔策尔的人的不法概念之上的，根据韦尔策尔的观点，不法并不仅仅是指客观的法益侵害结果，而且包含了行为人的主观故意。在此，存在从客观违法论到主观违法论的转变。基于目的行为论，韦尔策尔提出了包含主观故意的人的不法概念。将这种人的不法概念贯彻于共犯的处罚根据，就会自然地推导出违法共犯论。韦尔策尔指出："对于不同的参与者来说，同一个行为事件的不法可能会具有不同的严重性。某个公职人员在行使职务的过程中，伙同一名非公职人员实施身体伤害，对于公职人员来说，该行为的可罚性（《刑法》第340条）是高于非工作人员的（《刑法》第223条）；《刑法》第50条第2款所规定的重要规则，是以人的不法思想为基础的。甚至，同一个行为事件可能对于一名参与者来说是正当的，而对于另一名参与者来说则是违法的：通过将他人的合法行为作为工具而实施的间接正犯行为具有违法性。"① 因此，共犯是在违法层面从正犯获得处罚根据的，即共犯的处罚根据在于诱发和促使正犯实施了违法行为。如同责任共犯论将共犯的处罚根据归之于正犯的责任，违法共犯论则将共犯的处罚根据归之于正犯的违法性。因而日本学者指出，"违法共犯论在使正犯实施了违法行为本身发现共犯独立的犯罪内容，可以说是责任共犯论的违法版"②。在这个意义上说，违法共犯

---

① ［德］汉斯·韦尔策尔：《目的行为论导论：刑法理论的新图景》，陈璇译，40页，北京，中国人民大学出版社，2015。
② 转引自杨金彪：《共犯的处罚根据》，50页，北京，中国人民公安大学出版社，2008。

第五节 共犯教义学的转型

论与责任共犯论具有相同的逻辑。

因果共犯论是一种在构成要件阶层的因果关系上论证共犯处罚根据的理论，它是以因果行为论为基础的。因果共犯论也称为惹起说或者引起说，其基本原理在于共犯行为与正犯所造成的构成要件结果具有因果性。对于因果共犯论，日本学者山口厚指出："共犯的处罚根据在于，共犯行为引起了构成要件的结果。也就是说，就间接惹起类型的教唆、帮助而言，必要的是介入正犯行为而引起了构成要件结果，必须要肯定教唆、帮助行为与构成要件该当事实（构成要件结果）之间具有因果关系。而且，即便是属于共同惹起类型的共同正犯，自身的因果作用和介入了其他共同者行为的因果作用互相结合，就要求共同正犯行为与构成要件该当事实（构成要件结果）之间存在因果关系。"① 就此而言，共犯的因果关系并不只是一个共犯的构成要件问题，更为重要的是一个处罚根据问题。显然，狭义共犯，即教唆犯和帮助犯的因果性和共同正犯的因果性又是存在区分的：狭义共犯又被称为纵的共犯，其共犯行为具有加功于正犯的性质，因此在确认正犯对于构成要件结果具有独立的因果关系的前提下，需要二次性地考察教唆犯、帮助犯对于正犯行为的因果性，这是一种因果链条的延长。一般认为，教唆犯惹起被教唆人的行为，因而两者之间具有因果关系，由此形成二重的因果关系。而帮助行为是在他人实施构成要件行为的前后过程中予以心理和物质上的帮助，虽然帮助行为不像教唆行为那样直接引发正犯行为，但通过介入正犯行为而与构成要件结果之间建立起因果关系。

因果共犯论在构成要件阶层解决共犯的处罚根据，相对于违法共犯论和责任共犯论，共犯对正犯的从属性程度降低。在因果共犯论中，存在纯粹惹起说、修正惹起说和折中惹起说这三种学说的争论。② 争论的焦点在于：共犯是否具有独立于正犯的违法性？纯粹惹起说认为共犯具有独立于正犯的违法性，从违法的独

---

① ［日］山口厚：《刑法总论》，3 版，付立庆译，317 页，北京，中国人民大学出版社，2018。
② 参见杨金彪：《共犯处罚根据论》，51 页以下，北京，中国人民公安大学出版社，2008。

立性得出共犯的独立性的结论。因此，纯粹惹起说认为共犯行为本身就是构成要件行为，可以独立于正犯行为而成为共犯的处罚根据。修正惹起说则认为共犯不具有独立于正犯的违法性，共犯对于正犯的违法性具有从属性。共犯行为并不是构成要件行为，它通过正犯实施实行行为，参与引起法益侵害结果。因此，修正惹起说的惹起只是一种间接的惹起，具有对正犯行为的依附性。折中惹起说认为，共犯的处罚根据在于透过正犯间接侵害构成要件所保护的法益。折中惹起说认为共犯既具有独立的违法，又具有从属于正犯的违法，因而该说具有纯粹惹起说和修正惹起说的折中的性质。以上因果共犯论中三种观点的分歧源于违法的相对性和违法的连带性之争。违法的相对性认为在正犯与共犯的关系中，犯罪参与人的违法性随着法益侵害的有无和保护法益的范围而有所不同。因此，正犯和共犯的违法性各自具有独立的违法性。违法相对性被纯粹惹起说所主张，从违法的相对性必然推导出承认没有正犯的共犯和没有共犯的正犯的结论。所谓没有正犯的共犯，是指在正犯不具有构成要件违法性的情况下，共犯因具有独立的违法性仍然可以成立。而所谓没有共犯的正犯，是指尽管正犯具有构成要件的违法性，共犯因不具有违法性而不能成立。违法的连带性认为在正犯与共犯关系中，只有正犯才具有违法性，而共犯的违法性来自正犯，这就是所谓违法的连带性。违法的连带性被修正的惹起说所主张，从违法的连带性必然推导出否定没有正犯的共犯和没有共犯的正犯的结论。而折中惹起说处于纯粹惹起说和修正惹起说中间的位置，部分否定、部分肯定违法性的相对性和连带性，因而一方面否定没有正犯的共犯，另一方面肯定没有共犯的正犯。

（三）共犯的从属性及其程度

在共犯教义学中，共犯的从属性及其程度也是一个重要问题。共犯的从属性说和独立性说，是关于共犯与正犯之间关系的两种不同理论。从德日共犯教义学的演进来看，共犯独立性说越来越受到批判而边缘化，而共犯从属性说则成为通说。当然，在从属性程度上存在不同的主张。共犯对于正犯的从属性是以违法的连带性为前提的，即建立在没有正犯就没有共犯的基础之上。关于共犯从属性形

式，根据德国学者的观点，可以分为四种从属程度，这就是最小从属性、限制从属性、极端从属性和夸张从属性。

共犯从属性是指对于正犯的从属性，在阶层犯罪论中，正犯的成立条件可以分为构成要件、违法性和有责性这三个阶层，由此就可以将共犯对于正犯的从属性区分为三种程度：只要正犯具有构成要件，共犯就可以成立的，是最小限度的从属程度；只要正犯具有构成要件和违法性，共犯就可以成立的，是限制从属程度；只有正犯具有构成要件、违法性和有责性，共犯才能成立的，是极端从属程度；不仅只有正犯具有构成要件、违法性和有责性，共犯才能成立，而且正犯因身份而发生的加重或者减轻事由的效力也及于共犯的，是夸张从属程度。[①] 目前，各国刑法以采用限制从属形式为主流。

在德日刑法教义学中，共犯论是最为复杂的理论领域，也是各种学说争论最为激烈的学说阵地。应该说，共犯论的这种复杂性在很大程度上来自阶层犯罪论。阶层犯罪论犹如搭建了一个逻辑框架，而围绕着正犯与共犯展开的理论就是生长在其中的学术花朵。

三、共犯理论的阶层构造

在我国刑法学界，最早试图采用德日刑法教义学中的共犯理论阐述我国刑法中的共同犯罪立法的是我国学者伍柳村。我国1979年《刑法》第26条第2款规定："被教唆的人没有犯所教唆的罪，对于教唆犯，可以从轻或者减轻处罚。"在此，立法涉及教唆犯与被教唆者的关系，实际上就是共犯与正犯的关系。如果不能从共犯与正犯的关系着手，就不可能对我国刑法的上述规定作出科学合理的论述。伍柳村教授明确提出了教唆犯的二重性命题，这里的二重性是指从属性和独立性相统一的二重性。伍柳村认为我国1979年《刑法》第26条第1款关于对于

---

① 参见郑泽善：《共犯论争议问题研究》，16页以下，北京，中国书籍出版社，2019。

教唆犯应当按照他在共同犯罪中所起的作用处罚的规定,是教唆犯的从属性的体现;而第 26 条第 2 款关于被教唆人没有犯所教唆的罪,对教唆犯应当从轻或者减轻处罚的规定,则体现了相对独立性。[①] 我国学者马克昌在介绍犯罪从属性说和独立性说的基础上,对我国刑法中的教唆犯性质也确定为从属性和独立性的统一,只不过马克昌教授认为我国 1979 年《刑法》第 26 条第 1 款规定表明,教唆犯既具有从属性又具有独立性,而第 26 条第 2 款规定则只有独立性没有从属性。[②] 我国学者提出的共犯二重性说,区别于德日刑法教义学中的从属性说和独立性说。但由于不是在阶层犯罪论的语境下讨论共犯性质问题,因而难以完全接纳德日刑法教义学中的共犯论。

我在共同犯罪研究中,采用了德日刑法教义学的主要概念,例如共同正犯、间接正犯以及主要共犯理论,例如行为共同说与犯罪共同说、共犯从属性说与共犯独立性说等。然而,如果局限于对合犯罪论,则会发生与阶层共犯论的抵牾。例如,我在我国刑法学界引入了间接正犯的概念,用来分析教唆没有刑事责任能力人犯罪的案件处理问题。对于此类案件,我国早期司法实践中往往认定为教唆犯。但教唆犯是以被教唆人具有刑事责任能力为前提的,如果被教唆人缺乏刑事责任能力,则教唆者不能以教唆犯论处,而应当以间接正犯追究刑事责任。因此,我将间接正犯界定为:把一定的人作为中介实施其犯罪行为,其所利用的中介由于其具有某些情节而不负刑事责任或不发生共犯关系,间接正犯对于其通过中介所实施的犯罪行为完全承担刑事责任。这种实施犯罪行为的间接性和承担刑事责任的直接性的统一就是间接正犯。[③] 我把间接正犯分为四种:(1)教唆未达到刑事责任年龄的人实施犯罪行为;(2)教唆精神病人实施犯罪行为;(3)利用他人的过失实施犯罪行为;(4)利用他人的意外事件实施犯罪行为。间接正犯是

---

① 参见伍柳村:《试论教唆犯的二重性》,载《法学研究》,1982(1)。
② 参见马克昌:《论教唆犯》,载《法律学习与研究》,1987(5)。
③ 参见陈兴良:《论我国刑法中的间接正犯》,载《法学研究》,1985(1)。

第五节 共犯教义学的转型

共犯从属性说的产物,如果根据共犯独立性说,例如纯粹惹起说,肯定没有正犯的共犯,因而间接正犯是作为共犯处理的。而根据共犯从属性说,否定没有正犯的共犯,因而共犯的成立应当以正犯存在为前提。在极端从属性程度的情况下,此说当然没有问题。但如果是主张限制从属形式或者最小从属形式,则教唆没有达到刑事责任年龄的人犯罪,因为没有正犯,所以就不能追究刑事责任。为弥补这一漏洞,间接正犯的概念被提出,并将其解读为正犯,从而获得处罚的规范根据。

我国刑法并没有规定间接正犯,但间接正犯概念同样可以适用于我国,我国司法机关接受了间接正犯的概念,并在司法实践中加以运用。例如被告人刘某因与丈夫金某不和,离家出走。一天,其女(时龄12周岁)前来刘某住处,刘某指使其女用家中的鼠药毒杀金某。其女回家后,即将鼠药拌入金某的饭碗中,金某食用后中毒死亡。因其女没有达到刑事责任年龄,对被告人刘某的行为如何定罪处罚,存在不同意见:第一种意见认为,被告人刘某授意本无犯意的未成年人投毒杀人,是典型的教唆杀人行为,根据《刑法》第29条"教唆不满十八周岁的人犯罪的,应当从重处罚"的规定,对被告人刘某应按教唆犯的有关规定来处理;第二种意见认为,被告人刘某授意未成年人以投毒的方法杀人,属于故意向他人传授犯罪方法,同时,由于被授意人未达到刑事责任年龄,不负刑事责任,因此对被告人刘某应单独以传播犯罪方法罪论处。[①] 这个案例由于属于审判工作中遇见的典型问题,因而在审判长会议上进行了讨论。经过讨论以后,得出的结论认为:构成教唆犯必然要求教唆人和被教唆的人都达到一定的刑事责任年龄、具备刑事责任能力。达到一定的刑事责任年龄、具备刑事责任能力的人,指使、利用未达到刑事责任年龄的人(如本案刘某的女儿)或精神病人实施某种犯罪行为,是不符合共同犯罪的特征的。因为在这种情况下,就指使者而言,实质上是

---

① 参见最高人民法院刑一庭、刑二庭主编:《刑事审判参考》,第5辑,75页,北京,法律出版社,2001。

在利用未达到刑事责任年龄的人或精神病人作为犯罪工具实施犯罪。就被指使者而言，由于其不具有独立的意志，或者缺乏辨别能力，实际上是教唆者的犯罪工具。有刑事责任能力的人指使、利用未达到刑事责任年龄的人或者精神病人实施犯罪，在刑法理论上称之为间接正犯或间接的实行犯。间接正犯不属于共同犯罪的范畴。因被指使、被利用者不负刑事责任，其实施的犯罪行为应视为指使、利用者自己实施，故指使、利用者应对被指使、被利用者所实施的犯罪承担全部责任，也就是说，对指使、利用未达到刑事责任年龄的人或精神病人犯罪的人，应按照被指使、被利用者实行的行为定罪处罚。本案被告人刘某唆使不满 14 周岁的人投毒杀人，由于被教唆人不具有刑事责任能力，因此唆使人与被唆使人不能形成共犯关系，被告人刘某非教唆犯，而是间接正犯，故对刘某不能直接援引有关教唆犯的条款来处理，而应按其女实行的故意杀人行为定罪处刑。在最高人民法院审判长会议对这个案件的分析意见中，引入了间接正犯这一概念，从而使刘某利用其不满 14 周岁的女儿投毒杀人一案得以正确定性。因此，尽管在目前中国的刑法和司法解释中尚未使用间接正犯这一概念，但间接正犯的理论已经进入最高人民法院法官的视野，并在司法活动中发生了实际的作用。如果只是单纯地考察这个案件，其法律适用似乎没有问题。但这一结论实际上是以犯罪共同说为前提的，而如果采用行为共同说，即只要具有共同行为就成立共犯，则这个案件就会得出属于共同正犯而非间接正犯的结论。而在日本刑法中，对于指使未成年人进行犯罪的案件，根据背后者有无实施强制行为及强制程度、有无压制未成年人的意思及压制程度进行区分。因此，在母亲指示、命令 12 岁零 10 个月的长子实施抢劫行为的案例中，日本判例既不构成抢劫罪的间接正犯也不构成抢劫罪的教唆犯，而是构成共同正犯，由此看来与我国法院对指使不满 14 周岁的女儿投放毒物案件以间接正犯论处的判例之间存在明显区分。故此，日本学者高桥则夫教授指出："在日本，这是一个共犯从属性问题。原来日本采用严格限制说，既要具备构成要件该当性、违法性和有责性才成立共犯，而现在则主张限制从属性，只要求具备构成要件该当性、违法性就够了。如果小孩有辨别能力，在日本

司法中可能认定为共谋共同正犯。"① 由此可见，在阶层犯罪论的语境中，间接正犯与正犯的关系是随着从属性程度不同而消长的。而我国共犯理论是建立在对合犯罪论基础之上的，根据共犯与正犯的逻辑关系分析，不存在共犯对于正犯的从属性，因此是采用极端从属形式。与此同时，我国共犯理论采用的是犯罪共同说，只有正犯构成犯罪，共犯才能成立，至于我国1979年《刑法》第26条第2款规定的被教唆人没有犯所教唆的罪的，对于教唆犯仍然应当处罚，即处罚没有正犯的共犯，只是一种特别规定。在我国刑法中，对于共犯与正犯的关系而言，极端的从属性和极端的独立性并存。就我国刑法采用极端从属程度而言，间接正犯的范围是较为宽泛的，在与采用限制从属形式的日本的对比中，就可以清楚地看到这个差别。

在采用对合犯罪论的背景下，即使引入阶层共犯论的概念，也会和既有的逻辑发生碰撞。在德日共犯论中，经常涉及没有正犯的共犯是否可罚的问题，并引起各种不同共犯理论的争论。例如主张纯粹惹起说的德国学者吕德森认为，没有正犯的共犯是否可罚，问题的核心在于构成要件上的法益对共犯而言是否受到保护。在构成要件上的法益对共犯而言受到保护的情况下，虽然缺乏正犯行为，也会导致处罚共犯。例如，德国刑法上不受处罚的参与自杀的共犯也是可罚的。因为，自杀者的生命对于外部的人即共犯是受保护的，刑法不允许共犯参与到这一侵害中。而折中的惹起说则批判纯粹惹起说所主张的没有正犯的共犯的观点，认为虽然共犯也和正犯一样引起符合构成要件的结果，但是是通过正犯符合构成要件、违法的行为实现的，共犯行为的违法性是从正犯行为中引出的。因此，主张折中说的德国学者萨姆松认为，自杀的共犯不会作为普通杀人罪的共犯受到处罚。换言之，共犯的成立以违法的正犯行为为必要条件，即使是在这种情况下，在正犯引起的结果对于共犯来说不是符合构成要件的结果时，共犯也不能成

---

① 马克昌、莫洪宪主编：《中日共同犯罪比较研究》，264页，武汉，武汉大学出版社，2003。

立。① 通过以上学术争论，对于正犯与共犯的关系更为明晰。

而在我国对合共犯论中，并不在逻辑上严格区分正犯与共犯，在司法实践中，对于自杀的教唆犯和帮助犯一般都认定为故意杀人罪的正犯而不是作为共犯予以处罚。在刘祖枝故意杀人案中，被告人刘祖枝（女）与被害人秦继明系夫妻关系。秦继明因患重病常年卧床，一直由刘祖枝扶养和照料。2010年11月8日3时许，刘祖枝在其出租房内，不满秦继明病痛叫喊，影响他人休息，与秦继明发生争吵。后刘祖枝将存放在暂住地的敌敌畏倒入杯中提供给秦继明，由秦继明自行服下，造成秦继明服毒死亡。这是一起典型的帮助自杀案，对于该案北京市第二中级人民法院以故意杀人罪判处被告人刘祖枝有期徒刑7年，剥夺政治权利1年。本案裁判理由在论证帮助自杀行为应以故意杀人罪论处时，指出："对帮助自杀的行为是否追究刑事责任要根据帮助者的主观和客观两个方面的情况而定：如果帮助者没有意识到他人有强烈的自杀倾向，且所提供的帮助行为与自杀后果之间不具有刑法上的因果关系，对帮助者不追究刑事责任。如果帮助者主观上明知他人有强烈的自杀倾向，客观上仍通过言行进一步强化他人自杀的决意，并提供自杀工具或者帮助他人完成自杀行为的，应当认定帮助行为与他人死亡后果之间具有刑法上的因果关系，对帮助者应当以故意杀人罪追究刑事责任。"② 在上述裁判理由中，十分明显地采用了主客观相统一的对合共犯论的分析思路，而根本没有论及正犯与共犯的关系。在帮助自杀案件中，首先应当解决的问题在于：帮助自杀行为是正犯还是共犯？如果是正犯，定罪当然没有疑问。有些国家刑法典明确设立了教唆、帮助自杀罪，对此，完全可以直接认定为该罪。例如《日本刑法典》第202条规定："教唆或者帮助人使其自杀的，处六个月以上七年以下的惩役或者禁锢。"这就是所谓参与自杀罪。日本学者大塚仁指出："不认为

---

① 参见杨金彪：《共犯处罚根据论》，61、79～80页，北京，中国人民公安大学出版社，2008。
② 陈兴良、张军、胡云腾主编：《人民法院刑事指导案例裁判要旨通纂》，646页，北京，北京大学出版社，2018。

第五节 共犯教义学的转型

自杀是犯罪,并不意味着对自杀的诱惑、挑拨、援助等参与他人自杀的行为也当然是不可罚的,因为这些参与他人自杀的行为是否定他人生命的行为,与本人自身的自杀具有明显不同的性质。只是,既然自杀本身不是犯罪,那么,站在共犯从属性说的立场上,也不能把参与自杀的行为理解为刑法总论上的自杀共犯。因此,在分则中设立独立的构成要件对其予以处罚,乃是各国立法例上所见的态度。"[1] 而在没有设立该罪的国家的刑法中,教唆、帮助自杀行为并不是故意杀人罪的正犯行为。在这种情况下,帮助自杀行为本身并不符合故意杀人罪的构成要件,如果直接对其以故意杀人罪论处,就涉及是否肯定没有正犯的共犯问题。但在刘祖枝故意杀人案的裁判理由中,完全没有涉及这些基本共犯理论,而是仅仅以刘祖枝主观上明知秦继明具有自杀意图,客观上为其自杀提供了帮助,与自杀死亡之间存在因果关系,而直接对刘祖枝认定为故意杀人罪。如果不解决帮助行为是否符合构成要件,而以主观上对他人自杀意图的明知和客观上与他人自杀结果之间具有因果关系为根据,将帮助自杀行为认定为故意杀人罪,显然并不符合刑法教义学的一般原理。

正是因为在我国司法实践中没有严格区分正犯与共犯,并以此为前提论证共犯处罚根据,所以,对正犯行为和共犯行为之间的界限是混淆的,导致逻辑上的混乱。例如夏锡仁故意杀人案。被告人夏锡仁与被害人吴楷容系夫妻关系,因吴楷容伤病,加上面临经济困难,两人产生自杀意图。2004 年 5 月 12 日凌晨 1 时许,夏锡仁在租住的地下室准备了凳子和绳子,接着先将吴楷容扶上凳子,将绳子一端系在吴楷容的脖子上,另一端系在地下室的下水管上,然后其将吴楷容脚下的凳子拿开,吴楷容脚动了几下即窒息而死。过了十几分钟,夏锡仁也准备上吊自杀,但想到这样会连累房东,即打消自杀念头,于天明时到派出所投案自首。对于本案中夏锡仁的行为,判决书认定为帮助自杀,以故意杀人罪判处有期

---

[1] [日] 大塚仁:《刑法概说(各论)》,3 版,冯军译,37~38 页,北京,中国人民大学出版社,2003。

徒刑 5 年。本案的裁判理由指出："我国刑法没有将帮助他人自杀的行为规定为一个罪名,这就带来一个认识问题,即对帮助他人自杀的行为应否定罪。帮助他人自杀结束生命,虽然该帮助人主观上没有剥夺他人生命的故意,但其同意帮助他人自杀结束生命,并且帮助意图自杀而死的人实现了这一目的,其行为在性质上属于故意杀人,符合我国刑法规定的故意杀人罪的构成要件,实践中应当按故意杀人罪予以定性处罚。"① 上述裁判理由对帮助自杀行为的性质的论证思路是极为混乱的。客观上帮助意图自杀的人实现自杀意图,是否就可以直接得出该帮助行为具有故意杀人的性质？既然裁判理由确认帮助人主观上没有剥夺他人生命的故意,其帮助行为又怎么可能构成故意杀人罪？因此,如果仅仅从主客观统一上对帮助自杀行为的性质进行分析,是难以得出正确结论的。更为重要的是,本案被告人夏锡仁的行为真的只是一种帮助自杀行为而不是受托杀人行为吗？对于夏锡仁行为的性质,本案裁判理由指出："本案中意图自杀的吴楷容,经受不了伤痛的折磨和经济的压力,欲以自杀方式自戕,要求作为丈夫的被告人夏锡仁帮助实现自杀目的,被告人不仅接受了吴楷容的要求,并且具体实施了帮助其自杀的行为,使吴楷容达到了自杀而死的目的,依据我国刑法的规定和司法实践经验,应当对被告人夏锡仁以故意杀人罪加以处罚。"② 在此,裁判理由根据死者吴楷容先提出自杀意图并要求被告人夏锡仁帮助其完成自杀愿望,而将夏锡仁的行为认定为帮助自杀。但从本案中夏锡仁实施的具体行为来看,吴楷容只是提出了自杀的想法,而吴楷容的死亡是夏锡仁的行为一手造成的：帮助吴楷容站上凳子,给吴楷容系上绳子,最后拿开吴楷容脚下的凳子,致使吴楷容窒息死亡。在这种情况下,被告人夏锡仁的行为完全符合故意杀人罪的构成要件,应当以故意杀人罪论处,属于刑法理论上的受托杀人行为。对于这种受托杀人行为,在某些

---

① 陈兴良、张军、胡云腾主编：《人民法院刑事指导案例裁判要旨通纂》,553 页,北京,北京大学出版社,2018。

② 陈兴良、张军、胡云腾主编：《人民法院刑事指导案例裁判要旨通纂》,553 页,北京,北京大学出版社,2018。

国家刑法典中明确规定为单独的罪名，例如《日本刑法典》第 202 条规定："接受人的自杀嘱托或者得到人的承诺而杀人的人，处六个月以上七年以下的惩役或者禁锢。"日本学者大塚仁指出："同意杀人，即接受被杀者的嘱托或者得其承诺而杀害被害者的行为是以被杀者自身放弃对生命的法益为前提而实施的，从被杀者的立场来看，应该认为是准自杀，因此，其违法性的程度比通常的杀人罪轻。而且，不少情况下，也能减轻行为人的责任。"[①] 受托杀人行为，如果委托人具有自杀意图，则属于帮助自杀和故意杀人的竞合，因其完全符合故意杀人罪的构成要件，故应当以故意杀人罪论处。但其具有被害人同意的情节，因而属于故意杀人罪的减轻类型，这也是某些国家刑法典对其专门设立罪名的主要根据。但在没有专门设立罪名的国家的刑法中，对这种受托杀人行为，完全可以认定为故意杀人罪，这与那种仅仅为他人自杀提供条件，最终由他人自身完成自杀行为是有所不同的。在上述夏锡仁故意杀人案中，虽然是死者提出自杀的要求，但夏锡仁的行为具有帮助死者完成自杀意愿的性质，夏锡仁在死者同意的情况下，完整地实施了将他人杀死的行为，符合故意杀人罪的构成要件，属于故意杀人罪的共犯，不能再认为是帮助自杀的行为。由此可见，正犯与共犯的区分观念，对于相关案件的处理具有重要的指导意义。

在我国逐渐引入阶层犯罪论以后，阶层共犯论的法理也在我国刑法学界获得认同。在这种情况下，发生了从阶层犯罪论到阶层共犯论的发展。只有在阶层犯罪论的框架中，共犯的相关问题才能得以展开。尤其是那些较为复杂的刑事案件，如果只是采用对合共犯论，则难以得出正确的结论。只有采用阶层共犯论，才能更为清晰地对相关案件中涉及的共犯认定问题作出深入的法理论证。例如，在对合犯罪论中，就犯罪共同说与行为共同说之争而言，就会自然得出犯罪共同说的结论。由此而认为，只有在同一罪名中，才能成立共犯；不同罪名之间，没有共犯成立的余地。我国学者最初是在对合犯罪论的体系中起步采用阶层共犯论

---

① [日]大塚仁：《刑法概说（各论）》，3 版，冯军译，38 页，北京，中国人民大学出版社，2003。

的，但对合犯罪论在很大程度上限制了共犯论的展开。我国司法实践否定不同罪名的共犯关系。但在阶层犯罪论引入以后，从犯罪共同说到部分犯罪共同说，再到行为共同说，经历了一个演变过程。例如部分犯罪共同说是在犯罪共同说的阶层基础上发展起来的，根据部分犯罪共同说，如果数个犯罪的构成要件之间存在重合部分，那么在重合的限度内成立较轻之罪的共同正犯。例如，在高海明绑架、郭永杭非法拘禁案中，被告人高海明伙同他人以做生意为名，将与其并无经济纠纷的三个被害人骗至某地加以劫持，对此构成绑架罪没有问题。高海明在绑架被害人期间，欺骗被告人郭永杭被绑架人系债务人，他是为索要债务而拘禁他人，以此让郭永杭帮助看管被害人。在本案中，法院判决认为，被告人郭永杭以为高海明是在追讨生意上的损失费而为其看管被害人，属于《刑法》第238条规定的为索要债务非法拘押、拘禁他人的情形，不构成绑架罪而应以非法拘禁罪论处。[①] 该判决否定在高海明和郭永杭之间存在共犯关系，因为两者罪名并不相同。但从郭永杭的行为来看，他没有参加高海明等人实施的绑架行为，而是在绑架以后帮助看管，对此不能认定为绑架罪的共犯，这是正确的。但如果否定高海明和郭永杭成立非法拘禁罪的共犯，则不能对郭永杭的行为作出完整的法律评价。对此，我曾经指出："绑架罪和非法拘禁罪之间存在法条竞合关系，绑架罪属于特别法，非法拘禁罪属于普通法。高海明出于勒索财物的目的与没有勒索财物目的的郭永杭共同对被害人进行扣押、监禁。在非法拘禁罪上，高海明与郭永杭之间成立共同正犯。因此，对高海明定绑架罪，对郭永杭定非法拘禁罪，这一最终的定罪结果是正确的。但如果不承认高海明与郭永杭在非法拘禁罪上存在共同正犯的关系，则不利于解决高海明、郭永杭的定罪量刑问题。因为郭永杭是在高海明伙同他人将被害人劫持以后才对被害人看管的，如果郭永杭是非法拘禁罪的单独正犯，则其非法拘禁的实行行为是不完整的，令其对高海明的劫持被害人

---

① 参见国家法官学院、中国人民大学法学院编：《中国审判案例要览》（2001年刑事审判案例卷），61页，北京，中国人民大学出版社，2002。

的行为承担刑事责任，就缺乏足够的法理根据。"① 现在，我国有些学者已经从部分犯罪共同说转向行为共同说。例如张明楷在其《刑法学》一书的第三版主张部分犯罪共同说，指出："二人以上虽然实施了不同的犯罪，但当这些不同的犯罪之间具有重合关系的性质时，则在重合的限度内成立共同犯罪。"② 及至该书第五版，张明楷主张行为共同说，指出："共同犯罪是不法形态，共同犯罪中的'犯罪'首先是指不法层面意义上的犯罪。而完全意义上的犯罪包含符合构成要件的不法与责任两个层面，所以，对共同犯罪应当采用行为共同说。"③ 显然，只有接受阶层犯罪论，才有可能认同行为共同说。因此，张明楷从部分犯罪共同说到行为共同说的观点转变，可以视为是逐渐接受阶层犯罪论的过程。例如，根据犯罪共同说，具有刑事责任能力的甲与没有刑事责任能力的乙对妇女进行轮奸的，因为只有甲的行为构成犯罪，而乙的行为不构成犯罪，所以甲乙不成立轮奸。但根据行为共同说，只要甲乙共同实施了轮奸行为，即使乙因为没有刑事责任能力而不构成犯罪，也不能否认甲乙之间成立轮奸，对于甲应当适用轮奸的相关处罚规定。我国司法实践对于此类问题尽管存在争议，但采用行为共同说的倾向也日益显露。

除正犯与共犯的区分制以外，目前德日刑法教义学中的单一制也开始传入我国，用来解释我国刑法关于共同犯罪的立法。因为我国共同犯罪的立法没有采用正犯和共犯的概念，而是采用了主犯、从犯、胁从犯和教唆犯的分类体系，这就为单一制的解释留下了较大的空间。单一制又称单一正犯体系，完全否定共犯的存在，它是以扩张的正犯概念为前提的，认为刑法分则的构成要件包括正犯行为和共犯行为，更为激进的做法是完全废弃正犯与共犯的概念，代之以参与犯的概念，对正犯与共犯不加以区分，因而共犯体系就被称为犯罪参与体系。近年来，

---

① 陈兴良：《判例刑法学》，上卷，2版，425页，北京，中国人民大学出版社，2017。
② 张明楷：《刑法学》，3版，316页，北京，法律出版社，2003。
③ 张明楷：《刑法学》，5版，392页，北京，法律出版社，2016。

我国少数学者明确主张采用一元参与体系。例如我国学者江溯指出：无论是《唐律》还是苏联的共同犯罪立法，都是统一正犯体系的立法。因此，我国现行共同犯罪规定显然不是以德日为代表的二元参与体系，而是可以从一元参与体系角度加以论证。[①] 虽然我国大多数学者主张二元参与体系，但一元参与体系的讨论，有助于我国刑法中的共犯论进一步发展。

共犯理论被认为是德日刑法学中最为黑暗、最为绝望的一章，而我国《刑法》关于共同犯罪规定的总则第二章第三节，被我认为几乎是"绝望之节"[②]。但从学术史的角度考察，几十年来，我国共犯理论还是获得了很大的发展，尤其是引入了前沿性的共犯理论，根据我国《刑法》关于共同犯罪的规定，逐渐建立共犯的教义学。可以说，共犯理论是我国刑法总论中发展最快的一个领域，这是值得欣慰的。

[①] 参见江溯：《犯罪参与体系研究——以单一正犯体系为视角》，256页，北京，中国人民公安大学出版社，2010。

[②] 陈兴良：《共同犯罪论》，2版，521页，北京，中国人民大学出版社，2006。

第四章
共同犯罪的区分制与单一制

在开始共犯教义学的话语叙述之前，首先需要解决的是对待正犯与共犯的一个学术立场问题，这就是区分制与单一制的选择。区分制与单一制的立场不同，在共犯论的各个领域都显示出对立的观点，因而应当考察区分制与单一制，并确定作者的立场。

第一节 正犯与共犯的区分制

共犯教义学是建立在刑法关于共同犯罪的立法基础之上的，因而无论是区分制还是单一制，都与刑法关于共同犯罪的立法密切相关。可以说，大陆法系国家的刑法典关于共同犯罪的立法体例，从一开始就是以正犯与共犯的区分为逻辑前提的，因而古典的共犯教义学是建立在区分制的基础之上的。区分制的核心内容是正犯与共犯之间的分离与分立，因而所谓区分制是指正犯与共犯的区分。共犯教义学中的区分制是对近代大陆法系国家刑法典关于共同犯罪立法规定的理论概括。

第四章 共同犯罪的区分制与单一制

一、区分制的立法考察

在论及正犯与共犯的区分制立法的演变过程时，李斯特指出：正犯与共犯的对立是缓慢的和不稳定的历史发展的结果。① 根据李斯特的考察，罗马法规定科处犯罪参与人以刑罚，但并不从概念上对犯罪参与人予以区分。因此，在罗马法中并不存在正犯与共犯的区分。中世纪的意大利也未能对正犯与共犯作出概念上的区分。

近代西方国家的共同犯罪立法起源于1810年《法国刑法典》，该法典采用正犯与从犯的两分法，这里的从犯其实就是共犯，对从犯再进一步分为教唆从犯与帮助从犯。《法国刑法典》虽然区分正犯与从犯，但同时规定对从犯处以与正犯相同之刑。由此可见，正犯与从犯的区分目的并不在于量刑，而在于定罪。正犯是符合刑法分则规定的构成要件的行为，对此可以直接按照刑法分则条文进行定罪。而从犯则不必符合刑法分则规定的构成要件，因而需要在刑法总则中加以规定，从而为教唆犯与帮助犯的定罪提供规范根据。因此，《法国刑法典》关于正犯与从犯分立的观点，已经包含了正犯与共犯区分制的逻辑基础。及至1871年《德国刑法典》，才正式确立正犯与共犯的区分制。《德国刑法典》对共同犯罪的规定，采用三分法，这就是正犯、教唆犯与帮助犯。同时，《德国刑法典》对从犯采取得减主义。《德国刑法典》中的教唆犯与帮助犯，就是指共犯，因而形成完整与成熟的正犯与共犯区分制的立法例，成为此后其他国家刑法典的摹本。

现行《德国刑法典》在承继1871年《德国刑法典》关于共同犯罪规定的基础上，对正犯与共犯都做了更为细致的规定，完美地体现了正犯与共犯区分制的立法理念。《德国刑法典》第25条是关于正犯的规定："一、自己实施犯罪，或

---

① 参见［德］弗兰茨·冯·李斯特：《李斯特德国刑法教科书》，徐久生译，285页，北京，北京大学出版社，2021。

通过他人实施犯罪的,依正犯论处。二、数人共同实施犯罪的,均依正犯论处(共同正犯)"。从这一定义可以确认,上述规定中的犯罪是指刑法分则规定的具体犯罪,因而正犯(包括直接正犯、间接正犯和共同正犯)都是实施了刑法分则具体犯罪的人,正犯行为是刑法分则具体犯罪的构成要件该当的行为。《德国刑法典》第26条(教唆犯)与第27条(帮助犯)规定,教唆犯与帮助犯都是对他人故意实施违法行为予以教唆或者故意予以帮助的人。因此,教唆行为与帮助行为是不具有刑法分则具体犯罪的构成要件该当性的行为。这就是正犯行为与共犯行为在规范性质上的区别。正因为如此,德国学者指出:德国刑法因此没有接受单一正犯原则,而是区分共犯的不同形式。这一立场体现在《德国刑法典》中。其第25条~第27条的规定明确地表明了拒绝单一正犯的概念。[①] 由此可见,现行《德国刑法典》是区分制的范例,其关于共同犯罪的立法规定,完全排斥单一制。

《日本刑法典》关于共同犯罪的规定,可以说是《德国刑法典》的简略版。例如,《德国刑法典》对正犯规定了直接正犯、间接正犯和共同正犯。但《日本刑法典》第60条只是对共同正犯做了规定:"二人以上共同实行犯罪的,都是正犯。"这一定义中的犯罪,是指刑法分则规定的具体犯罪,因而正犯行为是具有刑法分则具体犯罪的构成要件该当性的行为。《日本刑法典》对直接正犯、间接正犯并没有进行规定。此外,《日本刑法典》第61条对教唆犯与第62条对帮助犯做了规定:教唆犯或者从犯(即帮助犯)是教唆或者帮助他人实行犯罪,因而教唆与帮助等共犯行为不是刑法分则具体犯罪的构成要件该当性的行为。正是基于这一规定,日本学者指出:共犯概念不过是实定法的产物而已。《日本刑法典》第61条、第62条不过是在正犯中,将教唆犯和帮助犯进行限定处罚的规定而

---

① 参见 [德] 汉斯·海因里希·耶赛克、托马斯·魏根特:《德国刑法教科书》,徐久生译,778~779页,北京,中国法制出版社,2001。

已。所以，共犯是缩小刑罚事由。① 以上论述中论及共犯概念是实定法的产物，正是从规范的意义上界定共犯。因此，《日本刑法典》也采用区分制的立法模式，不具有接纳单一制的立法空间。

共犯教义学是以一定国家刑法关于共犯的规定为前提的，属于解释论的范畴。应该说，正犯与共犯相区分的二元区分制经过上百年的发展，已经形成迷宫般的理论体系，对于刑法关于共犯规定具有较强的解释力。但是，区分制也存在一些问题，例如，在正犯与共犯区分上的形式—客观标准，虽然有利于定罪，但在量刑上存在偏差，而且这一理论体系存在过于烦琐等缺陷。

二、区分制的价值评判

以正犯与共犯的分立为特征的区分制，建立在限制的正犯概念的基础之上。近代刑法中的共犯立法，从其肇始之初就采用区分制。那么，近代共犯立法为什么采用区分制呢？我认为，区分制是对古代社会的株连制度的一种反动，具有其历史进步意义。虽然共犯制度源远流长，但古代刑法并没有严格的构成要件概念，因而也并没有建立起正犯与共犯相区分的观念。在这种情况下，犯罪缺乏严格的边界限定，因而十分容易产生株连现象。株连的特点是刑及无辜，因一人犯罪而使与之相关的数人或者数十人、数百人受到刑罚追究。例如我国封建社会广泛实行株连，基于宗法制度，甚至采用族株。这里的族株是指亲属之间承担连带责任。秦代的《法律答问》云："'盗及诸它罪，同居所当坐。'何谓'同居？'户为'同居。'坐隶，隶不坐户谓也。"② 这里的"坐"，就是指连坐，它是株连的一种形式。我国学者指出，连坐指具有特定关系的人负有连带责任。首先是邻里

---

① 参见［日］大谷实：《刑法讲义总论》，新版2版，黎宏译，362页，北京，中国人民大学出版社，2008。
② 《睡虎地秦墓竹简》，160页，北京，文物出版社，1978。

第一节 正犯与共犯的区分制

连坐。商鞅变法,"令民为什伍,而相牧连坐。"居民五家为保,设典老,即保长。一家有罪,株连四邻,但举报可免坐。《法律问答》载:"何谓四邻?四邻即伍人谓也。依秦律,盗窃及类似犯罪,同居、典、伍当坐之。"其次是职务连坐。《效律》载:"尉计及尉官吏即有劾,其令、丞坐之,如它官然。"县尉的会计以及县尉官府中的吏如犯有罪行,该县令、县丞也要承担罪责,和其他官府一样。① 由此可见,株连制度在我国古代盛行一时,它可以分为三种形式:第一种是亲属之间的株连;第二种是邻里之间的株连;第三种是同僚之间的株连。株连并不是我国古代社会所特有的现象,在西方社会也存在这种株连现象。广泛的株连使得犯罪的界限变得十分模糊,一个人为他人的犯罪行为承担连带责任而没有任何限制。可以说,株连是专制制度的必然产物,其残暴性显而易见。在株连制度存在的古代刑法中,不可能具有严谨的共犯制度。因为,株连制度本身就是对共犯制度的严重冲击。

近代西方刑法首创正犯与共犯相区分的二元制。无论是1810年《法国刑法典》关于正犯与共犯的二分法,还是1871年《德国刑法典》关于正犯、教唆犯与帮助犯的三分法,都明确地界定了共犯的范围。正犯与共犯相区分的立法体例的基本逻辑是以正犯为中心,使共犯依附于正犯,由此形成严谨的共犯制度。在共犯制度的逻辑基础这个问题上,我们可以追溯到行为概念和因果关系概念。只有确立了犯罪概念的本体是行为的命题,才能彻底否定株连制度的逻辑。贝卡里亚提出的"犯罪对社会的危害是衡量犯罪的真正的标尺"这一刑法定理②,为建立在行为之上的刑法奠定了基础。只有人的行为才是刑法处罚的客体,没有行为就没有犯罪。进一步说,刑法中的行为还必须建立在因果关系的基础之上。只有对危害结果具有因果关系的行为才能成为犯罪的本体,而正犯的概念就是以因果关系为前提的。德国学者李斯特指出:"从原因概念中可得出结论认为,每个与

---

① 参见王宏治:《中国刑法史讲义:先秦至清代》,73页,北京,商务印书馆,2019。
② 参见[意]切萨雷·贝卡里亚:《论犯罪与刑罚》,黄风译,71页,北京,商务印书馆,2018。

行为结果的产生有关联者,均是行为结果的造成者。因此,立法者可以从中得出结论,每个原因人,只要实施了违法的和有责的行为,均可视为正犯,且因此得为实现构成要件承担责任。"① 在正犯的基础上,进一步确定共犯的范围,这就是教唆犯与帮助犯。由于李斯特在原因问题上主张的是条件说,即全条件等价值说,认为一切行为只要在逻辑上是发生结果的条件,就是结果发生的原因。因此,李斯特指出:"在无须否定所有与行为结果有关的条件的逻辑——认识论上等价的情况下,《帝国刑法典》② 对促使结果发生的各种行为作出了不同的刑法评价,主要区分正犯与共犯,在不同法律评价的基础上严格区分概念上的不同:即正犯为一方面,教唆犯和帮助犯为另一方面。在正犯和共犯的相互关系上,法律更为强调前者;共犯的可罚性取决于存在现实全部犯罪特征的'主行为'(Haupttat),'共犯'因而只能因'正犯'符合构成要件的、违法的和有责的行为,在法律评价上起到参与作用(所谓的共犯的'次要特征'或'次要性')"③。建立在因果关系基础上的共犯教义学,严格限定了共犯的范围,从而避免共犯概念的滥用,对于贯彻罪刑法定原则,保障被告人的权利具有十分重要的意义。因此,区分制不仅从逻辑上厘清了正犯与共犯之间的关系,而且在价值论上为限制刑罚处罚范围提供了制度保障。在这个意义上说,区分制具有立法进步意义。

三、区分制的规范分析

区分制是以类型性的正犯行为为中心建立起来的,正犯在一定程度上限定了刑罚的处罚范围。那么,正犯行为的类型性应如何理解?如果说正犯行为是一种

---

① [德] 弗兰茨·冯·李斯特:《李斯特德国刑法教科书》,徐久生译,283 页,北京,北京大学出版社,2021。
② 这里的《帝国刑法典》是指 1871 年《德国刑法典》。特此说明。
③ [德] 弗兰茨·冯·李斯特:《李斯特德国刑法教科书》,徐久生译,283~284 页,北京,北京大学出版社,2021。

类型，共犯行为也同样是一种类型，为什么对正犯与共犯不加区分的扩张正犯概念，就违反了正犯行为的类型性特征呢？这个问题，对于区分制的论证具有十分重要的意义。

在区分制的观念中，共犯对于正犯具有从属性，即共犯的犯罪性来自正犯，这是一个基本的逻辑前提。当然，共犯从属性原则本身并不是证明的根据（Beweisgrund），而是证明的对象（Beweisthema）。换言之，共犯从属性原则本身的正当性就是有待证明的，并不能作为论证其他问题的先验的根据。[①] 现在的问题是：如何证明刑法分则规定的是正犯行为，而共犯行为（教唆或者帮助行为）只有具有对正犯的从属性才能按刑法分则的条文定罪？这里的问题是：共犯能否在性质上与正犯等同？日本学者小野清一郎在批驳牧野英一关于"教唆犯及帮助犯在实体上是与正犯相同的东西"时指出：自己去"杀人"的行为，与教唆他人去杀人的行为和"帮助他人杀人"的行为，是有区别的——伦理性的、类型性的区别，这不仅仅限于一些实定法形式上的区别，就是在日常生活用语的惯例中，在国民及社会的观念中，也有明显的区别。最终，这又是伦理和道义的评价上的差别。[②] 在此，小野清一郎是为正犯与共犯的区分提供伦理和道义上的根据。当然，仅此还是不够的。我们还应当从规范上加以论证。也就是说，刑法对于正犯与共犯是如何界定的。在此，涉及犯罪的构成要件理论。构成要件的概念是德国学者贝林提出的，并在此基础上建立了刑法中的构成要件理论。构成要件理论不仅为一般犯罪提供了分析框架，而且为正犯与共犯的区分奠定了基础。在贝林看来，构成要件是犯罪的观念形象。贝林指出："每个法定构成要件在内容上设计了一个特定类型生活事实的抽象形象，用于在考察事实行为时判断，该行为是否

---

① 参见江溯：《单一正犯体系研究》，载陈兴良主编：《刑事法评论》，第24卷，425页，北京，北京大学出版社，2009。
② 参见［日］小野清一郎：《犯罪构成要件理论》，王泰译，162页，北京，中国人民公安大学出版社，2004。

符合了这个形象。"① 凡是符合上述构成要件的行为，就具备了犯罪的基本外在轮廓。在此基础上，进一步具备违法性与有责性，则全部符合了犯罪的成立条件，因而构成犯罪。此时的犯罪就是典型的犯罪或者一般的犯罪。在共犯教义学中，这种符合构成要件的行为就是所谓正犯。因此，构成要件理论为正犯的判断提供了规范的根据，同时也为共犯教义学奠定了基础。在正犯的基础上，共犯，也就是所谓狭义的共犯才能成立，由此形成共犯对正犯的依赖关系。对此，贝林指出：所有法定构成要件都局限于实施符合法定构成要件行为的人，所以就要求法律特别规定"教唆"和"帮助"的概念。共犯形象对法定构成要件的抽象、概念性依赖，被升格为对他人的可罚性行为即"正犯行为"的依赖。在判断某人行为作为教唆者或者帮助者是否具有可罚性的时候，只有已经存在一个特定的、本身已具备某"可罚性行为"所有要素之他人行为，教唆者和帮助者才有可能具备可罚性。② 因此，建立在区分制基础之上的区分制在某种意义上说，就是构成要件的特殊理论。也正因为如此，在共犯教义学中将共犯的构成要件称为修正的构成要件。例如日本学者大塚仁指出："预定单独犯的基本性构成要件由一个行为人来实现，相对于此，共犯则是指二人以上的行为人共同实现复杂的情形（共同正犯），以及以教唆或者帮助的形态参与其他人的实现基本性构成要件的行为的情形（教唆犯、从犯）。因而，其被修正的构成要件，在前者（共同正犯）中是就行为的主体（二人以上的人）和行为（共同实行）对单独犯的基本构成要件进行修正；在后者（教唆犯、从犯）中是就行为（教唆行为、帮助行为）和行为主体（教唆者、帮助者）对单独犯的基本构成要件进行修正。"③ 按照上述共犯修正说的观点，正犯是直接符合构成要件的行为，通常是以单独犯的形式出现的，

---

① ［德］贝林：《犯罪构成要件理论》，王安异译，70页，北京，中国人民公安大学出版社，2006。
② 参见［德］贝林：《犯罪构成要件理论》，王安异译，174～175页，北京，中国人民公安大学出版社，2003。
③ ［日］大塚仁：《刑法概说（总论）》，3版，冯军译，148页，北京，中国人民大学出版社，2003。

当然也存在必要共犯，这是一种特殊的或者说是广义上的正犯。除此以外，共犯，包括共同正犯、教唆犯和帮助犯都是建立在对基本犯的构成要件进行各种修正的基础之上的。因此，只有采用构成要件理论，才能为正犯与共犯的区分制提供理论基础。

第二节　正犯与共犯的单一制

一、单一制的立法考察

从刑法规定来看，《意大利刑法典》是十分特殊的。1930年的《意大利刑法典》被公认为是第一个单一正犯体系的立法例。[①] 根据有关学者介绍：意大利1889年《刑法典》曾按传统理论把共同犯罪分为"主要参与"和"次要参与"，称前者为"共犯"（corella），对这种情况一般运用法律为所犯罪行规定的刑罚；而称后者为"伙同"（complicit），对其一般实行减轻处罚。同时还把共同犯罪区分为"物质的"和"精神的"，称精神的共同犯罪为"教唆"。现行的《刑法典》抛弃了这种传统的区分标准，并根据"因果效力"的理论，对所有参与犯罪的人适用平等责任的标准，其第110条规定，当数人共同实施同一犯罪时，对于他们当中的每一个人，均处以法律为该犯罪规定的刑罚。但是，可以根据不同的情节，减轻或增加刑罚。尽管现行法典采用了新的标准，意大利共犯教义学依然把共同犯罪的参与者区分为：实施犯（实施分则规定的犯罪行为的人）、参与犯（本身并未实施犯罪行为）和共同实施犯（与他人一起实施部分或全部犯罪行为的人），并且把精神共犯分为怂恿犯（只限于增强他人已有的犯罪意念）和指使

[①] 参见江溯：《单一正犯体系研究》，载陈兴良主编：《刑事法评论》，第24卷，404页，北京，北京大学出版社，2009。

犯（使他人产生以前不曾有的犯罪意念）。① 应该说，在《意大利刑法典》第 110 条关于共同犯罪的定义下，确实没有再区分正犯与共犯，因此，关于刑法分则条文是只规定了正犯行为，还是也包括共犯行为，就产生了各种解释的可能性，而不存在任何法律上的障碍。这一点，是与德日刑法关于正犯与共犯的规定完全不同的。但是，为什么在这样一种法律语境中，意大利刑法学界主流观点还是把刑法分则规定的行为界定为正犯行为，而与共犯行为相区别呢？对此，意大利学者指出：在"扩张的正犯理论"看来，认定"正犯"（l'outore）的根据，不是行为侵害某种利益的特殊方式，而是行为对法律保护的特定利益的危害。于是，法律规定的犯罪构成要件，就被解释为仅仅具有说明刑法保护的是何种利益的作用，而不能用构成要件来限制法律规范的适用范围。例如，一个人不论是教唆他人盗窃，还是借给他人盗窃所用的必要工具，与实际实施了盗窃行为的人一样，都是盗窃犯。按此观点，有关共同犯罪的法律规定，实质上是取消"幕后"（retrostante）主体的正犯资格，因而它们是限制而不是扩大了可罚性行为的范围。这种理论在精神上与自由民主的刑法制度是完全相悖的。我们的刑法制度，是以罪刑法定原则为基础的刑法制度，这种制度要求在认定正犯问题上，必须以"限制的（正犯）概念"（la concezione restativa）为指导。按照这种理论，只有那些实施了具备构成要件行为的人，才属于法律规定的"正犯"。要处罚那些实施了非典型行为的行为人，就必须援引专门的法律规定，即有关共同犯罪的法律规定。② 在此，意大利学者引入了价值判断，由此而对《意大利刑法典》关于共同犯罪的规定得出限制正犯论而非扩张正犯论的教义学结论，从而拒绝了单一正犯体系。

目前世界上最为典型的单一正犯的立法当属 1974 年《奥地利刑法典》，根据

---

① 参见黄风：《意大利刑法引论》，载《意大利刑法典》，黄风译，23 页，北京，中国政法大学出版社，1998。
② 参见 [意] 杜里奥·帕罗瓦尼：《意大利刑法学原理》，注评版，陈忠林译评，327 页，北京，中国人民大学出版社，2004。

该法典第12条规定："（所有参与人均作为正犯对待）自己实施应受刑罚处罚的行为，或者通过他人实施应受刑罚处罚的行为，或者为应受处罚的行为的实施给予帮助的人，均为正犯。"同时，第13条还规定："（参与人的独立的可罚性）数人共同实施应受刑罚处罚的行为的，按责任的大小分别处罚。"上述第12条是关于共同参与人定罪的规定，而第13条则是关于共同参与人量刑的规定。从上述规定可以看出，各个参与人的行为都符合刑法分则规定的构成要件，都是正犯，因而它们之间不存在从属性，也就不存在正犯与共犯的区分，因而称为单一正犯体系。与此同时，各个参与人的刑罚也根据自身的责任而确定，具有处罚的独立性。正如奥地利学者指出："所有参与者都与一项犯罪行为相关联，他们以某种方式都参与了这一行为。这一犯罪发挥着共同连接点的作用，无此则人们无须参与理论。这种事实上的关联却没有说明不同犯罪行为部分的刑罚上的评价。在单一正犯体系中，每个参与者对犯罪行为的参与原则上予以独立地评价。一方面，这一论点是从刑法第12条不同正犯形式的法定的同等地位得出结论。如果参与的所有形式是等价值的，那么所有的参与形式都不适宜作为评判他者的法律评价标准发挥作用。另一方面，独立的刑罚评价可以从第13条中推导出。据此，每个犯罪行为的参与者根据他独立的罪责受到处罚。"[1] 由此可见，奥地利刑法典是毫无争议地采用单一正犯体系。这种单一正犯体系因其包括的正犯概念而抹杀了正犯与共犯之间的区分，去除了正犯与共犯之间区分上的困难，因而有利于对各个参与人的定罪与处罚，这是明显优于区分制的地方。

二、单一制的理论构造

在德日共犯教义学中出现了对正犯与共犯不加区分的单一制理论，又称为单

---

[1] ［奥地利］莉安妮·绍特纳：《奥地利刑法中的单一正犯》，载《中国社会科学院研究所院学报》，2020（4）。

一正犯体系。单一正犯体系的基本出发点,是在参与形式上不区分为正犯与共犯。因此,共同犯罪被称为犯罪参与,认为参与形式只是一个构成要件该当性的问题,参与形式与行为不法及参与责任应当加以区分。换言之,只是在三阶层犯罪论体系的第一阶层,即将参与形式定位为构成要件该当性的问题。例如,我国台湾地区学者指出:在单一行为人(正犯,下同——引者注)体系中,目前通说认为,应对于行为人在概念上予以区分,且此种区分,应于构成要件层面即应存在,此种区分并不会影响到行为人单一的体制,而有助于因概念上之区分,而使得确认个别之行为不法更加明确,同时也使得责任个别化的构思,在单一行为人体系中更加落实。① 由此可见,单一正犯体系是以三阶层的犯罪论体系为前提的,在构成要件该当性中根据条件说,确认各种参与形式具有同等价值。只是在违法性与有责性这两个阶层,再考虑参与程度等问题。可以说,在这一点上,单一正犯体系与区分制是相同的,即都是以三阶层的犯罪论体系为理论框架的。例如主张区分制的日本学者大塚仁就把共犯作为被修正的构成要件符合性的内容,在构成要件该当性中加以论述的。② 当然,单一正犯体系与区分制相比,根本的区别在于对构成要件行为的理解。区分制主张的是限制正犯论,而单一制主张的是扩张的正犯论,对此,日本学者指出:以构成要件论为基础,出现了限制的正犯概念和扩张的正犯概念。限制的正犯概念(限缩的正犯概念)(restriktiver Taterbegriff; restriktiver Taterschaftsbegriff),是认为只有以自己的手直接实现了构成要件的人才是正犯的立场,其初期的见解是努力用某种理由只把间接正犯纳入正犯的范畴,其以后的学说则想把相当于间接正犯的情形纳入共犯的范畴。在这个意义上,其以后的学说也可以称为扩张的共犯论。另外,扩张的正犯概念(extensiver Taiterbegriff; extensive Taterschaftsbegriff),是认为给犯罪的实现

---

① 参见柯耀程:《变动中的刑法思想》,194 页,北京,中国政法大学出版社,2003。
② 参见[日]大塚仁:《刑法概说(总论)》,3 版,冯军译,213 页以下,北京,中国人民大学出版社,2003。

提供了某种条件的人都实施了符合构成要件的实行行为，都是正犯的立场。① 在以上限制正犯论与扩张正犯论两种观点中，限制正犯论强调正犯行为的亲手性，将正犯等同于亲手犯，因而不能将间接正犯纳入正犯范畴，而只能将间接正犯视为共犯。而扩张正犯论则认为只要与犯罪的实现具有条件关系者，均为正犯，从而把教唆、帮助等共犯也归结为正犯，取消了正犯与共犯的区分。对此，日本学者作出了以下评论：限制的正犯概念忘记了符合构成要件的实行行为这一观念所具有的规范意义，相反，扩张的正犯概念则忽视了实行行为的定型性意义，必须说，都是不妥当的。如上所述，实行行为中既包括了不作为等，也包括了基于间接正犯的情形，而且，应该认为刑法中的教唆犯、从犯的规定预想的是在社会观念上与正犯属于不同类型的行为，认为两者实质上是同一的，就违反了我们的法感觉。应该说，限制的正犯概念过于狭窄，而扩张的正犯概念过于宽广。② 日本学者在以上论述中，强调了实行行为的规范性与类型性，这里的实行行为也就是正犯行为。根据规范性的特征，实行行为并不见得必须亲手实施，只要对犯罪具有支配关系的，就应当属于正犯。根据德国学者罗克辛的犯罪支配说，正犯可以分为三种：一是直接正犯，直接正犯的行为人亲自实施了构成要件所规定的行为，因而具有行为支配（Handlungsherrschaft）。二是间接正犯，间接正犯的行为人虽未亲自实施构成要件行为，但利用自己的意志力量支配了犯罪的因果流程，因而具有意志支配（Wilensherrschaft）。三是共同正犯，共同正犯的行为人通过和其他犯罪人的分工合作，机能性地支配了犯罪，因而具有机能的犯罪支配（funktionelle Tatherrschaft）。③ 应该说，犯罪支配说在一定程度上克服了限制的正犯论的偏颇，从规范的角度充实了

---

① 参见［日］大塚仁：《刑法概说（总论）》，3 版，冯军译，238 页以下，北京，中国人民大学出版社，2003。

② 参见［日］大塚仁：《刑法概说（总论）》，3 版，冯军译，239 页以下，北京，中国人民大学出版社，2003。

③ 参见何庆仁：《德国刑法学中的义务犯理论》，载陈兴良主编：《刑事法评论》，第 24 卷，242 页，北京，北京大学出版社，2009。

正犯的概念，也为正犯与共犯的区分提供了理论根据。

三、单一制的理论困境

当然，单一正犯体系的立法也受到质疑。例如德国学者指出了单一正犯概念建构的困境，因为《奥地利刑法典》第12条所区分的共同犯罪形式仅为三种：直接实施、唆使他人直接实施以及对实施提供帮助。而《德国刑法典》第25条至第27条则区分了五种不同的犯罪参与形式，即包含直接正犯、间接正犯和共同正犯的正犯，以及另外的教唆犯和帮助犯。五项互动方式的区分对于刑法的归责至关重要，这一论点可以通过刑法的目的，以及设想依据奥地利刑法价值关系发生倒置错误的案例，最后通过一项实质的正犯概念获得阐释，而该归责的发展和延展在单一正犯模式这一普洛克路斯忒斯之床之下并无可能性。[1] 德国学者的意思是：由于单一正犯概念过于简单，难以解决复杂的共犯现象。单一正犯概念确实在很大程度上简化了共犯教义学，使共犯的定罪极大地趋同于正犯，这是有目共睹的。然而，单一正犯概念在简化共犯定罪规则的同时，也会带来对构成要件定型性的冲击，以及对疑难问题的解释能力的冲击，这也是不可否定的。正如德国学者指出：所谓的简化法律适用，依我所见，这一观点词不达意，相反，奥地利法却因为不能实现犯罪参与形式的足够区分而为诸多绊脚石所累。[2]

在我国，刑法总则设立专节规定了共同犯罪，这里的共同犯罪是我国刑法较为特殊的一种称谓。应该说，共同犯罪不同于正犯，也不同于共犯，而是正犯与共犯的上位概念。在德日刑法典中，正犯与共犯是并列的，但并不存在其上位概念。值得注意的是，现在我国学者在翻译德国著作的时候，逐渐抛弃正犯与共犯

---

[1] 参见[德]贝恩德·许内曼：《评刑法中的单一正犯法律构造——教义学巨兽之批判》，载《中国社会科学院研究所院学报》，2020（4）。

[2] 参见[德]贝恩德·许内曼：《评刑法中的单一正犯法律构造——教义学巨兽之批判》，载《中国社会科学院研究所院学报》，2020（4）。

的称谓，而是越来越多地采用参与或者参加一词。其中，参与是指共犯，参加则是正犯与参与的上位概念。[①] 在这种情况下，参加犯罪就相当于我国刑法中的共同犯罪。也就是说，在传统德国共犯教义学中，并不存在正犯与共犯的上位概念，现在则采用犯罪参与替代共犯，采用参加犯罪涵盖正犯与共犯。

第三节 区分制与单一制的抉择

我国《刑法》第25条规定"共同犯罪是指二人以上共同故意犯罪"，这里的"犯罪"是指正犯，还是也包括共犯？如果把这里的"犯罪"理解为正犯之罪，即刑法分则规定的具体犯罪，则上述共同犯罪的概念就等同于共同正犯的概念，而不能在逻辑上涵括共犯。但如果把这里的"犯罪"理解为包括共犯，则又与教唆犯是教唆他人犯罪的概念矛盾，因为教唆犯定义中的犯罪显然是不包括教唆犯本身的。这里的问题在于，我国刑法关于共同犯罪的概念只从主观上将共同犯罪限于共同故意犯罪，但并没有从客观上提供共同犯罪的参与形式。由于我国刑法关于共同犯罪概念的规定具有不同解读的空间，因而从不同的共犯教义学立场出发，形成对《刑法》第25条规定的不同解释。例如持区分制观点的我国学者钱叶六将这里的共同犯罪界定为共同正犯[②]，这一解读试图将我国刑法关于共同犯罪的规定纳入类似德日刑法典的明显的区分制立法逻辑。因为采用区分制的刑法典都对共同正犯、教唆犯和帮助犯作了明文规定，但我国刑法中只有教唆犯是有专条规定的，而帮助犯还可以说隐含在从犯的规定之中，至于共同正犯则在刑法总则关于共同犯罪的规定中不见踪影。在这种情况下，我国学者将《刑法》第25条关于共同犯罪的规定解释为是对共同正犯的规定，由此满足区分制对正犯

---

① 参见[德]乌尔斯·金德霍伊泽尔：《刑法总论教科书》，6版，蔡桂生译，91页，北京，北京大学出版社，2015。
② 参见钱叶六：《共犯论的基础及其展开》，16页，北京，中国政法大学出版社，2014。

与共犯的立法图景。然而,正如站在单一制立场的我国学者刘明祥所反驳的那样,这是用区分正犯与共犯的区分制立法体系,来套我国刑法中的共同犯罪规定所得出的结论。不能因为德日刑法都是按共同正犯、教唆犯、帮助犯的顺序对三者均作了规定,就误以为我国《刑法》对教唆犯(第 29 条)、帮助犯(第 27 条)有规定,从而想当然地对第 25 条第 1 款的规定作所谓体系性解释,理解为是关于共同正犯的规定,却不考虑我国刑法所采取的犯罪参与体系与德日刑法的差异,以及该款规定与它们的共同正犯规定的不同。[①]对于这一评论我是赞同的,但我并不认为只有将《刑法》第 25 条的共同犯罪解释为共同正犯才能坚持区分制。同样,否定《刑法》第 25 条规定的共同犯罪是共同正犯也不能由此得出单一制的结论。我认为,我国《刑法》第 25 条关于共同犯罪定义中的犯罪,当然是指刑法分则所规定的犯罪,而共同犯罪包括共同故意实行犯罪、组织犯罪、教唆犯罪或者帮助犯罪。这样理解我国刑法关于共同犯罪的概念,才能根据参与形式不同,将正犯与共犯都涵摄在共同犯罪的概念之内。

我国《刑法》关于共同犯罪的定义性规定,与《意大利刑法典》第 110 条的规定是极为相似的,而与对共同犯罪未作概念性规定的德日刑法典是有所不同的。这种情况为单一正犯体系提供了一定的想象空间。例如,我国学者指出:通过对以上两种体系(指区分制与单一制)的述评从而进一步指出,共同犯罪中各个共同犯罪行为人由于相互利用对方的行为作为自己行为的一部分而成为独立存在的行为:共同实施犯罪行为的人皆为正犯。这才是共同犯罪的本质所在。在此基础上,各个行为人主观罪过的内容决定了正犯的性质和成立范围。在这种共犯人的体系中,正犯的确定并不意味着就确定了其责任的大小,其责任大小应当依据其在共同犯罪中的作用大小来加以确定。笔者有理由认为,只有回到本文的立场即坚持通过各个共同犯罪人的"行为—罪过—作用大小"的路径才可能真正探求到共同犯罪的本质,也才可能真正解决各个共同犯罪行为人的罪责根据。当

[①] 参见刘明祥:《我国刑法没有规定共同正犯》,载《法学家》,2022 (1)。

第三节 区分制与单一制的抉择

然，从这一角度来看，单一正犯体系相较于"正犯·共犯"分离体系更具有前瞻性和合理性。[①] 当然，上述学者的见解也只能一种"瞻望"而已，要真正采用单一正犯体系来理解我国刑法中的共同犯罪，存在重大的解释论上的障碍。因为我国《刑法》第25条关于共同犯罪的规定虽然为单一正犯体系提供了法律语境，但我国刑法关于共犯的分类，在主犯、从犯、胁从犯的作用与分类法以外，还对教唆犯专门作了规定。根据我国《刑法》第29条的规定，教唆犯是指教唆他人犯罪的。这一规定，为正犯与共犯的区分提供了法律根据。也就是说，刑法分则规定的具体犯罪行为是正犯行为，在逻辑上并不包括教唆等共犯行为。共犯行为只有按照刑法总则规定结合相关的刑法分则规定才能定罪，这就是共犯对于正犯在定罪上的从属性。因此，我并不认为在我国刑法中具有采纳单一正犯体系的可能性。

更为重要的是，弃区分制采单一制的主要原因还是在于以下两点：一是正犯与共犯区分上的困难，二是简单地以是否参与刑法分则构成要件行为的实行作为正犯与共犯的区分标准，难以体现各个共犯在共同犯罪中的作用，尤其是难以使那些虽未实行犯罪但在共同犯罪中起主要作用的行为人受到严厉处罚。为解决上述问题，德日传统共犯教义学的基本思路是逐渐地突破关于正犯与共犯相区分的形式—客观的标准，而实质地扩张正犯的概念。例如日本学者创立了共谋共同正犯的概念，共谋共同正犯是以草野豹一郎的共同意思主体论为理论根据的，认为二人以上异心别体的个人通过共谋实施一定的犯罪，形成一种作为超个人的社会性存在的"共同意思主体"，由此可以将部分构成成员所实施的行为认作该共同意思主体的行为，因而全体构成成员均为共同正犯。这种学说，在一定程度上混淆了实行与共谋的区别，是一种团体责任论，是和现代刑法中的个人责任原则不相容的。[②] 尽管如

---

① 参见陈世伟：《论共犯的二重性》，135～136页，北京：中国检察出版社，2008。
② 参见[日]小野清一郎：《犯罪构成要件理论》，王泰译，167页，北京，中国人民公安大学出版社，2004。

此，在日本司法判例中都广泛地承认共谋共同正犯。① 而在德国共犯教义学中，罗克辛的功能性支配理论，也为正犯扩张至未实行者提供了理论根据。例如德国学者认为，行为支配不局限于亲自实施构成要件该当的行为的情形。整体计划的实施使角色分工成为必要或者符合目的，此等角色分工还给具体的参与人分配法定构成要件以外的行为，使得行为的实施依赖于以这种方式确定的合作。② 可以说，上述理论在一定程度上克服了区分制的弊端，使得采用单一正犯体系缺乏必要性。而在我国刑法中，上述区分制的弊端可以说由于组织犯这一概念的确立，而得到了很大程度的缓解。在某种意义上说，组织犯这一概念是苏俄及我国刑法关于共犯理论的唯一亮点。

组织犯的概念最早出自1952年《阿尔巴尼亚刑法典》，该刑法典第13条第3款规定："组织犯罪团伙、领导犯罪团体、制定犯罪计划或者指挥实施犯罪的人，是组织犯"。这一规定，将组织犯罪的人从共犯中独立出来予以并列，突出了其在共同犯罪中的作用。1960年《苏俄刑法典》对共同犯罪人改采四分法，增加了组织犯的规定。③ 现行《俄罗斯联邦刑法典》第33条第3款对组织犯作了规定，指出："组织犯罪的实施或领导犯罪的实行的人，以及成立有组织的集团或犯罪团伙（犯罪组织）或领导这些集团或团体的人，是组织犯"。俄罗斯学者指出：如果组织犯组织了犯罪并领导了犯罪的实施，但自己不参加直接完成犯罪的客观方面，则他的行为应依照刑法典第33条和刑法典分则中规定实行犯责任的相应条款定罪。④ 由此可见，在俄罗斯刑法中，组织犯属于共犯而非正犯。在处罚上，俄罗斯刑法典规定按照每个共同犯罪人实际参与实施犯罪的性质和程

---

① 参见［日］西田典之：《日本刑法总论》，刘明祥、王昭武译，266页，北京，中国人民大学出版社，2007。
② 参见［德］汉斯·海因里希·耶赛克、托马斯·魏根特：《德国刑法教科书》，徐久生译，825页，北京，中国法制出版社，2001。
③ 参见陈兴良：《共同犯罪论》，47页，北京，中国社会科学出版社，1992。
④ 参见［俄］斯库拉托夫、列别捷夫主编：《俄罗斯联邦刑法典释义》，上册，黄道秀译，79页，北京，中国政法大学出版社，2000。

度对共同犯罪人进行处刑。而一般地说，组织犯是最危险的，应担负最大的责任。

我国刑法虽然未在条文中将组织犯单列为一种共犯类型，但《刑法》第26条第1款关于主犯的规定中涵括组织犯，即组织、领导犯罪集团进行犯罪活动的人。对此，我国《刑法》第26条第3款规定："对组织、领导犯罪集团的首要分子，按照集团所犯的全部罪行处罚"。这一规定，被认为是体现了对组织犯的严厉处罚。在这种情况下，在对有关正犯与共犯的规定中，已经渗透了作用因素，因而正犯与共犯的区分制所具有的形式性所带来的弊端更容易消弭。在我看来，在我国目前实质刑法观念十分强烈的情况下，采用以形式——客观为基础的正犯与共犯的区分制，可以消解我国刑法关于共同犯罪规定的实质性，从而更能够在共同犯罪的定罪量刑中体现罪刑法定的精神。在这个意义上，我认为应该对单一正犯体系持一种排拒的态度。

第五章
共同犯罪的基础理论

共同犯罪是相对于单独犯罪而言的，是一种更为复杂的犯罪形态。共同犯罪与单独犯罪相比，并不仅仅在于主体数量上的区别，而是在于构成要件上的差异。从行为类型的意义上说，共同犯罪是刑法分则规定的构成要件行为与刑法总则补充的构成要件行为的统一：前者是指正犯行为，后者是指共犯行为。这两种行为在构成要件性质上存在明显差别，因而为正犯与共犯的分类奠定了基础。

第一节 共同犯罪的性质

通观大陆法系各国的共同犯罪理论，基本上是沿着正犯与共犯两条线索建立起来的。因而，理解正犯与共犯的关系，就成为揭示共同犯罪性质的关键。关于正犯与共犯的关系，在共犯教义学中出现过五花八门的学说，主要是存在共犯从属性说与共犯独立性说的聚讼。[①] 我国刑法的立法并不是以正犯与共犯相区分为

---

① 共犯从属性与共犯独立性不仅说明成立共犯的形式与方法，而且直接论及共犯的实质，故为一般共犯之存在论即本质论。参见郭君勋：《案例刑法总论》，2版，419页，台北，三民书局，1983。

脉络的，而是确立了统一的共同犯罪的概念。然而，我国刑法中的共同犯罪，从构成要件来分析，仍然存在符合刑法分则规定的构成要件的正犯与在刑法分则规定的构成要件的基础上由刑法总则加以补充规定的共犯（包括组织犯、教唆犯与帮助犯）的区别。在这个意义上可以说，我国刑法中的共同犯罪是正犯与共犯的上位概念。

一、共犯从属性说及其辨析

（一）共犯从属性说的概念

共犯从属性说是一种客观主义的共犯理论，为德国学者毕克迈尔、麦耶尔、贝林、麦兹格、李斯特和日本刑法学家泷川幸辰、小野清一郎等人所主张。共犯从属性说认为，共犯对于正犯具有从属性，共犯的成立及可罚性，以存在一定的实行行为为必要前提。因此，只有在正犯已构成犯罪并具有可罚性的情况下，共犯才从属于正犯而成立并具有可罚性。例如德国学者在论处共犯从属性的概念时指出：共犯（教唆犯和帮助犯）是以依赖于故意之正犯的存在而存在的（从属性），因为只有实施了正犯行为，第26条和第27条[1]规定的不法构成要件才得以实现。[2] 这里的第26条和第27条规定的不法构成要件是指教唆犯和帮助犯的构成要件。因此，根据上述规定，教唆犯和帮助犯的构成要件具有对于正犯行为的依赖性。

共犯从属性说是为解决共犯的处罚根据问题而提出的一种学说，它以正犯与共犯的二元区分为逻辑前提。根据正犯与共犯的区分制，只有正犯才是刑法规定

---

[1] 这里的第26条和第27条是指《德国刑法典》的规定。其中，第26条规定："故意引起他人为故意之违法行为，为教唆犯，依正犯规定罚之。"第27条规定："（1）故意协助他人从事故意之违法行为，依帮助犯处罚。（2）帮助犯依正犯之刑度而处罚。处罚依第49条第1项减轻之。"

[2] 参见［德］汉斯·海因里希·耶赛克、托马斯·魏根特：《德国刑法教科书》，下，徐久生译，887页，北京，中国法制出版社，2017。

的可罚行为，而共犯是刑罚扩张事由，其可罚性依赖于正犯，因而必须承认共犯对于正犯的从属性。在这个意义上，从属性说就成为共犯可罚性的必要话语，刑法学者都是从共犯从属性展开对共犯可罚性的论证。例如李斯特揭示了共犯从属性的要旨在于共犯之处罚以主行为之处罚为前提条件。如果主行为的犯罪特征被排除，则教唆犯和帮助犯也就不可能得以成立。[①] 这里的主行为是指正犯行为，正是正犯行为的可罚性决定了共犯的可罚性。李斯特还论述了共犯从属性的特点，指出："共犯的从属性特点可由立法者以以下不同方式规定：（1）将对正犯行为的处罚作为教唆犯和帮助犯处罚的依据，如果对正犯的处罚因个人特征或个人关系而被加重或者减轻者；（2）共犯的个人特征或个人关系本身完全不予考虑；（3）每个对正犯有利的免除刑罚事由（个人的刑罚阻却事由、解除刑罚的阻却事由），直接适用于共犯。"[②] 由此可见，李斯特对共犯的从属性具有较为深刻的认知，以此作为理解共犯性质的切入点。

（二）从属性说的内容

在共犯从属性说中，需要讨论的是共犯从属性的内容问题。我国学者指出："围绕着共犯从属性这一范畴，争论主要体现在，共犯从属性应包括哪些内容（领域）之争，各方面的内容应怎样准确地归纳（概念之争）。解决这些问题，归根结底离不开共犯和正犯的相互关系这个大前提，离不开从属性或独立性这个问题点，同时要考虑概念的逻辑性、价值性。唯有如此，才能使共犯从属性成为一个轮廓清晰的理论，并进而依靠从属性原理，解决共犯的具体问题。"[③] 也就是说，共犯从属性并不是一个空洞的用语，而应该具有其充实的内容。日本学者提出了共犯从属性的要件问题，这对于理解共犯从属性具有重要意义。日本学者指

[①] 参见[德]弗兰茨·冯·李斯特：《李斯特德国刑法教科书》，徐久生译，304页，北京，北京大学出版社，2021。

[②] [德]弗兰茨·冯·李斯特：《李斯特德国刑法教科书》，徐久生译，306页，北京，北京大学出版社，2021。

[③] 张开骏：《共犯从属性研究》，70页，北京，法律出版社，2015。

出:"从属性要件的有无及其程度被作为问题,与此相对,能够指出的是在从属性要件上包含着必须加以区别检讨的不同问题,对于从属性要件主张分为以下三个方面加以检讨:(1)实行从属性(是因为正犯行为已经达到了可罚性的阶段从而才成立共犯吗?),(2)要素从属性(作为共犯的成立条件,正犯行为必须具备怎样的要件?)以及(3)罪名从属性(是仅就同一罪名而言才能成立共犯吗?)。"[1]由此可见,共犯从属性的三项内容分别对应于三个问题。

1. 实行从属性

实行从属性是共犯从属性的基本内容,日本学者认为,实行从属性是指共犯为了具备可罚性,原则上正犯着手了实行而达到了未遂的阶段这一点是否必要的问题。[2] 实行从属性要求正犯至少达到着手实行犯罪的程度,因此,共犯的从属性是指对正犯实行的从属。如果正犯没有达到着手的程度,则共犯难以成立。在德日共犯教义学中,之所以坚持实行从属性,是因为德日刑法典都以处罚实行行为为原则,以处罚预备行为为例外。德日刑法典都没有规定预备犯的一般处罚,而只是在刑法分则设立了若干预备罪,作为预备犯处罚的特别规定。在这种情况下,只有犯罪的实行行为才具有可罚性,因而共犯对正犯的从属性起点或者德国学者所称的连接点(Bezugspunkt)[3] 当然就是实行行为的着手。但是,我国刑法有所不同,我国刑法规定了预备犯处罚的一般原则,刑事可罚性的起点是犯罪预备,因此,实行从属性的标准对于我国刑法并不完全适用。更为重要的是,我国《刑法》第29条第2款规定:"如果被教唆的人没有犯被教唆的罪,对于教唆犯,可以从轻或者减轻处罚。"在这种被教唆的人没有犯所教唆的罪的情况下,不仅没有实行从属性,而且预备从属性也并不存在。正因为如此,我国学者认为

---

[1] [日]山口厚:《刑法总论》,3版,付立庆译,323页,北京,中国人民大学出版社,2018。
[2] 参见[日]西田典之:《共犯理论的展开》,江溯、李世阳译,21页,北京,中国法制出版社,2017。
[3] 参见[德]汉斯·海因里希·耶赛克、托马斯·魏根特:《德国刑法教科书》,下,徐久生译,889页,北京,中国法制出版社,2017。

我国刑法关于共犯的规定没有采用从属性说，而是采用独立性说。因此，我国学者指出："共犯从属性观念，尚未在我国真正确立。我国司法实务当中，仍然存在适用共犯独立性说的现象；在刑法学界，共犯的实行从属性说也受到曲解，引致诸多批评"[1]。当然，也有个别学者认为，即使是《刑法》第 29 条第 2 款的规定也并不能得出我国刑法不采用实行从属性的结论。因为《刑法》第 29 条规定的是未遂犯的教唆犯，即可以将其中的"被教唆的人没有犯被教唆的罪"解释为"被教唆的人没有犯被教唆的既遂罪"或"被教唆的人没有犯罪既遂"。详言之，该款的基本含义是，如果被教唆的人着手实行犯罪以后，由于意志以外的原因未得逞（未遂）或者自动放弃犯罪或者有效地防止结果发生（中止），对于教唆犯，可以从轻或者减轻处罚。[2] 概言之，将没有犯被教唆的罪解释为没有犯被教唆的既遂罪。我认为，这一解释完全背离了《刑法》第 29 条第 2 款的字面语义，并不妥当。教唆犯的未遂形态较为复杂，从教唆犯这方面来说，存在教唆犯的未遂犯。而从被教唆的人角度来说，存在未遂犯的教唆犯。教唆犯的未遂犯是指教唆未遂，即虽然实施了教唆行为，但被教唆的人没有实施被教唆的犯罪。未遂犯的教唆犯是指教唆犯已经实施教唆行为，被教唆的人开始实施犯罪，处于犯罪未遂。由于在日本刑法中，不处罚犯罪预备，并且犯罪中止包含在未遂犯之中，称为中止未遂，所以，未遂犯的教唆犯就可以包含各种犯罪的未完成形态的教唆犯类型。但在我国刑法中，犯罪的未完成形态除了未遂犯，还存在预备犯和中止犯。因此，从被教唆人的角度来说，除未遂犯的教唆犯以外，还存在预备犯的教唆犯和中止犯的教唆犯。根据以上辨析，我国《刑法》第 29 条第 2 款规定的"被教唆的人没有犯被教唆的罪"是指教唆犯的未遂犯，即已经着手实施教唆行为，并且完成教唆行为，但被教唆的人没有接受教唆，因而没有犯所教唆的罪的情形。例如，日本学者西田典之曾经举过一个案例：假设 A 教唆 B 杀害 C。在 B

---

[1] 秦雪娜：《共犯从属性研究》，58 页，北京，中国法制出版社，2020。
[2] 参见张明楷：《刑法学》，上，6 版，555 页，北京，法律出版社，2021。

虽然已经决意杀害C却没有实行杀害的实行（包括预备）行为的场合，是否可以将A作为杀人教唆的未遂予以处罚？西田典之认为，对于这个问题作出肯定回答的是实行独立性说。[①] 那么，根据我国《刑法》第29条第2款的规定，这个案例是否构成教唆犯呢？我认为，这个案例完全符合《刑法》第29条第2款的规定，因为它属于被教唆的人没有犯所教唆的罪的情形。正是基于《刑法》第29条第2款的规定，我们才不得不承认，我国刑法并没有采用实行从属性。当然，我国学者对于上述观点提出质疑，认为处罚教唆未遂与实行从属性说并不冲突，考虑到我国对犯罪预备采取普遍处罚原则的法律语境，作为中国问题的实行从属性说，仅仅应当是指，共犯成立犯罪未遂，以正犯的着手为必要，而在正犯尚未着手的场合，仍然存在对其以犯罪预备处罚的可能。[②] 如果被教唆的人接受教唆但处于犯罪预备，认为在这种情况下，教唆犯的成立仍然具有对被教唆人的行为的一定程度的从属性，不能完全采用实行从属性，这还有一定道理。但根据我国《刑法》第29条第2款的规定，只要实施了教唆行为，即使被教唆的人没有接受教唆，根本就没有将教唆的犯罪付诸实施，不仅没有实行，连预备行为也没有，在这种情况下，根据我国刑法规定，教唆犯即告成立，只不过从轻或者减轻处罚而已，即视为教唆犯的未遂。对此，仍然坚持认为我国刑法采用实行从属性说，似难自圆其说。

我认为，从实然的意义上说，我国《刑法》因为第29条第2款的规定而没有采用实行从属性说，但从应然的意义上说，我国应当采用实行从属性说。也就是说，可以将《刑法》第29条第2款规定看作是一个例外，在其他场合，我国刑法应当采用实行从属性说。

---

① 参见［日］西田典之：《共犯理论的展开》，江溯、李世阳译，21页，北京，中国法制出版社，2017。

② 参见秦雪娜：《共犯从属性研究》，165～166页，北京，中国法制出版社，2020。

2. 要素从属性

要素从属性其实就是共犯的从属性程度问题，即共犯在何种程度上从属于正犯。关于从属性程度，通常采德国刑法学家麦耶尔关于从属性程度的公式。根据麦耶尔的公式，从属性程度可以分为以下四种：一是最小限度从属形式。共犯的成立，只要正犯具备构成要件的该当性就够了，即使缺乏违法性及有责性，也无碍于共犯的成立。二是限制从属形式。正犯具备构成要件的该当性和违法性，共犯才能成立，即使正犯缺乏有责性也不受影响。三是极端从属形式。正犯必须具备构成要件的该当性、违法性与有责性，共犯始能成立。四是最极端从属形式。正犯除具备构成要件该当性、违法性与有责性外，并以正犯本身的特性为条件，正犯的刑罚加重或者减轻事由之效力及于共犯。从德国刑法的演变来看，存在一个从属性程度逐渐放宽的过程。例如德国学者描述了这个过程：1943年以前德国刑法一直适用严格的从属性原则，根据该原则，主行为正犯必须实施了"应受处罚"的行为。这里的应受处罚的行为是指根据构成要件、违法性和责任，应受处罚的所有要素都必须具备的行为。1943年的条例增加了限制的从属性，以便弥补应受处罚性的漏洞。1975年刑法改革以来的现行刑法，在与迄今为止的主流理论且部分与判例取得一致的情况下，将这一争论画上了句号，它规定，教唆犯和帮助犯以故意实施的违法的正犯行为为前提条件。[①] 也就是说，其完成了从严格从属到最小限度的从属的转变。

日本学者关于共犯的从属形式的论述不同于德国学者的观点，如果说将德国学者关于共犯从属性程度的论述称为四分说，那么，这里的三分说中的要素从属性其实又可以进一步分解为三种学说：（1）最小从属性说（要求正犯行为具有构成要件该当性），（2）限制从属性说（要求正犯行为具有构成要件及违法性），

---

① 参见［德］汉斯·海因里希·耶赛克、托马斯·魏根特：《德国刑法教科书》，下，徐久生译，888~889页，北京，中国法制出版社，2017。

(3) 极端从属性说（要求正犯行为具有构成要件该当性、违法性以及责任）。①由此可见，日本的三分说其实包含了德国四分说的全部内容。

要素从属程度反映了共犯对正犯的依赖程度：在严格限制从属的情况下，正犯具有对共犯的最大限度的制约性，因而共犯的处罚范围较小。相反，在最小从属的情况下，共犯对正犯的依赖程度较低，共犯的处罚范围较大。如前所述，如果从《刑法》第 29 条第 2 款处罚没有正犯的教唆犯来看，我国刑法似乎是不承认共犯从属性的。但与此同时，我国刑法将共同犯罪界定为二人以上共同犯罪，只有在二人以上均成立犯罪的情况下，才构成共同犯罪。就此而言，我国刑法又是采取严格从属，甚至极端从属形式的。正如我国学者指出："我国有很多实务案例实际上采取了极端从属性说的立场，我们推测这是绝对的主流。但是，个别案例中公诉意见的论理基础是限制从属性说，这一点值得注目。"② 我认为，我国司法实务中之所以采用极端从属形式，主要是由于对共同犯罪采用整体评价模式所决定的。所谓整体评价模式就是将共同犯罪看作一个整体，只有在二人以上同时构成犯罪的情况下，共同犯罪才能成立。以此为逻辑出发点考察正犯与共犯的关系，则共犯的成立必然以正犯构成犯罪为前提，唯有《刑法》第 29 条第 2 款是例外。因为这一条款明确了在被教唆的人不构成犯罪的情况下，教唆犯照样成立。此外，极端从属形式的采用还与我国平面式的四要件的犯罪论体系有关。因为四要件是在四个要件同时具备的情况下，犯罪才能成立，对犯罪成立要件不能分立。而三阶层的犯罪论体系中的构成要件、违法性和有责性是可以分立的，在这种情况下，正犯就可以分解为该当构成要件的行为、该当构成要件和违法性的行为，以及该当构成要件、违法性和有责性的行为。因此，在阶层式的犯罪论体系下，共犯对正犯的从属性呈现出一种阶层关系。这个意义上的正犯与共犯关系，就是一种部分评价模式。值得注意的是，随着我国刑法教义学采用三阶层的

---

① 参见［日］山口厚：《刑法总论》，3 版，付立庆译，324 页，北京，中国人民大学出版社，2018。
② 张开骏：《共犯从属性研究》，212 页，北京，法律出版社，2015。

犯罪论体系，部分评价模式越来越获得认同。在共犯的从属性形式上，摒弃极端从属性说改而采用最小限度的从属性说的观点逐渐被我国学者所接受。例如我国学者提出了共犯的客观构成要件从属性说的命题，指出：关于共犯的从属性，应采取"客观构成要件从属性说"，即共犯只是从属于正犯该当客观构成要件的行为事实，在违法性和有责性上则具有独立性。① 这里的客观构成要件从属性说，就是指最小从属形式。

3. 罪名从属性

罪名从属性是指正犯与共犯在罪名上应当具有同一性，即共犯的罪名从属于正犯。在绝大多数情况下，既然共犯从属于正犯而成立，因而共犯所犯罪名与正犯的是相同的。例如，教唆他人故意杀人的，被教唆的人是正犯，其罪名是故意杀人罪，则教唆者的罪名亦是故意杀人罪，两者具有同一性。然而，罪名从属性又不是绝对的，在某些犯罪具有重合的情况下，正犯与共犯的罪名未必相同。例如日本学者指出："罪名从属性是指，共犯的罪名、罚条是否从属于正犯的罪名、罚条的问题。它关乎共犯是指共同犯罪（完全犯罪共同说），抑或不过是共同的行为、因果关系（行为共同说）这一对立的问题。但是现在认为，即使是不同的犯罪，在构成要件相互重合的限度内也可以肯定共犯成立的部分犯罪共同说变得有力起来。"② 因此，罪名从属性并非从属性说的必要之意。

（三）共犯从属性说的评价

共犯从属性说以正犯的行为为中心，使教唆犯与帮助犯依附于正犯而存在，这就严格地限制了共犯的构成条件，在一定程度上正确地揭示了正犯与共犯的关系，具有其合理性。近代的共同犯罪立法都是以共犯从属性说为根据的。例如，1810年《法国刑法典》对共同犯罪采用二分法，即区分为正犯与从犯，将教唆犯与帮助犯都规定为从犯。这里的从犯其实就是与正犯相对应意义上的共犯，并

---

① 参见秦雪娜：《共犯从属性研究》，198页，北京，中国法制出版社，2020。
② ［日］西田典之：《共犯理论的展开》，江溯、李世阳译，24页，北京，中国法制出版社，2017。

且从犯的概念具有从属于正犯的含义。1871年《德国刑法典》对共同犯罪采用三分法,即区分为正犯、教唆犯和从犯,使教唆犯从从犯中独立出来,但仍使教唆犯从属于正犯而成立。当然,极端的从属性对于共犯限制过于严格,因而存在一定缺陷。

从属性程度的提出,在一定程度上弥补了共犯从属性说的不足,可以认为是对共犯从属性说的一种变相修正。在四种从属性程度中,最极端从属形式偏重于正犯的可罚性,而将共犯本身应斟酌的情况一概抹杀,未免过当,故采之者甚少。而大多数国家都采极端从属形式,或者限制从属形式。[①] 由此可见,从属性程度大有步步缩小的趋势。从目前的情况来看,各国刑法越来越多采取最小从属形式。可以说,就正犯与共犯的关系而言,从属性说的理论建构是符合逻辑并且合理的,因而应当成为我们理解正犯与共犯关系的基本分析工具。

二、共犯独立性说及其辨析

(一) 共犯独立性说的概念

共犯独立性说是一种主观主义的共同犯罪理论,为德国刑法学家宾丁、柯拉、布黎、拿格扎和日本刑法学家牧野英一、木村龟二等人所倡导。共犯独立性说从主观主义立场出发,认为犯罪乃行为人恶性的表现,共犯的教唆行为或帮助行为,系行为人表现其固有的反社会的危险性,并对结果具有原因力,即为独立实现自己的犯罪,并非从属于正犯的犯罪,应依据本人的行为而受处罚。换言之,其教唆或帮助不过是利用他人的行为,以实现自己的犯意的方法而已,无异于正犯行为。因此,在二人以上参与共同犯罪的场合,不应认为存在从属于他人犯罪的情形。教唆与帮助行为本身应认为独立构成犯罪,均可独立予以处罚。

---

① 参见韩忠谟:《刑法原理》,增订14版,226页,台北,台湾大学法学院,1981。

（二）共犯独立性说的形态

共犯独立性说存在两种形态：第一种是在坚持正犯与共犯相区分的前提下，主张共犯独立性说。第二种是在摒弃正犯与共犯相区分的前提下，主张共犯独立性说。下面对于这两种观点分别加以介绍。

第一种观点仍然坚持正犯与共犯之间的区分，也就是说，正犯是刑法分则规定的犯罪类型，而共犯是刑法总则规定的犯罪类型。但这种观点否定共犯从属于正犯，认为共犯的犯罪性来自其行为自身。这个意义上的共犯独立性说是指，要成立共犯，仅仅需要具备教唆行为或帮助行为即为足够，被教唆者或被帮助者是否实行犯罪，在所不问。①

第二种观点则完全否定正犯与共犯的区分，采取单一制，因而主张共犯独立犯说。共犯独立犯否定限制的正犯概念，主张扩张的正犯概念，认为应该取消正犯与共犯的区分，将共犯包括在正犯的概念之内。这种否定正犯与共犯区分的学说，在刑法理论上又称为共犯独立说。例如，共犯独立犯说的倡导者佛尼茨库主张，国家刑罚权的对象不是行为而是行为者，对行为者适用刑罚，当然也要考虑行为，因为行为是行为者性格的外部表现。由于各个行为者的行为各有不同的特征，无论单独犯或共犯都是独立的，因此，不论教唆犯或正犯都是共同惹起结果的行为者，自应受同样的处理。加功于实行行为本身的从犯，应与正犯相同，但未直接或间接加功于实行行为的从犯，由于其行为只不过部分地惹起结果，其责任与正犯的责任就不能相同。对这样的帮助者必须作为特别的犯罪加以处罚。从而帮助，不可在刑法总则中一般地加以规定，而应依各犯罪的性质和特点在刑法分则规定其刑事责任。这样，在佛氏看来，共犯可有两种处理办法：(1) 所有的共同实行犯、教唆犯及主要的从犯，都是相互协力的犯罪的独立正犯。(2) 单纯帮助则是特别罪的独立正犯。这样，就可以完全取消共犯的规定，使共犯直接适用刑法分则条文。这方面的立法例除1902年《挪威刑法典》以外，还有《格

---

① 参见［日］高桥则夫：《刑法总论》，李世阳译，390页，北京，中国政法大学出版社，2020。

陵兰刑法典》，该刑法典第9条规定："以任何方式教唆或帮助他人犯罪者，本法典适用之。"以上两个刑法典都体现了共犯独立犯说的思想。

（三）共犯独立性说的评价

共犯独立性说在一定程度上割裂了正犯与共犯之间的关系，将正犯与共犯相并置，无助于正确地揭示正犯与共犯的关系。尤其是共犯独立犯说，将共犯纳入正犯的概念，抹杀了正犯与共犯的区分。因此，我并不赞同共犯独立性说。

三、共犯二重性说

（一）共犯二重性说的概念

20世纪80年代，我国学者提出教唆犯具有从属性与独立性之二重性的观点，认为教唆犯的犯罪意图必须通过被教唆人的决意，并且去实施他所教唆的犯罪行为，才能发生危害结果或者达到犯罪目的，否则，是不可能发生危害结果或者达到犯罪目的的。所以，就教唆犯与被教唆人的关系而言，教唆犯处于从属地位，教唆犯具有从属性。同时，在共同犯罪中，教唆犯的教唆行为使教唆犯与被教唆人发生了人与人之间的社会关系，而且在这种社会关系中，又已显示出教唆他人犯罪这一行为本身对社会危害的严重程度。无论被教唆人是否去实行犯罪，教唆行为本身都应该认为是犯罪。所以，从这个意义上说，教唆犯在共犯中又处于相对的独立地位，教唆犯又具有相对的独立性。由此可见：教唆犯具有二重性——从属性和相对的独立性。[①] 教唆犯的二重性的提出，受到不少学者的赞同，认为这一观点突破了教唆犯的从属性与独立性的传统争论，独树一帜，是很有见地的。[②] 对于共犯二重性说，我曾经持赞同的态度，认为它可以成为我国刑

---

① 参见伍柳村：《试论教唆犯的二重性》，载《法学研究》，1982（1），15页。
② 参见马克昌：《论教唆犯》，载《法律学习与研究》，1987（5），16页。

法中的共同犯罪的分析工具。

(二) 共犯二重性说的论证

共犯二重性说认为共犯从属性说与共犯独立性说各有缺陷，因而将从属性与独立性加以统一整合的共犯二重性说具有合理性。可以说，共犯二重性说是我国刑法学者在扬弃共犯从属性说与共犯独立性说的基础上提出的共犯学说，这种共犯二重性说具有对共犯从属性说与共犯独立性说折中的性质。

应当指出，我国学者之所以提出共犯的二重性说，是因为我国刑法对教唆未遂的可罚性做了规定，即被教唆的人没有犯所教唆的罪的，对于教唆犯可以从轻或者减轻处罚。这一规定明显是肯定了教唆犯的独立性，即没有正犯的教唆犯。因此，我国学者对共犯的二重性说的讨论，起始于教唆犯的二重性。我国学者所主张的共犯二重性说，可以分为具体的二重性说和抽象的二重性说，以及事实的二重性说。

1. 具体的二重性说

具体的二重性说认为，在教唆犯的二重性中，独立性与从属性是具体的规范内容，两者是各自分立的。例如，我国学者指出："我国刑法规定的教唆犯，确实具有两重性，但独立性是主要的。具体言之，刑法第26条（指1979年刑法，下同——引者注）第1款规定的教唆犯，只有在被教唆人实施犯罪时才能成立。这时教唆人与被教唆人构成共同犯罪关系，被教唆人实施的犯罪行为是犯罪预备、未遂或既遂，教唆犯也是犯罪预备、未遂或既遂，这就是教唆犯犯罪的从属性。但这一款规定的教唆犯的刑事责任，则是依其共同犯罪中的作用处罚，而不是依照实行犯的刑罚处罚，这就是教唆犯处罚的独立性。第26条第2款规定的教唆犯，是被教唆人没有犯被教唆之罪的情况。在这种情况下，教唆犯与被教唆人根本不成立共同犯罪关系，刑法却仍然对之规定了刑事责任。这里的教唆犯既无犯罪的从属性，也无刑罚的从属性，亦即只有独立性。"[1] 根据上述规定，

---

[1] 马克昌：《论教唆犯》，载《法律学习与研究》，1987 (5)，16页。

第一节 共同犯罪的性质

我国刑法对教唆犯的两款规定，分别体现了从属性与独立性，这个意义上的二重性说是具体的二重性说。

2. 抽象的二重性说

抽象的二重性说认为，教唆犯的从属性和独立性并不是分立的，因而不是就刑法的不同规定而言的，而是指教唆犯的性质具有从属性和独立性，这是一种抽象的二重性说。例如，我国学者指出："作为共同犯罪中的教唆犯，是具有二重性的犯罪类型。这种矛盾的二重性，是以从属性为其矛盾的主要方面，以相对的独立性为其矛盾的次要方面。而不能片面地否定任何一个方面，也不能将其矛盾方面的主次加以人为的颠倒。因此，科学地、全面地论证教唆犯，就应当认为教唆犯是共同犯罪中具有矛盾二重性的犯罪，而以从属性为其矛盾的主要方面的类型"①。这里所说的矛盾的二重性，是指从属性和独立性是针对教唆犯性质这同一事物而言的，而不是针对教唆犯的两种不同规定而言的。如果说根据刑法对教唆犯的不同规定，说明在某种情况下教唆犯具有从属性，在另一情况下教唆犯则具有独立性的观点，被称为具体的二重性说，与此相对应的则是抽象的二重性说。② 因此，这个意义上的二重性说是抽象的二重性说。

3. 事实的二重性说

事实的二重性说中的事实是相对于规范而言的，前述具体的二重性说和抽象的二重性说，都是在规范的意义上讨论共犯的二重性问题的。而事实的二重性说则从正犯与共犯的事实关系上考察正犯与共犯之间的从属性与独立性。例如我国学者指出：共同犯罪行为实际上是由各个共犯"互为条件、相互独立"的行为构成的一个有机整体。这就决定了共犯是"独立性"与"从属性"的有机统一体。在共同犯罪行为中，他人的行为成为行为人所利用的客观条件之一。共同犯罪行为也无非就是各个共犯利用其他共犯的行为并作为自己行为组成部分的行为形

---

① 李光灿、马克昌、罗平：《论共同犯罪》，82页，北京，中国政法大学出版社，1987。
② 参见马克昌：《论教唆犯》，载《法律学习与研究》，1987（5），15页。

式。因此，从每个共犯的角度来考察，由于在共同犯罪中他控制了其他共犯的行为，使得其他共犯的行为成为该共犯行为的组成部分，因此，就每个共犯的行为而言，他都独立地实施了一个犯罪行为，他就应对自己控制的其他共犯的行为引起的危害结果独立地承担刑事责任。这就是"共犯的独立性"。另外，共同犯罪是二人以上共同故意实施的犯罪。因此，每一个共同犯罪人与其他共同犯罪人的行为之间必然存在相互利用、互为他人利用的条件、互为他人行为组成部分的关系。各个共同犯罪行为所引起的危害结果必然是各共同犯罪人相互独立但又相互联系的行为共同作用的结果。这一客观事实又决定了在确定每个共犯的刑事责任时，不可能不考虑作为其行为条件和组成部分的其他共犯的行为。共犯行为及其刑事责任之间的这种相互依存性，即共犯的从属性。[①] 从以上论述可以看出，论者所谓的独立性和从属性，都是就各个共同犯罪人之间的相互依存和相互独立的事实关系而言的，这是对共同犯罪行为结构的一种描述。然而，共犯的从属性与独立性是指共犯与正犯之间的共犯关系，即共犯的可罚性是否从属于正犯？根据对这一问题的回答，可以区分为共犯的可罚性从属于正犯的从属性说与共犯的可罚性独立于正犯的独立性说。由此可见，论者所定义的从属性与独立性完全不同于共犯从属性说与共犯独立性说，因而这种事实的二重性说无益于对共犯与正犯之间关系问题的论述。

我认为，上述三种观点不仅在结论上互相对立，而且在方法论上完全不同。当然，具体的二重性说与抽象的二重性说存在一个共同之处，这就是将刑法关于教唆犯的未遂具有可罚性的规定作为立论根据，因为该规定符合共犯独立性的特征，所以在承认我国刑法主要采用共犯从属性说的基础上，不得已将共犯独立性说作为补充，形成所谓二重性说。

[①] 参见陈世伟：《论共犯的二重性》，58、59页，北京，中国检察出版社，2008。

四、从属性说的重新确立

关于共犯的从属性说与独立性说以及我国所特有的共犯二重性说的争议，其实质在于如何看待正犯与共犯之间的关系。换言之，是采用正犯与共犯的区分制还是采用否定正犯与共犯区分的单一制。区分制主张以正犯与共犯为线索建构共犯论体系，而单一制主张取消正犯与共犯的差异建构共犯论体系。我国刑法学界的共犯二重性说试图在上述两种观点之间进行折中，在认同区分制的前提下，在一定程度上肯定共犯的独立性。例如，我曾经采用二重性说，即所谓抽象的两重性说："在我看来，从属性和独立性是辩证统一不可分割的：从属性是在相对独立性基础上的从属性，而独立性是在相对从属性前提下的独立性。共犯的从属性与独立性统一说，也应该如此理解。因此，我认为，在共犯的这种二重性中，不存在孰主孰从的问题。基于上述共犯从属性与独立性统一说，我认为，对于共同犯罪的性质，应在区分正犯与共犯的基础上，对共犯的可罚性从它与正犯的从属性与独立性的统一性上进行科学的论证"[1]。现在看来，上述观点存在逻辑上的缺陷。

如前所述，从属性说是以正犯与共犯的二元区分为前提展开的逻辑演绎的结果，而独立性说则抹杀正犯与共犯的区分，甚至采用参与犯的概念取代正犯与共犯。[2] 由此可见，从属性说与独立性说在逻辑上是对立的，两者难以折中。就共同犯罪的理论而言，我认为区分制更符合处理共同犯罪案件的司法实践要求，而且在逻辑上也是能够成立的。当然，从属性说中的共犯对正犯的从属性本身存在程度之分，如果采用限制从属或者最小从属形式，都能够在一定程度上克服极端从属性说的缺陷，具有其合理性。因此，在区分正犯与共犯的基础上，共犯对正

---

[1] 陈兴良：《共同犯罪论》，2版，44页，北京，中国人民大学出版社，2006。
[2] 关于单一正犯体系是否采用共犯从属性说，在共犯理论上存在不同观点。参见秦雪娜：《共犯从属性研究》，32页以下，北京，中国法制出版社，2020。但在单一正犯体系中的所谓正犯与共犯的区分完全丧失了二元制语境中的正犯与共犯区分的意义，这是毫无疑问的。

犯的从属性是整个共犯教义学的核心。例如，日本学者山口厚指出："为了成立共犯（教唆、帮助），必要的是要充足了对于正犯的从属性的要件。从属性要件仅仅对于以正犯之存在为前提的教唆、帮助来说是妥当的。"[1] 因此，共犯从属性说具有合理性，应当采用。

五、正犯与共犯的区别

正犯与共犯的区别，构成正犯与共犯关系的重要内容。因此，探讨正犯与共犯的区别问题，对于揭示共同犯罪的性质具有一定的意义。

（一）正犯与共犯区分的理论

关于正犯与共犯的区别，在刑法理论上可谓众说纷纭，各执一词。大而别之，可以分为主观说与客观说，兹分别加以说明。

1. 主观说

主观说以因果关系理论中的条件说为基础，认为一切条件皆为发生结果的等价原因。所以，从因果关系的观点，无法对正犯与共犯予以客观的区别，二者区别的标准，不能不求诸行为人的主观。因此，主观说主张应以为自己犯罪的意思作为区分正犯与共犯的标准，凡是以为自己犯罪的意思而参与犯罪的，就应当认为是正犯，否则就是共犯。

主观说是以因果关系的条件说为基础的，条件说又称为全条件同价值说，因而所有对于结果发生具有条件关系的行为均是原因。既然如此，则不能在客观上区分正犯与共犯。由此可见，主观说其实是将客观说理解为原因与条件区分的原因说作为逻辑前提的：正犯与结果之间具有原因关系，而共犯与结果之间具有条件关系。在这种情况下，才能根据客观因果关系区分正犯与共犯。但主观说从根本上否定原因说，而是采用条件说。根据条件说，各种共同犯罪行为对于结果发

---

[1] [日] 山口厚：《刑法总论》，3版，付立庆译，323页，北京，中国人民大学出版社，2018。

生的作用是相同的，不能以此作为区分正犯与共犯的根据。由此，正犯与共犯的区分根据就从客观转向主观，即以主观意思作为区分正犯与共犯的根据。应该说，主观说似乎符合公众认知。例如，德国早期曾经持有主观说的以下判例：姐姐受妹妹之托，杀死了妹妹的私生子。对此，法院以不具有正犯的意思，判决姐姐成立从犯，即帮助犯。[1] 按照一般公众的认知，姐姐好像是在帮助妹妹杀人。因此，主观说似乎具有一定的道理。然而，刑法评价的对象是人的客观行为而不是人的主观意思。对于正犯与共犯的本体内容来说，是一种行为样态而不是主观意思。如果完全以主观意思为标准区分正犯与共犯，就会出现某种荒谬的结论。例如，甲筹集资金进行走私，招募乙、丙等人具体实施走私行为，但乙、丙只是收取走私的酬金，并不分享走私利润。在这种情况下，甲是为自己走私但并未实施具体走私行为，而乙、丙是为他人走私却实施了具体走私行为。如果根据主观说，乙、丙不具有为自己犯罪的意思，虽然实施具体走私行为，不能成立正犯。而甲具有为自己犯罪的意思，虽然没有实施具体走私行为，也成立走私罪的正犯。根据主观意思区分正犯与共犯，完全置客观行为于不顾，使得正犯与共犯的区分混乱不堪，令人难以接受。

主观说不仅存在上述区分标准的混乱，而且所谓为自己犯罪的意思，是一个十分含糊的概念，对此认识不一，仍会产生区别标准上的分歧。在对为自己犯罪的意思的理解上，有些刑法学家认为，应参照行为人对犯罪的利害关系以资决定，凡犯罪系为自己的目的及利益，而非为他人者，即系自己犯罪的意思。还有些刑法学家主张应以行为人的意思方向及强度为准，如行为人意在实行，视全部之行为为自己的行为，而非只在帮助（或教唆），即与实行犯的意思相当，至于帮助犯（教唆犯亦然）均不具此意思，而只有加担于他人犯罪的意思而已。[2] 上

---

[1] 参见［日］松原芳博：《刑法总论重要问题》，王昭武译，280 页，北京，中国政法大学出版社，2014。

[2] 参见韩忠谟：《刑法原理》，增订 14 版，284 页，台北，台湾大学法学院，1981。

述两种理解，又在主观说中出现目的说（又称利益说）与故意说的对立，无益于正犯与共犯的正确区分。例如，我国学者指出，正犯与帮助犯的区别在于二者犯罪意思不同。正犯为谋求本人利益而实施犯罪，帮助犯为谋他人之利益而进行帮助。① 我认为这种观点是没有法律根据的，若以此指导司法实践，只能得出错误的结论。例如，甲为了霸占乙的房产，欲置乙于死地。但甲不是亲手将乙杀死，而是教唆丙去杀乙。在这种情况下，甲具有所谓为自己犯罪的意思，但能以此将甲认定为正犯吗？显然不能，甲只能依法认定为教唆犯。又如，甲对乙的一副金项链垂涎已久，早有窃为己有之意，但恐一人前去盗窃不遂，就百般请求丙前往共窃，丙出于哥儿们义气参与了共同盗窃，窃后甲独占金项链，丙分文未得。在这种情况下，丙没有所谓为自己犯罪之意思，但能以此否认丙是正犯吗？显然不能。根据上述论述，对于区分正犯与共犯来说，主观说并不可取。

2. 客观说

客观说不以行为人的意思，而以行为客观意义为标准，以区别正犯与共犯。从基本方向上来说，客观说是正确的。当然，客观说存在一个从形式客观说到实质客观说的演变过程。

形式客观说以构成要件概念为中心，认为实施构成要件行为的人是正犯，而实施构成要件以外行为的人是共犯。形式客观说是建立在条件与原因区分的基础之上的，因而不同于主观说。如前所述，主观说否定条件与原因之间的区分，认为所有行为，无论是正犯还是共犯，对于结果发生来说都是原因，其作用力是同等的，因而难以从客观上区分正犯与共犯，对正犯与共犯的区分不得不付诸主观意思。然而，形式客观说则认为条件与原因之间是存在区别的：正犯行为与结果之间存在因果关系，而共犯与结果之间则只有条件关系。在刑法中，立法机关将与结果之间存在原因关系的行为规定为正犯行为，而将教唆、帮助等与结果之间具有条件关系的行为规定为共犯行为。因此，正犯行为是符合构成要件的行为，

---

① 参见《法学词典》，增订版，133页，上海，上海辞书出版社，1984。

共犯行为则是补充或者修正的构成要件行为。根据行为是否符合构成要件，就可以将正犯与共犯加以区分。

在通常情况下，根据是否符合构成要件确实可以将正犯与共犯加以区分。但是，形式说对某些情形则难以区分。例如，间接正犯就是典型的例子。间接正犯的行为人并没有直接实施构成要件的行为，显然并不符合正犯的形式特征。然而，如果将间接正犯排除在正犯概念之外，明显是不合适的。反之，如果将间接正犯理解为正犯，则必须突破正犯的形式特征，引入实质标准。正如日本学者指出："如果形式的客观说认为直接实行构成要件该当行为的人才是正犯的话，就不能肯定间接正犯的正犯性。而且，在规范上能被看作是直接正犯的行为的（即，在构成要件上可以说是同等的）行为是构成要件该当的行为的话，就得承认在什么情形下能够承认与直接正犯具有同等的构成要件该当性，正犯（或者实行行为）的概念必须对这样的构成要件解释提供指导性的实质性基准。"[①] 由此，在德日共犯教义学中出现了实质客观说。

传统的实质客观说依因果关系原因力程度之不同，区别原因与条件，认为对结果予以原因力者，应成立正犯，仅予以条件者，则成立共犯。这个意义上的实质客观说可以说是原因与条件区分说在正犯与共犯区分中的运用，并没有为正犯与共犯的区分提供具有价值内容的区分标准，因而还是有所不足的。在这种情况下，日本和德国的共犯教义学出现了现代的实质客观说，这就是危险说与支配说。日本学者指出：在实质客观说内部存在两个不同的方向，即以行为的构成要件实现或者结果发生"危险性"为基准的方向，和以行为者是否支配"构成要件实现的程度"为基准的方向。前者是日本多数学者所采用的见解，后者的见解作为行为支配说是德国的通常。[②] 目前，在共犯教义学中具有较大影响力的是罗克

---

① [日] 井田良：《刑法总论的理论构造》，秦一禾译，246 页，北京，中国政法大学出版社，2021。
② 参见 [日] 井田良：《刑法总论的理论构造》，秦一禾译，246 页，北京，中国政法大学出版社，2021。

辛的行为支配说。

危险说是实质的客观说，因为危险的判断是一种实质判断，这是没有问题的。危险说也被日本学者称为规范的障碍说。例如日本学者指出，实质客观说将实行行为概念予以实质化，对于含有法益侵害之具体危险的行为，肯定存在正犯性。该说的多数论者认为，仅就间接正犯而言，应根据被引诱者是否属于"规范的障碍"来判断这种危险的有无（规范的障碍说）。按照这种观点，在能够期待被引诱者因具有规范意识而避免实施违法行为的场合，由于被引诱者的存在本身就可能是危险实行过程中的障碍，因而不能认定引诱行为具有为正犯者奠定基础的法益侵害的危险；反之，在被引诱者出于某种理由而不能成为规范的障碍的场合，由于能认定引诱行为存在引发结果的切实性、自动性，因而能将引诱行为视为实行行为。[1] 由此可见，危险说是建立在实行行为的实质化的基础之上的，以此而与共犯行为加以区分。然而，有些学者对这里的危险说提出了质疑，认为教唆行为、帮助行为也是对发生结果在一定程度上具有危险性的行为，是可以达到与正犯行为一样的既遂的，与结果之间也承认具有因果关系的行为。[2] 这种质疑强调在正犯行为与共犯行为对于结果发生均具有因果关系以及建立在此基础上的危险性，因此，仅凭危险性难以区分正犯与共犯。不过，正犯与共犯虽然都具有危险性，但这两种危险性存在不同：正犯行为具有独立于共犯的危险性，而共犯行为的危险性则从属于正犯，这是一种派生的危险性。因此，不能简单地以正犯与共犯都具有危险性而否定危险说。当然，危险说是建立在实质化的实行行为概念基础之上的。在并不采用实行行为概念的德国刑法中，难以接受危险说，这也是可以理解的。因此，德国学者提出了支配说，以此区分正犯与共犯。

行为支配说，也称支配说，从该说的内容可以将其归之于实质客观说，但德

---

[1] 参见［日］松原芳博：《刑法总论重要问题》，王昭武译，282页，北京，中国政法大学出版社，2014。

[2] 参见［日］井田良：《刑法总论的理论构造》，秦一禾译，246～247页，北京，中国政法大学出版社，2021。

国学者又通常将其称为综合说或者折中说。例如德国学者指出：无论是纯客观理论还是纯主观理论，均不能令人信服地证明正犯的本质，且恰当地区分正犯和共犯。因此，必须从两个理论中寻找一个综合（Synthese），在这一综合中，每一个理论均能表明事物的一面，但是如果它被割裂开来使用，就将失去完整的意义，这就是行为支配理论的目的。[1] 因此，行为支配说强调行为的目的性，它最早来自威尔泽尔的目的行为论，这就是所谓目的行为支配说。该说认为，正犯是在认识自然的因果法则基础上，采用适当的手段与行为方式，根据一定的意图，有目的地统制行为的发展；比较而言，共犯仅对其所参与的行为具有支配作用，对于犯罪事实本身则无目的的行为支配。[2] 因此，目的行为支配说更为强调目的支配。罗克辛的行为支配也被称为是一种功能性的犯罪支配。[3] 对于正犯与共犯的区分，罗克辛并不强求统一的标准，而是根据不同的发展类型，提出不同的解决方案。由此可见，正犯类型的区分是罗克辛的行为支配说的出发点。罗克辛认为，正犯是犯罪事件的核心角色。但核心角色并非都表现为相同的正犯类型，根据不同的构成要件，其表现为支配犯、义务犯和亲手犯。支配犯中的正犯要素表现为犯罪事实支配，义务犯中的正犯要素表现为特别义务的违反，而亲手犯中的正犯要素表现为亲手性。因此，犯罪事实支配仅是核心角色的表现形态之一，不能解决一切正犯类型，仅在支配犯中，犯罪事实支配才有适用空间，而义务犯和亲手犯是不能用犯罪事实支配理论予以判断的另类正犯。[4] 罗克辛实际上正确地揭示了正犯与共犯并无统一的区分标准这一事实，尤其是其对三种正犯类型的划分和阐述，可谓经典。

---

[1] 参见［德］汉斯·海因里希、托马斯·魏根特：《德国刑法教科书》，下，徐久生译，882页，北京，中国法制出版社，2017。
[2] 参见张伟：《非典型正犯与犯罪参与体系研究》，21页，北京，中国法制出版社，2021。
[3] 参见许玉秀：《当代刑法思潮》，579页，北京，中国法制出版社，2005。
[4] 参见廖北海：《德国刑法学中的犯罪事实支配理论研究》，32页，北京，中国人民公安大学出版社，2011。

（二）正犯与共犯区分的类型

根据罗克辛的观点，犯罪可以分为三种类型，这就是支配犯、义务犯和亲手犯，而这三种类型的犯罪在正犯与共犯的区分标准上存在明显的不同，应当分别加以论述。

1. 支配犯的正犯与共犯区分

支配犯是指因对犯罪行为的因果流程具有支配关系而构成的犯罪，支配犯属于刑法中的正犯。根据罗克辛的行为支配说，正犯是共同犯罪中的核心人物，处于犯罪事件的中心地位。罗克辛指出，行为控制是对正犯（实行人）具有决定性的角度：正犯（实行人）是犯罪过程的核心人物，是控制犯罪并导致犯罪实现的人。同时，共犯（参加人）对这一事件虽然同样有影响，但是他的实施并不是决定性的。[1] 因此，罗克辛对于正犯与共犯的区分采用的是实质标准，即只有对犯罪具有支配关系的行为人才是正犯，否则就是共犯。罗克辛根据支配关系的不同，又进一步将正犯区分为直接正犯、间接正犯和共同正犯。其中，直接正犯具有行为支配，间接正犯具有意思支配，共同正犯具有功能支配。相对于日本的危险说的抽象性与模糊性，罗克辛的支配说提供了完整的区分标准，更具有合理性。

2. 义务犯的正犯与共犯区分

义务犯是指因违反刑法中的特定义务而构成的犯罪。义务犯明显不同于支配犯，支配犯的正犯要素是构成要件的客观行为对犯罪结果的支配关系，而义务犯的正犯要素与客观上的构成要件行为无关，而与特定的有无违反相关。例如罗克辛指出：经典的义务犯是背信罪，这个犯罪惩罚的是正犯违反"代理他人财产利益的义务"，由此"使其应当照顾的财产利益遭受损失"。这种给财产造成损失的违反义务能够通过多种不同的行为产生，也能通过不作为产生。但是，这不取决

---

[1] 参见［德］克劳斯·罗克辛：《德国刑法学总论》，2版，王世洲主译，11页，北京，法律出版社，2013。

于在外部满足构成要件。根据法律明文规定，正犯就是以损害财产的方式违反了构成要件的特定义务的人。这个所谓"义务人"（Intraneus）仍然是正犯，即使他为了实施叫来帮凶，而这个帮凶是不受义务约束的，是所谓非义务人（Extranei），因此不是正犯。[1] 我国刑法中并未设立背信罪，然而我国刑法中的侵占罪具有背信的性质，因而可以作为我国刑法中的义务犯的范例进行分析。根据我国《刑法》第270条的规定："将代为保管的他人财物非法占为己有，数额较大，拒不退还的，处二年以下有期徒刑、拘役或者罚金；数额巨大或者有其他严重情节的，处二年以上五年以下有期徒刑，并处罚金"。从上述刑法条文的文本内容来看，立法机关对侵占罪只是规定了侵占行为，这就是将代为保管的他人财物据为己有。然而，由于他人财物本来就处于行为人的保管之中，因而所谓据为己有，形似作为，实则完全可以通过不作为实现。在这种情况下，作为或者不作为的分析框架对于侵占罪来说难以奏效。此外，虽然刑法文本对侵占罪的主体身份并未规定，然而，从构成要件内容来看，本罪主体只能是对他人财物具有保管关系的人，因而本罪属于身份犯。基于以上视角的考察，我认为侵占罪应当确定为义务犯。具有保管关系的人具有在一定条件下返还财物的义务，违反该义务而将代为保管的他人财物据为己有的，是侵占罪的本质特征。在义务犯的情况下，只有特定义务的违反者才能成为正犯，其他不具有特定义务的人参与犯罪的，只能成立义务犯的共犯而不可能成立义务犯的正犯。因此，对于侵占罪来说，非他人财物的保管人参与将他人财物予以侵占的，不是正犯而是共犯。例如，甲受委托为乙从银行取款9万元，甲取款以后起意占有，遂与丙商议，丙同意。然后甲丙伪造9万元款被他人抢劫的假现场，并向公安机关报假案，意图占有9万元。在本案中，甲是9万元的保管人，具有对9万元他人财物的保管义务，因违反该义务而构成侵占罪，其占有行为属于侵占罪的正犯行为。而丙对他人财物不具有保管义

---

[1] 参见［德］克劳斯·罗克辛：《德国刑法学总论》，2版，王世洲主译，81页，北京，法律出版社，2013。

务，其虽然参与将甲代为保管的他人财物占为己有的行为，但在性质上属于帮助行为，成立侵占罪的共犯。基于以上分析，我认为对于侵占罪的构成要件采用义务犯的分析框架是具有说服力的。值得注意的是，在日本刑法理论中，对侵占罪与其他财产犯罪之间的区分，采用占有转移与非占有转移的分析思路，认为盗窃罪等财产犯罪属于占有转移的财产犯罪，而盗窃等行为就是占有转移的方法。而侵占罪则属于非占有转移的财产犯罪，它与盗窃罪等财产犯罪的区分就在于占有的状态而不在于客观行为：只要在实施财产犯罪之前，他人财物已经处于行为人的占有之中，则无论采取何种行为方式据为己有的，都成立侵占罪。此时，将侵占罪与其他财产犯罪相区分的根据并不是客观行为方式，而是是否存在保管关系。在对他人财物具有保管关系的情况下将他人财物据为己有的，就是违反保管义务的行为，属于义务犯。因此，我认为采用义务犯的概念更能够准确地揭示侵占罪的性质，也能够为侵占罪的正犯与共犯的区分提供规范根据。侵占罪属于身份犯，就刑法没有明文规定侵占罪的主体身份而言，侵占罪是隐形的身份犯，然而，这种身份来自保管义务：是义务决定身份而不是身份决定义务。在义务决定身份的情况下，刑法文本对于这种身份不予规定，也并不妨碍身份犯的成立。但在身份决定义务的情况下，则不是义务犯，而是应当根据是否存在身份决定其行为的性质，因而身份就成为正犯与共犯相区分的根据。在身份犯的共犯的情况下，没有身份的人是不可能实施身份犯的正犯行为的，在某些情况下，即使形式上实施了身份犯的构成要件行为，但该行为只有当具有身份的人实施时才是正犯行为，没有身份的人实施时就不是实行行为而可能是帮助行为。例如受贿罪中的收受行为，只有当国家工作人员实施时，才是受贿罪的正犯行为，当国家工作人员亲属实施时就是帮助行为，属于"代为收受"的性质。按照这一逻辑，在强奸罪中，暴力、胁迫等手段行为，只有当男子，而且是具有奸淫目的的男子实施时，才是强奸罪的正犯行为。当主观上没有奸淫目的的男子或者事实上不可能实施奸淫的女子实施时，就是一种帮助行为，属于事中帮助。

义务犯与支配犯的主要区分就在于构成要件行为的性质：义务犯的构成要件

第一节 共同犯罪的性质

行为是违反特定义务，对于具体行为方式并不要求。而支配犯的构成要件是对于行为与结果之间的因果流程具有支配关系，因而应当根据行为方式认定其构成要件行为。在此涉及不作为犯与义务犯之间的关系问题，在刑法理论中，不作为犯可以分为纯正的不作为犯与不纯正的不作为犯。其中，不纯正的不作为犯具有与其对应的作为犯。例如，故意杀人罪，既存在作为犯，又存在不作为犯，这里的不作为犯就是不纯正的不作为犯。不纯正的不作为犯属于支配犯，因为在不纯正的不作为犯中，虽然也存在作为义务的违反问题，但这里的作为义务并不是刑法所规定的特定义务，而是基于先行行为、法律或者法规规定而存在的义务，违反这种作为义务就具备了不作为的行为。但具备这种不作为还并不意味着就成立犯罪，还要考察这种不作为是否具有与其相对应的作为的等置性，以此决定是否成立不纯正的不作为犯。例如，母亲因为性别歧视而在洗澡盆中溺死女婴，这是故意杀人罪的作为犯，属于支配犯。但如果母亲故意以不喂食的方式导致婴儿饥饿而死亡，则成立故意杀人罪的不作为犯。在此，虽然存在母亲对婴儿照顾义务的违反，但这种具有义务而故意不履行义务的行为，即不喂食的行为对于婴儿死亡之间具有因果关系，因而具有支配犯的性质。与之不同，纯正的不作为犯则具有义务犯的性质。对于纯正的不作为犯来说，只要具有特定义务的违反，就具备了构成要件行为，至于行为人具有的身体举止，对于犯罪成立并无重大影响。换言之，纯正的不作为犯是以特定义务违反为其构成要件的。例如，根据我国《刑法》第201条的规定，逃税罪是指纳税人采取欺骗、隐瞒手段进行虚假纳税申报或者不申报，逃避缴纳税款数额较大并且占应纳税额10%以上的行为。在此，刑法对逃税行为做了具体规定，包括手段行为与目的行为：逃税罪的手段行为是指采取欺骗、隐瞒手段进行虚假纳税申报或者不申报；目的行为是指逃避缴纳税款。如果从刑法文本表述来看，本罪的构成要件行为属于复行为犯，需要手段行为与目的行为的同时具备。而且，在手段行为中，又可以分为作为与不作为。作为是指虚假申报，不作为是指不申报。只有行为人实施上述行为才能成立逃税罪。然而，对于逃税罪的构成要件行为又无法采用通常的复行为犯的范式进行分

析。因为对于在逃税罪的构成要件中，逃避缴纳税款并非独立的行为，而是虚假申报和不申报的必然后果。就逃避缴纳税款而言，本罪是典型的义务犯，而刑法规定的逃税手段，无论是作为还是不作为，对于逃税罪的认定并没有影响，只不过是一种示范性规定。因为逃税罪属于义务犯，所以只有具有纳税义务的人，包括代扣、代缴人才能成为本罪的正犯，至于其他人，只能成为逃税罪的共犯。基于逃税罪是义务犯的论断，对于本罪来说，需要查明的是是否具有纳税义务，及其是否履行纳税义务。如果没有履行纳税义务，则是以虚假申报的作为方式还是以不申报的不作为方式不履行纳税义务，对于本罪的成立来说并不重要。

在逻辑上，还存在义务犯与支配犯竞合的情形，即行为人以支配犯的形式违反特定义务，因而同时具有义务犯的性质。例如，我国《刑法》第261条规定的遗弃罪，是指对于年老、年幼、患病或者其他没有独立生活能力的人，负有扶养义务而拒绝扶养，情节恶劣的行为。遗弃罪是身份犯，其主体是具有扶养义务的人员。同时，遗弃罪又是义务犯，其构成要件是违反扶养义务。根据刑法规定，遗弃罪只有情节恶劣的，才能成立犯罪，这里的情节恶劣是本罪的罪量要素。2015年3月2日最高人民法院、最高人民检察院、公安部、司法部《关于依法办理家庭暴力犯罪案件的意见》（以下简称《意见》）规定："负有扶养义务且有扶养能力的人，拒绝扶养年幼、年老、患病或者其他没有独立生活能力的家庭成员，是危害严重的遗弃性质的家庭暴力。根据司法实践，具有对被害人长期不予照顾、不提供生活来源；驱赶、逼迫被害人离家，致使被害人流离失所或者生存困难；遗弃患严重疾病或者生活不能自理的被害人；遗弃致使被害人身体严重损害或者造成其他严重后果等情形，属于刑法第二百六十一条规定的遗弃'情节恶劣'，应当依法以遗弃罪定罪处罚。"这虽然说是对遗弃罪的情节恶劣的规定，但其中包含对遗弃行为的具体描述，既包括具有不作为性质的遗弃行为，例如对被害人长期不予照顾、不提供生活来源；也包括具有作为性质的遗弃行为，例如驱赶、逼迫被害人离家，致使被害人流离失所或者生存困难。至于遗弃行为的后果，只能是《意见》所描述的遗弃致使被害人身体严重损害或者造成其他严重后

果等情形。应当指出,不仅上述行为会产生遗弃的结果,而且杀害被扶养人同样也会产生遗弃的结果。在这种情况下,存在遗弃罪与故意杀人罪之间的界限如何区分的问题。对此,《意见》指出:"准确区分遗弃罪与故意杀人罪的界限,要根据被告人的主观故意、所实施行为的时间与地点、是否立即造成被害人死亡,以及被害人对被告人的依赖程度等进行综合判断。对于只是为了逃避扶养义务,并不希望或者放任被害人死亡,将生活不能自理的被害人弃置在福利院、医院、派出所等单位或者广场、车站等行人较多的场所,希望被害人得到他人救助的,一般以遗弃罪定罪处罚。对于希望或者放任被害人死亡,不履行必要的扶养义务,致使被害人因缺乏生活照料而死亡,或者将生活不能自理的被害人带至荒山野岭等人迹罕至的场所扔弃,使被害人难以得到他人救助的,应当以故意杀人罪定罪处罚。"根据上述《意见》的规定,遗弃罪与故意杀人罪的区分除主观上是否具有杀人故意以外,还要考察在客观上实施的遗弃行为是否具有剥夺他人生命的危险性。因为以故意杀人为手段的遗弃行为已经超出了我国刑法所规定的遗弃罪的范围,所以应当以支配犯论处而不是成立义务犯。

在义务犯的情况下,正犯与共犯的区分不同于支配犯。对于支配犯来说,基于区分制的立场,正犯与共犯主要根据是否实施刑法分则所规定的构成要件行为作为区分标准。然而,在义务犯的情况下,一定的义务主体违反特定义务是义务犯的构成要件行为,至于以何种身体举止,无论是作为还是不作为违反义务,在所不问。因此,只有一定的义务主体才能成为义务犯的正犯,其他行为人可以成为义务犯的教唆犯或者帮助犯。例如,没有义务的人唆使具有义务的人违反刑法规定的特定义务,成立义务犯的教唆犯。没有义务的人帮助具有义务的人违反刑法规定的特定义务,成立义务犯的帮助犯。

3. 亲手犯的正犯与共犯区分

亲手犯是指只能由本人亲自实施而不可能假手于他人实施的犯罪。日本学者指出:"如果是没有通过本人自身的直接支配正犯形态就不能实行的犯罪,即,

第五章 共同犯罪的基础理论

间接正犯的形态不能实行的犯罪为亲手犯。"[1] 因此，亲手犯是间接正犯的反面，也就是说，只要是亲手犯就不能成立间接正犯，反之亦然。从某种意义上说，亲手犯是为限制间接正犯而产生的一个共犯教义学概念。

亲手犯不同于身份犯。身份犯是具有特定身份才能构成的犯罪，因此，只有具有身份的人才能实施身份犯的构成要件，在这个意义上，身份犯似乎具有对构成要件行为的垄断性。但只有具有身份的人才能实施并不意味着就不能利用他人实施，例如我国刑法中的强奸罪的主体是男性，女性不能直接实施强奸行为。但是，女性可以利用丧失刑事责任能力的精神病人对被害女性实施强奸行为，由此成立强奸罪的间接正犯。由此可见，强奸罪虽然也是身份犯，但不是亲手犯。罗克辛指出，亲手犯可以分为三种类型：第一是与举止行为相联系的犯罪，即行为本身具有违反伦理性而并不要求发生实际结果，例如欧洲早期存在的同性恋等。第二是行为人刑法的犯罪，即以行为人的一定身份特征构成的犯罪，例如在欧洲早期刑法中存在的流浪罪等。第三是高度个人性的义务犯罪，即与一定的个人特征相联系的犯罪，例如伪证罪等。[2] 罗克辛认为，前两类亲手犯现在已经不复存在，最后一类亲手犯现在仍然存在。

在亲手犯的情况下，其构成要件行为只能由行为人亲自实施，因而成立正犯，其他人则不能成立正犯只能成立共犯。例如根据我国《刑法》第305条规定，伪证罪是指在刑事诉讼中，证人、鉴定人、记录人和翻译人对与案件有重要关系的情节，故意作虚假证明、鉴定、记录、翻译，意图陷害他人或者隐匿罪证的行为。对与案件有重要关系的情节做伪证行为，只有刑事诉讼中的证人、鉴定人、记录人和翻译人才能实施，这些人才是伪证罪的正犯，其他人则只能是伪证罪的共犯，例如教唆孩子帮助他人做伪证。因此，伪证罪作为亲手犯，不可能成

---

[1] 井田良：《刑法总论的理论构造》，秦一禾译，260页，北京，中国政法大学出版社，2021。
[2] 参见［德］克劳斯·罗克辛：《德国刑法学总论》，第2卷，王世洲主译，88页以下，北京，法律出版社，2013。

立间接正犯，其正犯与共犯的区分具有特殊性。

（三）正犯与共犯区分的认定

1. 共谋行为的正犯与共犯区别

在共谋犯罪中，由一部分人去实行犯罪，另一部分人则不实行犯罪，不实行犯罪的这些人的行为是否属于正犯行为呢？这在刑法理论上是一个存在争论的问题。日本刑法学者草野豹一郎首倡共同意思主体说，认为共同犯罪是团体现象之一，一切社会现象不仅由个人的单独行为而生，而且由数人的共同行为而生。这种共同现象，在经济学中作为分工或合同关系被研究，在民法、商法中作为法人或组合制度被研究，而在刑法上则作为共同犯罪现象被研究。共同犯罪现象是一种特殊的社会、心理现象。两个以上行为人共同谋议，为实现一定犯罪的共同目的，成为同心一体，形成所谓共同意思主体，其中一人实施犯罪，即为共同意思主体的活动，构成所谓共谋共同正犯。[①] 按照共同意思主体说，参与谋议而未实行犯罪的人也具有犯罪的正犯行为，应视为共同正犯。对于共谋共同正犯的观点，即使是日本学者也存在否定的立场。例如小野清一郎明确否定共谋共同正犯，认为它是团体责任论，是和现代刑法中的个人责任原则不相容的。小野清一郎指出："就行为而言，必须区别共谋与实行。实行是构成要件的行为，单纯的共谋是在它之前的东西。所谓'二人以上共同实行犯罪'，必须是指二人以上在犯罪的实行中的共同。它是实行的共同，以实行中的主观方面和客观方面的共同为必要。"[②] 由此可见，小野清一郎在正犯与共犯区分问题上，严格采取构成要件行为的标准。

我认为，共同意思主体说模糊了正犯与共犯的界限，因而是不足取的。根据此说，采用共谋共同正犯的实际效益是出于在现实中，在止犯行为担当者的背后

[①] 参见杨大器：《论共谋共同正犯》，载《现代法学论文精选》，97页，台北，汉苑出版社，1976。
[②] [日]小野清一郎：《犯罪构成要件理论》，王泰译，167、168页，北京，中国人民公安大学出版社，2004。

第五章 共同犯罪的基础理论

有幕后的庞然大物存在，因此，企图以此对它予以处罚。① 但实际上，不采用共谋共同正犯的理论也可以对幕后者予以从重处罚。例如，根据我国刑法的规定，参与谋议的如果是犯罪集团或者聚众犯罪中的首要分子，可依法予以严惩。参与谋议的如果是教唆犯，也可以按其在共同犯罪中的作用予以处罚，对起主要作用的教唆犯可按主犯从重处罚。而参与谋议的如果是帮助犯，就只能按从犯论处。由此可见，否定共谋共同正犯，不会放纵正犯背后的庞然大物。采用共谋共同正犯的观点，对正犯与共犯不加区分，则有可能导致轻罪重罚。

2. 望风行为的正犯与共犯区别

望风，也称把风，这是一个在正犯与共犯的区分上存在争论的问题。在这个问题上存在以下三种观点：第一种观点认为，望风是正犯行为。例如日本刑法学家小野清一郎指出："实行行为之有无，应以二人以上之行为全体而观察，不能仅将各个之行为予以分割而观察之，在此意义上，虽不直接下手，然如共谋犯罪并分担望风者，则非帮助而应认为共同正犯。"② 例如在盗窃的现场望风，虽没有亲自动手偷东西，但可以说是分担了实行。③ 在刑法理论上，还有学者对望风行为在实行犯罪中的意义加以阐述，认为犯罪之实行有积极与消极两个方面，积极方面是指实行犯罪的行为，这是犯罪的起果行为。但在起果条件之外，常有防果条件存在，足以防止犯罪的实现，所以仅有积极的实行行为，尚不足以引起结果发生，必须在消极方面，尚有排除防果条件的行为，犯罪才能完成。无论积极行为与消极行为，均系犯罪实行行为的重要部分，都应视为正犯。④ 显然，按照这种观点，望风行为属于消极的排除防果条件的行为，是正犯行为的必不可少的

---

① 参见［日］福田平、大塚仁：《日本刑法总论讲义》，李乔等译，171页，沈阳，辽宁人民出版社，1986。
② ［日］小野清一郎：《刑法讲义全订版》，日文版，216页。
③ 参见［日］小野清一郎：《犯罪构成要件理论》，王泰译，168页，北京，中国人民公安大学出版社，2004。
④ 参见韩忠谟：《刑法原理》，增订14版，288页，台北，台湾大学法学院，1981。

第一节 共同犯罪的性质

组成部分。第二种观点认为，望风是帮助行为。例如，甲乙二人合谋抢劫，当甲在对丙使用暴力时，乙在路口望风，事后从甲处获得一部分赃物。在这里，乙就是帮助甲实行抢劫行为，而不是直接去实行此种犯罪。[1] 第三种观点认为，望风既不能一概视为正犯行为，也不能一概视为共犯行为，而应加以具体分析。其中又可分为两说，一是犯罪定型说，认为由于犯罪定型之不同，不能一概而论。例如，日本刑法学家团藤重光指出："对于构成要件的行为要求特殊之特征者，自无将单纯望风视为分担实行行为之余地，至于相反的场合，在整体的考察上，亦有可将单纯望风视为实行行为者。"[2] 二是犯罪意思说，认为出于自己的利益而为望风者，是正犯，否则就是共犯。例如，甲乙二人共为盗窃，甲盗物，乙在户外望风，如果两人均为自己的利益而行为，应为共同正犯；如果乙在户外把风，为甲谋取利益而进行帮助，乙只负帮助犯的责任。[3]

在上述诸说中，我主张对望风的性质不可一概而论的观点，具体地说，主张犯罪定型说，在认定望风的性质的时候，要根据不同的犯罪类型加以具体分析。我认为，在大多数犯罪中，例如盗窃、抢劫、杀人、放火，都可以将望风视为正犯行为之分担。因为在这些犯罪中，各犯罪分子是围绕着一个共同的犯罪目的而有分工地进行犯罪活动，在这种情况下，将望风视为正犯行为的一部分是正确的。但在某些犯罪行为具有他人不可替代的性质的犯罪中，望风只能视为共犯行为。例如甲在强奸妇女，乙为之户外望风，乙的把风只能认为是强奸罪的帮助行为，而不能认为乙也是强奸罪的正犯。总之，对望风的性质根据不同犯罪类型加以具体分析是可取的，而不可遽下断语。

我国刑法并没有明确规定正犯与共犯的区分，只有主犯与从犯之分。在从犯中，又进一步区分为起次要作用的从犯（即正犯）与起辅助作用的从犯（即帮助

---

[1] 参见杨春洗等：《刑法总论》，208页，北京，北京大学出版社，1981。
[2] [日] 团藤重光：《窃盗强盗之把风与共同正犯》，载《日本刑法判例评释选集》，149页，台北，汉林出版社，1977。
[3] 参见《法学词典》，增订版，133页，上海，上海辞书出版社，1984。

第五章 共同犯罪的基础理论

犯)。在我国司法实践中,对于望风行为通常认定为从犯,但究竟是认定为起辅助作用的从犯,即帮助犯,还是起次要作用的从犯,即正犯,在不同案例中存在不同的裁判结果。例如申时雄、汪宗智犯贩卖毒品案,望风行为的实施者被认定为起辅助作用的从犯。① 贵州省六盘水市中级人民法院经公开审理查明:2007年2月底,被告人申时雄在云南省昆明市向陈某某(另案处理)贩卖5.5克海洛因后,告诉陈某某还有3 500克海洛因待售,委托陈某某联系买主。同年3月初,陈某某介绍"董哥"向申时雄购买海洛因。3月30日中午,申时雄与"董哥"约定交易价格为每克430元,并于当日下午到"董哥"住处查验购毒款。次日上午,申时雄告诉"董哥"共有6 000克左右海洛因可供交易。当日15时40分许,申时雄携带海洛因到昆明市金龙旅馆201房间与"董哥"交易,被公安人员抓获,当场缴获海洛因6 030.5克。受申时雄指使在旅馆外望风的汪宗智亦被抓获。经鉴定,海洛因纯度达55%以上。六盘水市中级人民法院认为,被告人申时雄明知海洛因是毒品而予以贩卖,其行为已构成贩卖毒品罪。被告人申时雄在共同犯罪中是毒品所有人,首起犯意,商定价格并进行毒品交易,起主要作用,系主犯,应按其参与的犯罪处罚。被告人汪宗智在共同犯罪中起辅助作用,是从犯,应当从轻处罚。以上裁判理由虽然将贩卖毒品罪中的望风行为归之于从犯,但认为这是一种起辅助作用的从犯,也就是帮助犯。因此,在本案中,望风行为被认为是共犯而非正犯。但在其他案件中,如果行为人系共同犯罪的犯意发起者,并与他人共谋实施犯罪,因而是犯罪的教唆犯。此后,行为人虽然在犯罪过程中承担望风行为,但其系教唆犯与正犯的竞合,因而认定为教唆犯,以共同犯罪的主犯论处。例如杨某某、杜某某放火案。② 河北省承德市中级人民法院经重审查明:杨某某因高某与其断绝不正当男女关系,产生了报复高某的想法,找到

---

① 参见章政:《申时雄、汪宗智贩卖毒品案——如何认定毒品犯罪案件中的数量引诱》,载最高人民法院刑一、二、三、四、五庭主办:《刑事审判参考》,第67集,65页以下,北京,法律出版社,2009。

② 参见谢炳忠、宋雪敏:《杨某某、杜某某放火案——刑法上因果关系的认定》,载最高人民法院刑一、二、三、四、五庭主办:《刑事审判参考》,第105集,8页以下,北京,法律出版社,2016。

204

杜某某要求其去高某家放火实施报复。杜某某驾驶一辆面包车拉着杨某某，经预谋踩点后于2012年2月6日晚携带汽油、稻草、爆竹、盆子、打火机等放火工具到高某家院墙外蹲守。当晚凌晨1时许，二被告见高某家东屋居住的人已熄灯入睡后，杨某某在院墙外望风，杜某某携带汽油、稻草、爆竹、盆子、打火机等放火工具进入院内，先断了高某家的电源开关，将汽油泼洒在东、西屋窗台及外屋门上后，用木棍击碎有人居住的东屋玻璃窗，向屋内泼洒汽油。东屋内居住的高某的父母高某某、卢某被惊醒，使用警用手电照明后开启电击功能击打出电火花，引发大火将高某某、卢某烧伤，房屋烧坏。卢某因大面积烧伤，导致休克、毒血症以及多脏器功能衰竭，经抢救无效死亡；高某某损伤程度为重伤；高某家被烧坏房屋的物品价值为4 672元。承德市中级人民法院认为，杨某某为报复高某，与杜某某共同预谋、准备放火工具、助燃材料并踩点后，趁高某家人在屋内熟睡之际，向屋外门窗泼洒汽油并敲碎玻璃向屋内泼洒汽油的行为，必然引起屋内的人使用照明设施，进而引发火灾，且客观上已经由此引发了火灾，可以认定杨某某、杜某某的犯罪行为与高某家火灾的发生之间有必然的因果关系，即刑法上的因果关系，杨某某、杜某某的行为构成放火罪（既遂）。高某家房院在村庄内，与邻居家房子距离仅15.4米，且其间堆放有柴草，二被告准备了干草、汽油、鞭炮等助燃材料，且当时处在火灾高发期，高某家着火，足以危及其邻居的生命、财产安全，二被告的行为构成放火罪。本案是由感情纠葛等民间矛盾引发的，量刑时予以考虑。依照《刑法》第115条、第64条、第57条第1款、第48条第1款、第25条第1款之规定，以放火罪分别判处杨某某死刑，缓期二年执行，剥夺政治权利终身；判处杜某某死刑，缓期二年执行，剥夺政治权利终身。在本案中，杨某某虽然在放火时只是在院墙外望风，但该起放火案件是杨某某发起犯意，教唆杜某某具体实施的，裁判理由认定杨某某与杜某某共同实施了放火的构成要件行为，并且与危害结果之间具有因果关系。因此，判决认定杨某某在本案中起主要作用，应当以主犯论处。由此可见，在我国司法实践中，对于望风行为究竟属于正犯行为还是共犯行为，裁判规则并不统一。我认为，上述贩

卖毒品罪和放火罪都属于通常犯罪，望风行为应当视为正犯行为，以此区别于共犯行为。

第二节 共同犯罪的范围

如果说，第一节所讨论的共同犯罪的性质，是要解决共同犯罪中正犯与共犯的关系，那么，在这一节所讨论的共同犯罪的范围，是要解决共同犯罪与单独犯罪的关系。关于这个问题，在共犯教义学中曾经出现过形形色色的观点，主要是存在犯罪共同说与行为共同说的聚讼。① 对这些观点的辨析，有助于我们科学地确定共同犯罪的范围。

犯罪共同说与行为共同说的适用范围，这是一个在共犯教义学中存在争议的问题。分歧在于：犯罪共同说与行为共同说所争议的共同究竟限于共同正犯，还是亦及于共犯。对此，共同正犯说认为，犯罪共同说与行为共同说之争只适用于共同正犯。例如日本学者山口厚从共同实行的含义——共同性的意义上确立犯罪共同说与行为共同说之争的体系性地位，指出："由于共同正犯系法益侵害的共同惹起形态，属于'一次责任'类型，故而从属性的要件是不妥当的。取而代之的是，在共同正犯中共同性成为要件。就共同正犯来说，与如何理解法益侵害的共同惹起、如何理解犯罪的'共同实行'的对象、含义相关，早前存在着见解上的对立。即，是认为共同正犯是共同实行了特定的犯罪、将共同正犯理解为'数人一罪'的'犯罪共同说'，还是认为共同正犯是共同地实施了行为而实行了各自的犯罪、将共同正犯理解为'数人数罪'这一'行为共同说'这样的对立。"②

---

① 犯罪共同说与行为共同说所论者，系以共犯，尤其是共同正犯之成立范围为主，仅涉及有关共犯形态之成立过程及共犯概念之构成方法，为形成共犯之方法论。参见郭君勋：《案例刑法总论》，2版，419页，台北，三民书局，1983。

② ［日］山口厚：《刑法总论》，3版，313页，北京，中国人民大学出版社，2018。

共犯说则认为，犯罪共同说与行为共同说不仅适用于共同正犯，而且适用于共犯。例如日本学者西田典之指出："犯罪共同说与行为共同说的对立，有着强烈的、作为迄今为止共同正犯特有的理论的倾向。但是，这毋宁必须说是适合共犯全体的一种对立。这是因为，这种对立乃是共犯为何甚至对于他人的希望的结果也承担罪责的问题，换言之，它是贯穿共同正犯、教唆犯和帮助犯这一共犯全体的共犯处罚根据的问题，借用植田重正博士的话来说，因为这是围绕'共犯的共犯性'之问题的对立。"[①] 我认为，犯罪共同说与行为共同说并不限于共同正犯，而是涉及全体共犯的性质，因而赞同共犯说。因为共同正犯与共犯都属于共同犯罪，而犯罪共同说与行为共同说是关系到如何理解共同犯罪性质的理论问题，其意义当然及于全体共犯。

一、犯罪共同说及其辨析

（一）犯罪共同说的概念

犯罪共同说是一种客观主义的共同犯罪理论，为德国刑法学家毕克迈尔和日本刑法学家小野清一郎、泷川幸辰等人所倡导。犯罪共同说认为，犯罪的本质是侵害法益，而共同犯罪是二人以上共同对同一法益实施犯罪的侵害。因此，共同犯罪是指二人以上共同实行一个特定的犯罪。是否构成共同犯罪，应以客观的犯罪事实为考察基础。在客观上预先确定构成要件上的特定犯罪，由行为人单独完成该犯罪事实的，是单独正犯；由数人协力加功完成该犯罪事实的，是共同犯罪。所以，共同犯罪关系是二人以上共犯一罪的关系。在不同的犯罪事实或不同的构成要件之间，不可能存在共同犯罪关系。例如，日本学者西田典之在根据《日本刑法》第60条规定论述共犯的性质时指出："以犯罪的实行行为为中心，

---

① [日]西田典之：《共犯理论的展开》，江溯、李世阳译，11~12页，北京，中国法制出版社，2017。

将共同实行者作为共同正犯；将教唆他人使其实行犯罪者作为教唆犯；将帮助正犯的实行者作为从犯，并必要性地减轻从犯之刑。如果朴素地解读这些条文的话，那么，共同实行了一个犯罪行为的人是共同正犯；另一方面，教唆犯准正犯处罚，从犯之刑参照正犯之刑而减轻；因此，所谓的共犯只能就同一个犯罪而成立这种见解，即从中推导出罪名同一说、罪名从属性说，在某种意义上是自然而然的。这就是将共犯作为加功于'他人犯罪'，或者为了实现同一个犯罪而形成心理的统一体来理解的见解，因此，这种见解就被称为犯罪共同说。"①

犯罪共同说严格地限制了共同犯罪的范围，具有历史进步意义。然而，犯罪共同说是建立在客观主义基础之上的，因此，在共同犯罪的范围上，或者过宽，例如将连累犯视为事后共犯，而把它纳入共同犯罪的范围；或者过窄，例如否认片面共犯的存在，因而合理地确定共同犯罪的范围。

随着共犯教义学的发展，犯罪共同说本身也在变化之中。例如，现在的犯罪共同说就可以区分为完全犯罪共同说和部分犯罪共同说。完全犯罪共同说认为，共犯是数人共同实施特定的犯罪（一个犯罪），因此，各共犯人成立的罪名必须具有同一性（罪名的从属性）。而部分犯罪共同说认为，即使就不同犯罪而言，也可以在两罪的构成要件重合的限度内成立共同正犯。②从完全犯罪共同说到部分犯罪共同说，对于共犯成立的条件要求有所放松。

（二）犯罪共同说的结论

根据犯罪共同说，通常可以得出下述结论。

1. 共同犯罪只能在所实施的行为都构成犯罪的行为人之间发生

根据犯罪共同说，共同犯罪以参加的各个共同犯罪人都构成犯罪为前提。因此，如果在两个共同行为人中，一个是无责任能力者或无罪过者或具备阻却违法的事由者，这种人的行为既然不构成犯罪，那也就没有共同犯罪可言。显

---

① ［日］西田典之：《共犯理论的展开》，江溯、李世阳译，9页，北京，中国法制出版社，2017。
② 参见张明楷：《刑法学》，上，537、538页，北京，法律出版社，2021。

然，上述观点是以极端从属形式为前提的。按照极端从属形式，共犯只有在正犯具备构成要件、违法性和有责性的前提下才能成立。因此，即使是二人以上共同实施犯罪，如果其中一人虽然具备构成要件但因存在违法阻却事由或者责任排除事由而不构成犯罪的，另外一人也不能成立共犯。应该说，这种观点与四要件的犯罪论体系也是契合的，因为根据四要件，只有四个要件同时具备才能构成犯罪。因此，共同犯罪也要求参与者同时具备犯罪构成的四个要件。尤其是我国刑法规定了共同犯罪是二人以上共同故意犯罪，某些学者简单解读为只有二人以上同时构成犯罪，才能成立共犯。因此，四要件的犯罪论体系必然会选择犯罪共同说。

2. 共同犯罪只能发生在一个犯罪事实的范围内

如果二人共同实施某种行为，各人所造成的犯罪事实不同，例如二人分别出于杀人的犯意和伤害的犯意共同对被害人射击，由于侵害的法益不同，构成的犯罪事实不同，只能分别构成杀人罪和伤害罪，不能构成共同犯罪，这就是犯罪共同说所要求的罪名的同一性。应该指出，罪名同一性是犯罪共同说的应有之义。因为犯罪共同说之所谓犯罪，被认为是同一之罪。因此，只有基于相同的构成要件并且在同一犯罪范围内才能成立共犯就成为当然的结论。

3. 事后共犯应以共同犯罪论处

共同犯罪既然是参与一个犯罪事实，因而有少数学者认为，在犯罪以后藏匿犯罪人、湮灭罪证或窝藏赃物等事后帮助行为，能使犯罪的完成更为可靠，也应认为是共同犯罪，称为事后共犯。关于事后共犯的成立条件，在共犯教义学中存在两种不同观点：第一种观点认为，事后共犯以事前通谋为前提，只有事前通谋才能形成共同故意，因而具备了共犯的主客观要件。第二种观点则认为，无论是否具有事前共谋，只要在客观上实施了事后帮助行为，就成立共犯。以上两种观点，涉及共犯与连累犯之间的区分。我认为，主观犯意之共同是共犯成立的主观要素，如果没有事前的通谋，即使实施了事后帮助行为也不能成立共犯，而只能成立连累犯。值得注意的是，这里的事前通谋与明知是不同的：只有事前具有通

谋才能具备事后共犯的主观要素。如果仅仅是主观上的明知，则只能成立连累犯。

4. 共同犯罪只能在具有共同犯罪故意的场合发生

如果一方有共同犯罪的意思，另一方没有共同犯罪的意思；或者一方是出于故意，另一方是出于过失，都不能成立共同犯罪。关于共同犯罪成立是否要求主观上限于故意，存在不同观点。这里主要涉及过失犯是否成立共犯的问题。根据犯罪共同说，共犯只有在故意犯之间成立，过失犯不能成立共犯，由此而限缩了共犯的范围。

二、行为共同说及其辨析

（一）行为共同说的概念

行为共同说是一种主观主义的共同犯罪理论，为德国刑法学家布黎和日本刑法学家牧野英一、山冈万之助等人所鼓吹。行为共同说认为，二人以上通过共同行为以实现各自企图的犯罪人，就是共同犯罪。共同犯罪的行为不能与法律规定的构成要件混为一谈，二人以上的行为人是否构成共同犯罪，应以自然行为本身是否共同而论。行为共同说从主观主义的立场出发，认为犯罪是行为人恶性的表现，所以不仅数人共犯一罪为共同犯罪，凡二人以上有共同行为而实施其犯罪的，皆系共同犯罪。行为共同说认为共同犯罪关系是共同表现恶性的关系，而不是数人共犯一罪的关系。所以，共同犯罪不仅限于一个犯罪事实，凡在共同行为人之共同目的范围内都可成立。因此，在不同的构成要件上，都可成立共同犯罪。

行为共同说认为共同犯罪既然是共同表现恶性，行为与事实之间，如果具有一定的因果关系，就已经具备基本构成要件的行为，而没有必要区别直接重要关系与间接轻微关系。因为不论是直接实施犯罪行为，还是教唆或者帮助，都是基于固有的反社会性格，以故意或者过失的形式表露于外部。例如日本学者西田典

之认为，行为共同说、事实共同说认为共犯只不过是指犯罪实现的一种方法类型，指出："这一立场认为，犯罪参与人之间的罪名同一性与共通的犯罪意思的存在等并非共犯成立的绝对要件。这是因为，如果根据行为共同说，所谓共犯，不过是为了实现自己的犯罪而通过利用他人，从而扩张自己行为的因果影响力。"[1] 行为共同说在一定程度上扩大了共同犯罪的范围。当然，从刑法理论上分析，行为共同说还是有可取之处的，例如否认没有事前通谋的事后共犯、肯定片面共犯等，对于我们确定共同犯罪的范围都有一定的参考价值。

随着共犯教义学的发展，行为共同说本身也发生了一定的变化，并且表现出向着犯罪共同说趋同的倾向。例如，在行为共同说中出现构成要件的行为共同说。该说认为，犯罪的成立，不要求整个犯罪行为是共同的，只要有一部分犯罪行为共同，即可成立共同犯罪。由此，构成要件的行为共同说与部分的犯罪共同说就具有一定的相容性。例如日本学者指出："在X与Y共同杀害了A，但X具有杀人的故意而Y只有伤害的故意时，犯罪共同说也在构成要件性质相同且重合的范围（伤害致死罪）内承认共同正犯的成立（部分犯罪共同说）。另一方面，行为共同说也认为必须是'共同实行'犯罪，共同关系如果没有占据各自所成立的犯罪类型的重要部分，则不能承认部分行为全部责任的效果。行为共同说也承认，具有杀人故意的X与只有伤害故意的Y是共同实行，即共同地将A杀害；但关于共同正犯的罪名，则认为没有必要认定一个共通于所有成员的罪名；于是对X人的成立杀人罪的共同正犯，对Y人的成立伤害致死罪的共同正犯。"[2] 对于这种犯罪共同说与行为共同说的趋同现象，我国学者指出："构成要件的行为共同说和部分犯罪共同说虽然在理论根据上略有差异，但二者结论却基本相同。这种情况反映了客观主义理论与主观主义理论缩短距离、消弭分歧、取长补短、

---

[1] ［日］西田典之：《共犯理论的展开》，江溯、李世阳译，11页，北京，中国法制出版社，2017。
[2] ［日］前田雅英：《刑法总论讲义》，6版，305～306页，北京，北京大学出版社，2017。

相互融合的趋势。"①

（二）行为共同说的结论

根据行为共同说，通常可以得出如下结论。

1. 共同犯罪不一定只在所实施的行为都具备犯罪构成要件的行为人之间发生

根据行为共同说，二人以上只要具有共同行为，即使其中一人没有责任能力，或者缺乏罪过，或者具有阻却违法事由，也不影响共同犯罪的成立，只不过一方负刑事责任，另一方不负刑事责任而已。行为共同说在从属性形式上采用限制从属性形式或者最小从属性形式，因此，正犯只要符合构成要件或者具有违法性即可成立共犯。在这种情况下，行为共同说并不要求二人以上都构成犯罪，而是可以成立一人的共犯。

2. 共同犯罪不一定只在一个犯罪事实范围内发生

根据行为共同说，只要具有共同行为，即使是数个犯意不同的犯罪事实，也可以成立共同犯罪。行为共同说之所谓行为不同于犯罪，它是指裸的行为或者自然行为论意义上的行为，因此，只要存在数个行为，即使这些行为并不发生在同一构成要件之内，也可以成立共犯。

3. 不承认事后共犯

共同犯罪既然以共同行为为要件，犯罪后的藏匿犯人、湮灭罪证或窝藏赃物等事后帮助行为，虽能使犯罪结果巩固，但对犯罪的完成没有任何影响，根本谈不上共同行为，因此不承认所谓事后共犯。

4. 共同犯罪不一定必须出于共同犯罪的意思

根据行为共同说，一方有共同犯罪的意思，另一方没有共同犯罪的意思；或者一方是出于故意，另一方是出于过失，都可以成立共同犯罪。既然行为共同说以行为作为共犯成立的根本条件，因此，无论是主观上具有共同故意还是只有过

---

① 叶良芳：《实行犯研究》，50 页，杭州，浙江大学出版社，2008。

失，都可以成立共犯。就此而言，行为共同说主张过失犯的共犯。

三、犯罪共同说与行为共同说的评述

关于犯罪共同说与行为共同说之争，日本学者指出："共犯以什么为共同？关于这一共犯的根本问题，犯罪共同说与行为共同说是对立的。犯罪共同说认为，数人共同进行特定的犯罪是共犯，客观地解释了构成要件上特定的犯罪，由数人共同实行它时是共犯。这种学说与古典学说的立场相适应。相对于此，行为共同说（事实共同说）认为，共犯是数人用共同的行为实行各自企图的犯罪，这是在近代学派的立场上采用的观点，因为在把犯罪看成是行为人的人身危险性的征表的立场上，本来可以考虑脱离了构成要件的自然性行为本身的共同，认为可以在共同者共同的范围内跨越数个构成要件（例如，杀人罪和伤害罪）而存在共同关系。"[①] 在这个意义上的犯罪共同说与行为共同说，被认为是刑法客观主义与刑法主观主义的对立。但现在犯罪共同说与行为共同说都已经发生了重大的变化，我国学者认为，犯罪共同说从严格的犯罪共同说，经历完全犯罪共同说，已发展到部分犯罪共同说，从严格意义上的在一个罪名范围内成立共犯，逐渐转变为在不同罪名之间也可成立共犯，从而向行为共同说靠拢。而行为共同说也从主观主义的行为共同说转变为客观主义的行为共同说，主要标志就是对共同行为中的行为在理解上发生了变化。建立在主观主义基础之上的行为共同说，其行为是自然行为，而建立在客观主义基础之上的行为共同说，其行为是构成要件的行为。在这种情况下，犯罪共同说与行为共同说具有互相接近的趋势。[②] 基于以上对犯罪共同说与行为共同说的界定，现在需要分析的问题是：部分犯罪共同说与

---

① ［日］大塚仁：《刑法概说（总论）》，3 版，冯军译，240～241 页，北京，中国人民大学出版社，2003。
② 参见陈家林：《共同正犯研究》，60 页以下，武汉，武汉大学出版社，2004。

构成要件的行为共同说之间到底存在何种差异？部分犯罪共同说认为，如果数个犯罪的构成要件之间存在重合部分，那么在重合的限度内成立较轻之罪的共同正犯。例如，甲以杀人故意、乙以伤害故意共同对丙进行侵害并致其死亡的，甲的杀人行为与乙的伤害行为之间具有重合，但甲的杀人行为已经超出重合部分具备了故意杀人罪的构成要件。在这种情况下，甲在伤害的限度内与乙是共同正犯，但甲的伤害行为被其杀人行为所吸收，因而最终对甲应以故意杀人罪论处。部分犯罪共同说坚持了只在同一犯罪的范围内承认共犯关系的犯罪共同说的立场，但对同一犯罪又不像严格的或者完全犯罪共同说那样机械地以最终认定为同一罪名为必要，因而有其可取之处。构成要件的行为共同说认为，只要行为人实施了共同的行为，就可以成立共同正犯，并不要求必须是同一或者特定的犯罪。根据这种观点，甲以杀人的故意、乙以伤害的故意共同对丙进行侵害并致其死亡的，由于甲与乙存在共同行为，尽管甲是杀人行为，乙是伤害行为，同样构成共同正犯。从这里可以看出，尽管部分犯罪共同说与构成要件的行为共同说都承认，在上述案件中，甲和乙之间成立共同正犯，并且结论都是甲定故意杀人罪、乙定故意伤害罪，但共同犯罪的内容是有所不同的。部分犯罪共同说认为，甲、乙是成立故意伤害罪的共同正犯，甲之所以定故意杀人罪而不定故意伤害罪，是因为其行为超出了伤害的性质。但构成要件的行为共同说则完全承认在不同犯罪之间可以成立共同正犯，而这一点恰恰与部分犯罪共同说不同：部分犯罪共同说并不承认不同犯罪之间的共同正犯。

共同犯罪应该是共犯一罪的关系，在这个意义上我是赞同犯罪共同说的，因为只有在同一犯罪之内，才存在责任的分担问题。共同犯罪，主要是在否认过失共同犯罪的立法例中，其承担刑事责任的方式与单独犯罪的根本区别在于：于单独犯罪，行为人只对本人行为承担责任，而于共同犯罪，在共同故意范围内，行为人不仅对本人行为承担责任，而且对他人行为承担责任。在共同正犯中，德日共犯教义学通行"部分行为全体责任"的原则。这里涉及对共同犯罪本质的理解：到底是应从整体上理解还是应从部分上理解？如何处理共同犯罪的整体与部

第二节 共同犯罪的范围

分的关系？从哲学上说，整体是由部分构成的，没有部分也就没有整体，因而部分应当优于整体。但在共同犯罪中，其整体性与部分性都是不容忽略的。犯罪共同说更强调的是从整体上理解共同犯罪，这里的整体是指同一犯罪，部分只是同一犯罪的部分。而行为共同说则更强调从部分上理解共同犯罪，认为共同犯罪是基于各自的犯意各自遂行其犯罪。由此可见，犯罪共同说的共犯关系，是一种内部关系，即同一犯罪之内的关系。而行为共同说的共犯关系，不仅可以是同一犯罪的内部关系，而且可以是一种外部关系，即不同犯罪之间的关系。可以说，尽管部分的犯罪共同说与构成要件的行为共同说有所接近，但各自的根本立场仍然是对立的。考虑到共同犯罪主要解决定罪与量刑这两个问题，因而犯罪共同说是更为可取的。就定罪而言，共同正犯并非单独正犯的简单相加，而是正犯性与共犯性的统一，共同正犯之间具有行为的依存性，这种依存关系只有在同一犯罪之内才具有意义。超出了同一犯罪的范围，不同犯罪之间的依存性，在犯罪构成理论上是难以成立的。正如日本学者小野清一郎指出：正是在这种数人的行为实现一个构成事实之上，成立了刑法总则中的共犯概念。换句话说，共犯是在数人的行为实现一个构成要件的场合，对其共同行动的数人的行为分别评价，以各自的行为作为犯罪而令行为人负责任的。[1] 就量刑而言，共同正犯是数人分担一个犯罪的责任。只有在同一犯罪之内，各个共犯的责任才是可以比较的，主犯与从犯的划分才是可能的。如果是在不同的犯罪之间，行为人各自承担其所犯之罪的刑事责任，因而并不存在共犯中刑事责任的分担问题。

根据以上理解，我认为，在完全不同的犯罪之间尽管共同实施，因而存在共同行为，但各自定罪，并不存在共犯关系。只有在同一犯罪之内共同实行犯罪的，才构成共同正犯，各犯罪人之间存在共犯关系。当然，在某些案件中，在虽然具有共同行为，但一方缺乏责任能力不构成犯罪，另一方构成犯罪的情况下，

---

[1] 参见［日］小野清一郎：《犯罪构成要件理论》，王泰译，151页，北京，中国人民公安大学出版社，2004。

适用共同犯罪的处理原则,这在我国司法实践中是被承认的。例如李尧强奸案。[①]哈尔滨市香坊区人民法院依法经不公开开庭审理查明:2000年7月某日中午,被告人李尧伙同未成年人申某某(1986年11月9日出生,时龄13周岁)将幼女王某(1992年5月21日出生)领到香坊区幸福乡东柞村村民张松岭家的玉米地里,先后对王某实施轮流奸淫。2000年11月2日,因被害人亲属报案,李尧被抓获。香坊区人民法院审理后认为,被告人李尧伙同他人轮奸幼女,其行为已构成奸淫幼女罪,且系轮奸。公诉机关指控的罪名成立,应予支持。李尧犯罪时不满16周岁,依法可予减轻处罚。依照《刑法》第236条第3款第(4)项、第17条第2款、第25条第1款的规定,于2001年5月8日判决:被告人李尧犯奸淫幼女罪,判处有期徒刑8年。

一审宣判后,被告人李尧的法定代理人黄玉珍不服,以原判量刑畸重为由,提出上诉。

哈尔滨市中级人民法院审理后认为,根据最高人民法院2000年2月13日通过的《关于审理强奸案件有关问题的解释》中"对于已满14周岁不满16周岁的人,与幼女发生性关系构成犯罪的,依照刑法第十七条、第二百三十六条第二款的规定,以强奸罪定罪处罚"的规定,原审认定被告人李尧犯奸淫幼女罪,适用罪名不当,应予改判;原判对被告人李尧虽已依法予以减轻处罚,但根据本案情况,量刑仍然偏重。依照《刑事诉讼法》第189条第(2)项和《刑法》第236条第3款第(4)项、第17条第2款和最高人民法院《关于审理强奸案件中有关问题的解释》中的有关规定,于2001年7月27日判决如下:

1. 撤销黑龙江省哈尔滨市香坊区人民法院(2001)香刑初字第98号刑事判决书对被告人李尧犯奸淫幼女罪,判处有期徒刑八年的定罪量刑部分;

[①] 参见张杰:《李尧强奸案——与未满刑事责任年龄的人轮流奸淫同一幼女的是否成立轮奸》,载最高人民法院刑事审判第一庭、第二庭编:《刑事审判参考》,第36集,27~31页,北京,法律出版社,2004。

第二节　共同犯罪的范围

2. 原审被告人李尧犯强奸罪，判处有期徒刑六年。

本案除涉及对奸淫幼女的行为如何适用罪名问题以外，主要涉及行为人与不满 14 周岁的人轮流奸淫同一幼女的行为是否应认定为轮奸的问题。这个问题的解决体现犯罪共同说与行为共同说的实际采用。如果按照犯罪共同说，对于这一问题应当持否定的立场。但按照行为共同说，则恰恰相反，应当持肯定的立场。在本案中，法院所持的正是肯定的立场，因而值得我们重视。在本案二审过程中，对于行为人与不满 14 周岁的人轮流奸淫同一幼女的行为是否应认定为轮奸的问题存在两种不同意见：第一种意见认为，李尧的行为不属于轮奸，不能适用《刑法》第 236 条第 3 款第（4）项的规定进行处罚。理由是：轮奸属于共同犯罪中的共同实行犯。既然是共同犯罪，那么，就必须具有两个以上犯罪主体基于共同犯罪故意实施了共同犯罪行为这一要件。由于本案的另一行为人不满 14 周岁被排除在犯罪主体之外，也不存在所谓的犯罪故意，故不能将本案认定为共同犯罪，因而也就不能认定为轮奸（简称轮奸共同犯罪说）。第二种意见认为，李尧的行为为轮奸。理由是：刑法规定的轮奸只是强奸罪的一个具体的量刑情节。认定轮奸，只要看行为人具有伙同他人在同一段时间内，对同一妇女或幼女，先后连续、轮流地实施了奸淫行为即可，并不要求各行为人之间必须构成强奸共同犯罪。换言之，认定是否属于轮奸，不应以二人以上的行为是否构成共同强奸犯罪为必要，而是看是否具有共同的奸淫行为（简称轮奸共同行为说）。对此，本案的裁判理由指出："根据刑法第二百三十六条第三款第（四）项的规定，二人以上轮奸的，作为强奸罪情节严重的情形之一，可以处十年以上有期徒刑、无期徒刑或者死刑。所谓轮奸，是指两个以上的行为人基于共同认识，在一段时间内，先后连续、轮流地对同一名妇女（或幼女）实施奸淫的行为。轮奸作为强奸罪中的一种情形，其认定关键，首先是看两个以上的行为人是否具有在同一段时间内，对同一妇女（或幼女），先后连续、轮流地实施了奸淫行为，并不要求实施轮奸的人之间必须构成强奸共同犯罪。换言之，轮奸仅是一项共同的事实行为，

只要行为人具有奸淫的共同认识,并在共同认识的支配下实施了轮流奸淫行为即可,而与是否符合共同犯罪并无必然关系。实践中,轮奸人之间通常表现为构成强奸共同犯罪,但也不排除不构成强奸共同犯罪的特殊情形,例如本案即是。本案中,虽然另一参与轮奸人,因不满14周岁,被排除在犯罪主体之外,二人之间不构成强奸共同犯罪(共同正犯)。但对本案被告人而言,其具有伙同他人在同一段时间内,对同一幼女,先后连续、轮流地实施奸淫行为的认识和共同行为,因此,仍应认定其具备了轮奸这一事实情节。换一角度说,申某某对王某实施奸淫行为时虽不满14周岁,依法不负刑事责任,但不能因此否认其奸淫行为的存在。相反,被告人李尧与申某某对同一幼女轮流实施了奸淫行为,却是客观存在的事实。因此,即使申某某不负刑事责任,亦应认定李尧的行为构成强奸罪,且属于轮奸。立法规定了轮奸这一量刑情节,表明立法者认为轮奸比单独实施的强奸犯罪更为严重,对被害人的危害更大。若坚持轮奸的行为人必须构成强奸共同犯罪(共同正犯),参与轮奸的人都必须具备犯罪主体的一般要件,否则就不认定为轮奸,显然既不利于打击犯罪分子,也不能有力地保护被害人的合法权益,有违立法本意。"我认为,本案裁判理由是正确的,这也表明在我国司法实践中严格的犯罪共同说存在某种松动的迹象。

四、共同犯罪范围的具体认定

在大多数情况下,共同犯罪还是共犯一罪的关系,只有在极少数情况下,需要突破犯罪共同说的限制,采用行为共同说。即使是依照共犯一罪来确定共犯关系,仍然存在一个如何确定所谓同一犯罪的问题。同一犯罪是指同一犯罪构成之罪,这是容易理解的。在通常情况下,我国传统观点都是主张犯罪共同说的,只承认同一犯罪之内存在共同犯罪,又将同一犯罪理解为同一罪名。但近年来随着部分的犯罪共同说传入我国刑法学界,这一观点获得了肯定。例如我国学者张明楷就是部分的犯罪共同说的积极主张者,并根据我国刑法理论与司法实践,认为

在下述四种情形下应当承认犯罪之间具有重合的性质,因而可以成立共同正犯:(1)当两个条文之间存在法条竞合的关系时,其条文所规定的犯罪一般存在重合的性质。(2)当两种犯罪所侵犯的同类法益相同,其中一种犯罪比另一种犯罪更为严重,从规范意义上说,严重犯罪包含了非严重犯罪的内容时,也存在重合性质。(3)一种犯罪所侵犯的法益包含了另一犯罪所侵犯的法益,因而存在重合性质。(4)在法定转化犯的情况下,如果数人共同实施了转化前的犯罪行为,而部分人实施了转化行为,但他人不知情的,应就转化前的犯罪成立共同犯罪。[①]

我认为,在上述四种情形中,第一种情形与第三种情形属于法条竞合:第一种是从属关系的法条竞合,第三种是交叉关系的法条竞合。第二种所谓严重犯罪包含非严重犯罪的内容时出现的重合性质,情况较为复杂。在我看来,其中大部分仍然属于法条竞合,例如强奸罪往往包含强制猥亵罪的内容,抢劫罪往往包容抢夺罪的内容等,但也存在想象竞合的情形,例如故意杀人罪与故意伤害罪。至于第四种情况,是在共同犯罪中,部分共同犯罪人发生转化而另定他罪。此种情形还出现在实行过限的场合。在共同犯罪中,部分共同犯罪人实行过限,如果这种过限是一种重合性的过限,在重合部分也存在是否构成共同正犯的问题。

(一)法条竞合情形下的共同正犯

法条竞合实质上是犯罪构成要件的重合,而犯罪构成要件的重合性是以犯罪构成要件的类型性为前提的。犯罪构成要件的类型性意味着每一种犯罪都是被法律,确切地说是刑法,分别定型化了的特殊的犯罪概念,因而各种犯罪之间具有互异性,是不同的犯罪类型。但是,犯罪现象是复杂的,犯罪构成要件之间往往存在某种竞合关系。例如日本刑法学家小野清一郎在论及构成要件的类型性时指出:

> 对一个行为在形态上符合了类型相同的两种构成要件,这是所谓的法条竞合,这多出现在与一种构成要件对应,同时又涉及修正构成要件特别是加

[①] 参见张明楷:《刑法的基本立场》,273~276页,北京,中国法制出版社,2002。

重构成要件的场合。例如杀人罪（《刑法》第199条）和杀害尊亲属罪（《刑法》第200条）、侵占罪（《刑法》第252条）和侵占业务上的占有物罪（《刑法》第253条）——身份加重犯；伤害罪（《刑法》第204条）和伤害致死罪（《刑法》第205条）——结果加重犯；单纯脱逃罪（《刑法》第97条）和加重脱逃罪（《刑法》第98条）——态样加重犯等，它们之间就是这样。这些场合只成立其中较重的一罪。一方虽与他方的加重无关，但构成要件的类型相同。当概念定型是两个时，也可以认为是法条竞合。例如，成立侵占罪（《刑法》第252条）时，就可以不追究其违背任务罪（《刑法》第247条），成立《刑法》第246条第1款的诈骗罪时，就不追究其第2款的诈骗罪。有时，行为不一定完全竞合，但也不是完全各自独立，行为的发展过程中有几个阶段被构成要件类型化了，后一阶段的行为吸收了前一段的行为。例如，要求、约定、接受贿赂（《刑法》第197条）时，或提议、约定、提供贿赂（《刑法》第198条），聚众不解散（《刑法》第107条）又进行骚扰（《刑法》第106条）等。①

在上述情况下，犯罪存在一定的重合性，这种重合也可以称为竞合，也就是法条竞合。以往我们讨论法条竞合，都是以单独犯罪为标本的，而没有涉及在共同犯罪下的竞合问题，即法条竞合的共同犯罪，包括法条竞合的共同正犯。所谓法条竞合的共同正犯，是指二人以上共同实行某一构成要件行为，由于二人之间存在身份、目的、客体等方面的差异，刑法将同一行为规定为两种不同犯罪。在这种情况下，二人以上在基本犯罪的意义上成立共同正犯。根据我的观点，我国刑法中的法条竞合可以分为以下四种形态，现对其构成的共同正犯分别论述如下。

---

① ［日］小野清一郎：《犯罪构成要件理论》，王泰译，195~197页，北京，中国人民公安大学出版社，2004。

1. 特别法与普通法的竞合

在特别法与普通法竞合的情况下,特别法规定之罪与普通法规定之罪存在外延上的从属关系。例如小野清一郎所说在日本刑法上的杀人罪与杀害尊亲属罪之间的关系:甲是被害人的儿子,乙是外人,在乙不知被害人是甲父的情况下,甲、乙共同将甲父杀死。在这种情况下,甲成立杀害尊亲属罪,乙成立杀人罪。但在杀人罪上,甲、乙是共同正犯。当然,如果乙明知被害人是甲父而与甲一起将其杀死,则乙的行为是杀人罪正犯与杀害尊亲属罪的想象竞合。在杀人罪上,甲、乙仍然成立共同正犯。在我国刑法中,特别法与普通法的竞合也是常见的,例如《刑法》第252条规定了侵犯通信自由罪,其主体是一般主体,而《刑法》第253条规定了私自开拆、隐匿、毁弃邮件、电报罪,其主体是邮政工作人员,这两种犯罪的构成要件行为是相同的,都是开拆、隐匿、毁弃他人信件或其他邮件。在某种意义上说,私自开拆、隐匿、毁弃邮件、电报罪是破坏通信自由的身份犯(身份加重犯)。[①] 因此,当作为普通公民的甲与邮政工作人员乙共同开拆、隐匿、毁弃他人信件时,甲定破坏通信自由罪,乙定私自开拆、隐匿、毁弃邮件、电报罪。但由于两罪之间存在特别法与普通法的竞合,因而在破坏通信自由罪上甲、乙成立共同正犯,只不过由于乙的邮政工作人员的身份而另定私自开拆、隐匿、毁弃邮件、电报罪。

2. 整体法与部分法的竞合

在整体法与部分法竞合的情况下,整体法规定之罪与部分法规定之罪存在内涵上的从属关系。整体法与部分法的竞合在我国刑法中也较为常见,例如《刑法》第239条规定的绑架罪与《刑法》第232条规定的故意杀人罪之间存在整体法与部分法的关系,因为《刑法》第239条明确将杀害被绑架人规定为绑架罪的加重构成。甲在绑架他人以后,又与乙共谋将他人杀害,甲成立绑架罪无疑,那么乙能否作为承继的正犯与甲成立绑架罪的共同正犯呢?我认为,无论乙是否明

[①] 参见张明楷:《刑法学》,3版,692页,北京,法律出版社,2007。

知他人是被绑架人，乙都不成立绑架罪，而构成故意杀人罪。甲虽然成立绑架罪，但在故意杀人罪上，与乙成立共同正犯。

3. 重法与轻法的竞合

重法与轻法的竞合是指交互竞合，即两罪各有一部分内容重合，就重合部分而言属于法条竞合。例如我国《刑法》第 266 条规定了诈骗罪，《刑法》第 279 条规定了招摇撞骗罪。这里的招摇撞骗罪是指行为人以假冒国家机关工作人员的身份进行炫耀，利用人们对国家工作人员的信任，以骗取非法利益。这里的非法利益，是指荣誉称号、政治待遇、职位、学位、经济待遇、城市户口以及钱财。在行为人冒充国家机关工作人员领取财物的情况下，既符合诈骗罪的构成，又符合招摇撞骗罪的构成。由此可见，诈骗罪与招摇撞骗罪在内容上存在交叉，属于法条竞合，应当以重法论处。当冒充国家机关工作人员的甲与没有冒充国家机关工作人员的乙共同实施诈骗行为时，甲应定招摇撞骗罪，乙应定诈骗罪，但在诈骗上，甲、乙成立共同正犯。当然，对于诈骗罪与招摇撞骗罪之间的关系，在我国刑法学界是存在较大分歧的。首先是招摇撞骗罪是否包括骗取财物。对此张明楷教授认为，冒充国家机关工作人员招摇撞骗，原则上不包括骗取财物的现象，即使认为可以包括骗取财物，但也不包括骗取数额巨大财物的情况。[①] 按照这一解释，招摇撞骗罪与诈骗罪之间就不存在法条竞合关系，而是两种互相完全独立的犯罪。我认为，如果刑法关于招摇撞骗罪规定增加一款，明文规定"冒充国家机关工作人员骗取公私财物的，以刑法第 266 条（诈骗罪）定罪从重处罚"，则能够较好地解决这个问题，即冒充国家机关工作人员骗取财物数额没有达到较大标准，其诈骗行为不构成诈骗罪时，以招摇撞骗罪论处；冒充国家机关工作人员骗取财物数额达到较大标准的，以诈骗罪从重处罚。但在刑法未作明文规定的情况下，我国刑法学界的通说认为招摇撞骗罪包括骗取财物而且没有数额上的限制。在这种情况下，招摇撞骗罪与诈骗罪之间就存在某种竞合关系。但这种竞合

[①] 参见张明楷：《刑法学》，3 版，757 页，北京，法律出版社，2007。

第二节 共同犯罪的范围

到底是想象竞合还是法条竞合,在我国刑法学界又存在不同观点:一种观点认为,如果认为冒充国家机关工作人员是为了骗取财物,属于一行为触犯数罪名,应适用想象竞合犯的处罚原则,择一重罪处罚,即按诈骗罪处罚重时定诈骗罪,按招摇撞骗罪处罚重时就定招摇撞骗罪。[1] 另一种观点认为,招摇撞骗罪和诈骗罪之间具有法条竞合关系,如果冒充国家机关工作人员主要是为了骗取财物,而且数额特别巨大的,则其侵犯的客体已主要不是国家机关的威信,而是财产权利,而且对这种行为,按照招摇撞骗罪处罚会失之过轻,所以应依照诈骗罪论处。[2] 我认为,招摇撞骗罪与诈骗罪之间在外延上存在交叉关系,这是两罪之竞合的基础。区分到底是想象竞合还是法条竞合,关键要看这种犯罪外延的交叉是否能够脱离行为事实而独立存在。从招摇撞骗罪与诈骗罪的关系来看,其外延的交互重合是可以脱离具体行为而存在的,因而是一种法条竞合而非想象竞合。但这种法条竞合既非特别法与普通法的竞合,也不是简单法与复杂法的竞合。按照特别法与普通法竞合的观点,招摇撞骗罪与诈骗罪的法条竞合只能定诈骗罪。而按照简单法与复杂法竞合的观点,招摇撞骗罪与诈骗罪的法条竞合只能定招摇撞骗罪。我认为,一行为同时触犯招摇撞骗罪与诈骗罪,具有想象竞合的性质,但由于这种情形在构成要件上存在重合,因而是一种法条竞合化了的想象竞合。对此,立法者并未明示或暗示以何罪论处,因而应当按照重法优于轻法的原则论处。在甲、乙共同骗取财物时,甲冒充国家机关工作人员,乙并没有冒充国家机关工作人员,但乙明知甲在冒充国家机关工作人员进行诈骗。在这种情况下,乙的行为是诈骗罪的正犯与招摇撞骗罪的帮助犯的想象竞合,应定诈骗罪。但甲的招摇撞骗行为与诈骗行为之间存在法条竞合关系,在招摇撞骗罪重而诈骗罪轻的情况下,按照重法优于轻法的原则,对甲的行为应定招摇撞骗罪。但在诈骗罪上,甲、乙成立共同正犯。

---

[1] 参见周道鸾、张军主编:《刑法罪名精释》,3版,542页,北京,人民法院出版社,2007。
[2] 参见周光权:《刑法各论讲义》,377页,北京,清华大学出版社,2003。

4. 基本法与补充法的竞合

基本法与补充法的竞合是一种偏一竞合，指两个罪名概念的内容交叉重合，但实际竞合的内容已经超出所重合范围的情形。例如我国《刑法》第240条规定了拐卖儿童罪，《刑法》第262条规定了拐骗儿童罪。其中，拐卖儿童罪是基本法的规定，而拐骗儿童罪是补充法的规定，两者之间存在基本法与补充法的竞合关系。当一个行为人将儿童拐骗以后又将其出卖，则按照基本法优于补充法的原则，应定拐卖儿童罪。但甲、乙二人，甲实施拐骗行为，乙实施出卖行为，如果甲、乙二人事先有通谋，则成立拐卖儿童罪的共同正犯。因为根据《刑法》第240条第2款规定："拐卖妇女、儿童是指以出卖为目的，有拐骗、绑架、收买、贩卖、接送、中转妇女、儿童的行为之一的。"因此，以出卖为目的拐骗儿童，就是拐卖儿童罪的正犯。但如果甲以拐卖儿童的故意，乙以拐骗儿童的故意，共同实施拐骗儿童的行为，在拐骗以后，甲将儿童予以出卖，在这种情况下，按照基本法优于补充法的原则，对甲应定拐卖儿童罪。而乙并无出卖的目的，因而其拐骗儿童的行为只构成拐骗儿童罪。但在拐骗儿童罪上，甲、乙成立共同正犯。

根据以上分析，我认为在法条竞合的情况下，甲、乙二人共犯此罪，其中甲因法条竞合而另定彼罪，但在此罪上，甲、乙二人应成立共同正犯。最终结论虽然也是甲、乙各定此罪与彼罪，但在此罪与彼罪存在重合的范围内，共同正犯是成立的。在这种情况下，之所以应当承认在重合范围内共同正犯的成立，具有定罪量刑两个方面的意义：从定罪上来说，如果不承认共同正犯，就不能适用部分行为之全体责任的原则，因而难以正确地解决定罪问题。例如，甲勾结乙杀害甲父，乙并不知情。在这种情况下，甲、乙各砍3刀共计6刀将甲父砍死。单独地看，3刀并不能将人砍死，而合起来6刀正好把人砍死。如果甲、乙是同时犯，各应对本人行为负责，就属于杀人未遂。但如果是杀人罪的共同正犯，甲、乙不仅要对本人行为负责，而且要对他人行为负责，由此才能认定为杀人既遂。因此，如果不承认甲、乙是杀人罪的共同正犯，就不能认定甲、乙的杀人行为是既遂。又如，甲是邮政工作人员，乙是非邮政工作人员，二人共谋非法开拆他人信

件，甲和乙各开拆 100 封信。如果不承认在破坏通信自由罪上甲、乙是共同正犯，对甲、乙就只能以本人非法开拆的信件论罪。只有将甲、乙认定为破坏通信自由罪的共同正犯，尽管对甲因法条竞合而另定私自开拆邮件罪，但甲、乙仍然应对开拆 200 封信承担刑事责任。

法条竞合的共同正犯表明在犯罪构成要件具有重合性的情况下，共同正犯具有竞合性，这种竞合的共同正犯与刑法上共犯的竞合是两个不同的概念。共犯竞合，是指实施一个基本的构成要件行为，同时出现了共同正犯、教唆犯、帮助犯这样三种共犯形式。在共犯竞合的场合，上述共犯形式作为实现一个基本的构成要件而实施的行为，具有共同性。因此，较轻的共犯形式被较重的共犯形式所吸收，只成立较重的共犯形式。而且，教唆人、帮助人进而分担了实行行为的时候，就只负担共同正犯的罪责，教唆犯帮助正犯的时候，作为教唆犯，从重处罚。① 由此可见，共犯竞合是以一人实施数个共犯行为为前提的。在我国刑法学界，一般认为共犯竞合是一个吸收犯的问题，正如我国学者指出：所谓共犯竞合不过是同一共同犯罪人由于实施了不同形态的共犯行为，而同时属于不同的共犯类型，本质上是一种共同犯罪人类型的重叠。共犯竞合在犯罪形态上完全是一种吸收犯，应当按照重度行为吸收轻度行为的原则确定犯罪人的刑事责任。② 法条竞合情形下的共同正犯是共同正犯的一种特殊形式，是指在实行同一之罪的情况下，由于该罪与他罪之间存在法条竞合，因而对共同正犯的行为人分别以不同犯罪论处的情形。

(二) 想象竞合情形下的共同正犯

如果说，法条竞合是一种法律的竞合，这种竞合是不以具体犯罪的发生为转移的，那么，想象竞合就是行为的竞合——一种事实性竞合而非评价性竞合。在

---

① 参见［日］大谷实：《刑法讲义总论》，新版 2 版，黎宏译，430 页，北京，中国人民大学出版社，2008。

② 参见刘士心：《竞合犯研究》，20 页，北京，中国检察出版社，2005。

第五章 共同犯罪的基础理论

想象竞合的情况下，发生竞合的两个犯罪在犯罪的构成事实上存在一定的重合性，在重合范围内可以成立共同正犯。例如在故意杀人罪与故意伤害罪之间，到底是想象竞合、法条竞合还是包括的一罪，在刑法理论上存在争议。[①] 在故意杀人罪与故意伤害罪之间的关系问题上，存在对立理论与单一理论之争。根据对立理论，杀人故意在概念上已经排斥伤害故意的同时存在，换言之，两个概念之间有排斥的关系，所以不能成立法条竞合。但根据单一理论，杀人故意始终包含伤害故意，所以伤害罪退居补充地位，伤害罪是杀人罪的过程犯，伤害罪的不法内涵已经包含在杀人罪的不法内涵中。在这种情况下，实质上存在逻辑结构上的隶属关系，因此应该是特别关系。[②] 我认为，在犯罪构成要件上，杀与伤是相互排斥的，因而不能承认两罪之间存在法条竞合关系。但杀和伤之间又的确在一定程度上存在某种事实的重合，即通过伤害而达致杀害。在这种想象竞合的情况下，故意杀人罪与故意伤害罪之间存在着局部犯罪事实的重合，在这一重合限度内，可以成立共同正犯。因此，甲以杀人的故意、乙以伤害的故意共同侵害丙，致丙死亡的，尽管甲成立故意杀人罪，但在其所重合的故意伤害罪的范围内，甲、乙成立共同正犯。

（三）转化犯情形下的共同正犯

转化犯是我国刑法规定的一种特殊犯罪类型，是指行为人在实施某一较轻的犯罪时，由于连带的行为又触犯了另一较重的犯罪，因而法律规定以较重的犯罪论处的情形。在转化犯中，存在时间上具有先后衔接关系的两个犯罪：本罪与他罪。本罪是指转化以前的犯罪，他罪是指转化以后的犯罪。例如我国《刑法》第292条第1款规定了聚众斗殴罪，第2款规定：聚众斗殴，致人重伤、死亡的，依照故意伤害罪、故意杀人罪的规定定罪处罚。在甲、乙、丙聚众斗殴共同犯罪过程中，甲突然将他人捅死，转化为故意杀人罪。丙、乙对故意杀人既无故意又

---

① 参见陈家林：《共同正犯研究》，71页，武汉，武汉大学出版社，2004。
② 参见陈志辉：《刑法上的法条竞合》，74～75页，台北，自版，1998。

无行为，不符合转化条件。在这种情况下，对甲应定故意杀人罪。但在聚众斗殴罪范围内，甲、乙、丙三人仍然成立共同正犯。如果不包括甲在内，乙、丙二人就不能构成聚众斗殴罪，因为聚众必须有三人以上共同参与。因此，在转化犯的情况下，符合转化条件的行为人按照他罪定罪，但在本罪范围内仍然成立共同正犯。

广义上的转化犯还包括我国《刑法》第267条第2款和第269条规定的转化型抢劫罪。前者是指携带凶器抢夺的，法律规定依照抢劫罪的规定定罪处罚。后者是犯盗窃、诈骗、抢夺罪，为窝藏赃物、抗拒抓捕或者毁灭罪证而当场使用暴力或者以暴力相威胁的，以抢劫罪的规定定罪处罚。在上述两种转化型抢劫的共同犯罪中，都有可能发生部分行为人转化而定抢劫罪，部分行为人未转化而定盗窃、抢夺、诈骗罪。在这种情况下，对转化的行为人虽然应定抢劫罪，但在未转化的犯罪范围内，成立共同正犯。例如甲、乙共同到丙家盗窃，甲进入室内行窃，乙在室外望风。甲行窃时遇丙抓捕，遂将丙打成重伤。在这种情况下，甲构成抢劫罪，符合转化型抢劫的条件。但在盗窃罪上，甲、乙成立共同正犯。例如张某某抢劫、李某某盗窃案。① 某县人民法院经公开审理查明：1988年12月4日晚，被告人张某某、李某某伙同张某良（另案处理，已判刑）携带镰刀在某国道某县境内，乘道路堵车之机，欲共同对被堵车辆行窃。8时许，张某某、张某良登上姜某某驾驶的解放牌汽车，将车上拉运的白糖往下扔，李某某负责在下边捡拾、搬运，共窃得白糖6袋，每袋50公斤。当司机姜某某从后视镜上发现有人扒货时，即下车查看，当场抓住张某某。张某某为脱身，用镰刀朝姜某某的脸上砍了一下，经法医鉴定姜的面部伤构成轻伤。同时张某良也捡起石头威胁姜某某及前来协助的货主刘某。姜某某及刘某见此情形连忙驾车离开现场，并在一报

---

① 参见洪冰：《张某某抢劫、李某某盗窃案——盗窃共同犯罪中部分共犯因为抗拒抓捕当场实施暴力转化为抢劫罪，其他共犯是否也随之转化》，载最高人民法院刑事审判第一庭、第二庭：《刑事审判参考》，第32辑，34~38页，北京，法律出版社，2003。

警点报了案。出警的公安人员赶赴现场后,将正在搬运赃物的张某良、张某某、李某某截住,当场抓获张某良,但张某某、李某某逃跑。1999年9月21日和1999年9月22日,张某某、李某某分别到某县公安局投案。案发后,经某县价格事务所评估鉴定,被盗白糖的价值共计人民币1 200元。

某县人民法院审理后认为:被告人张某某、李某某以非法占有为目的,共同盗窃他人财物,数额较大,其行为均已构成盗窃罪。在共同盗窃过程中,张某某为抗拒抓捕而当场使用暴力,致被害人轻伤,其行为依法应由盗窃罪转化为抢劫罪。公诉机关指控张某某犯抢劫罪罪名成立,应予支持。张某某在案发后能自动向公安机关投案,并如实交代本人的犯罪事实,构成自首,可以从轻处罚。在共同盗窃过程中,李某某没有为抗拒抓捕、窝藏财物或毁灭罪证而当场使用暴力或者以暴力相威胁,故李某某的行为不符合由盗窃罪转化为抢劫罪的构成要件。公诉机关指控李某某犯抢劫罪定性不当,应予纠正。李某某虽能向公安机关自动投案,但在一审前始终未能如实供述自己的罪行,不属于自首。在共同扒车盗窃中,李某某起辅助作用,系从犯,可以从轻处罚。依照《刑法》第12条、第269条、第263条、第264条、第25条第1款、第27条、第67条第1款的规定,于2000年5月11日判决:被告人张某某犯抢劫罪,判处有期徒刑5年,并处罚金人民币1 500元;被告人李某某犯盗窃罪,判处有期徒刑6个月,并处罚金人民币1 500元。一审宣判后,张某某、李某某均未提出上诉,公诉机关也未提出抗诉,判决已发生法律效力。

本案涉及共同盗窃犯罪中部分共犯因为抗拒抓捕当场实施暴力转化为抢劫罪,其他共犯是否也随之转化的问题。对此,在司法机关之间存在争议。公诉机关认为,被告人李某某伙同张某某、张某良实施盗窃,属共同犯罪。张某某被人抓住后,为了抗拒抓捕而当场使用暴力;张某良为帮助张某某脱逃,也以暴力威胁被害人,这就使犯罪的性质由盗窃罪转化成为抢劫罪。由于三人的行为属共同犯罪,李某某虽然没有当场使用暴力或以暴力相威胁,但亦应以抢劫罪定罪处罚。法院则认为李某某并没有实施转化为抢劫罪的暴力行为,因而不符合转化型

抢劫罪的构成要件，不能认定为抢劫罪。本案的裁判理由指出："被告人张某某和同案人张某良的行为已由盗窃罪转化成为抢劫罪没有争议，但被告人李某某的行为是否因此也由盗窃罪转化成为抢劫罪，即在盗窃共同犯罪中，由于其中一部分共犯的行为使犯罪的性质发生转化，即从盗窃罪转化为抢劫罪，其他共犯的行为性质是否也都随之转化？我们认为，由盗窃罪转化为抢劫罪的特征是先窃取财物后使用暴力，要认定各个盗窃共犯的行为是否转化成为抢劫罪，关键要看行为人在窃取财物之后是否当场使用暴力或者以暴力相威胁。其中，对部分没有当场使用暴力或者以暴力相威胁的行为人，则要看其是否同意其他共犯当场使用暴力或者以暴力相威胁。如果是，其行为就由盗窃转化为抢劫；反之，其行为就不发生转化，仅负盗窃罪的刑事责任。从本案的全过程来看，张某良、张某某先后上车盗窃白糖，李某某在下面路上将扒下的白糖往路边转移，此时三人的行为属共同盗窃。当司机从后视镜上发现有人扒货时，即停车查看，将从车上刚下来的被告人张某某当场抓住。张为了脱身，用随身携带的镰刀将司机的面部砍伤，张某良为帮助张某某脱身，也过来捡起石头威胁司机及货主。至此，张某某、张某良的犯罪性质已经发生了转化。而此时李某某正在距现场几十米远的地方搬运赃物，李某某既没有赶赴现场对被害人使用暴力或者以暴力相威胁，也没有对张某某、张某良使用暴力表示认同的意思表示。由此可见，在对被害人使用暴力和以暴力相威胁这个关键环节上，李某某与张某某、张某良之间既无共同的故意，也无共同的行为，不具备共同犯罪的要件。因此，李某某的行为不符合转化型抢劫罪的特征，法院判决认定其犯盗窃罪而没有认定其犯抢劫罪是正确的。"

我认为，转化犯的成立需要具有一定转化条件。只有在二人以上同时符合转化犯的转化条件的情况下，才能对参与共同犯罪的各个行为人以转化犯的共同犯罪论处。否则，只能要求单方面实施了转化行为的共犯对转化后的犯罪承担刑事责任。当然，各个共犯对转化之前的犯罪行为仍然应当承担共同犯罪的刑事责任。

第三节 共同犯罪的构成

犯罪构成是承担刑事责任的基础,一个人的行为是否具备犯罪构成,是划分罪与非罪的根本标准。在共同犯罪的情况下,仍应以犯罪构成作为承担刑事责任的基础。正如苏联刑法学者 A. H. 特拉伊宁指出:"共同犯罪并不变更刑事责任的根据。不论是单独行动的人,还是共同犯罪中的行为人,都只有在他们的行为包含了相当的犯罪构成的全部因素,特别是包含了像因果关系和罪过这样一类必要的构成因素时,才负刑事责任。"[①] 共同犯罪具有不同于单独犯罪的特点,对于共同犯罪构成的这种特殊性需要专门加以研究。

一、共同犯罪构成的一般理论

(一) 共同犯罪构成的概念

我国刑法学界对于共同犯罪的构成缺乏深入研究。在一般的刑法学教科书中都没有使用共同犯罪的构成这一概念[②],而是称为共同犯罪的特征,作为对共同犯罪概念的补充说明。

共同犯罪的构成是相对于单独犯罪构成而言的,是指共同犯罪成立必须具备的构成要件。如果说,单独犯罪的构成是犯罪构成的典型形态,那么,共同犯罪的构成就是犯罪构成的特殊形态。例如日本学者小野清一郎指出:"共犯也和未遂犯一样,是构成要件的修正形式。共犯的各种问题全都应当从这一构成要件修

---

① [苏] A. H. 特拉伊宁:《犯罪构成的一般学说》,王作富等译,231 页,北京,中国人民大学出版社,1958。
② 个别刑法教科书称之为共同犯罪的成立要件,并且认为共同犯罪成立要件的理论是建立在犯罪构成理论基础上的,它是单个犯罪构成理论的发展,与我们所说的共同犯罪构成的概念较为接近,惜乎没有深入阐发。参见高铭暄主编:《刑法学》,188 页,北京,法律出版社,1982。

正形式的角度去思考和解决。"① 共同犯罪构成具有修正性，这里的修正，主要是指共犯的行为不是由刑法分则规定的，而是由刑法总则规定的，在此基础上正犯与共犯的区分，就是共同犯罪构成区别于单独犯罪构成的特殊性之所在。小野清一郎还对正犯与共犯的构成要件进行了分别论述，总则中的共犯是一种构成要件的修正形式，而必要共犯和事后共犯各自都是特殊的构成要件。但是它们为什么在一定意义上都被当作共犯来考虑呢？原因就在于它们都在事实上有关联。对于这种关联，小野清一郎认为，正是在这种数人的行为实现一个构成要件事实之上，成立了刑法总则的共犯概念。换句话说，共犯是在数人的行为实现一个构成要件的场合，对其共同行为的数人的行为分别评价，以各自的行为作为犯罪而令行为人负责任的。② 因此，只有从数人实现一个构成要件的意义上，才能深刻地把握共同犯罪的构成。

（二）共同犯罪的定罪根据

共同犯罪的定罪根据，是共同犯罪的构成所要解决的问题，也是共同犯罪的刑事责任根据问题。关于这个问题，在共犯教义学中存在限制正犯论与扩张正犯论之争。限制正犯论认为，行为人自行实施犯罪行为，而实现构成要件者为正犯，非亲自实现构成要件者，则非正犯。此说将正犯之观念，限制于自己亲自实施犯罪构成要件之人，始为正犯，故谓之限制正犯论。依此说，刑罚法令各本条，仅就正犯之既遂行为设其处罚之规定，并未包括未遂及教唆、帮助等行为。因此，这些行为是非实行行为，没有法律特别规定，不得加以处罚。刑法总则上之教唆犯、帮助犯等共犯规定，乃欲使正犯之刑罚，扩张于正犯以外之人。所以，共犯规定实为刑罚扩张事由，或刑罚扩张原因。扩张正犯论主张，正犯之范围不应局限于实行构成要件之行为人，凡对实现犯罪构成要件之结果，赋予任何

---

① ［日］小野清一郎：《犯罪构成要件理论》，王泰译，144页，北京，中国人民公安大学出版社，2004。
② 参见［日］小野清一郎：《犯罪构成要件理论》，王泰译，148、151页，北京，中国人民公安大学出版社，2004。

第五章 共同犯罪的基础理论

因果条件之关系者,皆为正犯,不分其为亲自实施,或利用教唆、帮助他人实行。因这种学说强调共犯之独立性,扩张了正犯的概念,故谓之扩张正犯论。依此说,刑法分则及刑罚法令各本条所规定的构成要件,并非仅限于正犯有其适用,即教唆及帮助者,亦皆有其适用。教唆及帮助行为,均应依正犯之规定加以处罚。因此,如果没有刑法总则有关共犯的规定,所有对构成要件结果之实现,具有条件关系之行为人,将皆按正犯处罚,故设此共犯规定,将正犯刑罚加以缩小适用,以限制或缩小教唆犯与帮助犯之处罚。本质上一切共犯,仍不失为正犯,又称为刑罚缩小原因说。[1]

以上两说,扩张正犯论将共犯行为说成是符合刑法分则规定的构成要件,仅因为缩小刑罚范围而在刑法总则加以规定的观点是没有根据的。显然,杀人与教唆杀人或者帮助杀人在观念上是有所区别的,刑法分则仅规定了杀人罪的刑事责任,如果没有刑法总则关于共同犯罪的规定,对教唆杀人或者帮助杀人的行为就不能理所当然地适用刑法分则的条文追究刑事责任。因此,主张刑法总则关于共同犯罪的规定是刑罚扩张事由的限制正犯论是有一定道理的。但限制正犯论没有揭示共犯行为之所以应当承担刑事责任的原因,也没有从构成要件上对共犯承担刑事责任的根据加以进一步的说明。我认为,共犯行为之所以应当承担刑事责任,归根到底还是由行为的法益侵害性所决定的。教唆与帮助等行为,虽然不是刑法分则规定的正犯行为,但它们在共同犯罪中对于犯罪结果的发生起着大小不等的作用。因此,教唆与帮助等行为也是具有法益侵害性的,这就是共犯应受刑罚处罚的根本原因之所在。那么,又为什么不在刑法分则中将教唆与帮助等行为直接规定为犯罪行为呢?这主要是从立法技术上考虑。因为每一种犯罪都有成立共同犯罪的可能,如果对此在刑法分则中一一加以规定,势必使刑法条文冗长烦琐,出现不必要的重复。而且,从对个别共同犯罪加以惩罚,到共同犯罪发展为一种刑法制度,正是刑法进化的结果,有其历史必然性。所以,在刑法总则中对

---

[1] 参见郭君勋:《案例刑法总论》,2版,392~393页,台北,三民书局,1983。

共同犯罪加以规定,使其适用于刑法分则规定的各种犯罪,这不仅减轻了刑法条文的繁缛,而且便利司法实践。

犯罪构成一般是以一人犯一罪为标本的,因此,根据一般的犯罪构成不能解决共同犯罪的构成问题。共同犯罪的构成不同于单独犯罪的构成,为使共犯承担刑事责任,需要对单独犯罪的构成加以修正。在这个意义上可以认为,共犯的构成是犯罪构成的修正形式。正如日本刑法学者小野清一郎在《新订刑法讲义总论》一书中指出的:"总则中的共犯,属于构成要件的修正形式,也就是设定了对于没有满足分则中各具体构成要件的某些行为赋予可罚性的一般形式。所说的共犯是构成要件的修正形式,指的是以分则中所规定的具体构成要件为基本而修正其内容的一般概念性的形式。像盗窃、杀人这样的构成要件是基本的构成要件,共犯即是与这些基本的构成要件有关联而修正了其内容。"根据修正的犯罪构成的理论,我国刑法总则中规定的组织犯、教唆犯和帮助犯,并不是不具备犯罪构成,而只是不具备刑法分则所规定的构成要件,但它们具备修正的构成要件,这就是共犯定罪的根据,也是共犯承担刑事责任的根据。①

二、共同犯罪构成的复杂形式

以上所说的共同犯罪构成,主要是针对共同犯罪中组织犯、教唆犯和帮助犯等共犯的构成而言的。在共同犯罪中,不仅有共犯,而且还有正犯。因此共同犯罪的构成,不是单个犯罪人的构成要件的简单相加,而是数个犯罪人的构成要件的复杂组合。在刑法教义学中,共同犯罪分为简单共犯和复杂共犯。简单共犯是

---

① 我国学者以犯罪构成的形态为标准,将犯罪构成分为基本的犯罪构成与修正的犯罪构成。修正的犯罪构成,指以基本的犯罪构成为前提,适应行为的发展阶段或共同犯罪的形式而分别加以修改变更的犯罪构成。参见马克昌:《犯罪构成的分类》,载《法学》,1984(10),14页。

指在各共同犯罪人之间没有行为上的分工，即各个共犯都共同直接地实行了某一具体的犯罪构成的行为。例如，甲乙共谋杀丙，两人一起将丙从家里骗到偏僻之处，共同将丙杀死。在本案中，甲乙共谋杀人，然后又共同直接实行杀人行为，其行为都符合故意杀人罪的构成要件，也符合共同犯罪成立的要件。这种共同犯罪形式，就是简单共犯。复杂共犯是指各个共犯在共同犯罪中有不同的分工，处于不同的地位。例如，某些参与者直接实行某种犯罪客观要件的行为，充当正犯的角色；某些参与者进行组织、指挥、策划，充当组织犯的角色；某些参与者教唆别人犯罪，充当教唆犯的角色；某些参与者为实行犯罪制造条件，充当帮助犯的角色。在这种复杂共犯中，每个参与者在共同犯罪中所处的地位和所起的作用不同。对此，刑法总则专门规定了主犯、从犯、胁从犯和教唆犯的处罚原则。共同犯罪构成的复杂形式就是指复杂的共同犯罪的构成条件，因而需要进行深入研究。

（一）同一犯罪构成内成立的共同犯罪

在一般情况下，共同犯罪总是围绕着一个目的展开犯罪活动，指向同一的特定犯罪。因此，共同犯罪不仅犯罪是同一的，而且犯罪构成也是同一的。例如，甲乙二人共谋杀丙，甲持菜刀，乙持匕首，共同将丙杀死。甲乙二人共犯故意杀人罪，其构成要件是同一的。又如，甲在乙的教唆和丙的帮助下将丁杀死。甲乙丙三人的共同犯罪中，甲是杀人的正犯，具备刑法分则规定的构成要件。乙丙则是杀人的教唆犯和帮助犯，具备刑法总则规定的修正的构成要件。虽然他们之间在构成要件上有基本的构成与修正的构成之分，但性质上是同一的，都是故意杀人罪的构成。正如 A. H. 特拉伊宁指出："各个共犯在实施犯罪中的作用是不一样的，如一个人射击，另一个人把风，第三个则在树林里等候。各个共犯的社会面貌、犯罪动机以及其他许多特征，也可能是不相同的。但是，这些差别丝毫也不影响那种把各个共犯联系起来并使共同犯罪制度成为必要的某种一致性。这种一致性表现在，不论每个共犯参与实施犯罪时在客观上和主观上的特征有什么不

同，所有的共犯总是对同一个罪行负责任。"①

（二）同一犯罪的不同犯罪构成之间成立的共同犯罪

在同一犯罪的不同犯罪构成之间能否成立共同犯罪，这是一个存在争论的问题。对此，我国刑法学界存在两种互相对立的观点。第一是肯定说，指出："所谓同一犯罪，是指同一罪质的犯罪，它包括而不等于符合同一犯罪构成要件的犯罪。因为罪质相同，犯罪构成要件可能不同。例如故意伤害的犯罪、故意伤害致人死亡的犯罪，它们的构成要件各不相同，但罪质相同，即都系故意伤害罪。共同犯罪人的行为是为完成同一罪质的犯罪，尽管其具体构成要件不同，也可以构成共同犯罪。"② 第二是否定说，指出："犯罪构成是刑事责任的唯一根据的原则，应当毫无例外地也适用于共同犯罪。也就是说，共同犯罪必须以同一犯罪构成为成立的前提。"③ 我认为，同一犯罪的不同犯罪构成之间是否存在共同犯罪，实际上是一个关系到共同犯罪的范围问题。对于这个问题，行为共同说认为在不同犯罪事实（不仅是不同的犯罪构成，而且是不同的犯罪）之间也可以成立共同犯罪，这种观点对共同犯罪范围的解释显然是过于宽泛的，因而不足取。犯罪共同说则认为只有在同一犯罪的同一犯罪构成之内才能成立共同犯罪，这种解释又失之狭窄，同样不可取。

我认为，共同犯罪人对同一的特定犯罪承担刑事责任，并不排除各共同犯罪人具有同一犯罪的不同的犯罪构成。这样，在共同犯罪中就出现了犯罪是同一的，犯罪构成却不是同一的复杂情形。在刑法理论上，一个犯罪可以具有几个犯罪构成。这里存在着犯罪和犯罪构成这两个概念之间的区别：犯罪是一个，但法律规定着几个犯罪构成。④ 对此，A. H. 特拉伊宁曾经作过经典式的阐述："在

---

① ［苏］A. H. 特拉伊宁：《犯罪构成的一般学说》，王作富等译，241页，北京，中国人民大学出版社，1958。
② 樊凤林主编：《犯罪构成论》，260～261页，北京，法律出版社，1987。
③ 曾宪信等：《犯罪构成论》，160页，武汉，武汉大学出版社，1988。
④ 参见陈兴良：《我国刑法中的情节加重犯》，载《法学研究》，1985（4）。

确定共犯的责任时,'犯罪'和'犯罪构成'这两个概念的差别,也表现得很明确:共同犯罪一定要以对同一个犯罪、但不一定对同一个构成的责任为前提。"①在我国刑法中,同一个犯罪而规定着几个不同的构成要件的情形比比皆是。以犯罪构成中行为的法益侵害程度为标准,可以把犯罪构成分为普通犯罪构成与法益侵害严重或法益侵害较轻的犯罪构成。②例如,我国《刑法》第236条规定的强奸罪,可以分为普通的构成与法益侵害严重的构成两种:第236条第1款规定的是普通的强奸罪的构成,第3款规定的是法益侵害严重的强奸罪的构成。又如,我国《刑法》第232条规定的故意杀人罪,可以分为普通的故意杀人罪的构成与法益侵害较轻的故意杀人罪的构成。因此,当二人以上共同故意地实施某一犯罪时,各共同犯罪人可能具有不同的犯罪构成。例如,甲在乙的胁迫下,按住丙的手脚,由乙持刀将丙杀死。甲乙构成故意杀人罪的共同犯罪,但两人的构成要件有所不同:甲属于我国《刑法》第232条规定的情节较轻的故意杀人罪,具备法益侵害较轻的犯罪构成,乙则具备普通的犯罪构成。对于这种情形,A.H.特拉伊宁曾经深刻地指出:"问题的实质在于,作为共同犯罪的概念前提的这种一致性,并不是犯罪构成的一致性。因此,一个共犯对基本的构成负责,而另一个共犯则可能对危害性较大或较小的构成、因而根据刑法典的另一条文负责,这丝毫也不能动摇各个共犯对同一个罪行负责的一般原理……各个共犯对同一个罪行所负责任的一致性,并不表现在惩罚规范一致的这个形式特征上。这种责任表现在每个共犯对之负责的犯罪在实质上的相同——是在实质上的相同,而不是构成相同。"③

---

① [苏]A.H.特拉伊宁:《犯罪构成的一般学说》,王作富等译,51页,北京,中国人民大学出版社,1958。
② 参见马克昌:《犯罪构成的分类》,载《法学》,1984(10),14页。
③ [苏]A.H.特拉伊宁:《犯罪构成的一般学说》,王作富等译,241~242页,北京,中国人民大学出版社,1958。

（三）不同犯罪之间的共同犯罪

在不同的犯罪之间能否成立共同犯罪呢？对于这个问题，犯罪共同说与行为共同说的回答是迥然相异的。犯罪共同说认为共同犯罪只能共同犯一罪。因此，只有在同一犯罪之内才能成立共同犯罪。行为共同说则认为共同犯罪并不限于共同犯一罪。因此，在不同的犯罪之间也可以成立共同犯罪。在外国刑法中，有采行为共同说的立法例。例如《印度刑法典》第38条规定："几个人从事或参与一个犯罪行为的实施，由于这个行为，他们可以犯各种不同的犯罪。"我认为，共同犯罪只能是共同犯一罪的关系，罪质互异的犯罪之间无所谓共同犯罪。这是因为，共同犯罪是在共同犯罪故意支配下实施的共同犯罪行为，并由此而造成共同的犯罪结果。如果各人实施的犯罪的性质完全不同，那么，主观上就不可能有共同故意，客观上也不可能有共同行为，因而应当分别予以单独论处。而且，从处罚上来说，共同犯罪人对共同所犯之罪承担刑事责任，而共同犯罪人在犯罪中的作用有主次之分，他们的刑事责任是互相联系着的，所以法律规定对从犯要比照主犯予以从宽处罚。如果各行为人成立不同的犯罪，那么，各人都应当对自己实施的罪行承担完全的刑事责任，因而不存在共犯关系。

三、共同犯罪定性的基本原则

在对共同犯罪构成探讨的基础上，我们还要进一步研究共同犯罪定性原则的问题。这个问题可以分以下两种情况加以论述。

（一）任意共犯的定性

任意共犯是指刑法总则规定的共犯类型。对此，日本学者指出："刑法分则所规定的各个犯罪类型原则上是规定单独既遂犯类型，但现实的犯罪有很多是通过复数人的参与而实现的。而且，可以说这种情形是更为危险的。为了规范这种互动现象而设置了刑法典总则的共犯规定，将根据这些规定而成为处罚对象的犯

罪称为任意的共犯。"① 由此可见，任意共犯中的共犯是指与正犯相对应意义上的共犯，也就是狭义上的共犯。由于任意共犯是由刑法总则规定的，因此它也被称为总则性共犯。

如果把共同犯罪界定为正犯与共犯的上位概念，那么，可以将共犯纳入共同犯罪范畴之中。在这种情况下，共同犯罪人可以分为正犯与共犯，因而在共同犯罪中存在行为上的分工。其中，正犯的犯罪构成与共犯的犯罪构成明显不同：正犯的犯罪构成是刑法分则规定的，而共犯的犯罪构成是刑法总则规定的。那么，在任意共犯的情况下，到底是由正犯还是共犯决定共同犯罪的性质呢？显然是正犯的犯罪构成。因此，在任意共犯的情况下，共同犯罪罪名的确定应当以正犯为转移。换言之，共同犯罪的基本特征是由正犯所决定的，这就是共同犯罪的性质应以行为人的正犯行为为根据来加以确定的法理。②

（二）必要共犯的定性

必要共犯是指刑法分则规定的共犯类型。不同于任意共犯，必要共犯是由刑法分则规定的，因此它也被称为分则性共犯。日本学者指出："在犯罪之中，还存在着这样的场合：作为犯罪类型所规定的是多数人的共动、加功本身，或者是以此为前提的行为。这样的场合称为必要的共犯。必要的共犯又进一步分为两种类型，一种是将指向同一方向而实施的共动予以类型化的多众犯或者集合犯，另一种是将对向（相对的方向）的共动、加功予以类型化的对向犯。"③ 必要共犯中的共犯显然不是狭义上的共犯，而是正犯。例如我国《刑法》第258条规定的重婚罪，是指有配偶而重婚的，或者明知他人有配偶而与之结婚的行为。在重婚罪中存在两种相对应的行为：第一种是狭义上的重婚行为，即本人已经有配偶但仍然与他人结婚，由此形成双重婚姻关系，这是典型的重婚行为。第二种是广义

---

① ［日］西田典之：《共犯理论的展开》，江溯、李世阳译，270页，北京，中国法制出版社，2017。
② 参见马克昌：《共同犯罪与身份》，载《法学研究》，1986（5），25页。
③ ［日］山口厚：《刑法总论》，3版，付立庆译，352页，北京，中国人民大学出版社，2018。

第三节 共同犯罪的构成

上的重婚行为,即本人虽然没有配偶,但明知他人有配偶而与之结婚,这是相婚行为。当以上两种人分别实施重婚行为与相婚行为而构成重婚罪的时候,就是共犯教义学中的对向犯,可以归属于必要共犯。这个意义上的共犯并不是通常意义上的共犯,其行为是由刑法分则规定的,因此可以说是正犯。

在必要共犯的情况下,刑法分则已经将某个具体犯罪设置为共同犯罪,只有二人以上或者三人以上才能构成。在必要共犯的情况下,各共同犯罪人之间不存在行为上的分工,都实行了刑法分则所规定的正犯行为。在这种情况下,共同犯罪的定性问题较为简单,即直接以其共同触犯的刑法分则条文定性。

第六章
共同犯罪行为

第一节　共犯行为概述

一、共同犯罪行为的概念

共同犯罪行为是指二人以上在共同犯罪故意的支配下，共同实施的具有内在联系的犯罪行为。共同犯罪行为是共同犯罪构成的客观要件，是共犯承担刑事责任的客观基础。共同犯罪行为是犯罪行为的一种特殊形态，具备犯罪行为的共性，同时又具有不同于单独犯罪行为的特点，揭示共同犯罪行为的基本特征对于认定共同犯罪具有重要意义。

（一）共同犯罪行为的分工

单独犯罪，是一个人独立完成犯罪行为，当然没有分工可言。共同犯罪，是二人以上共同故意地实施犯罪行为。因此，就发生了行为人之间对共同实施的犯

罪行为进行分工的问题。

1. 正犯行为与共犯行为的区分

行为人对共同犯罪行为进行了分工，各人所承担的犯罪行为有所不同：某些共犯直接实施刑法分则所规定的犯罪构成要件的行为，某些共犯从事犯罪的组织、策划、指挥活动，有的犯罪分子进行犯罪的教唆，某些共犯在他人实行犯罪的时候予以各种帮助。这些犯罪分子在行为上具有这种明示或者默示的分工，以便能够更大限度地调动各种力量，实现其共同的犯罪目的。

从共同犯罪的分工可以看出，除正犯行为以外，其他共同犯罪行为，例如组织行为、教唆行为、帮助行为，都是共同犯罪所特有的，是由刑法总则加以规定的。对于这些共同犯罪行为，我国学者称为协力行为[①]，我则称为共犯行为。

2. 共犯行为对正犯行为的从属性与独立性

共犯行为是共同犯罪行为进行分工的结果，它的存在使犯罪行为的外延得以拓宽。在刑法理论上，有的学者把共犯行为称为修正的行为形式。[②] 共犯行为具有不同于正犯行为的特点，这主要表现在：共犯行为既在一定程度上依附于正犯行为，又在一定程度上独立于正犯行为。

共犯行为对正犯行为具有一定的从属性，是就其法律性质而言的，而不是就在共同犯罪中的作用而言的。如上所述，共犯行为是修正的行为形式。所谓修正，当然总有一定的标准，这个标准就是正犯行为。所以，共犯行为是依据正犯行为而对犯罪构成要件的行为所做的法定修正。在这个意义上说，共犯行为的性质是由正犯行为所决定的。一定的共犯行为只有和正犯行为有机地结合在一起，才能修正成为犯罪构成要件的行为。例如教唆行为，只有当教唆他人实行犯罪的时候，才能表明该教唆行为具有法益侵害性，因而将其纳入共同犯罪行为的范

---

① 参见王泰：《论共同犯罪的客观特征》，载《河北法学》，1983（2），16页。
② 参见［日］福田平、大塚仁：《日本刑法总论讲义》，李乔等译，156页，沈阳，辽宁人民出版社，1986。

畴。否则，如果教唆他人实行非犯罪的行为，则该教唆行为没有犯罪性可言。如果教唆他人违反治安管理规定，则根据《治安管理处罚法》的规定，按照其所教唆的行为处罚。这种教唆犯不是共同犯罪中的教唆犯，而是共同违反治安管理行为的教唆犯。

共犯行为对正犯行为还具有相对的独立性，这就是说，共犯行为是行为人主观恶性的外化，它本身是具有法益侵害性的行为。因此，共犯行为在共同犯罪的构成中具有其独立的意义。例如教唆犯，教唆行为是其犯罪构成客观要件的重要内容之一。只要实施了教唆行为，尽管被教唆的人没有实行被教唆之罪，教唆犯也应依法构成犯罪。所以，共犯行为对正犯行为一定程度上的独立性，也是客观存在的，不容否认。

上述共同犯罪行为中正犯行为与共犯行为的这种区分，两种行为之间既具有从属性又具有独立性的这种关系，表明行为人在实施共同犯罪时的分工所带来的共同犯罪行为的复杂性，这是共同犯罪行为的重要特征之一。

（二）共同犯罪行为的形式

犯罪行为的表现形式，在理论上可以归纳为两种：作为和不作为。就单独犯罪来说，在一般情况下，要么是作为犯罪，要么是不作为犯罪，两者不能并存。但在共同犯罪的情况下，除共同作为与共同不作为以外，还存在一方作为一方不作为的情形，这说明了共同犯罪行为的形式的多样性。在作为与不作为这两种行为方式中，对于共同犯罪的成立来说，作为是常态，不作为则是异态。我国学者在论及共犯与不作为的关系时指出："有关不作为与共犯的关系，主要有两种情形：一种情形是基于不作为的共犯，包括基于不作为的共同正犯、教唆犯和帮助犯；另一种情形是针对不作为的共犯，包括针对不作为的教唆和帮助。"[①] 由此可见，无论是作为还是不作为，都可以构成我国刑法中的共同犯罪行为。

---

① 郑泽善：《共犯论争议问题研究》，288 页，北京，中国书籍出版社，2019。

二、共同犯罪行为的客观联结

共同犯罪行为不是单独犯罪行为的简单相加,而是二人以上的犯罪行为在共同犯罪故意基础上的有机结合。只有充分地认识了二人以上的犯罪行为之间的客观联结,才能科学地揭示共同犯罪行为的内部结构。

什么是共同犯罪行为的客观联结?我认为,所谓共同犯罪行为的客观联结并不是泛泛地指一切共同犯罪行为之间的联系,而是指某些特定的共同犯罪行为之间的联系。如前所述,共同犯罪行为可以分为正犯行为和共犯行为。正犯行为是由刑法分则明文规定的,其犯罪性是显而易见的。而共犯行为是由刑法总则加以规定的,这些行为在一定程度上从属于正犯行为,只有与一定的正犯行为有机地结合起来,才能表明其犯罪性,成为共同犯罪行为。那么,共犯行为与正犯行为是如何结合的呢?这就是我们所要研究的问题。所以,共同犯罪行为的客观联结是指共犯行为与正犯行为之间的联系方式,具体地说,是指组织行为与正犯行为、教唆行为与正犯行为,以及帮助行为与正犯行为的客观联结。

根据上述共同犯罪行为的客观联结的界说,我认为共犯行为与正犯行为之间具有以下三种关系。

(一) 组织行为与正犯行为之间的制约关系

组织行为是指组织犯的组织、策划、指挥行为,而组织行为与正犯行为之间的制约关系,就是指组织犯通过对犯罪集团的组织、策划、指挥,对犯罪集团的成员起着支配和控制作用。在某种意义上说,相对于组织行为而言的正犯行为,就是被组织行为。为表述方便,我将被组织行为称为正犯行为。组织行为与正犯行为的这种制约关系,揭示了组织犯在共同犯罪中所起的主要作用以及组织行为与犯罪结果之间的关系。组织犯虽然可能没有直接实行犯罪,但是,正犯行为是在其组织、策划、指挥下实施的,正犯实行犯罪的方法、工具和侵害对象都受组织犯的制约,因此,组织犯应对在其制约下的正犯行为所造成的一切犯罪结果承

担刑事责任。

在关于组织行为与正犯行为的关系问题上，下述两种观点是值得商榷的。第一种观点认为：首要分子的犯罪行为与正犯行为之间具有因果关系，在首要分子存在的共同犯罪中，首要分子的犯罪行为对正犯行为具有原因力。[①] 我认为，在犯罪集团中，各个犯罪分子臭味相投、沆瀣一气，进行共同犯罪活动。在主观上各犯罪分子对于其所处的地位是十分明确的，在客观上各犯罪分子都自觉地依附于首要分子，听命于首要分子的指挥。在这种情况下，首要分子指派正犯去实施某一具体犯罪，只是表明首要分子对正犯行为的支配作用，而不能认为首要分子的犯罪行为与正犯行为之间具有因果关系。第二种观点认为：正犯行为反过来对组织行为也具有制约作用。[②] 我认为，在一定条件下，制约与被制约关系是确定的。在组织行为与正犯行为的关系中，组织行为处于支配的地位，正犯行为处于被支配的地位，两者不能易位。至于正犯是否完成犯罪，对首要分子所处的犯罪阶段有影响，这只是表现了组织行为对于正犯行为在法律性质上具有一定的从属性，这与组织行为在共同犯罪中对正犯行为具有支配作用是并行不悖的，不能以此论证正犯行为制约着组织行为。

（二）教唆行为与正犯行为之间的诱发关系

所谓诱发关系，是指产生与被产生的关系，因此，从实质上说，这种诱发关系就是因果关系。教唆行为是唆使他人实行犯罪的行为，以制造犯意为其特征。没有教唆犯的唆使，被教唆的人就不会产生犯意因而实施某种犯罪行为。在某种意义上说，相对于教唆行为而言的正犯行为，就是被教唆行为。为表述方便，我将被教唆行为称为正犯行为。被教唆的人的正犯行为是教唆行为的结果，教唆行为对正犯行为具有起果作用。因此，教唆行为与正犯行为之间存在诱发关系。教唆行为与正犯行为之间的这种诱发关系，揭示了教唆行为的法益侵害性在于通过

---

① 参见汪保康：《试论共同犯罪行为之间的客观联系》，载《争鸣》，1986（4），56页。
② 参见汪保康：《试论共同犯罪行为之间的客观联系》，载《争鸣》，1986（4），57页。

实行行为以达到其犯罪目的,其教唆行为与被教唆的人所造成的犯罪结果之间具有因果关系。

在教唆行为与正犯行为的关系问题上,我国学者认为正犯行为对教唆行为具有制约作用。[①] 我认为这种观点是难以接受的。因为我所说的教唆行为与正犯行为的诱发关系,是就两者之间的事实关系而言的。至于论者所说的正犯行为对教唆行为的制约作用,例如正犯未遂,教唆犯也构成犯罪未遂等,是就两者之间的法律关系而论的。这只是表明教唆行为在其法律性质上对于正犯行为具有一定的从属性,而不能由此认为正犯行为制约着教唆行为。

(三) 帮助行为与正犯行为之间的协同关系

帮助行为是在正犯决意实施犯罪行为以后,从精神上或者物质上帮助正犯的行为。在某种意义上说,相对于帮助行为而言的正犯行为,就是被帮助行为。为表述方便,我将被帮助行为称为正犯行为。因此,帮助行为和正犯行为的关系不同于组织行为和正犯行为之间的关系,不具有对正犯行为的制约性。因为正犯是在本人的意志支配下实施犯罪的,不受帮助犯的调配和指挥。帮助行为和正犯行为的关系也不同于教唆行为和正犯行为之间的关系,帮助行为对正犯行为没有原因力。因为正犯的犯意是自己萌发的,并不是在帮助犯的作用下产生的。帮助行为对于正犯行为来说,只是具有一种协同作用,帮助犯通过本人的帮助行为,使正犯行为易于完成。这就表明帮助犯在共同犯罪中不起主要作用,而只是起辅助作用。

以上共犯行为与正犯行为之间的三种关系,对于我们理解共同犯罪行为十分重要。它清楚地告诉我们,组织行为、教唆行为与帮助行为这些不是刑法分则所规定的犯罪构成要件的共犯行为,为什么具有法益侵害性而具有犯罪性,这也正是这些共犯行为能够依法修正成为构成要件的行为并且应受刑罚惩罚的客观基础。

---

① 参见汪保康:《试论共同犯罪行为之间的客观联系》,载《争鸣》,1986 (4),57页。

三、共犯对正犯行为的从属性

在共同犯罪中,正犯行为与共犯行为之间存在明显区分。其中,正犯行为是实行行为,而共犯行为则是非实行行为。实行行为是立法机关在刑法分则中以犯罪构成要件的行为形式加以规定的,而共犯行为则是立法机关在刑法总则中加以规定的,它是以正犯行为为前置条件的附属性规定。在这个意义上说,共犯行为对正犯行为具有一定的从属性。换言之,共犯行为以一定的正犯行为存在为前提,没有正犯行为也就没有共犯行为。同时,如果不能成立正犯,也就不能成立共犯。关于正犯行为不构成犯罪也就不能成立该正犯的共犯,可以从以下两种情形进行论述。

(一)在被教唆或者帮助的行为不构成犯罪的情况下,教唆或者帮助行为不能成立共犯

教唆或者帮助行为是从属于正犯而成立的,只有当教唆或者帮助的行为是刑法中的实行行为的情况下,才能成立共犯。否则,该教唆或者帮助行为就不能成立共犯。这是基于正犯行为与共犯行为之间的从属性所得出的必然结论。当然,如果刑法对此有明文规定,则对于此种行为认定为犯罪并无问题,但该犯罪也并不是故意杀人罪,而是特定犯罪。例如,在我国刑法学界曾经讨论的教唆或者帮助他人自杀的行为是否构成故意杀人罪的问题,就是十分典型的例子。这种教唆或者帮助他人自杀的行为,在刑法教义学中称为自杀相关行为,某些国家刑法典将这种行为设立为自杀相关罪。例如《日本刑法典》第202条规定:"教唆或者帮助他人使之自杀的,处6个月以上7年以下惩役或监禁。"在这种情况下,非实行行为的教唆或者帮助自杀行为,就被立法机关规定为正犯。在这种情况下,对于教唆或者帮助自杀行为可以直接认定为正犯,以自杀相关罪论处。

我国刑法对教唆或者帮助自杀行为并没有设立为独立罪名,但我国刑法教义学的通说认为,教唆或者帮助他人自杀行为,应以故意杀人罪论处。例如我国学

者指出:"教唆、帮助自杀并非属于共同犯罪中的教唆犯或帮助犯,但由于行为人的教唆、帮助行为对自杀者的死亡结果提供了原因力,即具有因果关系,所以一般应按故意杀人罪定罪处罚。同时,由于自杀者本人具有意思决定的自由,因而教唆、帮助行为的社会危害性较小,宜依照情节较轻的故意杀人予以从轻、减轻或者免除处罚。"[1] 这种观点在我国刑法学界占据主流,并且影响了司法机关对教唆或者帮助自杀案件的定性。

在我国司法实践中,教唆或者帮助自杀行为以故意杀人罪论处,几乎成为司法规则。例如邓某建帮助自杀案。[2] 广州市番禺区人民法院经审理查明:被告人邓某建是被害人李某兰之子。李某兰于1991年前后身患脑中风致右半身不遂,后经治疗病情有所缓解,但1996年前后病情再次复发,并伴有类风湿等疾病导致手脚疼痛、抽筋。除了邓某建,李某兰还生有3名子女,但一直是由邓某建照料李某兰的生活起居,并负责李某兰的求医诊疗。李某兰不堪忍受长期病痛折磨,曾产生轻生念头。2010年4月,邓某建父亲病故后,邓某建因家庭经济拮据需要依靠打工维持生计,遂将李某兰从四川老家带到广州市番禺区租住处加以照顾。其间,李某兰因病情拖累多次产生轻生的念头。2011年5月16日9时许,李某兰请求邓某建为其购买农药。邓某建顺从李某兰的请求,去农药店购得两瓶农药,并将农药勾兑后拧开瓶盖递给李某兰服食,李某兰喝下农药即中毒身亡。后公安机关接到举报后,赴现场查验尸体时发现死因可疑,经初步尸检后认为死者死于有机磷中毒,遂将邓某建带回派出所调查,邓某建如实交代了以上犯罪事实。

广州市番禺区人民法院认为,被告人邓某建无视国家法律,明知农药能毒害生命,出于为母亲李某兰解除病痛的目的,在李某兰的请求之下,帮助李某兰服

---

[1] 高铭暄、马克昌主编:《刑法学》,462页,北京,北京大学出版社、高等教育出版社,2011。

[2] 参见黎晓婷:《直系亲属间帮助自杀的行为原则上构成故意杀人罪——邓明建故意杀人案》,载最高人民法院刑事审判第一、二、三、四、五庭主办:《刑事审判参考》,第89集,19页以下,北京,法律出版社,2013。

用农药结束生命，其行为构成故意杀人罪。鉴于邓某建上述犯罪行为发生于家庭直系亲属之间，且系在被害人产生轻生念头后积极请求情况下所为，故其犯罪行为应当与普通严重危害社会的故意杀人行为相区别。邓某建主观恶性相对较小，社会危害亦相对较轻，属于故意杀人罪中"情节较轻"情形，可以在"三年以上十年以下有期徒刑"法定刑幅度内量刑。同时，邓某建归案后能够如实供述自己的罪行，依法可以从轻处罚。根据前述法定刑幅度和具体量刑情节，并综合考虑邓某建犯罪的具体事实、认罪悔罪态度以及众多亲友联名求情等因素，决定对邓某建从轻处罚并适用缓刑。依照《刑法》第232条、第67条第3款、第72条、第73条之规定，广州市番禺区人民法院以被告人邓某建犯故意杀人罪，判处有期徒刑3年，缓刑4年。

一审宣判后，被告人邓某建未提出上诉，公诉机关亦未提出抗诉，判决已发生法律效力。

本案涉及帮助自杀的行为是否构成故意杀人罪。对此，本案的裁判理由指出：通常认为，帮助自杀，是指他人已有自杀意图，行为人对其给予精神鼓励，使其坚定自杀意图，或者提供物质、条件上的帮助，使其实现自杀意图的行为。基于上述概念分析，帮助自杀与直接动手杀人不同。对于直接动手杀人，即便是应他人请求而为之，理论界和实务界普遍认为不应认定为帮助自杀，构成故意杀人罪；但对于仅提供帮助，而未直接动手实施杀人的行为，是否应当认定为故意杀人罪，存在较大争议。有观点认为，帮助自杀行为不能等同于故意杀人行为，在刑法没有明文规定的情况下，认定帮助自杀行为构成故意杀人罪要特别慎重。但也有观点认为，帮助自杀行为原则上构成故意杀人罪。具体理由是：帮助自杀行为符合间接故意杀人罪的特征，对死亡结果具有较大的原因力。目前，主流观点是帮助自杀行为构成故意杀人罪。主要理由是：帮助自杀行为与死亡结果之间存在因果关系，侵犯了死者的生命权。本案中，被告人邓某建明知农药有剧毒性，仍将勾兑好的农药递给李某兰，邓某建主观上对李某兰的死亡持放任态度，符合故意杀人罪的主观条件。同时，邓某建客观上也实施了非法剥夺他人生命的

行为，符合故意杀人罪的客观条件。对此客观条件可从以下三个方面加以分析。

其一，邓某建实施了非法剥夺他人生命的行为。邓某建对李某兰负有赡养义务。在李某兰寻求帮助自杀的情况下，邓某建不但没有劝阻，反而为其购买农药，并在勾兑后拧开瓶盖把农药递给李某兰，为李某兰自杀提供了条件。在李某兰服下农药后，邓某建没有积极实施救助，而是看着李某兰中毒身亡。邓某建虽然没有实施灌药行为，但从性质上分析，其行为属于非法剥夺他人生命的行为。值得注意的是，邓某建是否实施强行灌药行为，是法院判断其犯罪动机和其是帮助自杀还是直接动手杀人的重要依据。关于该问题，在直接证据方面仅有被告人供述，而在间接证据方面，现场勘验检查笔录、法医学尸体检验鉴定书等均证实被害人在死亡前没有进行激烈的反抗或者挣扎。因此，综合本案在案证据，法院认定邓某建没有实施强行灌药行为。

其二，邓某建的行为与李某兰的死亡结果之间存在刑法意义上的因果关系。案发前，李某兰因不堪病痛折磨而产生了轻生念头，只是由于卧病在床，无法自行实施自杀行为。在李某兰的请求下，邓某建明知农药有剧毒性，仍向李某兰提供农药。虽然其只是将农药递给李某兰，但其明知李某兰得到农药服下后，必然导致死亡结果的发生。因此，邓某建提供农药的行为与李某兰的死亡结果之间具有刑法意义上的因果关系。

其三，邓某建的行为具有刑事违法性，且不存在违法性阻却事由。帮助自杀行为涉及刑法理论中的被害人承诺问题。被害人承诺，是指经权利人允许实施损害其权益的行为。法谚云："对意欲者不产生侵害"。这表明在传统观念中被害人承诺对违法性的认定存在一定影响。然而，在当代刑事理论体系中，被害人承诺作为违法性阻却事由，存在一定的限制。一般认为，除国家利益、社会公共利益外，即使是纯属于公民个体的私权，也并非完全由权利主体自由处分。如生命权就不可自由处分，经被害人承诺而杀人的，仍然构成故意杀人罪。我国刑法没有专门就被害人承诺问题进行规定，司法实践中对有被害人承诺情形的故意杀人，原则上都不将被害人承诺作为杀人犯罪的阻却事由，但可以作为减轻刑事责任的

第六章 共同犯罪行为

理由。本案中,邓某建帮助自杀的行为虽然系在李某兰的请求下实施,但由于其侵害的生命权超过了被害人承诺可处分的范围,故不能排除其行为的刑事违法性,仍然构成犯罪。

从以上本案的裁判理由来看,法院主要是从存在故意杀人行为、杀人行为与死亡结果之间存在因果关系,以及被告人邓某建的行为具有违法性等方面做了论证。在这三者当中,最为关键的是第一个问题:邓某建是否实施了故意杀人行为?裁判理由明确将邓某建的行为认定为"为李某兰自杀提供条件"的行为,这里涉及两个判断:李某兰是自杀,邓某建是帮助自杀。对此,裁判理由是完全认可的。那么,邓某建的帮助自杀行为如何转化为杀人行为的呢?对此,裁判理由并没有提出具有说服力的论证,而是断然得出结论:"从性质上分析,邓某建的行为属于非法剥夺他人生命的行为"。在裁判理由中,论及邓某建是否实施强行灌药行为,最终因没有证据证明而予以否定。如果本案中邓某建实施了强行灌药行为,那么,即使是得到李某兰的同意,也属于故意杀人罪的正犯行为,对此成立故意杀人罪并无争议。但在邓某建只是为李某兰自杀提供了农药的情况下,径直将邓某建的行为认定为故意杀人行为,这是完全不能成立的。十分明显,裁判理由在对本案分析过程中,没有严格区分正犯与共犯,或者说完全没有采用共犯教义学的思维方法。根据共犯教义学原理,采用限制正犯论,刑法分则所规定的是正犯行为,共犯行为是刑法总则规定的,并且共犯具有对正犯行为的从属性。在故意杀人罪中,正犯行为是指非法剥夺他人生命的行为,而共犯行为则是指故意杀人的教唆或者帮助行为。当然,在集团犯罪或者黑社会性质组织犯罪的情况下,还可能存在故意杀人的组织行为。只有在正犯行为是故意杀人的情况下,组织行为、教唆行为和帮助行为才能构成故意杀人罪的共犯。在教唆或者帮助自杀的情况下,要证明教唆或者帮助自杀行为系故意杀人罪的共犯,则必须要证明自杀行为系故意杀人行为。但裁判理由对此未着一词,却断然认为教唆或者帮助自杀行为构成故意杀人罪,这是不能接受的。本案的裁判理由显然并没有承认共犯对正犯行为的从属性原理,这是我国司法实践中共犯观念的缺失造成的。对于教

唆或者帮助自杀行为如何定性，我完全赞同周光权的观点："在教唆、帮助自杀的场合，自杀参与行为并不是可以导致作为义务的先前行为，即便教唆、帮助者事后不救助自杀者，也不宜认定为不作为的故意杀人罪。因为先前行为必须是造成法益危险的行为，在自杀的场合，劝说和帮助行为本身并不能对自杀者的生命法益构成威胁，是否赴死完全取决于自杀者的意思。更何况，一方面认为教唆、帮助自杀行为本身不应当受到刑事处罚，另一方面却又肯定这种行为会导致教唆、帮助者负有阻止自杀者死亡的作为义务，会导致价值评价上的自相矛盾。此外，还需要考虑，如果肯定教唆、帮助自杀这种积极行为都不具有可罚性，在他人决意自杀时未能介入并防止他人自杀这种没有任何举止的消极行为却成立故意杀人罪，在处理上会导致不平衡。因此，甲教唆他人自杀，但发现自杀者乙一息尚存时没有施救，乙最终死亡的，不能认为甲构成不作为的故意杀人罪，因为乙陷入危险是由其自己决定的，从规范上不能赋予甲作为义务来干预乙的行为；丙为丁提供自杀工具的，也不能对自杀者的生命法益构成威胁，帮助行为并不是可以导致作为义务的先前行为，甲即便不救助，也不构成不作为的故意杀人罪。"[1]

（二）教唆或者帮助他人实施本人不能构成的正犯，不能成立共犯

在通常情况下，同一行为人既可成立某种犯罪的正犯，又可以成立某种犯罪的共犯。例如，故意杀人罪即是如此。但在某些犯罪中，行为人只能成立共犯，却不能成立正犯。例如在纯正身份犯中，刑法对正犯具有身份的要求，无此身份者，不能构成本罪的正犯。例如受贿罪，其主体必须是国家工作人员，非国家工作人员不能构成本罪的正犯，但可能构成本罪的教唆犯或者帮助犯。这是身份犯对正犯的特殊身份要求而导致的特殊状态，即不能成立正犯，但可以成立共犯。应当指出，这里存在一种例外情况：刑法规定某种主体不能构成正犯，则此种犯罪的教唆犯或者帮助犯也不能成立，这种情况正是在此需要研究的。

我国刑法中存在的连累犯，是将他人犯罪以后提供各种帮助的行为设立为犯

---

[1] 周光权：《教唆、帮助自杀行为的定性》，载《中外法学》，2014（5）。

罪，例如掩饰、隐瞒犯罪所得、犯罪所得收益罪等。在这种连累犯中，存在本犯与派生的连累犯的构造。例如，本犯甲实施犯罪，乙明知是犯罪所得及其产生的收益而予以窝藏、转移、收购、代为销售或者以其他方法掩饰、隐瞒。根据我国刑法的规定，连累犯以明知为条件，因而排除了本犯自身构成连累犯的可能性。例如，本犯实施盗窃罪，在盗窃以后进行销赃的，本犯对本人盗窃所得赃物进行销售的，不能构成本罪。也就是说，只有本犯以外的其他人才能构成本罪。

那么，如果本犯教唆或者帮助他人为自己掩饰、隐瞒犯罪所得、犯罪所得收益的行为是否构成本罪的共犯呢？例如日本刑法学界曾经对这个问题展开讨论：行为人为了逃避刑事责任而隐匿行踪或隐灭证据的行为由于缺乏期待可能性而不构成犯罪这一点在刑法理论上没有争议。然而，行为人教唆他人将自己藏匿的行为是否也同样不构成犯罪呢？进一步说，行为人作为某犯罪的正犯不被处罚，那么是否可以作为该犯罪的教唆犯（或者帮助犯）进行处罚呢？如果答案是肯定的话，又应当在何种范围内进行处罚呢？对此，日本刑法学界存在积极说，消极说以及否定犯人藏匿罪教唆犯成立、肯定证据隐灭罪教唆犯成立的二分说：第一，积极说认为，教唆使得没有犯罪意思的他人产生实施特定犯罪的意思。教唆犯除利用他人实现犯罪的反社会性以外，还具有通过教唆使得他人堕落成为新的犯罪人这一反社会性特征。因此，类似于藏匿或者隐灭证据等由行为人自己实施则不构成犯罪的行为，如果是通过教唆使得他人实施的情况下，应当作为该罪名的教唆犯进行处罚。其共犯的处罚依据就在于责任共犯说（堕落说）。第二，消极说则指出，犯人与他人一起实施藏匿或隐灭证据的实行行为时也并不作为共同正犯进行处罚。如此，在共同实施实行行为也不被处罚的情况下，却要作为教唆犯进行处罚是令人难以理解的。消极说认为共犯的处罚依据在于惹起说（因果共犯论），即在于通过正犯的行为与正犯一同造成的法益侵害。而无论是犯人自己躲藏起来、隐灭证据还是教唆他人实施这些行为，对于刑事司法作用的妨碍即在法益侵害的程度上是一致的。而且，教唆他人的方式比起本人实施实行行为而言，在法益侵害层面来看属于更加间接的形态，因而其犯罪性相较正犯而言应当更

轻。因此，对于作为正犯都不被追究责任的行为人，更不应该追究其作为共犯的刑事责任。最后，对于犯人藏匿罪、证据隐灭罪，犯人或者被告人由于缺乏期待可能性而被阻却相应的责任。因此，在具有责任阻却身份的行为人对不具有责任阻却身份的行为人进行行为加功的情况下，即使不具有责任阻却身份的行为人成立犯罪，由于责任的判断是个别化的，因此具有责任阻却身份的行为人不应当被作为教唆犯进行处罚。第三，二分说则认为，对于犯人藏匿罪，被藏匿的人与实施藏匿行为的行为人互为必要的成立条件，而法律规定了只对后者进行处罚，并不处罚前者，因此即使是犯人教唆他人藏匿自己的行为也不构成犯罪。而隐灭证据罪并不具有上述的对向关系，因此对于犯人教唆他人隐灭证据的行为是可罚的。[①] 日本判例的通说是肯定说，肯定犯人教唆他人藏匿自己的行为成立教唆犯的判例可追溯到昭和八年（1933年）。之后，在昭和三十五年（1960年）的判决中，最高裁判所引用了昭和八年的判例，肯定了被告人教唆他人藏匿自己的行为构成犯人藏匿罪的教唆犯。此后，昭和三十五年的判例则多次出现在类似案件的判决书中。但担任日本最高裁判所法官的山口厚则对此持否定的立场，指出：对于犯罚金刑以上罪名的犯人，他们将自己藏匿·隐蔽的行为并不是刑法第103条的处罚对象。原因在于，犯人逃跑隐藏自己的行为并不能被称为"藏匿"，而对于"使其隐蔽"这一要件的理解也可以看出犯人藏匿罪以行为人为犯人以外的人为限这一前提。如此，犯人将自己藏匿·隐蔽的行为并不符合该条所规定的构成要件。以此为理由，原判决中也提及，虽然这样的行为也会对该法条所保护的刑事司法作用产生侵害，但应当考虑犯人在刑事程序上的当事人性，在政策上限定处罚。对于这种对处罚的政策性限定，通过规范用语进行表达的话，可以以"对犯人没有期待可能性"进行说明。最高裁判所的判例一向认为，犯人教唆他人将自己藏匿·隐蔽的情况属于上述限定处罚的立法政策射程外，因而属于以教唆犯进行处

[①] 参见[日]山口厚：《教唆他人藏匿自己不构成犯罪》，载 https://mp.weixin.qq.com/s/xd2_F-QEljlvVcMuy6QPnA，最后访问时间：2022-01-20。

第六章　共同犯罪行为

罚的对象。除了若干支持上述结论的根据及理由，也有意见认为相较于犯人自己逃脱·藏匿的行为，卷入他人的做法具有更高的法益侵害性。这一说法本身虽然有一定道理，但是对于因他人的参与而被提高的法益侵害性可以以处罚被教唆的正犯进行回应，而并不能直接推导出因法益侵害性的提高而应将犯人作为教唆犯进行处罚的结论。结果，并不是作为正犯，而是作为教唆犯将犯人作为处罚对象的做法承认了"虽然不能作为正犯进行处罚，但可以作为教唆犯进行处罚"。而在其背后，包含了"正犯是由于犯罪而受到处罚，教唆犯则是因为制造出了犯罪人而被处罚"这一责任共犯论的思维方式，认为教唆对于是否成立犯罪具有极其重要的意义。这样的共犯理解，即认为卷入他人的行为具有单独的犯罪性，认为正犯与教唆犯作为犯罪在性质上具有重要的差异，称不上是个合理的理解。理由在于，无论是正犯还是教唆犯，都是由于与犯罪结果（法益侵害）具有因果性而受到处罚。在这一点上，两者应当被视为是同性质的犯罪。秉持如此的理解，在作为正犯也不被处罚的情况下，却因相对而言具有较弱的间接因果性，从而具有相对较轻犯罪性的教唆犯这一参与形态而受到处罚的做法不得不说是违背道理的。综上所述，我认为应当否定犯人可以成立藏匿·隐蔽犯人罪的教唆犯。[①]

我国目前的司法实践中虽然并没有提出这个问题，但其中也存在值得注意的动向。例如我国《刑法》第 191 条规定的洗钱罪也是连累犯，1997 年《刑法》规定的洗钱罪以明知上游犯罪为前置条件，因而排除了为自己洗钱行为构成本罪的可能性。然而，《刑法修正案（十一）》删除了明知上游犯罪和协助等具有帮助性质的规定，从而使得我国刑法中的洗钱罪同时包含他洗钱和自洗钱。洗钱罪将自洗钱包含在内，这是对洗钱罪的构成要件的重大突破，这表明我国立法机关是通过扩张连累犯的构成要件范围的方式将本犯的连累行为予以入罪。但在日本刑法中，主要是采用共犯的方式将本犯的连累行为予以入罪。在刑法明确将自洗

[①] 参见［日］山口厚：《教唆他人藏匿自己不构成犯罪》，载 https://mp.weixin.qq.com/s/xd2_F-QEljlvVcMuy6QPnA，最后访问时间：2022-01-20。

钱行为规定为犯罪的情况下,当然不再存在争议。但在刑法没有明文规定的情况下,能否通过共犯予以入罪,这是一个值得研究的问题。我赞同山口厚的观点,认为本犯的连累行为在刑法没有明文规定的情况下,不能认定为共犯。除山口厚所提供的理由之外,我认为还可以从共犯对正犯行为的从属性的角度进行论证。根据刑法规定,只有他人才能构成连累犯,本犯则不构成,也就是说,本犯不能构成连累犯的正犯。在本犯不能成立连累犯的正犯的情况下,基于共犯对正犯行为具有从属性的原理,我认为本犯教唆或者帮助连累犯对其进行窝藏、包庇,以及掩饰、隐瞒犯罪所得、犯罪所得收益的,也不能成立连累犯的共犯。这一原理还可以适用于非彼此俱罪的对合犯的共犯的情形,在刑法只规定具有一定对合关系的一方构成犯罪,但另外一方并未构成犯罪的情况下,不能轻易对另外一方以对合犯的共犯论处。其法理根据同样在于:共犯对正犯行为具有从属性,当刑法没有将正犯行为规定为犯罪的情况下,就不能借助于共犯行为将其入罪。

第二节　正犯行为

正犯行为是刑法分则规定的具体犯罪构成要件的行为。正犯行为在共同犯罪中起着决定性的作用,其他共同犯罪人的犯罪意图都是通过正犯行为来实现的。因此,正犯行为不仅决定了共同犯罪的法益侵害程度,而且也在一定程度上决定了其他共同犯罪人的刑事责任。所以,我们完全可以说,没有正犯行为就没有共同犯罪行为。在共犯教义学中,正犯行为可以分为以下两种情形。

一、单独正犯行为

单独正犯所实施的犯罪行为,称为单独正犯行为。在共犯教义学中,单独正

犯是指共同犯罪中独自一人实施犯罪行为的犯罪分子。[①] 例如，甲乙共谋放火烧毁丙的房子，由甲准备引火物，乙利用这些引火物将丙的房子点着烧毁。在本案中，乙单独完成共同犯罪中的正犯行为，因此乙是单独正犯，其所实施的犯罪行为就是单独正犯行为。

单独正犯行为是一人独自完成全部构成要件的行为，因此，在形式上，它无异于单独犯罪行为。但我们在认识单独正犯行为的时候，必须注意把它作为共同犯罪行为的一个组成部分来理解，把它和组织行为、教唆行为与帮助行为等共犯行为结合起来加以考察，而不能脱离共同犯罪行为整体对它进行孤立的分析。从这个意义上说，单独正犯行为或者是在组织行为的支配下实施的，或者是在教唆行为的唆使下实施的，或者是在帮助行为的辅助下实施的，它总是与其他共同犯罪行为发生着密不可分的联系，这就是共同犯罪中的单独正犯行为与单独犯罪行为的根本区别。

二、共同正犯行为

二人以上共同实施的犯罪行为，称为共同正犯行为。共同正犯行为可以分为两种情况：第一种是发生在有分工的复杂共同犯罪中的共同正犯行为。例如，甲教唆乙丙去杀丁，这是复杂的共同犯罪，其中乙丙的杀人行为属于共同正犯行为。第二种是发生在无分工的简单共同犯罪中的共同正犯行为，即共同正犯所实施的犯罪行为。在共犯教义学中，共同正犯是指二人以上共同直接参与实施犯罪行为的犯罪分子。[②] 在共同正犯的情况下，共同犯罪人之间没有行为上的分工，即没有组织行为、教唆行为、帮助行为与正犯行为之分，各共同犯罪人都直接实施了刑法分则所规定的犯罪构成要件的行为。

[①] 参见张尚鷟：《中华人民共和国刑法概论·总则部分》，187页，北京，法律出版社，1983。
[②] 参见张尚鷟：《中华人民共和国刑法概论·总则部分》，187页，北京，法律出版社，1983。

第二节 正犯行为

在共犯教义学中，关于共同正犯的性质存在三种不同观点的争议：第一种是正犯说，认为共同正犯是正犯而非共犯。第二种是共犯说，认为共同正犯是共犯而非正犯。第三种是正犯与共犯双重性说。如果仅仅从语言表述来看，共同正犯确实是正犯。例如，德国学者指出："数人共同实施犯罪行为的，每个行为人均以正犯论处。法律本身将此等情况下的参与者叫作'共同正犯'。与间接正犯一样，共同正犯也是正犯的一种形式。"① 《德国刑法典》第 25 条和《日本刑法典》第 60 条都规定共同正犯是正犯。因而，共同正犯具有正犯属性这是难以否定的。所谓共同正犯的正犯性，正如我国学者指出，是指"各正犯者所实施的都是基本犯罪构成要件客观方面的行为，这与组织犯、教唆犯、帮助犯等狭义的共犯不同。组织犯、教唆犯、帮助犯所实施的都是总则所规定的修正的构成要件的行为。"② 然而，共同正犯又不能等同于普通的正犯，它同时具有共犯性。在某种意义上说，共同正犯是正犯性与共犯性的同一，而非单纯的正犯的集合。从关于规定共同正犯的刑法条文所属的逻辑关系来解释，《德国刑法典》设立专节规定正犯与共犯，其中第 25 条分为两款，第 1 款规定的是直接正犯与间接正犯，第 2 款规定的是共同正犯。因此，在《德国刑法典》的语境中，共同正犯的正犯性更为明显。而《日本刑法典》设立专章规定共犯，其中第 60 条规定了共同正犯。因此，在《日本刑法典》的语境中，共同正犯的共犯性更为明显。当然，仅仅根据刑法条文的归属论证共同犯罪的共犯性是十分形式化的，对此，日本学者西田典之从共同正犯的刑事责任构造的角度论述了共同正犯的共犯性，指出："共同正犯的刑事责任构造就是以他人的行为为媒介扩张自己行为的因果性，因此，这与对他人的行为所产生的结果也承担责任的教唆犯和帮助犯是一样的。因此，共同正犯很明显是与单独正犯不同的'共犯'的一种形式。刑法第 60 条，正如小

---

① [德] 汉斯·海因里希·耶赛克、托马斯·魏根特：《德国刑法教科书》，徐久生译，913 页，北京，中国法制出版社，2017。

② 陈家林：《共同正犯研究》，38 页，武汉，武汉大学出版社，2004。

野博士所言，就成为作为扩张处罚事由的构成要件的修正形式了。而且，应该说，正因为如此，刑法典才在'共犯'这一章规定了共同正犯。"① 因此，共同正犯的共犯性，正如我国学者所指出，是指复数人的犯罪形态，并不要求每一个行为人都完整地实施分则所规定的犯罪构成客观方面的行为，而可以通过分工与协作共同实现一个犯罪，这具有与共犯共同的属性，而与单独正犯显然有异。② 可以说，共同正犯的部分行为之全体责任的归责原则就是建立在共同正犯的共犯性的基础之上的。只有从正犯性与共犯性的统一这一命题出发，才能正确揭示共同正犯的性质。

共同正犯，具有不同于单独正犯的特点。如上所述，单独正犯必须一人独自完成刑法分则所规定的犯罪构成要件的行为；而共同正犯则是由数人共同实行。在共犯教义学中，根据共同犯罪人所实施的犯罪行为的特征，可以将共同正犯分为实行的共同正犯与共谋的共同正犯、分担的共同正犯与并进的共同正犯、先行的共同正犯与承继的共同正犯。

（一）实行的共同正犯与共谋的共同正犯

实行的共同正犯与共谋的共同正犯是根据共同犯罪人是否都实施了构成要件行为所做的划分。在这两种共同正犯中，共谋的共同正犯存在较大争议，对此应当进行具体考察。

1. 实行的共同正犯

在实行的共同正犯中，各个行为人都实施了刑法分则所规定的构成要件行为。因为该构成要件行为亦称为实行行为，所以这种共同正犯被称为实行的共同正犯。正犯是指实施了刑法分则规定的实行行为的犯罪分子，因此，共同正犯从其本义上说，各个犯罪人都应当同时实施了犯罪的实行行为。在这个意义上说，

---

① ［日］西田典之：《共犯理论的展开》，江溯、李世阳译，54～55 页，北京，中国法制出版社，2018。

② 参见陈家林：《共同正犯研究》，38 页，武汉，武汉大学出版社，2004。

第二节 正犯行为

实行的共同正犯是共同正犯的典型形态。换言之，在通常情况下，共同正犯都是实行的共同正犯。传统的共犯教义学坚持实行的共同正犯的立场，例如德国学者李斯特指出："共同正犯以共同参与实行行为为前提。如此，也就从客观上与帮助犯加以区别了。例如，在谋杀的情况下，造成被杀者死亡的行为人；在盗窃的情况下，以占有为目的盗走他人物品之人；在诈骗的情况下，参与欺诈之人等共同构成共同正犯。"[①]

实行的共同正犯将共同正犯严格限制在共同实施犯罪的实行行为的范围内，因而实行的共同正犯被认为是建立在形式的正犯概念基础之上的。例如，日本学者指出："成为问题的是，考虑到与其他共犯类型（教唆、帮助）之间的关系，应如何具体划定这种共同正犯的成立范围？关于这一点，将共同正犯限定于实行行为的分担实行场合的'形式的正犯概念'，在过去为多数的学说所采纳。在这一见解看来，就通过有无实行行为（构成要件行为）的分担，来区别共同正犯与教唆和帮助。"[②] 由此可见，实行的共同正犯以实施构成要件的实行行为为根据认定共同正犯，这与正犯与共犯（教唆犯和帮助犯）的区分采用形式的客观说存在关联性。在我国刑法学界，共同正犯以共同实施构成要件行为为成立范围仍然是通说。

2. 共谋的共同正犯

共谋的共同正犯是相对于实行的共同正犯而言的，在共谋的共同正犯的情况下，参与共谋的人如果每个人都继而参与了共同实行，则属于实行的共同正犯。然而，在某些情况下，参与共谋的人当中，只有部分人继而参与了实行，其他人则因为各种原因，并未参与犯罪的实行。在这种情况下，是否所有参与共谋的人都成立正犯，这就是共谋的共同正犯需要解决的问题。显然，共谋的共同正犯的

---

① [德]弗兰茨·冯·李斯特：《李斯特德国刑法教科书》，徐久生译，296页，北京，北京大学出版社，2021。

② [日]山口厚：《刑法总论》，3版，付立庆译，336页，北京，中国人民大学出版社，2018。

肯定说认为，上述情形成立共同正犯。

共谋的共同正犯概念是日本司法判例的产物，日本学者山口厚描述了共谋的共同正犯的产生过程，指出：在日本，判例肯定了参与共谋即可成立正犯的做法，当初，判例就诈骗罪、恐吓罪等所谓的智能犯肯定了共谋共同正犯。此后，则将其适用范围延伸至杀人罪、放火罪，再后则扩展至盗窃罪、强盗罪等所谓的实力犯。作为能够肯定并未伴有实行之分担的共谋共同正犯的根据，在大审院时代，是求诸"共同正犯的本质在于两个以上的人如同一体同心一般地相互倚重、相互支援，共同地实现各自的犯意而实行特定的犯罪"这一后续的"共同意思主体说"的理解。① 这里提及的共同意思主体说是草野豹一郎所倡导的，这种学说着眼于面向共同目的之下，作为其共同意思主体的活动，至少由共同者中的一人实行犯罪时，共同者的全体成员就由此成立共犯（此处的共犯是指共同正犯——引者注），因为本来不能认为只不过是违法的、暂时性存在的共同意思主体具有对这种共同意思活动的责任，所以，要从民法的组合理论来推定，并且，鉴于今日刑法的立场是把自然人预想为刑罚的主体，应该在构成共同意思主体的个人中考虑作为这种共同意思主体的活动的责任。② 共谋的共同正犯在一定程度上扩展了共同正犯的范围。

共同意思主体说虽然对于论证共谋的共同正犯具有一定的意义，然而，该说具有明显的主观主义色彩，更为致命的是，该说与现代刑法中的个人责任原则存在一定的抵牾，因而以共同意思主体说为基础的观点受到质疑。在这种情况下，日本学者采用实质的正犯概念作为共谋的共同正犯的解决根据，在此基础上肯定共谋的共同正犯。实质的正犯概念是与形式的正犯概念相对应的，它对正犯进行实质解释。日本学者指出："共同正犯的范围，换言之，共同正犯与教唆、帮助

---

① 参见［日］山口厚：《刑法总论》，3版，付立庆译，336～337页，北京，中国人民大学出版社，2018。
② 转引自［日］大塚仁：《刑法概说（总论）》，3版，冯军译，299页，北京，中国人民大学出版社，2003。

第二节 正犯行为

的区分，应该从共同正犯是共同惹起了构成要件该当事实这一理解出发加以划定。据此，虽未伴有实行行为（构成要件行为）的分担，但在其他共同参与者的意思联络之下，对于惹起构成要件该当事实发挥了重要的事实的作用，能够看作是实质上共同惹起了构成要件该当事实，可认为将这样的场合也纳入共同正犯的范围之内是妥当的。在这一意义上，可以认为，通过着眼于实质的共同惹起的'实质的做法概念'而划定共同正犯与教唆、帮助的界限是妥当的"①。应该说，相较于共同意思主体说，实质的正犯概念为共谋的共同正犯提供了更为有力的理论根据。

德国共犯教义学中并没有共谋共同正犯的概念，却同样存在虽然数人参与共谋，但只有部分人继而实施构成要件行为的情况下，能否对所有参与共谋者都认定为共同正犯的问题。对此，德国共犯教义学中存在正犯背后的正犯这一具有特色的概念。正犯背后的正犯往往用来形容间接正犯，但并不限于此。例如，我国台湾地区学者介绍了德国在区分正犯与共犯问题上的旧实质客观说和新实质客观说。所谓新实质客观说其实就是行为支配说，因而旧实质客观说就是通常意义上的实质客观说，以此区别于形式客观说。在参与共谋的人中，如何区分共同正犯与帮助犯，这是一个难点问题。如果根据形式客观说，应当以是否实行构成要件行为为标准进行区分。但根据实质客观说，应当以"加功行为之危险性程度"作为区分标准。其中，实质客观说又分为以下不同学说：第一，必要性说，如沟通参与犯罪者，倘若其之参与部分欠缺，因而犯罪行为不能实施，则此一部分行为参与者，即评价为共同正犯。第二，优越性说，如在具体个案中，依所有客观状态，据以评价所有共同参与法益侵害者，若居于"同等性"关系者，甚至居于"优越关系"者，则评价为共同正犯，若系居于"下位关系"者，则评价为帮助犯；对于结果之发生，若置于"决定性条件"者，则评价为正犯，亦有之。② 由

---

① [日]山口厚：《刑法总论》，3版，付立庆译，338～339页，北京，中国人民大学出版社，2018。
② 参见黄常仁：《间接正犯与正犯后之正犯》，14页，台北，汉兴书局，1998。

第六章 共同犯罪行为

此可见，实质客观说在一定程度上超越了构成条件行为的限制，因而扩张了正犯的范围而限缩了共犯（主要是指帮助犯）的范围。在这种情况下，如果参与共谋者在法益侵害中起到主要作用，就可以认定为正犯，由此而达到与共谋共同正犯说相同的效果。至于行为支配说，更是以具有实质性的支配概念取代正犯的形式标准，以此作为正犯与共犯相区分的根据。德国学者指出：行为支配不局限于亲自实施构成要件该当的行为的情形。整体计划的实施使角色分工成为必要或者符合目的，此等角色分工还给具体的参与人分配法定构成要件以外的行为，使得行为的实施依赖于以这种方式确定的合作。① 行为支配说使得那些并未参与构成要件行为的实施但对犯罪流程具有支配关系的人成为正犯。尤其是德国学者罗克辛还提出了组织支配的观点，也就是凭借有组织的国家机关的意志控制。② 这里的组织支配构成的正犯就是所谓正犯后的正犯。我国台湾地区学者指出：正犯后的正犯所可能涉及之个案群主，有利用所谓组织支配，亦即俗称的"书桌谋杀者"或"书桌犯罪者"。所谓组织支配，即系幕后者（具有命令权限者）借其组织上之权力结构，下令某项"犯罪行为"，而执行者在非受强制与错误情况下，完成其组织成员之工作任务。此等团体组织结构，虽各有不同，但在下令者与执行者互不认识，且在执行成员可随时对换交替的情况下，下令者可借其组织上之支配力，而成为所谓正犯后的正犯，亦即论以间接正犯。③ 对于这种具有组织支配的人，刑事支配说是作为间接正犯处理的，其实就是我国刑法中的组织犯。正如我国学者指出："根据犯罪支配理论，组织犯属于间接正犯的一种，表面上似乎形成了组织犯性质的对立，但实质上两者是相同的，只不过不同的法律体系，导致

---

① 参见［德］汉斯·海因里希·耶赛克、托马斯·魏根特：《德国刑法教科书》，徐久生译，924 页，北京，中国法制出版社，2017。
② 参见［德］克劳斯·罗克辛：《德国刑法总论》，第 2 卷，王世洲主译，37 页，北京，法律出版社，2013。
③ 参见黄常仁：《间接正犯与正犯后之正犯》，118～119 页，台北，汉兴书局，1998。

了不同的法律定位，对同一犯罪现象，我国冠之以组织犯之称"①。

正因为我国刑法中设立了组织犯，它能够较好地弥补采用形式的正犯概念，要求同时实施了实行行为的人才能成立共同正犯所带来的处罚漏洞。在参与共谋的人中，继而实施犯罪构成要件行为的人当然是正犯。其他没有参与构成要件行为实施的人中，如果是教唆者，应当以教唆犯论处，而教唆犯通常都按照正犯处罚。如果是帮助者，例如在共谋中出谋划策提供精神帮助的人，按照帮助犯处罚亦无不妥。唯独那些虽然没有参与犯罪构成要件行为的实施，但对犯罪因果流程起到支配作用的人，如果不能认定为正犯，则有放纵之嫌。因此，无论是日本刑法学中的共谋共同正犯还是德国刑法学中的组织支配，都是为惩治形式客观说所带来的处罚漏洞而产生的概念，在我国刑法已经单独设立组织犯的情况下，缺乏存在的客观基础。正如我国学者指出："我们所主张的组织犯的概念范围于日本刑法理论上的共谋共同正犯在很大程度上存在重合之处。这也正是我们认为我国刑法理论不必引进共谋共同正犯概念的主要原因。"② 就此而言，我国刑法中没有必要承认共谋的共同正犯。

（二）分担的共同正犯与并进的共同正犯

在共同正犯都必须实施犯罪构成要件行为，因而构成实行的共同正犯的基础上，可以进一步将实行的共同正犯分为分担的共同正犯与并进的共同正犯。

1. 分担的共同正犯

分担的共同正犯是指各个共犯在实行犯罪时，具有正犯行为内部的分工，其犯罪行为以共同犯罪故意为纽带，互相利用和互相补充，形成共同正犯。在共同正犯中，就每个共犯而言，不以实施全部犯罪构成要件的行为为必要，这是共同正犯区别于单独正犯的一个显著特征。以抢劫罪为例，在单独正犯的情况下，行

---

① 廖北海：《德国刑法学中的犯罪事实支配理论研究》，217页，北京，中国人民公安大学出版社，2011。

② 赵辉：《组织犯及其相关问题研究》，46页，北京，法律出版社，2007。

第六章 共同犯罪行为

为人必须完成全部抢劫罪的犯罪构成要件的行为：一是要有暴力、胁迫或者其他的方法行为；二是要有抢夺财物的结果行为。而二人共同抢劫的，甲实施方法行为，以暴力威胁事主；乙实施结果行为，以强力抢夺其财物。甲乙二人行为的有机结合，构成抢劫罪的共同正犯。

分担的共同正犯所分担的是犯罪的实行行为，这是分担的共同正犯与其他类型的共犯相区分的关键点。例如，日本学者西原春夫在介绍日本关于共同正犯的通说时指出："作为共同正犯的成立要件，要求实行行为的分担，这是通说的立场。也就是说，为了成立共同正犯，要求各共同正犯者必须至少实现各自的实行行为的一部分，在这一点上，通说是一致的。而且，由于受到德国理论的影响，日本的通说将这种实行行为作为定型的构成要件符合行为来把握，其结果是，通说将那些自身不属于构成要件的行为，例如指挥、命令、参与共谋、望风等行为排除在共同正犯的范围之外。"[1]

在分担的共同正犯中，还需要注意其中部分正犯在实行犯罪过程中所发生的犯罪转化，这种犯罪转化如果超出共同故意的范围，则其他正犯对此不负刑事责任。例如邢刚、翟勇抢劫案。[2] 被告人：邢刚，男，20岁，黑龙江省方正县人，原系黑龙江省佳木斯市某厂工人。1993年12月13日被逮捕。

被告人：翟勇，男，15岁（1978年4月1日生），山东省龙口市人，无职业。1992年因扒窃被罚款200元，1993年5月因扒窃被收容审查3个月，1993年12月13日因本案被逮捕。

被告人邢刚与翟勇经过预谋，于1993年10月1日13时许，分别携带尖刀和镊子，窜到佳木斯市桥南菜市场伺机行窃。当见到被害人李洪岩在摊位上买鸡时，翟勇示意邢刚掩护，邢刚即站在李洪岩跟前佯装买鸡，翟勇用镊子从李的裤

---

[1] ［日］西原春夫：《犯罪实行行为论》，重印本，2版，250页，北京，北京大学出版社，2018。
[2] 参见最高人民法院中国应用法学研究所编：《人民法院案例选》，第11辑，28页，北京，人民法院出版社，1995。

第二节 正犯行为

兜内窃得人民币160元后离去。当李发现裤兜内的钱被窃时，便将站在其身边的邢刚抓住，邢否认偷窃，但李仍抓住不放。邢刚见逃脱不掉，即掏出尖刀朝李的腹部、腿部各刺一刀，将李刺倒。此时，翟勇返回现场，对着李说："该"，即和邢刚一起逃离现场。李洪岩因右髂外动脉被刺破导致大失血死亡。

佳木斯市人民检察院以被告人邢刚、翟勇犯抢劫罪，向佳木斯市中级人民法院提起公诉。佳木斯市中级人民法院受案后，鉴于被告人翟勇不满16岁，系未成年人犯罪，依法不公开开庭审理了此案。该院经过审理认为，被告人邢刚、翟勇共谋盗窃，在盗窃作案中，邢刚为抗拒抓捕持刀将失主刺死，其行为已构成抢劫罪，情节特别严重，应予严惩；翟勇见邢刚与失主厮打时，急忙返回现场欲帮助邢刚，但此时邢刚已将失主刺倒，翟勇与邢刚有共同的故意和行为，应按抢劫共犯论处，鉴于翟勇系未成年人犯罪，依法应减轻处罚。被告人邢德玉在明知邢刚犯罪的情况下，把邢刚隐藏起来，并资助其人民币500元，其行为已构成窝藏罪，应予处罚。据此，该院依照《刑法》第153条、第150条、第162条第2款、第14条第2款和第3款、第22条第1款、第53条第1款的规定，于1994年5月31日判决如下：

一、被告人邢刚犯抢劫罪，判处死刑，剥夺政治权利终身。
二、被告人翟勇犯抢劫罪，判处有期徒刑三年。
三、被告人邢德玉犯窝藏罪，判处管制一年。

宣判后，三被告人均未提出上诉，人民检察院也没有提出抗诉，佳木斯市中级人民法院依照死刑复核程序将本案报送黑龙江省高级人民法院复核。黑龙江省高级人民法院根据最高人民法院依法授权高级人民法院核准部分死刑案件的规定对本案进行了复核，并于1994年7月8日作出裁定：核准佳木斯市中级人民法院以抢劫罪判处被告人邢刚死刑，剥夺政治权利终身的刑事判决。

黑龙江省高级人民法院在复核本案时，认为原审判决对被告人翟勇的定罪量

刑属于适用法律错误,遂根据《刑事诉讼法》第149条第2款的规定,对本案进行提审。经过提审认为:被告人翟勇在被告人邢刚的掩护下实施扒窃,得逞后即逃离现场。当失主发现钱款被窃即将邢刚抓住,邢为抗拒抓捕而持刀刺死失主。在邢刚对失主实施暴力行为时,翟勇并未在场,没有对失主实施暴力或以暴力相威胁。翟勇的行为不符合《刑法》第153条的规定,不构成抢劫罪。翟勇犯罪时已满14岁,不满16岁,且扒窃又未达到"数额较大",不构成盗窃罪或惯窃罪。原审判决对翟勇定罪判刑,属适用法律错误。据此,该院于1994年7月8日依法作出判决:撤销原审判决中对被告人翟勇的定罪处刑部分,宣告翟勇无罪。

本案在审理过程中,对认定被告人邢刚的行为构成抢劫罪,没有异议。但对被告人翟勇的行为是否构成犯罪,构成什么罪,有三种意见。

第一种意见认为翟勇的行为构成盗窃罪。理由是:(1)翟勇与邢刚共谋盗窃,实施盗窃时翟在邢的掩护下窃得人民币160元,虽然没有达到"数额较大"的标准,但根据最高人民法院、最高人民检察院《关于办理盗窃案件具体应用法律若干问题的解释》(以下简称"两高"《解释》),个人盗窃公私财物虽未达到"数额较大"的起点标准,但多次扒窃作案的,也可追究其刑事责任。翟勇1992年因扒窃被罚款200元,1993年又因扒窃被收容审查3个月,此次又进行扒窃,可视为多次扒窃作案,已构成盗窃罪。(2)翟勇与邢刚在共同盗窃的过程中,邢刚为了抗拒抓捕又实施了持刀伤人致死的暴力行为,构成抢劫罪。但邢刚的这种暴力行为超出了二人的共同故意,是邢刚单独实施的行为,只能由他个人负责,翟勇不应对此负责,他只应对盗窃行为承担责任。

第二种意见认为翟勇的行为构成抢劫罪。理由是:翟勇与邢刚事前共谋窃,又携带着尖刀作案,说明他们既有共同盗窃的故意,又有共同抢劫的故意。翟勇见邢刚刺倒失主之后返回现场,指着倒地的失主说:"该"。这一情节证明翟勇的内心是能够接受甚至是追求这种犯罪结果发生的,他对邢刚实施的暴力行为持希望或放任的态度。翟、邢两被告人的利益是一致的,行为也是紧密联系的、不可分割的整体。邢刚实施暴力抗拒抓捕的行为应视为掩护翟勇扒窃行为的继

续，既是为了抗拒自己被抓获，也是为了抗拒翟勇被抓获。因此，在邢刚的行为由盗窃转化为抢劫时，翟勇的行为性质也同时发生了转化，即由盗窃犯罪转化为抢劫犯罪。

第三种意见认为翟勇的行为不构成犯罪。理由是：（1）翟勇的行为不构成盗窃罪。翟勇与邢刚虽是盗窃共犯，但他们盗窃的金额只有160元，数额不够较大。且翟勇犯罪时已满14岁未满16岁。依照"两高"《解释》："已满十四岁不满十六岁的人，犯惯窃罪或者盗窃数额巨大的，应当依照刑法第十四条的规定，追究刑事责任，并应依法从轻或者减轻处罚。""已满十四岁不满十六岁的人，盗窃数额较大的，依法不负刑事责任"。本案被告人翟勇的行为不构成惯窃罪，盗窃数额既不够巨大又不够较大，自然更不应追究其刑事责任。至于上述第一种意见引用的"两高"《解释》中的那项规定，只能适用于已满16岁的人，不能适用于已满14岁未满16岁的人。（2）翟勇的行为不构成抢劫罪。翟勇与邢刚在实施盗窃前虽然随身携带了尖刀，但不能据此推定他们有盗窃与抢劫的双重故意，实际上他们的作案手段也只是扒窃。翟勇在邢刚的掩护下窃走160元现金后即离开了现场，在邢刚被失主发现揪住不放，邢刚持刀将失主刺倒的过程中，翟勇并没有返回现场帮助邢刚对失主实施暴力或以暴力相威胁。邢刚持刀刺倒失主的这一行为，已经超出了二人共同盗窃的故意，翟勇不应对此行为负责。至于邢刚把失主刺倒在地之后，翟勇返回现场指着失主说"该"，这只是事后对邢刚行为的评价，不能说明他事前就有对失主使用暴力的故意。因此，不能将翟勇的行为性质视为已由盗窃转化为抢劫。

对于本案，黑龙江省高级人民法院最终采纳了上述第三种意见，对翟勇作出无罪判决。我认为，黑龙江省高级人民法院对本案的判决是正确的。在本案中，邢刚和翟勇共谋的内容是盗窃，并且对实施盗窃行为做了分工，即翟勇实施盗窃，邢刚在现场掩护。翟勇盗窃得手以后即离去，邢刚则被失主抓住，为抗拒抓捕，邢刚持刀刺死失主。翟勇是在邢刚刺死失主以后才再次回到现场，因此，对邢刚刺死失主，翟勇既未事先预谋，亦未现场参加。邢刚从盗窃行为转化为抢劫犯罪，翟勇没

有主观故意与客观行为,因而不能构成转化型抢劫罪的共犯。由此可见,对于分担的共同正犯,如果在实施过程中,部分正犯出现犯意转变,实施了超出共同故意的犯罪行为,其他正犯对此不负刑事责任。在本案中,因为翟勇实施的盗窃行为没有达到数额较大的标准,因而不构成盗窃罪。如果本案盗窃数额达到较大标准,则在共同盗窃的范围内,被告人邢刚、翟勇仍然成立分担的共同正犯,只不过邢刚在盗窃过程中为抗拒抓捕持刀刺死失主,其行为转化为抢劫罪。

2. 并进的共同正犯

并进的共同正犯行为是指各个共犯在实行犯罪时,各自的行为均具备全部构成要件。其中又可以分为两种情况:一是各个共犯基于共同犯罪故意同时对同一对象实行不法侵害。例如,甲乙同时枪击丙,致丙死亡。在这种情况下,甲乙都实施了杀人行为,是并进的共同正犯行为。二是各个共犯基于共同犯罪故意,分别对不同对象实行不法侵害。例如,甲乙共谋杀害丙丁,甲去杀丙,乙去杀丁。在这种情况下,虽然甲乙各杀一人,但对丙丁二人的死亡都应承担刑事责任。因为共同犯罪行为是一个整体,各个共犯对在预谋范围以内的其他共犯的犯罪行为都要承担刑事责任。因此,甲乙分别杀死丙丁的行为,也是并进的共同正犯行为。

我国刑法中的轮奸是对同一对象实施不法侵害的并进的共同正犯的典型例子。根据我国《刑法》第 236 条第 3 款的规定,二人以上轮奸的,属于强奸罪的法定加重处罚事由。由此可见,在我国刑法中,轮奸并不是一个独立罪名,而是强奸罪的一种加重处罚事由。轮奸属于我国刑法中强奸罪的共同正犯,并且是一种特殊的共同正犯形式。在轮奸的情况下,参与犯罪者基于主观上的犯意联络,在客观上同时、同地对同一妇女发生性关系。例如刘正波、刘海平强奸案。[1] 湖

---

[1] 参见陈建军、刘静坤:《刘正波、刘海平强奸案——欠缺犯意联络和协同行为的同时犯罪不能认定为共同犯罪》,载最高人民法院刑事审判第一、二、三、四、五庭主办:《刑事审判参考》,第 77 集,42~50 页,北京,法律出版社,2010。

南省邵阳市大祥区人民法院经不公开审理查明：2008年9月20日20时许，被告人刘正波、刘海平及黄登科、"小伢子"等人与被害人刘甲（女）、刘乙（女）在邵阳市北塔区江北广场"老字号家常馆"吃完饭后，黄登科提议将刘甲、刘乙分别带走发生性关系，刘正波、刘海平等人均表示同意。随后，刘正波、黄登科将刘甲带至大祥区敏州路某宾馆某号房间。刘正波威胁并殴打刘甲，黄登科用手掐住刘甲的脖子，并和刘正波一起强行脱去刘甲的衣服。黄登科用手指戳破刘甲的处女膜后，与刘正波轮流对刘甲实施了强奸。刘海平、"小伢子"将刘乙带至大祥区雨溪镇松坡公园一山坡上后，欲强行与刘乙发生性关系，刘乙反抗并在用手机接听一个电话后称已经报警，刘海平与"小伢子"被迫放弃强奸刘乙的计划。

邵阳市大祥区人民法院认为，被告人刘海平、刘正波伙同他人违背妇女意志，采取暴力手段强行与被害人发生性关系，其行为构成强奸罪。刘正波参与策划并积极实施殴打、强行与被害人发生性关系，在共同强奸犯罪中起主要作用，系主犯；刘海平参与策划并着手实施犯罪，在共同犯罪中起次要作用，系从犯，应减轻处罚。刘海平在实施强奸犯罪的过程中，因意志以外的原因未能得逞，系犯罪未遂。依照《刑法》第236条第1款、第3款第4项，第26条第1款、第4款，第27条，第23条之规定，判决如下：

一、被告人刘正波犯强奸罪，判处有期徒刑十二年。
二、被告人刘海平犯强奸罪，判处有期徒刑四年。

一审宣判后，二被告人均提出上诉。被告人刘正波上诉提出：其在共同犯罪中系从犯，原判量刑偏重，请求从轻处罚。被告人刘海平上诉提出：其与刘正波实施犯罪的时间、地点及对象不同，不能认定二人系共同犯罪；其行为系犯罪中止，原判认定为犯罪未遂错误；原判没有采信被害人对其减轻处罚的请求及谅解书不当，请求判处缓刑或免予刑事处罚。

第六章 共同犯罪行为

邵阳市中级人民法院经审理认为，上诉人刘正波、刘海平分别伙同他人，违背妇女意志，强行与妇女发生性关系，其行为均构成强奸罪。其中，刘正波的行为系二人以上轮奸，刘海平的行为系犯罪未遂。在强奸刘甲的共同犯罪中，刘正波起主要作用，系主犯。在强奸刘乙的犯罪中，刘海平起主要作用，系主犯。刘正波与刘海平虽均有与被害人发生性关系的意图，但犯意不明确，且系各自伙同他人分别实施犯罪，犯罪时间、空间及对象均不同，二人无共同强奸刘乙、刘甲的犯罪故意和犯罪行为，其行为在主、客观上不符合共同犯罪的构成要件，不构成共同犯罪。刘海平犯罪情节较轻，认罪态度较好，确有悔罪表现，且得到被害人谅解，综合本案实际情况，对刘海平予以从轻处罚，对其适用缓刑确实不致再危害社会，可以对刘海平宣告缓刑。根据《刑法》第236条第1款、第3款第4项，第23条，第26条第1款、第4款，第72条第1款，《刑事诉讼法》第189条第1项、第2项之规定，判决如下：

一、驳回上诉人刘正波的上诉及上诉人刘海平的部分上诉。维持湖南省邵阳市大祥区人民法院（2010）大刑初字第1号刑事判决第一项对上诉人刘正波的刑事判决。

二、撤销湖南省邵阳市大祥区人民法院（2010）大刑初字第1号刑事判决第二项对上诉人刘海平的刑事判决。

三、上诉人刘海平犯强奸罪，判处有期徒刑三年，缓刑三年。

在本案中，刘正波、黄登科使用暴力在同一时间、同一地点对刘甲实施强奸，其行为构成轮奸，这是没有争议的。但刘海平虽然事先具有与刘正波实施强奸犯罪的预谋，但在具体实施强奸犯罪的时候，两人并不在一起，并且分别对刘甲和刘乙实施强奸犯罪。在这种情况下，能否认定刘正波和刘海平之间具有共同强奸行为因而构成共同犯罪，这是存在不同意见的。对此，一审判决认定刘正波和刘海平构成强奸罪的共同犯罪，刘正波是主犯，刘海平是从犯。但二审判决则

第二节 正犯行为

认为，刘正波和刘海平两人各自伙同他人分别实施犯罪，犯罪时间、空间及对象均不同，二人无共同强奸刘乙、刘甲的犯罪故意和犯罪行为，其行为在主、客观上不符合共同犯罪的构成要件，不构成共同犯罪。

对于本案被告人刘正波和刘海平不构成共同犯罪，裁判理由做了以下论证。

实践中，对共同犯罪故意的认定需要关注以下两个方面的内容：一是共同犯罪故意的认识因素和意志因素；二是共同犯罪人之间的犯意联络。具体言之，共同犯罪故意的认识因素是指各行为人对本人和他人共同实施的犯罪行为所具有的社会危害性的认识。共同犯罪故意的意志因素即各行为人在认识到共同犯罪社会危害性的基础上决意共同实施犯罪行为，持希望或者放任共同犯罪危害结果发生的心理态度。而共同犯罪的犯意联络则是指各行为人关于相互协同实施特定犯罪行为的意思沟通，这种意思沟通可以采用明示或者默示的方式进行，其实质上是指各行为人共同实施特定犯罪行为的"合意"。共同犯罪行为人必须对共同犯罪具有故意，但如果各行为人之间欠缺相互协同实施特定犯罪行为的意思沟通，则不构成共同犯罪，只不过是同时犯，作为单独犯只对自己所实施的犯罪行为承担责任。

本案中，当粟贵兵称刘乙与刘甲是在社会上玩的女人时，黄登科即提出将刘乙、刘甲分别带出去发生性关系，刘正波、刘海平等人均表示同意并分别伙同他人将二被害人带出去意图发生性关系。此种情形下不能认定刘海平与刘正波具有共同的强奸犯罪故意，理由如下：首先，刘海平与刘正波事先并无明确的强奸犯罪故意。认识和意志因素是行为的指引，而行为是认识和意志二因素的客观反映和外在表现。本案中，刘海平与刘正波事先不具备共同强奸犯罪的认识和意志因素，并无确定的强奸犯罪故意。在粟贵兵称刘乙与刘甲是在社会上玩的女人时，刘正波与刘海平等人即认为在社会上玩的女人就可以随便与之发生性关系，正是基于这种想法，刘正波与刘海平对黄登科提出将被害人分别带出去发生性关系的建议表示同意。虽然刘海平与刘正波均有与二被害人发生性关系的意图，并就此达成合意，但并无证据证实二被告人存在强奸二被害人的故意，亦不能推定二被

告人存在强奸二被害人的故意。其次,刘海平与刘正波没有就共同实施强奸犯罪进行犯意联络。刘正波与刘海平系在分别伙同他人将二被害人带出去后,在意图与被害人发生性关系时因遭被害人反抗而产生的强奸犯罪故意,可见,二被告人的强奸犯罪故意是分别形成的,也是在不同的时间形成的。同时,刘海平与刘正波系分别伙同他人将被害人带走,在不同的时间、空间针对不同的侵害对象采取不同的手段、行为方式,并无协同实施强奸犯罪的意思沟通和具体行为。如二被告人意图共同实施强奸犯罪,则选择相同的时间、地点更加便于犯罪行为的实施。其间,二被告人虽有电话联络,但仅是相互询问对方的进展情况,并非进行意思沟通,故不能认定双方存在共同实施强奸犯罪的合意。

根据主客观相统一的原则,共同犯罪的成立除需具备共同的犯罪故意之外,还要求各行为人在客观上具有协同行为。各行为人基于犯意联络,通过相互协作和配合实施特定的犯罪行为,共同实现预期的犯罪目的,才成立共同犯罪。各行为人的协同犯罪行为彼此联系、互相配合,作为一个有机统一的整体,与犯罪结果之间均存在刑法上的因果关系。这也是整体论哲学理念之下共犯的归责基础。

本案中,黄登科提议将二被害人分别带出去发生性关系,后刘正波与黄登科将刘甲带至某宾馆,并采取暴力和威胁手段对刘甲实施轮奸,刘海平与"小伢子"则将刘乙带至松坡公园并着手对刘乙实施强奸行为。此种情况下不能认定刘正波与刘海平具有共同强奸的行为,理由如下:首先,从犯罪事实的构成要素上看,刘正波与刘海平实施强奸犯罪的时间、地点及侵害对象不同,各自独立形成一个完整的强奸犯罪事实。其次,从共同犯罪必须具备的协同行为上看,刘正波与刘海平各自实施的强奸犯罪之间不存在相互联系和配合。刘正波与刘海平系分别伙同他人实施强奸行为,侵害的对象不同,各自的强奸行为彼此独立、分开进行,不存在互相利用、补充、分工和配合等关系。最后,刘正波与刘海平各自的强奸犯罪行为与对方的强奸危害后果之间不存在因果联系。刘正波伙同黄登科将刘甲带至某宾馆并对其实施轮奸的行为与刘甲被轮奸这一危害后果之间存在刑法

上的因果联系,而刘海平的行为与该危害结果之间并不存在刑法上的因果关系。同理,刘正波的行为与刘海平实施的强奸行为所造成的危害结果之间也不存在刑法上的因果联系。

综上,被告人刘海平与刘正波在主观上没有共同的强奸故意,客观上也没有共同的强奸行为,故不构成共同犯罪。作为同时犯罪,二被告人只对自己所实施的犯罪行为承担责任。

并进的共同正犯不同于分担的共同正犯,在并进的共同正犯的情况下,行为人分别实施了独立符合构成要件的行为,因而更需要强调各个共同犯罪人之间的犯意联络。而分担的共同正犯则是分别实施同一构成要件的一部分,只有将二人的行为合为一体才能作出完整的法律评价。因此,并进的共同正犯究竟属于同时正犯还是共同正犯,应当结合行为人的客观行为和主观故意两个方面进行考察。

(三)先行的共同正犯与承继的共同正犯

1. 先行的共同正犯

先行的共同正犯行为,又称原始的共同正犯行为,指各共同犯罪人在实施犯罪以前,对犯罪进行了预谋,继而共同实行某一犯罪行为。例如,甲乙共谋抢劫,事先对抢劫的时间、地点、对象等进行了预谋,然后共同前去抢劫。在这种情况下,甲乙自始至终参与共同犯罪,因此称为原始的共同正犯行为。因此,先行的共同正犯系指通常意义上的共同正犯,其构成条件应当根据一般共犯原理予以把握。

2. 承继的共同正犯

承继的共同正犯行为,又称相续的共同正犯行为,是指一个正犯在一定犯意的支配下,在完成该犯罪构成的一部分以后,又取得另一个正犯的同意,两人一起继续把犯罪的正犯行为进行到底,形成承继的共同正犯行为。

承继的共同正犯是承继共犯的一种类型,承继共犯可以分为承继的共同正犯和承继的帮助犯。在刑法教义学中,除了承继共犯,还有承继犯一词,但对承继

第六章 共同犯罪行为

犯是否属于共犯则存在疑问。① 这主要是因为对于承继共犯在刑法教义学中存在肯定说与否定说之分：肯定说认为承继犯可以成立共犯，因而承继犯等同于承继共犯。但否定说认为承继犯不能成立共犯，因而承认承继犯的概念但否定承继共犯的概念。对此，我国学者认为，承继共犯可以从形式意义上和实质意义上加以把握。形式意义上的承继共犯是从仅仅在客观描述的意义上采用承继共犯的概念，至于后行为人是否对前行为人的行为承担责任在所不问。而实质意义上的承继共犯则是以肯定后行为人对前行为人的行为承担责任为前提的，因而在否定后行为人对前行为人的行为承担责任的情况下，当然也就不能承认承继共犯的概念。② 就承继的共同正犯而言，是指承继犯与先行为者之间成立共同正犯的情形。而承继的帮助犯是指承继犯构成先行为犯的帮助犯的情形。

在刑法教义学中，关于后行为人对于参与前的犯罪行为是否承担刑事责任的问题，存在各种不同观点③：第一种观点是肯定说。此说认为，后行为者对介入之前先行为者已实施的犯罪行为应当承担共同正犯的责任。其理由列举如下：（1）强调一罪性、不可分割性。这种观点认为实体法上的一罪是不可分割的一个犯罪，所以参加其实行行为一部分的后行为者是介入以前的包括先行为者行为结果在内的全部犯罪的共同正犯。（2）强调后行为者对先行为者意思与事态的利用。这种观点认为，后行为者了解先行为者的意思，并且利用先行为者已经造成的事态，这表明后行为者与先行为者就整个行为形成了共同意思。因此，应当就行为整体成立共同正犯。（3）强调共犯成立上的一体性，共犯处罚上的个别性。这种观点认为，在共同正犯的成立问题上应持肯定的观点，而处罚与责任问题和共同正犯的成立范围是两个不同的问题。也就是说，虽然可以将这种现象作为共同正犯加以把握，但是因欠缺要件不能适用"部分行为全部责任"的法理。对介

---

① 参见张森、杨佩正：《承继犯研究》，载吴振兴主编：《犯罪形态研究精要》，478页，北京，法律出版社，2005。
② 参见任海涛：《承继共犯研究》，6~7页，北京，法律出版社，2010。
③ 参见陈家林：《共同正犯研究》，230页以下，武汉，武汉大学出版社，2004。

人前的行为、结果的责任应当依照个人责任的原则进行处理。第二种是否定说。此说认为,后行为者仅仅对介入之后的共同行为承担共同正犯的责任。其理由列举如下:(1)从行为共同说的立场上考虑,即使后行为者认识到了先行为者的行为,但因后行为者并没有参与实施先行为者的行为,所以不应当回溯到先前的行为来认定共犯关系。(2)从目的行为支配说的立场上考虑,后行为者对先行为者的实施的行为事实不可能有目的的行为支配,所以不承担共同正犯的罪责。(3)从犯罪共同说的立场考虑,共同正犯的成立不仅要有共同实行的意思,而且还必须存在共同实行的事实,因此,后行为者尽管认识先行为者已实施的实行行为的意义,并出于利用的意图而介入,但这一点不足以成为追究其介入之前的行为责任的根据。(4)从因果共犯论的立场考虑,后行为者的行为对之前的行为没有因果的影响力,因而不能对此前的行为承担共同正犯的责任。(5)从主观的部分犯罪共同说的立场考虑,否定承继的共同正犯概念。承继的共同正犯中的意思联络并非真正意义上的意思联络,即不具备共同正犯成立要件意义上的意思联络的特征,而且从承继的共同正犯的行为来看,也没有表现出承继行为的特征。因此,没有必要特别设立承继的共同正犯的概念。(6)否定说中还有观点认为,虽然只对合意之后的行为才能认定共同正犯,但在后行为者的行为对包含先行为者行为的单一不可分割的构成要件的实现起帮助作用的场合,该后行为者同时作为承继的帮助犯,承担先行为者的刑事责任。第三种观点是中间说,也称限定的肯定说。中间说主张在一定限度之内或者一定条件之下承认承继共犯。例如,在后行为人对先行为人的行为、结果存在认识、接受,并将其作为实现自己犯罪的手段而加以利用的场合就肯定承继。中间说在日本刑法学界受到支持,司法实务界也有相关判例。例如,丈夫出于抢劫目的杀害被害人之后,为顺利劫取财物,告知妻子实情,并请妻子提供帮助。妻子不得已答应下来,点燃蜡烛,使得丈夫更为容易地劫取了财物。对此,日本大审院1938年11月18日判定,由于抢劫杀人罪是单纯一罪,因而,参与抢劫杀人罪的部分行为即劫取财物的行为,以帮助该罪之实现的,就应该成立抢劫杀人罪的帮助犯,而非仅仅成立抢劫罪或者盗窃

第六章 共同犯罪行为

罪的帮助犯。① 我国学者也赞同这种观点，认为后行为者对先行为者之前的行为及其结果承担共同正犯的责任，需要其不仅认识到先行为者的行为结果，而且需要先行为者行为的效果仍在延续，后行为者又有积极的利用意思，将其作为自己的手段加以运用，只有在这种情况下，双方才能就整体犯罪成立共同正犯。②

从上述各种观点的聚讼来看，可谓仁者见仁智者见智，难以统一。我认为，承继的共同正犯争议的关键点在于：共犯关系在何种范围内成立？根据共犯原理，共同行为与共同意思是共犯成立的基本要件，这是由共犯的部分行为全体责任的共犯责任原则所决定的。在承继的共同正犯的情况下，在先行为者与后行为者之间，只有部分行为是重合的，而其他部分行为则是错位的。例如，甲先基于个人犯罪意思而实施某一犯罪，在实施犯罪过程中，乙与甲取得犯意联络，加入犯罪的实施。在上述情况下，甲与乙之间只有部分行为的共同。那么，乙对于其加入之前的甲的行为是否承担共同正犯的责任呢？这就是承继的共同正犯所要解决的问题。如果按照严格共犯责任原则，乙对于其加入之前的甲的行为是不应当承担责任的。值得注意的是，日本学者山口厚对承继共犯对其介入之前的他人行为负责的根据进行了论述："对于后行为人，肯定其在与先行为人共谋参与之后成立（基于不作为的胁迫、欺骗所实施的强取、敲诈取得、骗取）不作为犯，并与先行为人之间成立共同正犯。也就是说，首先，先行为人的暴力、胁迫压制了被害人的反抗，后行为人仅仅处于其后的夺取财物行为的，后行为人属于不作为的强取（抢劫罪的不作为犯），与先行为人成立共同正犯；其次，被害人因先行为人的敲诈或者欺骗陷入畏惧或者错误之中，其后经过共谋而参与的后行为人从陷入畏惧或者错误状态的被害人处接受财物之交付的，后行为人属于不作为的敲诈取得或者不作为的骗取，与先行为人成立共同正犯。"③ 山口厚本来是主张因

---

① 参见［日］山口厚：《承继的共犯理论之新发展》，王昭武译，载《法学》，2017（3）。
② 参见陈家林：《共同正犯研究》，243 页，武汉，武汉大学出版社，2004。
③ ［日］山口厚：《承继的共犯理论之新发展》，王昭武译，载《法学》，2017（3）。

果共犯论的,根据因果共犯论,后行为人对先行为人的行为所造成的结果或者状态不具有因果性,因而基于因果共犯论的逻辑必然得出否定承继共犯的结论。然而,山口厚以不作为犯为切入,别开生面地将后行为人对先行为人的行为所造成的状态,在具有主观认知情况下予以接受的情形认定为不作为,继而结合介入之后的行为,作为成立承继共犯的客观基础。应该说,该学说具有一定的合理性,值得关注。

承继共同正犯其实可以区分为定罪与量刑这两个方面:就定罪而言,是指在后行为者加入以后,其是否可以与先行为者按照共同之罪认定?就量刑而言,是指后行为者如果可以与先行为者按照共同之罪认定,那么,后行为者是否与先行为者适用同一之刑?我认为,对于这两个问题应当分而论之。因此,对于承继的共同正犯应当根据不同的犯罪形态加以具体分析。

(1)在单行为犯的情况下,后行为者虽然是在实施犯罪过程中介入的,但仍应与先行为者按照共同正犯认定为同一之罪。这里所谓按照共同正犯认定为同一之罪,是指先行为者与后行为者虽然在加入犯罪上存在先后之分,但这并不影响其构成共同正犯。当然,在量刑上还是应当有所区分,即要根据在共同犯罪中所起的作用进行量刑。在此应当指出,不能认为后行为者在共同犯罪中的作用一定小于先行为者,反之亦然。只能说在共同犯罪中作用相同的情况下,后行为者的责任要小于先行为者。

(2)在复行为犯的情况下,后行为者在先行为者已经完成第一行为以后,介入第二行为之实施的,可以分为两种情形:第一种情形是后行为者对先行为者先前所实施的第一行为并不知情的,其不对其介入之前先行为者已经完成的第一行为承担责任,而只对其介入之后的第二行为承担责任。第二种情形是后行为者对先行为者的先前所实施的第一行为知情,并且在利用意思支配下,继而实施第二行为的,后行为者应当按照复行为犯定罪,但在量刑的时候应当从轻处罚。

在司法实践中,如何正确认定后介入者的责任确实是一个关系到共同正犯成

第六章 共同犯罪行为

立范围的重大问题，应当结合具体案例进行分析。例如侯吉辉、匡家荣、何德权抢劫案。[①] 被告人侯吉辉，男，1980年2月3日出生，小学文化，农民。因涉嫌犯抢劫罪于2005年7月8日被逮捕。

被告人匡家荣，男，1980年11月14日出生，初中文化，农民。因涉嫌犯抢劫罪于2005年7月8日被逮捕。

无锡市中级人民法院经公开审理查明：2005年5月被告人侯吉辉向被告人匡家荣提议至无锡抢劫，同月26日侯吉辉和匡家荣乘火车至无锡。6月初，侯吉辉、匡家荣为实施抢劫，以打工为名至无锡市肉类交易市场191号摊位，经该摊位老板周陶敏同意后与被告人何德权一起在周的租住处（无锡市锡澄二村××号×××室）食宿。其间，侯吉辉、匡家荣多次与何德权就抢劫进行预谋，并由侯吉辉从周陶敏摊位上取得剔骨刀一把，由匡家荣带回并藏匿于住处。

2005年6月9日中午，侯吉辉、匡家荣、何德权随被害人俞彩凤（周陶敏之妻，39岁）回到住处，三被告人经再次合谋后，侯吉辉先至卫生间，以卫生间窗帘放不下为由，将被害人俞彩凤骗至卫生间门口，随后跟出的匡家荣即持事先准备的剔骨刀从背后驾在俞彩凤脖子上说："不要动，把钱拿出来。"俞彩凤遂大声呼救并反抗，侯吉辉即捂住俞彩凤的嘴，并将其扑翻在地，然后骑在俞彩凤身上继续捂嘴并卡住其喉咙，匡家荣在用胶带纸捆绑俞彩凤未果的情况下，即持剔骨刀对俞彩凤胸腹部、背部等处刺戳数刀，侯吉辉用被子捂住被害人的头部，将俞彩凤当场杀死。何德权随后将尸体拖曳并和侯吉辉、匡家荣一起在俞彩凤衣裤内及室内劫取人民币1 000余元等财物后逃离现场。2005年6月10日，侯吉辉、匡家荣、何德权因形迹可疑被公安机关盘问，侯吉辉、匡家荣如实供述了上述抢劫犯罪事实，后何德权亦作了供述。

---

① 参见高军：《侯吉辉、匡家荣、何德权抢劫案——在明知他人抢劫的情况下，于暴力行为结束后参与共同搜取被害人财物的行为如何定罪量刑》，载最高人民法院刑事审判第一、二、三、四、五庭主办：《刑事审判参考》，第62集，31页，北京，法律出版社，2008。

第二节 正犯行为

无锡市中级人民法院认为，被告人侯吉辉、匡家荣、何德权以非法占有为目的，共同抢劫他人财物，并致一人死亡，其行为均已构成抢劫罪，依法应予严惩。被告人侯吉辉、匡家荣在共同犯罪中起主要作用，系主犯；被告人何德权在共同犯罪中起次要作用，系从犯，应当从轻处罚；被告人侯吉辉、匡家荣因形迹可疑被司法机关盘问后，主动交代了抢劫犯罪事实，系自首，但两被告人多次进行抢劫预谋，其主观恶性、人身危险性极大，且作案手段残忍，情节恶劣，后果严重，依法不予从轻。据此，依照《刑法》第263条第（5）项、第25条第1款、第26条第1款、第27条、第57条第1款、第56条、第67条第1款、第36条第1款，最高人民法院《关于处理自首和立功具体应用法律若干问题的解释》第1条第（1）项之规定，判决如下：

1. 被告人侯吉辉犯抢劫罪，判处死刑，剥夺政治权利终身，并处没收个人全部财产；
2. 被告人匡家荣犯抢劫罪，判处死刑，剥夺政治权利终身，并处没收个人全部财产；
3. 被告人何德权犯抢劫罪，判处有期徒刑十四年，剥夺政治权利四年，并处罚金人民币五千元。

一审宣判后，侯吉辉不服，提出上诉。江苏省高级人民法院经公开审理查明：被告人侯吉辉原曾在无锡本案被害人家的个体卖肉摊（摊主周陶敏）上打过工。2005年5月，侯吉辉碰到被告人匡家荣等人，在谈到如何出去搞钱时，侯吉辉提出其在无锡打工时的老板有钱，可以带他们去。5月下旬到无锡后，经商议决定由侯吉辉带匡家荣一起到周陶敏家肉摊上打工，以便利用打工期间与被害人一家同住一套房子的条件伺机动手。5月底，经摊主周陶敏同意，侯、匡二人住进了被害人租住的套房，并与与其二人同住一室且早于侯、匡二人20多天到周陶敏肉摊上打工的被告人何德权相识。其后，侯、匡二人在商议抢劫老板时，

认为何德权与其同住,最好拉何入伙。后侯、匡二人分别对何讲,老板对伙计很抠,每天有1万多元的营业额,平时流动资金有三四万元,不如把老板绑起来把钱抢走,每人能分到1万多元,要何一起参加。何说:如果每人能分到10万、8万的,还可以搏一搏,你们这样不值得。后侯、匡二人继续做何的工作,何表示:你们干的事与我无关,最多我不去报警。6月8日三被告人中午下班回到住处后,侯、匡二人认为老板这几日回安徽老家办事,时机已到,商量马上要对老板娘动手,何德权听后即离开,直到晚上8点左右才回住处。侯、匡二人因老板娘当日下午出去有事而在当日未及下手。次日中午二被告人下班回到住处后,侯、匡二人认为再不动手,待老板回来就来不及了。午饭后匡家荣在其住的房间内从床铺下抽出预先从打工摊位上拿回的剔骨刀,准备马上动手。侯、匡二人随即走出三人住的房间,侯吉辉在卫生间以窗帘拉不下为由,诱使老板娘(俞彩凤)走到卫生间门口,匡家荣乘机从身后持刀架在老板娘的脖子上,并说:不要动,把钱拿出来。被害人见状大声呼救、反抗,侯吉辉为阻止其呼救,捂住被害人的嘴,并将被害人扑翻在地,而后坐在被害人身上继续捂嘴并卡住被害人的喉咙,匡家荣在冲进其住的房间拿出胶带纸捆绑被害人双腿被挣脱,被害人仍在大声呼救反抗的情况下,即持剔骨刀对被害人胸腹部、背部等处刺戳数刀,同时侯吉辉用被子捂住被害人的头部,致被害人俞彩凤当场死亡。何德权在房间内听到客厅中的打斗声渐小后走出房门,见状后,何问侯、匡二人:你们把老板娘搞死了?匡家荣随即叫何德权一起到老板娘房间去找钱。三人在被害人家中共找出人民币1 000余元。后匡家荣叫何德权和其一起将躺在卫生间门口的被害人的尸体拖拽了一下,三被告人分别将身上沾有血迹的衣服换掉后,携带以上赃款逃出被害人家。案发后经法医鉴定:被害人俞彩凤面部、胸腹部、背部有多处创口,胸主动脉断裂,胸腹腔大量积血,系由于遭锐器刺戳致失血性休克而死亡。

江苏省高级人民法院认为,对于上诉人侯吉辉及其辩护人就本案事实问题提出的上诉理由、当庭辩解和辩护意见,经查,原判认定部分事实证据不足,部分辩解和辩护意见所涉事实不能完全排除,部分辩解和辩护意见不能成立,故对相

应成立的辩解和辩护意见,予以采纳,并可作为对上诉人侯吉辉量刑时酌定从轻的情节。

对于原审被告人何德权的当庭辩解,经查:根据现有证据,侯吉辉、匡家荣二人为抢劫而以打工为名,到被害人家与何德权同住一室而相识后,曾多次拉拢何共同实施抢劫,何一直未明确允诺,且有躲避侯、匡二人的行为;本案抢劫行为实施前,何德权并未在侯、匡二人商量马上动手时有表态应允、接受分工的行为;在侯、匡二人以暴力行为致被害人死亡后,何德权应匡家荣的要求参与了在被害人家翻找财物的行为。据此,原判认定作案前何德权与侯、匡二人就抢劫多次进行预谋,并与侯、匡二人共同致被害人死亡的事实证据不足。原审被告人何德权在二审庭审中的辩解意见与事实基本相符,予以采纳。

原审被告人何德权在明知侯、匡二人为抢劫而实施暴力并已致被害人死亡的情况下,应匡家荣的要求参与侯、匡二人共同非法占有被害人财物的行为,系在抢劫犯罪过程中的帮助行为,亦构成抢劫罪的共同犯罪,在共同犯罪中起辅助作用,系从犯。其行为亦侵犯了公民的人身权利和财产权利,应依法惩处。因其在被害人死亡前并无与侯、匡二人共同抢劫的主观故意和客观行为,故对其应适用《刑法》第263条一般抢劫罪的规定予以处罚。鉴于原审被告人何德权在本案抢劫犯罪中的从犯作用,被动参与犯罪且未实施抢劫犯罪中的暴力行为,主观恶性、人身危险性、社会危害性相对较轻等情节,对其应在法定量刑幅度内从轻处罚。依照《刑事诉讼法》第189条,《刑法》第263条第(5)项、第263条、第25条第1款、第26条第1款、第27条、第57条第1款、第48条第1款、第56条、第67条第1款、第36条,最高人民法院《关于处理自首和立功具体应用法律若干问题的解释》第1条第(1)项之规定,判决如下:

1. 维持江苏省无锡市中级人民法院(2005)锡刑一初字第038号刑事附带民事判决的第(二)项,即:

原审被告人匡家荣犯抢劫罪,判处死刑,剥夺政治权利终身,并处没收

个人全部财产。

2. 撤销江苏省无锡市中级人民法院（2005）锡刑二初字第038号刑事附带民事判决的第（一）、（三）项，即对原审被告人侯吉辉、何德权的判决部分；

3. 上诉人（原审被告人）侯吉辉犯抢劫罪，判处死刑，缓期二年执行，剥夺政治权利终身，并处没收个人全部财产；

4. 原审被告人何德权犯抢劫罪，判处有期徒刑四年，并处罚金人民币一千元；

5. 案发后侦查机关追缴三原审被告人的赃款发还被害人家属，不足部分继续予以追缴，发还被害人家属。

在本案中，被告人侯吉辉、匡家荣共同预谋并实施抢劫行为构成抢劫罪的共犯没有争议，但对于事中参与犯罪的被告人何德权如何定罪存在一定分歧。一种意见认为，抢劫罪侵犯的是复杂客体，表现为对他人人身和财产权利的侵犯。在他人以非法占有为目的，对被害人先施以暴力，使被害人失去反抗能力后，再取得被害人财物的情况下，行为人于侵犯他人人身权利行为实施完毕后，参与他人实施侵犯被害人财产权利行为的，其对被害人的伤亡事实并无主观故意和客观行为，故对该行为人的行为性质应与参与全部抢劫犯罪行为的他人作出不同的评价。本案中，何德权在侯吉辉、匡家荣拉其入伙，要其参与抢劫犯罪时，并未表示同意。侯、匡二人为非法占有财物而对被害人实施暴力至被害人死亡前，何德权亦无任何帮助的行为。在被害人死亡后，何德权应侯、匡二人的要求参与了在被害人家中搜取财物。由于其事前无抢劫的主观故意，事中亦未参与侯、匡二人在抢劫过程中的暴力行为，其犯罪的主观故意内容及行为特征与侯吉辉、匡家荣不同，因此时被害人已死亡，故其行为属秘密窃取之盗窃性质，应以盗窃罪定罪。另一种意见认为，何德权事前虽无抢劫之主观故意，事中亦未实施抢劫之暴力行为，但在被害人死亡、暴力行为结束后之抢劫犯罪的延续阶段，其明知侯、

282

匡二人的行为系抢劫犯罪，而参与后续的搜取被害人财物之行为，属于事中共犯，应以抢劫罪的共犯定性。

对此，本案的裁判理由倾向于第二种意见，对何德权以抢劫罪共犯定罪。主要理由在于：共同犯罪的主体为两人以上，决定了其在犯罪方式、行为过程等方面的情形较之个人犯罪更为复杂。在事先共谋、基于一定分工的情形下，行为人分别在共同犯罪中实施了不同的行为，只要未实行过限，一般均对各行为人以同一罪名的共犯定罪处罚；在事先无共谋的情形下，行为人在他人共同犯罪的过程中，临时起意参与他人共同犯罪行为的，应当区别两种情况分别定罪：一种是行为人在不知道他人前期犯罪行为的具体动机、目的、性质的情况下，参与他人后续犯罪行为。如果行为人在主观犯罪故意的内容上与他人并不一致，则应当根据主客观一致的原则，结合行为人主观故意的内容和实施的客观行为，确定其具体罪名。另一种是行为人虽在事先未与他人形成共同犯意，但其在明知他人犯罪性质的情况下，于事中参与了他人犯罪的后续行为。其行为一方面形成事中对他人犯罪目的的认可和主观故意内容上的沟通，另一方面其客观行为对他人实现犯罪目的起到了积极帮助作用，根据主客观相一致的定罪原则，应与他人以共同犯罪论处。就本案而言，被告人何德权事前虽未同意参与侯、匡二人抢劫犯罪的提议，事中亦未实施对被害人的暴力行为，但基于其对侯、匡二人抢劫犯意的了解，在听到侯、匡二人与被害人的打斗和被害人的呼救声渐小，走到现场目睹倒在血泊中的被害人和手持剔骨刀的匡家荣，以及身上有血迹的侯吉辉后，其在明知侯、匡二人的行为性质、目的及已造成的犯罪后果之情形下，在侯、匡二人抢劫犯罪行为处于持续状态期间，应匡家荣的要求参与了共同搜取被害人家中财物的行为，因此，符合上述事先无共谋的情形下事中参与他人共犯的第二种情形，应当与侯、匡二人构成抢劫罪的共犯。

本案是一起较为复杂的共同犯罪案件，在事实认定和法律适用两个方面都存在一定的争议。就事实认定而言，本案一审判决和二审判决所认定的事实之间存在较大的差异：一审判决简单地认定侯吉辉等三人实施了共同抢劫行为，因而构

成抢劫罪的共犯。但二审判决认为认定作案前何德权与侯、匡二人就抢劫多次进行预谋，并与侯、匡二人共同致被害人死亡的事实证据不足，不能成立。根据一审判决认定的事实，本案三被告人应当对本案的抢劫杀人事实承担共同正犯的责任。根据二审判决认定的事实，在被告人侯吉辉、匡家荣预谋抢劫的时候，虽然想要拉拢何德权参加犯罪，但何德权明确表示不参加抢劫犯罪。因此，就何德权而言，其与侯吉辉、匡家荣之间并不成立先行的共同正犯。那么，他们之间是否成立承继的共同正犯呢？从本案的案情来看，何德权是在侯吉辉、匡家荣基于抢劫的目的将被害人杀死以后才介入犯罪。在这种情况下，对何德权的行为究竟是认定为盗窃罪还是抢劫罪？在二审判决中，认为何德权实施的行为是抢劫犯罪过程中的帮助行为，亦构成抢劫罪的共同犯罪。我认为，这里的帮助行为的定性并不准确。从案件事实来看，在获知侯吉辉、匡家荣将被害人杀死以后，何德权参与搜取被害人家中财物的行为，这一行为是抢劫罪的实行行为的一部分而不是帮助行为。这里涉及对所谓事中帮助的理解，即是否存在事中帮助？在通常情况下，帮助都是事先的，也就是为正犯实施犯罪创造便利条件。所谓事后帮助，如果没有事先通谋就不能成立帮助犯，而构成连累犯。至于事中帮助，一般都发生在犯罪现场，因而也不是帮助而是正犯。从这个意义上说，并不存在事中帮助的概念。

我国刑法规定的抢劫罪属于复行为犯，其构成要件由两部分行为构成：第一是暴力、胁迫或者其他方法；第二是取得财物。本案属于采用伤害致人死亡的暴力方法进行抢劫，何德权并没有参与手段行为，何德权参与的是在被害人死亡以后的取得财物行为，这是抢劫罪的目的行为。那么，何德权取得财物的行为如何定罪呢？对于侯吉辉、匡家荣来说，该取得财物行为当然与暴力行为相关联，是抢劫罪的实行行为的一部分。对何德权来说，虽然没有参与杀人行为，但对杀人行为是明知的，并且利用杀人行为所造成的状态，继而参与获取财物的行为，其行为应当认定为抢劫罪。但考虑到其毕竟没有参与杀人行为，因而其对杀人行为并不承担责任，其事后参与劫取财物的行为虽然认定为抢劫罪，但属于共同犯罪

中的从犯,在量刑上予以从轻、减轻处罚。总之,何德权与侯吉辉、匡家荣构成抢劫罪的承继共同正犯。

第三节　组织行为

组织行为是指组织犯在犯罪集团中的组织、领导、策划、指挥行为。一般地说,组织行为具有不同于正犯行为的特点,它不是由刑法分则加以规定的,而是由刑法总则规定的。如果某种组织行为已由刑法分则作了规定,那就不仅是组织犯的组织行为,而且本身就是正犯行为。例如,我国《刑法》第120条规定:"组织、领导恐怖活动组织的,处十年以上有期徒刑或者无期徒刑,并处没收财产;积极参加的,处三年以上十年以下有期徒刑,并处罚金;其他参加的,处三年以下有期徒刑、拘役、管制或者剥夺政治权利,可以并处罚金。"根据这一规定,组织、领导、参加(包括积极参加和其他参加)恐怖组织的行为,就是该罪的正犯行为。又如,我国《刑法》第300条规定的组织、利用会道门、邪教组织或者利用迷信破坏国家法律、行政法规实施的行为,也是该罪的正犯行为。根据我国《刑法》第97条的规定,在聚众犯罪中也存在首要分子,这些首要分子在聚众犯罪中起组织、策划、指挥作用。但由于我国刑法分则对聚众犯罪都有明文规定,因此,聚众犯罪中首要分子的组织、策划、指挥行为也不是共犯行为的组织行为,而是属于正犯行为。由此可见,只有在集团犯罪中起组织、领导、策划、指挥作用的行为,才是组织行为。

组织行为在集团犯罪活动中,处于十分重要的地位。正是首要分子的组织行为,使犯罪集团中各成员的行为协调一致,从而使犯罪目的更加容易得逞。因此,组织行为是共同犯罪行为中法益侵害性最大的行为之一。根据我国《刑法》第26条的规定,结合《刑法》第97条对首要分子的解释,组织行为表现为以下四种形式。

第六章　共同犯罪行为

一、组织行为

这里的组织行为是狭义上的组织行为，就是指建立犯罪集团以及在集团犯罪活动中起组织作用的行为。组织行为有广义与狭义之分：广义上的组织行为是指组织犯的构成要件行为，包括狭义上的组织行为，以及领导、策划、指挥行为。而狭义上的组织行为则是指在集团犯罪中起组织作用的行为。关于组织行为是否存在于一般共同犯罪中，我国学者对此持肯定说的观点，认为在一般共同犯罪中纠集共同犯罪人实施犯罪的行为，亦是组织行为。[①] 但我认为，组织行为只存在于集团犯罪之中，至于在一般共同犯罪中起纠集作用的犯罪分子，如果其参与具体犯罪实施的，是共同正犯中的主犯；如果其未参与具体犯罪实施的，则是教唆犯。

建立犯罪集团是组织行为的重要内容。在建立犯罪集团过程中，组织行为往往表现为首先提议建立犯罪集团、对建立犯罪集团出谋划策、拉拢他人参加犯罪集团、负责犯罪集团成员之间的联络工作等等。

组织行为除建立犯罪集团以外，还表现为领导犯罪集团进行犯罪活动。从语义学上说，组织是指安排分散的人或事物使之具有一定的系统性或整体性。[②] 犯罪集团建立以后，为了从事一定的犯罪活动，还必须有人进行组织、安排、协调和领导。因此，在进行集团犯罪活动中也存在组织行为。

二、领导行为

领导行为是指组织犯对犯罪集团进行组织管理、工作安排和事务协调等活

[①] 参见赵辉：《组织犯及其相关问题研究》，68 页，北京，法律出版社，2007。
[②] 参见中国社会科学院语言研究所词典研究室：《现代汉语词典》，1523 页，北京，商务印书馆，1979。

动。在某些规模较大的犯罪集团中，由于人数较多，事务繁杂，因而要对这些事务进行管理与协调，担任这些工作的人所从事的就是领导行为。我国学者指出："领导行为具体表现为制定犯罪集团或团伙内部的纪律，负责犯罪活动的安排，协调共同犯罪人之间的关系，奖惩共同犯罪成员。这些行为都是围绕着使共同犯罪活动易于得逞而进行的。"[①] 因此，领导行为虽然不是对集团犯罪活动直接进行组织的行为，却是为犯罪集团从事犯罪活动创造条件的行为。

三、策划行为

策划行为是指组织犯为犯罪集团制订犯罪计划、拟订犯罪方案、确定犯罪对象、选择犯罪方法等一系列活动。这些行为属于犯罪集团中的决策行为，是组织犯对正犯的实行行为所起的制约作用的重要体现。例如，陈、赵为首建立了一个盗窃集团，陈提出要干一番一劳永逸的大事业，赵表示同意。陈、赵二人派出王某等人四处物色目标，最后确定盗窃本市某博物馆的一件珍贵文物。为此，陈、赵二人进行密谋策划，制订了盗窃文物的周密计划，一方面派人踩点窥视目标，找好进出路线，并准备犯罪工具；同时又派人与走私分子联系，一旦文物到手马上出手。在这起盗窃文物的集团犯罪活动中，陈、赵二人实施了策划行为。

应该指出，组织犯的策划行为与教唆犯的授意方法是有所不同的。教唆犯是唆使他人犯罪，在实施教唆行为时，往往采取授意的方法，而授意与策划是十分相似的。授意是指把本人的意图告诉他人，让他人去实现这一意图。在教唆犯的情况下，教唆犯把犯罪意图传授给他人，让他人按这一意图去实施犯罪。但教唆犯往往不是把简单的犯罪意图告诉他人就完了，而往往同时把实现这一犯罪意图

---

① 赵辉：《组织犯及其相关问题研究》，70页，北京，法律出版社，2007。

的方法、步骤也传授给他人①,使他人觉得这一意图能够实现,以便坚定其犯罪决意。在这种情况下,教唆犯为被教唆的人出谋划策,实际上就是一种策划行为。但教唆犯的这种策划行为与组织犯的策划行为还是有所区别的,这种区别主要表现在:组织犯的策划行为发生在犯罪集团的犯罪活动中,它是与集团犯罪紧密地联系在一起的。而教唆犯的策划行为则发生在一般共同犯罪中,它是与唆使他人实行犯罪的教唆行为紧密联系在一起的。因此,我们必须将两者加以区分。

四、指挥行为

指挥行为是指组织犯在犯罪集团实施犯罪活动时进行部署、调度和指点的行为。指挥行为直接作用于正犯行为,向正犯发出犯罪指令,使正犯行为在组织犯的调度和支配下顺利地实施,并形成对正犯行为的直接制约。例如,王、李等人建立了一个走私犯罪集团,雇用沿海渔民的船只经常进行海上走私活动。某天,王、李策划出海走私,用银圆换取收录机等物。于是,王、李二人指使走私集团的成员周、邱等人四处搜罗银圆,又派人找来一只渔船,与船老大进行谈判,答应事成之后与船老大分成,并指派周、邱等人上船出海。换取收录机等物品以后,王、李召集集团成员卸船转移,并连夜运往各地倒卖。案发以后,王、李又订立攻守同盟,指使周、邱对船老大封口、销毁罪证,企图逃脱法网。在本案中,犯罪集团的走私活动是在王、李二人的一手操纵下进行的,王、李所实施的就是组织犯的指挥行为。

组织犯的指挥行为,是共犯行为,这和共同正犯中的现场指挥行为是有所不同的。例如,甲乙丙三人共同前往丁家盗窃,在盗窃过程中,恰逢丁回家被撞见。丁见有人盗窃,将大门堵住,甲见此情形,忙向同伙喊道:"使家伙,快

---

① 在这种情况下,发生了教唆犯与传授犯罪方法罪的竞合,详见本书第十五章第二节第三部分:教唆犯与传授犯罪方法罪的竞合及其处理。

上。"乙丙二人操起木棒就向丁打去，丁招架不住被打倒在地，甲乙丙三人正要逃跑，丁在地上大呼抓坏人。甲指使乙丙在丁的嘴中塞上毛巾，丁终因窒息死亡。在本案中，甲对共同犯罪起了指挥作用，是共同犯罪的主犯。但由于甲是犯罪现场的直接指挥，并且本人也亲手实行了犯罪，因此，该指挥行为是正犯行为的重要组成部分，不应把它与组织犯的指挥行为混为一谈。

第四节　教唆行为

教唆行为是指引起他人实行犯罪意图的行为，这是教唆犯承担刑事责任的客观基础。在司法实践中，教唆行为的表现是多种多样的，对此我国刑法并没有限制。现将教唆方法分述如下。

一、劝说方法

教唆行为的劝说方法是指利用言语对他人进行开导、说服，使之接受教唆犯的犯罪意图。例如，甲因好吃懒做穷极潦倒，经常到叔叔乙家蹭饭吃。对此，乙十分不满，经常对甲冷嘲热讽。后甲表示要外出要饭，乙怕有辱脸面，就对甲说：现在市场上木材很吃香，大队木材加工场晚上没有人值班，你还不如背几根木头到市场上卖，干一个晚上半个月的饭就有着落了。在乙的劝说下，甲就去盗窃木材，使集体财产遭受重大损失。在本案中，甲原先并没有想到要去偷东西，是在乙的言语开导下产生盗窃木材的犯罪意图的。因此，乙是教唆犯，其教唆方法是劝说。

二、请求方法

教唆行为的请求方法是指说明理由，要求他人接受其犯罪意图。例如，甲与

乙是好朋友。一次，甲因与丙发生口角，被丙打了一顿。为此，甲十分痛恨丙。但丙身强力壮，甲不是对手，丙又与甲在同一单位工作，甲怕自己打丙后遭到丙的报复。于是，甲想到了乙，要乙为自己报仇，乙初不允，甲以朋友的身份一再请求乙去打丙，乙终抹不下面子，答应为甲报仇，一天晚上带领几个人把丙打成重伤。在本案中，乙与丙素不相识，没有怨仇，乙之所以对丙进行伤害，是甲唆使的结果。因此，甲是教唆犯，其教唆方法是请求。

三、挑拨方法

教唆行为的挑拨方法是指通过搬弄是非的方法挑逗起他人的犯罪意图。例如，甲与乙素有怨仇，想加害于对方。但因甲乙是亲戚，而且乙是甲的长辈，甲怕自己出头加害于乙会引起公愤，就想假手他人伤害乙。后见丙有一次与乙发生了几句口角，就在丙的面前说乙的坏话，还说乙曾经扬言要砸丙的食锅。丙听了甲的一番言语，顿时怒火中烧，甲趁机又火上浇油。一气之下，丙持铁锹闯进乙家，将乙的家具砸烂，并将乙本人打伤致残。在本案中，甲是教唆犯，其教唆方法是挑拨。

四、刺激方法

教唆行为的刺激方法是指采取激将的方法使他人产生犯罪意图。尤其是有些人脾气火暴，性情急躁，犯罪分子往往利用这些人性格上的这些弱点，采取激将法，使这些人在三言两语的刺激下就走上犯罪道路。例如，甲曾因打架被大队治保主任乙处理过，因而对乙怀恨在心。一次丙因盗窃生产队的粮食被乙罚款处理，丙十分不服。见此情形，甲觉得有机可乘，就对丙说："你这个人真熊，一下就被制服了。今天被罚款，明天说不定找个借口让你去蹲大狱呢！要是我，这口气怎么也咽不下去，非得放他一把火。"听了甲的这番带有刺激性的话以后，

本来内心就不服的丙更是火冒三丈，当晚在乙家放了一把火，使乙家财产全部付之一炬。在本案中，丙虽然对乙内心不满，却还不至于加害于乙，但在甲的刺激下，顿生犯罪意图。所以，甲是教唆犯，其教唆方法是刺激。

五、利诱方法

教唆行为的利诱方法是指通过利益引诱的手段，使他人产生犯罪意图。例如，甲采用物质利诱等手段多次拉拢邻居18岁的小孩乙到其家，给乙传播腐朽思想，哄乙说，只要跟着我干，保证过上好日子。某日，甲利用在火车站买香烟的机会，窥得在候车室候车的一位旅客丙靠在凳子上熟睡，便唆使乙去提丙脚边的小旅行袋。乙不敢，甲便对乙说，只要提来，保证有钱用。当即给乙2元钱，乙即去把丙的旅行袋提回交给甲，提包内装有现金520元，全国粮票80斤，以及衣服等。在本案中，乙的犯罪意图是在甲的利诱下产生的，甲应成立教唆犯。

六、怂恿方法

教唆行为的怂恿方法是指鼓励、煽动他人去实行犯罪。必须指出，怂恿和纵容是根本不同的，纵容是对他人的犯罪行为不加制止而任其发展，它对犯罪所持的是一种消极态度。如果对制止犯罪具有特定义务，行为人能制止而不加制止，纵容其发展，那么就构成不作为犯罪。更为重要的是，在纵容的情况下，他人的犯罪意图是自发地产生的，而不是行为人唆使的结果。因此，即使纵容者构成犯罪，他与被纵容者之间也不存在共同犯罪关系。而在怂恿的情况下，行为人是以积极的行为去鼓动他人犯罪，这是一种作为，他与被教唆者之间存在共同犯罪关系。例如，甲乙是父子关系。一天，儿子乙上街的时候，自行车被别人偷走了，回到家里十分懊丧，要去派出所报案。见此情形，父亲甲说："报案管屁用，人家偷你的，你为什么不会偷一辆回来？"在甲的怂恿下，乙去偷了一辆自行车。

在本案中，甲是教唆犯，其教唆方法是怂恿。如果在上述案例中，儿子乙丢了自行车，明确提出要去偷一辆回来，父亲甲对此一言不发，不加制止，那就是一种纵容行为。

七、嘱托方法

教唆行为的嘱托方法是指嘱咐、托付他人去实行犯罪，这种教唆与被教唆关系一般发生在尊亲属与卑亲属之间。例如，甲长期重病在身，久治不愈，后请来一个巫婆为其跳大神，巫婆随口胡编，说是甲之所以病魔缠身，就因为黄狼作怪，只要除去黄狼，病就能好。甲信以为真，问巫婆黄狼在何处，巫婆说在乙家猪栏里藏着。甲又问怎么才能除掉黄狼，巫婆说须用火攻。当巫婆走后，甲叫来儿子丙，让丙去放火烧乙家猪栏，丙就去放火，结果把乙家房屋全部烧毁。在本案中，甲构成教唆犯，其所采取的教唆方法是嘱托。

八、胁迫方法

教唆行为的胁迫方法是指使用暴力或者其他手段进行威逼，迫使他人接受犯罪意图。教唆犯使用胁迫的方法教唆他人犯罪具有以下三种情况：第一是以言辞强迫犯罪，即犯罪分子借助自己的地位、权力、凶器及过去行为的威慑性，以书面、口头或他人转达的方式，恐吓他人，迫使其实施某一犯罪行为。第二是以直接的人身侵害行为和财产侵害行为强迫犯罪。这种方式必须以实施暴力侵害为前提（一般是轻伤他人）。第三是借助特殊的条件强迫犯罪。有些自然的环境，特殊的地点、场合，一旦犯罪分子利用了这些条件和因素，向他人施加压力，就能使他人被迫接受犯罪的意图。[①] 当然，如果这种胁迫超过一定的限度，胁迫者就

[①] 参见汪磊：《强迫犯罪及被胁迫者的责任分析》，载《法学与实践》，1986（3），64页。

不是教唆犯，而成为间接正犯。关于这个问题，我将在讨论被胁迫者在何种情况下不负刑事责任问题时再进行详细探讨，在此且先不赘述。[①] 胁迫方法是一种使他人的意志在受到一定程度的压抑和束缚的情况下不得不接受犯罪意图的教唆行为。在这种情况下，被胁迫者虽不愿意（不愿意的程度以胁迫程度为转移）实施犯罪，但慑于胁迫者的淫威，或者为了苟全本人的生命、健康和财物，消极地实行了犯罪。由于在这种情况下，被胁迫者没有完全丧失意志自由，应负刑事责任，所以，胁迫者和被胁迫者形成共同犯罪关系，胁迫者是教唆犯，其所采取的教唆方法是胁迫。

九、诱骗方法

教唆行为的诱骗方法是指利用他人对实际情况的不了解，通过花言巧语的欺骗和诱惑，致使他人误信谎言，受了蒙蔽而参加犯罪活动。例如，甲因上班迟到早退受到车间主任的批评，遂对车间主任心怀不满，就想让乙去打车间主任。甲怕乙不同意，就故意说自己被车间主任毒打了一顿，让乙也去揍车间主任一顿。乙听后二话没说，就把车间主任打了一顿，致使车间主任终身残疾。在本案中，乙是在甲诱骗下实施犯罪的，没有甲的这种欺骗和诱惑，乙就不会去实施犯罪。当然，乙虽然受了诱骗，对实际情况不了解，但明知打人不对仍去实施，说明其主观上还是具有罪过的。所以，甲乙二人构成共同犯罪，甲是教唆犯，其所采取的教唆方法是诱骗。

十、授意方法

教唆行为的授意方法是指将犯罪意图传授给他人，并为他人实行犯罪出谋划

---

① 参见本书第十四章第二节：胁从犯的认定。

策，这种情况往往发生在共谋犯罪之中。例如，甲男乙女长期通奸，为了达到结婚的目的，甲指使乙将本夫丙杀死。于是，甲乙进行了杀人的共谋，甲粗通医药常识，就配制了一剂致命的毒药，授意乙将毒药投入丙的食物中，丙服食毒药后身亡。在本案中，毒药虽然是乙投的，但其是在甲的授意下进行的。因此，甲是教唆犯，其所采取的教唆方法是授意。

十一、雇佣方法

教唆行为的雇佣方法是指出资雇佣他人实施犯罪，通常都是实施故意杀人、故意伤害等严重的侵犯人身权利的犯罪，因而雇佣是最为严重的教唆方法。在雇佣的情况下，教唆犯与正犯之间形成雇佣关系，教唆犯以出资的方式收买他人实施某种犯罪。正如我国学者指出："雇佣犯罪的主体包括雇佣者和受雇者双方，它是一种两人以上的共同故意犯罪，就其本质来看，完全符合我国刑法所规定的共同犯罪的基本特征。但雇佣犯罪又不同于一般的共同犯罪，它属于对偶型共同犯罪，其犯罪主体双方存在着不可分离的密切联系，且双方的行为具有对向性。雇佣者的雇佣行为实际上是一种在利诱的基础上故意唆使他人犯罪的行为，意在引起他人的犯罪故意，因此，对于雇佣者应按教唆犯论处。"[①] 因此，雇佣是一种特殊的教唆方法。

十二、指使方法

教唆行为的指使方法是指在身份或者地位上具有优势的人指令具有从属关系的他人实施犯罪。在指使与被指使的情况下，构成教唆与被教唆之间的共犯关系。例如，在 2000 年 11 月 15 日最高人民法院《关于审理交通肇事刑事案件具

---

① 刘文：《雇佣犯罪问题研究》，载《政治与法律》，2001（6）。

第四节 教唆行为

体应用法律若干问题的解释》第 5 条第 2 款规定："交通肇事后，单位主管人员、机动车辆所有人、承包人或者乘车人指使肇事人逃逸，致使被害人因得不到救助而死亡的，以交通肇事罪的共犯论处。"在本条第 2 款论证过程中，有种意见认为，交通肇事罪是过失犯罪，以共犯来处理指使逃逸的人显然有违共犯理论。但司法解释制定者认为，不可否认，交通肇事引发交通事故是过失的，对肇事行为不存在按照共犯处罚的问题。但是，鉴于《刑法》第 133 条将这种故意实施的行为规定为交通肇事罪加重处罚的情节，而且在肇事后逃逸的问题上，肇事人主观上是故意的，其他人指使其逃逸，具有共同的故意，而且逃逸行为与被害人死亡具有因果关系，符合共犯的构成要件。[①] 我认为，交通肇事罪是过失犯，但刑法又将故意的逃逸行为设立为本罪的加重构成。因而，在故意的加重构成——逃逸行为中存在共犯，这就是使得在过失犯中又存在故意的加重犯，并承认故意加重犯的共犯，确实与共犯原理存在抵牾。较为正确的做法应该是在交通肇事罪之外设立交通肇事逃逸罪，然后规定交通肇事逃逸罪的共犯。在目前的法律语境中，司法解释采用过失犯的故意加重犯中规定共犯的方法，扩大处罚范围，确实存在值得商榷之处。但在该司法解释中，使用了指使一词，肯定了指使可以成为教唆方法，这是具有一定意义的。

以上我对教唆行为各种方法进行了一些阐述。应该指出，教唆行为除上述教唆方法以外，还有其他方法，我们在这里讨论的是一些在司法实践中常见的教唆方法。并且，在这些教唆方法之间往往有着密切的联系，没有截然区分的界限。例如，挑拨方法和刺激方法，都是采取挑逗的形式，两者只存在程度上的差别。况且，教唆犯在实施教唆行为的时候，往往是为了使他人接受犯罪意图而不择手段、想方设法，同时并用各种教唆方法，一种方法不能奏效就采用其他方法。我

[①] 参见孙军工：《〈关于审理交通肇事刑事案件具体应用法律若干问题的解释〉的理解与适用》，载最高人民法院刑事审判第一、二、三、四、五庭主办：《中国刑事审判指导案例2》，增订第 3 版，321 页，北京，法律出版社，2017。

之所以对各种教唆方法分而论之，是为了使我们对教唆行为有一个更为明确、直观的认识，绝不意味着在一个教唆犯罪的案件中只存在其中一种教唆方法。

第五节 帮助行为

一、帮助行为的概念

帮助行为是指在共同犯罪中起辅助作用的犯罪行为。所谓辅助，一般是相对于正犯行为而言的，是为正犯顺利地实行犯罪创造条件的行为。帮助行为在一定程度上扩张了刑法处罚的范围，即使刑法处罚行为从正犯扩张到共犯。在司法实践中，通过对帮助犯的处罚惩治某些严重犯罪行为，这是一种较为常见的方法。例如，孙建亮等人生产、销售有毒、有害食品案（检例第14号）。2011年5月，被告人陈林、郝云旺、唐连庆、唐民明知盐酸克仑特罗（俗称"瘦肉精"）属于国家禁止在饲料和动物饮用水中使用的药品而进行买卖，郝云旺从唐连庆、唐民处购买三箱盐酸克仑特罗片（每箱100袋，每袋1 000片），后陈林从郝云旺处为自己购买一箱该药品，同时帮助被告人孙建亮购买一箱该药品。孙建亮在自己的养殖场内，使用陈林从郝云旺处购买的盐酸克仑特罗片喂养肉牛。2011年12月3日，孙建亮将喂养过盐酸克仑特罗片的9头肉牛出售，被天津市宝坻区动物卫生监督所查获。经检测，其中4头肉牛尿液样品中所含盐酸克仑特罗超过国家规定标准。郝云旺、唐连庆、唐民主动到公安机关投案。2012年10月29日，宝坻区人民法院一审认为，被告人孙建亮使用违禁药品盐酸克仑特罗饲养肉牛并将肉牛出售，其行为已构成生产、销售有毒、有害食品罪；被告人陈林、郝云旺、唐连庆、唐民明知盐酸克仑特罗是禁止用于饲养供人食用的动物药品而代购或卖给他人，供他人用于饲养供人食用的肉牛，属于共同犯罪，应依法以生产、销售有毒、有害食品罪予以处罚。在共同犯罪中，孙建亮起主要作用，系主犯；

第五节 帮助行为

被告人陈林、郝云旺、唐连庆、唐民起次要作用，系从犯，依法应当从轻处罚。被告人郝云旺、唐连庆、唐民在案发后主动到公安机关投案，并如实供述犯罪事实，属自首，依法可以从轻处罚。被告人孙建亮、陈林到案后如实供述犯罪事实，属坦白，依法可以从轻处罚。依照刑法相关条款规定，判决如下：被告人孙建亮犯生产、销售有毒、有害食品罪，判处有期徒刑2年，并处罚金人民币75 000元；被告人陈林犯生产、销售有毒、有害食品罪，判处有期徒刑1年，并处罚金人民币2万元；被告人郝云旺犯生产、销售有毒、有害食品罪，判处有期徒刑1年，并处罚金人民币2万元；被告人唐连庆犯生产、销售有毒、有害食品罪，判处有期徒刑6个月，缓刑1年，并处罚金人民币5 000元；被告人唐民犯生产、销售有毒、有害食品罪，判处有期徒刑6个月，缓刑1年，并处罚金人民币5 000元。一审宣判后，郝云旺提出上诉。2012年12月12日，天津市第一中级人民法院二审裁定驳回上诉，维持原判。

在本案中，各被告人存在两种行为：第一种是被告人孙建亮实施的使用违禁药品盐酸克仑特罗饲养肉牛并将肉牛出售的行为，第二种是被告人陈林、郝云旺、唐连庆、唐民等人实施的明知盐酸克仑特罗是禁止用于饲养供人食用的动物药品而代购或卖给他人，供他人用于饲养供人食用的肉牛的行为。根据2002年8月16日最高人民法院、最高人民检察院《关于办理非法生产、销售、使用禁止在饲料和动物饮用水中使用的药品等刑事案件具体应用法律若干问题的解释》（以下简称《解释》）第3条规定："使用盐酸克仑特罗等禁止在饲料和动物饮用水中使用的药品或者含有该类药品的饲料养殖供人食用的动物，或者销售明知是使用该类药品或者含有该类药品的饲料养殖的供人食用的动物的，依照刑法第一百四十四条的规定，以生产、销售有毒、有害食品罪追究刑事责任"。这是一种使用禁止药物饲养或者销售的行为。此外，《解释》第4条还将明知是使用盐酸克仑特罗等禁止在饲料和动物饮用水中使用的药品或者含有该类药品的饲料养殖的供人食用的动物，而提供屠宰等加工服务，或者销售其制品的行为规定为犯罪。在本案中，孙建亮实施的就是这种行为，因而根据《解释》的规定，认定为

生产、销售有毒、有害食品罪没有问题。但陈林等人实施的是代购盐酸克仑特罗或将盐酸克仑特罗卖给他人，供他人用于饲养供人食用的肉牛的行为。这种行为在《解释》中并没有明文规定。对此，本案的要旨指出："明知盐酸克仑特罗（俗称'瘦肉精'）是国家禁止在饲料和动物饮用水中使用的药品，而用以养殖供人食用的动物并出售的，应当认定为生产、销售有毒、有害食品罪。明知盐酸克仑特罗是国家禁止在饲料和动物饮用水中使用的药品，而买卖和代买盐酸克仑特罗片，供他人用以养殖供人食用的动物的，应当认定为生产、销售有毒、有害食品罪的共犯。"这里的共犯是指帮助犯，即为他人实施生产、销售有毒有害食品创造便利条件的人。因此，本案是提供帮助犯扩张惩治范围的适例。

二、帮助行为的形式

在司法实践中，帮助行为的表现方式也是各种各样的，但在刑法理论上可以将其归纳为以下各种形式。

（一）狭义帮助行为与隐匿行为

1. 狭义帮助行为

狭义帮助行为是指利用提供犯罪工具、指示犯罪目标或消除犯罪障碍等方法帮助他人实行犯罪。这些帮助行为是在犯罪完成以前实施的，是对实行犯罪的帮助，因此称为狭义帮助行为。例如，甲要去杀乙，但得知乙家有一条狗很厉害，生人不能接近，甲就去找丙，让丙帮助把乙家的狗毒死，因为丙与乙家的狗比较熟悉。丙就答应了甲的要求，去把乙家的狗毒死，使甲顺利地将乙杀死。在本案中，丙的行为是为甲实施杀人行为排除障碍。

2. 隐匿行为

隐匿行为是指事先通谋、事后隐匿罪犯、罪证或者湮灭罪证的行为。这些行为主要表现在事后为实行犯隐匿罪证等，这时犯罪结果已经发生，不能说是对实行犯罪的帮助，因此，从严格意义上来说，不属于帮助行为。但因为行为人事先

与实行犯通谋，答应犯罪以后为其提供各种条件逃避法律制裁，这就对实行犯起到了坚定其犯罪决意的作用。所以，从广义上来说，事先通谋的隐匿行为属于帮助行为。

（二）物质性的帮助行为与心理性的帮助行为

1. 物质性的帮助行为

物质性的帮助行为是指物质上与体力上的帮助，这种帮助是有形的，因此又可以称为有形的帮助，由此构成的共同犯罪人，在刑法教义学中称为有形共犯。物质性的帮助在司法实践中常见的是提供犯罪工具，例如，甲乙都与丙有仇，甲意图杀丙，但苦于找不到合适的凶器，想到乙也恨丙，就找乙帮忙，乙就拿出自己私藏的一把军用匕首供甲使用，甲利用乙提供的这把匕首将丙杀死。在本案中，乙对甲的犯罪进行了物质性的帮助。

2. 心理性的帮助行为

心理性的帮助行为是指精神上与智力上的帮助，这种帮助是无形的，因此又可以称为无形的帮助，由此构成的共犯，在共犯教义学中称为无形共犯。心理性的帮助在司法实践中常见的是为正犯出主意、想办法、撑腰打气、站脚助威等。例如，甲乙共谋杀丙，在甲提出杀人的主张以后，乙十分赞同，并为甲杀丙提建议，甲依计而行，终于将丙杀死。在本案中，杀人是甲提出的，人也是甲杀的，甲是实行犯，应负主要责任。但甲提出杀人之初，还只是一个简单的主意，是乙提供的精神帮助，一方面坚定了甲杀人的决意，他方面使杀人的主意具体化、明确化，乙的精神帮助是完成犯罪的重要条件之一。因此，我们对心理性的帮助行为应予以高度重视。

（三）事前帮助行为、事中帮助行为与事后帮助行为

1. 事前帮助行为

事前帮助行为主要是指事前为正犯实施犯罪创造便利条件的行为。例如，甲为乙盗窃丙家去察看犯罪地点、指点犯罪活动路线等，就属于事前帮助行为，由此构成的共同犯罪人，在刑法理论上称为事前共犯。

2. 事中帮助行为

事中帮助行为主要是指在实施犯罪活动的过程中为正犯提供帮助,这种情况只存在于少数犯罪中。在大多数情况下,如果亲临犯罪现场进行帮助,就成立正犯而非帮助犯。但在某些情况下则存在事中帮助。例如甲把一少女骗到家中欲行强奸,其妻乙见后不但不加制止,反而摁住少女的身体,使甲强奸得以顺利进行。在本案中,乙就实施了事中帮助行为,由此构成的帮助犯,在共犯教义学中称为事中共犯。

3. 事后帮助行为

事后帮助行为主要是事后的隐匿行为,但它以事前通谋为前提,否则就不构成帮助犯。例如,甲在乙盗窃前答应为其销赃,乙盗窃后将赃物交由甲出售,然后共同挥霍。在本案中,甲实施了事后帮助行为,由此构成的帮助犯,在共犯教义学中称为事后共犯。

三、帮助行为的界定

帮助行为在通常情况下是指对正犯行为的帮助,也就是直接帮助。当然,在现实生活中也存在间接帮助,也就是组织犯之帮助犯、教唆犯之帮助犯或者帮助犯之帮助犯等各种复杂的情形。在此,我所要讨论的是直接帮助犯,即正犯的帮助犯。

（一）帮助行为与正犯行为的区分

帮助行为与正犯行为之间是帮助与被帮助的关系:正犯行为是帮助的对象,在这个意义上说,帮助行为是依附于正犯行为而存在的,如果没有正犯行为也就无所谓帮助行为;并且帮助行为的性质是由正犯行为所决定的,例如,对杀人行为的帮助行为具有杀人性质,对盗窃行为的帮助具有盗窃性质。

帮助行为是正犯以外的行为。如果说,正犯行为是刑法分则所规定的构成要件行为,那么,帮助行为正如日本学者所指出,是以符合基本构成要件的实行行

为以外且使正犯的实行行为变得更加容易的行为。[①] 由此可见，在犯罪行为中，只有正犯行为才是直接造成构成要件结果发生的行为，而帮助行为则只是为正犯的实行行为提供便利条件的行为。关于帮助行为与正犯行为在对构成要件结果发生的作用上的区分，日本学者认为，帮助行为并不是正犯实施实行行为所必不可少的行为。[②] 因此，帮助行为与正犯行为在对构成要件结果中的作用上存在明显的主次关系。在这个意义上说，我国刑法以辅助性定义帮助行为是极为正确的，它恰当地揭示了帮助行为与正犯行为之间的区别。

（二）帮助行为与组织行为的区分

组织行为本身也是一种共犯行为，它不同于正犯行为。在这个意义上，帮助行为与组织行为都属于共犯行为。然而，帮助行为与组织行为在共同犯罪中的作用是完全不同的：组织行为对整个共同犯罪具有支配性，它表现为对正犯，也就是被组织者的组织、领导和指挥作用，而帮助行为则只是对正犯行为起到促进作用。我国学者在论及帮助行为与组织行为之间的区别时指出：与帮助行为相比，组织行为是一个更具整体性的行为。组织行为的意义在于促使多个主体自愿并形成一个整体参与犯罪，但帮助行为却无法将不特定的多数人撮合为一个整体，形成一股对抗社会的合力，而仅能从局部对犯罪施加影响。[③] 在此，论者虽然是在与领导、指挥相区别的狭义上论述组织行为与帮助行为的区分，但从中我们可以看出帮助行为与组织行为在共同犯罪中具有功能上的显著差别。

（三）帮助行为与教唆行为的区分

教唆行为与帮助行为是较为容易混淆的，我们应当从教唆犯与帮助犯的本质上对两者加以界分。教唆是通过发起犯意，促使正犯实施实行行为，而帮助则是在正犯实施实行行为过程中起到促进作用，由此引申出教唆行为与帮助行为的区

---

① 参见［日］大塚仁：《刑法概说（总论）》，3版，冯军译，315页，北京，中国人民大学出版社，2003。
② 参见［日］大谷实：《刑法讲义总论》，黎宏译，402页，北京，中国人民公安大学出版社，2008。
③ 参见江溯：《刑法中的帮助行为》，92页，北京，中国社会科学出版社，2013。

分：教唆的本质是制造犯意，帮助的本质是对正犯在犯意产生以后所实施的实行行为起到辅助作用。因此，凡是采取各种方法致使正犯产生犯意的行为都是教唆行为，帮助行为只存在于正犯实施实行行为的过程中。以此为标准可以将教唆行为与帮助行为进行区分。存在疑问的是：在他人犯意不坚定的情况下，采用语言刺激、劝说等方式促使他人坚定犯意并实施实行行为的情形，到底是应当认定为犯罪的教唆还是帮助？从行为方式上来说，语言刺激、劝说等类似于教唆，但此时他人已经产生犯意，只是犯意不坚定而已。我认为，此种情形应当归之于帮助而非教唆。帮助可以分为物理帮助与心理帮助，在他人已经产生犯意但犯意不坚定的情况下，使他人犯意坚定的行为属于心理帮助的范畴。当然，如果在教唆以后，致使他人产生犯意，在他人犯意不坚定的情况下，继而进一步坚定他人犯意的行为，应当统一认定为教唆行为。只有在教唆他人实施犯罪，并且在犯罪过程中又为正犯实施实行行为提供物理性帮助的情况下，才能认为是教唆行为与帮助行为的竞合，应当根据吸收原则，按照教唆犯论处。

第七章
共同犯罪故意

第一节 共犯故意概述

一、共同犯罪故意的概念

共同犯罪故意是二人以上在对于共同犯罪行为具有同一认识的基础上，对其所会造成的危害社会的结果的希望或者放任的心理状态。共同犯罪故意是共同犯罪构成的主观要件，是共犯承担刑事责任的主观基础。

共同犯罪故意是犯罪故意的一种特殊形态，具备犯罪故意的共性，例如故意的认识因素与意志因素。但共同犯罪故意又具有不同于单独犯罪故意的特点，揭示共同犯罪故意的基本特征对于认定共同犯罪具有重要意义。我国刑法学界通常认为，共同犯罪故意具有三个特征：第一，共犯认识到不是自己一个人单独实施犯罪，而是二人以上共同实施犯罪；第二，共同犯罪人预见到共同犯罪行为的性

质以及共同犯罪行为所引起的法益侵害结果,自然,这种预见只能是概括的预见;第三,共犯一般是希望共同犯罪行为所引起的法益侵害结果发生,但在个别情况下,也可能其中有人是放任法益侵害结果发生。[①]为了进一步理解共同犯罪故意的特征,我们还应当对共同犯罪故意的具体内容进行分析。

(一)共同犯罪故意的类型性

在我看来,上述关于共同犯罪故意的特征的表述都给人一种空泛的感觉。关键的问题是没有充分注意到共同犯罪故意的特殊性,从而在更深的层次上明确共同犯罪故意与单独犯罪故意的区别。如前所述,共同犯罪行为可以分为正犯行为与共犯行为两大类,共犯行为又可以分为组织行为、教唆行为与帮助行为。与此相应,共同犯罪故意也可以分为两大类:正犯故意与共犯故意,共犯故意又可以具体分为组织故意、教唆故意与帮助故意。无疑,正犯故意与共犯故意是有所不同的。正犯故意是刑法分则所规定的犯罪构成要件的故意,是行为人实施实行行为时的主观心理状态。而共犯故意则是由刑法总则加以规定的,是行为人实施共犯行为时的主观心理状态。从法律性质上来说,共犯故意对于正犯故意既有从属性又具有相对独立性。

共犯故意对正犯故意的从属性,是指共犯故意只有依附于正犯故意才能成为其犯罪构成的要件。例如,帮助故意,必须是明知被帮助的人是在故意实施犯罪行为而予以帮助,才能表明该帮助故意是共同犯罪的故意。因此,共犯故意是依照正犯故意所作的法定修正的故意形式。

共犯故意对正犯故意的相对独立性,是指共犯故意是行为人的主观恶性的直接体现。以帮助故意而论,这种明知他人是在故意实施犯罪行为而予以帮助的主观心理态度是其应受刑罚处罚的主观依据。因此,在这种共犯故意的支配下,实施了共犯行为,就构成了犯罪。例如教唆犯,只要在教唆故意的支配下,实施了

---

① 参见马克昌、罗平:《论共同犯罪的概念和要件》,载《政法论坛》,1985(4),3~4 页。采这种表述的还有吉林人民出版社 1984 年出版的《中华人民共和国刑法论》(上册)。

教唆行为，即使被教唆的人没有犯被教唆的罪，教唆犯也构成犯罪，这就充分表明了教唆故意对于正犯故意具有一定程度的独立性。否认这一点，就不能科学地揭示共犯故意的性质。

(二) 共同犯罪故意的双重性

从上述共犯故意的论述中，我们可以引申出共同犯罪故意具有的双重心理状态的特征。所谓共同犯罪故意的双重心理状态是指，在其认识因素中具有双重的认识：一方面，对本人行为的法益侵害性的认识；他方面，对他人行为的法益侵害性的认识。在其意志因素中，也具有双重的意志：一方面，对本人行为会造成的法益侵害的结果的希望或者放任；他方面，对他人行为会造成的法益侵害的结果的希望或者放任。以此为基础，我们可以深入地阐述共同犯罪故意中的认识因素与意志因素。

1. 共同犯罪故意的认识因素

共同犯罪故意的认识因素是指共犯对本人行为的法益侵害性的认识以及对自己和他人共同实施犯罪的认识，这就是共同犯罪故意的双重认识。

显然，共同犯罪故意的认识因素不同于单独犯罪故意的认识因素。在单独犯罪的情况下，犯罪故意的认识因素是单纯的对本人行为的法益侵害性的认识，即明知自己的行为会发生危害社会的结果。而在共同犯罪的情况下，犯罪故意的认识因素是双重的，即对本人行为的认识与对他人行为的认识的有机统一。

共同犯罪故意的认识因素在认识的内容上也具有不同于单独犯罪的认识因素的特点。在单独犯罪的情况下，由于行为人只需具有对本人行为的法益侵害性的认识，因此，要求其认识的内容比较广泛。在共同犯罪的情况下，共犯对本人行为的认识应与单独犯罪相一致，这是毋庸置疑的。那么，对他人行为应该认识到什么程度呢？这个问题的解决，对于认定有无共同犯罪故意、因而是否构成共同犯罪具有十分重要的意义。例如，甲乙丙三人在街头抢摊贩的水果，过路行人丁加以制止，甲叫喊"收拾他"，三人遂一拥而上，将丁团团围住，甲拽丁的脖颈，乙拳击丁的后背，丙用刀刺丁的前胸，丁因心脏刺穿不治身亡。在本案中，各共

第七章 共同犯罪故意

同犯罪人对于自己在和他人一起实施犯罪活动是有认识的，但由于不是事前预谋的共同犯罪，而是突发性的共同犯罪，对于他人采取何种手段犯罪以及会发生什么犯罪结果并无明确认识。因此，如果要求共同犯罪人对于他人的行为有明确的认识，本案就不能认为具有共同犯罪故意，因而不能构成共同犯罪，丁的死亡应由丙单独承担刑事责任。如果不要求共犯对于他人的行为有明确的认识，本案就应当认为存在共同犯罪故意，因而构成共同犯罪，甲乙丙三人应对丁的死亡共同承担刑事责任。我国学者明确指出，其他共犯究竟是以什么方式、采取什么手段参与实施该项犯罪活动，不属于共同犯罪的认识范围。其理由在于：对于事前有通谋的共同犯罪来说，共犯往往只是共谋了进行哪一项犯罪活动，或者为了达到什么目的，很少涉及具体的行为方式和采取什么手段，以及由此引起的危害后果，特别是在流氓集团和结伙犯罪中，各个共犯的行为具有很大的随意性，事先很少对之进行明确的限定。对于事前无通谋的共同犯罪来说，行为的方式、手段以及危害程度更没有明示，每个共犯对其他共犯究竟将会采取什么手段、将会造成什么样的危害后果，更不可能认识得很清楚、具体。但决不能因为他们没有清楚地认识到其他共犯的具体行为方式和所采取的具体作案手段，就否定其共同故意的存在。[1] 我认为这种观点是有理论根据的，因而可取。在刑法教义学中，犯罪故意有确定故意与不确定故意之分。确定故意是指行为者对于构成犯罪事实，如犯罪之客体、犯罪之行为、犯罪之结果等，有具体确定之认识。不确定故意是指对构成犯罪事实无具体确定认识，其中又可以分为未必故意、择一故意和概括故意。[2] 在共同犯罪中，共同犯罪故意可能是确定故意，例如对犯罪手段、结果等都进行了密谋策划的犯罪；也可能是不确定故意，例如突发性的流氓犯罪；还可能是一部分共犯具有确定故意，另一部分共犯具有不确定故意；等等。对于这些复杂情形，我们应该在共同犯罪一般原理的指导下，加以正确的分析。况且，

---

[1] 参见张智辉：《对共同犯罪中几个问题的探讨》，载《法学季刊》，1985（4），19～20页。
[2] 参见韩忠谟：《刑法原理》，增订14版，204页，台北，台湾大学法学院，1981。

共同犯罪是一种特殊与复杂的犯罪形态，各共同犯罪人的地位不同、参与的程度不同，这就决定了他们的主观认识程度的不一致性。对此，在认定共同犯罪故意的时候必须予以充分的关注。

2. 共同犯罪故意的意志因素

我国刑法学界对共同犯罪故意的意志因素，长期以来未予重视。如前所述，刑法教科书和论著在表述共同犯罪故意的内容时，或者根本不提及意志因素，将认识因素视为共同犯罪故意的全部内容[1]；或者语焉不详，只是笼统地提对危害社会的结果持故意的态度，至于是直接故意还是间接故意则未加明辨[2]；或者只将共同犯罪故意限于直接故意[3]；只有少数学者提出共同犯罪故意既可能是直接故意，也可能是间接故意[4]；还有学者则明确提出共同故意犯罪，包括共同直接故意犯罪，共同间接故意犯罪和共同犯罪人中有些是直接故意、有些是间接故意等三种情况。[5] 但所有这些刑法教科书和论著都未涉及共同犯罪故意中的双重意志问题，这就使得我们对共同犯罪故意的意志因素的理解过于空泛。

共同犯罪故意的意志因素是指共犯在认识本人的行为和他人的行为的基础上，对于本人行为和他人行为会造成法益侵害结果的希望或者放任的心理态度，这就是共同犯罪故意的双重意志。

显然，共同犯罪故意的意志因素不同于单独犯罪故意的意志因素。在单独犯罪的情况下，犯罪故意的意志因素是单纯的对本人行为会造成的危害社会的结果的希望或者放任的心理态度。而在共同犯罪的情况下，犯罪故意的意志因素是双重的，即对本人行为会造成的法益侵害结果的希望或者放任的心理态度与对他人行为会造成的危害社会结果的希望或者放任的心理态度的有机统一。例如，教唆

---

[1] 参见《中国大百科全书·法学》，171页，北京，中国大百科全书出版社，1984。
[2] 参见杨春洗等：《刑法总论》，194~195页，北京，北京大学出版社，1981。
[3] 参见张尚鷟：《中华人民共和国刑法概论·总则部分》，178~179页，北京，法律出版社，1983。
[4] 参见马克昌、罗平：《论共同犯罪的概念和要件》，载《政法论坛》，1985（4），3~4页。
[5] 参见张智辉：《对共同犯罪中几个问题的探讨》，载《法学季刊》，1985（4），20页。

第七章 共同犯罪故意

犯的意志因素,一方面是对本人的教唆行为会造成他人实施犯罪的希望或者放任的心理态度,他方面是对被教唆的人的行为会造成法益侵害的结果的希望或者放任的心理态度。在这里,教唆犯所具有的就是双重的意志。

在共同犯罪故意的双重意志的基础上,我们再来分析共同意志。共同意志是针对共同犯罪结果而言的,共同犯罪结果一般是指主犯行为所造成的危害社会的结果。对于这一犯罪结果的共同意志具有以下三种形态。

(1) 共同的直接故意。

各个共犯对共同犯罪行为会造成的危害社会的结果都抱着希望其发生的心理态度。例如,甲乙共谋杀丙,甲用棒打,乙用斧砍,共同将丙杀死。在本案中,甲乙具有共同的直接故意。

(2) 共同的间接故意。

各个共犯对共同犯罪行为会造成的危害社会的结果都抱着放任其发生的心理态度。关于这种共同间接故意的犯罪能否成立,我国刑法学界存在肯定与否定两说。肯定说认为,我国刑法关于共同犯罪的规定,只提出是二人以上的共同故意犯罪,并没有把它仅仅限制在共同直接故意的范围之内。当各个犯罪人在客观上具有相互配合、协调一致的犯罪行为,在主观上都对共同的犯罪行为可能产生的危害结果抱有放任的心理态度时,就构成了共同间接故意犯罪。[1] 否定说认为,根据我国刑法规定,共同犯罪不仅要有共同的犯罪行为,而且还要有共同的犯罪故意。也就是说,在共同犯罪中,共犯的行为是彼此联系、互相配合的,都在追求一种结果,共犯有明确的共同的犯罪目的。而在间接故意犯罪中,由于共犯对法益侵害结果所持的是放任态度,因而也就无所谓共同追求某种危害结果以及共同明确的犯罪目的。因此,不存在共同间接故意的犯罪。[2] 我认为,共同犯罪故意是一种复杂的犯罪故意,各个共犯之间主观心理上的沟通与联络也是表现各异

---

[1] 参见张智辉:《对共同犯罪中几个问题的探讨》,载《法学季刊》,1985 (4),20页。
[2] 参见华东政法学院《函授通讯》,1988 (2)。

308

的。断然否定共同间接故意犯罪的存在,不仅没有法律根据,而且没有实践根据。因为在司法实践中,大量存在着共同间接故意的犯罪。例如,甲乙放火烧丙家的房,明知丙年事已高,体力不济,可能会葬身火海,但对此持放任的心理态度,结果丙被烧死。对于丙的死亡,甲乙具有共同的放任的心理态度。

(3) 一方直接故意与他方间接故意。

共同犯罪活动的部分参与者对共同犯罪行为会造成的法益侵害结果抱着希望其发生的心理态度,另一部分参与者则抱着放任其发生的心理态度,由此构成共同犯罪故意。关于这种一方直接故意、他方间接故意的共同犯罪能否构成,我国刑法学界也存在肯定与否定两说。肯定说认为,当为实现共谋的犯罪目标而实施的共同的犯罪行为可能产生其他结果时,各个共犯对所谓其他法益侵害结果所持的态度往往是不同的,有的积极追求,持希望的态度;有的放任不管,持放纵的态度。而这个法益侵害结果又是由共同的犯罪行为造成的,各个共犯对之具有共同的认识,因而由这个危害结果所构成的或者加重了罪责的犯罪也应视为共同犯罪。[①] 否定说认为,直接故意和间接故意虽都属犯罪故意,但性质是不同的。主要区别在于犯罪的直接故意是有目的的,因此,不同性质的犯罪故意不能构成共同犯罪。[②] 我认为,直接故意和间接故意虽然存在区别,但两者在明知故犯这一点上是共同的,在这一共同的前提下,对犯罪的伴随结果持希望或者放任的心理状态是完全可能的。在这种情况下,应当构成一方直接故意、他方间接故意的共同犯罪。

二、共同犯罪故意的主观联络

共同犯罪故意不是单独犯罪故意的简单复合,而是二人以上的犯罪故意的有

---

① 参见张智辉:《对共同犯罪中几个问题的探讨》,载《法学季刊》,1985(4),20页。
② 参见樊凤林主编:《犯罪构成论》,270页,北京,法律出版社,1988。

机统一，而这种统一的纽带就是主观联络。在关于共同犯罪故意的主观联络问题上，苏俄著名刑法学家 A. H. 特拉伊宁认为存在两种错误倾向：一是没有足够估计行为人之间的主观联络对认定共同犯罪故意的意义，二是把行为人之间的主观联络理解为共同犯罪人之间的犯罪协议。①

根据第一种错误倾向，共同犯罪不需要共同犯罪人之间的主观联络，认为凡是几人实施同一个犯罪行为，不管在他们之间有无联络和联络程度如何，都是共同犯罪。这样，就会不适当地扩大共同犯罪的范围，把同时犯也视为共同犯罪。显然，这是违背共同犯罪的基本原理的。在共犯教义学中，同时犯是指二人以上主观上没有互相联系而在同时同地向同一客体进行侵害，造成一定的犯罪结果。同时犯是数个单独犯罪的偶然巧合，有时虽然犯罪人之间也都互相知道，但主观心理上没有发生联系，因此不能视为共同犯罪。正如特拉伊宁指出的："不要求各共犯之间有一定的主观联系，就必然会把刑事责任建立在几个人的不同的行为客观巧合的基础上，也就是说必然会导致所发生结果的客观归罪。"② 由此可见，有无主观联络是认定共同犯罪故意的前提。

根据第二种错误倾向，各个共犯之间的主观联络表现为犯罪协议，认为只有根据协议参加实施犯罪行为才能成立共同犯罪，这就会不适当地缩小共同犯罪的范围，也是与共同犯罪的基本原理相矛盾的。在司法实践中，依照犯罪协议参与犯罪而构成共同犯罪的情况是大多数，但还是存在不少事前没有预谋的临时起意的共同犯罪。正如特拉伊宁指出的："事前协议和共同犯罪的这种经常的实际结合，并不能提升为法律原则。各共犯没有事前协议，甚至没有任何协议，也可能发生共同犯罪。"③ 由此可见，以是否存在犯罪协议作为共同犯罪人之间是否存

---

① 参见 [苏] A. H. 特拉伊宁：《共同犯罪学说的几个问题》，载《政法译丛》，1957（4）。
② [苏] A. H. 特拉伊宁：《犯罪构成的一般学说》，王作富等译，233 页，北京，中国人民大学出版社，1958。
③ [苏] A. H. 特拉伊宁：《犯罪构成的一般学说》，王作富等译，234 页，北京，中国人民大学出版社，1958。

在主观联络的标准是偏颇的。例如，在片面共犯的情况下，行为人之间只有单方面的联系，虽然对此是否成立共犯尚存在争议，但通说还是认为成立共犯。① 由此可见，行为人之间的主观联络是共同犯罪故意的重要内容之一，但在理解主观联络的时候，又必须注意到主观联络的形式的多样性。无论是互相认识的全面共同故意还是单方认识的片面共同故意，都应当认为存在主观联络，从而为司法机关追究片面共犯的刑事责任提供理论根据。

在司法实践中，意思联络对于共同犯罪的认定具有重要意义。共同犯罪首先在客观上应当具有共同犯罪行为，但只有共同犯罪行为尚不能成立共同犯罪，各共同犯罪人之间还必须具有意思联络。只有主观上的意思联络才能将各共同犯罪人的行为整合为一体，由此形成共犯关系。例如姚常龙等五人假冒注册商标案（检例第101号）。2015年至2019年4月，被告人姚常龙安排被告人古进购进打印机、标签纸、光纤模块等材料，伪造"CISCO""HP""HUAWEI"光纤模块等商品，并安排被告人魏子皓、张超、庄乾星向境外销售。姚常龙、古进共生产、销售假冒上述注册商标的光纤模块10万余件，销售金额共计人民币3 162万余元；现场扣押假冒光纤模块、交换机等11 975件，价值383万余元；姚常龙、古进的违法所得数额分别为400万元、24万余元。魏子皓、张超、庄乾星销售金额分别为745万余元、429万余元、352万余元；违法所得数额分别为20万元、18.5万元和14万元。2019年12月12日，东港区人民法院作出一审判决，以假冒注册商标罪分别判处被告人姚常龙、古进、庄乾星、张超、魏子皓有期徒刑2年2个月至4年不等，对古进、庄乾星、张超、魏子皓适用缓刑。同时对姚常龙判处罚金500万元，对古进等四人各处罚金14万元至25万元不等。一审判决后，上述被告人均未上诉，判决已生效。本案是一个较为复杂的经济犯罪案件，参与本案假冒注册商标犯罪活动的人员较多，而且各个共同犯罪人形成上下游的关系。因此，各个被告人是否构成共同犯罪，应结合假冒商品生产者和销

---

① 关于片面共犯的论述，参见本书第十八章。

售者之间的意思联络、对违法性的认知程度、对销售价格与正品价格差价认知情况等因素综合判断。侵犯注册商标犯罪案件往往涉案人数较多，呈现团伙作案、分工有序实施犯罪的特点。在司法实践中，对被告人客观行为表现为生产、销售等分工负责情形的，司法机关应结合假冒商品生产者和销售者之间的意思联络情况，销售者对商品生产、商标标识制作等违法性认知程度，对销售价格与正品价格差价的认知情况，销售中对客户有无刻意隐瞒、回避商品系假冒，以及销售者的从业经历等因素，综合判断是否构成共同犯罪。对于某些被告人在假冒注册商标行为持续过程中产生主观明知，形成分工负责的共同意思联络，并继续维持或者实施帮助销售行为的，应认定构成共同犯罪。因此，本案的要旨指出："判断侵犯注册商标犯罪案件是否构成共同犯罪，应重点审查假冒商品生产者和销售者之间的意思联络情况、对假冒违法性的认知程度、对销售价格与正品价格差价的认知情况等因素综合判断。"这一要旨对于正确理解各个共犯之间的意思联络具有指导意义。

三、正犯对共犯故意的从属性

在共同犯罪故意中，可以区分正犯故意与共犯故意。这里的正犯故意是指正犯对于具体犯罪所具有的故意，而共犯故意则是指组织犯的组织故意、教唆犯的教唆故意与帮助犯的帮助故意。从客观性质上来说，正犯行为与共犯行为之间具有明显的区别：正犯行为是刑法分则规定的构成要件行为，而共犯行为则是刑法总则规定的修正的构成要件行为。根据正犯与共犯的区分制，共犯具有对于正犯的一定程度的从属性。对于共犯从属性，通常都是从客观层面加以界定的。那么，从主观层面来说，共犯故意对于正犯故意是否具有一定的从属性呢？对于这个问题，在德日共犯教义学中存在肯定说与否定说之争：肯定说认为，对于教唆犯来说，仅仅在客观上引起被教唆的人的实行行为是不够的，还必须致使被教唆的人产生故意。至于帮助犯，也必然以被帮助的人具有故意为前提；如果没有故

意,则帮助犯不能成立。而否定说则认为,只要在客观上引起被教唆的人的实行行为就足以成立教唆犯。对于帮助犯,也并不以被帮助的人具有故意为前提。这个问题就是共犯对正犯故意的从属性问题。我国学者张明楷对此做了专门介绍,并认同否定说,肯定说形成了明显的处罚漏洞,导致了处罚的不公平。① 我国学者还指出:假设被教唆者产生了犯罪故意,并进而实施了犯罪行为,那么,在客观上具有共犯特征的教唆者成立教唆犯。而在被教唆者没有产生故意的情况下,在客观上表现出具有间接正犯特征的教唆者却不成立教唆犯。换言之,在客观上表现相对较轻的具有共犯特征的教唆者成立教唆犯,而更为严重的具有正犯特征的教唆者,却不成立教唆犯。这种结论,显然严重违背了"其应入罪者,则举轻以明重"的当然解释原理,实在令人难以接受。②

我赞同肯定说,共犯成立应当具有对正犯故意的从属性。无论是教唆犯还是帮助犯,共犯在与正犯的关系上,都不能否定共犯对正犯的一定程度的从属性。在教唆犯实施了教唆行为,因为被教唆的人理解错误而在客观上实施了导致教唆结果发生的行为,但并不构成犯罪的情况下,我认为这就是一个被教唆的人的认识错误问题。例如,甲教唆乙说:"丙是坏人,你将这个毒药递给他喝。"乙却听成了"丙是病人,你将这个土药递给他喝",于是将毒药递给丙,丙喝下毒药后死亡,但乙并无杀人故意。对于这个案例,按照肯定说,甲客观上具有教唆行为,主观上具有教唆故意,但被教唆的人因为认识错误而在缺乏杀人故意的情况下实施了客观上的杀人行为。就客观而言,教唆者是一种间接正犯,但成立间接正犯,利用者应当在主观上具有利用意思,然而在本案中并不存在。在这种情况下,教唆犯应当成立的是教唆未遂,并不是完全不受处罚,因此也并不存在否定说所担忧的处罚漏洞问题。至于这样处理是否违反公正原则,我认为,公正是相

---

① 参见张明楷:《共犯对正犯故意从属性之否定》,载《政法论坛》,2010(5)。
② 参见马卫军:《共犯不必从属于正犯故意的展开》,载江溯主编:《刑事法评论》,第41卷,4页,北京,北京大学出版社,2018。

对的，而且在刑事责任追究中，公正不仅应当考虑客观因素，还应当考虑主观因素。我国学者诘问：问题在于，现实中并不存在阻却不法的事由，在客观上已经完全发生了杀人的结果，虽然教唆人的主观状态与被教唆人的实际认知有出入，但是，为何此一出入如此重要，以至于最多仅能对教唆者论以未遂？[1] 我认为，这是一个对刑法认识错误处理结果的容忍问题。例如，甲误将在山林草丛中正在割草的乙误认为是野兽而加以猎杀，结果将乙杀死。对此，根据认识错误处理原理，甲虽然客观上具有杀人行为，主观上具有杀人故意，但因其误将人认作野兽，因而在具有过失的情况下，以过失致人死亡罪论处。基于故意实施的杀人行为并且造成了死亡结果的发生，仅仅因为认识错误而以过失致人死亡罪处理，从表面上看似乎违反公正原则，但其实质是刑法中的责任主义的应有之义。

我国学者认为用错误论来解决以教唆的故意引起间接正犯的效果这种错误问题主张自相矛盾。理由在于，教唆犯的成立，需具备两个方面的条件：一是在教唆人方面，要有教唆行为；二是在被教唆人方面，被教唆人的犯罪决意，是因教唆人的教唆行为所引起的，并且被教唆人基于该决意进一步实施了犯罪行为。但是，上述主张一面承认甲的行为没有引起被教唆者的犯罪决意，即否定了甲的行为符合教唆犯的成立条件；一面通过错误论，得出了甲的行为成立教唆犯的结论。也就是说，通过适用错误论，甲的行为又引起了乙的犯罪决意。显然通说的前提与结论之间，是存在矛盾的。[2] 根据共犯教义学原理，完整的教唆犯罪是指教唆犯基于教唆故意而实施教唆行为，并引起被教唆的人的故意犯罪行为。这里，确实涉及教唆者与被教唆者这两个方面的成立条件，即教唆者需要具备客观上的教唆行为与主观上的教唆故意，被教唆者需要具备客观上的实行行为与主观上的正犯故意。被教唆者之所以只有在具备正犯故意的情况下，教唆者才能成立

---

[1] 参见马卫军：《共犯不必从属于正犯故意的展开》，载江溯主编：《刑事法评论》，第41卷，4页，北京，北京大学出版社，2018。
[2] 参见马卫军：《共犯不必从属于正犯故意的展开》，载江溯主编：《刑事法评论》，第41卷，5页，北京，北京大学出版社，2018。

教唆犯，是因为教唆犯与被教唆的人之间存在共犯关系，根据我国刑法规定，只有在共犯故意范围内才能成立共犯。因此，如果被教唆者没有正犯故意，则教唆者与被教唆者之间缺乏共同故意因而不能成立共同犯罪。但在教唆者已经基于教唆故意实施了教唆行为，被教唆者只是因为认识错误而主观上缺乏正犯故意却实施了所教唆的具体行为的情况下，对于教唆者来说，成立教唆犯的未遂并无法律上的障碍。尤其是我国刑法规定了在被教唆的人没有犯所教唆的罪的情况下，教唆犯都可以成立教唆未遂。因此，在被教唆的人因为认识错误而在主观上没有正犯故意的情况下实施了所教唆的行为并造成相应的法益侵害结果，对教唆者以教唆犯的未遂论处，是可以成立的。

第二节 正犯故意

一、正犯故意的概念

正犯故意是指共同犯罪中的正犯明知自己是在和他人共同进行犯罪活动，明知自己的行为和他人的行为会造成危害社会的结果，希望或者放任这种结果发生的主观心理状态。

共同犯罪中的正犯故意和单独犯罪的故意是有所不同的，在单独犯罪的情况下，行为人在客观上所实施的是刑法分则规定的构成要件的行为，因此，其主观上所具有的也是一种实行故意。但由于单独犯罪是独自一人实施犯罪行为，主观上不存在与其他犯罪人的心理联系，因而故意的内容是单一的。而在共同犯罪的情况下，正犯故意的内容除对自己的行为会造成危害社会的结果持希望或者放任的态度以外，还包括与其他共犯的主观联系。例如，甲乙丙三人共同杀丁，三个人互相配合，协调动作，将丁杀死，这是共同正犯。在这种情况下，甲乙丙三人主观上都具有正犯故意，并且每个人都知道自己不是一个人单独实行犯罪，而是

和他人共同实行犯罪。正因为行为人主观上具有这种犯意联系，才使各个正犯的行为联结成为一个整体，在法律责任上发生合一的共同犯罪关系。如果二人以上虽然在同时同地共同实施犯罪，但行为人主观上没有犯意联络，则属于共犯教义学中的同时犯，对此不能以共同犯罪论处。例如吕卫军、曾鹏龙运输毒品案。[①]长沙铁路运输法院经审理查明：2005年6月5日零时许，被告人吕卫军、曾鹏龙各自随身携带海洛因，从曲靖火车站乘上昆明开往北京西的T62次旅客列车，准备到湖南娄底。当日中午1时许，列车运行到贵阳至凯里区间时，二被告人被该次列车乘警查获，分别从被告人吕卫军所穿的皮鞋内和所系的皮带内缴获了海洛因46.6克，从被告人曾鹏龙所穿的皮鞋内缴获了海洛因41.2克（均由公安机关依法处理）。

长沙铁路运输法院认为，被告人吕卫军、曾鹏龙无视国家法律，明知是毒品而采用携带的方法乘坐旅客列车进行长途运输，其行为已分别构成运输毒品罪。公诉机关指控二被告人所犯罪名成立，但关于二被告人系共同犯罪的指控，经查，公诉机关提供的证据只能证实二被告人分别携带毒品乘坐旅客列车进行长途运输，在途中被查获的事实，并不能证实二被告人有共同运输毒品的主观故意和客观行为，因此该项指控不能成立。二被告人关于两人系分别运输毒品，不是共同犯罪的辩解意见，经查与本案事实相符，于法有据，予以采纳。依照《刑法》第347条第3款、第55条第1款、第56条第1款、第53条、第64条之规定，判决如下：

一、被告人吕卫军犯运输毒品罪，判处有期徒刑10年，剥夺政治权利3年，并处罚金人民币5 000元，上缴国库（限判决生效后3个月内缴纳。期满不缴纳的，强制缴纳）。

二、被告人曾鹏龙犯运输毒品罪，判处有期徒刑10年，剥夺政治权利

[①] 参见杨才清：《吕卫军、曾鹏龙运输毒品案——如何准确区分共犯与同时犯》，载最高人民法院刑事审判第一庭、第二庭编：《刑事审判参考》，第47期，47～51页，北京，法律出版社，2006。

3年，并处罚金人民币5 000元，上缴国库（限判决生效后3个月内缴纳。期满不缴纳的，强制缴纳）。

宣判后，二被告人没有提出上诉，公诉机关亦未抗诉，判决发生法律效力。
在本案审理过程中，对于二被告人是否构成运输毒品罪的共犯有不同意见：第一种意见认为，二被告人系运输毒品共同犯罪。二被告人运输毒品的起始地与目的地相同，毒品由被告人吕卫军出资购买，二被告人的行为指向同一犯罪，此外，二被告人在乘上旅客列车后一直坐在一起，相互照应和配合，因此二被告人的行为完全符合共同犯罪的特征，系运输毒品共犯。第二种意见认为，二被告人不构成运输毒品共犯。二被告人虽然主观上都有运输毒品的故意，客观上也乘坐同一趟旅客列车运输毒品，但二被告人各自出资购买和运输毒品（即使吕卫军先行替曾鹏龙垫资买毒，但曾鹏龙承诺回娄底后归还，故也应视为各自买毒），彼此之间的主观故意和客观行为缺乏内在联系，没有形成统一的犯罪活动整体，对二被告人可作一案处理，但不应认定为共同犯罪。对此，法院采纳了第二种意见，认为两被告人缺乏运输毒品的共同故意，不构成运输毒品罪的共同犯罪。因此，虽然公诉机关对本案以共同犯罪起诉，但法院改变定性，否定了本案的共犯性质。
本案的裁判理由指出："数个行为人具有共同的犯罪故意是共同犯罪必备的要件之一。所谓共同犯罪故意，指各行为人通过意思联络，认识其共同犯罪行为会发生危害社会的结果，并决意参与共同犯罪，希望或放任犯罪结果发生的心理态度。共同犯罪故意包括认识因素和意志因素两个层面。共同犯罪行为人主观故意的认识因素包括以下内容：（1）各行为人认识到并非其一人单独实施犯罪，而是与其他行为人一起共同实施犯罪。（2）各行为人不仅认识自己的行为会引起犯罪结果的发生，而且认识到其他行为人的行为也会引起犯罪结果的发生。（3）各行为人认识到共同犯罪行为与共同犯罪结果的因果关系。共同犯罪行为人主观故意的意志因素指：（1）行为人认识到以其一个人的行为难以独立完成犯罪，需与其他行为人配合，经过自由意志选择，决意与其他行为人共同实施犯罪。（2）行

为人希望或放任其行为引起的结果及共同犯罪行为发生的犯罪结果。就本案来说，并没有足够的证据证实二被告人具有运输毒品的共同故意。二被告人虽然主观上都有运输毒品的故意，但并未就犯罪手段、相互分工、事后分赃等事宜进行策划，主观上没有进行沟通和联络，缺乏共同犯罪的故意所要求的意思联络。二被告人主观上运输毒品的故意仅是相对于各自运输毒品的行为而言，相互之间并不认为是在与对方一起相互配合共同实施犯罪行为，因此二被告人主观上运输毒品的故意对判断是否构成共同犯罪并无意义。至于被告人吕卫军为被告人曾鹏龙垫资购买毒品，只是二被告人之间的一种资金借贷行为，并不表明二被告人形成了共同犯罪的故意。最终法院认定二被告人系运输毒品犯罪的同时犯，指出：所谓同时犯，指数个行为人没有共同实行犯罪的意思联络，同时或在近乎同时的前后，对同一目标实施同一犯罪，或在同一场所实施同一性质的犯罪。同时犯的数个行为人主观上只有自身的故意，相互间没有意思联络，客观上没有相互配合，因此，即使同时犯的行为人相互知道对方也在实施同一性质的犯罪行为，由于没有共同的犯意和行为，所以只成立单独的犯罪。本案中，二被告人乘坐同一趟旅客列车运输毒品，符合同时犯特征，系运输毒品犯罪的同时犯"。

我认为，法院认为本案二被告人因主观上没有犯意联络，缺乏共同犯罪故意，即使是在同一列火车上因运输毒品被抓获，也不能就此认定为共同犯罪。通过本案也可以看出，共犯教义学中的同时犯的概念已经被司法人员所采用，并且其能够在审判过程中自觉地运用共犯理论分析具体案件。

二、正犯故意的认定

在共同实行犯罪的情况下，共同正犯所具有的正犯故意是只要求对犯罪的共同认识，还是要求对犯罪的共同目的，这在刑法理论上是一个存在争论的问题。美国1939年的威尔逊案对这个问题的研究提供了启示。被告人威尔逊被科罗拉多法院定为有罪地帮助与支持皮尔斯去实施破门入户和偷窃。案情是：他们两人

第二节 正犯故意

在某晚一起喝酒，威尔逊发现他的怀表丢失，怀疑是皮尔斯偷的，皮尔斯坚决否认。他们当时没有再为此事争执下去。随后话题转到了犯罪技巧问题。接着他们决定当夜潜入一家商店，随即付诸行动。威尔逊帮助皮尔斯从门楣上钻进了那家商店。正当皮尔斯在店中时，威尔逊给警察打电话报告了情况，然后又返回商店接过了皮尔斯从门楣上递给他的几瓶威士忌酒。当警察到达时，威尔逊告诉说皮尔斯在店中。皮尔斯发觉来了警察，于是从后门逃跑了。威尔逊便带领警察到皮的住处，把皮尔斯逮捕。威尔逊告诉警察，他之所以同皮尔斯一起搞这个勾当，目的是通过这种办法使皮尔斯被捕从而查出确实偷表这件事。后来，威尔逊也被逮捕判罪。初审法院认为："想要侦查别人犯罪的人本身必须不参与犯罪活动或者不给犯罪提供帮助。"上诉时，科罗拉多州最高法院撤销原判，在决定中引用了沃顿《刑法》中的一段话："侦探表面上参与一项犯罪性共谋活动，其目的是戳穿这个犯罪活动，不构成事先从犯。应当记住，侦探（作为圈套）可能表面上引发犯罪，但是缺乏构成犯罪决意的要件。"这就是说，威尔逊表面上似乎和皮尔斯具有共同认识，但实质上缺乏共同犯罪目的。有些学者对科罗拉多州最高法院的决定提出质疑，认为威尔逊不是侦探，不是司法人员，引用沃顿的论述未必妥当。有人认为威尔逊虽然没有犯罪目的，但是具有犯罪故意（认识），即明知自己在为他人实施犯罪提供帮助，所以仍然应当构成共同犯罪。这就提出了这样一个问题：作为共同犯罪一个要件的犯罪意图，是仅指目的故意，还是也包括明知故意？[①] 这里所谓目的故意，是指直接故意，而所谓明知故意，则是指间接故意。我认为，共同正犯故意既可以是直接故意，也可以是间接故意。上述威尔逊案中，虽然威尔逊的目的是通过这种办法使皮尔斯被捕从而查出被皮尔斯所窃之表，但威尔逊对于实行犯罪是明知的，并且共同参与了实施，应当认为具有共同正犯的故意，应当以共同犯罪论处。当然，如果司法人员为破获某些重大案件，打入犯罪集团内部，参与某些犯罪，则属于执行职务的行为，可以阻却其行为的

[①] 参见储槐植：《美国刑法》，112～113页，北京，北京大学出版社，1987。

第七章 共同犯罪故意

违法性。

如上所述，司法人员为破获某些重大案件，打入犯罪集团内部，参与某些犯罪，属于执行职务的行为，可以阻却其行为的违法性。但必须指出，在这种情况下，必须严格遵守侦查工作纪律，并受侦查机关的指派和领导，个别情况下随机行事也应当确属必要。否则，如果是出于邀功或其他个人目的而诱发并参与犯罪的，应认为具有共同正犯犯罪的故意，以共同犯罪论处。例如，某地被告人陈某、王某合伙去某火车站内货车上行窃，由于车皮上均是些杂物，无法得手，正欲返身离开时，迎面碰到两个身着便装的男青年（我公安执勤人员），双方经过一阵黑话后，其中一个公安执勤人员对被告人陈某、王某说："这里没啥油水，带你去一个地方，不会叫你们空手回去的。"同时，四人商定，如成功，赃物大家平分。至此，陈、王在这两个执勤人员的指使下，跟着来到了附近的一节车皮旁，随即四人乘周围无人值班，迅速窃得生活用品等物（价值约两千余元）。当他们四人正走到站台检票处时，两名公安执勤人员当即出示证件，并将被告人陈某和王某扭送当地公安机关。对于公安执勤人员的这种行为应当如何认识，存在以下三种观点：第一种观点认为，公安执勤人员虽有诱发他人产生新的犯罪意图，并参与共同犯罪的行为，但其目的是为进一步控制和更有效地制服犯罪分子，这是合法行为而不能以犯罪论。第二种观点认为，行为的诱发性也是犯罪构成的基本属性。对公安执勤人员主动、积极诱发他人犯罪，并参与犯罪的行为，不能简单地认为是一般违法行为。本案明知他人行窃未遂，作为公安执勤人员不仅不依法行使职权，相反，却积极提供作案场所，共同实施盗窃行为，其特征完全符合盗窃罪构成要件，应以盗窃共犯论处。第三种观点认为，从本案实际看，公安执勤人员诱发他人犯罪，显然违反公安纪律，是一种违法行为，应当予以纪律处分。[①] 我认为，如何正确认识公安执勤人员的上述行为是否构成共同犯罪，关键在于是否存在共同正犯犯罪的故意。我国学者认为，上述案件中的公安执勤

[①] 参见施滨海：《对公安执勤人员诱发他人犯罪行为如何认识》，载《法学杂志》，1988（1），38页。

人员的目的是想通过这种诱发手段达到暴露犯罪分子的真实意思和目的，进而揭露和打击罪犯。因此，本案公安执勤人员主观上没有犯罪的故意，当然也就不存在共同盗窃的故意。[①] 我认为，这种观点是不妥的。之所以得出上述错误的结论，主要是把目的和动机混为一谈了。况且，即使是为了正当的目的，也不能采取非法的手段。所以，本案中的公安执勤人员应以共同犯罪论处，只不过在量刑时考虑到本案的特殊性，可以适当予以从轻。

第三节 组织故意

一、组织故意的概念

组织故意是指明知自己的行为是组织、领导、策划、指挥犯罪集团进行共同犯罪活动行为，并且明知其组织行为会造成危害社会的结果，而希望或者放任这种结果发生的主观心理状态。

二、组织故意中的认识因素

在组织故意中，首先要有对于正犯的犯罪的认识。在一般情况下，组织犯作为犯罪集团的首要分子，往往通过制订犯罪计划来组织集团犯罪，因此，对于犯罪计划中的一切犯罪都是明知的。但正犯在实施犯罪的过程中，并非完全按照犯罪计划行事，有时会发生一些超出计划的犯罪行为，对此组织犯是否具有犯罪故意呢？在英美判例法中，有这样一条原则：同谋犯对正犯（主犯）在实行共同犯罪计划过程中所发生的一切当然的和可能的后果承担责任。这一原则实际上是把

---

① 参见施滨海：《对公安执勤人员诱发他人犯罪行为如何认识》，载《法学杂志》，1988（1），38页。

共同犯罪计划和共同犯罪意图画等号，因而过于严厉，带有明显的客观归罪色彩，所以逐步受到限制。此后，取而代之的是可预见原则。根据这一原则，所谓要求共同的犯罪意图，并不是要求对一切具体行为都有相同认识，只要求"能够预见"为执行共同犯罪计划而附随发生的结果。① 我认为，可预见原则是正确的。在英美刑法中，同谋犯对正犯在实行共同犯罪计划过程中所发生的一切"自然的和可能的后果"负责这一原则，在一般共同犯罪中已经受到很大限制，但在有组织犯罪的刑事责任问题上仍然被采用，据说这是出于政策上对犯罪组织严厉打击的考虑。② 我认为，对一般共同犯罪与犯罪集团区别对待是正确的，但这种区别对待主要体现在刑罚的严厉性程度上，而不是对认识因素的要求上。因此，组织故意中的认识因素既不能限于犯罪计划，凡计划之外的一概视为没有认识，也不能认为组织犯对实行过程中所发生的一切"当然的和可能的后果"都具有认识；而应当以"能够预见"为标准，对实行犯罪计划过程中附随发生的结果有预见的，认为有认识，否则，就是没有认识。

组织犯的认识因素具有双重认识，这里的双重认识是指对本人组织行为的认识和对组织成员实施的犯罪行为的认识。正如我国学者指出："组织犯的认识因素中，既包括组织犯对自己组织、领导、策划、指挥等行为性质的认识，又包括对集团成员在自己策划、指挥下所从事活动的性质，特别是主犯的实行行为及可能产生构成要件结果的认识。"③ 这里应当指出，组织犯的故意在大多数情况下并不是确定故意而是概括故意，因此，组织成员只要是为了组织利益而实施的具体犯罪，组织犯事后予以认可的，都应当认为没有超过组织故意的范围。

---

① 参见储槐植：《美国刑法》，110～111页，北京，北京大学出版社，1987。
② 参见储槐植：《美国刑法》，116～117页，北京，北京大学出版社，1987。
③ 贾宇：《犯罪故意研究》，239页，北京，商务印书馆，2021。

三、组织故意中的意志因素

在组织故意中,还要有犯罪的意志因素。组织犯对于本人的组织行为会引起他人的犯罪行为这一点,一般来说是持希望的心理态度的,例如走私集团的首要分子,组织走私集团,制订走私计划,策划走私活动,对于这一切当然具有直接故意。但对于正犯的犯罪行为所可能造成的法益侵害结果,则既可能是持希望的心理态度,也可能持放任的心理态度。在绝大多数情况下,组织犯对于正犯的实行行为可能引起的法益侵害结果是具有直接故意的,因为正犯是犯罪计划的执行者,他们将组织犯策划的犯罪意图予以实现,所以,正犯的犯罪行为所造成的危害结果正是组织犯积极追求的犯罪目的。但在个别情况下,组织犯对于正犯的犯罪行为可能引起的危害结果是具有间接故意的,因为正犯在实行犯罪的过程中,并不是机械地执行犯罪计划,在犯罪实行时还会遇到各种随机情状,对此正犯为犯罪计划的实现会采取临时措施。例如,盗窃集团的首要分子指派某一正犯去盗窃,且明知正犯随身携带一把匕首,可能会在盗窃过程中使用。果不其然,正犯在盗窃过程中被事主反抗追抓,正犯为脱身,一刀将事主刺成重伤。显然,正犯对此伤害结果是直接故意的,而组织犯对此伤害结果却具有间接故意的心理状态。当然,如果正犯临时起意实行了犯罪计划以外并且与犯罪计划无关的犯罪行为,属于实行过限,对此组织犯无法预见,也没有组织故意。

对于组织故意中的意志因素是否也可以由间接故意构成,在我国刑法学界存在肯定说与否定说之争。其中肯定说认为,在意志因素上,组织犯对于自己的行为所能导致的危害结果是持希望态度而积极追求的;对于正犯等其他共同犯罪人的行为所造成的危害结果则既可能是希望,也可能是放任。[①] 否定说则认为,就组织犯策划、领导、指挥的具体犯罪活动本身所指向的构成要件结果而言,只可

---

① 参见赵辉:《组织犯及其相关问题研究》,81页,北京,法律出版社,2007。

能是希望的故意。这是因为，组织犯组织行为的目的绝不仅仅是犯罪集团成立本身，其所从事的策划、指挥等行为也绝不仅仅是为了便利其他行为人的犯罪行为而已，而都是直接指向集团所具体从事的犯罪活动所要发生的构成要件结果的。而对于行为所直接追求的结果，其所持的意志因素只能是希望，因为间接故意只能是针对行为目的结果之外的附随结果而言的。当组织犯策划、指挥、领导的集团犯罪活动在产生目的结果之外尚有其他结果时，则对于这些附随于目的结果而产生的构成要件结果所持的意志态度就可能为容忍或放任。但这种容忍或放任的故意在组织犯的场合不可能单独出现，总要依附于一个希望型的故意，也就是说组织犯策划、指挥犯罪的初衷不可能只是一个容忍或放任的、附随发生的犯罪结果，而没有其所追求的犯罪结果。[1] 以上肯定说与否定说之争，关键点在于如何理解组织犯的双重故意。

共犯具有双重故意，也称为双重的心理态度：首先是对本人行为的心理态度，其次是对其他共犯行为的心理态度。在组织犯的情况下，也是如此。对于组织犯来说，一方面是对本人的组织行为的心理态度，另一方面是对被组织的人的心理态度。对于组织犯的双重心理态度，正如我国学者指出：组织犯的主观故意具有双重性，是双重罪过。首先，组织犯就自身的组织行为的主观心理态度而言是犯罪的直接故意，组织犯对自己纠集同案犯、决定犯罪计划、指挥犯罪的行为有明确认识，一般带有很强的犯罪目的性。就组织犯的组织行为而言，这已经反映出其对实现犯罪意图的强烈愿望，所以希望的意志因素是组织犯主观罪过中当然的要素。其次，组织犯是共同犯罪的组织者，对其他共同犯罪人的共同犯罪行为起到控制作用。所以组织犯对实行行为、教唆行为、帮助行为的主观认识，与一般共犯相互间对共同犯罪行为的认识有所不同。对于组织犯而言，正犯实施的、超出明确谋划范围但与犯罪计划有关的犯罪行为，虽然并不是组织犯希望的

---

[1] 参见贾宇：《犯罪故意研究》，240页，北京，商务印书馆，2021。

内容，但只要其有预见就应承担责任。① 根据这种双重心理状态的分析思路，组织犯的意志因素可以排列为以下两种情形：（1）对组织行为是希望，对被组织者的行为可能造成的法益侵害结果也是希望。（2）对组织行为是希望，对被组织者的行为可能造成的法益侵害结果可能是放任。对于上述第一种情形，组织犯的意志因素属于希望是没有争议的。那么，在上述第二种情形下，组织犯的意志因素究竟是直接故意还是间接故意？对此，否定说认为只能根据对自己的组织行为的心理状态确定组织犯的意志因素，因而只能是希望。肯定说则认为，组织犯的意志因素既可能是希望也可能是放任。我认为，应当将组织犯对被组织者的行为可能造成的法益侵害结果的心理内容纳入对组织犯的意志因素考察的范围，因而组织犯的意志因素同时包括希望和放任。

第四节　教唆故意

一、教唆故意的概念

教唆故意是指唆使他人犯罪的故意。教唆的故意，具有双重的心理状态：在认识因素中，教唆犯不仅认识到自己的教唆行为会使被教唆的人产生犯罪的意图并去实施犯罪行为，而且认识到被教唆的人的犯罪行为将会造成法益侵害结果。在意志因素中，教唆犯不仅希望或者放任其教唆行为引起被教唆的人的犯罪意图和犯罪行为，而且希望或者放任被教唆的人的犯罪行为发生某种法益侵害结果。教唆故意是教唆犯的主观恶性的直接体现，也是教唆犯承担刑事责任的主观基础。

---

① 参见路军：《论组织犯》，载吴振兴主编：《犯罪形态研究精要Ⅱ》，455～456页，北京，法律出版社，2005。

二、教唆故意的形式

犯罪故意有直接故意与间接故意之分,那么,教唆故意是否也有直接故意与间接故意之别呢?对于这个问题,在外国刑法中一般都没有明文规定,但教唆故意乃犯罪故意之一种,在没有特别限制的情况下,当然应适用犯罪故意的一般规定,因此存在教唆的直接故意与间接故意。但也有个别国家的刑法典明文规定教唆只能由直接故意构成。例如《波兰刑法典》第18条第1款规定:"希望他人实施被禁止的行为,并诱使他人实施者,应负教唆之责。"这里明确规定"希望",因而排除了间接故意教唆的可能。对于这个问题,我国刑法学界存在两种观点。第一种观点认为,教唆的故意通常是直接故意,但也不排除间接故意的可能。如教唆犯知道自己的行为可能引起他人实施犯罪的意图,而对此采取放任态度。[1] 第二种观点认为,构成教唆犯的主观要件必须是直接故意。间接故意不能构成教唆犯。[2] 在讨论这个问题之前,首先必须明确,这里所谓教唆犯的直接故意或间接故意,是指教唆犯对本人的教唆行为会引起他人犯意的心理状态,而不是指教唆犯对被教唆人所实施的犯罪行为而造成的危害结果的心理状态。因为教唆犯具有双重罪过,上述两种心理状态都属于教唆犯的罪过形式。但我们在这里所要讨论的只是前者,而并不包括后者。否则,两者混为一谈,不利于观点的辨析。

我认为,教唆犯的罪过形式既可以是直接故意,也可以是间接故意。在大多数情况下,教唆犯是出于直接故意,即明知自己的教唆行为会引起危害社会的结果而希望这种结果的发生。例如,甲与乙有仇,企图进行报复,于是便授意丙将乙打成重伤。丙果然按照甲的意图殴打了乙,将乙打伤致残。在本案中,甲明知其教唆行为会造成丙伤害乙的结果,而希望这种结果的发生,并且对于丙将乙打

---

[1] 参见高铭暄主编:《刑法学》,202页,北京,法律出版社,1982。
[2] 参见华东政法学院刑法教研室:《刑法概论》,141页,杭州,浙江人民出版社,1987。

伤的结果也是积极追求的。因此，甲具有教唆的直接故意。在个别情况下，教唆犯还可能出于间接故意，即明知自己的教唆行为会引起危害社会的结果而放任这种结果的发生。例如，甲乙是好朋友，一天，乙被丙打了一顿。乙将被打之事告诉甲，甲漫不经心地说："他打你，你不会去打回来？"乙听了甲的话以后，果然去将丙打伤。在本案中，乙的犯罪意图是由甲引起的，甲明知自己的话会诱发乙伤害丙的意图，但对此持放任的态度。因此，甲具有教唆的间接故意。

必须指出，教唆的间接故意与教唆他人犯间接故意的罪是有所不同的，不可混淆。在教唆犯实施教唆行为以后，被教唆的人产生犯罪意图并去实施被教唆的罪，被教唆的人所实施的犯罪可能是直接故意的犯罪，也可能是间接故意的犯罪。在被教唆的人犯间接故意的罪的情况下，教唆犯的教唆故意属于什么形态呢？例如，甲乙在山上打猎，不远处有一个小孩正在割草。甲见是其仇人的儿子，就指使乙赶快打小孩身边的猎物。乙怕打死小孩，正在犹豫，甲就说："怕什么，打死了活该。"在甲的催促下，乙扣响了扳机，不幸将小孩打死。在本案中，乙对于犯罪结果的发生是持放任态度的，属于间接故意犯罪。而甲则希望犯罪结果发生，具有教唆的直接故意。当然，也有可能教唆犯与被教唆的人都处于间接故意的心理态度。例如，甲女乙男通奸，甲教唆乙毒死其老婆。乙说如果小孩吃了有毒食物也会死去的。甲说管不了这么多了，你赶快下手吧。于是，乙就在他老婆的饭碗里投下毒药，乙的老婆自己吃后，又喂给小孩吃了几口，结果母子二人双双中毒死亡。在本案中，乙对于他老婆的死亡具有直接故意，对于儿子的死亡具有间接故意。甲教唆乙毒死乙的老婆是直接故意，对于乙的儿子的死亡则同样具有教唆的间接故意。

三、陷害教唆

陷害教唆是指出于陷害他人的动机，教唆他人犯罪，乘被教唆的人实行犯罪之际，报告警察将被教唆的人抓获。例如，甲欲使乙受刑事处分，遂教唆乙去某

银行盗窃，然后报告警察，警察在犯罪现场将乙逮捕。在刑法理论上，有人把陷害教唆等同于未遂之教唆，指出：若教唆犯预见被教唆者终不能完成犯罪之实行，而为教唆行为者，称为未遂之教唆，亦称陷害教唆，亦即教唆犯认识被教唆者依其所教唆而实施时，不可能发生犯罪结果之情形。例如诱使他人犯罪，俟其着手实行之际，即通知警察加以逮捕，因而使被教唆者之行为在尚未达于既遂前，即予以阻止者。[1] 我认为，陷害教唆与未遂之教唆是有所区别的，陷害教唆当然包括未遂之教唆，但不限于此。因为为陷害他人而教唆，意在使他人受刑事处分，至于是未遂还是既遂并不关心。因此，在某些情况下，被教唆人也可能达到既遂。例如，甲为陷害乙，教唆乙去盗窃，在乙盗窃以后去报告警察，并带领警察将赃物搜查出来。在本案中，乙的盗窃犯罪已经既遂，但甲仍是陷害教唆。因此，不能把陷害教唆与未遂之教唆混为一谈。陷害教唆的起源可以回溯到17世纪以前，例如在法国路易十四世时代以及同时期的沙俄帝国时代，政府当局采用陷害教唆的方法，镇压破坏政府行为者。因此，实施陷害教唆的人根本不负刑事责任。自19世纪以来，在人道主义思潮的影响下，刑法理论对于这种陷害教唆行为是否具有犯罪性提出了质疑。但由于警察有时利用这种教唆，以便逮捕某些政治犯或黑社会人物，因此，陷害教唆的犯罪性并未被司法实务所承认。[2] 在外国刑法中，少数国家规定了陷害教唆，其中可以分为两种情况：第一种情况是明文规定处罚陷害教唆。例如1950年的《希腊刑法》第46条第2项规定："以在未遂或预备状态逮捕犯人之目的，故意使人实施不能完成之犯罪者，按正犯之刑减轻至二分之一。"第二种情况是间接地规定陷害教唆的刑事责任。例如1932年的《波兰刑法》第30条规定："（第一项）教唆犯及从犯预防其行为之犯罪结果者，不负刑事责任。（第二项）教唆犯、从犯曾力图防止行为之犯罪结果者，法院得减轻其刑。（第三项）第一项及第二项之规定，于意图对他人提起刑事诉

---

[1] 参见高仰止：《教唆犯论》，载《现代法学论文精选》，106页，台北，汉苑出版社，1976。
[2] 参见蔡墩铭：《唐律与近世刑事立法之比较研究》，217页，台北，汉苑出版社，1976。

讼而煽动其犯罪者,不适用之。"由此可见,《波兰刑法》不承认陷害教唆的中止行为可构成免除或减轻刑事责任的理由,也就是间接承认陷害教唆的犯罪性。我国古代刑法有对陷害教唆的刑事责任的规定。例如《唐律·诈伪》规定:"诸诈教诱人使犯法(犯者不知而犯之),及和令人犯法(谓共所犯有罪),即捕若告,或令人捕、告,欲求购赏;及有憎嫌,欲令入罪;皆与犯法者同坐。"[①]《唐律》明文处罚陷害教唆者,使其与被教唆者负同一责任。换言之,无论是受引诱而犯罪之人抑或引诱他人犯罪以达利己目的之人,均不能免除处罚。我国刑法对陷害教唆没有明文规定,但在司法实践中存在此类案件。例如,陈某先后三次去邻村社员王某家,谎称自己欲以黄金去走私船换走私物品,问王有黄金卖否,并挑逗王去收买。在陈的挑逗下,王同意去收买黄金。陈付给王定金100元,并约定了交货时间。随后,陈即向当地工商所报案。王收买黄金九小两后,在约定的时间、地点与陈交货时,被工商所抓获。陈因此得工商所奖金200元。陈先后以同样手段向工商所报案四次,共得奖金500元。由于我国刑法中没有陷害教唆的规定,因而引起本案被告陈某是有功还是有罪的争论。[②]由此可见,陷害教唆的犯罪性是一个值得研究的问题。陷害教唆是否构成犯罪并具有可罚性,在刑法理论上存在肯定说与否定说之争。肯定说认为,教唆犯的基本特征是使无犯罪故意的人产生犯罪决意。因此,只要教唆行为引起被教唆的人实行犯罪的决意,就足以构成教唆犯,而不问其动机何在,以及是否一开始就仅想使被教唆的人处于未遂。所以,陷害教唆应构成教唆犯。例如,日本刑法学家小野清一郎指出:"教唆他人实行犯罪,但亲自防止结果之发生而使至于未遂者,如以此种意思加以教唆,应构成教唆犯。惟职务上如信为有作此种教唆之义务者,按其情形,得适用

---

① 《唐律疏议》,469页,北京,中华书局,1983。
② 参见最高人民检察院《人民检察》编辑部:《论法·析案·释疑》,339~340页,长春,吉林人民出版社,1987。

第七章 共同犯罪故意

道义的责任之阻却情形。"① 又如，日本刑法学家团藤重光指出："依吾人之见解，教唆行为非基本的构成要件之故意，即仅有引起被教唆者实行犯罪决意之意思为已足，是以虽开始仅欲使其至于未遂，亦不能谓欠缺此要件，因之陷害教唆——当然以基本的构成要件处罚未遂之规定为限——应解为构成教唆犯。"② 否定说认为，教唆犯之所以构成犯罪，就在于他对于被教唆的人造成的犯罪结果具有故意。然而，在陷害教唆的场合，教唆犯并不希望被教唆的人所实行的犯罪发生结果，仅仅是挑拨被教唆的人实施犯罪行为，以便加以逮捕而防止结果发生。在这种情况下，陷害教唆的行为人不存在教唆故意，因此不构成教唆犯。例如，德国刑法学家麦兹格指出："教唆犯之责任，一般场合在其有故意，若教唆者所企图者非行为之结果，例如仅挑拨被教唆人实施行为，以便加以逮捕，抑或防止结果之发生，仍不得谓有教唆故意。"③ 由上可知，肯定说与否定说之争的关键是陷害教唆的人在其主观上是否具有教唆故意。我认为，在陷害教唆的情况下，陷害是推动行为人唆使他人犯罪的内心起因，属于犯罪动机，并不能由此否认行为人主观上存在教唆故意，也不能否认教唆犯与被教唆的人之间的犯意联系。那种认为陷害教唆犯意图使他人负刑事责任，因此，就中断了教唆犯与被教唆的人之间的犯意联系，因而否认陷害教唆的人可以成立共同犯罪中的教唆犯的观点是难以成立的。④ 此外，在陷害教唆的情况下，行为人虽然对被教唆的人的行为所造成的犯罪结果不一定持希望的态度，但可能持放任的态度。在一般情况下，陷害教唆是使被教唆的人在犯罪结果发生以前被逮捕，但如果未能及时防止犯罪结果的发生，也并不违反教唆犯的本意。因此，纵然预见被教唆的人的正犯

---

① [日] 小野清一郎：《新订刑法讲义总论》，日文版，219 页。小野清一郎所说职务上有作此种教唆之义务者，指从事诱饵侦破的警官。关于这个问题，将在下文探讨。
② [日] 团藤重光：《刑法纲要总论》，日文版，301 页。
③ [德] 麦兹格：《教唆犯论》，德文版，118 页。
④ 参见汪保康：《关于共同犯罪主观方面的几点质疑》，载《政法学刊》，1986 (2)，15 页。

行为将达既遂而予以教唆，于既遂之际致其被逮捕的情况，亦包含在陷害教唆内。① 因此，在陷害教唆的情况下，陷害教唆的人是有教唆故意的，应以教唆犯论处。当然，考虑到陷害教唆的特殊性，若能在刑法中加以补充规定，是比较理想的。在刑法中规定陷害教唆，有两种方案可供参考：一是在《刑法》第29条关于教唆犯的规定中增设一款，明文规定陷害教唆以教唆犯论处。二是在《刑法》第243条关于诬告陷害罪的规定中增设一款，明文规定陷害教唆以诬告陷害罪论处。在刑法没有明文规定以前，我认为，将陷害教唆包括在教唆犯中予以处罚是可以的。

四、诱饵侦破

陷害教唆是德日刑罚教义学中所讨论的问题，专对教唆者之犯罪性加以研讨。诱饵侦破在英美法系刑法中发展成为陷阱理论，专对被教唆者之犯罪性加以研讨。② 在美国，诱饵侦破又称化装侦破术，法律认为是合法的。据说美国采用这种侦查方法已有较长的历史。自从司法部直属的侦查机关改名为"联邦调查局"后便开始采用。洛杉矶是美国妓女集居的地方，洛杉矶警察署最善于运用诱饵侦破，打击妓女和嫖客，例如埃德温案件。1985年1月，曾在1984年洛杉矶奥运会上获得田径比赛金牌的美国著名运动员埃德温，在街上看见一个"妓女"卖弄风骚，心里暗自高兴，便上前招诱。这"妓女"欣然应允，挽手而去。但是，埃德温竟被带到了警察局，并且遭到起诉，被指控犯了劝诱卖淫罪，弄得舆论哗然。这"妓女"不是别人，正是联邦调查局的女警官。后来，虽然法院无罪释放了埃德温，但是像这样在街上招诱"妓女"而被戴上锁链的人并不少见。③

---

① 参见郭君勋：《案例刑法总论》，2版，488页，台北，三民书局，1983。
② 参见蔡墩铭：《刑法基本问题研究》，192页，台北，汉苑出版社，1976。
③ 参见江昌华：《女警官巧扮"卖春女"，"嫖客"警官认倒霉》，载《现代世界警察》，1986（5），7页。

在意大利，刑法理论把警方侦探为调查或捕获犯罪人而参加犯罪活动称为"引逗"行为。从理论上讲，它并不完全免除行为人的刑事责任。当引逗行为本身构成对犯罪的教唆、组织或参与时，"引逗人"也可能作为共犯而受到处罚；即使以执行命令或履行义务为由免除了"引逗人"的刑事责任，向他发布命令的上级也要受到追究。意大利内政部已意识到这一问题的重要性，正在寻求一项解决方案：对有关法律进行修改，引入"控制交付"的制度，即允许警方为扩大调查线索，用国家的钱买下贩毒分子的毒品，并在一定时期内参与贩毒活动，这实际上是认可了诱饵侦破的合法性。[①] 在我国，公安机关历来禁止使用非法手段侦破案件，因此，一般不发生诱饵侦破的问题。我认为，在某些特殊的情况下，可以适当地谨慎地采取特情侦破的手段。在这种情况下，行为人可以作为违法阻却事由排除其行为的刑事责任。

诱饵侦破在我国刑法教义学中通常称为诱惑侦查，而在司法实践中则称为特情侦查。例如，我国学者指出：诱惑侦查是指国家机关侦查人员采取一定的诱导性策略，暗示或诱使侦查对象实施某种犯罪，并在犯罪实施时或结果发生后拘捕犯罪人的一种侦查取证方法。[②] 在我国司法实践中，尤其是在毒品犯罪的侦查中较多采用特情侦破的方法，这是诱饵侦查的一种手段。例如，2008 年 12 月 1 日最高人民法院《全国部分法院审理毒品犯罪案件工作座谈会纪要》（以下简称《纪要》）第 6 条对特情介入案件的处理问题做了专门规定，指出："运用特情侦破毒品案件，是依法打击毒品犯罪的有效手段。对特情介入侦破的毒品案件，要区别不同情形予以分别处理。对已持有毒品待售或者有证据证明已准备实施大宗毒品犯罪者，采取特情贴靠、接洽而破获的案件，不存在犯罪引诱，应当依法处理。行为人本没有实施毒品犯罪的主观意图，而是在特情诱惑和促成下形成犯意，进而实施毒品犯罪的，属于'犯意引诱'。对因'犯意引诱'实施毒品犯罪

[①] 参见黄风：《意法律将认可警方的"引逗"行为》，载《中国法制报》，1986-06-18，4 版。
[②] 参见杨志刚：《诱惑侦查研究》，4 页，北京，中国法制出版社，2008。

的被告人,根据罪刑相适应原则,应当依法从轻处罚,无论涉案毒品数量多大,都不应判处死刑立即执行。行为人在特情既为其安排上线,又提供下线的双重引诱,即'双套引诱'下实施毒品犯罪的,处刑时可予以更大幅度的从宽处罚或者依法免予刑事处罚。行为人本来只有实施数量较小的毒品犯罪的故意,在特情引诱下实施了数量较大甚至达到实际掌握的死刑数量标准的毒品犯罪的,属于'数量引诱'。对因'数量引诱'实施毒品犯罪的被告人,应当依法从轻处罚,即使毒品数量超过实际掌握的死刑数量标准,一般也不判处死刑立即执行。对不能排除'犯意引诱'和'数量引诱'的案件,在考虑是否对被告人判处死刑立即执行时,要留有余地。对被告人受特情间接引诱实施毒品犯罪的,参照上述原则依法处理。"根据《纪要》的上述规定,犯意引诱具有诱饵侦查的性质,因而在司法实践中的使用应当十分谨慎。采用诱饵侦查查获的毒品犯罪案件,在对被告人处罚的时候,应当依法从轻处罚。

第五节 帮助故意

一、帮助故意的概念

帮助故意是指明知自己是在帮助他人实行犯罪,希望或者放任其帮助行为为他人实行犯罪创造便利条件,并希望或者放任实行行为造成一定的危害社会的结果。由此可见,帮助犯具有双重的心理状态。帮助犯在认识因素中具有双重的认识:一方面,必须认识到正犯所实行的是犯罪行为和这种犯罪行为将要造成一定的危害结果;他方面,必须认识到自己所实行的是帮助他人实施犯罪的行为,即以自己的帮助行为,为正犯实施和完成犯罪创造便利条件。帮助犯在意志因素中具有双重的意志:一方面,希望或者放任自己的行为为正犯实行犯罪提供方便;他方面,希望或者放任通过自己的帮助,正犯能够造成一定的法益侵害结果。帮

助故意是帮助犯的主观恶性的直接体现,也是帮助犯承担刑事责任的主观基础。

二、帮助故意的认识因素

在帮助故意中,明知他人将要实施犯罪是认识因素的重要内容。只有明知他人将要实施的是犯罪行为,才能认识到自己所要实施的是帮助他人犯罪的行为。如果行为人在不明真相的情况下,在无意中帮助了他人的犯罪行为,就不能认为具有帮助故意。例如,甲为杀乙向丙借一把刀,而丙并不知道甲将此刀用于杀乙,丙就不能构成帮助犯。反之,如果丙明知甲借刀是要去杀乙,那么,丙就具有帮助故意,应以共同犯罪论处。所以,这里的关键问题就在于丙是否知道甲借刀是为了去杀乙。

构成帮助犯,虽然要求行为人明知他人将要实施的是犯罪行为,但明知不是确知,对于他人具体要犯的是什么罪以及犯罪的时间、地点等内容并不要求确切了解。也就是说,帮助犯明知他人准备犯罪,但不具体了解准备犯什么罪,而积极予以帮助,也应构成帮助犯。例如,民警甲与流氓分子乙关系密切,甲对于乙的为人十分了解。一次乙向甲借手枪,甲察觉乙要干坏事,但不清楚干什么坏事,出于哥儿们义气,便同意借给乙。乙于当晚持所借手枪冒充公安人员,在公园堵截一名妇女,以了解情况为名,逼到僻静处进行了强奸。在本案中,甲虽然对乙借枪要去进行什么犯罪不了解,但还是明知乙要去实施犯罪行为,对于乙将要造成的危害社会的结果持放任的心理态度,因此甲构成帮助犯。对帮助犯罪的意向不确定的,只要被帮助者所犯罪行是由帮助行为促成实现的,都符合帮助者的本意,因此依据被帮助者犯什么罪,帮助者应以被帮助者所犯之罪论处。

三、帮助故意的意志因素

在帮助故意中,由于帮助犯是明知他人所实施的是犯罪行为而故意地予以帮

助，因此，对于自己的帮助行为将会为正犯实行犯罪提供方便、创造条件，一般是持希望的态度，因而属于直接故意。至于帮助犯对于正犯所要造成的法益侵害结果，在绝大多数情况下也具有希望其发生的心理状态。例如，甲乙通奸，甲要杀本夫，乙予以帮助，乙对于甲杀死本夫当然是积极追求的。但也有少数情况，帮助犯对于正犯将要实施的犯罪，或者不具体了解，或者不关心，因而具有放任的心理状态。在这种情况下，帮助犯仍应对犯罪结果承担共同犯罪的刑事责任。因此，帮助犯的主观罪过形式既可能是直接故意，也可能是间接故意。正如苏俄刑法学家指出："帮助犯不仅认识到他所帮助实施的那一犯罪的一切事实情况（构成的要素），而且也希望发生或有意地放任发生作为自己活动结果的危害社会的后果。"[1] 在外国刑法中，也存在帮助犯对正犯将会造成的危害结果持放任态度而构成共同犯罪的判例。例如在1959年的"英国煤矿全国委员会诉甘布尔"一案中，德夫林法官指出："如果一个人有意地把一支枪卖给另一人用于谋杀第三者，他可能对第三者的死活无动于衷，而感兴趣的只是从卖枪中获利，但他仍然可以构成帮助和煽动犯。如果不这样认定，就是否定了这样一条规则：犯意只是意图的问题，而不取决于愿望或动机。"[2]

四、虚假帮助

虚假帮助是指帮助者提供的帮助并不能促进正犯实施犯罪，或者虽然提供的帮助能够促进正犯实施犯罪但帮助者主观上并没有帮助故意的情形。因此，在帮助者提供虚假帮助的情况下，可能会有两种情形。

第一种情形是无效的虚假帮助。所谓无效的虚假帮助，是指所谓帮助行为本身就是虚假的，没有促进正犯的犯罪实施。在这种情况下，帮助行为对于正犯的

---

[1] 《苏联法律辞典》，第二分册（刑法部分），132页，北京，法律出版社，1957。
[2] 欧阳涛等：《英美刑法刑事诉讼法概论》，77页，北京，中国社会科学出版社，1984。

第七章　共同犯罪故意

犯罪行为并不具有客观上的帮助作用。例如某个德国案例。当时德国刑法规定堕胎是犯罪。乙认为某种茶能够堕胎，就让甲去准备这种茶用于堕胎。这里就会发生两种情况：第一种情况是甲明知这种茶不能堕胎，但仍然按乙的要求提供了该茶。第二种情况是甲以为这种茶能够堕胎，因而按乙的要求提供了该茶。在上述两种情况下，正犯乙都是不能犯，因而甲是不能犯的帮助犯。在第一种情况下，甲已经明知该茶不能堕胎而提供给乙，其对乙不可能发生堕胎结果是在预见之中的，因此甲在客观上实施的无效的帮助，这是一种虚假帮助。因此，甲在客观上并不存在真实的帮助行为，不能成立帮助犯。在第二种情况下，乙和甲都误以为该茶能够堕胎，乙属于不能犯的未遂犯。至于甲的行为是否成立帮助犯，因对帮助故意是采用双重故意还是单一故意而结论不同：双重故意论认为，帮助故意不仅对自己的帮助行为具有故意，而且对被帮助者实行犯罪并达到既遂亦具有故意。在上述案例中，甲欠缺重要的帮助意思，因而不具有帮助意思，不能成立帮助犯。而单一故意论则认为，帮助犯的成立不以认识到构成要件结果发生为必要条件，所以上述案例中甲的未遂的帮助行为具有可罚性。[①] 我认为，无效的虚假帮助因为在客观上没有促进正犯的犯罪，所以不成立帮助犯。即使是不能犯的帮助犯，正犯因不能犯成立未遂犯，基于帮助故意应当具有双重故意的法理，帮助者也不成立未遂的帮助犯。

第二种情形是有效的虚假帮助。这里的有效，是指其帮助行为确实可以促进正犯实施犯罪。既然帮助是有效的，又为什么认为帮助是虚假的呢？这是因为行为人的动机并不是要促成正犯的犯罪，而是出于其他目的。例如，囚犯甲想越狱逃跑，将脱逃计划告诉同号囚犯乙。乙想乘甲脱逃之机将其抓获立功，以减轻本人的刑期，便假装同意一起脱逃，并帮助制作挖洞工具以及为甲挖洞放风。当洞挖成，甲正欲逃跑时，乙报告看守将其抓获。在本案中，乙的行为就属于有效的虚假帮助。在这种虚假帮助的情况下，帮助者主观上对正犯的犯罪持否定态度，

---

① 参见刘凌梅：《帮助犯研究》，72页，武汉，武汉大学出版社，2003。

因而不构成犯罪。例如在前述案例中，乙出于立功目的而帮助甲制作挖洞工具并为甲挖洞放风，这种帮助行为虽然在客观上确实起到了促进甲脱逃的作用，但行为人的主观意图并不是促使甲完成脱逃行为，因而不应以帮助犯论处。正如我国学者指出：在为了协助抓捕犯罪人而虚假帮助的场合，虽然帮助者对自己帮助他人犯罪、为犯罪提供便利条件是有认识的，但是既然其主观目的是协助抓捕犯罪人，那么一般来说他对被帮助者的危害行为会导致的危害结果持一种否定态度，即不希望被帮助者的犯罪会发生法益侵害后果。因而这种虚假帮助没有真正的帮助故意。[1]

---

[1] 参见刘凌梅：《帮助犯研究》，74～75 页，武汉，武汉大学出版社，2003。

第八章

共犯形态 I：对合犯罪　聚众犯罪　集团犯罪

第一节　共犯形态概述

一、德日共犯教义学中的共犯形态

共犯形态是指共同犯罪的形式或者类型。共同犯罪作为一种特殊的犯罪形态，具有单独犯罪无法比拟的复杂性。在共犯教义学中对共犯形态进行研究，有助于揭示共同犯罪的本质，而不至于被共同犯罪的复杂的现象形态所困惑。需要说明的是，刑法本身对共犯形态没有明文规定，而司法实践中对共犯形态的认识又较为混乱。因此，共犯形态成为共犯教义学的一个重要问题。

在德日共犯教义学中，共犯形态称为共犯的种类。而共犯是一个十分含混与模糊的概念，既可指事又可指人。在指事的情况下，共犯的种类就是指共同犯罪的类型。在指人的情况下，共犯的种类又是指共同犯罪人的种类。由于概念的混乱所致，共犯的种类一直是个莫衷一是的问题。例如，根据记载，在罗马法中对

共犯具有如下分类：(1) 命令共犯；(2) 代理共犯；(3) 意见共犯；(4) 协行共犯；(5) 帮助共犯；(6) 核准共犯；(7) 隐匿共犯。在上述共犯分类中，似乎在更大程度上是对共同犯罪人的分类，但又包含着共同犯罪类型的因素。在德日共犯教义学中，对共犯的种类存在不同的归纳，例如，有的刑法学家认为共犯的种类可以分为学理上的分类与法律上的分类。学理上的共犯分类可以分为五种：(1) 独立犯与从属犯；(2) 重要犯与轻微犯；(3) 有形的共犯与无形的共犯；(4) 纵的共犯与横的共犯；(5) 必要的共犯与任意的共犯。法律上的分类可以分为三种：(1) 共同正犯；(2) 教唆犯；(3) 从犯。[①] 在上述所谓共犯的种类中，法律上的分类显然是指共同犯罪人的种类。而学理上的分类，既包括共同犯罪人的种类，例如独立犯与从属犯，重要犯与轻微犯；又包括共同犯罪形式，例如有形的共犯与无形的共犯，纵的共犯与横的共犯，必要的共犯与任意的共犯等。在我国刑法学界，也存在表述上的混乱现象。例如，我国学者把共同犯罪人的种类称为共同犯罪的分类[②]，这就极易使共同犯罪的类型与共同犯罪人的种类混为一谈。我认为，共同犯罪人的种类是对共同犯罪人的分类，其目的在于解决刑事责任的个别化问题。而共同犯罪的类型是对共同犯罪的分类，其目的在于进一步揭示共同犯罪的法益侵害性。因此，只有在正确区分共犯形态与共犯分类的种类的基础上，才能科学地界定共犯形态。

二、苏俄及我国刑法学中的共犯形态

在我国刑法学中，共犯形态称为共同犯罪的形式。我国刑法理论对共同犯罪形式的划分，在很大程度上是参照苏俄刑法理论发展起来的。因此，在论述我国刑法理论对共同犯罪形式的划分问题之前，有必要简要地回顾苏俄刑法学关于共

[①] 参见王觐：《中华刑法论》，增订6版，599页，北京，朝阳学院，1933。
[②] 参见王孝罡：《试论共同犯罪的分类和构成》，载《内蒙古社会科学》，1981 (2)。

第八章 共犯形态Ⅰ：对合犯罪 聚众犯罪 集团犯罪

同犯罪形式划分的发展过程。

早期的苏俄刑法学把共同犯罪形式分为以下三种：（1）无事前协议的共同犯罪；（2）事前协议的共同犯罪；（3）犯罪的组织或犯罪的集团。① 但在1958年《苏联和各加盟共和国刑事立法纲要》通过前后，共同犯罪形式一直是一个有争论的问题。其中，И. Л. 马洛霍夫认为，共同犯罪的各种形式就是执行、帮助和教唆。Н. А. 斯特卢契科夫批评了这种观点，认为马洛霍夫是把共同犯罪的形式与共同犯罪的种类这两个概念混淆起来了。因此，这种观点实质上是反对划分出各种不同的共同犯罪的形式。大多数苏俄学者认为，作为分类基础的理由虽然不同，但是，划分出共同犯罪的各种不同形式在理论上是有根据的，在实践中也是有益的。在肯定共同犯罪形式的苏联刑法学家中，关于应根据什么标准对共同犯罪的形式进行分类，仍然存在意见分歧。第一种观点是将各共犯之间主观上联系的性质和程度作为划分共同犯罪形式的基础，并以此划分出：事前未串通的共同犯罪、事前串通的共同犯罪和犯罪组织，这是通说。第二种观点，为 М. И. 科瓦廖夫所主张，他以各共犯的活动性质作为基础，划分出两种共同犯罪的形式——共同正犯和狭义上的共同犯罪。Ф. Р. 布尔恰克也持这种观点。他还在这种分类中补充了第三种形式——刑法分则的规范中所规定的特种共同犯罪。②

我国刑法学关于共同犯罪形式的划分，基本上是照搬了苏俄刑法理论关于共同犯罪形式的观点。例如，我国20世纪50年代具有代表性的刑法教科书就把共同犯罪形式划分为：（1）事先没有通谋的共同犯罪；（2）事先通谋的共同犯罪；（3）犯罪集团。③ 在我国刑法颁行以后出版的具有一定代表性的刑法教科书中，

---

① 参见苏联司法部全苏法学研究所主编：《苏联刑法总论》，下册，彭仲文译，447页，上海，大东书局，1950。
② 参见［苏］А. А. 皮昂特科夫斯基等：《苏联刑法科学史》，曹子丹等译，89～90页，北京，法律出版社，1984。
③ 参见中央政法干校刑法刑事诉讼法教研室：《中华人民共和国刑法总则讲义》，158～159页，北京，法律出版社，1957。

第一节 共犯形态概述

虽然是依据我国刑法的有关规定的,但仍把共同犯罪形式分为上述三种。[①] 一直到统编教材《刑法学》的出版,这种现象才有所改观。《刑法学》根据不同的标准,将共同犯罪分为以下四种形式。[②]

(一) 任意共同犯罪和必要共同犯罪

从共同犯罪是否能够任意形成上来划分,可分为任意共同犯罪和必要共同犯罪:(1) 任意的共同犯罪是指刑法分则中规定的一人单独能够实行的犯罪,由二人以上共同故意实行。因此,这种犯罪既可以由一人单独实施,也可以由二人以上共同实施。例如故意杀人罪,可以一人实行,也可以二人以上共同实行。在二人以上共同实行的情况下,就是任意的共同犯罪。任意的共同犯罪是由刑法总则加以规定的,因此在刑法理论上又称为总则性共同犯罪。刑法分则对任意的共同犯罪没有明文规定,因此,应根据刑法分则有关具体犯罪的规定,结合刑法总则关于共同犯罪的规定,才能解决对任意的共同犯罪的定罪量刑问题。例如,甲乙分别教唆和帮助丙实施杀人行为,由此构成的共同犯罪称为任意的共同犯罪。在对甲乙丙三人定罪量刑时,首先应根据我国《刑法》第232条关于故意杀人罪的规定确定其罪名和量刑幅度,然后根据《刑法》第25条、第27条、第29条关于共同犯罪、从犯和教唆犯的定罪与处罚原则,依法分别确定甲乙丙三人的刑事责任。(2) 必要的共同犯罪是指刑法规定只能由二人以上构成的犯罪。因此,这种犯罪不可能由一人单独构成,而是以二人以上共同实行为必要条件。必要的共同犯罪因为是由刑法分则明文规定的,所以在刑法理论上又称为分则性共同犯罪。根据我国刑法分则的规定,以下犯罪属于必要的共同犯罪:第104条规定的武装叛乱、暴乱罪,第317条规定的组织越狱罪、暴动越狱罪、聚众持械劫狱罪以及第258条规定的重婚罪等。必要共同犯罪,在刑法理论上又可以划分为众合犯与对合犯。众合犯又称共行犯,是指以三人以上共同故意

---

① 参见杨春洗等:《刑法总论》,198~199页,北京,北京大学出版社,1981。
② 参见高铭暄主编:《刑法学》,191~192页,北京,法律出版社,1982。

实施某一犯罪而构成的共同犯罪,例如集团犯罪和聚众犯罪。对合犯又称对行犯,是指互为犯罪对象而构成的共同犯罪,例如我国刑法规定的重婚罪。刑法分则对必要的共同犯罪已有明文规定,因此,对必要的共同犯罪应当直接根据刑法分则的有关规定处罚。

(二) 事前无通谋的共同犯罪和事前通谋的共同犯罪

从共同故意形成的时间上来划分,可分为事前无通谋的共同犯罪和事前通谋的共同犯罪:(1) 事前通谋的共同犯罪是指共同犯罪人的共同故意是在着手实行犯罪以前形成的,亦即在犯罪的预备阶段,共同犯罪人对犯罪进行了策划和商议。例如,甲乙丙三人欲杀丁,事先预谋,制订了杀人计划,当丁进入杀人现场时,甲乙丙三人一拥而上,手持匕首、尖刀等凶器将丁杀死,这个案件就属于事前通谋的共同犯罪。事前通谋的共同犯罪,由于在犯罪的预备阶段,共同犯罪人就对于要犯什么罪及犯罪的目标、方法、时间、地点等都进行了不同程度的密谋策划,所以,其犯罪更容易得逞,对社会造成的危害程度也更大。在司法实践中,这是一种比较常见的共同犯罪形式。我国刑法规定,有的共同犯罪必须以事前通谋为前提。例如我国《刑法》第310条第2款规定:犯前款罪(指窝藏、包庇罪——引者注),事前通谋的,以共同犯罪论处。如果事前无通谋的,就不能以共同犯罪论处,但可以单独构成窝藏、包庇罪。(2) 事前无通谋的共同犯罪是指共同犯罪人的共同故意不是在着手实行以前形成的,而是在刚着手或者正在实行犯罪的过程中形成的。例如,甲正在撬门行窃,适逢乙经过,甲便叫乙在门外望风,乙同意了,甲就进去盗窃财物,这个案件就属于事前无通谋的共同犯罪。这种事前无通谋的共同犯罪,多属于临时勾结、一拍即合。事前无通谋的共同犯罪比事前通谋的共同犯罪,一般来说,其社会危害性要小些。

(三) 简单共同犯罪和复杂共同犯罪

从共同犯罪行为的分工上来划分,可分为简单共同犯罪和复杂共同犯罪:(1) 简单的共同犯罪是指在各共同犯罪人之间没有行为上的分工,即各共同犯罪人都共同直接地实行了某一具体的犯罪构成的行为。例如,甲乙共谋杀丙,两人

一起将丙从家里骗到偏僻之处,共同将丙杀死。在本案中,甲乙共谋杀人,然后又共同直接实行杀人行为,其行为都符合故意杀人罪的犯罪构成,也符合共同犯罪成立的要件。这种共同犯罪形式,就是简单共同犯罪。(2) 复杂的共同犯罪是指各共同犯罪人在共同犯罪中有不同的分工,处于不同的地位。例如,有的犯罪分子直接实行某种犯罪客观要件的行为,充当实行犯的角色。有的犯罪分子进行组织、指挥、策划,充当组织犯的角色。有的犯罪分子教唆别人犯罪,充当教唆犯的角色。有的犯罪分子为实行犯罪制造条件,充当帮助犯的角色。在这种复杂的共同犯罪形式中,每个人在共同犯罪中所处的地位和所起的作用不同。对此,刑法总则专门规定了主犯、从犯、胁从犯和教唆犯的处罚原则。

(四) 一般共同犯罪和有组织的共同犯罪

从共同犯罪有无组织形式来划分,可分为一般共同犯罪和有组织的共同犯罪:(1) 一般共同犯罪是指在共同犯罪的结合程度上比较松散,没有一定的组织形式的共同犯罪。(2) 有组织的共同犯罪是指集团犯罪,这种共同犯罪是通过建立犯罪集团有组织地进行的,它具有一定的组织形式,在犯罪集团内部还有比较严密的组织纪律,具有犯罪计划,甚至以犯罪为常业,对社会的危害特别大,是最危险的一种共同犯罪形式。

在此以后,我国学者对共同犯罪形式进行了研究,并提出结伙犯罪是共同犯罪形式。[1] 还有学者认为,聚众犯罪是共同犯罪形式。[2] 在严厉打击严重危害社会治安的刑事犯罪的活动中,司法实践中提出的团伙犯罪问题,更是引起了我国刑法学界对共同犯罪形式的极大关注,并就此展开了热烈的讨论。

在本书第一版中,我提出对共同犯罪形式作如下的区分:第一是法理上的共同犯罪形式,主要是指从不同角度按不同标准对共同犯罪形式所作的划分。刑法

---

[1] 参见徐逸仁:《试论共同犯罪的构成特点和形式》,载《政治与法律》,1982 (2),77 页。
[2] 参见力康泰:《刑法学自修函授教程》,上册,206 页,石家庄,河北省政法函授自修辅导大学印行,1985。

理论中的共同犯罪形式包括以下四类：（1）从共同犯罪是否能够任意形成上来划分，可分为任意共同犯罪和必要共同犯罪；（2）从共同故意形成的时间上来划分，可分为事前无通谋的共同犯罪和事前通谋的共同犯罪；（3）从共同犯罪行为的分工上来划分，可分为简单的共同犯罪和复杂的共同犯罪；（4）从共同犯罪有无组织形式上来划分，可分为一般的共同犯罪和特殊的共同犯罪。第二是法律上的共同犯罪形式，是指法律具有明文规定的共同犯罪形式，主要是以下三种：（1）结伙犯罪；（2）聚众犯罪；（3）集团犯罪。上述法理上的共同犯罪形式与法律上的共同犯罪形式的区分不是绝对的，在内容上存在交叉。例如法理上的特殊的共同犯罪就是法律上的集团犯罪。应该指出，刑法理论中的划分仍然是以司法实践中的共同犯罪现象为根据的，而司法实践中的划分也是对共同犯罪现象的理论概括。我认为，对共同犯罪形式作如上的区分，能够适应各个层次的理论需要，因而是可取的。

三、共犯形态的理论叙述

尽管对共犯形态可以从不同角度进行不同的划分，不可否认的是，共犯形态是对刑法所规定的各种共犯的一种理论概括，因而对于正确理解刑法关于共犯形态的规定具有指导意义。我认为，共犯形态应当以任意共犯与必要共犯为中心线索，在此基础上，对我国刑法中的某些特殊共犯形态加以涵盖，由此形成共犯形态的理论体系。

必要共犯是相对于任意共犯而言的，刑法总则规定的共犯是任意共犯，它是以限制的正犯概念为前提的。在刑法分则规定的犯罪是单独正犯的情况下，刑法总则规定的共犯就是任意共犯。因此，任意共犯是总则性共犯。而必要共犯是刑法分则规定的共犯，在必要共犯的情况下，刑法对某一犯罪的构成要件规定就是以二人以上共同犯罪为内容的。因此，必要共犯可以称为分则性共犯。在共犯教义学中，任意共犯是狭义的共犯，必要共犯是广义的共犯。在通常情况下，共犯

教义学是以任意共犯为研究对象的，必要共犯则只是附带地被研究。日本学者西田典之对必要共犯概念的犯罪类型化功能做了论述，指出：必要共犯将复数参与者的共动现象进行类型化纳入考虑范围。这样，将在各犯罪类型中本来就预定着复数参与者的场合规定为必要的共犯（notwendige Teilnahme），必要的共犯进而可区分为像内乱罪和凶器准备集合罪这种以指向同一方向的共动行为为类型化的场合（集团犯、多众犯），与像行贿和受贿这种以对向的共动行为类型化的场合（对向犯）。必要共犯关注的对象是刑法分则已经规定的共同犯罪现象，因此，对这种必要共犯并不像任意共犯那样，需要解决其定罪根据问题。在这种情况下，对必要共犯的关注点就聚焦于共同犯罪的类型。

关于必要共犯的类型，意大利学者认为，必要共犯可以分为两种类型，这就是纯正的必要共犯与不纯正的必要共犯。所谓纯正的必要共犯是指按照法律明示或默示的规定，所有共同犯罪的参与者一律都应受处罚的情形。例如《意大利刑法典》第416条第1款规定的组织犯罪集团罪，第556条第1款规定的重婚罪，第330条第1款规定的公务员共同擅离职守罪，就属于法律明文规定要处罚所有共同犯罪参与者的情况。而《意大利刑法典》第564条第1款有关乱伦罪的规定和第588条第1款有关斗殴罪的规定，则属于法律默示要处罚所有犯罪的共同参与者的情况。所谓不纯正的必要共犯是指法律规定只处罚某些或者某个共同犯罪的参与者的情形。例如《意大利刑法典》第346条（该条只惩罚利用与公务员的关系招摇撞骗者，而不惩罚行贿者）、第318条第2款（该款明文规定对不纯正的贿赂罪，只处罚收受贿赂的公务员，不处罚行贿者），则属于不纯正的必要共犯。[①] 意大利学者在此所说的不纯正的必要共犯，其实就是共犯教义学中的片面对向犯。对向犯，也称对合犯，是必要共犯的一种，而必要共犯是由刑法分则规定的共犯，不同于刑法总则规定的任意共犯。因

---

① 参见［意］杜里奥·帕多瓦尼：《意大利刑法学原理》，注评版，陈忠林译评，349~350页，北京，中国人民大学出版社，2004。

345

第八章 共犯形态Ⅰ：对合犯罪 聚众犯罪 集团犯罪

此，对向犯不属于狭义上的共犯。但在片面对向犯中，存在着共犯的特殊问题，因而有必要加以研究。

在共犯教义学中，对向犯可以分为三种情形：一是对于参与者予以同等处罚的类型，例如重婚罪，对重婚者与相婚者处以同一之罪。二是对于参与者予以不同处罚的类型，例如受贿罪与行贿罪，虽是彼此俱罪之赃，但所处罪名不同。三是片面的对向犯，即对于显然可以预见的对向犯参与行为不予处罚（缺乏处罚规定）的类型，例如刑法规定处罚贩卖淫秽物品罪，对于购买者并未明文规定处罚。在这种情况下就提出了一个问题：对于这种对向性行为，究竟是由于缺乏明文的处罚而不具有可罚性呢还是当然适用总则的共犯规定而具有可罚性？对于这个问题，在共犯教义学中存在以下三种观点。[①]（1）立法者意思说。立法者意思说认为，在具有对向犯性质的 a、b 这二种行为中，当法律仅将 a 行为作为犯罪定型加以规定时——对于当然可以定型性地预见到的 b 行为，是因为立法当时认为可以不予考虑——应解释为是出于不将 b 行为作为犯罪这一宗旨。（2）实质说。实质说认为，必要性共犯之所以不具有可罚性，其实质性根据首先在于，其处于被害人的地位。实质性根据之二在于，有些情况下参与者并无责任。（3）实质说与立法者意思说的并用。如果采取上述实质说，认为必要性共犯的不可罚根据在于缺乏违法性或责任，那么，参与行为是否当然可以预想到或者参与行为是否超过了通常性的框架，这已不再是问题。可以说，连一直以来所理解的必要性共犯这一概念甚至也不再需要。确实可以说，实质说基本指出了正确的方向，但并不能以此为理由，完全否定立法者意思说这一意义上的必要性共犯概念的存在必要性。在以上三种观点中，当然第三种观点是较为全面的，但从主要理由上来看，还是基于对立法者意思的推断，即使是实质说也是为立法者意思的推断提供根据的。我国学者提出法益考量是排除片面对向犯可罚性的正确路径的命题，指

---

① 参见［日］西田典之：《日本刑法总论》，刘明祥、王昭武译，309 页以下，北京，中国人民大学出版社，2007。

第一节 共犯形态概述

出:排除片面对向犯的可罚性,不用从形式上的理由(立法者的意思)着手,而应着眼于具体犯罪构成要件所保护的法益,根据混合惹起说,应以行为是否存在构成要件上的法益侵害,是否该当共犯的犯罪类型性来加以解决。[①] 从片面的对向犯的实际立法例来看,例如我国《刑法》第 363 条规定的贩卖淫秽物品牟利罪,其贩卖是指销售淫秽物品的行为,包括发行、批发、零售、倒卖等。[②] 从实际情况来看,有贩卖者必然有购买者,刑法分则只将贩卖淫秽物品行为规定为犯罪而未将购买淫秽物品行为规定为犯罪,就此而言,购买淫秽物品行为是不为罪的。那么,对于购买淫秽物品行为能否按照刑法总则关于共犯的规定论处呢?如果从共犯的构成要件上来说,购买行为或者是贩卖行为的唆使者,或者是贩卖行为的帮助者,其共犯的构成要件在形式上似乎是符合的。当然,从实质上,例如在被害人同意的场合否定存在法益侵害等,虽然具有一定合理性,但我还是认为从立法者意思上予以否定更为直接。这里涉及刑法分则与刑法总则直接规范的逻辑关系。刑法总则关于共犯的规定是对刑法分则具体犯罪的规定的补充,但它必然以刑法分则存在补充必要性与可能性为前提。如果刑法分则对某种情形已经不再作为犯罪来处理,那么刑法总则的补充就存在规范上的障碍。换言之,就对行为人定罪而言,刑法分则的规定之于刑法总则的规定是处于优越地位的。而在片面对向犯的情况下,立法者对其对向行为参与者不予处罚的意思已经十分明显,没有必要再从共犯的构成要件上寻找根据。

根据我国刑法分则的规定,可以将共犯形态进行如下划分:(1)对合犯罪;(2)聚众犯罪;(3)集团犯罪;(4)恶势力犯罪;(5)黑社会性质组织犯罪。

[①] 参见林文俊:《论片面对向犯的出路路径——以法益侵害为视角》,载《政治与法律》,2009 (12),84 页。

[②] 参见全国人大常委会法制工作委员会刑法室编:《中华人民共和国刑法条文说明、立法理由及相关规定》,735 页,北京,北京大学出版社,2009。

第八章 共犯形态Ⅰ：对合犯罪 聚众犯罪 集团犯罪

第二节 对合犯罪

一、对合犯罪的概念

对合犯罪，又称为对合犯，是指存在对合关系的犯罪。对合犯罪的核心是犯罪之间的对合关系，而这种对合关系是建立在行为、对象与结果之间的联系基础之上的。在刑法中，除不及物行为以外，及物行为之实施，总是针对一定犯罪对象的，这种犯罪对象可以分为物与人两种。在犯罪对象为物的情况下，它只是消极的行为客体。在犯罪对象为人的情况下，它与一定之行为人发生一种互动关系。这种互动关系，我认为无非有两种：一是被害关系，二是对合关系。在被害关系中，存在的是加害人与被害人之间的关系。其中，加害人是指实施犯罪行为之人，被害人是指遭受犯罪行为侵害之人。关于这种被害关系，专门有被害人学加以研究。在对合关系中，双方行为人并非加害与被害的关系，而是互为行为对象的关系。犯罪的对合关系，对双方行为人的定罪处罚具有重大影响，因而值得研究。

对合犯与犯罪的对合关系是既有联系又有区别的两个概念。在刑法教义学中，对合犯又称为对向犯、对行犯，是必要共犯的一种表现形式。必要共犯是相对于任意共犯而言的，通常认为必要共犯是指刑法分则规定必须二人以上共同故意实施才能构成的犯罪。必要共犯又分为聚合犯与对合犯。对合犯是指在犯罪构成上预先设定了复数行为者的双向行为的犯罪。[①] 在论及对合犯时，我国学者一般都举受贿罪与行贿罪的例子，认为在这种情况下，行贿人和受贿人各自实施自己的行为，罪名不同，但任何一罪的完成均以对应之罪的完成为条件。因此，对

---

① 参见［日］野村稔：《刑法总论》，全理其等译，381页，北京，法律出版社，2001。

合犯是基于双方的对向行为合力才能完成的犯罪。① 但由于受贿罪与行贿罪并非一个犯罪，因而称为必要共犯并不合适。为此，我国刑法对对合犯是否属于必要共犯提出了质疑，认为对合犯作为一种犯罪形态，在理论上值得探讨，但作为必要共犯的形式则未必适当。② 另有学者认为，对合犯的特点是：所犯罪名可能不同，如行贿、受贿；各自实施自己的犯罪行为，如一个送与，一个收受；双方的对向行为互相依存而存在，如受贿行为与行贿行为互相依存而存在；一方构成犯罪，另一方可能不构成犯罪，如相婚者不知对方已有配偶而与其结婚时，对方虽构成重婚罪，但相婚者则不构成犯罪。这种情况虽仍称为必要共犯，但用语实属不妥，因而德国学者称为所谓必要共犯。③ 我认为，必要共犯是以共犯一罪为特征的。因此，只有在共犯一罪的情况下才构成对合犯。例如已有配偶的男女与对方重婚，是对合犯的适例，而受贿罪与行贿罪则虽合称贿赂罪，但并不能称为对合犯。以往在刑法教义学中，对于对合犯有理解过于宽泛之嫌，这是不妥当的。受贿罪与行贿罪虽然不是共同犯罪中的对合犯，但不能否认两者之间存在对合关系。因此，犯罪的对合关系包括对合犯，但又不止于对合犯，还包括那些虽然不构成对合犯，但犯罪之间具有对合关系的情形。

二、对合犯罪的特征

对合犯罪是以犯罪之间存在对合关系而成立的必要共犯。对合犯罪具有以下特征。

（一）对合性

这里的对合性也可以说是一种相向关系或者对偶关系。犯罪的对合关系，就

---

① 参见杨春洗、杨敦先主编：《中国刑法论》，2 版，145 页，北京，北京大学出版社，1998。
② 参见高铭暄、马克昌主编：《刑法学》，上编，297 页，北京，中国法制出版社，1999。
③ 参见赵秉志主编：《外国刑法原理（大陆法系）》，210 页，北京，中国人民大学出版社，2000。

是互为行为相对人，彼此依存，缺一不可。

（二）犯罪性

这里的犯罪性，既可以是双方构成一罪，也可以是双方构成不同之罪，还可以是一方构成犯罪，另一方不构成犯罪。无论如何，必以至少一方构成犯罪为前提。

（三）法定性

对合犯罪在某种意义上说是一种法定的犯罪形态，是由法律加以规定的，因此应从法律上加以认定。

（四）共犯性

犯罪之间具有对合关系，并不等于对合犯。在某些情况下，犯罪之间虽然具有对合关系，但刑法并未将其规定为共犯，因而这种犯罪虽然在犯罪学上可以称为对合犯罪，但并不是共犯教义学中的必要共犯。

三、对合犯罪的认定

在正确地理解对合犯罪特征的基础上，我们还要进一步研究犯罪的对合关系的形态。我认为，犯罪的对合关系存在以下两种情形。

（一）彼此俱罪的对合犯

彼此俱罪的对合犯是指具有对合关系的行为相对人双方都构成犯罪的情形。彼此俱罪的对合犯又可以分为彼此同罪与彼此异罪两种类型，下面分别加以论述。

1. 彼此同罪的对合犯

彼此同罪的对合犯是指在犯罪的对合关系中，行为相对人构成同一犯罪。共同犯罪中的对合犯，一般指的就是这种情形。在我国刑法中，彼此同罪的对合犯具有以下情形。

（1）非法买卖枪支、弹药、爆炸物罪。这里的非法买卖，是指违反法律规定

第二节 对合犯罪

私自购买或者出售，因而购买者与出售者构成同一犯罪。

（2）非法买卖核材料罪。核材料关系重大，非法买卖双方均系犯罪，两者构成同一犯罪。

（3）串通投标罪。根据《刑法》第223条的规定，串通投标罪包括以下两种行为：一是违反国家投标市场管理法规，投标人相互串通投标价，损害招标人或者其他投标人的利益，情节严重的行为；二是招标人与投标人串通投标，损害国家、集体、公民的合法利益的行为。在上述第一种情形中，相互串通的是投标人，虽则构成共同犯罪，但并非对合犯。在上述第二种情形中，相互串通的是招标人与投标人。招标与投标，是发包建设工程、购买成套设备等民事经济活动中采用的有组织的市场交易行为，两者之间存在对合关系，由此构成对合犯。

（4）重婚罪。根据《刑法》第258条的规定，有配偶而重婚的，或者明知他人有配偶而与之结婚的，是重婚罪。由此可见，重婚行为包括两种：一是有配偶而重婚的，这是狭义上的重婚行为；二是明知他人有配偶而与之结婚的，这是相婚行为，属于广义上的重婚行为。重婚者与相婚者之间存在对合关系，由此构成对合犯。

（5）非法买卖国家机关公文、证件、印章罪。这里的非法买卖，是指违反法律规定，以金钱为交换条件，非法购买或销售。在此，销售者与购买者彼此同罪，属于对合犯。

（6）非法买卖警用装备罪。这里的非法买卖，是指无经营、使用权的单位或者个人，擅自销售、购买警用装备。因此，销售者与购买者彼此同罪，属于对合犯。

（7）非法买卖制毒物品罪。这里的买卖明显包括买者与卖者，两者构成对合犯。

（8）非法买卖毒品原植物种子、幼苗罪。这里的买卖也包括买者与卖者，两者构成对合犯。

在上述彼此同罪的对合犯中，买卖、招标投标、重婚相婚，在两种行为之间

都具有对合性。考虑到上述具有对合关系的两种犯罪行为性质上的同一性，因而在刑法上规定为同一之罪。

2. 彼此异罪的对合犯

彼此异罪的对合犯是指在犯罪的对合关系中，虽然双方行为人都构成犯罪，但刑法分别规定为罪名相异的两种不同犯罪。在我国刑法中，彼此异罪的对合犯具有以下情形。

（1）非国家工作人员受贿罪与对非国家工作人员行贿罪。《刑法》第163条规定，公司、企业或者其他单位的工作人员，利用职务上的便利，索取他人财物或者非法收受他人财物，为他人谋取利益，数额较大的，构成非国家工作人员受贿罪。《刑法》第164条规定，为谋取不正当利益，给予公司、企业或者其他单位的工作人员以财物，数额较大的，构成对非国家工作人员行贿罪。在上述情形中，一方受贿、一方行贿，存在对合关系并且彼此俱罪，但刑法分则规定为两个不同的犯罪。

（2）合同诈骗罪与签订、履行合同失职被骗罪，以及国家机关工作人员签订、履行合同失职被骗罪。在这种情况下，双方是骗与被骗的关系，这本来是一种典型的被害关系：骗是加害，被骗是被害。但如果被骗者是国有公司、企业、事业单位直接负责的主管人员，或者国家机关工作人员，并且在签订、履行合同过程中，因严重不负责任被诈骗，致使国家利益遭受重大损失的，依法构成失职被骗罪，两者就转化为犯罪的对合关系。在这种情况下，合同诈骗的行为人当然要依法处罚，失职被骗的行为人也应以犯罪论处。

（3）出售假币与购买假币罪。这里的出售假币是指将伪造的货币以低于票面额的价格卖出；购买假币是指将伪造的货币以低于票面额的价格买进，两者具有对合关系。

（4）非法出售增值税专用发票罪与非法购买增值税专用发票罪。这里的出售是指将增值税专用发票作为商品卖出；这里的购买，是指将增值税专用发票作为商品买进，两者具有对合关系。

(5) 拐卖妇女、儿童罪与收买被拐卖的妇女、儿童罪。拐卖妇女、儿童的行为，根据刑法规定，是指以出卖为目的，有拐骗、绑架、收买、贩卖、接送、中转妇女、儿童的行为之一的。在上述行为中，贩卖是最核心的行为。收买被拐卖的妇女、儿童罪中的收买是指不以出卖为目的的收买，以出卖为目的收买的则应以拐卖妇女、儿童罪论处。在拐卖妇女、儿童罪与收买被拐卖的妇女、儿童罪之间具有对合关系。

(6) 脱逃罪与私放在押人员罪、失职致使在押人员脱逃罪。在押人员与监管人员之间存在对合关系。在押人员，包括依法被关押的罪犯、被告人、犯罪嫌疑人，脱逃的，构成脱逃罪。如果监管人员私放或者由于严重不负责任，致使在押的犯罪嫌疑人、被告人或者罪犯脱逃，造成严重后果的，分别构成私放在押人员罪和失职致使在押人员脱逃罪。在失职致使在押人员脱逃的情况下，在押人员构成脱逃罪，因而两者之间存在犯罪的对合关系，这是没有疑问的。那么，在私放在押人员的情况下，在押人员是否构成脱逃罪呢？这个问题十分复杂，不可一概而论。根据最高人民检察院《关于人民检察院直接受理立案侦查的案件立案标准的规定》，有下列情形之一，应认为构成私放在押人员罪：1) 私自将在押的犯罪嫌疑人、被告人或者罪犯放走或者授意、指使他人将其放走；2) 伪造、变造或者涂改有关法律文书，以使上述人员脱离监管的；3) 提供便利条件，帮助或者纵容上述人员脱逃的；4) 违反监管规定，私自将上述人员提出关押场所，指使其外出，致使其脱离监管，情节严重的；5) 违反法定条件，私自允许上述人员放假，致使其脱离监管，情节严重的。上述情形中，有的是直接将在押人员放走。在这种情况下，在押人员是消极的被放，因而不构成脱逃罪。有的是为在押人员创造条件使其逃走。在这种情况下，在押人员构成脱逃罪。只有在在押人员构成脱逃罪的情况下，才与私放在押人员的司法工作人员形成彼此俱罪的对合关系。

(7) 非法收购珍贵、濒危野生动物、珍贵、濒危野生动物制品罪与非法出售珍贵、濒危野生动物、珍贵、濒危野生动物制品罪。根据我国野生动物保护法的

规定，珍贵、濒危野生动物、珍贵、濒危野生动物制品严格受国家法律保护，无论是非法收购还是非法出售，都应以犯罪论处。但在收购与出售之间存在犯罪的对合关系，刑法分别规定为两个不同罪名，但这两个罪名是一种选择式罪名，即使同时具备这两种行为的，也只构成一罪而不以数罪论处。

（8）受贿罪与行贿罪。《刑法》第385条规定，国家工作人员利用职务上的便利，索取他人财物的，或者非法收受他人财物，为他人谋取利益的，是受贿罪。《刑法》第389条规定：为谋取不正当利益，给予国家工作人员以财物的，是行贿罪。在受贿与行贿都构成犯罪的情况下，两者之间存在彼此俱罪的对合关系。

（9）单位受贿罪与对单位行贿罪。在我国刑法中，单位受贿与对单位行贿分别独立构成犯罪。这里的单位是指国家机关、国有公司、企业、事业单位、人民团体，而不包括其他单位。在上述单位受贿与对上述单位行贿，双方均构成犯罪的情况下，形成彼此俱罪的对合关系。

（10）放纵走私罪与走私罪。《刑法》第411条规定，海关工作人员徇私舞弊，放纵走私，情节严重的，构成放纵走私罪。在海关工作人员放纵走私的情况下，被放纵的人必然构成走私罪，因而两者之间存在犯罪的对合关系。

（11）放纵制售伪劣商品犯罪行为罪与生产、销售伪劣商品罪。《刑法》第414条规定，对生产、销售伪劣商品犯罪行为负有追究责任的国家机关工作人员，徇私舞弊，不履行法律规定的追究职责，情节严重的，构成放纵制售伪劣商品犯罪行为罪。在国家机关工作人员放纵制售伪劣商品犯罪行为的情况下，被放纵者必然构成生产、销售伪劣商品罪，因而两者之间存在犯罪的对合关系。

（12）放行偷越国（边）境人员罪与偷越国（边）境罪。《刑法》第415条规定，边防、海关等国家机关工作人员，对明知是偷越国（边）境的人员，予以放行的，构成放行偷越国（边）境人员罪。在边防、海关等国家机关工作人员放行偷越国（边）境人员的情况下，被放行者必然构成偷越国（边）境人员罪。

在上述彼此异罪的对合关系中，犯罪双方当事人，通常一方是身份犯，例如

国家工作人员，另一方是非身份犯，两者之间大多存在行政法上的管理人与相对人的关系。由于身份犯的行为与职务相关，因而属于职务上的犯罪。而非身份犯的行为是普通犯罪行为，所以尽管两者之间往往存在事实上的共犯关系，刑法上并不规定为共同犯罪，而是规定为不同罪名，分别论处。

（二）片面对合犯

片面对合犯是指具有对合关系的双方行为人，刑法只是规定一方构成犯罪，另一方则并不构成犯罪。应当指出，片面对合犯不仅不同于彼此俱罪的对合犯，而且也区别于加害与被害关系。加害与被害关系也只有加害方构成犯罪，被害方不构成犯罪。而片面对合犯中，不构成犯罪的一方不是被害人，其行为一般是违法的，只是刑法未将其规定为犯罪而已。我国刑法中的片面对合犯包括以下情形。

（1）销售侵权复制品罪与购买侵权复制品行为。销售侵权复制品行为，刑法规定为犯罪；购买侵权复制品行为则没有规定为犯罪，两者之间存在非彼此俱罪的对合关系。

（2）非法销售间谍专用器材罪与购买间谍专用器材行为。凡有销售，必相应地有购买，两者之间具有对合关系。但刑法只是将非法销售间谍专用器材行为规定为犯罪，而未处罚购买行为。

（3）非法向外国人出售、赠送珍贵文物罪与购买、受赠珍贵文物行为。根据《刑法》第325条之规定，违反文物保护法规，将收藏的国家禁止出口的珍贵文物私自出售或者私自赠送给外国人的行为，是非法向外国人出售、赠送珍贵文物罪。在这一犯罪中，存在出售者与购买者、赠送者与受赠者这样一种对合关系，但法律只将出售行为与赠送行为规定为犯罪，购买行为与受赠行为则并非犯罪。如果购买者与受赠者没有实施其他行为，购买与受赠甚至不能认定为是违法行为。当然，其也不是受害者。

（4）倒卖文物罪与购买文物行为。《刑法》第326条规定，倒卖文物罪是指以牟利为目的，倒卖国家禁止经营的文物，情节严重的行为。这里的倒卖，是指

355

销售和以出卖为目的的收购行为，而不包括不以出卖为目的的收买行为。因此，在出卖和不以出卖为目的的收买之间，也存在对合关系。刑法规定只处罚出卖者，而不处罚不以出卖为目的的收买者。

（5）非法出售、私赠文物藏品罪与购买、受赠文物藏品行为。根据《刑法》第327条的规定，违反文物保护法规，国有博物馆、图书馆等单位将国家保护的文物藏品出售或者私自送给非国有单位或者个人的行为，是非法出售、私赠文物藏品罪。在本罪中，购买或者受赠国有博物馆、图书馆的国家保护的文物藏品的行为与上述非法出售、私赠文物藏品行为之间存在对合关系，但法律只处罚后者而不处罚前者。

（6）贩卖淫秽物品牟利罪与购买淫秽物品行为。这里的贩卖，是指销售淫秽物品的行为，包括发行、批发、零售、倒卖等。刑法只将贩卖行为规定为犯罪，而未将与之存在对合关系的购买行为规定为犯罪。

在上述片面对合犯的情况下，对于刑法未规定为犯罪的对合行为能否按照共犯处罚，是刑法上一个存在争论的问题。例如，《日本刑法》第175条规定了贩卖猥亵文书罪。在这种情况下，虽然贩卖猥亵文书罪规定并不处罚购入者，但是是否可以参照适用共犯的规定，对购入者作为教唆犯实行处罚呢？对此，否定说认为，既然法律只处罚对合犯一方，当然预先设定了把另一方行为放到处罚之外，因此不能把购入者行为作为贩卖猥亵文书罪的教唆犯进行处罚。而肯定说则认为，积极地并且执拗地进行购买活动使贩卖者产生了贩卖意思的行为，已经不能为刑法预先设定的定型的犯罪构成要件所能包含，所以认定教唆犯的成立也是可以的。[①] 这里涉及对共犯范围的理解。我认为，在上述情况下，刑法既然规定只处罚贩卖者，购买者即便在客观上引起向本人贩卖之行为也应排除在处罚范围之外。但如果教唆向他人贩卖猥亵文书，仍应以贩卖猥亵文书罪的教唆犯论处。对于这个问题，在我国刑法理论中也是值得研究的。例如，在1979年《刑法》

---

① 参见〔日〕野村稔：《刑法总论》，全理其等译，381～382页，北京，法律出版社，2001。

第二节 对合犯罪

中规定了销赃罪，当时对于买赃自用的行为是否可以按照销赃罪来处理存在争议。当时，有些学者认为买赃自用在客观上起到了帮助销赃的作用，是销赃的共犯，甚至将买赃行为视为销赃罪的一种形式。[1] 这种观点显然不能成立，因为销赃与买赃是具有对合关系的两种行为，将买赃解释为销赃存在逻辑上的障碍。及至1997年《刑法》修订中增设了收购赃物罪，这里的收购赃物是指有偿地购买赃物，既包括买赃自用，也包括为给他人使用而买赃。[2] 至此，销赃与买赃均为犯罪，成为彼此俱罪的对合犯，从而为处罚买赃行为提供了法律根据。[3] 但由于对此缺乏深入研究，还是存在一些争议问题。例如《刑法》第145条规定了生产、销售不符合标准的医用器材罪。在一般情况下，不符合标准的医用器材的购买者是本罪的受害人，因而存在被害关系。但在实际中有些医疗机构和个人为追求经济利益，购买、使用明知是不符合标准的医疗器械、医用卫生材料，以致造成严重危害人体健康的后果。为此，《产品质量法》第62条明文规定：服务业的经营者知道或者应当知道所使用的产品属于该法规定禁止销售的产品而用于经营性服务的，按照违法使用产品（包括已使用和尚未使用的产品）的货值金额，依照该法对销售者的处罚规定处罚，因而这一规定是合宪的。但根据这一规定精神，最高人民法院、最高人民检察院2001年公布的《关于办理生产、销售伪劣商品刑事案件具体应用法律若干问题的解释》第6条第4款规定："医疗机构或者个人，知道或者应当知道是不符合保障人体健康的国家标准、行业标准的医疗器械、医用卫生材料而购买、使用，对人体健康造成严重危害的，以销售不符合标准的医用器材罪定罪处罚。"2008年6月25日最高人民检察院、公安部《关

---

[1] 参见魏克家：《故意大量买赃行为是销赃罪的一种形式》，载《经济体制改革与打击经济犯罪》，248页，上海，上海社会科学出版社，1987。

[2] 参见高铭暄主编：《新编中国刑法学》，下册，861页，北京，中国人民大学出版社，1998。

[3] 需要指出的是，《刑法修正案（六）》第19条对本罪行为做了修改，将客观行为由窝藏、转移、收购或者代为销售扩大为所有掩饰、隐瞒行为。因此，本罪的罪名也由排列式罪名改为单一式罪名。受此影响，销赃罪与买赃罪由彼此异罪转变为彼此同罪，即掩饰、隐瞒犯罪所得、犯罪所得收益罪。

于公安机关管辖的刑事案件立案追诉标准的规定（一）》第 21 条第 2 款规定："医疗机构或者个人知道或者应当知道是不符合保障人体健康的国家标准、行业标准的医疗器械、医用卫生材料而购买并有偿使用的，视为本条规定的'销售'"。

我认为，上述规定有越权之嫌。刑法规定构成犯罪的行为是销售不符合标准的医疗器械、医用卫生材料，它并不包括购买、使用不符合标准的医疗器械、医用卫生材料。这种购买、使用行为属于法无明文规定的情形，通过司法解释或者其他司法文件规定为犯罪，明显有悖于罪刑法定原则。正如意大利学者在论及犯罪的对合犯中，对那些法律没有明文规定要处罚的行为人，能否按刑法关于共同犯罪的一般规定来加以处罚时指出：对这一问题，人们理所当然地给了一个否定的答复，因为这显然违背罪刑法定原则：如果法律规定的构成要件必须包含或必须以另一个主体的行为为前提，但法律并没有规定应对该主体进行处罚，那就意味着法律没有要处罚该主体的意思。① 由此可见，在片面对合犯中，对于刑法未规定为犯罪的行为相对人，一般不能以犯罪论处。

第三节 聚众犯罪

一、聚众犯罪的概念

聚众犯罪，又称为聚合犯，是指法律规定以聚众作为构成犯罪必要条件的犯罪。关于聚众犯罪的概念，我国学者指出："我国刑法中的聚众犯罪，是指刑法分则明文规定的，在首要分子的作用下以聚众的行为方式实施的一种犯罪类

---

① 参见［意］杜里奥·帕多瓦尼：《意大利刑法学原理》，陈忠林译，339 页，北京，法律出版社，1998。

型。"① 这一概念较为全面地揭示了聚众犯罪的内容，因而是可取的。

聚众犯罪是共同犯罪的一种特殊类型，其区别于结伙犯罪的特征就在于是三人以上的共同犯罪。聚众犯罪具有人多势众的特点，具有对社会秩序的严重破坏性，我国司法实践称之为涉众犯罪。在我国刑法中，刑法分则对聚众犯罪做了专门规定，这对于正确认定聚众犯罪具有重要意义。聚众犯罪是一种聚合性的犯罪，相对于结伙犯罪而言，聚众犯罪的人数更多，法益侵害性更大，因而是共同犯罪中的一种较为严重的犯罪类型。

二、聚众犯罪的类型

我国刑法中的聚众犯罪是一种较为特殊的共犯形态。根据刑法规定，我国刑法中的聚众犯罪从性质上说，可以分为两种：第一种是必要共犯的聚众犯罪，例如《刑法》第317条规定的聚众持械劫狱罪。第二种是任意共犯的聚众犯罪，例如《刑法》第290条规定的聚众扰乱社会秩序罪、第291条规定的聚众扰乱公共场所秩序、交通秩序罪，这些犯罪以首要分子为构成犯罪的必要条件。

（一）必要共犯的聚众犯罪

必要共犯的聚众犯罪是必要共犯的一种特殊类型，这种聚众犯罪本身就属于共同犯罪。值得注意的是，必要共犯的聚众犯罪在刑法规定形式上可以分为两种情形。

第一种是显形的聚众犯罪。显形的聚众犯罪是指刑法在罪状中明文规定以聚众的形式构成的犯罪。例如《刑法》第292条对聚众斗殴罪规定："聚众斗殴的，对首要分子和其他积极参加的，处三年以下有期徒刑、拘役或者管制；有下列情形之一的，对首要分子和其他积极参加的，处三年以上十年以下有期徒刑：（一）多次聚众斗殴的；（二）聚众斗殴人数多，规模大，社会影响恶劣的；（三）在公共

---

① 刘德法：《聚众犯罪理论与实务研究》，33页，北京，中国法制出版社，2011。

第八章 共犯形态 I：对合犯罪 聚众犯罪 集团犯罪

场所或者交通要道聚众斗殴，造成社会秩序严重混乱的；（四）持械聚众斗殴的。聚众斗殴，致人重伤、死亡的，依照本法第二百三十四条、第二百三十二条的规定定罪处罚。"刑法已经将聚众斗殴罪的共同犯罪人区分为两种人：（1）首要分子；（2）积极参加者。刑法对这两种人规定了基本犯和加重犯两种不同的法定刑，因而在司法实践中可以直接对这两种人进行定罪量刑。由此可见，本罪属于聚众犯罪。

第二种是隐形的聚众犯罪。隐形的聚众犯罪是指刑法在罪状中并没有明文规定以聚众的形式构成，但从其罪状描述来看，只能由聚众的形式成立的聚众犯罪。例如《刑法》第104条对武装叛乱、暴乱罪规定："组织、策划、实施武装叛乱或者武装暴乱的，对首要分子或者罪行重大的，处无期徒刑或者十年以上有期徒刑；对积极参加的，处三年以上十年以下有期徒刑；对其他参加的，处三年以下有期徒刑、拘役、管制或者剥夺政治权利。策动、胁迫、勾引、收买国家机关工作人员、武装部队人员、人民警察、民兵进行武装叛乱或者武装暴乱的，依照前款的规定从重处罚。"在本罪的罪状中虽然并没有出现"聚众"一词，但从罪状描述来看，武装叛乱、暴乱罪只能以聚众的方式实施，而且刑法已经将本罪的共同犯罪人区分为三种人：（1）首要分子或者罪行重大者；（2）积极参加者；（3）其他参加者。刑法对这三种人分别规定了轻重不等的法定刑，因而在司法实践中可以直接对这三种人进行定罪量刑。由此可见，本罪属于聚众犯罪。

聚众犯罪具有常见性、多发性和复杂性，并且是一种涉众型犯罪，因而对其处理的时候，应当严格把握刑事政策，正确区分罪与非罪的界限。例如倪以刚等聚众斗殴案。[①] 江苏省泗阳县人民法院依法经不公开开庭审理查明：被告人夏成小等人与王云龙、徐杰（另案处理）等人发生矛盾，徐杰等人多次准备殴打夏成小，夏成小将此事告诉被告人倪以刚。2004年2月15日下午2时许，被告人倪

---

① 参见周猛：《倪以刚等聚众斗殴案——如何把握聚众斗殴罪的犯罪构成及转化要件》，载最高人民法院刑事审判第一庭、第二庭编：《刑事审判参考》，第44集，71～84页，北京，法律出版社，2005。

以刚及其"老大"张卫(在逃)出面处理此事,与徐杰等人的"老大"赵磊(另案处理)在开荣浴室门口发生争执,赵磊用刀将张卫的裤子戳坏,倪以刚等人认为自己的"老大"丢了面子,遂联系汪凯(在逃),商定为张卫报仇,后倪以刚和汪凯先后召集被告人韩磊、张耀、周业晖、刘旭、胡成文、夏成小、王业佳、朱鹏以及刘兵、苏臣逸(在逃)、吴国健、朱峰、赵东等二十余人,于2004年2月15日下午6时许,携带砍刀准备到"东方网络"网吧寻找赵磊等"东边"的人殴打。倪以刚等人行至众小门东时,遇到被害人张明,听说张明也是他们要寻找的"东边"的人,包括九被告人在内的二十多人即围住张明,其中倪以刚、韩磊、张耀、周业晖、刘旭、胡成文及汪凯、刘兵等人用砍刀将张明砍伤。随后,包括九被告人在内的二十多人又窜至众兴镇"东方网络"网吧,汪凯、刘兵及倪以刚、胡成文等人在网吧内砍打徐杰、丁扬等人,韩磊、张耀、周业晖、刘旭在网吧外追砍陈磊、王健等人,王业佳欲用刀砍人时,刀被夏成小夺去,夏成小、朱鹏在网吧门口持刀砍人,在本次殴斗中,徐杰、王允寅、陈磊、王健、张子扬、丁扬、张徐等人被砍伤。

张明于2004年2月15日受伤后,当即被家人送到泗阳县人民医院抢救并住院治疗,经检查张明颅骨、面额部及身体其他部位十多处受伤,至3月11日出院;6月6日张明再次到泗阳县人民医院住院,在此期间进行颅骨修补术,至6月20日出院。经法医鉴定,张明的头部颅骨损伤构成重伤,徐杰、王允寅、陈磊、王健的损伤构成轻伤,丁扬、张子扬、张徐的损伤构成轻微伤。另查明:张明在泗阳县人民医院治疗期间共花费35 915.56元,交通费210元。

江苏省泗阳县人民法院认为,被告人倪以刚、韩磊、张耀、周业晖、刘旭、胡成文、夏成小、朱鹏、王业佳持械聚众斗殴;被告人倪以刚在2004年2月15日的聚众斗殴中起策划、组织、指挥作用,属首要分子;被告人韩磊、张耀、周业晖、刘旭、胡成文、夏成小、朱鹏、王业佳在2004年2月15日的聚众斗殴过程中,积极参与,均属于积极参加者。被告人韩磊还伙同汪凯积极参与殴打刘成、左海波等人,九被告人的行为均构成聚众斗殴罪;被告人倪以刚、韩磊、周

业晖、胡成文、张耀、刘旭在聚众斗殴中还实施了致被害人张明重伤的行为,而本案中又难以分清致被害人张明重伤的直接责任人,故被告人倪以刚、韩磊、张耀、周业晖、刘旭、胡成文对张明伤害的行为还符合《刑法》第292条第2款的情形,属于致人重伤的情况,应依《刑法》第234条第2款规定的故意伤害罪定罪处罚。被告人刘旭故意伤害左峰身体致其轻伤,其行为已构成故意伤害罪。九被告人等人在2004年2月15日的聚众斗殴过程中,在众小门九被告人等追砍被害人张明与在"东方网络"内殴斗在时间上有一定的连续,但由于众小门与"东方网络"相隔较远,属不同的地点,九被告人在两处的行为应分别评价。即被告人倪以刚、韩磊、张耀、周业晖、刘旭、胡成文均应按故意伤害罪和聚众斗殴罪数罪并罚;被告人夏成小、朱鹏、王业佳应按聚众斗殴罪定罪处罚。公诉机关指控被告人倪以刚、韩磊、张耀、周业晖、刘旭、胡成文犯故意伤害罪和聚众斗殴罪,被告人夏成小、朱鹏、王业佳犯聚众斗殴罪,事实清楚,证据确实充分,应予支持;但公诉机关指控被告人夏成小、朱鹏、王业佳犯故意伤害罪证据不足,本院不予支持。被告人倪以刚系首要分子,应对2004年2月15日发生的聚众斗殴事件全部负责,其在有期徒刑执行完毕后的5年内再犯应当判处有期徒刑以上的刑罚之罪,属累犯,依法应当从重处罚;但考虑到被告人倪以刚积极赔偿被害人张明部分医疗费,对其所犯的故意伤害罪可酌情从轻处罚。被告人韩磊作案时不满18周岁,并向张明赔偿了部分医疗费,根据其所实施犯罪行为在整个犯罪中的作用和情节,依法从轻处罚。被告人张耀已向被害人张明赔偿部分费用,对其故意伤害罪酌情从轻处罚。被告人周业晖在作案时不满18岁,并向张明赔偿部分医疗费,对其所犯的故意伤害罪依法适用减轻处罚,对其所犯的聚众斗殴罪从轻处罚。被告人刘旭在作案时不满18岁,并向张明赔偿部分医疗费,本院对其所犯两罪依法均适用从轻处罚。被告人胡成文在案发后主动投案并如实供述自己的犯罪事实,属自首,其在作案时不满18岁,并主动赔偿张明的部分损失,认罪态度较好,对其所犯故意伤害罪和聚众斗殴罪均适用减轻处罚。被告人夏成小、朱鹏、王业佳均系在校学生,在作案时均不满18周岁,均能主动赔偿被害

人张明的部分损失；被告人朱鹏、王业佳在整个犯罪中起次要作用属从犯，且认罪态度较好；根据三被告人各自所实施犯罪行为的具体情节及三被告人的犯罪原因，本院不同程度地对三被告人所犯聚众斗殴罪适用减轻处罚。被告人夏成小的辩护人辩称夏成小没有对张明砍打，故不应当认定被告人夏成小犯故意伤害罪，因认定被告人夏成小砍张明证据不足，对该辩护意见本院予以采信。被告人周业晖和夏成小的辩护人均认为自己的当事人是从犯，经查，该二被告人在整个犯罪中的作用，不符合从犯的法律要件，对二辩护人的该辩护意见不予采信。被告人刘旭辩称砍左峰是自卫，但通过对查明事实的分析，被告人刘旭的行为不符合正当防卫的法律要件，故对被告人刘旭的此辩解本院不予支持。本案中九被告人的聚众斗殴行为与张明的受伤都有因果关系，故九被告人为共同侵权人，被告人倪以刚、周业晖、刘旭和其他被告人共同对被害人张明实施侵权行为，应当承担相应的民事赔偿责任。根据本案的具体情况，难以区分各被告人的责任范围，应推定各共同侵权人承担同等民事责任，同时被害人张明的法定代理人对被告人韩磊、张耀、胡成文、夏成小、王业佳、朱鹏的权利处分的后果已向附带民事诉讼原告人告知并另行作出裁判文书。这就决定被告人倪以刚、周业晖、刘旭仅应承担该三人应当承担的赔偿份额。原告人张明的医疗费为 35 915.56 元、护理费为 1 742.5 元（按每天 42.5 元计算 41 天）、营养费为 615 元（按每天 15 元计算 41 天）、交通费为 210 元，四项费用共计 38 484.06 元。按 12 人应当对原告人承担赔偿义务计算，可确定被告人倪以刚、周业晖、刘旭应当共同连带赔偿 38 484.06 元中的 1/4 即 9 621 元。鉴于被告人倪以刚已向张明支付了 4 000 元，被告人周业晖已支付 1 100 元，被告人刘旭已支付 1 000 元，故被告人倪以刚、周业晖、刘旭还应连带赔偿张明医疗费、营养费、护理费、交通费共计 3 521 元。被告人周业晖现尚不满 18 周岁，属限制民事行为能力人，被告人周业晖造成被害人张明损伤，其应当承担的民事责任应由其监护人即法定代理人徐翠英承担。被告人刘旭在对被害人张明实施侵权行为时不满 18 周岁，现已满 18 周岁，对其应承担的赔偿责任而实际不能承担的应由原监护人即本案附带民事诉讼被告

第八章 共犯形态Ⅰ：对合犯罪 聚众犯罪 集团犯罪

人纪扬州承担。附带民事诉讼被告人纪扬州辩称：被告人刘旭没有对张明实施砍的行为也不应予赔偿，经查，其辩解与事实不符，且无法律依据，本院不予支持。根据《刑法》第292条，第234条第1、2款，第17条第1、3款，第25条第1款，第26条第1、4款，第27条，第36条第1款，第55条第1款，第56条第1款，第65条第1款，第67条第1款，第69条，《民法通则》第130条、第133条第1款，最高人民法院《关于贯彻执行〈中华人民共和国民法通则〉若干问题的意见（试行）》第161条第1款，最高人民法院《关于审理人身损害赔偿案件适用法律若干问题的解释》第5条之规定，对本案各被告人作出判决。

本案是一起聚众斗殴案，属于必要共犯的聚众犯罪。根据我国《刑法》第292条的规定，聚众斗殴罪是指出于寻求精神刺激、填补精神空虚等流氓动机，聚集多人进行斗殴的行为。关于聚众斗殴罪，最高人民法院、最高人民检察院未作过相关司法解释，地方司法机关曾经作过有关规定，例如2002年10月25日江苏省高级人民法院、江苏省人民检察院、江苏省公安厅就曾经颁布《关于办理涉枪涉爆、聚众斗殴案件具体应用法律若干问题的意见》（以下简称《2002年意见》）[1]，对办理聚众斗殴案件中具体应用法律的若干问题提出了有关意见。此外，为切实解决聚众斗殴刑事案件适用法律的突出问题，提高审判质量，江苏省高级人民法院于2007年4月12日～14日举办了全省法院关于聚众斗殴案件适用法律问题专题研讨培训班，就其中若干问题达成共识，付诸文字，以"关于聚众斗殴刑事案件适用法律问题专题研讨"为题，刊登在最高人民法院编的《刑事审判参考》（以下简称《研讨意见》）。[2]

聚众斗殴罪是以聚众为特征的一种犯罪，我国学者认为，聚众犯罪是指首要分子聚集多人一起实施以聚众作为构成犯罪的必要条件，以刑法分则为特别规定

---

[1] 参见游伟主编：《华东刑事司法评论》，第4卷，320页以下，北京，法律出版社，2003。
[2] 参见江苏省高级人民法院刑事审判第三庭：《关于聚众斗殴刑事案件适用法律问题专题研讨》，载最高人民法院刑事审判第一庭、第二庭编：《刑事审判参考》，第60集，130页以下，北京，法律出版社，2008。

第三节 聚众犯罪

的共同犯罪。因此,聚众犯罪具有以下特征:(1)主体特征:聚集多人,即非固定的多人性。(2)法律特征:刑法分则特别规定,即聚众犯罪的法定性。(3)行为特征:以聚众作为构成犯罪的必要条件,具有犯罪的公然性。(4)形态特征:聚众犯罪是一种共同犯罪。[1]

聚众斗殴罪是以聚众为特征的,聚众是本罪的实行行为的重要组成部分。在这个意义上说,聚众斗殴罪中的首要分子,其实行行为具有复合的性质,其聚众行为的着手即为犯罪的着手,即使未及斗殴就被制止,也应视为聚众斗殴的未遂。我国司法实践一般也认同这样的观点。例如司法机关认为:聚众斗殴的法定犯罪行为由聚众和斗殴双重行为构成,聚众是手段行为,斗殴是目的行为,只要开始实行聚众这一手段行为,就意味着已经开始着手实施犯罪,因犯罪因意志以外原因而未得逞的,就应当认定为犯罪未遂。[2] 这一观点将聚众斗殴理解为复行为犯,强调聚众行为作为手段行为是本罪实行行为的一部分,对于正确认定本罪具有重要意义。

聚集多人是聚众的特征,那么这里的多人如何理解?对此,在刑法理论上与司法实践中都存在不同的理解。这一问题可以分为三种情况:第一种情况即双方人数均在3人以上,双方总人数在6人以上;第二种情况即一方人数在3人以上,而对方人数未达3人但至少为1人,双方总人数在4人以上;第三种情况即双方人数均不满3人,但两者相加在3人以上。对此,在司法实践中存在以下三种意见:第一种意见认为,成立聚众斗殴必须双方均达3人以上,斗殴中有一方不足3人的,双方均不构成聚众斗殴罪。第二种意见认为,斗殴时一方达3人以上,另一方不足3人的,只要双方均有互殴的故意,对双方均可认定为聚众斗殴罪。第三种意见认为,聚众3人以上斗殴的一方可以构成聚众斗殴罪,不满3人

---

[1] 参见李宇先:《聚众犯罪研究》,8~9页,长沙,湖南人民出版社,2004。
[2] 参见江苏省高级人民法院刑三庭:《聚众斗殴案件适用法律研讨综述》,载《审判研究》,2007年第3辑,181页,北京,法律出版社,2007。

的一方不构成聚众斗殴罪。对于这个问题，在刑法理论上的通说认为：以第一种情况作为构成本罪的最低要求，要求过严，且为构成犯罪设置了不符合本罪的法定构成要件的条件，因此不可取；以第三种情况作为构成本罪的最低要求，则要求过宽，且缺乏本罪的某些法定构成要件，因此亦不可取；只有以第二种情况作为构罪的最低要求，不仅宽严适度，而且完全具备本罪法定构成要件，是正确的。人数在3人以下的殴斗一方根据《刑法》第292条的规定，不能以本罪论处，但如果造成了伤害、死亡结果的，应以故意伤害罪、故意杀人罪论处；如果没有造成伤亡结果的，应按照《治安管理处罚法》的相关规定给予行政处罚。[①]关于这个问题，《2002年意见》指出："双方均有互殴的故意，斗殴时一方达3人以上，一方不到3人的，对双方均可以认定为聚众斗殴。"这实际上是第一种意见，即对于未达到3人的一方也以聚众斗殴罪论处。但《研讨意见》则认为："双方均有互殴故意，对达3人以上的一方，可以认定为聚众斗殴罪；对不足3人的一方，不认定为聚众斗殴罪，构成其他犯罪的，以其他犯罪追究刑事责任。"

（二）任意共犯的聚众犯罪

任意共犯的聚众犯罪是指只能由首要分子构成的聚众犯罪，对任意共犯的聚众犯罪，刑法规定仅处罚实施聚众行为的首要分子，而不处罚其他参与人。但实施聚众行为的首要分子在两人以上而构成共同犯罪的情形，就是任意共犯的聚众犯罪。例如我国《刑法》第291条规定的聚众扰乱公共场所秩序、交通秩序罪，其方式是聚众，而具体行为是扰乱车站、码头、民用航空站、商场、公园、影剧院、展览会、运动场或者其他公共场所秩序，堵塞交通或者破坏交通秩序，抗拒、阻碍国家治安管理工作人员依法执行职务，情节严重。根据我国刑法规定，对本罪，只处罚首要分子，其他人员则不予处罚。因此，聚众扰乱公共场所秩序、交通秩序罪虽然以聚众为特征，但不是共同犯罪的聚众犯罪。需要指出，单独犯罪的聚众犯罪虽然属于单独犯罪，但这并不意味着这种聚众犯罪只能构成单

---

① 参见王作富主编：《刑法分则实务研究》，3版，中册，1270页，北京，中国方正出版社，2007。

第三节 聚众犯罪

独犯罪,而是说这种聚众犯罪的构成要件是以单独犯罪为模型设立的,当二人以上共同实施这种聚众犯罪的时候,仍然可以成立共同犯罪。这个意义上的共同犯罪就是任意的共同犯罪,而不是必要的共同犯罪。

余胜利、尤庆波聚众扰乱交通秩序案。[①]上海市虹口区人民法院经审理查明,被告人余胜利、尤庆波合谋,由尤庆波提议、余胜利号召,以讨要工资为由,于2012年6月20日11时许,组织、鼓动上海荣欣酒店员工韩占起、孙留明(另案处理)等三十余人,聚集到上海市四川北路1851号上海荣欣酒店门口,封堵道路、截断往来车辆,且在警察出警后仍不听劝阻,造成该路段交通严重堵塞。嗣后,余胜利、尤庆波等人被带至公安机关,尤庆波到案后如实供述了自己的罪行,余胜利在庭审中供认了其犯罪事实:上海市虹口区人民法院经审理认为,被告人余胜利、尤庆波合谋,聚众堵塞交通,抗拒、阻碍国家治安管理工作人员依法执行职务,情节严重,其行为均构成聚众扰乱交通秩序罪。上海市虹口区人民检察院指控被告人余胜利、尤庆波犯聚众扰乱交通秩序罪的罪名成立。尤庆波到案后能如实供述自己的犯罪事实,依法可以从轻处罚。余胜利在庭审中能供认自己的犯罪事实,可以酌情从轻处罚。余胜利的辩护人关于余胜利在庭审中认罪态度较好,可以酌情从轻处罚的辩护意见,予以采纳。据此,依照《刑法》第291条、第25条第1款、第67条第3款之规定,上海市虹口区人民法院以被告人余胜利犯聚众扰乱交通秩序罪,判处有期徒刑9个月;以被告人尤庆波犯聚众扰乱交通秩序罪,判处有期徒刑6个月。一审宣判后,被告人余胜利、尤庆波均未提起上诉,检察院亦未抗诉,该判决已发生法律效力。

关于如何认定聚众扰乱交通秩序罪的首要分子,本案的裁判理由指出:聚众型犯罪是在首要分子的纠集下实施的一种犯罪类型,参与聚众型犯罪活动的人员

[①] 参见施月玲、葛立刚:《余胜利、尤庆波聚众扰乱交通秩序罪——如何认定聚众扰乱交通秩序罪中的"首要分子"和"情节严重"》,载最高人民法院刑事审判第一、二、三、四、五庭主办:《刑事审判参考》,第95集,95~100页,北京,法律出版社,2013。

第八章 共犯形态Ⅰ：对合犯罪 聚众犯罪 集团犯罪

可以分为三类，即除了首要分子，还包括积极参与者和一般参与者。根据不同罪名，刑法规定了不同的刑罚处罚原则：一是规定三类参与人员均需负刑事责任，如煽动分裂国家罪；二是仅规定首要分子和积极参与者需负刑事责任，如聚众淫乱罪；三是仅规定首要分子需负刑事责任，积极参与者和一般参与者均不构成犯罪，本案中的聚众扰乱交通秩序罪即属此类。根据《刑法》第97条之规定，聚众犯罪中的首要分子是指在犯罪中起组织、策划、指挥作用的犯罪分子。所谓组织，是指采用拉帮结派、煽动教唆等方式使他人产生冲动、狂热情绪，并借此将其纠集在一起。策划是指在聚众犯罪活动具体实施之前，对犯罪时间地点、犯罪采取的手段、各参与人员的分工等犯罪方案进行谋划的活动。指挥则是在犯罪实施之前和实施过程中统率调度、协调指使，其在聚众犯罪中处于核心地位。总之，聚众犯罪中的首要分子是聚众犯罪的犯意发动者、参与人员的聚集者、犯罪实施过程的指挥操控者，在整个犯罪中起着关键性作用。组织、策划、指挥为选择性要件，只需具备其中之一即可认定为首要分子。就本案而言，扰乱交通秩序的犯意发起者为余胜利，其借助上海荣欣酒店员工与所在酒店之间的矛盾，煽动、刺激、拉拢他人，应当认定为组织者；后又与尤庆波等人协商堵塞交通的时间、地点、人员分工及具体采取的方式等事宜，属于对犯罪活动实施的策划行为，余胜利和尤庆波均应当认定为策划者；尤庆波又将犯罪计划传达给酒店员工，进行鼓动唆使、分工布置并现场坐镇指挥，负责扰乱活动现场的沟通协调，应当认定为指挥者。故余胜利、尤庆波均应当认定为本案聚众犯罪中的首要分子，符合聚众扰乱交通秩序罪的主体特征。

本案涉及的聚众犯罪属于任意共犯的聚众犯罪，其犯罪主体是首要分子。只有一个首要分子也可以构成本罪，当然，二人以上的首要分子也同样可以构成本罪。当二人以上的首要分子构成本罪的时候，这种聚众犯罪就是任意共犯的聚众犯罪，本案是由两个首要分子构成的，因而属于任意共犯的聚众犯罪。对于任意共犯的聚众犯罪的首要分子，应当根据犯罪分子在聚众犯罪中是否起到组织、策划、指挥作用进行认定。

第四节 集团犯罪

一、犯罪集团的概念

集团犯罪，又称集团犯，是指以犯罪集团形式所实施的犯罪。因此，正确理解集团犯罪的关键在于如何界定犯罪集团。根据我国《刑法》第 26 条第 2 款的规定："三人以上为共同实施犯罪而组成的较为固定的犯罪组织，是犯罪集团。"犯罪集团，又称犯罪组织，是指三人以上为共同实施犯罪而组成的较为固定的犯罪组织。犯罪集团在英美法系中被称为有组织的犯罪，直属总统的美国司法与司法管理委员会把有组织的犯罪视为"企图在美国人民和他们政府的控制之外从事活动的群体"。这种群体联合了许许多多犯罪人，内部有严格纪律，有复杂而严密的组织结构，拥有现代化犯罪手段，长时间地从事犯罪活动。[①] 因此，犯罪集团既是一个法律问题，更是一个社会问题。

共同犯罪可以区分为一般共同犯罪和特殊共同犯罪。一般共同犯罪是指在共同犯罪的结合程度上比较松散，没有一定的组织形式的共同犯罪。特殊共同犯罪是指集团犯罪，这种共同犯罪是通过建立犯罪集团有组织地进行的，它具有一定的组织形式，在犯罪集团内部还有比较严密的组织纪律，具有犯罪计划，甚至以犯罪为常业，对社会的危害特别大，是最危险的一种共同犯罪形式。因此，集团犯罪是刑法惩治的重点。

二、犯罪集团的认定

在司法实践中，如何正确地认定犯罪集团，是我们面临的一项重要任务。最

---

① 参见储槐植：《美国刑法》，117 页，北京，北京大学出版社，1987。

高人民法院、最高人民检察院、公安部《关于当前办理集团犯罪案件中具体应用法律的若干问题的解答》为在司法实践中认定犯罪集团提供了一般的规则。我认为，集团犯罪具有以下五个特征。

(一) 人数较多，重要成员固定或基本固定

关于犯罪集团的最低人数，在我国刑法学界存在争论。关于这个问题，存在两种观点。第一种观点认为，二人以上就可以构成犯罪集团。其理由是，集团二字与结伙同义，二人何尝不能结伙，有伴即为伙，二人可成伙，犯罪集团二人以上即可成立，无须三人。按照我国现行刑法和世界各国立法例，率以二人以上共同故意犯罪为共犯，并非三人不可。① 第二种观点认为，三人以上才能构成犯罪集团。其理由是：三人谓之群，有群才有主犯、从犯、胁从犯、教唆犯之分。②

在社会心理学中，关于团体的下限也是一个存在争议的问题，有些社会心理学家主张二人组合论，即二人组合就可以构成小团体。还有些社会心理学家则主张三人组合论，即只有三人组合才能构成小团体。这种争论虽然还存在，但三人组合的观点在苏俄得到了一些人的支持。最近几年来，西方也有人开始否定二人组合论。③ 社会心理学中的小团体的下限问题虽然不能说已经彻底解决，但它给我们以启示：团体与个体是有质的区别的，团体不是个体的简单组合，而是个体按照一定的宗旨与系统形成的集体。因此，只有在一定的个体的量的基础上，团体的产生才是可能的。所以，我主张以三人作为团体的下限。无疑，作为特殊的团体——犯罪集团，也应建立在这个结论的基础之上。

我认为，犯罪集团只能由三人以上构成。首先，结伙与集团是有质的区别的，结伙犯罪是无组织的犯罪，而集团犯罪则是有组织的犯罪。结伙当然可以由二人构成，但集团却只能由三人以上构成。其次，刑法规定共同犯罪是二人以上

---

① 参见吴文翰：《略谈共犯中的几个问题》，载《法学研究》，1982 (1)，13 页。
② 参见辛明：《集团犯罪问题探讨》，载《西南政法学院学报》，1981 (4)，38 页。
③ 参见 [苏] 安德列耶娃：《社会心理学》，南开大学社会学系译，200～201 页，天津，南开大学出版社，1984。

共同犯罪，这是就一般的共同犯罪而言的，而犯罪集团是特殊的共同犯罪，确定犯罪集团只能由三人以上构成并不违反法律规定。最后，司法解释也将犯罪集团的人数确定为三人以上，例如最高人民法院、最高人民检察院、公安部《关于当前办理集团犯罪案件中具体应用法律的若干问题的解答》和《关于怎样认定和处理流氓集团的意见》都规定，三人以上才能构成犯罪集团。

根据上述司法解释，构成犯罪集团必须是人数较多，一般在三人以上，重要成员固定或基本固定，这是认定刑事犯罪集团的前提。这个问题看似简单，但在实际认定中也会发生失误。例如，李某和王某二人长期勾结在一起进行盗窃犯罪活动，其中有一起是由钟某提供盗窃线索并事后窝藏赃物。在本案中，只有一起是李、王、钟三人构成的共同盗窃犯罪，其他十多起都是李、王二人结伙盗窃犯罪。但在某法院审理中，仅因为本案有三个被告人就认定为盗窃集团。我认为，某法院的这一认定是错误的。因为本案虽然有三人，但这三人并非长期勾结在一起共同盗窃，钟只是偶然地参与其中一起犯罪。总之，我们在认定犯罪集团的时候，不仅要看是否有三人以上，而且要看这三人是否长期从事共同犯罪，从而形成了犯罪集团。在人数较多的情况下，还要看重要成员是否固定或基本固定。

(二) 经常纠集在一起进行一种或数种严重的犯罪活动

犯罪集团是为实施犯罪活动而组织起来的，同时，也只有实施了犯罪活动以后，才能认定其为犯罪集团。有些犯罪集团是专门从事一种犯罪活动的，例如盗窃犯罪集团即专门从事盗窃犯罪活动。这样的犯罪集团，叫单一的犯罪集团。还有些犯罪集团不限于从事一种犯罪活动，而是从事多种犯罪活动。例如，盗窃犯罪集团同时又从事强奸犯罪。在这种情况下，根据有关司法解释，应按其主罪定性，犯有数罪的，分别按数罪并罚的原则处罚。所谓主罪，按照我们的理解，是相对于从罪而言的，是主要的罪行。在一般情况下，主罪是指法益侵害性较大的罪行，或经常犯的罪行。而从罪则是指法益侵害性较小的罪行，或兼犯的罪行。

我们还必须注意，犯罪集团是经常纠集在一起从事犯罪活动。如果三人以上在严密的组织下从事了一次犯罪活动，这一次犯罪活动的性质十分严重、社会危

害性很大,那么,能否认定其为犯罪集团呢?我们的回答是否定的。因为犯罪集团之所以成为刑法的打击重点,就在于它是一种犯罪组织,是以经常性、专门性地从事犯罪活动为前提的。如果其只是实施一次犯罪活动,尽管这次犯罪的性质十分严重,也不能将其认定为犯罪集团。当然,如果犯罪组织建立起来以后只进行了一次犯罪活动就被破获,则另当别论。

(三)有明显的首要分子

犯罪集团的首要分子,是指在该集团中起组织、策划、指挥作用的犯罪分子。在犯罪集团中,必然存在明显的首要分子。认定首要分子,是确定犯罪集团的重要方式。犯罪集团中的首要分子,有的是在纠集过程中形成的,有的是在纠集开始时就是组织者和领导者。如果在共同犯罪中,没有明显的首要分子,就不能认定为犯罪集团。

(四)有预谋地实施犯罪活动

我在前面已经指出,共同犯罪可以分为事前通谋的共同犯罪和事前没有通谋的共同犯罪。而犯罪集团就属于事前通谋的共同犯罪。因此,犯罪集团都是有预谋地实施犯罪活动。如果不是有预谋地进行犯罪活动,而是一哄而起,临时起意,就不能认定为犯罪集团。例如,成某、曹某、达某、常某、李某等人,一天中午在电影院门口偶遇少女张某,曹某、李某曾经以谈恋爱为名强奸过张某,见张某没票,成某就找了一张票将张某带入电影院。电影散场以后,成某以揭发阴私相威胁将张某带回自己家中,其他被告一同前往。在成某家,成某等五人强奸了张某。某法院将本案认定为强奸集团,分别判处无期徒刑和有期徒刑。我认为,本案的强奸犯罪活动,没有进行预谋。成某对张某进行威胁,其他被告并不知情。在成某家对张某进行轮奸,属于临时起意。因此,本案以强奸集团论处是不妥的。当然,我们说犯罪集团是有预谋地实施犯罪活动,并不是说每次犯罪都必须经过精心策划,有周密的犯罪计划,而只要对犯罪事先有过谋划,就应当认为是有预谋地实施犯罪。

第四节 集团犯罪

（五）较为严重的法益侵害性

犯罪集团不论作案次数多少，都具有较为严重的法益侵害性。犯罪集团的犯罪活动，一般都是在首要分子的策划、指挥下实施的，手段狡猾，容易得逞，对社会的危害程度十分严重，这些都是单独犯罪所无法比拟的。因此，在认定犯罪集团的时候，必须注意其对法益造成的严重侵害或者危险。

在司法实践中，集团犯罪案件是较为常见的，它以犯罪人数众多，犯罪情节严重，犯罪数额巨大而著称，因此，集团犯罪案件是疑难复杂的案件，需要按照刑法和司法解释关于集团犯罪的规定进行认定。例如张凯闵等52人电信网络诈骗案（检例第67号）。2015年6月至2016年4月间，被告人张凯闵等52人先后在印度尼西亚共和国和肯尼亚共和国参加对中国大陆居民进行电信网络诈骗的犯罪集团。在实施电信网络诈骗过程中，各被告人分工合作，其中部分被告人负责利用电信网络技术手段对大陆居民的手机和座机电话进行语音群呼，群呼的主要内容为"有快递未签收，经查询还有护照签证即将过期，将被限制出境管制，身份信息可能遭泄露"等。当被害人按照语音内容操作后，电话会自动接通冒充快递公司客服人员的一线话务员。一线话务员以帮助被害人报案为由，在被害人不挂断电话时，将电话转接至冒充公安局办案人员的二线话务员。二线话务员向被害人谎称"因泄露的个人信息被用于犯罪活动，需对被害人资金流向进行调查"，欺骗被害人转账、汇款至指定账户。如果被害人对二线话务员的说法仍有怀疑，二线话务员会将电话转给冒充检察官的三线话务员继续实施诈骗。至案发，张凯闵等被告人通过上述诈骗手段骗取75名被害人钱款共计人民币2 300万余元。2017年12月21日，北京市第二中级人民法院作出一审判决，认定被告人张凯闵等50人以非法占有为目的，参加诈骗犯罪集团，利用电信网络技术手段，分工合作，冒充国家机关工作人员或其他单位工作人员，诈骗被害人钱财，各被告人的行为均已构成诈骗罪，其中28人系主犯，22人系从犯。法院根据犯罪事实、情节并结合各被告人的认罪态度、悔罪表现，对张凯闵等50人判处15年至1年9个月不等有期徒刑，并处剥夺政治权利及罚金。张凯闵等部分被告人以量

刑过重为由提出上诉。2018 年 3 月，北京市高级人民法院二审裁定驳回上诉，维持原判。

关于本案，法院判决认定：有明显首要分子，主要成员固定，其他人员有一定流动性的电信网络诈骗犯罪组织，可以认定为诈骗犯罪集团。电信网络诈骗犯罪大都涉案人员众多、组织严密、层级分明、各环节分工明确。对符合刑法关于犯罪集团规定，有明确首要分子，主要成员固定，其他人员虽有一定流动性的电信网络诈骗犯罪组织，依法可以认定为诈骗犯罪集团。对出资筹建诈骗窝点、掌控诈骗所得资金、制订犯罪计划等起组织、指挥管理作用的，依法可以认定为诈骗犯罪集团首要分子，按照集团所犯的全部罪行处罚。对负责协助首要分子组建窝点、招募培训人员等起积极作用的，或加入时间较长，通过接听拨打电话对受害人进行诱骗，次数较多、诈骗金额较大的，依法可以认定为主犯，按照其参与或组织、指挥的全部犯罪处罚。对诈骗次数较少、诈骗金额较小，在共同犯罪中起次要或者辅助作用的，依法可以认定为从犯，依法从轻、减轻或免除处罚。本案是一起较为典型的集团犯罪案件，具备犯罪集团的各种特征。本案的要旨指出："主要成员固定，其他人员有一定流动性的电信网络诈骗犯罪组织，可认定为犯罪集团。"这一要旨，对于司法机关正确认定犯罪集团具有重要的参考价值。

第九章

必要共犯 II：恶势力犯罪

黑恶势力是当前我国刑法的打击重点，这里的黑恶势力中的"黑"是指黑社会性质组织，"恶"是指恶势力。对于黑社会性质组织，我国《刑法》第294条已经做了明文规定，相关的立法解释和司法解释都比较完备，从而为认定黑社会性质组织，惩治组织、领导、参加黑社会性质组织犯罪提供了规范根据。然而，我国刑法对于恶势力并未做明确规定，但在相关司法解释或者其他规范性文件中有所涉及。值得注意的是，《反有组织犯罪法》第2条第2款规定："本法所称恶势力组织，是指经常纠集在一起，以暴力、威胁或者其他手段，在一定区域或者行业领域内多次实施违法犯罪活动，为非作恶，欺压群众，扰乱社会秩序、经济秩序，造成较为恶劣的社会影响，但尚未形成黑社会性质组织的犯罪组织。"这是我国法律首次对恶势力犯罪组织进行规定，对于正确理解与界定恶势力犯罪组织具有重要意义。

第一节 恶势力犯罪概念的演变

恶势力的提法在我国由来已久，然而从一个混沌不清的习惯用语到内涵明晰

的规范术语,恶势力概念经历了漫长的演变过程。以 1997 年修订《刑法》并设立组织、领导、参加黑社会性质组织罪(以下简称"黑社会性质组织犯罪")为时间节点,可以分为 1997 年《刑法》修订前后两个时期。在此,我根据这一时间线索对恶势力概念的演变过程进行描述。

一、1997 年《刑法》修订之前:恶势力概念的形成

恶势力不是一个规范的法律用语。我国公安机关最先在有关文件中采用恶势力一词,用来描述扰乱社会秩序、破坏社会治安的犯罪现象。在这些文件中,恶势力与流氓团伙和带有黑社会性质的组织这三个概念往往掺杂混用,互相诠释。由此可见,这个时期恶势力概念还没有从其他犯罪形态中独立出来,尤其是恶势力和流氓团伙、黑社会性质组织之间存在严重混同。例如,《1986 年全国公安工作计划要点》明确把带有黑社会性质的流氓团伙作为打击重点。带有黑社会性质的流氓团伙同时包含了黑社会和流氓这两个要素,并且以团伙作为依托实体,因而是一个内涵混沌的概念。

及至 1992 年 10 月在公安部召开的部分省、市、县打击团伙犯罪研讨会(以下简称"1992 年研讨会")上,公安部第一次提出黑社会性质组织(流氓团伙)的六个特征:(1)在当地已形成一股恶势力,有一定势力范围;(2)犯罪职业化,较长期从事一种或几种犯罪;(3)人数一般较多且相对固定;(4)反社会性特别强,作恶多端,残害群众;(5)往往有一定的经济实力,有的甚至控制了部分经济实体和地盘;(6)千方百计拉拢腐蚀公安、司法和党政干部,寻求保护。[①]以上六个特征,已经涵括了此后刑法规定的黑社会性质组织的四个特征,即组织特征、经济特征、非法保护特征、非法控制特征等,甚至作恶多端,残害群众之类《刑法》第 294 条关于黑社会性质组织描述的用语都已经在上述"1992

---

① 参见赵颖:《当代黑社会性质组织犯罪分析》,42 页,沈阳,辽宁人民出版社,2009。

第一节 恶势力犯罪概念的演变

年研讨会"文件中隐约可见。值得注意的是，"1992年研讨会"明确提及恶势力这个概念，它与势力范围的概念互相说明。根据以上文件的规定，恶势力以及势力范围都是用来描述黑社会性质组织的用语，因此并没有严格区分黑社会性质组织和恶势力的界限。在这个意义上，恶势力是用来描述黑社会性质组织的一个修饰词。

"1992年研讨会"还对黑社会性质组织和犯罪团伙的关系进行了讨论。从这次会议讨论的主题设定来看，称之为"黑社会性质组织（流氓团伙）"；因此，在一定意义上把流氓团伙和黑社会性质组织相提并论。那么，黑社会性质组织和流氓团伙之间到底是一种什么关系呢？对此，研讨会认为：犯罪团伙不一定都是黑社会犯罪组织，但黑社会组织必然产生于犯罪团伙。犯罪团伙危害治安，影响群众安全，同时也是黑社会势力的一种社会基础。[①] 应该说，这种观点揭示了犯罪团伙与黑社会性质组织之间的演化关系，没有将两种犯罪形态完全区别开来。从以上观点的叙述中，我们还看到黑社会势力这样的提法，这里的势力一词似乎与团伙、组织等实体概念可以互相通用。因此，这个时期对黑社会性质组织、犯罪团伙和恶势力这三个概念的使用是较为混乱的，它们之间缺乏明晰的界限。例如，带有黑社会性质的犯罪团伙、黑社会势力、流氓恶势力等，这些用语既非严格意义上的法言法语，也没有形成特定的语义语境。

1996年我国开展了继1983年之后的全国性第二次严打，这次严打的惩治重点从犯罪团伙转向黑社会性质组织。中央决定，从1996年4月开始，组织一场全国范围的严打斗争。此次严打的主要任务是"坚决打击带有黑社会性质的犯罪团伙和流氓恶势力"，在上述表述中，带有黑社会性质的流氓团伙和流氓恶势力开始明显地区分开来，"恶势力"一词在一定程度上获得了独立的存在价值。

在带有黑社会性质的流氓团伙和流氓恶势力这两个概念中都存在流氓一词，

---

① 参见贾宏宇：《中国大陆黑社会组织犯罪及其对策》，51~52页，北京，中共中央党校出版社，2006。

第九章 必要共犯Ⅱ：恶势力犯罪

这里的流氓源出于当时《刑法》（1979年《刑法》）第160条规定的流氓罪。根据刑法规定，流氓罪是指聚众斗殴、寻衅滋事、侮辱妇女或者其他严重扰乱社会秩序的流氓行为。流氓行为对于社会秩序具有严重的破坏性，因而被列为严打的重点。在流氓罪中，最具社会危害性的又是流氓犯罪集团。《刑法》第160条对流氓集团的首要分子明确规定了较重的法定刑。1983年全国人大常委会《关于严惩严重危害社会治安的犯罪分子的决定》规定对流氓集团的首要分子加重处罚，以此作为严打的立法措施之一。公安部门大量使用流氓团伙一词，除此以外，还包括强奸团伙、盗窃团伙、抢劫团伙等。而在当时刑法中只有集团的概念，团伙并不是规范的法律用语。及至1984年最高人民法院、最高人民检察院、公安部先后颁布了《关于怎样认定和处理流氓集团的意见》和《关于当前办理集团犯罪案件中具体应用法律的若干问题的解答》，上述司法解释统一了对犯罪团伙的认识：办理犯罪团伙案件，凡是符合犯罪集团基本特征的，应按犯罪集团处理；凡是不符合犯罪集团基本特征的，就按一般共同犯罪处理，并根据其共同犯罪的事实和情节，该重判的重判，该轻判的轻判。同时指出，在法律文书上避免使用团伙一词。该司法解释实际上是否定了团伙这个概念，而主张分别采用犯罪集团和一般共同犯罪的概念。其中，犯罪集团是刑法规定的概念，而一般共同犯罪则是刑法关于共同犯罪理论中采用的一个概念，是指在共同犯罪的结合程度上比较松散，没有达到一定组织形式的共同犯罪。我国学者把一般共同犯罪称为结伙犯罪，认为结伙犯罪是指二人以上结帮成伙，没有组织的共同犯罪。这种共同犯罪是临时纠合在一起的犯罪，通常实行一次或者数次犯罪就散伙。[①] 因此，结伙犯罪是集团犯罪的雏形，随着犯罪次数和人数的增加，主要成员固定，就会发展成为犯罪集团。尽管司法解释倾向于不再使用犯罪团伙这个概念，但公安机关仍然习惯于采用犯罪团伙这个概念，尤其是在尚不能严格区分犯罪集团和犯罪结伙的侦查期间，犯罪团伙一词更能够准确地反映犯罪的真实状况。久而久之，犯

[①] 参见陈兴良：《共同犯罪论》，3版，133~134页，北京，中国人民大学出版社，2017。

罪团伙一词成为约定俗成的用语而在公安系统广泛流行。在犯罪团伙中，流氓犯罪具有的重要地位，因而流氓团伙也成为一个常用词。这里的流氓团伙，实际上包含了流氓集团和流氓结伙。

随着黑社会概念在我国的使用，出现了从流氓团伙到黑社会的升级。因此，我国刑法中的流氓团伙的含义开始分化。其中，黑社会和流氓团伙的嫁接，形成了带有黑社会性质的流氓团伙的概念。而没有达到黑社会程度的流氓团伙则称为流氓恶势力。正是在黑社会的背景下，流氓恶势力的概念开始在我国公安机关采用。当然，在1997年《刑法》修订之前，我国刑法既没有关于黑社会性质组织犯罪的规定，也没有流氓恶势力的规定。因此，上述两个概念是以非规范的形式存在的。即使是我国审判机关，也认同将黑社会性质组织犯罪和恶势力犯罪区分为两种不同犯罪形态的做法。例如，在1997年最高人民法院工作报告中明确地将带黑社会性质的集团犯罪和流氓恶势力犯罪相提并论。这里的带黑社会性质的集团犯罪就是指黑社会性质组织犯罪，而流氓恶势力则是独立的一种犯罪形态。值得注意的是，在这个时点（1997年3月11日）我国刑法还没有完成修订。1997年《刑法》是1997年3月14日通过、10月1日正式生效的。

二、1997年《刑法》修订之后：恶势力概念的定型

1997年《刑法》第294条规定了组织、领导、参加黑社会性质组织罪，而流氓恶势力则并没有在修订后的刑法中出现。在这种情况下，黑社会性质组织这一概念获得了法定的身份，而流氓恶势力的概念则仍然混沌不明，有关司法机关对于是否继续使用流氓恶势力的概念举棋不定。其中，最值得注意的是审判机关的态度，我国法院系统在审判实践中不再采用流氓恶势力的概念。例如，1997年3月14日《刑法》修订以后，1998年最高人民法院工作报告只是提及带有黑社会性质的有组织犯罪，而没有再提及流氓恶势力。1998年工作报告与1997年工作报告相比，这是一个明显的变化。之所以没有提及恶势力，是因为最高人民

第九章 必要共犯Ⅱ：恶势力犯罪

法院认为在修订后的《刑法》第294条设立组织、领导、参加黑社会性质组织罪以后，只有符合该罪特征的行为，才能以该罪论处。除此之外，刑法中不存在单独的恶势力犯罪。在这种情况下，最高人民法院对于黑恶势力的认知发生了某种变化。例如，1999年10月27日最高人民法院《全国法院维护农村稳定刑事审判工作座谈会纪要》（以下简称《纪要》）第二点第（三）条内容是关于农村恶势力犯罪案件的处理，《纪要》规定："修订后的刑法将原'流氓罪'分解为若干罪名，分别规定了相应的刑罚，更有利于打击此类犯罪，也便于实践中操作。对实施多种原刑法规定的'流氓'行为，构成犯罪的，应按照修订后刑法的罪名分别定罪量刑，按数罪并罚原则处理。对于团伙成员相对固定，以暴力、威胁手段称霸一方，欺压百姓，采取收取'保护费'、代人强行收债、违规强行承包等手段，公然与政府对抗的，应按照黑社会性质组织犯罪处理；其中，又有故意杀人、故意伤害等犯罪行为的，按数罪并罚的规定处罚"。根据《纪要》的上述规定，只有符合黑社会性质组织特征的农村恶势力才能根据黑社会性质组织罪论处。显然，按照《纪要》的这一逻辑，除黑社会性质组织犯罪以外，并不存在恶势力犯罪。

值得注意的是，2000年最高人民法院《关于审理黑社会性质组织犯罪案件具体应用法律若干问题的解释》（以下简称《解释》）对黑社会性质组织的四个特征做了较为严格的规定，尤其是非法保护特征，即保护伞，以及非法控制特征，这使得黑社会性质组织的法律规格十分严苛。在这种情况下，所谓流氓恶势力就不可能被纳入黑社会性质组织之中。为此，最高人民检察院向全国人大常委会提出对黑社会性质组织进行立法解释。在起草立法解释过程中，存在一种观点认为：《刑法》第294条是以流氓行为作为参照而设计的，其目的是在流氓罪分解以后有力地打击流氓恶势力。因此，所谓黑社会性质组织实际上就是指流氓恶势力。对于这种观点，我国立法机关工作人员指出：我国刑法分则条文中，对于只参加一个组织，不论有无其他具体犯罪行为都要定罪判刑的条文并不多。除《刑法》第110条的参加间谍组织、第120条的参加恐怖活动组织之外，就是第

第一节 恶势力犯罪概念的演变

294条的参加黑社会性质组织。我国刑法对仅参加杀人、抢劫、强奸犯罪集团的人，如果没有实施具体犯罪行为，尚且没有规定一定要定罪判刑，怎么可能对只参加流氓集团的犯罪分子就如同参加间谍组织、恐怖组织的一样打击呢？由此得出结论：《刑法》第294条规定的黑社会性质组织的立法本意不是指流氓恶势力，而是指呈现黑社会组织雏形，初步具备黑社会性质组织基本特征，带有黑社会性质的特殊犯罪集团。[①] 基于上述考量，2002年4月28日全国人大常委会《关于〈中华人民共和国刑法〉第二百九十四条第一款的解释》（以下简称《立法解释》）只是把保护伞调整为黑社会性质组织成立的或然性要件，对黑社会性质组织还是坚持较为严格的构成标准。

虽然立法机关厘清了黑社会性质组织和流氓恶势力的关系，并明确地将流氓恶势力排除在黑社会性质组织的范围之外，但这并不意味着流氓恶势力概念被弃用。事实上，在我国司法实践中，黑与恶并存的格局没有改变，黑恶势力的提法逐渐形成，打黑除恶成为严打的代名词。例如，2000年12月11日全国打黑除恶专项斗争电视电话会议在北京召开，中央决定从2000年12月到2001年10月，组织全国公安机关开展一场打黑除恶专项斗争。这是我国首次开展打黑除恶专项活动。之所以开展这场专项斗争，是因为近年来一些地方黑恶势力犯罪仍呈发展蔓延之势，气焰十分嚣张，在黑恶势力猖獗的地方，老百姓有案不敢报、有冤无处申。各种黑恶势力犯罪已经严重侵害人民群众的生命财产安全，严重破坏社会主义市场经济秩序和社会管理秩序，严重危害社会稳定。同年，公安部成立了全国公安机关打黑除恶专项斗争领导小组，各省、自治区、直辖市公安厅、局也成立专项斗争领导小组。2005年，中央有关部门在分析打黑除恶的形势时指出，面对今后一段时间黑恶犯罪处于高发期、危险期的严峻形势，面对打黑除恶困难重重步履维艰的复杂情况，应该充分认识到黑恶犯罪是腐败的衍生物和催化

---

① 参见黄太云：《关于〈中华人民共和国刑法〉第二百九十四条第一款的理解与适用》，载最高人民法院刑一、二、三、四、五庭主办：《刑事审判参考》，第74集，151页，北京，法律出版社，2010。

剂,是国家长治久安的心腹之患,是人民群众安居乐业的重大障碍。同时,中央明确了打黑除恶的总体目标和要求,即决不能让黑恶势力在我国内地发展坐大,决不能让国外、境外黑社会组织在我国境内立足扎根。这个总目标和要求是一项长期的硬任务,一刻也不能放松。打黑斗争形成常态化,公安部门要求对黑恶势力的打击要时刻保持高压态势。2006年2月,中央政法委部署全国开展打黑除恶专项斗争,在中央成立了打黑除恶专项斗争协调小组,并设立全国打黑办。之后,每年都召开一次全国会议,中央领导同志亲自动员部署,各地区、各部门深入推进。①

上述文件涉及黑恶势力的概念。那么,这里所谓黑恶,是对黑社会性质组织罪的一种泛称,还是存在黑社会和恶势力这两种不同的犯罪形态呢?这个问题关系到打黑除恶专项斗争的打击范围,因而是一个十分重要的问题。有关法律和司法解释中并没有明确的界定。2001年最高人民法院工作报告指出:"黑社会性质组织犯罪严重威胁广大人民群众生命财产安全。最高人民法院制定了《关于审理黑社会性质组织犯罪的案件具体应用法律若干问题的解释》。全国法院集中力量审判了一批黑社会性质组织犯罪案件,打击了这类犯罪的嚣张气焰"。在此,也没有提及恶势力犯罪。同样,在上述司法《解释》中也没有涉及恶势力犯罪。

在恶势力犯罪概念不能被涵括在黑社会性质组织犯罪的情况下,需要对恶势力犯罪单独加以规定。2006年,我国实施了第二次打黑除恶专项斗争。在总结该次打黑除恶专项斗争经验的基础上,最高人民法院、最高人民检察院、公安部于2009年12月9日出台了《办理黑社会性质组织犯罪案件座谈会纪要》(以下简称《2009年纪要》),首次在司法解释对恶势力做了专门规定,指出:"恶势力是黑社会性质组织的雏形,有的最终发展成为了黑社会性质组织。因此,及时严惩恶势力团伙犯罪,是遏制黑社会性质组织滋生,防止违法犯罪活动造成更大

---

① 参见《从打黑除恶到扫黑除恶:中国扫黑除恶历史回顾》,载《民主与法制时报》,2018-10-11。

社会危害的有效途径"。至此，我国司法机关在恶势力的问题上认识取得了一致。尤其值得注意的是，恶势力已经成为一个特定的概念，而流氓恶势力的提法不再出现。因此，恶势力一词已经不再是局限在流氓的性质和范围之内，而是对某些更为宽泛的犯罪集团的描绘。虽然《2009年纪要》仍然将恶势力定位为犯罪团伙，但审判机关力图将恶势力纳入犯罪集团的用意也十分明显。例如，最高人民法院相关人员对《2009年纪要》解读时指出：《2009年纪要》对恶势力所下的定义，是以全国打黑除恶协调小组办公室制定的《恶势力战果统计标准》为基础，根据实践情况总结、归纳而来的，目的是给办案单位正确区分"黑"与"恶"提供参考。实践中，恶势力团伙的数量远多于黑社会性质组织，社会危害面更为广泛。在目前恶势力并未入罪的情况下，用足用好刑法总则中关于犯罪集团的有关规定，是加大对此类犯罪打击力度的有效途径。因此，对符合犯罪集团特征的恶势力团伙，办案时要按照犯罪集团依法惩治。[①] 在此，恶势力明确区别于黑社会性质组织，对于恶势力应当按照犯罪集团的规定论处。

2018年最高人民法院、最高人民检察院、公安部、司法部颁布的《关于办理黑恶势力犯罪案件若干问题的指导意见》（以下简称《2018年指导意见》）将恶势力定性为犯罪组织或者犯罪集团。在这种情况下，司法机关可以按照我国《刑法》第26条关于犯罪集团的规定认定恶势力，由此而把恶势力纳入了刑法范畴，获得了某种程度上的法律地位。例如，《2018年指导意见》指出："具有下列情形的组织，应当认定为'恶势力'：经常纠集在一起，以暴力、威胁或者其他手段，在一定区域或者行业内多次实施违法犯罪活动，为非作恶，欺压百姓，扰乱经济、社会生活秩序，造成较为恶劣的社会影响，但尚未形成黑社会性质组织的违法犯罪组织。"从这个规定来看，恶势力本身就是一种犯罪组织。而在我国刑法中，犯罪组织就是指犯罪集团。据此，似乎可以把《2018年指导意见》

---

① 参见高憬宏、周川：《〈办理黑社会性质组织犯罪案件座谈会纪要〉的理解与适用》，载最高人民法院刑一、二、三、四、五庭主办：《刑事审判参考》，第74集，185页，北京，法律出版社，2010。

中的恶势力界定为犯罪集团。但值得注意的是，《2018年指导意见》又对恶势力犯罪集团专门做了规定，指出："恶势力犯罪集团是符合犯罪集团法定条件的恶势力犯罪组织，其特征表现为：有三名以上的组织成员，有明显的首要分子，重要成员较为固定，组织成员经常纠集在一起，共同故意实施三次以上恶势力惯常实施的犯罪活动或者其他犯罪活动。"按照这一规定，恶势力犯罪和恶势力集团犯罪又是两个不同层次的犯罪。由于《2018年指导意见》并非对恶势力的专门规定，因此有些内容不是特别明确。此外，《2018年指导意见》还规定可以在相关法律文书的犯罪事实认定部分，可以使用恶势力等表述加以描述。可以说，《2018年指导意见》是恶势力概念在法律上的定型，对于恶势力概念的发展具有重要意义。

2019年2月28日最高人民法院、最高人民检察院、公安部、司法部颁布了《关于办理恶势力刑事案件若干问题的意见》（以下简称《2019年意见》）对办理恶势力案件的实体和程序问题做了更为具体的规定，在刑法没有对恶势力进行正式规定的情况下，《2019年意见》成为办理恶势力案件的主要法律根据。《2019年意见》是我国对恶势力专门规定的一个司法解释，因此对恶势力的概念、特征和形式等规定更加明确，对于司法机关正确认定恶势力案件具有重要指导意义。《2019年意见》对恶势力做了以下界定："恶势力，是指经常纠集在一起，以暴力、威胁或者其他手段，在一定区域或者行业内多次实施违法犯罪活动，为非作恶，欺压百姓，扰乱经济、社会生活秩序，造成较为恶劣的社会影响，但尚未形成黑社会性质组织的违法犯罪组织"。从这个概念的内容来看，其是把恶势力界定为违法犯罪组织。然而，《2019年意见》指出："恶势力犯罪集团，是指符合恶势力全部认定条件，同时又符合犯罪集团法定条件的犯罪组织。"据此，根据《2019年意见》的规定，我国刑法中的恶势力可以分为恶势力结伙犯罪和恶势力集团犯罪这两种形态。根据以上分析，《2019年意见》和《2018年指导意见》一样，在将恶势力界定为违法犯罪组织的同时，又将恶势力区分为犯罪结伙和犯罪集团。在犯罪结伙和犯罪集团这两种共同犯罪形态中，只有犯罪集

团是一种犯罪组织，而犯罪结伙则属于一般共同犯罪，不具有组织特征。由此可见，相关司法解释在对恶势力犯罪的界定上存在与共同犯罪的立法规定相抵牾之处。

司法解释将某种犯罪的一般结伙犯罪和集团犯罪捏合在一起进行定义的方式，十分类似于以往在我国司法实践中极为常见的犯罪团伙概念。因此，恶势力犯罪也可以说是一种团伙犯罪，即既包括恶势力结伙犯罪，又包括恶势力集团犯罪。如此，则从恶势力结伙犯罪、恶势力集团犯罪，再到黑社会性质组织犯罪，就形成三个层次的黑恶犯罪形态。因为黑社会性质组织犯罪的特征，我国《刑法》第294条已经做了明文规定，相对来说较为清晰。而恶势力犯罪，涉及如何认定犯罪结伙和犯罪集团，在相关刑法和司法解释，以及刑法理论上都有规定，为司法认定提供了规范根据。而以往司法实践中的流氓团伙，其流氓的性质认定是根据当时刑法对流氓罪的规定，因此还有所参照。但如何认定恶势力则在刑法中并无明确的规范规定，刑法理论对此也缺乏研究，因而是一个值得重点讨论的问题。只有在正确认定恶势力的基础上，才能对恶势力集团犯罪正确进行认定。

第二节 恶势力犯罪的特征

《2018年指导意见》和《2019年意见》等司法解释对恶势力的概念做了明确规定，揭示了恶势力犯罪的构成特征，是认定恶势力犯罪的规范根据。根据上述司法解释的相关规定，我们可以归纳总结出恶势力犯罪的以下特征。

一、恶势力犯罪的人数特征

恶势力犯罪不是一种单个人实施的犯罪，而是多个人实施的犯罪。因此，恶势力犯罪具有共同犯罪的属性，它首先是共同犯罪中的结伙形式。在恶势力基础

第九章　必要共犯Ⅱ：恶势力犯罪

上发展起来的恶势力犯罪组织,则是共同犯罪中的集团形式。《2019年意见》明确将"经常纠集在一起"作为恶势力犯罪的首要特征,就是强调了恶势力犯罪的这种共同犯罪性质。根据我国《刑法》第25条的规定,共同犯罪的主体是2人以上,而黑社会性质组织的主体一般是10人以上。恶势力犯罪的人数一般是3人以上,对此,《2019年意见》做了明确规定。由此可见,恶势力犯罪并不是一般共同犯罪,而是具有纠集性的共同犯罪,因而其共同犯罪的人数要求高于一般共同犯罪。

应该指出,这里的3人是指恶势力犯罪的最低人数,即不能少于3人。在通常情况下,恶势力犯罪的人数都超过3人。对于恶势力犯罪所要求的3人如何理解,我国学者认为,应该是指相对固定的成员为3人以上,而不是指包括被临时纠集者为3人以上。[①] 对于上述观点,我持保留态度。如果被临时纠集者都构成犯罪的情况下,已经符合刑法所规定的3人以上(包括3人在内)的主体数量要求,不能说还没有达到恶势力犯罪的人数标准。当然,如果被纠集者属于不明真相的人员,其行为并不构成犯罪,则不能将这些人员包含在犯罪所要求的3人以上的主体数量之内。

二、恶势力犯罪的手段特征

恶势力犯罪的手段特征是指暴力、威胁或者其他手段。恶势力作为一种犯罪形态,其特点在于采用暴力、威胁或者其他手段实施犯罪活动。在我国刑法中,相当一部分犯罪的罪状中采用"暴力、胁迫或者其他手段"的描述,例如抢劫罪和强奸罪。而在某些经济犯罪的罪状中,则采用"暴力、威胁手段"的描述,例如强迫交易罪。这些犯罪都具有暴力犯罪的性质,但其手段又不限于暴力,而包括暴力胁迫或者暴力威胁。这里的暴力,是指采用殴打、伤害、捆绑、禁闭等足

[①] 参见黄京平:《恶势力及其软暴力犯罪探微》,载《中国刑事法杂志》,2018(3)。

第二节 恶势力犯罪的特征

以危及人身健康或者生命安全的手段。胁迫或者威胁，是指以立即使用暴力相威胁，实行精神强制。这里的"其他手段"是指非暴力的手段。恶势力犯罪在通常情况下采用暴力手段实施违法犯罪活动，因而具有对社会秩序和社会治安的严重破坏性。但在某些情况下，其也可能采用非暴力手段。

在恶势力犯罪中，还存在采用软暴力实施违法犯罪活动的情形。这里的软暴力是相对于暴力而言的，暴力的含义是十分清楚的。那么，如何理解软暴力呢？应当指出，我国刑法中并没有软暴力这个概念。《刑法》第294条对黑社会性质组织行为特征的描述中，对行为特征做了以下描述："以暴力、威胁或者其他手段，有组织地多次进行违法犯罪活动，为非作恶，欺压、残害群众。"在此，立法机关将威胁或者其他手段和暴力相并列。因此，威胁或者其他手段就是暴力以外的手段。相对于暴力手段而言，威胁或者其他手段就是一种非暴力手段。《2009年纪要》在论及《立法解释》所规定的黑社会性质组织的行为特征时，指出：暴力性、胁迫性和有组织性是黑社会性质组织行为方式的主要特征，但其有时也会采取一些其他手段。根据司法实践经验，《立法解释》中规定的其他手段主要包括：以暴力、威胁为基础，在利用组织势力和影响已对他人形成心理强制或威慑的情况下，进行所谓的谈判、协商、调解；滋扰、哄闹、聚众等其他干扰、破坏正常经济、社会生活秩序的非暴力手段。在此，《2009年纪要》明确采用了非暴力手段的概念。最高人民法院相关人员在阐述上述规定的时候指出："当黑社会组织通过打打杀杀树立恶名后，出于自我保护、发展升级的需要，往往会竭力隐藏起暴力、血腥的本来面目，更多地使用软暴力手段，以此给司法机关打击处理制造障碍。"[1] 在此，采用了软暴力的概念以诠释《2009年纪要》中的非暴力。其实，软暴力和非暴力词异而义同。此后，软暴力这个概念逐渐流行。对于黑社会性质组织犯罪来说，是以暴力手段为主，以软暴力为辅。很难想

---

[1] 高憬宏、周川：《〈办理黑社会性质组织犯罪案件座谈会纪要〉的理解与适用》，载最高人民法院刑一、二、三、四、五庭主办：《刑事审判参考》，第74集，180页，北京，法律出版社，2010。

象，黑社会性质组织犯罪可以没有暴力手段。及至《2018年指导意见》第4条，对依法惩处利用软暴力实施的黑恶犯罪做了明确规定。根据《2018年指导意见》规定，黑恶势力为谋取不法利益或形成非法影响，有组织地采用滋扰、纠缠、哄闹、聚众造势等手段侵犯人身权利、财产权利，破坏经济秩序、社会秩序，构成犯罪的，应当分别依照《刑法》相关规定处理：（1）有组织地采用滋扰、纠缠、哄闹、聚众造势等手段扰乱正常的工作、生活秩序，使他人产生心理恐惧或者形成心理强制，分别属于《刑法》第293条第1款第（2）项规定的"恐吓"、《刑法》第226规定的"威胁"，同时符合其他犯罪构成条件的，应分别以寻衅滋事罪、强迫交易罪定罪处罚。（2）以非法占有为目的强行索取公私财物，有组织地采用滋扰、纠缠、哄闹、聚众造势等手段扰乱正常的工作、生活秩序，同时符合《刑法》第274条规定的其他犯罪构成条件的，应当以敲诈勒索罪定罪处罚。同时由多人实施或者以统一着装、显露文身、特殊标识以及其他明示或者暗示方式，足以使对方感知相关行为的有组织性的，应当认定为《关于办理敲诈勒索刑事案件适用法律若干问题的解释》第2条第（5）项规定的"以黑恶势力名义敲诈勒索"。在司法实践中，有些法院对利用软暴力实施犯罪的恶势力集团进行认定。例如，江苏省太仓市人民法院办理的被告人赵家正等9人恶势力犯罪集团案，以及被告人王明星恶势力犯罪集团案中，被告人实施非法高利放贷、暴力讨债的犯罪活动，并在催收过程中多次采用泼油漆、砸玻璃、堵锁眼等方式造成数十名受害人及其亲友住所财物损失。太仓市人民法院经审理后认定，被告人王明星与被告人赵家正等人犯罪行为属于典型软暴力犯罪，且被告人作案时间较长、次数较多、涉及被害人多，社会影响恶劣。据此，法院综合考虑被告人在犯罪集团中的地位、作用及悔罪态度，分别对涉案的被告人判处1年4个月至3年3个月不等的刑期。

我认为，软暴力这个概念只有在对其以暴力论处的情况下，才具有实质意义。如果软暴力仍然是非暴力，而且刑法和司法解释都已经明确规定其他非暴力手段也可以构成黑恶犯罪的情况下，软暴力的概念没有特殊意义。值得注意的是，《2019年意见》并没有专门提及软暴力的概念。这里应当指出，无论是黑社

会性质组织犯罪还是恶势力犯罪，都必然具有暴力犯罪的性质，软暴力手段只是一种辅助性的手段。为非作恶、欺压百姓的恶势力犯罪表现，不可能完全利用所谓软暴力达成。因此，单纯的软暴力不能构成恶势力犯罪。即使是在上述赵家正恶势力犯罪集团案中，被告人以发放高利贷为主要敛财手段，在追讨债务过程中，既有暴力讨债行为，同时又采取了软暴力方式进行讨债。由此可见，在恶势力犯罪中，往往是暴力和软暴力同时并用。正如我国学者指出："软暴力手段与暴力性手段交替使用，暴力、暴力威胁作为经常性手段，暴力性手段居于支配性地位，是恶势力组织影响力的基础，是恶势力的基本行为特征。"[1]

三、恶势力犯罪的地域特征

在一定区域或者行业内多次实施违法犯罪，这是对恶势力犯罪地域特征的描述。应该说，犯罪可以发生在任何地域。但对于某些犯罪来说，则只能发生在特定地域。《2019年意见》规定，恶势力犯罪发生在一定区域或者行业，这是因为恶势力犯罪具有区域性犯罪或者行业性犯罪的性质。只有在某个特定区域或者行业多次实施犯罪活动，才能对该特定区域或者行业产生严重社会影响。否则，如果不是发生在特定区域或者行业，而是流窜各地实施犯罪活动，或者在较为广泛的区域从事犯罪活动，则难以构成恶势力犯罪。因为恶势力犯罪和黑社会性质组织犯罪一样，具有称霸一方的特点。因此，只能在一定区域或者行业内实施犯罪活动。并且，这种犯罪活动不是一次实施，而是多次实施，由此形成犯罪的威慑力，造成人民群众的心理恐慌。根据《2019年意见》的规定，这里的"多次"是指在2年以内多次实施犯罪，即对多次加以时间的限制。而对于这里的"多次"，在司法实践中一般理解为3次以上。

---

[1] 黄京平：《黑恶势力利用"软暴力"犯罪的若干问题》，载《北京联合大学学报（人文社会科学版）》，2018（2）。

四、恶势力犯罪的行为特征

根据《2019年意见》的规定,恶势力实施的违法犯罪活动,主要包括强迫交易、故意伤害、非法拘禁、敲诈勒索、故意毁坏财物、聚众斗殴、寻衅滋事,但也包括主要以暴力、威胁为手段的其他违法犯罪活动。恶势力还可能伴随实施开设赌场、组织卖淫、强迫卖淫、贩卖毒品、运输毒品、制造毒品、抢劫、抢夺、聚众扰乱社会秩序、聚众扰乱公共场所秩序、交通秩序以及聚众打砸抢等违法犯罪活动。由此可见,恶势力的违法犯罪活动可以分为主要的违法犯罪活动和伴随的违法犯罪活动这两种类型。

(一)主要的违法犯罪活动

主要的违法犯罪活动是指强迫交易、故意伤害、非法拘禁、敲诈勒索、故意毁坏财物、聚众斗殴、寻衅滋事等。这些犯罪具有破坏市场经济秩序、侵犯人身权利、侵犯财产权利和妨害社会管理秩序的性质,涉及刑法分则第三章、第四章和第六章的相关犯罪。

1. 强迫交易罪

根据我国《刑法》第226条的规定,强迫交易罪是指以暴力、威胁手段,实施强买强卖商品、强迫他人提供服务或者接受服务、强迫他人参与或者退出投标、拍卖、强迫他人转让或者收购公司、企业的股份、债券或者其他资产、强迫他人参与或者退出特定的经营活动,情节严重的行为。由此可见,强迫交易罪虽然强迫的内容是经营活动,但其手段具有暴力性和强制性,在多数情况下属于暴力性的经营活动,即以暴力或者强制手段而达到经济目的。强迫交易罪具有对市场经济秩序的破坏性,而且会造成他人人身权利和治安秩序的危害。因此,强迫交易罪是恶势力集团常见的犯罪活动。

2. 故意伤害罪

在我国刑法中,故意伤害罪是侵犯人身权利的犯罪。当侵犯人身权利犯罪在

公共场所实施的时候，同时具有妨害社会管理秩序犯罪的性质。恶势力集团所实施的故意伤害罪，通常是指在公共场所实施、对不特定的人实施的故意伤害罪。当然也不排除出于报复竞争对手的目的，对特定的人，到他人家里或者单位进行伤害的行为。

3. 非法拘禁罪

根据我国《刑法》第238条的规定，非法拘禁罪是指非法拘禁他人或者以其他方法非法剥夺他人人身自由的行为。非法拘禁罪在通常情况下，都采取暴力方法，因而具有暴力犯罪的性质。恶势力集团为实现其犯罪目的，往往对他人进行非法拘禁。因此，非法拘禁是恶势力集团较为常见的犯罪手段。例如，为索要高利贷形成的高额债务，恶势力犯罪分子往往对他人进行非法拘禁，限制或者剥夺他人的人身自由。《2018年指导意见》指出：黑恶势力有组织地多次短时间非法拘禁他人的，应当认定为《刑法》第238条规定的"以其他方法非法剥夺他人人身自由"。非法拘禁他人3次以上、每次持续时间在4小时以上，或者非法拘禁他人累计时间在12小时以上的，应以非法拘禁罪定罪处罚。

4. 敲诈勒索罪

根据我国《刑法》第274条的规定，敲诈勒索罪是指敲诈勒索公私财物，数额较大或者多次敲诈勒索的行为。敲诈勒索罪属于财产犯罪，但其犯罪手段具有对他人精神的强制性。恶势力集团为非法获取经济利益，经常实施敲诈勒索犯罪。2013年4月23日最高人民法院、最高人民检察院《关于办理敲诈勒索刑事案件适用法律若干问题的解释》第2条规定，敲诈勒索公私财物，具有下列情形之一的，数额较大的标准可以依照本解释第1条规定标准的50%确定。其中，第（5）项规定的就是以黑恶势力名义敲诈勒索的，因此体现了对恶势力所实施的敲诈勒索罪从严惩治的政策精神。

5. 故意毁坏财物罪

故意毁坏财物罪属于毁坏型财产犯罪，是我国刑法规定的财产犯罪中较为特殊的一种类型。通常财产犯罪都是以非法占有为目的的，只有故意毁坏财物罪和

破坏生产经营罪主观上没有非法占有目的,而是通过毁坏财物以实现个人目的。恶势力的犯罪活动往往包括故意毁坏财物,而且是在公共场所毁坏财物,不仅侵犯他人财产所有权,而且具有对社会治安的破坏性质。例如,在非法强制拆迁过程中,恶势力犯罪分子强制将他人房屋以及其他财物毁坏,造成重大经济损失。2008年6月25日最高人民检察院、公安部《关于公安机关管辖的刑事案件立案追诉标准的规定(一)》第33条对故意毁坏财物罪的立案追诉标准做了规定,在通常情况下,故意毁坏财物罪的立案追诉标准是造成公私财产损失5 000元以上。但其第(3)项规定,纠集3人以上公然毁坏公私财物的,不受上述数额的限制。这里的纠集3人以上公然毁坏公私财物,包括恶势力纠集多人在公共场所实施毁坏公私财物的犯罪。

6. 聚众斗殴罪

根据我国《刑法》第292条的规定,聚众斗殴罪是指聚集三人以上,进行斗殴,严重扰乱社会管理秩序的行为。聚众斗殴罪具有暴力性,尤其是聚集多人进行斗殴或者聚众在公共场所或者交通要道进行斗殴,往往造成社会秩序严重混乱。恶势力为争夺势力范围或者争夺经济利益,往往会进行聚众斗殴,造成人身伤亡或者财产损失。尤其值得注意的是,聚众斗殴罪是从流氓罪中分离出来的,是流氓恶势力常犯的罪之一。

7. 寻衅滋事罪

寻衅滋事罪和聚众斗殴罪一样,都是从流氓罪中分离出来的,也是恶势力集团最为常犯的罪之一。根据我国《刑法》第293条的规定,寻衅滋事罪是指为寻求精神刺激、发泄情绪、逞强耍横等,无事生非,随意殴打他人,情节严重;追逐、拦截、辱骂他人,情节恶劣;强拿硬要或者任意毁损、占用公私财物,情节严重;在公共场所起哄闹事,造成公共场所秩序严重混乱的行为。寻衅滋事罪的行为方式十分宽泛,既包括殴打、恐吓等侵犯公民人身权利的行为,又包括强拿硬要等侵犯公私财产权利的行为,同时,还包括起哄闹事等扰乱公共场所秩序的行为。因此,恶势力纠集多人实施寻衅滋事行为,对于社会

第二节 恶势力犯罪的特征

具有重大危害。

(二)伴随的违法犯罪活动

恶势力伴随的违法犯罪是指开设赌场、组织卖淫、强迫卖淫、贩卖毒品、运输毒品、制造毒品、抢劫、抢夺、聚众扰乱社会秩序、聚众扰乱公共场所秩序、交通秩序以及聚众打、砸、抢等。如果说,主要的违法犯罪活动是恶势力通常所犯之罪,那么,伴随的违法犯罪活动是恶势力所伴生的违法犯罪活动:前者体现的是恶势力的本质,而后者则体现恶势力的特色。

1. 开设赌场罪

根据我国《刑法》第303条第2款的规定,开设赌场罪是指以营利为目的,提供场所,招徕他人参加赌博;利用互联网、移动通讯终端等传输视频、数据,组织赌博活动;设置具有退币、退分、退钢珠等赌博功能的电子游戏设备,并以现金、有价证券等贵重款物作为奖品,或者以回购奖品方式给予他人现金、有价证券等贵重款物组织赌博活动的行为。开设赌场是恶势力敛财的主要途径,并且往往会衍生其他犯罪活动。

2. 强迫卖淫罪

根据我国《刑法》第358条的规定,强迫卖淫罪是指采取暴力、胁迫或者其他手段,违背他人意志,迫使他人从事有偿性交易活动的行为。在现实生活中,有些恶势力专门从事卖淫活动,如果他人不从,就采取暴力、胁迫或者其他手段,迫使他人卖淫。因此,强迫卖淫罪是恶势力伴随的违法犯罪活动。

3. 贩卖、运输、制造毒品罪

贩卖、运输、制造毒品罪都属于毒品犯罪,专门从事毒品犯罪活动的是毒品犯罪集团。毒品犯罪集团不能等同于恶势力,恶势力虽然也可能实施毒品犯罪活动,但这种毒品犯罪活动只不过是恶势力附带的一种犯罪活动,因而在性质上不同于毒品犯罪集团。

4. 抢劫、抢夺罪

在我国刑法中,抢劫、抢夺罪属于财产犯罪。当然,抢劫手段具有暴力性,

因而抢劫罪具有财产犯罪和人身犯罪的双重属性。恶势力为敛财,也会实施抢劫、抢夺犯罪活动。

5. 聚众扰乱社会秩序、聚众扰乱公共场所秩序、聚众扰乱交通秩序罪

聚众扰乱社会秩序、聚众扰乱公共场所秩序、聚众扰乱交通秩序罪都属于妨碍社会管理秩序罪。恶势力在从事违法犯罪活动的过程中,纠集多人,在公共场所或者交通要道进行违法活动,严重妨碍公共秩序。

6. 聚众"打砸抢"罪

我国《刑法》第289条对聚众"打砸抢"做了规定,根据刑法规定:"聚众'打砸抢',致人伤残、死亡的,依照本法第二百三十四条、第二百三十二条的规定定罪处罚。毁坏或者抢走公私财物的,除判令退赔外,对首要分子,依照本法第二百六十三条的规定定罪处罚。"这里的《刑法》第234条是对故意伤害罪的规定;第232条是对故意杀人罪的规定;第263条是对抢劫罪的规定。因此,聚众"打砸抢"在我国刑法中并不是一个独立的罪名,《刑法》第289条关于聚众"打砸抢"的规定,其实是一个引导性条款。恶势力人多势众,也会采用聚众"打砸抢"的犯罪手段,对此应当分别依照故意伤害罪、故意杀人罪和抢劫罪定罪处罚。

五、恶势力犯罪的本质特征

恶势力犯罪的本质特征表现为,为非作恶,欺压百姓,扰乱经济、社会生活秩序,造成较为恶劣的社会影响。任何犯罪都具有社会危害性,即对刑法所保护的法益的侵害。恶势力作为一种特殊的犯罪形态,它的社会危害性要大于普通犯罪。因为恶势力犯罪的严重危害结果和恶劣社会影响及于一定区域或者行业,其社会危害性具有散发性和辐射性。在某种意义上可以说,为非作恶、欺压百姓是恶势力犯罪的本质特征。这一特征决定了恶势力犯罪侵害的是一定区域或者一定行业的人民群众的人身权利和财产权利,并且具有扰乱公共秩序的性质。恶势力

第二节 恶势力犯罪的特征

的主要违法犯罪活动,例如非法拘禁、敲诈勒索、聚众斗殴、寻衅滋事等,都属于此类违法犯罪。值得注意的是,在《2019年意见》中,存在三个规定以是否具有为非作恶、欺压百姓的性质作为恶势力认定的根据:(1)《2019年意见》第5条规定:单纯为牟取不法经济利益而实施的黄、赌、毒、盗、抢、骗等违法犯罪活动,不具有为非作恶、欺压百姓特征的,不应作为恶势力案件处理。(2)《2019年意见》第8条第1款规定:"恶势力实施的违法犯罪活动,主要为强迫交易、故意伤害、非法拘禁、敲诈勒索、故意毁坏财物、聚众斗殴、寻衅滋事,但也包括具有为非作恶、欺压百姓特征,主要以暴力、威胁为手段的其他违法犯罪活动。"(3)《2019年意见》第8条第2款规定:"仅有前述伴随实施的违法犯罪活动,且不能认定具有为非作恶、欺压百姓特征的,一般不应认定为恶势力。"由此可见,为非作恶、欺压百姓是恶势力的本质特征。

根据相关司法解释的规定,恶势力并不是我国刑法中的一个独立罪名。在这一点上,恶势力和黑社会性质组织犯罪是完全不同的。黑社会性质组织犯罪是以组织、领导、参加黑社会性质组织为罪质内容的一个独立罪名,它不是像杀人、伤害等以犯罪实行行为为构成要件的罪名,而是以组织、领导、参加等共犯行为为罪质内容,具有共犯行为正犯化的特征。恶势力本身只是一种共犯行为而非正犯行为,因此它只能依附于正犯行为而存在。就此而言,司法解释关于恶势力的规定,无论是结伙性质的恶势力还是集团性质的恶势力,都只是一种犯罪情节,具有恶势力性质的犯罪,在定罪处罚的时候,应当予以从重。至于恶势力如何定罪,就应当根据所犯罪名加以确定。在大多数情况下,恶势力往往犯有数罪,应当实行数罪并罚。关于恶势力所犯的罪名,司法解释规定了主要罪名和伴随罪名。那么,在犯有上述罪名的情况下,如何区分恶势力的犯罪与普通犯罪呢?因为在现实生活中,犯有上述罪名的情况还是较多的,不能说只要犯有司法解释所规定的这些罪名就属于恶势力。因此,恶势力必然具有这些罪名所不能包含的特殊属性。这一特殊属性就是司法解释所反复强调的八个字:为非作恶、欺压百姓。因此,为非作恶、欺压百姓是在认定具体犯罪以外,在认定是否恶势力的时

候需要独立判断的要素,它是恶势力的本质特征。根据《2019年意见》的规定,如果没有为非作恶、欺压百姓的特征,而是为单纯牟取不法经济利益,或者因本人或者近亲属的婚恋纠纷、家庭纠纷、邻里纠纷、劳动纠纷、合同债务纠纷而引发以及其他确属事出有因的违法犯罪活动,不应作为恶势力案件处理。因此,为非作恶、欺压百姓这一特征对于认定恶势力犯罪具有十分重要的意义。对于恶势力的为非作恶、欺压百姓这一本质特征,我认为应当从以下三个方面进行判断。

(一)法益侵害

犯罪是侵害法益的行为,这里的侵害法益就是指社会危害性。当然,社会危害性的概念较为笼统,而法益侵害则可以根据保护法益的内容加以确定。例如,故意杀人罪的保护法益是生命权,而故意伤害罪的保护法益是健康权。对这些刑法所保护的具体法益造成的侵害,就是法益侵害的内容。因为恶势力不是一个独立的罪名,恶势力所犯的主要犯罪和伴随犯罪都各自具有其法益侵害的内容。例如,在恶势力中较为常见的罪名——非法拘禁罪所侵害的是人身自由权;敲诈勒索罪所侵害的是财产权;寻衅滋事罪所侵害的是公共秩序;等等。在认定这些犯罪的时候,当然需要对此进行考察。但如果认定恶势力犯罪,则除需要考察犯罪是否具有上述法益侵害内容以外,还需要再进一步考察是否具有为非作恶、欺压百姓的性质。这里的为非作恶、欺压百姓是指扰乱社会公共秩序,对一定区域和行业的人员实施不法侵害,称霸一方,作威作福。因此,只有当行为人所犯的各种犯罪,不仅符合该犯罪的构成要件而且具有为非作恶、欺压百姓的特征的情况下,才能认定为恶势力犯罪,否则不能认定为恶势力犯罪而只能认定为普通犯罪。例如,以侵害人身的犯罪为例,恶势力的侵害人身犯罪不仅造成他人的人身侵害和财产侵害,而且是为了通过这种犯罪,压服他人,使他人不敢反抗。因此,恶势力的侵害人身犯罪一般具有两种类型:第一种类型是欺压无辜群众,第二种类型是杀伤其他恶势力团伙成员。恶势力的财产犯罪和经济犯罪,例如敲诈勒索罪和强迫交易罪等,犯罪目的并不仅仅在于获取非法利益,而且在于取得一定的经济实力。此外,恶势力经常和"黄"(组织、强迫、容留卖淫罪)、"赌"

(开设赌场罪、聚众赌博罪)和"毒"(制造、运输、贩卖毒品罪)相关联,但它又在一定意义上区别于组织卖淫团伙、赌博团伙和贩卖毒品团伙。在恶势力犯罪中,这些犯罪只是伴随的犯罪而不是主要犯罪。在司法实践中,不能认为只要是"黄赌毒"犯罪案件,就一定是恶势力。关键还是在于是否具有为非作恶、欺压百姓的特征。至于聚众斗殴罪和寻衅滋事罪等扰乱公共秩序的犯罪,本身就具有为非作恶、欺压百姓的性质,在恶势力犯罪中是不可或缺的罪名。

(二)行为特征

在恶势力认定中,考察是否具有为非作恶、欺压百姓的特征的时候,还要结合恶势力犯罪的具体行为进行分析。这里的行为特征,包括行为对象、行为地点和行为方式等内容。例如,恶势力的故意伤害等侵害人身犯罪往往是针对不特定对象实施的或者针对无辜群众,随意殴打或者伤害他人,造成严重后果。而行为地点是指恶势力的人身犯罪一般都发生在公共场所,它不仅侵害他人的人身权利,而且破坏公共秩序,危害社会治安。至于行为方式,是指采取较为残忍或者极端的犯罪手段,具有残酷性,对一定区域造成严重的恐慌气氛。

(三)主观动机

恶势力犯罪在主观上不仅具有某种犯罪的故意或者非法占有目的等主观违法要素,而且从总体上说具有所谓流氓动机,这种流氓动机的内容就是追求精神刺激或者满足称霸欲望。2013年最高人民法院、最高人民检察院《关于办理寻衅滋事刑事案件适用法律若干问题的解释》对寻衅滋事罪的主观违法要素做了明确规定,是指寻求刺激、发泄情绪、逞强耍横等,无事生非。这种主观因素也就是笔者所称的流氓动机,它对于将寻衅滋事罪与故意伤害罪、故意毁坏财物罪、敲诈勒索罪和侵害人身与财产的犯罪相区分,具有十分重要的意义。在认定恶势力犯罪,并将恶势力犯罪与普通的侵害人身和财产犯罪相区分的时候,这种主观动机同样具有重要意义。因为这些主观要素是为非作恶、欺压百姓这一恶势力本质特征在行为人主观上的呈现。

第三节 恶势力集团犯罪的认定

在具备恶势力特征的条件下，根据《2019年意见》的规定，再进一步将恶势力区分为两种共同犯罪形态，这就是恶势力结伙犯罪和恶势力集团犯罪。恶势力结伙犯罪属于恶势力的一般共同犯罪，只要具备恶势力特征的，就构成恶势力结伙犯罪。而恶势力集团犯罪属于恶势力的特殊共同犯罪，只有在恶势力的基础上具备犯罪集团特征才能成立。因此，对应恶势力集团犯罪需要专门进行讨论。

一、恶势力犯罪集团的特征

根据我国刑法规定，犯罪集团要求首要分子、骨干成员相对固定，具备一定的组织形态特征。因此，恶势力犯罪集团同样具有一定的组织形态。犯罪集团不同于临时纠集的共同犯罪的特征就在于：在临时纠集的共同犯罪的情况下，各共同犯罪人是为实施一次犯罪而纠合在一起的，犯罪实施完毕以后，人员就解散了，因而不具有组织性。而在犯罪集团的情况下，共同犯罪人是为多次，甚至长期实施犯罪活动而结合在一起。因此，在犯罪集团中存在一定的组织形态，例如犯罪集团的犯罪分子之间具有一定的分工，既存在组织者、指挥者，又存在骨干成员和其他一般参加者。恶势力集团犯罪是以犯罪集团为基础的，因而必然具有犯罪集团的组织性。恶势力犯罪集团的组织性表现在以下三个方面。

（一）恶势力集团成员的固定性

恶势力作为一种犯罪集团，其成员具有一定的固定性。如果成员较多，则其核心成员具有一定的固定性。这里的固定性，是指某些恶势力成员在一定时间内积极参加恶势力集团的活动，形成一个较为稳定的组织结构。如果虽然人数较

多，但人员流动性较强，没有形成稳定的组织结构，则不能认定为恶势力犯罪集团。

（二）恶势力集团成员之间具有分工性

在经常纠集在一起从事犯罪活动以后，恶势力集团成员之间形成一定的分工。这里的分工，是指在从事恶势力犯罪活动中，存在首要分子、骨干分子和积极参加者这样不同的角色。根据《2019年意见》的规定，恶势力犯罪集团中，存在以下三种角色分工：第一是恶势力犯罪的首要分子。所谓恶势力首要分子，是指在恶势力实施的违法犯罪活动中起组织、策划、指挥作用的犯罪分子。由此可见，首要分子是恶势力犯罪集团的核心人物，对于恶势力从事的犯罪活动发挥了组织、指挥和策划的作用。第二是恶势力犯罪的骨干分子。所谓恶势力犯罪的骨干分子，是指在恶势力违法犯罪活动中起到主要作用的犯罪分子。在一般情况下，骨干分子多次参加恶势力违法犯罪活动，而且在违法犯罪活动中承担主要角色，发挥主要作用。第三是恶势力犯罪的其他成员。所谓恶势力的其他成员，是指知道或应当知道与他人经常纠集在一起是为了共同实施违法犯罪，仍按照纠集者的组织、策划、指挥参与违法犯罪活动的违法犯罪分子。

（三）恶势力集团实施犯罪活动的多样性

根据所实施犯罪的种类，可以分为单一的犯罪集团和多种的犯罪集团。单一的犯罪集团是指该犯罪集团只实施某种特定犯罪的集团，例如走私集团、抢劫集团、盗窃集团、诈骗集团等。多种的犯罪集团是指并不限于实施一种犯罪而是实施多种犯罪的集团，例如既盗窃又抢劫，或者既诈骗又敲诈勒索等。恶势力犯罪集团一般都属于多种的犯罪集团，它并不限于实施一种犯罪，而往往实施多种犯罪。

二、恶势力集团犯罪和黑社会性质组织犯罪的界分

恶势力集团犯罪是介乎黑社会性质组织犯罪和普通集团犯罪之间的一种特殊

犯罪形态：它既区别于黑社会性质组织犯罪，又区别于普通集团犯罪。因此，在司法实践中正确认定恶势力集团犯罪具有十分重要的意义。

恶势力集团虽然是黑社会性质组织的雏形，两者之间具有密切联系，但从刑法规定的意义上说，恶势力集团和黑社会性质组织又是完全不同的。黑社会性质组织是刑法分则规定的，我国《刑法》第294条设立了组织、领导、参加黑社会性质组织罪。因此，黑社会性质组织犯罪具有双重含义：第一是组织、领导、参加黑社会性质组织本身构成的犯罪；第二是黑社会性质组织所实施的刑法分则所规定的具体犯罪。而恶势力集团并不是刑法分则规定的，而是根据刑法总则规定的犯罪集团进行认定的。换言之，组织、领导、参加恶势力集团本身并不是犯罪，只有以恶势力集团的形式所实施的具体犯罪才能被依法追究刑事责任。因此，如果只有组织、领导、参加恶势力集团的行为，但尚未实施具体犯罪的，只能以意图实施的具体犯罪的预备论处。正是在这一点上，恶势力集团犯罪和黑社会性质组织犯罪之间存在重大差异。在此基础上，我们需要讨论的是恶势力集团和黑社会性质组织之间的区别。《2009年纪要》曾经指出："各级人民法院、人民检察院和公安机关在办案时应根据本纪要的精神，结合组织化程度的高低、经济实力的强弱、有无追求和实现对社会的非法控制等特征，对黑社会性质组织与恶势力团伙加以正确区分。同时，还要本着实事求是的态度，正确理解和把握打早打小方针"。打小打早是我国司法机关打击黑社会性质组织犯罪的重要政策。然而，如何打小打早而又打准打对，这是一个需要正确把握的政策界限。在没有对应恶势力犯罪的规范标准的情况下，强调打小打早，就可能会将尚不具备黑社会性质组织犯罪特征的恶势力团伙拔高为黑社会性质组织犯罪进行打击，这就偏离了打击目标，扩大了打击范围。现在，司法解释明确把黑恶并列，明确恶势力犯罪和黑社会性质组织罪各自的特征，并严格区分两种不同的犯罪形态，这对于有效地惩治黑恶犯罪具有重要意义。

（一）组织程度的高低

无论是恶势力集团还是黑社会性质组织，都属于有组织犯罪，因而都存在一

定的组织形式。然而，恶势力集团和黑社会性质组织相比，在组织化程度上存在明显的差异，这种差异主要表现为组织结构的稳定性。组织结构是任何组织，包括合法组织和非法组织都具有的基本要素。不同的组织在其组织结构的稳定性程度上是有所不同的，一般来说，越是正规或者成熟的组织，其组织结构越是稳定，因而该组织的行动力以及对组织成员的支配力越强。恶势力集团和黑社会性质组织作为一种犯罪组织，都具有一定的组织结构。但在这种组织结构的稳定性程度上是不同的。黑社会性质组织的组织化程度较高，主要就表现在组织结构具有较强的稳定性。这种稳定性表明黑社会性质组织不是一个松散的临时纠集的集合体，而是在一个较长时期内在一定地域中有组织地从事犯罪活动的稳定的犯罪组织。[1] 相对来说，恶势力集团虽然也具有一定的组织性，但这种组织化的程度是较低的。恶势力具有相对固定的组织成员，包括组织者和骨干成员。但无论是在人数上还是在组织结构的稳定性上，恶势力集团都要逊色于黑社会性质组织。这主要表现为组织成员的流动性较大，固定的组织成员较少，组织者对于组织成员的控制力和支配力较弱。

（二）经济实力的强弱

对于黑社会性质组织的成立来说，一定经济实力是必不可少的要件。黑社会性质组织的经济实力，一般是通过有组织的犯罪活动或者其他手段积累而成的。例如，通过强行收取保护费、敲诈勒索、抢劫、抢夺、开设赌场、强迫卖淫或者贩卖毒品等违法犯罪活动而获取，也可能通过建立经济实体通过正常的经营活动而获取。黑社会性质组织获取经济利益的目的是为黑社会性质组织的活动提供经费或者其他经济上的支持，维持黑社会性质组织的正常活动，以便进一步壮大黑社会性质组织。因此，黑社会性质组织具有较强的经济实力。恶势力集团也往往

---

[1] 参见黄太云：《关于〈中华人民共和国刑法〉第二百九十四条第一款的解释的理解与适用》，载最高人民法院刑一、二、三、四、五庭主办：《刑事审判参考》，第74集，153页，北京，法律出版社，2010。

通过违法犯罪活动获取一定的经济利益,当然,建立经济实体从事正常经营活动以获取经济实力的情况还较为少见,而采用非法讨债、以套路贷的方式发放高利贷进行敛财的现象较多。例如,苏州市姑苏区人民法院办理的史宾宾等恶势力团伙犯罪案中,在被告人史宾宾组织、领导下,形成了以其为首的包括被告人黄东海等数名固定组成人员的非法讨债团伙,持续以非法拘禁犯罪、寻衅滋事犯罪的方式讨债,构成恶势力犯罪集团。因此,相对来说,恶势力集团的经济实力较弱。

(三) 非法控制的有无

非法控制是黑社会性质组织的本质特征,黑社会性质组织往往通过实施违法犯罪活动,或者利用国家工作人员的包庇或者纵容,称霸一方,在一定区域或者行业内,形成非法控制或者重大影响。只有达到这种非法控制程度,才能认定为黑社会性质组织。值得注意的是,在此,非法控制和重大影响是并列的。那么,如何理解非法控制和重大影响之间的关系呢?我国学者指出:形成非法控制是指将一定区域或者行业置于非法操纵、左右之下;重大影响是指具有相当程度的左右、决定的作用。[1] 因此,非法控制和重大影响都具有对一定区域或者行业的操控性和支配性。重大影响并不只是对一定人身、财产或者国家、公共利益所造成的犯罪结果严重,而是对于一定区域或者行业产生具有决定性的影响。因此,这种影响超越了个罪的危害性,而具有对社会合法秩序的破坏性。例如,在刘烈勇等组织、领导、参加黑社会性质组织案中,法院判决认定,该黑社会性质组织通过两种方式对湖北省仙桃市的经济、社会生活秩序形成了严重危害:一种方式是通过入股加入某一经济实体,使用了暴力、威胁等手段,在该行业逐步形成垄断,扰乱正常的市场经济秩序;另一种方式是有组织地通过故意杀人、故意伤害

---

[1] 参见黄太云:《关于〈中华人民共和国刑法〉第二百九十四条第一款的解释的理解与适用》,载最高人民法院刑一、二、三、四、五庭主办:《刑事审判参考》,第 74 集,155 页,北京,法律出版社,2010。

等犯罪行为,或者通过敲诈勒索、寻衅滋事等违法犯罪行为欺压、残害群众,不断扩大该黑社会性质组织的影响力,称霸一方,扰乱正常的社会秩序。[1] 在以上两种方式中,第一种是非法控制,第二种是重大影响。由此可见,这里的重大影响具有通过犯罪活动削弱合法政权的控制力,破坏正常的生产、生活秩序,并形成黑社会性质组织掌控的非法秩序。只有达到这种程度的重大影响,才具有非法控制的性质。而恶势力集团表现为经常纠集多人在一起,以暴力、威胁或者其他手段,包括软暴力手段,在一定区域或者行业内多次实施违法犯罪活动,造成较为恶劣的社会影响。但恶势力集团还不具有对一定区域或者行业的非法控制能力,未能形成黑社会性质组织对正常生产、生活秩序的非法掌控,这是恶势力集团和黑社会性质组织的主要区别之所在。

三、恶势力集团犯罪和普通集团犯罪的界分

恶势力集团不仅不同于黑社会性质组织,而且还不同于普通犯罪集团。对于恶势力集团的认定来说,将它与黑社会性质组织正确区分当然是十分重要的,但将它和普通犯罪集团正确区分同样重要。这里所谓普通犯罪集团是指根据我国《刑法》第 26 条第 2 款认定的犯罪集团,即三人以上为共同实施犯罪而组成的较为固定的犯罪组织。如前所述,我国刑法中的犯罪集团可以分为单一性的犯罪集团和多元性的犯罪集团。对于实施单一犯罪而组成的犯罪集团,例如盗窃集团、卖淫集团或者贩毒集团来说,显然不可能构成恶势力集团,因此区分较为容易。而多元性的犯罪集团是为实施多种犯罪而组成的犯罪集团,恶势力集团也往往同时实施多种犯罪活动,因此两者的区分就有一定的难度。从形式上来看,两者都

---

[1] 参见苏敏、冯黔刚:《刘烈勇等组织、领导、参加黑社会性质组织案——如何结合具体案情认定黑社会性质组织的非法控制特征》,载最高人民法院刑一、二、三、四、五庭主办:《刑事审判参考》,第74集,57页,北京,法律出版社,2010。

是犯罪集团，而且都实施了多种犯罪活动。那么，两者的区分到底何在？笔者认为，区分主要表现在是否在一定区域或者行业内多次实施违法犯罪活动，造成较为恶劣的社会影响。这里的较为恶劣的影响不同于黑社会性质组织的重大影响，但也不同于普通犯罪集团的个罪影响。其中，普通犯罪集团的个罪影响只及于受害的个人或者单位，没有超越个罪而对社会生产、生活秩序产生影响。而恶势力集团纠集多人多次实施违法犯罪活动，已经对一定区域或者行业的社会秩序和经济秩序产生了恶劣影响。例如，苏州市相城区人民法院办理的王友兴等恶势力团伙犯罪案中，被告人王友兴、高明洋以开设投资担保公司和企业管理公司名义从事非法放贷、讨债等活动，通过非法剥夺债务人人身自由，对债务人实施暴力威胁、恐吓、强行签订空白租房协议、非法占用房产、变卖房屋内家具等方式实施非法拘禁和寻衅滋事，因此构成恶势力犯罪集团。这种恶劣影响具有一定的广泛性，具有对社会治安的破坏性。

四、恶势力集团犯罪的刑事责任划分

恶势力集团虽然不像黑社会性质组织那样，只要组织、领导、参加就单独构成犯罪，但一旦构成恶势力集团，在刑事责任承担上就具有不同于普通犯罪集团的特点。《2009年纪要》曾经对恶势力集团的定罪处罚做了专门规定："在准确查明恶势力团伙具体违法犯罪事实的基础上，构成什么罪，就按什么罪处理，并充分运用刑法总则关于共同犯罪的规定，依法惩处。对符合犯罪集团特征的，要按照犯罪集团处理，以切实加大对恶势力团伙依法惩处的力度"。应当指出，上述规定中的恶势力团伙，还不能等同于恶势力集团。《2018年指导意见》已经把恶势力纳入犯罪集团的范畴，因此应当按照刑法关于犯罪集团的规定，解决其刑事责任问题。我国《刑法》第26条第3款规定："对组织、领导犯罪集团的首要分子，按照集团所犯的全部罪行处罚。"第4款规定："对于第三款规定以外的主犯，应当按照其所参与的或者组织、指挥的全部犯罪处罚。"因此，对恶势力集

团的组织者、指挥者，骨干成员和一般参加者，应当分别定罪处罚。

（一）恶势力集团的组织者、指挥者

恶势力集团的组织者、指挥者是指恶势力集团的首要分子，是恶势力集团的发起者和创立者，对恶势力集团的形成和发展起到了主导作用。指挥者是指在恶势力集团犯罪中进行组织、策划、指挥的犯罪分子，是恶势力集团犯罪中的主犯。无论是恶势力集团的组织者还是指挥者，都应当对恶势力集团所实施的犯罪行为承担全部责任。当然，这里应当区分恶势力集团的犯罪行为和恶势力集团个人的犯罪行为。恶势力集团的犯罪行为是在恶势力集团的组织下共同实施的犯罪，以及受恶势力集团首要分子的指派所实施的犯罪行为。在某些情况下，恶势力集团的个别成员并没有受到指派但为恶势力集团利益而主动实施具体犯罪的，也应当视为是恶势力集团的犯罪，恶势力集团的组织者、指挥者也同样要对该行为承担刑事责任。当然，如果恶势力集团个别成员出于个人原因，在没有恶势力集团指派的情况下，私自实施具体犯罪的，应当视为个人犯罪。

（二）恶势力集团的骨干成员

恶势力集团的骨干成员积极参加恶势力集团的犯罪活动，并且在犯罪活动中起主要作用，因此也是恶势力集团犯罪的主犯，应当对其所参与的犯罪承担全部责任。应当指出，恶势力集团的骨干分子不同于组织者、指挥者，并没有对恶势力集团的全局掌控性和支配性，而只是参加恶势力集团的具体犯罪活动，是恶势力集团犯罪的实行犯，应当对本人参与的犯罪承担责任。

（三）恶势力集团的一般参加者

恶势力集团的一般参加者是指追随恶势力集团，参加恶势力集团的犯罪活动，但在恶势力集团犯罪活动中起次要作用的犯罪分子，属于我国刑法规定的从犯，应当依法从轻、减轻或者免除处罚。

第十章

共犯形态Ⅲ：黑社会性质组织犯罪

第一节 黑社会性质组织犯罪概述

一、黑社会性质组织犯罪的概念

我国《刑法》第294条规定了组织、领导、参加黑社会性质组织罪，黑社会性质组织犯罪是当前我国刑法惩治的重点犯罪。可以说，黑社会性质组织犯罪是一种更高形式的集团犯罪。我国刑法中的集团犯罪可以分为一般的集团犯罪和特殊的集团犯罪。所谓一般的集团犯罪，是指根据《刑法》第26条第2款规定成立的犯罪集团所实施的犯罪。例如盗窃集团犯罪、走私集团犯罪等。特殊的犯罪集团，则是指根据刑法分则规定认定的集团犯罪。黑社会性质组织是我国刑法分则规定的一种特殊的犯罪集团。

二、黑社会性质组织犯罪的特征

根据我国《刑法》第294条的规定，组织、领导、参加黑社会性质组织罪是指组织、领导或者参加黑社会性质的组织的行为。在组织、领导、参加黑社会性质组织罪中，最为核心的问题就在于黑社会性质组织的正确界定。这里的黑社会性质组织，根据2000年12月4日最高人民法院《关于审理黑社会性质组织犯罪的案件具体应用法律若干问题的解释》（以下简称《2000年解释》）第1条的规定，一般应具备以下特征：（1）组织结构比较紧密，人数较多，有比较明确的组织者、领导者，骨干成员基本固定，有较为严格的组织纪律；（2）通过违法犯罪活动或者其他手段获取经济利益，具有一定的经济实力；（3）通过贿赂、威胁等手段，引诱、逼迫国家工作人员参加黑社会性质组织活动，或者为其提供非法保护；（4）在一定区域或者行业范围内，以暴力、威胁、滋扰等手段，大肆进行敲诈勒索、欺行霸市、聚众斗殴、寻衅滋事、故意伤害等违法犯罪活动，严重破坏经济、社会生活秩序。及至2002年4月28日，全国人大常委会《关于〈中华人民共和国刑法〉第二百九十四条第一款的解释》对黑社会性质组织的构成特征作出了立法解释，对司法解释的规定予以某种程度的修正。根据立法解释的规定，黑社会性质的组织应当同时具备以下特征：（1）形成较稳定的犯罪组织，人数较多，有明确的组织者、领导者，骨干成员基本固定；（2）有组织地通过违法犯罪活动或者其他手段获取经济利益，具有一定的经济实力，以支持该组织的活动；（3）以暴力、威胁或者其他手段，有组织地多次进行违法犯罪活动，为非作恶，欺压、残害群众；（4）通过实施违法犯罪活动，或者利用国家工作人员的包庇或者纵容，称霸一方，在一定区域或者行业内，形成非法控制或者重大影响，严重破坏经济、社会生活秩序。比较上述司法解释与立法解释，在黑社会性质组织的组织结构、经济实力、行为方式等方面都是相同的，唯一的区别在于：非法保护（俗称"保护伞"）是否为黑社会性质组织的成立条件。司法解释将"保护伞"

规定为黑社会性质组织的必要条件，没有"保护伞"的就不构成黑社会性质组织。而立法解释则将"保护伞"规定为或然性条件，没有"保护伞"的同样可以构成黑社会性质组织。《2000年解释》将上述关于黑社会性质组织的概念吸纳规定在《刑法》第294条第4款，从而为认定黑社会性质组织提供了法律根据。

第二节　黑社会性质组织犯罪的组织特征

2009年12月9日最高人民法院、最高人民检察院、公安部《办理黑社会性质组织犯罪案件座谈会纪要》（以下简称《2009年纪要》）对黑社会性质组织的组织特征做了以下描述："黑社会性质组织不仅有明确的组织者、领导者，骨干成员基本固定，而且组织结构较为稳定，并有比较明确的层级和职责分工"。根据《2009年纪要》的上述规定，结合黑社会性质组织犯罪认定的司法实践经验，笔者认为，对于黑社会性质组织的组织特征应当从组织成员、组织层级、组织结构和组织纪律这四个方面加以把握。其中，组织成员和组织层级是黑社会性质组织的人员构成要素；而组织结构和组织纪律则是黑社会性质组织的制度构成要素。对于认定黑社会性质组织的组织特征来说，必须同时具备这四个要素。

一、组织成员

黑社会性质组织是由一定的人员构成的，因此，一定数量的人员是构成黑社会性质组织的必要前提。我国刑法规定共同犯罪由二人以上构成，而犯罪集团由三人以上构成。根据我国刑法关于犯罪集团的法定概念，犯罪集团本身就是一种犯罪组织。因此，黑社会性质组织似乎也是可以由三人以上构成。《刑法》第294条对黑社会性质组织罪的人数没有明文规定，《2000年解释》也只是规定了人数较多，但具体数量并没有规定，但我国学者在对《2000年解释》的解说中

论及:"关于人数较多的标准,从司法实践看,一般掌握在10人左右为宜。"①及至2015年10月13日《全国部分法院审理黑社会性质组织犯罪案件工作座谈会纪要》(以下简称《2015年纪要》)明确规定:"黑社会性质组织应当具有一定规模,人数较多,组织成员一般在10人以上"。《2015年纪要》分别对黑社会性质组织的成员的认定做了以下两种情形的规定。

第一种情形:《2015年纪要》规定,下列人员应当计入黑社会性质组织的成员:(1)已有充分证据证明但尚未归案的组织成员。这类人员是指黑社会性质组织的在逃人员。在逃人员虽然在案件审理的时候,因为未归案而无法认定其犯罪行为,但现有的证据已经充分证明其属于黑社会性质组织的成员。因为这些证据未经法庭质证和审查,所以对此类黑社会性质组织成员的认定应当采取较为谨慎的做法。而且,能够在尚未归案的情况下而被认定为黑社会性质组织成员的,一般都是首要分子或者骨干分子,而不是一般成员。(2)虽有参加黑社会性质组织的行为但因尚未达到刑事责任年龄或因其他法定情形而未被起诉。我国《刑法》第17条明确规定,对于尚未达到刑事责任年龄的人犯罪的,不能追究刑事责任,这是刑法规定的不追究刑事责任的法定情形。当然,在黑社会性质组织犯罪中,尚未达到法定刑事责任年龄的成员是较为少见的。如果出现这种情形,就应当计入黑社会性质组织的人数。此外,这里所说的因其他法定情形而未被起诉的情形,主要是指我国《刑事诉讼法》第16条的规定。根据这一规定:"有下列情形之一的,不追究刑事责任,已经追究的,应当撤销案件,或者不起诉,或者终止审理,或者宣告无罪:(一)情节显著轻微、危害不大,不认为是犯罪的;(二)犯罪已过追诉时效期限的;(三)经特赦令免除刑罚的;(四)依照刑法告诉才处理的犯罪,没有告诉或者撤回告诉的;(五)犯罪嫌疑人、被告人死亡的;(六)其他法律规定

---

① 祝二军:《〈关于审理黑社会性质组织犯罪的案件具体应用法律若干问题的解释〉的理解与适用》,载中华人民共和国最高人民法院刑一庭、刑二庭:《刑事审判参考》,第13辑,74页,北京,法律出版社,2001。

免予追究刑事责任的。"由此可见，根据司法解释的规定，对于黑社会性质组织的成员最低10人的计算标准还是较为宽泛的。(3) 根据具体情节不作为犯罪处理的组织成员。如果说，上述（2）规定的是不追究刑事责任的法定情形，那么，这里的规定就是不追究刑事责任的酌定情形，即根据具体情节不作为犯罪处理。

第二种情形：不属于黑社会性质组织成员的成员。我认为，黑社会性质组织成员，以参加黑社会性质组织的行为作为判断标准：只有实施了实际参加黑社会性质组织的行为的，才能认定为黑社会性质组织的成员。如果没有实际参加黑社会性质组织的行为，尽管与黑社会性质组织之间具有一定的关系，也不能视为黑社会性质组织的成员。对此，《2015年纪要》明文指出：以下人员不属于黑社会性质组织的成员：（1）主观上没有加入黑社会性质组织的意愿，受雇到黑社会性质组织开办的公司、企业、社团工作，未参与或者仅参与少量黑社会性质组织的违法犯罪活动的人员。这种情形是指以合法的公司、企业或者其他单位为依托的黑社会性质组织中，因为这些单位中人员较多，规模较大，不能认为只要是这些单位人员都一概认定为黑社会性质组织成员。而只有实际参与黑社会性质组织犯罪活动的成员才能认定为黑社会性质组织的成员。这些人员即使构成犯罪，也要考察这种犯罪是否属于黑社会性质组织犯罪活动的一部分。因此，在某些以依法登记或者注册成立的公司、企业或者其他经济组织的形式构成的黑社会性质组织中，这些经济组织的任职人员，虽然在客观上为黑社会性质组织的犯罪活动提供了便利，但并没有参加黑社会性质组织而只是正常履行职务，则不能认定为黑社会性质组织的成员。即使履行职务的行为构成犯罪，也应当单独对其所实施的犯罪承担刑事责任。例如，在刘汉、刘维黑社会性质组织案中，汉龙公司财务人员刘某、赖某某因履行职务而实施了骗取贷款、票据承兑、金融凭证犯罪，但并未被认定为是黑社会性质组织的成员。（2）因临时被纠集、雇佣或受蒙蔽为黑社会性质组织实施违法犯罪活动或者提供帮助、支持、服务的人员。黑社会性质组织的成员可以分为核心成员、骨干分子，以及一般参与者。除此以外，还有些属于外围的人员。这些外围人员与黑社会性质组织并没有紧密联系，但也偶然临时被

纠集、雇佣或者受蒙蔽而参与到黑社会性质组织犯罪之中，通常参与程度较低，只是一般性的参加违法犯罪活动，或者为黑社会性质组织犯罪提供帮助等辅助性的活动。对于这些人员，不能认定为黑社会性质组织成员。（3）为维护或扩大自身利益而临时雇佣、收买、利用黑社会性质组织实施违法犯罪活动的人员。这里的"人员"是指利用黑社会性质组织而实现其自身利益的人员，这些人员往往与黑社会性质组织存在某些联系，但并不属于黑社会性质组织的成员，而是在需要的时候，临时雇佣、收买、利用黑社会性质组织，利用黑社会性质组织的违法犯罪活动以维护或者实现自身的经济利益。当然，如果是黑社会性质组织的幕后出资者或者实际控制人，尽管并不介入黑社会性质组织的日常活动，也应当认定为黑社会性质组织的成员。

值得注意的是，上述人员不能认定为黑社会性质组织的成员，其中有些人员不构成犯罪，而有些人员则虽然不构成黑社会性质组织犯罪，但可能构成其他犯罪。对此，根据《2015年纪要》的规定，应当按照具体犯罪处理。

二、组织层级

黑社会性质组织的人数较多，因而在组织成员之间存在一定的组织层级。我国《刑法》第294条规定，黑社会性质组织一般有三种类型的组织成员，亦即三个层级：第一个层级是组织者、领导者；第二个层级是积极参加者（包括骨干分子）；第三个层级是其他参加者。刑法分别针对这三个层级的黑社会性质组织成员设置了三个档次的法定刑：组织、领导黑社会性质组织的，处7年以上有期徒刑，并处没收财产；积极参加的，处3年以上7年以下有期徒刑，可以并处罚金或者没收财产；其他参加的，处3年以下有期徒刑、拘役、管制或者剥夺政治权利，可以并处罚金。《2009年纪要》对上述三种黑社会性质组织的人员做了规定，为司法机关正确认定这三种黑社会性质组织成员提供了规范根据。

第十章　共犯形态Ⅲ：黑社会性质组织犯罪

（一）组织者、领导者

黑社会性质组织的组织者、领导者，是指黑社会性质组织的发起者、创建者，或者在黑社会性质组织的犯罪活动中实际处于领导地位，对整个组织及其运行、活动起着决策、指挥、协调、管理作用的犯罪分子，既包括通过一定形式产生的有明确职务、称谓的组织者、领导者，也包括在黑社会性质组织中被公认的事实上的组织者、领导者。根据2018年1月16日最高人民法院、最高人民检察院、公安部、司法部《关于办理黑恶势力犯罪案件若干问题的指导意见》（以下简称《2018年指导意见》），组织黑社会性质组织的行为是指发起、创建黑社会性质组织，或者对黑社会性质组织进行合并、分立、重组的行为。领导黑社会性质组织的行为，是指实际对整个组织的发展、运行、活动进行决策、指挥、协调、管理的行为。

在黑社会性质组织中，组织者是根据犯罪分子在黑社会性质组织创建中所起的作用确定的。因此，黑社会性质组织的组织者从黑社会性质组织形成之初就参与活动，对于黑社会性质组织的发起、创建和形成都起到了重要作用。而领导者则是根据犯罪分子在黑社会性质组织的犯罪活动中起到指挥、协调和管理作用确定的，领导者未必是黑社会性质组织的发起者或者创建者，而是在黑社会性质组织形成以后，在黑社会性质组织的犯罪活动中起到领导作用的犯罪分子。

黑社会性质组织的组织者、领导者，是黑社会性质组织犯罪的首要分子，也是刑法惩治的重点。在司法实践中对于黑社会性质组织的组织者、领导者的认定，应当以犯罪分子在黑社会性质组织形成和发展过程中的实际作用为根据，而不是以某些职务或者称呼为根据。尤其是在依托符合的公司、企业或者其他单位形成的黑社会性质组织中，基于单位的组织体系，某些人担任一定的领导职务或者管理职务。但不能仅仅根据这些职务认定黑社会性质组织的组织者、领导者。

（二）积极参加者

黑社会性质组织的积极参加者，是指接受黑社会性质组织的领导和管理，多次积极参与黑社会性质组织的违法犯罪活动，或者积极参与较严重的黑社会性质

组织的犯罪活动且作用突出，以及其他在组织中起主要作用的犯罪分子，如具体主管黑社会性质组织的人事和财务管理等事项的犯罪分子。《2018年指导意见》明确规定："知道或者应当知道是以实施违法犯罪为基本活动内容的组织，仍加入并接受其领导和管理的行为，应当认定为参加黑社会性质组织。没有加入黑社会性质组织的意愿，受雇到黑社会性质组织开办的公司、企业、社团工作，未参与黑社会性质组织违法犯罪活动的，不应认定为参加黑社会性质组织。"黑社会性质组织的积极参加者一般都不是黑社会性质组织的创立者和发起者，而是在黑社会性质组织形成以后才加入的。因此，在认定积极参加者的时候，不能以客观上参加黑社会性质组织的活动为根据，还要判断主观上是否知道或者应当知道是黑社会性质组织。如果主观上缺乏这种明知，而只是被纠集、利用参加黑社会性质组织的违法犯罪活动的，则不能认定为黑社会性质组织的积极参加者。尤其是对于那些受雇在黑社会性质组织开办的公司、企业或者其他单位工作，甚至担任一定管理职务，只要没有参加黑社会性质组织的违法犯罪活动，就不能认定为黑社会性质组织的积极参加者。

根据《2018年指导意见》的规定，参加黑社会性质组织并具有以下情形之一的，一般应当认定为积极参加黑社会性质组织：(1)多次积极参与黑社会性质组织的违法犯罪活动。这里的多次，一般是指三次以上。多次参加黑社会性质组织的违法犯罪活动，表明该参加者已经深度介入黑社会性质组织，应当认定为积极参加者。(2)积极参与较严重的黑社会性质组织的犯罪活动且作用突出。对于黑社会性质组织的积极参加者不仅要从参加的次数上考察，还有看参加黑社会性质组织违法犯罪活动的严重程度以及所起的作用。如果虽然参加次数没有达到三次，但参加的是严重的违法犯罪活动，并且在违法犯罪活动中起主要作用，属于主犯的，也应当认定为黑社会性质组织的积极参加者。这里的较严重的黑社会性质组织的犯罪活动，既包括故意杀人、故意伤害、绑架等严重暴力犯罪，也包括其他一些已经造成重大财产损失或者恶劣社会影响的犯罪。(3)其他在组织中起重要作用的情形，如具体主管黑社会性质组织的财务、人员管理等事项。这是一

个兜底规定，并且是根据犯罪分子在黑社会性质组织中的作用确定是否属于积极参加者。在司法实践中，某些具体主管黑社会性质组织人、财、物等事项的组织成员虽然很少参与，甚至从不参与违法犯罪活动，但这些参加者由于直接掌控着犯罪组织的生命线，对于组织的维系、运行、发展实际上起着非常重要的作用，理应被认定为积极参加者。[1] 在以上三种积极参加者的类型中，前两种都是根据参加黑社会性质组织的犯罪活动进行认定的，只有第三种才是根据在黑社会性质组织中从事管理人、财、物的活动进行认定的。总之，应当以犯罪分子在黑社会性质组织中的客观表现，例如参加违法犯罪活动的次数、违法犯罪活动的严重程度以及所起的作用，作为认定黑社会性质组织的积极参加者的根据。

这里存在一个问题，即所谓积极参加黑社会性质组织，参加的是黑社会性质组织的组织活动还是黑社会性质组织的犯罪活动？前者是指黑社会性质组织自身的组织活动，例如接受黑社会性质组织的管理，参与黑社会性质组织的聚集、预谋和策划等。后者是指黑社会性质组织实施的故意杀人等犯罪。我认为，积极参加者的参加，首先是指前者，当然认定的时候也要依据前者。因此，在认定黑社会性质组织的积极参加者时，接受黑社会性质组织的领导和管理是一个前提条件，只有参加黑社会性质组织以后，才谈得上参加黑社会性质组织的犯罪活动。在这个意义上说，积极参加者的参加并不是指参加黑社会性质组织的违法犯罪活动，并且起主要作用；而是指积极参加黑社会性质组织本身的组织活动和管理活动，因而其一般都是黑社会性质组织的骨干成员。积极参加者属于黑社会性质组织中较为稳定的组织成员，在较长期间内参加黑社会性质组织的组织活动或者管理活动。同时，多次参加黑社会性质组织的犯罪活动，是犯罪活动中的主犯。如果只是偶然参加黑社会性质组织的组织活动或者犯罪活动，则不能认定为黑社会

---

[1] 参见高憬宏、周川：《〈办理黑社会性质组织犯罪案件座谈会纪要〉的理解与适用》，载最高人民法院刑事审判第一、二、三、四、五庭主办：《刑事审判参考》，第74集，178页，北京，法律出版社，2010。

性质组织的积极参加者。

在界定接受黑社会性质组织的领导和管理的时候,存在着把它理解为属于主观意志要素的观点。[①] 这一观点认为接受黑社会性质组织的领导和管理是积极参加者的主观意志要素,我认为并不妥当。在我看来,接受黑社会性质组织的领导和管理并不是积极参加者的主观意志要素,而恰恰是客观行为要素,而且是参加黑社会性质组织的最为本质的行为要素。该要素表明行为人在客观上加入黑社会性质组织,接受领导和管理使其成为该组织的一分子,并承担相应的义务。

那么,参加黑社会性质组织罪的成立,是否还应当具备主观要素以及应当具备何种主观要素呢?参加黑社会性质组织罪是否以行为人明确知道组织具有黑社会性质为要件?对于这个问题,我国刑法理论界和司法实务界主要存在两种观点:第一种观点认为,构成本罪的行为人必须明确知道组织的黑社会性质,这是主客观相一致原则和罪刑法定原则的当然要求;第二种观点则认为,不要求行为人明确知道组织的黑社会性质,因为我国《刑法》第294条并未规定明确知道这一前提,且在司法认定上,将明确知道作为入罪要件既无必要也不现实。对此,《2009年纪要》明确规定:"在认定黑社会性质组织的成员时,并不要求其主观上认为自己参加的是黑社会性质组织,只要其知道或者应当知道该组织具有一定规模,且是以实施违法犯罪为主要活动的,即可认定。"我赞同这一规定。在司法实践中,积极参加者的定罪并不要求行为人确知其所参加的是黑社会性质组织。只要具备以下两个方面就具备主观明知:第一,行为人知道或应当知道其所参与的是由多数人组成、具有一定层级结构的组织群体;第二,行为人知道或者应当知道其所参加的组织主要从事违法犯罪活动,或者该组织虽有形式合法的生产、经营活动,但仍是以有组织地实施违法犯罪活动为基本行为方式,欺压、残

[①] 参见高憬宏、周川:《〈办理黑社会性质组织犯罪案件座谈会纪要〉的理解与适用》,载最高人民法院刑事审判第一、二、三、四、五庭主办:《刑事审判参考》,第74集,177页,北京,法律出版社,2010。

害群众。① 这就是说，明知的内容并不是黑社会性质组织的这一评价性要素，而是黑社会性质组织的实际运作情况。

（三）其他参加者

其他参加者，是指除积极组织成员之外，其他参加黑社会性质组织的犯罪分子。其他参加者，又称为一般参加者。这些人属于黑社会性质组织的一般成员，以此区别于居于核心地位的骨干成员。一般参加者在黑社会性质组织中处于被支配和被控制的地位，偶尔参加黑社会性质组织的组织活动，并非经常性地参加黑社会性质组织的犯罪活动，而且在犯罪活动中起次要作用，属于从犯。

三、组织结构

在具备一定的人员数量的基础上，黑社会性质组织的这些人员之间还必须形成一定的组织结构。可以说，这种组织结构是黑社会性质组织的本质要素。因此，黑社会性质组织的组织结构是黑社会性质组织生存和发展的基础，对于认定黑社会性质组织具有十分重要的意义。

在分析犯罪集团的组织结构特征时，我曾经揭示了这种组织结构由四种关系构成：(1) 组织关系。组织关系是团体结构的基础，也是犯罪集团的基本框架，犯罪集团的组织关系是通过各成员之间的互补关系而构成的。因此，所谓组织性，是指基于相同的目的而保持稳定联系的群体性。(2) 交换关系。交换关系是团体活动的主要方式，也是犯罪集团赖以进行犯罪活动的基础。在犯罪集团中，各成员之间发生着大量的行为交换与信息交换。(3) 宗旨关系。宗旨关系是团体活动的驱动力，犯罪集团也是在共同的犯罪动机的驱使下从事一定的犯罪活动

---

① 参见高憬宏、周川：《〈办理黑社会性质组织犯罪案件座谈会纪要〉的理解与适用》，载最高人民法院刑事审判第一、二、三、四、五庭主办：《刑事审判参考》，第74集，178～179页，北京，法律出版社，2010。

第二节 黑社会性质组织犯罪的组织特征

的,共同的宗旨产生共同的信念和共同的价值观念,而这正是维系犯罪集团的精神纽带。(4)心理关系。心理关系是分析犯罪集团结构特征时不可忽视的一个因素。心理关系形成集团气氛,是集团的心理环境。集团气氛,又称为集团士气,是指集团成员愿意为达到团体目标而奋斗的精神状态和集体态度。集体活动的内容与形式的一致性所产生的团体心理的一致性,又进一步形成集团意识。犯罪集团在这种共同的集团气氛和意识的催化和支配下,使集团成员沆瀣一气,结合成为一个反社会的团体,从事各种犯罪活动。[①] 以上分析,同样适用于黑社会性质组织。因为黑社会性质组织本身就是犯罪集团的高级形态,它当然具备犯罪集团的组织结构。相对来说,黑社会性质组织的组织结构要比一般的犯罪集团更为复杂,这种复杂性主要表现在组织成员之间联系的紧密性、分工性和层级性。

黑社会性质组织因为人数较多,所以存在核心成员,也就是所谓骨干分子。这些组织成员之间具有紧密关联性,对于整个黑社会性质组织进行控制和管理。不仅如此,在黑社会性质组织成员之间还存在职责分工,通过这种分工而使黑社会性质组织形成强大的聚合力和行动力。更为重要的是,在黑社会性质组织成员之间还形成一定的层级关系。也就是说,黑社会性质组织成员之间并不是扁平化的构造,而是存在具有一定隶属关系的层级。通常来说,具有三个层级,这就是《刑法》第294条规定的组织者、领导者、积极参加者和其他参加者。其中,组织者、领导者属于黑社会性质组织的最高层级,是黑社会性质组织的缔造者,并对黑社会性质组织的活动和发展起到支配作用。而积极参加者大多数是黑社会性质组织的骨干成员,在黑社会性质组织的犯罪活动中起主要作用。其他参加者则是接受黑社会性质组织的管理、参加黑社会性质组织的犯罪活动并起次要作用的组织成员。

我国学者将黑社会性质组织的组织结构分为三种:第一是紧密型结构,第二是半紧密型结构,第三是松散型结构。组织者、领导者、骨干成员与一般成员保

---

① 参见陈兴良:《群体犯罪学初探》,载《现代法学》,1990(1)。

持稳定关系，且之间具有严密的组织结构，分工明确的，属于紧密型结构。组织者、领导者、骨干成员与一般成员关系相对稳定，骨干成员的分工相对明确，但组织内部层级划分不是很明确、一般成员之间的职责划分不是很明确的，属于半紧密型结构。组织者、领导者明确、骨干成员相对稳定，但一般成员之间没有明确的等级划分，且时常发生变动，实施某一具体犯罪行为时经常是靠骨干成员随机召集、网罗闲散人员的，属于松散型结构。① 以上根据三个层级的黑社会性质组织成员之间的关系，对黑社会性质组织的组织结构所做的类型划分具有一定的参考价值。当然，这里论及的黑社会性质组织成员之间关系的稳定和紧密程度是相对的。因为我国刑法规定的是黑社会性质组织而不是黑社会组织，对于组织结构不能要求过高。从司法实践情况来看，最主要的还是根据具有组织者、领导者，以及骨干成员相对稳定进行认定的，至于一般成员则并没有稳定性的特别要求。

四、组织纪律

关于黑社会性质组织的组织纪律，《2000年解释》将具有较为严格的组织纪律规定为组织特征的要素。及至《2009年纪要》，其对黑社会性质组织的组织纪律做了更为具体的规定："在通常情况下，黑社会性质组织为了维护自身的安全和稳定，一般都会有一些约定俗成的纪律、规约，有些甚至还有明确的规定。因此，具有一定的组织纪律、活动规约，也是认定黑社会性质组织特征时的重要参考依据。"笔者十分赞同将组织纪律确定为黑社会性质组织的组织特征的要素。因为黑社会性质组织是非法组织，所以一般都是非正式组织，通常不可能具有成文的组织规章和组织纪律，黑社会性质组织的组织纪律一般都表现为约定俗成的

---

① 参见罗高鹏：《关于黑社会性质组织组织特征的若干问题》，载最高人民法院刑事审判第一、二、三、四、五庭主办：《刑事审判参考》，第107集，163页，北京，法律出版社，2017。

第二节 黑社会性质组织犯罪的组织特征

帮规。这些帮规的主要内容包括对组织成员的约束性规定，也包括惩戒性规定和奖赏性规定等。这些帮规对于维系黑社会性质组织的正常运转，管理黑社会性质组织成员，都起着重要作用。

黑社会性质组织是一种非法组织，除少数具有名称、规章和纪律等组织形式的较为正式的标识要素以外，绝大多数黑社会性质组织都没有正式的组织形式。因此，对于黑社会性质组织应当从其实际活动与运作中进行认定。当然，黑社会性质组织一般都具有一定的经济实力。因此，某些黑社会性质组织是在合法的经济组织的基础上演变而来，或者在形成黑社会性质组织以后，又通过开设公司等形式成立正式的经济组织。在这种情况下，应当把依法登记或者注册成立的公司、企业或者其他经济组织的结构与黑社会性质组织的结构加以区分，两者不能简单地等同。经济组织具有一定的人员和组织机构，因而呈现出组织结构的特征。某些黑社会性质组织就是在这些经济组织的基础上发展起来的，不能完全排除黑社会性质组织和这些经济组织之间具有一定的重合性。但在大多数情况下，黑社会性质组织和经济组织并不完全重合。因此，不能直接把经济组织的人员和机关等同于黑社会性质组织的结构形式，而是应当根据黑社会性质组织犯罪的实际状况进行认定。例如在刘汉、刘维黑社会性质组织犯罪案中[①]，被告人刘汉经营的汉龙集团是一个规模宏大的企业，也是刘汉从事黑社会性质组织犯罪的依托。法院判决认定："被告人刘汉与刘维、孙晓东、孙华君以兄弟亲情、合作经营为纽带，以汉龙集团等经济实体为依托，相互支持、相互融合，逐步形成了以刘汉、刘维、孙晓东为组织者、领导者，被告人唐先兵、孙华君、缪军、曾建军、义香灼、旷小坪、陈力铭、旷晓燕和詹军（另案被告人）等人为骨干成员，被告人刘岗、李波、车大勇、仇德峰、刘小平、肖永红和张东华、田先伟、张

---

① 参见刘汉等组织、领导、参加黑社会性质组织案中华人民共和国最高人民法院刑事裁定书〔（2014年）刑五复 41836051〕。参见最高人民法院刑事审判第一、二、三、四、五庭主办：《刑事审判参考》，第107集，312页以下，北京，法律出版社，2017。

伟、袁绍林、曾建、桓立柱、孙长兵、闵杰、李君国、钟昌华、黄谋、王雷、王万洪、刘光辉（均系另案被告人）等人为其他参加者的较稳定的犯罪组织。"在此，法院判决并没有直接将汉龙集团认定为黑社会性质组织，而是将汉龙集团认定为刘汉、刘维黑社会性质组织的依托，我认为是完全正确的。因此，对于黑社会性质组织，还是要穿透经济组织，根据黑社会性质组织犯罪活动加以认定。只有这样，才能避免将经济组织简单地等同于黑社会性质组织。

在某些案件中，行为人利用一定的合法组织从事一定的违法犯罪活动。如果在客观上没有形成黑社会性质组织，就不能简单地将这种合法组织等同于黑社会性质组织，并将该合法组织的相关人员认定为黑社会性质组织的成员。例如在张更生等故意杀人、敲诈勒索、组织卖淫案中，被告人张更生等人系山西省闻喜县桐城镇中社村原村委会主任、村党支部书记、村委、会计、出纳等。起诉书指控张更生犯组织、领导黑社会性质组织罪，其他14人犯参加黑社会性质组织罪。山西省运城市中级人民法院经审理认为，以张更生为首的中社村村委会不是黑社会性质组织，起诉书指控张更生等15人犯组织、领导、参加黑社会性质组织罪不能成立。[①] 山西省高级人民法院经审查，对原判认为起诉书指控被告人张更生等人构成组织、领导、参加黑社会性质组织罪不能成立的认定予以确认。在本案中，涉及的争议问题是：如何区分黑社会性质组织与有违法犯罪行为的单位？本案的裁判理由指出，黑社会组织或者黑社会性质组织，存在的类型通常有两种：一种是公开的非法组织，如意大利的黑手党等，典型意义上的黑社会组织大多属此类；另一种是以合法形式掩盖非法目的的非法组织。此类犯罪组织表面上具有合法的组织形式，但实质上是以有组织地实施违法犯罪为主要活动。由于后者具有"合法外衣"，与那些有违法犯罪行为的单位较为相似，实践中有必要对此进行严格区分。有违法犯罪行为的单位，是指依法成立后从事生产经营活动过程中

[①] 本案被告人张更生以故意杀人罪被判处死刑，剥夺政治权利终身，与其所犯敲诈勒索罪、组织卖淫罪判处的刑罚并罚，决定执行死刑，剥夺政治权利终身，并处罚金人民币2万元。

第二节 黑社会性质组织犯罪的组织特征

实施了某些违法犯罪活动的社会经济实体（即单位）。尽管有违法犯罪行为的单位在实施违法犯罪活动过程中也可能转化为黑社会性质的犯罪组织，但二者在未转化前，有着明显的区别。裁判理由列举了四个不同，其中，首要区别在于成立目的不同：有违法犯罪行为的单位，一般都是依法设立的公司、企业等合法经济实体或者社会组织，从事一定的生产经营活动或者履行一定的社会职责。而黑社会性质组织系为了实施违法犯罪而成立的非法组织。虽然二者都有基本的组织架构、职责分工，但前者是为了正常开展生产、经营活动而设立的；而黑社会性质组织，其内部严密的组织结构、细致的职能分工、帮规纪律等，均是为了有组织地实施违法犯罪活动而设立。[①] 这一裁判理由对于在具有合法组织形式的掩盖下实施违法犯罪行为的，应当如何认定黑社会性质组织具有重要参考价值。这里主要还是涉及黑社会性质组织的组织特征的认定问题。根据上述裁判理由，只有在这种合法单位已经完全蜕变（亦即裁判理由所说的转化）为黑社会性质组织的情况下，才能将这种合法单位认定为黑社会性质组织。如果合法单位名义上蜕变为黑社会性质组织，则应当考察是否已经形成有组织地实施违法犯罪行为的黑社会性质组织，而不能简单地把合法单位认定为黑社会性质组织。在张更生案中，被告人张更生等人的敲诈勒索犯罪是以村委会名义实施的，并且经村委会或村支委研究决定，所得钱款绝大部分均入了村委会大账，且其中多数是用于村里的公共开支，并非张更生等人从事违法犯罪活动的物质保障。张更生等人所犯的组织卖淫罪、非法拘禁罪等，与村委会无关。至于故意杀人罪，是在抗拒抓捕过程中，将执行抓捕任务的民警杀死，也与黑社会性质组织无关。因此，不能认定村委会属于黑社会性质组织，也不能认定在村委会之外已经形成黑社会性质组织。为此，法院判决被告人张更生等人不构成组织、领

---

① 参见薛美琴：《张更生等故意杀人、敲诈勒索、组织卖淫案——如何区分黑社会性质组织和有违法犯罪行为的单位》，载最高人民法院刑事审判第一、二、三、四、五庭主办：《刑事审判参考》，第74集，99页以下，北京，法律出版社，2010。

导、参加黑社会性质组织罪,这是符合刑法规定的。本案对于黑社会性质组织的认定,具有指导意义。

第三节 黑社会性质组织的经济特征

我国《刑法》第294条对黑社会性质组织犯罪的罪状描述中,并没有关于黑社会性质组织经济特征的内容,而只是提及严重破坏经济秩序。显然,破坏经济秩序是黑社会性质组织犯罪的危害后果,而不是黑社会性质组织本身必须具备的构成条件。黑社会性质组织应当具备一定的经济实力,这是在《2000年解释》中明确提出的,该司法解释规定黑社会性质组织成立必须具备四个特征,其中第二个就是经济特征:"通过违法犯罪活动或者其他手段获取经济利益,具有一定的经济实力。"此后,全国人大常委会《关于〈中华人民共和国刑法〉第二百九十四条第一款的解释》(以下简称《2002年立法解释》),吸收了《2000年解释》对黑社会性质组织经济特征的规定,并予以补充。根据《2002年立法解释》的规定,黑社会性质组织的经济特征是指:"有组织地通过违法犯罪活动或者其他手段获取经济利益,具有一定的经济实力,以支持该组织的活动。"由此可见,《2000年解释》将黑社会性质组织的经济特征规定为两个要素:第一是通过违法犯罪活动或者其他手段获取经济利益,第二是具有一定的经济实力。而《2002年立法解释》则增加规定了第三个要素,这就是以经济实力支持黑社会性质组织的活动,由此构成黑社会性质组织经济特征的完整内容。及至2011年的《刑法修正案(八)》将《2002年立法解释》关于黑社会性质组织经济特征的规定吸纳到刑法之中,由此形成现行《刑法》第294条第5款第2项的内容。

黑社会性质组织是从事反社会的犯罪活动的非法组织,如果仅仅从黑社会性质组织的概念上来说,似乎并没有经济特征存在的空间。换言之,无论是否具有一定的经济实力,在逻辑上来说,都不妨碍黑社会性质组织的成立。然而,黑社

会性质组织坐大坐强，如果没有经济上的支撑是完全不可能的。而且，黑社会性质组织在其形成和发展过程中，也必然会追求一定的经济利益。正如我国学者指出："黑社会性质组织尽管违法犯罪活动范围较广，但以追求经济利益为其基本目标，因此，具有一定甚至相当的经济实力，资产一般都在人民币几十万元、上百万元，甚至上千万元、亿元以上。他们有稳定的经济来源，或者通过组织提供非法货物（如毒品）、服务（如卖淫）牟取暴利；或者从事掠夺性犯罪，如抢劫、敲诈、勒索、收取保护费等；或者通过违法犯罪的非法所得向具有潜在利润的合法商业领域渗透，开办餐饮、娱乐、建筑、运输、服务业及工厂、公司等企业。"[1] 因此，经济特征对于黑社会性质组织来说是必不可少的，它对于区分黑社会性质组织和一般的犯罪集团或者恶势力以及恶势力犯罪集团都具有重要的界分功能。

黑社会性质组织经济特征的核心是经济利益，黑社会性质组织的活动在很大程度上也是围绕着经济利益而展开的：通过暴力手段非法获取经济利益，随着黑社会性质组织成员与规模的不断扩大，经济实力得以进一步增强。黑社会性质组织利用其所具有的经济资源，资助该组织的违法犯罪活动，由此形成黑社会性质组织发展壮大的完整闭环。由此可见，经济利益是黑社会性质组织生存与发展的营养和血液。离开了一定的经济实力，黑社会性质组织就难以兴风作浪、为非作恶。根据刑法和司法解释规定，并结合司法实践经验，笔者认为，可以从以下四个方面理解黑社会性质组织的经济特征。

一、获取手段的多样性

任何经济组织都具有获取经济利益的内在需求，但经济组织只有通过合法的

---

[1] 高憬宏、陈兴良、吕广伦：《黑社会性质组织问题三人谈》，载最高人民法院刑事审判第一、二、三、四、五庭主办：《刑事审判参考》，第74集，192页，北京，法律出版社，2010。

经营活动获取经济利益,才能受国家法律的保护。严格地说,黑社会性质组织并不是一个经济组织。然而,在黑社会性质组织的活动中,经营活动或者其他营利活动是其中十分重要的内容。如果完全没有经营活动或者其他营利活动,这样的黑社会性质组织是难以想象的。甚至有些黑社会性质组织本身就是从合法经济组织蜕变而来,并以其作为黑社会性质组织的依托。黑社会性质组织的经营活动主要是以违法犯罪为手段的,正如我国刑法对黑社会性质组织经济特征所描述的,是有组织地通过违法犯罪活动或者其他手段获取经济利益。从司法实践情况来看,黑社会性质组织经营活动或者其他获取经济利益的手段可以分为以下两种情形。

(一)通过违法犯罪活动获取经济利益

在黑社会性质组织犯罪案件中,通过违法犯罪手段是最为常见的获取经济利益的手段。根据司法实践案例的分析,黑社会性质组织获取经济利益的违法犯罪手段包括以下种类。

第一,聚众赌博、开设赌场。黑社会性质组织往往将赌博作为敛财的方式,其中较为常见的是开设赌场。在开设赌场过程中,采用暴力维持赌场秩序,因而伴随着故意伤害、寻衅滋事等犯罪行为。黑社会性质组织成员并不止于开设赌场,而且也直接参与聚众赌博活动,并且利用诈欺等方式占有其他赌博参与人的财物。在赌债产生以后,黑社会性质组织成员采用暴力手段追讨赌债,又会伴随着非法拘禁等犯罪行为。

第二,发放高利贷。在我国刑法中,在过去相当长一个时期并没有把发放高利贷行为规定为违法犯罪行为,只是对超过法律规定的高息部分不予保护而已。2019年最高人民法院、最高人民检察院、公安部、司法部颁布《关于办理非法放贷刑事案件若干问题的意见》,明确对违反国家规定,未经监管部门批准,或者超越经营范围,以营利为目的,经常性地向社会不特定对象发放贷款,扰乱金融市场秩序,情节严重的行为,以非法经营罪论处。黑社会性质组织在发放高利贷过程中,尤其是在追讨债务的时候,往往采用非法拘禁等暴力

手段。

第三，组织、强迫妇女卖淫。在黑社会性质组织犯罪案件中，开设卖淫场所作为敛财方式也是较为常见的。根据我国刑法规定，组织、强迫卖淫行为构成犯罪，这是一种典型的暴力敛财手段。

第四，强迫交易。我国刑法规定的强迫交易罪是指以暴力、威胁手段，实施下列行为之一：（1）强买强卖商品的；（2）强迫他人提供或者接受服务的；（3）强迫他人参与或者退出投标、拍卖的；（4）强迫他人转让或者收购公司、企业的股份、债券或者其他资产的；（5）强迫他人参与或者退出特定的经营活动的。强迫交易是一种自身带有暴力性的行为，这在经济犯罪中也是较为少见的。一般经济犯罪和财产犯罪都是非暴力的犯罪，但强迫交易罪虽然属于经济犯罪，却具有暴力犯罪的性质。黑社会性质组织成员通过强迫交易，尤其是在招投标、股权转让、公司并购等涉及重大经济利益或者资产的情况下，经常采用强迫交易手段大肆敛财。

第五，敲诈勒索。敲诈勒索是一种准暴力的财产犯罪，即以威胁或者其他方式迫使他人交付财物。在黑社会性质组织犯罪中，其成员仗着黑社会性质组织的声威和势力，以各种借口强迫他人交付财物，因而敲诈勒索也是黑社会性质组织方法获取经济利益的重要手段。

（二）通过其他手段获取经济利益

黑社会性质组织除通过上述违法犯罪活动获取经济利益以外，我国刑法还规定了获取经济利益的其他手段。那么，黑社会性质组织通过合法经营活动获取经济利益，是否属于这里的其他手段呢？笔者认为，这里的其他手段可以包括合法手段。某些黑社会性质组织是以公司、企业等一定经济组织为依托的，这些公司、企业具有合法资质，有些甚至是上市公司。黑社会性质组织成员利用这些经济组织的合法经营活动为黑社会性质组织提供物质基础，这对于某些具有重大社会影响的黑社会性质组织来说，是较为常见的。例如，在刘汉等人黑社会性质组

织犯罪案中①,根据判决书的认定,1993年,被告人刘汉在四川省广汉市开办圣罗兰游戏机厅,从事赌博活动,由其哥哥刘坤(曾用名刘建,另案处理)管理。此后,刘汉与孙晓东(另案处理)在四川省绵阳市合伙成立绵阳市平原建材公司,通过经营建筑材料、从事期货交易等业务,逐渐积累经济实力,并于1997年3月在绵阳市成立被告单位四川汉龙(集团)有限公司(简称"汉龙集团"),后又安排被告人刘小平(刘汉的姐姐)管理公司财务。同年4月,汉龙集团成立绵阳小岛建设开发有限公司,在绵阳市游仙区小岛开发房地产,招募被告人唐先兵、仇德峰等组建保安队。保安队多次对当地村民使用暴力,强行推进工程建设,唐先兵等人将村民熊伟杀死。其间,被告人孙华君(孙晓东的哥哥)经营典当行,网罗被告人缪军、李波、车大勇、刘岗等人在广汉市、绵阳市发展黑恶势力。孙华君为刘汉、孙晓东发展经济实力提供武力保护,将缪军、车大勇、刘岗派到刘汉、孙晓东开办的经济实体工作,在刘汉、孙晓东的指使下组织唐先兵等人枪杀了对汉龙集团产生威胁的王永成。在以上认定中,涉及四川汉龙集团,该集团作为一个经济组织,具有较大规模。在该案庭审过程中,公诉人明确指出:本案中多名被告人均为汉龙集团员工,这些人多次实施违法犯罪活动。这些人一方面都是与刘汉、孙晓东紧密联系,深受他们影响;另一方面也接受不成文的规约,多次受指使参与犯罪,成为组织成员。他们在身份上具有双重性。但这绝不等同于汉龙集团就是涉黑组织,更不等同于集团员工都是该涉黑组织人员。因此,起诉书并未指控汉龙集团及其关联公司为犯罪组织,汉龙集团本身不构成涉黑组织犯罪,但该集团却是在该涉黑组织的首要分子刘汉的控制之下,为其所组织、领导下的涉黑组织的壮大提供经济支撑。应该说,这一认定是符合实事求是原则的。当然,虽然没有认定汉龙集团就是黑社会性质组织,但不能否定刘汉等

---

① 参见刘汉等组织、领导、参加黑社会性质组织案中华人民共和国最高人民法院刑事裁定书[(2014年)刑五复41836051]。参见最高人民法院刑事审判第一、二、三、四、五庭主办:《刑事审判参考》,第107集,312页以下,北京,法律出版社,2017。

人利用汉龙集团的财产支持黑社会性质组织的活动，因而应当将其财产计入刘汉等人黑社会性质组织的经济实力之中。

在司法实践中，绝大多数黑社会性质组织都是通过违法犯罪活动敛取财物，只有极少数黑社会性质组织是以合法经济实体为依托的。对于这种以合法经济实体为依托的黑社会性质组织来说，该经济实体在通常情况下也被认定为是黑社会性质组织的组织结构的一部分，因而将其认定为黑社会性质组织。可以说，刘汉等人黑社会性质组织中的汉龙集团这种未被认定为黑社会性质组织的情况是较为少见的。当然，在黑社会性质组织犯罪中，单纯的合法经营活动并不能成为全部经济来源，而必然伴随着违法犯罪的敛财活动。例如在刘汉等人黑社会性质组织犯罪案件中，除汉龙集团的合法经营活动以外，还存在开设赌场、敲诈勒索等其他违法经营或者暴力敛财行为。

通过刘汉等人黑社会性质组织案，我们可以看到，黑社会性质组织的经济来源具有多样性：既可以直接来源于违法犯罪活动，也可以来源于合法经营活动。在通常情况下，黑社会性质组织的违法经营活动并不是单一的，而是和其他各种不同的违法犯罪活动共生的。因此，如果只是从事某种单纯的违法经营活动，其他违法犯罪也是针对特定的人，则不能就此而认定为黑社会性质组织。例如在某些发放高利贷案件中，行为人的主要违法犯罪活动都是围绕着高利贷展开的。当高利贷不能按时收回的情况下，采取暴力方法讨要债务，因而对债务人采取非法拘禁、敲诈勒索等违法犯罪活动。在这种情况下，整个违法犯罪活动都是在债权人和债务人之间展开的，并没有对社会其他人实施违法犯罪行为，因而并不符合黑社会性质组织所要求的为非作恶、欺压残害群众的本质特征，不能认定为黑社会性质组织。当然，是否构成恶势力或者恶势力犯罪集团，还应当根据法律规定进行认定。

二、经济实力的规模性

具有一定的经济实力是黑社会性质组织经济特征的重要表现。这里的经济实

力是对黑社会性质组织经济特征的数量和规模的一种描述，表明该组织所具有的支配经济资源的能力和水平。这里应当指出，在理解黑社会性质组织的经济实力的时候，不能把这种经济实力等同于该组织所造成的经济损失。黑社会性质组织在其活动过程中，包含了暴力手段，因此通常都会对社会、他人或者其他单位造成重大的经济损失。这种经济损失数额大小对于衡量黑社会性质组织的危害性程度具有参考价值。但黑社会性质组织所造成的经济损失和该组织的经济实力是不同的：前者是使他人丧失财物，而后者则是本人获取财物。可以说，他人的财产损失并不必然就是本人的非法获益，两者不同等量齐观。因此，即使对社会、他人或者其他单位造成重大的经济损失，但本身并没有达到一定经济实力，仍然不能认为具备了黑社会性质组织的经济特征。此外，黑社会性质组织的经济实力也不能等同于该组织所获取的经济利益的数额。黑社会性质组织主要通过两种方式获取经济利益，第一种是通过非法或者合法的经营活动获取财物，例如发放高利贷、非法经营等。第二种是利用暴力或者其他违法犯罪方式获取财物，例如敲诈勒索、强迫交易等。其中，敛财的主要方式还是经营活动。而经营活动需要支付一定的人力和物质的成本，一般来说，只有减去成本以后的收益部分才能认定为经济实力，而不能将所有经营所得都认定为经济实力。

三、营利目的的双重性

黑社会性质组织不同于恶势力的一个特征在于，它并不满足于打打杀杀，而是要实现对社会的某种非法控制。而这种非法控制离不开一定的经济实力。为此，黑社会性质组织必然大肆敛财。因此，黑社会性质组织在一定程度上都会从事各种经济违法犯罪活动。就经济违法犯罪活动而言，行为人都具有非法获取经济利益的目的。然而，对于黑社会性质组织来说，从事经济违法犯罪活动并不单纯地为满足牟利的目的，更为重要的是，其利用通过经济违法犯罪活动敛取的财物，资助黑社会性质组织。这就是我国刑法规定的黑社会性质组织的经济特征的

重要内容之一：黑社会性质组织利用暴力或者其他手段获取的经济实力，具有支持该组织活动的非法目的。因此，是否具有这一目的是正确认定黑社会性质组织经济特征时应当考量的重要因素。这个特征就把黑社会性质组织的经营活动与正常经济组织的经营活动，在主观目的上区别开来。一般的经济组织都具有获取经济利益的内在动机，因为经济组织本身就受到营利的驱动。而黑社会性质组织的经济活动并不在于简单的营利，而且这种营利还具有更深层的目的，这就是利用所获取的经济利益支持黑社会性质组织的活动，为黑社会性质组织的生存与发展提供物质基础。根据我国学者对67个黑社会性质组织案件判决的研究总结，认定的支持方式主要有：（1）为受伤的组织成员提供医疗费；（2）发工资、统一食宿，请客吃饭；（3）行贿；（4）提供收益分红，工资入股；（5）发过年费、吃年夜饭；（6）帮助犯罪组织成员逃匿，逃避司法机关处罚；（7）为犯罪行为提供工具；（8）提供资金垫付；（9）给被关押的犯罪人员上账，为其家属支持生活费；（10）给实施违法犯罪行为的人员奖励；（11）替被违法犯罪行为侵犯的被害人提供医疗费。[1] 由此可见，支持黑社会性质组织活动是黑社会性质组织经济特征的应有之义。

四、经济用途的犯罪性

黑社会性质组织攫取经济利益具有其特殊目的，这就是为黑社会性质组织的生存和壮大提供经济支撑，因而具有经济用途的犯罪性。对此，可以将黑社会性质组织经济特征的犯罪性质归纳为以下两个方面的内容。

（一）以商养黑

这里的以商养黑，是指用非法获取的经济利益支持黑社会性质组织的活动。

---

[1] 参见李林：《黑社会性质组织经济特征司法认定实证研究》，载《中国刑事法杂志》，2013（4），35页。

对于黑社会性质组织来说，获取经济利益本身并不是目的，其真正的目的在于将非法获取的经济利益用于支持黑社会性质组织的活动，为黑社会性质组织的生存和发展提供物质保障。《2015年纪要》指出："是否将所获经济利益全部或部分用于违法犯罪活动或者维系犯罪组织的生存、发展，是认定经济特征的重要依据。无论获利后的分配与使用形式如何变化，只要在客观上能够起到豢养组织成员、维护组织稳定、壮大组织势力的作用即可认定"。根据上述规定，黑社会性质组织既可以是将获取的经济利益全部用于违法犯罪活动或者维系犯罪组织的生存和发展，也可以是将获取的经济利益部分用于违法犯罪活动或者维系犯罪组织的生存和发展。这里所说的经济利益用于黑社会性质组织的违法犯罪活动或者维系犯罪组织的生存、发展，主要表现为以下三种情形。

1. 豢养组织成员

黑社会性质组织的人数一般都较多，因此，维持一定的组织规模需要支出相应的人头费。否则，黑社会性质组织很难长久存在。黑社会性质组织利用经济实力豢养组织成员，可以分为以下两种情形。

第一种是不以一定的经济实体为依托的黑社会性质组织。这些黑社会性质组织主要采用违法犯罪活动非法敛财。例如发放高利贷、开设赌场、经营卖淫场所等。在这些黑社会性质组织中，为了从事违法犯罪活动，需要一定的打手。这些黑社会性质组织成员基本上没有其他经济来源，而是依靠黑社会性质组织提供生活保障。在某些黑社会性质组织中，甚至专门成立保安队或者其他名义的部门，负责充当收取保护费、打击报复群众等职责。为此，需要对这些人员的生活和活动提供经费保障。这是黑社会性质组织在豢养组织成员方面的必不可少的经济开支，属于支持黑社会性质组织违法犯罪活动的性质，这是没有争议的。对此，《2009年纪要》明确规定："为组织成员及其家属提供工资、奖励、福利、生活费用"，是黑社会性质组织利用经济实力豢养组织成员的具体表现。值得注意的是，在这种不以经济实体为依托的黑社会性质组织中，其组织成员如果完全脱离生产经营活动，没有其他生活资金来源，其生活费用也必然依赖于黑社会性质组

第三节 黑社会性质组织的经济特征

织提供,唯此才能维系黑社会性质组织的正常运转。因此,经济实力对于黑社会性质组织豢养组织成员具有重要作用。

第二种是以一定的经济实体为依托的黑社会性质组织,该组织成员同时也是经济实体的工作人员,在该经济实体获取一定的报酬作为生活费用。那么,这种财务支出是否属于支持黑社会性质组织的经济特征呢?笔者认为,对此应当区分不同情况。在某些情况下,如果该经济实体被认定为黑社会性质组织的组织形式,则对其中工作人员的财务支出应当属于支持黑社会性质组织违法犯罪活动的性质。反之,如果该经济实体未被认定为黑社会性质组织的组织形式,则对其中工作人员的财务支出不属于支持黑社会性质组织违法犯罪活动的性质。

2. 维护组织稳定

黑社会性质组织不是为一次性的犯罪活动而聚集在一起的,而是在一个相当长的时期存在的犯罪组织。因此,黑社会性质组织的日常维护同样离不开经济实力。没有相当的经济实力,也就不能维持黑社会性质组织的稳定发展。《2009年纪要》所规定的"购买作案工具、提供作案经费,为受伤、死亡的组织成员提供医疗费、丧葬费",就是经济实力为黑社会性质组织所发挥的维护组织稳定的作用。

3. 壮大组织势力

黑社会性质组织存在一个从小到大、从弱到强的扩大过程,在这个过程中,也不能离开经济实力的支撑。尤其是经济实力有助于黑社会性质组织实现对一定区域和行业的非法控制,因而经济实力对于壮大黑社会性质组织的势力具有重要作用。王平等组织、领导、参加黑社会性质组织案的裁判理由指出:"黑社会性质组织攫取经济利益、扩充经济实力并不是其实施违法犯罪活动的终极目标,而只是其非法控制社会的一个必要步骤。"[1] 因此,只有联系黑社会性质组织的非

---

[1] 苏敏:《王平等组织、领导、参加黑社会性质组织案——如何认定黑社会性质组织罪的经济特征》,载最高人民法院刑事审判第一、二、三、四、五庭主办:《刑事审判参考》,第74集,83~84页,北京,法律出版社,2010。

法控制特征，才能正确地把握经济实力对于壮大组织实力的作用。

（二）以黑护商

这里的以黑护商，是指通过有组织的违法犯罪活动或者其他手段获取经济利益，由此而使黑社会性质组织具有一定的经济实力。对于以黑护商，《2018年指导意见》明确规定，在组织的形成、发展过程中通过以下方式获取经济利益的，应当认定为有组织地通过违法犯罪活动或者其他手段获取经济利益：（1）有组织地通过违法犯罪活动或其他不正当手段聚敛；（2）有组织地以投资、控股、参股、合伙等方式通过合法的生产、经营活动获取；（3）由组织成员提供或通过其他单位、组织、个人资助取得。通过上述方式获得一定数量的经济利益，应当认定为具有一定的经济实力，同时也包括调动一定规模的经济资源用以支持该组织活动的能力。通过上述方式获取的经济利益，即使是由部分组织成员个人掌控，也应计入黑社会性质组织的经济实力。组织成员主动将个人或者家庭资产中的一部分用于支持该组织活动，其个人或者家庭资产可全部计入经济实力，但数额明显较小或者仅提供动产、不动产使用权的除外。由于不同地区的经济发展水平、不同行业的利润空间均存在很大差异，加之黑社会性质组织存在、发展的时间也各有不同，在办案时不能一般性地要求黑社会性质组织所具有的经济实力必须达到特定规模或特定数额。

1. 经济利益的获取方式

关于黑社会性质组织的经济利益如何获取，《2000年立法解释》规定了两种方式，这就是违法犯罪活动和其他手段。其中，违法犯罪活动相对比较容易理解，即非法敛财。在司法实践中，大部分黑社会性质组织犯罪案件，都是通过这种方式敛财而形成一定的经济实力。例如，通过贩卖毒品、开设赌场、组织卖淫或者非法经营等手段大肆敛财，或者通过抢劫、敲诈勒索、强迫交易、收取保护费，甚至绑架勒索等暴力犯罪获取经济利益。除此以外，黑社会性质组织还通过其他手段敛财。这里的其他手段，包括合法的生产、经营和投资等，以及黑社会性质组织成员的提供，其他单位和个人的资助等。由此可见，黑社会性质组织的

第三节　黑社会性质组织的经济特征

经济利益的来源是多元的，它使黑社会性质组织具备了生存、发展和扩张的物质基础。这里应当指出，收取保护费往往被认为是黑社会性质组织获取非法经济利益的一种典型方式。因此，在某个案件中只要存在收取保护费的情形，就十分容易得出黑社会性质组织的认定结论。不可否认，收取保护费是与对社会的非法控制特征紧密联系在一起的。这种非法控制在通常情况下，表现为在一定区域或者一定行业提供某种维护秩序的服务，而保护费就是这种所谓服务的对价。因此，在一定意义上，收取保护费正是非法控制的一种表征，确实就此可以得出黑社会性质组织的结论。当然，也不能将收取保护费一概认定为黑社会性质组织。在某些案件中，行为人本来就是一定的公共秩序的提供者。例如农贸市场或者其他商品市场的开办者，其承担着维护市场秩序的职责。但行为人在维护市场秩序的过程中，没有按照法律和行政法规的规定，正确履行其职责，而是采取暴力手段或者其他违法手段，侵害市场经营者的利益，包括以收取保护费或者其他名义进行乱收费。对此，就不能简单地认为存在收取保护费因而认定为黑社会性质组织，而是应当根据案件的具体情况，依照法律规定认真分析是否具有黑社会性质组织的四个特征，避免混淆犯罪的性质。

2. 经济利益的存在形式

黑社会性质组织经济利益通常都是以组织共同财产的方式存在，如果是具有一定的经济组织形式的黑社会性质组织，一般都有单位的账户，并有会计、出纳等财务管理人员对黑社会性质组织的财产进行统一管理，其财务的收入、支出等都具有一定的审批程序。除此以外，还有些财产并没有被纳入黑社会性质组织的统一管理，而是由不法组织成员个人掌管，或者有些组织成员将个人或者家庭资产中的一部分用于支持该组织活动，这些财产都应当计入黑社会性质组织的经济实力之中。同时，《2018年指导意见》还提及调动一定规模的经济资源用以支持该组织活动的能力，这些经济资源并非黑社会性质组织所占有和管理，但黑社会性质组织对这些经济资源具有调动和支配能力。例如，如果是以上市公司作为黑社会性质组织的经济依托的，上市公司财产虽然在法律上不是黑社会性质组织所

有的财产，但黑社会性质组织对此具有控制权，可以实际利用这些经济资源以支持黑社会性质组织的违法犯罪活动，因而也应当视为黑社会性质组织的经济实力。

3. 经济利益的数量规模

黑社会性质组织具有一定经济实力，而经济实力是可以量化的。对此，《2015年纪要》指出：一定的经济实力是指黑社会性质组织在形成、发展过程中获取的，足以支持该组织运行、发展以及实施违法犯罪活动的经济利益。各高级人民法院可以根据本地区的实际情况，对黑社会性质组织所应具有的经济实力在20万~50万元幅度内，自行划定一般掌握的最低数额标准。在此，《2015年纪要》明确划定了经济实力的具体标准。当然，这一标准具有一定的幅度，各高级人民法院可以在幅度内确定具体标准。之所以设定一定的经济实力的数额标准，是由于《刑法》第294条规定黑社会性质组织需要具有一定的经济实力，因此，明确标准的做法更加符合罪刑法定原则的基本精神。具有一定的经济实力虽然不是黑社会性质组织的本质特征，但可以反映出涉案的犯罪组织的发展成熟程度。在我国当前司法实践中，对此问题掌握较为随意的情况依然存在，确有必要加以规范。[①] 此后，《2018年指导意见》规定："在办案时不能一般性地要求黑社会性质组织所具有的经济实力必须达到特定规模或特定数额"。这一规定其实是改变了《2015年纪要》对经济实力要求达到一定数额的做法，它在一定程度上放宽了黑社会性质组织成立所必须具备的经济实力的认定标准，对于黑社会性质组织的认定具有较大影响。由此可见，如何确定经济实力的具体标准是一个十分复杂的问题。就个案而言，还是应当合理评估和计量黑社会性质组织的资金、资产以及其他具有经济价值的资源，以便准确地判断是否达到黑社会性质组织的经济实

[①] 参见戴长林等：《〈全国部分法院审理黑社会性质组织犯罪案件工作座谈会纪要〉的理解与适用》，载最高人民法院刑事审判第一、二、三、四、五庭主办：《刑事审判参考》，第107集，143页，北京，法律出版社，2017。

力程度。

第四节　黑社会性质组织的行为特征

根据我国《刑法》第294条的规定，黑社会性质组织的行为特征是指以暴力、威胁或者其他手段，有组织地多次进行违法犯罪活动，为非作恶，欺压、残害群众。根据这一规定，黑社会性质组织的行为特征中的行为是指黑社会性质组织所实施的犯罪行为，而不是黑社会性质组织犯罪所必须具备的组织、领导、参加黑社会性质组织的行为。显然，这两种行为的性质是有所不同的：前者是指黑社会性质组织成立所必须具备的行为特征，而后者则是在黑社会性质组织成立以后，黑社会性质组织成员的组织、领导和积极参加行为，这些行为是构成黑社会性质组织犯罪所必须具备的特征。对于两种行为的区分，在理解上并不困难。难点在于如何区分黑社会性质组织的行为特征和黑社会性质组织所实施的具体犯罪行为；显然，这两种行为在性质上也是不同的。因此，在黑社会性质组织的司法认定中，首先要对具体犯罪行为进行认定，由此考察犯罪行为的数量和种类，以及犯罪行为是否达到黑社会性质组织所要求的暴力程度。如果不具备上述行为特征，则只能按照一般犯罪处理，包括按照恶势力处理，但不构成黑社会性质组织犯罪。当然，即使具备行为特征，并不必然构成黑社会性质组织，还要认定是否具备黑社会性质组织的其他特征。

这里涉及黑社会性质组织的行为特征与该组织所实施的具体犯罪行为之间的逻辑关系，而且这个问题还关系到司法实践中对黑社会性质组织认定的时候，到底是先确定黑社会性质组织是否成立，还是先考察行为人所实施的具体犯罪行为。笔者认为，就以上两个问题的逻辑顺序而言，应当是先考察具体犯罪行为，在此基础上再判断该犯罪行为是否符合黑社会性质组织所要求的行为特征；而不是相反。在某个案件中，如果犯罪行为的暴力程度较轻，而且犯罪类型单一，则

第十章 共犯形态Ⅲ：黑社会性质组织犯罪

根本就不具备黑社会性质组织所要求的残害、欺压百姓的行为特征，因而不构成黑社会性质组织犯罪。

在司法实践中，如何认定黑社会性质组织的行为特征，对于正确认定黑社会性质组织具有十分重要的意义。如前所述，在认定黑社会性质组织之前，首先应当确定具体犯罪行为是否成立。这些犯罪行为是单独构成犯罪的，它不以黑社会性质组织是否成立为前提。如果在认定这些犯罪行为的基础上，同时又具备黑社会性质组织的行为特征，才能为黑社会性质组织的成立提供客观根据。根据禁止重复评价原则，具体犯罪行为已经单独成罪，因此，在黑社会性质组织行为特征的认定中，不能将这些具体犯罪行为直接等同于行为特征，而是在这些具体犯罪行为的基础上加以抽象与概括，以此形成黑社会性质组织的行为特征。在这个意义上说，黑社会性质组织的行为特征是对具体犯罪行为的二次判断，其判断的主要内容就在于：犯罪手段的暴力程度、犯罪类型的广泛程度和危害后果的严重程度。

一、犯罪手段的暴力程度

暴力、威胁或者其他手段，是黑社会性质组织行为特征中的手段要素。黑社会性质组织在违法犯罪活动中通常采用暴力手段，因而具有明显的暴力性。但在个别情况下，也可以采用非暴力手段。对此，《2018年指导意见》明确规定："黑社会性质组织实施的违法犯罪活动包括非暴力性的违法犯罪活动，但暴力或以暴力相威胁始终是黑社会性质组织实施违法犯罪活动的基本手段，并随时可能付诸实施。暴力、威胁色彩虽不明显，但实际是以组织的势力、影响和犯罪能力为依托，以暴力、威胁的现实可能性为基础，足以使他人产生恐惧、恐慌进而形成心理强制或者足以影响、限制人身自由、危及人身财产安全或者影响正常生产、工作、生活的手段，属于《刑法》第二百九十四条第五款第（三）项中的'其他手段'，包括但不限于所谓的'谈判''协商''调解'以及滋扰、纠缠、哄

第四节 黑社会性质组织的行为特征

闹、聚众造势等手段"。在黑社会性质组织的犯罪中，往往同时采用暴力和非暴力的手段，而且是以暴力手段为主，没有暴力手段的黑社会性质组织是极为罕见的。对此，《2015年纪要》指出："在黑社会性质组织所实施的违法犯罪活动中，一般应有一部分能够较明显地体现出暴力或以暴力相威胁的基本特征。否则，定性时应当特别慎重。"对于黑社会性质组织来说，暴力性是必备属性，即使是黑社会性质组织的非暴力行为，也往往是以暴力或以暴力威胁为后盾的。如果没有暴力，客观上不可能造成为非作恶、欺压、残害群众的严重后果，更不可能形成对一定区域或者行业的非法控制。值得注意的是，《2018年指导意见》提出了软暴力的概念。我认为，软暴力其实就是非暴力，即暴力以外的手段。《2018年指导意见》在对黑社会性质组织行为特征作出规定时，采用的是非暴力这一用语，表述为非暴力性的违法犯罪活动。但在关于恶势力的规定中，采用了软暴力的概念。这里的软暴力，是指有组织地采用滋扰、纠缠、哄闹、聚众造势等手段扰乱正常的工作、生活秩序，使他人产生的心理恐惧或者形成心理强制。[1] 我认为，黑社会性质组织犯罪不能由软暴力单独构成，而恶势力犯罪则可以由软暴力单独构成。

黑社会性质组织实施的具体犯罪行为不仅要有暴力性，而且这种暴力还必须达到相当严重的程度。轻微的暴力是不可能构成黑社会性质组织的。例如在符青友等人敲诈勒索、强迫交易、故意销毁会计账簿、对公司、企业人员行贿、行贿案中，一审法院判处符青友等人构成组织、领导、参加黑社会性质组织罪。但二审法院认为符青友等人在承揽土石方工程或沙石材料供应的过程中，违法犯罪行为的暴力性不突出，不符合黑社会性质组织的行为方式，因而认为一审判决将三友公司与北门劳务组认定为符青友统一领导下的黑社会性质组织不当。该案裁判理由指出：符青友等人利用三友公司和北门劳务组有组织地在旌德县城北门建设

---

[1] 关于软暴力的论述，参见黄京平：《恶势力及其软暴力犯罪探微》，载《中国刑事法杂志》，2018（3）。

工地上承揽土方工程或沙石材料供应业务,并多次实施强迫交易、敲诈勒索犯罪。仅从触犯的罪名、犯罪的次数以及非法获利数额等方面来看,其行为基本符合黑社会性质组织行为的特征中的有组织性、违法性和危害严重性等特点。但符青友等人实施强迫交易、敲诈勒索犯罪的手段的暴力色彩极为微弱,既没有带领组织成员实施打打杀杀的行为,也不是通过暴力在旌德县城对人民群众形成事实上的心理威慑。因此,本案在行为特征方面,与黑社会性质组织应有的行为方式存在明显区别。因此,二审法院不认定三友公司和北门劳务组为黑社会性质组织,并对被告人符青友等人予以改判是正确的。① 符青友案的裁判理由对理解黑社会性质组织的手段要素中的暴力性具有重要参考价值。如果没有暴力或者暴力十分微弱,则不能认定为黑社会性质组织。

二、犯罪类型的广泛程度

黑社会性质组织通常都是实施多种犯罪行为,涉及数个罪名。如果只是单一罪名,同样不能成立黑社会性质组织。根据司法机关办理的黑社会性质组织犯罪案件的具体经验,黑社会性质组织所实施的违法犯罪主要可以分为以下三种类型:第一是开设赌场、组织卖淫、高利放贷、贩卖毒品等犯罪。第二是非法拘禁、寻衅滋事、聚众斗殴、故意杀人、故意伤害、买卖枪支等犯罪。第三是强迫交易、敲诈勒索、非法经营、抢劫、抢夺、诈骗等犯罪。这些犯罪涉及面广泛,既包括扰乱社会管理秩序的犯罪,又包括侵犯人身的犯罪和侵犯财产的犯罪。《2009年纪要》规定:"黑社会性质组织实施的违法犯罪活动主要包括以下情形:由组织者、领导者直接组织、策划、指挥、参与实施的违法犯罪活动;由组织成

---

① 参见周斌、余乃荣:《符青友等人敲诈勒索、强迫交易、故意销毁会计账簿、对公司、企业人员行贿、行贿案——如何把握黑社会性质组织行为特征中的暴力性》,载最高人民法院刑事审判第一、二、三、四、五庭主办:《刑事审判参考》,第107集,63页,北京,法律出版社,2017。

第四节 黑社会性质组织的行为特征

员以组织名义实施,并得到组织者、领导者认可或者默许的违法犯罪活动;多名组织成员为逞强争霸、插手纠纷、报复他人、替人行凶、非法敛财而共同实施,并得到组织者、领导者认可或者默许的违法犯罪活动;组织成员为组织争夺势力范围、排除竞争对手、确立强势地位、谋取经济利益、维护非法权威或者按照组织的纪律、惯例、共同遵守的约定而实施的违法犯罪活动;由黑社会性质组织实施的其他违法犯罪活动"。《2018年指导意见》进一步将黑社会性质组织的犯罪归纳为以下六种情形。

(1) 为黑社会性质组织争夺势力范围、打击竞争对手、形成强势地位、谋取经济利益、树立非法权威、扩大非法影响、寻求非法保护、增强犯罪能力等实施的犯罪。为组织谋取经济利益、争夺势力范围、排除竞争对手、确立强势地位、维护非法权威都与组织的潜在利益有关,有利于黑社会性质组织在今后的竞争中取得优势地位,从而谋取更大的经济利益,因而应当视为黑社会性质组织的犯罪。

(2) 按照黑社会性质组织的纪律规约、组织惯例实施的犯罪。黑社会性质组织的纪律规约和组织惯例是黑社会性质组织中自发形成、对于组织成员具有约束力的行为规范,组织成员按照这些行为规范而实施的犯罪,应当视为黑社会性质组织的犯罪。

(3) 组织者、领导者直接组织、策划、指挥、参与实施的犯罪。黑社会性质组织的组织者、领导者对于黑社会性质组织具有支配性,并且代表着黑社会性质组织的意志和利益。因此,黑社会性质组织的组织者、领导者直接组织、策划、指挥、参与实施的犯罪,当然应当视为黑社会性质组织的犯罪。

(4) 组织成员以组织名义实施,并得到组织者、领导者认可或者默许的犯罪。黑社会性质组织作为一个实体,具有独立的意识和意志。只有以组织名义并经组织认可或者默许而实施的犯罪,才能视为黑社会性质组织的犯罪。在某些情况下,组织成员以组织名义实施违法犯罪,但未经获得组织者、领导者授意,具有某种越权的性质。但这种犯罪能够扩大组织的影响力,符合组织利益,且事后

获得组织者、领导者的认可或默许,体现了组织意志,因而应当视为黑社会性质组织的犯罪。

(5) 多名组织成员为逞强争霸、插手纠纷、报复他人、替人行凶、非法敛财而共同实施,并得到组织者、领导者认可或者默许的犯罪。这种违法犯罪在主观动机上并非为组织利益而实施,但因这些行为是黑社会性质组织经常实施的违法犯罪,通常手段上具有暴力、胁迫性,方式上为公开化或半公开化,犯罪的附带后果能扩大组织的影响力和势力,客观上符合组织利益。而且,多名组织成员共同实施,本身也在一定程度上能反映组织意志,尤其是事后获得组织者、领导者的认可或默许,也能够体现组织意志,因而应当视为黑社会性质组织的犯罪。

(6) 其他应当认定为黑社会性质组织实施的犯罪。除上述五种情形以外,只要是为了黑社会性质组织的利益实施的犯罪,都应当认定为黑社会性质组织的犯罪。

在司法实践中,如果确与维护和扩大组织势力、实力、影响、经济基础无任何关联,亦不是按照组织惯例、纪律、活动规约而实施,则应作为组织成员个人的违法犯罪活动处理。例如,在区瑞狮等组织、领导、参加黑社会性质组织案中,被告人谢玉霞虽然是区瑞狮所领导的黑社会性质组织的骨干成员,但在其伙同李伟军实施的乐吧聚众斗殴案中,区瑞狮没有亲自参与,没有证据证明各参与人是经区瑞狮同意或授意实施此案的,也没有证据证明区瑞狮事前知情或事后对此案作出任何意思表示。有关书证材料证实李伟军与梁华雄的交通事故的责任划分确实是梁华雄负全责,交警调解时对后续治疗问题没有处理,双方争吵中李伟军要求梁华雄赔偿的补牙费用也只是1 000元。综合全案证据可以认定被告人李伟军等人要求梁华雄赔偿的理由是充分的,其基于要求个人赔偿的目的而引发的双方斗殴行为,应认定为该组织成员为个人利益、个人目的而单独实施的犯罪活动,该犯罪活动是在该组织的意志之外实施的,不能认定为该组织的犯罪活动,

第四节 黑社会性质组织的行为特征

该组织的组织者、领导者区瑞狮不应对此案承担刑事责任。[①] 笔者认为，上述认定是完全正确的。对于黑社会性质组织成员在组织意志之外单独实施的犯罪行为，应当认定为组织成员的个人犯罪而不能视为黑社会性质组织的犯罪。因此，在办理黑社会性质组织案件中，应当正确地区分黑社会性质组织的组织犯罪和黑社会性质组织个别成员的个人犯罪。

三、危害后果的严重程度

为非作恶，欺压、残害群众是黑社会性质组织行为特征中的危害后果。《2018年指导意见》规定："为确立、维护、扩大组织的势力、影响、利益或者按照纪律规约、组织惯例多次实施违法犯罪活动，侵犯不特定多人的人身权利、民主权利、财产权利，破坏经济秩序、社会秩序，应当认定为有组织地多次进行违法犯罪活动，为非作恶，欺压、残害群众。"这里的为非作恶，欺压、残害群众，具有一定的描述性，意在说明黑社会性质组织犯罪对人民群众的人身安全、财产安全和社会秩序带来的严重危害后果，对于认定黑社会性质组织的行为特征具有重要意义。如果没有造成上述严重后果，也不能成立黑社会性质组织。

需要说明的是，在黑社会性质组织的非法控制（危害性）特征中，所谓危害性主要表现为严重影响。在某种意义上说，这里的严重影响与行为特征中的危害后果具有一定的重合性。例如，《2009年纪要》对非法控制（危害性）特征列举了八种情形，其中3、4、5中情形涉及造成严重影响。这里的严重影响是指具有致人重伤或致多人轻伤、通过违法犯罪活动或其他不正当手段敛财数额巨大、造成直接经济损失100万元以上、多次引发群体性事件或引发大规模群体性事件等

[①] 参见芦山：《区瑞狮等组织、领导、参加黑社会性质组织案——如何界分黑社会性质组织犯罪和成员个人犯罪》，载最高人民法院刑事审判第一、二、三、四、五庭主办：《刑事审判参考》，第74集，72页，北京，法律出版社，2010。

情节之一。这些严重影响的表现主要体现为危害后果,而这种危害后果也是在认定黑社会性质组织的行为特征时,应当予以关注的。两者的区分仅仅表现在:严重影响较为抽象,而危害后果较为具象。无论是严重影响还是危害后果,都是从具体犯罪行为中提炼出来的,是对具体犯罪行为的一种价值评判,只不过两种的角度稍有不同而已。

第五节 黑社会性质组织的危害性特征

关于黑社会性质组织的危害性特征,我国司法指导文件的表述存在差异。其中,前述《2009年纪要》和前述《2018年指导意见》都将该特征表述为危害性特征。但前述《2015年纪要》则将该特征表述为非法控制特征(危害性特征)。我认为,危害性特征与非法控制特征之间并非对立而是相容的关系。但就危害性和非法控制这两者之间的逻辑关系而言,危害性特征可以涵盖非法控制的内容。反之,非法控制特征则难以涵盖危害性的内容。因此,我采用危害性特征的描述,但在其内容中包含非法控制。从非法控制(危害性)特征的表述就可以看出,在这一特征中,其实包含两项既相互联系又相互分离的内容,这就是非法控制与危害性。作为一个整体,非法控制(危害性)是黑社会性质组织的特征,而不能说非法控制与危害性分别是黑社会性质组织的特征。在这个意义上,当我们单独表述非法控制和危害性的时候,不能称为特征,而只是黑社会性质组织第4个特征项下的两个要素。在此,我拟在狭义上对非法控制要素和危害性要素分别加以界定,并对两者之间的关系加以论述。

一、非法控制要素

黑社会性质组织并不是一般的犯罪组织,而是以控制社会为目的的犯罪组

第五节 黑社会性质组织的危害性特征

织。因此，在某种意义上说非法控制是危害性特征的应有之义。如果说，黑社会性质组织的组织特征主要反映的是该组织的内部关系，那么，危害性特征反映的则是该组织的外部关系。黑社会性质组织的非法控制充分说明该组织所具有的对社会的严重对抗性，使之成为一种严重破坏社会秩序的犯罪。

在黑社会性质组织中，关键词是黑社会。黑社会是一个民间俗称而非严格的法律术语，正如同我国《刑法》第191条规定洗钱罪中的洗钱一词，就是直接采用了人尽皆知的洗钱这个用语。对黑社会性质组织的正确理解，取决于如何理解黑社会一词。黑社会为外来语，即英语 Underworld-Society，可以直译为地下社会。黑社会性质组织是对社会进行非法控制的组织，正是在对社会非法控制这个特征上，黑社会性质组织区别于一般犯罪集团。黑社会性质组织并非单纯地为实施犯罪而存在，实施犯罪是为了控制社会，控制社会又是为了更好实施犯罪。因此，黑社会性质组织具有实施犯罪与控制社会之间的关联性，可以说，非法控制是黑社会性质组织的根本特征。政府对社会控制是一种合法控制，而黑社会性质组织的非法控制总是对抗合法控制，并削弱合法控制，这就是黑社会性质犯罪的反社会性与反政府性。

（一）非法控制的含义

关于非法控制的含义，我国学者周光权曾经提出"非法控制的实质是支配"的命题[1]，我认为是正确的。这里的支配，就其本义而言，是指支配主体按照给定的条件和目标，对支配客体施加影响的过程和行为。[2] 而作为黑社会性质组织特征的支配，是指对某一区域或者行业具有一定的安排、配置和管理的实际能力。在一个正常社会，存在一种以国家法律为规范的社会生活秩序，因而支配权，亦即社会管理权是由政府依法行使的。然而，黑社会性质组织则为了对抗合

---

[1] 参见周光权：《黑社会性质组织非法控制特征的认定——兼及黑社会性质组织与恶势力团伙的区分》，载《刑事法杂志》，2018（3）。

[2] 参见百度百科，https://baike.baidu.com/。

法政府，掌握了一定的资源，攫取了对某一区域或者行业的支配权，因而实现对社会的一定程度的非法控制。为了达到这种对社会的非法控制，黑社会性质组织除内部控制外，还具有如下特征。

（1）对经济的非法控制。黑社会组织是以一定的经济实力为依托的，因此，必然以获取一定的经济利益为目的。获取经济利益的手段可以是非法的，也可以是合法的或者以合法经营加以掩护。一般地说，在原始积累阶段，其往往以违法犯罪，主要是盗窃、抢夺、抢劫等财产犯罪手段聚敛钱财。具有一定经济实力以后，其往往以合法企业为掩护进行走私犯罪、金融犯罪等经济犯罪非法获利，也不排除合法经营。这种黑社会性质的经济实体并不是单纯地追求经济目的，而只是其控制社会的一般手段。黑社会性质组织对经济的控制，在竞争性行业表现得较为明显。在这种情况下，所谓对经济的控制一般表现为以暴力为后盾的非法垄断。因此，竞争性经济活动领域是容易滋生黑社会性质组织的土壤。例如交通运输业，包括客运或者航运、采砂、采矿等资源开发型行业，基于非法垄断的需求，就会出现黑社会性质组织。例如检察机关开展扫黑除恶专项斗争典型案例选编（第三辑）公布的张甲等14人组织、领导、参加黑社会性质组织案。2005年，被告人张甲刑满释放后，与被告人张乙、张丙等人（三人为兄弟）在湖北省洪湖市某镇开设赌场、放高利贷聚敛钱财。至2014年左右，被告人张甲开始进入并逐渐控制长江某水域非法采砂行业，向采砂船收取"保护费"。为持续牟取非法利益，张甲先后网罗了被告人李某某等人，实施了一系列的违法犯罪活动，逐步形成了以张甲为组织者、领导者，张乙、张丙、李某某、蔡甲为骨干成员，胡某某、彭某某等人为一般参加者的黑社会性质组织。2012年8月至2016年11月期间，该犯罪组织为树立非法权威，为非作恶，欺压残害群众，有组织地实施了故意伤害、聚众斗殴、寻衅滋事、故意毁坏财物、非法拘禁等犯罪活动，造成1人死亡、2人轻伤、多人轻微伤、多人财物受损。该犯罪组织通过实施违法犯罪活动，称霸一方，在某镇造成重大影响，并对长江某水域采砂行业形成了非法控制，严重破坏了上述地区的经济秩序和社会生活秩序，还对当地长江流域的河

道、河堤和渔业资源等生态环境造成了一定程度的影响和破坏。在该案中，黑社会性质组织的控制特征就表现在"对长江某水域采砂行业形成了非法控制"。由于近些年我国房地产业的高速发展，房屋建筑对于砂石的需求量十分巨大。在这种情况下，采砂就成为一个盈利行业，因而竞争十分激烈。尤其是在长江沿岸，聚集了大批采砂企业，为争夺砂石资源，互相之间竞争激烈。而我国相关部门对于采砂业的管理措施未能及时跟上，因此采砂业管理较为混乱，为黑社会性质组织的滋生提供了土壤。张甲等14人组织、领导、参加黑社会性质组织案就是一个较为典型的对采砂行业进行非法控制的案件。在这个案件中，非法控制主要表现在对砂石资源的垄断，收取保护费等。这里的垄断，是指对一定行业或者区域的某种经营活动的控制，它以排斥其他市场主体从事该种经营活动为主要表现方式。例如，对运输线路的垄断就表现为只能由特定的经营主体从事一定线路的运输，包括客运和货运，而以暴力或者其他手段禁止其他经营主体在该线路上从事运输经营活动。而收取保护费则是指在实现对某一区域的非法控制以后，虽然允许其他经营主体从事经营活动，但必须向黑社会性质组织缴纳一定的费用，这种费用有各种名目，例如管理费、辛苦费或者劳务费等，但无论是何种名目，这种费用的收取不仅没有合法根据，而且也没有相应的劳务或者服务的付出。因此，收取保护费是对经济的非法控制的直接后果。黑社会性质组织之所以对经济活动通过暴力手段加以控制，就是为了获取非法利益。在某种意义上说，收取保护费则是最为直接和粗暴的表现，它反映了黑社会性质组织的本质特征。

（2）对社会的非法控制。对社会的非法控制是对一定区域的控制。对区域的非法控制不同于对行业的非法控制，它是以一定的地域为控制范围，因而发生在具有竞争性的市场、码头、车站以及娱乐场所，这些场所容易为黑社会性质组织所控制。控制的手段通常有暴力、威胁、滋扰等，进行敲诈勒索、欺行霸市、聚众斗殴、寻衅滋事、故意伤害等违法犯罪活动。这些违法犯罪活动往往扰乱社会

秩序，但必须注意，它扰乱的是合法秩序，由此建立其非法秩序。[1] 因此，非法控制对于黑社会性质组织的性质认定来说，具有至关重要的意义，也是黑社会性质组织区别于恶势力集团以及其他犯罪集团的根本特征之所在。在这个意义上，将非法控制称为黑社会性质组织的本质特征亦不为过。例如检察机关开展扫黑除恶专项斗争典型案例选编（第三辑）公布的成某某、黄某某等14人组织、领导、参加黑社会性质组织案。2015年9月，被告人成某某、黄某某、王甲共同出资成立带"陪酒、陪唱妹"的厅子（供"陪酒、陪唱妹"等候的场所），通过向重庆市渝北区某街道及某工业园区的KTV歌厅、音乐茶座等娱乐场所提供"陪酒、陪唱妹"有偿陪侍的方式牟取经济利益。为抢占"陪酒、陪唱妹"市场，成某某先后纠集被告人黄某某、王甲、唐某某、李某某等十余名刑满释放人员、社会闲散人员，为扩张势力范围、树立非法权威，在重庆市渝北区某街道、某工业园区等地有组织地实施聚众斗殴、故意杀人、故意伤害、寻衅滋事、贩卖毒品、开设赌场等多起违法犯罪活动，逐步形成以被告人成某某为组织者、领导者，被告人黄某某、王甲、唐某某为积极参加者，被告人李某某、洪某某、杨甲、郭某某、费某某、曹甲、杨乙、陈某某、曹乙、王乙等人为一般参加者的黑社会性质组织。2015年9月以来，该组织通过向KTV歌厅、音乐茶座等娱乐场所提供"陪酒、陪唱妹"的方式牟取经济利益达人民币217万余元，用于支持该组织的活动。2015年11月至2017年12月期间，被告人成某某、黄某某等人通过有组织的实施聚众斗殴、故意伤害、寻衅滋事、贩卖毒品、开设赌场等13起违法犯罪行为，造成1人死亡、1人重伤、3人轻伤、5人轻微伤的严重后果，在重庆市渝北区某街道、某工业园区等地形成了"敢打敢杀、动则刀枪、势力强大"的恶名，严重破坏了当地经济、社会生活秩序。这个案件的非法控制主要针对的是娱乐场所，娱乐场所具有人员混杂、经营方式特殊等特点，而且往往与黄、赌、毒等违法犯罪活动联系在一起。本案被告人参与经营娱乐场所，采用暴力手段，

---

[1] 参见陈兴良：《关于黑社会性质犯罪的理性思考》，载《法学》，2002（8）。

第五节　黑社会性质组织的危害性特征

打打杀杀，形成对特定区域的非法控制，因而具备了黑社会性质组织的非法控制特征。

（二）非法控制的空间范围

非法控制发生在一定区域或者行业，这是非法控制的空间范围。那么，如何理解这里的一定区域或者行业呢？《2009年纪要》对一定区域或者行业做了界定。在论及对一定区域如何理解和把握时，《2009年纪要》指出："区域的大小具有相对性，且黑社会性质组织非法控制和影响的对象并不是区域本身，而是在一定区域中生活的人，以及该区域内的经济、社会生活秩序。因此，不能简单地要求一定区域必须达到某一特定的空间范围，而应当根据具体案情，并结合黑社会性质组织对经济、社会生活秩序的危害程度加以综合分析判断。"由此可见，区域是空间范围，非法控制的对象则是一定区域范围内的经济和社会生活秩序。《2015年纪要》对黑社会性质组织所控制和影响的一定区域的范围做了更为具体的说明，认为这里的一定区域应当具备一定空间范围，并承载一定的社会功能。它既包括一定数量的自然人共同居住、生活的区域，如乡镇、街道、较大的村庄等，也包括承载一定生产、经营或社会公共服务功能的区域，如矿山、工地、市场、车站、码头等。对此，应当结合一定地域范围内的人口数量、流量、经济规模等因素综合评判。如果涉案犯罪组织的控制和影响仅存在于一座酒店、一处娱乐会所等空间范围有限的场所或者人口数量、流量、经济规模较小的其他区域，则一般不能视为是对一定区域的控制和影响。这些规定，对于认定黑社会性质组织对一定区域的非法控制特征具有参照意义。在认定一定区域的时候，首先应当明确该区域是指一定的生活、工作、经营或者承载其他社会活动的场所。这是对于区域的内容要求，因为非法控制主要是对一定区域内从事各种活动的控制，从而干扰正常的经济活动和社会活动。因此，应当从区域的社会功能上理解区域的内容。此外，一定区域还具有范围上的要求。并不是任何具有社会活动的场所都能够成为黑社会性质组织成立必须具备的一定区域，而是这种社会活动场所还必须达到一定的范围。例如，在一个小区内，物业或者某个业主进行寻衅滋事、敲

诈勒索或者其他犯罪活动,形成对该小区的一定程度的非法控制。但该小区只是一个居住场所,虽然具有一定的居住人口,但相对来说具有封闭性。因此,对于这种在小区内称王称霸、为非作恶的情形,还不能认为具有非法控制特征,因而认定为黑社会性质组织。因此,对于一定区域应当从空间规模和人员数量等方面进行考察。

在论及对一定行业如何理解和把握时,《2009年纪要》指出:"黑社会性质组织所控制和影响的行业,既包括合法行业,也包括黄、赌、毒等非法行业。这些行业一般涉及生产、流通、交换、消费等一个或多个市场环节。"由此可见,行业是从事社会生活或者经济生活的场所,基本上是一个市场的概念。因此,对一定行业的非法控制主要表现为对市场的非法垄断。根据以上司法解释,这里的一定行业既可以包括合法的行业,也可以包括非法的行业。从司法实践情况来看,对非法行业进行非法控制的情况居多,但对合法行业进行非法控制的情况也不在少数。

(三)非法控制的实现途径

我国《刑法》第294条规定了实现非法控制的两种途径,这就是实施违法犯罪活动,或者利用国家工作人员的包庇或者不依法履行职责,放纵黑社会性质组织进行违法犯罪活动。其中,实施违法犯罪活动是暴力途径,而利用国家工作人员的包庇或者不依法履行职责,放纵黑社会性质组织进行违法犯罪活动则是借助于保护伞实现非法控制。我认为,黑社会性质组织主要还是通过对政府的渗透实现的非法控制。黑社会性质组织具有反社会性,但在公然对抗政府的同时,为了其生存,它还采取各种手段,对政府进行非法渗透。

(四)非法控制的表现形式

关于非法控制的表现形式,《2018年指导意见》做了具体规定,是指具有下列八种情形之一。

(1)致使在一定区域内生活或者在行业内从事生产、经营的多名群众的合法利益遭受犯罪或严重违法活动侵害后,不敢通过正当途径举报、控告。在此,《2018年指导意见》强调黑社会性质组织对被害人的心理强制,只是被害人不敢

举报、控告，以此作为认定非法控制的根据。

（2）对一定行业的生产、经营形成垄断，或者对涉及一定行业的准入、经营、竞争等经济活动形成重要影响。在此，《2018年指导意见》强调黑社会性质组织通过有组织的违法犯罪活动，形成对一定行业生产、经营活动的垄断或者形成重大影响。

（3）插手民间纠纷、经济纠纷，在相关区域或者行业内造成严重影响。在此，《2018年指导意见》把黑社会性质组织插手民间纠纷或者经济纠纷作为认定非法控制的标志。解决民间纠纷或者经济纠纷，是政府或者调解组织的功能，而黑社会性质组织介入此类活动，表明对社会已经形成一定的非法控制。

（4）干扰、破坏他人正常生产、经营、生活，并在相关区域或者行业内造成严重影响。在此，《2018年指导意见》把对正常生产、生活、经营秩序的干扰和破坏作为黑社会性质组织在相关区域或者行业具有重大影响的标志。

（5）干扰、破坏公司、企业、事业单位及社会团体的正常生产、经营、工作秩序，在相关区域、行业内造成严重影响，或者致使其不能正常生产、经营、工作。在此，《2018年指导意见》把对公司、企业、事业单位及社会团体的经营秩序或者工作秩序的干扰和破坏作为黑社会性质组织对一定单位的内部秩序具有重大影响的标志。

（6）多次干扰、破坏党和国家机关、行业管理部门以及村委会、居委会等基层群众自治组织的工作秩序，或者致使上述单位、组织的职能不能正常行使。在此，《2018年指导意见》把对党政机关或者其他行政部门，以及基层群众自治组织的工作秩序作为黑社会性质组织具有重大影响的标志。

（7）利用组织的势力、影响，帮助组织成员或他人获取政治地位，或者在党政机关、基层群众自治组织中担任一定职务。在此，《2018年指导意见》把利用黑社会性质组织的影响获取政治地位或者担任一定职务作为黑社会性质组织具有重大影响的标志。

（8）其他形成非法控制或者重大影响，严重破坏经济、社会生活秩序的情

第十章 共犯形态Ⅲ：黑社会性质组织犯罪

形。这是一个兜底性的规定，这个规定在《2009年纪要》中就有，《指导意见》保留了该兜底规定。在制定《2009年纪要》的时候，对于是否设置兜底规定，存在分歧意见。最终考虑到实践情况极为复杂，确有必要保持惩治黑社会性质组织复杂的灵活性。设置兜底规定，其目的在于突出非法控制特征（危害性特征）的重要性，并不意味着已经量化的标准可以忽略。① 因此，兜底规定只是一种例外性的规定，在不得已的情况下才能适用。

二、危害性要素

危害性是我国刑法对行为性质的一种评判，在一般意义上称为社会危害性。我国《刑法》第13条关于犯罪概念的规定，将犯罪行为描述为危害社会的行为，而危害社会行为就是具有危害性的行为。因此，危害性所反映的是行为对于社会的危险和损害，这是任何犯罪行为都必须具备的特征。在关于黑社会性质组织的立法解释和司法解释中，将危害性的内容表述为对社会秩序和经济秩序的重大影响。这里的重大影响是黑社会性质组织所具有的严重危害性的客观显现，因此，它与黑社会性质组织所实施的暴力犯罪之间具有密切的关联性。将重大影响从黑社会性质组织的行为特征中独立出来，不能不说具有一定的难度，这里主要涉及刑法中的禁止重复评价的原则。换言之，将黑社会性质组织犯罪中的危害行为以及危害结果在评价为独立的黑社会性质组织的犯罪行为的同时，又评价为黑社会性质组织的特征，是否违反刑法中的重复评价原则？这是一个需要回答的问题。

根据我国刑法理论，禁止重复评价原则是指对符合构成要件的同一行为只能进行一次评价，而不能进行两次或者两次以上评价。例如在想象竞合犯中，同一

---

① 参见戴长林等：《〈全国部分法院审理黑社会性质组织犯罪案件工作座谈会纪要〉的理解与适用》，载最高人民法院刑事审判第一、二、三、四、五庭主办：《刑事审判参考》，第107集，146页，北京，法律出版社，2017。

第五节 黑社会性质组织的危害性特征

行为触犯两个以上罪名。在这种情况下，如果认为该同一行为同时符合两个犯罪的构成要件，例如一枪打死一人又打伤一人，如果认为该枪击行为既评价为故意杀人罪的构成要件，同时又评价为故意伤害罪的构成要件，则就是一种重复评价。因此，想象竞合犯不属于实质的数罪而是想象的数罪。禁止重复评价原则虽然在我国刑法和司法解释中并没有明文规定，但它作为一种法理被我国刑法学界和司法实务所认同，是应当一体遵循的规则。在黑社会性质组织的四个特征中，其中的组织性和经济性以及非法控制具有独立于黑社会性质组织犯罪的性质。然而与非法控制并列的危害性要素和行为特征则与黑社会性质组织犯罪之间存在密不可分的关系。这主要是因为在我国刑法中，黑社会性质组织犯罪是一种组织罪，即只要组织、领导、参加黑社会性质组织即构成犯罪，而该黑社会性质组织又实施故意杀人、伤害、强奸、抢劫或者其他犯罪行为的，应当实行数罪并罚。在这种情况下，黑社会性质组织所实施的犯罪行为是独立于黑社会性质组织犯罪的。因此，如果一个行为在认定黑社会性质组织的时候已经进行评价，而在认定具体犯罪的时候再次进行评价，这就涉嫌重复评价。

那么，怎么解释这个理论难题呢？我认为，对禁止重复评价原则不能做机械的理解，而是应当区分刑法评价客体之行为的质和量。所谓行为的质是指行为的性质，这是决定行为成立的核心要素，也是对行为进行刑法评价的客体。而行为的量是指行为的程度，它通常表现为一定的数量关系。我们以杀人行为为例进行分析：杀人是非法剥夺他人生命的行为，这是杀人的性质，即杀人行为与伤害或者其他行为相区分的主要根据。而杀人中的次数和死亡人数，这是数量特征。在刑法中，刑法评价区分为定罪和量刑这两个环节。行为性质一般是定罪的根据，而行为的数量则是量刑的根据。在一般情况下，根据禁止重复评价原则，一行为如果在定罪的时候已经做过评价，则在量刑的时候不能再做评价。例如，强奸罪的情节严重标准，根据司法解释的规定是强奸三人以上。因此，强奸三人适用10年以上的法定刑。在这种情况下，如果只是强奸三人，则应当使用10年以上法定刑，强奸三人这一情节已经在认定为情节严重的强奸罪时考虑，不能在将强

奸三人作为进一步从重处罚的根据。但如果是强奸三人以上的情节,例如强奸五人甚至更多,则可以将超出三人部分作为对强奸罪量刑的根据。由此可见,对行为的质和量分别进行评价,在一定条件下,并不违反禁止重复评价原则。在黑社会性质组织的认定中,行为已经作为一个特征单独进行评价,不能再将行为作为其他特征重复评价。但行为特征中所评价的是行为的性质,包括构成要件行为和结果。但危害性特征所评价的并不是构成要件行为和结果,而是这种行为对社会所造成的重大影响,这种影响既与行为和结果紧密关联,又在一定程度上能够脱离行为和结果而单独存在。就此而言,在认定黑社会性质组织的时候,将行为的危害性作为独立于行为特征之外的要素单独进行评价,并不违反刑法中的禁止重复评价原则。

三、非法控制要素与危害性要素之间的关系

为了正确揭示黑社会性质组织的性质,还需要对非法控制要素与危害性要素加以区分。对于非法控制要素与危害性要素之间的区分,王云娜等人故意伤害、寻衅滋事、非法拘禁、敲诈勒索案的裁判理由进行了较为深入的论述,指出:"刑法第二百九十四条第五款中的非法控制,是指以有组织地违法犯罪手段使得一定对象处于自己的占有、管理和影响之下;重大影响,是指以有组织地违法犯罪手段对一定对象的思想和行动产生作用。二者有着以下共同点:(1)都是有意识地以非法方式主动干涉他人的结果;(2)都不是一种偶然、短暂的现象,而是一种持续的状态;(3)控制或者影响的对象具有广泛性,控制或者影响的程度具有严重性"[①]。由此可见,无论是非法控制还是重大影响,都是对一定客体施加

---

① 石明辉:《王云娜等人故意伤害、寻衅滋事、非法拘禁、敲诈勒索案——如何根据"非法控制或重大影响"的内在要求准确认定黑社会性质组织的危害性特征》,载最高人民法院刑事审判第一、二、三、四、五庭主办:《刑事审判参考》,第107集,86~87页,北京,法律出版社,2017。

第五节 黑社会性质组织的危害性特征

的作用力。黑社会性质组织的非法控制更强调的是对一定区域或者行业的实际掌控和制约。而黑社会性质组织的重大影响则关注通过违法犯罪活动对一定区域或者行业的危害和破坏。

如前所述,之所以将危害性要素与非法控制要素并列,将其设定为一种选择关系,就是因为虽然在大部分黑社会性质组织中都存在非法控制要素,但在少数黑社会性质组织中,由于并非存在于具有竞争性质的经营领域,因而非法控制要素并不存在。这些黑社会性质组织犯罪主要存在于社会,例如街头或者村落,从事欺压百姓、残害群众等严重的暴力犯罪活动,以此形成对一定区域的重大危害性。这些黑社会性质组织虽然不具有非法控制要素,但通过严重暴力犯罪,对社会秩序、经济秩序具有重大的破坏性,因而当其不具备非法控制要素的时候,就应当根据是否具有危害性要素认定是否成立黑社会性质组织。

那么,如何理解黑社会性质组织的非法控制要素与危害性要素之间的关系呢?在黑社会性质组织认定中,非法控制要素与危害性要素是一种选择关系。这种选择关系并不意味着非法控制要素和危害性要素对于黑社会性质组织的成立来,说是同等重要的。在我看来,通常情况下,黑社会性质组织都需要具备非法控制要素,而就危害性要素而言,只是在极少数情况下,虽然不具备非法控制要素但因其具有重大的危害性,因而也可以将其认定为黑社会性质组织。因此,非法控制要素对于黑社会性质组织来说起到主要作用,而危害性只是起到补充作用。在司法实践中,对于认定黑社会性质组织来说,首先应当考察是否具有非法控制要素。只有在不存在非法控制要素的情况下,才进一步考察是否存在危害性要素。

非法控制要素和危害性要素在内容上并不是互相排斥的。不能认为,在具有非法控制要素的情况下,黑社会性质组织没有对于社会的重大危害性。但反之则不然,即黑社会性质组织具有危害性要素却可能不具有非法控制要素。其实,非法控制要素在一般情况下都是通过侵犯人身和侵犯财产的暴力犯罪活动实现的,因而必然以重大的危害性为其前提。因此,在具有非法控制要素的情况下,应当

根据该要素认定黑社会性质组织。而在不具有非法控制要素的情况下，则应当根据危害性要素认定黑社会性质组织。例如，张文清、刘德兴涉嫌组织、领导黑社会性质组织犯罪立案监督、侦查活动监督案。[①] 张文清、刘德兴这两个犯罪团伙，自1992年以来逐步形成有组织、有领导、有骨干成员、有内部帮规，组织严密的黑社会性质组织，涉案人员70余人，主要骨干成员50余人。该黑社会性质组织以暴力或其他手段，流窜于周边及邻近的10个乡镇之间，作案70余起，非法敛财63万余元，涉嫌组织、领导、参加黑社会性质组织、绑架、抢劫等13个罪名。这个黑社会性质组织具备了组织特征、经济特征和行为特征，该黑社会性质组织主要以暴力手段在一定区域内进行各种严重犯罪活动，并没有明显的非法控制要素。但该黑社会性质组织实施违法犯罪活动，严重破坏了社会秩序和经济秩序，对一定区域产生了重大影响。据此，可以认定为具备危害性要素，由此构成黑社会性质组织犯罪。危害性要素在表现形式上虽然不同于对一定区域或者行业的非法控制要素，但通过大肆实施违法犯罪活动，欺压、残害群众，对某个区域的人员的人身、财产安全，以及社会生活秩序具有极大的破坏性，危害性要素和非法控制要素在性质上可以等量齐观。当然，绝大多数黑社会性质组织都具有非法控制要素。在司法实践中认定黑社会性质组织的时候，涉及对非法控制要素与危害性要素之间的区分。

---

① 参见《张文清、刘德兴涉嫌组织领导黑社会性质组织犯罪立案监督、侦查活动监督案》，载《最高人民检察院公报》，2003（2）。

第十一章
共犯的分类

共犯分类是指共同犯罪参与者的分类,这里的共犯包括正犯与狭义上的共犯。共同犯罪参与者是共同犯罪的实施者,也是共同犯罪的刑事责任的承担者。因此,共犯分类成为各国刑法关于共同犯罪立法的主要内容,我国刑法也是如此。我国《刑法》除第25条是关于共同犯罪的一般规定以外,从第26条至第29条,全部是关于共犯的规定。刑法对共犯的规定,首先是共犯的分类问题。对于这个问题,不仅在刑事立法过程中争论不休,而且在刑法颁行以后,共犯教义学中仍然存在观点争执。本章旨在通过对共犯分类问题的研究,阐明我国刑法关于共犯分类的根据和意义,并为共犯的类型研究奠定理论基础。

第一节 共犯分类的比较研究

一、共犯分类概说

(一)共犯分类的概念

共犯分类,又称共犯的种类或共犯者的种类,是依照一定的标准,对共同犯

罪参与者所进行的适当分类,其目的在于确定各个共犯的刑事责任。根据我国刑法的规定,共同犯罪是指二人以上共同故意犯罪。而各个共犯在共同犯罪中的地位、作用和分工是有所不同的,为了规定各个共犯的刑事责任,必须依据一定的标准,对共犯进行科学的分类,在此基础上确定共犯的处罚原则。

(二)共犯分类的意义

共犯分类具有重大的实际意义与理论意义,它可以从下述两个方面得以充分说明。

首先,共犯分类对于共同犯罪的定罪具有重大意义。在共犯中,从构成特点上分析,可以分为正犯与共犯这两大类。刑法分则对正犯的构成已有明文规定,其定罪已经不成问题。而共犯在刑法分则中则没有明文规定,其定罪根据有赖于刑法总则的规定。而刑法总则对共犯的构成的规定,主要就是通过对共犯的分类来实现的。以我国刑法为例,第25条虽然明确规定二人以上共同故意犯罪的是共同犯罪,从而限定了共同犯罪的范围,但共同犯罪的具体构成尚不明确,而第29条对教唆犯的规定,则使我们明确了教唆犯罪属于共同犯罪的范畴,并为教唆犯的定罪提供了法律根据。帮助犯也是如此,它虽然归入从犯,但因法律的规定而使我们明确帮助犯罪属于共同犯罪的范畴,从而使帮助犯的定罪有法可依。我们可以肯定地说,共犯分类的首要意义就在于共犯的定罪。

其次,共犯分类对于共犯的量刑具有重大意义。共同犯罪由于是二人以上实施犯罪,这里就存在一个罪责的大小区分问题。因此,共犯的量刑具有不同于正犯的特点。共犯的分类,无论是按分工分类,还是按作用分类,都是直接或者间接地为了解决共同犯罪的量刑问题。例如,按犯罪分子在共同犯罪中的分工分类,将共犯分为正犯、从犯、教唆犯,并且刑法也明文规定了各种共犯的处罚原则,这就不仅为共同犯罪的定罪提供了法律根据,而且为共同犯罪的量刑提供了一般原则。

第一节 共犯分类的比较研究

二、共犯分类的立法例

关于共犯分类,古今中外存在不同的立法例,对这些立法例的比较研究,可以为理解我国刑法中的共犯的分类提供历史背景与理论基础。

（一）以犯罪分子在共同犯罪中的分工为标准对共同犯罪人分类的立法例（以下简称"分工分类法"）

世界上大多数国家对共同犯罪人的分类,都是分工分类法。这种分类法始于1810年《法国刑法典》。《法国刑法典》把共犯分为正犯与从犯两类,从犯又包括教唆犯与帮助犯,并对从犯处以与正犯相同之刑。这种分类虽然过于简单化,而且对正犯与从犯采取所谓责任平等主义,使这种共犯分类的意义大为逊色,但它毕竟开启了以参与人在共同犯罪中的分工作为共犯分类标准的先河,具有一定的历史意义。

1871年《德国刑法典》在继承1810年《法国刑法典》关于共犯分类的立法例的基础上,又有所发展与完善。1871年《德国刑法典》仍然坚持以犯罪分子在共同犯罪中的分工作为共犯分类的标准,并把共犯分为以下三类:一是正犯,二是教唆犯,三是从犯,这就是所谓三分法。1871年《德国刑法典》不仅在共犯分类上实行三分法,较之《法国刑法典》的二分法有所进步,而且对共犯实行区别对待,对从犯的处罚采得减主义,较之《法国刑法典》的平等主义有所前进。由于1871年《德国刑法典》具有如上的优点,其共犯三分法至今为大多数国家刑法所沿用。

社会主义国家刑法关于共犯分类,基本上是以《德国刑法典》为蓝本的,例如1919年《苏俄刑法指导原则》将共犯分为三类:一是实行犯,二是教唆犯,三是帮助犯。[1] 1926年《苏俄刑法典》仍对共犯实行三分法。但1952年《阿尔

---

[1] 实行犯又译为执行犯,即正犯;帮助犯即从犯,这是翻译上的问题。

巴尼亚刑法典》在上述实行犯、教唆犯、帮助犯的基础上，明确地增加了组织犯这一类。1958年《苏联和各加盟共和国刑事立法纲要》也增加了组织犯，这就形成了共犯分类的四分法，即实行犯、组织犯、教唆犯和帮助犯。1960年《苏俄刑法典》和其他各加盟共和国刑法典，都接受了这种共犯分类法。

（二）以犯罪分子在共同犯罪中的作用为标准对共犯分类的立法例（以下简称"作用分类法"）

我国古代刑法向来把共犯分为首犯与从犯两类，这种以参与人在共同犯罪中的作用为标准对共犯进行分类的方法发轫于《唐律》。《唐律》确立了首犯与从犯的二分法以后，明、清各代的律例相沿不改。由于我国封建刑法强调主观犯意在共同犯罪中的意义，因此规定造意为首。也就是说，在共同犯罪中的作用问题上，更注重犯意发起，这反映了我国封建统治者诛心的刑事政策思想。

三、两种分类法的比较

（一）两种分类法理论基础的考察

在刑法教义学中，一般把分工分类法与作用分类法相提并论。但在对这两种立法例进行比较以前，我们不能忽视一个重要的前提，这就是两种立法例是建立在两种截然不同的共犯观念的基础之上的。

在本书有关章节中，我已经指出，在西方各国刑法中的共同犯罪，从广义上来说，包括正犯与共犯两类。正犯在刑法分则有明文规定，而共犯则是由刑法总则加以补充规定的。由这一特点所决定，西方国家刑法关于共同犯罪立法的重点就不能不放在共犯的定罪上。也就是说，刑法总则关于共同犯罪的规定，主要是为了解决共犯的定罪问题。而我国封建刑法中的共同犯罪，实际上只是指共同正犯。因为共同正犯的各种犯罪已在各篇明文加以规定，而教唆犯划入教令犯，对某些严重犯罪的帮助犯也在各篇加以规定。这样，西方刑法共同犯罪中的教唆犯与帮助犯这两个范畴，我国封建刑法都已经通过立法而转化为正犯。所以，在我

第一节 共犯分类的比较研究

国封建刑法中不存在共同犯罪的定罪问题，这个问题已经由各篇的具体规定予以解决。正因为如此，我国封建刑法对共同犯罪的一般规定，主要任务只能是解决共同正犯的量刑问题。由这一任务所决定，对共犯的分类以参与人在共同犯罪中的作用为标准，也就是顺理成章的了。由上述分析可知，我国封建刑法关于共犯的作用分类法，重点是要解决共同犯罪的量刑问题，这无疑是正确的。但这是建立在已经解决了共同犯罪的定罪问题的基础之上的。如果无视这一点，以为在没有解决共同犯罪的定罪问题的情况下，就可以对共犯采用作用分类法，这无疑是一个误解。

值得注意的是，德日共犯教义学在正犯与共犯的区分问题上，从传统的形式客观说向实质客观说转变，因而我国学者认为出现了所谓正犯主犯化的趋势。例如我国学者指出：德日主流刑法理论逐渐抛弃了形式客观说，而以实质客观说重新定义正犯的内涵。不论是德国的犯罪事实支配理论，还是日本的重要作用说，区分共犯与正犯的依据是"看行为人在犯罪中的作用，如果是重要（支配）的作用，则成立正犯"。在这种理论下，利用、组织、指挥他人实施犯罪之人即使没有亲自动手实施符合构成要件的行为，但是由于他对犯罪的发生起到支配作用，也应当被认定为正犯。实质的正犯概念以罪犯在共同犯罪中所起作用的大小作为区分正犯与共犯的依据，而这正是主犯、从犯的区分依据。实质客观说视角下的正犯呈现出"主犯化"的趋势，甚至可以说，与我国刑法中的主犯几乎不存在区别。[1] 根据这种观点，随着正犯与共犯的区分标准从形式客观说转向实质客观说，则正犯的认定不再根据其是否具体实施了构成要件行为，而是根据其对犯罪是否具有支配作用，这明显是一种实质的判断标准，因而正犯无异于主犯。因为主犯正是根据共同犯罪人在共同犯罪中所起的主要作用认定的，在这个意义上，正犯主犯化的命题似乎具有一定的道理。作为正犯主犯化佐证的主要是间接正犯和共谋共同正犯等情形。例如，在间接正犯的情况下，正犯背后的正犯并没有实

---

[1] 参见胡宗金：《"主犯主犯化"：趋势、原因及启示》，载《法学杂志》，2020（1）。

施构成要件行为,却被视为正犯。间接正犯突破了正犯的形式客观标准,而采用了实质的判断标准。然而,间接正犯只是一种拟制的正犯,属于正犯的一种例外情形,并不能由此而否定正犯的客观标准。即使是提出事实支配说的德国学者罗克辛,也并没有否定间接正犯与正犯之间的区分,认为间接正犯是意思支配,而直接正犯是行为支配。也就是说,行为支配才是正犯的典型形态,意思支配只是正犯的特殊形态。至于共谋共同正犯,在一定程度上突破了正犯的形式客观标准,然而这是在日本不存在组织犯等共犯形态背景下的一种特殊情形,也不能由此而否定正犯与主犯的区分。我认为,在德日共犯教义学中,之所以出现以实质客观说取代形式客观说作为正犯与共犯的区分标准,主要是因为在德日刑法中只有正犯与共犯的立法规定,这一规定主要解决的是共犯的定罪根据问题,不能妥当地解决共犯的量刑根据问题,因而不能以将正犯实质化,以此解决正犯的量刑问题。而在我国刑法中,共犯本来就是按照共同犯罪参与者在共同犯罪中所起的作用进行划分的,在这种情况下,对于在共同犯罪中起主要作用的犯罪分子完全可以论之以主犯,而不需要采用正犯主犯化的方法。而且,即使是在德日共犯教义学中,对于正犯的认定以实质客观说取代形式客观说的现象,也不能说是正犯主犯化,而只能说是正犯实质化,因为德日刑法中本身就不存在主犯的概念。

最后应当指出,我国刑法总则的共犯分类采用的是作用分类法,也就是把共犯分为主犯、从犯、胁从犯和教唆犯。在这种情况下,以正犯与共犯为内容的分工分类法并不是刑法明文规定的,而是刑法教义学解释的结果。因此,上述两套分类法之间存在一定的重合关系。例如,正犯中起主要作用的犯罪分子属于主犯,起次要作用的犯罪分子属于从犯。教唆犯也可以根据其在共同犯罪中所起的作用分别认定为主犯与从犯。至于组织犯,一般都属于主犯。在这种情况下,如果采取所谓正犯主犯化的解释方法,则会混淆我国刑法中各种共同犯罪人之间的关系,因而并不足取。

(二)分工分类法评述

分工分类法,是以直观的共犯分工作为分类标准的,就此而言,分工分类法

似乎是一种形式分类法。然而，这种分类法却涉及一个本质问题——共同犯罪的定罪问题。刑法分则规定的是犯罪的正犯行为，实施这种行为的人是正犯，对正犯可以直接按刑法分则处罚。而教唆行为与帮助行为刑法分则没有规定，由刑法总则加以规定，使其犯罪构成得以补充而具备。分工分类法重点解决了共犯的定罪问题，但在同时也解决了共犯的量刑问题。例如，1871年《德国刑法典》规定教唆犯之刑依被教唆的人之刑而决定；1908年《日本刑法》规定教唆犯按照关于正犯的规定处断。这就是说，教唆犯之刑参照正犯决定。而正犯之刑在刑法分则都有明文规定，这样教唆犯的量刑问题也就解决了。又如，1871年《德国刑法典》规定从犯采得减主义，这也就解决了从犯的量刑问题。一般说来，分工分类法对从犯的定罪量刑问题的解决是较为圆满的，但对正犯的量刑问题的解决则有所欠缺，而教唆犯是按正犯处罚，所以教唆犯的量刑问题同样不够圆满。因为在共同正犯的情况下，各个正犯在共同犯罪中的作用是有所不同的，教唆犯在共同犯罪中的作用也存在这种差别，而刑法总则关于共同犯罪的规定却未能加以区别，这是一大缺陷。当然，1952年《阿尔巴尼亚刑法典》和1960年《苏俄刑法典》采四分法，增加了组织犯这一类，并规定对组织犯从重处罚，这在一定程度上弥补了分工分类法的缺陷。此外，有些国家刑法还明文规定共同犯罪的一般处罚原则。例如，1960年《苏俄刑法典》规定："法院在处刑时，应当考虑每一个共犯参加犯罪的程度和性质。"这些规定都有助于解决共同犯罪的量刑问题。当然，由分工分类法的特点所决定，它不可能圆满地解决共同犯罪的量刑问题。

（三）作用分类法评述

从严格意义上说，作用分类法是指我国《唐律》创立的共犯分类法。它虽然圆满地解决了共同正犯的量刑问题，但它是在把教唆犯与帮助犯排斥于共同犯罪的范畴之外的基础上确立的，难以圆满地解决共犯（教唆犯、帮助犯）的定罪问题，这就使它带有不可避免的狭隘性。正因为如此，作用分类法不可能单独地成为共犯的分类法。例如，将主犯定义为在共同犯罪中起主要作用的犯罪分子，将从犯定义为在共同犯罪中起次要作用的犯罪分子。这里的主犯与从犯只能是存在

于共同正犯中的主犯与从犯,因为这里的犯罪是以刑法分则的规定为前提的,而刑法分则只有对正犯的规定。因而,作用分类法的局限性是显而易见的。

以上我对分工分类法与作用分类法的优劣分别作了考察。在此基础上,对两种分类法作一比较可以看出:分工分类法虽然对共同犯罪的量刑问题的解决不够圆满,但这种缺陷可以通过其他方法,例如规定处罚共同犯罪的一般原则等得到一定程度的弥补,因此不失为一种较为科学的共犯分类法。如果不是这样认识,就很难理解世界上绝大多数国家采分工分类法的原因之所在了。作用分类法较为理想地解决了共同犯罪的量刑问题,但这只限于共同正犯的量刑,这就使这种分类法具有很大的局限性。

(四)观点的进一步辩驳

我国学者认为分工分类法是以行为为中心的形式法学观所决定的,这种分类不能反映罪犯所起的作用大小,不能说明罪犯的法益侵害性,因而不能圆满地解决量刑问题,难以达到共犯分类的目的。作用分类法能根据罪犯所起的作用,说明其法益侵害性的程度,能正确圆满地解决刑事责任问题,是一种科学的分类方法。[①] 对于这种贬分工分类法褒作用分类法的观点,我不敢苟同。因为论者对这两种分类法的优劣未能作出科学评价,尤其是没有看到作用分类法的局限性,因而这样贬低分工分类法褒扬作用分类法是片面的。事实上,抛开作用分类法的局限性不说,分工分类法有利于解决共同犯罪的定罪问题,作用分类法有助于解决共同犯罪的量刑问题。而定罪与量刑构成刑事责任的完整内容:定罪是解决刑事责任的有无问题,量刑是解决刑事责任的大小问题。因此,定罪与量刑是刑事责任的两个互相联系而又互相区别的环节,并且存在严格的时间顺序,即定罪在先,量刑在后。只有在解决了定罪问题的基础上,才有量刑可言。依论者之见,共犯分类的目的是解决刑事责任问题。但其又以为作用分类法能解决量刑问题,

---

[①] 参见张明楷:《关于教唆犯的几个问题》,载《青年法学(中南政法学院研究生学报)》,1985(1),63~64页。

就是正确圆满地解决了刑事责任问题，明显地忽视了刑事责任中定罪这一在某种意义上说更为重要的环节，把量刑等同于刑事责任，这不能不认为是以偏概全。

总之，对于分工分类法与作用分类法的评价，要有一种科学态度。任意贬低或者夸大某一种分类法的作用，都是不正确的。只有在正确地认识上述两种分类法的基础上，才能更加深刻地认识我国刑法共犯分类法的独创性。

第二节　共犯分类的立法规定

一、共犯分类的立法梗概

在革命根据地法律中，共犯分类基本上是实行三分法，即正犯、教唆犯与帮助犯。新中国成立以后，中央人民政府颁行的各种单行刑事法规中，虽然没有对共犯的全面分类，但也有涉及共犯分类的地方。例如，1951年《惩治反革命条例》在规定持械聚众叛乱罪和聚众劫狱或暴动越狱罪的刑事责任时，就对犯罪的组织者、主谋者、指挥者、罪恶重大者、积极参加者等不同情况加以区分。但这些共犯分类，主要是对某一个罪的具体规定，还没有上升为一般规范，而且各个单行刑事法规所使用的概念也比较混杂，并没有形成一个固定的模式。因此，在立法过程中，共犯分类就成为一个争论的热点，也是历次刑法草案修改中前后变动最大的问题之一。

（一）1950年刑法草案中的共犯分类

1950年中央人民政府法制委员会制定的《中华人民共和国刑法大纲草案》将共犯分为正犯、组织犯、教唆犯与帮助犯四类。该刑法草案规定：二人以上共同犯罪，而有下列情形之一者，皆为正犯。各按其社会危害性之轻重处罚之：（1）事前同谋，临事共同实施犯罪行为者；（2）事前同谋，临事未共同实施犯罪行为，而同意共谋人实施犯罪行为者；（3）事前主谋，临事未共同实施犯罪行

为，而仅雇佣或派遣他人，实施犯罪行为者；(4) 事前无预谋，临事同情，共同或分担实施犯罪行为者。建立犯罪组织，指导犯罪组织，制订实施犯罪计划或指导执行计划者，皆为组织犯。按其所组织的犯罪及犯人的社会危险性之重轻处罚之。教唆他人犯罪者为教唆犯，按其所教唆之罪处罚。提示方法供给工具，以及用其他方法便利他人遂行其犯罪者，为帮助犯，得从轻处罚，决定从轻与否及从轻程度，应审查帮助行为对于犯罪所生之作用及犯罪人之社会危险性。在上述共犯的分类法中，正犯、教唆犯与帮助犯的区分显然是受世界上流行的共犯三分法的影响，当然，将未参与犯罪的直接实施，而仅同意实施或雇佣、派遣他人实施的人也视为正犯，是扩大了正犯的范围，在一定程度上体现了共谋共同正犯说的影响。然而，引人注目的是在共犯中增加组织犯一类，就当时来说，属于首创。因为《阿尔巴尼亚刑法典》1952年才颁行，它是世界上第一个规定组织犯从而创立四分法的国家。而我国在1950年刑法草案中就已规定共犯的四分法，这是难能可贵的。

(二) 1954年刑法草案中的共犯分类

1954年中央人民政府法制委员会制定的《中华人民共和国刑法指导原则草案（初稿）》仍把共犯分为四类，即组织犯、实行犯、教唆犯与帮助犯。但是，明确指出组织犯是共同犯罪中的首要分子，并将实行犯定义为共同犯罪中直接实行犯罪的人，较之1950年刑法草案中正犯的范围有所缩小，也较为合理。该刑法草案还将实行犯分为罪恶重大的与罪行轻微的两类，对前者应当从重处罚，对后者可以从轻或者减轻处罚，体现了区别对待的原则。该刑法草案还列出了另一种写法，以犯罪分子在共同犯罪中的作用为主要标准，将共犯分为主犯、从犯与胁从犯，指出：组织、计划、指挥犯罪的人和实行犯罪的主要分子是主犯，对主犯应当比其他参加共同犯罪的罪犯，从重处罚，帮助犯罪和其他参加实行犯罪的人是从犯，对从犯应当比主犯从轻或者减轻处罚。对确实是被欺骗、被胁迫参加共同犯罪的人，应当按照情节给予适当处罚或者免予处罚。在上述分类中，虽然以作用分类法为基本框架，但还是涵括了分工分类法的内容，例如组织犯与主要

的实行犯归入主犯，帮助犯与次要的实行犯归入从犯①，另立一类胁从犯。但因为没有给教唆犯留下恰当的位置，因而这种共犯分类还是有缺陷的。以上这种两种写法并列在刑法草案中（该刑法草案共有四处两种写法并列，共同犯罪是其中一处）的情况表明，立法者对于是采分工分类法还是采修正的作用分类法是有争论的，存在势均力敌的两种方案。但分工分类法似乎稍占上风，因为修正的作用分类法是以另一种写法的形式出现的。

（三）1957年刑法草案中的共犯分类

1957年全国人大常委会法律室草拟的《中华人民共和国刑法草案（初稿）》即第22稿，对共犯实行三分法，即分为正犯、教唆犯和帮助犯。第22稿规定：直接实行犯罪的，是正犯。对于正犯，根据他在犯罪中所起的作用处罚。教唆他人犯罪的，是教唆犯。对于教唆犯，根据他所教唆的罪处罚；如果被教唆的人没有犯被教唆的罪，对于教唆犯可以减轻或者免除处罚。教唆不满18岁的人犯罪的，从重处罚。用供给工具或者用其他方法帮助他人犯罪的，是帮助犯。事前通谋隐藏犯罪分子或者为犯罪分子毁灭、隐藏犯罪证据的，也是帮助犯。对于帮助犯，应当比正犯从轻或者减轻处罚。此外，第22稿还规定对于被胁迫、被欺骗参加犯罪的，应当按照他的犯罪情节，减轻或者免除处罚。相对于1954年刑法草案而言，第22稿具有以下几个特点：一是删除了对组织犯的规定，对此，立法者主要是考虑到在总则中规定组织犯，容易扩大组织犯的范围，倒不如只在分则的有关条文中对其规定较重的法定刑，这样既能使组织犯受到相应的刑罚，又能避免扩大组织犯的范围。②但法律上没有明文规定组织犯，并不等于在理论研究和教学工作上就不可以讲组织犯，因为组织犯不仅在实际上是存在的，而且我

---

① 为与历史上的作用分类法相区别，我们将这种涵括分工分类法的内容的作用分类法，称为修正的作用分类法。

② 参见高铭暄：《中华人民共和国刑法的孕育和诞生》，51页，北京，法律出版社，1981。

们的刑法草案中也是包含了的（如分则中的首要分子）。① 由此可见，组织犯作为共犯的种类不复存在，但其内容仍涵括在刑法草案中。二是将1954年刑法草案中的实行犯改称正犯，恢复了1950年刑法草案的称谓。对此，立法者解释说：为什么在草案中用"正犯"这一名词，而不用"实行犯"？因为"实行犯"这一名称不科学，实际上不但实行犯去实行犯罪，其他共犯也是实行犯罪的，而用了"实行犯"这一名词就意味着其他的共犯好像坐在那里什么都不干，这与实际情况是不符的。同时正犯是共犯中的主体，是共同犯罪中对犯罪起决定作用的人，因此用"正犯"更能表现出他在共犯中的作用。② 从这种法律术语的变动可以看出，第22稿虽然采分工分类法，但仍力图体现犯罪分子在共同犯罪中的作用对共同犯罪人分类的影响，因此用更能表现在共同犯罪中的作用的正犯一词取代不能体现这种作用的实行犯一词。三是第22稿虽然规定了胁从犯，并删去了1954年刑法草案有关胁从犯的条文中的"不以共犯论处"的字样，但共同犯罪人的分类并不包括胁从犯。

（四）1963年刑法草案中的共犯分类

1963年刑法草案是在1962年对第22稿进行讨论修改的基础上产生的。关于共犯的分类问题，在此期间也展开了热烈讨论，提出了五种分类法，如果对这五种分类法进一步加以概括，大约可以分为以下三种意见。

（1）根据参与者在共同犯罪中所起的作用分类，将共同犯罪人分为主犯、从犯或在主犯与从犯之间增加一般犯。其主要理由在于：第一，这样分类符合我国的历史传统和司法习惯。自解放区时代到现在，审判实践中主要是根据参与者在共同犯罪中所起的作用确定各个犯罪分子的刑事责任的。第二，这样分类明确地体现出党和国家对犯罪分子区别对待的政策和原则，根据犯罪分子在共同犯罪中

---

① 参见李琪：《有关草拟中华人民共和国刑法草案（初稿）的若干问题》，载《我国刑法立法资料汇编》，124页，北京，北京政法学院刑法教研室，1980。

② 参见李琪：《有关草拟中华人民共和国刑法草案（初稿）的若干问题》，载《我国刑法立法资料汇编》，124页，北京，北京政法学院刑法教研室，1980。

第二节　共犯分类的立法规定

所起作用的大小，确定刑事责任和惩罚的轻重，策略性比较强。第三，对犯罪分子分清主次首从，便于分化瓦解犯罪集团，而犯罪集团是最危险的犯罪形式，是我们打击的重点。第四，共犯分类的主要目的在于区分参与者各自的刑事责任，便于分别量刑，而法益侵害性的大小就是确定他们各自刑事责任，对他们分别量刑的重要根据。①

（2）根据参与者在共同犯罪中的分工分类法，将共犯分为正犯、教唆犯、帮助犯或增加一类组织犯。其主要理由在于：第一，犯罪分子在共同犯罪中的分工，明确地显示出每类共犯在共同犯罪中的地位和所从事的活动，也就是说明了他们各自的犯罪事实，而确定每一参与者所起作用的大小，是不能脱离分工的犯罪事实的。第二，根据参与者的分工行为，可以较好地解决定罪问题，例如教唆他人杀人与本人实行杀人，行为是不同的，因而罪名也应有所不同：一是故意杀人罪，一是教唆杀人罪。单纯按作用分类，就显示不出这种区别。又如教唆他人犯罪，当被教唆的人没有犯他教唆的罪时，教唆犯应该对他教唆的罪独立负责，单纯按作用分类，也解决不了这样的定罪问题。定罪问题是非常重要的，"共同犯罪"之所以列入"犯罪"一章，而不列入"刑罚的具体运用"一章，首先就是要解决定罪问题。第三，按分工分类，可以较好地反映共同犯罪中的复杂情况，避免非主犯即从犯的较粗略的划分方法，而且分类标准是一致的。②

（3）折中分类法，其中又分为三种方案：第一是以分工分类为主，以作用分类为辅的方案。依按分工分类为主，划分为组织犯、实行犯、教唆犯和帮助犯，在这个分类的基础上再把主从的分类吸收进去，即肯定组织犯是主犯，肯定帮助犯是从犯，至于教唆犯，就要区分是主犯或不是主犯，对于正犯，就要区分是主犯、从犯或一般。认为这样就能兼有上述两种分类法的优点，既解决定罪问题，又解决量刑问题，比较全面。第二是以作用分类为主，以分工分类为辅的方

---

① 参见高铭暄：《中华人民共和国刑法的孕育和诞生》，52页，北京，法律出版社，1981。
② 参见高铭暄：《中华人民共和国刑法的孕育和诞生》，52～53页，北京，法律出版社，1981。

案，基本上按作用分类，但考虑到教唆犯在定罪上确有其特点，可以单写一条，将共同犯罪人分为主犯、从犯、教唆犯等。第三是两种分类并列的方案，即把共同犯罪分为两种类型：集团性的共同犯罪与一般的共同犯罪。对集团性的共同犯罪（如反革命集团、走私集团等）按犯罪分子在共同犯罪中的作用分类，认为过去我们政策中说的主犯、从犯，主要是指集团性的共同犯罪。至于一般的共同犯罪，有一些很难说谁是主谁是从，勉强划分不太自然，所以应该按犯罪分子在共同犯罪中的分工分类，分为正犯、教唆犯、帮助犯。①

1962年7月16日关于《对中华人民共和国刑法草案（初稿）的修改意见（1962年6月7日）》的修改意见报告在谈到共同犯罪时指出，这是争论比较多的一个问题。争论的焦点是究竟如何对共同犯罪人进行分类，并列举了上述三种意见，最后指出：目前这几种意见还没有统一起来。②

1963年全国人大常委会起草的《中华人民共和国刑法草案》（修正稿）即第33稿，对共同犯罪人的分类基本上统一起来了，将共犯分为主犯、从犯、胁从犯、教唆犯，这是采纳了折中分类法中以作用为主、以分工为辅的分类方案。我国现行刑法共犯分类，基本上是吸收了第33稿，从而正式确立了我国刑法中的共犯分类法。

二、共犯分类的政策根据

我国刑法以参与者在共同犯罪中的作用为主的共犯分类法，体现了我党惩办与宽大相结合的一贯政策。正如1963年3月23日中央政法小组关于修改《中华人民共和国刑法草案》（草稿）情况和意见的报告中指出："根据党的'首恶必

---

① 参见高铭暄：《中华人民共和国刑法的孕育和诞生》，53～54页，北京，法律出版社，1981。另注：上述方案中都规定有胁从犯一条，但是否列入共同犯罪人的种类尚有争论。
② 参见《我国刑法立法资料汇编》，141～145页，北京，北京政法学院刑法教研室，1980。

第二节 共犯分类的立法规定

办、胁从不问'的刑事政策和审判实践的经验,分为主犯、从犯、胁从犯和教唆犯,规定对主犯从重处罚,对从犯从轻或者减轻处罚,对被胁迫、被诱骗参加犯罪的减轻或者免除处罚,并在分则许多条文中,对首要分子或者其他罪恶重大的,规定了更重的法定刑。这样就使打击锋芒更加明确,体现了惩办与宽大相结合的政策"①。为了使我们加深对我国刑法中的共犯分类法的社会政治意义的理解,有必要对我党惩办与宽大相结合的政策的由来与发展作一概述。

早在第二次国内革命战争时期,针对当时肃反工作中的"左"倾错误,1931年12月13日中央执行委员会非常会议通过的《中华苏维埃共和国中央执行委员会训令第六号》明确提出分别首要与附和,对首要分子应该严厉处置,对附和分子应该从宽处置。②

1940年12月25日,毛泽东在《论政策》一文中提出镇压与宽大的政策,指出:应该坚决地镇压那些坚决的汉奸分子和坚决的反共分子,非此不足以保卫抗日的革命势力。但是绝不可多杀人,绝不可牵涉到任何无辜的分子。对于反动派中的动摇分子和胁从分子,应有宽大的处理。1942年11月6日中共中央《关于宽大政策的解释》中,进一步重申和阐发了毛泽东同志提出的镇压与宽大两个政策的思想,指出:"在实施时,又必须区别首要分子与胁从分子,在首要分子中真正表示改悔者,也是可能的,也是有过的。但在胁从分子中真正表示改悔的可能性最大,过去经验证明也最多。根据此种情形,我们在惩治破坏分子时,主要的应是惩治那些首要分子,其次才是惩治那些胁从分子。同时,我们的宽大政策,主要的是施于胁从分子,其次才是施于首要分子。"③

1947年10月10日发布的由毛泽东草拟的《中国人民解放军宣言》明确提

---

① 《我国刑法立法资料汇编》,155页,北京,北京政法学院刑法教研室,1980。
② 参见韩延龙、常兆儒:《中国新民主主义革命时期根据地法制文献选编》,第3卷,288页,北京,中国社会科学出版社,1981。
③ 韩延龙、常兆儒:《中国新民主主义革命时期根据地法制文献选编》,第3卷,54~55页,北京,中国社会科学出版社,1981。

出了对于国民党人员采取分别对待的方针,并将这一方针经典地概括为十五个字:首恶者必办,胁从者不问,立功者受奖。

新中国成立以后,毛泽东又多次阐述了对敌斗争的策略。1950年毛泽东在《为争取国家财政经济状况的基本好转而斗争》一文中,把这一政策概括为镇压与宽大相结合,指出:必须坚决地肃清一切危害人民的土匪、特务、恶霸及其他反革命分子。在这个问题上,必须实行镇压与宽大相结合的政策,即首恶者必办,胁从者不问,立功者受奖的政策,不可偏废。后来,考虑到在镇反斗争中,往往把镇压理解为杀头,为了避免这种误解,就改为惩办与宽大相结合。这一政策在公安部前部长罗瑞卿1956年于党的八大会议上所作的题为《我国肃反斗争的主要情况和若干经验》的报告中得以完整表述:"在对待反革命分子的政策上,就是惩办与宽大相结合的政策。它的具体内容就是:首恶必办,胁从不问,坦白从宽,抗拒从严,立功折罪,立大功受奖。"

从上述党的惩办与宽大相结合政策的形成中可以看出,这一政策的核心思想是对犯罪分子要区别对待。毛泽东曾经表述过如下非常深刻的思想:我们的政策是建立在区分的基础之上的,没有区别就没有政策。只有在区分的基础上,才能决定是惩办还是宽大。在这一政策的指导下,我国刑法的共犯分类,就不能不把重点放在区别犯罪参与者的法益侵害性大小上,这样,刑法确立以作用分类为主、分工分类为辅的共犯分类法也就是理所当然的了。因此,我认为,我国刑法的共犯分类法虽然在一定程度上受历史传统的影响,但主要还是受惩办与宽大的政策的制约。如果不从惩办与宽大的政策入手,就难以揭示我国刑法的共犯分类法的深刻内涵。

三、共犯分类的观点辨析

刑法颁行以后,我国刑法学界关于共犯分类的认识也大体上得到了统一,即认为我国刑法的共犯分类是两种分类法的统一,这种分类法既解决了共同犯罪的

量刑问题，又解决了共同犯罪的定罪问题。按照这种分类法，将共犯分为主犯、从犯、胁从犯，使共同犯罪的量刑问题得以圆满解决。而教唆犯单独规定一条，组织犯、正犯、帮助犯在条文中已涵括了，也解决了共同犯罪的定罪问题。因此，从刑法理论上分析，这种分类法主要是以犯罪参与者在共同犯罪中所起的作用为分类标准，同时也照顾到共犯的分工情况，特别是1979年《刑法》第26条划分出教唆犯这一类，有利于正确地定罪。而且该条又明确规定，对教唆犯应当按照他在共同犯罪中所起的作用处罚。这样就将教唆犯这一分类，纳入以在共同犯罪中所起的作用为分类标准的分类体系中，从而获得了分类的统一性。① 但我国刑法学界也还有个别学者不同意上述观点，认为我国刑法仅将共犯分为主犯、从犯和胁从犯，刑法对教唆犯作了专门规定，但教唆犯不是共犯的独立种类。② 我同意我国刑法中的共犯分类是两种分类法的统一的观点，并且认为教唆犯是共犯的独立种类，而对那种否认教唆犯是共犯独立种类的观点持否定的态度，理由如下。

（一）分工分类法与作用分类法能否结合的问题

我国学者认为，上述两种不同的分类方法是不能同时结合采用的。因为划分标准不同，划分出来的子项也不同，将不同标准划分出来的共犯并列在一起，必然要出现一个罪犯同时具有并列的双重身份的混乱现象。③ 我认为，两种分类法能否结合，关键是要看两者在内容上是否互相排斥，如果内容上不互相排斥，那么，尽管采用不同的分类标准，也是可以结合的。例如，对法律的分类，按照不同的标准，法律有国内法与国际法、程序法与实体法、成文法与不成文法等分法。以刑法为例，它是国内法，是实体法，又是成文法，一身而兼三任，怎么不能统一？这里根本不存在分类重叠的问题，恰恰相反，它还有助于揭示事物多方

---

① 参见高铭暄主编：《刑法学》，195页，北京，法律出版社，1982。
② 参见张明楷：《教唆犯不是共犯人中的独立种类》，载《法学研究》，1986（3），42页。
③ 参见张明楷：《教唆犯不是共犯人中的独立种类》，载《法学研究》，1986（3），43页。

面的属性。对共犯的分类也是如此。从分工上看，有正犯、组织犯、教唆犯、帮助犯之分；从作用上看，有主犯、从犯、胁从犯之分。任何一种共犯，都存在这种双重身份的问题。例如，我国刑法中的主犯，可以分为三种人：一是犯罪集团中的组织犯，二是聚众犯罪中的首要分子，三是主要的正犯。这样，主犯这个作用分类的概念却涵括了组织犯、正犯等按分工分类的范畴。唯有如此，才能科学地解决共同犯罪人的定罪量刑问题。如果只按作用分类，而不包括分工分类的内容，那么，除非像《唐律》那样仅是对共同正犯的分类，不涉及定罪问题，是可行的。而在其他情况下，如果在立法上没有解决定罪问题，量刑也就是一句空话。例如，从犯的概念中如果不把帮助犯包括进去，那么，帮助犯没有定罪根据，又何谈对其量刑呢？可见，两种分类必须统一，也是可以统一的，我国刑法也确实将其统一起来了。只要我们客观地面对现实，就不会否认这一点。

当然，我国刑法对教唆犯采取了比较特殊的立法方式，不是像正犯那样，起主要作用的归入主犯，起次要作用的归入从犯，而是单列一类。之所以采用这种立法方式，主要是考虑到教唆犯定罪量刑的复杂性与特殊性。例如对教唆不满18岁的人犯罪的规定、对教唆未遂的规定，如果教唆犯不是单列一类，也就无法规定这些内容。此外，我国刑法规定，对教唆犯按他在共同犯罪中的作用处罚：如果起主要作用，就按主犯论处；如果起次要作用，就按从犯论处。这里所谓"按……论处"，我们理解，是指准用主犯或者从犯的处罚原则。具体地说，起主要作用的，从重处罚；起次要作用的，从轻或者减轻处罚。因此，在这种情况下，教唆犯仍然是教唆犯，它并没有变成主犯或者从犯，只是分别依主犯或者从犯处罚而已。这也正是教唆犯不同于正犯、组织犯、帮助犯之处：组织犯包括在主犯中，成为主犯的一部分；帮助犯包括在从犯中，成为从犯的一部分；正犯分别归入主犯与从犯。在这种情况下，在我国刑法中，组织犯、正犯与帮助犯就不再是共犯的独立种类，这也体现了我国刑法以作用分类为主的立法思想。但教唆犯则是我国刑法中共犯的独立种类，虽然按其在共同犯罪中的作用，分别按主犯或者从犯论处，但他没有被归入主犯与从犯，而是同主犯与从犯并列的共犯。

第二节 共犯分类的立法规定

从教唆犯这个局部看，可以说是以分工分类为主，以作用分类为辅。当然，这并不能否认在整体上我国刑法是以作用分类为主，以分工分类为辅。从这个意义上说，我国刑法的共犯分类是采取了一种非常实用的做法，即接受了这样一种意见：基本上按作用分类，但考虑到教唆犯在定罪上确有其特点，可以单写一条，虽说分类标准有点不一致，但只要符合实际需要，不算什么问题。① 因此，我认为分工分类法与作用分类法是可以结合的，教唆犯与主犯、从犯并列并不存在犯分类重叠的逻辑错误的问题。

（二）作用分类与分工分类的关系问题

我国学者认为，上述两种共犯分类，实际上是在不同的层次上进行的，即正犯、组织犯、教唆犯和帮助犯是在低层次上进行分类所得出的子项；而主犯、从犯和胁从犯则是在高层次上进行分类所得出的子项。因此，我们不能把教唆犯与主犯、从犯、胁从犯并列起来，否则就犯了越级划分的逻辑错误。并且举例说，在我国司法实践中，司法机关在认定共犯行为的法益侵害性程度大小时，一般是先看行为人是正犯、帮助犯，还是教唆犯、组织犯，然后再分析他们在共同犯罪中所起的作用大小，即是主犯还是从犯或胁从犯。② 我认为，这种关于分工分类与作用分类的关系的认识是错误的。实际上，分工分类与作用分类根本不存在层次高低的问题，更不能把在司法实践中先看分工后看作用作为层次高低的证据。分工分类与作用分类，前者主要是解决定罪问题，后者主要是解决量刑问题。按照定罪与量刑的内在逻辑关系，当然是定罪在前，量刑在后。试问，定罪与量刑层次孰高孰低？显然，这里涉及的不是分类层次的高低问题，而是定罪量刑的顺序问题。因此，将教唆犯与主犯、从犯和胁从犯并列，不存在所谓越级划分的问题。

---

① 参见高铭暄：《中华人民共和国刑法的孕育和诞生》，53页，北京，法律出版社，1981。
② 参见张明楷：《教唆犯不是共犯人中的独立种类》，载《法学研究》，1986（3），43页。

（三）否定教唆犯给共犯种类带来的困惑

如果教唆犯不是我国刑法中共犯的独立种类，那么，教唆犯在我国刑法中的地位就难以确认。因为，刑法的共犯分类无非是为了解决定罪量刑问题，我国刑法规定教唆犯也是为了解决其刑事责任问题。但又否认教唆犯是共犯的独立种类，那么，他与主犯、从犯的关系到底如何呢？这个问题就不好回答。至于论者认为不能因为刑法中出现了教唆犯这一名称，就推论教唆犯是共犯的独立种类。如果是这样，刑法中出现的首要分子也是共犯的一个独立种类了，这是令人难以赞同的。[1] 我认为，这种诘难也是站不住脚的。因为我国刑法把教唆犯规定在共同犯罪一节中，并把他与主犯、从犯、胁从犯并列。而首要分子却规定在其他规定中，以名词解释的形式出现。因此，不能把教唆犯与首要分子相提并论。而且，刑法不把首要分子规定在共同犯罪中，也是有其明显的立法意图的。因为刑法对首要分子的解释，主要是针对刑法分则条文中出现的首要分子而言的，这些首要分子有些是任意共犯，还有些则是必要共犯。在必要共犯的情况下，这些首要分子在刑法分则中有明文规定，已经成为正犯的一部分，其定罪是不成问题的，只要解决其量刑问题就可以了。因此，在刑法关于共犯的规定中，把任意共犯的首要分子归入主犯，视为在共同犯罪中起主要作用的犯罪分子，也就是顺理成章的了。由此可见，肯定教唆犯是我国刑法中共同犯罪人的独立种类，并不会当然地推导出首要分子也是共犯的独立种类的结论，建立在这个推论基础上的诘难是没有科学根据的。

综上所述，我认为，我国刑法的共犯分类，是采取了以作用分类为主、分工分类为辅，两种分类法相统一的分类法，就此而言，具有一定的独创性。我国学者将这种分类法称为双层区分制，以此区别于德日共犯教义学中的单层区分制，指出："与德日刑法中的单层区分制不同，我国刑法采用的是对参与人类型与参与程度（作用）进行双层次操作的双层结构，学理上可以称之为'双层区分制'。

---

[1] 参见张明楷：《教唆犯不是共犯人中的独立种类》，载《法学研究》，1986（3），44页。

此种立法例之下，正犯的功能具有单一性，从而，在正犯与共犯分工的标准上，宜采用以构成要件为中心的实行行为说。亦即，所谓正犯，就是完全或者部分地实施刑法分则规定的具体犯罪的构成要件行为（实行行为）的犯罪类型；所谓共犯，则是通过协力、参与正犯的实行行为，间接地引起法益侵害后果的犯罪类型。"[1] 当然，如何将作用分类法与分工分类法进一步结合，使我国刑法中的共犯分类既能满足共同犯罪的定罪需要，又能满足共同犯罪的量刑需要，使之更加科学合理，这仍然是一个有待研究的问题。

---

[1] 钱叶六：《共犯论的基础及其展开》，20页，北京，中国政法大学出版社，2014。

第十二章

主 犯

第一节 主犯的概念

根据我国《刑法》第 26 条的规定："组织、领导犯罪集团进行犯罪活动的或者在共同犯罪中起主要作用的，是主犯。"这就是我国刑法关于主犯的法定概念。本章依照这一法定概念，对主犯的有关问题进行初步探讨。

一、主犯的特征

在德日共犯教义学中，并没有主犯的概念而只有正犯的概念：主犯是基于共同犯罪人在共同犯罪中所起的作用而确立的概念，但正犯是基于共同犯罪人在共同犯罪中的分工所确立的概念，因而这两个概念的内涵是完全不同的。但在英美国家刑法中，却使用主犯的概念而没有正犯的概念。美国刑法中的主犯（principal），是犯罪参与人（parties to crime）的一种，它是相对于从犯（accessory）

第一节 主犯的概念

而言的。美国刑法中的主犯可以分为一级主犯和二级主犯,一级主犯(principal in the first degree)是指怀有犯罪意图,实施刑法规定的作为或者不作为而造成犯罪结果的人,即直接实施犯罪的人,美国学者称之为"perpetrator"。正如我国学者指出:"实际上,一级主犯就是我国和德日刑法中所说的'实行犯'或'正犯'"[①]。除了一级主犯,还有二级主犯(principal in the second degree)。二级主犯是指在犯罪现场帮助(aid)、劝告(counsel)、指挥(command)、鼓励(encourage)一级主犯实施犯罪行为的人。一级主犯具有两个特点:第一,对犯罪的实行进行帮助,但又不直接实施犯罪行为。第二,在犯罪现场参与犯罪活动。我国学者指出:"二级主犯实施的行为不仅仅指我国刑法中所说的犯罪'帮助行为',而是包括了犯罪'实行行为'之外的所有对'实行犯'(一级主犯)加功助力的行为,其范围类似于大陆法系刑法理论中所说的'非实行犯'或'狭义共犯'(包括帮助犯和教唆犯)。"[②] 我认为,美国刑法中的二级主犯不能等同于德日共犯教义学中的狭义共犯。因为二级主犯是以在犯罪现场参与犯罪活动为成立条件的,尽管二级主犯与一级主犯在实施犯罪的行为方式上存在一定的区别,例如,在共同杀人的案件中,一级主犯是直接开枪射击将人打死的行为人,而二级主犯是在犯罪现场为一级主犯杀人提供便利的人,这种行为虽然不是狭义上的杀人行为,但即使是在德日共犯教义学中,也会将这些现场提供便利条件的人认定为正犯。例如,德日共犯教义学中的事中帮助,一般认为不能认定为帮助犯而属于正犯。在美国刑法中,只有从犯才是帮助犯。由此可见,美国刑法中的主犯,无论是一级主犯还是二级主犯都属于德日共犯教义学中正犯的范畴。

我国刑法中的主犯是作用分类法的产物。应当指出,我国刑法的共犯分类,是以参与者在共同犯罪中的作用为主要标准的,同时涵盖了参与者在共同

---

① 刘士心:《美国刑法中的犯罪论原理》,280页,北京,人民出版社,2010。
② 刘士心:《美国刑法中的犯罪论原理》,282页,北京,人民出版社,2010。

犯罪中的分工情况，主犯也是如此。根据我国《刑法》第26条对主犯的规定，组织、领导犯罪集团进行犯罪活动的组织犯是主犯的一种，除此以外，在共同犯罪中起主要作用的是主犯。组织犯虽然是按分工分类的结果，但分工与作用并非毫无关系。在一定情况下，分工情况反映着参与者在共同犯罪中的作用。以组织犯为例，他在集团犯罪中的分工是进行组织、领导，这种分工就表明他在共同犯罪中必然起主要作用。因此，我国刑法将组织犯归入主犯，纳入以参与者在共同犯罪中的作用为标准的分类体系，是完全正确的。所以，我国《刑法》第26条虽然涵括了按分工分类的组织犯，但它仍然是以参与者在共同犯罪中的作用为标准衡量的结果。由此可以得出结论，在共同犯罪中起主要作用，是主犯的本质特征。

二、主犯的种类

关于主犯的种类，在我国刑法学界存在不同的理解。第一种观点认为，我国刑法中的主犯包括两种情况：一是组织、领导犯罪集团进行犯罪活动的。在刑法理论中这种主犯称为组织犯，在我国刑法中则称为首要分子。二是在共同犯罪中起主要作用的。在共同犯罪中，虽然不是组织者、指挥者，但直接造成严重危害后果，罪恶重大的，或在犯罪活动中特别卖力、情节特别严重的，也是主犯。[1] 第二种观点认为，我国刑法中的主犯包括三种情况：一是组织、领导犯罪集团，即在犯罪集团中起组织、策划、指挥作用的犯罪分子；二是聚众犯罪中，起组织、策划、指挥作用的首要分子；三是在犯罪集团或一般共同犯罪中起主要作用或者罪恶重大的犯罪分子。[2] 我认为，从《刑法》第26条的规定来看，似乎第一种观点是无懈可击的。但我们在理解法条的时候，不能采取孤立的态度，而应

---

[1] 参见高铭暄主编：《刑法学》，196页，北京，法律出版社，1982。
[2] 参见何秉松主编：《刑法教程》，132页，北京，法律出版社，1987。

当联系与之有关的法条。联系我国《刑法》第 97 条对首要分子的规定，以及刑法分则条文的有关规定，我认为第二种观点更加确切一些。下面，对主犯的这三种情况逐一加以分析。

（一）集团犯罪中的首要分子

集团犯罪中的首要分子是指在集团犯罪中起组织、策划、指挥作用的犯罪分子，也就是组织犯。组织犯的犯罪活动包括建立犯罪集团、领导犯罪集团、制订犯罪活动计划、组织实施犯罪计划、策划于幕后、指挥于现场等。这些活动说明组织犯具有严重的法益侵害性，因而属于共同犯罪中的主犯。

（二）聚众犯罪中的首要分子

聚众犯罪中的首要分子是指在聚众犯罪中起组织、策划、指挥作用的犯罪分子。聚众犯罪虽然不是犯罪集团那种有组织的犯罪，但由于它是三人以上共同实施犯罪，其中必有组织、策划与指挥者，对聚众犯罪起着协调与制约作用，这些人就是聚众犯罪中的首要分子。

（三）其他在共同犯罪中起主要作用的犯罪分子

在共同犯罪中，除上述两种主犯以外，其他在共同犯罪中起主要作用的犯罪分子也是主犯。所谓其他在共同犯罪中起主要作用的犯罪分子是指主要的正犯。这些人既可能存在于集团犯罪中，也可能存在于聚众犯罪中，但大都存在于一般共同犯罪之中。在犯罪集团与聚众犯罪中，这些人虽然不是首要分子，却是犯罪的积极参与者，是犯罪的主要实施者，在共同犯罪中起主要作用。

在明确主犯的外延的基础上，我们可以对构成主犯的首要分子与其他主犯的关系再作一些分析。我国刑法中的主犯，是相对于从犯而言的，它具有特定的内涵与外延。但主犯的范围还是比较广泛，为了更好地贯彻惩办与宽大相结合的政策，在主犯中又加以区别，其中首要分子是主犯中的首恶者，刑法分则对某些犯罪的首要分子规定了加重的法定刑。在这个意义上，我同意我国学者的观点，把主犯分为两种：特殊主犯与一般主犯。共同犯罪中的首要分子是特殊主犯，而其

他在共同犯罪中起主要作用的犯罪分子则是一般主犯。① 我国刑法根据法益侵害程度，在主犯中又划分出不同层次，予以轻重有别的处罚，这充分体现了我国刑法的合理性。

三、主犯与正犯的关系

德日共犯教义学并没有主犯的概念，因为德日刑法典采用分工分类法，将犯罪参与者分为正犯与共犯，共犯又进一步分为教唆犯与帮助犯，由此形成共犯的三分法，这就是正犯（共同正犯）、教唆犯与帮助犯。在这三种共犯类型中，正犯是中心，共犯是围绕正犯而存在的。由于德日刑法典对具体犯罪的法定刑，是针对正犯设置的，因此，对教唆犯按照正犯论处，也就是对教唆犯处以与正犯相同之刑。对帮助犯则按照正犯的刑罚予以减轻处罚。因此，我国通常也将德日刑法中的帮助犯译为从犯。根据上述德日刑法典关于正犯与共犯的立法逻辑，就没有主犯存在的空间。

我国刑法的共犯分类采用以作用分类法为主，以分工分类法为辅的原则。在这种情况下，根据分工分类法，我国刑法中的共犯可以分为正犯、组织犯、教唆犯与帮助犯。根据作用分类法，我国刑法中的共犯可以分为主犯、从犯与胁从犯。正如我国学者指出，在我国刑法中，正犯与主犯是按照不同的分类标准对共犯所作的划分。正犯是按照参与者在共同犯罪中的分工或者行为的形式所作的划分，与其对应的是教唆犯、组织犯和帮助犯；而主犯是按照参与者在共同犯罪中所起的作用进行的划分，与其对应的是从犯、胁从犯。② 在我国刑法共犯的两种分类法并存的法律语境中，就需要厘清主犯与正犯的关系。

我认为，正犯是按照行为是否符合构成要件认定的，因而其标准具有一定的

---

① 参见周振想：《论对犯罪首要分子的认定》，载《中国法制报》，1984-08-20，3版。
② 参见吴光侠：《主犯论》，79页，北京，中国人民公安大学出版社，2007。

形式性，尽管在正犯的认定也引入了实质标准，但形式标准还是具有不可或缺的作用。而主犯是按照参与者在共同犯罪中所起的作用认定的，因而主犯的认定标准具有实质性。根据这一标准，正犯还不能完全等同于主犯，只有在共同犯罪中起主要作用的犯罪分子才能认定为主犯；如果虽然是正犯，但在共同犯罪中起次要作用，则只能认定为从犯。我国刑法还有组织犯这一特殊的共犯类型，组织犯是犯罪集团或者其他有组织犯罪的主导者和操控者，因而当然属于主犯。而帮助犯由于在共同犯罪中起辅助作用，因而不可能是主犯。至于教唆犯，我国刑法明确规定按照其在共同犯罪中所起的作用处罚：教唆犯如果起主要作用的，应当认定为主犯；教唆犯如果不起主要作用，则应当认定为从犯。通过以上论述，可以明确正犯在共同犯罪中的地位与功能。

四、主犯与首要分子的关系

我国《刑法》分别在第 26 条与第 97 条两个条文中规定了主犯与首要分子，而两者的联系又极为密切。因此，如何理解主犯与首要分子的关系就成为一个重要问题。

关于主犯与首要分子的关系，我国刑法学界存在以下两种观点：第一种观点认为，主犯不都是首要分子，首要分子都是主犯。关于主犯不都是首要分子，《刑法》第 26 条的规定比较明确。主犯除组织、领导犯罪集团进行犯罪活动者以外，还包括在共同犯罪中起主要作用的犯罪分子。主犯的范围比首要分子的范围大得多。反之，首要分子是不是都是主犯呢？这个问题的回答应该是肯定的。共同犯罪中的首要分子必然是主犯，这见于 1979 年《刑法》第 86 条的规定。[1] 第二种观点认为，主犯不都是首要分子，首要分子也不一定都是主犯。根据刑法规定，主犯并不都是首要分子，共同犯罪中凡起主要作用的分子，都是主犯，但不

---

[1] 参见齐湘泉：《也谈"首要分子"与"主犯"》，载《电大法学》，1984（5），39 页。

一定是首要分子。首要分子也并不都是主犯，犯罪集团的首要分子是主犯，但在另一些犯罪里，首要分子则不一定是主犯。① 由此可见，在主犯不都是首要分子这一点上，没有分歧。但在首要分子是否都是主犯这个问题上，却存在不同观点。

根据我国《刑法》第97条的规定，首要分子既存在于集团犯罪之中，又存在于聚众犯罪之中。集团犯罪中的首要分子是主犯，这是认识一致的，关键在于聚众犯罪中的首要分子是否属于主犯。在回答这个问题的时候，首先必须正确理解聚众犯罪的性质。关于这个问题，我国刑法学界存在不同观点，这也正是导致对主犯与首要分子的关系存在认识分歧的根本原因之所在。第一种观点认为，刑法分则规定某些犯罪构成的主体只能是首要分子，认定首要分子是区别罪与非罪的界限。例如，我国《刑法》第290条规定的聚众扰乱社会秩序罪、第291条规定的聚众扰乱公共场所秩序、交通秩序罪，就只能由首要分子构成，不是首要分子就不能构成。在聚众犯罪中，首要分子可能是一人也可能是数人。当首要分子只有一人时，即只有一个人构成犯罪时，因为不符合共同犯罪主观上的要件，不存在共同犯罪人的共同故意，这时的聚众犯罪就不是共同犯罪。② 第二种观点认为，聚众犯罪也是一种共同犯罪。聚是聚合，众乃三人之上，仅从字面也可看出，所谓聚众犯罪，就是纠集多人实施违法的、应受刑罚处罚的、危害社会的行为。③ 我认为，上述第一种观点是正确的，因为聚众犯罪可以分为两种：第一种是属于任意共犯的聚众犯罪；第二种属于必要共犯的聚众犯罪。需要说明的是，第二种观点仅从字面上理解聚众是不对的。而且，即使从字面上来说，聚众的含义也不止一种，而是两种。第一种含义是聚集三人以上进行共同犯罪，例如聚众劫狱，在这种情况下，根据刑法的规定，参与者都构成犯罪，在这种必要共犯的

---

① 参见薛恩勤、李文芳：《略论主犯》，载《电大法学》，1984（2），37页。
② 参见王虎华：《谈谈主犯与首要分子的关系》，载《法学》，1984（8），17页。
③ 参见齐湘泉：《也谈"首要分子"与"主犯"》，载《电大法学》，1984（5），38页。

聚众犯罪中的首要分子当然是主犯。第二种含义是聚集三人以上进行犯罪，例如聚众扰乱社会秩序，在这种任意共犯的情况下，根据刑法的规定，参与者并非都构成犯罪，只有首要分子才构成犯罪。刑法对以上两种聚众及其首要分子的规定是有所不同的：规定第一种必要共犯的聚众犯罪的首要分子的意义在于对构成犯罪的人进行区别对待，惩办首恶，划分重罪与轻罪的界限。规定第二种任意共犯聚众犯罪的首要分子的意义则在于缩小打击面，将绝大部分被裹胁而参与聚众的人排除在刑法惩办的范围以外，只对将这些人聚集起来的首要分子予以论罪，以划分罪与非罪的界限。显然，上述两种聚众的含义是有本质区别的，不可一视同仁。若忽视这一点，就不可能真正掌握主犯与首要分子的关系。

第二节　主犯的认定

对共同犯罪的参与者进行区别对待，是共同犯罪的处罚原则。而认定主犯，又往往是区别对待共同犯罪参与者的前提。在司法实践中，一般都是从认定主犯着手、进而区分各种共犯类型。在本章第一节我们已经指出，主犯可以分为三种，下面我分别对上述三种主犯的认定问题进行探讨。

一、集团犯罪中的首要分子的认定

认定集团犯罪中的首要分子的前提是正确地认定犯罪集团。在此基础上，可以认定，凡是在集团犯罪中起组织、策划、指挥作用的犯罪分子，就是集团犯罪中的首要分子。因此，下述三种人都是首要分子。

（一）犯罪集团的组织者

在集团犯罪中，凡是犯罪集团的组织者，且在集团犯罪中起主要作用的，可以认定为集团犯罪的首要分子。

第十二章 主 犯

（二）犯罪活动的策划者

在集团犯罪中，其犯罪活动大多是事前进行阴谋策划的，犯罪的策划对于集团犯罪具有制约与支配意义。因此，犯罪活动的策划者可以被认定为集团犯罪的首要分子。

（三）犯罪活动的指挥者

集团犯罪活动是有组织的犯罪，它不像一般的结伙犯罪那样自发地进行，而是在首要分子的指挥下实施的。因此，凡是在集团犯罪中起指挥作用，无论是幕后坐镇指挥还是亲临现场指挥，都可以认定为首要分子。

在司法实践中认定集团犯罪的首要分子的时候必须注意，集团犯罪的首要分子是与犯罪集团的犯罪活动紧密联系在一起的。因此，认定集团犯罪的首要分子必须以犯罪集团的犯罪活动为基础，而不能以形式上的某种组织以及在这种组织中的头衔为根据，否则就会发生错案。

二、聚众犯罪中的首要分子的认定

根据我国《刑法》第 97 条的规定，在聚众犯罪中起组织、策划、指挥作用的犯罪分子是首要分子。因此，认定聚众犯罪中的首要分子，还是应该看犯罪参与者在聚众犯罪中是否起组织、策划、指挥作用。

三、其他共同犯罪中的主犯的认定

共同犯罪中的主犯，除上述集团犯罪与聚众犯罪中的首要分子以外，还包括其他在共同犯罪中起主要作用的犯罪分子，这些人是指起主要作用的正犯和教唆犯。在司法实践中，以下这些人可以认定为主犯。

（一）犯意的发起者

在二人以上共同实行犯罪的场合，在认定主犯的时候，首先要看犯意是由谁发

起的。一般来说，犯意的发起者并且参与犯罪实行的，往往是共同犯罪中的主犯。

（二）犯罪的纠集者

在参加共同犯罪的人员中，每人参与的主动程度并不是完全相同的，这往往表现在纠集与被纠集的关系上，而犯罪的纠集者一般都是共同犯罪中的主犯。

（三）犯罪的指挥者

在多人参与的共同犯罪中，各个参与者的行为往往是互相配合的，这就需要有人协调共同犯罪的行为，这种人在共同犯罪中充当指挥者的角色，是共同犯罪中的主犯。

（四）犯罪的主要责任者

在有些共同犯罪中，参与者可能具有一定的职务。在这种情况下，职务的大小往往与刑事责任的大小具有某种联系。对此，在认定共同犯罪的主犯时应当加以注意。当然，我们也不能把职务的大小与责任的轻重完全画等号，还是要看被告人在共同犯罪中的作用。

（五）犯罪的重要实行者

在集团犯罪与聚众犯罪中，除首要分子以外，还往往存在其他主犯，即重要实行者。这些人虽然不像首要分子那样在共同犯罪中起组织、策划、指挥作用，却是共同犯罪的积极参与者，或者是犯罪结果的主要致使者。

必须指出，集团犯罪或者聚众犯罪中的首要分子与其他主犯是有所区别的，首要分子是对犯罪起组织、领导作用的人，而其他主犯则只是重要的实行者或积极参加者。区分这一点，对于正确量刑具有重大意义。

第三节　主犯的处罚

一、主犯处罚的原则

我国 1979 年《刑法》第 23 条第 2 款规定："对于主犯，除本法分则已有

第十二章 主 犯

规定的以外,应当从重处罚。"这就是我国刑法规定的主犯处罚的一般原则。但我国1997年《刑法》对主犯的处罚作了修订,根据1997年《刑法》第26条第3款的规定:"对组织、领导犯罪集团的首要分子,按照集团所犯的全部罪行处罚。"第4款规定:"对于第三款规定以外的主犯,应当按照其所参与的或者组织、指挥的全部犯罪处罚。"由此可见,1997年《刑法》以按照参与或者组织、指挥的全部犯罪处罚的原则,取代了1979年《刑法》对主犯从重处罚的原则。

(一)按照全部犯罪处罚原则的理解

关于按照全部犯罪处罚的含义,从法条的文字表述来看,应该是较为清晰的,即犯罪集团的首要分子按照其所组织、策划、领导、指挥的全部犯罪承担刑事责任。因为犯罪集团中的首要分子属于组织犯,这是一种自身并不直接实行犯罪,而是对集团犯罪实施组织、策划、领导、指挥的共犯,因而其应当对所组织、策划、指挥、领导的犯罪集团成员所实施的全部犯罪承担刑事责任。至于上述犯罪集团首要分子以外的其他主犯,通常是指直接参与犯罪实施,并且在共同实施犯罪过程中进行组织、指挥的犯罪分子,这种主犯是正犯而非共犯。因此,根据刑法规定,对这种主犯应当按照其所参与的或者组织、指挥的全部犯罪处罚。显然,主犯对全部犯罪处罚的规定本身是完全正确的,它明确了主犯承担刑事责任的范围。当然,对全部犯罪处罚的原则并不意味着否定实行过限原则,而是为主犯的刑事责任划定范围。我国立法机关指出:"刑法明确规定,首要分子对集团所犯的全部犯罪罪行负责。这是基于集团犯罪是为了共同犯罪而组织起来的相对固定的犯罪组织。一般来说,犯罪集团的犯罪目标或者犯罪类型带有一定的相对固定特征,如走私犯罪集团、毒品犯罪集团、盗窃犯罪集团等。如果集团犯罪成员出于独立的犯罪故意实施了犯罪集团性质之外其他不相干的犯罪,客观上与集团犯罪没有关系,主观上也不是集团犯罪的故意,对于该类犯罪,应遵循主客观相统一的原则,由实施该犯罪行为的人自己承担责任,而不应由首要分子

对超出集团犯罪行为的其他犯罪行为负责。"[1] 由此可见，在确定首要分子对全部犯罪处罚范围的时候，还是应当排除实行过限的情形。

（二）按照全部犯罪处罚原则的适用

在司法实践中，如何区分集团犯罪的犯罪与实行过限的犯罪，存在一定的难度。例如，首要分子对犯罪集团成员所实施的犯罪并不知情的情况下，对于此种犯罪是否应当承担刑事责任？如果是一般主犯，对于超出共同犯罪故意的行为是不承担刑事责任的，这也是主客观相统一原则的应有之义。然而，随着首要分子按照全部犯罪处罚原则的确立，首要分子承担刑事责任的范围有所扩大。例如我国学者指出："犯罪集团首要分子对集团成员在其总体性、概括性故意之内的，总体策划、指挥下的罪行，即使不知详情，也应当承担刑事责任。例如，盗窃集团的首要分子，要求集团成员有机会就实施盗窃行为。即使首要分子对其成员何时、何地实施具体盗窃行为完全不知，也应承担相应的刑事责任；如果要求首要分子明知其成员实施了哪些具体犯罪行为，则将首要分子混同于一般成员了。再如，黑社会性质组织的首要分子，要求组织成员维护其组织的经济利益，凡是侵害其组织经济利益，应不惜一切代价报复对方。在这种情况下，只要集团成员为了维护黑社会性质组织经济利益而报复（杀人、伤害等）'侵害者'的，都应当认为是首要分子策划、指挥的罪行，首要分子应当对此承担责任。不能认为，首要分子只对具体策划、指挥的罪行负责。否则，犯罪集团首要分子的刑事责任，就与聚众共同犯罪的首要分子的刑事责任等同视之了。反之，集团成员完全超出首要分子的总体上、概括性故意的行为，只能由实施者承担刑事责任。例如，盗窃集团的首要分子，要求集团成员有机会就实施盗窃行为，但集团成员在实施盗窃的过程中强奸妇女的，首要分子对强奸行为不承担刑事责任。"[2] 我国确立了在黑社会性质组织犯罪首要分子的刑事责任范围确定时，首要分子对其所不知情

---

[1] 王爱立主编：《〈中华人民共和国刑法〉释解与适用》，上，60页，北京，人民法院出版社，2021。
[2] 张明楷：《犯罪集团首要分子的刑事责任》，载《法学》，2004（3）。

的犯罪承担刑事责任的司法规则。例如立法机关认为："由于在黑社会性质的组织所实施的多种犯罪中，涉及可以判处死刑的罪名只有故意杀人罪、故意伤害罪等少数几种，而在实施上述犯罪时黑社会性质组织的领导者大多不在场或不出面，司法机关常在认定其是否应对黑社会性质组织成员所犯故意杀人罪、故意伤害罪承担刑事责任时出现分歧，甚至出现了对于首要分子判处无期徒刑以下刑罚，而对其他实施故意杀人罪、故意伤害罪的骨干成员判处死刑的现象。在执行本条时应当特别注意，关于其他犯罪行为，对黑社会性质的组织的组织者、领导者，应当按其所组织、领导的黑社会性质的组织所犯的全部罪行处罚；对于黑社会性质的组织的参加者，应当按其所参与的犯罪处罚。凡是黑社会性质组织成员是为了实现该组织称霸一方、威慑公众的目的，为了组织利益而实施的犯罪，即使首要分子对具体的犯罪行为事先并不明知，也要对其组织成员的全部罪行承担罪责"[①]。这种对不明知的犯罪集团成员的犯罪行为承担刑事责任的原则，确实体现了犯罪集团首要分子按照全部犯罪处罚的精神。我们看到，为这种原则提供正当性的是以下三个根据。

1. 概括故意

在刑法教义学中，概括故意是不确定故意的一种。不确定故意是相对于确定故意而言的，确定故意是指认知内容和意志对象确定的主观心理状态。例如具有明确目的的直接故意，通常都是确定故意。由于主观目的是针对特定对象的，因而其主观心理状态的内容具有相对确定性。不确定故意则可以分为未必故意、择一故意和概括故意。未必故意是对结果持放任态度的主观心理状态，择一故意是在具有数个客体的情况下，任由其一发生结果的主观心理状态，概括故意是在具有数个客体的情况下，对发生结果的客体范围容认的主观心理态度。例如，在向数人投入炸弹的案例中，以对哪一个或者何人会受害死亡并不在意的意思实行行

[①] 王爱立主编：《〈中华人民共和国刑法〉释解与适用》，下，884~885页，北京，人民法院出版社，2021。

为的情形。① 我认为，概括故意只能限定于同一犯罪。例如盗窃集团的首要分子安排组织成员实施盗窃犯罪，并不需要对每一次盗窃行为都进行具体指使和指挥。只要是盗窃犯罪集团成员实施的盗窃行为，并将盗窃财物归集团所有的，无论盗窃集团首要分子对盗窃犯罪集团成员的具体盗窃行为是否安排，是否知情，都应当对此承担刑事责任。因为盗窃犯罪集团的主要内容就是实施盗窃行为，首要分子应当对集团成员所实施的所有盗窃行为进行处罚。在这种情况下，盗窃犯罪集团首要分子对集团成员实施的盗窃行为具有概括故意。但是，如果犯罪集团成员实施的是异种犯罪，例如盗窃犯罪集团成员在盗窃过程中实施了强奸犯罪，对此能否涵盖在首要分子的概括故意范围之内呢？我的回答是否定的。此种强奸行为应当认定为是盗窃犯罪集团成员的过限行为，对此，首要分子不应承担刑事责任。在黑社会性质组织犯罪中，其所犯罪行并非单一性质的犯罪，而可能犯有数种不同的犯罪。在这种情况下，我认为不能简单采用概括故意概念作为首要分子对其并不知情的犯罪承担刑事责任的根据。

2. 组织利益

在论证黑社会性质组织犯罪的首要分子应当对其所不知情的组织成员的犯罪，甚至是故意杀人罪、故意伤害罪承担全部罪责时，提及的一个重要理由是组织利益或者集团利益。从集团犯罪的首要分子与集团成员的关系来说，前者对于后者具有某种制约性。也就是说，首要分子对具体集团成员的行为起着支配作用，集团成员听命于首要分子，因而应当将集团成员所实施的具体犯罪归责于首要分子。但是，首要分子与集团成员之间并不只是具有客观上的行为联结，而且应当具有主观上的犯意联络。首要分子对集团成员的指使可以分为两种情形：第一种是确定的指使。例如首要分子具体要求集团成员实施某种具体犯罪行为。第二种是概括指使，例如首要分子以一种不确定的内容指使集团成员实施犯罪，则

---

① 参见［日］井田良：《刑法总论的理论构造》，秦一禾译，61页，北京，中国政法大学出版社，2021。

无论采用何种手段，首要分子对此都应当承担刑事责任。我国学者指出："黑社会性质组织的首要分子，要求组织成员维护其组织的经济利益，对于侵害其组织经济利益的人，应不惜一切代价予以报复。在这种情况下，只要集团成员为了维护黑社会性质组织经济利益而报复（杀人、伤害等）'侵害者'的，都应当认为是首要分子策划、指挥的罪行，首要分子应当对此承担责任。"[1] 在这种情况下，首要分子对组织成员具有概括指使，这就是"不惜一切代价"，由此为首要分子对集团成员实施的所有犯罪承担刑事责任提供了主观根据。然而，如果首要分子并不存在这种概括指使，并且事先完全不知情，即使组织成员是为组织利益实施某种犯罪，例如故意杀人罪、故意伤害罪等，首要分子对此不应当承担罪责。这里还应当指出，首要分子对组织成员未经同意而为维护组织利益所实施的具体犯罪事先不知情，但事后知情并且提供庇护的，不能以事后共犯而承担刑事责任。在共犯教义学中，共犯形态可以分为事前共犯、事中共犯和事后共犯。但我认为，但凡共犯都是事前的或者事中的共犯。在事前共犯的情况下，共犯之间在犯罪之前就对犯罪进行了谋议，并进而共同实施犯罪。而事中共犯是指事前虽然未经谋议，但在犯罪过程中形成共同犯罪故意并共同实施犯罪。至于事后共犯，我认为并不存在。类似事后共犯通常是指事先进行谋议，事后提供庇护行为，对此刑法规定以共犯论处。如果仅仅从事后提供庇护来说，似乎符合事后共犯的特征。然而，在这种情况下，共犯之间事前已经进行了谋议，这种通谋行为发生在事前，因而不能认定为事后共犯，而属于事前共犯。至于事前没有通谋，在他人犯罪以后为其提供庇护的情形，属于连累犯而不能成立共犯。因此，如果首要分子事前既无确定指使又无概括指使，而是组织成员出于自身的犯意，即使是为组织利益实施犯罪的，首要分子也不能对此承担刑事责任。如果首要分子事后提供庇护的，应当按照连累犯定罪处罚。

---

[1] 张明楷：《刑法学》（上），6 版，610 页，北京，法律出版社，2021。

3. 责任分担

在集团犯罪的情况下，首要分子的刑事责任应当重于集团成员，这是毫无疑问的。但我国对集团犯罪的刑事责任并不是采用集体责任原则，仍然是个人责任原则。只不过对犯罪集团的个人责任原则的具体体现与单独犯罪存在一定区别。例如，在单独犯罪的情况下，个人责任原则体现为对本人的犯罪行为负责。但在共同犯罪的情况下，在共同犯罪故意的范围内，对各个共犯采取的"部分行为之全体责任"原则。也就是说，共犯不仅对其个人实施的犯罪行为承担刑事责任，而且对共同故意范围内的其他共犯所实施的犯罪行为承担刑事责任。正如我国学者指出："犯罪人只能对自己的行为及其结果负责，首要分子也不例外。既然如此，首要分子也只能对自己直接实施的、参与实施的、组织实施的、策划实施的、指挥实施的罪行承担刑事责任。刑法之所以规定，犯罪集团中的首要分子对集团所犯的全部罪行负责，就是因为集团所犯的全部罪行，是由首要分子组织、策划、指挥实施的。如果集团成员所实施的罪行，在任何意义上，都不属于首要分子组织、策划、指挥实施的罪行，首要分子就不应当承担刑事责任。所以，对犯罪集团的首要分子，是按'集团'所犯的全部罪行处罚，不是按'全体成员'所犯的全部罪行处罚，否则便违反了个人责任原则。"① 这一个人责任原则同样适用于集团犯罪的首要分子，包括黑社会性质组织罪的首要分子。在黑社会性质组织犯罪中，首要分子的刑事责任重于组织成员。因为首要分子对集团犯罪具有整体上的支配性，而组织成员只不过是首要分子的犯意的实现者。但首要分子也只是在其本人犯罪故意的范围内承担罪责，对于集团成员超出共同犯罪故意范围的犯罪行为，首要分子不应承担罪责，否则，就会违背共犯的责任原则。例如张宝义等组织、领导、参加黑社会性质组织案的裁判理由指出："在本案中，被告人张宝义作为黑社会性质组织的首要分子，应对组织所犯全部犯罪承担刑事责任。为维护其黑社会性质组织的利益，张宝义指使或认可手卜实施故意伤害7

---

① 张明楷：《犯罪集团首要分子的刑事责任》，载《法学》，2004（3）。

起，致彭福明、陈究国死亡，7人重伤，3人轻伤。在共同犯罪中，均起组织、领导作用，作用最大。其所犯故意伤害罪的后果特别严重，情节特别恶劣，罪行极其严重，且系累犯，应依法从重处罚。二审判处其死刑立即执行，量刑适当。但被告人张宝义虽系黑社会性质组织的组织者、领导者，并不意味着其对组织成员实施的所有犯罪均应承担刑事责任，而仅应对其组织成员为组织利益实施的组织犯罪承担刑事责任。在被告人张国、李卿故意杀害被害人刘建密、朱佳棋一案中，张国等人案发当天酒后与被害人等人发生争吵引发聚众斗殴。李卿等人持镐把击打致朱佳棋死亡；张国等人在逃离过程中打砸过路行人及酒店灯箱，引起酒店老板刘建密不满，张国等人持刀砍击致刘建密死亡。该案的实施者除张国、李卿外，王志伟、刘军刚、李文杰、崔扬等人均非黑社会性质组织成员，该起犯罪既非按照组织的惯例、约定而为，也未使用组织名义，更与组织利益、组织意志无关，纯属张国酒后伙同他人无端滋事而引发，故不应认定为黑社会性质组织实施的犯罪。被告人张宝义对此起犯罪事前不知情，仅在案发后指使同案被告人谭永波提供财物资助张国等人逃避法律追究，第一审认定张宝义的行为构成故意杀人共犯错误；第二审予以纠正，认定张宝义构成窝藏罪是正确的。"① 我认为，本案裁判理由区分组织犯罪与非组织犯罪，黑社会性质组织首要分子只对组织犯罪承担刑事责任，对非组织犯罪不承担刑事责任，这是符合共犯责任原则的。当然，如何区分组织犯罪与非组织犯罪，这是一个较为复杂的问题。在我看来，在这个问题上应当坚持下述共犯责任分担原则：在黑社会性质组织犯罪中，在首要分子并不知情的情况下，组织成员即使为了组织利益实施了故意杀人罪、故意伤害罪等严重犯罪的，首要分子不应承担刑事责任。

（三）按照全部犯罪处罚原则的评价

1979年《刑法》对主犯规定从重处罚，这是基于以下考虑：主犯具有其他

---

① 魏海欢：《张宝义等组织、领导、参加黑社会性质组织案——如何认定黑社会性质组织成员的罪责》，载最高人民法院刑事审判第一、二、三、四、五庭主办：《刑事审判参考》，第74集，96～97页，北京，法律出版社，2010。

第三节 主犯的处罚

共犯不可比拟的法益侵害性。从客观上说,主犯在共同犯罪中起着核心的主导作用,尤其是集团犯罪或者聚众犯罪中的首要分子,在共同犯罪中起组织、策划、指挥作用,情节特别严重。从主观上说,主犯往往是犯意的发起者,具有较深的主观恶性。所以,对于主犯应当从重处罚。并且,共同犯罪中的主犯不仅罪行重大,而且往往是累犯、惯犯,这些人恶习难改,对其他不稳定分子也具有感染性。因此,刑罚的特殊预防与一般预防的目的,也要求对这些主犯从重处罚。然而,在1997年《刑法》修订过程中,将主犯从重处罚原则修改为对全部犯罪处罚原则。这一修订的立法意图在于加重对主犯的处罚,但由于按照全部罪行处罚只有在从犯是按照部分罪行处罚的前提下,对主犯的处罚才比从犯更重。并且,这种对主犯的更重处罚是基于承担刑事责任范围的差别而非对同一范围刑事责任分担的从重。我国学者在论及首要分子的刑事责任时指出:"犯罪集团首要分子的刑事责任,实际上可以分为刑事责任的范围与刑事责任的程度,二者又往往联系在一起,并不能截然分开。如果扩大犯罪集团首要分子的刑事责任范围,必然导致其刑事责任的程度加重。但是,在既定的刑事责任范围内,仍然存在刑事责任程度问题。所以,有必要将二者分别讨论。"[①] 在确定主犯刑事责任的时候,同样涉及刑事责任范围与刑事责任程度这两个问题。我认为,按照全部犯罪处罚原则解决的是刑事责任的范围问题,主犯从重处罚原则解决的是刑事责任的程度问题。并且,刑事责任的范围是一个共犯的定罪问题,而刑事责任程度则是一个共犯的量刑问题。因此,刑法关于主犯的刑事责任范围的规定并不能取代主犯的刑事责任程度的规定。在将主犯处罚原则从从重处罚修改为按照全部犯罪处罚以后,只是解决了在主犯与从犯的刑事责任范围不同情况下的主犯定罪问题,但并没有解决在主犯与从犯的刑事责任程度不同的情况下主犯的量刑问题。在这个意义上说,取消主犯从重处罚原则实际上意味着在1997年《刑法》的语境中,主犯丧失了从重处罚的法律根据。换言之,从法律逻辑上来说,主犯从重处罚不再

---

① 张明楷:《犯罪集团首要分子的刑事责任》,载《法学》,2004(3)。

是 1997 年《刑法》的原则。

二、主犯的刑罚适用

(一) 一案多犯的主犯刑罚裁量

在对主犯处罚的时候，如果一案只有一个或者两个主犯，对主犯的刑罚裁量还不太复杂。但如果一案有数十名被告，主犯近十名，在这种情况下，如何对主犯进行量刑就比较复杂。我认为，在一案具有多个主犯的情况下，对这些主犯也还要坚持区别对待。尤其是一些大案要案，涉及对主犯判处死刑。在这种情况下，避免一案杀人过多，除对个别罪行特别严重、情节特别恶劣的主犯，判处死刑立即执行外，对那些罪该处死，但在共同犯罪中还不是起最主要作用的主犯，可判处死缓。有些共同犯罪，一案就有多名主犯，如果将其全部杀掉，不利于分化瓦解其他罪犯，有时还会引起消极的社会影响，应当避免多杀。例如王建辉、王小强等故意杀人、抢劫案。[①] 天津市第一中级人民法院经审理查明：被告人王建辉、王小强、祁明、牛晓龙、尹锟、王宝松、赵宝龙自 2000 年 10 月至 2003 年 1 月间，分别结伙或单独故意杀人、抢劫他人财物、强奸妇女、故意伤害他人，作案四起。2003 年 10 月 21 日，天津市第一中级人民法院依照《刑法》第 232 条，第 263 条，第 236 条第 1 款，第 234 条第 1 款，第 57 条第 1 款，第 25 条第 1 款，第 26 条第 1、4 款，第 27 条，第 68 条第 1 款，第 48 条第 1 款，第 69 条，第 64 条的规定，判决如下：

1. 被告人王建辉犯故意杀人罪，判处死刑，剥夺政治权利终身；犯抢

---

① 参见简建设：《王建辉、王小强等故意杀人、抢劫案——对共同故意杀人致人死亡的多名主犯如何区别量刑》，载最高人民法院刑事审判第一、二、三、四、五庭主办：《刑事审判参考》，第 48 集，15～22 页，北京，法律出版社，2006。

劫罪，判处有期徒刑九年，并处罚金人民币一万元；犯强奸罪，判处有期徒刑三年。决定执行死刑，剥夺政治权利终身，并处罚金人民币一万元。

2. 被告人王小强犯故意杀人罪，判处死刑缓期二年执行，剥夺政治权利终身。

3. 被告人祁明犯故意杀人罪，判处死刑缓期二年执行，剥夺政治权利终身；犯抢劫罪，判处有期徒刑八年，并处罚金人民币一万元；犯故意伤害罪，判处有期徒刑二年六个月。决定执行死刑缓期二年执行，剥夺政治权利终身，并处罚金人民币一万元。

4. 被告人牛晓龙犯故意杀人罪，判处死刑缓期二年执行，剥夺政治权利终身。

5. 被告人尹锟犯故意杀人罪，判处死刑缓期二年执行，剥夺政治权利终身；犯抢劫罪，判处有期徒刑八年，并处罚金人民币一万元。决定执行死刑缓期二年执行，剥夺政治权利终身，并处罚金人民币一万元。

6. 被告人王宝松犯故意杀人罪，判处无期徒刑，剥夺政治权利终身；犯抢劫罪，判处有期徒刑八年，并处罚金人民币一万元。决定执行无期徒刑，剥夺政治权利终身，并处罚金人民币一万元。

7. 被告人赵宝龙犯故意杀人罪，判处有期徒刑十五年，剥夺政治权利三年。

8. 犯罪工具绿色三厢夏利汽车一辆（牌照号：津AK7761）依法予以没收。

宣判后，王建辉、王小强、牛晓龙不服，以原判量刑过重等为由，向天津市高级人民法院提出上诉。

天津市高级人民法院经审理认为，原审判决认定上诉人王建辉、王小强、牛晓龙及原审被告人祁明、尹锟、王宝松、赵宝龙故意杀人犯罪，上诉人王建辉及原审被告人祁明、尹锟、王宝松抢劫犯罪，原审被告人祁明故意伤害犯罪的事实

清楚，证据确实、充分，定罪量刑适当，应当予以维持；认定上诉人王建辉强奸犯罪的事实不清，证据不足，应予改判；一审判决认定原审被告人祁明揭发王建辉犯有强奸罪的行为，不属于有立功表现。依照《刑事诉讼法》第189条第(1)、(3)项的规定，于2004年12月20日判决如下：

1. 维持天津市第一中级人民法院刑事判决中对被告人王小强、牛晓龙、祁明、尹锟、王宝松、赵宝龙的定罪量刑部分和没收犯罪工具部分。

2. 撤销天津市第一中级人民法院刑事判决中对被告人王建辉的定罪量刑。

3. 上诉人王建辉犯故意杀人罪，判处死刑，剥夺政治权利终身；犯抢劫罪，判处有期徒刑九年，并处罚金人民币一万元。决定执行死刑，剥夺政治权利终身，并处罚金人民币一万元。

在本案故意杀人罪的共同犯罪中存在数名主犯，对数名主犯如何区别量刑，这是一个值得注意的问题。一审法院作出的第一次判决，对七名被告人所犯故意杀人罪分别判处六名被告人死刑，其中四名立即执行，二名缓期执行，一名无期徒刑，显属过重。重审后，一审法院对被告人所犯故意杀人罪改判五名被告人死刑，其中一名立即执行，四名缓期执行，一名由死缓改判为无期徒刑，一名由无期徒刑改判为有期徒刑。本案的裁判理由认为在有数个主犯的共同犯罪中，只对起最主要作用的主犯判处死刑立即执行，符合我国少杀、慎杀的死刑政策。裁判理由指出："从本案的事实来看，被害人的死亡是由混同行为造成的，是指挥者、抬人者和压盐包者三种行为的共同结果，在导致被害人死亡结果方面，上述三者的行为缺一不可。所以凡是积极实施上述三种行为的参与者均属共同犯罪中的主犯，应对被害人的死亡承担全部刑事责任。但也并不意味着所有主犯都要处以极刑。就本案而言，被告人王建辉组织、指挥多人，以特别残忍的手段杀人灭口，抛尸灭迹，且在故意杀人犯罪前后聚众殴打多人，并抢劫财物，作案动机十分卑

劣、手段极其残忍、情节特别恶劣、造成的后果极其严重，且主观恶性极深，人身危险性极大，实属罪行极其严重。作为决策者、组织指挥者，王建辉应当对故意杀人犯罪负全部责任，一、二审法院以故意杀人罪判处其死刑立即执行，可谓罚当其罪。被告人祁明、王小强、牛晓龙、尹锟积极参与殴打被害人，之后又共同预谋杀人灭口，且共同将数袋重达50公斤的盐包压在被害人身上，是杀人犯罪的积极参与者和主要实施者，地位和作用相当，但相对于王建辉要小一些，应负的责任也相应分散。虽然罪行极其严重，但尚不属非杀不可者。在司法实践中，对共同犯罪中罪行极其严重的犯罪分子是否判处死刑立即执行，应当考虑以下因素：多个主犯中罪行最严重的主犯已经判处死刑立即执行，其他地位、作用相对次要的主犯；共同犯罪人作用、地位相当，责任相对分散的；共同犯罪人责任不清的；同案人在逃，有证据证明被告人起次要作用的；对在案的被告人适用死刑立即执行可能影响对在逃的同案人定罪量刑的等等。对具有上列因素的，一般不适用死刑立即执行。因此，上述四名被告人还不属于必须处死的，可不判处死刑立即执行。这样也符合少杀慎杀、宽严相济、罪刑相当、区别对待的政策精神和司法理念。"我认为，上述裁判理由体现了宽严相济的刑事政策，对于数名主犯根据各自在共同犯罪中的作用，进一步区分情节轻重，只对情节最为严重的主犯适用死刑，这对于严格限制死刑具有重要意义。

（二）主犯刑罚适用中的自首问题

在对主犯处罚的时候，还要注意共同犯罪人的自首问题。自首是我国刑法中的一种重要的量刑制度，共犯自首的，亦应依照我国《刑法》第67条的规定，可以从轻或减轻处罚。

根据我国刑法规定和司法解释，构成自首必须具备以下两个条件：一是自动投案，二是主动如实交代自己的犯罪事实。认定主犯的自首，也必须具备上述两个要件。但在如何认定如实交代自己的犯罪事实这一要件上，主犯具有不同于其他共同犯罪人的特殊性。根据1998年4月6日最高人民法院《关于处理自首和立功具体应用法律若干问题的解释》的规定：共同犯罪案件中的犯罪嫌疑人，除

第十二章 主　犯

如实供述自己的罪行,还应当供述所知的同案犯,主犯则应当供述所知其他同案犯的共同犯罪事实,才能认定为自首。由此可见,单独犯罪人与共同犯罪人如实交代自己的犯罪事实的内容有所不同:前者的犯罪系一人所为,如实交代犯罪事实一目了然。后者的犯罪系二人以上共同故意所为,如实交代犯罪事实除本人所为者外,还包括与他人有关系的共同犯罪情况。在共同犯罪中,主犯与其他共犯如实交代自己的犯罪事实的内容又有所不同:前者必须揭发同案犯,后者则还应当交代出所知的同案犯。之所以存在这种差别,是由主犯在共同犯罪中的特殊地位所决定的。主犯是共同犯罪中起主要作用的犯罪分子,他们是共同犯罪中的主要角色,其他犯罪参与者在许多情况下是在主犯的组织、领导下从事犯罪活动的。在司法实践中,一个主犯指使两个或者两个以上的从犯进行犯罪活动,而这些从犯之间并不互相了解的情况屡见不鲜。在这种情况下,主犯如果自首,当然应该将所有的同案犯揭发出来。而从犯如果自首,他对主犯是了解的,属于所知的同案犯,应当交代。但他对于其他同案从犯则未必了解,因此不能要求其揭发全部同案犯,否则就是强人所难。

不仅从犯与其他共同犯罪人在如实交代犯罪事实的内容上存在差别,而且在主犯中也存在这种差别。我国刑法中的主犯有特殊主犯与一般主犯之分。特殊主犯是集团犯罪或者聚众犯罪中的首要分子,他们的活动通常表现为建立和领导犯罪集团,筹划发展犯罪成员,主持制订并组织实施犯罪计划,现场或者幕后指挥集团犯罪或者聚众犯罪等。因此,首要分子是共同犯罪中的核心人物,这些人自首时,必须如实交代在其组织、策划、指挥下的所有犯罪事实。而一般主犯是指共同犯罪中的主要正犯,他们在首要分子的指派下实施某一犯罪,并且在共同犯罪中起主要作用。这些人自首时,必须如实交代本人所实施的犯罪事实以及指派者或共同实行的其他犯罪分子。从以上分析可以看出,共犯构成自首的在主动如实交代自己的犯罪事实方面,其含义不同于单独犯罪人,是指其在共同犯罪中独立实施或参与实施的所有犯罪事实以及与之有直接、必然因果联系的他人的犯罪事实。在正确认定主犯的自首的基础上,应依法予以从轻处罚。例如喻春等故意

杀人案。① 上海市第二中级人民法院经公开审理查明：2012年6月10日19时许，被告人喻春在上海市宝山区联谊路101号棋牌室内赌博时，与桑山、唐德国因赌资赔付发生口角，继而发生互殴。喻春打电话纠集其子被告人喻威去现场。喻威接到电话后持铁锹赶到现场，欲用铁锹殴打被害人桑山时，铁锹头掉落。双方被围观群众劝开后，喻春、喻威离开现场。此后，喻威打电话纠集被告人余自兵去棋牌室。约十分钟后，喻春手持两把西瓜刀，喻威手持一把西瓜刀返回上述棋牌室门前。喻春双手执刀与桑山对砍。喻威见状与喻春共同追打桑山至棋牌室隔壁的江南风味小吃店的厨房内。其间，驱车赶到现场的余自兵在厨房内持刀砍击桑山。桑山身受多处创伤后被他人送往宝山区仁和医院抢救，因大失血于当日20时30分死亡。喻春、喻威亦受伤，余自兵驾车将喻春、喻威送往宝山中心医院接受治疗，又将作案刀具丢入克山路湄浦河桥下河道内。当日晚，喻春在宝山中心医院被公安人员抓获。同年6月11日，喻威向公安机关投案。次日，余自兵向公安机关投案，且如实供述了其与喻春、喻威将桑山砍死的犯罪事实。

上海市第二中级人民法院认为，被告人喻春、喻威、余自兵共同杀害被害人桑山，其行为均构成故意杀人罪。经查，被害人桑山具有多处刀伤，不可能系余自兵一人在厨房内完成，故喻威虽有自动投案情节，但其既未供述其父砍到过桑山，也未供述其自己砍到过桑山，与事实明显不符，故认定其到案后没有供述主要犯罪事实，依法不能认定其具有自首情节。余自兵自动投案后如实供述犯罪事实，系自首，对其可以从轻处罚。据此，依照《刑法》第232条、第25条第1款、第65条第1款、第67条第1款、第48条、第50条第2款、第57条第1款、第56条第1款、第55条第1款、第64条之规定，上海市第二中级人民法院判决如下：(1) 被告人喻春犯故意杀人罪，判处死刑，缓期2年执行，剥夺政

---

① 参见姜琳炜：《喻春等故意杀人案——在共同犯罪案件中如何认定"如实供述主要犯罪事实"》，载最高人民法院刑事审判第一、二、三、四、五庭主办：《刑事审判参考》，第95集，59～65页，北京，法律出版社，2014。

治权利终身，限制减刑；（2）被告人喻威犯故意杀人罪，判处无期徒刑，剥夺政治权利终身；（3）被告人余自兵犯故意杀人罪，判处有期徒刑15年，剥夺政治权利4年。

一审宣判后，被告人喻威不服，以其具有自首情节对其应当从轻处罚为由向上海市高级人民法院提出上诉；余自兵亦以量刑过重为由提出上诉。

上海市高级人民法院经公开审理认为，上诉人喻威、余自兵与原审被告人喻春共同杀死一人，其行为均构成故意杀人罪。喻威未如实供述犯罪事实，不具有自首情节。余自兵自动投案且如实供述犯罪事实，应当认定具有自首情节，但原审对其判罚已体现从轻处罚政策，二上诉人的上诉意见不予采纳。据此，依照《刑事诉讼法》第225条第1款第1项之规定，上海市高级人民法院裁定驳回喻威、余自兵的上诉，维持原审各项判决。

本案在审理过程中，合议庭对喻春、喻威、余自兵的行为构成故意杀人罪以及余自兵具有自首情节没有争议，但对喻威是否具有自首情节存在不同意见。第一种观点认为，喻威具有自首情节。喻威供述了带铁锹及持刀威吓桑山，只是澄清自己没有砍到过桑山，也供述了同案犯余自兵的行为，喻威没有指证喻春的故意杀人事实是因为没有看到喻春的具体行为。从在案证据分析，目前确无证据证明喻威持刀砍到过被害人；喻威和同案犯喻春是父子关系，对喻威如实供述事实的真实程度不能要求过高。喻威如实供述自己犯罪事实的行为，可以认定为自首。第二种观点认为，喻威不具有自首情节。虽然认定喻威直接砍到过桑山的证据不足，但是法官从自由心证角度应当认定喻威的砍击行为。喻威在整个供述过程中一直避重就轻，既没有承认自己用刀砍到过被害人，也没有供述第一被告人喻春的故意杀人的犯罪事实；喻威到案之初没有供述其纠集余自兵殴斗的事实，而是直到余自兵到案供述了喻威纠集其殴斗的犯罪事实，喻威才交代其纠集余自兵殴斗的事实，故喻威的行为不构成自首。第三种观点认为，喻威不具有自首情节，但理由和第二种意见不同。该观点认为，虽然本案证实喻威砍到过被害人的证据不足，但是要认定喻威具有自首情节，必须认定其所供述的影响定罪量刑的

关键事实是真实的。尽管本案仅有余自兵指证喻威砍到过被害人的供述，不能证实喻威砍到过被害人，但同时也难以认定喻威所作的供述是真实的。如果认定喻威如实供述了自己的犯罪事实（其没有砍到过被害人），意味着否定了余自兵如实供述了关联犯罪事实（其供称喻威砍到过被害人）。综合考虑，喻威不具有自首情节。

在以上三种观点中，本案判决采用了第三种观点，认为被告人喻威未能"如实供述主要犯罪事实"，因而不具有自首情节。本案的裁判理由认为，喻威是否如实供述主要犯罪事实，可以从以下三个方面进行分析。

第一，从所交代事实对定罪量刑的影响认定被告人是否如实供述主要犯罪事实。犯罪事实既包括定罪事实，也包括量刑事实。对于犯罪事实是否属于主要犯罪事实的认定，除了要看该犯罪事实是否属于犯罪构成事实，还要看该犯罪事实是否对量刑产生重要影响。在涉自首认定的案件中，主要犯罪事实的认定事关犯罪嫌疑人、被告人是否具有自首的认定，因此有必要探讨。最高人民法院《关于处理自首和立功若干具体问题的意见》第2条规定："犯罪嫌疑人多次实施同种罪行的，应当综合考虑已交代的犯罪事实与未交代的犯罪事实的危害程度，决定是否认定为如实供述主要犯罪事实。虽然投案后没有交代全部犯罪事实，但如实交代的犯罪情节重于未交代的犯罪情节，或者如实交代的犯罪数额多于未交代的犯罪数额，一般应认定为如实供述自己的主要犯罪事实"。参考这一规定，我们认为，一般应当根据犯罪嫌疑人、被告人所供述的犯罪事实对定罪量刑的影响程度，区分出主要犯罪事实和次要犯罪事实。如果无法区分犯罪嫌疑人、被告人已交代的犯罪事实与未交代的犯罪事实的主次，或者未交代的犯罪事实对定罪量刑的影响明显大于已交代的犯罪事实，则不应认定犯罪嫌疑人、被告人如实供述了主要犯罪事实。本案中，在确认被害人桑山的刀伤并非被告人余自兵所砍的前提下，意味着被告人喻春、喻威必定有一人砍到过被害人。而砍到过被害人的犯罪事实对量刑的影响明显大于准备砍击或者实施砍击但未砍到的犯罪事实。因此，喻威仅交代其拽住被害人的脖子让余自兵砍，虽持刀准备砍击但未砍到的行为，

不能认定其如实供述了主要犯罪事实。

第二，从交代同案犯关联事实的程度分析被告人是否如实供述主要犯罪事实。认定共同犯罪人的自首，关键在于准确地把握共同犯罪人"自己的罪行"范围。最高人民法院《关于处理自首和立功具体应用法律若干问题的解释》第1条第2项中规定："共同犯罪案件中的犯罪嫌疑人，除如实供述自己的罪行，还应当供述所知的同案犯，主犯则应当供述所知其他同案的共同犯罪事实，才能认定为自首。"即共同犯罪人自首时，除了交代自己所犯的罪行，还需交代其所知的同案犯实施的共同犯罪事实。各种共同犯罪人自首时所供述的罪行范围，与其在共同犯罪中所起的作用和具体分工是相适应的，这是由共同犯罪的特性与自首的性质决定的：理论界有观点认为上述认定原则有悖于刑法的罪责自负原则，我们认为，共同犯罪案件中同案犯对共同犯罪行为所承担的罪责，系罪责自负的题中之义。故认定共同犯罪案件中的犯罪人构成自首除了要求其如实供述自己的犯罪事实，还必须如实供述其所知的同案犯实施的共同犯罪事实。这一认定原则与共同犯罪原理并不相冲突。具体联系本案，本案没有认定喻春在厨房内实施过砍击行为是因为证据不足，而不是有充分证据证实喻春在厨房内没有砍击被害人桑山。经鉴定，桑山身上存在多处刀伤，系多人在厨房内持刀砍击所形成，绝不可能是余自兵在较短时间内一人行为所致。本案能够排除三被告人以外其他人作案，且喻威自始参加行凶全过程，是积极组织、参与本次殴斗的成员，应当能够证明喻春是否行凶，即要么承认自己行凶，要么证明喻春亦行凶。而喻威既不供述自己对桑山实施过砍击行为，也不供述其父对桑山实施过砍击行为，而只是一口咬定其没有看到，并把相关罪责都推到余自兵身上。这种行为实质上是为了侧面反驳起诉书对其父亲的指控。虽然中国历来具有"亲亲相隐"的传统，2012年修改后的《刑事诉讼法》也明确规定父母、配偶、子女具有强制到庭的豁免权，但这些传统和法律规定，仅表明不能因为犯罪嫌疑人、被告人不交代其亲属犯罪事实或者不到庭指证其亲属犯罪事实，就对其从重处罚，而不意味着不交代其亲属犯罪事实或者不到庭指证其亲属犯罪事实还能具备法定从宽处罚的条件。

据此，我们认为，喻威没有供述同案犯的主要犯罪事实。

第三，从如实供述的时间节点分析被告人是否如实供述主要犯罪事实。根据《刑法》第 67 条及相关规范性指导文件的规定，"自动投案"是具有一定时间限制的，即犯罪嫌疑人必须在尚未受到讯问、未被采取强制措施时，主动、直接向司法机关投案。然而，上述相关规定并未明确"如实供述自己罪行"有无时间限制。在司法实践中，经常遇到犯罪嫌疑人自动投案后，先不供述或者作虚假供述，但最终又作了如实供述主要犯罪事实的情况，对此能否认定为自首，存在认识分歧：一种观点认为，如实供述就是到案后立即交代犯罪事实，如果不是立即交代犯罪事实，则如实供述就失去了其本来的意义；另一种观点认为，由于法律对供述的时间节点没有明确规定，考虑到《刑法》第 67 条第 3 款对供述主体采用了"犯罪嫌疑人"这一表述，所以只要犯罪嫌疑人的身份还未变成被告人，其只要在侦查阶段供述了自己的罪行，都应当认定为如实供述了主要犯罪事实，而不论犯罪嫌疑人是否在第一时间供述。我们认为，刑法设立自首的初衷，在于鼓励犯罪嫌疑人或者被告人（限于准自首情形）认罪、悔罪，真正将自己主动交付于司法机关监管。从"如实供述自己罪行"的相关规定看，的确没有对如实供述的时间节点进行明确规定，然而，如实供述的时间节点能够体现出供述者是否具有将其主动交付于司法机关监管的意愿。换言之，如果犯罪嫌疑人如实供述的时间节点是在其他同案犯已作相关供述之后，其是被迫作出如实供述的，那么其在实质上就不具有主动交付于司法机关监管的意愿，不符合自首制度设立的初衷，故不能认定构成自首。

在本案中，由于存在数个共犯，因此在主犯的自首认定中，尤其是对于如何正确判断是否如实供述自己罪行的问题上，不仅涉及本人罪行，而且涉及他人罪行。对于主犯更是如此。在这种情况下，对于主犯自首的认定应当严格置于整个共同犯罪加以考察。只有这样，对主犯才能正确适用刑罚。

第十三章

从 犯

第一节 从犯的概念

我国《刑法》第 27 条规定:"在共同犯罪中起次要或者辅助作用的,是从犯。"这就是我国刑法关于从犯的法定概念。本章依照这一法定概念,对从犯的有关问题进行初步探讨。

一、从犯的特征

我国刑法中的从犯是一个具有特定内涵的概念,它既不同于中国古代刑法中与西方刑法中的从犯,也不能等同于苏东各国刑法中的帮助犯,对此有必要加以辨析。

(一) 我国古代刑法中的从犯

我国古代刑法中的从犯,是指共同犯罪中的随从者,也就是在共同犯罪中起

第一节 从犯的概念

次要作用的犯罪分子,可以称为次要的正犯。例如《唐律》规定:"诸共犯罪者,以造意为首,随从者减一等。"《唐律疏议》解释说:"共犯罪者,谓二人以上共犯,以先造意为首,余并为从。"[①] 因为《唐律》中的共犯罪限于共同正犯,不包括帮助,因此,从犯只存在于正犯中,指次要的正犯。1912 年北洋政府颁行的《中华民国暂行新刑律》第 31 条规定:"于实施犯罪行为以前帮助正犯者,为从犯。"自此以后,从犯成了帮助犯的别称。由此可见,从《唐律》到《中华民国暂行新刑律》,从犯的名称未改,但其内涵却已全变。

(二)德日刑法中的从犯

对于德日刑法的从犯,涉及一个翻译问题。1810 年《法国刑法典》中的从犯,包括教唆从犯与帮助从犯,这一从犯的概念具有其特定含义。1871 年《德国刑法典》将教唆犯从从犯中独立出来,自成一类。在这种情况下,从犯就等同于帮助犯。1949 年中华人民共和国成立以后,我国学者在翻译苏东各国的刑法时,没有使用从犯一词,而是译为帮助犯。从犯概念的上述历史演变过程表明:它在不同的历史时期在不同的刑法中具有不同的内涵,这就是我们理解我国刑法中的从犯的历史前提。

(三)英美刑法中的从犯

如前所述,在美国刑法中,共犯区分为主犯与从犯,从犯又进一步分为事前从犯(accessory before the fact)与事后从犯(accessory after the fact)。美国刑法中的主犯实际上是指正犯,那么,这里的从犯又是指哪一种共同犯罪人呢?根据美国刑法的规定,所谓事前从犯是指不在犯罪现场而帮助(aid)、劝告(counsel)、指挥(command)、鼓励(encourage)一级主犯实施犯罪的人。事前从犯和二级主犯实施的行为完全相同,两者的区别仅仅在于二级主犯必须事实地或者推定地"在现场"实施帮助行为,而事前从犯必须是"不在现场"。所谓事

[①] 《唐律疏议》,115~116 页,北京,中华书局,1983。

后从犯是指明知他人犯有重罪,而故意帮助其逃避逮捕、审判和处罚的行为。①从上述事前从犯与事后从犯的概念可以看出,事前从犯实际上是指德日共犯教义学中的帮助犯。至于事后从犯则是指连累犯,因此,事后共犯并不是德日共犯教义学中的共犯。由此可见,美国刑法中的从犯虽有其名,但就其内容而言,完全不同于德日共犯教义学中的从犯。

(四)我国刑法中的从犯

我国刑法中的从犯既不像《唐律》那样,仅着眼于参与者在共同犯罪中的作用,排斥犯罪分子在共同犯罪中的分工情况,将从犯囿于次要的正犯;也不像外国刑法那样,仅瞩目于参与者在共同犯罪中的分工,排斥参与者在共同犯罪中的作用,将从犯等同于帮助犯,而是把两者有机地统一起来。因此,我国刑法中的从犯是一个具有独创意义的概念。我国学者把从犯与帮助犯等同起来,认为从犯是主犯在实施犯罪行为之前、之后或实施犯罪过程中帮助主犯实施犯罪行为的人。并且断言,从犯与主犯的区别主要在于二者的行为不一样:从犯不直接参加实施和完成犯罪行为。因此,从犯就是帮助犯。② 我认为,这种对我国刑法中从犯的理解,是沿袭了传统刑法中的从犯概念,未能揭示我国刑法中从犯的特征,因而是不妥的。从我国刑法对从犯所下的定义看,是将次要作用与辅助作用相并列。因此,我国刑法中的从犯涵括了按犯罪分子在共同犯罪中的分工对共同犯罪人进行分类的帮助犯,但又不限于帮助犯,而且包括在共同犯罪中起次要作用的正犯,并且从在共同犯罪中起辅助作用上来说明帮助犯,这样就把帮助犯纳入了以犯罪分子在共同犯罪中的作用为标准的分类法。因为从词义上来说,辅助一词有二义:一是从旁帮助,二是从属地位。③ 第一层含义是从行为的分工上揭示辅助的内涵,第二层含义是从行为的作用上揭示辅助的内涵。因此,辅助一词本身

---

① 参见刘士心:《美国刑法中的犯罪论原理》,282、283 页,北京,人民出版社,2010。
② 参见张尚鷟:《中华人民共和国刑法概论·总则部分》,193~194 页,北京,法律出版社,1983。
③ 参见中国社会科学院语言研究所词典编辑室编:《现代汉语词典》,335 页,北京,商务印书馆,1979。

就具有这种双重的含义,选用该词本身就体现了立法者匠心独具。

综上所述,我国刑法中的从犯是作用分类法与分工分类法相统一、对共犯进行分类的结果。因此,既不能把我国刑法中的从犯与传统刑法中的从犯一视同仁,也不能把从犯与帮助犯等同。犯罪分子在共同犯罪中起次要作用或者辅助作用,这就是我国刑法中的从犯的本质特征。

二、从犯的种类

根据我国刑法的规定,从犯可以分为以下两种情况。

（一）次要从犯

所谓次要从犯,是指在共同犯罪中起次要作用的从犯。这种从犯,就其实施的行为类型而言,是正犯。因为在共同犯罪中起次要作用,因而也可以称为次要的正犯。它是相对于主要的正犯而言的,是指虽然直接参加了实施犯罪构成客观要件的行为,但衡量其所起的作用仍属于次要的犯罪分子。在共同犯罪中起次要作用,通常是指直接参加了实施犯罪的行为,但在整个犯罪活动中起次要作用。例如,在犯罪集团中,听命于首要分子,参与了某些犯罪活动;或者在一般共同犯罪中,参与实施了一部分犯罪活动。一般地说,次要的实行犯罪行较轻、情节不严重、没有直接造成严重后果。

（二）辅助从犯

所谓辅助从犯,是指在共同犯罪中起辅助作用的从犯。这种从犯,就其实施的行为类型而言,是帮助犯。因为在共同犯罪中起辅助作用,因而也可以称为辅助的帮助犯。它是相对于正犯而言的,是指没有直接参加犯罪的实行,但为正犯的犯罪创造便利条件的犯罪分子。在共同犯罪中起辅助作用,一般是指为实施共同犯罪提供方便、创造有利条件、排除障碍等。例如,提供犯罪工具,窥探被害人行踪,指点犯罪地点和路线,提出犯罪时间和方法的建议,事前应允帮助窝藏其他共同犯罪人以及窝赃、销赃等。

(三) 两种从犯之间的关系

我认为，次要作用与辅助作用虽然是从不同的角度对共同犯罪中的作用的分类，但两者有着内在的联系。也就是说，在共同犯罪中起辅助作用意味着在共同犯罪中起次要作用，反之则不然。由此可以得出结论，帮助犯都属于从犯。我国学者认为：帮助犯不一定都是从犯，有的帮助犯也可能就是主犯，因为帮助犯在共同犯罪中有时也会起到关键作用。例如，甲乙丙三人共谋炸一桥梁，甲搞来炸药交给乙丙，由乙丙炸桥。从分工上看，虽然甲是帮助犯，乙丙是正犯，但甲在此案中起主要作用，应划为主犯。所以，在我国刑法上避免用"帮助"而代之以"辅助"，这意味着这些辅助行为在共同犯罪中总是起次要作用，而"帮助"行为有时恰恰能起到主要作用。因此，论者将我国刑法中规定的在共同犯罪中起辅助作用的犯罪分子称为辅助犯，而不是帮助犯。[①] 此外，我国学者还从共同犯罪人的两种不同分类法的角度对帮助犯不能等同于从犯的观点进行了论证，指出："帮助犯是按照共同犯罪的分工形式所划分的一种共犯类型，而我国刑法中的从犯是按照作用大小所划分的一种共犯类型，两者分类标准完全不同。因此，不可避免地会出现交叉。如同样是按照分工形式所划分的正犯、教唆犯，理论上都公认既可以是主犯，也可以是从犯，为何单单对帮助犯做不同处理呢？"[②] 论者认为，辅助不仅是指一部分帮助犯，而且应当包括一部分教唆犯。换言之，主犯、教唆犯与帮助犯都可能是起辅助作用的从犯，不能将辅助作用限于帮助犯。对于上述观点，我并不赞同，理由如下。

第一，我国《刑法》第 27 条规定的在共同犯罪中起辅助作用的犯罪分子是不是帮助犯呢？回答是肯定的。在立法的时候，立法者已经考虑到帮助犯的定罪问题，条文中虽然没有明确地出现帮助犯的概念，但实际上在条文中已经包含了。那么，主犯的条文是否包含帮助犯呢？显然不可能。因为主犯包括集团犯罪

---

① 参见梁世伟：《刑法学教程》，209~210 页，南京，南京大学出版社，1987。
② 陈家林：《共同正犯研究》，4 页，武汉，武汉大学出版社，2004。

第一节 从犯的概念

中的首要分子、聚众犯罪中的首要分子与共同犯罪中的主要的正犯这三种人,根本没有帮助犯存在的余地。而从犯的条文中包括在共同犯罪中起辅助作用的犯罪分子,这只能是指帮助犯。至于教唆犯是否可以成立从犯,我的回答是肯定的。但教唆犯成立的是次要从犯而不是辅助从犯。正如我国学者指出:"我国刑法专门规定教唆犯是按照作用进行处罚的,法条中的'次要'就可以包括起次要作用的教唆犯,没有必要用'辅助'去包括一部分教唆犯。"① 因此,不能以教唆犯也可能成立从犯否定辅助从犯只能是指帮助犯。

第二,帮助犯在共同犯罪中能否起主要作用呢?关于这个问题,不仅刑法学界存在肯定说,在司法实践中也不乏疑问。我认为帮助犯在共同犯罪中只能起次要作用,不可能起主要作用。因为帮助犯本人并不直接实行犯罪,而是为正犯实施犯罪提供帮助。这种帮助尽管对犯罪的完成起着促进的作用,与犯罪结果具有因果关系,但在共同犯罪中不可能起主要作用。以论者所举的案例来看,甲乙丙策划炸桥,甲搞来炸药,乙丙将桥炸毁。这里首先要问:在策划中,犯意是否是由甲发起的,如果是由甲发起的,那么甲就是教唆犯。甲虽然没有直接实行犯罪,也应当以主犯论处。否则,只凭甲搞来炸药的行为是不能得出甲起主要作用的结论的。尽管没有炸药桥梁就不可能被炸毁,但不能认为这就是起主要作用。否则,在杀人案中,甲为乙杀人提供一把刀,丙在乙杀人时按住被害人的手脚,那么,甲与丙都是主犯。因为没有甲提供的刀,乙就不可能把人杀死;同样,没有丙按住被害人的手脚,乙也不可能把人杀死。由此类推,共同犯罪中就都是主犯,而没有从犯了。显然,这种观点是不能成立的。

第三,立法者在条文中不使用"帮助"一词,而代之以"辅助"这个词,确如论者所说,是有用意的。但这并不像论者所认为的那样,"帮助"有时可能起主要作用,"辅助"则只能起次要作用。我认为,"帮助"与"辅助"的内涵是相

---

① 吴光侠:《主犯论》,212页,北京,中国人民公安大学出版社,2007。

第十三章 从 犯

同的。但"帮助"一词表示替人出力、出主意或给予物质上、精神上的支援[①]，仅有行为分工的含义；而"辅助"除有帮助的含义以外，还有非主要的含义，更加确切一些。总之，帮助犯在共同犯罪中只能起次要作用，而不可能起主要作用。

第二节 从犯的认定

从犯是相对于主犯而言的，因此从犯的认定必然以主犯为参照物，因而涉及主犯与从犯的区分标准问题。在我国刑法中，除刑法总则对主犯与从犯做了规定以外，在刑法分则中并没有涉及主犯与从犯，而只是存在关于从重、从轻、减轻、免除处罚的规定。但具有从重处罚情节的行为人并不等同于主犯，具有从轻、减轻或者免除处罚情节的行为人也并不等同于从犯。因此，主犯与从犯的认定是在查明具体犯罪事实的基础上，根据行为人在共同犯罪中所起的作用进行划分的结果。因此，在司法实践处理共同犯罪案件的时候，不能进行主犯推定。所谓主犯推定，是指不是从犯就是主犯的思维方式。凡是不能认定为从犯的，就推断为主犯。这一思维方式的逻辑前提是：刑法分则的法定刑是以主犯为标本设置的，如果不能认定为从犯因而获得从轻、减轻、免除处罚的，就当然认定为主犯，适用通常的法定刑。根据这种主犯推定的认定思路，主犯是无须判断的，需要判断的是从犯。我认为，这一主犯推定法是不能成立的，它实际上抬高了共犯处罚的一般刑罚标准。对于主犯与从犯的区分，还是应当根据参与者在共同犯罪中所起的作用为标准，进行具体判断，而不能机械地推定。

当然，在认定从犯的时候，是以主犯为参照物的。但从犯的认定中存在一个值得注意的问题，这就是主犯与从犯判断的顺序问题。在司法实践中，除个别共

[①] 参见中国社会科学院语言研究所词典编辑室编：《现代汉语词典》，34页，北京，商务印书馆，1979。

510

同犯罪案件，各个参与者在共同犯罪中的作用不相上下，应当都认为是主犯外，在大多数共同犯罪案件中，都存在主犯与从犯之别。在认定主犯的基础上，不能归入主犯的当然就可以归之于从犯。但这并不意味着从犯是主犯认定的余留物，因而从犯的认定不具有重要性。某些共同犯罪案件中，主犯的特征并不十分突出，从犯的特征却十分明确。在这种情况下，认定从犯有助于主犯的认定。

我国刑法中的从犯可以分为两种，这就是起次要作用的从犯和起辅助作用的从犯。下面，我分别对次要从犯与辅助从犯的认定问题进行论述。

一、次要从犯的认定

次要从犯，是指在共同犯罪中起次要作用的从犯。从行为人在共同犯罪中的分工进行考察，次要从犯是指次要的正犯所构成的从犯。因此，只有在参加了犯罪实行的情况下，才能成立次要的从犯。在认定次要从犯的时候，要从以下四个方面考虑。

（一）在共同犯罪活动中的地位

从犯在共同犯罪活动中处于从属的地位，尤其是在集团犯罪与聚众犯罪中，从犯听命于首要分子，一般不参与犯罪活动的策划，而只是接受任务，从事某一方面的犯罪活动。

（二）实际参加犯罪的程度

从犯在共同犯罪中一般只是参与实施了一部分犯罪活动，因此在共同犯罪中不起主要作用。在司法实践中，较为常见的是行为人不仅只是参与了部分犯罪行为，而且其所实施的这部分犯罪行为具有一定的辅助性，因而在共同犯罪中的作用较小。

（三）具体罪行的大小

具体罪行的大小是考察共同犯罪人在共同犯罪中的作用的一个重要因素。因为共同犯罪虽然是一个整体，但各个共犯的具体罪行又具有相对独立性，由此可

以考察共犯在共同犯罪中的作用大小。具体罪行的大小可以从主观和客观两方面加以分析：从主观上来说，对共同犯罪故意的形成起主要作用的，罪行较大，是主犯。对主犯的犯罪意图表示赞成、附和、服从，对共同犯罪故意的形成起次要作用的，罪行较小，是从犯。从客观上来说，参与实施的犯罪行为对于共同犯罪的完成具有关键性作用的，罪行较大，是主犯；否则就是罪行较小，是从犯。

（四）对犯罪结果所起的作用

在共同犯罪中，大多数情况下都是具有物质性的犯罪结果的，虽然各共同犯罪人的行为与这种犯罪结果的发生都存在因果关系，但原因力的大小却是不同的。那些对犯罪结果所起的作用较小的人，是共同犯罪中的从犯。

在认定次要从犯的时候，应当把以上四个方面综合起来考察，尤其是应当把主观与客观方面结合起来。因为在共同犯罪中的作用，既包括在共同犯罪故意形成中的作用，又包括在犯罪实施中的作用。

二、辅助从犯的认定

辅助从犯，是指在共同犯罪中起辅助作用的从犯。从行为人在共同犯罪中的分工的角度考察，辅助从犯是指帮助犯。相对于主犯而言，辅助从犯在共同犯罪中所起的作用较小，因而应当承担较轻的责任。例如于爱银、戴永阳故意杀人案。[①] 山东省菏泽市中级人民法院经审理查明：被告人于爱银因与丈夫阚继明关系不睦，2000 年外出济南打工，并与被告人戴永阳相识，后二人非法同居。其间，二人商定结婚事宜。于爱银因离婚不成，便产生使用安眠药杀害丈夫的念头，并将此告知了戴永阳。2001 年 8 月，于爱银因母亲有病，同戴永阳一起回

[①] 参见吴光侠：《于爱银、戴永阳故意杀人案——受杀人犯指使将小孩带离现场能否构成共犯》，最高人民法院刑事审判第一、二、三、四、五庭主办：《刑事审判参考》，第 49 集，17～25 页，北京，法律出版社，2006。

第二节 从犯的认定

到成武县田集家中。8月13日上午，于爱银与其10岁的儿子及戴永阳在田集药店买安眠药未果。下午，三人回到家中，于爱银又以给戴永阳介绍对象为名，到秦淮药店买到6片安眠药后回家，乘其丈夫外出买酒之际将安眠药碾碎，并告诉戴永阳要乘机害死其丈夫阚继明。当晚，于爱银与丈夫阚继明及其儿子和戴永阳一起喝酒、吃饭，待阚继明酒醉后，于爱银乘机将碾碎的安眠药冲兑在水杯中让阚继明喝下。因阚继明呕吐，于爱银怕药物起不到作用，就指使戴永阳将她的儿子带出屋外。于爱银用毛巾紧勒酒醉后躺在床上的丈夫的脖子，用双手掐其脖子，致其机械性窒息死亡。戴永阳见阚继明死亡后，将于爱银勒丈夫用的毛巾带离现场后扔掉。次日凌晨，二被告人被抓获归案。

菏泽市中级人民法院认为，被告人于爱银为达到与戴永阳结婚生活的目的，使用安眠药，又用毛巾勒、手掐压颈部，致其丈夫死亡，其行为构成故意杀人罪，公诉机关指控的罪名成立，且动机卑劣、后果特别严重，应依法惩处。被告人戴永阳明知于爱银杀死其丈夫，不但不加阻止，反而听从于爱银的指使，将于爱银的儿子带离现场，以便于爱银顺利实施犯罪；在被害人死亡后，又将作案用的毛巾带走，二人共同逃离现场，毁灭罪证。被告人戴永阳的行为符合共同犯罪的构成要件，其行为已构成故意杀人罪。在犯罪中，被告人戴永阳起辅助作用，属从犯，应予从轻处罚。依照《刑法》第232条，第25条，第26条第1、4款，第27条，第57条之规定于2002年11月5日判决如下：

1. 被告人于爱银犯故意杀人罪，判处死刑，剥夺政治权利终身。
2. 被告人戴永阳犯故意杀人罪，判处有期徒刑十年。

宣判后，二被告人不服，提出上诉。

于爱银上诉提出，不是为与戴永阳结婚才杀人，戴永阳没参与杀人。其辩护人提出，于爱银杀人是为了摆脱其丈夫折磨，不应对故意杀人负全部责任。戴永阳及其辩护人上诉提出，于爱银杀人时其不知道，一直没进屋，认为无共同犯罪

第十三章 从 犯

行为,不构成故意杀人罪,也不构成包庇罪。

山东省高级人民法院经审理认为,上诉人于爱银因离婚不成,主谋杀害其丈夫,情节恶劣,应予严惩。上诉人戴永阳明知于爱银要使用安眠药使其丈夫致死,且辅助其实施,其行为构成故意杀人罪。其中,于爱银在共同犯罪中起主要作用,系主犯,应依法惩处;戴永阳在共同犯罪中作用较小,系从犯,原审对其从轻处罚并无不当。二上诉人的上诉理由及其辩护人的辩护意见,与事实证据不符,均不能成立,不予采纳。一审判决认定事实清楚,定罪准确,量刑适当,审判程序合法,应予维持。根据《刑事诉讼法》第189条第1项的规定,于2003年4月17日裁定驳回上诉,维持原判。

在本案中,于爱银和戴永阳被认定为故意杀人罪的共同犯罪,并且于爱银是本案的主犯,戴永阳是本案的从犯。关于戴永阳系本案从犯的认定,裁判理由指出:"在本案中,被告人于爱银因离婚不成,主谋杀害丈夫,事前提出用安眠药杀害丈夫的犯意,采取下安眠药、用毛巾勒和手掐颈部的方法,直接造成其丈夫死亡的严重后果,在共同犯罪中处于主导和支配地位,起主要作用,是主犯。被告人戴永阳在明知于爱银要害死其丈夫的情况下,在事前准备阶段与其一起去田集药店买安眠药,因药店没有安眠药而未买到;事中实施阶段,又听从于爱银的指使,将于爱银10岁的儿子带离现场,便利了于爱银顺利实施犯罪;事后,又隐匿犯罪证据,将作案用的毛巾装到裤兜里带离现场,逃跑途中扔掉。被告人戴永阳的行为属于辅助行为,在共同犯罪中起辅助作用,应当被认定为从犯,并结合本案案情予以从轻处罚。因此,一审和二审法院将于爱银、戴永阳分别认定为主犯、从犯,并根据罪责刑相适应原则和刑法规定判处相应的刑罚,是正确、恰当的。"

在本案中,于爱银实施了具体的杀人行为,属于本案的主犯是没有问题的。而戴永阳载明知于爱银杀人的情况下,实施了一系列帮助行为,主要表现为:事前共同去买安眠药,事中将于爱银的孩子带离现场,事后帮助于爱银隐匿犯罪证据。这些帮助行为为于爱银实施故意杀人行为起到了一定的帮助作用,因而属于辅助从犯。

第三节 从犯的处罚

一、从犯处罚原则的内容

关于从犯的处罚，在立法例上可以分为独立处罚主义与从属处罚主义。独立处罚主义是对共犯采取责任平等主义的刑事责任原则。例如1810年《法国刑法典》第59条规定："重罪或轻罪之从犯，应处以与正犯相同之刑。"从属处罚主义认为从犯对正犯具有不同程度的从属性，在处罚原则上，又分为得减主义与必减主义。1871年《德国刑法典》对从犯的处罚采得减主义。目前，世界上仍有一些国家对从犯采得减主义，例如《瑞士刑法典》第25条（从犯）规定："故意帮助他人犯重罪或轻罪者，得减轻处罚。"世界上大多数国家对从犯采必减主义，例如《日本刑法典》第63条规定："从犯的刑罚，比照正犯的刑罚减轻判处。"我国刑法中的从犯，从内涵与外延上来说，都不同于上述国家的立法例。因此，处罚原则也有所不同。

我国《刑法》第27条第2款规定："对于从犯，应当从轻、减轻处罚或者免除处罚。"根据这一规定，在一般情况下，从犯的处罚必然轻于主犯。从这个意义上说，我国刑法对从犯是采必减主义。我国刑法对从犯除减轻处罚以外，还有从轻处罚与免除处罚。从这个意义上说，我国刑法对从犯的处罚原则不同于必减主义。采必减主义的国家，例如日本，其刑法没有关于从轻处罚与免除处罚的规定，而只有减轻处罚的规定。例如《日本刑法典》第68条（法律上减轻的程度）规定："依照法律有应当减轻刑罚的一个或数个理由时，按照以下规定办理：（1）死刑应减轻时，是无期或十年以上的惩役或监禁；（2）无期的惩役或监禁应减轻时，是七年以上的有期惩役或监禁；（3）有期的惩役或监禁应减轻时，将其刑期减低1/2；（4）罚金应减轻时，将其金额减少1/2；（5）拘留应减轻时，将

其最高刑期减低 1/2；(6) 罚款应减轻时，将其最高金额减少 1/2。"从这个规定来看，减轻处罚的内涵与我国刑法中的减轻处罚也是互异的。我国刑法规定对从犯应当从轻、减轻处罚或者免除处罚，司法机关可以根据从犯的情节以决定对从犯的处罚，具有较大的选择余地。

二、从犯处罚原则的理解

我国 1979 年《刑法》第 24 条第 2 款规定："对于从犯，应当比照主犯从轻、减轻处罚或者免除处罚。"在此，刑法明确地将从犯的处罚与主犯的处罚进行对应，这就是对从犯应当比照主犯进行处罚。也就是说，从犯的刑事责任，是同主犯的刑事责任相对而言的。因此，我国 1979 年《刑法》第 24 条第 2 款规定从犯比照主犯处罚，这就为从犯从轻、减轻处罚或者免除处罚提供了参照对象。那么，对从犯如何比照主犯进行处罚呢？我认为，从犯在比照主犯处罚的时候，应该注意以下五点：第一，主犯有数罪，从犯只参与其中一罪的，应对主犯所犯数罪分别定罪量刑，然后参照与从犯共犯之罪的刑罚，对从犯予以从轻、减轻处罚或者免除处罚，而不是比照主犯数罪并罚后的刑罚，对从犯予以从轻、减轻处罚或者免除处罚。第二，主犯是连续犯，从犯只参与其中一起犯罪的情况下，不能简单地对从犯比照主犯处罚，而是要以主犯与从犯共犯的一起犯罪为根据，对从犯比照主犯对这一起犯罪应负的刑事责任从轻、减轻处罚或者免除处罚。第三，主犯具有其他从重或者从轻、减轻处罚和免除处罚情节的，应当比照主犯从重或者从轻、减轻处罚和免除处罚以前应当判处的刑罚，对从犯从轻、减轻处罚或者免除处罚。第四，从犯具有从重、从轻、减轻情节的，应在比照主犯从轻、减轻处罚或者免除处罚以后再从重、从轻、减轻处罚。第五，主犯与从犯各有从重、从轻或者减轻情节的，应当在主犯从重、从犯从轻的基础上再予以从重、从轻或者减轻处罚。[①] 从以上论述可

---

① 参见陈兴良：《从犯如何比照主犯处罚之我见》，载《法学》，1988 (7)。

第三节 从犯的处罚

以看出，在从犯比照主犯处罚的逻辑中，从犯的量刑具有一定的参照标准。当然，在1979年《刑法》规定主犯从重处罚的法律语境中，对从犯是比照主犯从重以后的量刑基准裁量刑罚，因而使从犯实际受到的处罚较重。

在1997年《刑法》修订中，如前所述，立法机关删除了主犯从重处罚的规定，代之以按照全部犯罪处罚的原则。然而，按照全部犯罪处罚并没有涉及刑事责任的程度，因而可以等同于对主犯不再从重处罚。例如，甲乙二人共同杀人情节较轻，其中，甲是主犯，乙是从犯。如果按照1979年《刑法》，此种情形适用的法定刑是3年以上10年以下。对甲从重处罚，判处9年有期徒刑，对乙比照甲的9年有期徒刑从轻处罚，判处5年有期徒刑。但根据1997年《刑法》，对甲不再从重处罚，而是按照全部犯罪处罚，在共同杀人情节较轻的情况下，其含义只能理解为适用3年以上10年以下的量刑幅度。但作为从犯的乙也是适用3年以上10年以下的量刑幅度，因此，在主犯不再适用从重处罚的前提下，对从犯的从轻、减轻处罚或者免除处罚不是比照主犯从重以后的刑罚为基准，而且1997年《刑法》删除了从犯"比照"主犯处罚的规定，对从犯独立处罚。在这种情况下，从犯的处罚基准有所降低，因而从逻辑上来说，在1997年《刑法》的语境中，从犯的处罚必然低于1979年《刑法》。然而，目前在我国司法实践中，在删除了主犯从重处罚，从犯比照主犯从轻、减轻处罚或者免除处罚规定的情况下，无论是主犯的处罚还是从犯的处罚都要高于1979年《刑法》。这种现象主要是主从犯认定的基准混乱造成的，有关司法解释规定在主从犯无法区分的情况下，可以不区分主从犯。例如2000年9月30日最高人民法院《关于设立单位犯罪案件对其直接负责的主管人员和其他责任人员是否区分主犯、从犯问题的批复》指出："在审理单位故意犯罪案件时，对其直接负责的主管人员和其他直接责任人员，可不区分主犯、从犯。"应该说，在单位犯罪的情况下，不能简单地把直接负责的主管人员和其他直接责任人员等同于主犯与从犯，这是正确的。因此，对单位犯罪在不能区分主犯与从犯的情况下，可以不予区分主犯与从犯。然而，这一规则如扩大适用于其他共同犯罪，则会出现为适用重刑而不区分主犯与

第十三章 从 犯

从犯的现象，以至于出现将所有共犯一般地推定为主犯的情形。对此，2010年2月8日最高人民法院《关于贯彻宽严相济刑事政策的若干意见》第31条明确规定："对于一般共同犯罪案件，应当充分考虑各被告人在共同犯罪中的地位和作用，以及在主观恶性和人身危险性方面的不同，根据事实和证据能分清主从犯的，都应当认定主从犯。有多名主犯的，应在主犯中进一步区分出罪行最为严重者。对于多名被告人共同致死一名被害人的案件，要进一步分清各被告人的作用，准确确定各被告人的罪责，以做到区别对待；不能以分不清主次为由，简单地一律判处重刑。"我认为，上述规定一针见血地指出了在主犯与从犯的区分以及刑罚适用中存在的问题，对从犯的正确认定与处罚具有重要参考价值。

三、从犯处罚原则的适用

我国《刑法》第27条第2款规定对于从犯，应当从轻、减轻处罚或者免除处罚，这一从犯的处罚原则对于一切从犯都具有效力。也就是说，无论是起次要作用的从犯还是起辅助作用的从犯，都应当从轻、减轻处罚或者免除处罚。但我国学者指出：对起次要作用的从犯和起辅助作用的从犯量刑时应当有所区别。起次要作用的从犯由于可以是共同犯罪中起次要作用的教唆犯或实行犯，所以量刑时应当比照主犯从轻、减轻处罚。起辅助作用的从犯其主观恶性和社会危害性比起次要作用的从犯小，因此，应当根据辅助者在共同犯罪过程中所起的作用、犯罪情节，比照主犯减轻或者免除处罚。①我认为，这种观点是不妥的。按照这种观点，次要的正犯不能免除处罚，只能从轻处罚或者减轻处罚；而帮助犯不能从轻处罚，只能减轻处罚或者免除处罚。但在司法实践中，有些次要的正犯情节较轻的，可以比照主犯免除处罚。例如甲乙共犯故意毁坏公私财物罪，甲是主犯，财物主要是甲毁坏的，甲被判处有期徒刑6个月；乙是从犯，虽然参与了犯罪，

---

① 参见郭富贵：《谈谈起辅助作用的从犯》，载《法学与实践》，1986（1），15页。

但情节较轻，依法完全可以免除处罚。而有些帮助犯，虽然没有直接实行刑法分则规定的犯罪构成客观方面的行为，但其法益侵害性也不见得比次要的正犯都要轻。例如，甲乙丙三人预谋盗窃丁家财物，由甲为主进行了分工，乙去察看丁家地形，摸清情况，并在约定盗窃之日将丁骗去看电影。甲丙二人趁丁去看电影之机潜入丁家，丙在门口望风接应，甲翻箱倒柜窃得贵重物品价值人民币三千多元。事后，乙又窝藏赃物并进行销赃。在本案中，甲是主犯，乙是帮助犯，丙是次要的实行犯。乙与丙相比，乙虽然是帮助犯，但其法益侵害程度并不亚于丙，对乙从轻处罚完全是可以的。总之，对次要的正犯与帮助犯的危害性不能简单地比较，并由此得出结论：帮助犯必然比次要的正犯轻；而是应该结合具体案情，实事求是地得出结论。在此基础上，正确地决定对从犯是从轻处罚还是减轻处罚抑或是免除处罚。

那么，在什么情况下对从犯从轻处罚，在什么情况下对从犯减轻处罚，又在什么情况下对从犯免除处罚呢？这是一个十分复杂的问题，但研究这个问题对于从犯的处罚是具有重要意义的。在司法实践中，比较普遍的是对从犯从轻处罚，而对从犯减轻处罚和免除处罚则十分罕见，这是一个值得重视的倾向。我认为，在确定对从犯是从轻处罚、减轻处罚还是免除处罚的时候，应该考虑以下三个因素。

（一）法定刑的轻重

一般来说，刑法规定的犯罪的法定刑的轻重是与犯罪的社会危害性程度的大小成正比的。例如故意杀人罪，法益侵害性较大，因此法律规定最高可以判处死刑，最低可以判处有期徒刑3年，法定刑较重。而重婚罪，最高可以判处2年有期徒刑，最低是拘役。因此，法定刑较重的犯罪中的从犯偏重于从轻或者减轻处罚，而法定刑较轻的犯罪中的从犯偏重于减轻或者免除处罚。例如故意杀人罪中的从犯，本身犯罪比较严重，一般不宜免除处罚。而重婚罪中的从犯，犯罪较轻，一般可以减轻或者免除处罚。

第十三章 从 犯

（二）具体罪行的大小

根据我国刑法理论，对犯罪分子定罪量刑的根据是本人行为的法益侵害性的大小。在共同犯罪中，虽然是数人共犯一罪，但各共同犯罪人的罪行又具有相对独立性，因此，我们完全可以考察从犯罪行的大小。如果从犯所犯的罪行较重的，可以偏重于从轻处罚；如果从犯所犯的罪行较轻的，可以考虑减轻或者免除处罚。

（三）法益侵害的程度

从犯的刑事责任是相对于主犯而言的，主犯与从犯是根据犯罪分子在共同犯罪中的作用，也就是其行为的法益侵害程度进行划分的结果。但从犯本身的法益侵害程度又有较大的差别，有些从犯的法益侵害性较大，与主犯的法益侵害性相差较小，对于这种从犯宜比照主犯从轻处罚。有些从犯的法益侵害性较小，与主犯的法益侵害性相差较大，对于这种从犯可以比照主犯减轻处罚或者免除处罚。

应当指出，上述三个因素是互相联系的。在司法实践中确定对从犯是比照主犯从轻处罚还是减轻处罚抑或是免除处罚的时候，一定要综合地加以考察，以便正确地裁量。

第十四章

胁从犯

第一节 胁从犯的概念

根据我国《刑法》第 28 条的规定,被胁迫参加犯罪的,是胁从犯。胁从犯是我国刑法中特有的共犯类型。为加深对胁从犯的认识,我们有必要对胁从犯的有关问题进行研究,以便确立胁从犯的概念。

一、胁从犯的特征

胁从犯是共同犯罪人的种类之一,因此,胁从犯只存在于共同犯罪之中,具有共同犯罪人的共性。但胁从犯又是我国刑法规定的共犯的独特种类,因此,胁从犯具有不同于其他共犯的个性。在确立胁从犯的概念的时候,我们首先要揭示胁从犯的这种个性,以便把胁从犯和其他共犯正确地加以区别。

第十四章 胁从犯

(一) 参加犯罪的被胁迫性

在共犯中主犯与从犯，虽然在共同犯罪中的作用有所不同，但从主观上来说，都是自觉自愿地参加犯罪的，犯意虽然是由其中的某一个人发起的，但通过互相之间的通谋，犯意互相交流，从而取得了犯罪故意的一致性。至于教唆犯，他本人虽然不参与犯罪的实行，但他是犯意的发起者。因此，这些共同犯罪人在共同犯罪中都居于主动的地位。而胁从犯则有所不同，从主观上说，胁从犯不仅本来没有犯罪意图，而且在受到胁迫的时候，他也不完全愿意犯罪，或者说，他去实施犯罪在一定程度上是违反本人意愿的，仅仅为了避免对本人的不利，而迫不得已地参加了犯罪。正如我国学者形象地指出，胁从犯的犯罪故意是别人强加于他的，是共同犯罪中主要成员的故意的延伸或派生物。① 因此，胁从犯在共同犯罪中居于被动的地位，其参加犯罪具有一定的不得已性。

(二) 犯罪作用的从属性

胁从犯在共同犯罪的活动中，处于从属的地位，其所起的作用在一般情况下，比从犯还要小，在个别情况下，也可能等于从犯。必须指出，我们说胁从犯所起的作用比较小，这是从他的行为的法益侵害程度上来说的。至于从分工上来看，胁从犯的共同犯罪行为既可能是实行行为，也可能是帮助行为。我国学者认为胁从犯所实施的共同犯罪行为，只能是帮助行为，而不可能是正犯。② 我认为这种观点是没有法律根据的。因为我国刑法规定，被胁迫参加犯罪的是胁从犯。所谓参加犯罪，当然是指参加共同犯罪，而共同犯罪行为的形式包括正犯行为和帮助行为，无论是正犯犯罪还是帮助犯罪，都属于参加犯罪。刑法并没有将胁从犯的行为局限于帮助行为，因此，我认为胁从犯实施的犯罪行为既可能是正犯行为也可能是帮助行为，而不能把胁从犯的行为限于帮助行为。但无论胁从犯在共同犯罪中是实施正犯行为，还是实施帮助行为，他在共同犯罪中所起的作用必须

---

① 参见陈忠槐：《略论胁从犯》，载《法学研究》，1986 (5)，26 页。
② 参见张尚鹫：《中华人民共和国刑法概论·总则部分》，196 页，北京，法律出版社，1983。

第一节　胁从犯的概念

是比较小的。

　　以上两个方面的特征同时具备的，才能认定为胁从犯。如果仅具备其中的一个特征，就不得以胁从犯论处。某个参与者虽然在共同犯罪中起的作用很小，但他不是被胁迫参加犯罪，而是自觉自愿地参加犯罪的，这样的人当然不能以胁从犯论处，对于这一点恐怕不会发生疑问。若某个参与者虽然是被胁迫参加犯罪的，但在共同犯罪中却起主要作用，对此应如何论处？例如，甲持枪威胁乙，要乙将一座铁路大桥炸毁，乙为保住自己的性命，不顾大桥上一辆列车正在行驶，将大桥炸毁，造成火车颠覆。在本案中，乙实施犯罪虽因胁迫所为，但他在共同犯罪中起的作用却是十分恶劣的。那么，对乙能否以胁从犯论处呢？对于这个问题，我国学者指出：在我国刑法的具体规定中，胁从犯的唯一特征是被胁迫参加犯罪，仅此一点只能说明胁从犯不是自愿参加犯罪的，主观恶性相对较小，并不能得出胁从犯在共同犯罪中所起的作用比从犯小，法益侵害性也最小的一般性结论。[①] 此外，我国学者还指出：所谓"被胁迫"，揭示的是行为人参加犯罪的被动性和主观上的非自愿性，而并不必然表明行为人在共同犯罪中所起的作用的大小，因而关于胁从犯在共同犯罪中所起的作用次于从犯的见解并不妥当。[②] 上述观点认为在被胁迫参加犯罪的情况下，在共同犯罪中的作用未必就小，这一认识是正确的。但在这种情况下，即使是被胁迫参加犯罪，也不能认定为胁从犯。只是在量刑的时候，可以将被胁迫作为从轻处罚情节。如果要成立胁从犯，不仅必须具备被胁迫的情节，而且还应当在共同犯罪中所起的作用较小。我认为，虽然被胁迫参加犯罪，但在共同犯罪中起主要作用的，不能以胁从犯论处。因为，我国刑法的共犯分类是以参与者在共同犯罪中的作用为主要标准的，主犯、从犯、胁从犯，其在共同犯罪中的作用呈现出一种递减的趋势。胁从犯之所以应当减轻或者免除处罚，不仅仅在于他是被胁迫参加犯罪的，更重要的是他在共同犯罪中

[①] 参见王小鸣：《关于胁从犯有待探讨的几个问题》，载《法制建设》，1986（3），37页。
[②] 参见钱叶六：《共犯论的基础及其展开》，70页，北京，中国政法大学出版社，2014。

的作用比较小。唯有如此,才能把胁从犯纳入作用分类法。如果胁从犯在共同犯罪中的作用不是较小,而是较大,甚至等同于主犯,对这样的人仍予以减轻或者免除处罚,显然有悖于我国刑法的共犯分类的立法精神。

（三）两个特征之间的关系

以上是说构成胁从犯必须同时具备上述两个特征。那么,这两个特征的关系如何呢？我国学者认为,在对胁从犯进行认定的时候,首先主要应看他是否是被胁迫参加犯罪的,其次才看他在共同犯罪中的作用如何。两个条件,前面一个起决定作用,后面一个则只起补充作用。① 我认为,这种对胁从犯的两个特征之间关系的认识是不妥的。诚然,在认定胁从犯的时候,首先要看是否被胁迫,如果没有这一情节,根本就谈不上胁从犯。因此,被胁迫是构成胁从犯的前提条件。然而,前提条件并不就是起决定作用的条件。对于构成胁从犯来说,起决定作用的条件是他在共同犯罪中的作用比较小,这个条件虽然只有在具备前一个条件的基础上才能起作用,但它对于构成胁从犯来说却是根本的条件。由此可见,我国刑法之所以规定胁从犯应当减轻或者免除处罚,不仅仅因为他是被胁迫参加犯罪,更主要的是因为他在共同犯罪中的作用较小,这也正是不把被胁迫参加犯罪作为一个从轻情节,而是作为作用分类法中的独立共犯种类的根本原因之所在。

在我国刑法学界对于胁从犯的定性存在一定的疑惑。② 确实,如果仅仅从被胁迫参加犯罪的意义上说,它只能是一个量刑情节而不可能是共犯的一种独立类型。因此,我国学者提出了胁从犯不是法定的独立共同犯罪人的观点。③ 但从刑法规定来看,确实是将胁从犯作为低于从犯的共犯类型加以规定的,断然否定胁从犯是独立的共犯类型似无法律根据。但同样是被胁迫参加犯罪,在共同犯罪中将作用较小的认定为胁从犯。那么,如果虽然被胁迫参加犯罪但不是作用较小

---

① 参见陈忠槐：《略论胁从论》,载《法学研究》,1986 (5), 26～27 页。
② 参见阎二鹏：《胁从犯体系定位之困惑与出路——一个中国问题的思索》,载《中国社会科学院研究生院学报》,2012 (2)。
③ 参见赵微：《胁从犯不是法定的独立共犯人》,载《中国刑事法杂志》,2005 (2)。

第一节 胁从犯的概念

的，又如何处理呢？根据现行刑法规定，这种情形显然不能认定为胁从犯。从目前的规定来看，如果虽然被胁迫参加犯罪但作用不是比从犯更小的，那么，只能认定为从犯。如果虽然被胁迫参加犯罪但起主要作用的，则还应当认定为主犯。至于被胁迫参加犯罪，只能作为从轻处罚的量刑情节单独加以考量。如此处理，虽然符合刑法规定，但对同一被胁迫参加犯罪的情节，根据在共同犯罪中的作用大小，却分割为不同情形处理，破坏了逻辑的统一性，这确实是一个值得反思的问题。

二、胁从犯的立法根据

我国刑法之所以规定胁从犯，主要是为了对共犯进行更加细致的区分，以便更好地贯彻惩办与宽大相结合的政策。这就是我国刑法将胁从犯规定为共犯的独立种类的意义之所在，也是首恶必办、胁从不问的政策的法律化。

我国学者认为我国刑法规定胁从犯，是胁从不问政策的改变，指出："为什么不再实行胁从不问的政策呢？这是适应形势而在政策上作出的合理变化"[1]。言下之意：过去是胁从不问，现在则是胁从要问。我认为，这种对于胁从犯的立法意义的解释是不妥的。根据胁从不问的政策，并不是对胁从分子一律不作为犯罪论处。从历史上看，革命根据地时期1934年的《中华苏维埃共和国惩治反革命条例》规定对被他人胁迫非本人愿意犯法，避免其胁迫因而犯罪者，得按照各该条文的规定减轻或免其处罚。1942年中共中央《关于宽大政策的解释》中也谈到，我们在惩治破坏分子时，主要的应是惩治那些首要分子，其次才是惩治那些胁从分子。[2] 如果说，上述是胁从不问政策提出以前的规定，那么，在胁从不

---

[1] 杨敦先主编：《刑法学概论》，190页，北京，光明日报出版社，1985。
[2] 参见韩延龙、常兆儒：《中国新民主主义革命时期根据地法制文献选编》，第3卷，55页，北京，中国社会科学出版社，1981。

第十四章　胁从犯

问政策提出以后，1950 年《惩治反革命条例》规定，对被反革命分子胁迫、欺骗，确非自愿者，得酌情从轻、减轻或免予处刑。1963 年 3 月 23 日中央政法小组关于修改《刑法草案（草稿）》情况和意见的报告中，更是明确指出，党的首恶必办、胁从不问的刑事政策是共同犯罪人分类的根据之一。[①] 此外，从刑法制定过程来看，胁从犯从一般从宽情节上升为共犯种类，经历了一个较为复杂的演变过程。1950 年《刑法大纲草案》在共同犯罪中未规定胁从犯，但把犯罪的实施系受他人的强暴、胁迫作为轻的犯罪情节之一，予以从轻。1954 年《刑法指导原则草案（初稿）》对共同犯罪的条文有两种写法，在分工分类法中规定，对于确实是被胁迫或者盲目附和而参加犯罪的人，不适用共犯的规定。在作用分类法中规定，对确实是被欺骗或者被胁迫参加共同犯罪的人，应当按照情节给予适当处罚或者免予处罚。由此可见，上述两种写法对胁从犯的处理是大相径庭的：分工分类法规定胁从犯不适用共犯的规定，言下之意，就是胁从犯不属于共犯。而作用分类法则认为胁从犯属于共犯，但又不是作为与主犯、从犯并列的共犯种类而存在的，而是视为一种从宽情节。1957 年的刑法第 22 稿仍把胁从犯作为共同犯罪处罚时的从宽情节，而不是作为共犯的独立种类。直到 1963 年刑法第 33 稿，才把胁从犯与主犯、从犯并列作为共犯的独立种类确定下来。现行刑法参照第 33 稿，确定了现今的胁从犯概念及处罚原则。从上述立法过程来看，无论是否把胁从犯作为共犯的独立种类，在对胁从犯是否应受处罚上都没有发生过疑问。由此可见，认为胁从不问就是对胁从分子不予问罪，这纯粹是一种误解。在此误解的基础上，认为现行刑法将胁从犯作为共犯处罚就是对胁从不问政策的修改，是没有根据的。恰恰相反，我认为，我国刑法关于胁从犯的规定，是将胁从不问这一政策以立法的形式加以确认，是政策向法律的转化。由此阐发胁从犯的立法意义，我认为我国刑法对胁从犯的规定是惩办与宽大相结合的政策的体现。

[①]　参见《我国刑法立法资料汇编》，155 页，北京，北京政法学院刑法教研室，1980。

当然，胁从不问的政策在共同犯罪的立法中如何更好地体现，这还是一个值得进一步探讨的问题。但在现行刑法中，关于胁从犯的规定确实是胁从不问政策的体现，这是不容置疑的。

第二节　胁从犯的认定

在司法实践中，如何正确认定胁从犯是一个十分重要的问题。如果在这个问题上发生了错误，要么将其他共犯认定为胁从犯，从而放纵了犯罪分子；要么将无罪的人认定为胁从犯，因而导致刑及无辜。为此，有必要对胁从犯的认定问题加以认真研究。

一、胁从犯和被胁迫行为

我国《刑法》第 28 条规定的胁从犯，以被胁迫参加犯罪为成立条件，相对于被胁迫而言，存在胁迫行为。可以说，被胁迫行为和胁迫行为之间具有重要的关联性。例如我国学者在关于被胁迫行为与胁迫行为之间关系的论述指出："被胁迫行为的定义需要从刑法意义上的胁迫进行界定，而所谓刑法意义上的胁迫在我国刑法中虽然没有单独成立犯罪的规定，但体现在刑法分则关于以胁迫手段成立犯罪的条文中。"[1] 因此，我国在刑法总则关于胁从犯中规定的是被胁迫行为，而在刑法分则关于具体犯罪中则规定了胁迫行为，例如抢劫罪、强奸罪中都规定了胁迫手段。只不过，这两种胁迫的性质有所不同：在胁从犯的情况下，被胁迫者与胁迫者之间存在共犯关系。而在抢劫罪、强奸罪中，被胁迫者与胁迫者之间是被害与加害之间的关系。即使在胁从犯的研究中，虽然主要研究被胁迫行为，

---

[1] 孙立红：《刑法被胁迫行为研究》，25 页，北京，中国人民公安大学出版社，2010。

第十四章 胁从犯

但同时也不能离开胁迫行为。而且，在刑法教义学中胁迫行为的意义远远超过被胁迫行为。因为被胁迫行为只是在胁从犯中论及，而胁迫行为则在更为广泛的意义上涉及。

在司法实践中存在某些疑难案件，就涉及被胁迫行为的法律性质以及刑事责任的判断问题，并且存在较大的争议。例如夏伟业强奸、故意杀人案。[①] 2008年10月14日，被告人石书伟等八人为勒索财物，持枪在河南省平顶山市将夏伟业绑架，对其进行捆绑、殴打，并连夜驾车到许昌市将25岁女青年王某某绑架回平顶山市区。被告人石书伟等人强行逼迫夏伟业与该女发生性关系，后又以枪杀夏伟业相威胁，强迫其将该女勒死。在本案中，被告人石书伟等人对夏伟业实施了胁迫行为，这是没有问题的，对被告人石书伟等八人应对夏伟业具体实施的强奸罪和故意杀人罪承担刑事责任，并不存在争议。本案的争议主要是，对王某某实施强奸和杀害行为的夏伟业，是否构成犯罪。对此，存在无罪和有罪这两种针锋相对的观点。夏伟业在被胁迫下所实施的强奸和杀人行为是否构成犯罪，主要取决于胁迫的程度。如果胁迫没有达到致使夏伟业丧失意志自由的程度，则夏伟业属于被胁迫参加犯罪，因而构成胁从犯；反之，则夏伟业的行为不构成犯罪。对于本案，无罪的意见占据上风。然而，无罪的理由又各不相同。无罪的观点主要有三种理由：第一，不可抗力；第二，紧急避险阻却违法；第三，缺乏期待可能性。以下分别加以分析。

（一）因不可抗力而无罪

这种观点认为，从本案的案情看，夏伟业确实对被害人实施了强奸和杀害行为，但这些行为并非出自其本意，而是在他人的暴力强制下实施的。换言之，夏伟业只是他人实施强奸和杀人的工具，应当由他人作为间接正犯对强奸和杀人承担刑事责任。对于这种情形，《刑法》第16条规定：行为在客观上虽然造成了损

[①] 参见《团伙逼检察人员强暴女生杀人，拍照片勒索一千万》，http://bbs.tianya.cn/post-funinfo-1546836-1.shtml，最后访问时间：2022-01-20。

第二节 胁从犯的认定

害结果，但是不是出于故意或者过失，而是由于不能抗拒的原因所引起的，不是犯罪。从这一规定看，重点是强调损害结果是由不能抗拒的原因引起的。那么，什么是"不能抗拒的原因"？我认为，"不能抗拒的原因"是指非出于行为人意志自由的原因。在这种情况下，虽然发生了损害结果，但由于损害结果非出于行为人的意志自由，故对于该损害结果行为人无须承担刑事责任。

我国台湾地区学者林山田指出，下述行为非出于行为人的意思决定，因而并非刑法概念上的行为：(1) 无意识参与作用的反射动作；(2) 受他人之力的直接强制，在完全无法抗拒，而其意思决定与意思活动完全被排除或被支配的情况下的机械动作；(3) 睡眠中或无意识中的行动或静止；(4) 因病情发作的抽搐，或因触电或神经反射而生的痉挛；(5) 手脚被捆绑而欠缺行动可能性的静止等。[①] 本案类似于第二种情形。在这种情形下，虽然不像第五种情形那样，完全丧失了行动可能性，但行为人遭受他人暴力的直接强制，已经丧失意志自由，应属于因"不能抗拒的原因"而导致损害结果发生，行为人不应承担刑事责任。当然，在这种情况下，需要考察行为人是否完全丧失意志自由。如果并未完全丧失，行为人仍然应当对损害结果承担刑事责任，只不过存在一定的可宽宥性，在量刑时应当从宽处罚。例如，在本案中，如果绑匪的胁迫构成了对夏伟业的精神强制，但这种强制尚未完全剥夺其意志自由，则夏伟业受胁迫实施犯罪的情形就构成胁从犯。根据《刑法》第28条的规定，对于胁从犯，应当按照行为人的犯罪情节减轻处罚或者免除处罚。

(二) 因紧急避险阻却违法而无罪

这种观点认为，紧急避险是违法阻却事由。在德国刑法中，除了合法化的紧急避险，还规定了免责的紧急避险。合法化的紧急避险是违法阻却事由，免责的

---

① 参见林山田：《刑法通论（增订版）》，上册，118页，北京，北京大学出版社，2012。

紧急避险是责任阻却事由。① 我国刑法只规定了作为违法阻却事由的紧急避险,没有规定免责的紧急避险。根据《刑法》第 21 条第 1 款的规定,为了使国家、公共利益、本人或者他人的人身、财产和其他权利免受正在发生的危险,不得已采取的紧急避险行为,造成损害的,不负刑事责任。值得注意的是,刑法规定实施紧急避险行为必须是"不得已"。这是指除采取损害其他合法权益的方法以外,没有其他保护合法权益的方法。在本案中,夏伟业实施强奸、杀人行为是否属于迫不得已?这种观点认为,在绑匪的胁迫下,夏伟业为了保全自己的生命而服从绑匪的指令,对被害人实施强奸和杀害行为,是一种为了保全自己生命而损害他人合法权益的紧急避险行为;但根据紧急避险的一般原理,不得以牺牲他人生命为代价来保全自己的生命,因而夏伟业的行为属于紧急避险过当,应当承担一定的刑事责任。

如前所示,紧急避险是以行为符合构成要件为前提的。尽管刑法规定实施紧急避险必须是"不得已",但"不得已"不能等同于完全丧失意志自由,而是指除采取紧急避险外没有其他方法。由此可见,紧急避险仍然是以行为人具备意志自由为前提的。在现实生活中,在绑匪剥夺生命的暴力威胁下不得已实施犯罪的情形偶有发生,这种情形也可能构成紧急避险;当这种紧急避险超过必要限度时,避险人应承担刑事责任。当然,如果符合胁从犯的成立条件,则应当减免处罚。在本案中,夏伟业是在受到紧迫生命威胁的情况下实施强奸和杀人,行为当时夏伟业实际上已经丧失意志自由,其实施强奸和杀人行为不能再被视为是其意志自由支配下的行为,因而在行为论这一层面就已经排除构成犯罪的可能性,故不应再将其认定为紧急避险。

(三) 因缺乏期待可能性而无罪

这种观点认为,在本案中,夏伟业的强奸、杀人行为之所以不构成犯罪,是

---

① 参见 [德] 汉斯·海因里希·耶赛克、托马斯·魏根特:《德国刑法教科书》,上,徐久生译,477 页,北京,中国法制出版社,2017。

第二节 胁从犯的认定

因为在当时特定的情境中，缺乏期待夏伟业不实施犯罪的可能性。"期待可能性是指行为之际的现实情形，能够期待行为人不实施犯罪行为而实施适法行为；反之，则为期待不可能性。"① 由此可见，期待可能性所涉及的是，在行为符合构成要件且具备违法性的情况下，因为不具有期待可能性而免除行为人的责任。在本案中，夏伟业因受到他人的暴力强制，处于丧失意志自由的状态，因此不能期待其不实施强奸、杀人行为。从这个意义上说，以缺乏期待可能性为由出罪，似乎符合逻辑。

这里涉及意志自由与期待可能性的关系问题。"期待可能性和意志自由属于本质相同的主观性要素，都是关于行为人在行为时有没有自我决意的可能性，或有无选择数个受到不同社会评价的行动的可能性。但是，意志自由是社会领域一切责任的基础，而期待可能性是规范性的意志自由概念。在刑事责任中，用期待可能性概念替代意志自由概念，实际上是以意志自由为基础，利用了刑法的强制规范功能和教育功能，可以较好地实现刑法的保护机能与人权保障机能之间的均衡。"② 这是将期待可能性与意志自由描述为一体两面的关系。笔者认为，期待可能性虽然以意志自由为前提，没有意志自由就没有期待可能性，但是，意志自由并非直接对应于期待可能性，在没有意志自由的情况下，根本就不存在刑法意义上的行为。例如，对于夏伟业而言，在受到他人暴力强制的情况下，其行为并非出自个人意愿，其已经丧失意志自由。对夏伟业应以不可抗力为由出罪，而不能再以期待可能性的法理作为出罪根据。

经过以上分析，我的观点是，本案中夏伟业的行为是出于不能抗拒的原因而实施，其不应对强奸、杀人行为承担刑事责任。虽然结论是明确的，但背后的实质根据才是更值得深入研究的问题。我认为，引入他行为能力的法理，对于正确处理此类案件具有重要意义。也就是说，在本案中，需要考察的是，在当时特定

---

① 童德华：《刑法中的期待可能性论》，5页，北京，法律出版社，2015。
② 童德华：《刑法中的期待可能性论》，37页，北京，法律出版社，2015。

第十四章 胁从犯

的环境下,夏伟业是否具有实施其他行为的可能性。如果没有实施其他行为的可能性,只能被迫实施强奸、杀人行为,则可以欠缺他行为能力为由否定夏伟业成立犯罪。

在刑法教义学中,他行为能力概念是指行为人是否具有实施其他行为的能力。因此,当我们采用"他行为"这个概念时,就已经预设了"本行为"。而在讨论行为人是否具有他行为能力时,行为人显然已经实施了"本行为",只是如何从刑法上评价"本行为",还取决于行为人是否具有实施"他行为"的能力。因此,分析他行为能力其实是为了处理"本行为"的法律性质问题。在使用他行为能力概念时,行为人并没有实际实施其他行为。因此,他行为能力只是一种可能性,即实施其他行为的可能性。能力和可能性,虽然用语不同,但就其内容而言,两者是可以相互转换的。我国台湾地区学者李文健就曾指出:可能性和能力表面上看起来虽然是两个不同的概念,其实是一体两面;我们不正可以说,因为行为人有他行为能力,所以有实施其他行为的可能性;可能性其实就是具备能力以后的反映,能力是可能性的实质基础。[①] 因此,基于缺乏他行为能力才能从根本上为本案中的夏伟业无罪提供理论根据。以此为前提,我们可以进一步得出结论:在被胁迫参加犯罪的情况下,如果行为人缺乏他行为能力,则不能成立胁从犯。

二、胁从犯和不可抗力

根据我国《刑法》第16条的规定,行为在客观上虽然造成了损害结果,但不是出于故意或者过失,而是由于不能抗拒的原因所引起的,不认为是犯罪。如果行为人在身体上完全受强制,丧失了意志自由,那么,尽管由此而造成了客观损害,但因主观上没有罪过,行为人不应承担刑事责任。

[①] 参见李文健:《罪责概念之研究——非难的实质基础》,81页,台北,自版,1998。

第二节 胁从犯的认定

根据因果行为论，行为是意思活动的实现，是在意思支配下改变外部世界的因果历程。因此，行为包含两个要素：心素与体素。心素是指意思活动。李斯特指出："每一个任意行为都是意思活动，也就是说，每一个行为都是由人的思想所决定的，与机械的或生理上的强制无关。意思活动可以存在于任意的作为或不作为之中。因此，在痉挛状态下毁坏他人财物，因昏厥而使其履行义务受阻，因绝对的不可抗力而迫使其主动或被动地行为的，均不是（刑法意义上的）行为。"① 通过将意思活动确定为行为的主观要素，将那些非出于行为人意思决定的行为排除在行为概念之外，实现了行为概念的界限要素机能。大塚仁指出："关于作为犯罪概念基底的行为，其中，特别应该作为问题对待的，是作为界定要素的机能。它不外乎是刑法评价为犯罪的前提，是作为界定要素的行为。"② 通过行为概念的界限要素机能，一般都会把无意识状态下的身体举止，在身体遭受物理强制（例如捆绑）或者在受到他人暴力强制的情况下所产生的身体举止，排除在行为之外。罗克辛指出："行为必须具有把那些从一开始就与行为构成变化特性无关的、在刑法评价中不能考虑的事物全部加以排除的功能。这些事物包括由动物引起的事件，法人的动作，单纯的思想和态度，另外还有外部世界的影响，例如，痉挛性发作，神志昏迷等不在神经系统控制和支配下的情况。"③ 对于把这些事件从行为中予以排除，不会发生争议，但其他一些情形的排除就可能引发争议，例如，李斯特所论及的因绝对的不可抗力而被迫主动或被动地行为的情形。这就是所谓的不可抗力。

不可抗力涉及在外力强制下实施的行为，而如何理解强制的形式和强度，是一个有争议的问题。例如，意大利刑法第 45 条规定："因意外事件或者不可抗力而实施行为的，不受处罚。"第 46 条规定："因遭受他人采用的、不可抵抗的或

---

① ［德］李斯特：《德国刑法教科书》，修订译本，徐久生译，177 页，北京，法律出版社，2006。
② ［日］大塚仁：《刑法概说（总论）》，3 版，冯军译，108 页，北京，中国人民大学出版社，2003。
③ ［德］克劳斯·罗克辛：《德国刑法学总论》，第 1 卷，王世洲译，147 页，北京，法律出版社，2005。

第十四章 胁从犯

者不能以其他方式避免的暴力而被迫实施行为的，不受处罚。"意大利学者指出：第45条规定的不可抗力是一种外在的自然力，它决定主体的身体不可能用其他方式行动。第46条规定的身体受强制实际上也是一种不可抗力，但是有一定的区别，即身体受强制是由他人实施的物质性暴力（如果是精神性暴力或威胁，则适用意大利刑法第54条第3款）。① 也就是说，狭义的不可抗力是指自然的破坏力，而广义的不可抗力包括身体受强制在内，身体受强制则指向他人实施的物质性暴力。

根据意大利刑法第46条的规定，身体强制的形式必须是暴力，并且是不可抗拒的暴力。这里有两个值得研究的问题：第一，如何理解这里的暴力；第二，如何理解这里的不可抗拒。应该说，暴力强制是物理强制，而且必须达到不可抗拒的程度。意大利学者指出："根据通说，这种强制必须是绝对的，即主体不可能实施不同于其被强制实施的行为。在身体受强制的情况下，被强制的人 non agit, sed agitur，纯粹是用暴力进行强制者的工具，因而刑事责任应由强制者来承担。"② 根据意大利的刑法理论，这里的身体强制是一种绝对的强制，使人丧失意志自由，因而属于排除意识与意志的行为。如果是相对的强制，则仍然存在刑法意义上的行为，强制只是排除罪过（责任）的原因，即可原谅的理由 (le scusanti)。总之，在绝对强制的情况下，行为人不具有他行为能力；在相对强制的情况下，行为人具有他行为能力。前者属于不可抗力，后者属于罪责排除事由。

我国刑法中也有关于不可抗力的规定，即《刑法》第16条：行为在客观上虽然造成了损害结果，但是不是出于故意或者过失，而是由于不能抗拒的原因所

---

① 参见［意］杜里奥·帕多瓦尼：《意大利刑法学原理》，陈忠林译评，112页，北京，中国人民大学出版社，2004。

② ［意］杜里奥·帕多瓦尼：《意大利刑法学原理》，陈忠林译评，112页，北京，中国人民大学出版社，2004。"non agit, sed agitur"的含义是："不是（自己）在行动，而是被（他人）强迫行动"（见该书，第113页）。

第二节 胁从犯的认定

引起的，不是犯罪。我国刑法学界一般认为，所谓不可抗力是指在特定的场合下，非人力所能抗拒的力量，它包括自然力和非自然力的强制。自然力通常有：(1) 机械力量；(2) 自然灾害；(3) 动物的侵袭；等等。非自然力主要是指人力的作用。由于这些自然力和非自然力的强制与作用，因而行为人对于损害结果的发生无能为力，不能加以阻止或排除。例如，铁路扳道工被歹徒捆绑，不能履行扳道职责，致使列车相撞，造成重大事故。扳道工对于自己不履行扳道义务会导致事故发生，在主观上是有预见的，但是，身体受到外力强制而不能履行扳道义务，却不是出自其本意，而是由不可抗力决定的，所以扳道工不成立犯罪，不负刑事责任。① 总之，不可抗力作为出罪根据，应该是基于无行为而非无罪过。②

关于"不能抗拒的原因"，一般认为是指受到物理强制而不是受到精神强制。例如，我国学者冯军认为，人们通常把"不能抗拒"解释为一种物理强制（例如身体被捆住），而不是扩大解释为一种精神强制（例如，被人用手枪逼着）。③ 在此，冯军将物理强制认定为不可抗力是正确的，但能否把物理强制限制地解释为身体被捆绑从而完全失去人身自由等情形，却将用手枪逼迫只是归为精神强制，是值得商榷的。我国学者在论及不可抗力与被胁迫时认为："所谓强制的不可抗力，应该是他人对行为人身体的绝对强制。这里的绝对强制包括限制与控制。所谓限制，就是对行为人人身的拘禁，使本身负有法定义务的行为人无法履行义务，而这种不作为行为与被胁迫的情况下的不作为的区别是，前者的不作为不具有刑法意义，而是被拘禁的自然后果，排除了行为的可能性；而后者的不作为则是虽然有可能作为，但是由于心理受到压力或者作为后可能导致严重的后果发生，因而不敢实施行为。所谓控制，就是在客观上绝对控制他人身体，如捆绑、用暴力导致昏迷等情况，在这种情况下，行为人的身体被强制人当作无意志之根

---

① 参见赵廷光主编：《中国刑法原理（总论卷）》，365 页，武汉，武汉大学出版社，1992。
② 关于不可抗力与意外事件的区分，参见陈兴良：《论无罪过事件的体系性地位》，载《中国政法大学学报》，2008（3），32 页。
③ 参见冯军：《刑事责任论》，231 页，北京，社会科学文献出版社，2017。

据和机械来使用，造成后果的，也不能认为系出自行为人自身的行为。"① 以上论述对不可抗拒的强制和胁迫的区分提出了个人见解，具有一定的参考价值。

如前所述，在行为人受到捆绑等使人无法行动的物理强制的情况下，认定成立不可抗力，从而否定行为人具有他行为能力，一般是没有疑问的。但问题在于，在精神强制的情况下，能否成立不可抗力从而否定行为人具有他行为能力？对此存在争议。我认为，完全否认在精神强制的情况下可以成立不可抗力的观点，是值得商榷的。精神强制并不只是精神性的胁迫，在许多情况下是以暴力为后盾的。因此，物理强制和精神强制的区分标准有待进一步厘清。如果直接以暴力为后盾相胁迫，则应归为物理强制而不是精神强制；间接以暴力为后盾相胁迫，则应归为精神强制而不是物理强制。前者以即时暴力为内容，如果不服从，暴力即刻降临；后者以未来暴力为内容，如果不服从，暴力不会即刻发生。一般认为，抢劫罪中的暴力胁迫即以即时暴力为后盾，被害人因此会丧失意志自由；敲诈勒索罪中的暴力威胁则以未来暴力为后盾，被害人并不会因此而完全丧失意志自由。

根据以上标准进行分析，在前述夏伟业案中，虽然在实施被胁迫的行为时，夏伟业只是受到生命威胁，但事先夏伟业已经被歹徒绑架，处于丧失人身自由的状态。对此，将夏伟业的行为认定为是受到不可抗拒的强制的结果，是具有合理性的。夏伟业所面对的是会立即付诸实现的死亡威胁，从这种威胁尚未转化为现实的角度说，似乎仍停留在精神强制的层面，但是，如果夏伟业不对被害人实施强奸、杀害行为，就会直接面临自己被杀害的结局。就此而言，这种即时的生命威胁甚至比某些已经实施的暴力强制还要严重。在这种情况下，应当将夏伟业所面临的强制认定为以暴力为内容的物理强制。

无论对物理强制和精神强制采取何种区分标准，对于以下这一点应该说是没有疑问的：在物理强制的情况下，行为人丧失了意志自由，欠缺他行为能力；在精神强制的情况下，虽然行为人的行为选择受到一定的外部制约，但行为人并没

---

① 孙立红：《刑法被胁迫行为研究》，55页，北京，中国人民公安大学出版社，2010。

有完全丧失意志自由,仍然具有他行为能力。

三、胁从犯和紧急避险

根据我国《刑法》第 21 条的规定,为了使国家、公共利益、本人或者他人的人身、财产和其他权利免受正在发生的危险,不得已采取的紧急避险行为,造成损害的,不负刑事责任。如果行为人受到他人的胁迫,为保护更大的利益而屈从于他人的胁迫,应视为紧急避险,不以胁从犯论处。例如,民航客机在飞行中,劫持飞机的罪犯用枪逼迫驾驶员和乘务员把飞机开到指定的地方。这时,如果驾驶员和乘务员不怕威逼恐吓,制服了罪犯当然更好。但是,我们不能强求他们必须与罪犯拼个你死我活,否则就以胁从犯论处,这显然是不合适的。因为劫持飞机的人一般都是亡命之徒,并掌握着足以造成机毁人亡的武器,如果发生正面冲突,会发生不堪设想的严重后果。因此,驾驶员为了保护全体乘客的生命和国家财产的安全,把飞机开到罪犯指定的地点,不能认为是胁从犯。一般来说,在被胁迫的情况下,只有为了保护公共利益而屈从于胁迫者,实施了一定的损害行为,才不认为是胁从犯,应以紧急避险论处。如果为了苟全本人的性命,牺牲重大公共利益,就谈不上紧急避险。例如一个间谍潜入我部队的高级指挥机关,企图窃取我国国防上的核心军事机密。他闯入机要室时,用枪逼着机要员把保险柜的钥匙交出来,或者直接把机密文件交出来,否则就打死他。在这种情况下,机要员不是为保护国家的重要军事机密和国家利益与间谍搏斗,或者以身殉职,而是为了活命而听从敌人摆布,交出军事机密,该机要员能否说是紧急避险呢?显然不能。因为军事机密涉及国家军事利益和千百名战士的生命,牺牲如此重大的利益保全个人生命,不能认为是紧急避险。即使符合紧急避险的前提条件,也应该认为是超过了紧急避险的必要限度,造成了不应有的危害,应当负刑事责任。我国《刑法》第 21 条第 2 款规定避险过当的,应当减轻或者免除处罚。而《刑法》第 28 条规定对胁从犯也是减轻处罚或者免除处罚,说明两者的处罚原则

完全一致，对这种情况下的人以胁从犯论处是合适的。

四、胁从犯和胁迫形式

在被胁迫参加犯罪的情况下，除不可抗力与紧急避险，是否还存在其他阻却行为人的刑事责任的事由？在我国刑法学界，对这个问题的认识并非一致，主要分歧在于精神强制的情况下是否可以阻却责任，对此存在互相对立的两种观点。第一种观点认为，在受到已实施了某些暴力侵害或以当场实施暴力相威胁的胁迫下，被强迫者具有下列心理状态：第一，意志自由被突然的侵袭所抑制，神经处于高度紧张状态之中，基本上处于不能自制和不能自由表示的境地；第二，被强迫者本无犯罪意图，此时亦不希望犯罪结果发生，同样，更没有放任的心理态度；第三，在不情愿或身不由己（即不得已）的情况下，他的行为是不自觉地实施的，完全违背其本意的。上述心理状态表明，被强迫者的意志自由基本丧失。因此，不应该让其负刑事责任。[1] 第二种观点认为，被胁迫者的行为不符合紧急避险时，不可能由于受胁迫达到一定程度而阻却责任。因为，除非胁迫者诱发了被胁迫者的精神病，即使以死相逼也未必能使被胁迫者丧失意志自由或成为机械。[2] 在外国刑法中，有在精神强制下参加犯罪而不予问罪的立法例，例如《加拿大刑法典》第17条（强暴胁迫）规定："当场受他人以死亡或重伤害之紧急胁迫而犯罪，如相信其胁迫即将施行而未参与该犯罪行为之预谋或共犯者，其犯罪不罚。但本条之规定，于叛逆罪、杀人罪、海盗罪、谋杀罪、帮助强奸罪、强制略诱罪、强盗罪、致人伤害罪或放火罪，不适用之。"由此可见，《加拿大刑法典》虽然规定在精神强制下参加犯罪可以不予处罚，但同时在强制的时间、强

---

[1] 参见汪磊：《强迫犯罪及被胁迫者的责任分析》，载《法学与实践》，1986（3），64页。
[2] 参见杨诚：《论教唆犯与间接实行犯的理论区别》，载《上海市法学研究生论文集》，155页，上海市研究生法学协会、华东政法学院研究生会，1985。

度、范围等多方面加以限制。根据我国刑法的有关规定,我们同意精神强制不能阻却行为人的刑事责任的观点。因为在这种情况下,行为人的意志只是受到一定的抑制,但并没有完全丧失意志。被胁迫的人之所以违心地屈从胁迫者而参加了犯罪,也正是经过利弊权衡以后作出的决定,这一决定本身就表明被胁迫者还是具有一定程度的意志自由的,对其以胁从犯论处是应该的。

胁迫既包括对人身将要实施暴力相威胁,还包括对财产造成损失相威胁以及揭发隐私等,使行为人迫于精神上的强制,不得不参加犯罪。我国学者认为如果某一种胁迫手段还没有达到足以使人去犯罪的程度,就不能定胁从犯。对于以揭露被胁迫人的隐私、劣迹,损毁其名誉、人格,以及利用从属关系和求助关系进行的胁迫,原则上就不应当认定为胁从犯。因为这一类胁迫手段强度相对较弱,时间性也并不急迫,被胁迫人完全有条件采取抵制的做法。而被胁迫人没有这样做,或者是由于存有私念,或者是本人的性格比较软弱,这些都不能作为减轻或者免除处罚的理由,所以均不应当构成胁从犯。[①] 我认为这种观点不妥。在我看来,只要行为人参加犯罪是被胁迫的,且在共同犯罪中起较小的作用,就应当认为是胁从犯。至于胁迫的形式及其程度,只是对确定胁从犯是减轻处罚还是免除处罚以及减轻的幅度具有意义。关于这个问题,在胁从犯的处罚中还将论及,在此不赘述。因此我认为,无论是在对人身伤亡的威胁还是对财产损害的威胁或者是其他形式的胁迫手段的作用下,都可以成立胁从犯。

第三节 胁从犯的处罚

一、胁从犯减轻或者免除处罚的根据

胁从犯是共犯的一种类型,已经构成犯罪,予以适当的处罚,不仅对其本人

---

① 参见陈忠槐:《略论胁从犯》,载《法学研究》,1986(5),27页。

是一种教育与挽救，对于他人也具有教育意义。但我国刑法又规定，对胁从犯应当减轻或者免除处罚。那么，胁从犯减轻或者免除处罚的根据何在呢？关于这个问题，我国共犯教义学中一般都只是从罪刑相当的角度进行论证，认为胁从犯罪小，因此刑也应轻，鲜有从刑罚目的的意义上加以阐发的。即胁从犯再犯可能性小，只要予以较轻的处罚就足以遏制其再犯，以及防止他人步其后尘。在此，我想从上述两个方面对胁从犯减轻或者免除处罚的根据进行论述。

（一）法益侵害性较轻

罪刑均衡是我国刑法的基本原则之一，它揭示了罪与刑之间的等价关系。罪刑均衡的原则要求我们在对犯罪分子确定刑罚（包括立法与司法）的时候，应该从行为的法益侵害程度出发，予以相应的惩罚，惩罚的限度不能逾越行为的法益侵害程度。由于胁从犯是被胁迫而参加犯罪，从主观上说不是完全出于自愿或者自觉，主观恶性比较小；从客观上说胁从犯在共同犯罪中所起的作用也比较小，是法益侵害性最小的共同犯罪人。因此，我国刑法规定对胁从犯减轻或者免除处罚，正是罪刑均衡的刑法基本原则的体现。

（二）人身危险性较小

刑罚目的是我国刑法对犯罪分子量刑施罚的指南，在对犯罪分子适用刑罚的时候，必须考虑刑罚目的的要求，对于主观恶性深，再犯可能性大的犯罪分子，予以较重的处罚；对于主观恶性浅，再犯可能性小的犯罪分子，予以较轻的处罚。而胁从犯就属于再犯可能性小的犯罪分子，因为他是被胁迫参加犯罪的，主观上具有一定程度的不自愿或者不自觉性，只要及时予以制止，将来再犯的可能性很小。因此，刑法规定对胁从犯减轻或者免除处罚，也体现了我国刑罚的目的。

二、胁从犯的犯罪情节的理解

我国刑法规定，对胁从犯应当按照他的犯罪情节，减轻或者免除处罚。因

此，在对胁从犯处罚的时候，首先要考虑其犯罪情节。那么，什么是胁从犯的犯罪情节呢？我认为，胁从犯的犯罪情节是被胁迫与在共同犯罪中的作用的统一。也就是说，在考察胁从犯的犯罪情节的时候，既要考察胁从犯被胁迫的情节，又要考察胁从犯参与犯罪的程度以及在共同犯罪中的作用。只有把上述两个方面有机地结合起来，才能正确地对胁从犯加以处罚。

（一）被胁迫程度

考察被胁迫的程度，对于胁从犯的处罚具有重大意义。因为被胁迫的程度与其意志自由的程度是成反比例的，当然也与其行为的法益侵害程度成反比例。被胁迫程度轻，说明他参加犯罪的自觉自愿程度大一些；相应地，其行为的法益侵害程度也要严重一些。反之，被胁迫的程度重，说明他参加犯罪的自觉自愿程度小一些；相应地，其行为的法益侵害程度也要轻一些。那么，被胁迫的程度又是由什么决定的呢？我认为是由胁迫的手段决定的。胁迫手段，可以分为三类：第一类是重度胁迫，指以杀害相威胁，这里的杀害对象既可以是被胁迫者本人，也可以是被胁迫者的亲属。在这种情况下，被胁迫者如果不参与犯罪，就会当场被杀死。有时，胁迫者甚至先杀死一个人，以此来胁迫其他人参与犯罪。这种胁迫程度比较严重，如果被胁迫者违心地屈从于胁迫者的淫威而实施了犯罪，可宽恕性大，一般可以免除处罚。在英美刑法中，以死亡为威胁，构成威逼（Duress，该词译成胁迫较妥），而威逼是重要的辩护理由。[①] 在我国刑法中，因被杀害的胁迫而参加犯罪虽然不能阻却刑事责任，但在通常的情况下予以免除处罚是合适的。第二类是中度胁迫，指以伤害相威胁，包括以重伤与轻伤相威胁，在这种情况下，应结合其在共同犯罪中的作用，以确定对其是减轻处罚还是免除处罚。第三类是轻度胁迫，指以损害财产或揭发隐私等相威胁，在这种情况下，被胁迫的人参加了犯罪，在共同犯罪中作用较小，仍然可以构成胁从犯。但一般来说，不宜免除处罚，而应该减轻处罚。

---

① 参见欧阳涛等：《英美刑法刑事诉讼法概论》，55页，北京，中国社会科学出版社，1984。

第十四章　胁从犯

（二）共同犯罪中的作用

胁从犯在共同犯罪中的作用，对于胁从犯的处罚具有决定性的意义。在考察胁从犯在共同犯罪中的作用的时候，首先要看胁从犯实施的是帮助行为还是正犯行为。一般来说，帮助行为的危害小一些，正犯行为的危害大一些。此外，还要看胁从犯实施的行为对于犯罪结果的作用力的大小。总之，在考察胁从犯在共同犯罪中的作用的时候，要综合全部案件进行认真分析。

第十五章
教唆犯

第一节 教唆犯的概念

根据我国《刑法》第 29 条的规定，教唆他人犯罪的，是教唆犯。教唆犯是我国刑法关于共同犯罪人分类中较为特殊的一种类型。我国刑法对共犯的分类基本上是以犯罪分子在共同犯罪中的作用为标准的，但教唆犯却是以参与者在共同犯罪中的分工为标准对共犯进行分类的结果。这主要是因为教唆犯的定罪量刑，具有某些不同于其他共犯的特点。因此，在研究教唆犯的时候，首先应该从其特征着手，把握教唆犯的概念。

一、教唆犯的特征

教唆犯罪是一种特殊的犯罪形式，在共同犯罪中，教唆犯处于一种十分独特的犯罪地位。对于教唆犯的特征的认识，有助于揭示教唆犯的法益侵害性。那

第十五章　教唆犯

么，教唆犯有哪些特征呢？我认为，教唆犯具有下列两个基本特征。

（一）教唆犯是犯意的制造者

犯意的产生，在大多数情况下，都是犯罪分子的反社会意识量的积累导致质变的结果，有直接的内在必然性。但在少数情况下，一个人尽管可能存在犯罪的思想基础——反社会意识，但反社会意识的量还没有积累到发生质变，外化为犯罪行为的程度，也就是说，犯罪的思想基础还没有直接转化为犯罪的动因，但在他人的教唆下，却走上了犯罪道路。因此，教唆就成为一个人的反社会意识迅速膨胀的催化剂。教唆犯就是这种以对他人灌输犯罪意图、制造犯意为己任的共同犯罪人。教唆犯之于社会，犹如病菌的携带者，向他人，尤其是那些意志薄弱者传播犯罪毒素，使社会受到犯罪的感染。因此，在某种意义上可以说，教唆犯是犯罪之病源。明确教唆犯的这一特征，使我们更加深刻地认识到教唆犯在共同犯罪中的恶劣作用及其所处的独特地位。

（二）教唆犯通过他人实现其犯罪意图

教唆犯制造犯罪意图，激发起他人的犯罪决意，其目的是假他人之手实现本人的犯罪意图。因此，教唆犯本人并不亲自实施刑法分则所规定的具体犯罪行为，而只是唆使他人去实行，这就决定了教唆犯在共同犯罪中扮演的是幕后策划者的角色。

教唆犯的上述两个特征是同时并存的，这两个特征互相结合，才能揭示教唆犯在共同犯罪中的独特地位，并把教唆犯与其他共同犯罪人加以区别。教唆犯是犯意的制造者这一特征，使教唆犯与帮助犯得以区别。帮助犯虽然也不直接参加犯罪的实行，在共同犯罪中只是起辅助作用，但帮助犯不是犯意的制造者，他是在实行犯已经产生了犯意的基础上，予以物质的或者精神的支持，即使是精神支持，也只限于为实行犯撑腰打气，巩固与坚定其已经产生的犯意，加速其犯意外化为犯罪行为而已。这与将犯意灌输给没有犯罪意图的人，从而使他人产生犯意进而实行犯罪的教唆犯显然是有所不同的。教唆犯本人不直接实行犯罪这一特征，则使教唆犯与正犯，尤其是共同正犯中的造意犯加以区别。共同正犯中的造

第一节 教唆犯的概念

意犯是指首先倡议继而与他人共同实行犯罪的人。这种人也是犯意的制造者，其他正犯就是在他的唆使下产生犯罪意图的，从这个意义上来说，他与教唆犯是有相同之处的，但他在制造他人犯意以后还与他人共同实行犯罪，这是他与教唆犯的相异之处。在本书以后的有关章节中我们还要进一步谈到这种共同正犯。总之，教唆犯的上述两个特征是教唆犯的质的规定性之所在，据此可以把教唆犯和其他共同犯罪人加以区别。

二、教唆犯的种类

（一）教唆犯种类问题上的理论纷争

1. 教唆犯种类观点概览

在共犯教义学中，教唆犯的种类是一个莫衷一是的问题，包括以下两种观点：第一种观点主张教唆犯可以分为以下四种情形，即单纯教唆犯、复杂教唆犯、共同教唆犯与同时教唆犯。[①] 第二种观点主张教唆犯可以分为以下五类九种情形：共同教唆与单独教唆、直接教唆与间接教唆、连续教唆与教唆连续、教唆之未遂与未遂之教唆、陷害教唆。[②] 我国学者把教唆犯分为以下三类六种情形：单独教唆犯与共同教唆犯、直接教唆犯与间接教唆犯、一般教唆犯与特殊教唆犯。[③] 在日本刑法理论中，还有独立教唆犯，也是作为教唆犯的种类而存在的。我认为，教唆犯的种类只限于单独教唆犯与共同教唆犯、直接教唆犯与间接教唆犯。上面提到的单纯教唆犯与复杂教唆犯只不过是直接教唆犯与间接教唆犯的别称；连续教唆与教唆连续应属于共同犯罪与一罪数罪中研究的问题；教唆之未遂与未遂之教唆是共同犯罪与未完成罪中研究的问题；陷害教唆则与教唆故意有

[①] 参见耿文田：《教唆犯论》，13～15页，上海，商务印书馆，1935。
[②] 参见褚剑鸿：《刑法总则论》，5版，268～271页，台北，有盈印刷有限公司，1984。
[③] 参见吴振兴：《论教唆犯》，87页，长春，吉林人民出版社，1986。

关，理应在教唆故意中研究；至于同时教唆犯可以在共同教唆犯中顺便加以说明，没有必要单独列为教唆犯的种类。关于一般教唆犯与特殊教唆犯、独立教唆犯，问题稍微复杂一些，它们为什么不是教唆犯的种类，有必要投诸笔墨，略加说明。

2. 一般教唆犯与特殊教唆犯的分类辨析

我国学者认为，根据被教唆者是否实施了被教唆的犯罪行为，教唆犯与被教唆者是否具有共犯关系，可以把教唆犯划分为一般教唆犯与特殊教唆犯。一般教唆犯是指共同犯罪中的教唆犯，特殊教唆犯是指独立存在的教唆犯，并且认为两者构成要件与处罚原则都有所不同，有必要加以区别。① 这里所谓特殊教唆犯就是我国《刑法》第29条第2款规定的教唆未遂的情形。在我看来，教唆的未遂是教唆犯的未遂形态之一种，应在教唆犯与犯罪未遂中加以研究，根本没有必要作为教唆犯的种类予以特殊对待。诚然，在教唆的未遂问题上存在各种观点的聚讼，我们的任务是要在对各种观点进行辨析的基础上，得出正确的结论。那种为了从各种观点的争论中解脱出来而另起炉灶的方法，虽然在不少情况下不失为一条摆脱困境的捷径，但大有逃避矛盾之嫌。况且，在我们看来，把教唆的未遂视为特殊教唆犯而从教唆犯中分离出来，根据并不充分。

其一，论者认为，教唆的未遂是与被教唆者是否实施了被教唆的犯罪行为相联系而形成的一个概念。所以，它总是带有一定的共同犯罪中的教唆犯的痕迹，但被教唆者没有犯被教唆的罪这种特殊情况下，教唆犯罪已在事实上成为一种独立的犯罪现象。② 我认为，教唆犯是共同犯罪中的一个范畴，凡与教唆犯有关的一切概念，当然受着共同犯罪的制约。即使是在被教唆的人没有犯被教唆的罪的情况下，教唆犯与被教唆的人虽然不构成共同犯罪，但这也是发生在共同犯罪中的一种特殊情形，是共同犯罪的伴生现象，它并不是与共同犯罪完全无关的一种

---

① 参见吴振兴：《论教唆犯》，96、109页，长春，吉林人民出版社，1986。
② 参见吴振兴：《论教唆犯》，104～105页，长春，吉林人民出版社，1986。

第一节 教唆犯的概念

独立的犯罪现象。否则，就难以理解我国刑法为什么在共同犯罪一章中规定教唆的未遂这种现象。从教唆的未遂的情况下，教唆犯与被教唆的人之间不构成共同犯罪这个意义上来说，这种教唆犯当然是有一定的特殊性的，但如果夸大这种特殊性，把它与共同犯罪完全相隔绝，无助于揭示教唆的未遂这种犯罪现象的本质。

其二，论者认为，教唆犯具有两种未遂形态：一种是一般情况下的未遂形态，叫作未遂犯的教唆犯；另一种是特殊情况下的未遂形态，叫作教唆犯的未遂犯。对于一种犯罪来说，竟然具有两种未遂形态，使人感到难以辨别。[1] 在刑法理论上，共犯独立性说认为上述两种未遂同属于教唆犯的未遂，两者没有区别可言。而共犯从属性说，从其本意上来说，只承认未遂犯的教唆犯，至于在被教唆的人没有犯被教唆的罪的情况下，教唆犯没有着手实行犯罪，因此根本不认为是犯罪，至多不过是犯罪预备。但有些国家的刑法又规定了对这种教唆犯应予处罚。在这种情况下，为与立法保持一致，只得承认其为教唆犯的未遂犯，但又认为它与未遂犯的教唆犯具有严格区别。我国刑法坚持共犯的从属性与独立性的统一，坚持从行为人本人行为的发展过程去确定犯罪阶段。因此，教唆犯的犯罪停顿状态应以教唆行为为准，而不以被教唆的人为转移。根据这一原则，教唆犯岂止具有两种未遂形态，除上述两种未遂形态以外，被教唆的人的预备、中止，对于教唆犯来说，只要是违背他的意志的，都应成立犯罪未遂。因此，教唆犯具有四种未遂形态。[2] 我国学者之所以在这个问题上发生困惑，是与其对教唆犯的未完成罪的认识有关的。论者认为，一般教唆犯的未完成罪问题，大多是由被教唆者（正犯）的犯罪活动进程所决定的。比如，被教唆者是犯罪的预备，教唆犯则属于预备犯的教唆犯。被教唆者是犯罪的未遂，教唆犯则属于未遂犯的教唆犯。

---

[1] 参见吴振兴：《论教唆犯》，105 页，长春，吉林人民出版社，1986。
[2] 参见本书第二十四章第三节第三部分：教唆犯与犯罪未遂。

第十五章 教唆犯

被教唆者是犯罪的中止，教唆犯则属于中止犯的教唆犯。[①] 根据这种观点，被教唆的人在实行犯罪的过程中自动中止了犯罪，尽管这种中止是违反教唆犯的意志的，教唆犯也应成立犯罪中止，而不是犯罪未遂，这显然有悖于我国刑法关于犯罪中止的立法规定。因此，这种观点的背后还是共犯从属性说在作祟。由此出发考察教唆的未遂，就必然把它从教唆的犯罪停顿状态中排斥出去，将其解释为一种独立的犯罪现象，名之曰特殊教唆犯。而根据共犯的从属性与独立性的统一说，教唆的未遂理所当然地属于教唆犯的未遂形态，只有在犯罪未遂的范畴中才能得以科学说明，根本没有视为独立教唆犯的必要。

其三，论者认为，与教唆的未遂相对应的概念是教唆的既遂，而教唆的既遂本质上是共同犯罪的既遂，它不仅含有教唆犯的既遂的意义，也内含着正犯（被教唆者）的既遂的意义，而教唆的未遂则仅仅是指教唆者本人的未遂。这样，二者就显得不那么对应。[②] 我认为，概念是否对应与概念是否正确是两个根本不同的问题，不能以概念的不对应作为评价概念是否正确的根据。在共同犯罪中，即使是在教唆犯与被教唆的人都构成犯罪的情况下，两者的法律性质也主要是由本人行为所决定，犯罪停顿状态同样是如此。况且，论者也并不否认教唆犯与被教唆的人在犯罪停顿状态上存在不一致的地方，例如当被教唆者实行犯罪以后，危害结果尚未发生之际，教唆犯自动防止了危害结果的发生。这可以叫作教唆犯的中止犯，而被教唆者则是未遂犯。[③] 在这种教唆的中止的情况下，并不意味着被教唆的人也是犯罪中止。更何况在被教唆的人没有犯被教唆的罪的情况下，因为不存在共同犯罪关系，没有教唆犯与被教唆的人的犯罪停顿状态的对应，当然也就没有与教唆的既遂的对应。显然，这作为否认教唆的未遂的概念的理由是站不住脚的。

---

① 参见吴振兴：《论教唆犯》，117 页，长春，吉林人民出版社，1986。
② 参见吴振兴：《论教唆犯》，105 页，长春，吉林人民出版社，1986。
③ 参见吴振兴：《论教唆犯》，117 页，长春，吉林人民出版社，1986。

综上所说，我认为教唆的未遂是一个科学的概念，它反映了被教唆的人没有犯被教唆的罪的情况下教唆犯所处的特殊地位。教唆的未遂是教唆犯的犯罪未遂的一种特殊形态，而没有必要作为特殊教唆犯，把它与一般教唆犯对立起来。因此，提出一般教唆犯与特殊教唆犯作为教唆犯的种类，这种独辟蹊径的探索精神是可嘉的，其结论却不足取。

3. 独立教唆犯辨析

独立教唆犯是指教唆犯在实施教唆行为的时候，犯罪对象还不存在，只是预想到其存在，只有在这种犯罪对象出现以后，被教唆的人才有可能去实施被教唆的犯罪行为。例如，甲教唆怀孕的妇女乙在分娩以后杀害其婴儿。日本《刑法修改临时案》第340条和《刑法修改准备草案》第271条规定了独立教唆犯。独立教唆犯之所以有必要在刑法中加以明文规定并成为一个特殊的刑法理论问题，是因为按照共犯从属性说，教唆犯是从属犯，其可罚性是以正犯实施了实行行为并且具有可罚性为前提条件的。但在独立教唆犯的情况下，被教唆者尚未实施被教唆的犯罪行为，教唆犯也构成犯罪。对此，按照共犯从属性说是不能对教唆犯予以处罚的，但如果对这种教唆犯不予处罚又不足以保护生命法益。因此，在刑法中把这种教唆犯明文规定为犯罪，实际上是将这种教唆行为规定为正犯行为，并单独规定了法定刑。在日本的现行刑法中取消了关于独立教唆犯的规定，但在刑法理论上仍然存在争论。根据我国刑法理论，教唆犯是从属性与独立性的统一，在这种情况下，完全可以按教唆犯的未遂处罚，没有必要规定为单独的犯罪，更没有必要在刑法理论上作为教唆犯的种类加以研究。

(二) 我国刑法中的教唆犯种类

1. 单独教唆犯与共同教唆犯

单独教唆犯是指一个教唆犯单独教唆他人犯罪的情形。在这种情况下，通常是一个教唆犯与一个被教唆的人构成共同犯罪。单独教唆犯是教唆犯的一般形态，其成立与处罚，均应按照教唆犯的一般原则。共同教唆犯是指数人主观上具有教唆的犯意联系而共同对同一之人实施了教唆行为的情形。例如，甲乙二人合

谋教唆丙杀其共同的仇人丁，甲乙就构成共同教唆犯。共同教唆犯是量的特征与质的特征的统一：量的特征是指二人以上对同一之人进行教唆，质的特征是指具有共同教唆的故意与共同教唆的行为。

2. 直接教唆犯与间接教唆犯

直接教唆犯是指直接教唆他人实行犯罪的情形，它是相对于间接教唆犯而言的。在直接教唆犯的情况下，教唆犯直接将犯意传达给被教唆的人，使其产生犯罪决意。在司法实践中，大量存在的是这种直接教唆犯。在认定直接教唆犯时，还必须注意利用他人作为教唆工具的情况。例如，甲将写有教唆内容的书信委托乙转交给丙，使丙产生犯意，而乙对此并不知情，完全成为甲教唆丙犯罪的工具。在这种情况下，甲是否属于直接教唆犯呢？从形式上看，甲对丙的教唆经过了中间一个层次，具有一种间接性。但由于乙并不了解内情，甲不是教唆乙去教唆丙，而是利用乙的不知情对丙进行教唆。因此，甲仍属于直接教唆犯。直接教唆犯是教唆犯的一般形态，其成立与处罚应按教唆犯的一般原则处理。间接教唆犯，又称教唆教唆犯或教唆犯之教唆犯，是指经过其他教唆犯间接地教唆他人实行犯罪的情形。在间接教唆犯的情况下，不同环节的教唆犯之间形成一个教唆链条，因而也被形象地称为连锁教唆。在某些情况下，这种教唆链条甚至长达多层。例如广西南宁连环雇凶案。[1] 广西壮族自治区南宁市中院经审理查明，2012年8月，被告人覃佑辉与何某签订协议，通过转款给何某，以便投资参股广西某房地产有限责任公司及南宁某置业有限公司。2013年，被害人魏某与两公司因合作开发房地产产生纠纷而对两公司提起民事诉讼。2013年10月，覃佑辉因担心其投资参股广西某房地产有限责任公司及南宁某置业有限公司亏损，遂指使被告人奚广安雇佣杀手去杀害魏某。奚广安找到被告人莫天祥，具体操办雇凶杀害魏某一事。随后，覃佑辉将魏某的身份证复印件、电话号码、车牌号码等提供给奚广安，奚广安将上述信息提供给莫天祥。覃佑辉、奚广安商谋以人民币200万

---

[1] 参见《雇凶杀人层层转包！6人被判刑最高五年，竟曾以证据不足判无罪》，最后访问时间：2021-12-10。

第一节 教唆犯的概念

元作为雇凶杀人的酬金,覃佑辉在宾阳县黎塘镇将200万元现金交给了奚广安,用于作为杀人的酬金,奚广安后又将100万元交给了莫天祥。2014年4月,奚广安向覃佑辉提议,需要追加100万元杀人酬金,覃佑辉同意并许诺事成之后再给付。当月,莫天祥雇佣被告人杨康生去操办杀害魏某一事,并交给杨康生27万元、一部存有魏某照片的白色手机、一张写有车牌号码的纸条及一张魏某的白底照片,许诺事成之后给予50万元。杨康生找到了被告人杨广生去雇凶杀害魏某,并许诺事成之后给予50万元,杨康生将上述含有魏某信息的物品交给了杨广生,并将20万元交给杨广生。之后,杨广生又雇佣被告人凌显四去实施杀害魏某,并许诺事成之后给予凌显四10万元。凌显四答应去杀害魏某,杨广生便将上述含有魏某信息的物品交给凌显四。没想到,凌显四事后反悔,决定放弃杀害魏某。2014年4月28日,凌显四通过留字条联系上魏某,双方电话约定在南宁市青秀区某咖啡厅见面,凌显四当面向魏某告知了有人出资10万元要将其杀害,并让魏某配合照了一张手被反绑的照片,称用于向上家交差,后将存有魏某照片的白色手机交给了魏某。魏某随后报警,覃佑辉、奚广安、杨康生、杨广生、莫天祥相继落网。但原本已落定的案件被法院推翻,2016年青秀区人民法院一审判决5人无罪。案件被青秀区检察院抗诉后发回重审,同时凌显四被追加犯故意杀人罪。2018年,青秀区人民法院重审判决,6名被告人无罪,再次被检方抗诉,抗诉案于6月3日开庭。2019年10月17日,南宁市中院对覃佑辉、奚广安、杨康生、杨广生、莫天祥、凌显四犯故意杀人罪抗诉案进行终审宣判。法院认为,6名原审被告人故意非法剥夺他人生命,其行为已构成故意杀人罪,根据上述六人的犯罪事实、性质、情节及社会危害程度,依法判决覃佑辉有期徒刑5年、奚广安有期徒刑3年6个月、杨康生和杨广生有期徒刑3年3个月、莫天祥有期徒刑3年、凌显四有期徒刑2年7个月。上述连环雇凶案的链条为六层,这是较为罕见的。由于教唆链条较长,因而在犯意的转述和证据的认定等环节都会发生疑难问题,因而此类案件均为疑难案件。例如本案魏某2014年发现有人连环雇凶要杀他后报警,5名疑犯相继落网。但2016年4月28日,南宁市青秀

区人民法院一审以证据链断裂,事实不清、证据不足,判决5人无罪。宣判后,青秀区检察院抗诉,案件因事实不清、证据不足而被撤销一审判决,发回重审。2017年1月23日,青秀区法院重审立案。同年3月10日,青秀区检察院向法院追加指控凌显四犯故意杀人罪。2018年5月3日重审开庭,6名被告人受审时一致翻供。6月5日延期开庭时,6名被告人的辩护人均表示只是绑架勒索钱财,无取人性命之意。2018年12月29日,青秀区人民法院开庭宣判,以证据不足、指控的犯罪不能成立为由,判决6名被告人无罪。法院审理认为,公诉机关出示的证据没有形成完整的证据链条,没有达到证据确实、充分的法定证明标准,不能得出6位被告人故意杀人的唯一结论。2019年1月3日,魏某请求南宁市青秀区人民检察院对该案的再审判决提出上诉,检察院经审理认为符合抗诉条件,1月8日提出抗诉。6月3日,该案在南宁市中级人民法院二审开庭。在检察院二次抗诉背后,控审双方就非法取证排除意见相左,法院质疑检方所提交的证据是否系合法取得,导致案件争议诸多。检方指控,6名被告人犯故意杀人罪的事实清楚,证据确实充分,应当以故意杀人罪追究其刑事责任,法院一审判决采信证据错误,导致认定事实适用法律错误,对6原审被告人宣判无罪明显不当,望法院依法纠正。10月17日,南宁市中院对这起故意杀人罪抗诉案终审宣判,6名被告人犯故意杀人罪,判处原审6名被告人2年7个月至5年不等的有期徒刑。

3. 即时性教唆犯和设定性教唆犯

即时性教唆犯是指教唆行为与被教唆的正犯行为之间具有时间上的密接性,也就是说,在教唆行为实施以后的很短时间内,正犯行为就接续而实施。例如,在教唆杀人的情况下,教唆犯唆使他人杀害被害人,被教唆人接受教唆,继而实施故意杀人行为。设定性教唆犯是指教唆犯事先设定了实施某种犯罪的具体条件,当该条件出现时,被教唆的人按照教唆的内容实施某种犯罪的情形。例如,被告人陈某在农贸市场经营香蕉批发业务,为了垄断香蕉批发市场,与人成立了本福果品有限公司,并于2005年年初以每月2 000元雇用了鞠某等三人以暴力手段维护其经营。在雇佣鞠某等人时,陈某明确吩咐鞠某等人,其职责是看场

子，保护公司的安全和利益。如果有人来找麻烦，你们就出手打，出了事我会出来收拾场面。2005年5月20日晚，陈某所在的公司因接货场子与隔壁公司发生纠纷，鞠某等人获知后，赶往现场，持刀将被害人华某砍成重伤。在本案中，直接实施伤害行为的鞠某等人构成故意伤害罪是没有问题的。那么，被告人陈某是否构成故意伤害罪的教唆犯呢？从本案的情况来看，雇佣鞠某等人的时候，陈某确实曾经对鞠某等人进行了教唆，但这种教唆具有工作安排性质，而不是教唆鞠某等人马上进行犯罪活动。当2005年5月20日鞠某等人对被害人实施伤害行为的时候，陈某不仅不在现场，而且事先也不知情，是在伤害发生以后才获悉情况，并事后资助鞠某等人5 000元供其逃跑。在这种情况下，陈某的辩护人提出，陈某不构成故意伤害罪，只构成窝藏罪。在本案中，陈某能否认定为故意伤害罪的教唆犯，关键在于能否在陈某雇佣鞠某时的具有犯罪教唆性质的盼咐与事后鞠某等人的故意伤害行为之间建立某种联系，使之对事后发生的故意伤害行为承担教唆的责任。对于本案被告人陈某的行为按照现在的教唆犯的类型化的概念难以归类，我认为，可以创设一种全新的教唆犯的类型，这就是设定性教唆。应该指出，以我目前所见材料，尚未发现在德日刑法学中使用设定性教唆这个概念，但德日学者有论及设定性教唆这种犯罪现象。例如，日本学者大塚仁教授在论述教唆行为时，认为对于教唆的手段、方法并无特别限制，进而指出："关于具体的行为（指教唆行为——引者注），没有必要——具体地指示其时间、场所、方法等。而且，例如，唆使怀孕的妇女在其分娩后杀害其出生的孩子，在教唆行为的当时，即使还不存在基于其教唆所实施的犯罪行为的客体，也可能以其客体的出现为条件进行教唆。"[①] 这种以将来出生的婴儿为杀人客体的教唆，就是一种设定性教唆。设定性教唆这个概念可以生动地说明这种以预定一定条件具备时实施犯罪为教唆内容的事前教唆行为，从而丰富教唆犯的理论。

---

① ［日］大塚仁：《刑法概说（总论）》，3版，冯军译，309页，北京，中国人民大学出版社，2003。

第十五章 教唆犯

设定性教唆是相对于即时性教唆而言的，在现实生活中，大部分教唆都是即时性教唆，被教唆的人在他人教唆以后立即着手实施犯罪。在即时性教唆的情况下，教唆行为与被教唆的人的犯罪行为之间的因果关系表现得十分直接而且明显，因此，即时性教唆的认定是较容易的。而设定性教唆不同于即时性教唆，教唆犯并不是唆使被教唆的人立即实施犯罪，而只是设定了实施犯罪的条件。在这种条件没有出现的时候，就不能实施犯罪；只有当这种条件出现的时候，才开始实施犯罪。因此，对于设定性教唆来说，被教唆的人是否实施犯罪以及何时实施犯罪，都取决于事先设定的条件。在现实生活中，设定性教唆时有发生，只不过这种教唆行为具有某种隐蔽性，较少受到刑事追究，没有进入我们的研究视野而已。例如，甲对乙怀恨在心，欲杀之而后快，但又怕累及自身。甲在医院体检时查出已经得了不治之症，将不久于人世，就叫来丙，以自己的遗产相引诱，让丙在自己死后将乙杀死。在甲死后，丙为了获得遗产，就按照甲的教唆将乙杀死。在这种情况下，甲的行为就是一种设定性教唆，即将被教唆的人实施犯罪的时间设定在其去世以后。在这种情况下，丙当然可以被追究刑事责任，但甲已经死亡也就无从获罪。但是，如果在甲去世前，丙尚未实施杀人行为，或者丙违反约定在甲去世前就对乙实施了杀人行为，在这种情况下，可以对甲追究刑事责任吗？这就是设定性教唆所要研究的问题。设定性教唆具有以下特征。

（1）教唆内容的设定性。

设定性教唆首先具有教唆内容的设定性。这里的设定性，是指预先假设，即在某一事项没有出现的情况下，预先假定其出现。其叙述句式一般是：如果……那么……即如果出现了某种预先设定的某种条件，那么就可以实施某种犯罪。教唆内容具有设定性，这是设定性教唆与即时性教唆的最根本区分之所在。

（2）设定条件的现实性。

设定性教唆虽然其教唆内容具有设定性，但其所设定的教唆内容应当具有出现的可能性，这就是所谓教唆内容的现实性。因为设定性教唆的设定性表明教唆内容是针对将来的，只有在设定的条件出现时，教唆内容才能付诸实施。但是，

尽管在设定性教唆的情况下,教唆内容具有预先的假定性,这种假定性必须具有出现的现实可能性。如果某种假设的条件根本不具有出现的可能性,则不应认定为设定性教唆。

(3)正犯行为的滞后性。

设定性教唆中的教唆行为与实行行为之间存在较大的时间差,即被教唆的人的正犯行为相对于设定性的教唆行为,具有时间上的滞后性。这也是设定性教唆与即时性教唆的区分之所在。在即时性教唆的情况下,教唆行为与被教唆的人的实行行为之间一般都是前后衔接的,不存在较大的时间上的间距。因此,教唆行为与被教唆人的实行行为之间的因果关系的认定也是较为容易的。但在设定性教唆的情况下,在教唆行为与被教唆的人的实行行为之间存在较大的时间上的间距,这给因果关系的认定、证据的收集都带来一定的难度。

设定性教唆是教唆犯的一种特殊类型,它与其他类型的教唆犯相比,具有其独特之处。正确地区分设定性教唆与其他类型的教唆,对于设定性教唆的理解具有重要意义。

(1)设定性教唆与概然性教唆的区分。概然性教唆是指教唆内容很不具体的情形。我国学者将概然性教唆又进一步分为半概然性教唆和全概然性教唆。所谓半概然性教唆是指教唆者在被教唆者实行何种犯罪方面是泛指的、非特定的教唆。全概然性教唆是指教唆者的教唆很不明确,不但让被教唆者犯什么罪不明确,而且犯罪对象也不明确。[①]概然性教唆具有教唆内容的不明确性,当不明确到其内容难以使人产生具体的犯罪意图时,例如全概然性教唆,其行为是否属于犯罪的教唆之性质也就难以确定,因此不能成立教唆犯。但在半概然性教唆的情况下,如果从教唆内容还是可以确认其唆使他人犯罪的意图,则仍然可以成立教唆犯。概然性教唆的特征在于教唆内容的概然性,这种概然性与设定性教唆的设定性还是有所不同的。设定性教唆的设定性,是指不是让被教唆的人立即实施犯

---

① 参见吴振兴:《论教唆犯》,186页,长春,吉林人民出版社,1986。

罪，而是在预定的条件出现时再实施犯罪。但这种教唆他人犯罪的内容本身具有确定性，而不是概然性。例如，教唆怀孕的妇女等到婴儿出生时将其杀死。尽管婴儿何时出生是不确定的，甚至也不排除是概然的。在一个妇女已经怀孕的情况下，其婴儿出生的时间是较为确定的，但也不能排除妇女生产时婴儿死亡的情形。至于在妇女没有怀孕的情况下，就教唆妇女等到将来怀孕后生下婴儿将其杀死，则具有一定的不确定性，甚至概然性。因为此时妇女能否怀孕都还不好说。在这种情况下的教唆，我认为仍然属于设定性教唆而不是概然性教唆。因此，不能采用概然性教唆的原理来处理设定性教唆。

（2）设定性教唆与选择性教唆。选择性教唆是指对同一被教唆的人提供了数种犯罪供其选择实施的情形。在选择性教唆中，具有让被教唆者在几种犯罪之间进行选择的性质，这种教唆犯就是选择性教唆。[1] 选择性教唆是相对于单一性教唆而言的，在单一性教唆的情况下，教唆的内容具有单一性，即直接指明了让被教唆者去实施某一具体犯罪行为。在选择性教唆的情况下，教唆的内容具有选择性，即可以在数种犯罪中进行选择。教唆内容的可选择性，给选择性教唆的定罪带来一定的复杂性。设定性教唆在教唆内容上并没有选择性，因而和选择性教唆是不同的。设定性教唆的内容是在设定的条件出现后才开始实施犯罪，但被教唆的人对于其所实施的犯罪并没有选择性。因此，设定性教唆与选择性教唆之间存在明显区分。

（3）设定性教唆与陷害性教唆。陷害性教唆是指以陷害他人为目的的教唆，通常表现为通过教唆使他人产生犯罪意图并实施犯罪行为，在被教唆的人实施犯罪之际，通报警察而将其抓获的情形。在陷害性教唆的情况下，行为人并非要使被教唆的人实施犯罪，而是意图使其受到刑罚制裁。因为被教唆的人的犯罪行为

---

[1] 参见吴振兴：《论教唆犯》，140 页，长春，吉林人民出版社，1986。

一般都处于犯罪未遂阶段，因此这种陷害性教唆又被称为未遂教唆。① 这种陷害性教唆对于其犯罪欲达致未遂，亦具有一定的设定性。但这种设定性是对被教唆的人所实施的犯罪行为处于未遂状态的设定，这与设定性教唆是对被教唆的人实施犯罪的条件的设定是不同的。

设定性教唆是教唆犯的一种特殊类型，其承担刑事责任的根据与一般的教唆犯应当是相同的。在教唆犯承担刑事责任根据（亦称处罚根据）问题上，存在从属性说和独立性说之争，前者强调了教唆犯对于正犯的从属性，而后者则注重教唆犯自身在犯罪构成中的独立性。德日共犯教义学的通说是从属性说。当然，这种从属性程度是最小限度的从属性而非严格的从属性。这种从属性程度只有在阶层式的犯罪论体系中才能体现出来，在平面式的犯罪论体系中是无从体现的。我国过去对于共犯一般都采用二重性说，只不过对于这里的二重性如何界定存在不同的观点。目前，我国刑法学界随着引入德日共犯教义学，共犯从属性说逐渐得势，产生了较大的学术影响。② 我认为，我国以往没有接受从属性说，是与以下两个原因有关的：一是当时我国通行具有平面性的四要件的犯罪论体系。在这种犯罪论体系中，采用共犯从属性说，存在一定的理论障碍。二是我国《刑法》第29条第2款关于在被教唆的人没有犯被教唆的罪的情况下，对教唆犯按照未遂加以处罚的规定，成为我国刑法中的教唆犯采用从属性说的法律障碍。随着从四要件的犯罪论体系向三阶层的犯罪论体系的转变，可以说，采用从属性说的理论障碍已经慢慢消除。至于对《刑法》第29条第2款的规定，尽管将其解释为对于正犯具有从属性存在一定的难度，但将其视为共犯从属性的例外，也并非不可以。在设定性教唆中，教唆行为虽然发生在设定的条件出现之前，但在被教唆的人在设定的条件出现以后实施了所设定的犯罪行为的情况下，对教唆犯追究刑事

---

① 参见［日］大塚仁：《刑法概说（总论）》，3版，冯军译，307~308页，北京，中国人民大学出版社，2003。

② 参见张明楷：《刑法的基本立场》，294页，北京，中国法制出版社，2002。

第十五章 教唆犯

责任当然是没有问题的。因为在这种情况下,已经完全满足了教唆犯的构成要件。尤其值得注意的是,对于设定性教唆来说,由于事先已经设定了实施犯罪的具体条件,即使在设定的条件出现的时候,教唆的人没有针对犯罪再次进行教唆,甚至完全不知情,也应该对被教唆的人按照设定性教唆实施的具体犯罪行为承担教唆犯的刑事责任。例如在前述的陈某案中,鞠某等人就是被陈某雇佣来护场子的,事先已经被安排在发生纠纷的情况下,对对方进行殴打。因此,即使在发生具体伤害行为时,陈某并不在现场,其也应当对鞠某等人的伤害行为承担刑事责任。在追究设定性教唆的刑事责任的时候,以下三种情形需要特别关注。

(1) 被教唆的人没有犯被教唆的罪。

我国《刑法》第29条第2款规定,如果被教唆的人没有犯被教唆的罪,对于教唆犯,可以从轻或者减轻处罚。在即时性教唆的情况下,被教唆的人没有犯被教唆的罪,相对来说是比较容易认定的。因为对于即时性教唆,一般都是要求被教唆的人在较短的时间内实施所教唆的罪。因此,在教唆以后、案发之前的这个期间没有犯被教唆的罪,一般就可以认定为被教唆的人没有犯被教唆的罪。但在设定性教唆的情况下,在所设定的条件出现以后,被教唆的人没有犯被教唆的罪,固然属于我国《刑法》第29条第2款所规定的情形。如果在案发时,所设定的条件并没有出现,因而被教唆的人虽然也是没有犯被教唆的罪,那又如何处理呢?应该说,在这种情况下,被教唆的人并不是不想犯被教唆的罪,而是因为设定的条件没有出现而没有犯被教唆的罪。对于教唆犯来说,在这种情况下,教唆行为已经实施完毕,只是由于设定条件没有出现,被教唆的人没有实施被教唆的罪。在被教唆的人没有实施被教唆的罪的原因上虽然与一般情况有所不同,但仍然属于被教唆的人没有犯被教唆的罪的情形,我认为应当适用《刑法》第29条第2款的规定。

(2) 被教唆的人实行过限。

被教唆的人实行过限是指被教唆的人实施的犯罪行为超出了教唆犯所教唆的内容。共犯教义学一般认为,实行犯过限的前提条件,是被教唆的人所实行的犯

第一节 教唆犯的概念

罪有一部分属于或者基本上属于被教唆的罪。在此基础上,还有一部分超过了教唆者的教唆范围,其超过的部分就是过限部分。并且,这种过限可以分为重合性过限和非重合性过限两种情形。[①] 在刑法理论上,对于实行过限的处理原则是明确的,即对于超出教唆范围部分应由被教唆的人自己承担刑事责任,而教唆犯对此不承担刑事责任。在设定性教唆的情况下,同样也存在实行过限的情形,但与一般的教唆有所不同。设定性教唆的实行过限具有以下两种情形:一是在设定条件没有出现的情况下,被教唆的人基于其他原因实施了犯罪行为。例如在上述陈某案中,陈某教唆的内容是在与对方发生纠纷的情况下可以对对方进行殴打。这里的纠纷显然是指本公司与其他公司在业务上发生的纠纷,而不包括个人之间的恩怨纠纷。因此,如果该案中的鞠某因为个人恩怨而与对方发生纠纷并对对方实施了伤害行为,就应当由鞠某等人自己承担刑事责任。至于陈某则应当按照被教唆的人没有犯被教唆的罪的情形承担刑事责任。设定条件没有出现的情况下的实行过限与没有严格按照教唆犯的设定条件进行犯罪的情形是有所不同的。例如,教唆犯甲因失恋而对乙女怀恨在心,唆使被教唆的人丙在乙女另交男友时将其强奸。但丙在乙女没有另交男友时就将其强奸。显然,丙的该强奸行为是在没有出现甲所设定的条件时实施的,那么能否将这一强奸认定为是丙的过限行为,甲对此不承担刑事责任呢?我的观点是否定的。在这种情况下,尽管丙的强奸行为是违反设定条件的,但这一设定条件具有相对性,即乙女是必然要与其他男人发生恋情的,因此强奸只不过是一个时间早晚的问题。这种情形与上述陈某案中所设定的条件是不同的,在陈某案中如果与对方发生纠纷可以进行伤害,这种纠纷可能发生也可能不发生,设定条件的出现具有一定的或然性。因此,丙违反设定条件的强奸行为不能认定为实行过限。二是违反设定条件实施了其他犯罪。例如在陈某案中,陈某设定的条件是发生纠纷时进行伤害,但在发生纠纷时鞠某等人不仅进行了伤害,而且实施了毁坏财物、抢劫财物等其他犯罪行为,对此陈某不负

[①] 参见吴振兴:《论教唆犯》,183页,长春,吉林人民出版社,1986。

刑事责任，是鞠某等人的实行过限。

(3) 教唆者的中止。

在设定性教唆的情况下，由于教唆的时间与被教唆的人实施犯罪的时间之间存在一个较长的时间差，因此与其他教唆犯罪相比，更有条件中止其教唆。这里的中止，是指在其所设定的条件没有出现的情况下，教唆犯明确地告知被教唆的人撤销教唆的内容，即使原先设定的条件出现也不要实施犯罪。在这种情况下，教唆犯可以成立教唆的中止。当然，如果被教唆的人没有听从教唆犯的指令，仍然实施了其所教唆的犯罪行为，则教唆犯不能成立中止。

第二节 教唆犯的认定

教唆犯的认定主要涉及教唆犯与传授犯罪方法罪之间的区分问题。从形式上看，传授犯罪方法罪与教唆犯是较为相似的，两者都在一定程度上引起或者促使他人犯罪。然而，在我国刑法中，传授犯罪方法罪被设立为独立罪名。在这种情况下，不仅应当而且必须将传授犯罪方法罪与教唆犯加以区分。

一、传授犯罪方法罪的概念

传授犯罪方法罪是指故意地用言辞、文字、动作或者其他方法向他人传授犯罪的技术、步骤、方法的行为。传授犯罪方法罪是一种严重的犯罪行为，它不仅制造犯罪意图，而且将犯罪方法传授给他人，他人在掌握了犯罪方法以后，更加坚定了犯罪决意，使犯罪容易完成，并以更狡猾、更凶残的手段逃避刑事追究，因而具有严重的社会危害性。

我国1979年《刑法》并没有设立传授犯罪方法罪，本罪是1983年9月2日全国人大常委会《关于严惩严重危害社会治安的犯罪分子的决定》（以下简称

第二节 教唆犯的认定

《决定》）新设的罪名。《决定》第 2 条规定："传授犯罪方法，情节较轻的，处五年以下有期徒刑；情节严重的，处五年以上有期徒刑；情节特别严重的，处无期徒刑或者死刑。"《决定》的这一规定是对我国刑法的重要补充，是同严重危害社会治安的犯罪分子作斗争的锐利武器。1997 年《刑法》修订中吸收了这一规定，在《刑法》第 295 条对传授犯罪方法罪作了规定。

应当指出，在《决定》设立传授犯罪方法罪以前，这种传授犯罪方法的行为一般作为共同犯罪中的教唆行为或者帮助行为予以处罚。在《决定》设立传授犯罪方法罪，并对其分别情节轻重，规定了法定刑以后，这种原来依附于其他犯罪的共犯行为，变成独立的正犯行为。因此，《决定》对传授犯罪方法罪的规定具有重要意义。

为了更好地把教唆犯与传授犯罪方法罪加以区别，我们首先必须明确传授犯罪方法罪的基本特征。根据我国犯罪构成理论，传授犯罪方法罪必须具备以下特征。

（一）传授犯罪方法罪的保护法益

我国刑法分则是按照犯罪客体对犯罪进行分类并由此建立刑法分则体系的，而《决定》虽然规定了传授犯罪方法罪，但并未明确指出其应归入刑法分则哪一类犯罪。因此，如何理解传授犯罪方法罪的保护法益，在我国刑法学界分歧很大，在具体表述上达七种之多。[1] 但归根到底，分歧还是集中在传授犯罪方法罪有没有单一的独立的保护法益以及应如何理解这一保护法益问题上。

关于传授犯罪方法罪有没有单一的独立的保护法益，我国刑法学界存在一种否定的观点，认为传授犯罪方法罪不仅侵害公共安全、社会管理秩序和公私财产关系，还侵害社会关系的其他各个方面。[2] 我认为，这种观点从传授犯罪方法行为的多样性与复杂性出发，认为传授犯罪方法罪的保护法益以被传授的犯罪的保

---

[1] 参见赵秉志：《传授犯罪方法罪构成方面的问题研讨》，载《政法论坛》，1987 (3)，24 页。
[2] 参见应懋等：《试论传授犯罪方法罪》，载《法学》，1983 (11)，17 页。

护法益为转移，这是一种直观与朴素的认识，似乎有一定道理，但实际上并不符合我国刑法理论。传授犯罪方法罪所传授的犯罪方法虽然可能是多种多样的，但传授犯罪方法的行为却是确定的，不能把传授犯罪方法罪的保护法益与被传授的犯罪的保护法益混为一谈。因此，应该肯定传授犯罪方法罪具有独立的保护法益。

在肯定传授犯罪方法罪应该有其独立的保护法益的学者中，对于这一保护法益的理解又存在分歧。例如《法学》杂志1984年第2期发表的《传授犯罪方法罪的讨论》中，关于传授犯罪方法罪的客体就存在三种观点：第一种观点认为，传授犯罪方法罪的保护法益是社会治安管理秩序。第二种观点认为，传授犯罪方法罪的保护法益是正常的社会秩序。第三种观点认为，传授犯罪方法罪的保护法益是公共安全。[①] 在上述三种观点中，第三种观点从被传授对象是不确定的多数人以及被传授人具体针对什么对象的不确定性出发，得出传授犯罪方法罪的保护法益是公共安全。但没有看到扰乱社会管理秩序罪的侵害对象也是不确定的，尤其是没有认识到危害公共安全罪要求犯罪行为是一种危险方法，例如放火、投毒等，而传授犯罪方法罪虽然也具有严重的社会危害性，但与放火、投毒等危害不特定的多数人的生命与财产安全的犯罪还是有所区别的。因此，不能认为公共安全是传授犯罪方法罪的保护法益。至于上述第一、二种观点认为传授犯罪方法罪的保护法益是社会治安管理秩序或者正常的社会秩序，应该说，这两种观点并无根本区别。社会治安管理秩序本身就是社会秩序的一部分，两者之间存在包含关系。值得注意的是，1997年《刑法》修订中，将传授犯罪方法罪规定在刑法分则第六章妨害社会管理秩序罪第一节扰乱公共秩序罪中。因此，刑法强调的是传授犯罪方法罪对公共秩序的破坏。实际上，公共秩序本身就是社会秩序的一部分。只有在这个意义上，才能正确地理解传授犯罪方法罪的性质。

---

① 参见万春等：《传授犯罪方法罪的讨论》，载《法学》，1984（2），19页。

第二节 教唆犯的认定

（二）传授犯罪方法罪的罪体

传授犯罪方法罪的罪体是将犯罪方法传授给他人的行为。下面从三个方面，对传授犯罪方法罪的罪体要素加以论述。

首先，传授犯罪方法罪必须要有传授行为。所谓传授，是指把学问、技艺教给别人。而传授犯罪方法是指将犯罪方法教给他人，使他人学会或掌握犯罪方法。至于采取何种方法传授，是言传还是身教，法律并没有限制。

其次，传授犯罪方法罪传授的必须是犯罪方法。犯罪方法是指实现犯罪目的的手段、途径、步骤、技术等，例如盗窃犯罪中撬门扭锁的技艺，诈骗犯罪的骗术等。关于传授犯罪方法罪中的犯罪方法，必须明确这里的犯罪方法不可能是间接故意与过失犯罪的方法，而只能是直接故意的犯罪方法。因为方法是为一定目的服务的，犯罪方法是实现犯罪目的的手段。而只有在直接故意的情况下才有犯罪目的可言，在间接故意与过失犯罪的情况下，不存在犯罪目的，没有犯罪方法可言，也就不存在传授间接故意与过失犯罪的方法问题。

最后，传授犯罪方法罪的犯罪对象是指一切人，既可以是具有刑事责任能力、达到刑事责任年龄的人，也包括没有刑事责任能力、没有达到刑事责任年龄的人。

传授犯罪方法，在通常情况下，都是向特定的人员进行传授，具有一对一的特征。然而，随着网络的普及，在现实生活中出现了在网络上散布某些可以用于犯罪的信息的情况。对此，能否成立传授犯罪方法罪，在司法实践中存在较大分歧。例如冯庆钊传授犯罪方法案。[①] 北京市朝阳区人民法院经审理查明：被告人冯庆钊在家中自行搜集涉及炸药制造的信息，经整理形成一个电子文档，命名为《恐怖分子手册》，并于2009年11月26日及2010年4月19日先后两次使用"但它"的用户名，在百度文库栏目中发布《恐怖分子手册》电子文档（一）至

---

① 参见于同志：《冯庆钊传授犯罪方法案——在互联网上散布关于特定犯罪方法的技术知识，能否构成传授犯罪方法罪》，载最高人民法院刑事审判第一、二、三、四、五庭主办：《刑事审判参考》，第79集，60~69页，北京，法律出版社，2011。

(十),内容包括各种炸药、燃烧剂、汽油弹、炸弹、燃烧弹等配方及制作方法,其中穿插了一些涉及恐怖组织活动的字眼和语句。文档中所涉及的各种炸药知识、制法等均具有一定的科学性、可行性,但其内容不涉密,通过正常渠道如专业图书、网络等均可进行查询。两个文档在网络上共被浏览 2 065 次,下载 116次。冯庆钊于 2010 年 5 月 20 日被抓获归案后供述:"自己这样做当时没想后果,就是觉得好玩,想让别人也看看,用这个文档名称,是想引起浏览者的注意。"

北京市朝阳区人民法院认为,被告人冯庆钊将涉及炸药制造方法的内容与涉及恐怖活动的文字相结合,以《恐怖分子手册》的名称在互联网上公然发布,向他人传授犯罪方法,其行为妨害了社会管理秩序,构成传授犯罪方法罪,依法应予惩处。鉴于被告人冯庆钊当庭自愿认罪,有悔罪表现,故对其所犯罪行可酌情从轻处罚。据此,根据被告人冯庆钊犯罪的事实、犯罪的性质、情节以及对社会的危害程度,依照《刑法》第 295 条、第 61 条、第 64 条之规定,判决如下:被告人冯庆钊犯传授犯罪方法罪,判处拘役 6 个月。宣判后,冯庆钊未提出上诉,检察院未提出抗诉,判决已发生法律效力。

本案提出的问题是:在互联网上散布关于特定犯罪方法的技术知识,能否构成传授犯罪方法罪?对于这个问题,在本案审理过程中就存在争议,主要有以下三种意见:第一种意见认为,被告人主观上不具有传授犯罪方法的直接故意,其在网络上传播的内容是关于炸药的制造方法,属于"中性方法",而且是公众通过正常渠道能够获悉的,传授的对象不具有特定性,不符合传授犯罪方法罪的犯罪构成,故不构成本罪。第二种意见认为,被告人所传授的主要内容虽然是关于炸药制造的"中性方法",但其把这一"中性方法"与恐怖活动相结合,就属于犯罪方法,故被告人的行为具有了传授犯罪方法的性质。但是,考虑到被告人只有间接故意,点击和浏览的次数不多,社会危害性不大,可以根据《刑法》第 13 条的"但书规定",不按犯罪处理。第三种意见认为,被告人的行为符合传授犯罪方法罪的犯罪构成,其通过网络向不特定对象传授,犯罪后果难以控制,具有相当的社会危害性,应定罪处罚。

本案被告人是否构成传授犯罪方法罪，主要涉及三个问题：第一，如何理解犯罪方法？换言之，本案中如何制造炸药的知识是否属于犯罪方法。在上述三种意见的争议中，涉及对犯罪方法与中性方法之间的关系问题。认为本案被告人的行为不构成传授犯罪方法罪的意见将中性方法与犯罪方法加以区分，认为制造炸药的知识具有中性，既可以用于正常生产或者生活，也可以用于违法犯罪的破坏活动。言下之意，传授犯罪方法罪中的犯罪方法只能用于犯罪活动，由此区别于中性方法。我认为，这种对传授犯罪方法罪中的犯罪方法的理解过于狭窄，明显不妥。例如，甲想要进行破坏活动，向乙讨教制造炸药的方法。在这种情况下，制造炸药的方法显然属于犯罪方法。在本案中，被告人是将制造炸药的方法与恐怖主义活动联系在一起的，因而将其归之于犯罪方法并无问题。第二，能否认为只要通过正常渠道可以获悉的方法就不是犯罪方法？回答是否定的。这种意见把犯罪方法理解为犯罪分子所具有的独门绝技，例如人所不知的盗窃方法等，因而是对犯罪方法的严苛限制。传授犯罪方法中的犯罪方法只要是想要犯罪的人所不知，即可成立。第三，如何理解传授犯罪方法罪中的对象，具体而言，针对不特定对象传播犯罪方法是否构成本罪？我认为，传授犯罪方法既可以是对特定对象传授，也可以是对不特定对象传授，对此刑法并没有加以限制。因此，不能认为在网络上针对不特定对象传播犯罪方法就不构成本罪。

（三）传授犯罪方法罪的罪责

关于传授犯罪方法罪的罪责形式，我国刑法学界一般都认为只能由故意构成，而不能由过失构成。但在主张传授犯罪方法罪由故意构成的学者中，又存在两种观点：第一种观点认为，传授犯罪方法罪既可以由直接故意构成，也可以由间接故意构成。[①] 第二种观点认为，传授犯罪方法罪只能由直接故意构成。[②] 我

[①] 参见杨新培：《论传授犯罪方法罪及其与教唆犯罪的区别》，载《研究生论文集》，第1辑，221页，华东政法学院，1984。

[②] 参见梁世伟：《刑法学教程》，579页，南京，南京大学出版社，1987。

认为，传授犯罪方法罪在大多数情况下是由直接故意构成的，但也不能排除个别由间接故意构成的情况。例如，老流氓以炫耀的口吻向他人叙述流氓犯罪的过程及其犯罪方法，在这种情况下，犯罪分子对于自己的行为是在传授犯罪方法这一点是明知的，但对于其可能造成的危害结果，却并非希望其发生，而可以说是放任其发生。由此可见，将传授犯罪方法罪的罪过形式局限于直接故意是不符合司法实际的，也不利于与传授犯罪方法的行为作斗争。

二、教唆犯与传授犯罪方法罪的区别

传授犯罪方法罪，有一部分是从教唆犯中独立出去的。因此，两者具有许多相似之处，并且在实际的犯罪过程中两者还会发生交叉。所以，在《决定》规定传授犯罪方法罪以后，如何区别教唆犯与传授犯罪方法罪就成为一个热门的课题。在此，我们从认定教唆犯的角度出发，对教唆犯与传授犯罪方法罪的区别加以研究。

（一）共犯与正犯的区别

教唆犯不是一种具体的犯罪，而是刑法总则规定的共犯。因此，教唆犯的犯罪性质是受正犯制约的。确切地说，教唆犯的性质是与其所教唆的犯罪相一致的。教唆他人犯杀人罪，教唆犯亦应当以故意杀人罪论处；教唆他人犯盗窃罪，教唆犯亦应以盗窃罪论处。而传授犯罪方法罪是正犯，它不以其所传授的犯罪性质为转移，因为它是独立犯罪。

（二）罪体的区别

教唆行为的本质是制造犯意，为引起他人的犯意，教唆犯往往采取劝诱、挑拨、威胁等手段。而传授犯罪方法行为的本质是将犯罪技术教授给他人，为达到这一目的，犯罪分子往往言传身带。因此，两种犯罪的本质不同，其犯罪行为的形式当然殊异。

从犯罪对象上来说，教唆犯的犯罪对象只限于具有刑事责任能力、达到刑事

责任年龄的人。因为教唆犯属于共同犯罪，只有在被教唆的人具备我国刑法规定的犯罪主体条件的情况下，教唆犯与被教唆的人之间才有共同犯罪可言。如果是教唆没有刑事责任能力或者没有达到刑事责任年龄的人犯罪，那就构成间接正犯，而不是教唆犯。而传授犯罪方法罪的对象则无此种限制，无论向何人传授犯罪方法都构成该罪。

（三）罪责的区别

教唆犯既可以由直接故意构成，也可以由间接故意构成，这一点与传授犯罪方法罪是相同的，但故意的内容有所不同。教唆犯的故意是有意识地引起他人的犯意，并与被教唆的人具有共同犯罪故意。而传授犯罪方法罪的故意内容是有意识地向他人传授犯罪方法，传授者与被传授者不一定具有共同犯罪故意。

（四）犯罪形态的区别

教唆犯是结果犯，除被教唆的人没有犯被教唆的罪即教唆犯的未遂的情况以外，要求教唆行为与被教唆的人的犯罪之间具有因果关系。而传授犯罪方法罪则是行为犯，一经实施了传授犯罪方法的行为，就构成犯罪。教唆犯因为是结果犯，所以在犯罪停顿状态上有既遂与未遂之分，没有达到教唆结果的，就是教唆犯的未遂；已经实现教唆结果的，就是教唆犯的既遂。而且，在实施教唆行为以后，行为人还可以自动中止犯罪。而传授犯罪方法罪因为是行为犯，传授犯罪方法行为一经实施，就是犯罪既遂，没有未遂的余地。

（五）定罪根据的区别

教唆犯是共同犯罪人的一种，其定罪是受共同犯罪的性质制约的。因此，教唆犯没有独立的罪名。在对教唆犯定罪时，应将教唆犯与被教唆的犯罪联系起来，教唆他人杀人的，就定为教唆杀人罪；教唆他人盗窃的，就定为教唆盗窃罪。而传授犯罪方法罪是一种独立的犯罪，无论传授何种犯罪方法，都定传授犯罪方法罪。

（六）量刑原则的区别

教唆犯与被教唆的人构成共同犯罪，因此我国《刑法》第29条第1款规定，

教唆他人犯罪的,应当按照他在共同犯罪中所起的作用处罚。而传授犯罪方法罪具有自己的法定刑,应依照我国刑法规定,对传授犯罪方法罪区分情节一般、情节严重、情节特别严重三种情况正确地量刑。

三、教唆犯与传授犯罪方法罪的竞合及其处理

以上我们谈了教唆犯与传授犯罪方法罪的区别。但在司法实践中,这两种犯罪是紧密联系的,有时会发生竞合,对此有必要加以进一步的探讨。

(一)教唆犯与传授犯罪方法罪关系的观点纷争

在教唆犯与传授犯罪方法罪的关系问题上,我国刑法学界存在以下三种观点:第一种观点认为,传授犯罪方法行为就是教唆行为,是教唆行为的一种形式,是没有特定的教唆对象和没有特定的犯罪行为的教唆行为。① 第二种观点认为,教唆犯有广义与狭义之分。广义的教唆犯不仅包括故意挑起他人的犯意,而且包括教唆犯罪的方法、提示犯罪的对象,或者两者兼有。狭义的教唆犯仅仅是指故意煽起他人的犯罪意图,不要求在犯罪方法、犯罪对象上作具体提示。可见,传授犯罪方法与广义的教唆犯并无本质的区别,它只是广义的教唆中的一种情况。② 第三种观点认为,传授犯罪方法行为只有在符合以下条件时才能属于教唆犯罪,即传授人向没有犯罪决心或意图的人传授犯罪方法,并故意激发被传授人的犯罪决心或意图的情况下,传授犯罪方法的行为才属于教唆犯罪。③ 我认为,上述三种观点都不妥。在《决定》没有规定传授犯罪方法罪以前,确有一部分传授犯罪方法行为属于教唆行为。但既然立法上已经将传授犯罪方法行为规定为独立的犯罪,那么,传授犯罪方法行为就无论在何种情况下都不再属于教唆

---

① 参见薛春秋:《严厉打击传授犯罪方法的犯罪》,载《河北法学》,1983(3)。
② 参见梁世伟:《刑法学教程》,580页,南京,南京大学出版社,1987。
③ 参见林文肯:《关于教唆犯的几个问题》,载《法学季刊》,1987(3),30页。

犯。实际上，上面所谈到的所谓传授犯罪方法行为属于教唆犯的问题，是两者发生竞合的问题。例如，以传授犯罪方法行为教唆他人犯罪，或者教唆他人犯罪以后又传授犯罪方法等。因此，我认为在这种情况下，不是要解决教唆犯是否包括传授犯罪方法罪的问题，而是要解决教唆犯与传授犯罪方法罪的竞合问题。

（二）教唆犯与传授犯罪方法罪的竞合关系

在以传授犯罪方法的方式教唆他人犯罪的情况下，其犯罪性质应如何确定？对此，我国学者认为，这种情况属于法条竞合，对此应定为传授犯罪方法罪。[1]我认为这种观点不妥。在刑法教义学中，法条竞合是指同一犯罪行为，因法条的错综规定，出现数个法条规定的构成要件在其内容上的重合或者交叉。但在以传授犯罪方法的方式教唆他人犯罪的情况下，虽然也只有一个行为，但并非由于法条的错综规定而引起的竞合，而是由于一行为触犯了两个法条的罪名，因此属于想象竞合犯。根据想象竞合犯的处理原则，在竞合的两个罪名中，应以重罪名论处。因此，对于教唆犯与传授犯罪方法罪的想象竞合，应以传授犯罪方法罪论处为妥。

（三）教唆犯与传授犯罪方法罪的吸收关系

在教唆他人犯罪后又传授犯罪方法的情况下，其犯罪性质应如何确定？对于这个问题，我国刑法学界存在以下两种观点：第一种观点认为，既教唆他人犯罪，后又传授犯罪方法的，属于牵连犯，应择一重罪处断。[2] 第二种观点认为，既教唆他人犯罪，后又传授犯罪方法的，应按吸收犯的处理原则，依照吸收行为所构成的犯罪论处。[3] 我认为，上述观点虽然表述不同，但在实质上并无区别。因为牵连犯与吸收犯这两个概念本身就存在交叉，但在这种情况下，论以吸收犯似乎更妥一些。但在谁吸收谁的问题上不能一概而论，而应按高度行为吸收低度

---

[1] 参见应懋等：《试论传授犯罪方法罪》，载《法学》，1983（11），17页。
[2] 参见万春等：《传授犯罪方法罪的讨论》，载《法学》，1984（2），21页。
[3] 参见张明楷：《关于教唆犯的几个问题》，载《青年法学（中南政法学院研究生学报）》，1985（1），65页。

行为的原则论处：凡是传授犯罪方法行为重于教唆行为的，就应以传授犯罪方法罪论处；凡是教唆行为重于传授犯罪方法行为的，就应以教唆犯论处。

第三节 教唆犯的处罚

一、教唆犯的处罚根据

（一）教唆犯处罚的一般根据

关于教唆犯的处罚的一般根据，共犯从属性说与共犯独立性说具有截然相异的见解。共犯从属性说认为，教唆犯本身之行为并无犯罪性，亦无可罚性，只因从属于他人之犯罪而成立犯罪，其犯罪性及可罚性系来自他人之犯罪行为，而以他人之犯罪性及可罚性为条件。共犯从属性说又称共犯借用犯罪说，就是说，共犯的犯罪性是从正犯处借来的。从属性又有犯罪性之从属性与可罚性之从属性之分，故又有犯罪性之借用与可罚性之借用之别。共犯独立性说认为，教唆犯是犯人表现其固有之反社会的危险性，其犯罪系依据自己的行为而受处罚。[1] 我认为，共犯从属性说认为教唆犯的可罚性是从正犯那里借来的，比喻固然生动形象，观点却荒唐可笑。在这个意义上说，共犯独立性说要比共犯从属性说深刻得多。共犯独立性说从教唆行为本身寻找教唆犯处罚的根据，这种思想是完全正确的。当然，共犯独立性说过分夸大教唆犯的独立性，在教唆犯的处罚上完全割断它与被教唆的人的关联，因而也是有缺陷的。我认为，教唆犯的处罚根据在于教唆行为本身，但在对教唆犯量刑的时候，又不能完全把教唆行为与被教唆的人的犯罪割裂开来，孤立地考察教唆行为。因为被教唆的人的犯罪是作为教唆结果而存在的，教唆结果体现着教唆行为的法益侵害性程度，因而在对教唆犯处罚时应

---

[1] 参见高仰止：《教唆犯论》，载《刑法总则论文选辑》（下），627页，台北，五南图书出版公司，1984。

予考虑。

(二) 教唆犯处罚的具体根据

关于教唆犯处罚的具体根据，在共犯教义学中存在两种观点：第一是犯罪起因说。此说认为教唆行为乃使他人发生犯罪之决意，实为他人实施犯罪之远因，因此教唆犯应解为实行正犯犯行之无形起因者，故应予处罚。第二是责任参与说。此说认为教唆行为，使他人发生犯罪之决意为已足，无须诱使他人成为犯人，因此教唆犯系使他人为有责之犯人，并参与其犯罪，故应予处罚。[①] 我认为，犯罪起因说只从教唆行为与被教唆的犯罪的客观联系上阐述教唆犯的处罚根据，而责任参与说则只从教唆犯参与被教唆的人的主观联系上阐述教唆犯的处罚根据，两者均有失片面。在我看来，教唆犯的处罚根据不仅在于教唆行为本身所具有的法益侵害性，而且还包括教唆犯的主观恶性。只有结合以上两个方面的因素，才能为教唆犯的处罚提供根据。

二、教唆犯的处罚原则

根据我国《刑法》第29条第1款的规定：教唆他人犯罪的，应当按照他在共同犯罪中所起的作用处罚。这是我国刑法中的教唆犯量刑的一般原则。

那么，什么是教唆犯在共同犯罪中的作用呢？我认为，对于这个问题的理解不能不以我国刑法中的量刑的一般原则为根据。我国《刑法》第61条规定："对于犯罪分子决定刑罚的时候，应当根据犯罪的事实、犯罪的性质、情节和对于社会的危害程度，依照本法的有关规定判处。"因此，在分析教唆犯在共同犯罪中的作用，对教唆犯决定刑罚的时候，也应当从教唆犯的事实、性质、情节和对于社会的危害程度入手。

---

① 参见郭君勋：《案例刑法总论》，2版，479～480页，台北，三民书局，1983。

第十五章 教唆犯

（一）教唆犯的犯罪事实

教唆犯的犯罪事实，主要是指教唆犯所采取的教唆方法。因为教唆犯的特点是本人并不直接参与犯罪的实行，而是唆使他人去实行犯罪。因此，教唆犯在共同犯罪中的作用，不可能是在犯罪的实行中的作用，教唆犯的犯罪事实，也只能是教唆犯罪的事实，也就是其所采取的教唆方法。教唆方法比较恶劣，对被教唆的人影响力大的，应视为起主要作用，以主犯论处；教唆方法比较缓和，对被教唆的人影响力不大，且综合其他犯罪情节，在共同犯罪中不起主要作用的，应以从犯论处。我们在本书第六章第四节，曾经探讨了教唆行为的十二种方法。这十一种方法可以分为比较恶劣与比较缓和两大类，其中，利诱、嘱托、胁迫、诱骗、刺激、雇佣等方法属于较为恶劣的教唆方法。在利诱的情况下，教唆犯对被教唆的人诱之以利，使之走上犯罪道路，性质较为恶劣。在嘱托的情况下，教唆犯与被教唆的人之间往往存在亲属或者其他关系，教唆犯利用这种关系进行教唆，带有精神强制的性质，被教唆的人不易抵制，因此也比较恶劣。在胁迫的情况下，教唆犯使用暴力或以暴力相威胁，使被胁迫的人不得不屈从于其淫威而接受教唆，情节比较恶劣。在诱骗的情况下，教唆犯虚构事实，制造谎言，使被教唆的人上当受骗。被教唆的人对于犯罪事实虽然有一定的认识，本人应负胁从犯的刑事责任，但教唆犯应承担主要的刑事责任。在刺激的情况下，教唆犯利用被教唆者的性格、脾气上的某些特点，精心策划，以刺激的方式促使他人犯罪，因此性质也比较恶劣。雇佣他人犯罪是出资作为他人犯罪的报酬，雇佣者相对于被雇佣者来说，性质更为严重。在教唆方法中，劝说、请求、挑拨、怂恿、授意、指使属于较为缓和的教唆方法。在劝说的情况下，教唆犯是以开导、说服的形式进行教唆的，被教唆的人是否接受教唆，具有相当大的选择自由。因此，教唆犯对被教唆的人影响较小。在请求的情况下，教唆犯陈述理由，要求他人实施犯罪，是否接受教唆的决定权也在被教唆的人，因此，教唆犯对被教唆的人影响较小。在挑拨的情况下，教唆犯利用某些矛盾并且激化这种矛盾，使被教唆的人走上犯罪道路，其性质较之劝说、请求要重一些，但比胁迫、诱骗则要轻一些，比

较而言，还是属于比较缓和的教唆方法。在怂恿的情况下，教唆犯是鼓励、放纵他人去犯罪，这往往是以被教唆的人有一定犯罪动机或者犯罪意识为前提的。因此，被教唆人的犯罪应由本人负主要责任。在授意的情况下，教唆犯与被教唆的人往往具有某种特殊关系，虽然犯意是教唆犯挑起的，但双方一拍即合，因此，它还不属于恶劣的教唆方法。指使他人犯罪只是一般的犯意发起，因而教唆行为的性质尚属轻缓。

（二）教唆犯的犯罪性质

教唆犯的犯罪性质，是指教唆他人所犯之罪的性质。教唆他人犯危害国家安全罪与教唆他人犯一般的刑事犯罪，性质是有所不同的，这也影响对教唆犯的量刑。

（三）教唆犯的犯罪情节

教唆犯的犯罪情节，可以从三个方面进行考察：一是教唆的次数。有些教唆犯只教唆一次，有些教唆犯则一次不成，再次教唆，直至成功为止，表现了教唆犯的主观恶性较深。二是教唆的内容。有些教唆犯教唆的内容比较简单，只是触发他人的犯意。有些教唆犯教唆的内容比较详细、具体，甚至对犯罪的一些细节以及如何逃避法律制裁也作了提示。这种情况说明教唆犯参与程度大一些，在对其量刑上也要重一些。三是教唆对象的情况。教唆的对象，都应该是在教唆以前没有犯意的人。但被教唆的人所谓没有犯意，又可以分为以下两种情况：第一种是被教唆的人在教唆以前没有任何犯罪意图，也根本没有犯罪的思想基础，但在教唆犯的拉拢、腐蚀下，思想发生了变化，终于在教唆犯的唆使下走上了犯罪道路。在这种情况下，教唆犯的犯罪情节较重，应该认为在共同犯罪中起主要作用。第二种是被教唆的人在教唆以前虽然没有实施某一具体犯罪的意图，但有一定的犯罪思想基础。例如，甲长期以来游手好闲，厌恶劳动，向往腐化堕落、不劳而获的生活方式，并且产生了非法占有他人财产的意念，但不知通过何种手段达到这一目的。在这种情况下，一经教唆犯的指明，被教唆的人就产生犯意并去实行犯罪。显然，这时教唆犯的犯罪情节较轻，应该认为在共同犯罪中起次要作

用。总之，在对教唆犯量刑的时候，要把教唆犯的各种犯罪情节加以综合考察。

（四）教唆犯的法益侵害程度

教唆犯的法益侵害程度，应该结合被教唆的人进行考察。因为被教唆的人既是教唆犯的犯罪对象，又是教唆犯达到犯罪目的的犯罪手段。从前者来说，对犯罪对象造成的侵害程度，应该成为教唆犯对于法益侵害性程度的标尺之一。从后者来说，通过犯罪手段实现犯罪目的的程度，也应该成为教唆犯对法益侵害程度的标尺。所谓教唆犯对犯罪对象造成的法益侵害程度，是指教唆犯对被教唆的人影响的持续性的大小。在有些情况下，被教唆的人完成被教唆的罪以后，没有再犯罪。在另外一些情况下，被教唆的人在教唆犯的教唆下实施了犯罪，一发而不可收，在犯罪的道路上越走越远。虽然此后的犯罪并不是教唆犯教唆的直接结果，但对于这种间接的危害结果，教唆犯不能说没有任何责任。显而易见，在上述两种情况下，教唆犯对于法益侵害程度是有大小之别的。所谓教唆犯通过犯罪手段实现犯罪目的的程度，是指被教唆的人的犯罪情况，对于教唆犯的量刑也具有重要的影响。

根据对上述影响量刑的四个方面因素的综合考察，我们可以正确地评价教唆犯在共同犯罪中的作用，以便对教唆犯量刑。应该指出，在大多数情况下，教唆犯在共同犯罪中是起主要作用的，应以主犯从重处罚。在少数情况下，教唆犯在共同犯罪中是起次要作用的，应以从犯论处，比照主犯从轻或者减轻处罚。例如重庆张波、叶诚尘故意杀人案。2021年12月28日重庆市第五中级人民法院在重庆市南岸区人民法院开庭，法院经审理后认为，被告人张波与被告人叶诚尘共谋，采取制造意外高坠方式，故意非法剥夺张波两名亲生未成年子女的生命，致二人死亡，张波、叶诚尘的行为均已构成故意杀人罪。公诉机关指控的犯罪事实和罪名成立。在共同犯罪中，张波积极参与共谋，设计将女儿接到家中，直接实施杀害两名亲生子女的行为；叶诚尘积极追求二被害人死亡结果的发生，多次以自己和家人不能接受张波有小孩为由，催促张波杀死两名小孩，并在张波犹豫不决的情况下，逼迫张波实施杀人行为，最终促使张波直接实施故意杀人犯罪行

第三节 教唆犯的处罚

为，与张波在共同犯罪中的地位、作用相当。二被告人的行为突破了法律底线、道德底线、人伦底线，作案动机特别卑劣，主观恶性极深，作案手段特别残忍，犯罪情节、后果和罪行极其严重，社会影响极其恶劣，依法应当严惩。最终一审判决被告人张波、叶诚尘死刑立即执行，剥夺政治权利终身。在本案中，制造高空坠楼致使两名亲生子女死亡的犯罪行为是被告人张波具体实施的，张波构成故意杀人罪的正犯，在共同犯罪中起主要作用，这是毫无疑问的。被告人叶诚尘虽然没有实施杀人行为，但其参与共谋，实施了催促张波杀害亲生子女的行为，构成故意杀人罪的教唆犯。并且，当张波对杀人犹豫的时候，叶诚尘逼迫张波实施杀人行为，教唆犯罪的性质严重。因此，一审判决将叶诚尘认定为主犯，这是完全正确的。

那么，教唆犯在共同犯罪中是否可能起胁从作用呢？关于这个问题，我国刑法学界存在两种观点：第一种观点认为，教唆犯在共同犯罪中，一般处于主犯的地位，有时候也可能成为从犯，但绝不会是胁从犯。[1] 第二种观点认为，在司法实践中，有可能出现这样的情况：教唆人自己本来不愿意实施教唆他人犯罪的行为，但在别人的胁迫或者诱骗下实施了教唆犯罪行为，并且这种教唆行为在客观上对被教唆人犯罪的影响力较小。像这样教唆犯就完全符合胁从犯成立的条件，对其就应按照胁从犯处罚。[2] 我认为，教唆犯在共同犯罪中起胁从作用，虽然是极其个别的现象，但也不排除有此可能。因此，断然否定教唆犯可能成立胁从犯未必妥当。

最后必须指出，教唆犯在共同犯罪中的作用是与其他共同犯罪人相比较而言的。在通常情况下，是与被教唆的人即实行犯的作用相对而言的。因此，我们不能脱离其他共同犯罪人，而对教唆犯的作用进行孤立的考察。在某些情况下，教

---

[1] 参见罗建平、王元：《刑法基本知识》，10页，北京，教育科学出版社，1986。
[2] 参见李希慧：《论教唆犯的定罪处罚》，载《青年法学（中南政法学院研究生学报）》，1986（2），17页。

唆犯与被教唆的人在共同犯罪中的作用是不相上下、难分轩轾的，可以都以主犯论处，处以大致相同的刑罚。

三、教唆犯的从重处罚

我国《刑法》第29条第1款还规定：教唆不满18岁的人犯罪的，应当从重处罚。这是刑法对教唆犯的从重处罚的规定，对此在对教唆犯量刑时应予以足够的重视。

（一）教唆犯从重处罚的根据

刑法之所以这样规定，主要是为了更好地保护青少年，防止坏人唆使和利用青少年实施犯罪活动。因为不满18岁的人正处于社会化①的过程中，并且生理与心理的发展上出现不平衡性。因此，从认识上说，不满18岁的人思想不够成熟，社会经验不足，辨别是非能力弱。从意志上说，不满18岁的人具有情绪体验的勃发性，他们往往容易丧失理智，为细微的刺激所左右，在意志上表现出抑制不足的特点。教唆犯往往利用不满18岁的人这种心理上的弱点，唆使其犯罪。在司法实践中，被教唆的人绝大多数是青少年，而其中不满18岁的人占有一定比例。例如，某高级人民法院研究室对"严打"以来判处的108名青少年强奸犯罪分子进行调查，在这些青少年中18岁至25岁的78名，不满18岁的30名，占将近28%。这些青少年走向强奸犯罪道路，从其自身来说，是由于思想受到腐蚀和缺乏自控能力；从客观方面来看，一个重要原因是受惯犯或者其他犯罪分子的引诱、教唆而堕落犯罪。在108名青少年强奸罪犯中，被教唆而犯罪的共31名，占总数的28.7%，其中，不满18岁的人大多数是被教唆而犯罪。从调查

---

① 人不仅仅是生物的人，更是社会的人。作为社会存在的个人，必须接受社会规范（法律、规章、道德、习惯等）的约束，他的思想和行为必须符合社会所制定的各种准则。个人所具有的这个特性就叫社会性。人并不是一生下来就立即具有社会性的，它有一个发展过程。人获得社会性的过程就叫作社会化。

情况看，教唆青少年的犯罪分子虽然为数不多，但危害大，不可忽视。因此，我国刑法规定对于教唆不满18岁的人犯罪的教唆犯，予以从重处罚，是完全必要的，也是有着科学根据的。

（二）教唆犯从重处罚的裁量

那么，如何理解对教唆不满18岁的人犯罪的从重处罚呢？我国学者认为，教唆不满18岁的人犯罪之所以应当从重处罚，是因为这种行为本身就表明教唆犯在这个共同犯罪中起主要作用，是主犯。[①] 我认为这种观点不妥。因为，教唆不满18岁的人犯罪的应当从重处罚，这是我国刑法对教唆犯的特殊处罚原则，它是以教唆犯的一般处罚原则为前提的。因此，在对教唆犯处罚的时候，首先要根据教唆犯在共同犯罪中的作用，区分为主犯或从犯。在此基础上，再看被教唆的人是否不满18岁。如果被教唆的人是不满18岁的，且教唆犯在共同犯罪中起主要作用，这就发生了两个从重处罚的竞合问题。如果被教唆的人是不满18岁的，但教唆犯在共同犯罪中仅起次要作用，就应先考虑对教唆犯是从轻还是减轻，在此基础上考虑其从重情况，予以适当的处罚。如果把教唆不满18岁的人犯罪应当从重处罚理解为就是以主犯论处，一方面，既是教唆不满18岁的人犯罪又是主犯的教唆犯没有得到应有的从重处罚；他方面，虽是教唆不满18岁的人犯罪却是从犯的教唆犯则受到过重的处罚，这些都不能做到罪刑相当，因而上述观点是不足取的。

[①] 参见魏克家：《试论教唆犯的几个问题》，载《刑法学论集》，144页，北京，北京市法学会，1983。

刑法学文丛

● 陈兴良 /著

共同犯罪论（第四版）
下册

A Theory of Criminal Complicity

中国人民大学出版社
·北京·

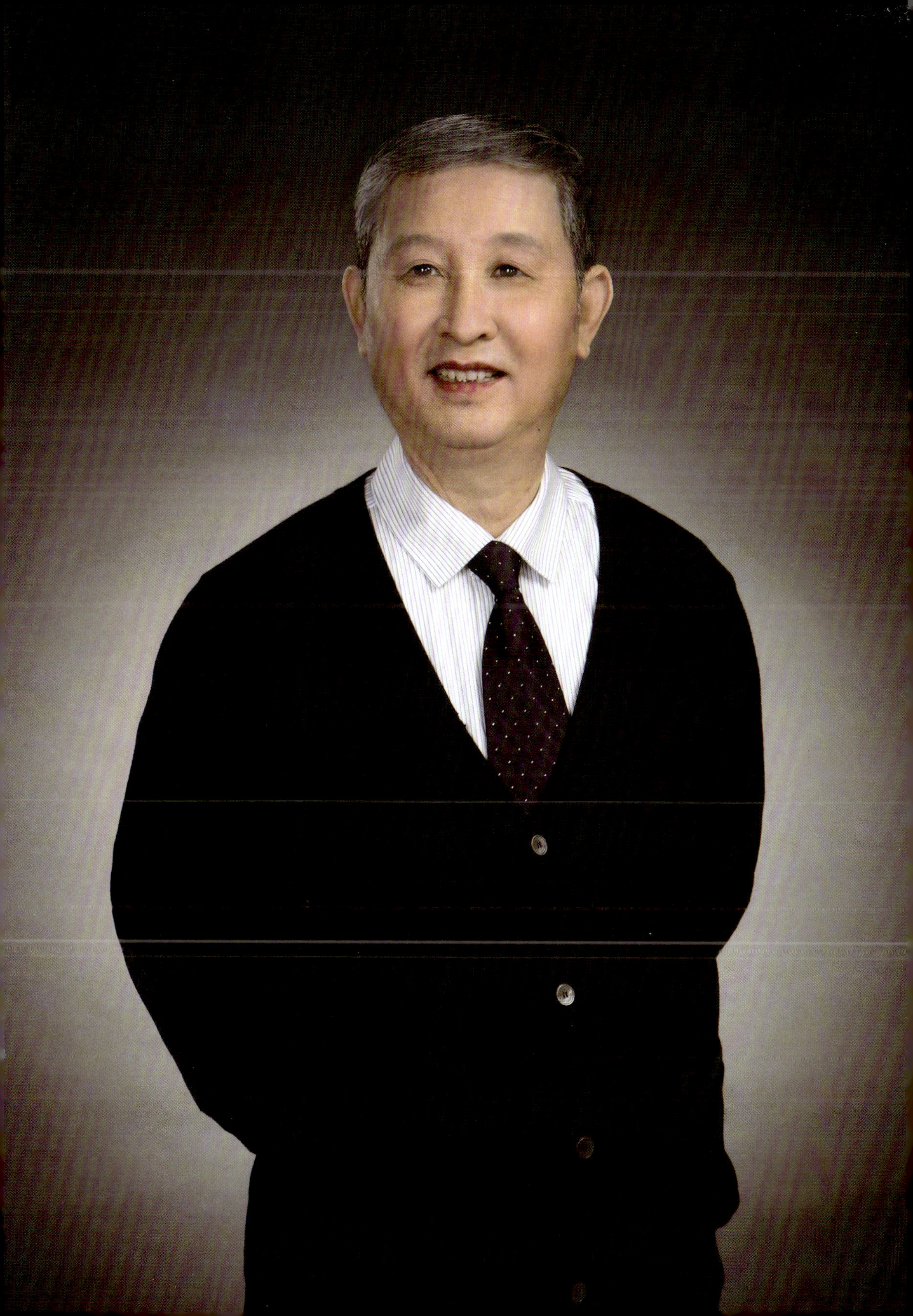

下册目录

下 篇 各 论

第十六章 **共同犯罪的因果关系** ·············(581)
  第一节 共犯因果关系概述·············(582)
  第二节 共同犯罪的定罪与因果关系·············(589)
  第三节 共同犯罪的量刑与因果关系·············(595)

第十七章 **共同犯罪的中立帮助** ·············(599)
  第一节 中立帮助概述·············(599)
  第二节 中立帮助行为的归责·············(605)
  第三节 中立帮助行为的类型·············(612)

第十八章 **共同犯罪的片面共犯** ·············(627)
  第一节 片面共犯概述·············(627)
  第二节 片面共同正犯·············(635)
  第三节 片面组织犯·············(642)

	第四节 片面教唆犯	(644)
	第五节 片面帮助犯	(646)
第十九章	共同犯罪的实行过限	(648)
	第一节 实行过限概述	(648)
	第二节 共同正犯的实行过限	(653)
	第三节 组织犯的实行过限	(658)
	第四节 教唆犯的实行过限	(664)
	第五节 帮助犯的实行过限	(673)
第二十章	共同犯罪的认识错误	(675)
	第一节 共犯认识错误概述	(675)
	第二节 共同犯罪的法律认识错误	(677)
	第三节 共犯事实认识错误	(682)
第二十一章	共同犯罪的不作为犯	(691)
	第一节 共犯不作为犯概述	(692)
	第二节 共同正犯与不作为犯	(700)
	第三节 教唆犯与不作为犯	(703)
	第四节 帮助犯与不作为犯	(706)
第二十二章	共同犯罪的过失犯罪	(714)
	第一节 共同过失犯罪概述	(714)
	第二节 共同过失犯罪的定罪	(730)
	第三节 共同过失犯罪的处罚	(737)
第二十三章	共同犯罪的单位犯罪	(749)
	第一节 单位犯罪概述	(750)
	第二节 单位共同犯罪	(759)
	第三节 共同单位犯罪	(770)
	第四节 单位与个人的共同犯罪	(781)

第二十四章	共同犯罪的未完成形态	(789)
	第一节　共犯未完成罪概述	(789)
	第二节　共同犯罪的犯罪预备	(790)
	第三节　共同犯罪的犯罪未遂	(805)
	第四节　共同犯罪的犯罪中止	(818)
	第五节　共犯关系的脱离	(847)
第二十五章	共同犯罪的共犯形态	(868)
	第一节　共犯之共犯概述	(868)
	第二节　间接共犯	(870)
	第三节　共同共犯	(875)
第二十六章	共同犯罪的罪数形态	(878)
	第一节　共犯罪数形态概述	(878)
	第二节　共同正犯的罪数形态	(880)
	第三节　组织犯的罪数形态	(882)
	第四节　教唆犯的罪数形态	(884)
	第五节　帮助犯的罪数形态	(891)
	第六节　共同犯罪的竞合形态	(893)
第二十七章	共同犯罪的间接正犯	(899)
	第一节　间接正犯概述	(899)
	第二节　间接正犯的形式	(910)
	第三节　间接正犯的认定	(937)
	第四节　间接正犯的处罚	(943)
第二十八章	共犯行为的正犯化	(947)
	第一节　共犯行为正犯化概述	(947)
	第二节　共犯行为正犯化的形式	(951)
	第三节　共犯行为正犯化的类型	(955)

下册目录

	第四节　共犯行为正犯化的界定	(959)
第二十九章	共同犯罪的数额犯	(975)
	第一节　数额犯概述	(975)
	第二节　共同犯罪的定罪数额犯	(984)
	第三节　共同犯罪的量刑数额犯	(996)
第 三 十 章	共同犯罪的身份犯	(999)
	第一节　身份犯概述	(999)
	第二节　共犯身份犯的比较法考察	(1005)
	第三节　共同犯罪的定罪身份犯	(1026)
	第四节　共同犯罪的量刑身份犯	(1039)
第三十一章	共同犯罪的连累犯	(1042)
	第一节　连累犯的嬗变	(1042)
	第二节　连累犯的概念	(1052)
	第三节　连累犯的种类	(1065)
第三十二章	共同犯罪的刑事诉讼	(1077)
	第一节　共犯案件的管辖	(1077)
	第二节　共犯案件的证据	(1082)
	第三节　共犯案件的程序	(1093)

主要参考书目	(1102)
索　　引	(1116)
后　　记	(1134)

下篇

各 论

第十六章
共同犯罪的因果关系

　　因果关系问题是刑法学中最复杂的问题之一。而共同犯罪的因果关系，具有不同于单独犯罪的特点，其复杂性更是不言而喻。在单独犯罪的情况下，是一因一果或一因多果，行为人的危害社会的行为是犯罪结果发生的唯一原因。因此，在行为人具有主观罪过的前提下，应该毫无例外地对法益侵害结果承担刑事责任。在这种情况下，虽然因果关系对正确量刑也具有一定的意义，但因果关系主要还是为了解决定罪问题，为追究行为人的刑事责任提供客观基础。而在共同犯罪的情况下，是多因一果或多因多果，二人以上的侵害行为是犯罪结果发生的共同原因。因此，在具有共同犯罪故意的前提下，二人以上应对法益侵害结果共同承担刑事责任，为使刑事责任个别化，就必须区分各行为人的法益侵害行为对侵害结果的原因力的大小。在这种情况下，因果关系的有无与原因力的大小对于共同犯罪的定罪与量刑具有同等重要的意义。因此，本章在阐明共同犯罪与因果关系的一般问题的基础上，从定罪与量刑两个方面展开共同犯罪与因果关系的具体内容。

第十六章 共同犯罪的因果关系

第一节 共犯因果关系概述

一、共犯因果关系的概念

共犯因果关系,是指共同犯罪行为作为一个总原因与犯罪结果之间的因果关系。只有立足于这一命题,才能对各个共犯的行为与犯罪结果之间的关系加以正确解决。

(一)因果关系学说概述

因果关系学说对于共犯教义学的建立与发展曾经作出过巨大的贡献,回顾历史上各个流派是如何运用因果关系学说来构造各自的共犯理论体系的,有助于我们理解共同犯罪中的因果关系的概念。

为此,有必要对因果关系的主要学说略加介绍。在刑法理论上,因果关系的学说基本上可以分为以下三说。

1. 条件说

条件说,又称全条件同价值说。此说立于逻辑的因果概念的立场,认为一切行为,只要在逻辑上是发生结果的条件,就是结果发生的原因。此说主张在行为与结果之间,如果存在逻辑上必然的条件关系,即"如无前者,即无后者"的关系(Conditio Sine qua non,简称 C. S. Q. N 公式),则存在刑法上的因果关系。[①] 由于条件说把一切与危害结果存在条件关系的行为都视为原因,因而扩大了因果关系的范围。为了弥补条件说的缺陷,一些主张条件说的学者又提出因果关系中断说。该说认为,当前面之条件行为与结果之间介入第三者的故意行为时,可以中断原先的因果关系。例如德国著名刑法学家李斯特指出:"行为而出自负责能

---

① 参见陈朴生、洪增福:《刑法总则》,61页,台北,五南图书出版公司,1982。

力人之自由且有故意者,在法律上,常发生新独立因果关系,第一意思活动,与惹起结果间之因果关系,常是而中断,以为条件说唯一之限制。"①

2. 原因说

原因说区别原因与条件,从对于结果的发生赋予的许多条件中,提出特别有力而重要的条件,作为导致结果发生的原因,而在其与结果之间认定刑法上的因果关系,其他条件则不认为对于结果的发生赋予原因力,而称其为条件(单纯条件)。原因说是为限制条件说不当地扩大刑事责任的范围而产生的学说,故又称为限制条件说。② 在原因说中,由于区别原因与条件的标准不同,又分为种种学说,其中有一种叫最重原因说(最有力条件说)。此说认为,在引起结果发生的数个条件行为中,对于结果发生最有效的条件行为,是刑法上的原因,其余的为单纯条件。③

3. 相当因果关系说

条件说与原因说相比较,原因说是限制条件说,因而条件说所确定的因果关系范围大于原因说的。对于条件说的批评正在于此,认为它会无限制地扩大追究刑事责任的范围。如果仅从事实上的因果关系考虑,这一批评似乎有理,但如果考虑到条件说只是为法律上的因果关系提供事实根据,其并不直接导致刑事责任,这一批评就失之偏颇。至于原因说,力图限制条件的范围,缩小刑事责任的范围,使行为与结果之间的刑法因果关系定型化,因而具有合理性。但原因说并未提供条件与原因相区分的可操作性标准。更为重要的是,它仍然只是在事实范围内确定刑法的因果关系,因此不能科学地解决刑法因果关系问题。条件说与原因说只是一种事实上的因果关系,从它们是为法律上的因果关系提供事实根据这一立场出发,目前大陆法系各国刑法理论通常采条件说。相当因果关系就是建立

---

① 王觐:《中华刑法论》,中册,396页,北平,朝阳学院,1932。
② 参见陈朴生、洪增福:《刑法总则》,65页,台北,五南图书出版公司,1982。
③ 参见李光灿等:《刑法因果关系论》,41页,北京,北京大学出版社,1986。

第十六章 共同犯罪的因果关系

在条件说所确定的因果关系之上的；在这个意义上，相当因果关系说并不是对条件说的否定，而是使事实因果关系转化为法律因果关系。日本学者指出："相当因果关系说主张，按照我们社会生活上的经验，通常认为从某行为中发生某结果是一般的、相当的的时候，就承认因果关系。"① 那么，如何判断因果关系的相当性呢？对此，日本学者指出："通过刑法规范禁止行为＼回避的结果，因为首先可以说是'从行为的时点来看的经验性的预测可能范围内的结果'，所以相当因果关系说基本上是妥当的。但是，应该注意的是，如后述的那样，可以说没有必要要求因果经过和结果发生的样态达到详细程度为一般的预测可能性。"② 可以说，相当因果关系说为刑法因果关系的判断提供了一般标准，因而具有一定的可行性。

（二）共犯因果关系的观点聚讼

因果关系是共同犯罪的基本问题，日本学者甚至认为共犯教义学之科学出发点为因果关系论。③ 而因果关系论具有条件说、原因说和相当因果关系说等观点的分歧，引用不同的因果关系学说作为共犯教义学的立论基础，就使共犯教义学也存在学派对立。例如，在共同犯罪的范围问题上，存在犯罪共同说与行为共同说之间的观点聚讼，而这两派观点正是分别以因果关系论中的条件说与原因说为其立论基础的，由此可见共犯教义学与因果关系学说的密切关系。

犯罪共同说以因果关系论中的原因说为其理论基础，例如德国刑法学家毕克迈尔主张原因说中的最有力条件说，认为对于结果发生最有力的条件是原因，其余的是单纯条件。共同犯罪是数人为了一个犯罪结果的发生而协力，由于在共同犯罪中，行为人不止一人，他们对结果发生所起的作用可能不同，因而要区别给予较多原因者与不然者。共同加功于一个犯罪结果的数人行为之间，原因的程度

---

① ［日］大塚仁：《刑法概说（总论）》，3版，冯军译，185～186页，北京，中国人民大学出版社，2003。
② ［日］井田良：《刑法总论的理论构造》，秦一禾译，46页，北京，中国政法大学出版社，2021。
③ 参见赖珠隆：《论共犯之因果关系及故意问题》，载《刑法总则论文选辑》（下），555页，台北，五南图书出版公司，1984。

或种类既有不同，与此相适应，就需要将共犯加以区别。共同惹起犯罪结果的，是共同正犯；仅仅成为结果发生的条件的，是教唆犯或帮助犯。行为共同说则以因果关系论中的条件说为其理论基础，例如德国学者布黎认为，引起一定事实的诸行为的原因力之间没有差别，教唆犯、帮助犯与正犯同样惹起犯罪结果，因而主张只要加功于犯罪事实的发生，都有同等的地位。

上述两种共同犯罪理论，犯罪共同说主张原因说，在共同犯罪行为与犯罪结果的关系上采因果关系个别说。此说的主要缺陷是将统一的共同犯罪行为加以割裂，分别地对各个共犯的行为与犯罪结果之间的关系进行考察，由此得出结论：实行行为与犯罪结果之间具有因果关系，教唆行为、帮助行为则只是犯罪结果发生的条件。我认为，犯罪共同说在割裂共同犯罪行为之间的内在联结的基础上分别地考察共犯行为与结果之间的因果关系，缺乏科学根据。行为共同说主张条件说，在共同犯罪行为与犯罪结果的关系上采因果关系平等说。此说的缺陷是对各个共犯行为不加区分，一概视为条件，然后等同于原因，并且认为各种类型的共犯行为，无论是正犯行为，还是教唆行为或帮助行为，对于犯罪结果具有同等的原因力。在此说看来，共同犯罪中的因果关系只不过是单独犯罪的因果关系的复合而已，这就将共同犯罪中的因果关系简单化了，因而也不妥当。

（三）共犯因果关系的科学界定

我认为，在考察共犯因果关系的时候，不能割裂共同犯罪行为之间的内在联结，而应该把它视为犯罪结果发生的总原因。在这个前提下，对共同犯罪原因体系中的各个共犯行为对于犯罪结果的作用再作具体分析，以便确定其原因力的大小，为共同犯罪的定罪与量刑提供客观依据。

二、共犯因果关系的特点

（一）确定共同犯罪因果关系的原则

在阐述共犯因果关系的特点以前，必须要明确一个原则，这就是在共同犯罪

第十六章 共同犯罪的因果关系

故意的范围内确认共同犯罪的因果关系。因为共犯因果关系的基本形式是多因一果，但在现实生活中多因一果的现象并不是共同犯罪所独有的。例如在因共同过失而造成一个犯罪结果的情况下，也会发生多因一果的现象。而我国刑法规定共同犯罪是二人以上共同故意犯罪，只有在共同犯罪故意的范围以内，各共同犯罪人的行为才能有机地结合成为一个整体，对犯罪结果产生原因力的作用，因此，离开了共同犯罪故意就没有共同犯罪的因果关系可言，在共同犯罪故意的范围内确认共犯因果关系是解决共同犯罪中的因果关系时应该遵循的一条原则。当然，我们在理解这一原则的时候，不能由此而否认共犯因果关系的客观性。例如，甲过失地为乙杀人提供了杀人工具，甲乙的行为与杀人结果之间存在因果关系。但由于甲乙之间不存在杀人的共同犯罪故意，因而不构成共同犯罪。在这种情况下，当然也就谈不上共犯因果关系。

（二）共犯因果关系的幅员拓宽与链条延长

对于共犯因果关系的特点，我认为不应从因果关系中去寻找，而应该从共同犯罪的结构中去寻找。日本刑法学家牧野英一认为，因果关系适用于共同犯罪，表现为两种情况：一是因果关系的延长，二是因果关系的扩张。纵的共犯是指数人共同犯罪，因而延长其因果关系，例如教唆犯教唆他人犯罪，从犯帮助他人犯罪，其因果关系的特点是：教唆行为、帮助行为是因，他人产生犯意或便于实施犯罪是果；他人实施犯罪是因，犯罪结果发生是果。其因果关系表现为延长的形式。横的共犯是指数人共同犯罪，因而扩张其因果关系。数人共同实行犯罪，其因果关系的特点是：数人的共同实行行为是因，犯罪结果是果。即使只是其中一人的行为造成犯罪结果发生，数人的共同实行行为都是造成犯罪结果的原因。其因果关系表现为扩张的形式。[①] 我认为，牧野英一对于共同犯罪因果关系的这一论述，很值得我们借鉴。在我看来，牧野英一关于横的共犯与纵的共犯的立论不无可资推敲之处。教唆犯诱发他人的犯意并促使他人犯罪，称为纵的共犯并无不

---

① 转引自李光灿等：《论共同犯罪》，104页，北京，中国政法大学出版社，1987。

妥。共同正犯互相联结共同造成犯罪结果，称为横的共犯无可非议。关键是组织犯与帮助犯，他们对于正犯起着制约与协同作用，这种关系实际上是一种横向关系。根据上述辨析，我认为，横的共犯是指各犯罪参与者的行为横向联结、互相作用，共同造成犯罪结果的发生，由此构成共犯。在这种情况下的共犯，可以称为横的共犯，例如共同正犯、组织犯、帮助犯。在这种横的共犯的情况下，其因果关系的特点是各共犯的行为是犯罪结果发生的直接原因之一，表现为因果关系幅员的拓宽。纵的共犯是指各共犯的行为纵向联结、互相作用，共同造成犯罪结果的发生，由此构成共犯。在这种情况下的共犯，在共犯教义学中称为纵的共犯，例如教唆犯。在这种纵的共犯的情况下，其因果关系的特点是教唆犯与正犯之间存在诱发关系，教唆行为与犯罪结果则存在间接因果关系。因此，纵的共犯的因果关系的特点表现为因果关系链条的延长（见图 16-1）。

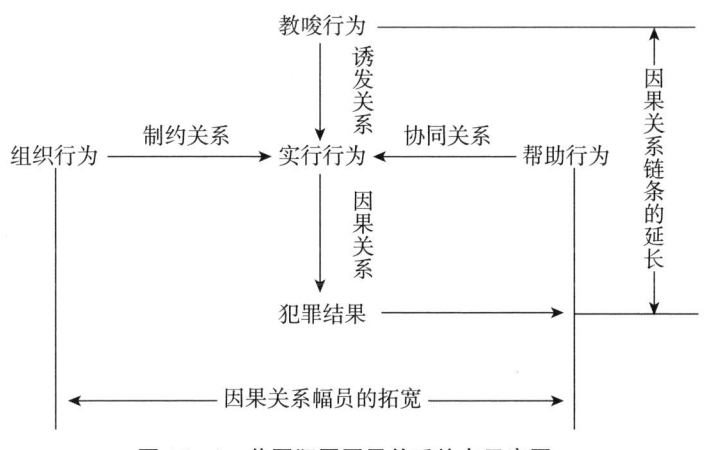

图 16-1 共同犯罪因果关系特点示意图一

（三）共犯因果关系的双重性

以上我从共同犯罪的结构出发，从宏观上分析了共犯因果关系的特点，这就是共同犯罪因果关系幅员的拓宽与共同犯罪因果关系链条的延长。如果进一步从微观上分析共犯因果关系的特点，我们还可以发现共同犯罪具有双重因果关系。

第十六章 共同犯罪的因果关系

我国学者认为共犯因果关系具有两重性，即整体性和独立性。论者指出：我们把所有共犯的行为看作一个整体，这个整体与共同结果之间的因果关系，称为总的因果关系或大因果关系。这个总的或大因果关系是由许多单独的或小的因果关系组成的。其中每个共犯各自的行为与所产生的结果之间的因果关系，即小因果关系，既具有独立性，又是这个总的大因果关系的一部分，而具有整体性。[①] 我认为，这种对共同犯罪因果关系的特点的阐述，基本上是正确的。但对于共犯因果关系的这个特点，称为双重因果关系更为确切（见图16-2）。

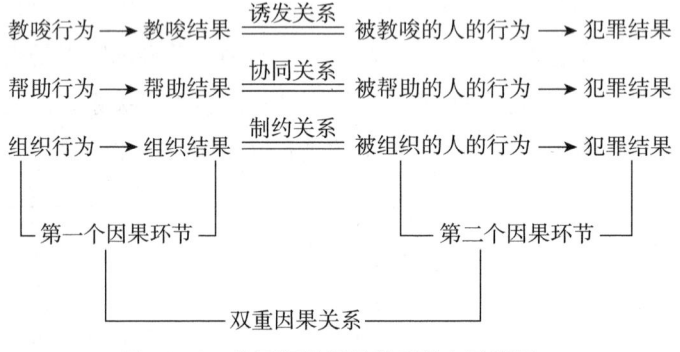

```
教唆行为 → 教唆结果  ──诱发关系── 被教唆的人的行为 → 犯罪结果
帮助行为 → 帮助结果  ──协同关系── 被帮助的人的行为 → 犯罪结果
组织行为 → 组织结果  ──制约关系── 被组织的人的行为 → 犯罪结果
         └─第一个因果环节─┘           └─第二个因果环节─┘
                    └──────双重因果关系──────┘
```

图16-2　共同犯罪因果关系特点示意图二

我国共犯教义学认为，共同犯罪故意具有双重心理状态，并对双重心理状态的内容进行了具体阐述。在此，还应进一步指出：共同犯罪故意的这种双重心理状态是以客观存在的双重因果关系为前提的。在教唆犯的情况下，教唆犯的教唆行为引起被教唆的人犯罪这一教唆结果，这是第一个因果环节；被教唆的人的实行行为引起共同犯罪结果，这是第二个因果环节。在这两个因果环节之间存在因果关系，表现为共同犯罪因果关系链条的延长。在帮助犯的情况下，帮助犯的帮助行为引起有利于被帮助的人实行犯罪这一帮助结果，这是第一个因果环节；被帮助的人的实行行为引起共同犯罪结果，这是第二个因果环节。在这两个因果环

---

① 参见李光灿等：《刑法因果关系论》，237～238页，北京，北京大学出版社，1986。

节之间存在协同关系，表现为共同犯罪因果关系幅员的拓宽。在组织犯的情况下，组织犯的组织行为引起集团犯罪这一组织结果，这是第一个因果环节；犯罪集团成员引起共同犯罪的结果，这是第二个因果环节。在这两个因果环节之间存在制约关系，表现为共同犯罪因果关系幅员的拓宽。

第二节 共同犯罪的定罪与因果关系

一、共同正犯的定罪与因果关系

（一）共同正犯的因果关系的特点

共同正犯的成立除主观上必须具有共同正犯的故意以外，在客观上还必须具有共同正犯的行为及其与共同犯罪结果之间的因果关系。共同正犯的因果关系的特点是，两个以上的正犯互相配合共同实行犯罪成为危害结果发生的总原因。

（二）共同正犯的因果关系的认定

共同正犯的因果关系，可以分为以下两种情况。

1. 共同正犯与多因一果

共同正犯追求一个犯罪结果，各实行犯的行为与该犯罪结果之间存在多因一果的关系。例如，甲乙共谋杀丙，甲乙两人持刀共同将丙砍死。甲乙的行为都是丙死亡的原因，属于多因一果。

2. 共同正犯与多因多果

共同正犯追求两个以上的犯罪结果，各个正犯的行为与这些犯罪结果之间存在多因多果的关系。例如，甲乙共谋杀害丙丁夫妇，一天晚上潜入丙家，由甲将丙杀死，由乙将丁杀死。分别地看，甲的杀人行为与丙的死亡之间存在因果关系，乙的杀人行为与丁的死亡之间存在因果关系。但甲乙的行为系共同杀人行为，因此，他们的行为与丙丁的死亡都存在因果关系，属于多因多果。

无论是多因一果还是多因多果,各个正犯的行为都与犯罪结果之间存在因果关系。以多因一果而论,各个正犯的行为互相配合、协同一致,共同造成一个结果,其因果关系是显而易见的。就多因多果而言,虽然表面上看是两个互相独立的因果链条,但这两个犯罪结果是正犯经过行为上的分工而分别造成的。因此,各个正犯的行为与共同结果都存在因果关系,都应对这一共同结果承担刑事责任。

二、组织犯的定罪与因果关系

(一)组织犯的因果关系的特点

组织犯是集团犯罪中的首要分子,正是在他们的组织、策划、指挥下,犯罪集团的成员才实施了犯罪。因此,组织犯尽管并不亲自实行刑法分则规定的犯罪构成客观方面的行为,但其组织行为与集团犯罪所造成的犯罪结果之间存在因果关系,应负刑事责任。

(二)组织犯的因果关系的认定

在组织犯是否对犯罪集团全部犯罪活动负责,是否对每个成员的犯罪行为都负刑事责任问题上,存在三种观点。第一种观点认为:犯罪集团也要贯彻罪责自负原则。因此,首要分子的刑事责任只限于自己本身的行为,而不能对犯罪集团中其他成员的行为负责。例如,组织犯指挥其他成员实行刑讯逼供,发生了被害人死亡的严重后果,只能由具体实行犯罪的人负责,组织犯不应负责。第二种观点认为,组织犯既然是犯罪集团的组织者、领导者或指挥者,就应毫无例外地对犯罪集团的一切犯罪活动负责,对犯罪集团成员实施的任何犯罪都负责。因为,这一切犯罪都与首要分子的行为有关。第三种观点认为,正确地解决组织犯的刑事责任问题,应该坚持犯罪构成中主观与客观相统一的原则。因此,首要分子必须也只能对犯罪集团预谋实施的全部罪行,包括引起的严重后果负责。因为,这一切罪行都包括在组织犯参与制订的犯罪计划之内,并由他们的组织、策划、指

挥行为所决定，主观上有共同故意，客观上有共同行为，符合共同犯罪成立的要件。① 我认为上述第三种观点是可取的。从因果关系的角度分析，组织犯只有对与其组织行为具有因果关系的犯罪结果才能承担刑事责任，否则就不应承担刑事责任。在集团犯罪活动中，凡是在组织犯策划、预谋之内的犯罪活动以及由此造成的犯罪结果，都与组织犯的组织行为具有因果关系，组织犯对此应承担刑事责任。凡是超出犯罪集团预谋的犯罪行为，与组织犯的组织行为没有因果关系的，组织犯对此不应承担刑事责任。例如，组织犯安排甲乙两名犯罪集团的成员去丙家盗窃。在盗窃过程中，甲乙又强奸了丙妻。甲乙这一强奸行为与组织犯的组织行为没有因果关系，组织犯对此不负刑事责任。

在对组织犯定罪的时候，首先要确定某一犯罪结果与其组织行为是否存在因果关系。在此基础上，再看组织犯对于这一犯罪结果主观上是否具有组织故意，在上述主观与客观相统一的原则的指导下，正确地解决组织犯的定罪问题。

三、教唆犯的定罪与因果关系

（一）教唆犯的因果关系的特点

教唆犯的构成是否以教唆行为与被教唆的人的犯罪行为（包括犯罪的预备行为与实行行为）之间的因果关系为必要？这是一个在我国刑法学界存在争论的问题。我国学者认为，有教唆行为和教唆故意，就可以成立教唆犯。还有学者认为，在主观上有教唆故意，在客观上有教唆行为，同时又有教唆行为与被教唆者的犯罪行为之间的因果关系，才能成立教唆犯。② 我认为，教唆行为与被教唆的人的犯罪行为之间的诱发关系，实质上就是一种因果关系，是教唆犯构成的要件之一。如果被教唆的人的犯罪行为与教唆行为之间没有诱发关系或者说因果关

---

① 参见高铭暄主编：《刑法学》，197~198页，北京，法律出版社，1982。
② 参见高格主编：《刑法教程》，157页，长春，吉林大学出版社，1984。

系，就不能令教唆犯对这一结果承担刑事责任。我国学者认为，说构成教唆犯的客观要件还应该包括教唆犯和被教唆犯的行为之间必须有因果关系是不准确的。构成教唆犯的客观条件并不要求被教唆人一定实行被教唆的罪而成为被教唆犯。因为我国《刑法》第 29 条第 2 款规定，被教唆的人没有犯被教唆的罪，对于教唆犯也要以教唆犯罪论处。因此，论者认为正确的提法应该是，教唆行为与被教唆人已经实施的或者可能实施的犯罪结果之间有因果关系。① 我认为，根据因果关系理论，教唆行为与被教唆人可能实施的犯罪结果之间有因果关系的论点是不能成立的。所谓可能实施的犯罪结果，指这种犯罪结果并没有发生，而只是具有发生的可能性。既然结果没有发生，又谈何因果关系？黑格尔指出："原因只有在它发生了一个结果时，才是原因。"② 因此，在被教唆人没有犯被教唆的罪的情况下，不存在教唆行为与被教唆人可能实施的犯罪结果之间的所谓因果关系。我国学者认为，即使被教唆的人没有实行被教唆的罪，也存在现实的因果关系。因为教唆行为已经实施，就是对犯罪的一种煽动，就构成对我国刑法所保护的社会关系的一种威胁。这种煽动犯罪的行为，使被教唆者在精神上、心理上蔑视国家法律，或轻信刑罚能够避免，动摇其法律观念，从而播下了犯罪的种子。这种结果虽然是精神上的、无形的，却是客观存在的，因此，即使在这种情况下，教唆行为仍是有结果的，因果关系也是存在的。③ 我认为，这种观点也同样是不能成立的。因为，这种观点对教唆犯的犯罪结果作了不适当的扩大解释。如前所述，教唆犯的因果关系是因果关系链条的延长。因此，教唆犯的教唆行为所造成的教唆结果可以分为两部分：一是教唆行为所直接造成的教唆结果，可以叫作直接的教唆结果，即被教唆者的犯罪行为。二是教唆行为经过连锁反应而造成的教唆结果，可以叫作延长的教唆结果，即被教唆者的实行行为对犯罪客体所造成的

---

① 参见林文肯：《共犯者的种类及其刑事责任》，载《河北法学》，1984（2），30 页。
② ［德］黑格尔：《大逻辑》，下册，杨一之译，217 页，北京，商务印书馆，1976。
③ 参见李光灿等：《刑法因果关系论》，239～240 页，北京，北京大学出版社，1976。

实际损害。① 在被教唆的人没有犯被教唆的罪的情况下，教唆结果没有发生，不能认为具有因果关系。既然在这种情况下不存在因果关系，教唆犯却仍然构成犯罪，而我们又说教唆行为与被教唆的人的犯罪行为之间的因果关系是构成教唆犯的要件之一，这岂不自相矛盾吗？实际上并非如此。我们说教唆行为与被教唆的人的犯罪行为之间的因果关系是构成教唆犯的要件之一，是就教唆既遂与构成共同犯罪的教唆既遂而言的。在被教唆的人没有犯被教唆的罪的情况下，教唆犯属于犯罪未遂，与被教唆的人不发生共同犯罪关系，当然也就不存在教唆行为与被教唆的人的犯罪行为之间的因果关系。但这并不能否定教唆行为与被教唆的人的犯罪行为之间的因果关系是构成教唆犯的要件之一。正如在杀人未遂的情况下，不存在杀人行为与死亡结果之间的因果关系，但这并不能否定杀人行为与死亡结果之间的因果关系是杀人罪的构成要件之一。

（二）教唆犯的因果关系的认定

那么，在司法实践中如何正确地认定教唆犯的因果关系呢？我认为，在认定教唆犯的因果关系的时候，首先必须注意教唆行为作为原因的特殊性。苏俄刑法学家 B. H. 库德里亚夫采夫指出："原因是一种积极的现象，产生着物质、能量或者信息的传递，或者破坏（中止）这种传递。"② 根据这一论断，可以把原因力分为物质能量之原因力与信息原因力。而教唆行为唆使被教唆的人实施犯罪，是通过犯罪信息的传递来实现的，这就是一种信息原因力。信息原因力不同于物质能量之原因力，物质能量之原因力往往表现为机械力的作用，例如以刀杀人等。在这种情况下，只要查明是否实施了杀人行为就可以认定因果关系是否存在。而信息原因力则在很大程度上由信息内容决定，例如，甲教唆乙杀丙，乙却放火烧了丙的房屋并趁火抢劫了丙的财物。在这种情况下，甲所传递的信息的内容是杀丙，乙却放火与抢劫，乙的行为并不符合甲教唆的内容，因而不得认为甲

---

① 参见吴振兴：《论教唆犯》，152页，长春，吉林人民出版社，1986。
② [苏] B. H. 库德里亚夫采夫：《违法行为的原因》，韦政强译，17页，北京，群众出版社，1982。

的教唆行为与乙实施的犯罪行为之间存在因果关系。在这个意义上，我同意以下论断：当我们具体分析教唆和被教唆行为之间有无因果关系时，必须注意被教唆者所实行的犯罪和教唆者给予的犯罪意图是否一致，如果被教唆者所实行的犯罪行为未超出教唆者所教唆的犯罪范围，那么双方就具有犯罪的因果关系。反之，就不具备犯罪的因果关系。

四、帮助犯的定罪与因果关系

（一）帮助犯的因果关系的特点

帮助犯在共同犯罪中起辅助作用，他本人并不直接参与犯罪的实行。因此，对于帮助行为与共同犯罪结果之间的因果关系必须要有正确的认识。

我认为，帮助犯的帮助行为与正犯的实行行为之间的关系，并不是因果关系，这一点不同于教唆犯。帮助犯实施的帮助行为只是为正犯实施犯罪创造便利条件。但不能由此否认帮助行为与共同犯罪结果之间具有因果关系，而认为其只是条件关系。因为在多因一果的情况下，各个原因之间是互相作用、互为条件的。这里的条件是指原因之间的关系，这些原因互相作用成为共同犯罪结果发生的总原因。这一点是显然不同于单独犯罪的，在单独犯罪的情况下，犯罪行为对于犯罪结果的发生必须具有独立的原因力。例如杀人，必须要有杀人行为才能发生被害人死亡的结果。但在共同犯罪的情况下，并不要求共同原因中的各犯罪行为对于犯罪结果发生具有独立的原因力，而只要这些犯罪行为互相配合、互相作用能够引起共同犯罪结果发生，就应该认为这些犯罪行为与共同犯罪结果之间具有因果关系。例如甲为乙杀丙提供一把刀，乙将丙杀死。甲的帮助行为对于丙的死亡没有独立的原因力，只有当它与乙的正犯行为结合在一起时，才使其在杀丙的过程中发生原因力的作用。因此，应该认为甲的帮助行为与丙的死亡之间具有因果关系。

(二) 帮助犯的因果关系的认定

在帮助犯的因果关系问题上，还存在一个值得研究的问题，就是认定帮助犯与正犯行为所造成的犯罪结果之间的因果关系的时候，是否必须要求帮助行为对于犯罪的完成具有实际上的影响力？关于这个问题，在共犯教义学中存在积极说与消极说之争。积极说认为，帮助行为如果对于犯罪事实实际上没有影响力，就不能认为有因果关系，没有因果关系，帮助犯就不成立。消极说认为，构成帮助犯，只需居于与他人的实行行为有关的地位，不必实际上具有影响力，也不必都是有效的帮助才认为存在因果关系。[①] 我认为，影响力有物质影响力与精神影响力之分，如果把影响力等同于原因力，那么原因力也同样具有物质原因力与精神原因力之分。因此，所谓对于犯罪完成的实际上的影响力，不应局限于物质影响力。例如，甲欲杀人，将其犯罪意图告诉乙，乙十分赞赏，并提供利刃一把供杀人用。在实施杀人行为的时候，甲未使用乙提供的利刃，而使用木棒将人打死。在本案中，可以认为帮助犯乙对于甲的杀人没有物质上的实际影响力，但心理上的支持对于甲实行犯罪无疑是有影响力的。因此，积极说与消极说都囿于物质影响力探讨这个问题，虽然观点对立，但无一可取。只有从帮助行为对于犯罪的影响力是物质影响力与精神影响力的统一这一前提出发，才能得出正确的结论。

第三节 共同犯罪的量刑与因果关系

一、原因等级的根据

(一) 原因等级区分对于量刑的意义

共同犯罪的量刑，主要是解决共犯的刑事责任的大小问题。共犯行为是共同

[①] 参见韩忠谟：《刑法原理》，增订14版，287页，台北，台湾大学法学院，1981。

犯罪结果发生的总原因，那么，这些原因对于共同犯罪结果发生的作用是否是等同的呢？这是一个十分重要的问题。只有解决了这个问题，才能对共同犯罪的量刑与因果关系作出正确的评价。

在因果关系理论上，条件说把引起结果发生的所有条件行为，不论是否是危害社会的行为，都当作刑法中的原因，并且认为凡是原因都具有同等的原因力，无所谓主次之分。因此，这种学说也称为全条件同价值说。条件说将引起结果发生的一切条件行为毫无例外地视为原因，这在共同犯罪的定罪上将会混淆罪与非罪的界限，从而扩大刑事责任范围。条件说认为一切条件行为具有同等的原因力，这在共同犯罪的量刑上将会混淆重罪与轻罪的界限，加重行为人的刑事责任。我认为，条件说平均主义地看待各种原因，对原因力不分轩轾、一视同仁，实际上是一种形而上学的观点，我们应摈弃之。

（二）原因等级区分的理论根据

根据唯物辩证法，共同原因虽然是结果发生的总原因，但这些原因的作用力的大小并不是等同的，而是有大小之分的，这就是所谓原因等级。在共同原因中，各原因的作用力不是半斤八两、平分秋色的，而是有主要原因与次要原因之分的。在对共同犯罪量刑的时候，就必须考察各个共犯的犯罪行为原因力的大小，区分原因等级，从而为确定各个共犯应当承担的刑事责任奠定基础。

（三）原因等级区分的法律根据

区分原因等级，不仅是以唯物辩证法为根据的，而且也是我国刑法中罪刑均衡的基本原则的必然要求。在单独犯罪的情况下，罪刑均衡的基本原则要求罪犯"受惩罚的界限应该是他的行为的界限"[①]，罪轻罪重都应以本人的行为为转移。但在共同犯罪的情况下，各个共犯的行为是共同犯罪结果发生的总原因；而且在共同犯罪故意的范围内，各个共犯互相配合、互相利用，从而导致共同犯罪结果的发生。在这种情况下，如果对各个共犯实行所谓责任平等主义，处以相同之

---

① 《马克思恩格斯全集》，第1卷，141页，北京，人民出版社，1956。

刑，就会像马克思所指出的那样，"不考虑任何差别的残酷手段，使惩罚毫无效果"[①]。在共同犯罪的量刑中贯彻罪刑均衡的基本原则，就要求根据各个共犯的行为对共同犯罪结果发生的原因力的大小，区分主要原因与次要原因，以确定主犯、从犯或者胁从犯。只有根据因果关系区分共犯的主从关系，决定刑事责任的大小和刑罚的轻重，才能真正做到罪刑均衡。

二、原因等级的区分

以上我对原因等级的根据进行了阐述。那么，在司法实践中，如何区分原因等级呢？我认为，原因等级既与行为的分工相联系，又与行为的作用相关联，对此需要加以认真分析。

（一）根据共同犯罪的分工区分原因等级

从行为的分工上说，组织行为在共同犯罪中都起主要作用，因此是共同犯罪结果发生的主要原因。组织行为存在于集团犯罪中，而在集团犯罪的情况下，因果关系是极为复杂的，不仅是多因一果，更多的是多因多果，并且存在多种因果环节的交叉。但无论因果关系如何复杂，组织行为总是在集团犯罪的原因等级体系中居于主要原因的地位。因此，我国刑法把组织犯列为共同犯罪中的主犯。帮助行为在共同犯罪中都不起主要作用，因此是共同犯罪结果发生的次要原因。帮助行为存在于复杂的共同犯罪中，共犯对共同犯罪行为作了分工，而帮助行为属于犯罪的辅助行为，它只起到为正犯实行犯罪创造便利条件的作用，在共同犯罪的原因等级体系中居于次要原因的地位。因此，我国刑法把帮助犯列为共同犯罪中的从犯。

（二）根据共同犯罪的作用区分原因等级

从行为的分工上，并不能确定正犯行为与教唆行为在共同犯罪原因等级体系

---

① 《马克思恩格斯全集》，第1卷，139～140页，北京，人民出版社，1956。

第十六章　共同犯罪的因果关系

中的地位。因此，只能从行为的作用上确定其原因等级。正犯行为在共同犯罪中一般是直接造成共同犯罪结果的行为，但正犯行为在造成共同犯罪结果中的作用并不是等同的，有些正犯行为是主要原因，有些正犯行为是次要原因。因此，我国刑法根据正犯在共同犯罪中的作用，将其区分为主犯、从犯与胁从犯。确定正犯行行为是共同犯罪结果发生的主要原因还是次要原因，主要应当根据其在共同犯罪中所处的地位、实际参加程度、对造成危害结果的作用等进行全面分析判断。教唆行为在共同犯罪中处于一种特殊的地位，行为人本人并不直接实行犯罪，而是唆使他人实行犯罪。因此，教唆行为与被教唆的人造成的危害结果之间具有间接因果关系。我认为，间接原因不能等同于次要原因。因此，那种认为凡是间接原因对结果发生所起的作用就一定比直接原因要小的观点是不能成立的。我国《刑法》第29条第1款规定："教唆他人犯罪的，应当按照他在共同犯罪中所起的作用处罚。"这就是说，对于教唆犯的教唆行为，既不能一概视为共同犯罪结果发生的主要原因，也不能一概视为共同犯罪结果发生的次要原因，而是要根据他在共同犯罪中的作用加以确定。

应该指出，原因等级的区分虽然是对共犯量刑应当考虑的主要因素之一，但并不是唯一的因素。在对共同犯罪量刑的时候，除考察各个共犯的行为在共同犯罪结果发生中是主要原因还是次要原因这一因素以外，还应当考虑共犯的人身危险性程度、参与共同犯罪的目的与动机、犯罪以后的态度等其他因素，以便正确地确定各个共犯的刑事责任。

第十七章
共同犯罪的中立帮助

第一节 中立帮助概述

一、中立帮助行为的概念

中立帮助行为,也称日常性行为,是指在外观上看似无害,但在客观上对正犯行为及其结果起到促进作用的情形。中立帮助行为属于帮助犯的范围;然而,中立的帮助行为的意义在很大程度上超越了帮助犯,因而成为共犯教义学中的一个独立问题,需要专门加以探讨。

二、中立帮助行为的特征

中立帮助行为是帮助行为的一种特殊形态,在具有一般帮助行为的共同特征的同时,又具有其特殊性。我认为,中立帮助行为具有以下三个特征。

第十七章　共同犯罪的中立帮助

（一）中立性

中立性是中立帮助行为区别于一般帮助行为的根本特征。这里的中立性是指外观上的无害性，因而区别于那些在外观上即具有危害性的帮助行为。如何理解这里的中立性，在我国刑法学界存在不同的观点：第一种观点认为，对中立性应当从主观和客观两个层面加以界定。主观上的中立性是指行为人并不是出于犯罪或者促进他人犯罪的意图，而是为了销售商品、提供服务、社会交往等与犯罪无关的目的。在此过程中，行为人对其行为可能被他人利用于实施犯罪是具有认识的，却因追求上述目的而无动于衷。客观上的中立性指行为是按照通常的社会交往习惯规则进行的，具有被大众所认可的社会相当性。但该行为却对他人犯罪实行行为起到了促进作用，具有了犯罪关联性，与危害结果建立了因果关系。概言之，中立帮助行为同时具有社会意义上的有益性和有害性。第二种观点认为，中立性只能从客观上加以界定。在通常情况下，帮助者在实施具体中立帮助行为之前或者之时对其行为必将损害一方的利益具有认识却仍继续实施，因此很难说其主观上没有任何倾向性，其行为并非实质上的中立。因此，是否具有中立性应侧重于从帮助行为的自身性质继续判断。[①] 我认为，对于中立帮助行为的中立性应当进行客观的判断，即以帮助行为在客观上是否具有中立性为根据。通过中立性将那些不具有中立性的帮助行为与具有中立性的帮助行为加以区分，由此确定中立帮助行为的范围。在中立帮助行为中，如何判断这里的中立性，需要认真对待。例如销售违禁品是否属于中立的帮助行为，这是值得研究的。违禁品是指法律或者行政法规禁止销售的物品，法律对某些物品之所以禁止销售，是因为例如枪支、管制刀具、剧毒药物等物品本身具有一定的危险性，因而国家法律禁止其买卖。显然，销售违禁品的行为不具有中立性，不能将其归属于中立的帮助行为。尤其是在刑法已经明确地将这种销售行为规定为犯罪的情况下，应当直接以某种犯罪的正犯论处，不能认定为帮助犯。

[①] 参见陆敏：《中立帮助行为研究》，35～36页，北京，中国政法大学出版社，2021。

第一节 中立帮助概述

（二）帮助性

中立帮助行为具有帮助性，这里的帮助性是指对正犯的犯罪行为具有促进作用。在共犯教义学中，帮助行为可以分为物理性帮助与心理性帮助这两种情形。所谓物理性帮助是指所提供的帮助具有物质的、技术的或者智力的性质。而所谓心理性帮助是指所提供的帮助是精神的、观念的性质。那么，中立帮助行为中的帮助是否也包含上述物理性的帮助和心理性的帮助呢？如果从逻辑上来说，中立帮助行为既然是帮助，当然同时包含物理性和心理性这两种帮助的形式。在现实生活中，中立帮助行为的帮助通常表现为物理性的帮助，但也不能排除以心理性的形式成立中立帮助行为。例如在实施某种犯罪之前，就犯罪中的专业问题向医生、心理咨询师或者其他专业人士进行咨询，为犯罪提供知识支持。帮助性是中立帮助行为的基本特征，中立帮助行为是以帮助为内容的，由此而为限定中立帮助行为提供了客观根据。只有对犯罪在客观上具有促进作用的中立行为才有可能构成中立帮助行为。如果与犯罪并没有直接关系，例如到饭店吃饭、到酒店住宿等，即使饭店和酒店为犯罪人提供了食宿服务，也不能认为是中立的帮助行为。

（三）关联性

中立帮助行为的关联性是指其与犯罪的关联性。帮助与被帮助是一对范畴，中立帮助行为的主体是帮助者，而客体则是被帮助者。对于中立帮助行为来说，只有在被帮助者的行为构成犯罪的情况下，才能成立。因此，帮助行为具有与犯罪的关联性，是中立帮助行为的必不可少的特征。就与犯罪的关联性而言，中立帮助行为与共犯中的其他帮助行为并无区分，这是由中立帮助行为具有帮助犯的性质所决定的。当然，其他帮助犯在一般情况下，都应当作为共犯受到处罚。但中立帮助行为则应当根据性质区分为可罚的中立帮助行为与不可罚的中立帮助行为两种情形，对于不可罚的中立帮助行为不应当认定为帮助犯。

三、中立帮助行为的界定

在中立帮助行为的认定中，涉及它与中立实行行为的区别，以及中立帮助行为的正犯化等问题，因而值得探讨。

(一) 中立帮助行为与一般帮助行为的区分

中立帮助行为属于帮助行为的一种特殊类型，它不同于一般帮助行为。一般帮助行为是指对他人实行犯罪提供便利条件的行为，通常情况下以共犯论处。但中立帮助行为由于具有中立性，因而在表现方式上不同于一般帮助行为，它具有出罪的可能性。

在共犯教义学中，关于中立帮助行为与一般帮助行为的区分标准，存在较大的分歧意见，这种认识上的差别直接关系到中立帮助行为的范围。在界定中立帮助行为的时候，经常采用业务性、专业性、职业性、日常性等概念，应该说，业务性、专业性和职业性等概念之间的内涵是重合的，都具有长期实施、以此为业、形成一定行业等含义。与此相差较大的是日常性，因此，中立的帮助行为是限于职业活动还是包括日常行为，这是在区分中立帮助行为的时候所争议的焦点问题。所谓日常中立行为是指非职业性，具有日常生活性质的帮助行为。例如我国学者将日常帮助行为分为两种情形：第一是契约型的日常中立行为，是指存在民事上的权利义务关系的行为，例如借贷、租房等民事行为。第二是非契约型的日常中立行为，是指不存在契约关系的日常生活中的行为，例如提供饮食等行为。[①] 我认为，以上两种所谓日常中立行为，没有必要纳入中立帮助行为的概念之中，以此获得出罪的机会。例如契约型的日常帮助行为中的履行民事义务或者行使民事权利的行为，即使在客观上对他人犯罪提供了帮助，也是一个法秩序统一原理解决的问题，而没有必要借助于中立的帮助行为的法理。例如以履行民事

---

① 参见陈洪兵：《中立行为的帮助》，245页，北京，法律出版社，2010。

第一节 中立帮助概述

义务的方式构成的帮助行为，在日常生活中较为常见的是明知债权人将会利用资金实施经济犯罪等活动，仍然将到期债务偿还给债权人。从客观说看，这种义务型的帮助行为是一种履行民事义务的行为，可以说是民法中的合法行为，但该行为却对犯罪人起到了帮助作用。对此，能否以犯罪行为论处，就是一个存在争议的问题。我国学者认为，履行民事义务构成的中立帮助行为，可以分为两种情形：第一种是具有业务中立性的民事义务的履行。从事业务的人因履行民事上的义务而客观上促进了他人犯罪的，因行为具有业务中立的性质，不应认为行为制造了不被法所容许的危险，应否定帮助行为的存在，否定帮助犯的成立。第二种是具有日常生活性的民事义务的履行。对于日常生活性民事义务履行的中立帮助行为，无论是归还物品还是偿还债务，由于这些款物原本就属于正犯可自由支配的物品，归还款物的行为并未增加危险，不宜认为是帮助行为，应否定帮助犯的成立。[①] 我认为，上述论述是可以成立的。履行民事义务的行为即使在客观上对他人的犯罪具有帮助性，也不能构成犯罪。但在此只要适用法秩序统一原理，就可以为此种行为出罪获得更为明确的法理根据，而没有必要采用争议较大的中立的帮助行为的法理。至于提供饮食等非契约型的日常中立行为，其与他人犯罪之间并没有因果关系，根本就没有必要根据中立的帮助行为予以出罪，而是可以直接采用日常生活经验作为出罪根据。德国学者雅各布斯指出："日常下我在其行为时具有独立于构成要件的性质，这种行为即使没有正犯的实行行为，也仍然具有社会意义。因而，从事日常行为的人即便其行为客观上对正犯实行行为起到了促进作用，也是由于他人恣意地加以利用的结果，不应将其溯及于日常行为人身上，故日常行为应从帮助犯责任中排除。"[②] 我完全赞同雅各布斯的上述观点，大多数日常生活行为适用溯及禁止的法理不应追究帮助行为的责任。因此，也就没有必要将这些日常行为归之于中立的帮助行为概念。

---

① 参见陈洪兵：《中立行为的帮助》，208页以下，北京，法律出版社，2010。
② 转引自陈洪兵：《中立行为的帮助》，97页，北京，法律出版社，2010。

基于以上分析，我认为中立的帮助行为概念应当避免泛化，使其不适当地成为一个缺乏边界的概念，而应当将其限制在职业性行为的范畴之内。在这个意义上，我赞同以下观点："行为的职业性才是始终绕不开的关键词。例如，职业相当性说始终紧紧围绕职业规范展开论述，将中立帮助行为的出罪基础建立在职业规范与刑法规范的冲突与协调关系之上；法益衡量说实际也是将行业内的职业行动自由作为一种衡量因素，来为中立帮助行为的出罪寻找空间；甚至是采取主观径路的间接故意学说，论者也不可能把信赖原则推广适用于全部社会领域，将其限定在职业领域才是相对可行的做法。可见，与其用中立性、日常性来模糊争议问题的焦点，不如直接清楚地阐明，实际上所谓的中立帮助行为通常就是在职业行为同时所实施的犯罪帮助行为。明确这一点，对探讨中立帮助行为的出罪合理性及其边界具有重要意义。"[1]

（二）中立帮助行为与中立正犯行为的区分

在通常情况下，正犯行为具有法益侵害性，例如杀人行为，其本身就是一种剥夺他人生命的行为，这种行为具有客观上的法益侵害性，因而被刑法所禁止。只有在具备正当防卫等违法阻却事由的情况下，才能予以出罪。当然，即使是正犯行为也并非在所有情况下都具有法益侵害性，例如某些经济犯罪的正犯行为，离开了违反国家规定的规范构成要件要素，就其行为本身而言，具有某种中立性。例如，非法经营罪的经营行为，就是一种交易行为。又如，非法转让、倒卖土地使用权罪，转让土地使用权是对本人所具有的土地使用权的处分行为，只不过在法律禁止的情况下构成犯罪。在这个意义上说，不仅存在中立帮助行为，而且还存在中立实行行为。由于中立实行行为已经被刑法规定为犯罪构成要件行为，因而在刑法教义学中并不需要专门讨论。当然，其实行行为的性质的特殊性，还是应当引起刑法教义学的重视。

---

[1] 王华伟：《中立帮助行为的解构与重建》，载《法学家》，2020（3）。

(三) 中立帮助行为与正犯化帮助行为的区分

中立帮助行为在某些情况下被立法机关规定为正犯，因而存在中立帮助行为的正犯化的情形。例如我国《刑法》第287条之二规定的帮助信息网络犯罪活动罪，是指明知他人利用信息网络实施犯罪，为其犯罪提供互联网接入、服务器托管、网络存储、通讯传输等技术支持，或者提供广告推广、支付结算等帮助，情节严重的行为。本罪中的帮助信息网络犯罪活动的行为，本来是一种技术帮助行为，具有一定的中立性。但在立法机关将其直接规定为正犯以后，它就不再是中立帮助行为，而是中立实行行为。中立实行行为由于已经被立法机关明文规定为独立罪名，因而其犯罪性毫无疑问，应当依照刑法的规定定罪量刑。因而，中立帮助行为与中立实行行为存在性质上的区分，因为中立帮助行为的犯罪性是一个有待论证的问题，它还存在出罪的可能性。

第二节 中立帮助行为的归责

中立的帮助行为区别于一般的帮助行为，然而，并非某一行为认定为中立的帮助行为就可以出罪。就此而言，中立的帮助行为不同于正当防卫等违法阻却事由。在正当防卫的情况下，只要符合正当防卫的条件，按照刑法的规定，防卫人不负刑事责任。因此，正当防卫具有出罪功能。但对于中立的帮助行为来说，它只是提供了一种出罪的可能性，而不是说所有的中立的帮助行为都能出罪。从共犯教义学演变过程来看，中立帮助行为存在着从全面处罚到限制处罚的发展过程。在全面处罚说的支配下，所有的中立帮助行为都应当受到处罚，这就使得中立帮助行为与一般帮助行为的区分毫无意义。只有在限制处罚说的语境中，中立的帮助行为可以分为可罚的中立帮助行为与不可罚的中立帮助行为两种情形。因此，在司法实践中，事先需要判断是否属于中立的帮助行为，在回答是肯定的的情况下，再考察此种中立帮助行为是否可罚。

一、中立帮助行为的全面处罚说

全面处罚说认为，中立帮助行为具有完全的可罚性。关于中立帮助行为的全面处罚说的根据，德国学者指出：第一，为了避免出现处罚空隙，没必要将中立帮助行为从帮助犯的规定中排除出去。第二，中立帮助行为与通常帮助行为之间并不存在显著区别，在共犯教义学中没有必要对其区别对待，完全可以按照共犯进行处罚，并认为对中立帮助行为进行限制处罚的观点缺乏说服力。[①] 我认为，中立帮助行为与一般帮助行为之间还是存在区别的，其最根本的区别就在于帮助行为是否具有中立性。在中立帮助行为的情况下，由于该种中立行为在客观上对犯罪具有一定的促进作用，但基于此种帮助行为的中立性，按照日常生活经验或者业务规范，其本身是适格的行为，若对其一概视为犯罪的帮助行为，以共犯论处，存在着刑罚滥用的可能性，因此，基于刑法谦抑原则，我认为对中立帮助行为的处罚应当持一种严格限制的立场。在这个意义上，我并不赞同全面处罚说。应当指出，在我国刑法中，通行的主要是全面处罚说，认为中立帮助行为具有可罚性。正如我国学者指出，在我国，无论是司法解释还是刑法理论，几乎都没有中立帮助行为的意识，几乎都是将可能的中立帮助行为等同于一般的帮助犯来对待处理。[②] 在这种情况下，对中立帮助行为一概视为帮助犯予以处罚就是必然的结果。

二、中立帮助行为的限制处罚说

中立帮助行为的限制处罚说不同于全面处罚说，如前所述，全面处罚说对中

[①] 参见［德］汉斯·海因里希·耶赛克、托马斯·魏根特：《德国刑法教科书》，下，徐久生译，943页，北京，中国法制出版社，2017。
[②] 参见陈洪兵：《中立行为的帮助》，4页，北京，法律出版社，2010。

第二节 中立帮助行为的归责

立帮助行为是不分缘由一概处罚,其立场过于苛刻。而限制处罚说则对中立帮助行为采取区别对待的态度,分别不同情况,只是对某些中立帮助行为予以处罚,从而为部分中立帮助行为的出罪提供了可能性。

限制处罚说的立场是清楚的,但如何进行合理的限制却是一个较为疑难的问题,在共犯教义学中对此存在较大争议。在限制处罚说中,存在以下三种观点:第一是主观说。该说认为应将基于不确定故意的日常行为从可罚的帮助行为中排除。如果存在确定故意,可以成立帮助犯。第二是客观说。该说从帮助犯的客观构成要件的角度进行把握。具体包括两种进路:一是从帮助行为这一客观要件对中立帮助行为的可罚范围进行限定;二是从帮助行为与正犯行为、结果之间的客观归责关系的角度进行限定。客观说内部大致分为社会相当性说、职业相当性说、利益衡量说、违法性阻却事由说、义务违反说、客观归责论。第三是折中说。该说以罗克辛为代表,罗克辛虽然与判例同样重视主观要素,但同时积极提倡客观归责论。德国司法判例一般采用主观说:如果提供帮助者知道主行为人想实施犯罪,那么,不管怎样,这种支持就不再具有日常(行为)的性质了。相反,如果提供帮助者认为自己的贡献有困难被利用于实施犯罪,但并不知道他人将如何犯罪,那么,仅当他所认识到受支持者的犯罪风险达到了一定的程度,以至于该帮助可视为是对有行为倾向的行为人的促进,才可以将他的支持希望认定为可罚的帮助。[①] 值得注意的是,罗克辛对中立的帮助行为提出故意的二分说,认为当中立帮助行为人对他人的犯罪活动存在确切的认识即具有确定的故意时,不能否认帮助犯的成立,但如果行为人只是估计到他人可能利用其提供的帮助实施犯罪,即仅具有未必的故意时,则适用信赖原则,行为人不承担帮助犯的责任。[②] 因此,罗克辛是从主观与客观两个方面限制中立的帮助行为的处罚范围。

[①] 参见〔德〕乌尔斯·金德霍伊泽尔:《刑法总论教科书》,6版,蔡桂生译,453页,北京,北京大学出版社,2015。

[②] 参见陈洪兵:《中立行为的帮助》,115页以下,北京,法律出版社,2010。

第十七章 共同犯罪的中立帮助

在这个意义上，罗克辛既非主观说，亦非客观说，而是可以归之于折中说。

在中立的帮助行为的归责范围问题上，虽然存在各种学说，但还是要回到帮助犯的构成要件上来，这使我们对帮助犯的构成要件进行反思。主观说是以中立帮助行为已经具备帮助犯的客观构成要件为前提的，仅仅从故意的形式上加以限制。而客观说则对中立的帮助行为的客观构成要件进行实质审查，那些认为中立的帮助行为一概入罪的观点是受到形式的构成要件论的影响的结果。客观说对帮助犯的构成要件行为进行实质判断，其中客观归责论以是否制造法所不允许的风险作为判断根据。如果中立的帮助行为并不具有法益侵害性，则不能构成帮助犯。中立的帮助行为涉及帮助行为的处罚范围。我国目前对帮助犯的处罚范围还是较为宽泛的。只有引入中立的帮助行为的法教义学原理，才能对中立帮助行为处罚范围加以合理限制。我国学者方鹏提出了中立的帮助行为刑事归责的"客观关联性＋目的关联性"双层次标准说，我认为是能够成立的。从这个意义上说，单纯的客观说或者主观说都是缺乏论证力度的，因而客观与主观的二元说，或者称为折中说，具有其合理性。根据该说，通过对中立日常生活行为对于正犯行为紧密关联性和作用力的规定，从客观层面对帮助行为的可罚范围进行限定；通过对中立日常生活行为目的的规定，从主观层面对参与行为与共犯行为的关联性进行限定。应当先从客观上限缩再从主观上限缩，而不是先从主观上限缩再从客观上限缩。以上双重限缩标准，可以很好地解决中立日常生活行为成立帮助犯的认定问题。[①]

在判断中立的帮助行为是否具有刑事可罚性的时候，首先应当从客观上对中立的帮助行为与犯罪行为之间的关系进行考察，不能认为两者之间只要具有条件关系就具备了中立的帮助行为处罚的客观条件。在客观上，中立的帮助行为要具有与犯罪行为的密切关联性。这里所谓密切关联性，是指中立的帮助行为已经成

[①] 参见方鹏：《论出租车载乘行为成立不作为犯和帮助犯的条件》，载陈兴良主编：《刑事法判解》，第13卷，北京，人民法院出版社，2013。

第二节 中立帮助行为的归责

为共同犯罪的一个组成部分,而不是游离于犯罪行为之外的中性行为。或者说,作为中立的帮助行为刑事归责的客观条件,该帮助行为仅仅具有中立的外观,而实质上已经深刻地嵌入共犯结构,成为正犯的辅助行为。在主观上,中立的帮助行为的刑事归责并不是建立在对正犯犯罪的明知基础之上的,而是与正犯形成共谋,具有特定的犯罪目的。在这个意义,方鹏认为具有可罚性的中立帮助行为的帮助犯属于目的犯,其指出:"帮助犯实际上就是目的犯,行为人必须具有通过帮助正犯行为而追求并希望实现犯罪结果的意欲,才能构成犯罪。罗克辛所说的认识的确切性,是具有犯罪目的的必要认识前提。对目的要素的要求也会影响故意的形式,只有直接故意中才存在犯罪目的,因此,这也解释了帮助犯不可能有间接故意罪过形式的问题。之所以将帮助犯的意欲界定为目的要素而不是故意要素,在很大程度上是因为帮助犯的目的影响的是行为性质和定型,而非全然只是归责问题。"[①] 根据目的犯法理,目的犯的目的本身并不是直接故意中的目的,而是超过的主观要素。目的犯的目的属于主观违法要素而不是责任要素,因此目的犯是在具备某种犯罪的构成要件基础上,进一步从主观上限制犯罪成立的要素,也可以说是限缩性的目的。我认为,在对中立帮助行为进行主观审查的时候,在对他人犯罪明知的基础上,应当对其所帮助的犯罪具有确定故意。例如以为他人杀人提供刀具为例进行分析,如果是一般帮助行为,在明知他人要杀人的情况下提供刀具,对于他人杀人是有具体了解的,如所杀何人,以及为何杀人等,因此,帮助犯与杀人者已经就杀人具有共同故意。在中立帮助的情况下,例如他人为杀人前往超市购买刀具,以此作为杀人凶器。售货员将刀具出卖给他人,他人将刀具用于杀人。因此,售货员出卖刀具的行为属于中立的帮助行为。此时,考察该中立帮助行为是否具有可罚性,就不能简单地以售货员对他人是否可能利用刀具实施杀人这一抽象的事实具有明知为根据,因为即使认识到他人可

[①] 方鹏:《论出租车载乘行为成立不作为犯和帮助犯的条件》,载陈兴良主编:《刑事法判解》,第13卷,北京,人民法院出版社,2013。

能利用刀具实施杀人行为,售货员也并不能以此为理由拒绝将刀具出卖给他人。也就是说,售货员在出卖刀具的时候,并没有对他人购买刀具的目的进行审查的义务,该出卖刀具的行为是一种销售行为。只有当他人与售货员对杀人的具体事实进行共谋,售货员的出卖刀具行为已经成为他人故意杀人行为的组成部分,才能认为出卖刀具的行为具有可罚性。

只有通过以上客观与主观两个维度的限制,才能为中立的帮助行为确定合理的处罚范围。

三、中立的帮助行为的归责条件

那么,中立的帮助行为在什么情况下具备刑事归责的条件呢?对此,我们可以出租车司机的运输服务为例进行分析。

第一种情形,出租车司机为盗窃犯到某小区实施盗窃提供了运输服务,但主观上对盗窃并不知情。在这种情况下,出租车司机在客观上为盗窃犯提供了运输服务,具有对盗窃罪的帮助性质,但司机在主观上根本就不知道,而且也没有义务知道乘客乘坐出租车的目的。因此,出租车司机虽然客观上为盗窃犯提供了帮助,但主观上没有对犯罪的帮助故意,因而不构成帮助犯。

第二种情形,出租车司机在乘客上车的时候不知道其到目的地是去实施盗窃活动,但在乘车过程中获知乘客的目的是到某小区去实施盗窃,在这种情况下,司机并没有停止为盗窃犯提供运输服务,而是仍然将盗窃犯送到目的地。此种情形与第一种情形相比,客观上提供运输服务是相同的,不同之处在于:在此种情况下,司机运输途中已经知道乘客系盗窃犯,但仍然按照运输合同完成运输服务。就此而言,司机不仅在客观上为盗窃犯提供了帮助。而且主观上具有对盗窃的明知。对于这种情况,从形式上来看,似乎具备了帮助犯的客观与主观要件,构成帮助犯。然而,司机运送盗窃犯的运输活动仍然具有完成运输合同的性质,即使其在明知他人乘车的目的具有犯罪性质以后,仍然完成运输,也不能认为其

行为构成盗窃罪的帮助犯。如果出租车管理部门就此种情形对司机具有报告的要求，则司机事后应当履行报告义务，没有履行报告义务的，构成行业管理上的违规。如果公安机关对司机具有报告要求，司机没有履行报告义务的，构成治安行政管理上的违法。总之，此种情形不构成犯罪的帮助犯。

第三种情形，出租车司机运送乘客到某小区，抵达目的地以后，乘客让出租车司机在门口等候，并承诺支付加倍的车费，司机答应后在原地等候。半个小时以后，乘客拿着大包小包重新乘坐出租车。司机从乘客携带的物品来看，怀疑系盗窃所得的赃物，但司机为贪图加倍的车费对乘客的行为并没有质疑，而是仍然将乘客运送到其指定的目的地。在此种情形中，在客观上司机也为盗窃犯提供了运输服务，主观上对盗窃具有或然性的认知，并且从中获取额外报酬。但司机提供运输服务的行为不具有可罚性。因为司机虽然对盗窃具有或然性认知，并且具有等候乘客、获取报酬等情节，但并不能认为司机的行为已经构成盗窃犯的帮助犯、具有刑事归责性。

第四种情形，乘客乘坐出租车，正好与司机认识。司机就问乘客到某小区的目的，乘客明确告知司机是去盗窃，并且约司机参与，到了小区以后在门口等他，承诺销赃以后分给司机一部分作为报酬。司机见钱眼开就同意了，事后从盗窃犯处获得车费十倍的钱款。在这种情形中，虽然司机和盗窃犯并非事先预谋，而是临时结伙共同进行盗窃，但司机运送盗窃犯成为共同盗窃中的一种分工，并事后分赃，因而司机构成盗窃罪的共犯。至于是正犯还是帮助犯，可能存在观点分歧，但在司机构成共犯上应当没有争议。在这种情况下，司机运送盗窃犯的活动，就已经不是提供运输服务，因而可以否定其提供运输活动的中立性。

通过以上以出租车提供运输服务为例的案例分析，我们可以发现，在客观上司机的运输服务都为他人犯罪提供了便利，然而，如果这种运输服务只是局限于正常业务活动的范围，则即使主观上对他人犯罪具有明知，亦不能构成作为共犯之帮助犯，同时也不能构成片面共犯之帮助犯。正如我国学者指出："出租承运行为作为正常的业务行为，不管司机是否知悉正犯的犯罪计划，都不应认为承运

行为具有法益侵害性，不应认为行为本身制造了不被法允许的危险。作为司机，根据运输行业规则和承运合同，即便知悉顾客的犯罪意图，其也没有拒载的正当理由。而且，作为提供一般性运输服务的行为人，即便知悉乘客的犯罪意图，法律也不可能科予其阻止犯罪的义务。否则，不仅是对承运人的过分要求，也必然导致正常的交通运输秩序无法进行。"[1] 对于这一论述我完全同意。我认为，只有在司机与正犯之间存在犯意沟通，具有犯罪共谋的情况下，承运关系已经因为犯意沟通而被刺破，此时，出租车司机的运输行为才能蜕变为他人犯罪的帮助行为，因而构成帮助犯。

第三节 中立帮助行为的类型

中立的帮助行为是一个内涵较为宽泛的概念，在考察中立的帮助行为是否具有刑事可罚性的时候，应当区分不同的类型。换言之，各种不同类型的中立帮助行为在刑事可罚与不可罚的区分标准与根据上具有不同特征，因而需要分别加以分析。

一、销售型中立帮助行为

销售型中立帮助行为是指以售卖商品的方式构成的中立帮助行为。对于销售型的中立帮助行为，我国学者将其分为以下情形：（1）违禁品销售型；（2）日常使用危险物销售型；（3）日常使用物销售型。事实上，中立帮助行为问题最早就是从销售型的中立帮助提出来的，由此引起刑法教义学的重视。例如早在1840年，德国学者Kitka就提出了这样的问题：在B要杀C时，A还将刀卖给B，而

---

[1] 陈洪兵：《中立行为的帮助》，173页，北京，法律出版社，2010。

且A当时知道B是为了杀C而买刀，A是否构成杀人罪的共犯？这被认为开启了日常行为的帮助的可罚性问题的先河。① 可以说，销售型中立帮助行为是极为常见的一种类型。在销售型中立帮助行为中，违规销售限制买卖的物品是否属于中立的帮助行为以及是否应当以帮助犯予以处罚，这是一个复杂的问题。所谓限制买卖的物品是指需要具备一定的条件或者资质才能销售或者购买的物品。如果在符合条件或者资质的情况下销售或者购买该种物品的，当然其销售行为具有中立性。但在不具有销售资质的情况下进行销售或者虽然具有销售资质但销售给不符合条件的购买人，此种情形下的销售行为是违规的，但能否就此否定这种销售行为的中立性，这是值得考虑的。我认为，此种销售行为违规性不能就此否定其中立性。违规销售这是一个应当受到行政处罚的问题，而是否构成帮助犯这是一个共犯的认定问题，两者之间存在截然可分的界限。也就是说，对于违规销售行为应当按照中立的帮助行为处理，只有在具有可罚条件的情况下才能以帮助犯论处。此外，根据销售物品的性质，还可以将销售型中立帮助行为区分为危险物品销售和非危险物品销售这两种类型。在通常情况下，如果销售的是危险物品，行为人对其所造成的后果具有一定的预见甚至明知，因而入罪的可能性较大。至于销售的物品是日常物品，仅仅从物品本身不能确定其具有危险性。在这种情况下，这种中立帮助行为如何处理，存在较大争议。我认为，对于销售通常情况下不具有危险性物品的中立帮助行为，应当严格限制刑事处罚范围。

二、服务型中立帮助行为

服务型中立帮助行为是指以提供服务的方式构成的中立帮助行为。这里的服务是指有偿提供的各种服务，尤其是中介性质的服务。例如我国学者论及以下情

---

① 参见陈洪兵：《中立行为的帮助》，1页，北京，法律出版社，2010。

形：(1) 律师服务；(2) 运输服务；(3) 金融服务；(4) 广告服务。① 这些服务是相对于劳务而言的，具有知识性、专业性和业务性，因而是社会经济生活的重要组成部分。在从事服务活动中，如果某种业务行为在客观上对犯罪起到帮助作用，对此如何划分正当业务行为和犯罪帮助行为的界限，这是一个值得探讨的问题。我认为，服务型的中立帮助行为是否可罚，在很大程度上应当考察行为人所提供服务是否符合法律规范。如果提供服务的过程是完全符合法律规定的，则即使此种服务为他人犯罪提供了便利，也不能认定为帮助犯。否则，行为人提供服务是违背法律规定的，并且明知他人犯罪，仍然提供某种服务，则此种提供服务的行为可以认定为帮助犯。例如林小青诈骗案。② 青海省西宁市城中区人民检察院称，经审查查明，2017年5月，青海合创汇中汽车服务有限公司成立。被告人宋某舟、林某健等通过公开招聘、熟人介绍纠集被告人揭某虹、林小青等人，在非法从事汽车抵押贷款业务过程中，形成了以魏某伟、林某健、宋某舟为首要分子，揭某虹、林小青等为重要成员的恶势力犯罪集团。起诉书称，该犯罪集团采用欺骗、恐吓、威胁、滋扰纠缠、诉讼等手段多次实施诈骗、敲诈勒索、寻衅滋事、强迫交易等违法犯罪活动。其中，林小青为涉案公司法律顾问，曾通过向法院提起诉讼方式对一受害人罗某实施敲诈勒索。在本案审理过程中，林小青的辩护人为其做了无罪辩护，认为林小青为青海合创汇中汽车服务有限公司所聘请的法律顾问，该公司将这一事实公示，并不具备违法性。要认定律师和当事人构成共同犯罪，首先律师要知道当事人正在进行犯罪，并帮助当事人作出超出律师业务范畴的事，如指挥组织、出谋划策、参与暴力行动等。此后，西宁市城中区人民检察院表示，经审查，林小青在担任青海合创汇中汽车服务有限公司法律顾问期间，主要行为包括代理公司通过民事诉讼向罗某追讨债务、为企业提供法律咨询等，没有违反《律师法》等法律法规，林小青亦并不明知其所从事的法律服

---

① 参见陆旭：《中立帮助行为研究》，199页以下，北京，中国政法大学出版社，2021。
② 参见青海省西宁市城中区人民检察院中检公诉刑诉（2019）34号起诉书。

务被魏某伟、宋某舟等人利用实施套路贷犯罪，其行为不构成犯罪，应当撤回起诉。西宁市城中区人民检察院认真贯彻落实上级检察机关的要求，对该案进行全面研判后提出撤回起诉的意见。2019年7月31日，西宁市城中区人民检察院向城中区人民法院提交《关于对林小青撤回起诉的决定》，8月20日，西宁市城中区人民法院裁定同意撤回起诉。本案争议的焦点问题在于律师系正常执业还是为犯罪提供帮助？

本案在媒体披露以后，引起社会公众的广泛关注，同时也引发学者对服务型中立帮助行为与犯罪之间界限的认真思考。例如周光权专门撰写了论文，对本案进行了分析，指出："所谓的中性业务活动，是指为满足社会生活的一般需要而提供的从外观上看通常可以反复继续实施，具有匿名性、可替代性的业务行为。①中性业务活动的特点是：（1）提供行为相对被动，且对所有人都可以提供；（2）行为偶尔可能被他人利用而对受保护的法益产生一定危险；（3）即便中性业务活动会产生不确定的风险也应该赋予行为人相当程度的职业自由，否则社会生活会限于停滞，因此，即便个别职业活动为犯罪提供了帮助，也应允许类似行为继续实施。中性业务活动本身不具有犯罪性质，但是客观上可能被其他犯罪人所利用、操纵，对正犯的犯罪起到促进作用。因此，在刑法上经常成为问题的是：从事后看，个别中性业务行为与他人的犯罪有关联，对他人的犯罪有帮助。此时其性质如何确定？更准确地说就是对虽然实施的是相关职业行为，但客观上给正犯的犯罪提供了帮助的情形，能否作为帮助犯定罪处罚？这其实就是理论上争议较多的中立行为的帮助问题。"周光权认为："本案控方以林小青律师知道对方是实施诈骗犯罪的恶势力集团而为其担任法律顾问为由指控其构成诈骗罪共犯，这一起诉意见明显不当。《律师法》第29条规定：'律师担任法律顾问的，应当按照约定为委托人就有关法律问题提供意见，草拟、审查法律文书，代理参加诉讼、调解或者仲裁活动，办理委托的其他法律事务，维护委托人的合法权

---

① 这里的中性业务活动，其内涵包括服务型中立帮助行为和销售型中立帮助行为等。

益'。因此，即便律师对他人正在实行犯罪有明知或者未必的认知，只要其所提供的法律服务本身符合法律规定，律师的行为也就是合法的。如果要将律师认定为诈骗罪的帮助犯，就应有充足证据证明其超越了律师业务活动的操作规程，而为诈骗集团出谋划策、参与虚构事实隐瞒真相等，如果不具备这些主客观条件，即便律师的执业活动客观上为正犯提供了支持，也不能将律师的执业活动认定为犯罪。在本案中，在虚增债权诈骗方式的设计以及具体组织实施诈骗犯罪阶段（比如，让客户填写各种空白资料、和客户沟通收息、收费情况，隐瞒收取平台服务费、贷后管理费，多算预期违约金，虚增债权，催收款项等），林小青事前没有为'青海合创公司'出谋划策，该公司所有人在事中或事后都没有与林小青有过任何沟通或者征询过林小青的意见，因此，不能认为其逾越了中性业务活动的界限。"[1] 基于对林小青案的分析，周光权提出了限定帮助犯的命题，这是极为正确的。

在林小青诈骗案中，林小青受委托为当事人提供法律服务的行为能否构成套路贷诈骗罪的共犯，不仅要看到林小青的律师代理行为在客观上对套路贷恶势力集团的诈骗犯罪活动具有一定的帮助效果，成为该犯罪集团非法占有被害人财物的一个步骤，也不仅仅在于林小青对于诉讼活动主观上具有故意；更为重要的是，林小青的诉讼代理活动本身是否具有合法性，以及是否逾越了中立业务行为的界限。从本案的事实来看，林小青只是在依法正常履行代理业务，因而其行为应当认定为是服务型中立帮助行为，不构成诈骗罪的共犯。反之，如果律师在提供民事诉讼法律服务过程中，明知他人的行为是犯罪，并且采用隐瞒事实、伪造证据等方式参与民事诉讼活动，为他人非法占有诈骗或者敲诈勒索的财物，则此种提供法律服务的行为应当认定为帮助犯，承担相应的刑事责任。

如果说，服务型中立帮助行为所提供的服务对他人犯罪具有一定的帮助性，

---

[1] 周光权：《中性业务活动与帮助犯的限定——以林小青被控诈骗、敲诈勒索案为切入点》，载《比较法研究》，2019（5）。

因而需要从客观与主观两个方面对其刑事归责进行判断,那么,在提供服务过程中,对于在其场所或者其他地点发生的犯罪行为不予制止的行为,不能以中立帮助为由逃避刑事处罚。例如出租车司机在提供运输服务过程中,对发生在车厢内的犯罪行为不制止行为的定性。例如被告人李文凯,26岁,出租车司机。2009年12月31日凌晨5时许,李文凯驾驶已经乘载同村族亲堂兄李文臣的出租车,在温州火车站附近招揽乘客。被害人小梅(15岁)从北京乘火车到达温州,在温州火车站租乘了李文凯的出租车,准备去往新城汽车站。起初,李文臣坐在出租车的副驾驶座上,但行驶一段时间后,李文凯停车对副驾驶座上的李文臣说:"轮胎坏了,坐后面去吧。"途中,坐到后排的李文臣向小梅提出性要求,遭到拒绝,李文臣便将小梅按倒在出租车后座。其间,小梅向李文凯求救,"救救我!",要求其停车。李文凯见状出言劝阻李文臣,但遭到李文臣威胁。之后,李文臣不顾小梅哭喊,强行与其发生性关系。之后,李文凯提醒"新城站快到了",但李文臣让他一直往前开,李文凯遂按李文臣的要求一直驾车绕路。后李文臣让小梅在新城汽车站附近下车,自己继续乘坐出租车在黎明立交桥附近下车。2011年5月6日,浙江省温州市鹿城区人民检察院以强奸罪对李文凯提起公诉。2011年5月21日,鹿城区人民法院以强奸罪判处李文凯有期徒刑两年。法院认为,被告人李文凯协助李文臣违背小梅的意志,以暴力手段强行奸淫,李文凯虽未与被害人发生性关系,但其行为依然触犯了《刑法》第236条第1款之规定,应以强奸罪追究刑事责任。鉴于其系被胁迫参加犯罪,属于胁从犯,故应依法减轻处罚。[1] 在本案中,实施强奸行为的是李文臣,其构成强奸罪的正犯。那么,对李文凯的行为应当如何定性呢?对此,主要围绕两个问题展开:第一,李文凯对小梅是否具有救助义务,如果具有救助义务,是否构成不作为。我认为,因为强奸罪发生在李文凯的出租车内,所以李文凯对被害人小梅具有救助义务,并且其没

---

[1] 本案参见方鹏:《论出租车载乘行为成立不作为犯和帮助犯的条件》,载陈兴良主编:《刑事法判解》,第13卷,北京,人民法院出版社,2013。

有进行救助，就此而言，李文凯的行为属于不救助。然而，我国刑法并没有设立不作为的不救助罪，因而不能根据不履行救助义务而对李文凯定罪。第二，李文凯是否对李文臣的强奸行为实施了帮助，如果具有帮助行为，是否构成中立的帮助行为？如果李文臣的强奸行为发生在公共场所，李文凯能够救助而不救助，如果没有刑法明文规定，则只是一个道德问题，不构成犯罪。但本案的强奸行为发生在李文凯的出租车内，这是一个特定场所，而且李文凯对该场所具有支配性。在这种情况下，李文凯对强奸行为放任不管就不是一个道德问题，而具有对强奸行为的帮助性。对此，我国学者指出："李文凯明知李文臣正在实施强奸仍然载乘，相当于其为李文臣的犯罪提供犯罪场所，即使此行为与其正常业务在内容是重合的，也应认为对实行行为具有强有力的促进作用。在主观关联性即行为目的方面，李文凯对李文臣的强奸犯意明确知情，对于李文臣利用自己的载乘行为会使强奸实行的更为便利也明确知情，在此情况下其仍然载乘，应当认为具有帮助犯罪的目的。从而，李文凯第二阶段的载乘行为可以认定为帮助犯行为，其可成立帮助犯。"[①] 对于这一观点，我是赞同的。判决书将李文凯认定为胁从犯，虽然在李文凯想要制止时李文臣具有威胁语言，但这种威胁只是不让李文凯制止其强奸行为，而不是威胁让李文凯提供强奸场所，因此李文凯情节较轻，认定为从犯没有问题，但就其共犯性质而言，应当定性为帮助犯。此时的帮助不是中立的帮助行为，而是利用载客的出租车为李文臣实施强奸行为提供场所，因而构成强奸罪的帮助犯。

值得注意的是，2019年4月9日最高人民法院、最高人民检察院、公安部、司法部《关于办理"套路贷"刑事案件若干问题的意见》（以下简称《意见》）第5条第2款对套路贷的共犯专门做了规定：明知他人实施"套路贷"犯罪，具有以下情形之一的，以相关犯罪的共犯论处，但刑法和司法解释等另有规定的除

[①] 方鹏：《论出租车载乘行为成立不作为犯和帮助犯的条件》，载陈兴良主编：《刑事法判解》，第13卷，北京，人民法院出版社，2013。

外：(1) 组织发送"贷款"信息、广告，吸引、介绍被害人"借款"的；(2) 提供资金、场所、银行卡、账号、交通工具等帮助的；(3) 出售、提供、帮助获取公民个人信息的；(4) 协助制造走账记录等虚假给付事实的；(5) 协助办理公证的；(6) 协助以虚假事实提起诉讼或者仲裁的；(7) 协助套现、取现、办理动产或不动产过户等，转移犯罪所得及其产生的收益的；(8) 其他符合共同犯罪规定的情形。《意见》所列举的这些套路贷的共犯行为均为帮助行为，而且大多都是业务帮助行为。例如第（5）项规定的协助办理公证的主体是公证员；第（6）项协助以虚假事实提起诉讼或者仲裁的主体是律师。根据《意见》的规定，只要上述专业人员"明知"他人实施套路贷犯罪而具有上列行为之一的，即可构成套路贷犯罪的共犯。我国学者认为，不能因律师对他人实施的犯罪行为明知而提供法律服务便按照犯罪处理，应按照中立帮助行为处罚进路进行判断：分别从客观归责的规范判断、相当性的限定考察及特别认知的反向排除三个层面进行审视，决定该行为的罪与非罪。[①] 我认为，以上观点具有一定的合理性。但在《意见》已经作出明确规定的情况下，应当通过对明知的限缩性解释，限定律师因为正常履行代理职务而入罪的执业风险。《意见》明确规定，明知的内容是虚假事实，只有当律师认识到其所代理的诉讼或者仲裁案件的事实是虚假的，仍然提起诉讼或者仲裁，才能认定为套路贷犯罪的共犯。其实，不仅对于套路贷犯罪案件是如此，即使在律师代理其他类型的案件时，明知是虚假事实而提起诉讼或者仲裁的，同样构成相关犯罪。因为《律师法》第 3 条第 2 款规定："律师执业必须以事实为根据，以法律为准绳。"第 40 条第 6 项规定，律师在执业活动中不得故意提供虚假证据。因此，律师明知是虚假事实而提起诉讼或者仲裁，这本身就是一种律师职业规范的违法行为。构成犯罪的，应当依法惩处。除对明知内容的限定以外，还应当对明知本身作出规范。我认为，这里的明知并不是一般的知道，而是指对特定内容的认知，例如对虚假事实的认知。此外，这里的明知不是单方面

---

① 参见陆旭：《中立帮助行为研究》，200 页，北京，中国政法大学出版社，2021。

的认知，还应当是双方的沟通，在某些情况下应当具有对虚假诉讼或者虚假仲裁的通谋。只有达到这样一种主观认知的程度，才能以共犯论处。

三、技术型中立帮助行为

技术型中立帮助行为是指以技术支持的方式构成的中立帮助行为。技术的中立帮助行为与一般的帮助行为的不同之处就在于：行为人是提供技术的中立帮助。在现代生活中，技术在社会生活中的作用越来越大，技术渗透到社会生活的各个方面，甚至连犯罪也离不开技术的支持。尤其是在互联网技术成熟发达的当今社会，社会的正常运转更是依赖网络。那么，能否以技术中立为由，对技术中立帮助行为出罪呢？这是一个极具争议的问题。例如快播案就是一个典型案例，值得研究。[①]

快播案的一审判决对快播公司的经营模式做了以下描述：快播公司通过免费提供 QSI（QVOD Server Install，即 QVOD 资源服务器程序）和 QVOD Player（即快播播放器程序或客户端程序）的方式，为网络用户提供网络视频服务。任何人（被快播公司称为站长）均可通过 QSI 发布自己所拥有的视频资源。具体方法是，站长选择要发布的视频文件，使用资源服务器程序生成该视频文件的特征码（hash 值），导出包含 hash 值等信息的链接。站长把链接放到自己或他人的网站上，即可通过快播公司中心调度服务器（运行 P2P Tracker 调度服务器程序）与点播用户分享该视频。这样，快播公司的中心调度服务器在站长与用户、用户与用户之间搭建了一个视频文件传输的平台。为提高热点视频下载速度，快播公司搭建了以缓存调度服务器（运行 Cache Tracker 缓存调度服务器程序）为核心的平台，通过自有或与运营商合作的方式，在全国各地不同运营商处设置缓存服务器 1 000 余台。在视频文件点播次数达到一定标准后，缓存调度服务器即

---

① 参见陈兴良：《快播案一审判决的刑法教义学评判》，载《中外法学》，2017（1）。

第三节 中立帮助行为的类型

指令处于适当位置的缓存服务器（运行 Cache Server 程序）抓取、存储该视频文件。当用户再次点播该视频时，若下载速度慢，缓存调度服务器就会提供最佳路径，供用户建立链接，向缓存服务器调取该视频，提高用户下载速度。部分淫秽视频因用户的点播、下载次数较高而被缓存服务器自动存储。缓存服务器方便、加速了淫秽视频的下载、传播。

一审判决把快播公司的这一经营模式称为网络服务系统，由此完成了对快播公司经营模式性质的认定。应该说，对快播公司经营模式性质的认定，主要是一个事实问题，这是对快播公司定罪的基础。

从一审判决认定的事实来看，快播公司并不只是单纯提供网络播放器。如果只是提供网络播放器，快播公司不能控制他人利用播放器观看淫秽视频。那么，基于技术中立原则，快播公司确实不应当对淫秽物品传播的后果承担刑事责任。根据一审判决认定的本案事实，快播公司的经营模式决定了它并不是如同自己所宣称的那样，只是软件技术提供商。快播公司基于 P2P 原理开发了 QVOD 视频播放器（简称 QVOD）。QVOD 除具备常规的视频播放功能之外，还可以针对广泛分布于互联网上的视频种子进行在线播放。当终端用户观看在线视频时出现卡顿现象，或者某些视频因点击量高而成为热门视频时，快播公司的缓存服务器便自动将视频文件下载存储起来，用户可以直接从快播公司的缓存服务器下载观看。因此，缓存服务器就成为视频资源站。为了确保在线片源的不断丰富，快播公司研制开发了便捷易用的建站发布视频工具软件 QSI。通过使用 QSI 建立一个视频站点，可以上传视频资源，这些视频发布者被称为站长。快播公司通过服务器对站长上传视频、用户观看视频、用户分享视频、采集用户观影特征并分析、调度选择和优化网络等进行处理。由此可见，快播公司在提供视频软件技术的同时，还利用该技术建立了一个视频发布、传播和分享的平台。正是通过这个平台聚集的流量，快播公司通过广告等方式得以牟利。在这种情况下，快播公司正如一审判决所认定的那样，已经成为一个网络服务系统的管理者。确切地说，快播公司具有网络视频软件提供者和网络视频内容管理者的双重角色。

根据一审判决的认定,在快播公司经营过程中,以下事实需要予以重视:(1)快播公司的QVOD视频播放器。该播放器具有在线视频播放功能。因此,快播公司提供在线播放的网络服务。(2)快播公司的缓存服务器具有自动将视频文件下载存储功能,用户可以直接从快播公司的缓存服务器下载观看。因此,快播公司提供对用户播放的视频资源提供缓存的网络服务。(3)快播公司的发布视频工具软件具有上传视频资源功能,快播公司对上传的视频资源进行后期处理。这就是一审判决所认定的快播公司利用视频软件技术建立了一个视频发布、传播和分享的平台,在这个网络平台上可以实现视频播放、缓存、接收上传、提供下载。显然,快播公司作为这个网络平台的创立者具有对网络信息内容的监管义务。

在本案中,快播公司的经营模式对于传播淫秽物品牟利罪的认定具有十分重要的意义,它也直接决定了对于快播公司能否适用技术中立原则。在本案审理过程中,被告人及其辩护人以技术无罪为辩解,这里的技术无罪其实是以技术中立原则为根据的辩解理由。例如,辩护人指出:"快播公司提供的是技术服务,没有传播、发布、搜索淫秽视频行为,也不存在帮助行为;快播技术不是专门发布淫秽视频的工具,而是提供缓存服务以提高网络传输效率,为用户提供P2P视频点播技术服务;基于技术中立原则,对快播公司的行为应适用避风港原则,快播公司不应为网络用户传播淫秽物品承担刑事责任。"在刑法教义学中存在中立的帮助行为的法理,技术中立原则借助于中立的帮助行为法理就形成了所谓中立的技术帮助行为的概念,对此值得深入探讨。

技术中立原则,也称为避风港原则,这项原则是美国联邦最高法院在1984年的索尼案中提出来的,该案是一起涉及版权侵权的案件。在索尼案中,美国联邦最高法院确立了实质性非侵权用途规则。这项规则实际上是从专利法中借鉴而来的,实质性非侵权用途规则的目的在于将帮助侵权的责任限制在一个合理的范围内,在保护知识产权人利益的同时,不至于妨碍技术的进步。也正是在实质性非侵权用途规则的基础上,产生了技术中立原则。

第三节 中立帮助行为的类型

我国学者在论及网络平台提供服务商的责任时，提出了 P2P 服务提供行为原则上不应受罚的观点，指出：近年来，兴起可供他人直接从电脑搜索并下载所需档案的所谓点对点（Peer to Peer，P2P）的软件传输与相关服务。会员利用 P2P 网络经营者提供的软件和相关服务能够通过上传和下载的方式互相享用各自拥有的档案资料，可谓互通有无。问题是：上传或者下载的档案可能侵犯他人著作权。尽管 P2P 网络经营者并没有直接侵犯他人著作权，但其提供的软件和相关服务客观上为会员侵犯他人著作权提供了帮助，其经营行为是否构成侵犯著作权罪的帮助犯？P2P 网络经营者并不直接提供下载的音乐等作品，而只是为会员相互直接上传、下载档案提供软件和相关服务，所以其不是网络内容提供服务商，而是网络平台提供服务商。因此，作者的结论是：对于 P2P 服务提供行为，由于行为本身具有正当的业务行为性质的一面，不能认为这种行为具有直接促进正犯犯罪行为的危险，即这种危险还属于法律所允许的危险。会员利用这种服务从事侵犯著作权犯罪的行为，完全属于正犯的自我答责的行为领域。[①] 我注意到，在以上论述中，作者区分了网络平台提供服务商和网络内容提供商，前者不对内容负责，而后者则应对内容负责。这里涉及相关人员的网络信息监管义务问题，我将在后文讨论。在此，我们需要对快播公司的经营模式进行判断，其到底属于网络平台提供服务商还是网络内容提供商？快播公司宣称，其所提供的是 P2P 网络播放器的服务，因此属于网络平台提供服务商。一审判决认定：

> 本案被告单位快播公司，是一家流媒体应用开发和服务供应企业，其免费发布快播资源服务器程序和播放器程序，使快播资源服务器、用户播放器、中心调度服务器、缓存调度服务器和上千台缓存服务器共同构建起了一个庞大的基于 P2P 技术提供视频信息服务的网络平台。用户使用快播放器客户端点播视频，或者站长使用快播资源服务器程序发布视频，快播公司

---

① 参见陈洪兵：《中立行为的帮助》，234 页，北京，法律出版社，2010。

中心调度服务器均参与其中。中心调度服务器为使用资源服务器程序的站长提供视频文件转换、链接地址发布服务，为使用播放器程序的用户提供搜索、下载、上传服务，进而通过其缓存服务器提供视频存储和加速服务。快播公司缓存服务器内存储的视频文件，也是在中心调度服务器、缓存调度服务器控制下，根据视频被用户的点击量自动存储下来，只要在一定周期内点击量达到设定值，就能存储并随时提供用户使用。快播公司由此成为提供包括视频服务在内的网络信息服务提供者。

在此，一审判决明确地将快播公司的经营模式界定为网络内容提供商，即网络信息服务提供者，而不是网络平台提供服务商，这就决定了对快播公司不能简单地适用技术中立原则。

我国学者在论及快播案是否适用技术中立的免责事由时指出，技术中立的帮助行为不能成为快播案的抗辩理由，因为许多情况下技术中立的帮助行为能够构成犯罪。对此，作者分为两个层面进行了分析：第一，技术中立的帮助行为可能构成共同犯罪行为；第二，技术中立的帮助行为可能构成实行行为。[①] 对于快播公司来说，并不是只要认定为技术的中立帮助行为就可以出罪。是否出罪，还是要严格根据法律规定和司法解释。对此，一审判决做了以下论述："中立的帮助行为，是指外表上属于日常生活行为、业务行为等不追求非法目的的行为，客观上对他人的犯罪起到促进作用的情形。中立的帮助行为是以帮助犯为视角在共同犯罪中讨论中立性对于定罪量刑的影响，而实行行为不存在中立性问题。快播公司的缓存服务器下载、存储并提供淫秽视频传播，属于传播淫秽视频的实行行为，且具有非法牟利的目的，不适用于共同犯罪中的中立的帮助行为理论。辩方以行为的中立性来否定快播公司及各被告人责任的意见，不应采纳"。这是我国刑事判决书中极为罕见地对中立的帮助行为作出评论。尤其是裁判理由将快播公

[①] 参见毛玲玲：《传播淫秽物品罪中传播行为的认定》，载《东方法学》，2016（2）。

司的行为直接认定为是传播淫秽物品牟利的不作为的实行行为,因此提出根本就不适用技术中立的帮助行为的结论,这一裁判理由当然具有一定的合理性。

对于快播公司的传播淫秽物品行为在刑法中究竟是认定为不作为的实行行为还是帮助行为,这个问题尚需结合刑法规定和刑法理论进一步辨析。相对来说,网络中立行为的探讨更切合快播案。网络中立行为是中立行为在网络领域的体现。因为网络具有不同于其他领域的特殊性,所以,网络中立行为是一个更为妥帖的概念。网络中立行为能否出罪,我认为不能简单地从主观上是否明知来进行判断,而应当考虑到网络公司提供服务的性质。这里涉及法律对不同类型的网络服务商设定的不同义务,以及不同类型的网络服务商对于义务履行的可能性问题。我国学者周光权在论及快播案时指出,在本案中,中性业务行为的辩解不能成立,提供播放器行为已经具有不法性,理由在于:(1)行为人在多次接受处罚后,已经积极认识到提供工具的行为是犯罪实现的一部分,或者对犯罪实现具有直接性。提供播放器会作为违法犯罪的工具,行为人对此有认识,在此基础上再继续提供播放器的,不能否定其行为的不法性。(2)行为人通过"调整"职业行为的方式补充了主行为的缺陷或排除障碍。为尽力消除用户违法上传、下载所可能遇到的障碍,本案被告人实施了规范上并非合理期待发生的业务活动或行为事实,例如,将原有的完整视频文件存储变为多台服务器的碎片化存储。而这一行为已经不是中性业务行为。这和药店的工作人员在卖药过程中,遇到有人来咨询从甲种感冒药中是否可以提取毒品成分时,建议顾客买乙种感冒药一样,该行为就不能主张中性行为,而是不法行为。(3)快播公司的行为明显升高了法益风险,远远超过了中性业务行为的程度。这就如同甲一开始把菜刀卖给乙属于中性业务行为,但在发现乙就在甲的眼前杀害被害人丙时,甲如果仍然不阻止乙杀人或者不将菜刀收回,甲的行为就属于明显升高了被害人死亡的风险。在这里可以假定的是:甲收回或者不提供菜刀,杀人犯乙前往其他地方购买杀人工具,被害人脱离危险的可能性是完全存在的。而上述这些分析进路,都是从义务犯的角度切入的,即快播公司的行为违背义务,应当成立正犯,而不能以中性业务行为辩

解，不需要讨论其是否成立帮助犯。① 我认为，周光权的这一论述是正确的，对于基于技术中立而排除其犯罪性应当持一种谨慎的态度。

值得注意的是，《刑法修正案（九）》第 28 条增设了《刑法》第 286 条之一，设立了拒不履行信息网络安全管理义务罪。本罪是指网络服务提供者不履行法律、行政法规规定的信息网络安全管理义务，经监管部门责令采取改正措施而拒不改正，有下列行为之一的情形：（1）指使违法信息大量传播的；（2）指使用户信息泄露，造成严重后果的；（3）致使刑事案件证据灭失，情节严重的；（4）有其他严重情节的。本罪实际上是技术中立帮助行为的正犯化，由于该技术服务行为已经被立法机关设立为独立罪名，因而对于此种行为应当直接依照本罪论处，不得再以技术中立为抗辩理由。对此，我曾经指出："在刑法修正案（九）设立了拒不履行网络安全管理义务罪以后，发生明知他人制作、复制、出版、贩卖、传播的是淫秽电子信息，允许或者放任他人在自己所有、管理的网站或者网页上发布的，属于拒不履行网络安全管理义务罪和传播淫秽物品谋利罪的想象竞合。根据刑法第 286 条之一第 3 款的规定，应当依照处罚较重的规定定罪处罚。在互联网时代，网络技术日新月异，突飞猛进，随之带来对法律的挑战。法律不能成为网络技术发展的绊脚石，阻碍技术发展。但网络技术应当造福于人类，网络技术也不能成为犯罪的挡箭牌。在互联网环境下，一切现实空间中的犯罪都可能在网络空间发生。对此，刑法不能缺位。网络空间并不是法外之地，刑法的触须也应当伸向网络空间，这就是快播案的一审判决给我们带来的启示。"②

---

① 参见周光权：《犯罪支配还是义务违反》，载《中外法学》，2017（1）。
② 陈兴良：《在技术与法律之间：评快播案一审判决》，载《人民法院报》，2016-09-14，第3版。

第十八章
共同犯罪的片面共犯

第一节 片面共犯概述

一、片面共犯的概念

(一) 片面共犯的界定

片面共犯,也称一方的共犯,是指由单方面构成的共犯,包括片面共同正犯、片面组织犯、片面教唆犯和片面帮助犯。片面共犯是相对应全面共犯而言的,全面共犯是双方的共犯,是指双方具有相互之间的犯意联络,由此在共犯故意的范围内成立的共犯。而片面共犯则在双方之间缺乏相互之间的犯意联络,其中一方利用另外一方的行为实施犯罪。因此,在片面共犯的情况下,只有一方构成共犯,另外一方则构成单独犯罪。

片面共犯是德日共犯教义学中的概念,在英美刑法中并不存在片面共犯之名,但存在所谓潜在同谋犯的概念,它实际上相当于德日共犯教义学中的片面共

犯。英美刑法理论认为，共同犯罪的基本问题是研究同谋犯在什么条件下要对犯罪构成行为负责，而不是反过来。所以，关于共同犯罪的共同犯罪意图这一要件，并不一定要求实行者认识到是否有他人在帮助自己；因为有或者没有，都不影响定罪和量刑。但是，要求帮助者认识到他是在帮助他人实施犯罪。这种被帮助人不知情的犯罪帮助者，被称为潜在同谋犯。潜在同谋犯规则并不违反共同犯罪要求共同犯罪意图这个原则，只不过是一种特殊形式的共同犯罪意图。这就是说，"共同"犯罪意图是指犯罪意图的"相同性质"，而未必都要"彼此知道"，只要帮助者知道他在帮助别人犯罪就算是具备了共同犯罪意图。① 由此可见，两大法系虽然在共同犯罪的概念、术语以及内容上存在很大的差别，但在承认片面共犯这一点上具有其共同之处。

（二）片面共犯与同时犯的区分

片面共犯不同于同时犯。所谓同时犯，也称同时正犯，是指二人以上在主观上没有共同故意的情况下，在同一时间、同一地点，针对同一法益实施侵害行为。同时犯是数个单独犯罪的偶然聚合，由于在犯罪人之间并不存在犯意联络，因而不能成立共犯，相互之间分别成立单独犯罪。片面共犯虽然在数个犯罪人之间也不成立共犯，但其中的一方，即利用者属于共犯。例如，甲和乙都对丙有仇，在没有共谋的情况下，在同一时间、同一地点，对丙开枪射杀，并将丙杀死。这就是同时正犯的适例。在同时正犯的情况下，由于甲和乙之间没有共同犯罪的故意，因而不成立共犯，应当分别以故意杀人罪论处。例如，如果甲和乙都射中丙，致其死亡，甲和乙都成立故意杀人罪既遂。如果甲和乙都未射中丙，甲和乙都成立故意杀人罪未遂。如果甲和乙中的一人射中丙致其死亡，射中者认定为故意杀人罪既遂，未射中者认定为故意杀人罪未遂，甲和乙之间并不采用"部分行为全体责任"的原则。但在片面共犯的情况下，例如甲和乙都对丙有仇，甲得知乙持有一把猎枪，就以打猎为名向乙借用猎枪。乙明知甲借枪是用于杀丙，

---

① 参见储槐植：《美国刑法》，159页，北京，北京大学出版社，1996。

就想借用甲的手杀死丙,因而欣然将猎枪借给甲,甲遂用猎枪将丙杀死。在本案中,甲虽然是利用乙的猎枪杀死丙,但其与乙之间并无犯意联络,因而甲构成故意杀人罪的单独正犯。而乙明知甲借用猎枪是为杀死丙,出于借用甲的手杀死丙的故意将猎枪借给甲,其主观上具有共犯的故意,因而构成故意杀人罪的片面共犯。

(三) 片面共犯与间接正犯的区分

片面共犯和间接正犯都是利用他人的行为实施犯罪,因此,从外观上看,片面共犯和间接正犯之间具有一定的相似性。正因为如此,在我国刑法学界存在将片面共犯与间接正犯相等同的观点。例如我国学者认为,片面共犯实质上是利用他人做工具而实行自己的犯罪行为,对其以间接正犯论处为宜。因为暗中帮助他人犯罪的人与被帮助人之间,由于缺乏共同犯罪的故意,不构成共同犯罪,所以这种暗中帮助他人犯罪的行为原则上只能在是否构成单独犯罪的范围内来分析;再者,暗中帮助他人犯罪的人,虽然没有直接实施犯罪的实行行为,但他对于被帮助人的犯罪故意和行为性质主观上是明知的,他不直接出面,却暗中提供帮助,实际上表明他自己也具有犯罪故意,只不过他是假手于被帮助人来实行自己的犯罪。这恰恰符合间接正犯的特征。因此,对这种人应当按照刑法分则各该罪的有关规定直接予以定罪。[①] 我认为,片面共犯确实与间接正犯具有一定的相似性,这就是两者都是假借他人之手实施犯罪,但两者在根本性质上又存在明显区别。具体而言,间接正犯可以分为利用他人不构成犯罪的行为实施犯罪的情形与利用他人构成犯罪的行为实施犯罪。在利用他人不构成犯罪的行为实施犯罪的情形中,包括利用无责任能力的人实施犯罪、利用意外事件、不可抗力等无罪过行为实施犯罪。在利用他人构成犯罪的行为实施犯罪的情形中,包括利用有故意无目的的工具实施犯罪、利用有故意无身份的行为实施犯罪。因为片面共犯中的被利用者构成单独正犯,所以利用他人不构成犯罪的行为实施犯罪的片面共犯不可

---

① 参见钱毅:《我国刑法中不存在片面共犯》,载《中南政法学院学报》,1990 (4)。

能构成间接正犯。至于利用他人构成犯罪的行为实施犯罪的间接正犯，例如甲出于破坏通讯设备的目的，欺骗乙，谎称正在使用中的电缆是废弃不用的电缆，教唆乙窃取。乙在甲的唆使下实施了盗窃正在使用中的电缆的行为，致使通讯设备遭受破坏。对于本案，甲的行为是破坏通讯设备罪的间接正犯与盗窃罪的教唆犯的想象竞合犯。就破坏通讯设备罪而言，甲是利用有工具无目的的工具的间接正犯。在本案中，乙是被甲利用实施了破坏通讯设备行为，但其没有破坏通讯设备罪的特殊明知，因而乙并不单独构成破坏通讯设备罪。在这种情况下，甲不可能成立破坏通讯设备罪的片面共犯，而只能成立破坏通讯设备罪的间接正犯。由此可见，片面共犯与间接正犯在性质上并不相同，不能混为一谈。

（四）片面共犯的法理根据

片面共犯的概念之所以具有存在的合理性，就在于限制的正犯概念以及正犯与共犯相区分的法理。根据限制的正犯概念，正犯是指实施刑法分则规定的构成要件行为的人。在故意杀人罪中，只有具体实施将被害人杀死的行为人才是正犯。共犯，在故意杀人罪中是指教唆或者帮助他人杀人的人，只有依附于正犯才能成立。在全面共犯的情况下，二人以上具有犯意联络，在共同故意的支配下共同实施犯罪，因而在共同故意的范围内，行为人不仅对本人行为承担责任，而且还要对他人行为承担责任。在片面共犯的情况下，实施构成要件行为的人由于与利用者缺乏共同故意，因而只能成立单独正犯。而利用者主观上具有共同故意，在客观上具有利用他人实施犯罪的行为，应当构成犯罪。但此时该利用者并没有实施刑法分则规定的构成要件行为，因而不能成立正犯。只有借助于刑法总则关于共犯的规定，才能获得承担责任的法律依据。为此，在刑法教义学中创制了片面共犯的概念，为追究此种利用者的刑事责任提供理论根据。由此可见，片面共犯的概念及其法理具有其存在的必要性。

二、片面共犯的性质

片面共犯的概念是以行为共同说为基础的,在犯罪共同说的逻辑中没有片面共犯存在的空间。因此,早期关于片面共犯的讨论都是围绕着犯罪共同说与行为共同说展开的。犯罪共同说认为,共犯关系是二人以上共犯一罪的关系,只有在二人以上基于共同故意实施共同行为构成同一之罪的情况下,才能成立共犯。而在片面共犯的情况下,虽然利用者与被利用者都构成犯罪,但他们并非共犯一罪,而是各自构成犯罪,因而不能承认其为共犯。行为共同说则认为,共犯关系不只是二人以上共犯一罪的关系,而是二人以上基于共同行为而各自实现自己犯意的关系。因此,只要行为共同,不仅共犯一罪可以成立共犯,即使各自实施不同的犯罪,也不影响共犯的成立。基于行为共同说的基本观点,片面共犯成立共同犯罪是其应有之义。① 片面共犯的争议正是犯罪共同说与行为共同说之争的反映:凡是犯罪共同说的主张者通常都是片面共犯的否定说,反之,凡是行为共同说的主张者通常都是片面共犯的肯定者。例如在日本传统共犯教义学中,关于片面共犯是否成立存在两种观点。一是否定说,为犯罪共同说所主张,认为在实施共同犯罪以前,行为人必须互相之间具有犯意联系,否则就不发生共同犯罪关系。例如,日本刑法学家久礼田益喜指出:"余以为仅以各共犯互相认识为同种行为为共犯主观的要件为未足,尤以各共犯互相了解为必要。"② 二是肯定说,为行为共同说所主张,认为共同犯罪的观念,不以双方具有互相的犯意联系为必要。例如,日本刑法学家牧野英一指出:"盖共同加功的意思属于犯人之心理的事项,其互相交换或共犯者的双方有此交换,不过是外界的事项。故予辈认为,作为共犯的主观要件的此意思,在其片面的场合,尚可成立,在这种场合,对于

---

① 参见田鹏辉:《片面共犯研究》,4 页,北京,中国检察出版社,2005。
② [日]久礼田益喜:《日本刑法总论》,日文版,328 页。

第十八章 共同犯罪的片面共犯

有此意思的一方，生共犯的效果。"① 值得注意的是，在日本刑法学界，随着因果共犯论的兴起，从心理因果性的角度论述片面共犯的学说具有较大影响。例如日本学者山口厚从共犯因果性出发确定片面共犯的性质，认为共犯的因果性可以分为物理的因果性和心理的因果性。问题是，由于基于欠缺意思联络而不存在心理的因果性，仅仅存在物理的因果性的场合，是否成立教唆、帮助或者共同正犯？另外，严密地说来，即便不存在意思联络的场合，通过对正犯、共同者的意思发挥作用也能够肯定心理的因果性。但是，即使是这样肯定了心理的因果性，由于仅能认定单方的参与，是否成立共犯仍旧成为问题。在属于共犯（或者是共同者）对正犯（或者是其他的共同者）单方地予以加功的场合的意义上，这样的共犯的样态被称为片面共犯，其成立与否存有争论。② 山口厚对片面共犯持肯定说的观点，其逻辑基础在于单方的心理因果性。也就是说，如果将心理的因果性理解为相互的意思联络而形成的心理归因性，则必然否定片面共犯。然而，以物理的因果性，或者是单方的心理的因果性为基础，就能够肯定是片面地或者说单方地和其他的共同者一起惹起构成要件该当事实这样的关系，就可以理解为在一些例外的、限定的场合也能肯定片面的共同正犯并非不可能。③

我国刑法学界对于是否存在片面共犯问题存在否定说和肯定说两种不同的观点，以下分别加以评述。

否定说认为，共同犯罪构成的条件是二人以上基于共同故意实施了共同犯罪，这是全面的、相互的，如果是片面的故意，与共同犯罪的含义是矛盾的。④ 这种观点主要是从共同犯罪故意出发，认为共同犯罪故意只能是互相的犯意联系，而不存在单方的犯意联系，因而以单方犯意联系为内容的片面共犯难以成

---

① [日] 牧野英一：《日本刑法》，日文版，395 页。
② 参见 [日] 山口厚：《刑法总论》，3 版，付立庆译，362～363 页，北京，中国人民大学出版社，2018。
③ 参见 [日] 山口厚：《刑法总论》，3 版，付立庆译，364 页，北京，中国人民大学出版社，2018。
④ 参见高格：《关于共同犯罪的几个理论问题的探讨》，载《吉林大学学报》，1982 (1)，65 页。

立。值得注意的是，我国学者刘明祥从单一制角度提出了对片面共犯的否定性观点，指出："单一正犯解释论，对暗中教唆、帮助他人犯罪者，按单独犯定罪不存在任何法律障碍或解释困难，根本不需要套用德、日的片面共犯理论。如前所述，在德、日的区分制法律体系下，对没有实施构成要件的实行行为者，如果不作为间接正犯或共犯来处罚，则因不能对其单独定罪处罚而会出现处罚漏洞，为此，不得不将有处罚必要性的暗中教唆或帮助他人犯罪者，纳入共犯（即片面的共犯）或间接正犯（即正犯后的正犯）的范畴，以解决其定罪处罚的难题。但是，按单一正犯的解释论，'共犯'是区分正犯与共犯的参与体系的产物，共犯的地位低于正犯、处罚轻于正犯，这也是区分制体系特有的观念；在单一正犯体系下，所有的犯罪参与者都具有同等的地位，都是正犯（即同等地位的犯罪人或行为人）。参与者实施的无论是实行行为、教唆行为还是帮助行为，只要是与侵害法益的事实或结果之间有因果关系，对其定罪都不会有任何影响，并且由于刑法分则规定的具体犯罪的构成要件行为，并非仅限于实行行为，而是还包含教唆行为、帮助行为等多种侵害法益的行为，因而对犯罪参与者的定罪，完全可以采用与单个人犯罪同样的定罪规则。"[1] 按照单一制，扩张的正犯概念包含了狭义上的正犯、教唆犯与帮助犯，因而对于教唆犯与帮助犯等共犯行为可以直接按照刑法分则相关条款定罪，无论是具有双方犯意联系的全面共犯，还是具有单方犯意联系的片面共犯。因此，完全没有必要采用片面共犯的概念。

肯定说认为，根据我国刑法关于共同犯罪的有关规定和司法实践的客观要求，不能否认我国刑法中存在片面共犯。[2] 我认为，片面共犯能否成立，关键是如何理解共同犯罪故意的主观联系。片面共犯的否定说认为，只有在行为人互相认识的情况下才能视为具有主观联系，而片面共犯的肯定说则认为，不能否认在单方认识的情况下具有主观联系。从哲学上来说，联系是关系的一种，而关系本

---

[1] 刘明祥：《单一正犯视角下的片面共犯问题》，载《清华法学》，2020（5）。
[2] 参见陈兴良：《论我国刑法中的片面共犯》，载《法学研究》，1985（1），49 页。

第十八章 共同犯罪的片面共犯

质上是相互的，但这不是说在任何意义上也不存在非相互性的关系。如果把相互性只理解为对称性，那么，非对称关系就是非相互性关系。如果把可逆过程看作是相互的，那么，不可逆过程就是非相互性关系。如果把双向作用看作是相互的，那么，单向作用就是非相互性关系。总之，在一定意义上，非相互性关系是存在的，不承认这一事实，讨论关系具有相互性就失去了其重要性。既然如此，为什么说本质上关系具有相互性呢？非相互关系可以看作是相互关系中的一个方面或一种特殊情况，从而使它包括在关系的相互性之中。① 因此，相互认识固然存在主观联系，单方认识也存在主观联系。这样，根据行为人主观联系的不同，可以把共同犯罪故意分为以下两种形式：一是行为人之间具有互相认识的全面共同故意，二是行为人之间具有单方认识的片面共同故意。在我们看来，全面共同故意与片面共同故意之间并不是主观联系有无的区别，而只是主观联系方式的区别。或者说，全面共犯和片面共犯在共同犯罪故意的内容上只有量的差别，而没有质的差别。正如苏俄学者 A. H. 特拉伊宁指出："在每个共犯对其他共犯所参加的活动缺乏互相了解的场合，也完全可能有共同犯罪。只是必须注意，只有在执行犯不了解其他参加人（教唆犯或帮助犯）的场合，缺乏相互了解才不排除共同犯罪：他（执行犯）可能不了解他是犯罪的教唆行为的牺牲品，或者不知道帮助犯提供给了他犯罪工具。相反，如果执行犯了解其他人的帮助，但其他帮助执行犯的人不了解他的计划，那么就没有也不可能有共同犯罪了。"② 我认为，这一论断是完全正确的。不可否认，片面共犯确实是区分制的理论产物，如果采用单一制则必然否定片面共犯的概念。这里涉及区分制与单一制之间的选择。我站在区分制的立场上，对片面共犯当然持肯定说。

在中外刑法中，都不乏片面共犯的立法例。例如《泰国刑法》第86条规定：

---

① 参见高清海主编：《马克思主义哲学基础》，上册，307~308页，北京，人民出版社，1985。
② [苏] A. H. 特拉伊宁：《犯罪构成的一般学说》，王作富等译，236页，北京，中国人民大学出版社，1958。

"于他人犯罪前或犯罪时，以任何方法帮助或便利其犯罪者，为从犯，依该罪法定刑三分之二处罚之。犯罪人不知帮助或便利之情者，亦同。"我国近代刑法由于受到外国的影响，曾经在刑法典中规定了片面共犯。例如《大清新刑律》第34条规定："知本犯之情而共同者，虽本犯不知共同之情乃以共犯论。"这一规定在各国刑法中都是十分罕见的。值得注意的是，外国学者认为，我国现行刑法虽然在总则中没有关于片面共犯的规定，但在分则规定中存在片面共犯的立法例。例如，《刑法》第350条第2款规定：明知他人制造毒品而为其生产、买卖、运输前款规定的物品的，以制造毒品罪的共犯论处。我国学者认为，这一法条包含了片面共犯的情形。例如，乙知道甲正在制造毒品，且原料短缺并欲高价收购，但甲并未委托乙为其购买制毒原料。乙偶尔得到制毒原料，便在未与甲打招呼的情况下包装发运给甲。原料在发运途中被有关部门查扣而案发。根据《刑法》第350条第2款规定，乙的行为构成制造毒品罪的共犯，应根据《刑法》第347条定罪处罚。显然，甲没有共同犯罪的故意，应当单独定罪处罚；乙具有共同犯罪的故意，成立片面共犯。[①] 我认为：如果肯定片面共犯的概念，则在任何帮助犯的情况下都具有片面共犯存在的空间，包括上述情形。但将这种规定理解为片面共犯的立法例，则言过其实，并不妥当。因为这只是我国刑法分则对共犯的提示性规定，即使这种共犯包括片面共犯，也不能说这是对片面共犯的立法规定。

第二节　片面共同正犯

一、片面共同正犯的概念

片面共同正犯，又称为片面正犯，是指在相互不知情的情况下，一方利用另

---

① 参见田鹏辉：《片面共犯研究》，29页，北京，中国检察出版社，2005。

第十八章 共同犯罪的片面共犯

外一方实施犯罪行为的情形。

二、片面共同正犯的性质

我国刑法学界对片面共同正犯是否成立的问题，存在两种观点：第一种观点认为，正犯也可以成立片面共犯。片面共同正犯是指在一定的犯罪事实中，有片面共犯的主观心理的一方利用其他违法行为或犯罪行为而加工补充，实现其所希望的犯罪事实的发生。① 第二种观点认为，片面的共同犯罪是可能存在的，但不是在任何种类的共同犯罪人之间都能存在，共同正犯难以成立片面共犯。② 这里关系到单方的犯意联系是否可以成立共同正犯的问题。例如，甲欲杀害乙，在乙的食具中放了毒药。丙发现了甲的犯罪事实后，知道甲欲毒死乙但投放的毒药剂量不足，不足以致乙死亡，遂添加了同种类的毒药，致乙死亡。在本案中，甲是单独犯罪，应负杀人未遂的刑事责任，这是没有问题的。我国学者认为仅丙所投毒药不能引起乙的死亡，丙是在对甲的犯罪事实进行加功、补充，以实现自己的犯罪目的，因此丙是片面正犯。③ 在本书第一版，我曾经认为：在共同正犯的情况下，各共同犯罪人必须具有全面与互相的主观联系，才能成立共同犯罪。如果主观上没有犯意的互相联系，虽然此正犯对彼正犯具有片面的共同犯罪故意，也没有必要承认其为片面正犯，只要径直依照刑法分则的有关条文定罪量刑就可以了。例如在上述案例中，丙所投毒药虽然不能引起乙的死亡，但丙是在利用甲的犯罪行为以实现本人的犯罪目的。丙之所以投不足以致乙死亡的毒药，是因为认识到本人所投之毒药加上甲所投之毒药，足以致乙死亡。丙这种利用甲的犯罪行为来实现犯罪目的，无异于利用他人之力或者自然力来实现犯罪目的。例如，对

---

① 参见李敏：《论片面合意的共同犯罪》，载《政法论坛》，1986（3），40页。
② 参见马克昌、罗平：《论共同犯罪的概念和要件》，载《政法论坛》，1985（4），5页。
③ 参见李敏：《论片面合意的共同犯罪》，载《政法论坛》，1986（3），41页。

重病在身的人轻轻一击就足以使其毙命，而这一击对于身强体壮的人来说不足以致其轻伤，难道因此就不认定其对病人实施了杀人行为吗？显然不能！因为杀人犯是在利用被害人的病态实施杀人行为。上述正犯也是一样，是在利用他人的犯罪行为所造成的状态实施犯罪，没有必要承认其为片面正犯，对其可直接以杀人罪论处。① 在此，我对片面共同正犯持否定态度，主要根据就是：离开了被利用的实行行为，利用者的行为本身已经具备构成要件该当性，不需要借助片面共同正犯的概念就足以定罪。这一观点似有一定道理，但在这种情况下，正如我国学者指出："片面正犯在共同犯罪故意的支配指导之下，积极利用、加功不知情者的实行行为，将自己的实行行为融入不知情者的实行行为，进而将不知情者的实行行为作为自己实行行为不可分割的一部分，并以此实现了自己的犯罪意图。在此情形下，不知情者的实行行为不仅是自身实现犯罪，承担刑事责任的根据，也是片面正犯承担刑事责任的根据。在参与犯罪的过程中，知情者对不知情者犯罪行为的加功、补充是自觉的，而不是纯客观的，因而具有统一性、一致性。知情的一方既有共同的犯罪故意，又有犯罪的共同行为，承认其为单方的共同犯罪，是主客观相统一的犯罪构成的当然逻辑结构。"② 在这种情况下，承认片面共同正犯还是具有其根据的。

值得注意的是，在司法实践中存在在本人没有实施形式上的正犯行为，但在犯罪现场利用他人的行为遂行本人犯罪的案例，对此，认定为片面共同正犯更恰当。例如焦祥根、焦祥林故意杀人案。③ 黄山市中级人民法院经公开审理查明：被告人焦祥根、焦祥林系同胞兄弟，与家人共同经营管理并不属其家所有的安徽省黄山市黄山区耿城镇城澜村中棚组"小岭洞"山场。1999年前后，焦祥林与

---

① 参见陈兴良：《共同犯罪论》，117~118页，北京，中国社会科学出版社，1992。
② 田鹏辉：《片面共犯研究》，116页，北京，中国检察出版社，2005。
③ 参见闫宏波、翁彤彦：《焦祥根、焦祥林故意杀人案——以欺骗手段诱使他人产生犯意，并创造犯罪条件的，构成共同犯罪》，载最高人民法院刑事审判第一、二、三、四、五庭办：《刑事审判参考》，第75集，16页以下，北京，法律出版社，2011。

第十八章 共同犯罪的片面共犯

被害人唐邦明炒股时相识。焦祥林为谋取唐邦明的房产，于 2007 年 11 月 14 日虚构"中林国际集团有限公司"，并许诺优厚条件任命唐邦明为该公司财务总监，以骗取唐的信任。2008 年 3 月 22 日，焦祥林谎称公司要给唐邦明分房及年薪人民币（以下币种均为人民币）10 万元，让唐邦明书写收到购房款 50 万元的收条以便公司会计做账。唐邦明出具收条后，焦祥林私自在收条的空白处添加内容，伪造了房屋买卖协议书，企图找机会凭此协议侵占唐邦明的房产。焦祥林明知焦祥根极力反对村委会将"小岭洞"山场转与他人开发经营，便欲利用焦祥根的心理谋取唐邦明的房产。2008 年春节之后，焦祥林多次哄骗焦祥根，称有人要买"小岭洞"山场，焦祥根表示"谁来买山场就干掉谁"，焦祥林默认。2008 年 4 月 9 日，焦祥林再次对焦祥根提及有人要来买山场，焦祥根让焦祥林将要买山场的人带来。次日 7 时许，焦祥林以"中林国际集团有限公司"要开发"小岭洞"山场为由，约唐邦明下班后到城澜村中棚组看山场。同日 16 时许，焦祥林告知焦祥根将有一"老板"前来看山场，焦祥根仍表示"谁来买山场就干掉谁"，并携带柴刀到"小岭洞"山场等候。同日 17 时许，焦祥林带唐邦明来到"小岭洞"山场，行至山场一小木棚处时，遇到在此等候的焦祥根，焦祥林故意与唐邦明谈论买山场之事以让焦祥根听到。焦祥根听见后立即上前辱骂并殴打唐邦明，将唐打倒在地，后骑在唐的背上，向后猛勒唐的领带，致唐机械性窒息死亡。其间，焦祥林假意劝阻焦祥根不要殴打唐邦明。焦祥根恐唐邦明未死，用石头又砸击唐的背部数下，并用事先准备的钢丝绳套在唐的颈部扎紧，用唐的皮带捆扎唐的双脚。之后，焦祥根让焦祥林回家取来锄头和铁锹，与焦祥林一起将唐邦明的尸体驮至附近"封门口"山场的一烧炭洞处，用柴刀将唐邦明的衣裤割开脱下后烧毁，将尸体放入烧炭洞中掩埋。随后，焦祥根、焦祥林携带从唐邦明身上搜出的手机、钥匙、铂金戒指、水果刀等物品回到家中。

黄山市中级人民法院认为：焦祥根故意非法剥夺他人生命，其行为构成故意杀人罪。关于焦祥根的辩护人提出的辩护意见，经查，焦祥根明确提出剥夺他人生命，且积极实施杀人行为，明知故意杀人的法律后果而实施犯罪，故该辩护意

见不能成立，不予采纳。被告人焦祥林为达到谋取他人房产的目的，利用被告人焦祥根非法剥夺他人生命，其行为构成故意杀人罪。被害人的死亡是焦祥林精心策划所致，亦是其积极追求的结果，其辩护人提出的辩护意见不能成立，不予采纳。依照《刑法》第232条、第25条第1款、第48条第1款、第57条第1款之规定，判决如下：

一、被告人焦祥根犯故意杀人罪，判处死刑，剥夺政治权利终身；
二、被告人焦祥林犯故意杀人罪，判处死刑，缓期二年执行，剥夺政治权利终身。

一审宣判后，被告人焦祥林以没有精心策划杀人等理由提起上诉。

安徽省高级人民法院经二审审理认为：被告人焦祥林为达到谋取他人房产的目的，哄骗被害人到偏僻的山场，利用被告人焦祥根具体实施非法剥夺被害人生命的行为，达到谋财害命的目的，焦祥林和焦祥根的行为均构成故意杀人罪。焦祥根的辩护人所提焦祥根是被人利用，罪行和量刑均应轻于焦祥林的辩护意见，经查，焦祥根在未弄清真相的情况下杀害无辜，犯罪手段特别残忍，应依法惩处，对该辩护意见不予采纳。被害人的死亡是焦祥林精心策划所致，是其积极追求的结果，其杀人时始终在场，并积极协助和参与埋尸，原判认定其行为构成故意杀人罪并无不当。原判认定的事实清楚，证据确实、充分，定罪准确，量刑适当。依据《刑事诉讼法》第189条第（1）项、第201条、第199条之规定，裁定驳回上诉、维持原判，并依法报请最高人民法院核准。

最高人民法院经复核认为：被告人焦祥根故意非法剥夺被害人生命，其行为构成故意杀人罪。焦祥根唯恐自家山场被人买走，曾经扬言"谁来买山场就杀谁"，并让焦祥林将被害人带到山场，直接将被害人杀死，在共同犯罪中起主要作用，系主犯，应按照其所参与的全部犯罪处罚。焦祥根用被害人的领带勒死被害人后，唯恐被害人未死，又用石头砸击被害人背部，作案后掩埋尸体，焚烧被

第十八章 共同犯罪的片面共犯

害人衣服，藏匿被害人物品，犯罪情节恶劣，手段残忍，后果和罪行极其严重，应依法惩处。第一审判决、第二审裁定认定的事实清楚，证据确实、充分，定罪准确，量刑适当，审判程序合法。依照《刑事诉讼法》第199条和最高人民法院《关于复核死刑案件若干问题的规定》第2条第1款之规定，裁定核准安徽省高级人民法院维持第一审以故意杀人罪判处被告人焦祥根死刑，剥夺政治权利终身的刑事裁定。

在本案中，对于被告人焦祥林是否属于间接正犯或者片面共犯，存在争议。本案的裁判理由认为被告人焦祥林不属于间接正犯或者片面共犯。主要理由在于：首先，被告人焦祥林不属于间接正犯。焦祥林借被告人焦祥根之手杀死被害人唐邦明，近似于刑法理论中的间接正犯。但间接正犯的本质是将他人作为工具来实现自己的犯罪意图，而被利用者通常缺乏刑事责任能力或者犯罪故意，故利用者与被利用者之间不构成共同犯罪。如果被利用者具有刑事责任能力，或者具有犯罪故意，即使被利用者系受到欺骗而实施犯罪行为，但因其具有自由意志，不完全属于犯罪工具，利用者和被利用者之间可以形成共犯关系，不能认定利用者属于间接正犯。本案被告人焦祥根虽因缺乏理性判断而被焦祥林利用，形式上成为焦祥林实现自己试图侵占被害人唐邦明房产的工具，但焦祥根具有完全刑事责任能力，其杀人意图系自行产生，意志自由未受到焦祥林的限制，杀人也是为了维护自家经营山场的利益，故并不完全属于焦祥林犯罪的工具。并且，焦祥林将被害人带上山场，为焦祥根杀人创造条件，在现场目睹焦祥根杀人却未真正阻止，并帮助焦祥根藏匿尸体，客观上实施了帮助行为。因此，焦祥林不属于间接正犯。其次，被告人焦祥林也不属于片面共犯。焦祥林利用被告人焦祥根杀死被害人，但焦祥根却不明知自己被焦祥林利用，近似于刑法理论中的片面共犯。我国刑法理论认为，共同犯罪的各行为人之间主观上必须有意思联络，而片面共犯中一方没有认识到有他人和自己共同犯罪，故片面共犯不属于共同犯罪。本案被告人焦祥根、焦祥林兄弟二人对"谁来买山场就杀谁"之事有过多次意思联络，虽然焦祥林没有明确表示赞同焦祥根的杀人意图，但也没有反对，这种默示实际

上也是二人达成犯意联络的一种表现形式。特别是当焦祥根提出让焦祥林把要买山的人带上山来后,焦祥林把被害人唐邦明骗上山,实际上是以具体行动配合焦祥根的杀人意图,焦祥根虽不明知自己系被利用,但很清楚焦祥林将买山场的人带上山来,就是让其实施杀人行为,故二被告人之间存在共同犯罪故意,焦祥林不属于片面共犯。综上,本案由被告人焦祥林精心策划所致,其设下骗局利用自己的亲哥哥焦祥根杀害唐邦明,虽没有直接动手杀人,但积极为杀人创造条件,且杀人时始终在场,还参与埋尸,应认定为主犯。焦祥根形式上是焦祥林借刀杀人的工具,看似可悲,但他为了自己的利益,首先提议杀人,并在见到被害人后不问事情真相,立即动手杀人,足见其鲁莽性格和杀人决心,亦系主犯。尽管没有焦祥林的精心策划就不会发生本案,但没有焦祥根的鲁莽凶残亦不会发生本案,且焦祥林的欺骗行为并没有限制焦祥根的意志自由,焦祥林对焦祥根的杀人行为并不具有明显控制力,故仍应认定焦祥根的罪责大于焦祥林。据此,最高人民法院依法核准了焦祥根死刑。

应该说,焦祥根、焦祥林故意杀人案是一个较为复杂的案例,在本案中,焦祥林与焦祥根对于杀害被害人具有不同的动机:焦祥林是为了非法占有被害人的财产,而焦祥根则是在焦祥林的暗中挑动下,误以为被害人要购买山场,为保住山场而杀害被告人。由此可见,在本案中,焦祥林是利用焦祥根杀害被害人,这种利用与被利用关系是十分明确的。对此,否定利用者焦祥林构成故意杀人罪的间接正犯是正确的,因为焦祥林不具有对焦祥根的意思支配。但焦祥林是否构成片面共同正犯,关键要看焦祥林与焦祥根之间是否存在相互的犯意联络。对此,本案裁判理由在论证焦祥林与焦祥根之间具有故意杀人的犯意联络时指出:"据焦祥根供,焦祥林多次对焦祥根说起山场的事情,称有个老板要租他们家的山场,并说山值钱,不能卖。焦祥根听了这话后说'哪个要来买山场,我就打他,打得他不敢来'。还有一次焦祥林说有个老板要来买山场,如果他们家卖,生产队不会同意,如果不卖,那人就会找生产队,他们家一分钱都得不到,问他怎么办。焦祥根听了很生气,说'谁来买山场,干脆把他干掉算了',焦祥林没有说

话。作案前一天，焦祥林对焦祥根说有个老板要买山场，焦祥根说'你把他带上山来看看'。案发当日 16 时许，焦祥林又对焦祥根说一会儿有个人要来看山场。焦祥林对于焦祥根供述的内容，亦曾多次供认，并称在焦祥根明确表示'谁来买山场就杀谁'后，其表示默认。其多次向焦祥根说有人要来买山场的事是骗焦祥根，目的是激怒焦祥根。从二被告人的供述看，二人对'有人买山场怎么办'一事多次进行交流，焦祥根向焦祥林明确表示'谁来就干掉谁'，焦祥林未予反对，还强化焦祥根的态度，可以说二人对'谁来买山场就杀谁'的决定已形成共同的意思联络。"从以上被告人供述可知，焦祥林是在故意挑动焦祥根的杀人犯意，意图利用借助于焦祥根之手杀害被害人，在得知焦祥根的心态以后，只是"默认"焦祥根的杀人犯意，但并没有就此进行犯意联络。此后，焦祥林将被害人带到犯罪现场，对焦祥根的杀人行为不予阻止，并且在杀人行为实施完毕以后，共同清理犯罪现场。这里应当指出，虽然在本案中焦祥林通过语言挑动焦祥根产生故意杀人的犯意，具有片面教唆行为，但其亲自带领被害人到犯罪现场，直接导致杀害行为的发生，并且事后又共同清理犯罪现场。因此，其行为不限于教唆与帮助杀人，而直接构成故意杀人罪的共同正犯。由此可见，焦祥林符合暗中利用他人实施犯罪的特征，应该成立故意杀人罪的片面共同正犯。

第三节　片面组织犯

一、片面组织犯的概念

片面组织犯是指在正犯不知情的情况下，暗中组织、领导、策划、指挥正犯实行犯罪的情形。

二、片面组织犯的性质

在绝大多数国家刑法中并无组织犯的规定，因此在共犯教义学中对于组织犯能否成立片面共犯的问题未必涉及。在我国刑法学界，关于是否成立片面组织犯，较为通常的观点是认为，虽然一般来说不太可能存在片面组织犯，但并不否认具有片面组织犯存在的空间。例如，我国学者指出："在犯罪集团中起组织作用的行为与领导行为、策划行为、指挥行为只能在犯罪集团成立后，甚至着手实施预谋犯罪以后实施，而在此过程中的确不可能存在片面组织犯。因为集团犯罪是一种有组织犯罪，其组织性就表现为在组织犯的领导、策划、指挥下，有预谋、有计划地实施犯罪活动。在此情形下，组织者与被组织者之间必然存在相互的犯意联系。然而，犯罪集团是为了在较长时间内多次进行犯罪而建立起来的犯罪组织，组织（狭义）犯罪集团的行为实际上是为了实施某种犯罪进行准备，属于犯罪的预备阶段。从司法实践看，在组织（狭义）犯罪集团时，组织者确实可用暗示的方法，吸引不知情者参加犯罪集团。如果行为人用暗示的方法组织的犯罪集团因意志以外的原因而未能实施预谋犯罪，则该行为人成立预谋犯罪预备犯的片面组织犯。实践中的确存在片面组织犯的问题，只是其存在空间相当有限。"[①] 我认为，在现实生活中不可能存在片面组织犯，也没有出现过片面组织犯的真实案例。在集团犯罪的情况下，正犯听命于组织犯，组织犯施令于正犯，两者之间存在互相的犯意联系，不发生片面组织犯的问题。至于所说的行为人采用暗示的方法吸引不知情者参加犯罪集团，我认为暗中组织因而成立片面组织犯与暗示方法吸引他人参加犯罪集团不能等同。因此，在刑法教义学中没有必要肯定片面组织犯。

---

① 田鹏辉：《片面组织犯研究》，124 页，北京，中国检察出版社，2005。

第四节　片面教唆犯

一、片面教唆犯的概念

片面教唆犯是指暗中教唆他人实施犯罪，但被教唆的人并不知道被人教唆的情形。在片面教唆犯的情况下，教唆者具有教唆故意与行为，但被教唆的人则并不知道被人教唆。因此，在教唆者与被教唆的人之间不构成共犯关系。

二、片面教唆犯的性质

对于片面教唆犯是否成立，我国刑法学界存在两种观点：第一种观点认为，教唆犯罪不可能成立片面共犯。[①] 我国学者还具体地阐述了这种观点，认为暗中教唆他人犯罪，而被教唆者并不知道有人在教唆自己进行犯罪，这与被教唆者没有犯被教唆的罪的情况是相同的。因为所谓被教唆者根本不知道有人在教唆自己犯罪，也就谈不上自己实行犯罪之意图系由他人引起的问题；即使被教唆者实行了教唆者在暗中所教唆的罪，但由于他不知道有人在教唆自己，其犯意也就不能说是由暗中教唆的人引起的，所以这种情况仍然不构成共同犯罪，这里所谓被教唆的实行犯应对自己的行为独立负责，暗中教唆者应按《刑法》（指1979年《刑法》——编者注）第26条第2款追究刑事责任。[②] 第二种观点认为，可以成立片面教唆犯。片面共犯的教唆犯是用暗地唆使的方法使他人产生犯意，在教唆过程中，被教唆者并没有认识到某人在教唆自己实施某一犯罪行为，而是在教唆下

---

① 参见马克昌、罗平：《论共同犯罪的概念和要件》，载《政法论坛》，1985（4），5页。
② 参见蒲全方：《"片面共犯"应予否定》，载《法学与实践》，1986（6），35页。

第四节 片面教唆犯

自觉或不自觉地产生犯罪心理，在尚未觉察到被教唆时就成为教唆的牺牲品。[①] 我认为，在教唆犯暗中使他人产生犯意的情况下，片面教唆犯是可以成立的。例如，甲乙过去一直有仇，现在乙办起个体饭馆，成为有名的万元户。对此，甲怀恨在心，希望乙家遭灾破财；后见丙不务正业，又一直心术不正，对乙家也十分眼红，于是，甲故意当着丙的面与别人闲谈，说乙家只有一个独生儿子，谁要是把他儿子藏起来，让乙家出个几千元来赎，乙家钱多，保证肯出。丙听后就产生了绑人勒赎的犯罪意图，并实施了该种犯罪行为。在本案中，甲在暗中使丙产生犯意，丙则以为甲在闲谈，不知他是在教唆自己犯罪。[②] 但我们说教唆犯唆使他人犯罪，这是指一种客观事实，并不以被教唆的人是否觉察为转移。因此，以被教唆的人不知道有人在教唆自己作为否定片面教唆犯的理由是不能成立的。而且，论者认为暗中教唆者应按1979年《刑法》第26条第2款追究刑事责任的观点更是错误的。因为1979年《刑法》第26条第2款是对教唆未遂，即被教唆的人没有犯教唆犯所教唆的罪的情况的规定。而在片面教唆犯的情况下，被教唆的人由于教唆犯的暗中教唆，已经产生犯意并实施了犯罪行为，对这样的教唆犯怎能以教唆未遂论处呢？既然这种暗中唆使他人犯罪的人不能依1979年《刑法》第26条第2款的规定处罚，但其社会危害性又已经达到了应受刑罚惩罚的程度，就有必要在刑法中肯定片面教唆犯。因为教唆行为对于实行行为具有一定的从属性，教唆行为不是刑法分则所规定的犯罪行为，只有将这种暗中唆使他人犯罪的人以片面共犯论处，才能找到处罚这种教唆犯的法律根据。至于论者以为根据片面共犯理论承认片面教唆犯，被教唆的人也就构成共同犯罪，这完全是一种误解。因为片面共犯，又称一方的共犯，只有具有片面共同故意的人才构成共同犯罪，在片面共犯情况下的实行犯则仍是单独犯罪。因此，肯定片面共犯并不会导致客观归罪。

---

① 参见李敏：《论片面合意的共同犯罪》，载《政法论坛》，1986（3），40页。
② 本案甲的行为属于想象竞合犯：一行为同时触犯抢劫（教唆）罪和传授犯罪方法罪两个罪名。

第五节　片面帮助犯

一、片面帮助犯的概念

片面帮助犯是指明知他人正在实行犯罪，暗中提供帮助的情形。在片面帮助犯的情况下，虽然帮助犯对被帮助的人是明知的，并且有意提供帮助，因而具有帮助故意，并且实施了帮助行为，但被帮助的人并不知道有人在暗中帮助其实施犯罪。因此，在帮助犯与被帮助的人之间并不成立共犯。

二、片面帮助犯的性质

关于是否存在片面帮助犯，我国刑法学界也存在两种观点。第一种观点认为，暗中给正犯实施犯罪以帮助，事实上是可能的。这种行为，就帮助者一方来说，完全具备共同犯罪的要件，应以片面共犯论处为宜。[1] 第二种观点认为，在暗中帮助者单方实行帮助而被帮助者全然不知的情况下，更突出地表现出个人犯罪的特征，而不具有共同犯罪的特征。[2] 我认为，在正犯不了解他人的帮助的情况下，对片面帮助犯以共同犯罪论处是必要的。例如，甲乙与丙有仇，乙得知甲正寻刀杀丙，就在暗中故意地把杀人凶器放在显眼之处，甲拿到凶器后去杀丙，乙又在丙逃跑必经的路上偷偷地设置障碍，以致丙无法逃脱，被甲追上杀死。在本案中，虽然甲不了解乙的帮助，但乙不仅主观上具有帮助杀人的犯罪故意，而且客观上具有帮助杀人的行为，并且其行为的社会危害性已经达到应当受刑罚处罚的程度。但是，如果否认我国刑法中存在片面共犯，就失去了追究乙的刑事责

---

[1] 参见马克昌、罗平：《论共同犯罪的概念和要件》，载《政法论坛》，1985（4），5页。
[2] 参见蒲全方：《"片面共犯"应予否定》，载《法学与实践》，1986（6），35页。

任的法律依据。因为乙的帮助行为和甲的正犯行为是丙死亡的共同原因。如果把乙的帮助行为和甲的正犯行为割裂开来，而乙的帮助行为并不是我国刑法分则所规定的犯罪构成要件的行为，这样就不能根据我国刑法分则追究乙的刑事责任，这显然是放纵了犯罪分子。所以，只有把乙的帮助行为和甲的正犯行为有机地结合起来，根据我国刑法总则关于共同犯罪的规定和我国刑法分则关于故意杀人罪的条文，才能使乙受到应有的刑罚处罚。

第十九章
共同犯罪的实行过限

我国刑法中的共同犯罪是以共同故意为限制的，排除了过失犯构成共同犯罪的可能性。在这种情况下，只有在共同故意范围内的共同犯罪行为才能认定为共同犯罪。因此，共同故意就具有对共同犯罪的限制功能：凡是超出共同故意的行为就不得认定为共同犯罪。实行过限就是超出共同故意的犯罪行为，它属于共同犯罪中的一种特殊情形，对此应当在共犯教义学中专门进行研究。

第一节 实行过限概述

一、实行过限的概念

实行过限，又称共犯中的过剩行为，是指正犯实施了超出共同犯罪故意的行为。在实行过限的情况下，实行过限行为的人当然应对其犯罪行为承担刑事责任。那么，对没有实行过限行为的其他共同犯罪人应如何处理呢？这就是本章所要研究的问题。

对于实行过限,《唐律》就有规定。《唐律》对实行过限虽未设一般性的规定,但对于个别罪名则特别明示其处罚原则。例如《唐律·贼盗》规定:"其共盗,临时有杀伤者,以强盗论。同行人不知杀伤情者,止依窃盗法。"① 据此,参与共同窃盗而非谋议强盗者,对他人之临时起意杀伤人,如知情者,应负同一责任;如不知情,仅负窃盗之罪责。在英国刑法中,也有处理实行过限的一般原则。这个原则在1966年"皇家诉安徒森和莫里斯"一案的批注中得以充分的阐述:"当两个人合谋从事一项犯罪时,彼此要对为促成这项犯罪的行为负责,包括要对由此而产生的意外结果负责。但是,如果其中一人超出了彼此同意的范围,另一人不能对这种未经他同意的行为负责。至于这种行为是属于合谋的范围还是超出了这个范围,要由每个案件的陪审官具体断定。"② 又如,《罗马尼亚刑法典》第28条(单独的犯罪事实与客观事实)规定:"(第一款)任何共同犯罪人单独的犯罪事实不影响其他共同犯罪人的刑事责任。(第二款)与犯罪相关的事实虽与所有共同犯罪人有关,但只有共同犯罪人明知或预见到了该类事实时才负刑事责任。"这一规定对实行过限的责任区分得十分清楚,因而值得我们借鉴。我国刑法对于共同犯罪中的实行过限没有明文规定。但根据我国刑法理论,行为人只有在对某一危害结果主观上具有罪过的情况下才能负刑事责任。而过限行为,超出了共同犯罪故意的范围,所以应当由实行的人对过限行为单独承担刑事责任,其他共同犯罪人对过限行为不负刑事责任,这就是我国刑法处理实行过限的原则。

二、实行过限的性质

共犯实行过限与共犯认识错误之间的关系,这是一个在刑法教义学中存在争

---

① 《唐律疏议》,367页,北京,中华书局,1983。
② 欧阳涛等:《英美刑法刑事诉讼法概论》,78页,北京,中国社会科学出版社,1984。

议的问题。共犯实行过限因为发生在共同犯罪中,所以属于共犯教义学的内容,这是没有疑问的。现在的问题在于:共犯实行过限是否可以归之于共犯认识错误?对此,我国刑法学界存在不同认识。多数学者认为,共犯过限应当属于共同犯罪的构成要件的判断问题,即在发生共犯过限的场合判断共同犯罪在什么样的范围内成立以及各共犯人应当承担什么刑事责任。由于过限行为超出了共同犯罪的故意,所以应当由实施过限行为的共犯人对该过限行为承担刑事责任,其他共犯人对过限行为不负刑事责任。当然,也有学者认为如果对共犯过限的理解仅限于此,就难以说明它与共犯认识错误的关系,因为共犯认识错误中包含对其他共犯人行为事实的认识错误,而正犯所实施的过限行为恰恰属于这个范围。[1] 不可否认,共犯实行过限确实与共犯认识错误存在一定重合,因此,我在本书第一版中,将共犯实行过限纳入共犯认识错误的范围进行讨论。然而,共犯实行过限只是部分内容与共犯认识错误重合,而它更主要的是共犯构成要件的判断问题,具体地说,是共犯故意的认定问题,因此将其作为共犯故意论的内容更符合逻辑。正如日本学者所指出:共犯之间意思联络不一致的情况应当属于共犯成立范围的问题,应当按照共犯成立的主观要件与责任原则来处理,因此不属于共犯认识错误的研究范围。[2] 考虑到共同犯罪的实行过限问题,在共犯教义学中具有一定的独立性,本书第四版将共同犯罪的实行过限单列一章加以论述。

三、实行过限的处理

共同犯罪的实行过限是发生在共同犯罪过程中的一种较为特殊的法律现象。如果说在单独犯罪的情况下,由于犯罪主体是个人,因而无论是预谋犯罪还是临时起意的犯罪,行为人对此都应当承担刑事责任,这是毫无疑问的。但在共同犯

---

[1] 参见袁雪:《共犯认识错误问题研究》,51页,北京,中国人民公安大学出版社,2011。
[2] 参见刘明祥:《错误论》,267页,北京、东京,法律出版社、日本成文堂,1996。

第一节 实行过限概述

罪的情况下，各共同犯罪人在共同故意的范围内承担刑事责任，对于超出共同故意的犯罪则不承担刑事责任，这就是处理共同犯罪实行过限的一般法理。

共同犯罪实行过限存在两种情形：第一种是程度过限，即个别共犯实施了超过共同故意程度的犯罪行为。例如甲和乙事先预谋伤害丙，但在共同实施犯罪的过程中，甲突然对丙实施了杀害行为。甲的杀害行为属于实行过限，这就是一种程度过限。第二种是范围过限，既个别共犯实施了事先预谋之外的其他犯罪行为。例如，甲和乙事先共谋杀害丙，但在共同实施犯罪的过程中，甲不仅与乙共同杀害了丙，还独自杀害了丁。甲杀害丁的行为属于实行过限，这就是一种范围过限。无论是程度过限还是范围过限，都应当由实施过限行为的共犯承担刑事责任，而没有实施过限行为的共犯对于过限行为不负刑事责任。

在实行过限的情况下，应由过限行为人对其所实施的过限行为及其结果承担刑事责任。在通常情况下，过限行为往往触犯了其他罪名，如果这种过限是程度过限，则应以重罪论处。如果这种过限是范围过限，则对此应当实行数罪并罚。当然，在某些情况下，刑法规定了转化犯，对此应以转化后的重罪论处。例如，被告人单某某因被害人崔某在商业往来中拖欠其货款4万元一直未还，遂找到被告人李某某请其帮助拘禁崔某，以逼其偿还欠款。李某某允诺后，即伙同董某某等人以胶带封嘴、捆绑双手的方法，将崔某劫持到李某某家看押。其间，李以"不拿钱，就别想见人"等语言相威胁，单独给崔某家人打电话，索要现金30万元，经讨价还价后又降至20万元。本案中，对被告人李某某、董某某、单某某如何定罪处罚，存在不同意见：第一种意见认为，被告人单某某以索取合法债务为目的，教唆他人非法扣押债务人，被告人李某某、董某某接受他人教唆，非法扣押债务人，其行为均已构成非法拘禁罪（共同犯罪）；在拘禁过程中，被告人李某某又以非法占有明显超出债务额的财物为目的，单独向被拘禁人家属进行敲诈勒索，其行为又构成敲诈勒索罪，应予两罪并罚。第二种意见认为，被告人单某某以索取合法债务为目的，教唆他人非法扣押债务人，被告人董某某接受他人教唆，参与非法扣押债务人，其行为均已构成非法拘禁罪（共同犯罪）；被告人

李某某接受他人教唆，非法扣押债务人，在拘禁过程中，又以勒索明显超出债务额的财物为目的，单独向被拘禁人家属进行勒索，其行为已由非法拘禁罪之轻罪转化为绑架罪之重罪，按转化犯的原理，仅需对其定绑架一罪。关于本案，司法观点认为，在本案初始时，教唆人单某某以索取合法债务为目的，教唆被告人李某某、董某某非法扣押债务人，被教唆人李某某、董某某接受教唆，非法扣押债务人，其行为均已构成非法拘禁罪（共同犯罪）；嗣后，在非法拘禁状态持续过程中，被教唆人李某某以非法占有明显超出债务额的财物为目的，又单独实施了向被拘禁人家属勒索 20 万元的行为，由于本案教唆人单某某的教唆内容非常明确，即仅要求被教唆人拘禁被害人，索回其债权 4 万元，因此，被教唆人李某某的上述行为明显超出教唆范围，应当认定为共同犯罪（非法拘禁罪）中的实行过限。该过限行为的刑事责任，只能由李某某一人承担，而无共同犯意联络的教唆人单某某、被教唆人董某某对其当然不承担刑事责任，而仅负共同非法拘禁的刑事责任。本案的争议问题的焦点在于，李某某对其过限行为，应承担何种罪名的刑事责任，是以非法拘禁罪、敲诈勒索罪两罪并罚呢，还是仅以绑架一罪论处？司法意见认为，在非法拘禁行为的持续期间，如行为人改变了单纯的非法拘禁故意，转而以勒索财物为目的，向被拘禁人的亲属勒索财物，则又具备绑架罪的特征，构成绑架罪，而不是敲诈勒索罪。在这种情况下，应根据吸收犯中重罪吸收轻罪的原理，对被告人以绑架罪一罪定罪处罚，而不是以非法拘禁罪和绑架罪实行两罪并罚。[1] 我认为，本案被告人李某某在受到单某某的教唆为其索要合法债务而实施非法拘禁行为的时候，在非法拘禁罪的范围内成立共同犯罪。但李某某在未经单某某同意擅自向被拘禁人家属索要明显超出合法债务额的财物，该行为构成实行过限，这是没有问题的。此种意义上的实行过限，我认为是程度过限，即本来所犯的是轻罪，实行过限的行为构成了重罪，对此，应当以重罪论处，应

---

[1] 参见《实行过限、转化犯的司法认定及处理》，载最高人民法院刑事审判第 1 庭、第 2 庭：《刑事审判参考》，第 22 辑，75～79 页，北京，法律出版社，2001。

当认定为绑架罪。

第二节 共同正犯的实行过限

一、共同正犯实行过限的概念

共同正犯的实行过限是指在共同实行犯罪过程中,个别正犯实施了超出共同故意的犯罪行为。例如甲、乙、丙三人共谋对丁(女)实施抢劫,但在抢劫结束以后,甲在乙、丙不知情的情况下,对丁实施了强奸。这里的强奸行为超出了事先预谋的共同抢劫故意,因而属于甲的实行过限。对于共同正犯中的实行过限,应当由实施过限行为的正犯承担刑事责任,其他共犯则不承担刑事责任。例如在本案中,甲、乙、丙三人对抢劫罪具有共同抢劫行为与抢劫故意,因而成立抢劫罪的共同正犯。但甲所实施的强奸罪超出了共同故意范围,因而乙、丙对此不承担刑事责任,应当由甲承担单独正犯的刑事责任。

共同正犯的实行过限,可以分为个别正犯的实行过限与数个正犯的实行过限。所谓个别正犯的实行过限,就是指在共同正犯实施犯罪过程中,其中的一个正犯节外生枝,单独实施了超出共同故意的犯罪行为。例如,上述案例中,甲在共同实施抢劫罪的过程中,又单独实施了强奸行为,就是个别正犯的实行过限。数个正犯的实行过限,是指在共同正犯实施犯罪的过程中,二个以上正犯实施了超出共同故意的犯罪行为。例如,在上述案例中,甲、乙、丙三人共谋对丁(女)实施抢劫,但在完成抢劫以后,甲与乙在丙不知情的情况下,又对丁实施了强奸行为。在这种情况下,甲、乙、丙构成抢劫罪的共同正犯,甲与乙另外实施的强奸行为属于实行过限,又构成强奸罪的共同正犯,但丙并未参与强奸犯罪,因而丙对强奸罪不承担刑事责任。在此,强奸罪就是甲与乙实施的实行过限。这是一种共犯类型的实行过限,以此区别于单独犯罪类型的实行过限。当然，如果甲、乙、丙虽然事先预谋共同对丁（女）实施抢劫，但在抢劫过程中，甲、乙、丙三人又共同产生对丁（女）实施强奸的故意，丙共同实施了强奸行为。在这种情况下，强奸罪属于甲、乙、丙临时起意的共同犯罪，抢劫罪则属于甲、乙、丙事先预谋的共同犯罪。甲、乙、丙同时构成抢劫罪的共同正犯与强奸罪的共同正犯，因此，强奸罪就不属于实行过限。

共同正犯的实行过限可以分为重合性过限与非重合性过限。重合性过限是指预谋的犯罪与过限行为构成的犯罪之间具有重合性。例如，甲、乙共谋伤害丙，在伤害过程中甲起意杀害丙，甲的实行过限就是一种重合性过限，因为故意杀人罪与故意伤害罪之间存在一种事实上的重合性。非重合性过限则是指预谋的犯罪与过限行为构成的犯罪之间不具有重合性。例如，甲、乙共同盗窃，甲在盗窃过程中又临时起意强奸了女事主。但在重合性过限的情况下，尽管对过限的行为人应以更重的犯罪论处，但过限的行为人在轻罪上成立共同正犯。例如，甲、乙共谋伤害丙，在实施伤害的过程中甲临时起意将丙杀死。对甲应定故意杀人罪，但在故意伤害（致死）罪上，甲、乙成立共同正犯。

在共同正犯的情况下，甲、乙二人共同实行犯罪，如果甲实施了超出预谋的犯罪行为，对此，乙不负刑事责任，而应由甲本人对过限行为承担刑事责任。例如，甲、乙共同入室盗窃，甲入里屋，乙在外屋。甲盗窃后见床上一个女人正在熟睡，就乘机强奸了她。在外屋盗窃的乙对甲的强奸行为全然不知，故而对甲的强奸行为不负刑事责任。以上是比较典型的实行过限，一般在认定上不会发生问题。但在某些较为复杂的案件中，认定实行过限就较为困难，如果不加以细致的分析，甚至会导致定性上的错误。例如陈卫国、余建华故意杀人案。[①] 被告人余建华案发前在浙江省温州市某某区某某镇某某街某鞋业有限公司务工。2005年9

[①] 参见于金耀：《陈卫国、余建华故意杀人案——对明显超出共同犯罪故意内容的过限行为应如何确定罪责》，载最高人民法院刑事审判第一、二、三、四、五庭主办：《刑事审判参考》，第52集，1~4页，北京，法律出版社，2006。

第二节 共同正犯的实行过限

月29日晚，余建华因怀疑同宿舍工友王东义窃取其洗涤用品而与王发生纠纷，遂打电话给亦在温州市务工的被告人陈卫国，要陈前来"教训"王。次日晚上8时许，陈卫国携带尖刀伙同同乡吕裕双（另案处理）来到某鞋业有限公司门口与余建华会合，此时王东义与被害人胡恒旺及武沛刚正从门口经过，经余建华指认，陈卫国即上前责问并殴打胡恒旺，余建华、吕裕双也上前分别与武沛刚、王东义对打。其间，陈卫国持尖刀朝胡恒旺的胸部、大腿等处连刺三刀，致被害人胡恒旺左肺破裂、左股动静脉离断，急性失血性休克死亡。

温州市中级人民法院认为，被告人陈卫国、余建华因琐事纠纷而共同故意报复杀人，其行为均已构成故意杀人罪。犯罪情节特别严重，社会危害极大，应予依法惩处。依照《刑法》第232条、第25条第1款、第56条第1款、第57条第1款的规定，于2006年3月17日判决如下：

1. 被告人陈卫国犯故意杀人罪，判处死刑，剥夺政治权利终身；
2. 被告人余建华犯故意杀人罪，判处有期徒刑十五年，剥夺政治权利五年。

宣判后，陈卫国、余建华均以没有杀人的故意、定性不准、量刑过重为由提出上诉。

浙江省高级人民法院经审理认为，上诉人陈卫国事先携带尖刀，在与被害人争吵中，连刺被害人三刀，其中左胸部、左大腿的两处创伤均为致命伤，足以证明陈卫国对被害人的死亡后果持放任心态，原审据此对陈卫国定故意杀人罪并无不当。上诉人余建华、陈卫国均供述余建华仅要求陈卫国前去"教训"被害人，没有要求陈卫国携带凶器；在现场斗殴时，余建华没有与陈卫国商谋，且没有证据证明其知道陈卫国带着凶器前往；余建华也没有直接协助陈卫国殴打被害人。原判认定余建华有杀人故意的依据不足，应对其以故意伤害罪判处。陈卫国犯罪情节特别严重，社会危害极大，应予依法惩处。审判对陈卫国的定罪和适用法律

正确，量刑适当，审判程序合法。对余建华的定罪不当，应予改判。依照《刑事诉讼法》第 189 条第（1）、（2）项，《刑法》第 232 条、第 234 条、第 56 条第 1 款、第 57 条第 1 款的规定，于 2006 年 8 月 1 日判决如下：

1. 驳回上诉人陈卫国的上诉；
2. 撤销原审判决中对上诉人余建华的定罪量刑部分；
3. 上诉人余建华犯故意伤害罪，判处有期徒刑十五年，剥夺政治权利五年。

在本案中，一审法院对余建华和陈卫国以故意杀人罪的共同犯罪论处。但二审法院认为，陈卫国的故意杀人行为属于实行过限，余建华只有伤害故意但没有杀人故意，因而余建华的行为只能认定为故意伤害罪，对陈卫国的杀人行为不构成共同犯罪。裁判理由指出："被告人余建华既没有故意杀人的共同故意，也没有共同实施故意杀人的行为，不属于故意杀人犯罪的共犯。首先，从案件的起因来看，余建华仅要求陈卫国前去'教训'与其有纠纷的王东义，而不是被害人胡恒旺。虽然'教训'的具体含义有多种，但在没有证据证实余建华有要求陈卫国杀害他人的主观故意的情况下，不能认定包括杀人。其次，从案发当时的情况看，陈卫国到达案发现场时，余建华还未到。余建华与被害人同时到达案发现场，向陈卫国指认出王东义一行后，陈卫国即上前责问个子最高的被害人胡恒旺，并用刀捅刺被害人。可以认定，余建华与陈卫国事先达成的共同故意内容——'教训'，并没有在具体实施时有所改变。再次，余建华没有让陈卫国带凶器，更没有让陈卫国带尖刀这种容易致人伤亡的凶器，也没有证据证明余建华在实施犯罪行为时知道陈卫国带着尖刀。综上，虽然余建华与陈卫国等人的共同犯罪故意是概括的故意，但这一概括的故意却是有限度的，至少不包括杀人的故意。这一故意内容在犯罪行为实施阶段也没有明显转化，仍停留在对被害人'教训'的认识内容上。余建华对陈卫国实施的持刀杀人行为既缺乏刑法意义上的认

识，也没有事中的共同故意杀人行为，不构成故意杀人犯罪的共犯。"我认为，上述裁判理由的结论是正确的。这里的问题是能否将余建华邀请陈卫国"教训"被害人认定为概括性故意，因而对由此引起的所有结果都承担刑事责任？我认为，"教训"的含义本身虽然较为模糊，但应当加以限制性的理解，如果将杀人这一极其严重的犯罪结果都包含在内，要求余建华承担刑事责任，这是不符合责任主义的。当然，本案所涉及的故意伤害罪与故意杀人罪之间存在一定的重合性。那么，余建华对死亡结果能否承担故意伤害致人死亡的刑事责任呢？对此，裁判理由指出："根据我国刑法主客观相统一的原则和共同犯罪的有关理论，每个共同犯罪人承担刑事责任都必须以他对所实施的犯罪行为具备犯罪故意为前提，也必须以其实施的犯罪行为对危害结果具有因果联系为前提。本案中，陈卫国当然应当对其杀人行为承担刑事责任，而对于余建华来说，由于其共同犯罪故意并不包括杀害被害人这一由陈卫国实施的过限行为的内容，且余建华对杀害被害人既无事先的故意，也无事中的明知，其所实施的对打行为与陈卫国杀害被害人的行为没有刑法意义上的必然因果关系，因而不能令余建华对陈卫国所实施的杀人行为承担刑事责任。但是，余建华所实施的行为客观上与被害人死亡仍有一定关联。对余建华量刑时应酌情考虑造成被害人死亡后果的情节。"根据这一裁判理由，余建华对被害人的死亡虽然不能承担故意杀人的责任，但应当承担故意伤害致人死亡的责任。也就是说，余建华对被害人的死亡承担过失致人死亡的责任。应该说，这一结论具有一定合理性。

二、共同正犯实行过限的认定

在认定共同正犯中的实行过限的时候，要把实行过限与临时起意的共同犯罪行为加以区别。所谓共同犯罪过程中临时起意的共同犯罪行为，是指共同犯罪人预谋犯甲罪，但在实行甲罪的过程中，临时起意共犯乙罪。在这种情况下，当然应由各实行犯共同承担刑事责任。例如，甲乙共同入室盗窃，甲入里屋，乙在外

屋。甲见床上有一妇女，就对该妇女进行强奸。乙在外屋闻声后进入内屋，也强奸了该妇女。甲乙共谋是犯盗窃罪，但在犯盗窃罪的过程中临时起意共犯强奸罪。该强奸罪虽然是超出原先共谋范围的，但是二人共同实行的，因此不存在实行过限的问题。在这种情况下，甲乙二人均应对临时起意的强奸行为承担刑事责任。在上述案例中，其他实行犯对临时起意的超出预谋范围的犯罪行为参与了实行，这与实行过限的区别是明显的。但如果共同正犯中的某一个正犯临时起意实施了超出共谋范围的犯罪行为，其他正犯对此虽然知情，但并未参与，在这种情况下，是否属于实行过限呢？例如，甲乙二人共谋强奸丙，强奸完毕后，甲临时起意杀人灭口，在没有与乙商量的情况下，当着乙的面将丙杀死。甲乙二人构成强奸的共同实行犯是没有问题的。现在的问题是：甲应负故意杀人罪的刑事责任，乙对故意杀人罪是否也应承担刑事责任呢？如果认为甲是实行过限，乙对此就不负刑事责任。否则，乙就应承担刑事责任。我认为，甲的杀人行为虽然是临时起意，但乙对此并非全然不知，而是明知甲会将丙杀死，但却采取了一种容忍的态度，表明甲的杀人行为并不违背乙的意志。因此，尽管乙没有亲手实施杀人行为，也应对杀人行为承担刑事责任。由此可以得出结论：甲的杀人行为不是实行过限。

总之，在认定共同正犯的实行过限的时候，必须注意正犯对某一临时起意的犯罪行为是否知情。在一般情况下，如果根本不知情，就谈不上对该犯罪行为具有罪过，因此该犯罪行为属于实行过限，不知情的实行犯对此不负刑事责任。如果是知情的，表明主观上对该犯罪行为是容忍的，尽管没有亲手实行，也应承担刑事责任，该犯罪行为就不是实行过限。

第三节　组织犯的实行过限

一、组织犯实行过限的概念

在集团犯罪的情况下，犯罪集团中的组织犯虽然只是进行指挥、策划，而没

有参与具体犯罪的实行,仍应对事前预谋的犯罪行为承担刑事责任。但如果犯罪集团中的个别成员实施了不是犯罪集团预谋的犯罪行为,超出了这个集团犯罪活动计划的范围,就应当由这个成员单独负责,组织犯对此不负刑事责任。例如,某盗窃集团的组织犯甲指使其手下乙丙丁进行盗窃。在一次盗窃活动中,乙丙丁三人又轮奸了一个妇女。甲对该轮奸行为不负刑事责任,因为它超出了犯罪集团的预谋,属于实行过限。

二、组织犯实行过限的认定

组织犯的实行过限问题较为复杂,这主要是因为某些集团犯罪,例如黑社会性质组织犯罪的规模较大,组织成员的人数较多。在这种情况下,组织犯不可能对每个组织成员的具体行为都完全掌握。因此,组织犯的犯罪故意表现为概括故意,只要组织成员是为组织利益而实施犯罪,即使事先组织犯对于具体犯罪并不知情但事后认可的,对于该组织成员的犯罪行为,组织犯仍然应当承担刑事责任,不能认为是实行过限。但如果组织成员实施的行为与组织利益并无关涉,而是基于组织成员的个人利益或者动机实施的犯罪,则组织犯对此并不承担刑事责任,应当认定为实行过限。例如张宝义等组织、领导、参加黑社会性质组织案。[①]

1997年以来,被告人张宝义等人在河北省石家庄市先后设立了"天和托运站""仁和托运站""大和托运站"等经济实体,纠集了一批社会闲散人员、"两劳"释放人员和犯罪在逃人员。自2003年2月起,张宝义和被告人高跃辉、何丕东等人以其经济实体为依托,逐步形成以张宝义为首的较稳定的犯罪组织。该

[①] 参见魏海欢:《张宝义等组织、领导、参加黑社会性质组织案——如何认定黑社会性质组织成员的罪责》,载最高人民法院刑一、二、三、四、五庭主办:《刑事审判参考》,第74集,85页以下,北京,法律出版社,2010。

第十九章 共同犯罪的实行过限

组织人数众多,有明确的组织者、领导者,骨干成员基本固定。

该组织通过有组织地实施违法犯罪活动或者其他手段获取巨额经济利益,具有一定的经济实力。该组织采取威胁、扣车等不正当手段,向河北省石家庄至保定市安新县三台镇、张家口、廊坊、唐山鸦鸿桥及山东省临清市、山西省长治市等地多条线路的客运业主强行收取"保护费"。2003年2月,张宝义借机承包"国贸跳舞会"。同年10月,张宝义授意高跃辉协助何丕东等人强行霸占石家庄火车站行李房至"由由水鲜城"和"华北鞋城"的托运生意。2005年5月,高跃辉强行介入金明停车场,利用停车场存放违规车辆,高额收取停车费,并勾结个别交通稽查人员对被扣车主、司机敲诈勒索。高跃辉还通过赌场放贷等手段,强取豪夺。2005年3月,何丕东、张志玉、秦永革、王树森在"由由水鲜城"经营鲈鱼、鳜鱼批发生意。2006年3月,何丕东、张志玉等人对广州批发发往北京、郑州、西安、太原的鲈鱼、鳜鱼的价格和数量进行控制,强行提成。张宝义伙同高跃辉等人还在河北省行唐县下口镇苇园村非法开采铁矿。张宝义、高跃辉、何丕东等人利用聚敛的钱财支持其组织活动。

该组织以暴力、威胁等手段,大肆组织实施违法犯罪活动,涉及故意杀人、故意伤害、聚众斗殴、寻衅滋事、敲诈勒索、虚报注册资本、非法持有枪支、非法买卖枪支、诽谤、赌博、抢劫、盗窃、窝藏等犯罪行为和其他违法行为;为非作恶,欺压、残害群众,造成数十人伤亡,严重危害公共安全,破坏社会管理秩序,造成极为恶劣的社会影响。该组织通过实施违法犯罪活动,非法控制石家庄至保定、廊坊、张家口、东胜、临清等多条托运线路以及石家庄胜利北街货运中心、火车站行李房、向阳街运输六场的部分货运业务,称霸一方,对石家庄的货运行业造成了重大影响,严重破坏经济秩序。该组织还通过插手经济纠纷,代替司法行政,拉拢、腐蚀国家工作人员为其违法犯罪活动提供支持和便利。

张宝义等组织、领导、参加黑社会性质组织共实施了三起故意杀人、伤害案,其中一起是:2006年1月1日23时20分许,被告人张国和李生、李旺、小赵在石家庄市建华大街西侧长乐坊歌厅门前无故拉拽被害人王建龙。当王的朋友

被害人朱佳棋等拦阻时,双方发生打斗,王建龙被打致轻伤。张国等离开现场寻找凶器报复。其间,王蓓将此事告知被告人李卿等人。李卿和王志伟、刘军刚、李文杰、崔扬、小王、小波等遂手持镐把赶到现场。李卿首先持镐把击打朱佳棋头部,王志伟亦持镐把击打朱佳棋头部,致其严重颅脑损伤死亡。张国、李旺、小赵取凶器返回现场,未见到朱佳棋等人。为发泄不满,张国、李卿、李旺将长乐坊歌厅门、吧台等处玻璃打碎。后张国、李旺、小赵在尖前街殴打过路行人,并沿街边走边砸,将东北小炒王、东北餐厅的广告灯箱砸坏。东北餐厅老板被害人刘建密闻讯持斧子追赶张国等人,并砍伤张国。张国持军用刺刀,李旺、小赵持镐把砍打刘建密头部,致其颅脑损伤死亡。作案后,张国将此事报告谭永波。谭永波给张4 000元助其逃跑、藏匿,并向被告人张宝义报告。张宝义让谭出钱安顿张国。

石家庄市中级人民法院认为:被告人张宝义、高跃辉、何丕东组织、领导黑社会性质组织,大肆进行违法犯罪活动,其行为均已构成组织、领导黑社会性质组织罪,应对其黑社会性质组织的全部犯罪负责。被告人张宝义在组织、领导黑社会性质组织的犯罪活动中,认可其成员实施故意杀人的行为,应当承担故意杀人罪的责任。在黑社会性质组织形成之前和在组织、领导黑社会性质组织的犯罪活动中,指挥、指使或授意他人实施故意伤害的行为已构成故意伤害罪,且应对致人死亡的后果承担刑事责任;指挥他人实施聚众斗殴的行为已构成聚众斗殴罪,且属持械聚众斗殴和聚众斗殴人数多、规模大、社会影响恶劣;指使、授意他人实施寻衅滋事的行为已构成寻衅滋事罪;直接或指使他人实施敲诈勒索的行为已构成敲诈勒索罪,且属敲诈勒索财物数额巨大;指使他人虚报注册资本的行为已构成虚报注册资本罪。张宝义系累犯,应当从重处罚。

石家庄市中级人民法院判决被告人张宝义犯组织、领导黑社会性质组织罪,判处有期徒刑10年;犯故意杀人罪,判处死刑,剥夺政治权利终身;犯故意伤害罪,判处死刑,剥夺政治权利终身;犯聚众斗殴罪,判处有期徒刑9年;犯寻衅滋事罪,判处有期徒刑4年;犯敲诈勒索罪,判处有期徒刑8年;犯虚报注册

第十九章 共同犯罪的实行过限

资本罪,判处有期徒刑1年,并处罚金人民币5万元;决定执行死刑,剥夺政治权利终身,并处罚金人民币5万元。

宣判后,被告人张宝义提起上诉。

河北省高级人民法院撤销第一审对被告人张宝义犯故意杀人罪的定罪量刑部分;认定被告人张宝义犯窝藏罪,判处有期徒刑10年,与原判其犯组织、领导黑社会性质组织罪,故意伤害罪,聚众斗殴罪,寻衅滋事罪,敲诈勒索罪,虚报注册资本罪所判处的刑罚并罚,决定执行死刑,剥夺政治权利终身,并处罚金人民币5万元;并依法报请最高人民法院核准。

最高人民法院核准河北省高级人民法院[2007]冀刑二终字第59号、60号、61号刑事附带民事判决中对被告人张宝义以故意伤害罪判处死刑,剥夺政治权利终身,与其犯组织、领导黑社会性质组织罪,窝藏罪,聚众斗殴罪,寻衅滋事罪,敲诈勒索罪,虚报注册资本罪所判处的刑罚并罚,决定执行死刑,剥夺政治权利终身,并处罚金人民币5万元。

在本案中,对于被告人张国、李卿故意杀害被害人刘建密、朱佳棋,作为黑社会性质组织的组织犯的张宝义是否承担故意杀人罪的刑事责任,一审判决予以认定,但二审判决予以撤销,最高人民法院同意二审判决的意见。本案的裁判理由指出:"本案中,被告人张宝义作为黑社会性质组织的首要分子,应对组织所犯全部犯罪承担刑事责任。为维护其黑社会性质组织的利益,张宝义指使或认可手下实施故意伤害7起,致彭福明、陈宪国死亡,7人重伤,3人轻伤;在共同犯罪中,均起组织、领导作用,作用最大。其所犯故意伤害罪的后果特别严重,情节特别恶劣,罪行极其严重,且系累犯,应依法从重处罚。一、二审判处其死刑立即执行,量刑适当。但被告人张宝义虽系黑社会性质组织的组织者、领导者,并不意味着其对组织成员实施的所有犯罪均应承担刑事责任,而仅应对其组织成员为组织利益实施的组织犯罪承担刑事责任。在被告人张国、李卿故意杀害被害人刘建密、朱佳棋一案中,张国等人案发当天酒后与被害人等人发生争吵引发聚众斗殴,李卿等人持镐把击打致朱佳棋死亡;张国等人在逃离过程中打砸过

第三节 组织犯的实行过限

路行人及酒店灯箱,引起酒店老板刘建密不满,张国等人持刀砍击致刘建密死亡。该案的实施者除张国、李卿外,王志伟、刘军刚、李文杰、崔扬等人均非黑社会性质组织成员,该起犯罪既非按照组织的惯例、约定而为,也未使用组织名义,更与组织利益、组织意志无关,纯属张国于酒后伙同他人无端滋事而引发,故不应从定为黑社会性质组织实施的犯罪。被告人张宝义对此起犯罪事前并不知情,仅在案发后指使同案被告人谭永波提供财物资助张国等人逃避法律追究,第一审认定张宝义的行为构成故意杀人共犯错误;第二审予以纠正,认定张宝义构成窝藏罪是正确的。"

上述裁判理由对于认定组织犯的实行过限具有重要参考价值。根据这一裁判理由,在认定是否构成组织犯的实行过限的时候,应当考虑以下三个因素。

第一,具体实施犯罪的人员是否属于组织成员?在集团犯罪,尤其是有组织犯罪中,组织犯主要是通过或者利用组织成员实施具体犯罪。因此,组织犯在通常情况下应当对组织成员所实施的犯罪承担刑事责任。但如果实施犯罪的人员中,只有个别组织成员,大多数都是非组织成员,对于这种情况下所造成的犯罪结果,组织犯就不能承担刑事责任。在本案中,正如裁判理由指出,实施者除张国、李卿外,王志伟、刘军刚、李文杰、崔扬等人均非黑社会性质组织成员。因此,实施者的身份是否属于组织成员这一因素,对于组织犯的实行过限的认定具有重要意义。

第二,具体实施的犯罪是否体现组织意志?在集团犯罪,尤其是有组织犯罪中,组织成员所实施的具体犯罪应该是组织意志的体现。在通常情况下,这些犯罪都是在组织犯的直接策划、指挥下所实施的,对于此种犯罪体现组织意志是没有疑问的。如果具体犯罪并不是在组织犯所安排或者支配下而实施,只有在符合组织意志,并在事后被组织犯所认可的情况下,才能视为犯罪集团或者组织的犯罪,组织犯对此应当承担刑事责任。但如果这种组织成员私下所实施的犯罪并不反映组织意志,则应当认定为实行过限,组织犯对此并不承担刑事责任。在本案中,裁判理由明确指出,该起犯罪既非按照组织的惯例、约定而为,也未使用组织名义,因此不是组织意志的体现。

第三,具体实施的犯罪是否为了组织利益?这里涉及犯罪动机问题。在集团犯罪或者有组织犯罪中,其犯罪行为是为集团或者组织谋取利益。因此,在某些情况下,即使是组织成员个人未经许可而擅自实施,如果其出于为组织谋取利益的动机,事后又经过组织犯的认可,因而也可以视为系集团或者组织的犯罪行为,组织犯对此应当承担刑事责任。但如果不能事先未经许可,而且该具体犯罪是出于组织成员的个人动机而不是为了组织利益,则不能视为集团或者组织的犯罪,而是实行过限,组织犯对此不能承担刑事责任。在本案中,裁判理由认为,本案杀人行为纯属张国于酒后伙同他人无端滋事而引发,故不应从定为黑社会性质组织实施的犯罪。我认为,这一意见是完全正确的。

第四节 教唆犯的实行过限

一、教唆犯实行过限的概念

教唆犯的犯罪意图是由被教唆的人最终实现的,被教唆的人在实现教唆犯的犯罪意图的过程中,会出现"不及"与"过"的情况。所谓"不及",就是被教唆的人的行为只体现了教唆犯的部分犯意。例如,甲教唆乙杀害丙,乙没有杀丙,只是伤害了丙。在这种情况下,乙应负故意伤害罪的刑事责任,甲则应负教唆故意杀人(未遂)罪的刑事责任。所谓"过",就是被教唆的人实行了超出教唆犯的教唆范围的犯罪行为,这就是被教唆的人的实行过限。在这里,我所要重点研究的就是被教唆的人的实行过限问题。

二、教唆犯实行过限的认定

在司法实践中,如何正确处理教唆犯的实行过限,以便对各共同犯罪人分别

第四节　教唆犯的实行过限

定罪处罚，这是一个值得研究的问题。教唆犯中的实行过限的认定与教唆行为的类型有着密切的联系，因为在共犯教义学中，教唆犯的表现形式是多种多样的，在不同类型的教唆犯中，被教唆人的实行过限也是有所不同的，对此应当进行深入分析。

(一) 重合性过限与非重合性过限

我国学者把被教唆的人的实行过限，分为重合性过限与非重合性过限。[①] 我认为，这种分法还是有一定道理的，因为非重合性过限比较容易认定，而重合性过限则易于混淆；而且这两个概念的提出有助于正确认定被教唆的人的实行过限。在刑法理论上，所谓重合性过限，就是指在被教唆的人所实行的犯罪与教唆犯所教唆的犯罪之间具有某种重合性的情况下而发生的实行过限。例如，甲教唆乙伤害丙，乙却杀害了丙。在这种情况下，甲只负教唆故意伤害罪的刑事责任，乙则负故意杀人罪的刑事责任。就教唆犯而言，应视为被教唆的人实现了其所教唆的犯罪。所谓非重合性过限，是指被教唆的人除实行了教唆犯所教唆的犯罪以外，还实施了其他犯罪。例如，甲教唆乙盗窃，乙在盗窃以后，又强奸了女事主。在这种情况下，甲乙在盗窃罪的范围内，成立教唆与被教唆的共同犯罪关系。对于被教唆的人过限实行的强奸行为，教唆犯不负刑事责任，而由被教唆的人单独负责。在司法实践中，重合性的实行过限与非重合性的实行过限相比，重合性实行过限由于是过限之罪吸收教唆之罪，因此是否过限难以判断。就非重合性的实行过限而言，过限之罪与教唆之罪属于两个不同犯罪，因而是否过限容易判断。例如吴学友故意伤害案。[②] 江西省瑞昌市人民法院经公开审理查明：2001年元月上旬，被告人吴学友应朋友李洪良（另案处理）的要求，雇请无业青年胡围围、方彬（均不满18周岁）欲重伤李汉德，并带领胡围围、方彬指认

[①] 参见吴振兴：《论教唆犯》，183~184页，长春，吉林人民出版社，1986。
[②] 参见张岚：《吴学友故意伤害案——被雇佣人实施的行为未达到犯罪的程度又超出授意的范围，对雇佣人应如何定罪处罚》，载最高人民法院刑事审判第一庭、第二庭：《刑事审判参考》，第28辑，25~30页，北京，法律出版社，2002。

李汉德并告之李汉德回家的必经路线。当月12日晚,胡围围、方彬等人携带钢管在李汉德回家的路上守候。晚10时许,李汉德骑自行车路过,胡、方等人即持凶器上前殴打李汉德,把李汉德连人带车打翻在路边田地里,并从李身上劫走人民币580元。事后,吴学友给付胡围围等人"酬金"人民币600元。经法医鉴定,李汉德的伤情为轻微伤甲级。

被告人吴学友辩解其没有雇佣胡围围等人进行抢劫,只是雇佣他们伤害被害人。其辩护人辩称,由于胡围围等人实施的被雇佣的故意伤害行为尚不构成犯罪,故吴学友亦不构成犯罪。

瑞昌市人民法院认为:被告人吴学友雇请胡围围、方彬等人故意伤害被害人李汉德致其轻微伤甲级,其行为已构成故意伤害罪(教唆未遂)。被雇佣人胡围围等人超过被告人吴学友的授意范围而实施的抢劫行为,属实行过限。根据刑法规定的罪责自负原则,教唆人只对其教唆的犯罪负刑事责任,而被教唆人实行的过限行为应由其自行负责。公诉机关指控的事实成立,但指控罪名不当,应予纠正。因被教唆人胡围围等人实施的伤害行为后果较轻,尚不构成故意伤害罪,故可以对吴学友从轻或减轻处罚。吴学友教唆未满18周岁的人实施故意伤害犯罪,应当从重处罚。根据《刑法》第234条第1款、第25条第1款、第29条第1款、第2款的规定,于2002年5月16日判决:

被告人吴学友犯故意伤害罪(教唆未遂),判处有期徒刑六个月。

一审宣判后,在法定期限内,被告人吴学友没有上诉,瑞昌市人民检察院也没有提出抗诉,判决已发生法律效力。

本案被告人吴学友采用雇佣方式教唆胡围围、方彬等人对被害人实施故意伤害行为,但胡围围、方彬等人在实施故意伤害过程中,又对被害人进行抢劫。本案的故意伤害因为没有达到轻伤程度,所以胡围围、方彬等人不构成故意伤害罪,但其构成抢劫罪。对此,公诉机关认为应对吴学友以抢劫罪的共同犯罪论

处。但法院认为，吴学友的教唆属于未遂，应当单独以故意伤害罪（未遂）追究其相应的刑事责任。而抢劫罪则属于胡围围、方彬等人的实行过限，吴学友对此不承担刑事责任。

本案的裁判理由指出：对被雇佣人超出雇佣范围实施的他种罪行，雇佣人不承担刑事责任。在雇佣犯罪关系中，如果被雇佣人没有实施被雇佣的犯罪行为，则雇佣人和被雇佣人之间不存在共同犯罪关系，对雇佣人一般应按其所雇佣的犯罪罪名采单独追究其雇佣犯罪未遂的刑事责任。相反，在被雇佣者实行了所雇佣的犯罪的情况下，除要求雇佣行为与被雇佣者的实行行为之间具有因果关系外，还要求雇佣人所授意之罪与被雇佣人实行之罪具有同一性。只有在这种情况下，雇佣人和被雇佣人才能就所雇佣之罪的罪名构成共同犯罪。如果被雇佣人在实施雇佣犯罪的过程中又另行实施了雇佣之罪以外的他种犯罪，对此，雇佣人和被雇佣人之间就该过限的行为不存在共同犯罪关系。因为，就该"过限的行为"而言，双方没有共同故意，被雇佣人单方的"过限行为"超出了雇佣人的雇佣意图和要求。对此，雇佣人只按其所雇佣的犯罪负刑事责任，而过限行为则应由被雇佣人个人负责。本案中，被告人吴学友只是雇佣胡围围等人故意伤害，而胡围围等人在实施伤害行为时又另行对同一对象实施了抢劫行为，此抢劫行为超出了吴学友雇佣的内容范围，与吴的雇佣行为之间没有因果关系。吴学友与胡围围等人之间，在"过限"的抢劫行为上不成立共同犯罪关系。吴仅对其雇佣的故意伤害行为负刑事责任，至于胡围围等人实行的抢劫过限行为应根据罪责自负原则，由胡围围等人自行负责。因此，一审法院变更公诉机关指控罪名，改对被告人吴学友以故意伤害罪定罪处罚是恰当的。

本案虽然是性质较为恶劣的雇佣伤害案，但没有造成严重伤害后果，被教唆人实施了非重合性的过限行为，对此，判决明确指出，雇佣者对于被雇佣者的实行过限行为不负共同犯罪的责任，这是完全正确的。

(二) 概然性教唆的实行过限

在认定被教唆的人的实行过限的时候，必须对教唆犯的教唆内容进行认真考

察，确定被教唆的人的行为是否超出了教唆的范围。在教唆内容较为确定的情况下，认定被教唆的人是否实行过限较为容易。但如果教唆犯的教唆内容较为概括，就使确定被教唆的人是否实行过限发生困难。在刑法理论上，一般把这种教唆内容较为概括的教唆称为概然性教唆。在概然性教唆的情况下，由于教唆的内容不太明确，甚至毫不明确，因此，一般来说，只要由于教唆犯的概然性教唆而使被教唆的人产生了犯意，无论被教唆的人实施了何种犯罪，没有明显超出教唆范围的，都不应视为实行过限。例如，甲让乙不惜一切代价搞到一笔钱，则无论乙是通过盗窃还是抢夺或是抢劫搞到这笔钱，都不违反甲的本意。相应地，甲对其中任何一种犯罪都应承担教唆犯的刑事责任。因此，乙实施其中任何一种犯罪行为都不能认为是实行过限。

(三) 选择性教唆的实行过限

在刑法理论上，还存在选择性教唆的情形。所谓选择性教唆，就是教唆犯的教唆具有让被教唆的人在数种犯罪之间进行选择的性质。在选择性教唆的情况下，被教唆的人只要在被选择的范围内实施犯罪行为，就不发生实行过限的问题。例如，甲教唆乙对丙实施犯罪活动，如果只有这样一个概然性的意向，没有提示具体的手段，就是概然性教唆。如果明确提出伤害丙、盗窃丙的财产、放火烧毁丙的房屋这样几种犯罪行为，供被教唆的人选择，就是选择性教唆。因此，选择性教唆与概然性教唆还是有所不同的，不应将两者混淆。在选择性教唆的情况下，存在四种可能：一是被教唆的人没有犯任何罪。在这种情况下，对教唆犯应以供选择数罪中最重的犯罪的教唆犯论处，依《刑法》第29条第2款的规定，可以从轻或者减轻处罚。二是被教唆的人犯了供选择数罪中的一个罪。在这种情况下，教唆犯应对此罪承担教唆的刑事责任，不存在过限问题。三是被教唆的人犯了供选择数罪中的两个以上犯罪，有时甚至犯了供选择的所有犯罪。在这种情况下，被教唆的人的行为没有超出教唆犯的教唆范围，教唆犯仍应对所犯数罪承担教唆的刑事责任，也不发生过限问题。四是被教唆的人除犯供选择的数罪中的犯罪以外，还犯了其他罪行。在这种情况下，教唆犯只对供选择的数罪中的犯罪

承担教唆的刑事责任,对于除此以外的其他犯罪不负刑事责任。在此,被教唆的人实施的供选择的数罪以外的其他犯罪,就属于实行过限,应由被教唆的人独自负责。

(四)连锁教唆的实行过限

连锁教唆是指数个教唆犯之间形成教唆的链条,由此而对他人进行教唆。例如,甲教唆乙,乙又教唆丙,最终由丙实行犯罪。在这种情况下,甲是间接教唆犯,乙是直接教唆犯,而丙是正犯。在连锁教唆中,甲可能是教唆乙去实行犯罪,但乙并没有自己实行,而是教唆他人去实行。当然,甲也可能是教唆乙再去教唆他人去实行。无论是上述何种情形,都属于连锁教唆。

在连锁教唆中,因为经过了一定的中间环节,所以教唆内容可能被错误理解,或者最终的正犯在实行犯罪过程中可能超出教唆内容。对此,应当根据实行过限的原理处理。值得注意的是,在我国司法实践中,对于这种连锁教唆的实行过限在认定上还存在一定的争议。例如李长河雇凶伤害案。安阳市中级人民法院经审理查明,1995年下半年,平顶山市所属舞钢市在修建钢城大道和湖滨大道过程中,因加重农民负担问题,引起这个市八台镇农民集体越级上访。有人反映是时任八台镇党委副书记、常务副镇长的吕净一在背后操纵的,这引起时任舞钢市委书记李长河的不满和反感,后吕净一被免职。1996年6月,在李长河的直接干预下,吕净一被逮捕。1997年4月,舞钢市人民法院以贪污罪判处吕净一有期徒刑1年。1997年6月,吕净一刑满释放后提出申诉,并向有关部门和领导举报李长河的违法违纪问题。1998年5月,平顶山市召开党代会,李长河被列为平顶山市委常委候选人。其间,李长河得知吕净一又在举报,可能会影响自己的升迁,即与时任平顶山市天使集团董事长兼总经理的鲁耀民商定,找人"收拾"吕净一。但因当时李长河担心会暴露自己,故未实施。在吕净一的不断申诉下,1999年5月12日,河南省高级人民法院依法撤销了一审法院对吕净一的判决,裁定宣告其无罪。李长河得知后,认为吕净一肯定会对其控告,与鲁耀民再次预谋弄断吕净一的一条胳膊或腿。鲁耀民找来舞钢市棉纺厂供销科干部田兴

669

第十九章 共同犯罪的实行过限

民，田兴民又拉拢收买了曾分别因犯抢劫和盗窃罪被判过刑的刘国兴和依志宏，让二人"收拾"吕净一。其间，鲁耀民给田兴民 5 000 元现金，并答应给刘、依二人安排工作。1999 年 6 月 18 日晚 23 时许，在田兴民的带领下，刘国兴、依志宏持刀闯入吕家，将吕净一及其妻钟松琴砍、捅多刀后逃离现场。钟松琴经抢救无效死亡，吕净一被刺成重伤。法庭同时审理查明，自 1993 年初至 1999 年初，李长河在担任平顶山市委副秘书长兼办公室主任、舞钢市委书记，平顶山市委常委、政法委书记期间，利用干部推荐、提拔、调整、调动等机会，先后 17 次非法收受他人贿赂款共计 13.8 万元，其行为已构成受贿罪。安阳市中级人民法院一审依法以故意伤害罪判处李长河死刑，剥夺政治权利终身，以受贿罪判处其有期徒刑 10 年，决定执行死刑，剥夺政治权利终身。一审判决还以故意伤害罪判处刘国兴死刑，剥夺政治权利终身；以故意杀人罪，判处依志宏死刑，剥夺政治权利终身；以故意伤害罪，分别判处鲁耀民、田兴民死刑，缓期 2 年执行，剥夺政治权利终身。一审判决以后，被告人认为判决过重，不服判决，向河南省高级人民法院提出上诉。二审判决除将依志宏的定罪由故意杀人罪改判为故意伤害（致人死亡）罪以外，在量刑上并未改变，仍维持三名被告人死刑立即执行，两名被告人死缓的判决。本案属于雇凶伤害案件，雇佣者构成教唆犯。在本案中，李长河是第一教唆犯，鲁耀民是第二教唆犯，田兴民是第三教唆犯，刘国兴和依志宏是具体实施犯罪的正犯。在本案中具有争议的是两个正犯将并不在预想之中的吕净一之妻钟松琴伤害致死是否构成实行过限，因为当时商议的是伤害吕净一，而吕净一之妻并不在伤害范围之内。在案发当时，钟松琴正好在场，因而受到伤害不幸伤重不治死亡。对此，裁判要旨认为，被害人家人的死亡没有超出雇佣者和中间人的犯意，不属于实行过限。理由是：首先，雇佣者和中间人共谋找"赖孩""收拾"被害人。"赖孩"在当地是指有劣迹，做事大胆不计后果的人，让这些人去伤害他人，雇佣者对伤害的程度和后果都应该预料到。其次，从作案地点看，当正犯找不到被害人时，雇佣者通过中间人提供了被害人的家庭地址。此时应该预料到"收拾"被害人的行动可能会在被害人家里进行，既然在

"家"这个特定场合"收拾"被害人,被害人的家人就不会袖手旁观,这就难免伤及吕净一的家人,对此五被告人都是能够预料到的,他们对致被害人死亡这一危害结果采取了放任的态度。① 对此的不同意见认为,本案属于实行过限,李长河不应对致被害人钟松琴死亡的行为及其后果负责。理由是:首先,从客观上看,李长河的授意是明确的。表现在:(1)犯罪对象是明确的。在李长河与鲁耀明共谋、策划"收拾"吕净一的整个过程中,二人始终将加害对象明确在吕净一一人,而从未涉及吕净一之妻。通过田兴民告诉刘国兴、依志宏二人的"任务",也只是针对吕净一,未指使、同意或放任吕净一之妻被故意伤害致死这一行为及结果的发生。这在几个被告人之间都是可以印证的。而且案发后,李长河、鲁耀明二人得知伤及吕净一之妻,都感到意外,基本可以排除李长河等人对吕净一之妻进行伤害的故意。(2)犯罪行为的程度也是明确的。李长河与鲁耀明共谋作案方法时,是要找俩"赖孩""收拾"吕净一。李长河曾对鲁耀明讲:"收拾他得讲究分寸。不能把他弄得太狠,弄残了。""注意大拇指和小拇指的关系,弄断小指头,不能弄断大拇指,弄断小指头是轻微伤,是治安案件;弄断大拇指就是刑事案件了。"其次,从主观上看,教唆犯对吕净一之妻的死亡并无希望或放任的心态。体现为:(1)教唆犯对吕净一之妻的死亡并非"明知"。从现场实施犯罪的两名正犯来说,事先也并无加害吕净一之妻的意图,而是在伤害吕净一之时,吕净一之妻上前参与搏斗,另一正犯才对吕净一之妻予以加害。应该说依志宏现场伤害吕净一之妻致其死亡的犯罪行为是临时起意的犯罪,完全超出李长河的犯罪意图,也是李长河所无法预料到的。从上述情况可以看出,在本案中,二名雇佣者对正犯伤害吕净一的行为是明知的,而且也是希望发生的;但对伤害吕净一之妻的行为不明知也不希望发生,这种结果的发生是违背三名雇佣者的意愿的。行为人明知自己的行为会发生危害社会的结果,这是构成犯罪故意的认识因素,是

---

① 参见赵秉志主编:《中国疑难刑事名案法理研究》,第5卷,429页,北京,北京大学出版社,2011。

第十九章 共同犯罪的实行过限

一切故意犯罪在主观认识方面必须具备的特征。若让行为人在不知情情况下对行为负责,难免有客观归责之嫌。(2)李长河对吕净一家人的死亡并非有所放任。李长河是否告知吕净一家的具体地址也是案件审理过程中的一个关键问题。若李长河确实将吕净一家的具体地址告诉正犯,那么他有可能预见到伤害会危及吕净一家人而持放任心态;否则他无法预见这一后果。从案件材料来看,李长河交代:"找俩赖孩在街上或公共汽车上,以踩了鞋或碰了女人为由,打他几耳光,揍他一顿,吓唬吓唬他。"由上可知,李长河比较明确地指使将伤害吕净一的地点选择在公共场所。法庭调查中李长河也说,后来在多次守候未果的情况下,他才提供吕净一家庭住址的大致方位。其目的是缩小正犯寻找吕净一的范围,便于守候,趁机伤害,并不是也根本没有让鲁耀明派人去吕净一家中进行伤害。后来被害人的具体家庭住址是刘兴国从附近一住户那打听到的。而控方则认定说李长河告诉了具体地址,但没有充分的证据材料证明这一点。综上,对于三名雇佣者来说,对故意伤害吕净一之妻的行为存在实行过限,对此不应承担刑事责任;只应对吕净一的重伤后果负责,构成故意伤害(致人重伤)罪。①

上述关于李长河等人对教唆犯是否成立实行过限,主要是针对预想的加害对象吕净一之妻的伤害致死而言的,而不是针对吕净一。从李长河的事先预谋来看,其甚至并不想造成伤害后果,而只是想造成治安案件。但是正犯在具体实施的时候,对吕净一造成了重伤结果,对此,不能认为存在实行过限。因为教唆他人加害吕净一,尽管在程度上想要控制,但在实施的时候事实上是难以控制后果的。对此,教唆犯应当承担由于自己的教唆而发生的更为严重的加害后果。然而,李长河等人事先预谋加害的是吕净一,而具体实施的时候对吕净一之妻造成了伤害致死的后果,这是一种超出预谋范围的情形。对此,我赞同实行过限的意见。因为在本案中教唆犯的教唆属于确定教唆,即加害对象特定,所以,教唆犯

---

① 参见赵秉志主编:《中国疑难刑事名案法理研究》,第 5 卷,433~434 页,北京,北京大学出版社,2011。

只对其所教唆的加害对象的危害结果承担刑事责任。但是，如果正犯在实施犯罪过程中超出教唆范围，对其他对象进行加害，则此种加害并不在教唆内容之中，教唆犯对此主观上没有故意，不应承担教唆犯的责任。

第五节　帮助犯的实行过限

一、帮助犯实行过限的概念

帮助犯的犯意也是通过被帮助的人实现的，如果被帮助的人实施了超出帮助故意范围的其他犯罪，就发生了实行过限的问题。因此，帮助犯的实行过限是指被帮助的人实施了超过共同犯罪故意的犯罪行为。根据共同犯罪实行过限的一般原理，帮助犯对被帮助人的过限行为不负刑事责任。

二、帮助犯实行过限的认定

被帮助的人的实行过限，具有不同于其他共同犯罪的实行过限，现分两种情况说明如下。

（一）被帮助的人在实施过限行为时没有利用帮助犯所提供的帮助

甲为乙去丙家盗窃提供了有关情况，乙在盗窃的过程中为抗拒逮捕而将丙打伤。在这种情况下，乙打伤丙与甲的帮助无关，甲对于乙打伤丙的过限行为当然不负刑事责任。

（二）被帮助的人在实施过限行为时利用了帮助犯所提供的帮助

甲为乙杀丙提供了一把凶器，乙在杀丙时被丁发现，乙用这把凶器将丙丁都杀害了。又如，甲为乙伤害丙提供了一把凶器，乙却利用这把凶器将丙杀害了。在上述两种情况下，乙都实行了超出甲的帮助故意范围的犯罪行为，属于实行过

第十九章　共同犯罪的实行过限

限。由于在实行这种过限行为时，被帮助的人利用了帮助犯所提供的帮助，因此，关于帮助犯对这种行为是否承担刑事责任可能产生疑问。实际上，无论被帮助的人是否利用了帮助犯的帮助，只要被帮助的人的行为超出了帮助故意的范围，都属于实行过限，帮助犯对于被帮助的人的过限行为不负刑事责任。

第二十章
共同犯罪的认识错误

第一节 共犯认识错误概述

一、共犯认识错误的概念

刑法上的认识错误,是指行为人对于自己的行为在法律上和事实上认识的错误。共同犯罪的认识错误,也称共犯认识错误,是指在共同犯罪过程中共同犯罪人对本人或者其他共犯的共同犯罪行为的事实情况或者法律意义的认识与现实不符。[①] 因此,共同犯罪认识错误不同于刑法一般认识错误的特殊性就在于:共犯认识错误发生在共同犯罪过程中,是对于共同犯罪相关的事实与法律的错误认识。共犯认识错误问题研究的意义,在于正确地认定共犯的刑事责任。

共犯认识错误较为复杂,对共同犯罪的定罪量刑又具有一定的影响,所以古

[①] 参见袁雪:《共犯认识错误问题研究》,41页,北京,中国人民公安大学出版社,2011。

今中外有些刑法对此问题加以明文规定。例如，《唐律》虽无共同犯罪与认识错误的一般规定，但却有共盗与认识错误的规定。《唐律·贼盗》规定："诸共谋强盗，临时不行，而行者窃盗，共谋者受分，造意者为窃盗首，余并为窃盗从；若不受分，造意者为窃盗从，余并笞五十。若共谋窃盗，临时不行，而行者强盗，其不行者造意受分，知情、不知情，并为窃盗首；造意者不受分及从者受分，俱为窃盗从。"[①] 在当代刑法中，也有对共同犯罪与认识错误加以明文规定的立法例。例如《意大利刑法典》第 116 条规定："共犯所犯之罪非共犯中某人所意欲之结果，但其个人之作为或不作为为该犯罪之原因时，该共犯仍应依所犯之罪处罚。若所犯之罪超出共犯所意想者，对于欲犯轻罪之共犯减轻其刑。"我国刑法对共同犯罪与认识错误没有明文规定，因此，在解决共犯认识错误时，要在处理刑法上的认识错误的一般原则的指导下，根据共同犯罪的实际情况，得出解决共犯认识错误问题的正确结论。

二、共犯认识错误的特征

刑法上的认识错误理论，一般是以单独犯罪为研究对象的。而共犯认识错误具有不同于单独犯罪的特点，例如，单独犯罪中对事实情况的认识错误，仅限于与本人行为有关的内容，而在共同犯罪中，则还包括对其他共犯行为的认识错误以及对本人行为的事实认识错误对其他共犯的影响。

共同犯罪认识错误与单独犯罪认识错误就错误论而言，具有相同性，应当适用错误论的一般原理，然而，共同犯罪的认识错误又具有共犯论的性质，因而具有不同于单独犯罪认识错误的特殊性。这种特殊性主要表现为：单独犯罪只是一个主体，因而其认识错误是单一主体的认识错误，但在共同犯罪中，存在二个以上主体，因而其认识错误是复数主体的认识错误。因此，共犯认识错误既可能是

---

① 《唐律疏议》，377 页，北京，中华书局，1983。

各个主体发生相同的认识错误，也可能是各个主体发生不同的认识错误。在这个意义上说，共犯认识错误具有一定的复杂性。我国学者将共犯认识错误区分为整体性认识错误与个体性认识错误，指出：共犯整体性认识错误，是指在共同犯罪过程中全体共犯人对于共同犯罪行为之事实情况和法律意义共同发生相同的认识，但这种认识与客观实际不符的情况。[①] 在整体性认识错误的情况下，由于各个共同犯罪人所发生的认识错误在内容上相同，因而只要按照一般认识错误原理解决即可。不同于共同犯罪整体性认识错误，共同犯罪个体性认识错误是指数个共犯在共同犯罪故意过程中，对自己或者其他共犯所实施的行为事实情况的认识与客观实际不符的情况。[②] 在共同犯罪个体性认识错误的情况下，由于各个共犯之间对构成要件事实认识不相符合，因而显得更为复杂。

第二节　共同犯罪的法律认识错误

在刑法教义学中，法律认识错误是指行为人对于自己的行为在法律上是否构成犯罪，或者在法律上应当受到怎样的处罚存在的一种误解。在共同犯罪中，也存在共同犯罪人对本人或者其他共犯的行为的法律性质认识错误的问题。共犯这种对行为的法律性质的认识错误，对共同犯罪的定罪量刑具有什么影响呢？这就是本节所要研究的问题。

一、共同正犯的法律认识错误

共同正犯的法律认识错误，是指在构成共同正犯的前提下，对本人或者他人的行为的法律性质的认识错误。现分三种情况说明如下。

---

① 参见袁雪：《共犯认识错误问题研究》，62页，北京，中国人民公安大学出版社，2011。
② 参见袁雪：《共犯认识错误问题研究》，87页，北京，中国人民公安大学出版社，2011。

第二十章 共同犯罪的认识错误

（一）共同正犯对本人行为在法律上的认识错误

甲乙二人共谋杀丙，在杀人过程中，甲按住丙的手脚，由乙持刀将丙杀死。甲以为自己没有亲手杀人，不是杀人的正犯，而只是杀人的帮助犯。但实际上，甲的行为属于正犯行为，甲乙二人应构成杀人的共同正犯。在这种情况下，甲对本人的行为的法律性质发生了误解。根据我国刑法处理法律上的认识错误的一般原则，行为的法律性质不以行为人主观上的认识为转移。因此，在本案中，尽管甲误认为本人的行为是犯罪的帮助行为，而实际上是犯罪的正犯行为，所以，仍应以共同正犯论处。

（二）共同正犯对他人行为在法律上的认识错误

甲乙二人共谋盗窃，在盗窃过程中，甲入室秘密窃取，乙则只是在门外望风。甲以为乙没有亲手盗窃，不是盗窃的正犯，而只是盗窃的帮助犯。但在实际上乙的行为属于实行行为，甲乙二人应构成盗窃罪的共同正犯。在这种情况下，甲对他人的行为的法律性质发生了误解。根据我国刑法处理法律上的认识错误的一般原则，行为的法律性质不以行为人主观上的认识为转移。同样，他人行为的法律性质也不以本人主观上的认识为转移。因此，在本案中，尽管甲误认为他人的行为是犯罪的帮助行为，而实际上是犯罪的正犯行为，所以，仍应以共同正犯论处。

（三）共同正犯对本人或者他人在共同犯罪中的作用的认识错误

我国刑法根据共犯在共同犯罪中的作用，将共犯分为主犯、从犯、胁从犯等。主犯除刑法分则有明文规定的以外，应当从重处罚；从犯应当比照主犯从轻、减轻处罚或者免除处罚；胁从犯应当按照他的犯罪情节，比照从犯减轻处罚或者免除处罚。由此可见，法律规定主犯、从犯、胁从犯的处罚原则是各不相同的。如果共同正犯中的某一正犯对本人在共同犯罪中的作用发生了错误认识，例如，明明是起主要作用，却误认为是起次要作用，或者明明是起次要作用，却误认为是起主要作用。在这种情况下，是否影响对其处罚呢？回答是否定的。因为共犯在共同犯罪中是否起主要作用，只有根据客观事实才能得出正确的结论，而

第二节 共同犯罪的法律认识错误

不以共犯的主观认识为转移。所以,共同正犯对本人在共同犯罪中的作用的认识错误,对其处罚不发生影响。同理,共同正犯对他人在共同犯罪中的作用的认识错误,例如,他人明明是起主要作用,却误认为是起次要作用,或者他人明明是起次要作用,却误认为是起主要作用的,也不影响对其处罚。

二、组织犯的法律认识错误

组织犯的法律认识错误,是指组织犯对自己的行为是否构成犯罪以及应受何种处罚的认识错误。

(一)组织犯对本人行为是否构成犯罪的认识错误

在某些情况下,组织犯会对自己的行为是否构成犯罪发生错误认识。例如,甲建立了一个盗窃集团,组织一些人进行盗窃活动,本人在幕后指挥,而不亲自实施盗窃行为。甲以为自己没有进行盗窃,法律对其无可奈何。但根据我国刑法的规定,犯罪集团中的组织犯,尽管本人没有直接参与具体犯罪的实行,也构成犯罪。因此,组织犯对本人行为的法律性质的认识错误不影响对其定罪。

(二)组织犯对本人行为应受何种处罚的认识错误

在某些情况下,组织犯还会对自己的行为应受何种处罚发生错误认识。例如,甲是组织犯,在集团犯罪中起组织、领导作用,应受较重的处罚,却误认为自己是一般的犯罪分子,应受较轻的处罚。对此,应当根据事实和法律正确地对甲裁量刑罚,而不以甲本人的认识为转移。因此,组织犯对本人行为的法律性质的认识错误也不影响对其量刑。

三、教唆犯的法律认识错误

教唆犯的法律认识上的错误,是指教唆犯对自己的教唆行为以及被教唆的人的行为的法律性质的认识错误。除此以外,还包括被教唆的人对自己的行为的法

律性质的认识错误对教唆犯的刑事责任的影响。

(一) 教唆犯对本人教唆行为的法律性质的认识错误

甲以为只要自己不亲手去犯罪，挑拨、指使他人去犯罪的行为是不会受法律处罚的，而实际上法律规定处罚教唆犯，这就是教唆犯对本人教唆行为的法律性质的认识错误。应当指出，根据我国刑法关于认识错误的理论，教唆犯对本人教唆行为的法律性质的认识错误并不影响对其追究刑事责任。

(二) 教唆犯对被教唆的人的行为的法律性质的认识错误

甲以为抓到小偷以后对其进行殴打是不构成犯罪的，遂唆使乙将小偷打成伤残，这就是教唆犯对被教唆的人的行为的法律性质的认识错误。根据我国刑法的规定，致小偷伤残的行为，只有在符合正当防卫的构成条件的情况下，才依法不负刑事责任。而在抓到小偷以后，不法侵害已经不复存在，在这种情况下殴伤小偷构成故意伤害罪，教唆犯也应承担教唆故意伤害罪的刑事责任。所以，教唆犯对被教唆的人的行为的法律性质的认识错误，并不影响对其追究刑事责任。

(三) 被教唆的人对本人行为的法律性质的认识错误

教唆犯甲意图破坏通讯设备，唆使乙去偷割正在使用的电话线，而被教唆的人乙却以为自己犯了盗窃罪，这就是被教唆的人对本人行为的法律性质的认识错误。在这种情况下，对于甲来说，应承担教唆破坏通讯设备罪的刑事责任。所以，被教唆的人对本人行为的法律性质的认识错误并不影响对教唆犯的定罪。

(四) 被教唆的人对教唆行为的法律性质的认识错误

教唆犯甲唆使乙将丙杀害，而被教唆的人以为是教唆他对丙进行伤害，从而对丙实施了伤害行为；或者，教唆犯甲唆使乙伤害丙，而被教唆的人以为是教唆他将丙杀害，从而将丙杀害，这些都是被教唆的人对教唆行为的法律性质的认识错误。在这种情况下，对被教唆的人都应以本人实施的行为定罪，这是没有问题的。那么，对教唆犯应如何处罚呢？我认为，对教唆犯应以其所教唆的行为定罪，而不以被教唆的人的行为为转移。也就是说，教唆犯唆使被教唆的人杀人，尽管由于被教唆的人的认识错误，实施了伤害行为，对教唆犯仍应以教唆杀人罪

680

论处。但被害人并没有死亡,对教唆犯以教唆杀人既遂论显然不妥,对此,可视为教唆杀人未遂。因为是由于被教唆的人将教唆其杀人误解为教唆其伤害而使得被害人没有被杀死,而这对于教唆犯来说是意志以外的原因,故而对教唆犯应以未遂论处。如果被教唆的人在对被害人故意伤害中过失致其死亡,被教唆的人构成故意伤害致人死亡罪。在这种情况下,教唆犯就不再是未遂,而应承担教唆杀人既遂的刑事责任。在上述第二例中,教唆犯唆使被教唆的人伤害,尽管由于被教唆的人的认识错误,实施了杀人行为,对教唆犯仍应以教唆故意伤害罪论处,被教唆的人属于实行过限,教唆犯对过限行为所造成的犯罪结果没有犯罪故意,因而不负故意杀人的刑事责任。

四、帮助犯的法律认识错误

(一)帮助犯对本人帮助行为的法律性质的认识错误

帮助犯的法律认识上的错误,主要是指帮助犯对本人的帮助行为的法律性质的认识错误。例如,甲以为对想要去杀人的乙说几句鼓励、打气的话不构成犯罪,而实际上却构成了杀人的帮助犯。又如,甲事前答应为乙销赃,在乙盗窃以后,将赃物交给甲,由甲代为销售。甲以为本人的行为只构成掩饰、隐瞒犯罪所得、犯罪所得收益罪。但根据我国刑法的规定,事前与盗窃犯通谋而事后为其销赃的,应以共同犯罪论处。所以,甲是事后帮助犯,构成盗窃罪,而不是掩饰、隐瞒犯罪所得、犯罪所得收益罪。所以,帮助犯对本人帮助行为的法律性质的认识错误,并不影响对其追究刑事责任。

(二)帮助犯对被帮助的人的行为的法律性质的认识错误

帮助犯的法律认识上的错误,还包括帮助犯对被帮助的人的行为的法律性质的认识错误。例如,甲为乙组织淫秽表演提供场所,甲以为乙的行为不构成犯罪,但实际上乙构成组织淫秽表演罪,对甲应以帮助犯论处。

第三节 共犯事实认识错误

在刑法教义学中,事实认识上的错误是指行为人对于自己行为的事实情况的一种错误认识。在共同犯罪中,各个共犯的行为交错复杂,事实认识上的错误时有发生,并且具有一些不同于单独犯罪的特点。对此,我们应当加以深入研究,为司法实践中正确处理共犯事实认识错误提供理论依据。

在刑法中的认识错误理论中,关于事实认识错误,通常区分为同一构成要件事实的认识错误与不同构成要件事实的认识错误,对于这两种事实认识错误采用不同的处理原则。我国学者指出:所谓同一构成要件内的事实错误,又称为具体的事实的错误,是指行为人认识的事实与实际发生的事实之间的不一致是在同一构成要件范围内的情形。所谓不同的构成要件间的事实的错误,又称为抽象的事实的错误,是指行为人认识的事实与实际发生的事实之间的不一致,横跨不同构成条件的情形。应该说,对同一构成要件事实的认识错误与不同构成要件事实的认识错误的处理原则是完全不同的:如果是同一构成要件事实的认识错误,则不影响定罪。反之,如果是不同构成要件事实的认识错误,则影响定罪。共犯认识错误也同样可以区分为同一构成要件事实的认识错误与不同构成要件事实的认识错误。在同一构成要件事实认识错误的情况下,共犯虽然对事实存在错误认识,但根据法定符合说,这种认识错误并不影响共同犯罪的成立。例如在甲与乙共谋杀害丙,于具体实施过程中,误认丁为丙,而将丁杀害的场合,尽管对杀人对象发生了认识错误,但这种认识错误是在同一构成要件范围之内的错误,因而并不影响本案成立故意杀人罪的共同犯罪。在不同构成要件事实认识错误的情况下,由于共犯所发生的错误认识跨越不同的构成要件,因而共犯只对自己认识范围内的构成要件事实承担责任,对于超过认识的构成要件事实不承担责任。

一、共同正犯的事实认识错误

共同正犯的事实认识上的错误,主要发生在各个正犯对于犯罪事实的认识不相符合的场合。在这种情况下,就出现了共犯如何承担刑事责任的问题。

(一)二人共同实行犯罪,甲乙互相之间对犯罪事实的认识有错误时,甲乙均应在本人的认识范围以内成立犯罪

甲乙均对丙有仇,甲想杀丙,而乙则想伤害丙。但由于认识上发生了错误,甲以为乙也想杀丙,乙以为甲也想伤害丙。乙先下手打断丙的腿,甲随即将丙杀死。那么,对甲乙应如何论处呢?我认为,各个共犯只对本人犯意以内的犯罪行为承担刑事责任。因此,甲主观上具有杀人的故意,客观上实施了杀人的行为,尽管误认为乙也有杀人的故意,并不影响其构成故意杀人罪。而乙主观上具有伤害的故意,客观上实施了伤害行为,尽管误认为甲也有伤害的故意,并不影响其构成故意伤害罪。

(二)二人共同实行犯罪,甲犯所认识的犯罪事实重于乙犯所实行的犯罪事实时,甲乙均应对其实行的犯罪承担刑事责任

甲乙二人共谋入室抢劫,甲在门外望风,乙入室以后见室内无人,就进行了秘密窃取。在这种情况下,尽管甲在主观上误认为乙是在抢劫,对甲乙二人还是应以盗窃罪论处。

(三)二人共同实行犯罪,甲犯所认识的犯罪事实完全异于乙犯所实行的犯罪事实时,甲乙应分别在其所认识的范围以内承担刑事责任

甲乙共谋猥亵女青年丙,甲在内屋不顾丙的反抗对丙进行了流氓猥亵。甲事毕出屋,乙进入内屋,要求与丙发生两性关系。丙不同意,乙就以暴力相威胁,对丙实行了强奸。在这种情况下,尽管甲在主观上误认为乙是在进行猥亵,但乙实际上是犯了强奸罪。对此,甲构成强制猥亵罪,乙则构成强奸罪。

（四）二人共同实行犯罪，甲犯所认识的犯罪对象，与乙犯所认识的犯罪对象互异时，甲乙均应对同一犯罪承担刑事责任

甲想杀仇人乙，恐一人去杀难以得逞，便骗丙说要去杀丙的仇人丁。在深夜，甲将乙在半途劫住，丙以为是仇人丁，便与甲一起将乙杀害。在本案中，丙虽对杀人对象存在认识错误，但并不影响其与甲构成杀人罪的共同实行犯。

二、组织犯的事实认识错误

组织犯的事实认识错误可以从组织犯本人对事实的认识错误，以及被组织的人对事实的认识错误对组织犯的刑事责任的影响两个方面加以说明。

（一）组织犯本人对事实的认识错误

组织犯本人对事实的认识错误，是指在集团犯罪活动中，组织犯对事实情况的判断错误。例如，甲是拐卖妇女、儿童犯罪集团的组织犯，策划将预想中的被害妇女乙进行拐卖。但因甲认错了人，误将妇女丙认作妇女乙，便指挥他人将妇女丙进行拐卖。在这种情况下，组织犯虽然对犯罪对象发生了错误认识，但无论是妇女乙还是妇女丙，其人身自由权利都受法律保护。因此，对甲仍应以拐卖妇女、儿童罪论处，其认识错误并不影响对其追究刑事责任。

（二）被组织的人对事实的认识错误

被组织的人对事实的认识错误，是指在组织犯的指挥、策划下，正犯在进行犯罪的时候对事实情况发生了错误认识。例如，甲是强奸犯罪集团的组织犯，指使集团成员乙对妇女丙实行强奸。但乙对犯罪对象发生了认识上的错误，将妇女丁误认作妇女丙而进行了强奸。对此，对妇女乙仍应以强奸罪论处，甲也应对乙的强奸行为承担刑事责任，而不受正犯对事实认识上的错误的影响。

三、教唆犯的事实认识错误

教唆犯的事实认识错误，是指教唆犯对自己的教唆行为以及教唆对象的事实

情况的认识错误。除此以外,还涉及被教唆的人对自己的行为的事实情况的认识错误对教唆犯的刑事责任的影响。

(一) 教唆犯对本人教唆行为的事实情况的认识错误

甲唆使乙用樟脑精毒死与其有仇的丙,因樟脑精不能致人死亡,乙构成杀人未遂,甲则属于教唆杀人未遂,这是相对的手段不能犯的未遂。如果甲唆使乙用诅咒等迷信方法杀丙,乙是迷信犯,其行为没有法益侵害性,不负刑事责任。甲则是迷信犯的教唆犯,也不负刑事责任,这是绝对的手段不能犯。

(二) 教唆犯对教唆对象的认识错误

教唆对象就是指被教唆的人。教唆犯对教唆对象的认识错误,可以分为两种情况。

第一种情况,是把没有刑事责任能力的人误以为是具有刑事责任能力的人进行教唆。在这种情况下,行为人主观上具有教唆的故意,客观上所实施的行为却是间接实行行为。这时,对行为人到底是以教唆犯论处,还是以间接正犯论处?这里涉及间接正犯的认识错误问题。[①] 但教唆犯的认识错误与间接正犯的认识错误还是有所区别的,前者是误认没有刑事责任能力的人为具有刑事责任能力的人而进行教唆;后者是误认具有刑事责任能力的人为没有刑事责任能力的人而加以利用。当然,两者的处理应贯彻共同的原则。

关于在教唆犯把没有刑事责任能力的人误认为是具有刑事责任能力的人而进行教唆的情况下,应如何论处的问题,在刑法理论上可谓众说纷纭,大体上存在以下三说:一是从其所知的主观说,认为行为人主观上具有教唆的故意,应以教唆犯论处。二是从其所为的客观说,认为行为人客观上具有间接实行行为,应以间接实行犯论处。三是过失说,认为在这种行为人发生认识上的错误的情况下,既非间接实行犯,亦非教唆犯,而为过失犯。[②] 我国学者主张,从我国刑法根据

[①] 参见本书第二十七章第四节第二部分:间接正犯的认识错误。
[②] 参见耿文田:《教唆犯论》,23~24页,上海,商务印书馆,1935。

第二十章 共同犯罪的认识错误

共犯在共同犯罪中所起的作用对其分类的方法出发，对这类错误问题也可以按照参与者在犯罪中所起的实际作用来解决。按照这种观点，教唆犯把没有刑事责任能力的人误认为具有刑事责任能力的人而进行教唆的，行为人所起的实际作用，乃是利用他人作为犯罪工具的作用，应按间接正犯犯处罚。①

我认为，我国刑法根据共犯在共同犯罪中的作用对其进行分类，主要是为了解决共同犯罪的处罚问题，而这是以解决了共同犯罪的定罪问题为前提的。我们在这里讨论教唆犯的认识错误问题，主要不是为了解决其处罚问题，而是要解决其定罪问题。因此，以在犯罪中的作用为标准处理教唆犯的认识错误问题，从表面上看似乎是另辟蹊径，实际上无异于从其所为的客观说。因为论者把在犯罪中的作用主要理解为行为人的犯罪行为的客观性质，所以只能得出与客观说相同的结论。至于前述的过失说，其荒谬之处不言而喻。因为行为人主观上具有教唆的故意，这是一种犯罪的故意，怎么能以过失论处？过失说的错误在于把对教唆对象的心理状态与对教唆结果的心理状态混为一谈了。从对教唆对象的认识错误来说，在某些情况（并非所有情况）下确有可能出于过失，例如应该知道被教唆的人是没有刑事责任能力的人，由于疏忽大意而误认其为具有刑事责任能力的人。但这是认识错误的过失，而不是犯罪的过失。罪过永远是指行为人对犯罪结果的心理状态。而在教唆的情况下，犯罪结果是使被教唆的人产生犯意而实行犯罪，对于这一结果，行为人当然是积极追求的，没有任何过失可言。经过如上辨析，现在只剩下从其所知与从其所为的主观与客观两说。这两说各有道理，相持不下。

就刑法上的一般原则而论，是应该在把主观与客观即所知与所为统一起来的基础上解决定罪问题。但认识错误，就是以主观与客观相矛盾为主要特征的，在这种情况下似乎只能采取二者择一的态度。在主观说与客观说这两说中，到底哪一说更可取呢？我认为应采主观说。因为在这种认识错误的情况下，行为人主观

---

① 参见吴振兴：《论教唆犯》，130页，长春，吉林人民出版社，1986。

第三节 共犯事实认识错误

上是有教唆故意的,在这种故意的支配下,客观上实施了教唆行为。从这个意义上说,主观与客观是统一的。仅仅因为对被教唆的人的责任能力的认识错误,而使其行为在客观上发生了间接正犯的效果,但这并不能否认对行为人应以教唆犯论处。而如果按照客观说,对行为人以间接正犯定罪,但行为人主观上根本没有间接正犯的故意,因而不妥。我采主观说,似乎排斥了客观,但实际上主观动机与客观效果只是在具体内容上不符合,它们仍具有抽象符合:客观上具有犯罪行为,主观上具有犯罪故意,这仍不失为一种特殊情况下的主观与客观的统一。

第二种情况,是把具有犯罪故意的人误认为没有犯罪故意的人而进行教唆。在这种情况下,行为人主观上具有教唆的故意,客观上却起着帮助的作用。这时,行为人的主观与客观发生矛盾。那么,到底是从其所知以教唆犯论处,还是从其所为以帮助犯论处?对此,我国学者认为,解决这个问题,可以行为人在共同犯罪中的实际地位和作用为准。当行为人意在教唆实为帮助时,应将其看作从犯,但在量刑上可以把意在教唆作为一个情节考虑进去。基于此,行为人的错误,应当属于从犯的错误。① 对于这种观点,我不敢苟同。我认为,对于这种情况,可以参考上述第一种情况的解决办法,视为教唆犯。因此,行为人的错误属于教唆犯的错误。我国刑法对教唆犯是按照他在共同犯罪中的作用处罚,起主要作用的以主犯论处,起次要作用的以从犯论处。考虑到这种教唆犯在共同犯罪中的实际作用,以从犯论处为妥。

(三)被教唆的人的事实认识错误

被教唆的人在接受教唆犯的教唆以后,开始实行犯罪。但在实行犯罪的过程中,往往会对事实情况发生一些错误认识。这些认识上的错误对教唆犯的刑事责任有何影响呢?这就是我所要研究的问题。被教唆的人的事实认识上的错误,可以分为以下三种情形。

第一种情形是对象错误。例如,甲教唆乙去杀丙,而乙却将丁误认为丙加以

---

① 参见吴振兴:《论教唆犯》,131 页,长春,吉林人民出版社,1986。

杀害。在这种情况下，丙与丁的生命是等价的，同样受法律保护。所以，乙仍成立故意杀人罪。甲则应成立故意杀人罪的教唆犯，而不受被教唆的人的对象错误的影响。

第二种情形是手段错误。手段错误可以分为相对不能的手段错误与绝对不能的手段错误。前者例如，甲教唆乙用砒霜去杀丙，乙误认白糖为砒霜放入丙的食物中，结果未能将丙杀死。在这种情况下，乙应成立杀人未遂，属于手段不能犯的未遂；而甲也应以教唆杀人未遂论处。后者例如，甲教唆乙杀丙，但乙出于极端迷信、愚昧无知而采取诅咒、用针扎纸人等方法企图杀丙，当然不能致丙死亡。在这种情况下，乙属于迷信犯，不追究其刑事责任。而甲则以教唆杀人未遂论处，仍应追究其刑事责任。

第三种情形是性质错误。例如，甲交给乙一瓶毒药，让乙把毒药给丙吃了。乙听错了，误认为甲是让其把这瓶土药给丙吃了，导致丙死亡。在此，甲基于教唆杀人的故意实施了教唆行为，但乙却因为认识错误，在主观上缺乏杀人故意的情况下，客观上产生了甲所预期的杀死丙的结果。这是一个共犯对正犯故意的从属性问题，对此存在肯定说与否定说两种观点。肯定说认为共犯对正犯故意具有从属性，因而本案的甲应当认定为教唆犯的未遂。否定说则认为，共犯对正犯故意不具有从属性，因而本案中的甲应当成立教唆犯的既遂犯。对此，我的观点是肯定说。①

四、帮助犯的事实认识错误

帮助犯的事实认识错误，是指帮助犯对本人帮助行为以及帮助对象的事实情况的认识错误。除此以外，还涉及被帮助的人对本人行为的事实情况的认识错误对帮助犯的刑事责任的影响。

---

① 关于共犯对正犯故意的从属性问题，参见本书第七章第一节。

第三节 共犯事实认识错误

（一）帮助犯对本人帮助行为的事实情况的认识错误

甲欲杀乙，丙向甲提供毒药。但由于认识上的错误，丙误将白糖认作砒霜交给甲，甲将此白糖投入乙的食物，杀人的结果没有得逞，这就是帮助犯对本人帮助行为的事实情况的认识错误。在这种情况下，甲应成立杀人未遂，丙则应以帮助未遂论处。

（二）帮助犯对帮助对象的认识错误

帮助犯对帮助对象的认识错误可以分为两种情况。

第一种情况是把没有刑事责任能力的人误认作具有刑事责任能力的人而予以帮助。在这种情况下，行为人主观上具有帮助的故意，但客观上所实施的行为却属于间接实行行为。对此，到底是以帮助犯论处呢，还是以间接正犯论处？我认为，这种情况可以参考前述教唆犯对教唆对象的认识错误中的第一种情况处理，即对行为人以帮助犯论处。

第二种情况是把没有犯罪故意的人误认作具有犯罪故意的人而予以帮助。在这种情况下，行为人主观上具有帮助的故意，客观上实施的行为却起着教唆作用。对此，到底是以帮助犯论处，还是以教唆犯论处？我国学者认为，当行为人意在帮助实为教唆时，应将其看作教唆犯，但在量刑上可以按从犯的处罚原则处罚。基于此，行为人的错误，应当属于教唆犯对教唆对象的认识错误。[①] 我则认为，在这种情况下，对行为人应以帮助犯论处，而不是以教唆犯论处。因为行为人主观上具有帮助的故意。尽管由于对帮助对象的认识错误，其帮助行为在客观上起到了教唆结果，但这并不能改变帮助的性质。所以，行为人的错误属于帮助犯对帮助对象的认识错误。

（三）被帮助的人对自己的行为的事实情况的认识错误

被帮助的人在接受帮助以后，开始实行犯罪。在犯罪实行过程中，可能会发生对事实情况的错误认识。这种错误认识分为以下两种情况。

[①] 参见吴振兴：《论教唆犯》，131页，长春，吉林人民出版社，1986。

第二十章 共同犯罪的认识错误

第一种情况是对象错误，例如甲乙对丙有仇，甲要杀丙，乙得知后十分高兴，为甲提供了杀人凶器。但由于认识错误，甲将丁误认为丙而加以杀害。在这种情况下，甲应成立故意杀人罪，而乙则应以帮助故意杀人罪论处。所以，被帮助的人的对象错误并不影响帮助犯的刑事责任。

第二种情况是手段错误，被帮助的人在犯罪过程中，使用了不能实现犯罪结果的手段，例如误将白糖认作砒霜，结果未能得逞。对此，被帮助的人应成立犯罪未遂，属于手段不能犯的未遂，而帮助犯也构成未遂。

第二十一章
共同犯罪的不作为犯

不作为是与作为相并列的行为方式,在司法实践中,共同犯罪主要是以作为的行为方式构成的共同犯罪,这就是共犯的作为犯。但也还是存在着一定数量的以不作为的行为方式构成的共同犯罪,这就是共犯的不作为犯。应该说,共犯的不作为犯相较于共犯的作为犯具有更大的疑难复杂性。不作为犯与共犯是刑法教义学中两个不同的问题:不作为犯属于行为论的范畴,而共犯属于共犯论的范畴。然而,在现实生活中,不作为犯与共犯之间又存在一定的交叉与重合。在共犯是由不作为构成的情况下,就形成所谓不作为的共犯。不作为的共犯是相对于不作为的单独犯罪而言的,在单独犯罪的情况下,不作为犯的成立条件相对是较为简单的,因而属于不作为犯的典型形态。但在不作为犯表现为共同犯罪的情况下,由于共犯本身的特殊性,从而使得不作为犯具有相当的复杂性。本章拟结合不作为法理与共犯教义学原理,对不作为的共犯问题进行研究。

第二十一章 共同犯罪的不作为犯

第一节　共犯不作为犯概述

一、共犯不作为犯的概念

不作为是与作为相并列的行为方式，在司法实践中，共同犯罪主要是以作为的行为方式构成的共同犯罪，这就是共犯的作为犯。但也还是存在着一定数量的以不作为的行为方式构成的共同犯罪，这就是共犯的不作为犯。应该说，共犯的不作为犯相较于共犯的作为犯具有更大的疑难复杂性。因此，在共犯教义学中，应当对共犯的不作为犯进行研究。

共犯的不作为犯是指以不作为的行为方式构成的共同犯罪。因此，共犯的不作为犯是不作为犯论和共犯论的竞合，同时涉及两种理论。就不作为犯论而言，主要是一个作为义务问题；就共犯论而言，主要是一个不作为的正犯与共犯的区分问题，而这两个问题之间又存在密切的联系。可以说，作为义务和不作为的正犯与共犯的区分是一个问题的两个方面。这个问题的核心是不作为犯的正犯性问题，因而值得深入研究。

二、不作为犯的正犯与共犯

不作为犯是相对于作为犯而言的，可以说是作为犯的反面。通常的犯罪都是由作为构成的，因而所谓正犯与共犯也是以作为犯为中心而展开的。对于作为犯而言，正犯是指以积极的行为方式实施刑法所规定的构成要件行为的人。因而，是否实施构成要件行为是区分正犯与共犯的标准。即使这种标准出现了从形式客观说到实质客观说的转变，但基本立场并没有变化。但不作为犯则有所不同，相对于作为犯的积极行为方式而言，不作为犯表现为消极的行为方式。如果从存在

第一节 共犯不作为犯概述

论的意义上说,所谓消极的行为方式就是缺乏一定的身体举止,即物理上的"无"。只有从规范论的意义上,才能确定不作为犯的真实内容,这就是义务之不履行。因此,对于不作为犯来说,其构成要件行为并不是"做了什么",而是"没有做什么"。例如我国《刑法》第201条规定的逃税罪,是指逃避履行纳税义务的行为,是典型的拒不履行纳税义务而构成的犯罪,传统刑法教义学称为纯正的不作为犯,就其拒不履行义务的构成要件行为而言,也是义务犯。然而,我国刑法对逃税罪的罪状做了具体规定,这就是采取欺骗、隐瞒手段进行虚假纳税或者不申报,逃避纳税义务。就逃避纳税义务而言,应当是不作为。但虚假申报则是作为,不申报则是不作为。在这种情况下,到底根据罪状规定的哪个要素确定本罪的行为方式呢?我国学者通常认为,虚假纳税申报是指纳税人向税务机关报送虚假的纳税申报表、财务报表、代扣代缴、代收代缴税款报告表或者其他纳税申报资料,例如提供虚假申请,编造减税、免税、抵税、先征后返还税款等虚假资料。不申报是指以逃税为目的不申报纳税的行为,是一种不作为形式的犯罪。[①] 根据上述论述,虚假申报是作为的行为方式,而不申报则是不作为的行为方式。因此,逃税罪既可以由作为构成,又可以由不作为构成,还可以同时由作为与不作为构成。那么,如果是由不作为构成,该不作为是纯正的不作为,还是不纯正的不作为?就存在与之对应的作为而言,应该是不纯正的不作为。但就拒不履行税款义务而言,又应该是纯正的不作为。由此可见,对逃税罪做如上解释,会造成作为与不作为区分上的混乱。更为重要的是,无论是虚假申报还是不申报,都只是逃避缴纳义务的手段。逃税罪的本质特征是逃避纳税义务,具有违反纳税义务的性质。而虚假申报或者不申报只是逃避纳税义务的客观外在表现,而且该行为并不具有限制逃税罪的成立范围的功能,它是一种提示性规定,而不是对逃税罪的构成要件的规定。与之类似的是我国《刑法》第270条规定的侵占罪,侵占罪的侵占行为是将代为保管的他人财物非法占为己有,数额较大,拒不

---

① 参见周峰主编:《刑法罪名精释》,第2卷,805页,北京,中国法制出版社,2019。

退还。那么，如何界定这里的占为己有，拒不退还呢？我国学者通常将这里的占为己有理解为行为人将他人财产转换为自己所有，具体表现为排除财产的主人（所有人、占有人、持有人）对财产的所有或者占有，而以主人即所有人的身份、名义、意思占有、使用或者处分他人财物。[①] 根据这一论述，侵占罪是作为犯，因为侵占行为都表现为作为的方式。然而，这种占有、使用、处分他人财物的行为都发生在侵占以后，是侵占以后对他人财物的处置行为，不能以此解释侵占行为。我认为，侵占行为的本质特征在于在合法占有他人财物的情况下，拒不退还，因而违反退还义务。正如我国学者指出，侵占行为发生的前提条件是：行为人代为保管他人财物。但是，这种代为保管只是合法地取得了对财产的占有，而没有取代对财产的所有权，代为保管财物的人还负有归还或交出该项财物的义务。行为人的侵占行为之所以构成犯罪，就在于违背了此种交还义务，公然拒绝交还，因而侵害了他人的财产所有权。[②] 因此，侵占罪应当理解为以不作为形式构成的义务犯，其构成要件的行为是违反将代为保管的他人财物返还给他人的义务。就占为己有和拒不退还的关系而言，占为己有是拒不退还的结果，因而对于侵占罪来说，拒不退还是具有决定性意义的行为特征。

对于义务犯来说，只有确定义务的性质与范围才能划定构成要件的内容，而拒不履行特定义务就是其构成要件行为。在此，需要进一步分析以作为形式实施不作为犯罪，因而应当以作为犯论处的情形。例如我国《刑法》第202条规定的抗税罪，该罪是指以暴力、威胁方法拒不缴纳税款的行为。就拒不缴纳税款而言，抗税罪具有不作为犯的属性。但本罪又是以暴力、威胁方法作为构成要件行为的，该方法明显具有作为的性质。这是一种不作为犯与作为犯的竞合，但作为的形式已经超越了不作为，因此抗税罪应当认定为作为犯而不是不作为犯。那么，对于抗税罪来说，界定为作为犯与界定为不作为犯究竟具有何种不同呢？我

---

① 参见曲新久：《刑法学》，3版，467页，北京，中国政法大学出版社，2012。
② 参见黎宏：《刑法学（各论）》，2版，334页，北京，法律出版社，2016。

第一节 共犯不作为犯概述

认为，不同在于：如果界定为作为犯，则只要参与实施了暴力、威胁方法拒不缴纳税款的行为，就是正犯。而如果界定为不作为犯，则只有纳税义务人实施该行为才是正犯，其他人实施该行为的则是共犯。德国的罗克辛从支配犯与义务犯的对应中揭示作为犯与不作为犯的本质，从而为不作为犯的正犯与共犯的区分提供了理论根据，具有一定的参考价值。支配犯的正犯原理是建立在犯罪支配基础之上的，因此，支配犯的正犯性表现为行为支配。支配犯区分为直接正犯、间接正犯和共同正犯，这三种支配犯在支配关系上存在明显的区别。其中，直接正犯是行为支配，间接正犯是意思支配，共同正犯是功能支配。支配犯中的所谓支配，是指对构成要件的因果流程的控制。罗克辛指出，支配犯的三种类型与行为支配的三种形式相对应：第一，人们能够通过亲手（更准确地说是亲身）实施并由此借助其行为而置身于事件的中心，从而控制犯罪，这就是直接正犯。第二，人们能够通过例如强制或者欺骗，不必在实现构成要件时在场或者以其他方式共同发挥作用，来控制行为人，从而实现对事件的控制，这就是间接正犯。第三，人们能够通过与他人进行分工，在实施过程中掌握一种对构成要件的完成具有重要意义的功能，从而对构成要件的实现进行控制，这就是共同正犯。[①] 因此，对于支配犯来说，以一定的身体举止实现构成要件行为，并且对整个因果流程具有控制关系的人就是正犯。支配犯通常是由作为犯构成的，至于不作为犯是否可以构成支配犯，在刑法教义学中存在较大争议。在作为犯的情况下，正犯行为是积极的身体动作。例如，在故意杀人罪中，采取枪击、刀刺、棒打等手段非法剥夺他人生命。这些杀人行为受到行为人的控制，因而是故意杀人罪的正犯性的客观表现。因此，在支配犯中，只有直接造成他人死亡的行为才能认定为正犯行为，而教唆或者帮助行为属于共犯行为。由此可见，对于支配犯的正犯与共犯的区分来说，主要标准就是构成要件行为的内容。当然，这是区分制的观点，如果是单一

[①] 参见［德］克劳斯·罗克辛：《德国刑法学总论》，第2卷，王世洲主译，14～15页，北京，法律出版社，2013。

制则认为正犯行为、教唆行为和帮助行为都属于符合构成要件的正犯行为,否定正犯与共犯之间的区分。

义务犯能否等同于不作为犯,这是一个需要认真思考的问题。从形式上来看,不作为犯是以违反一定的作为义务为前提的,从某种意义上来说,义务犯具备不作为犯的形式特征。因此,德国学者罗克辛曾经将不作为犯等同于义务犯,认为所有的不作为犯都是义务犯。然而,正如我国学者何庆仁指出,这种将全部不作为犯视为义务犯的观点是错误的,其错误就在于:义务犯违反的义务不是一般的保证人义务,而是积极义务。保证人义务在不作为中并不是规范上的那个决定正犯性的要素,而只是与该不作为是否可罚有关,在具有了保证人义务之后,还必须进一步分析该保证人义务是消极义务还是积极义务,才能确定其系支配犯还是义务犯,并分别适用犯罪支配和义务违反的正犯准则作出正犯还是参与的判断。[①] 因此,不作为犯都是义务犯,但义务犯却不能等同于不作为犯。换言之,只有违反具有保证人地位的积极义务的人,才能构成不作为犯。

三、不作为共犯的类型

不作为犯可以区分为纯正的不作为犯和不纯正的不作为犯。从构成要件的角度来说,纯正的不作为犯的构造较为简单,而不纯正的不作为犯则较为复杂。可以说,纯正的不作为犯与不纯正的不作为犯的作为义务的外在表现是有所不同的,这对于不作为共犯的成立会产生一定的影响。纯正的不作为犯是指只能由不作为构成而不能由作为构成的犯罪,根据罪刑法定原则,纯正的不作为犯是由刑法明确规定的。例如,我国刑法规定的遗弃罪就是纯正的不作为犯的适例。在纯正的不作为犯的情况下,作为义务是由刑法所规定的,因而纯正的不作为犯具有自身独立的构成要件。只要拒不履行刑法所规定的作为义务,就成立纯正的不作

---

① 参见何庆仁:《义务犯研究》,264~265 页,北京,中国人民大学出版社,2010。

为犯。例如，遗弃罪是以违反抚养义务为前提的，具有抚养义务的人拒不履行抚养义务就可以构成遗弃罪。在这个意义上说，纯正的不作为犯都是义务犯。不纯正的不作为犯并不是刑法明文规定的，而是通过刑法解释而存在的。因此，不纯正的不作为犯的作为义务是法律、法规或者先行行为所规定的。例如，母亲故意不给婴儿喂食，致使婴儿饥饿而死亡，这是一种较为常见的不纯正的不作为犯。在此，母亲对婴儿的喂食义务是由其保证人地位所决定的，因而不纯正的不作为犯明显具有义务违反的性质。在这个意义上，罗克辛认为不纯正的不作为犯也是义务犯。支配犯与义务犯的范畴取代作为犯与不作为犯，可以说是正犯的实质化的表现。就义务犯而言，以违反义务作为其核心内容，为正犯的界定提供了实体根据。当然，纯正的不作为犯的义务违反与不纯正的不作为犯的义务违反，在性质上还是存在较大区分的。因此，纯正不作为的共犯与不纯正不作为的共犯之间具有明显的不同。

（一）纯正不作为的共犯

纯正不作为的共犯是指具有法定义务的二人以上共同不履行特定义务而构成的共犯。其典型例子是具有抚养义务的父母均不履行抚养义务，由此构成的遗弃罪的不作为共犯。例如张某某夫妇遗弃案。2014年6月6日22时许，上诉人张某某在准格尔旗中心医院产下一名男婴，因婴儿缺氧转入儿科治疗。在儿科治疗期间，该院与内蒙古医科大学附属医院会诊，发现该婴儿患有先天性肥厚性幽门狭窄，需要监护人签字后进行手术治疗，但上诉人张某某夫妇二人以医院对其孩子病情负有责任为由拒绝签字。2014年6月8日，张某某夫妇二人将其所生男婴滞留在准格尔旗中心医院儿科，不予陪护，医院只能出资雇佣看护人员照看婴儿，但二上诉人未支付医疗费及看护费用（张某某住院时缴纳5 500元押金）。后经准格尔旗中心医院、乌兰小区派出所及张某某夫妇所在单位领导多次说服教育，要求二人配合医院对婴儿进行相关治疗，二人拒不配合，将婴儿长时间滞留在医院内。2014年10月，经首都医科大学附属儿童医院确诊，该婴儿没有患有先天性肥厚性幽门狭窄。2015年春节前二上诉人将该男婴接回家中。后经鄂尔

多斯仲裁委员会调解，准格尔旗中心医院与二上诉人达成协议，该院共补偿二上诉人各项费用48万元，并免除该男婴住院期间所有费用（约13万元）。对于本案，二审法院认为，上诉人张某某夫妇作为具有法定扶养义务的人，以准格尔旗中心医院在张某某分娩过程中存在不当行为，造成婴儿缺氧为由，将其新生婴儿置于无人照顾的危险境地，且拒绝扶养，情节恶劣，其行为已构成遗弃罪，且系共同犯罪。二上诉人及辩护人提出一审判决认定事实错误，二人主观上没有遗弃故意，客观上也没有遗弃行为，并不构成遗弃罪的辩护意见，经查，本案中证人张某枝、刘某云、王某华、杨某蕊等人的证言及二上诉人本人的供述，均证实二上诉人在婴儿出生后的第三天便将婴儿滞留在医院内，长时间没有陪护，经相关部门及上诉人所在单位领导劝说，仍未尽扶养义务，而是由医院护士轮流照看，后医院又雇佣两名护工照看，孩子住院治疗的事实并不能成为评判其监护人是否尽扶养义务的理由，故对该辩护意见不予采纳；二上诉人及辩护人辩称，一审判决认定二上诉人的犯罪事实是二人与医院之间的医患纠纷，不应用刑法规范来调整的辩护意见，经查，张某某在分娩过程中造成新生婴儿缺氧，是否属医疗事故及医生在操作过程中是否具有明显不当行为，没有相关部门医疗事故鉴定意见予以佐证，虽然二上诉人与医院有协议，但该补偿款并不能证明本案属医疗事故纠纷，二上诉人将婴儿滞留在医院内，未尽扶养义务是客观存在的事实，对该辩护意见不予采纳；二上诉人提出医院并未及时催缴医疗费用及医院与北京的儿童医院诊断不一致，上诉人拒绝签字避免手术对孩子造成二次伤害的辩解，并不影响其遗弃行为的构成要件；辩护人提出审查起诉阶段公安机关取证不合法的辩护意见，相关法律并未作出禁止性规定，根据案件需要公安机关可以调查取证，该证据可以作为遗弃罪的证据。综上，原审判决认定事实清楚，证据充分，二上诉人的行为已构成遗弃罪，并判处相应刑罚。在本案中，张某某夫妇遗弃新生儿的行为虽然存在一定的纠纷，但其不履行抚养义务的客观事实不能被否定，其行为符合我国刑法关于遗弃罪的规定，已经构成犯罪。本案的被告人是新生儿的父母，父母二人对新生儿具有共同抚养义务，但二人均不履行对新生儿的抚养义务，属

于纯正不作为的共同正犯。因此，在认定纯正不作为的共犯的时候，应当考察各个共犯是否都具有法律所规定的义务。

只有在各个共犯同时具有这种义务的情况下，才能构成纯正不作为的共犯。反之，如果只是其中部分共犯具有作为义务，其他共犯不具有作为义务，则不能构成纯正不作为的共犯。例如我国刑法中的侵占罪，如前所述，侵占罪是以不作为形式构成的义务犯，其构成要件的行为是违反将代为保管的他人财物返还给他人的义务。在这个意义上说，侵占罪是纯正的不作为犯。如果两个具有特定义务的行为人共同侵占代为保管的他人财物，则该二人构成纯正不作为的共同正犯。但如果只有其中的一个人具有特定义务，另外一个人没有特定义务，在这种情况下，不具有特定义务的人不是侵占罪的正犯而是共犯，具体地说是帮助犯，由此构成侵占罪的一般共犯。例如甲受委托为乙从银行取款9万元，甲取款以后起意占有，遂与丙商议，丙同意。然后甲丙伪造9万元被他人抢劫的假现场，并向公安机关报假案，意图占有9万元。在本案中，甲是9万元的保管人，其占有行为属于侵占罪的实行行为。而丙不具有特定身份，其虽然参与将甲代为保管的他人财物占为己有的行为，但在性质上属于帮助行为。[1] 在上述案例中，甲具有特定义务，属于侵占罪的正犯。但丙并无特定义务，其不可能实施侵占罪的正犯行为，属于侵占罪的帮助犯。由此可见，在纯正不作为的共犯中，既可以是两个以上具有特定义务的人构成共同正犯，也可以是一个具有特定义务的人与另外一个没有特定义务的人构成一般共犯。

（二）不纯正不作为的共犯

不纯正的不作为是指某种犯罪既可以由作为构成，又可以由不作为构成。在由不作为构成的情况下，就是不纯正的不作为。例如故意杀人罪，可以分为作为的故意杀人与不作为的故意杀人，其中不作为的故意杀人就是不纯正的不作为。由于纯正不作为是由刑法明文规定的，因而其数量有限。但对不纯正不作为刑法

---

[1] 参见陈兴良：《教义刑法学》，3版，695页，北京，中国人民大学出版社，2017。

并没有规定，由此，从理论上来说，所有作为犯都存在与之对应的不作为犯，这里的不作为就是不纯正的不作为。

第二节　共同正犯与不作为犯

不作为的共同正犯存在两种情形：第一是数人不作为的共同正犯，即具有作为义务的数人共同不履行作为义务，从而导致法益侵害结果发生。第二是一方不作为与另外一方作为的共同正犯，即具有作为义务的人与不具有作为义务的人构成的共同正犯。对此，应当分别论述。

（一）数人不作为的共同正犯

在德日刑法教义学中对于不作为的共同正犯是否具有可罚性，存在以下不同观点的聚讼。① 第一是全面否定说，这种观点为德国考夫曼、威尔泽尔等学者所主张，其主要理由在于：不作为没有故意，所以不可能形成共同行为的决心，而且又没有实行行为，因此也不存在分工的可能性。例如，在发生灾难时，同住的两人只有共同行为才能够防止有害结果发生。如果两人都不作为，那么两人是作为共同者实施不作为，而非共同正犯的不作为。这种观点以不作为缺乏共同故意与共同行为为理由，论证不作为的共犯不能成立。从以上论述中的案例来看，似乎具有一定的说服力。然而，上述案例是不作为的同时正犯，并不能由此得出否定不作为共犯的结论。正如在作为犯的共犯中也存在作为的同时正犯，但与此同时，共犯教义学肯定作为的共同正犯。不作为的共同正犯亦是如此。例如具有义务的两人事先通谋共同不履行义务，由此造成法益侵害结果的发生。在这种情况下，不作为的共同正犯当然是可以成立的。因此，上述全面否定说是一种以偏概全的做法，并不足取。同时，我们还看到这种全面否定说是站在目的行为论的基

---

① 参见陈家林：《共同正犯研究》，256页以下，武汉，武汉大学出版社，2004。

础上所进行的论证,其哲学基础是存在论而不是规范论,因而具有其不可避免的片面性。正如我国学者指出,目的行为论对不作为共同正犯的否定说的错误在于:他们过于强调了作为与不作为在存在论结构上的差异,以至于走上了意图分裂作为和不作为的道路,而忽略了在规范论的视角中寻求将二者予以统一的基础。① 第二是全面肯定说,这种观点认为不作为的共同正犯既可以在不作为与不作为之间构成,也可以在不作为与作为之间构成。例如德国学者马拉哈指出:"在两个以上不作为之间以及不作为者对其他人作为所引起的危险状态可能处于具有防止义务的保证人地位时,均可能成立共同正犯。对于前者,负有义务的两人或者两人以上者,作出共同不履行义务的决心时,两个以上不作为之间就成立共同正犯。在后者,不作为者是由不作为而构成的承继的共同正犯。例如,未制止未成年儿子犯罪行为的父亲可以构成共同正犯。"② 这里所说的负有共同义务的数人共同不履行义务构成的共同正犯是指不作为的共同正犯,既包括共同纯正不作为的共同正犯,也包括共同不纯正不作为的共同正犯。前者例如共同不履行抚养义务而构成的纯正不作为的共同正犯,后者例如共同不履行灭火义务而构成的不纯正不作为的共同正犯。这里的由不作为而构成的承继的共同正犯,则是指负有义务的人对作为的行为人不履行制止义务而构成的一方不作为与一方作为混合的共同正犯。第三是限定处罚说,这种观点既不同于全面否定说又不同于全面肯定说,而是介于上述两种观点之间,将不作为共同正犯的成立范围限于一定范围之内。

二人以上都负有实施某种行为的义务,能够履行而消极地不履行这种义务,以致发生法益侵害结果的,是由共同不作为构成的共同正犯。例如,护士甲乙二人负有共同看护病人丙的义务,二人密谋不给丙服药,丙因病情发作得不到及时治疗而死亡。甲乙的共同不作为,构成共同犯罪。必须指出,刑法上的不作为是

---

① 参见何庆仁:《义务犯研究》,263页,北京,中国人民大学出版社,2010。
② 转引自陈家林:《共同正犯研究》,258页,武汉,武汉大学出版社,2004。

以行为人负有某种特定义务为前提的。如果一人负有特定义务，另一人不负有特定义务，两者之间就不能构成不作为的共同犯罪。例如，保育员甲带领十名幼儿郊游，其中一名幼儿不慎跌入粪池，甲因怕臭没有及时抢救，这时中学生乙路过粪池，见此情形亦未能积极抢救，跌入粪池的幼儿终因抢救不力窒息而死。在本案中，甲对于抢救幼儿负有特定义务，构成不作为犯罪。乙对于抢救幼儿没有特定义务，不构成不作为犯罪。因而，甲乙不能构成不作为的共同正犯。同时，即使双方对同一作为负有共同的义务，但如果其中一人是因为客观上无法履行这种特定义务，而另一人是在能够履行的情况下消极地不履行这种义务，两者之间也不能成立不作为的共同正犯。例如，医生甲乙各主持一个手术室。一天来了一位垂危病人，先送医生甲主持的手术室，因甲正在为一个重病员动手术无法急救；后送医生乙主持的手术室，该手术室虽完全有条件急救，医生乙却拒绝抢救，病人终因耽误了治疗时间而死亡。在本案中，医生甲乙对病人都负有抢救的特定义务，但医生甲的不作为是义务冲突所致，客观上对一定的义务不能履行。在刑法理论上，所谓义务冲突行为是指法律上规定数个应当履行的义务同时并存，义务与义务发生冲突，不能同时履行，行为人只能选择其中之一的义务优先履行，而对不能同时履行的义务事件，发生致害结果时，不负刑事责任。[①] 所以，医生甲不构成不作为犯罪。而医生乙对病人能抢救却不予抢救，应以不作为犯罪论处。在这种情况下，医生甲乙不构成不作为的共同正犯。

（二）一方不作为与一方作为的共同正犯

基于共同犯罪故意，由一方作为和另一方不作为，互相配合，以致发生法益侵害结果的，是由一方作为和另一方不作为构成的共同正犯。对于此种情形，在共犯教义学中通常认为成立共同正犯。

[①] 参见刘焕文、周镜秋：《对刑法中"正当行为"的进一步研究》，载《江西大学学报》，1982（2），96页。

第三节　教唆犯与不作为犯

在共犯教义学中，教唆犯与不作为犯具有两种情形：第一是教唆犯的不作为犯；第二是不作为犯的教唆犯。在教唆犯的不作为犯的情况下，教唆犯的犯罪形态是不作为犯，而在不作为犯的教唆犯的情况下，被教唆的人的犯罪形态是不作为犯。因此，教唆犯的不作为犯和不作为犯的教唆犯这两种情形之间存在明显区别，应当分而论之。

（一）教唆犯的不作为犯

教唆犯的不作为犯是指以不作为而构成教唆犯的情形。这里涉及教唆犯是否可以由不作为构成的问题，对此在共犯教义学中存在较大的争议。不作为教唆犯的肯定说认为，不作为可以引起他人实施犯罪，由此而肯定，至少不能排除教唆犯的不作为犯。其中具有代表性的是德国学者舒密特豪瑟的观点："教唆者教唆主要行为者，让其下定实行犯罪行为的决心，即，用精神联系的方法唤起了被教唆者的行为决心时，是教唆者的作用而形成犯罪。在其他的点上，决心的引起不能够与任何特定的作为方式联系起来，由于正犯者的决心在教唆者看来是在结果犯上的结果，因而，在这一范围内，在解释构成要件中不能排除不作为犯罪。当然，前提条件是不作为者对主要行为的发生是保证人，并且，他在精神的联系方面是在正犯者下决心阶段进行了参与。如果所有的这些前提条件都存在的话，则成立不作为的教唆。"[①] 否定说则认为，不作为不能构成教唆犯。否定说的理由分为两种情形，第一是从不作为不可能发生教唆效果的角度进行分析。例如，德国学者耶赛克指出："从法律上讲，是不可能存在不作为教唆犯的。教唆人必须以心理影响的方式唤起正犯的行为决意。但是，由于不作为，行为决意的独立的

[①] 转引自刘瑞瑞：《不作为共犯研究》，181页，桂林，广西师范大学出版社，2009。

第二十一章 共同犯罪的不作为犯

产生不可能被阻止；这不足以构成教唆犯的行为不法的根据。"[①] 这种观点是从存在论的视角理解不作为，以此出发否定不作为构成教唆犯。第二是从不履行作为义务的角度进行论证。例如德国学者阿明·考夫曼认为，保证人负有阻止正犯实行者的义务，或者让正犯实行者放弃或者消除这种决心的义务，并且，很多情况下，保证人是处在能够这样做的立场上。但是，考夫曼认为，在不作为中，要促进作为犯罪是不可能的，以此为前提，在结果要受到侵害时，无论这种侵害是自然现象造成的，还是人的行为造成的，总之，不防止结果发生这一情况是重要的，其不作为原则上实现了被规定的保证人的命令构成要件，即是不作为的正犯，只不过性质上是不作为者能够成为正犯者的犯罪，例如，在亲手犯中，刑事政策上是可能被当成不作为的共犯来表示的。[②] 从以上肯定说和否定说两种观点的争议来看，都认为所谓教唆犯的不作为犯中的不作为是以保证人地位为前提的，因而成立不作为犯。但肯定说认为，这种不作为不阻止他人犯罪即可等同于引起他人犯罪，因其不作为与他人犯罪实行行为之间具有引起与被引起的关系，因而保证人的不作为构成的是教唆犯。而否定说虽然也承认保证人不阻止他人犯罪因而构成不作为犯，但这是不作为的正犯而不是不作为犯的共犯，由此否定教唆犯的不作为犯。值得注意的是，考夫曼在最后一句话中提及亲手犯，在亲手犯的情况下，保证人不能成立正犯的，这个时候可能被拟制为不作为的共犯，但也不能由此而承认教唆犯的不作为犯。

通过以上分析可以发现，德国学者对于不作为能否构成教唆犯的主要争议在于不作为的正犯与共犯之区分。在我看来，不作为能否构成教唆犯不仅仅是一个不作为犯的正犯与共犯的区分问题，更在于这是一个对教唆行为的理解问题，同时涉及方法论的问题。教唆犯能否构成不作为犯，主要应当根据教唆行为的性质

[①] ［德］汉斯·海因里希·耶赛克、托马斯·魏根特：《德国刑法教科书》，上，徐久生译，937页，北京，中国法制出版社，2017。

[②] 参见刘瑞瑞：《不作为共犯研究》，195页，桂林，广西师范大学出版社，2009。

进行分析。教唆行为不同于通常的正犯行为，正犯行为具有两种类型：第一种是举止犯，即以一定的身体举止作为行为的实体内容。例如杀人，无论是持刀杀人还是持枪杀人，都具有对于刀具或者枪支的支配或者操纵。在不作为杀人的情况下，其没有对刀具或者枪支的支配或者操纵，但是因为具有保证人地位因不履行阻止他人的杀人义务而产生他人死亡结果。第二种是言语犯，即以一定的口头或者书面语言对他人实施犯罪。例如侮辱罪或者诽谤罪。那么，教唆行为又是以何种实体构成的呢？教唆行为只能以语言构成，而且通常情况下都是口头语言。因为教唆行为是唆使他人犯罪，尽管唆使的方式多种多样，但这些方式都以语言为载体。并且，教唆犯不可能以举止形式构成。例如，以手势的方式进行指使，在犯罪现场可以导致他人犯罪，但此时构成的是共同正犯。在非犯罪现场，我们很难想象可以通过手势唆使他人犯罪。当然，哑语是可能的，但哑语应当归结为语言而不是身体举止。在所谓保证人不阻止他人犯罪的场合，该保证人并没有使用语言进行唆使，如果采用语言进行唆使，即使具有保证人的身份，也构成作为犯而非不作为犯。因此，在这种情况下根本就不存在教唆行为，缺乏构成不作为的教唆犯的客观行为基础，又何以构成不作为的教唆犯呢？究其原因，德国学者是将因不履行保证人义务在客观上引起他人犯罪的结果等同于教唆行为，这是典型的以偏概全，即以结果替代教唆行为。而且，上述肯定说的观点，只是从客观上分析不履行保证人义务引起他人犯罪的结果，作为确定不作为教唆犯构成的根据，而根本就没有揭示教唆犯与被教唆人之间的主观犯意上的联系。可以设想，如果被教唆人并不知道他人在教唆自己实行犯罪，即使他人主观上有教唆故意，这也是一个能否构成片面教唆犯的问题，而不是一个教唆犯的不作为犯问题。

（二）不作为犯的教唆犯

不作为犯的教唆犯是指教唆他人实施不作为犯罪的情形。在这种情况下，被教唆人是不作为犯，而教唆人则构成不作为犯的教唆犯。我认为，这种情形是可以构成不作为犯的教唆犯的，对此，在共犯教义学中并没有争议。

第四节 帮助犯与不作为犯

在共犯教义学中,帮助犯与不作为犯具有两种情形:第一是帮助犯的不作为犯;第二是不作为犯的帮助犯。在帮助犯的不作为犯的情况下,帮助犯的犯罪形态是不作为犯。而在不作为犯的帮助犯的情况下,被帮助人的犯罪形态是不作为犯。因此,帮助犯的不作为犯和不作为犯的帮助犯这两种情形之间存在明显区别,应当分而论之。

(一)帮助犯的不作为犯

帮助犯的不作为犯是指以不作为而构成帮助犯的情形,这里涉及帮助犯是否可以由不作为构成的问题。这个问题和不作为能否构成教唆犯相类似,对于帮助犯是否可以不作为的形式成立,在共犯教义学中存在争议,主要具有以下四种观点[1]:第一,原则正犯说。该说否定不作为存在因果性,进而否定在不作为犯中存在正犯与共犯的区别,不赞同存在不作为帮助犯。第二,作为犯区别标准适用说。该说承认不作为方式的帮助犯,认为作为犯中正犯与帮助犯的区别标准可以直接适用于不作为正犯与不作为帮助犯的区别。第三,原则帮助犯说。该说认为,因为背后的不作为者没有行为支配,所以原则上成立不作为帮助犯。第四,区别说。该说认为,不作为形式的帮助犯是存在的,应该根据作为义务的种类区分不作为正犯与不作为帮助犯。在德国刑法学界通常对于不作为帮助犯持肯定态度,例如德国学者认为,通过积极的作为实施的帮助犯,在不作为情况下同样是可能的。例如,强化不作为行为人的不作为决意。[2] 我认为,帮助行为不同于教唆行为,教唆行为只能由语言构成,而帮助行为则可以分为物理帮助和心理帮

---

[1] 参见刘瑞瑞:《不作为共犯研究》,127页,桂林,广西师范大学出版社,2009。
[2] 参见[德]汉斯·海因里希·耶赛克、托马斯·魏根特:《德国刑法教科书》,下,徐久生译,865~866页,北京,中国法制出版社,2017。

第四节 帮助犯与不作为犯

助：物理帮助是由举止构成的，而心理帮助则是由语言构成的。在帮助行为是由举止构成的情况下，有监督、阻止他人犯罪义务的行为人没有履行义务，该不作为在一定条件下可能构成帮助犯的不作为犯。由此可见，不作为帮助犯具有其存在的合理性。

那么，不作为的帮助犯如何与不作为的正犯相区分呢？对此在共犯教义学中存在争议。争议的焦点之一在于：帮助者是否具有保证人地位。如果要求具有保证人地位，则所谓不作为的帮助犯与不作为的正犯如何区分就成为一个问题。例如，德国学者罗克辛认为，不作为作为共犯问题是不作为者没有充足的正犯条件，该犯罪必须有以下两个条件才是正犯：第一，存在不作为构成要件，该犯罪必须有以不作为方式独立实施的可能性；第二，不作为者必须有防果义务。只有在欠缺任意要件时，不作为才能成为共犯。因此，成立不作为帮助犯并不需要有结果防止义务。① 根据上述观点，如果具有防果义务，则成立不作为的正犯。因此，不作为的帮助犯并不需要防果义务。然而，德国刑法学界的通说还是认为不作为的帮助犯应当具有保证人地位，也就是具有防止结果方式的义务。只不过将这种义务进一步加以区分，以此作为不作为的正犯与不作为的帮助犯的界限。例如，德国学者休恩凯将侵害义务分为三种形态：（1）侵害保证人义务的场合，即不作为者对于应该保护的法益基于特别的关系而对其存续必须负有责任的场合，如果违反这一义务，不阻止第三者对法益的侵害，那么不作为者就是正犯。（2）侵害监督者义务的场合（犯罪阻止义务），即不阻止他人犯罪，那么行为人就是帮助犯。（3）由先行行为而侵害作为义务的场合，例外地承认不作为帮助犯。② 由此可见，这种观点试图在承认保证人地位的基础上，对违反阻止他人犯罪的义务的情形区分为正犯与共犯，从而为不作为的帮助犯留下成立空间。

我国刑法学界对不作为帮助犯亦持肯定的观点。例如我国学者指出："不作

---

① 参见刘瑞瑞：《不作为共犯研究》，119 页，桂林，广西师范大学出版社，2009。
② 转引自刘瑞瑞：《不作为共犯研究》，119~120 页，桂林，广西师范大学出版社 2009。

为的帮助犯，即以不作为帮助他人犯罪。详言之，就是在他人实行犯罪之前或实行犯罪过程中，以不作为给予帮助，使他人易于实行犯罪或易于完成犯罪行为。不论是精神的、无形的帮助，抑或是物质的、有形的帮助，凡是便于他人实施犯罪的，均可成立帮助犯，因此，不作为行为也能成立帮助行为。"① 在我国司法实践中存在不作为帮助犯的实际案例。例如被告人郑某和李某事先预谋"找个女的抢钱"，郑某事先已打算抢劫过程中要进行强奸，但李某事先并不知郑某还要进行强奸。2011年8月6日深夜，二被告人开车把被害人陈某（女）骗上车，后带至江边。二被告人共同以暴力、威胁方法强行把被害人陈某拖至江边一偏僻树林内，被告人郑某把陈某推倒在地，并让被告人李某去拿刀以此恐吓陈某，郑某威胁陈某把衣服脱光，被告人李某站在一旁没有说话也没去拿刀。后被告人郑某对被害人陈某进行了强奸，并让被告人李某去翻陈某包内财物。李某看到郑某在强奸陈某而未作声，在相距约一米的旁边将陈某包内钱物取走。所劫取财物，二被告人平分。② 关于本案的定性，对郑某和李某均构成抢劫罪，且系共同犯罪，以及郑某另外构成强奸罪没有异议。问题在于李某是否构成强奸罪的共犯。李某在郑某强奸过程中并无积极的作为，能否成立不作为共犯？对此，存在三种意见：第一种意见认为，郑某实施奸淫行为时，李某只是在一旁翻陈某的包，李某既没有奸淫的故意，更没有强奸行为，因此，李某不构成强奸罪的共犯。第二种意见认为，虽然李某没有实施奸淫行为，但是李某先前与郑某共同实施的暴力、胁迫行为作为先行行为产生作为义务，李某具有阻止郑某强奸罪的义务却没有阻止，对郑某实施的侵害陈某的性的自决权具有物理的因果性，李某在郑某的强奸过程中起到帮助作用，应成立强奸罪的不作为帮助犯。第三种意见在李某先前与郑某共同实施的暴力、胁迫行为作为先行行为产生作为义务，李某具有阻止郑某强奸罪的义务却没有阻止，成立不作为犯罪这一点上与第二种意见相同。但

---

① 刘瑞瑞：《不作为共犯研究》，128页，桂林，广西师范大学出版社，2009。
② 参见江苏省南京市建邺区人民法院（2011）建刑初字第184号刑事判决书。

第四节　帮助犯与不作为犯

是，第三种意见认为李某是不作为强奸罪的正犯，而不是第二种意见所主张的帮助犯。李某与郑某的作为成立共犯，只不过李某在这里所起的是次要作用，可以认定为强奸罪的从犯。[①] 上述三种意见可以分为两个层面的问题：第一个层面是李某不制止郑某强奸的行为是否构成不作为？第二个层面是如果李某构成不作为，那么，李某是成立不作为的正犯还是不作为的共犯？在上述第一个层面问题上，第一种意见与第二、三种意见之间存在分歧。在第二个层面问题上，第二种意见与第三种意见之间又存在分歧。对于上述两个层面的问题应当分而论之。

在此我们首先讨论李某不制止郑某强奸的行为是否构成不作为的问题。不作为的成立以具有一定的作为义务为前提，如果没有作为义务，即使是对他人犯罪不予制止，也不能成立不作为。在本案中，李某与郑某事先共谋实施抢劫罪，对于该罪来说，李某与郑某构成抢劫罪的共同正犯是没有争议的。接下来，郑某依自己的预谋要对被害妇女陈某实施强奸，并指使李某拿刀恐吓陈某。如果李某依言实施了恐吓行为，则即使李某没有与陈某发生性关系，亦构成郑某强奸罪的共同正犯，而且是作为犯的共同正犯。但在本案中，李某并没有实施恐吓行为，而是走到一边，在郑某强奸时未作声，也就是未予制止。在这种情况下，对李某的行为就要考虑是否构成不作为的问题。在此，主要应当考察李某是否具有特定义务，也就是制止郑某犯罪的义务。在本案中，同时涉及两个罪名，这就是抢劫罪与强奸罪，这两个犯罪都是复行为犯，即同时具有方法行为与目的行为。对于抢劫罪来说，方法行为是指暴力、胁迫或者其他方法，目的行为是劫取他人财物。而强奸罪的方法行为是暴力、胁迫或者其他手段，目的行为是强行与妇女发生性关系。从抢劫罪与强奸罪的构成要件可以看出，这两种犯罪的方法行为是相同的，区别只是在于目的行为：抢劫罪是侵犯财产罪，强奸罪是侵犯人身罪。在通常情况下，同时实施上述两种犯罪行为，是指先实施其中的一个犯罪，然后再实

[①] 参见吴超令：《不作为能否成立强奸罪的共犯》，载《悄悄法律人微信公众号》，见 https://mp.weixin.qq.com/s/bBC7JLQJ-ZQYKg-KGBpiUA，最后访问时间：2016-03-23。

施另外一个犯罪。但在本案中则较为特殊,抢劫罪与强奸罪几乎是同时实施的。首先,在本案中郑某、李某基于抢劫目的,对陈某实施了劫持的行为,由此而对陈某进行人身控制。在此基础上,郑某对陈某进行强奸,并指使李某劫取陈某的财物。可以说,郑某与李某共同实施的对陈某的劫持并人身控制行为,同时为此后实施的抢劫与强奸创造了条件。在郑某强奸时,虽然李某对陈某并未进行恐吓,但郑某对陈某的强奸利用了其与李某共同对陈某实施的劫持行为。在这个意义上说,李某参与的暴力手段属于郑某强奸罪的构成要件要素,依此分析,李某以作为方式参与实施了郑某强奸罪的方法行为。但这只是从客观上所作的分析,如果结合主观方面,李某在与郑某共同对陈某实施劫持并人身控制行为时,主观上并无强奸的故意,而仅仅是将其作为抢劫罪的客观行为参与实施。因此,李某并没有以作为的方式参与郑某的强奸罪。李某是否构成郑某强奸罪的不作为共犯,关键在于对郑某的强奸犯罪是否具有制止义务。基于李某为郑某的强奸在客观上提供了便利这一先行行为,我认为李某对郑某的强奸行为具有制止义务。由此可以得出结论,李某以不作为的方式构成郑某强奸罪的共犯。

那么,李某的不作为构成的是正犯还是帮助犯?对于这个问题,在我国学者之间存在正犯说与共犯(帮助犯)说之间的意见分歧。其中,正犯说认为,李某的先前行为负有阻止郑某强奸犯罪的作为义务,他违反这一作为义务采取不作为的方式,对郑某实施的侵害陈某性的自主决定权具有因果性,并最终导致了郑某侵害陈某性的自决权的法益侵害结果。也就是说,是不作为的李某对犯罪同伙郑某具有犯罪阻止义务,且二人对结果均具有排他性的因果支配,即这时陈某性自决权的法益处于紧迫危险状态,完全依赖于具有作为义务的李某的作为义务的履行或者作为犯的郑某的中止强奸行为才可能不发生法益侵害的结果。所以,李某并不是以不作为的方式促进了郑某的实行行为,使其强奸行为变得更加容易,而是以不作为的方式支配了犯罪过程,应该成立强奸罪的不作为正犯。本案是典型的不作为与作为相结合的共同正犯。这里还有一个容易忽视的情况是,李某在郑某强奸的现场对郑某还起到了心理上的帮助作用,是郑某强奸的作为帮助犯,这

里的作为帮助犯可以被不作为正犯所吸收。① 共犯（帮助犯）说认为，被告人李某先前与被告人郑某共同实施的暴力、胁迫行为促成了郑某后面强奸行为的顺利实施，李某设定了危险前行为，使被害人陈某的性的自决权这一法益陷入现实、紧迫的危险之中，而且此种危险，在当时的时空下（深夜、江边偏僻树林）没有其他救助的可能性，具有排他性支配。因此，被告人李某处于保证人地位，具有阻止郑某强奸的义务。李某违反这一作为义务而不予阻止，对郑某实施的侵害陈某的性的自决权具有物理的因果性，且这一结果的阻止完全依赖于李某作为义务的履行或者郑某中止强奸行为才可能实现。李某的不作为客观上对郑某的强奸犯罪起到了帮助作用。因此，李某构成强奸罪的不作为帮助犯。② 上述两种观点都认为李某具有阻止郑某强奸的作为义务，这种作为义务源于其先行行为，并且也都认为李某具有对犯罪的事实支配，因而其不履行作为义务的行为成立不作为。但这里的不作为究竟是不作为的正犯还是不作为的帮助犯，则存在意见分歧。我认为，本案李某行为所涉及的不作为的正犯与共犯区分问题，具有一定的复杂性。在通常情况下，具有保证人地位并且对犯罪具有支配性的，应当构成正犯而非共犯。但本案所涉及的强奸罪是一种特殊的犯罪，这里的特殊性就表现在它是身份犯，因而对正犯与共犯的区分存在较大争议。强奸罪作为身份犯，只有男子才能成为强奸罪正犯的主体，而妇女则不能单独构成强奸罪的正犯，当然间接正犯除外。但在妇女是否可以成为强奸罪的共同正犯的问题上存在较大的争议。因为强奸罪的构成要件由暴力、胁迫或者其他手段的方法行为和强行与妇女发生性关系的目的行为共同构成。妇女虽然不能对妇女实施强行发生性关系的目的行

---

① 参见吴超令：《不作为能否成立强奸罪的共犯》，载《悄悄法律人微信公众号》，见https://mp.weixin.qq.com/s/bBC7JLQJ-ZQYKg-KGBpiUA，最后访问时间：2016-03-23。值得注意的是，在上述引文中作者持正犯说，但在此前的论文《不作为能否成立强奸罪的帮助犯》[载《中国检察官》，2015（6）]中的观点是共犯（帮助犯）说，作者自述前后观点发生了变化。

② 参见李勇：《结果无价值论的实践性展开》，123页，北京，中国民主法制出版社，2013。对本案的进一步分析，参见李勇：《不作为共犯的处罚边界》，载《中国检察官》，2014（6）。

为，但完全可以实施方法行为，即对被害妇女实施暴力、胁迫或者其他手段。对于强奸罪来说，无论是方法行为还是目的行为都属于构成要件行为。在单独正犯的情况下，行为人只有同时实施方法行为与目的行为才能构成正犯。但在共同正犯的情况下，两个行为人可以对强奸罪的构成要件行为进行分工：其中一个人实施强奸罪的方法行为，另外一个人实施强奸罪的目的行为。因此，如果是一个男子与一个妇女共同实施强奸罪，妇女实施方法行为，男子实施目的行为，这就构成强奸罪的共同正犯。例如我国学者指出："强奸罪是一种真正身份犯，其单独直接正犯只能由男子构成，但强奸罪又是复行为犯，妇女可以实施暴力、胁迫等强制手段，而共同正犯不同于单独犯，它具有实行的分担，各行为人的行为可以互相支持、互相配合，因此男子完全可以利用妇女来实施不法实行行为。因此，妇女应当可以构成强奸罪的共同正犯。"[1] 从逻辑上来说，这种观点似乎言之成理。但是，没有身份的人能否构成身份犯的共同正犯，不仅是一个事实的实然性问题，而且是一个规范上的应然性问题。从强奸罪的部分实行行为没有身份的人也可以实施来说，这是一个实然性问题。但从身份犯的构成要件设置的规范目的来说，其实行行为是专门为具有特定身份的人而设置的，这是一个应然性问题。在纯正身份犯中，其构成要件行为的主体只能是具有身份的人。例如我曾经以受贿罪为例进行论证：受贿罪的主体是国家工作人员，属于纯正的身份犯。受贿行为的形式之一是收受财物，对于收受财物行为来说，无论是国家工作人员还是不具有国家工作人员身份的人，例如国家工作人员的亲属都可以实施。但只有在国家工作人员实施的情况下，该收受财物的行为才是受贿罪的正犯行为，在国家工作人员亲属实施的情况下，该收受财物的行为具有代为收受的性质，属于国家工作人员受贿的帮助。因此，国家工作人员与其亲属共同受贿的，不能成立共同正犯，而只是正犯与帮助犯之间的共犯关系。在强奸罪中，暴力、胁迫或者其他手段的方法行为与强行发生性关系的目的行为的主体都是男子，尽管妇女也可

---

[1] 陈家林：《共同正犯研究》，305页，武汉，武汉大学出版社，2004。

以实施暴力、胁迫或者其他手段的方法行为，但在妇女实施的情况下，该行为的性质就不属于正犯而是帮助。由此可以得出结论：对于身份犯的加功行为，即使在形式上属于构成要件行为，也不能与具有身份的人构成身份犯的共同正犯，而只能构成身份犯的帮助犯。

如果将上述结论中对身份犯的加功行为理解为作为，当然是没有问题的。那么，上述结论中的加功行为是否包括不作为呢？这就是本案需要讨论的问题。在本案中，李某与郑某的抢劫罪当然是作为的共同正犯，对此并无争议。在实施抢劫罪的同时，郑某又实施了强奸罪，郑某是强奸罪的正犯。郑某在实施强奸行为的时候，利用了郑某与李某抢劫罪中的暴力、胁迫方法，因而李某由该先行行为产生了制止义务，但李某没有进行制止，因而李某在客观上以不作为的形式参与了郑某的强奸罪。至于其参与形式，我认为是帮助，也就是未能制止郑某利用先前为抢劫而对被害妇女实施的劫持并非法控制状态，导致郑某得以遂行其强奸行为。

(二) 不作为犯的帮助犯

不作为犯的帮助犯是指以作为的方式帮助他人实施不作为犯罪的情形。在这种情况下，被帮助人是不作为犯，而帮助人采用的是作为，以此则帮助不作为犯。对此，在共犯教义学中并无争议。

第二十二章
共同犯罪的过失犯罪

研究共同犯罪,都不能回避这样一个问题:过失犯罪能否构成共同犯罪?对于这个问题的回答关系到对共同犯罪的内涵与外延的理解。因此,对此投诸笔墨是必要的。应该指出,对过失犯罪能否构成共同犯罪问题的回答,各国刑法并不一致,刑法理论亦聚讼不休。我国刑法对此予以断然的否定回答,其第25条第2款指出:"二人以上共同过失犯罪,不以共同犯罪论处;应当负刑事责任的,按照他们所犯的罪分别处罚。"但是,共同过失犯罪为什么不以共同犯罪论处?对共同过失犯罪应该如何定罪与量刑?对于这些问题,我国刑法学界研究较为薄弱。本章试图在回答共同过失犯罪为什么不以共同犯罪论处问题的基础上,对共同过失犯罪的定罪与处罚问题进行初步探讨。

第一节 共同过失犯罪概述

共同过失犯罪是共同犯罪还是单独犯罪的问题,这是一个共同过失犯罪的定性问题。应当指出,在共犯教义学中,除共同过失犯罪是否构成共同犯罪以外,

第一节 共同过失犯罪概述

一方过失犯罪与一方故意犯罪是否构成共同犯罪，也往往成为一个问题。一般来说，肯定一方过失犯罪与一方故意犯罪可以构成共同犯罪的观点，必然肯定共同过失犯罪可以构成共同犯罪；而肯定共同过失犯罪可以构成共同犯罪的观点，则不一定肯定一方过失犯罪与一方故意犯罪可以构成共同犯罪；反之，否认共同过失犯罪可以构成共同犯罪的观点，必然否认一方过失犯罪与一方故意犯罪可以构成共同犯罪的观点。限于篇幅，本节只讨论共同过失犯罪是否构成共同犯罪的问题。

关于过失犯能否成立共犯，在共犯教义学中存在争议[①]：否定说以犯罪共同说为根据，认为共犯之成立须行为人间有共同犯罪之认识，以犯罪之认识为其要件，即共犯以故意犯为限，过失犯既无犯罪之认识，亦无发生意思联络之可能，故过失共犯无存在之余地。肯定说以行为共同说为根据，认为共犯仅以共同行为之认识为要件，不必皆有共同犯罪之认识，故数人之共同行为有过失者，无论其为共同过失，或仅一方有过失，均可成立共犯之关系，故除可成立过失共同正犯外，教唆犯及从犯（指帮助犯——引者注）均有成立共犯之可能。在上述两种互相对立的观点中，由于各自的出发点不同，因而就会得出过失犯能否成立共犯的不同结论。

在共犯教义学中对过失犯的共犯持何种立场，还与其过失犯的共犯立法存在一定的联系。从各国刑法规定来看，对过失犯能否成立共犯具有三种不同的立法例。

第一种是肯定过失犯的共犯的立法例。例如《意大利刑法典》第113条（过失犯罪中的合作）："（第1款）在过失犯罪中，当危害结果是由数人的合作造成时，对每人均处以为该犯罪规定的处罚。（第2款）对于指使他人在犯罪中合作的人，当具备第111条第1款3）项和4）项和第3款规定的条件时，也可以减

[①] 参见廖正豪：《过失犯论》，156页，台北，三民书局，1993。

轻处罚。"① 对于这一规定，意大利学者指出，1930年刑法典承认了过失共同犯罪的形式，但赋予了它一个名称：过失重罪中的合作，以表示其与故意的共同犯罪有所区别。② 虽然在意大利刑法中，过失犯的共犯在性质上与故意犯的共犯，即通常意义上的共犯之间存在一定的差异，但《意大利刑法典》规定了过失犯的共犯，这是没有争议的。我国近代刑法中，亦曾经规定过失共同犯罪。例如1912年《暂行新刑律》第35条规定："于过失罪有共同过失者，以共犯论。"对此，立法理由指出："过失罪之有无共犯，各国学说与判决例，亦多不同。本案取积极之论，例如二人共弄火器，致人于死或肇火灾，应照过失杀伤或失火之共犯处分也。过失共犯，在各国刑律，对于实施正犯、造意犯、从犯，有均采积极说者；有均采消极说者；有对于实施正犯采积极说，其他采消极说者；又有对于实施正犯采消极说，其他采积极说者。本条之规定，对于三者之犯罪，均采积极说。"③ 此外，《暂行新刑律》第36条还规定："值人关于犯罪之际，引过失而助成结果者，准过失共同正犯论。但以其罪应论过失者为限。"由此可见，《暂行新刑律》不仅规定了过失犯的共犯，而且规定了一方故意犯，另一方过失犯，亦可成立共犯，但限于帮助犯。立法理由指出："前条虽有过失犯之共犯，然故意之犯罪与过失罪两者，是否得为共犯，未甚明确，故本条特设积极之规定。例如甲故意放火，乙因过失注之以油，致火势张盛。又如甲谋杀人，乙医师以过失传毒于所谋之人，致毙其命。此在各本条亦应任失火及过失杀之责，但其性质究非共犯，故以本条有应科过失罚为限，准前条予以过失共犯之处分也。"④ 此后，1928年《中华民国刑法》承继了《暂行新刑律》关于过失共同犯罪的立法，于其第47条规定："二人以上于过失罪有共同过失者，皆为正犯。"及至1935年

---

① 《最新意大利刑法典》，黄风译注，43~44页，北京，法律出版社，2007。
② 参见［意］杜里奥·帕多瓦尼：《意大利刑法学原理》，注评版，陈忠林译评，340页，北京，中国人民大学出版社，2004。
③ 黄源盛纂辑：《晚清民国刑法史料辑注》，上，394页，台北，元照出版有限公司，2010。
④ 黄源盛纂辑：《晚清民国刑法史料辑注》，上，394页，台北，元照出版有限公司，2010。

第一节 共同过失犯罪概述

《中华民国刑法》删除了过失共同犯罪的规定，因而过失共同犯罪是否成立，引起刑法学界的争论。[①]

第二种是对过失犯的共犯未予规定的立法例，此种情形占据大多数。例如《德国刑法典》第 25 条、第 26 条和第 27 条分别规定了正犯、教唆犯、帮助犯，并没有规定过失犯的共犯。德国学者指出："如果数人由于无意识的过失而共同实施犯罪行为的，不可能区分正犯与共犯，因为所有参与者均以同样的方式缺乏对构成要件该当行为的预见，因此他们中的每一个人对犯罪进行有效的控制。"[②] 此外，《日本刑法典》亦未对过失犯的共犯作出规定，因而在共犯教义学中的通说都否定过失犯的共犯。

第三种是明确否定过失犯的共犯的立法例。我国就是典型的例子。我国《刑法》第 25 条第 1 款规定了共同犯罪的概念，第 2 款规定："二人以上共同过失犯罪，不以共同犯罪论处；应当负刑事责任的，按照他们所犯的罪分别处罚。"据此，我国刑法中的共同犯罪只是共同故意犯罪，而并不包括共同过失犯罪。

从以上各国刑法关于过失犯的共犯的立法例来看，规定过失犯的共犯只是个别国家的刑法典，大多数国家刑法并没有对过失犯的共犯进行规定。但在现实生活中，确实存在过失犯的共同犯罪现象。为讨论问题的方便，我们先列举三个案例。

案例一：甲乙共同砍一棵树，在快砍断的时候，共同将树扳倒，但树在倒下时将架设在附近的通讯线路挂断，导致某军事机关中断通讯 24 小时。

案例二：甲是机关首长，一天乘坐乙驾驶的汽车进城，甲主张加快速度，乙解释说市内交通规则不容许加快速度。甲坚持，乙让步，加快了汽车的速度，结果发生了事故，将丙轧成重伤。

[①] 参见李世阳：《共同过失犯罪研究》，31 页以下，杭州，浙江大学出版社，2018。
[②] ［德］汉斯·海因里希·耶赛克、托马斯·魏根特：《德国刑法教科书》，下，徐久生译，886 页，北京，中国法制出版社，2017。

第二十二章 共同犯罪的过失犯罪

案例三：甲乙在值班室练枪法，甲装子弹，乙开枪射击，结果子弹穿过窗户打死了在人行道上行走的丙。

在以上三个案例中，案例一中的甲乙主观上具有共同过失，客观上具有刑法分则规定的过失行为，是过失的共同正犯。案例二中的乙具有刑法分则规定的过失行为，甲则具有过失的教唆行为，是过失的教唆犯。案例三中的乙具有刑法分则规定的过失行为，甲则具有过失的帮助行为，是过失的帮助犯。上述过失的共同实行犯、过失的教唆犯与过失的帮助犯，是共同过失犯罪的三种形式，现分别就在这三种情况下是否构成共同犯罪的问题进行探讨。

一、过失犯的共同正犯

过失犯的共同正犯是指二人以上的过失行为共同构成刑法分则所规定的过失犯罪。在这种情况下，二人以上的过失行为都符合刑法分则的规定，无论是否以共同犯罪论处，都构成过失犯罪。

我国《刑法》第 25 条第 2 款明确否定了过失犯构成共同犯罪的可能性，因而过失犯的共同正犯是不能成立的。然而，《日本刑法典》无此规定，而且将共同正犯规定为共同实行犯罪的情形。因此，在日本刑法学界对于过失犯的共同正犯存在较大的解释空间。关于过失的共同正犯能否成立，在日本刑法学界存在积极说与消极说之争。积极说主要为行为共同说所主张，认为共同犯罪是共同表现其恶性，共同实行犯具有共同行为，主观上只要有自然行为之共同意思就足以构成，不必皆有共同犯罪之认识。因此，凡是二人以上之共同行为，即使出于过失也无碍于共同正犯之成立。消极说主要为犯罪共同说所主张，认为共同犯罪是犯罪之共同，共同犯罪之成立，须有共同犯罪之认识。构成共同正犯，主观上必须具有共同实行特定犯罪之意思，因此须有构成要件结果之认识以及对于这种结果的希望或者放任等故意之共同要素。既然以共同犯罪之认识为要件，共同犯罪只能在故意的范围内成立。过失犯虽然对共同实行的自然行为有意思之联络，但不

第一节 共同过失犯罪概述

可能具有共同犯罪之意思联络,因而否定过失的共同正犯。[1] 我认为,过失的共同正犯能否成立的积极说与消极说的对立,实质上是共同过失是否存在共同犯罪的意思联系之争。

在我国共犯教义学中,共同正犯的成立不以客观上具有共同实行行为为已足,而且主观上还必须具有共同正犯的意思联系,即对于共同实行犯罪具有互相的认识。而过失的共同正犯的肯定说,恰恰在这一点上有悖于法律规定共同犯罪的旨趣。法律之所以规定共同犯罪,是因为各共同犯罪人在共同犯罪故意的范围内互相利用各人的行为而共同实行犯罪。但在共同过失犯罪的情况下,虽然各过失犯罪人对于同一的事实具有共同认识,例如甲乙二人在屋顶上共同把一块石头推下去,因疏忽大意的过失而将丙砸死。在这种情况下,甲乙对于共同推石头这一事实具有共同认识,但对于犯罪后果既然是因疏忽大意而没有预见,当然也就谈不上共同犯罪的意思联系。因此,如果我们是从犯罪构成的意义上,而不是从一般的社会观念来评价共同过失犯罪人的心理状态,就不能认为过失犯罪人之间具有共同犯罪的意思联系。正如德国学者指出:"基于共同犯罪决意的正犯的形式决定了共同犯罪的界限。因此,在过失犯罪情况下缺少共同的犯罪决意。如果熟人以过失的方式共同实施了犯罪行为,只要每个行为人具备了过失犯应受处罚性的所有先决条件,则每个行为人均是同时犯;这里也就不存在彼此归责的问题。"[2] 在此,德国学者将过失犯的共同正犯类比为同时犯,否定其具有共同犯罪的属性。同时犯与共同犯罪相比,就在于归责原则上的差别:同时犯是各自对自己的行为负责,对他人行为则不承担责任。而共同犯罪则不仅对自己的行为负责,而且要对他人的行为负责,这就是共同犯罪,尤其是共同正犯中的所谓部分行为之全体责任原则。例如,甲乙两人出于各自的杀人故意分别向丙开枪射击。

---

[1] 参见郭君勋:《案例刑法总论》,2版,463~465页,台北,三民书局,1983。
[2] [德]汉斯·海因里希·耶赛克、托马斯·魏根特:《德国刑法教科书》,下,徐久生译,917页,北京,中国法制出版社,2017。

其中，甲一枪击中丙，致其死亡；乙则未击中。在这种情况下，如果是同时犯，甲构成故意杀人罪既遂，乙构成故意杀人罪未遂。如果是共同正犯，甲乙均构成故意杀人罪的既遂。在我国刑法并不承认过失犯的共同犯罪的情况下，对共同过失犯罪按照所犯的罪分别处罚，就是采取了同时犯的各自处罚原则。

应当指出，虽然《日本刑法典》没有明确规定过失犯的共同正犯，但目前日本共犯教义学的通说对过失犯的共同正犯采取肯定说，主要是从共同义务的违反上论证过失共同正犯的存在根据。例如日本学者指出："从试图限定地肯定过失犯的共同正犯的见地出发，要求'共同义务的共同违反'之成立要件的观点作为最近的肯定说得以有力主张。即，两人以上在实施包含有易于产生犯罪结果之高度危险性的共同行为之际，在能够肯定各个共同者被科处了共通的注意义务的场合，由于个人违反该注意义务而发生了犯罪结果时，就能够认定共同的过失。"①在这个意义上，日本学者肯定了过失犯的共同正犯。应该说，过失犯的共同正犯是否成立还与犯罪共同说和行为共同说之争存在较大的关联性。日本学者认为："过失共同正犯之成立与否的问题，一直都被认为是犯罪共同说与行为共同说之对立问题。具体而言，根据前者，共同实现共同正犯的特定犯罪之意思就是必要的，因此故意的共同成为不可或缺的要件。与此相对，根据后者，则认为共同正犯只要共同实施前构成要件行为并对此具有意思疏通即为足够，因此过失共同正犯也被肯定"②。由于在日本刑法学界行为共同说是通说，因而过失共同正犯的肯定说具有较大的影响。

值得注意的是，受到日本学者观点的影响，我国亦有少数学者对过失犯的共同正犯支持肯定说。在我国刑法明确否定共同过失犯罪的情况下，有学者试图以过失共同犯罪的概念肯定过失犯的共同正犯。例如我国学者指出，过失共同犯罪与共同过失犯罪是两个不同的概念：前者是指二人以上负有防止结果发生的共

---

① ［日］山口厚：《刑法总论》，3版，付立庆译，381页，北京，中国人民大学出版社，2018。
② ［日］高桥则夫：《刑法总论》，李世阳译，420页，北京，中国政法大学出版社，2020。

第一节 共同过失犯罪概述

同注意义务,由于全体行为人共同的不注意,以致发生结果的一种共同犯罪形态;后者是指二人以上的过失行为共同造成了一个结果,但是在各自行为人之间不存在共同注意义务和违反共同注意义务的共同心情。对过失共同犯罪应以共同犯罪论处,但应将过失共同犯罪限定于过失共同正犯,只有在直接参与实施造成结果的过失行为的行为人之间,才能成立共同犯罪。[①] 在此,我国学者以是否共同违反注意义务来区分过失共同犯罪与共同过失犯罪,并将过失犯的共同犯罪限定为过失共同犯罪。从我国《刑法》第 25 条第 2 款的规定来看,立法机关否定共同过失犯罪是共同犯罪,似乎给过失共同犯罪是共同犯罪留下了想象空间。然而,我国《刑法》第 25 条第 1 款又明确地将共同犯罪定义为共同故意犯罪。因而,此共同犯罪并不等同于彼共同犯罪。换言之,此种过失共同犯罪在我国刑法的语境中完全不能认定为共同犯罪,否则直接与《刑法》第 25 条第 1 款关于共同犯罪的规定相抵牾。上述将过失共同犯罪界定为共同犯罪的观点来自日本学者大塚仁。例如大塚仁指出:"在过失犯的性质上,对由二人以上者的共同行为产生的结果,当然不能承认共同正犯,因为原则上应该分别就各行为人来论及注意义务的违反。但是,在法律上对共同行为人科以共同的注意义务时,如果存在可以认为共同行为人共同违反了其注意义务这种客观的事态,就可以说在此存在过失犯的共同正犯的构成要件符合性,进而,在也承认各个共同行为人存在责任过失时,不是就可以认为存在过失犯的共同正犯吗?例如,数名工作人员从大楼屋顶上的工作现场沟通向地面扔下粗木材时,他们都被科以应该顾及不伤害地上行人等的共同注意义务,这种义务不仅是只要共同者单独对自己的行为加以注意就够了,而且也对其他同伴的希望加以注意,应该互相确认安全后扔下木材的义务,如果木材砸伤了下面的行人,一般可以认为全体共同者违反了注意义务。在此,可以看出共同实行的内容的共同者的相互利用·补充的关系,其共同实施这

---

① 参见冯军:《论过失共同犯罪》,载《西原春夫先生古稀祝贺论文集》,167 页以下,北京、东京,法律出版社、成文堂,1997。

种不注意行为的心情可以说是过失犯的共同实行的意思。"① 然而,这种共同违反注意义务的情形在客观上确实可以界定为共同过失,但它与分别违反注意义务的情形在性质上并没有区分。过失犯之所以不能成立共同犯罪,包括共同正犯,主要在于过失犯的构成要件行为不同于故意犯。故意犯的构成要件行为具有较为严格的定型性,因而需要区分正犯与共犯。根据限制正犯概念,刑法分则规定的构成要件行为并不包括共犯,因而需要在刑法总则规定共犯,从而为共犯定罪提供法律根据。然而,过失犯的构成要件行为并不具有严格的定型性,只要对构成要件结果的发生具有因果关系,并且主观上具有疏忽大意的过失和过于自信的过失的,即可成立过失犯。因此,完全没有必要借助于共犯的概念就可以解决过失犯的定罪问题。例如在共同违反注意义务的情况下,尽管在各行为人之间存在互相补充的关系,然而各行为人都充足过失犯的构成要件,没有必要借助于共同正犯的概念,就可以根据各自的行为定罪。在归责上亦是如此。故意犯的共同正犯的归责原则是部分行为之全体责任,各行为人不仅对自己的行为负责而且还要对他人的行为负责。但在过失犯的情况下,各行为人只对自己的行为负责而不对他人的行为负责,因此没有必要承认过失犯的共同正犯。

在否定过失犯的共同正犯的前提下,我认为过失竞合是一个值得提倡的概念。日本学者大塚仁曾经论及过失竞合的概念,其指出:"关于某结果的发生,不少情况下是复数行为人的过失竞合在一起造成的。例如,行为人甲错误地驾驶汽车把行人乙轧伤时,乙也有无视信号灯跑到车道上的不注意,这时行为人甲的过失就和被害人乙的过失相竞合。再如,行为人甲开车时不注意把行人乙撞倒,紧随其后开车的丙也错误驾驶把被撞倒的乙轧死时,就是行为人甲的过失与第三者丙的过失相竞合。对这种过失竞合情况下的过失犯,就应该考虑行为人、被害

---

① [日]大塚仁:《刑法概说(总论)》,3版,冯军译,292~293页,北京,中国人民大学出版社,2003。

人、第三者各自的注意义务,判定其是否违反各自的注意义务。"① 由此可见,广义上的过失竞合包括被告人的过失与被害人的过失的竞合,而狭义上的过失竞合则限定于两个以上过失犯的竞合。在此,我在狭义上使用过失竞合的概念。值得注意的,大塚仁将过失竞合限于过失行为人之间存在监督者与被监督者这种上下关系的场合,也就是所谓监督过失。因为大塚仁认为如果是平行关系的共同过失,行为人共同违反注意义务,因而成立过失共同正犯。与此不同的是,高桥则夫否定过失犯的共同正犯,因而将过失竞合的形态分为以下两种类型:第一种是对向型的过失竞合,第二种是并行型的过失竞合。所谓对向型的过失竞合是指行为人与被害人的对向型的竞合类型。所谓并行型的过失竞合又可以进一步分为并列型的过失竞合和直列型的过失竞合。其中,并列型的过失竞合是指对等的行为人的过失的背后同时性或者并列性竞合的类型;直列型的过失竞合是指与在直接过失行为人过失的背后进而存在其他过失行为人的过失,从而并列地竞合的类型。高桥则夫指出:"过失竞合中,当复数人的过失行为复杂地竞合时,各个行为人的预见可能性、肯定因果关系的存在等就成为困难的问题。在这些情形中,通过肯定过失共同正犯而将所有参与人都按《刑法》(指《日本刑法典》——引者注)第60条处理是困难的。由于本书否定过失共同正犯(以及过失的教唆、过失的帮助),认为对于过失犯适用单一的正犯是妥当的,因此应该慎重地认定各自的过失。尤其是在从竞合这一现象形态向过失竞合'论'转化,作为同时正犯难以肯定过失成立的情形中,通过竞合论而肯定过失成立是创设了《刑法》第207条(同时伤害的特别规则)的过失类型因此不被允许。毋宁说,我认为,过失竞合论是作为适应于协同作业中的角色分担之信赖原则的适用情形,必须是限定过失犯成立的法理。"② 此说甚是。

---

① [日]大塚仁:《刑法概说(总论)》,3版,冯军译,242页,北京,中国人民大学出版社,2003。

② [日]高桥则夫:《刑法总论》,李世阳译,216~217页,北京,中国政法大学出版社,2020。

二、过失犯的教唆犯

过失犯的教唆犯是指过失地使他人实施犯罪的情形。由此可见,过失的教唆犯实际上可以分为以下两种情况:一是过失地使他人实施故意犯罪。例如,甲在闲谈中无意地透露某仓库无人看守值班的情况,乙听后产生盗窃某仓库的犯意并实施了盗窃犯罪。二是过失地使他人实施过失犯罪。例如,前述案例二就是适例。因为本节主要讨论共同过失犯罪,因此,我将着重对第二种情况下的过失的教唆犯进行研究。

关于过失的教唆犯能否成立,在日本早期共犯教义学中存在积极说与消极说之分。积极说认为过失的教唆犯是存在的,例如日本刑法学家大场茂马指出:"所应研究者,即过失犯有共犯与否?是也。共同正犯、教唆犯、从犯,以过失而成立者,固罕,然不能谓其绝无,过失犯之共犯,在于共同行为者,有为行为之意思,当行为之际,并认识该项行为,而于行为之客体、手段、时、地等性质,可以认识,因不注意致未能知之而构成。强盗黑夜来侵,值家人共同请求防卫方法之际,误以来援之邻人为盗,家人合力将邻人击毙者,是为过失致死罪之共同正犯,以此而类推之,过失犯之教唆,过失犯之从犯,亦不难想象。"① 在日本刑法学界中,赞同此说的还有牧野英一、宫本英脩、木村龟二等人。消极说认为过失的教唆犯是难以成立的,例如日本刑法学家熊二新泉指出:"教唆者,须认识因自己之行为使被教唆者发生犯特定犯罪之意思而至于实行,是为教唆犯之故意。无此故意,教唆犯即不成立,是则因自己之过失行为,偶然惹起他人之犯意或过失(即自己之过失行为,为惹起他人犯意或过失之原因)者,不得即目之为教唆。"② 在日本刑法学界中,赞同此说的还有泷川幸辰、小野清一郎、田

---

① [日] 大场茂马:《刑法总论》,日文版,1013页。
② [日] 泉二新熊:《日本刑法论》,日文版,40版,653页。

藤重光等人。在日本目前的刑法学界对过失的教唆犯是否成立，主要从结果加重犯出发进行考察，由此形成肯定说与否定说之争。其中，西田典之认为只要像通说那样，承认结果加重犯的教唆犯，就没有理由否定过失的教唆犯。因为，如果认为结果加重犯的成立不仅要与加重结果之间存在因果关系，还须存在过失；那么，就加重结果这一部分而言，就完全是过失和共犯问题，因而肯定过失的教唆犯。[①] 与之相反，山口厚则认为，为了肯定针对结果加重犯的教唆的成立，即使就加重结果要求过失，那也不过是从责任主义的见地出发对教唆所特别附加的限定而已。而且，这是基于结果加重犯的解释，限定为对结果加重犯的教唆。从而，虽说是肯定了对于结果加重犯的教唆这一点，也不意味着就必须肯定出于过失的教唆的一般的可罚性。[②] 由此可见，日本学者对过失教唆犯的成立与否仍然存在着不同观点。

我认为，教唆一词，从语义学的意义上说，是在故意的心理状态支配下的一种行为，指有意识地使他人去实施犯罪。从教唆者一方来说，是明知本人的行为会引起他人的犯罪而希望或者放任这种结果发生，因而教唆只能由故意构成。从被教唆者一方来说，只有在他人的唆使下故意地去实施犯罪，才谈得上被教唆。如果因他人的指使而实施过失犯罪，那么，指使者就是利用他人的过失行为的间接实行犯，而谈不上被教唆。所以，所谓过失的教唆犯是不能成立的。

既然不存在过失的教唆犯，那么，对于某些法益侵害性已经达到了犯罪程度的所谓过失的教唆犯应如何追究刑事责任呢？主张过失的教唆犯可以成立的刑法学家认为，否认过失的教唆犯就失去了追究这些人的刑事责任的根据。例如苏俄著名刑法学家 A. II. 特拉伊宁指出："否认过失罪的共同犯罪的可能性，就等于在社会主义法的体系中否认共同参加实施这些有时具有极大社会危害性的犯罪行

---

① 参见 [日] 西田典之：《日本刑法总论》，2 版，刘明祥、王昭武译，343 页，北京，法律出版社，2013。

② 参见 [日] 山口厚：《刑法总论》，3 版，付立庆译，378～379 页，北京，中国人民大学出版社，2018。

为的刑事责任的可能性。"① 特拉伊宁的这个论点是从故意的教唆犯中推导出来的：教唆行为不是刑法分则规定的犯罪行为，因为刑法总则对此作了规定，而产生了教唆行为的定罪根据。过失的教唆犯也是如此，如果没有刑法总则关于过失的共同犯罪的规定，就会失去对过失的教唆犯追究刑事责任的根据。我认为，这种论点似乎有理，实际上却是不能成立的。在这一点上，特拉伊宁主要是忽视了故意犯罪行为与过失犯罪行为的区别。我国《刑法》第15条第2款指出："过失犯罪，法律有规定的才负刑事责任。"我国刑法之所以如此规定，是因为出于故意的法益侵害行为比出于过失的法益侵害行为要严重得多。因此我国刑法以处罚故意为原则、处罚过失为例外，对于过失的法益侵害行为有选择地规定为犯罪。在这种情况下，如果在刑法总则中规定过失的教唆犯，就会扩大刑事责任的范围。

那么，对那些法益侵害程度已经达到应受刑罚处罚的过失的教唆犯应如何追究刑事责任呢？我认为，这个问题完全可以通过刑法分则的规定来解决。例如前述案例二中，司机乙在首长甲的一再坚持下违章驾驶造成丙重伤，构成交通肇事罪。对于甲的行为应如何处理呢？2000年11月15日最高人民法院《关于审理交通肇事刑事案件具体应用法律若干问题的解释》（以下简称《解释》）第7条规定："单位主管人员、机动车辆所有人或者机动车辆承包人指使、强令他人违章驾驶造成重大交通事故，具有本解释第二条规定情形之一的，以交通肇事罪定罪处罚。"这一司法解释直接将这种指使、强令行为解释为交通肇事行为，而不适用共犯之关系。当然，《刑法》第133条关于交通肇事罪的规定中，还对逃逸致人死亡的情形作了规定。前引司法解释第5条第2款规定："交通肇事后，单位主管人员、机动车辆所有人、承包人或者乘车人指使肇事人逃逸，致使被害人因得不到救助而死亡的，以交通肇事罪的共犯论处。"由于交通肇事罪是过失犯罪，如此规定又使过失犯罪中存在共犯问题，因而引发了一定的争议。这一争议

---

① ［苏］特拉伊宁：《共同犯罪学说的几个问题》，载《政法译丛》，1957（4）。

第一节 共同过失犯罪概述

的核心是：能否就此肯定我国刑法中存在过失犯的共犯？不得不说，从司法解释文本来看，确实是对过失犯的共犯的规定。因为交通肇事罪是过失犯，以交通肇事罪的共犯论处，当然可以理解为以过失犯的共犯论处。对此，我国学者将这种共犯称为非纯粹过失犯的共犯。我国学者认为，过失犯的共犯可以分为纯粹过失犯的共犯与非纯粹过失犯的共犯这两种情形：纯粹过失犯的共犯，按照我国《刑法》第25条第2款的规定不能适用共同犯罪的处罚原则。非纯粹过失犯的共犯使我国刑法总则有关共同犯罪的一般规定，与分则中有关共犯规定以及某些司法解释的相应规定，获得了刑法教义学立场上的法条体系性的贯通。例如，针对交通肇事罪中的指使逃逸致被害人死亡，前引《解释》第5条第2款规定"以交通肇事罪的共犯论处"，这是肯定了过失犯中的共犯成立。论者认为，立于加重犯之共犯的视角，"指使逃逸致死的"可以成立交通肇事罪的共犯。[1] 非纯粹过失犯的共犯这个概念，具有一定的独创性。这种过失犯的指使行为，在意大利刑法中也往往被认定为过失犯的共犯。例如我国学者在评论意大利刑法中的过失犯的共犯时指出："意大利刑法学界的通说认为，尽管意大利刑法典第113条的标题为'过失重罪中的合作'，但其内容就是有关共同过失犯罪也应按共同犯罪处罚的规定。因此，只要构成过失犯罪的行为，是多个主体有意识地共同实施，或者说是多个主体相互合作的意识和意志的结果，就不能排除过失行为共同犯罪形态的存在。按此理解，一些单独并不构成犯罪的过失行为，就可能作为共同过失犯罪行为的有机组成部分而受到处罚。例如，怂恿他人超速行驶，一般来说并不是构成犯罪的行为，但若开车司机听从其怂恿并造成严重的交通事故，怂恿者就会构成交通肇事罪的共犯，并承担相应的刑事责任。"[2] 通过过失犯的共犯这一解释路径，将过失犯的指使行为定性为共犯，从而使其获得刑事追究。

然而，仔细分析教唆的内容，是致使肇事人逃逸，而逃逸是故意行为。在我

---

[1] 参见张小虎：《论我国〈刑法〉中非纯粹过失犯的共犯成立》，载《政治与法律》，2016（10）。
[2] 陈忠林：《意大利刑法纲要》，230页，北京，中国人民大学出版社，1999。

第二十二章 共同犯罪的过失犯罪

国刑法中,肇事后逃逸致使被害人因得不到救助而死亡的,是交通肇事罪的加重处罚事由,该行为是故意行为,至于致使被害人死亡则可能具有过失心理。在这种情况下,它不同于指使、强令他人违章驾驶造成重大交通事故,这是对交通肇事行为的教唆,因而司法解释规定直接以交通肇事罪论处,而不需要使用共犯的概念。但在交通肇事后教唆肇事人逃逸的,则是对逃逸行为的教唆,因而司法解释不能直接规定为以交通肇事罪论处,而不得已规定为以交通肇事罪的共犯论处。该司法解释的起草者在解释这一规定的理由时指出:第一,车辆驾驶人员肇事引发交通事故虽是过失的,但在交通肇事后的逃逸行为却是故意的。尽管前后在主观方面发生变化,有所不同,但刑法并未因此对故意逃逸的行为单独定罪,而是将"交通肇事后逃逸"以及"因逃逸致人死亡的行为"规定为交通肇事罪的加重处罚情节,以一罪论处。第二,指使者虽未帮助或教唆实施逃逸行为,但在明知肇事已发生的情况下,仍致使、教唆肇事人实施逃逸行为。最终,肇事行为与共同逃逸行为造成了被害人死亡的后果,指使者和肇事者对肇事后的逃逸具有共同的故意,故指使者应与肇事者共同对这一后果承担刑事责任,并且只能以交通肇事罪的共犯论处。[1] 由此可见,司法解释是在肇事后逃逸的故意和行为的范围内承认交通肇事的实施者与指使者之间的共犯关系,因此,这一规定并不能视为是对过失犯的共犯的规定。对此,正如我国学者所评论的那样:交通肇事罪的该司法解释在用语上给共同过失犯罪提供了可能,但其理由说明不仅对此进行了否认,而且错误地理解了逃逸致人死亡的含义。该司法解释因此只是共同过失犯罪肯定说与否定说之争的假想战场,双方的立场都没有因为论争而有实质性的推进。[2] 其实,肇事后逃逸是一种独立于交通肇事罪的事后行为,鉴于该种行为具有逃避法律追究、交通肇事被害人不能受到及时救助而死亡等严重后果,因此我

---

[1] 参见孙军工:《〈关于审理交通肇事刑事案件具体应用法律若干问题的解释〉的理解与适用》,载最高人民法院刑一庭、刑二庭:《刑事审判参考》,第12辑,78页,北京,法律出版社,2001。

[2] 参见何庆仁:《共同犯罪的归责基础与界限》,280~281页,北京,中国社会科学出版社,2020。

认为,这种交通肇事后逃逸行为,在刑法中另设罪名为好。在单独设罪的情况下,对故意的交通肇事后的逃逸行为进行教唆的,以共犯论处就是合理的立法规定。

三、过失犯的帮助犯

过失犯的帮助犯是指过失地助成他人犯罪的情形。过失的帮助犯也可以分为以下两种情况:一是过失地帮助他人实施故意犯罪。例如,甲是法警,佩带手枪到乙家去玩,因疏忽大意而将手枪遗忘在乙家,乙在为杀仇人丙没有凶器而发愁,遂拿枪去将丙杀死。二是过失地帮助他人实施过失犯罪。例如,前述案例三就是适例。因为本节主要讨论共同过失犯罪,因此,我将着重对第二种情况下的过失的帮助犯进行研究。

在共犯教义学中,对于过失的帮助犯能否构成,犯罪共同说和行为共同说的回答迥然有别。犯罪共同说认为,帮助犯的帮助行为是为着实行犯的实行行为而存在的,因此,帮助行为必须以故意为基点。过失的帮助犯的观点是缺乏依据的,根本不能成立。行为共同说认为,帮助行为是帮助犯的主观恶性的表征,帮助行为本身就足以说明帮助犯的构成,无须再论故意和过失的区别。我认为,帮助犯与教唆犯的基本区别之一,是教唆犯引起他人犯意,帮助犯则是在他人产生犯意以后对其实施犯罪予以帮助。但在过失犯罪的情况下,行为人不存在产生犯意的问题,也就不存在帮助过失犯罪的问题。同时,帮助本身也只能是一种故意行为,不存在过失帮助。而且,帮助行为本身的法益侵害性就较小,所谓过失帮助行为,在一般情况下,法益侵害性都还没有达到应受刑罚惩罚的程度。例如,前述案例三中,甲为乙装子弹的行为虽然为乙过失致丙死亡在客观上创造了条件,但并非故意帮助他人犯罪,因而其行为还构不成犯罪。至于个别过失助成他人犯罪的情形,则可以作为单独的过失犯罪论处。

第二节　共同过失犯罪的定罪

一、共同过失犯罪的定罪原则

(一) 共同过失犯罪分别定罪的原则

共同过失犯罪不以共同犯罪论处，因此，它在定罪原则上也根本不同于共同犯罪。在共同犯罪的情况下，各共同犯罪人在共同犯罪故意的支配下，使各犯罪主体之间的主观意志融合为一体，并将各主体的行为引向共同目标，合力通谋，相互作用，共同造成法益侵害结果发生，因而在法律上发生连带的刑事责任，应对犯罪参与者共同定罪。而在共同过失犯罪的情况下，各主体之间没有犯意联系，虽然参与者共同造成了某一法益侵害结果的发生，仍应对行为人分别定罪，这就是共同过失犯罪的分别定罪原则。根据共同过失犯罪的分别定罪原则，参与者只对本人的过失行为承担刑事责任，对他人的过失行为不承担刑事责任。在共同犯罪的情况下，各个共犯对共同故意范围内无论是本人还是他人的行为造成的法益侵害结果都要承担共同犯罪的刑事责任。例如，在共犯教义学中，对共同正犯采用部分行为之全体责任的原则，在共同故意的支配下，参与者分别实施了构成要件的部分行为，仍应对共同造成的法益侵害结果共同承担刑事责任。但对于共同过失犯罪来说，每个人的犯罪都具有单独犯罪的性质，因此，各人应对本人的过失行为承担刑事责任。刑事责任的独立性，是共同过失犯罪的分别定罪原则的要旨。

(二) 共同过失犯罪分别定罪的根据

我国刑法之所以对共同过失犯罪实行分别定罪的原则，是由共同过失犯罪之作为单独犯罪的法益侵害性程度远逊于共同犯罪的这一特点所决定的。在所有犯罪形态中，共同犯罪是最危险的犯罪形态之一。由于它是二人以上共同实施法益

侵害的行为，具有能量大、后果严重等特点，因此，我国刑法对共同犯罪规定了特殊的定罪与量刑原则，体现了对共同犯罪从重打击的立法精神。而共同过失犯罪，是二人以上的过失行为的并发，各参与者主观上没有犯意联系。因此，其法益侵害性无异于单独过失犯罪。我国刑法之所以涉及共同过失犯罪，主要是为了明示共同过失犯罪不是共同犯罪，因而使共同犯罪的内涵与外延更加明确。所以，在对共同过失犯罪定罪的时候，应当坚持分别定罪的原则。

二、共同过失犯罪的定罪根据

在对共同过失犯罪定罪的时候，必须坚持主观与客观相统一的刑事责任原则。因此，共同过失犯罪的定罪根据也可以从客观与主观两个方面进行阐述。

（一）共同过失犯罪定罪的客观根据

1. 共同过失行为的形态

共同过失行为以及其与法益侵害结果之间的因果关系是共同过失犯罪定罪的客观根据，如果没有共同过失行为以及其与法益侵害结果之间的因果关系，就不能以共同过失犯罪论处。

共同过失行为的分类，有助于我们对共同过失行为的认识，因而在共犯教义学中受到重视。我国学者对共同过失行为的分类进行了较为充分的研究，认为各种共同过失行为，根据不同的标准，可以将它们分成下述不同的类型：（1）根据数个行为人实施过失行为的时间，可将共同过失分为同时共同过失和先后共同过失。同时共同过失是指数个行为人同时实施了（一个或数个）过失行为，引起了某项危害结果的发生。先后共同过失是指数人在不同时间实施了数个过失行为而导致某一危害后果的发生。（2）根据数人的过失行为对危害后果作用的层次特征，共同过失可分为直接共同过失与间接共同过失。直接共同过失是指数个行为人同一层次的过失行为直接导致危害结果的发生。间接共同过失是指数人不同层次的过失行为共同导致某一危害后果的发生。（3）根据数人的过失行为是否都是

第二十二章　共同犯罪的过失犯罪

最终危害结果发生的直接原因可将共同过失分为同步共同过失与异步共同过失。同步共同过失是指某个危害后果的发生是数人的过失行为直接共同造成的情况。异步共同过失是指两个或更多过失行为与危害结果的因果关系的交叉。(4) 根据危害后果是否完全由被告一方的过失行为造成，可将共同过失分为同向共同过失与对向共同过失。同向共同过失是指危害结果由数个被告的过失行为共同造成。对向共同过失是指危害结果是由被告人和被害人双方的共同过失造成的。① 我认为，上述共同过失行为分类是具有一定意义的。根据共同过失行为的特征，共同过失行为可分为以下三种形式。

(1) 过失的共同作为。

在这种情况下，各行为人都过失地实施了刑法分则所规定的积极活动。例如，某医生甲为一个病人乙诊病，在写药方时，疏忽大意错点了小数点，使药量增大十倍。负有检查药方责任的药剂师丙，对药方未加审查，就马虎地照原药方的分量发给病人乙药品，乙因服了过量的药而死亡。在本案中，甲与丙在主观上具有共同过失，在客观上具有共同过失的作为，应当承担过失杀人罪的刑事责任。

(2) 过失的共同不作为。

在这种情况下，各行为人都有义务实行并且能够实行某种积极的行为，但因共同过失而没有实行，以致造成法益侵害结果。例如，甲乙是某医院护士，共同看护某危重病人丙。一天，甲乙一起到其他病房串门聊天，以致丙病情发作时未能及时抢救而死亡。在本案中，甲乙都有看护丙的义务，但由于过失而未能履行其义务，造成丙的死亡，具有过失的共同不作为。在认定过失的共同不作为的时候，必须查明行为人对于某种作为是否具有义务，如果一方具有义务，另一方不具有义务，就不构成过失的共同不作为。例如，某信用社共有甲乙二人，甲是会计，乙是出纳，信用社的现金由乙保管。一天下班后，乙忘了锁保险柜，甲也没

---

① 参见李海东：《共同过失行为的分类及刑事责任》，载《法学季刊》，1987 (4)，33～34 页。

有注意到保险柜未上锁,结果现金被盗,造成国家财产的重大损失。在本案中,乙是出纳,具有保管现金的义务,而甲则没有这种义务,应由乙单独对现金失盗承担玩忽职守的刑事责任。

(3) 一方过失的作为与一方过失的不作为。

在这种情况下,一方过失地实施了刑法分则规定的积极行为,另一方具有实行某种行为的义务并且能够履行而未加履行,以致造成法益侵害结果。例如,甲是某油库工作人员,乙是过路的司机,乙在汽车加油的过程中抽烟,甲对此不加制止,导致一场火灾。在本案中,乙具有犯罪过失的作为,甲则是犯罪过失的不作为,构成共同过失犯罪。

2. 共同过失行为的认定

过失犯罪是结果犯,以发生一定的犯罪结果为构成犯罪的必备要件。共同过失犯罪是过失犯罪的一种特殊形态,它也是结果犯,而且在一般情况下,表现为多因一果的关系。因此,在认定共同过失犯罪的时候,首先要确定过失行为与危害结果之间的因果关系。

在二人以上共同过失的情况下,如果各人的行为互相作用共同造成某一危害结果,那么,这些过失行为与危害结果之间都存在因果关系。例如,北京市某建筑工程公司某工地在坑槽挖到2.2米深时,发现有碴土坑,技术主任甲和设计院联系后改变设计。但甲当时为了省工省料,取消了原图纸关于1米深处留一个脚踏坡的规定,命令工长乙一直向下挖,直到挖到好土为止。当全槽挖到4.7米深的时候,还只有一个坡度。乙看到这样高的槽帮,又有碴土坑,还有一层砂土,觉得非常危险,便叫工人快点挖完上来,他自己在旁监视,以便一旦发现裂纹,就叫工人逃跑。可是,后来因为计划员有事来找他,他就离开了工地。当他离开后,不到十分钟,土方忽然下塌,把工人丙压死。在本案中,技术主任甲违反了市建筑工程局技术规范关于"加因式放坡"的规定,不按照原设计图纸施工,下命令一直挖到好土为止这一行为,以及工长乙在进行危险操作的时候,不履行自己在旁监视的责任,离开现场的这一行为与工人丙的死亡结果之间存在因果关

系，而且甲乙主观上都有过失，应对丙的死亡承担刑事责任。

在认定共同过失行为与危害结果之间的因果关系的时候，还必须注意因果关系中断的问题。因果关系的中断，是指先导行为已经造成了一个危害结果，在这一因果运动过程中，介入其他行为，导致原因果链条的中断。例如，甲的过失行为造成乙的重伤，在乙送医院抢救之际，因司机丙的过失将乙轧死。在本案中，甲的过失伤害是先导行为，丙的交通肇事是介入行为。因丙的行为的介入而中断了甲与乙的死亡之间的因果关系。因此，甲只承担过失致人重伤的刑事责任，丙则应对乙的死亡承担交通肇事的刑事责任。

(二) 共同过失犯罪定罪的主观根据

1. 共同过失的形态

在二人以上共同过失造成法益侵害结果的情况下，行为人具有共同过失的心理状态，这是共同过失犯罪定罪的主观根据。共同过失可以分为以下三种形态。

(1) 共同的疏忽大意的过失。

在这种情况下，各行为人都是应当预见自己的行为可能发生法益侵害结果，因为疏忽大意而没有预见，以致发生这种结果。例如，甲乙在屋顶共同将一块木板投下去，正巧丙路过此处，结果将丙砸死。在本案中，甲乙对于木板可能将人砸死都是应当预见的，因为疏忽大意而没有预见，具有共同的疏忽大意的过失，应分别对丙的死亡承担过失杀人罪的刑事责任。

(2) 共同的过于自信的过失。

在这种情况下，各参与者都是已经预见自己的行为可能发生法益侵害结果，因为轻信能够避免，以致发生这种结果。例如，甲乙在山上烧荒，正要点火，见刮起了风。甲乙商量要不要点火，甲说已经打了隔火带，问题不大。乙说风不能很快过去，还是点吧。结果点火烧荒，没想到风力猛增，引起森林大火，烧毁森林数百亩，给国家和集体财产造成重大损失。在本案中，甲乙已经预见到在刮风的情况下放火烧荒可能引起森林火灾，但轻信能够避免，以致造成危害结果。甲乙主观上具有共同的过于自信的过失，应分别承担失火罪的刑事责任。

第二节 共同过失犯罪的定罪

(3) 甲方疏忽大意与乙方过于自信的共同过失。

在这种情况下，甲乙双方具有共同过失，但过失的内容有所不同：甲方是应当预见自己的行为可能发生法益侵害结果，因为疏忽大意而没有预见，以致发生这种结果。乙方是已经预见自己的行为可能发生法益侵害结果，因为轻信能够避免，以致发生这种结果。例如，某化工厂禁止明火，甲是该厂的安全员，乙是外厂人员。一次乙来厂联系工作，递给甲一支香烟，甲就接过来了，乙为甲点香烟后，将仍然燃烧着的火柴梗扔在地上，引起大火，造成国家财产的重大损失。在本案中，甲对于失火具有过于自信的过失，他已经预见到自己的行为（不作为）可能发生法益侵害结果，因为轻信能够避免，以致引起大火。乙对于失火则具有疏忽大意的过失，他应当预见到自己的行为（作为）可能发生法益侵害结果，因为疏忽大意而没有预见，以致引起大火。因此，甲乙应分别承担失火罪的刑事责任。

2. 共同过失的认定

在二人以上共同造成法益侵害的结果的情况下，必须查明各个行为人对于结果是否都具有过失，如果一方具有过失，另一方不具有过失，就不能以共同过失犯罪论处。例如，被告江六均，男，22岁，高中文化程度。江六均偷拿单位汽油约40公升，藏在家中（家在居民稠密区、木质房屋）瓷缸内，未向家庭成员交代防火事项。后其母（文盲、家庭妇女）见缸周围地面被油浸湿，便擦燃火柴照看，引起汽油燃烧，殃及四邻。烧伤5人（包括江和他的母亲），烧毁公、私房屋74间以及群众的衣、食等物资，造成国家和群众个人财产损失达3.5万余元。在审理过程中，对于江六均的行为如何定性，存在两种不同意见：第一种意见认为，被告江六均的行为不构成犯罪。主要理由是：被告违章储油的行为与失火结果之间，没有必然的因果关系，而他母亲擦火柴的行为是引起失火结果的直接原因，构成失火罪。第二种意见认为，被告违章储油构成犯罪，其母无主观罪过，属意外事件，不构成犯罪。我认为，在本案中江六均与其母亲的行为与失火之间都具有因果关系，那种认为被告违章储油的行为与危害结果之间没有因果关

系的观点是不能成立的。因为汽油是易燃物品，被告将汽油藏放在木质房屋中，并装在有破损的瓷缸里，汽油在不断地渗漏、挥发，遇适当条件，必然引起燃烧。在本案中，江母点火柴察看而引起火灾，与失火具有直接的因果关系，但这并不能否认江六均的违章储油行为与失火具有间接的因果关系。既然江六均和江母的行为与失火都具有因果关系，那么是否两人都应承担失火罪的刑事责任呢？这还要看江六均与江母在主观上对于失火是否具有共同过失。从本案情况看，被告的母亲是一个不懂汽油性能和保管常识的家庭妇女，被告又未向其交代防火注意事项，因见油渗漏缸外，便明火照看引起汽油燃烧，自己也被烧伤。显然，她当时没有预见，也不可能预见明火会引起汽油燃烧（因她不知地上是汽油），主观上不存在过失，不应对失火承担刑事责任。而被告江六均担任汽车教练班班长，懂得汽油性能和管理规定，他应当预见自己违章储油的行为会引起火灾，因为疏忽大意而没有预见。因此，被告江六均应单独承担失火罪的刑事责任。从这个案例可以得知，在二人以上的行为都与法益侵害结果具有因果关系的情况下，还要分析行为人主观上是否具有共同过失。如果只有一个人具有过失，就不能认定为共同过失犯罪。

在认定共同过失的时候，还必须注意由共同过失向共同故意的转化，例如，甲乙在禁止明火的木工车间内吸烟，烟蒂扔在木屑中，引起木屑燃烧。这时，甲乙完全可以把火扑灭，但他们却置之不理，扬长而去，以致大火烧毁了工厂，造成国家财产的重大损失。在本案中，甲乙开始将烟蒂扔在木屑中引起燃烧是出于共同过失。但甲乙由于这一先行的过失行为而产生了灭火的义务，并且完全能够将火扑灭，而甲乙不予扑灭，对于大火可能造成的后果持一种放任的心理态度。在这种情况下，共同过失就转化为共同故意，对甲乙应以共同犯罪论处。

以上阐述了共同过失犯罪定罪的主观根据与客观根据。如果行为人缺少上述任何一个要件，就不能以共同过失犯罪论处。

第三节 共同过失犯罪的处罚

一、共同过失犯罪的处罚原则

（一）共同过失分别处罚的原则

共同过失犯罪具有个别犯罪的性质，它不是共同犯罪，而是单独犯罪的一种特殊形态。但这并不妨碍对共同过失的犯罪人同案审理，在这种情况下，就出现了如何对共同过失犯罪进行量刑的问题。根据我国《刑法》第25条第2款的规定，对共同过失犯罪应分别处罚，这就是共同过失犯罪分别处罚的原则。根据共同过失犯罪的分别处罚原则，行为人分别对本人的过失行为承担刑事责任，刑罚的轻重完全以本人的过失行为为转移。

（二）共同过失分别处罚的根据

共同犯罪，由于是二人以上共同故意犯罪，因而具有较大的法益侵害性，是刑法惩治的重点。所以，我国刑法对共同犯罪予以从重处罚。刑法虽然对共同犯罪人区分主犯与从犯、胁从犯，规定从犯与胁从犯比照主犯从宽处罚，但因为刑法规定主犯从重处罚，所以，从犯与胁从犯的从宽是相对于主犯而言的，从总体上讲，其所承担的刑事责任重于单独犯罪的。而共同过失犯罪，行为人主观上不存在犯意联系，其法益侵害性要小于共同犯罪的。因此，对共同过失犯罪进行分别处罚。在这种情况下，行为所受到的刑罚处罚也要轻于共同犯罪的。正是在这一点上，体现了我国刑法中的罪刑均衡的基本原则。

根据我国刑法规定，虽然共同过失犯罪应当分别处罚，但是，这并不意味着共同过失犯罪的过失行为之间没有联系。恰恰相反，这种联系是十分紧密的，对此，在处理共同过失犯罪的时候，应当予以高度重视。从客观上看，共同过失犯罪表现为注意义务的违反。当然，这里的义务违反可以分为各自义务的违反和共

第二十二章 共同犯罪的过失犯罪

同义务的违反这两种情形。

1. 各自义务的违反

所谓各自义务的违反是指行为人分别违反不同的义务,由此而造成共同过失结果。在共同过失的情况下,各个行为人对于法益侵害结果的发生都具有避免义务,正是由于各个行为人没有正确履行结果避免义务而导致法益侵害结果的发生,因而共同对法益侵害结果承担过失的责任。例如蒋勇、李刚过失致人死亡案。① 无锡市惠山区人民法院经公开审理查明:被告人蒋勇、李刚受人雇佣驾驶苏B—××××的农用车于2005年8月13日上午9时许在江苏省无锡市惠山区钱桥镇华新村戴巷桥村道上行驶时,与当地的徐维勤驾驶的农用车对向相遇,双方为了让道问题发生争执并扭打。尔后,徐维勤持手机打电话,蒋勇、李刚以为徐维勤纠集人员,即上车调转车头欲驾车离开现场。徐维勤见状,即冲上前拦在苏B—××××的农用车前方并抓住右侧反光镜,意图阻止蒋勇、李刚离开。蒋勇、李刚将徐维勤拉至车后,由李刚拉住徐维勤,蒋勇上车驾驶该车以约20公里的时速缓慢行驶。后李刚放开徐跳上该车的后车厢。徐维勤见状迅速追赶,双手抓住该车的右侧护栏欲爬上该车。蒋勇在驾车过程中,从驾驶室的后视窗看到徐维勤的一只手抓在右侧护栏上,但未停车。李刚为了阻止徐维勤爬进车厢,将徐维勤的双手沿护栏扳开。徐维勤因双手被扳开而右倾跌地且面朝下,被该车的右后轮当场碾轧致死。该车开出十余米时,李刚拍打驾驶室车顶,将此事告知了蒋勇,并下车先行离开。蒋勇见状将农用车开到厂里后逃离无锡,后被公安机关抓获。同年8月18日,李刚向公安机关投案并如实供述了上述犯罪事实。

无锡市惠山区人民法院认为,被告人蒋勇、李刚因让道问题与被害人徐维勤发生争执并扭打后,为了摆脱徐维勤的纠缠而驾车离开。蒋勇在低速行驶过程中

---

① 参见徐振华、朱杰焰:《蒋勇、李刚过失致人死亡案——如何区分共同间接故意杀人与过失致人死亡》,载最高人民法院刑事审判第一、二、三、四、五庭主办:《刑事审判参考》,第57集,27~32页,北京,法律出版社,2007。

看到徐维勤的手抓住护栏，其应当预见驾车继续行驶可能发生危害结果，因急于摆脱徐维勤的纠缠，疏忽大意而没有预见。李刚在车厢内扳徐维勤抓住护栏的双手时，已经预见到这一行为可能发生危害结果，但基于被告人蒋勇驾车行驶的速度缓慢，轻信低速行驶过程中扳开徐维勤双手的行为能够避免危害结果的发生。综观被告人蒋勇、李刚各自的主客观因素，可以认定蒋勇、李刚共同的主观目的是摆脱徐维勤的纠缠，但二人之间并无意思上的沟通。在危害结果可能发生的情况下，蒋勇、李刚分别违反了应有的预见义务和应尽的避免义务，从而导致了徐维勤死亡结果的发生。蒋勇、李刚并无共同的致害故意，只是由于对预见义务和避免义务的违反而造成致害的结果，其行为均符合过失致人死亡罪的基本特征。李刚自动投案，并如实供述犯罪事实，系自首，可以从轻处罚。公诉机关指控蒋勇、李刚的行为构成故意杀人罪的定性不准，应予纠正。据此，依照《刑法》第233条、第67条第1款的规定，于2006年3月7日以过失致人死亡罪，分别判处被告人蒋勇有期徒刑4年6个月，被告人李刚有期徒刑3年6个月。一审宣判后，被告人蒋勇、李刚未提起上诉，公诉机关也未提出抗诉，判决已经发生法律效力。

  本案的裁判理由指出，首先，被告人蒋勇与李刚之间存在相互信赖的关系，其行为与被害人徐维勤死亡之间有承继性的因果关系。蒋勇虽然发现徐维勤的手抓住护栏，但在低速缓慢行驶的过程中，信赖李刚能够稳妥处理徐维勤的纠缠，故而在有条件加速的情况下没有采取过激的行为，仍然保持缓慢的速度行驶，一方面有意识地保护李刚的人身安全，另一方面也不希望徐维勤受到严重的损伤。李刚在扳开徐维勤双手时信赖被告人蒋勇保持低速缓慢行驶的状况能避免危害结果的发生，意识到可能产生的危险性，故也没有采取更为激烈的行为使徐维勤的双手摆脱护栏。但是，蒋勇的驾车行为和李刚扳开徐维勤双手的行为，与徐维勤的跌地被碾压致死之间存在着承继性的因果关系。也就是说，如果仅有蒋勇的驾车行为或者李刚的扳手行为，一般情况下不可能直接出现被害人徐维勤被碾压致死的结果。正是由于蒋勇、李刚之间存在着互助、互动的关系，从而使他们与徐

维勤双手被扳开后身体失去平衡跌地被碾压致死之间形成共同的承继性的因果关系,进而导致致人死亡的结果。

其次,蒋勇、李刚虽然各自的行为方式不同,但是他们的罪过形态是相同的。蒋勇看到徐维勤的手抓住护栏而继续驾车行驶,且在有意识的状态下保持低速缓慢行驶,可以判定其已经预见到可能会造成徐维勤人身伤害,但在低速行驶下轻信李刚能够避免危害结果的发生。李刚在车厢内采取扳开徐维勤抓住护栏的双手的行为以摆脱纠缠时,应当说也已经预见到这一行为可能会造成徐维勤身体伤害,但基于蒋勇驾车行驶的速度缓慢,轻信低速行驶过程中扳开徐维勤双手的行为一般也能够避免危害结果的发生。他们在主观上并不希望危害结果的发生,客观上均过于轻信自己和另一方一定的节制性行为可以避免,终因没有采取有效的避免措施而发生了致人死亡的结果,均属于过于自信的过失。

最后,我国《刑法》第25条第2款规定:"二人以上共同过失犯罪,不以共同犯罪论处;应当负刑事责任的,按照他们所犯的罪分别处罚。"该条规定实际上承认了共同过失犯罪的合理存在,只不过不以共同犯罪处理而已。共同过失问题在我国司法实践中并不是一个陌生的概念,如最高人民法院《解释》中就有交通肇事罪的共犯问题的规定,处于监督与被监督关系的重大责任事故类犯罪也普遍存有共同过失。本案实际上是一起比较典型的共同过失犯罪案件,按照我国现行刑法规定,不能以共同犯罪论处,只能对他们分别定罪处罚。

本案是较为典型的共同过失案件。交通肇事罪属于交通过失犯罪,在通常情况下,都是由一人构成的。但在某些案件中,从事交通运输活动的是二人以上,因而存在共同过失的交通肇事罪。在本案中,蒋勇在驾车过程中,从驾驶室的后视窗看到徐维勤的一只手抓在右侧护栏上,但未停车。李刚为了阻止徐维勤爬进车厢,将徐维勤的双手沿护栏扳开。徐维勤因双手被扳开而右倾跌地且面朝下,被该车的右后轮当场碾轧致死。由此可见,蒋勇作为司机,在未保障他人安全的情况下驾驶车辆,主观上具有过失。而徐维勤作为驾驶辅助人员,在车辆行驶过程中,采用危险方法制止他人攀爬车厢。因此,二被告人各自违反安全保障义

务，造成他人死亡，对此应当承担共同过失致人死亡罪的责任。

2.共同义务的违反

所谓共同义务的违反是指行为人共同违反一定的义务，由此而造成共同过失结果。二人以上违反共同义务而构成的共同过失犯罪的情形，在现实生活中较为常见。对于这种共同过失犯罪虽然不以共同犯罪论处，但因其违反的义务具有共同性，因此需要进行一并考察。例如被告人梁应金等人交通肇事案。[①] 被告人梁应金以榕山建筑公司名义经批准建造短途客船榕建号。该船于1996年7月经合江县港航监督所船舶所有权登记，合江县榕山建筑公司为船舶所有人，法定代表人为梁应金。1997年7月11日，经船舶检验，核定该船乘客散席101人，每年5月1日至9月30日洪水期准载70人；除大客舱允许载客外，其余部位严禁载客；应配备船员6人。梁应金聘请只有四等二副资格的周守金驾驶，安排其子梁如兵、儿媳石萍及周某任船员。榕建号在1996年7月16日试航时，就因未办航运证和严重超载等违章行为被港监部门责令停止试航，但梁应金不听制止，仍坚持试航，事后受到港监部门通报处理。在榕建号营运期间，梁应金为多载客，决定将驾驶室升高80厘米，顶棚甲板上重新焊接栏杆。该船改装后没有向船舶检验机构申请附加检验。梁应金长期不重视营运安全，对该船超载问题过问很少，使该船长期超载运输，埋下了事故隐患。

2000年6月22日晨5时40分左右，被告人周守金、梁如兵驾驶榕建号客船从合江县榕山镇境内的长江河段徐家沱码头出发，上行驶往榕山镇，由本应负责轮机工作的石萍负责售票。该船在下浩口码头接乘客后，船舱、顶棚甲板及驾驶室周围都站了人，堆满了菜篮等物，载客218名，已属严重超载。客船行至流水岩处时河面起大雾，能见度不良，周守金仍冒雾继续航行。船至银窝子时，河雾

[①] 参见陈立生：《梁应金、周守金等交通肇事案——肇事交通工具的单位主管人员能否构成交通肇事罪》，载最高人民法院刑事审判第一庭、第二庭编：《刑事审判参考》，第13辑，1~6页，北京，法律出版社，2001。

越来越大,已经不能看到长江河岸。周守金迷失了方向,急忙叫被告人梁如兵到驾驶室操舵,自己则离开驾驶室到船头观察水势。因指挥操作不当,被告人梁如兵错开"鸳鸯"车(双螺旋桨左进右退),致使客船随即倾翻于江中,船上人员全部落水,造成130人溺水死亡,公私财物遭受重大损失。

四川省合江县人民法院认为:被告人梁应金身为榕建号客船所有人,即榕山建筑公司的法定代表人,对客船有管理职责。但梁应金不吸取违章试航被处罚的教训,又决定对该船驾驶室等进行改造,未经船舶检验机构检验就投入营运,违反了《船舶检验规则》,并为该船顶棚甲板非法载客创造了条件;被告人梁应金不为客船配足船员,所聘驾驶员只具有四等二副资格(应具备四等大副资格),使之长期违章作业;被告人梁应金不履行安全管理职责,使该船长期超载运输,均违反了《内河交通安全管理条例》(1986年)第10条和第16条的规定。被告人梁应金违反交通运输管理法规的行为与造成榕建号客船翻沉的严重后果有直接的因果关系。被告人周守金不具备四等大副资格而受聘驾驶榕建号客船,在"6·22"翻船事故中,冒雾超载航行,迷失方向后指挥操作失误,是造成翻船的主要原因。被告人梁如兵盲目追求经济利益,使该船严重超载,操舵时错误使用左进右退"鸳鸯"车,造成客船急速右旋翻沉。被告人石萍不履行轮机职责而售票,未限制上船人数,造成严重超载。上述被告人的行为均违反了《内河交通安全管理条例》等交通运输管理法规。被告人梁应金、周守金、梁如兵、石萍违反交通运输管理法规,造成水上交通事故,致130人死亡,后果严重,情节特别恶劣,已构成交通肇事罪,应予依法从重处罚。遂依照《刑法》第133条之规定,于2000年10月7日判决如下:(1)被告人梁应金犯交通肇事罪,判处有期徒刑7年;(2)被告人周守金犯交通肇事罪,判处有期徒刑7年;(3)被告人梁如兵犯交通肇事罪,判处有期徒刑7年;(4)被告人石萍犯交通肇事罪,判处有期徒刑5年。一审宣判后,各被告人均未上诉,检察机关亦未抗诉,判决已发生法律效力。

梁应金交通肇事案(以下简称梁应金案)中关于被告人是否构成交通肇事

第三节 共同过失犯罪的处罚

罪,也是从主体角度提出问题的,即肇事船舶的单位主管人员能否构成交通肇事罪?对此,裁判理由指出:四川合江沉船造成130人死亡的严重后果,依法严惩肇事者,是社会各界、被害人及其家属的强烈呼声。其中,被告人周守金、梁如兵、石萍作为直接从事内河客运的人员,应当知道违章驾驶的严重后果,但仍违反交通运输管理法规,超载运输、冒雾航行,致使榕建号终因操舵时错误使用左进右退"鸳鸯"车造成客船急速右旋而发生船翻人亡的重大事故,根据《刑法》第133条的规定,构成交通肇事罪是没有疑问的。本案的焦点在于被告人梁应金作为榕建号船舶所有人的法定代表人,并没有直接从事榕建号的运输工作,能否以交通肇事罪追究刑事责任。

首先,根据《刑法》第133条的规定,违反交通运输管理法规,因而发生重大事故,致人重伤、死亡或者使公私财产遭受重大损失的行为,构成交通肇事罪。交通肇事罪的犯罪主体是一般主体,司法实践中,虽然交通肇事罪主要由从事交通运输的人员构成,但从1997年《刑法》取消了1979年《刑法》第113条从事交通运输的人员和非交通运输人员之分的立法本意来看,立法肯定了交通肇事罪既可以由从事交通运输的人员构成,也可以由非交通运输人员构成。这里所说的从事交通运输的人员,既包括交通运输业的直接经营人员,也包括交通运输业的管理人员。非交通运输人员是指与交通运输的经营、管理无关的人员。

其次,非交通运输管理人员违反交通运输管理法规,也可以引起重大交通事故。如根据《道路交通管理条例》第7条的规定,行人必须走人行道,借道通行时,应当让在其本道内行驶的车辆优先通行。《道路交通事故处理办法》第17条规定,当事人有违章行为,其违章行为与交通事故有因果关系的,应当负交通事故责任。最高人民法院《解释》第1条规定:"从事交通运输人员或者非交通运输人员,违反交通运输管理法规发生重大交通事故,在分清事故责任的基础上,对于构成犯罪的,依照刑法第一百三十三条的规定定罪处罚。"因此,非交通运输人员,如行人在借道通行时未避让在本道内行驶的车辆,致使在本道内行驶的车辆发生碰撞,造成人员伤亡或者重大公私财产损失的,应以交通肇事罪追究行

人的刑事责任。

最后，船舶所有人属于对船舶的营运安全负有管理职责的人员。根据《内河交通安全管理条例》（1986年）第10条的规定，船舶的所有人或者经营人必须对其所有的或者所经营的船舶、排筏、设施的安全负责，并且应当做到：（1）加强对船舶、排筏、设施的安全技术管理，使之处于适航状态或者保持良好技术状况；（2）配备的船员、排工或者人员必须符合国家有关规定，不得任用无合格职务证书或者合格证件的人员担任船长、轮机长、驾驶员、轮机员、报务员、话务员、驾长、渡头和排头工；（3）加强对船员、排工和其他人员的技术培训和安全教育，不得强令所属人员违章操作；（4）根据船舶的技术性能、船员条件、限定航区和水文气象条件，合理调度船舶；（5）接受主管机关的监督检查和管理。无论船舶的所有人是否亲自、直接经营交通运输业，都应当对船舶的营运安全负责。船舶的所有人不履行或者不正确履行自己的职责，指使或者强令船舶的经营人违章驾驶，造成重大交通事故的，应当以交通肇事罪处罚。

在本案中，被告人梁应金作为榕建号客船所有人的法定代表人，对榕建号客船的营运安全具有管理职责，在榕建号船舶未达到适航状态之前，不应将榕建号船舶投入运营，但其违反《内河交通安全管理条例》，聘用不具备资格的驾驶员周守金，安排无合格职务证书的梁如兵、石萍和周某任船员，并且未按规定配足船员，在擅自改造船舶，决定升高驾驶舱后，未经检验即投入营运。也就是说，被告人梁应金将不具备适航条件的榕建号投入运营，实质上是指使周守金等人违章驾驶。在榕建号投入营运后，被告人梁应金对船舶长期超载运输不予管理，听任周守金等长期违章驾驶，最终导致榕建号因违章驾驶而倾覆，造成130人死亡的特大交通事故。参照最高人民法院《解释》第7条"单位主管人员、机动车辆所有人或者机动车辆承包人指使、强令他人违章驾驶造成重大交通事故"，以交通肇事罪定罪处罚的规定，被告人梁应金的行为，完全符合交通肇事罪的构成要件，应当以交通肇事罪追究其刑事责任。

二、共同过失犯罪的刑罚裁量

共同过失犯罪不以共同犯罪论处,共同过失犯罪人之间不存在主犯、从犯与胁从犯之分,但这并不意味着各共同过失的犯罪人承担相同的刑事责任。在这里,仍然有一个罪责大小的比较问题。因此,对共同过失犯罪进行分别处罚的时候,还是要把握全案的情况,在此基础上区分各共同过失犯罪人的罪责大小。那么,如何确定共同过失犯罪人的罪责大小呢?我认为,共同过失犯罪人的罪责大小决定于下述因素。

(一)过失程度

共同过失的犯罪人的罪责大小,首先决定于过失程度。凡是过失程度大的,罪责也大;过失程度小的,罪责也小。例如潘凤才、史西文玩忽职守案。[1] 被告人:潘凤才,男,45 岁,原系北京市菜蔬公司南苑蔬菜冷库党支部书记兼主任。1986 年 4 月 9 日被逮捕。被告人:史西文,男,46 岁,原系北京市菜蔬公司南苑蔬菜冷库副主任。1986 年 4 月 9 日被逮捕。1985 年 3 月,被告人潘凤才、史西文及原南苑冷库党支部书记、副主任王楼增(另案处理)研究,拟定购蒜苗 300 万斤至 320 万斤。4 月初,班、组长讨论定购蒜苗计划时,大多数人不同意,认为计划超过了冷库的加工和储存能力,并提醒领导应吸取 1982 年因超量储存给国家造成重大损失的教训。但潘、史、王三人仍坚持按原计划购进蒜苗。蒜苗进库前,潘凤才、史西文、王楼增违反蒜苗入库操作规定,擅自修改蒜苗加工的方法和定额,决定变细加工为粗加工,把每人每日加工 300 斤至 350 斤的定额改为日加工 700 斤。各加工班长提出定额高,粗加工没有标准不好掌握。潘、史、王三人又提出完不成定额扣发奖金和工资,超额加工 2 斤加 1 分钱的决定。5 月至 6 月间,大批蒜苗集中到库,职工怕扣奖金,加工粗糙,平均日加工 2 000

---

[1] 参见《最高人民法院公报》,1986(3),26~28 页。

斤，有的日加工竟高达 3 970 斤。由于加工不细，好、坏蒜苗一起入库，造成了蒜苗腐烂的隐患。7 月间，市菜蔬公司派人检查南苑冷库工作时，发现储存的蒜苗使用了荆条筐，建议对蒜苗第二次加工，并将荆条筐换成塑料筐，放在地上库储存。对此，潘、史、王三人未采取措施处理。随后，制冷组和保管班的张夕恩等人写书面报告，反映了 202 库、305 库两个库的帐子不结霜，库温出现零上 1℃ 至 5℃ 等情况，建议马上采取措施。对张夕恩等人的报告，潘、史二人未予理睬。8 月底，荆条筐长了白毛，各保管班长均向潘凤才、史西文反映，建议抓紧蒜苗出库。9 月，地下库一些蒜苗出现腐烂现象，各保管班长再次向领导反映。与此同时，技术顾问李维钧多次催促将蒜苗出库。潘凤才说："我们冷库就是养人的地方。"为使潘、史（王楼增已调走）改变主张，李维钧将《经济日报》上刊载的天津某冷库烂菜 20 万斤的消息，剪下来送给潘凤才。9 月 17 日，北京市菜蔬公司"五讲四美三热爱"办公室检查工作时，发现蒜苗腐烂，发了简报。潘凤才、史西文对上述意见均置之不理。当大兴、石化等地不少单位来库购买蒜苗时，潘、史二人不顾市场行情，坚持要高价，使其空车放回。12 月，305 库的蒜苗开始腐烂，一职工主动联系买主，推销 4 000 斤，以减少国家损失。由于史西文仍坚持要高价，使买卖告吹。12 月 26 日，潘凤才不顾冷库蒜苗大量腐烂，以去南方联系炸土豆片设备等为由，带着财务股长、大库库长等四人到广州、杭州、上海等地游山玩水。上述原因致使烂掉蒜苗 33.49 万斤，贬值销售 54.8 万斤，按购进成本计算，造成损失共计价值人民币 28 万余元。潘凤才、史西文为掩盖蒜苗腐烂的事实，不将实情向上级报告，从 1986 年 1 月 22 日开始，组织所谓"敢死队"，动用汽车，用三个晚上，将 9 万余斤烂蒜苗运到附近的大坑内，用推土机掩埋。此外，1985 年 12 月，由于被告人潘凤才、史西文工作不负责任，致使冷库冬储大白菜 53 万余斤不同程度冻坏，其中 20 余万斤无偿送给外单位，其余作了贬值销售，使国家遭受损失 2.29 万余元。上述事实，有证人、证言、书证及现场勘验照片为证，二被告人均供认在案。北京市丰台区人民法院经审理认为：被告人潘凤才、史西文身为北京市菜蔬公司南苑冷库正、副主任，由

于工作严重不负责任,造成大批蒜苗腐烂、白菜冻坏,致使国家和人民的利益遭受重大损失,其行为均已构成玩忽职守罪,应予惩处。潘凤才身为冷库主任,史西文身为副主任,主管业务,对蒜苗的腐烂,分别负有主要责任和重要责任。同时,依照《刑法》(指 1979 年《刑法》)第 57 条的规定,根据他们犯罪的事实、性质、情节和对于社会的危害程度,决定其刑罚。据此,1986 年 6 月 4 日,以玩忽职守罪,判处被告人潘凤才有期徒刑 2 年;以玩忽职守罪,判处被告人史西文有期徒刑 1 年零 6 个月。宣判后,被告人潘凤才、史西文均表示服从判决,不上诉。在本案中,潘凤才、史西文的共同过失行为造成了蒜苗的腐烂,属于共同过失犯罪。但从过失程度来说,潘凤才是冷库主任,史西文是冷库副主任,两人都对蒜苗腐烂具有过失,但潘凤才的过失程度更严重一些。因此,法院判决认定潘凤才负主要责任,史西文负有重要责任,这是完全正确的。

(二) 原因力大小

共同过失的犯罪人的罪责大小,还决定于过失行为对于危害结果的原因力的大小。在主观上的过失程度相同的情况下,过失行为对于危害结果的原因力大的,罪责也大;原因力小的,罪责也小。例如,被告人:朱良成,男,49 岁,四川省人,原系某航运公司副经理;被告人:刘国清,男,40 岁,四川省人,原系某货轮船长。1980 年 8 月中下旬,暴雨连天,江水猛涨,航道险情增多。为了航运安全,被告人所在单位的上级机关决定在洪水高峰期,客轮一律停止运行。朱良成所负责的航运公司的客轮也停运了 9 天。此后,朱良成恐长期停运而影响利润,便不顾上级的决定,违背禁航规定,以搞活经济为由,决定 081 号客轮于 8 月 26 日照常出航,并指派货轮船长、被告人刘国清代替外出开会的客轮船长负责该船。该客轮核定乘载人员为 175 人。由于几天停运,8 月 26 日沿江各集镇又是赶场天,乘客较多。当日上午 7 点 30 分开航时,全船人数竟达 298 人,严重超载。按规定船底舱应装 12 吨压载货物,以保证客轮平稳航行。但当时底舱实装压载物资不到 6 吨,以致客轮上重下轻,失去平衡。作为代理船长的刘国清不仅无视这些情况,而且在开船前后亦未按规定召开作业会,检查出航情

况和研究安全航行的措施。因此,该船一出航便埋藏着隐患。上午9时20分,该船行至大渡口,因滩险流急,船左侧水面突然出现大漩涡,预示着险情即将发生。在这关键时刻,船长刘国清本应亲自驾船过滩,但刘却擅离工作岗位,把船交由副驾驶余某负责。余某面对险情惊慌失措,轻率地作出左机前进三、右机停车的错误决定。结果船身严重失去平衡,造成船体突然急剧向右倾斜翻转。瞬间,整个船体倒翻,将全船人扣在湍急的江水里,造成多人死亡的惨重后果。在本案中,朱良成与刘国清的玩忽职守行为是翻船的共同原因。但朱良成违背禁航规定决定出航的行为是主要原因,而刘国清的行为则是次要原因。因此,朱良成的罪责大于刘国清的。

在对共同过失的犯罪人处罚的时候,除考虑上述两个因素以外,还应考虑悔罪表现等其他一些影响量刑的因素,以此确定各共同过失的犯罪人的刑罚。

第二十三章
共同犯罪的单位犯罪

单位犯罪是指公司、企业、事业单位、机关、团体为单位谋取非法利益或者以单位名义，经单位集体研究决定或者由负责人员决定，故意或者过失实施的犯罪。单位犯罪是个人犯罪的对称。个人犯罪，是指以自然人为主体的犯罪。而单位犯罪，是指以单位为主体的犯罪。我国 1979 年《刑法》没有涉及单位犯罪问题，1987 年颁布的《海关法》首次将单位规定为走私罪的主体。及至 1997 年《刑法》第 30 条规定："公司、企业、事业单位、机关、团体实施的危害社会的行为，法律规定为单位犯罪的，应当负刑事责任。"这一规定虽然不是单位犯罪的概念，但它确定了单位犯罪的定罪原则。由此，在相当短的时间内，我国刑法完成了从个人一元主体到个人与法人二元主体的刑法嬗变，使我国刑法成为个人与法人刑事责任一体化的刑法。在刑法规定单位犯罪的情况下，单位犯罪同样会存在共同犯罪的形态。本章在对单位犯罪基本原理进行论述的基础上，对与单位犯罪相关的共同犯罪形态加以研究，为司法实践处理单位共同犯罪、共同单位犯罪以及单位与自然人的共同犯罪提供理论根据。

第二十三章 共同犯罪的单位犯罪

第一节 单位犯罪概述

一、单位犯罪的争讼

在大陆法系刑法理论中,单位犯罪称为法人犯罪。[①] 法人不能成为犯罪主体,本来是刑法学教义学中的定论。社团不能犯罪乃是罗马法所奉行的一个原则。罗马法对于法人的本质,采取拟制说,因此认为,法人虽有权利能力,但没有行为能力。关于法人的权利能力,法人在完成其目的事业的范围以内,有享受权利和负担义务的能力。关于法人的行为能力,罗马法认为法人没有意识,如同婴儿、痴癫,不能为法律行为,须由自由人或奴隶代为之,其职权由法人的章程规定之。[②] 根据罗马法对法人性质的这种认识,法人理所当然地不能成为犯罪主体。这个原则一直延续到19世纪上半叶,长达千年相沿不改。随着市场经济的发展,法人组织日益发达,数量与日俱增,社会地位日趋重要。同时,在法人决策机构和决策人物的操纵指挥下,以法人名义和凭借法人力量实施的危害社会的行为也不断出现,并且大有愈演愈烈之势。尤其是在新技术革命的条件下,法人犯罪问题更加突出。[③] 在这种情况下,到19世纪后半叶,社团不能犯罪的古老原则终于受到了时代的挑战。

理论是立法的先导,社会现实引发的关于法人犯罪的思想观念的变化是导致"社团不能犯罪"的古训动摇的根本契机。首先是在对法人性质的认识上,实在说崛起,拟制说衰落。根据法人性质的实在说,法人与自然人一样,属于现实存

[①] 在本章中,法人犯罪和单位犯罪这两个用语可以互相替换。在涉及外国刑法规定或者刑法理论时,一般称为法人犯罪。在涉及我国刑法规定或者刑法理论时,一般称为单位犯罪。
[②] 参见周枏、吴文翰、谢邦宇:《罗马法》,92~93页,北京,群众出版社,1983。
[③] 参见李贵方:《新技术革命与法人犯罪问题》,载《吉林大学社会科学学报》,1986(6),69页。

在的社会有机体，法人机构及其代表人以法人名义实施的行为应视同法人的直接行为。这样，法人不仅具有权利能力，而且具有行为能力。由此直接引导出法人可以成为犯罪主体的结论。在英美法系，关于法人刑事责任，又有以下四种具体理论。

（一）同一理论

同一理论认为，法人刑事责任的基础，是一定自然人的行为，实际上就是法定代表人的行为。法人刑事责任的范围，限制在那些法定代表人范围内，包括法人的董事会和高级职员。这些人的行为就是法人的行为，这些人为法人而实施犯罪，法定代表人的刑事责任的法律后果也就理所当然地要落到法人头上。因此，同一理论强调，只有那些法定代表人的行为才能为法人带来刑事责任。

（二）归罪理论

归罪理论实质是承认替代责任，其渊源是17世纪产生的"仆人有过，主人负责"这一民事侵权行为的原则。归罪原则引入刑法领域，最初只是在严格责任犯罪的场合准许把雇员行为归属于法人，后来才允许将雇员的特定犯意归属于法人。

（三）认可和容许理论

认可和容许理论认为，法人对犯罪行为的反应是法人承担刑事责任的基础。这种反应分为认可与容许两种方式：认可，通常是指对代理人行为的事后同意。容许，则是指明知雇员的活动性质和类型并默许其继续进行，但并未明确同意。这种理论认为，法人最高管理机构对雇员的犯罪行为作出这种许可或者容许表示，就应当对这一犯罪行为承担刑事责任。

（四）证实理论

证实理论认为，被视为体现某一机构的人格的某些职务较高人员的意志和行为，就是法人的意志和行为。因此，法人的刑事责任不是替代责任，即不是代替承担由它的成员的行为所引起的责任，而是把法人视为直接违反了法定义务，亲自在实施犯罪。某人实施的特定行为是视为法人的行为，还是应视为法人成员的

个人行为，这要在法庭审理中根据证据来加以认定，因此称为证实理论。最早适用证实理论的案件，是1944年英国高等法院审理的霍拉吉有限公司欺诈案。

以上诸说，不乏烦琐之嫌，但在千方百计地对法人能够成为犯罪主体进行论证这一点上却不失其用心之良苦。英美法系的刑事立法对法人犯罪问题，作出了迅速的反应。例如美国1890年《谢尔曼法》、英国1889年的解释条例，都明确规定了处罚法人犯罪的原则。"法人具有犯罪能力"逐渐成为英美法系中的一项较为普遍的立法原则。美国《模范刑法典》在总结美国半个多世纪以来的立法和司法经验的基础上，把法人犯罪分为三类。(1) 刑法分则中的多数罪都可以附加如下三个条件而构成法人犯罪：第一，法人代理人的犯罪行为是以法人的名义进行的；第二，法人代理人的犯罪活动是在其业务范围之内；第三，法人代理人的犯罪活动得到法人最高决策机构的批准或者默许。(2) 这样一类犯罪，即前两个附加条件和第一类法人犯罪相同，不同的是第三个条件为触犯了明显地可以追究法人责任的刑法规范。(3) 没有履行法律规定法人团体应当履行的义务（不作为）而构成的法人犯罪。①

大陆法系刑法对法人犯罪的反应相对来说要迟缓一些，罗马法中的社团不能犯罪原则就像紧箍咒一样难以摆脱。但是，在法人犯罪的严峻现实面前，法律和理论终于不情愿地并且是羞羞答答地让步了。在19世纪40年代以后，有些大陆法系国家的学者提出了法人可以成为犯罪主体的观点，例如在日本刑法学界就展开了法人有无犯罪能力的争论。最终，立法者采纳了肯定说，大陆法系国家中相继出现了法人犯罪的立法例。例如日本1968年《防止大气污染法》、1970年《防止水质污染法》，都设置了处罚法人犯罪的刑法规范。尤其是1994年《法国刑法典》在第121—2条对法人犯罪作了明文规定，从而使《法国刑法典》成为第一部确认法人犯罪的刑法典。

---

① 参见储槐植：《两大法系关于犯罪构成理论和实践方面的主要差异——层次结构、法人犯罪和绝对责任》，载《国外法学》，1985 (3)，62~63页。

第一节 单位犯罪概述

社会主义国家一般都否定法人可以成为犯罪的主体。对涉及企事业单位的犯罪，明确规定追究主管人员或责任人员的刑事责任。例如《苏俄刑法典》第150条规定，凡工业企业不止一次地或者大量地发行劣质的、不合规格的、不合技术条件的或不成套的产品的，追究企业经理、总工程师等主管人员或直接责任人员的刑事责任。南斯拉夫1976年颁布了《经济违法法》，确认法人可以成为经济违法的主体。但根据该法第17条规定，对这类经济违法行为只能处以罚款。且同年通过的南斯拉夫新刑法典既未规定法人犯罪，也未规定罚款为刑罚。南斯拉夫学者明确指出："刑事责任是由个人承担的，而不是由集体承担的。"[①] 所以，严格地说，南斯拉夫刑法典并没有确认处罚法人犯罪的原则。

随着经济体制改革的不断深化，我国的法人组织不仅数量激增，而且独立性大大提高，这是商品经济发展的必然结果。在现实生活中，单位的大量有益于社会的行为和少量危害社会的行为同步进入社会领域。尤其是在经济犯罪领域，法人实施违法犯罪的现象触目惊心，而且危害严重。为此，在我国刑法学界掀起了法人能否成为犯罪主体的争论热潮。在这场讨论中，形成了对法人犯罪的肯定说和否定说两种截然对立的观点。[②] 这两种观点主要在以下五个方面针锋相对，各持己见。

（一）关于我国法人的社会主义性质问题

持肯定说的学者认为，法人的社会主义性质与法人的行为性质并不总是统一的。当法人能够摆正同国家利益的关系时，两者是统一的；反之，则不统一。因此，承认法人可以成为犯罪主体，不等于否认法人的社会主义性质，反而有利于法人制度的健全和巩固。持否定说的学者认为，我国法人的利益与国家利益总是一致的，由此决定法人的性质与国家的性质也总是一致的。承认法人可以成为犯

---

① ［南］尼古拉·塞伦蒂克：《南斯拉夫新刑法概述》，童彦译，15页，北京，群众出版社，1985。
② 参见高铭暄主编：《新中国刑法学研究综述（1949—1985）》，199～215页，郑州，河南人民出版社，1986。

罪主体，不符合我国法人的社会主义性质和法律特征。

（二）关于法人的刑事责任能力问题

持肯定说的学者认为，法人是有意识和有意志的，法人的决策机构是法人产生意识、表示意志的中枢神经。法人决策机构作出的一切决定，都是法人的意志。无论法人领导集团是遵守法人章程还是超越法人章程，都表达或体现着法人的意志，这就是追究法人刑事责任的主观依据。持否定说的同志认为，法人本身是没有意识和意志的，法人仅仅是一种法律上予以人格化的组织，法人的一切活动都受法人组织中的成员的控制。所谓法人的意志，实际上就是自然人的意志，追究法人刑事责任缺乏主观依据。

（三）关于罪责自负的刑事责任原则和刑罚目的的问题

持肯定说的学者认为，对法人犯罪进行处罚，并非由法人中的普通成员承担刑事责任；相反，处罚法人犯罪，可以警戒其他法人，体现刑罚的一般预防作用。持否定说的学者认为，所谓法人犯罪，是法人内部成员操纵的结果，理应追究操纵者的刑事责任。若处罚法人，无异于让全体法人成员分担罪责、株连无辜。况且，法人无意识和意志能力，对其适用刑罚无法实现刑罚的目的。

（四）关于刑罚的具体适用问题

持肯定说的学者认为，处罚法人犯罪，虽不能判处人身刑，但可判处罚金刑。这不会影响法人可以成为犯罪主体。而且，在立法上可以考虑把罚金刑上升为主刑。持否定说的学者认为，仅以罚金刑惩治所谓的法人犯罪，会罚不当罪，同时，还会带来诸如谁是被告及如何行使辩护权等一系列诉讼程序上难以解决的问题，并会影响法人正常功能的发挥。

（五）关于国外立法例的借鉴问题

持肯定说的学者认为，国外确认法人犯罪的立法例是值得我国借鉴的。持否定说的学者认为，各国国情不同，不能生搬硬套。我国是以公有制为主体的国家，与西方私有制毕竟不同。何况即使在国外，关于法人犯罪也是一个争执不下，悬而未决的理论问题，有的国家，例如联邦德国，仍对此持否定态度。

上述关于单位犯罪的争论,由于我国现行刑事立法确认了单位犯罪而暂告一段落,立法的天平似乎倾向了肯定说。但是,法律并非检验法理是否正确的试金石,理论上的争论不以法律如何规定为转移。对于单位犯罪也是如此。

二、单位犯罪的辨正

单位犯罪是我国刑法理论面临的一个重大理论问题,对于我国刑事立法与司法来说,也是一个紧迫的现实问题。对此,我们不应回避。在我看来,在单位犯罪这一论题中,至少以下三个问题值得强调。

(一)关于事实问题与法律问题

事实与法律是互相联系而又有所区别的两个问题。就其关系而言,事实应该是第一性的,而法律是第二性的,法律是对某种事实的确认,这是唯物论的基本观点。单位犯罪作为一个事实,是客观存在不可否认的。尽管在立法上有明确规定以前,这里所谓的犯罪只是就其事实意义上来说的,但是,在对单位犯罪的讨论中,肯定说与否定说双方都偏重于寻找法律根据,对于事实问题未予充分关注。在刑事立法明确规定单位犯罪之前,否定说以"我国现行刑法是一部仅适用于自然人的刑法"对单位犯罪予以断然否定。而肯定说也千方百计寻找所谓法律根据,甚至引用《宪法》第5条第3款的规定,即一切国家机关和武装力量、各政党和各社会团体、各企业事业组织都必须遵守宪法和法律,一切违反宪法和法律的行为,必须予以追究,以此作为单位犯罪的宪法根据。这种理论当然是十分牵强的,经不起否定说反驳。在我国刑事立法明确规定单位犯罪以后,否定说丧失了法律根据,肯定说得到了法律根据,就此似乎可以论定这场争讼的成败了。但是,问题远非如此简单。刑事立法可以解决司法实践中对单位犯罪处罚的法律根据问题,却不能彻底了结刑法理论上对单位犯罪的争讼。我认为,单位犯罪作为一种客观存在,对其视而不见是错误的,刑事立法作为对社会生活的反映,应当正视这一现实,在立法上确认单位犯罪,这是就事实与法律之间的关系所得出

的合乎逻辑的结论。但是，对刑法理论上的争论，却不能以法律是否规定作为判定成败的标准，单位犯罪问题应当突破法律表层进一步深化。

（二）关于应然与实然问题

我国法人具有社会主义性质，这是一个应然问题。但能否从这一法人社会主义性质引申出法人不可能成为犯罪主体的结论呢？对此，否定说作出了肯定的回答。否定说津津乐道于"我国法人的社会主义性质，决定了它没有构成犯罪主体的主观基础和客观依据"。似乎肯定法人犯罪，就是否定了法人的社会主义性质。在这一逻辑推论面前肯定说望而却步了，只是在实然问题上大做文章，通过列举大量法人犯罪行为的实际例证来说明法人实际上是可以成为犯罪主体的。但对肯定法人犯罪是否就否定了法人的社会主义性质却闭口不谈。我认为，否定说只见应然不见实然，肯定说只见实然不见应然，两者都没有将这一论题深化。事实上，应然与实然是两个互相联系而又互相区别的问题。在法人这一问题上，实然是指法人在现实生活中的具体活动，而应然是立法者对法人这种活动的规范。法律要求法人在其章程内活动，因而使其具有社会主义性质。但法人具体活动是否遵守法律规定，那就不以立法者的意志为转移了。从立法者对法人性质的界定得出法人不会实施违反这一性质的行为的结论，显然是难以成立的。所以，否定说是以应然代替了实然。那么，法人实际的犯罪行为是否否定了法人的社会主义性质呢？我认为不然。因为法人的社会主义性质是就法人制度的整体而言的。法人犯罪事实的存在并不足以否定我国法人的社会主义性质，而惩治法人犯罪恰恰是使我国保持社会主义性质的必要措施。肯定说以实然代替了应然，因而其论证显得苍白。

（三）关于社会属性与自然属性

法人是否具有犯罪能力，这是在解决了法人犯罪的法律障碍和社会障碍之后，涉及法人犯罪的一个最为重要的问题。这个问题解决了，其他问题就迎刃而解。在这里，我们碰上了法人的社会属性与自然属性的关系问题。否定说认为法人主观上没有犯罪意图，客观上没有犯罪行为，因而缺乏犯罪能力。因为法人是

一个社会组织，其性质和特点决定了它不具备刑事责任能力。显然，否定说强调的是法人的社会属性，否认了法人的自然属性。实际上，说否定说否认法人的自然属性并不完全属实，在民事违法与行政违法问题上，否定说并不否认法人的自然属性，它明白无误地承认法定代表人的民事与行政的违法行为应当由法人承担民事责任与行政责任。为什么法人具有民事与行政的违法能力而唯独没有刑事违法能力？这是否定说难以自圆其说的一个问题。肯定说认为法定代表人的犯罪能力就是法人的犯罪能力，这似乎是无懈可击的，但来自否定说的诘难也是不容轻视的：把法定代表人的意志和行为都视为法人的意志和行为，就会把以法人的名义实施的自然人犯罪转嫁给法人。由此可见，肯定说强调了法人的自然属性，否认了法人的社会属性。我认为，法人的社会属性与自然属性是统一的：法人具有独立的意志，法定代表人的行为只有符合法人的意志时，才得视为法人的行为，由法人承担法律后果。同时，法人的意志又是通过其法定代表人来实现的，离开了法定代表人的行为，法人只不过是一具法律僵尸而已。由此可见，法人犯罪具有双重机制：表层的是法定代表人的犯罪行为，当这一犯罪行为是由法人作出的决策或者由法人认可时，就触及了深层的法人的犯罪行为。正是在这个意义上，法定代表人的行为具有双重属性：既作为本人犯罪的行为，又作为法人犯罪的行为，这也正是对法人犯罪实行两罚制的事实基础。

三、单位犯罪的概念

当我们完成了单位犯罪的论证以后，还有必要对单位犯罪的概念作出界定。应该说，在我国主张单位犯罪的学者中，对单位犯罪的认识并不都是一致的。反映在单位犯罪的概念上，大约存在以下三说：一是法人名义说。此说主张，法人犯罪无非是自然人利用法人名义犯罪。[①] 我国学者甚至认为，凡利用法人犯罪或

---

① 参见陆翼德：《试论法人犯罪中刑、民两种性质的交叉关系》，载《中国法学》，1986（6）。

以法人为幌子的犯罪组织，都属于法人犯罪的范畴。① 二是领导批准说。此说认为，法人犯罪是指法定的代表人、主管人或直接责任人，经过法人决策机构授意、批准、认可，以法人名义，实施侵害我国刑法所保护的社会关系的行为。② 三是法人利益说。此说认为，法人犯罪是指法定代表人、主管人员或直接责任人员在其职务范围内以法人名义并为法人利益而实施的犯罪行为。③

我认为，上述三种关于单位犯罪的概念，应以法人利益说为妥。毫无疑问，单位犯罪当然是为法人利益而实施的犯罪，否则，就不成其为单位犯罪。把利用法人名义、以法人为幌子而实施的犯罪也称为单位犯罪，这无异于为犯罪分子开脱罪责。同理，以领导批准作为法人犯罪的成立条件，无异于为那些中饱私囊的单位成员犯罪开脱罪责。总之，单位犯罪作为一个特定的法律概念应有其严格的内涵限制。构成单位犯罪，必须具备以下四个条件：第一，单位内部成员以单位的名义实施犯罪行为。凡盗用、冒用单位名义实施犯罪的，不属于单位犯罪，应依法追究盗用人、冒用人的刑事责任。第二，单位内部成员按单位决策机构的旨意实施犯罪行为。凡单位内部成员未经单位决策机构批准、同意或认可而实施的行为，单位不承担责任。实行一长制的单位，其法定代表人的意志就是单位决策机构的旨意。第三，单位内部成员在执行职务活动中实施犯罪行为。凡单位内部成员实施与其职务活动无关的危害行为，概由本人负责。第四，单位内部成员为了单位利益实施犯罪行为。这是构成单位犯罪的实质条件。单位内部成员对犯罪所得中饱私囊的，构成个人犯罪，单位不负责任。综上所述，我认为，单位犯罪是指单位的主管人员或者直接责任人员在职务活动中，以单位的名义，根据单位决策机构的旨意，为单位利益实施依法应受刑罚处罚的犯罪行为。

关于单位犯罪的处罚，纵观国内外刑法理论和立法例，主要有代罚制、转嫁

---

① 参见王芝祥、莫志成：《制定经济刑法刍议》，载《法学》，1987（4）。
② 参见马结：《论经济犯罪的综合治理》，载《政法论坛》，1987（2）。
③ 参见李僚义：《法人犯罪与商品经济的发展》，载《光明日报》，1987-01-21。

制和两罚制三种方法。代罚制是指只处罚与犯罪有关的单位内部成员,不处罚法人。转嫁制是指只处罚单位,不处罚与犯罪有关的单位内部成员。两罚制是指同时处罚单位和与犯罪有关的单位内部成员。目前,世界各国广泛采用的是单位犯罪的两罚制,我国刑法亦然。我认为,采用代罚制,只处罚个人而不处罚犯罪的单位,就使得单位犯罪的规定毫无实际意义。采用转嫁制,只处罚单位而不处罚与犯罪有关的个人,则不利于预防单位犯罪,客观上也会造成个人以单位为工具实施犯罪的现象。唯独采用两罚制,才能克服代罚制和转嫁制各执一端的缺陷。因此,我认为应对单位犯罪实行两罚制。除按照两罚制对单位判处罚金以外,还有必要增设对犯罪的单位适用的资格刑,其具体内容是:限期停业整顿;对于情节特别严重的,应当强制解散,这在理论上也被称为刑事破产。

第二节　单位共同犯罪

一、单位共同犯罪的概念

单位共同犯罪是指在单位犯罪情况下,由单位组织中的个人构成的共同犯罪。在这种情况下,单位是单独犯罪,而单位组织中的个人则是共同犯罪。在单位犯罪中,个人可能是单独犯罪。例如,在实行一长制的情况下,该法定代表人决定为单位的利益实施某一单位犯罪行为,构成单位犯罪。从个人犯罪的角度来说,该法定代表人是单独犯罪。但在大多数情况下,单位组织的代表人不止一人,有的甚至是一个决策机构,涉及数十人。在这种情况下,构成单位犯罪的组织机构中的个人犯罪就是共同犯罪。对此,称之为单位共同犯罪,确切地说,应该是单位组织机构中个人的共同犯罪。因此,单位犯罪与共同犯罪是不能互相等同但在多数情况下存在重合的两种犯罪形态。所谓单位犯罪与共同犯罪不能互相等同,是指单位犯罪不是在所有情况下都是共同犯罪,存在单独犯罪的单位犯

罪。所谓在多数情况下存在重合，是指单位犯罪承担责任的包括两种人，这就是单位中的直接负责的主管人员和直接责任人员。在大多数情况下，这两种人都要承担刑事责任，因而单位犯罪在多数情况下都是共同犯罪。

单位犯罪正因为与共同犯罪具有如此密切的联系，所以，有些刑法将单位犯罪和共同犯罪归在一起，例如美国伊利诺伊州刑法典在共同犯罪一章里分列两部分内容：共同犯罪和法人犯罪。[1] 我国在 1997 年《刑法》修订中，也有类似意见，认为法人与共同犯罪有一定联系，故应当将其规定在刑法总则第二章第三节共同犯罪中，甚至有的学者主张在"共同犯罪"一节之后增设一节"法人犯罪"。我认为，这种意见看到了法人犯罪与共同犯罪的联系，这是正确的，但把法人犯罪简单地视为是集体犯罪，因而与共同犯罪相等同，却是让我难以接受的。实际上，法人犯罪，就法人个数来说，只是一个，因而并非法人犯罪都是共同犯罪，只有在数个单位共同犯罪的情况下，才是名副其实的共同单位犯罪。对此，将在本章第三节专门加以研究。但这种情况显然不是单位犯罪的一般形态，而是单位犯罪的特殊形态。所以，我认为单位犯罪首先是一个犯罪主体问题，它和个人犯罪是相对应的。单位组织机构中的个人共同犯罪，属于特殊的自然人共同犯罪。这种共同犯罪与一般共同犯罪，尤其是犯罪集团相比，具有以下两个特点：第一，犯罪集团是为实行犯罪而建立起来的非法组织，这个组织建立本身就是非法的，在某些情况下，例如建立恐怖犯罪集团，该行为本身就构成犯罪。在大多数情况下，建立犯罪集团本身是犯罪的预备行为。而在法人犯罪的情况下，除非为实施犯罪而组建法人（这种情况不能排除），其他大多数情况下，法人都是合法组织，是依法组建的。第二，一般共同犯罪，尤其是犯罪集团中，参加的人都有犯罪意图和相应的犯罪行为。而在法人犯罪的情况下，并非法人的所有成员都有犯罪意图和犯罪行为。正因为法人共同犯罪具有不同于一般共同犯罪的特点，因

---

[1] 参见储槐植：《两大法系关于犯罪构成理论和实践方面的主要差异——层次结构、法人犯罪和绝对责任》，载《国外法学》，1985（3），62 页。

而其定罪与处罚问题值得专门探讨。

二、单位共同犯罪的认定

单位共同犯罪的认定，是一个既涉及对以单位名义所实施的具体犯罪的判断，同时又涉及单位及其职务相关性的判断，因而具有一定的复杂性。我认为，在认定单位共同犯罪的时候，应当坚持以下两个原则。

（一）罪责限定原则

单位作为一个社会组织，其成员少则数十人，多则成千上万，一般都具有一定的规模。单位共同犯罪，并非将全部单位组织机构的成员都视为犯罪主体，因而应该对单位共同犯罪的罪责加以严格限定。具体地说，就是要求构成单位共同犯罪的人必须主观上对单位犯罪具有罪责。在刑法教义学中，罪责可以分为故意和过失。单位犯罪通常由故意构成，但在某些情况下也可以由过失构成。因此，单位犯罪可以分为故意单位犯罪与过失单位犯罪。

1. 故意单位犯罪

单位犯罪的故意具有不同于个人犯罪故意的特征，主要表现为在单位犯罪中，这种犯罪意志是单位的整体意志。正是这种单位的犯罪意志，为故意的单位犯罪承担刑事责任提供了主观根据。故意的单位犯罪大多数是经济犯罪，因而往往具有为本单位谋取非法利益的动机。对于这些犯罪来说，是否为本单位谋取非法利益，是单位犯罪的罪与非罪区分的标志。如果单位虽然实施了某一违法行为，但并未为本单位谋取非法利益，就不构成单位犯罪。同时，为本单位谋取非法利益还是单位犯罪与个人犯罪区分的标志。如果单位内部人员假借单位名义实施犯罪为个人谋取私利，那就不是单位犯罪而只能是单位内部人员的个人犯罪。还有个别故意的单位犯罪，虽然不具有为单位谋取非法利益的动机，但往往也是以单位名义实施。例如1997年《刑法》第396条第1款私分国有资产罪，刑法规定为单位犯罪，这种犯罪不仅没有为单位谋取利益，而恰恰是损害单位利益。

但这种犯罪之所以被规定为单位犯罪，就在于它是以单位名义实施的，因而刑法规定其为单位犯罪。

2. 过失单位犯罪

过失行为一般来说具有个人性，个人行为往往是职务行为。在一般情况下，我国刑法规定的过失的单位犯罪都只处罚单位中的直接责任人员，而不处罚单位。例如《刑法》第137条规定的工程重大安全事故罪，该罪的主体是建设单位、设计单位、施工单位、工程监理单位，但刑法并未规定处罚上述单位，而只是处罚单位的直接责任人员。当然，我国刑法中规定的过失的单位犯罪，也有实行双罚制的。例如《刑法》第229条第3款规定了出具证明文件重大失实罪，本罪自然人犯罪的主体是指承担资产评估、验资、验证、会计、审计、法律服务、保荐、安全评价、环境影响评价、环境监测等职责的中介组织中的人员，这些中介组织中的人员出具证明文件重大失实的，根据《刑法》第231条的规定，单位也构成犯罪，并判处罚金。在这种情况下，单位之所以构成犯罪是因为中介组织对其人员的职务行为具有监督职责。没有履行这种职责的，单位应构成犯罪。

在单位犯罪的认定中，应当严格判断单位犯罪的故意与过失。对于单位犯罪来说，只有对单位犯罪行为具有主观上的故意或者过失的直接负责的主管人员或者其他直接责任人员才能负刑事责任。如果虽然是单位直接负责的主管人员或者其他直接责任人员，但对单位犯罪行为主观上并无故意或者过失，则对单位犯罪行为不负刑事责任。

（二）职权相关原则

单位组织机构内部往往存在分工，单位的决策权一般都掌握在法定代表人或者一定的机构手中，有时还需要由上级主管部门批准。因此，单位共同犯罪的认定，还必须根据职权的相关性，对其客观方面的行为加以认定。英美刑法对法人共同犯罪区分直接行为者和间接行为者。法律规定，直接行为者不能因以法人名义或为法人获利免除责任，雇员对被上级命令或授权进行的犯罪行为也必须承担责任。与此同时，法律还规定了间接行为者的责任问题。在法人犯罪中，直接行

为者往往是下层雇员，间接行为者则往往是上层雇员。[①] 我认为，英美刑法对单位共同犯罪的这种区分值得我国借鉴，但也不能照搬。在我国刑法中，应当根据职权相关原则来认定单位共同犯罪。根据职权相关原则，可以构成单位共同犯罪的，应该是以下两种人：一是直接负责的主管人员。在刑法理论上，单位犯罪中的直接负责的主管人员，通常是指对单位犯罪负有主管责任的人员。这种人员，相当于英美刑法有关单位共同犯罪中的间接行为者，通常是上级部门负有领导责任的人员，他们对下属的犯罪行为暗中默许、放任不管，甚至公开支持，因而根据职权相关原则，应当追究其刑事责任。二是其他直接责任人员。在刑法理论上，单位犯罪中的其他直接责任人员是指对单位的犯罪行为负有决定、策划、组织或者主要实施作用的人员。这种人员，相当于英美刑法有关法人共同犯罪中的直接行为者，通常是单位组织机构内部具有决策权的人员。应该指出，对于具体实行单位犯罪行为的人是否构成共同犯罪，不可一概而论。根据职权相关原则，只有那些在单位组织机构中具有相关职权的人实施具体单位犯罪行为的，才构成犯罪。如果单位决策机构经过讨论决定实施某一犯罪行为，授权单位组织机构中的某个一般成员去具体实施，这个单位成员具有执行公务的性质。在不知情的情况下其当然不构成犯罪；在知情的情况下其一般也不构成犯罪，只有知情而且在具体实施中起了主要作用的人才构成犯罪。在这种情况下，不应简单地套用"雇员对被上级命令或授权进行的犯罪行为也必须承担责任"的英美刑法原则。因为单位犯罪是一种特殊犯罪形态，法人中个人的共同犯罪与单位犯罪是密切相关的。单位犯罪主要表现在作出某种犯罪的决策，至于具体实施者，只不过是负责将这种决策付诸实施。应该追究的是主要决策者的刑事责任，否则就会发生具体经办人员锒铛入狱，实际决策人员逍遥法外的不合理现象。

根据上述罪责限定原则和职权相关原则，我们就可以将单位共同犯罪从主观与客观两个方面限制在一定的范围之内，避免扩大刑事责任的范围，罚及无辜，

---

① 参见李贵方：《新技术革命与法人犯罪问题》，载《吉林大学社会科学学报》，1986（6），71页。

第二十三章 共同犯罪的单位犯罪

这也是法治原则在认定单位共同犯罪中的具体体现。例如北京匡达制药厂偷税案。[①] 被告单位北京匡达制药厂，住所地北京市××开发区，法定代表人王璐林。诉讼代表人李献军，北京匡达制药厂市场部经理。

被告人王璐林，男，50岁，汉族，大学文化，原系北京匡达制药厂法定代表人，北京针灸骨伤学院坏死性骨病医疗中心主任。因涉嫌犯偷税罪，于2001年9月28日被羁押，同年10月11日被逮捕，2002年7月26日被取保候审。

北京市延庆县人民检察院以被告单位北京匡达制药厂（以下简称"匡达制药厂"）、被告人王璐林犯偷税罪向北京市延庆县人民法院提起公诉。北京市延庆县人民法院经公开审理查明：匡达制药厂于1997年9月12日注册成立，住所地北京市××开发区，法定代表人王璐林，总经理王彦霖，经济性质系股份合作制企业，主要生产的产品是"健骨生丸"。匡达制药厂于1998年2月6日至1998年12月23日，共生产健骨生丸566 600盒。总经理王彦霖指令保管员肖春霞将其中358 313盒登记在药厂正式账上，其余208 287盒采用不登记入库的方法，另做记录，药厂销售科人员可以打白条形式将药品领走。在被告人王璐林任北京匡达制药厂的法定代表人期间，1998年1月至1999年1月，北京针灸骨伤学院坏死性骨病医疗中心共打白条领出5 123大盒健骨生丸，销售后的金额为人民币4 508 240元（出厂价每大盒人民币880元），既没有在北京匡达制药厂登记入账，亦未向延庆县国税局申报纳税，致匡达制药厂偷逃增值税税款人民币655 043.42元，占同期应纳税款额的52.97%。

北京市延庆县人民法院认为：被告单位匡达制药厂及其直接责任人王璐林为企业获取非法利益，违反税收法规，采取生产的产品不入账，用白条出库，收款不入账的手段，通过在坏死性骨病医疗中心销售本厂生产的药品，偷逃税款人民币655 043.42元，占同期应纳税额52.97%，破坏了税收征管制度，扰乱了社会

[①] 参见康瑛、周万毅：《北京匡达制药厂偷税案——如何认定单位犯罪直接负责的主管人员》，载最高人民法院刑事审判第1庭：《刑事审判参考》，第33集，1～6页，北京，法律出版社，2003。

第二节 单位共同犯罪

市场经济秩序,均已构成偷税罪,应予惩处。延庆县人民检察院指控被告北京匡达制药厂、被告人王璐林犯偷税罪的事实清楚,证据充分,指控的罪名成立。在偷税的过程中,任法定代表人兼任坏死性骨病医疗中心主任的王璐林负有直接责任。在追究法人单位的同时应一并追究直接责任人王璐林的刑事责任。依照《刑法》第201条第1款,第211条,第72条第1款,第73条第2、3款和最高人民法院《关于审理偷税抗税刑事案件具体应用法律若干问题的解释》第1条第(2)项的规定,判决如下:

1. 被告单位北京匡达制药厂犯偷税罪,判处罚金人民币一百四十万元。
2. 被告人王璐林犯偷税罪,判处有期徒刑三年,缓刑三年,并判处罚金人民币七十万元。

一审宣判后,被告单位北京匡达制药厂及被告人王璐林不服,向北京市第一中级人民法院提出上诉。

被告单位北京匡达制药厂上诉称虽然单位构成偷税罪,但不应对单位判处巨额罚金。

被告人王璐林上诉提出其行为不构成偷税罪。

北京市第一中级人民法院经审理认为:被告单位匡达制药厂为偷逃税款,故意将生产的部分产品隐匿,销售后收入不入账,偷逃增值税税款人民币655 043.42元,占同期应纳税额52.97%,其行为已构成偷税罪,依法应予惩处。被告人王璐林虽为匡达制药厂的法定代表人,但经法庭质证确认的证据证明,匡达制药厂由总经理王彦霖负责,将其中358 313盒登记在药厂正式账上,其余208 287盒采用不登记入库的方法,另做记录可由药厂销售科人员以打白条形式领走,系王彦霖授意为之,无证据证明王璐林具有决定、批准、授意、指挥企业人员不列或少列收入,从而偷税的行为。故认定王璐林系匡达制药厂偷税犯罪直接负责的主管人员,应追究偷税罪的刑事责任证据不足,一审法院判决认定

第二十三章 共同犯罪的单位犯罪

北京匡达制药厂构成偷税罪的证据确实、充分，审判程序合法，但量刑不当，应予改判。被告单位匡达制药厂及其辩护人所提对单位罚金过重、被告人王璐林及其辩护人所提王璐林的行为不构成偷税罪的上诉理由和辩护意见，本院予以采纳。据此，依照《刑事诉讼法》第189条第（3）项和《刑法》第201条第1款、第211条、第3条及最高人民法院《关于审理偷税抗税刑事案件具体应用法律若干问题的解释》第1条、《刑事诉讼法》第189条第（2）项、最高人民法院《关于执行〈中华人民共和国刑事诉讼法〉若干问题的解释》第176条第（4）项之规定，判决如下：

1. 撤销北京市延庆县人民法院（2002）延刑初字第176号刑事判决主文，即被告单位北京匡达制药厂犯偷税罪，判处罚金人民币一百四十万元；被告人王璐林犯偷税罪，判处有期徒刑三年，缓刑三年，并处罚金人民币七十万元。
2. 被告单位北京匡达制药厂犯偷税罪，判处罚金人民币七十万元。
3. 被告人王璐林无罪。

在本案中，北京匡达制药厂实施了偷税行为，构成偷税罪（现已改为逃税罪），这是没有争议的。王璐琳因担任被告单位法定代表人，故在一审中被认定为被告单位的直接负责的主管人员，对单位犯罪承担刑事责任。但二审判决则认定匡达制药厂总经理王彦霖负责具体生产事宜，被告单位的偷税行为系王彦霖指使下具体实施，因而认定王彦霖系被告单位的直接负责的主管人员，对单位犯罪承担刑事责任。王璐琳虽然是被告单位的法定代表人，但其未参与策划、组织、实施单位犯罪行为，因而二审判决王璐琳无罪。对于本案，裁判理由指出：本案中被告单位匡达制药厂将生产的部分产品隐匿，销售后收入不入账，偷逃增值税税款的行为构成偷税罪没有疑义，但能否以此追究其法定代表人王璐林的刑事责任，关键在于能否认定被告人王璐林属于该单位犯罪行为的"直接负责的主管人

员"。这就涉及"直接负责的主管人员"的理解问题。对此，我国刑法及相关司法解释未作具体规定，我们认为，应从以下两个方面来加以把握：第一，直接负责的主管人员是在单位中实际行使管理职权的负责人员；第二，对单位具体犯罪行为负有主管责任。该两个条件缺一不可，如非单位的管理人员，就谈不上主管人员；如与单位犯罪无直接关系，就不能说对单位犯罪负有直接责任。司法实践中，主管人员主要包括单位法定代表人、单位的主要负责人、单位的部门负责人等。但以上单位的管理人员并非在任何情况下都要对单位犯罪承担刑事责任，只有当其在单位犯罪中起着组织、指挥、决策作用，所实施的行为与单位犯罪行为融为一体，成为单位犯罪行为组成部分之时，上述人员才能成为单位犯罪的处罚主体，对单位犯罪承担刑事责任。需强调指出的是，单位的法定代表人，也即"一把手"，作为单位的最主要的领导成员，在单位里对重要问题的决定会起着至为重要的作用，在单位实施犯罪的情况下，是否均需对单位犯罪负责？对此，同样不能一概而论。应否承担刑事责任，仍需视其是否具体介入了单位犯罪行为，在单位犯罪过程中是否起到了组织、指挥、决策作用。在主持单位领导层集体研究、决定或者依职权个人决定实施单位犯罪的情况下，其当属"直接负责的主管人员"；反之，在由单位其他领导决定、指挥、组织实施单位犯罪，不在其本人职权分工范围之内，本人并不知情的情况下，则不应以单位犯罪直接负责的主管人员追究其刑事责任。当然，单位的法定代表人因失职行为，依法构成其他犯罪的，另当别论。具体到本案，被告人王璐林虽然是被告单位匡达制药厂的法定代表人，但经法庭质证确认的证据不能证明王璐林具有决定、批准、授意、指挥、组织企业人员采用"打白条"的形式，在账簿上不列或少列收入，以偷逃税款的行为，且相关证据证明偷逃税款系匡达制药厂总经理王彦霖授意所为，所以一审法院判决认定王璐林系北京匡达制药厂偷税犯罪直接负责的主管人员，应追究偷税罪的刑事责任证据不足，二审法院依法予以改判王璐林无罪的判决是正确的，体现了罪刑法定和罪责自负的刑法原则。

我认为，上述裁判理由是正确的，对于认定单位犯罪的直接负责的主管人员

具有重要参考价值。在司法实践中，对单位犯罪定罪的时候，不能仅仅根据在被告单位担任的职务，即根据职务高低，认定单位的直接负责的主管人员和其他直接责任人员。而是应当考察职务关联性，以及是否在客观上实施了对单位犯罪的决定、批准、授意、指挥行为，主观上是否具有故意或者过失。只有在此基础上，才能正确认定单位犯罪的直接负责的主管人员和其他直接责任人员。

三、单位共同犯罪的处罚

单位共同犯罪的处罚，主要是要在分清各个共犯在单位共同犯罪中作用大小的基础上，确定刑事责任的程度问题。

对于单位共同犯罪是否区分主犯与从犯，这是在司法实践中存在争议的问题。值得注意的是2000年9月30日最高人民法院《关于审理单位犯罪案件对其直接负责的主管人员和其他直接责任人员是否区分主犯、从犯问题的批复》（以下简称《批复》）指出：你院鄂高法〔1999〕374号《关于单位犯信用证诈骗罪案件中对其"直接负责的主管人员"和"其他直接责任人员"是否划分主从犯问题的请示》收悉。经研究，答复如下：在审理单位故意犯罪案件时，对其直接负责的主管人员和其他直接责任人员，可不区分主犯、从犯，按照其在单位犯罪中所起的作用判处刑罚。上述《批复》明确了对单位共同犯罪中的直接负责的主管人员和直接责任人员不分主犯与从犯的司法规则。之所以作出这一批复，是考虑到在单位共同犯罪中直接负责的主管人员和直接责任人员这两类人员在单位共同犯罪中的单位和作用各不相同。单位共同犯罪的犯罪行为，通常表现为单位犯罪的决策并且将其付诸实施，其中，直接负责的主管人员对单位犯罪的决策行为，对于单位犯罪具有十分重要的意义。因此，不能简单地认为，只参与决策而没有具体实施的人员在单位共同犯罪中的作用必然小于实施者。反之，如果没有直接责任人员具体实施单位犯罪行为，单位犯罪也不可能成立。因此，也不能简单地认为，只参与具体实施而没有参加决策的人员在单位共同犯罪中的作用必然小于

决策者。由此可见，对单位共同犯罪中直接负责的主管人员和直接责任人员不区分主犯和从犯的规定具有一定的道理。当然，这一规定不是绝对的，更不能认为在单位共同犯罪案件中一概不区分主犯和从犯。

2001年1月21日最高人民法院《全国法院审理金融犯罪案件工作座谈会纪要》（以下简称《纪要》）规定："直接负责的主管人员，是在单位实施的犯罪中起决定、批准、授意、纵容、指挥等作用的人员，一般是单位的主管负责人，包括法定代表人。其他直接责任人员，是在单位犯罪中具体实施犯罪并起较大作用的人员，既可以是单位的经营管理人员，也可以是单位的职工，包括聘任、雇佣的人员。应当注意的是，在单位犯罪中，对于受单位领导指派或奉命而参与实施了一定犯罪行为的人员，一般不宜作为直接责任人员追究刑事责任。对单位犯罪中的直接负责的主管人员和其他直接责任人员，应根据其在单位犯罪中的地位、作用和犯罪情节，分别处以相应的刑罚，主管人员与直接责任人员，在个案中，不是当然的主、从犯关系，有的案件，主管人员与直接责任人员在实施犯罪行为的主从关系不明显的，可不分主、从犯。但具体案件可以分清主、从犯，且不分清主、从犯，在同一法定刑档次、幅度内量刑无法做到罪刑相适应的，应当分清主、从犯，依法处罚"。根据上述规定，单位共同犯罪中的直接负责的主管人员和直接责任人员不是当然的主、从关系，只有在不能分清主犯和从犯的情况下才不区分主犯和从犯。在能够分清主犯和从犯，并且如果不区分主犯和从犯，就难以做到罪刑相适应的情况下，还是应当区分主犯和从犯。因此，《纪要》的上述规定是对《批复》的具体化和进一步的补充。

更为重要的是，不能机械地把单位共同犯罪不区分主犯和从犯这一规定的适用范围从直接负责的主管人员和直接责任人员之间如果难以分清主犯和从犯的情况下，不区分主犯和从犯，扩大到只要是单位共同犯罪一概不区分主犯和从犯。其实，单位共同犯罪的情况是极为复杂的。除由一个直接负责的主管人员和一个直接责任人员构成的单位共同犯罪以外，还存在着二个或者二个以上直接负责的主管人员和二个或者二个以上直接责任人员构成的单位共同犯罪。在这种情况

下,二个或者二个以上的直接负责的主管人员和直接责任人员之间显然还是应当区分主犯和从犯。例如,在单位共同犯罪中,各共同犯罪人的职权有大小之分,因而对于决策的影响力也有轻重之别。在处罚单位共同犯罪的时候,不能不考虑这种职权的大小。一般来说,职权大的比职权小的人要承担更重的刑事责任。但也不可将职权大小对刑事责任的影响绝对化,有些人在单位组织机构中职权虽然并不是最高的,但却直接分管某一项业务活动,在从事这一业务活动过程中,积极提议并参与决策、具体实施单位犯罪活动。对此,该人就应负主要的刑事责任。

总之,在对单位共同犯罪处罚的时候,应当结合共同犯罪人在单位组织机构中的职权及其所实施的具体行为,综合地评判其在单位犯罪中的作用,正确地认定主犯和从犯,以便使单位犯罪中的各共同犯罪人得到与各自罪行相称的处罚。

第三节 共同单位犯罪

一、共同单位犯罪的概念

共同单位犯罪是指两个以上单位构成的共同犯罪。在这种情况下,单位是共同犯罪,单位中的个人当然也是共同犯罪。单位犯罪和个人犯罪一样,也有单独犯罪与共同犯罪之分。一个单位犯罪的,是单独犯罪;两个以上单位犯罪的,就是共同犯罪,称之为共同单位犯罪,以别于由一个单位组织机构内部的个人构成的共同犯罪即单位共同犯罪。

共同单位犯罪的特点主要表现在:其一,共同单位犯罪是单位犯罪的共犯形态。在此,我侧重考察的是两个以上的单位是如何互相勾结进行犯罪活动的,以及各单位的定罪量刑问题。至于其中的个人构成的共同犯罪,则是一种更为复杂的单位共同犯罪,即两个以上单位中的个人的共同犯罪,应按照处理有关单位共

同犯罪的原则解决。其二，共同单位犯罪由于是单位构成的共同犯罪，因而它与一般的个人共同犯罪也存在较大的差别。因此，在处理共同单位犯罪的时候，不能简单地适用共同犯罪的一般原则。

二、共同单位犯罪的认定

共同法人犯罪是否构成，这是认定共同法人犯罪所要解决的核心问题。我认为，共同法人犯罪应该从以下三个方面加以认定。

（一）主体的该当性

认定共同单位犯罪，首先必须确定具有两个以上的单位。根据我国《民法典》第57条的规定："法人是具有民事权利能力和民事行为能力，依法独立享有民事权利和承担民事义务的组织。"如果不具备这一要件，即使是实施严重危害社会行为的组织，也不能构成共同单位犯罪。当前社会上存在一些皮包公司，这些公司无资金、无经营场所、无设备、无固定从业人员。根据《公司法》规定，这些所谓公司并不具备公司成立的条件，当然也不具有法人资格。因此，这些单位实施的犯罪，不是单位犯罪而应当视为个人犯罪。同样，如果一个单位与一个这种皮包公司互相勾结或者两个以上皮包公司互相勾结进行犯罪活动，都不是共同单位犯罪。对此，1999年6月25日最高人民法院《关于审理单位犯罪案件具体应用法律有关问题的解释》第2条规定："个人为进行违法犯罪活动而设立的公司、企业、事业单位实施犯罪的，或者公司、企业、事业单位设立后，以实施犯罪为主要活动的，不以单位犯罪论处。"

（二）故意的共同性

共同犯罪是二人以上共同故意犯罪，犯罪人之间主观上必须具有故意的共同性。在共同单位犯罪的情况下，也不例外。但共同单位犯罪的共同故意与一般共同犯罪的共同故意有所不同，应当加以注意。

单位犯罪的故意，主要表现在支配其犯罪行为的单位的意志上。单位是由国

家赋予它法律上的人格的社会组织,是法律拟制的人。它本身既无大脑,也无思维,然而它毕竟是为了从事特定的社会活动由自然人所组织起来的。因此,在自然人的意志的基础上,又会形成其共同的意志,即单位意志。所以,单位意志在本质上是自然人意志的有机集合,它源于个人意志,又高于个人意志,一旦形成便与其内部成员的个别意志相分离而独立存在,成为超越于个人意志之上的集体意志。单位意志在形式上则表现为法定代表人或机构的决策。在单位犯罪的情况下,法定代表人的犯罪意志就是单位的犯罪意志。在单独单位犯罪的情况下是这样,那么,在共同单位犯罪的情况下又如何呢?共同单位犯罪是两个以上单位的犯罪合意,如前所述,单位意志是通过自然人的意志表现出来的,因此,在一般情况下,共同单位犯罪的故意是通过两个以上单位的代表人的犯罪勾结而实现的。例如,甲乙两个单位组织机构的代表人共同决定为单位利益进行走私犯罪活动,各自出资若干作为走私的资本,这样就形成了共同单位犯罪的合意。

共同单位犯罪故意的认定,是一个复杂的问题。尤其是在单位决策机构不止一个的情况下,如何确定共同单位犯罪的故意,需要足够的证据。

(三) 行为的共同性

共同单位犯罪的构成,不仅在主观上要有故意的共同性,而且在客观上还要有行为的共同性。在单位共同犯罪中,同一个单位内部的两个以上自然人共同犯罪,其犯罪行为需要具有共同性。但就单位而言,这只是一个单位的单独犯罪行为。在共同单位犯罪的情况下,两个以上单位的行为要求具有共同性。这种行为共同性,较之自然人共同犯罪的行为共同性更为复杂。

单位犯罪行为,是指单位实施犯罪的整体行为。这种整体行为不同于单位组织机构内部的个体行为,也不是个体行为的简单相加,而是由单位意志支配并体现单位意志的行为。但是这种整体行为是以自然人的活动为基础形成的,因而它又以单位组织机构内部具有权力并代表单位的个人所实施的行为为其存在和表现形式。这些具有权力并能代表单位实施行为的个人,一般是法定代表人,或者单位其他内部负责的主管人员和直接责任人员,他们的体现单位意志的种种活动,

就是单位整体行为的具体化。在共同单位犯罪的情况下，是两个以上单位的整体行为的互相结合，构成共同单位犯罪的共同行为。在单位代表人只有一个的情况下，这一代表人全权代表单位。因此，他与另一单位的代表人的行为就是共同单位犯罪的共同行为。而在单位负责人具有若干个的情况下，还不能简单地把其中一个单位负责人的行为看作这一单位的整体行为；他和其他单位负责人的行为也不能简单地视为共同单位犯罪的共同行为。因为，如果这一单位负责人并没有得到该单位的合法授权，其行为只能是个人行为，而非单位行为。只有在双方都代表各自单位意志的时候，他们的行为才是共同单位犯罪的共同行为。两个以上单位有时还往往通过合营等方式建立新的单位，这一单位具有独立的法律地位，其所实施的单位犯罪行为，只能由该单位本身承担刑事责任。这是单独单位犯罪，而不得视为合营的两个以上单位之间的共同行为，因而不能与共同单位犯罪混为一谈。

共同单位犯罪的行为，在表现形态上是形形色色的。在司法实践中，一定要结合具体案情，根据直接负责的主管人员和直接责任人员的活动，实事求是地加以认定。例如普宁市流沙经济发展公司等单位虚开增值税专用发票案。[1] 广东省揭阳市中级人民法院经审理认为：被告单位原普宁市流沙镇人民政府已于2000年12月5日经广东省民政厅批准，被揭阳市人民政府撤销，其行为能力和权利能力均已丧失，已不能再作为本案诉讼主体。被告单位普宁市流沙经济发展总公司、普宁市国家税务局城区中心分局无视国家法律，明知他人从事虚开增值税专用发票、骗取国家出口退税犯罪活动而积极提供借贷资金和财政补贴，被告人黄少壮、林郁、何培洪、黄少宜在明知他人正在从事虚开增值税专用发票、骗取国家出口退税犯罪活动的情况下，为给各自单位谋取利益，以各自单位名义积极为

---

[1] 参见牛克乾：《普宁市流沙经济发展公司等单位虚开增值税专用发票案——单位共同虚开增值税专用发票如何定罪处罚》，载最高人民法院刑事审判第一庭、第二庭：《刑事审判参考》，第31辑，19～34页，北京，法律出版社，2003。

第二十三章　共同犯罪的单位犯罪

虚开增值税专用发票、骗取国家出口退税分子提供借贷资金和财政补贴，其行为均已构成虚开增值税专用发票罪，且数额特别巨大，情节特别严重，给国家利益造成特别重大损失。被告单位普宁市流沙经济发展总公司的辩护人辩称该公司的行为不构成虚开增值税专用发票罪，被告人黄少壮、林郁、何培洪、黄少宜及黄少壮、林郁、黄少宜的辩护人均辩称各被告人的行为不构成虚开增值税专用发票罪的理由均不成立，不予采纳。被告人黄少壮是原普宁市流沙镇人民政府直接负责的主管人员，被告人何培洪是其他直接责任人员。被告人林郁是普宁市国家税务局城区中心分局直接负责的主管人员。黄少宜既是普宁市流沙经济发展总公司直接负责的主管人员，也是原普宁市流沙镇人民政府的其他直接责任人员。被告单位普宁市流沙经济发展总公司、普宁市国家税务局城区中心分局及被告人黄少壮、林郁、何培洪、黄少宜所犯虚开增值税专用发票罪均情节严重，应分别予以处罚。在伙同江极洲等人虚开增值税专用发票的共同犯罪中，被告单位普宁市流沙经济发展总公司、普宁市国家税务局城区中心分局起辅助作用，是从犯，依法应从轻处罚；在被告人黄少壮、林郁、何培洪、黄少宜的共同犯罪中，被告人黄少壮、林郁、何培洪起主要作用，是主犯；被告人黄少宜起次要作用，是从犯，依法应减轻处罚。被告人何培洪身为国家工作人员，竟利用职务上的便利，挪用公款数额较大，超过3个月未还，其行为又已构成挪用公款罪。对被告人何培洪，依法应予数罪并罚。被告人何培洪及其辩护人辩称何的行为不构成贪污罪而构成挪用公款罪之理由成立，可予采纳。被告人何培洪在被司法机关采取强制措施之前，能如实交代司法机关尚未掌握的挪用公款罪行，应以自首论，依法可从轻处罚。公诉机关指控被告单位普宁市流沙经济发展总公司、普宁市国家税务局城区中心分局及被告人黄少壮、林郁、何培洪、黄少宜犯虚开增值税专用发票罪罪名成立，予以支持；但指控被告人林郁犯徇私舞弊发售发票罪依据不足，不予支持；指控被告人何培洪犯贪污罪及适用《刑法》第205条第2款、第382条第1款、第383条第1款不当，应予纠正。依照《刑法》第205条第3款，第384条第1款，第26条第1、4款，第27条，第69条第1款，第67条第2款的规

定，于 2001 年 4 月 26 日判决如下：

  1. 对被告单位原普宁市流沙镇人民政府终止审理；
  2. 被告单位普宁市流沙经济发展总公司犯虚开增值税专用发票罪，判处罚金人民币八十万元；
  3. 被告单位普宁市国家税务局城区中心分局犯虚开增值税专用发票罪，判处罚金人民币一百二十万元；
  4. 被告人黄少壮犯虚开增值税专用发票罪，判处有期徒刑十五年；
  5. 被告人林郁犯虚开增值税专用发票罪，判处有期徒刑十二年；
  6. 被告人何培洪犯虚开增值税专用发票罪，判处有期徒刑十年；犯挪用公款罪，判处有期徒刑三年；决定执行有期徒刑十二年；
  7. 被告人黄少宜犯虚开增值税专用发票罪，判处有期徒刑三年。

  宣判后，各被告人均未提起上诉，检察机关未提出抗诉。判决已发生法律效力。
  本案是一起典型的共同单位犯罪案件，在犯罪单位中，甚至包括地方政府和国家机关、国有企业等单位。对于本案，裁判理由指出："普宁市流沙镇政府、普宁市国税局城区中心分局、流沙镇经济发展总公司可以与江极洲等自然人构成虚开增值税专用发票犯罪的共犯。我国刑法第三十条规定单位可以作为犯罪的主体。根据刑法第二十五条关于共同犯罪的规定及刑法理论，单位也可以成为共同犯罪的主体，一个单位和其他单位，以及单位和自然人之间在共同故意的基础上可以实施共同的犯罪行为，从而构成共同犯罪。"我认为，共同单位犯罪是单位犯罪与共同犯罪中一种十分典型的共同犯罪形态。在认定的时候，事先应当考察各个单位是否具备构成单位犯罪的主体要件，在此基础上，再从客观行为与主观故意这两个方面，对单位共同犯罪的构成要件进行分析。例如，在本案中，裁判理由认为，普宁市流沙镇政府、普宁市流沙经济发展总公司、普宁市国家税务局

城区中心分局均构成单位虚开增值税专用发票犯罪。在虚开增值税专用发票犯罪案件中，认定是否属于单位犯罪，必须结合单位犯罪的犯罪构成具体认定。根据刑法规定和最高人民法院《关于审理单位犯罪案件具体应用法律有关问题的解释》，一般应从以下三个方面考虑。

(1) 主体方面，要看犯罪主体是否为合法单位。这有两重含义：一是看究竟是单位还是个人，是否为真正的单位。只有依法设立，有必要的财产或经费，有自己的组织机构和场所，能独立承担民事责任的组织才能认定为单位。对"皮包公司""三无公司"等公司实施的犯罪，因为此类"公司"一无经营场地、二无资金、三无经营人员，只有招牌图章，名义上是公司，实质上是假公司、真个人，应按自然人犯罪处理。另外，个人盗用单位名义实施犯罪，违法所得由实施犯罪的个人私分的，依照刑法有关自然人犯罪的规定定罪处罚。二是看究竟是合法单位还是非法单位。单位不但必须是依法设立，而且设立的目的也必须是合法经营。单位虽依法定程序设立，也符合设立的实质要件，但为了进行违法犯罪活动而设立的公司、企业、事业单位实施犯罪的，或者公司、企业、事业单位设立后，以实施犯罪为主要活动的，不以单位犯罪论处，而应按个人犯罪论处。

(2) 主观方面，要看犯意是否属于单位的意志。单位意志是指单位法定代表人、主要负责人、主管人员或其他直接责任人员的个人意志，由决策机关经过一定的决策程序所形成的单位实施犯罪行为时所持的主观心态。决策机关就是形成单位意志的机关。决策程序亦即形成单位意志的具体形式。不同的单位针对不同的具体事项，决策机关和决策程序各不相同。或由单位的法定代表人或者主要负责人决定，或由领导层（董事会、理事会、厂委会）讨论决定，或由单位全体成员（股东大会、职工代表大会等）讨论决定，经过这些程序后，单位成员的意志转化而形成单位意志。经过这些程序形成的单位意志已是一种整体意志，完全不同于单位成员的个人意志。单位成员根据单位决策机关的策划、授意、批准、指挥或默许实施的犯罪也绝不同于单位成员自己决定或擅自实施的犯罪。

(3) 客观方面，要看实施者是否以单位的名义实施，是否执行单位意志而实

施，是否履行单位职责而实施，非法利益是否为单位所有。单位成员以个人名义实施的犯罪不能归责于单位，只能按自然人犯罪论处。单位成员假借单位名义、非履行单位职责实施为个人谋利的犯罪行为，也不能按单位犯罪论处。单位成员实施犯罪如完全是为个人谋取非法利益，即使以单位名义实施，也应认定为个人犯罪。本案中，被告单位普宁市流沙镇政府及普宁市国家税务局城区中心分局作为国家机关，普宁市流沙经济发展总公司作为镇办企业，其主体合法性没有疑问。从案件事实来看，普宁市流沙镇政府、普宁市国家税务局城区中心分局为了获得完成相应财政收支任务、税收任务的分成，在明知所属出口供货企业系虚假企业并虚开增值税专用发票骗取国家出口退税的情况下，仍由单位负责人组织召开或参加镇属部门出口协调会、镇党委书记会议、镇党政联席会议，决定以普宁市流沙经济发展总公司的名义向银行贷款，再以支工周转金的名义转借给这些企业用于预缴增值税，以帮助完成虚开增值税专用发票骗取出口退税的违法犯罪活动，并提供财政补贴予以支持。最终虽然普宁市流沙镇政府、普宁市国家税务局城区中心分局分别超额完成了财政任务和税收征收任务，获取了分成奖励，但导致骗税分子虚开增值税专用发票税额5 000余万元，骗取出口退税3 000余万元，国家蒙受巨额损失。可见，本案中犯罪活动系由单位集体决策并以被告单位名义进行，非法利益归单位所有，应是单位犯罪。各被告单位明知他人从事虚开增值税专用发票骗取出口退税的犯罪活动，仍然积极提供帮助，已经构成虚开增值税专用发票犯罪的共犯。

在以上裁判理由的论述中，分别从单位负责的主体、主观方面和客观方面进行了考察，这是正确的。但将主观方面置于客观方面之前，这是违背客观要件与主观要件之间逻辑上的位阶关系的。

三、共同单位犯罪的处罚

根据我国现行刑事立法的规定，对犯罪的单位只能判处罚金。由于法律对于

罚金数额未作具体规定，只能由司法机关根据单位犯罪的事实灵活掌握。在共同单位犯罪的情况下，对共同犯罪的单位如何处罚，就涉及如何确定单位在共同犯罪中的作用，以便确定罚金数额的问题。

《纪要》指出："两个以上单位以共同故意实施的犯罪，应根据各单位在共同犯罪中的地位、作用大小，确定犯罪单位的主、从犯。"由此可见，在共同单位犯罪的情况下，也应当区分主犯和从犯。对于在共同单位犯罪中起主要作用的单位所判处的罚金数额应高于在共同单位犯罪中起次要作用的单位，这是我国刑法处理共同犯罪人的原则的具体体现。那么，如何确定单位在共同犯罪中的作用大小呢？我认为，至少可以考虑以下三个因素。

（一）犯意的发起

共同单位犯罪中，也存在一个犯意发起的问题。总是有一个单位首先提议犯罪并得到另一个单位的响应。发起犯意的单位在共同犯罪中的作用显然要大一些。

（二）单位的规模

单位的规模有大有小，因而单位的资金有多有少。在走私等共同单位犯罪中，那些规模比较大的单位往往资金雄厚，因而在共同犯罪中出资较多，其在共同犯罪中的作用也要大一些。

（三）分赃的情况

分赃数量与在共同犯罪中的作用往往是成正比的，共同单位犯罪亦是如此。那些在共同犯罪中出力较大的单位，往往分赃数量多；反之，那些在共同犯罪中出力较小的单位，往往分赃数量少。因此，单位分赃的情况对于认定单位在共同犯罪中的作用也有一定的参考价值。

综合以上诸方面的因素，我们就可以正确地评判各个单位在共同单位犯罪中所起的作用，区分单位犯罪的主犯与从犯。2001年1月21日《纪要》第4条指出："两个以上单位以共同故意实施的犯罪，应根据各单位在共同犯罪中的地位、作用大小，确定犯罪单位的主、从犯。"由此可见，共同单位犯罪在处罚时，仍

第三节 共同单位犯罪

然应当区分主犯与从犯。在此基础上确定罚金数量,做到对共同单位犯罪罚当其罪。例如在上述普宁市流沙经济发展公司等单位虚开增值税专用发票案中,裁判理由对单位共同犯罪中,对单位及其单位中的直接负责的主管人员和其他直接责任人员的刑事责任承担问题做了以下论述:"在单位之间、单位和自然人之间共同犯罪的情况下,根据具体案情,有的可以或者应当区分主从犯,以追究单位和自然人不尽相同的刑事责任。本案中,各被告单位无视国家法律,明知江极洲等人从事虚开增值税专用发票、骗取国家出口退税犯罪活动而积极提供借贷资金和财政补贴,双方构成虚开增值税专用发票犯罪的共犯。在共同犯罪中,江极洲等骗税分子与普宁市流沙镇政府起主要作用,是主犯,而普宁市国税局城区中心分局、流沙镇经济发展总公司作为普宁市流沙镇政府的下属部门,在共同犯罪中起次要和辅助作用,是从犯,依法应当从轻处罚。虽然普宁市流沙镇政府已经被撤销,江极洲等人另案处理,但本案其他被告单位仍应作为从犯追究刑事责任。需要强调的是,在普宁市国税局城区中心分局、流沙镇经济发展总公司均为独立的犯罪主体和认定二被告单位在共同犯罪中均是从犯的前提下,两者之间在共同犯罪中的地位和作用也是不同的。一审法院认定,在伙同江极洲等人虚开增值税专用发票共同犯罪中,被告单位普宁市流沙经济发展总公司、普宁市国家税务局城区中心分局起辅助作用,是从犯,依法应从轻处罚,并对被告单位普宁市国家税务局城区中心分局和普宁市流沙经济发展总公司依法判处不同数额的罚金是正确的。其次,被告人黄少壮、林郁、何培洪与黄少宜可以并合在一起区分主从犯,以利于准确定罪量刑。最高人民法院 2000 年 10 月实行的《关于审理单位犯罪案件对其直接负责的主管人员和其他直接责任人员是否区分主犯、从犯问题的批复》规定:'在审理单位故意犯罪案件时,对其直接负责的主管人员和其他直接责任人员,可不区分主犯、从犯,按照其在单位犯罪中所起的作用判处刑罚。'据此,在司法实践中,对单位犯罪中的主管人员和其他直接责任人员,按照其在单位犯罪中所起的作用,根据罪、责、刑相适应的原则,能够正确地确定刑事责任,就没必要再区分主犯、从犯;但从某种意义上讲,单位犯罪中,有关责任人员具有共

第二十三章 共同犯罪的单位犯罪

同的实施单位犯罪的故意和共同的实施单位犯罪的行为，可以成立共同犯罪，在根据具体案情，如果不区分主从犯，对被告人量刑很难做到罪、责、刑相适应的情况下，也可以而且应当区分主犯、从犯。值得注意的是，上述《批复》是针对单位犯罪的单数形态而言的，司法实践中，对于两个以上单位的共同犯罪，其中的主管人员和其他直接责任人员能否也认定构成共同犯罪，并合在一起区分主犯、从犯，存在不同意见：一种意见认为，我国刑法传统的共同犯罪理论是奠基于不同犯罪主体之间共同故意犯罪基础上的，单位犯罪具有整体性，犯罪单位中有关责任人员的犯罪依附于单位。在单位共同犯罪的情况下，可以说是单位之间构成共同犯罪，但不能认为是单位之间以及单位的有关责任人员之间分别构成共同犯罪。因此，对各单位的有关责任人员根据其组织、指挥或者参与的罪行，综合比较实行区别对待，能够做到罪刑相适应，不用并合在一起区分主犯、从犯。另一种意见认为，单位犯罪中直接责任人员的罪责具有相对独立性，形式上符合刑法第二十五条规定的'二人以上共同故意犯罪'的共同犯罪特征。理论应以服务于实践为最终目标，对于单位共同犯罪中的多个直接责任人员认定为共同犯罪，在必要时候区分主从犯，更能贯彻罪刑相适应原则。因此，单位共同犯罪案件中，其中责任人员的犯罪地位应在全案中予以考察，可以认定构成共同犯罪，区分主从犯，特定情况下，其犯罪地位不必与所在单位相一致。我们同意第二种意见。在两个以上单位的共同犯罪案件中，一般情况下，各单位直接责任人员的犯罪地位应与本单位的犯罪地位一致，但如果这样判定其应负的刑事责任不能做到罪刑相适应的，也可以对其中的直接责任人员按照共同犯罪的规定，区分主从犯。结合前面分析，本案中，黄少壮、何培洪、黄少宜是主犯单位原普宁市流沙镇人民政府的直接责任人员，林郁是从犯单位普宁市国家税务局城区中心分局的直接负责的主管人员，黄少宜还是从犯单位普宁市流沙经济发展总公司直接负责的主管人员。在原普宁市流沙镇人民政府的犯罪中，黄少壮、何培洪是主犯，黄少宜是从犯。一审法院在依法认定各被告单位在共同犯罪中的地位的情况下，准确把握四名被告人在犯罪中所起的作用大小，认定四名被告人构成共同犯罪，尤其是认定黄少宜起次要作用，是从犯，依法减轻处罚，做到了量

刑适当。"① 我认为，这一裁判理由对于单位共同犯罪的量刑问题具有重要的参考价值。

第四节　单位与个人的共同犯罪

一、单位与个人的共同犯罪的概念

如果说，单位共同犯罪与共同单位犯罪都是涉及单位的一般共同犯罪形态，那么，单位与个人的共同犯罪就是涉及单位共同犯罪的特殊形态。单位与个人的共同犯罪是指一个或者数个单位与该单位以外的一个或者数个个人相勾结而实行的共同犯罪。单位与个人的这种共同犯罪形态，具有比单位共同犯罪及共同单位犯罪更为复杂的特征：主要表现在它是单位犯罪与个人犯罪结合而成的一种共同犯罪，从而使其定罪量刑更加复杂化。单位与个人的共同犯罪具有以下两个特征。

（一）主体的特殊性

单位与个人的共同犯罪的构成，其中一方是单位，一方是个人。单位必须具备法定资格，否则不能构成。如果一方不具备法定的法人条件，例如是盗用单位名义与其他个人相勾结进行犯罪的，就是纯粹的个人的共同犯罪，而不是单位与个人的共同犯罪。至于个人，也必须具备法定的主体资格。特殊主体的犯罪，该个人还必须具备特定的身份。否则，同样不能构成单位与个人的共同犯罪。

（二）犯罪的特定性

单位与个人的共同犯罪，虽然有个人参与其间，但在犯罪成立的范围上又不

---

① 牛克乾：《普宁市流沙经济发展公司等单位虚开增值税专用发票案——单位共同虚开增值税专用发票如何定罪处罚》，载最高人民法院刑事审判第一庭、第二庭：《刑事审判参考》，第31辑，32～34页，北京，法律出版社，2003。

同于纯粹的个人构成的共同犯罪。根据我国刑法规定，单位只能构成法定的特种犯罪，而个人则可以构成刑法规定的所有犯罪。因此，单位与个人的共同犯罪，只能在刑法规定单位可以作为犯罪主体的犯罪中才能成立。超出这一法定范围的，不存在单位与个人的共同犯罪。

二、单位与个人的共同犯罪的认定

我国刑法中的单位犯罪可以分为纯正的单位犯罪与不纯正的单位犯罪。因此，单位与个人的共同犯罪可以分为纯正的单位犯罪与个人的共同犯罪和不纯正的单位犯罪与个人的共同犯罪两种情形。

（一）纯正的单位犯罪与个人的共同犯罪

所谓纯正的单位犯罪，是指只能由单位构成，不可能由个人独立构成的犯罪，我国刑法中只有个别单位犯罪是纯正的单位犯罪。例如我国《刑法》第396条规定的私分国有资产罪就是纯正的单位犯罪。根据《刑法》第396条的规定，私分国有资产罪是指国家机关、国有公司、企业、事业单位、人民团体，违反国家规定，以单位名义将国有资产集体私分给个人，数额较大的行为。因此，本罪属于纯正的单位犯罪。纯正的单位犯罪的主体只能是单位的直接负责的主管人员和其他直接责任人员，其他人员不能成为本罪的主体。但是，其他单位人员可以构成私分国有资产罪的共犯。例如徐国桢等私分国有资产案。[①] 上海市徐汇区人民法院经公开审理查明：2002年7月至2011年5月，被告人徐国桢担任上海市信息化办公室无线电管理处（以下简称"无管处"）处长，上海市无线电管理委员会办公室（以下简称"无委办"）副主任兼上海市无线电监测站（以下简称

[①] 参见朱以珍、赵拥军：《徐国桢等私分国有资产案——在仅能由单位构成犯罪的情形下，能否认定非适格主体与单位构成共犯》，载最高人民法院刑事审判第一、二、三、四、五庭主办：《刑事审判参考》，第95集，123～127页，北京，法律出版社，2013。

"监测站")站长,后兼任中共上海市无线电管理局(以下简称"无管局")党组成员,主要工作职责为负责监测站党政工作,分管精神文明建设,协管无管局日常行政、财务、干部调配等相关工作。2002年底至2003年初,被告人徐国桢为解决监测站职工集体福利问题,决定启用无资质、无场地、无设备、正处于歇业状态的上海唯远信息开发有限公司(以下简称"唯远公司")承接定检工作。后其与该公司负责人、被告人陈晓晖商定,唯远公司所得收入除列支必要成本外,剩余钱款均应当以现金形式账外返还监测站用于职工福利发放。2003年4、5月间,徐国桢隐瞒唯远公司的真实情况,利用职权以无委办的名义批准授予唯远公司无线电设备检测资质,同时授意倪伟杰并通过相关人员讨论决定,委托唯远公司承接定检工作,后又将监测站办公场地、政府采购的技术设备、有关技术服务及启动资金提供给唯远公司使用。

2003年5月起,唯远公司受委托以监测站名义开展定检工作,直接向非国家拨款的单位或者个人收取检测费;监测站也以国家财政拨款和转移支付项目专款向唯远公司支付检测费用。监测站向陈晓晖提出明确要求,2010年唯远公司的全年业务开支为人民币(以下币种同)12万元。2004年起,上海市定检工作每年财政预算达数百万元。徐国桢代表监测站与陈晓晖变更约定,唯远公司须将监测站拨款及公司自行收取的检测费,按50%的比例以现金形式返还监测站。2007年10月,陈晓晖另设上海咸元通信技术有限公司(以下简称"咸元公司")取代唯远公司承接定检工作,有关约定保持不变。

2003年至2009年底,唯远公司、咸元公司自行直接收取检测费以及以检测劳务费等名义通过监测站获取财政拨款合计30余万元。陈晓晖按照事先约定,通过其专门成立的上海银闪通信技术有限公司(以下简称"银闪公司")、常帮唯博电脑软件编制服务社(以下简称"常帮唯博服务社")以及其他单位将上述款项予以套现或者转账,监测站则违反国家规定,由徐国桢决定,监测站副站长丁一咏等人具体执行,将上述返还款隐匿于监测站账外,分别多次将其中13 283 000元以职工津贴、工资补差、奖金、过节费等名义陆续发放给无管局及监测站全体员工。

上海市徐汇区人民法院认为，国有事业单位监测站与被告人陈晓晖相勾结，违反国家规定，套取、截留国有资产，并以单位名义将其中1 300余万元集体私分给本单位职工，数额巨大，被告人徐国桢作为该单位实施上述犯罪直接负责的主管人员，其行为构成私分国有资产罪，且系共同犯罪，应予处罚。陈晓晖为监测站私分国有资产提供帮助，其行为构成私分国有资产罪，且系共同犯罪；在共同犯罪中陈晓晖起辅助作用，系从犯，依法予以减轻处罚。徐国桢、陈晓晖到案后，均能如实供述主要罪行，依法可以从轻处罚。据此，依照《刑法》第396条第1款、第25条第1款、第27条之规定，上海市徐汇区人民法院判决如下：

1. 被告人徐国桢犯私分国有资产罪，判处有期徒刑三年六个月，并处罚金人民币三万元。

2. 被告人陈晓晖犯私分国有资产罪，判处有期徒刑六个月，并处罚金人民币一万元。

一审宣判后，被告人徐国桢以量刑过重为由，向上海市第一中级人民法院提起上诉。

上海市第一中级人民法院经公开审理认为，上诉人徐国桢作为国有事业单位监测站直接负责的主管人员，违反国家规定，套取、截留国有资产，并以单位名义将其中1 300余万元集体私分给本单位职工，其行为构成私分国有资产罪，且数额巨大；原审被告人陈晓晖为监测站私分国有资产提供帮助，其行为亦构成私分国有资产罪，依法均应予以处罚。原判鉴于上诉人、原审被告人所具有的量刑情节，已分别对其依法量刑。一审判决认定徐国桢犯私分国有资产罪、陈晓晖犯私分国有资产罪的事实清楚，证据确实、充分，定性准确，量刑适当，且诉讼程序合法。上海市第一中级人民法院裁定驳回上诉，维持原判。

在本案中，徐国桢是单位直接负责的主管人员，构成私分国有资产罪是没有问题的。但陈晓晖是其他单位工作人员，其为徐国桢所在国有单位私分国有资产

提供帮助，因而属于私分国有资产罪的共犯。对此，本案的裁判理由指出：首先，从定罪角度分析，非适格主体可以成为由适格主体实施犯罪的共犯。刑法所规定的特定犯罪必须具备特定的主体要素，其仅是针对单独犯而言的。对于教唆犯、帮助犯则不需要具备特定的主体要素。根据共同犯罪成立理论中的行为共同说（事实共同说），共同犯罪应当是指数人共同实施了构成要件的行为，而不是共同实施特定的犯罪。质言之，不要求行为人共同实施特定的犯罪，只要行为具有共同性就可以成立共同犯罪。至于共犯人的责任问题，则需要个别认定。因而，对于非适格主体参与实施私分国有资产行为，只要非适格主体与适格单位共同实施了私分国有资产的行为，就可以成立共同犯罪。其次，从量刑角度分析，对于共犯中非适格主体的量刑，一般按照普通主体适用刑罚或者以从犯身份适用刑罚。具体而言，在仅由适格主体实施的犯罪案件中，如果刑法规定对适格主体适用从重的刑罚，对不适格主体的共犯人，只能适用通常之刑罚。例如，《刑法》第238条第4款规定："国家机关工作人员利用职权犯前三款罪的，依照前三款的规定从重处罚"。非国家机关工作人员与国家机关工作人员共同非法拘禁他人的，则不可以对非国家机关工作人员适用从重处罚的规定。如果刑法未规定对适格主体适用从轻或者从重的刑罚，对不适格主体一般按照从犯地位适用刑罚。本案就属于这种情形。本案中，由于私分国有资产罪仅能由国家机关、国有公司、企业、事业单位、人民团体等单位主体构成，监测站系适格单位主体，应当认定监测站为实行犯，且系主犯，并据此判处被告人徐国桢的刑罚；自然人陈晓晖系非适格自然人主体，其为监测站顺利私分国有资产提供了重要帮助，起到了次要作用，故与监测站构成私分国有资产罪的共同犯罪，但系从犯，应当从轻或者减轻处罚。据此，对陈晓晖应当以单位直接负责的主管人员徐国桢的处罚标准为基点，同种情况下，原则上其所承担的刑事责任不能重于徐国桢的刑事责任。

我认为，上述裁判理由是正确的。私分国有资产罪作为纯正的单位犯罪，其犯罪主体要求是国有单位的直接负责的主管人员和其他直接责任人员，因而具有身份犯的性质，没有这一特定身份的人员不能独立构成本罪，但可以构成本罪的

共犯。因此，对于其他单位人员陈晓晖以私分国有资产罪的共犯论处是符合共犯教义学原理的。

（二）不纯正的单位犯罪与个人的共同犯罪

所谓不纯正的单位犯罪，是指既可能由单位构成，也可能由个人构成的犯罪。在我国刑法中，绝大多数单位犯罪都是不纯正的单位犯罪。不纯正的单位犯罪可能与个人构成共同犯罪。例如马汝方等贷款诈骗、违法发放贷款、挪用资金案。[①] 北京市高级人民法院经审理认为：被告人马汝方、马凤仙、徐光以非法占有为目的，冒用他人名义，使用虚假的贷款证明文件签订借款合同，为明华公司的利益而骗取银行贷款，三被告人的行为均已构成合同诈骗罪，且犯罪数额特别巨大。马汝方身为单位犯罪中直接负责的主管人员，马凤仙以个人身份参与共同犯罪，徐光身为单位犯罪中的直接责任人员，故对三被告人所犯合同诈骗罪均应依法惩处。一审法院根据马汝方、马凤仙、徐光各自犯罪的事实、性质、情节及对于社会的危害程度，依法所作的判决，事实清楚，证据确实、充分，定罪及适用法律正确，量刑适当，审判程序合法，应予维持。依照《刑事诉讼法》第189条第1项之规定，裁定驳回上诉，维持原判。

本案的裁判理由指出："单位与单位、单位与自然人之间可以构成共同犯罪，目前理论上和司法实务中均无疑问。刑法未将单位规定为贷款诈骗罪的主体，对单位实施的贷款诈骗行为，根据2001年《全国法院审理金融犯罪案件工作座谈会纪要》（以下简称《纪要》）有关要求，不能以贷款诈骗罪定罪处罚，也不能以贷款诈骗罪追究直接负责的主管人员和其他直接责任人员的刑事责任。对于单位以非法占有为目的，利用签订、履行借款合同诈骗银行或其他金融机构贷款，符合《刑法》第224条规定的合同诈骗罪的构成要件的，应以合同诈骗罪定罪处罚。这就意

[①] 参见邓钢、康瑛：《马汝方等贷款诈骗、违法发放贷款、挪用资金案——单位与自然人共同实施贷款诈骗行为的罪名适用》，载最高人民法院刑事审判第一庭、第二庭编：《刑事审判参考》，第39集，1～10页，北京，法律出版社，2005。

味着，从自然人的角度，应认定为贷款诈骗罪，从犯罪单位的角度，则应以合同诈骗罪定罪处罚。所以，对单位与自然人共同诈骗银行贷款的行为，确实存在一个罪名的具体适用问题。对此，我们认为，可以参照最高人民法院《关于审理贪污、职务侵占案件如何认定共同犯罪几个问题的解释》的有关精神，根据全面评价的法律适用原则，结合主犯的犯罪性质来加以具体确定。如在实施贷款诈骗行为过程中，犯罪单位属于共同犯罪中的主犯，作为犯罪单位，只能构成合同诈骗罪。"

在本案中，马汝方、马凤仙系单位直接负责的主管人员和其他直接责任人员，对单位犯罪承担责任。徐光系单位以外的个人，上述三被告人共同实施单位贷款诈骗罪。根据《纪要》规定，在刑法没有规定单位可以成为贷款诈骗罪主体的情况下，应当以合同诈骗罪论处。而徐光作为个人犯罪，是可以构成贷款诈骗罪的，但因其系与单位共同犯罪，故以单位犯罪的共同犯罪认定为合同诈骗罪的共犯。因此，本案的法律适用问题是较为复杂的，但这是一起不纯正的单位犯罪与个人的共同犯罪的典型案例，值得研究。

三、单位与个人的共同犯罪的处罚

单位与个人的共同犯罪，在处罚的时候首先应当正确地区分主犯与从犯。由于单位犯罪活动是与单位直接负责的主管人员和直接责任人员的犯罪行为联系在一起的，因此，在认定单位与个人构成的共同犯罪中的主犯与从犯的时候，主要应当根据单位组织机构的人员与个人在共同犯罪中的地位、作用等情况来加以确定。在此基础上，还要分别依照法律对单位犯罪与个人犯罪规定的量刑幅度予以处罚。应当指出，法律规定对单位与个人的处罚是有所不同的。在这种情况下，对单位与个人应当依法分别论处。

值得注意的是，2002年7月8日最高人民法院、最高人民检察院、海关总署《办理走私刑事案件适用法律若干问题的意见》（以下简称《意见》）第20条对单位与个人共同走私货物、物品案件的处理原则问题专门做了规定，指出："单位和

个人（不包括单位直接负责的主管人员和其他直接责任人员）共同走私的，单位和个人均应对共同走私所偷逃应缴税额负责。对单位和个人共同走私偷逃应缴税额为5万元以上不满25万元的，应当根据其在案件中所起的作用，区分不同情况做出处理。单位起主要作用的，对单位和个人均不追究刑事责任，由海关予以行政处理；个人起主要作用的，对个人依照刑法有关规定追究刑事责任，对单位由海关予以行政处理。无法认定单位或个人起主要作用的，对个人和单位分别按个人犯罪和单位犯罪的标准处理。单位和个人共同走私偷逃应缴税额超过25万元且能区分主、从犯的，应当按照刑法关于主、从犯的有关规定，对从犯从轻、减轻处罚或者免除处罚。"上述《意见》虽然是对单位与个人共同犯走私普通货物、物品罪如何处理问题所作的规定，但对于其他单位与个人共同犯罪，尤其是单位与个人共同实施具有数额的经济犯罪或者财产犯罪的处理具有重要的参考价值。

第二十四章
共同犯罪的未完成形态

第一节 共犯未完成罪概述

一、共同犯罪未完成罪的概念

共同犯罪的未完成罪是指共同犯罪的预备、未遂与中止。我国刑法分则对具体犯罪的规定,是以既遂为标本的。犯罪既遂是犯罪的完成状态,是指某一犯罪完全具备了刑法分则所规定的构成某一犯罪所必需的全部主观和客观要件。但是,在实际生活中,并非一切故意犯罪的人都能达到既遂,实现其预期的犯罪结果。有的可能在为犯罪做准备的阶段被迫停止;有的可能在着手实行犯罪的阶段被迫停止;还有的可能由于犯罪分子自动中止犯罪,使之在犯罪的预备阶段或者着手实行阶段停止下来。这样,就在故意犯罪过程中出现了犯罪的预备、未遂和中止等各种犯罪的未完成形态,可以称之为未完成罪。相对于犯罪既遂而言,犯罪的预备、未遂和中止的构成具有某些特殊性,未完成罪要以刑法分则相应的犯罪构成为基础，同时，又由刑法总则的有关条文加以补充，从而确定其犯罪构成，由此形成对它们定罪的根据。

二、共同犯罪未完成罪的性质

我国刑法分则对具体犯罪的规定，不仅是以既遂为标本的，而且除必要的共同犯罪以外，还是以单独犯罪为标本的。但在实际生活中，数人共犯一罪的情况是屡见不鲜的。在数人共犯一罪的情况下，有时在行为上作了分工，例如有的是实行犯，有的是组织犯，有的是教唆犯，有的是帮助犯等。相对于实行犯而言，组织犯、教唆犯和帮助犯的构成具有某种特殊性，它要以刑法分则相应的犯罪构成为基础，同时，又由刑法总则的有关条文加以补充，从而确定其犯罪构成，由此形成对它们定罪的根据。

在上述两种情况下，犯罪的预备、未遂和中止以及组织犯、教唆犯和帮助犯的犯罪构成，在刑法教义学中都称为修正的构成。如果把这种情况称为一次修正，那么，在实际生活中还会出现二次修正的情形。因为数人共犯一罪也并不见得都能达到犯罪既遂，在共同犯罪中也会出现犯罪的预备、未遂和中止。所以，对于组织犯、教唆犯和帮助犯的预备、未遂和中止来说，就是二次修正。共同犯罪的犯罪停顿状态具有相当的复杂性。

第二节　共同犯罪的犯罪预备

在刑法教义学中，犯罪预备和预备犯是两个不同的概念：犯罪预备是指为了实行犯罪，准备工具、制造条件的行为。因而，犯罪预备是相对于犯罪实行而言的一种行为类型。如果说，犯罪实行是刑法分则规定的构成要件行为，那么，犯罪预备就是刑法总则规定的实行行为之前的行为。预备犯是指为了实行犯罪，已

第二节 共同犯罪的犯罪预备

经开始实施犯罪的预备行为,因为意志以外的原因而未能着手实行犯罪的情形。因此,预备犯相对于未遂犯而言,可以说是一种预备阶段的未遂犯。

在通常情况下,各国刑法以处罚犯罪的实行为原则,以处罚犯罪的预备为例外。然而,对于犯罪预备其实大多数国家刑法都是处罚的,只不过处罚的立法方式有所不同而已。例如,有些国家刑法在总则未规定预备犯处罚的一般原则,就此而言,是不处罚预备犯的,但在分则设立预备罪或者规定阴谋犯,或者采用预备行为主犯化的立法方式,实质上处罚犯罪预备行为。例如以《法国刑法典》为代表的大陆法系国家刑法典大多不处罚犯罪预备,行为人从着手实行犯罪开始承担刑事责任。在这种情况下,共同犯罪的预备自然也就不在处罚之列。但这并不排除在刑法分则中对实质预备犯进行处罚。其他少数国家刑法典则在总则中明文规定处罚预备犯,例如《巴西刑法典》第27条规定:"同谋、策划、教唆或帮助,除条、款另有相反规定外,如果犯罪尚未构成未遂罪的,可不予处罚。"这里所谓相反规定,是指分则条文将某些严重犯罪例如叛国罪等的预备行为单独规定为犯罪。在这种情况下,犯罪预备是以独立罪名的方式进行处罚的。以《苏俄刑法典》为代表的社会主义国家刑法典大多处罚犯罪预备。在这种情况下,虽然法无明文规定,但从刑法理论上说,共同犯罪的预备行为应予处罚。

我国《刑法》第22条第1款规定:"为了犯罪,准备工具、制造条件的,是犯罪预备。"对于单独犯罪,可以直接依照法律的规定进行认定,一般来说还是比较容易的。而共同犯罪是二人以上共同故意犯罪,各共同犯罪人的行为既具有互相制约性,又具有相对独立性。因此,共同犯罪的预备具有一定的复杂性。对此,应在刑法理论上揭示共同犯罪的预备的特点,以便司法机关正确地加以认定。

应当指出,刑法对预备犯是否可罚的规定,对于预备犯的共同犯罪问题的讨论具有重大影响。相对来说,在刑法规定预备犯具有可罚性的情况下,预备犯的共同犯罪的逻辑关系较为简单。而在刑法没有规定预备犯处罚的情况下,预备犯的共同犯罪问题则较为复杂。尤其是在刑法总则没有关于处罚预备犯的一般规

定，但在刑法分则规定了若干严重犯罪的预备罪的情况下，对预备犯的共同犯罪问题的讨论只能限制在预备罪的限度之内。例如日本刑法总则没有规定预备犯处罚的一般原则，但在刑法分则设立了杀人罪的预备罪（预备杀人罪）和抢劫罪的预备罪（预备抢劫罪）等。因此，对于预备犯的共同犯罪的讨论都局限于杀人罪等预备罪。例如日本学者在预备犯的共犯这一标题下提出的问题是：数人共谋火灾教唆、帮助他人犯罪，但实行担当者或者正犯止于预备阶段的，能否将共谋者、教唆者、帮助者作为预备罪（广义的）共犯予以处罚呢？对于这个问题，日本学界存在争议：否定说认为，预备行为是到达"着手实行"之前的准备行为，而非实行行为，而共同正犯、教唆犯、帮助犯预定的是对于实行行为的参与，因而不能成立（广义的）共犯。肯定说则认为，着手实行是划定处罚阶段的概念，将着手实行等视为作为共犯之参与对象的实行行为或者正犯行为，并无必然性。而且，从共犯的从属性的角度来看，通过共犯性贡献而对犯罪实现过程施加因果性影响者，与正犯、实行担当者达到未遂阶段即可成立未遂犯的共犯一样，若正犯、实行担当者达到预备阶段，也应当可以成立预备犯的共犯，这样考虑更具有理论上的一贯性。[①] 在我国刑法中，犯罪预备行为是独立于实行行为的可罚行为，因而其共犯问题当然是可以更为方便地认定的。当然，预备犯的共同犯罪相比于正犯的共同犯罪仍然具有一定的特殊性，对此应当予以重视。

一、共同正犯的犯罪预备

（一）预备犯的共同正犯

共同正犯是二人以上共同故意实行刑法分则所规定的犯罪构成客观方面的行为的正犯。那么，如果在预备阶段，共同实行犯罪的预备行为，能否成立预备犯

[①] 参见［日］松原芳博：《刑法总论重要问题》，王昭武译，360页，北京，中国政法大学出版社，2014。

的共同正犯呢？对此，在刑法理论上存在以下三种观点：第一种观点是积极说，认为共同正犯的预备行为，可以成立预备犯的共同正犯。第二种观点是消极说，认为共同正犯只有在实行阶段才能成立，在预备阶段不能成立。第三种观点是折中说，认为如果刑法规定某一犯罪的预备行为可以独立成罪，那么，可以成立预备犯的共同正犯，否则不能。例如，甲乙为共同杀人而共同盗窃枪支，盗窃枪支是杀人的预备行为，但刑法规定了盗窃枪支罪。因此，甲乙可以构成盗窃枪支罪的共同实行犯，但是不能构成预备杀人罪的共同正犯。[1] 实际上，这里所谓折中说，仍是消极说。在上述三说中，我赞同消极说，主张不能成立预备犯的共同正犯。因为共同正犯是共同实施犯罪的实行行为，只有在实行阶段才能成立共同正犯。那种认为在预备阶段可以成立共同正犯的观点，与共同正犯的概念是相悖的。

（二）共同正犯的预备犯

我虽然不承认所谓预备犯的共同正犯，但认为可以成立共同正犯的预备犯。所谓共同正犯的预备行为，是指为共同正犯实行犯罪创造条件的行为。对于共同正犯的预备犯，应根据其在犯罪预备中的作用，比照既遂犯从轻、减轻处罚或者免除处罚。在司法实践中存在这种共同正犯的预备犯，例如张正权等抢劫案。[2] 安吉县人民法院经不公开审理查明：2006年11月初，被告人张正权、张文普因经济紧张，预谋到偏僻地段对单身女性行人实施抢劫，并购买了尖刀、透明胶带等作案工具。11月6日至9日，张正权、张文普每天晚上携带尖刀和透明胶带窜至安吉县递铺镇阳光工业园区附近，寻找作案目标，均因未找到合适的作案对象而未果。11月9日晚，张正权、张文普在伺机作案时提出如果遇到漂亮女性，就先抢劫后强奸，并采用手机游戏定输赢的方式确定张正权先实施强奸行为。11

---

[1] 参见［日］福田平、大塚仁：《日本刑法总论讲义》，李乔等译，182页，沈阳，辽宁人民出版社，1986。

[2] 参见杜军燕、陈克娥：《张正权等抢劫案——如何正确认定犯罪预备》，载最高人民法院刑事审判第一庭、第二庭：《刑事审判参考》，第59集，26页以下，北京，法律出版社，2008。

月11日晚，张正权、张文普纠集被告人徐世五参与抢劫作案，提出劫得的钱财三人平分，徐世五同意参与抢劫作案，但表示不参与之后的强奸犯罪。张正权即交给徐世五一把单刃尖刀。三人商定：发现作案目标后，由张文普、徐世五各持一把尖刀将被害人逼至路边，张正权用胶带将其捆绑后实施抢劫。当晚，三人寻找作案目标未果。11月12日晚，张正权、张文普、徐世五在递铺镇铜山桥附近寻找作案目标时被公安巡逻队员抓获。

安吉县人民法院认为，被告人张正权、张文普、徐世五以非法占有为目的，经事先预谋并准备工具、制造条件，预备采用持刀威胁、捆绑的暴力手段劫取他人钱财，三被告人的行为均已构成抢劫罪（犯罪预备）。公诉机关指控三被告人犯抢劫罪（犯罪预备）的罪名成立。对于三被告人犯强奸罪（犯罪预备）的指控，经审理认为，张正权、张文普虽在抢劫犯罪预备时产生在可能的条件下实施强奸犯罪的主观故意，但仅是强奸的犯意表示；徐世五明确表示不参与强奸行为，无强奸的主观故意，三人没有强奸的具体行为，故指控犯强奸罪（犯罪预备）的罪名不能成立。三被告人系抢劫犯罪预备犯，依法可比照既遂犯从轻、减轻处罚或免除处罚。徐世五犯罪时未满18周岁，且系从犯；张正权在犯罪预备的开始阶段未满18周岁；三被告人归案后均能如实供述犯罪事实，认罪态度较好。鉴于三被告人的犯罪情节及现实社会危害性，对张正权、张文普予以减轻处罚，对徐世五免除处罚。据此，依照《刑法》第263条，第25条第1款，第27条，第22条，第17条第1、3款，第52条，第37条，以及最高人民法院《关于审理未成年人刑事案件具体应用法律若干问题的解释》第17条之规定，判决如下：

1. 被告人张正权犯抢劫罪（犯罪预备），判处有期徒刑八个月，并处罚金人民币一千元；

2. 被告人张文普犯抢劫罪（犯罪预备），判处有期徒刑十个月，并处罚金人民币一千元；

3. 被告人徐世五犯抢劫罪（犯罪预备），免予刑事处罚。一审宣判后，

第二节 共同犯罪的犯罪预备

三被告人均未上诉，公诉机关亦未抗诉，判决发生法律效力。

在本案中，张正权等三人就抢劫和强奸进行了犯罪共谋，并准备了犯罪工具，开始寻找侵害目标。但未及得手就被抓获，其犯罪处在犯罪预备阶段，构成预备犯。本案涉及的问题是：共谋的内容是要犯两个罪——抢劫罪和强奸罪，但客观上一个罪也没有来得及犯。在这种情况下，如果认定为犯罪预备，那么，是抢劫罪的预备还是强奸罪的预备，或者同时成立抢劫罪和强奸罪的预备？对于这个问题，本案的裁判理由做了分析，指出："本案中，被告人张正权、张文普、徐世五谋实施抢劫犯罪过程中，张正权与张文普曾商议如果遇有漂亮女性则实施强奸，徐世五明确表示不参与强奸犯罪，无强奸的共同故意，自然不能认定为强奸罪。但对于被告人张正权、张文普，其商议实施强奸的行为在成立抢劫罪（犯罪预备）的同时是否能够构成强奸罪（犯罪预备）？结论是否定的。理由是：基于禁止重复评价原则，如果同一行为既为抢劫犯罪的预备行为，又为强奸犯罪的预备行为时，不能被抢劫、强奸的犯罪构成所同时评价，也就是说不能同时成立抢劫罪（犯罪预备）和强奸罪（犯罪预备）。从本案被告人张正权、张文普、徐世五实施的整个行为过程看，其先后购买并携带匕首、透明胶带等作案工具到安吉县递铺镇阳光工业园区附近潜伏，伺机等候作案目标出现的行为应视为刑法意义上的一个行为，虽然可以将三被告人的犯罪预备行为既可以理解为抢劫犯罪准备工具、创造条件，也可视为强奸犯罪准备工具、创造条件，但从禁止重复评价原则出发，作为一个行为只能为一个犯罪构成所评价，而不能被两个犯罪构成予以重复评价，在刑法没有明文规定的情况下，不能既认定为抢劫罪的预备，又认定为强奸罪的预备，而应按照择一重罪的原则定罪处罚。从本案情况看，我们认为，应当选择抢劫罪对被告人张正权、张文普定罪处罚。从罪质看，强奸罪侵犯的客体为人身权，而抢劫罪侵犯的是复杂客体，既侵犯人身权，又侵犯财产权，抢劫罪的罪质重于强奸罪；从刑罚处罚看，抢劫罪与强奸罪可处自由刑的幅度相同，但抢劫犯罪还应当并处财产刑，因而也是抢劫罪重于强奸罪；从本案实

际情况看,张正权、张文普的一系列准备工具、预谋分工、寻找作案目标等行为,对实施抢劫犯罪来说是确定的,而对是否实施强奸犯罪则是附条件的,因为二被告人预谋当抢劫对象如果是漂亮女性才同时实施强奸犯罪,该条件是否能成就,取决于抢劫犯罪的实施情况及合适犯罪对象的出现,具有一定偶然性,因此从犯意确定角度看,以抢劫罪对二被告人定罪处罚更为准确。"本案的裁判理由以禁止重复评价原则作为本案只能认定为一罪的预备而不能认定为两罪的预备,还对为什么认定为抢劫罪的预备而不是强奸罪的预备做了具有说服力的论述,这是值得肯定的。

最后还应该指出,预备犯的共同正犯与共同正犯的预备犯,在观念上是有所区别的。前者认为共同实施犯罪的预备行为,也能成立共同正犯,名之曰预备犯的共同正犯。而后者则认为共同实施犯罪的预备行为,不能成立共同正犯,只能成立预备犯,名之曰共同正犯的预备犯。

(三)犯罪共谋的认定

犯罪共谋是指二人以上对将要实行的犯罪进行阴谋策划的行为。我国学者指出:"犯罪共谋,又称共谋,通常是指二人以上共谋谋议实行犯罪的行为。"[①] 犯罪共谋从时间上来说,发生在着手实行犯罪之前,因而属于犯罪预备行为,这是没有疑问的。但犯罪共谋是以语言商议为内容的,与通常体现为行为的犯罪预备存在一定的区分。在某些情况下,共谋是早于犯罪预备的行为,具有其特殊性。

在大陆法系国家刑法中,对于危害国家安全的犯罪共谋,通常规定为阴谋犯。而在英美法系国家刑法中,则专门设立共谋罪。在英国刑法中共谋罪属于未完成罪的一种形态,英国刑法中的共谋罪可以分为制定法上的共谋罪与普通法上的共谋罪。制定法上的共谋罪,是指与一人或多人合谋去实施一种或多种犯罪。

[①] 邢志人:《犯罪预备研究》,161 页,北京,中国检察出版社,2001。

普通法上的共谋罪，是指与一人或多人合谋去欺诈、败坏公德或妨害风化。[①] 因此，英国刑法中共谋罪的核心是合谋行为，并且将共谋抽象化为一种类似于预备的行为类型。英国学者指出，共谋罪的实质是两个或者两个以上的人之间实施犯罪的协议。因此，协议（agreement）是共谋罪的基本要素。协议的含义是思想的联络（a meeting of minds），但是这种联络不只是数人独立形成实施某一犯罪的意图。[②] 在美国刑法中，共谋也是一种独立的犯罪类型。美国《模范刑法典》第5.03条第1款明确规定："一个人构成与其他一个人或数个人的共谋，如果在蓄意促使或促进犯罪的犯罪心态之下，他（a）与如是他人或数人达成协议，由全部或部分人员实施构成该罪的行为，构成该罪未遂的行为或者该罪教唆行为；或者（b）行为人同意帮助如是他人或数人计划或者说是构成该罪的行为、构成该罪未遂的行为或者构成该罪既遂的行为。"我国学者认为，从本质上看，美国《模范刑法典》中的共谋是原子核犯罪协议，刑法之所以将共谋规定为一种不完整罪，其目的在于将犯罪谋划阶段纳入刑法的调整范围之中，从而有效地控制某些特定犯罪，尤其是有组织犯罪。[③]

我国刑法并未规定共谋罪，在1979年《刑法》规定的反革命罪中曾经规定了阴谋犯。及至1997年《刑法》以危害国家安全罪取代反革命罪，同时也取消了单纯的阴谋犯，而是将具有阴谋犯性质的策划行为与组织、实施行为相提并论，在刑法分则某些具体罪名中做了规定。例如《刑法》第103条规定的分裂国家罪的构成要件中就包括组织、策划行为。这里的策划，是指对分裂国家、破坏国家统一的活动进行谋划的行为，如制订实施分裂国家的犯罪行动计划、方案，

---

① 参见［英］鲁珀特·克罗斯、菲利普·A. 琼斯：《英国刑法导论》，赵秉志等译，356页，北京，中国人民大学出版社，1991。

② 参见［英］杰瑞米·侯德：《阿什沃斯刑法原理》，8版，时延安、史蔚译，556页，北京，中国法制出版社，2019。

③ 参见江溯：《美国〈模范刑法典〉研究》，226页，台北，元照出版有限公司，2021。

确定参加犯罪活动的人员名单和具体实施步骤等。① 这种策划活动通常都是二人以上实施，并且只要实施策划行为，即使未及进一步付诸实施，亦构成本罪的既遂。因此，虽然我国刑法没有设立独立的共谋罪，但在以策划为行为方式的罪名中，实际上包含了共谋罪的内容。除刑法分则明确将共谋行为规定为某些具体罪名的构成要件内容以外，其他犯罪中也会存在共谋现象，这种共谋通常都归之于犯罪预备。我国刑法学界对于这种共谋行为的定罪问题，分为以下三种情形讨论。

1. 共谋而所有人均未实行的情形

共谋而所有人均未实行，是指虽然存在为实行犯罪而进行的共谋，但未及具体实施即案发。在这种情况下，二人以上共同实施了犯罪的预谋。那么，这种预谋行为的性质如何确定呢？我认为，预谋行为属于应当受到刑法处罚的犯罪预备行为。在单独犯罪的情况下，犯意表示属于思想的范畴，因为还没有发生社会关系，还只是个人犯罪意思的流露而已，所以不能认为是犯罪。而共同犯罪的犯意表示，二人以上通过交流犯罪思想而形成共同犯罪故意，这种思想交流已经发生了人与人之间的社会关系，因而已经属于行为的范畴，而不仅仅是思想的范畴。在二人以上犯罪思想交流的基础上，往往对犯罪进行谋划、商议，决定共同实施犯罪，就是刑法上的共谋。显然，共谋是一种犯罪行为。关于这一点，上述否定说和肯定说的观点是一致的。肯定说认为共谋而未行构成共同犯罪，承认共谋为犯罪行为是不言而喻的。否定说虽然认为共谋而未行不构成共同犯罪，但同时认为未行者构成犯罪预备。犯罪预备也是一种犯罪行为，所以，否定说并没有否认共谋是犯罪行为。

2. 共谋而部分人未实行的认定

共谋而部分人未实行，也称为共谋未行，是指在共谋共同实施犯罪行为的情

---

① 参见王爱立主编：《〈中华人民共和国刑法〉解释与适用》，上，198页，北京，人民法院出版社，2021。

况下，参加共谋的部分人按照事先预谋实施了犯罪行为，而另外部分人却未能按照预谋实施犯罪行为。对此，应当如何定罪？关于这个问题，在共犯教义学中存在两种观点：否定说认为，共谋不是共同犯罪行为。因此，共谋而未行，缺乏共同犯罪行为，不能构成共同犯罪。例如，甲乙共谋杀害丙，相约某晚到丙家共同下手将丙杀害。但到时候乙未去，甲一人将丙杀死。否定说认为，在这种情况下，甲乙虽然有共同杀丙的故意，但缺乏共同犯罪行为。甲应单独构成杀人既遂罪，而乙参与了密谋杀人，只应对杀人的预备行为负责。肯定说认为，共谋是共同犯罪行为。因此，共谋而未行，具有共同犯罪行为，应当构成共同犯罪。因为共同犯罪行为包括犯罪的预备行为和实行行为，而犯罪的预备和犯罪的实行是两个紧密相连的阶梯，共谋属于犯罪预备，不能把犯罪的预备同犯罪的实行之间的密切联系割裂开来，而把甲乙共谋杀丙的行为视为与甲单独杀死丙这一犯罪活动的全过程无关的、以外的行为。[①] 我认为，这个问题的核心是：二人共谋实行罪犯，一人未行，一人已行，两者之间是否构成共同犯罪？这也是否定说与肯定说的分歧之所在。这里的关键是不同犯罪阶段的行为之间是否属于共同犯罪行为？我的回答也是肯定的。共谋而共行，固然构成共同实行犯；共谋而都未行，构成共同犯罪的预备犯。如果一方未行，一方已行，那么，两者之间仍然构成共同犯罪。正如我国学者指出：不问是犯罪预备、犯罪既遂、犯罪未遂，均可成立共同犯罪。否定说之所以认为共谋而未行不能构成共同犯罪，就是把犯罪的预备行为摈弃于共同犯罪行为的范畴之外，因而得出了错误结论。

3. 共谋由部分人实行的认定

共谋而未行构成预备犯和既遂犯之间的共同犯罪，这是共谋而未行中的一种情况，前提是以在共谋的时候决定共同实行犯罪为前提的。但如果在共谋的时候就决定由一部分人去实行，另一部分人不直接实行，那么，这种共同犯罪就属于有分工的复杂共犯。在这种情况下，未实行的人应与实行的人共同对犯罪结果承

---

① 参见邢志人：《犯罪预备研究》，170 页，北京，中国检察出版社，2001。

担刑事责任。这个问题，在日本共犯教义学中，是按照共谋共同正犯处理的，被认为是共同正犯的一种形式。也就是说，在事先共谋的情况下，即使是没有参与犯罪实行的人也构成正犯。但我国共犯教义学一般不采用共谋共同正犯的法理，因而未实行犯罪的人所进行的谋议，被认定为是对犯罪的教唆或者帮助。

二、组织犯的犯罪预备

在我国刑法中，组织犯可以分为两类：一是恐怖活动组织、黑社会性质组织的组织犯，二是其他犯罪集团的组织犯。这两类组织犯的性质有所不同，其犯罪预备问题应分别加以论述。

（一）恐怖活动组织、黑社会性质组织的组织犯的犯罪预备

对于恐怖活动组织、黑社会性质组织的组织犯来说，其组织行为就是犯罪构成的实行行为。因此，这种组织犯就其性质而言，属于正犯。恐怖活动组织、黑社会性质组织的组织犯的犯罪预备无异于正犯，为建立恐怖活动组织、黑社会性质组织做准备的行为是其犯罪预备行为，其开始建立恐怖活动组织、黑社会性质组织，就视为已经着手实行犯罪。而其他积极参加恐怖活动组织、黑社会性质组织的人，只要在恐怖活动组织、黑社会性质组织的组织者的策动下参加了有关活动，就应视为犯罪既遂，不仅没有犯罪预备的余地，也没有犯罪未遂可言。

（二）其他犯罪集团的组织犯的犯罪预备

对于其他犯罪集团的组织犯来说，其组织犯罪集团的行为和教唆行为、帮助行为一样，属于共犯行为。但这种组织犯的犯罪预备，只限于为建立犯罪集团而做准备的行为，例如物色犯罪集团的成员，试探其心理等。就这一点而言，犯罪集团的组织犯与恐怖活动组织、黑社会性质组织的组织犯没有区别。但如果恐怖活动组织、黑社会性质组织的组织犯在建立恐怖活动组织、黑社会性质组织以后，进行有关犯罪活动，应实行数罪并罚。对此，《刑法》第120条第2款规定："犯前款罪（指组织、领导、参加恐怖组织罪——引者注）并实施杀人、爆炸、

绑架等犯罪的，依照数罪并罚的规定处罚。"《刑法》第 294 条第 4 款对组织、领导、参加黑社会性质组织罪也有类似规定。而犯罪集团的组织犯在建立犯罪集团以后，如果本人不参加犯罪的实行，应对其所策划、指挥的犯罪活动承担刑事责任。如果本人参加了犯罪的实行，则应视为共同犯罪的竞合，按重行为吸收轻行为的原则，组织行为吸收实行行为，仍以组织犯论，不实行数罪并罚。对于犯罪集团的参加者，在没有着手实行犯罪以前，视为犯罪预备。例如，甲为走私而建立走私集团，未及走私就被抓获，对甲应视为犯罪未遂，对走私集团的其他参加者视为犯罪预备。

我认为，对犯罪集团的组织者与参加者的预备作如上的区分，是有利于从重打击组织犯的，也符合共同犯罪的一般原理。

三、教唆犯的犯罪预备

教唆犯是教唆他人实行犯罪，因此，教唆犯的预备应指其本身的预备，这在刑法理论上称为教唆犯的预备犯。同时，还存在一个被教唆的人的预备问题，这在共犯教义学中称为预备犯的教唆犯。在预备犯的教唆犯的情况下，在我看来，教唆犯应成立犯罪未遂，所以本应放在教唆犯与犯罪未遂中去讨论。但在共犯教义学中，一般都在教唆犯与犯罪预备的题目下阐述该问题。为了叙述上的方便，我也在教唆犯与犯罪预备中加以研究。

（一）教唆犯的预备犯

教唆犯的预备行为是指为进行教唆而制造条件的行为。教唆犯的预备行为一般表现为物色教唆对象、选择教唆时机、准备教唆工具以及其他为教唆犯罪而制造条件的行为。

在大陆法系国家刑法教义学中，一般认为教唆犯的预备犯是没有可罚性的，因此鲜有论及该问题者。因为，在大陆法系国家刑法中，着手以前的行为不具有刑事可罚性，所以刑法总则没有处罚预备犯的一般规定。对法益侵害性达到应受

801

第二十四章 共同犯罪的未完成形态

刑罚惩罚程度的犯罪预备行为，一般采取以下两种方式予以处罚：一是将某些严重的犯罪预备行为规定为独立的犯罪，例如《日本刑法》第153条规定："以供伪造或变造货币、纸币或银行券之用为目的，而准备器械或原料的，处三个月以上五年以下惩役。"二是采取列举方式，在刑法分则中对于某些重大犯罪的预备行为个别加以规定，例如《日本刑法》第78条规定："预备或阴谋内乱的，处一年以上十年以下监禁。"对其他犯罪的预备行为则不予处罚，教唆犯的预备行为更不在处罚之列。我国学者认为，在教唆犯的预备犯的情况下，例如甲为了用金钱引诱他人犯罪而筹措钱款，教唆者虽然已经具有教唆的故意，但是尚未实施教唆行为。所以教唆的预备行为一般是构不成犯罪的，不能叫作犯罪的预备。[①] 我认为，我国刑法规定了预备犯的处罚原则，在一般情况下，犯罪预备是应受处罚的。所以，教唆犯的预备行为也在可罚之列。

当然，教唆犯的预备行为往往比较隐蔽，有的是内心活动，无法取证；有的虽然表现为一定的外在活动，例如试探被教唆的人等，但这种行为也往往难以认定其为教唆犯的预备。因此，只有在具有充足的证据的情况下，才能认定为教唆犯的预备犯，在这个问题上一定要谨慎。但我们又不能以认定上的困难性否定教唆犯的预备犯的可罚性，否则就会放纵犯罪分子。

（二）预备犯的教唆犯

在被教唆的人接受教唆以后，为实行犯罪而准备工具、制造条件时被发现，被教唆的人是犯罪预备，教唆的人则是预备犯的教唆犯。

那么，预备犯的教唆犯应如何处理呢？对此，刑法理论上存在以下三种观点：一是可罚说，共犯独立性说持这种观点，少数主张共犯从属性说的刑法学家也持此说。当然，他们的具体论证是不同的。共犯独立性说把教唆行为视为独立的实行行为，其可罚性不言而喻。主张可罚说的共犯从属性说者认为预备行为是一种实行行为，被教唆的人的预备行为应受处罚，教唆犯的行为也具有可罚性。

[①] 参见吴振兴：《论教唆犯》，100页，长春，吉林人民出版社，1986。

第二节　共同犯罪的犯罪预备

二是不可罚说，此说为极端的共犯从属性说者所主张，认为教唆犯是从属于实行犯的，教唆犯的成立应以实行犯的实行行为为前提。而在被教唆的人尚未着手实行犯罪，处于犯罪的预备的情况下，教唆犯不具有可罚性。三是折中说，此说认为有些犯罪的预备本身构成独立的犯罪，例如为杀人而盗枪，盗枪既是杀人的预备，又是独立的犯罪。如果教唆犯唆使他人盗枪杀人，被教唆的人在盗得枪支以后，未及杀人而被发现，那么，被教唆的人是杀人的预备。但根据刑法的规定，该预备行为构成独立的盗窃枪支罪。因此，教唆的人应构成预备犯的教唆犯。如果被教唆的人的预备行为不能独立成罪，则教唆犯也不能认为具有可罚性。[①] 根据我国刑法理论，在上述三说中，可罚说是可取的。因为在预备犯的教唆犯的情况下，教唆犯已经实施了教唆行为，教唆行为虽然不直接就是实行行为，但它属于教唆犯的犯罪构成的行为，这是预备犯的教唆犯可罚的客观基础。并且，教唆犯已经把教唆的故意付诸行为，引起了他人的犯意，这是预备犯的教唆犯可罚的主观基础。上述客观方面与主观方面的统一，表明预备犯的教唆犯是具有法益侵害性的，应予以处罚。

预备犯的教唆犯具有可罚性已如上所述。那么，这种情况下的教唆犯是犯罪过程中的什么形态呢？对此，在共犯教义学中也存在争论。共犯独立性说认为，这时的教唆犯属于犯罪未遂，而共犯从属性说则认为属于犯罪预备。[②] 例如我国学者主张根据被教唆者所处的犯罪阶段，来相应地确定教唆者的犯罪阶段。因此认为，在被教唆者属于犯罪预备的情况下，教唆者也应以犯罪预备论处。[③] 我认为，在这种情况下的教唆犯是犯罪未遂而不是预备。因为教唆犯着手实施教唆行为，就应视为已经着手实行犯罪。被教唆的人在预备时被发觉对于教唆犯来说，

---

① 参见［日］福田平、大塚仁：《日本刑法总论讲义》，李乔等译，181~182 页，沈阳，辽宁人民出版社，1986。

② 参见［日］福田平、大塚仁：《日本刑法总论讲义》，李乔等译，181 页，沈阳，辽宁人民出版社，1986。

③ 参见吴振兴：《论教唆犯》，148 页，长春，吉林人民出版社，1986。

是意志以外的原因。因此，教唆犯应以犯罪未遂论处。同时，根据我国1979年《刑法》第26条第2款的规定，即使被教唆的人没有犯被教唆的罪，也要对教唆犯从轻或者减轻处罚，这相当于犯罪未遂。[1] 如果被教唆的人接受教唆以后已经进行犯罪预备，对教唆犯反而以预备犯论处，对其可以比照既遂犯从轻、减轻处罚或者免除处罚，这显然不合乎情理与法理。

四、帮助犯的犯罪预备

关于帮助犯与犯罪预备的关系，也可以分为两个问题加以讨论：一是帮助犯的预备犯，二是预备犯的帮助犯。现将这两个问题分述如下。

（一）帮助犯的预备犯

为帮助犯罪而制造条件的人，就是帮助犯的预备犯。例如，甲为杀人犯乙提供凶器，找到凶器以后未及交给乙就被发觉。在这种情况下，帮助犯是否构成预备犯呢？对此，刑法学者指出：帮助犯之帮助行为，若尚在预备阶段，除其预备帮助行为构成其他犯罪应依实际情形论处之外，不能构成实行犯所犯之罪的帮助犯的预备犯。所以，帮助犯没有预备犯。[2] 根据我国刑法教义学原理，行为的可罚性的根据是行为的法益侵害性。帮助犯的预备犯是否应受处罚，也应由其行为本身的法益侵害程度来确定。在一般情况下，帮助犯在共同犯罪中起辅助作用，属于从犯，法益侵害性较小。而在帮助犯的预备犯的情况下，其行为的法益侵害性更小。对此，一般可以认为是情节显著轻微、危害不大，不认为是犯罪。对于个别法益侵害性较大的，予以处罚也完全具有法律根据。

（二）预备犯的帮助犯

在被帮助的人构成犯罪预备的情况下，帮助犯就称为预备犯的帮助犯。例

---

[1] 参见高铭暄：《中华人民共和国刑法的孕育和诞生》，57页，北京，法律出版社，1981。
[2] 参见李元簇：《预备犯之研究》，载蔡墩铭主编：《刑法总则论文选辑》，下，546页，台北，五南图书出版公司，1984。

如，甲帮助乙杀人，为乙提供了杀人凶器，乙正在为杀人做准备工作时被发觉。这时，乙是杀人的预备犯，甲是预备犯的帮助犯。在共犯教义学中，关于预备犯的帮助犯是否可罚，存在以下三种不同观点：第一是可罚说，第二是不可罚说，第三是折中说。在主张可罚说中，共犯独立性说认为在这种情况下，帮助犯是犯罪未遂，共犯从属性说则认为是犯罪预备。[①] 根据我国共犯教义学原理，预备犯的帮助犯具有可罚性。从犯罪停止状态来看，预备犯的帮助犯属于犯罪未遂，应依法论处。

第三节　共同犯罪的犯罪未遂

我国《刑法》第23条第1款规定："已经着手实行犯罪，由于犯罪分子意志以外的原因而未得逞的，是犯罪未遂。"在司法实践中，犯罪未遂不仅存在于单独犯罪之中，而且大量存在于共同犯罪之中。由于共同犯罪是一种比单独犯罪要复杂得多的犯罪形态，因而共同犯罪中的犯罪未遂在其认定与处理上具有独特之处。为此，某些国家刑法典对共同犯罪的未遂作了专门规定。例如《德国刑法典》第30条（共同加功之未遂）规定："（1）着手教唆他人为重罪之实行，或重罪之教唆而不遂者，按该重罪之未遂犯处罚之，并依第49条第一项减轻其刑。第23条第三项规定准用之。（2）就重罪之实行或重罪之教唆表示自己愿为之诺意，或对他人愿为之诺意表示接受，或与他人成立协议者，与前项之处罚同。"我国刑法对共同犯罪的未遂没有明文规定，因此更有必要根据共犯教义学原理加以专门的研究。

---

① 参见［日］福田平、大塚仁：《日本刑法总论讲义》，李乔等译，181～182页，沈阳，辽宁人民出版社，1986。

第二十四章　共同犯罪的未完成形态

一、共同正犯的未遂犯

在共同正犯的情况下，各个共犯在客观上都实施了刑法分则所规定的实行行为，在主观上都具有直接实行犯罪的故意。各个共犯的行为和罪责构成了一个整体，这一特点直接影响到各个共犯的未遂问题。现根据犯罪未遂的三个特征，分别对共同正犯的未遂犯加以说明。

（一）共同正犯的着手

共同正犯的行为是一个整体，因此只要一人着手实行犯罪，整个犯罪就应视为已经进入着手状态。在这种情况下，如果在场的其他共犯尚未来得及亲手直接实行犯罪，已经着手实行的共犯就被意志以外的原因所制止而使整个犯罪未能得逞，那么，全部共犯都应承担犯罪未遂的刑事责任，而不能对未着手的人以犯罪预备论处。

（二）共同正犯的犯罪未得逞

共犯教义学认为，共同正犯是共同实行犯罪，即使全体共犯中之一人实施未遂，若其他共犯实施既遂，则共同正犯之全体均以既遂论。例如，甲乙二人共同以枪击丙，乙开枪并未射中，而甲击中丙之要害，致丙立刻身死。此时甲乙均为共同杀人既遂，因为共同实行犯基于意思联络而为行为，其行为在法律之责任上即有合一而不可分之关系。[①] 这种观点在我国刑法学界也是通说，例如我国学者指出，在共同正犯的情况下，各共同犯罪人共同直接实行犯罪，他们的行为互相结合，成为一个共同犯罪行为的整体，所以，尽管个别地考察，其中某一人的行为并未引起结果的发生，但如果其他共犯的行为引起结果发生时，全体共犯均应以犯罪既遂论，不能对行为未引起结果发生的共犯论以未遂。[②] 我认为，这个结

[①] 参见韩忠谟：《刑法原理》，增订14版，273页，台北，台湾大学法学院，1981。
[②] 参见马克昌：《略论简单共同犯罪》，载《法学》，1983（6），14页。

第三节 共同犯罪的犯罪未遂

论是从共同正犯的"部分行为之全体责任"原则中引申出来的，对绝大多数犯罪是适用的。然而，在犯罪行为具有可替代性的共同正犯中，一人得逞能否认为其他共犯皆为既遂而不存在未遂，这是一个存在争议的问题。例如，轮奸、共同脱逃等案件。对于此类案件，在我国司法实践中一般都认为一人既遂，即为全体既遂，并不承认这种共同正犯中既遂与未遂并存的情形。例如唐胜海、杨勇强奸案。[1] 2003年4月28日凌晨1时许，被告人唐胜海、杨勇从该市"太平洋卡拉OK"娱乐场所，将已经处于深度醉酒状态的女青年王某带至该市下关区黄家圩8号的江南池浴室，在111号包间内，趁王某酒醉无知觉、无反抗能力之机，先后对其实施奸淫。唐胜海在对王某实施奸淫的过程中，由于其饮酒过多未能得逞；杨勇奸淫得逞。对于本案，南京市下关区人民法院审理后认为，被告人唐胜海、杨勇违背妇女意志，轮流奸淫妇女，其行为均已构成强奸罪，应依法予以惩处。唐胜海协助公安机关抓获同案犯，有立功表现，同时考虑到其个人奸淫目的未得逞，可以对其减轻处罚。两被告人及其辩护人关于发生性行为时，王某并没有达到酒醉无知觉、无反抗能力程度的辩解和辩护意见，经查与事实不符，不予采纳。依照《刑法》第236条第2款第（4）项、第25条第1款、第23条、第68条第1款之规定，于2003年10月9日判决如下：被告人唐胜海犯强奸罪，判处有期徒刑7年；被告人杨勇犯强奸罪，判处有期徒刑10年。一审宣判后，两被告人不服，上诉于南京市中级人民法院。在二审法院审理过程中，两被告人申请撤诉，二审法院裁定准许。现一审判决已发生法律效力。对于本案这种一人强奸既遂一人未遂的应如何处理，在审理过程中，存在以下两种分歧观点：第一种观点认为，由于两被告人有轮奸的共同故意，且轮流实施了奸淫行为，其中一人奸淫得逞，就应当全案认定为强奸既遂。至于轮奸只是法律所规定的强奸罪的加重处罚情节之一，本身不存在既未遂问题。第二种观点认为，轮奸也有既未遂问

---

[1] 参见张文菁：《唐胜海、杨勇强奸案——轮奸案件中一人强奸既遂一人未遂的应如何处理》，载最高人民法院刑一、二庭编：《刑事审判参考》，第36辑，32～36页，北京，法律出版社，2004。

题，其中一人由于意志以外的原因未得逞的，就应认定为轮奸未遂。对轮奸未遂的，可以比照轮奸既遂的刑罚予以从轻处罚。对此，本案的裁判理由指出：轮奸案件中，轮奸情节本身没有独立的既未遂问题，只有强奸罪的既未遂问题。轮奸是指两个以上男子出于共同的奸淫认识，在同一段时间内，先后对同一妇女（或幼女）轮流实施奸淫的行为。轮奸是法律所明确规定的强奸罪的加重量刑情形之一，作为强奸罪加重处罚的一种法定情形，它解决的仅是对行为人所要适用的法定刑档次和刑罚轻重问题。各行为人只要实施了轮奸行为，就应当对其适用相应的法定刑，反之，如行为人未实施轮奸行为，则不具有该加重处罚情形。至于轮奸中各行为人是否奸淫得逞的具体情形，包括均得逞、因意志以外原因均未得逞或者一人以上得逞、一人以上未得逞的，则属于强奸罪既遂或未遂所要解决的问题。这是因为，首先，所谓未遂，仅是犯罪的一种未完成形态而已，轮奸并非独立一罪，只是强奸罪的一种情形。因此，轮奸本身并没有独立的既未遂问题，只有强奸罪的既未遂问题。认为轮奸也有既未遂的观点，是把认定轮奸这一强奸罪的加重处罚情形与认定强奸罪既未遂形态相混淆了，是不可取的。其次，如根据轮奸也有既未遂的观点，对轮奸中一人以上奸淫得逞、一人以上奸淫未得逞的情形，是对全案以轮奸未遂定，还是仅对奸淫未得逞的个人以轮奸未遂定，势必难以作出合理的回答。如果说全案应定轮奸未遂罪，那么，无疑会轻纵已奸淫既遂的其他轮奸人；反之，如果说仅对奸淫未遂的被告人定轮奸未遂罪，而对其他被告人仍以轮奸既遂定，那么，轮奸到底是既遂还是未遂，势必难以自圆其说。我们认为，对轮奸中一人以上强奸既遂，一人以上未遂的情形，由于各行为人均实施了轮奸行为，故首先应对各被告人以强奸罪定罪并按轮奸情节予以处罚。最后，由于轮奸是基于共同奸淫认识的共同实行行为，按照强奸罪中认定既未遂的一般原理，即只要实行犯强奸既遂的，对其他共犯，无论其为帮助犯、教唆犯、组织犯还是共同实行犯，都应按强奸罪既遂论。当然，所谓都应按强奸罪既遂论，并不是说具体量刑时就无须区别对待。相反，对帮助犯、从犯一般应当依法给予从宽处罚，而对个人奸淫未得逞的共同实行犯也可以酌定从轻处罚。具体到

第三节 共同犯罪的犯罪未遂

本案，被告人唐胜海、杨勇违背妇女意志，实施了轮流奸淫妇女的行为，其中一人既遂（强奸妇女的既遂标准为性器官插入说，奸淫幼女的既遂标准为性器官接触说），一人未遂，从共同犯罪的形态看，对两人均应以强奸既遂论，且须按轮奸情节确定所适用的法定刑。对个人奸淫未得逞的被告人唐胜海，由于其具有立功这一法定从宽情节，同时又具有可酌定从轻处罚的情节，故依此决定对其予以减轻处罚也是可以的。这一裁判理由基于共同正犯的部分行为之全体责任原则，得出了在轮奸的情况下，一人既遂即为全体既遂的结论。然而，类似轮奸、共同脱逃等犯罪，其行为特点是相互利用，各自遂行其犯罪。因此，不能简单地套用共同正犯的一人既遂即为全体既遂的适用原则，而是应当各自以其行为的既遂为既遂标准。我认为，之所以具有上述在认定共同正犯的未得逞问题上的差别，是由这两种不同类型的犯罪的构成要件的特点所决定的。下面予以简要的分析：

（1）在结果犯的情况下，一人既遂全体共同犯罪人即为既遂，不存在既遂与未遂并存的情形。

结果犯是指以发生一定的犯罪结果为其必要构成要件的犯罪，例如杀人、盗窃等犯罪。在这种情况下，犯罪结果发生与否成为认定犯罪是否得逞的标准。而在共同正犯中，全体共同犯罪人的行为是一个有机的整体，每个人的行为都处于整体行为的有机统一体中而与犯罪结果具有因果关系。在这种情况下，共同正犯中只要有一个人的行为造成了犯罪结果的发生，就应认为全体共同犯罪人均为既遂。

（2）在行为犯的情况下，如果由共同追求的犯罪目的所决定，只要共同正犯中部分人实施一定的行为就可以实现犯罪目的，则一人既遂就应视为全体共同犯罪人均为既遂。

行为犯是指以实施一定的犯罪行为为其犯罪构成的充足要件。在这种情况下，犯罪行为是否完成就成为认定犯罪是否得逞的标准。在行为犯中，有些犯罪，例如诬告陷害罪，甲乙策划共同对丙进行诬告陷害，甲捏造丙的所谓犯罪事实向公安机关告发，乙写诬陷信向公安机关投寄。甲向公安机关告发完成了诬告

809

陷害行为，乙则写成诬陷信后未及寄出而丢失。在上述情况下，由于甲乙的共同目的是要对丙进行诬告陷害。由此目的所决定，甲乙中只要一人完成了诬告陷害行为，即使另一人未能完成这种行为，也均应视为犯罪既遂。

（3）在行为犯的情况下，如果由犯罪构成的特点所决定，每个人的行为具有不可替代的性质，这样，共同正犯中各共同犯罪人的未遂或既遂就表现出各自的独立性。

一个共同犯罪人的未遂或既遂并不标志着其他共同犯罪人的未遂或既遂，每个共同犯罪人都只有在完成了构成要件的行为以后才能构成犯罪既遂。在这种情况下，就出现了共同正犯中一人既遂而另一人未遂这种既遂与未遂并存的现象。例如，强奸、脱逃等犯罪，其犯罪目的分别是强行与妇女发生性交和逃避监狱的监管，这种犯罪目的决定了每个共同犯罪人的行为具有不可替代的性质。只有本人完成了法定行为才是既遂，如果本人因意志以外的原因而未完成法定行为，即使他人完成了该行为，对未完成法定行为的共同犯罪人来说，仍是犯罪未遂。

由以上分析可以看出，共同正犯的未得逞不可一概而论，那种主张在共同正犯中只要一人既遂，其他共犯也就只能成立既遂而不能构成未遂的观点，在上述第一种和第二种情况中是正确的，在第三种情况中则不能贯彻，因而不能将其绝对化。

（三）共同正犯的犯罪未遂中的意志以外原因

导致共同正犯犯罪未遂的意志以外的原因，除单独犯罪中的那些原因以外，还包括其他共犯自动有效地中止犯罪这个特殊原因，这也是共同正犯的犯罪未遂中的意志以外原因的最大特点。例如，甲乙二人共同杀丙，在着手杀人以后，甲内心悔悟而有效地制止了乙的杀人行为。在这种情况下，甲应成立犯罪中止。但甲的犯罪中止的效力不及于乙。乙应成立犯罪未遂，而甲的犯罪中止对于乙来说，正是导致其犯罪未得逞的意志以外的原因。

二、组织犯的未遂犯

组织犯开始着手建立犯罪集团，就应认为进入了犯罪的实行阶段。因此，组织犯的未遂犯可以分为以下两种情况。

(一) 组织犯罪集团未得逞的犯罪未遂

在这种情况下，组织犯已经开始着手建立犯罪集团，但没有物色到对象，或者策动他人参加犯罪集团，他人未予理睬。在这种情况下，组织犯应负犯罪未遂的刑事责任，可以比照既遂犯从轻或者减轻处罚。

(二) 组织了犯罪集团以后，因实行犯的预备、未遂或者中止而导致组织犯的犯罪未遂

在一般情况下，组织犯建立犯罪集团，在背后进行策划和指挥，本人并不直接去实行犯罪，但组织犯仍应对犯罪集团预谋的全部犯罪承担刑事责任。如果实行犯参加犯罪集团后接受指派去实行某一具体犯罪，在进行犯罪预备时就被发现，而使得犯罪未得逞，组织犯应负犯罪未遂的刑事责任。例如，甲建立了走私集团，指派走私集团的某一成员乙进行一次重大走私活动。乙在为这次走私做准备的时候被司法机关发觉抓获，乙应以走私预备论处。甲作为组织犯，应对走私犯罪承担未遂的刑事责任。在犯罪集团的实行犯实行某一具体犯罪过程中的犯罪未遂或者犯罪中止，对于组织犯来说，都是因意志以外的原因而使得犯罪未得逞，因而都应构成犯罪未遂。现以实行犯的犯罪中止为例加以说明：甲是拐卖人口集团的组织犯，乙是该集团的成员。乙接受甲的指派将一妇女从 A 地拐卖到 B 地。在拐卖的过程中，乙想到将该妇女拐卖，必然使其遭受凌辱，因而对该妇女产生怜悯之心，遂将其释放回家，中止了拐卖人口的行为。在这种情况下，乙应成立犯罪中止，甲则属于犯罪未遂，可以比照既遂犯从轻或者减轻处罚。

在上述两种不同的犯罪未遂的情况下，性质是有所不同的。前者，组织犯如果是一个人，就可能构成单独犯罪，在处罚上来说，也应更轻一些。后者，组织

犯与其他犯罪集团成员构成共同犯罪,但可能处于不同的犯罪停止状态。同时,相对于第一种情况而言,在这种情况下具体犯罪已经开始实施,因而处罚应稍重于前者。

三、教唆犯的未遂犯

教唆犯的犯罪未遂是共同犯罪理论中最复杂的问题之一。对这个问题的科学解决,有赖于正确地运用共同犯罪理论与犯罪未遂理论。现根据犯罪未遂的三个特征,分别对教唆犯的未遂犯予以说明。

(一)教唆犯的着手

教唆犯的着手是以本人的教唆行为的着手为标志,还是以被教唆的人的实行行为的着手为标志,这是一个在共犯教义学中长期聚讼不息的问题。共犯从属性说基于客观主义的立场,认为教唆犯对于实行犯具有从属性。因此,教唆犯的成立及可罚性,以存在一定的实行行为为必要条件。只有在实行行为已经成立或具有可罚性的情况下,教唆犯始从属于实行行为而成立或具有可罚性。显然,按照共犯从属性说,只有被教唆的人着手实行犯罪,教唆犯才能成立,当然也就不能将教唆犯着手教唆视为犯罪的着手。共犯独立性说基于主观主义的立场,认为犯罪乃行为人恶性之表现,教唆犯的教唆行为,系行为人本身表现其固有的社会危害性,并对结果具有原因力。因此,对教唆犯所处罚的是教唆行为,并非被教唆的人的实行行为。教唆行为虽非实行行为,但因其危险性大而应将教唆行为视同实行行为。显然,按照共犯独立性说,教唆犯着手于教唆行为,就应视为已经着手实行犯罪,不以被教唆的人着手实行犯罪为必要条件。

我认为,教唆犯具有二重性:既有独立性,又有从属性,两者是统一的,不可将两者对立起来。教唆行为是一种独立的犯罪行为,教唆犯因其教唆行为而受处罚,这体现了教唆犯的独立性,因而那种认为没有被教唆的人的实行行为,教唆犯不能成立或不具有可罚性的观点是不足取的。教唆犯又在一定程度上从属于

第三节 共同犯罪的犯罪未遂

被教唆的人，因为被教唆的人实行犯罪且实现犯罪结果是教唆行为的结果，只有依照被教唆的人的行为性质才能正确地对教唆犯定罪量刑。由此出发考察教唆犯的着手，必然得出教唆犯的着手不以被教唆的人的着手为转移的结论。也就是说，只要教唆犯开始以言辞或者其他方法进行教唆，就应视为教唆犯已经着手实行犯罪。

（二）教唆犯的犯罪未得逞

教唆犯的犯罪未得逞，实际上是一个区分教唆犯的既遂与未遂的标准问题。关于这个问题，在共犯教义学中存在两种观点：一是以教唆者之行为为标准说。此说主张教唆犯之既遂与未遂，以教唆人之教唆行为为标准。教唆行为为既遂者，则为教唆既遂犯；教唆行为为不遂者，则为教唆未遂犯。二是以被教唆者之行为为标准说。此说主张教唆犯之既遂与未遂，应以被教唆者实施行为既遂与未遂为标准。被教唆者实施行为在法律上认为既遂者，教唆行为即为既遂；被教唆者实施行为在法律上认为未遂者，教唆行为即为未遂。①

我认为，对于教唆犯的犯罪未得逞的问题，要从教唆犯的构成特点上进行分析。教唆犯属于结果犯，教唆行为是被教唆的人犯罪的原因。教唆犯教唆他人犯罪，其目的不仅在于引起他人的犯意，而且往往在于通过被教唆的人的实行行为，引起具体的犯罪结果。例如，教唆他人杀人，不仅仅是为了使被教唆的人产生杀人的犯意，而且一般对杀人的结果也是希望或放任其发生的。因此，教唆犯是否得逞，应以教唆的结果是否发生为标准。教唆行为没有引起被教唆的人的犯意以及被教唆的人没有实现具体的犯罪结果，对于教唆犯来说，都是未得逞。

（三）教唆犯的犯罪未遂中的意志以外的原因

教唆犯的犯罪未遂中的意志以外的原因是多种多样的，揭示这些原因，对于认定教唆犯的犯罪未遂具有重大意义。现将教唆犯的犯罪未遂中的意志以外的原因分述如下。

---

① 参见耿文田：《教唆犯论》，56~57页，上海，商务印书馆，1935。

第二十四章　共同犯罪的未完成形态

1. 被教唆的人未犯被教唆的罪

我国《刑法》第29条第2款规定："如果被教唆的人没有犯被教唆的罪，对于教唆犯，可以从轻或者减轻处罚。"在这种被教唆的人没有犯被教唆的罪的情况下，关于教唆犯所处的犯罪停顿状态问题，在我国共犯教义学中存在以下四种观点：一是预备说，认为教唆犯是通过教唆他人犯罪以实现本人的犯罪目的。教唆犯对被教唆的人实施教唆行为同为了犯罪而寻找共同犯罪人，在本质上没有差别，而寻找共同犯罪人恰好是犯罪预备的一种表现形式。① 还有学者明确地指出，教唆犯所教唆的罪，被教唆的人并没有去实行，对于教唆犯应当根据其所教唆的犯罪行为以预备犯论处，按具体情节可减轻处罚或者免于处罚。② 在外国刑法中，有明文规定在这种情况下教唆犯属于犯罪预备的立法例。例如《阿尔巴尼亚刑法典》第14条第4款规定："教唆犯教唆他人实施犯罪的，即使他人没有实施任何犯罪行为，也要对预备行为负刑事责任。"二是未遂说，认为被教唆的人没有犯被教唆的罪，是教唆犯因意志以外的原因而未得逞，应视为未遂。③ 在外国刑法中，也有这种立法例，例如《瑞士刑法典》第24条第2款规定："教唆他人犯重罪而未遂者，得减轻处罚。"三是既遂说，认为教唆犯的犯罪行为仅止于教唆，一经教唆完毕，其犯罪行为就已终了，不论被教唆的人是否实行教唆犯所教唆的罪，均构成既遂。④ 在外国刑法中，虽然没有此类明文规定，但有类似规定。例如美国《模范刑法典》第5.02条第2款（未成功的教唆）规定："如果行为人行为的目的竭力计划要与被其教唆犯罪的人取得联系而未能取得这种联系时，则并不妨碍本条第1款的适用。"该条第1款是关于教唆犯的一般规定，所谓不妨碍本条第1款的适用，实际上就是指以教唆既遂论处。四是成立说，认为在被教唆的人没有犯被教唆的罪的情况下，教唆犯不是犯罪的任何一个阶段，可

---

① 参见魏克家：《试论教唆犯的几个问题》，载《刑法学论集》，139页，北京市法学会，1983。
② 参见李光灿主编：《中华人民共和国刑法论》，上册，296页，长春，吉林人民出版社，1984。
③ 参见陈兴良：《论教唆犯的未遂》，载《法学研究》，1984（2），62页。
④ 参见李光灿等：《刑法因果关系论》，240页，北京，北京大学出版社，1986。

以称之为犯罪成立。① 在外国刑法中，也存在类似的立法例。例如《罗马尼亚刑法典》第29条（未实施被教唆之罪）第1款规定："被教唆人未实施教唆之罪及中止犯罪或自动阻止犯罪结果发生的，教唆行为在所教唆之罪的最低法定刑与刑罚的最低限度之间处刑。法律规定有死刑的，处二年至十年监禁。"这一规定只对未实施被教唆之罪情况下的教唆犯的处罚作了规定，而且其处罚与犯罪未遂并不相同。所以，这实际上是在肯定教唆犯成立犯罪的基础上，单独规定其处罚。

在上述诸说中，预备说实际上是以被教唆的人着手实行犯罪行为作为教唆犯着手实行犯罪的标准，否定了教唆犯的相对独立性。而且，作为犯罪预备的寻找共同犯罪人，是以共同实行犯罪为前提的。例如甲欲杀乙，恐一人不敌，就引诱丙共同杀乙。在本案中，甲引诱丙就是犯罪预备，而这与教唆犯是有所不同的，两者不可混淆。况且，《刑法》第33稿规定"可以从轻、减轻或者免除处罚"，相当于预备犯。② 现行刑法则规定为"可以从轻或者减轻处罚"，处罚原则有所不同。因此，不能以《刑法》第33稿的规定作为依据论证在这种情况下的教唆犯属于犯罪预备。由此可见，预备说是没有法律根据的。既遂说实际上是把教唆行为视为举动犯，认为教唆行为一经实施完毕就是既遂，既遂以后当然就没有未遂与中止的余地。但论者又同时指出，教唆犯在其教唆行为使被教唆的人产生了犯意和实施犯罪的故意，甚至已开始着手犯罪的实施以后，教唆犯仍有可能成立中止。③ 这岂不与上述既遂说自相矛盾？至于同一个人在不同论著中分别主张预备说、未遂说与既遂说三种明显对立的观点，在此就不妄加评论了。④

成立说提法虽然新颖，但实际上不过是既遂说的翻版而已。什么是犯罪成

---

① 参见伍柳村：《试论教唆犯的二重性》，载《法学研究》，1982（1），17页。
② 参见高铭暄：《中华人民共和国刑法的孕育和诞生》，57页，北京，法律出版社，1981。
③ 参见李光灿等：《刑法因果关系论》，251页，北京，北京大学出版社，1986。
④ 预备说参见李光灿主编：《中华人民共和国刑法论》，上册，296页，长春，吉林人民出版社，1984；未遂说参见李光灿等：《论共同犯罪》，95页，北京，中国政法大学出版社，1987；既遂说参见李光灿等：《刑法因果关系论》，240页，北京，北京大学出版社，1986。

立？犯罪成立就是按照刑法的规定，某一行为已经构成犯罪，而不论该犯罪处于犯罪的哪一停顿状态。犯罪的预备、未遂、中止和既遂都可以说是犯罪成立。由此可见，犯罪成立是一个划分罪与非罪的界限的概念，它不能回答犯罪停顿状态问题，以犯罪成立来概括被教唆的人没有犯被教唆的罪的情况下的教唆犯所处的犯罪停止状态，没有说明任何问题。实际上，成立说与既遂说是如出一辙的，只是论者以为，如果作为既遂，在理论上有好些问题难以解答。[①] 难以解答的问题之一就是：既然是既遂，为什么《刑法》第29条第2款还要明确规定对这种情况下的教唆犯从轻或减轻处罚呢？而论者提出成立说，也并没有能正确地回答这个问题。我认为，论者之所以对在被教唆的人没有犯被教唆的罪的情况下教唆犯所处的犯罪停止状态问题发生如上的错误，根源在于论者对犯罪阶段的错误理解。论者曾在其他论著中指出：如果把犯罪的实行行为看成一条线，则这条线的起点就是着手，终点就是既遂。这个起点和终点无论在理论上还是实践中都非常重要，起点是划分未遂和预备的界限，终点是决定犯罪是否完成，达到既遂。[②] 论者关于实行行为起点的论述是完全正确的，对于终点的论述则不妥。这个终点仅对那些以行为人的一定身体活动为内容的行为犯来说是既遂，对于那些以发生一定的犯罪结果为必要要件的结果犯来说则不一定是既遂，还有未遂甚至中止的可能。例如，投毒杀人，投毒行为实施完毕即达到终点以后，被害人觉察而使杀人阴谋败露，这是未遂。如果投毒人在投毒以后衷心悔悟，未让被害人服毒，这是中止。而论者将未遂和中止这两种可能发生的结局完全排除在外，得出实行行为的终点是既遂的结论。从这一结论出发研究教唆犯的犯罪停顿状态问题，必然认为教唆行为的终点是既遂，仅仅由于认定为既遂在理论上难以自圆其说才称之为犯罪成立而已。

我认为，在被教唆的人没有犯被教唆的罪的情况下，教唆犯是犯罪未遂。因

[①] 参见伍柳村：《试论教唆犯的二重性》，载《法学研究》，1982（1），18页。
[②] 参见伍柳村：《如何认定犯罪的"着手"实施》，载《法学》，1983（7），16页。

第三节 共同犯罪的犯罪未遂

为在这种情况下，教唆犯所预期的教唆结果没有发生，也就是说，教唆犯没有得逞。而且，教唆犯之所以没有得逞，是由于被教唆的人违背教唆犯的意志而没有犯被教唆的罪，这对教唆犯来说是意志以外的原因。所以，在被教唆的人没有犯被教唆的罪的情况下，教唆犯完全符合犯罪未遂的特征，应以犯罪未遂论处。在刑法教义学中，犯罪未遂可以分为实行终了的未遂和未实行终了的未遂。显然，在被教唆的人没有犯被教唆的罪的情况下，教唆犯是实行终了的未遂。因为在这种情况下，教唆犯已将其教唆行为实行终了，只是由于被教唆的人没有实行其所教唆的罪的这一意志以外的原因，才未发生教唆犯所预期的教唆结果。我国《刑法》第 29 条第 2 款规定对被教唆的人没有犯被教唆的罪的情况下的教唆犯可以从轻或者减轻处罚，这与我国《刑法》第 23 条第 2 款规定的未遂犯的处罚原则完全相同，可见立法者是将这种情况下的教唆犯视同犯罪未遂的。① 综上所述，在被教唆的人没有犯被教唆的罪的情况下，教唆犯是属于犯罪未遂。而被教唆的人未犯被教唆的罪，就是这种教唆犯的犯罪未遂的意志以外的原因。

2. 被教唆的人的犯罪预备

教唆犯实施了教唆行为以后，被教唆的人接受了教唆，并且进入了犯罪预备阶段，但因意志以外的原因未能着手实行犯罪。在这种情况下，被教唆的人是犯罪预备，教唆犯则成立犯罪未遂。而这种犯罪未遂的意志以外的原因，是被教唆的人仅进行了犯罪预备。

3. 被教唆的人的犯罪中止

教唆犯实施了教唆行为以后，被教唆的人接受了教唆，在犯罪过程中，被教唆的人自动中止犯罪或有效地防止犯罪结果的发生。在这种情况下，被教唆的人应成立犯罪中止，教唆犯则属于犯罪未遂。但我国学者认为在这种情况下，教唆犯也应成立犯罪中止。② 我认为这种观点不妥，因为被教唆的人中止犯罪，只能

---

① 参见高铭暄：《中华人民共和国刑法的孕育和诞生》，57 页，北京，法律出版社，1981。
② 参见吴振兴：《论教唆犯》，148 页，长春，吉林人民出版社，1986。

说明被教唆的人主观恶性较小，放弃了犯罪，并不能说明教唆犯也对本人的犯罪有了悔悟而中止了犯罪。恰恰相反，被教唆的人中止犯罪使得犯罪未能完成，对于教唆犯来说，正是其犯罪未遂的意志以外的原因。

4. 被教唆的人的犯罪未遂

被教唆的人在接受教唆以后，已经着手实行犯罪，但由于意志以外的原因而未得逞。在这种情况下，被教唆的人是犯罪未遂，教唆犯也成立犯罪未遂，在刑法理论上往往把这种情况称为未遂犯的教唆犯，教唆犯的这种未遂的意志以外的原因是被教唆的人的犯罪未遂。

四、帮助犯的未遂犯

帮助犯的犯罪未遂，和教唆犯的犯罪未遂具有相似之处。因为帮助犯是从犯，其本身的法益侵害性就较轻，帮助犯的未遂就更轻了，所以刑法对这种情况未加规定，理论上过于烦琐地研究也没有太大的实际意义。以下仅就帮助犯的犯罪未遂的两种主要形式稍加说明。

（一）帮助犯的未遂

帮助犯已经着手实行帮助行为，例如提供犯罪建议，但实行犯未加采纳；供给犯罪工具，实行犯拒绝使用。在这种情况下，就构成帮助犯的未遂犯。

（二）未遂犯的帮助

正犯接受帮助以后，已经着手实行犯罪，但由于意志以外的原因而未得逞。在这种情况下，就构成未遂犯的帮助犯。

第四节　共同犯罪的犯罪中止

我国《刑法》第 24 条第 1 款规定："在犯罪过程中，自动放弃犯罪或者自动有

第四节 共同犯罪的犯罪中止

效地防止犯罪结果发生的,是犯罪中止。"在单独犯罪的情况下,认定犯罪中止一般不会发生困难。然而,在共同犯罪中,由于各共同犯罪人基于主观上的共同犯罪故意而实施的共同犯罪行为,是一个互相联系、互相制约的整体,成为犯罪结果发生的共同原因,所以,共同犯罪的中止具有一定的复杂性。为此,有些国家刑法对共同犯罪的中止作了明文规定。例如,《德国刑法典》第 31 条(共同加功未遂之中止)规定:"(1)有下列情形之一者,不得依第 30 条之规定予以处罚:1)已着手于教唆他人犯重罪而因己意中止,并防免他人犯罪之既存危险者;2)在表示自己犯重罪之诺意后,而因己意放弃其计划者;3)在成立犯重罪之协议或接受他人犯重罪之诺意后,而因己意防止犯罪之发生者。(2)犯罪之不发生,非由于中止者之行为所致,或犯意之发生,与中止者以前之加功行为无关者,如中止者之确曾因己意而尽力谋犯罪之防止,亦足免罚。"《德国刑法典》上述第 31 条是对共犯中止的特别规定。根据第 31 条的规定,共犯的中止可以分为以下两种情形:第一种是共犯在教唆或者与他人共谋犯罪后,不仅因中止犯罪,而且防止犯罪结果发生的情形,这是典型的共犯中止。对此,《德国刑法典》规定,不得依第 30 条的规定处罚。那么,《德国刑法典》第 30 条规定的内容是什么呢?《德国刑法典》第 30 条规定:"(1)命令或教唆他人实施重罪而未遂的,依该重罪的未遂论处。(2)但以第 49 条第 1 款(特别之法定减轻理由)减轻处罚。(3)可相应的适用第 23 条第 3 款的规定(对认识错误的处理)"。由此可见,这是关于教唆未遂的规定。根据这一规定,对教唆他人犯重罪而未遂的,应当以重罪的未遂犯论处。但《德国刑法典》第 31 条又规定,教唆或者与他人共谋犯罪的,教唆或者共谋者中止犯罪并防止结果发生的,不以未遂犯论处。这是对教唆犯或者共同正犯的未遂犯的例外规定。从刑法教义学来看,这种情形属于共同犯罪的中止,因为它完全符合中止犯的构成要件。第二种情形是共同犯罪的结果未发生,并不是个别共犯的中止行为所导致,或者与个别共犯的加功行为没有因果关系,但中止者曾经采取措施避免结果发生,虽然未能避免,对中止者亦应当免除处罚。由此可见,第二种情形并不是因己意而犯罪结果发生,但由于其曾经采取措施而未能避免,也不能构成未遂犯,而是以中止

犯论处。我国刑法没有明文规定共同犯罪的中止问题，但在共同犯罪中显然存在中止的情形，对于共同犯罪的中止，应依我国刑法处理中止犯的一般原则解决。

一、共同犯罪的犯罪中止概述

共同犯罪的犯罪中止是犯罪中止的一种特殊形态，因而共同犯罪的犯罪中止具有不同于一般犯罪中止的特殊之处，对此需要结合共犯理论与犯罪中止理论，从刑法教义学上加以厘定。

(一) 共同犯罪中止的成立条件

根据我国刑法的规定，犯罪中止需要具备以下三个条件：第一，时间性。犯罪中止发生在犯罪过程中，这里的犯罪过程包括预备阶段和实行阶段，乃至于犯罪结果出现之前。第二，自动性。犯罪中止的自动性是指犯罪中止是犯罪分子基于本人的意愿自动放弃犯罪或者防止结果发生。第三，有效性。犯罪中止的有效性是指在犯罪预备或者犯罪实行过程中，由于此时犯罪行为尚未实施完毕，因而只要采取不作为的方式，停止犯罪的继续实施，即可防止犯罪结果的发生。如果犯罪行为已经实施完毕，在犯罪结果发生之前，犯罪分子以积极的作为方式避免犯罪结果的发生，也应当视为具备犯罪中止有效性的条件。对于共同犯罪的中止来说，在犯罪中止的前述三个条件中，时间性和自动性均与单独犯罪的中止没有差异，唯独有效性条件的认定存在较大争议。

问题在于：在共同犯罪的情况下，如果所有共犯都中止犯罪，则成立共同犯罪的犯罪中止没有疑问。但在部分共犯中止的情况下，未能阻止其他共犯继续实施犯罪，因而发生了一定的犯罪结果。在这种情况下，部分共犯是否能够单独成立犯罪中止？换言之，犯罪中止的有效性条件在共同犯罪的犯罪中止的情况下，应当如何掌握？对于这个问题，我国刑法学界存在以下观点的争议[1]：第一种观

---

[1] 参见陈兴良主编：《刑法疑难案例评释》，48~49页，北京，中国人民公安大学出版社，1998。

第四节 共同犯罪的犯罪中止

点认为，既然共同犯罪行为具有整体性特征，那么，其犯罪中止的有效性也只能以整个共同犯罪是否最后达到完成状态来确定。个别共犯意图中止犯罪，必须在停止自己犯罪的同时，迫使其他共犯停止实施共同犯罪行为，或有效地防止共同犯罪结果发生。倘若没有产生这种效果，共同犯罪终已完成时，个别共犯的犯罪中止就不能成立。第二种观点认为，共同犯罪行为虽具有整体性特征，但实际上是由每个共犯的独立行为组合而成的。其中个别共犯自动停止自己的犯罪，就同共同犯罪完全脱离了联系，之后与其他共犯的行为就不再有何关联，因此，其自动停止犯罪就应被视为犯罪中止。换言之，共犯只要停止自己的行为即可成立犯罪中止，而不论共同犯罪最后发展程度如何。第三种观点认为，除主犯外，其他共犯中止的有效性，应以行为人力所能及的范围为限。如果努力阻止其他共犯继续实行犯罪，但因能力有限而阻止无效的，仍可成立犯罪中止。第四种观点认为，共犯中止的有效性，应以他是否有效地切断自己以前的行为与危害结果之间的因果关系来确定。如果个别共犯以自己消极或积极的行为确实已切断其以前的犯罪行为同以后的危害结果之间的因果关系，即使共同犯罪的危害结果最后由其他共犯促成发生，亦能成立中止犯。第五种观点认为，判断共犯中止有效性的标准是中止者必须使自己的行为与整体的共同犯罪行为解体，即主观上切断与其他共犯之间的共同故意联系，客观上抵消自己先前行为对共同行为所起的合力作用，使之消除对犯罪形成既遂的原因力。我国学者也进一步将共同犯罪中止的有效性的判断标准的观点归纳为下述观点：第一，整体完成状态说；第二，个别中止论；第三，非主犯能力说（区别对待说）；第四，因果关系切断说；第五，阻止先前行为被利用说；第六，行为解体消除危害说；第七，原因力标准说；第八，脱离共犯关系说。[①] 由此可见，我国刑法学界对于共同犯罪的犯罪中止的有效性，无论是在理解上还是在判断上都存在各种观点的聚讼。对此，应当根据犯罪中止的有效性与共同犯罪的特殊性进行具体分析。

---

① 参见刘雪梅：《共犯中止研究》，173～177页，北京，中国人民公安大学出版社，2011。

就犯罪中止的有效性而言，它是中止犯获得宽宥的客观基础。因此，如果只有中止犯罪的意愿，但并没有阻止犯罪结果发生的有效性，则不能成立犯罪阻止。在单独犯罪的情况下，行为人与犯罪结果之间存在直接的对应关系，因而对其防止犯罪结果发生以便达到中止的有效性的要求是十分容易理解与判断的。共同犯罪通常都是数人共犯一罪，因而是数个共犯的行为共同造成一个犯罪结果的发生。因此，这里就存在共同犯罪评价的整体性，只有从各个共犯的角度才能把握犯罪中止的有效性条件。与此同时，共同犯罪又是由各个参与者的行为组合而成的，因而共同犯罪的行为具有个别性。各个不同的共犯在共同犯罪中的分工、地位与作用并不完全相同。在这种情况下，对于共同犯罪的犯罪中止有效性的理解与判断上具有其特殊性。在共同犯罪的整体性与个别性这两者中，整体性是主要的，个别性是次要的。因此，在理解共同犯罪中止的有效性的时候，整体性是重要的考量因素。例如，数个行为造成一个犯罪结果的，各个共犯的行为是犯罪结果发生的共同原因。在这种情况下，就要采用整体性的观察方法，只有当各个共犯同时中止犯罪或者部分共犯不仅中止自己的犯罪行为，而且阻止其他共犯的行为，从而避免共同犯罪结果的发生，才能认为具备犯罪中止的有效性条件。但在某些情况下，各个共犯分别或者各自实施犯罪，并且这种犯罪行为具有相对独立性，互相不可替代，那么，就不能简单地要求阻止结果发生作为有效性的判断标准。此外，在存在事实犯罪中的主要行为者与辅助者的关系的情况下，辅助者虽然事前与主要行为者之间具有共谋，但辅助者并未实施具体的辅助行为，或者撤回辅助行为，因而阻断了其行为与犯罪结果之间的因果关系的，则应当根据个别性的观察方法考察犯罪中止的有效性，肯定个别共犯的中止行为可以构成共同犯罪中的部分中止。

（二）共同犯罪中止的司法认定

刑法中的犯罪中止是针对单独犯罪而规定的，然而共同犯罪也同样存在犯罪中止。共同犯罪的犯罪中止相对于单独犯罪的犯罪中止更为复杂，对此在司法实践中往往存在一定的争议，因而需要从刑法理论上提供指导。例如孙磊故意杀

第四节 共同犯罪的犯罪中止

人、抢劫案[①]就涉及共同犯罪的犯罪中止的司法认定问题。邯郸市检察院以韩江维犯故意杀人罪、抢劫罪、强奸罪，张立、孙磊犯故意杀人罪、抢劫罪，向法院提起公诉。法院经不公开开庭审理查明：

（1）2008 年 11 月，被告人韩江维与张立、孙磊共谋抢劫杀害被害人张某（女，殁年 23 岁）。孙磊将张某位于河北省武安市的租住处指认给韩江维、张立后，三人多次携带尖刀、胶带等工具到张某的租住处准备抢劫。因张某未在家，抢劫未果。同年 12 月 25 日晚，韩江维、张立携带尖刀、胶带再次到张某的租住处附近伺机作案：当日 23 时 40 分许，张某驾车回到院内停车时，张立持刀将张某逼回车内，并用胶带捆住张某双手，韩江维从张某身上搜出其家门钥匙。张立进入张某家劫得现金人民币（以下币种均为人民币）4 000 余元及银行卡、身份证、照相机等物。韩江维、张立逼张某说出银行卡密码后，驾驶张某的汽车将张挟持至武安市矿建路的中国银行，张立用张某的银行卡通过自动取款机取出现金 3 900 元。后韩江维、张立将张某挟持至武安市矿山镇矿山村一废弃的矿井旁，韩江维在车上将张某强奸。随后韩江维、张立用胶带缠住张某的头部，将张某抛入矿井内，致其颈髓损伤导致呼吸衰竭死亡。韩江维、张立共劫得张某的现金 7 900 余元及一辆汽车、一部诺基亚手机、一部小灵通、一部照相机等物（合计价值 100 465 元）。

（2）2008 年 10 月，被告人韩江维与张立、孙磊共谋抢劫，并准备了尖刀、胶带等作案工具。孙磊将租住在邯郸市农林路的贾某家指认给韩江维和张立，因该住户家中有人而抢劫未果。后孙磊又将居住在武安市阳光小区的刘某家指认给韩江维和张立，因三人未能弄开楼道口的防盗门而抢劫未果。

邯郸市中级人民法院认为，被告人韩江维、张立、孙磊为劫取财物而预谋实

[①] 参见方文军：《韩江维等抢劫、强奸案——指认被害人住址并多次参与蹲守，但此后未参与实施抢劫的，是否属于犯罪中止》，载最高人民法院刑事审判第一、二、三、四、五庭主办：《刑事审判参考》，第 84 集，38 页以下，北京，法律出版社，2012。

施故意杀人，后韩江维、张立按照预谋抢劫他人财物，并在抢劫后杀人，其行为均构成抢劫罪。韩江维在抢劫过程中还强奸被害人，其行为又构成强奸罪。孙磊参与了为抢劫而杀害被害人的预谋，后又多次带领另两名被告人到被害人住处蹲守，构成抢劫罪的共犯。公诉机关指控故意杀人罪罪名不当。韩江维、孙磊系累犯，应从重处罚。韩江维虽能如实供述犯罪事实，但其犯罪情节恶劣，手段极其残忍，不足以从轻处罚。张立带领公安人员抓获韩江维，构成重大立功；孙磊在后两起抢劫犯罪中，因意志以外的原因而未能得逞，属于犯罪未遂。但在第一起抢劫犯罪中，孙磊参与了为劫取财物而杀害被害人张某的预谋全过程，并带领韩江维、张立去指认了张某的住处，还多次伙同韩江维、张立至张某住处蹲守，因张某未回家而未得逞。后当韩江维、张立再次实施抢劫时，孙磊因故未去，但孙磊明知其他被告人要实施共同预谋的犯罪行为而不予制止，未能有效防止共同犯罪结果的发生，其行为属于犯罪既遂。孙磊在共同犯罪中起次要作用，系从犯，应当从轻、减轻处罚。依照《刑法》第263条、第236条、第68条、第56条、第57条第1款、第27条之规定，判决如下：

（1）被告人韩江维犯抢劫罪，判处死刑，剥夺政治权利终身，并处没收个人全部财产；犯强奸罪，判处有期徒刑5年，剥夺政治权利1年；决定执行死刑，剥夺政治权利终身，并处没收个人全部财产。

（2）被告人张立犯抢劫罪，判处死刑，缓期2年执行，剥夺政治权利终身，并处没收个人全部财产。

（3）被告人孙磊犯抢劫罪，判处有期徒刑15年，剥夺政治权利5年，并处罚金2万元。

一审宣判后，被告人孙磊以其行为不构成抢劫共犯为由提出上诉。

河北省高级人民法院经二审审理认为，上诉人韩江维、孙磊及原审被告人张立为劫取财物而预谋故意杀人，韩江维、张立按照预谋抢劫他人财物，抢劫中杀害被害人，其行为均构成抢劫罪，且犯罪手段残忍，犯罪情节、犯罪后果均特别严重。韩江维在抢劫过程中强奸被害人，其行为还构成强奸罪。孙磊参与了为抢

劫而杀害被害人张某的预谋,后多次带领韩、张二人至张某住所伺机作案,构成抢劫罪共犯。韩江维、孙磊系累犯,依法应从重处罚。韩江维在抢劫张某过程中,积极参与预谋、实施和分赃,抢劫过程中还强奸张某,在共同犯罪中起主要作用,其上诉理由不能成立;孙磊参与抢劫、杀害张某的预谋过程,并带领韩、张二人指认了张某的住所,还曾伙同韩、张多次携带作案工具至张某住处蹲守,伺机实施犯罪,构成抢劫罪共犯,应对共同犯罪承担刑事责任,其上诉理由不能成立。原判决认定事实清楚,证据确实、充分,定罪准确,量刑适当,审判程序合法。依照《刑事诉讼法》第189条第1项、第199条之规定,裁定驳回韩江维、孙磊上诉,维持原判,并将韩江维的死刑裁定依法报请最高人民法院核准。

最高人民法院经复核认为,被告人韩江维以非法占有为目的,伙同他人采取暴力手段劫取被害人财物,其行为构成抢劫罪。韩江维在抢劫过程中违背妇女意志,强行与被害人发生性关系,其行为又构成强奸罪。韩江维伙同他人多次抢劫,抢劫数额巨大,在抢劫过程中强奸被害人并致被害人死亡,犯罪情节特别恶劣,社会危害大,罪行极其严重。在共同抢劫犯罪中,韩江维起主要作用,系主犯,应当按照其所参与的全部犯罪处罚。韩江维曾因犯罪被判刑,在刑罚执行完毕后5年内又犯罪,系累犯,说明其主观恶性深,人身危险性大,依法应从重处罚。对韩江维所犯数罪,应依法并罚。第一审判决、第二审裁定认定的事实清楚,证据确实、充分,定罪准确,量刑适当,审判程序合法;依照《刑事诉讼法》第199条和最高人民法院《关于复核死刑案件若干问题的规定》第2条第1款之规定,裁定如下:

核准河北省高级人民法院维持第一审对被告人韩江维以抢劫罪判处死刑,剥夺政治权利终身,并处没收个人全部财产;以强奸罪判处有期徒刑五年,剥夺政治权利一年;决定执行死刑,剥夺政治权利终身,并处没收个人全部财产的刑事附带民事裁定。

第二十四章 共同犯罪的未完成形态

在本案中，对韩江维和张立的定罪处罚没有问题，但对孙磊参与抢劫预谋，指认被害人住址并多次蹲守，此后主动退出，未参与实施抢劫的，是否属于犯罪中止，则存在较大争议。对此，本案的裁判理由指出：本案是一起实践中较为常见的恶性抢劫杀人案件，在刑事政策把握上属于依法严厉打击的犯罪类型。本案的犯罪事实很清楚，审理过程中比较有争议的是，被告人孙磊参与了对被害人张某的抢劫预谋，带领同案犯指认张某的住处，并多次参与蹲守，但后来因故没有参与抢劫张某的实行行为，其行为是否属于犯罪中止？关于共同犯罪的中止，我国刑法没有作出明确规定，需要根据刑法有关犯罪中止和共同犯罪的规定，区分共同正犯、教唆犯、帮助犯三种共同犯罪形态，运用刑法理论进行分析认定。

对于共同正犯，各个共犯之间按照分工，相互利用，相互配合，共同完成犯罪，其责任原理是部分实行全部责任，故只有当各个共犯均中止犯罪，没有发生犯罪结果时，构成整个共同犯罪的中止。对于部分共犯主动放弃犯罪的，则要根据具体情形认定犯罪停止形态。主要有以下三种情形：第一，如果共同犯罪中的部分共犯主动放弃犯罪，并有效阻止其他共犯继续犯罪，或者阻止犯罪结果发生的，主动放弃者属于犯罪中止。此种情形下的其他共犯，如果系经劝说后自动停止犯罪的，也属于犯罪中止。如果系因客观原因而未能完成犯罪的，则属于犯罪未遂。第二，如果共同犯罪中的部分共犯主动退出，但没有采取任何措施阻止其他共犯继续犯罪的，对主动退出者仍应当认定为犯罪既遂，如因其提前退出而导致在共同犯罪中所起的作用较小，可依法对退出者从轻处罚。第三，如果部分共犯在实行过程中主动停止犯罪，且积极采取措施阻止其他人继续犯罪，但最终未能有效阻止犯罪结果发生的，对主动退出者是否认定犯罪中止，存在争议。某些学者认为，在此种情形下考虑主动退出者为阻止犯罪付出了积极努力，主观恶性和人身危险性明显下降，可以考虑按照犯罪中止或者未遂来处罚。这种观点在主观考虑方面具有一定合理性，但毕竟客观危害结果已经发生，因此司法实践中尚难以认同。目前实践中比较普遍的做法是对主动退出者仍认定为犯罪既遂，但量

第四节 共同犯罪的犯罪中止

刑时应当考虑其主动退出并阻止其他共犯继续完成犯罪的情节，如主动退出者符合从犯特征的，依法认定为从犯，应当从轻处罚。

教唆犯是促使本来没有犯意的人实施犯罪。教唆者在被教唆者产生犯意之后实施犯罪之前撤回自己的教唆，并劝说被教唆者放弃犯罪，但最终未能阻止被教唆者继续实行犯罪的，教唆犯的停止形态应认定为既遂。如果教唆者撤销教唆后，被教唆者接受教唆犯的劝说，最终放弃或者有效防止犯罪结果发生的，则教唆犯和实行犯均构成犯罪中止。如果教唆者撤回教唆后，原有的教唆无法对被教唆者提供心理上的支持，被教唆者的犯罪行为是在新的动机作用下实施的，此种情况下教唆犯仍构成犯罪中止。

帮助犯，是指故意帮助他人实行犯罪。这种帮助可以分为物理（有形）帮助和心理（无形）帮助。物理帮助，是指帮助者在他人实行犯罪之前或者实行犯罪过程中给予行为上的帮助，使他人易于实行犯罪或者易于完成犯罪行为。如提供资金、作案工具，传授使用作案工具的方法，提供被害人的住址、电话、作息规律等重要个人信息等。心理帮助，是指帮助者实施的使本有犯意的人强化其犯意的言语激励等行为。帮助犯在提供帮助后，如果主动停止帮助，及时阻止实行犯实施犯罪或者有效防止犯罪结果发生的，可以构成犯罪中止。如果帮助犯在实行犯着手前主动退出犯罪，且已消除其帮助行为与犯罪结果之间的因果关系的，则属于预备阶段的中止。如果帮助犯仅是自行退出，而没有消除已提供的帮助与犯罪结果之间的因果关系的，则属于犯罪既遂。如果帮助犯为消除已提供的帮助付出了诚挚的努力，但仍未能阻止实行犯实施犯罪或者有效防止犯罪结果发生的，虽构成犯罪既遂，但在量刑时对帮助犯为积极阻止犯罪付出的努力应作适当考虑，可以从轻处罚。

根据前述分析，孙磊在抢劫被害人张某的共同犯罪中不属于正犯，也不属于教唆犯，而是帮助犯。综观全案，孙磊提供的帮助包括物理帮助和心理帮助。从物理帮助分析，韩江维和张立并不认识张某，更不知道其住址，正是孙磊提出了抢劫张某，指认了张某的具体住址，并多次与韩、张二人一起蹲守。

如果缺少孙磊的这种帮助，韩江维、张立对张某的抢劫就不可能实施成功。从心理帮助分析，孙磊虽然不是起意者，但其参与了预谋，并提出要杀人灭口，这是一种强化共犯犯意的行为，而韩江维和张立也正是按照当初与孙磊的预谋去实施抢劫杀人行为的。孙磊在多次参与蹲守未遇张某后，虽然未再继续参与作案，但显然没有消除其物理帮助和心理帮助的影响。韩江维、张立之所以抢劫张某成功，与孙磊的帮助行为脱不开干系。孙磊要构成犯罪中止，就必须消除其提供的帮助，使其帮助行为与犯罪结果之间断绝因果关系。例如，他可以劝说韩、张二人放弃抢劫张某，或者提前通知张某做好防范准备，或者及时报警使韩、张无法继续实施抢劫张某的行为。但实际情况是，孙磊仅是单纯放弃自己继续犯罪，而未采取措施防止共同犯罪结果的发生，其帮助行为与韩江维、张立后续的抢劫犯罪结果之间具有因果关系，故应认定构成犯罪既遂。由于孙磊没有具体实施抢劫杀人行为，所实施的预谋、指认被害人住址等行为在共同犯罪中具有辅助性，一审、二审将其认定为从犯，判处有期徒刑十五年，体现了罪责刑相适应原则。

我认为，本案所涉及的法律问题是较为复杂的。在本案中，首先，孙磊参与抢劫预谋但并未参与抢劫的实施，因而存在对孙磊的行为性质如何确定的问题。关于此种情形，日本刑法采用共谋共同正犯的理论，对孙磊可能会认定为共同正犯。在日本共犯教义学中，共谋共同正犯是相对于实行共同正犯而言的。实行共同正犯是二人以上共同实行了某个犯罪的构成要件行为，因而均为正犯。而共谋共同正犯则只有其中一人实施了某个犯罪的构成要件行为，另外一人并未实施构成要件行为，但因其参与共谋而仍然被认定为正犯，因而成立共谋共同正犯。关于这里的共谋，是指对共同实行构成要件行为的谋划与商议。对于共谋存在主观谋议说与客观谋议说之间的对立。主观谋议说将共谋视为对共同犯罪行为的认识这种内心的心理状态；而客观谋议说将共谋视为意思沟通的行为。日本学者认为，共同正犯的成立基础虽然在于各参与者的因果性，但只有内心的心理状态显现于外部，才能对外界施加因果性作用。为此，所谓共谋，就属于将意思显现于

第四节 共同犯罪的犯罪中止

外部、形成共同意思的行为。在此限度之内，应支持客观谋议说。① 由此可见，共谋共同正犯中未实施某个犯罪的构成要件行为的人，曾经就共同实行犯罪进行谋议，并且就共同犯罪做了分工，在这种情况下，间接正犯类似说才会认为，在就犯罪的实施成立了确定的合意（共谋）的场合，其后的行为就受到该合意的约束，实行者很难完全按照己意放弃实行的意思，因而在此限度之内，就可评价为，实行者是作为其他共谋者的根据而行动。② 因此，对于成立共谋共同正犯而言，必须在谋议时就确定实行者与非实行者。如果在谋议的时候商定二人以上都参与犯罪的实行，但在具体实施时，其中有人放弃了犯罪的实行，这种情形就不能成立共同正犯，而涉及共同正犯的中止或者脱离问题。

那么，在本案中被告人孙磊与韩江维等人共谋的内容是共同实行犯罪还是进行了分工并不共同实行犯罪呢？从本案的案情来看，孙磊与韩江维等人共同实施了三起抢劫犯罪。其中，针对同一对象张某的是两起。在这两起抢劫中，孙磊与韩江维等人都到现场，但因客观原因而未能实行，因而认定为未遂。而针对张某的第二起抢劫，孙磊因故未去，没有参加。韩江维和另一被告人张立对被告人张某不仅实施了抢劫，而且还实施了强奸和杀人行为。在这种情况下，孙磊的行为应当如何认定？对此，本案的裁判理由认为，孙磊带领韩江维、张立前去指认张某的住处，还多次伙同韩、张二人至张某住处蹲守，因张某未回家而未得逞。后当韩江维、张立准备再次抢劫张某时，孙磊因故未去。关于不去的原因，孙磊称是其妻子临近分娩，韩江维供称是孙磊通过其他非法途径获得了钱财，不想再抢劫张某。不论出于何种原因，可以肯定，孙磊系主动放弃继续实施抢劫张某的行为。但因为孙磊具有指认住所等行为，所以属于帮助犯，由此对共同犯罪中的帮助犯是否成立中止的问题展开论述。但我认为，孙磊在本案中的行为并不能认定

---

① 参见［日］松原芳博：《刑法总论重要问题》，王昭武译，302 页，北京，中国政法大学出版社，2015。

② 参见［日］松原芳博：《刑法总论重要问题》，王昭武译，299 页，北京，中国政法大学出版社，2015。

为帮助犯,而是参加了抢劫犯罪的预备。例如指认被害人或者提供犯罪现场的状况,只有在本人并不参与犯罪的实行,而是为他人实行犯罪的情况下,这些行为才能被认定为帮助行为。如果本人与他人准备共同实行犯罪,则在共谋过程中指认被害人,或者以实行为目的共同到现场蹲守,这些行为就不再是帮助行为,而是共谋或者实行的行为。在本案中,孙磊指认被害人张某,此后又曾经共同到现场蹲守,只是由于张某没有出现而未能进一步实施抢劫犯罪。因此,孙磊是共同正犯的预备犯或者未遂犯。在这种情况下,虽然孙磊此后没有再次参与犯罪的实行,需要解决的是共同正犯的中止是否成立的问题。

在本案中,孙磊最后一起抢劫罪没有参与实施,在这个意义上说,孙磊放弃了犯罪。那么,这一放弃犯罪的行为是否构成中止呢?这里关键的问题在于:共同犯罪的中止是否以本人放弃犯罪为充足要件?也就是说,在共同犯罪的情况下,其中一名犯罪人只要本人放弃继续实施犯罪,是否就成立犯罪中止?换言之,共同犯罪的犯罪中止是否应当以制止其他共同犯罪人实施犯罪为必要?对此,在刑法理论上存在肯定说与否定说之间的争议。肯定说认为,共同犯罪的犯罪中止应以制止其他共犯实施犯罪,避免犯罪结果发生为条件。因为犯罪中止具有防止结果发生的有效性的要求,对于共同犯罪的犯罪中止亦是如此。只要未能防止犯罪结果发生,就不具备犯罪中止的有效性条件,因而不能成立犯罪中止。虽然部分共犯放弃了进一步实行犯罪,但其他共犯仍然实现了犯罪结果。基于部分行为之全体责任的共犯承担刑事责任法理,放弃犯罪的部分共犯仍然应当对其他共犯造成的犯罪结果承担既遂的责任。这种观点的理论根据是刑法客观主义学说,我国学者指出:客观主义学说强调共同犯罪的整体性,认为共犯的处罚根据是因果共犯论。该学说在共犯中止成立条件上要求没有发生既遂结果,并且在既遂结果发生的场合,以共犯的犯罪行为对既遂结果是否具有影响来判断部分共犯是否成立犯罪中止,如果部分共犯中止前的犯罪行为对既遂结果没有影响力,则该部分共犯成立犯罪中止,否则,只要部分共犯中止前的犯罪行为对犯罪结果仍有影响时,就不能成立犯罪中止。该说强调部分共犯中止的中止行为必须具有有

效性才能成立犯罪中止,并且把"结果的未发生"作为"有效性"的认定标准。① 因此,根据客观主义学说,本案孙磊虽然此后放弃了进一步实行犯罪,但不能成立犯罪中止,而应认定为共同正犯,但因其在共同犯罪中的作用较小,可以按照从犯予以从轻、减轻处罚。否定说认为,共同犯罪的犯罪中止的成立应当以部分共犯自己的行为为标准,并不以制止其他共犯继续实施犯罪或者避免犯罪结果发生为条件。这种观点的理论根据是刑法主观主义学说,根据刑法主观主义学说,犯罪是人身危险性的体现,因而在考察犯罪的时候注重个别犯罪人的独立人格。我国学者指出:主观主义的观点体现在共犯中止成立条件上就是只要行为人真挚地实施了中止行为,就可以成立犯罪中止,而不管客观上是否阻止了犯罪的完成或者切实有效地防止了犯罪结果发生。②

我国刑法学界的通说认为共同犯罪的犯罪中止应当以制止其他共犯进一步实行犯罪并且防止结果发生为条件。因此,只是部分共犯中止自己的犯罪行为,并没有制止其他共犯的犯罪行为的,不能成立共犯。在上述孙磊案件中,法院虽然将其行为错误地认定为帮助行为,在帮助犯的中止的意义上进行讨论,但在因孙磊虽然自己放弃犯罪的实行,但并没有制止其他共犯进一步实施犯罪的意义上,否定孙磊的行为成立犯罪中止,这是我国司法实践中通行的观点。

二、共同正犯的中止犯

共同正犯的犯罪中止是指在共同实行犯罪过程中,各个共同犯罪人根据自己的意愿,主动中止继续实行犯罪,或者有效防止犯罪结果发生的情形。典型的犯罪中止是以单独犯罪为标本的,而单独犯罪就是正犯,也就是单独正犯。因此,在犯罪中止条件的把握上,共同正犯的犯罪中止是较为接近于单独正犯的,都是

---

① 参见刘雪梅:《共犯中止研究》,46 页,北京,中国人民公安大学出版社,2011。
② 参见刘雪梅:《共犯中止研究》,49 页,北京,中国人民公安大学出版社,2011。

指中止犯罪的实行或者防止结果的发生。但在共同正犯的情况下，存在两个以上正犯，是在共同协调下实施犯罪。因此，要把共同正犯的犯罪中止视为一个整体看待。在这种情况下，犯罪中止就具有一定的复杂性。我国学者将共同正犯的犯罪中止区分为两种情形：第一种是全部中止，第二种是部分中止。所谓共同正犯的全部中止，是指各共同正犯全部符合犯罪中止的条件，即各正犯全部自动放弃犯罪或一起自动有效地防止既遂结果发生的一种犯罪形态。共同正犯的部分中止，是指只有一部分正犯符合犯罪中止的条件，而另外一部分正犯则不符合犯罪中止的条件的情形。[1] 下面，分别对这两种共犯中止形态进行论述。

（一）共同正犯的全部中止

共同正犯要成立犯罪中止，必须符合犯罪中止的成立条件。虽然我国刑法规定的犯罪中止的条件是为单独犯罪而设置的，但在共同正犯全部中止的情况下，由于各个正犯的共同努力，共同实施的犯罪没有达到既遂，而是在既遂之前中止，因而完全符合犯罪中止的成立条件，应当认定为犯罪中止。

（二）共同正犯的部分中止

共同正犯除全部中止以外，部分正犯是否可以成立犯罪中止？换言之，在共同正犯中，部分正犯具有中止犯罪的意愿，并且放弃了犯罪的实行，但未能有效阻止其他正犯继续实行犯罪，并导致结果发生。在这种情况下，具有犯罪中止意愿的部分正犯能否成立犯罪中止？这是共同正犯的犯罪中止认定中最为疑惑的问题。对此，在共犯教义学中存在三种观点：第一是客观说。该说认为，中止犯罪的行为人必须使其本人所参与的共同行为不致发生犯罪结果，才能成立中止犯。亦即共同正犯中的一人或数人，假如自愿中止犯罪，则必须有效阻止共同行为的实施或有效地防止犯罪结果发生，始能成立中止犯。第二是主观说。该说认为，如果共同正犯中的一人或部分人中止了自己的实行行为，并努力阻止共同犯罪预定的危害结果的发生，即使危害结果最终发生了，也不能再认为本人成立共同正

---

[1] 参见刘雪梅：《共犯中止研究》，219、220页，北京，中国人民公安大学出版社，2011。

犯既遂。第三是折中说。该说以客观说为基础，在折中说中包含共同正犯关系脱离说。共同正犯关系脱离说认为，共同正犯中的部分人在共同实行犯罪的过程中，基于放弃实行的意思，进行了认真的、即尽可能的努力，但由于其他共犯的行为使共同正犯达到既遂。在这种情况下，虽然共同正犯中想要中止的部分共犯不能成立共同正犯的中止犯，但可以按照共同正犯关系的脱离准用未遂犯（日本刑法中的障碍未遂）。[1] 关于共犯关系的脱离，我认为并不是犯罪中止，因而客观说在这个意义上还是否定了共同正犯的部分中止。

在共同正犯部分中止的情况下，虽有中止的意愿，但并没有发生犯罪中止的实际效果。因为犯罪中止不仅仅是要有一种中止行为，包括作为与不作为；而且还要防止犯罪结果发生这样一个实效要件。因为中止犯所获得的法律宽宥是极大的，甚至可以免除处罚。如果没有防止犯罪结果发生而认定为犯罪中止，显然不能发挥犯罪中止制度的功利目的。在这种情况下，对于共同正犯要求全部中止，似有一定的合理性。当然，这对于那些确实基于真诚的愿望并且付出真挚努力的行为人来说，仅仅因客观原因而不能成立犯罪中止，而与其他继续实施犯罪并且造成犯罪结果发生的共犯同样以犯罪既遂论处，又确实有悖情理。在这种情况下，日本学者大塚仁提出的共犯关系脱离说为克服在这个问题上的两难处境提供了某种出路，因而值得肯定。

那么，能否由此而得出结论，认为在所有共同正犯中都不能成立部分中止呢？对此，我的观点是应当根据正犯行为性质的差别而加以区别对待。我国学者将我的这种观点归入上述折中说，并名之曰区别对待说。我认为，应当将共同正犯的犯罪中止区分为以下两种情形，分别进行处理。

1. 以制止其他共同正犯为条件的犯罪中止

在共同正犯的情况下，各个共犯的行为互相联结，形成一个共同犯罪行为的有机整体，成为共同犯罪结果发生的总原因。因此，各个共犯不仅要对本人的行

---

[1] 参见刘雪梅：《共犯中止研究》，222～226 页，北京，中国人民公安大学出版社，2011。

第二十四章 共同犯罪的未完成形态

为负责,而且要对其他共犯的行为负责。由共同正犯的这一特点所决定,在一般情况下,共同正犯中某一共犯的犯罪中止,以阻止其他共犯继续实行或者有效地防止犯罪结果的发生为必要条件,而仅仅停止本人的犯罪行为是不够的。正如日本刑法学家福田平、大塚仁指出:在共同正犯的场合,犯罪一经着手,即便只有自己的任意而中止,而仅从参与的犯罪中脱离出来,对结果并不断绝因果关系,或鼓动其他共同犯罪人阻止其实行,只要在现实上未能阻止结果产生,就不能构成中止犯。① 例如,甲和乙共同杀丙,将丙砍伤以后,甲由于害怕而不敢继续杀丙,并制止了乙的行为。在这种情况下,甲构成犯罪中止。如果甲只是本人消极地放弃犯罪行为,而任由其他共同犯罪人继续将犯罪实行到底,以致造成危害结果,就不能构成共同犯罪的中止,仅仅是在量刑的时候可以酌情从轻而已。从以上分析可以看出,在一般情况下,共同正犯的中止不同于单独犯罪的中止的一个重要特点,就是在放弃本人的犯罪行为的同时,必须要有有效地制止其他共犯的犯罪行为、防止犯罪结果发生的积极作为,否则就不能成立犯罪中止。

2. 不以制止其他共同正犯为条件的犯罪中止

那么,是不是说在一切共同正犯中毫无例外地都是以制止其他共犯的犯罪行为作为成立中止的条件呢?回答是否定的。这个结论在大多数情况下适用,但不能绝对化。在本章第三节第一部分共同正犯的未遂犯中,我曾经谈到在大多数情况下,共同正犯中一人既遂即为全体既遂。而在个别行为犯情况下,犯罪行为具有不可替代的性质,例如强奸、脱逃等,只有每个人完成了本人的行为才能视为既遂。如果没有完成本人的行为,即使其他共同犯罪人既遂,也不能认为他是既遂。这样,就出现了在共同正犯中既遂与未遂并存的现象。一般来说,在上述一人既遂全体均为既遂的犯罪中,某一共犯想要中止犯罪,必须以制止其他共犯的犯罪为条件。而在正犯行为具有不可替代性质的个别犯罪中,例如强奸、脱逃等,共同犯罪人想要中止犯罪,只要放弃本人的犯罪行为即可,不以制止其他共

---

① 参见[日]福田平、大塚仁:《日本刑法总论讲义》,187页,沈阳,辽宁人民出版社,1986。

第四节 共同犯罪的犯罪中止

同犯罪人的犯罪为必要。例如，甲乙丙三人共同强奸妇女，甲乙强奸后，丙因畏惧没有实施强奸行为，虽然丙没有制止甲乙二人的强奸犯罪，仍可成立犯罪中止。脱逃也是如此。在上述犯罪中成立中止的条件之所以不同于其他犯罪，是由其犯罪构成的特殊性所决定的：在其他犯罪，例如杀人罪中，共同犯罪目的是要杀害某一个人，不论谁杀，都能实现这一杀人的意图。因此，如果共同正犯中的某个共犯只是消极地放弃犯罪，没有制止其他共同犯罪人的行为，那么，被害人死亡的结果仍会发生，就谈不上中止犯罪或有效地防止犯罪结果发生。而在强奸、脱逃犯罪中，虽然是共同实行犯罪，每个共犯的行为又有其相对的独立性和不可替代性，法律惩罚的是其犯罪行为。在这种情况下，只要自动中止了本人的犯罪行为，即使没有制止他人实行犯罪，也应以犯罪中止论处。例如张烨等强奸、强制猥亵妇女案。[①] 上海市长宁区人民法院经公开审理查明：2000 年 5 月 16 日下午，冯某（在逃）纠集张烨、施嘉卫及"新新"（绰号，在逃）等人强行将被害人曹某（女，21 岁）带至某宾馆，进入以施嘉卫名义租用的客房。冯某、张烨、施嘉卫等人使用暴力、威胁等手段，强迫曹某脱光衣服站在床铺上，并令其当众小便和洗澡。嗣后，被告人张烨对曹某实施了奸淫行为，在发现曹某有月经后停止奸淫；被告人施嘉卫见曹某有月经在身，未实施奸淫，而强迫曹某采用其他方式使其发泄性欲。之后，冯某接到一电话即带被告人施嘉卫及"新新"外出，由张烨继续看管曹某。约一小时后，冯某及施嘉卫返回客房，张烨和施嘉卫等人又对曹某进行猥亵，直至发泄完性欲。上海市长宁区人民法院认为：被告人张烨、施嘉卫伙同他人，违背妇女意志，以暴力、胁迫的手段，强行与被害人发生性关系，其行为均已构成强奸罪；被告人张烨、施嘉卫又伙同他人，以暴力、威胁等方法强制猥亵妇女，其行为均已构成强制猥亵妇女罪，依法应予两罪并罚。被告人张烨在强奸共同犯罪中起主要作用，系主犯。被告人施嘉卫在被告人

[①] 参见金泽刚：《张烨等强奸、强制猥亵妇女案——如何认定共同犯罪的中止》，载最高人民法院刑事审判第一庭、第二庭编：《刑事审判参考》，第 20 辑，14～21 页，北京，法律出版社，2001。

张烨实施强奸的过程中,先用语言威逼,后站在一旁,对被害人有精神上的强制作用,系强奸共同犯罪中的从犯;其本人主观上具有奸淫的故意,后自动放弃奸淫意图而未实施奸淫行为,是强奸犯罪中止;其经父母规劝后向公安机关投案,如实供述自己的罪行,应当认定为自首。在本案中,被告人施嘉卫在轮奸过程中,放弃了奸淫行为,因而被一审法院认定为强奸犯罪中止。对此,公诉机关提出了抗诉。上海市第一中级人民法院二审认为施嘉卫的行为不能认定为犯罪中止,其行为具有严重的法益侵害性,原判对施嘉卫适用减轻处罚不当,依法应予以改判。检察机关抗诉意见正确。关于本案,裁判理由认为:"司法实践中,根据上述规则认定个人单独犯罪的中止问题,一般而言是较容易的。但是共同犯罪不同于单独犯罪,共同犯罪的中止较单独犯罪的中止又复杂些。由于共同犯罪的各个行为之间相互联结,相互补充、利用,形成有机整体,与犯罪结果之间存在着整体上的因果关系,因此,各个共犯不仅要对本人行为负责,还要对其他共犯的行为负责。故一般情况下,共同犯罪的中止要求在放弃本人的犯罪行为时,还必须有效地制止其他共犯的犯罪行为,防止犯罪结果的发生。易言之,在共同犯罪的场合,犯罪一经着手,单个的共犯仅是消极地自动放弃个人的实行行为,但没有积极阻止其他共犯的犯罪行为,并有效地防止共同犯罪结果的发生,对共同犯罪结果并不断绝因果关系,就不能构成中止犯,也不能免除其对共同犯罪结果的责任。就本案而言,从客观方面看:被告人施嘉卫先前与其他被告人实施了强迫被害人脱衣服等行为,这表明其参与了张烨共同强奸被害人的犯罪活动,在张烨完成强奸行为后,施嘉卫见曹某身体不适才放弃了继续对曹某实施奸淫的行为。这时,张烨实行强奸、施嘉卫帮助强奸的共同犯罪行为已然完成,共同犯罪结果已经产生,因而也就不存在共同犯罪的中止。从主观方面看:被告人施嘉卫具有明确的强奸故意,且正是在这一主观故意的支配下,帮助张烨实施并完成了强奸行为。施嘉卫虽放弃了实施奸淫行为,但并没有放弃犯罪的意图,而是基于被害人曹某身体的特殊情况,将奸淫的意图转变为猥亵的意图。因此,无论是客观还是主观方面,均不符合犯罪中止的要求。虽然在共同强奸犯罪过程中,施嘉

第四节 共同犯罪的犯罪中止

卫所起的作用较小，可以认定为从犯，但不能因此而否定其构成强奸罪。这也就是说，在共同强奸犯罪过程中，随着主犯张烨完成强奸行为，已经成立犯罪既遂，作为从犯的施嘉卫也随之承担既遂犯的责任。"在本案二审判决中，否定施嘉卫的行为成立犯罪中止主要理由是在放弃奸淫之前，施嘉卫帮助张烨已经对被害人实施了强奸行为，共同参与了强奸罪的共同犯罪。因此，在被帮助人张烨构成强奸罪既遂的情况下，施嘉卫不可能构成犯罪中止。这种观点以部分共犯的既遂替代其他共犯的既遂，基于部分行为全体责任的共同正犯处理原则，似乎具有一定的道理。但对于共同强奸（我国刑法规定为轮奸）等特殊的犯罪类型而言，其共同行为是为了达到各自的犯罪目的，在放弃了自己的犯罪目的的情况下，应当认为是中止了自身的犯罪行为，具有犯罪中止的性质。至于在中止自身犯罪行为之前，协助其他共犯完成其犯罪，可以视为是已经实施的犯罪行为的一部分，在此基础上成立犯罪中止。因此，这个意义上的犯罪中止属于我国刑法所规定的已经造成一定损害结果的犯罪中止，而不是没有造成损害结果的犯罪中止。从本案可以看出，我国司法实践中对共同犯罪的犯罪中止还是采取全部中止的观点，否定部分中止。但我认为，对于不以制止其他共同正犯为条件的犯罪中止，还是应当在一定范围内予以肯定。

除上述正犯行为具有不可替代性的场合可以成立共同正犯的犯罪中止以外，我国学者还提出了另外一种区别对待的方案，这就是根据共同正犯部分人在共同犯罪中所处的地位和所起的作用的差异，以及不同犯罪实行行为性质的差异加以区分：（1）在共同犯罪中处于核心地位和起主要作用的"主要正犯"，除自动停止自己的犯罪行为以外，还必须阻止其他共犯继续实行犯罪或者有效地防止既遂结果的发生，才能成立犯罪中止。（2）在共同犯罪中处于从属地位和起次要作用的次要正犯，一般只要自动停止自己的犯罪行为，就能解除自己与其他正犯的共犯关系。但在特殊情况下，除了自动停止自己的犯罪行为，还必须采取力所能及的措施，例如通知侵害对象、报警等，才能解除自己与其他或主要正犯的共同正

837

犯关系，成立犯罪中止。① 这一区别对待说具有一定道理。但在犯罪中止条件的把握上，还需要结合案件情况进行具体分析。

三、组织犯的中止犯

根据我国共犯教义学原理，组织犯对犯罪集团预谋的全部犯罪行为都要承担刑事责任。犯罪集团其他成员所犯的罪行，只要是在犯罪集团的预谋或者犯罪计划以内的，都与组织犯的组织、策划、指挥具有密切联系，因而是在组织犯的犯罪故意以内的，组织犯对此具有不可推卸的刑事责任。因此，组织犯要成立犯罪中止，不仅要求组织犯本人彻底放弃犯罪意图，停止犯罪行为和退出犯罪集团，而且要求组织犯解散犯罪集团，防止其他成员去实行所预谋的犯罪。如果犯罪集团的成员已经进入实行阶段，组织犯还必须制止其他成员继续实行犯罪并有效地防止犯罪结果的发生，并解散犯罪集团。

由上可知，解散犯罪集团是组织犯成立犯罪中止的一个重要条件，只有把犯罪集团解散了，才能说明组织犯中止了犯罪行为，才能有效地防止组织犯建立犯罪集团的组织行为所可能带来的危害结果。那么，什么是解散犯罪集团呢？在我国刑法学界，有人指出，解散犯罪集团，并不是指一定要使每个集团成员都拆散离开，而主要是指消除集团成员因组织犯组织集团而形成的犯罪故意。② 我认为，消除犯罪集团成员的犯罪故意不等于解散犯罪集团，解散犯罪集团应该是指解除犯罪集团成员之间的组织关系，实际上就是将犯罪集团拆散。否则，仅仅消除犯罪集团成员的犯罪故意，犯罪集团的组织结构依然存在，又怎么谈得上解散犯罪集团呢？当然，组织犯将本人建立起来的犯罪集团解散以后，集团的某些人另行组织犯罪集团或者个别成员从事犯罪活动，这是另外一回事，并不能因此否

---

① 参见刘雪梅：《共犯中止研究》，233 页，北京，中国人民公安大学出版社，2011。
② 参见童建明：《试论共同犯罪的犯罪中止》，载《西北政法学院学报》，1986（3），55 页。

认该组织犯成立犯罪中止。

四、教唆犯的中止犯

(一) 教唆犯的中止犯的界定

教唆犯的特点是本人并不去实行某一具体的犯罪行为,而是指使他人去实行。因此,教唆犯要成立犯罪中止,究竟是教唆犯中止本人行为即可,还是要求必须制止被教唆的人的犯罪行为,在刑法教义学中不无争论。教唆中止以教唆人之行为为标准说主张教唆行为是否中止,应以原教唆人之教唆行为是否中止为断,教唆行为中止者,为教唆中止,犯罪行为如未中止者,不发生教唆中止问题。教唆中止以被教唆人之行为为标准说则主张教唆行为是否中止,不以教唆人自己之教唆行为为标准,应以被教唆人之实施犯罪行为为标准。详言之,即教唆犯中止被教唆人之犯罪行为者,则为教唆中止犯,否则就不是教唆中止犯。[①] 我认为,教唆犯中止的成立,必须以有效地制止被教唆的人的犯罪行为为条件。因为教唆行为与实行行为及其所造成的犯罪结果之间存在因果关系,在教唆犯教唆完毕以后,其作为犯罪结果发生的原因力已经在发生作用。在这种情况下,教唆犯想要成立犯罪中止,必须使本人的教唆行为失去作为犯罪结果发生的原因力的效果。若欲如此,除制止被教唆的人的犯罪行为以外,别无其他途径。否则,教唆行为实施完毕以后,教唆犯虽然有中止犯罪之意,但并没有将此意付诸实际行动,不去制止被教唆的人的犯罪行为,任其继续实行犯罪,使刑法所保护的法益遭受侵害,当然也就没有犯罪中止可言。当然,教唆犯在其教唆的预备阶段,只要消极地放弃教唆的故意就可以了。而在已经将犯意灌输给他人的情况下,则需要采取积极的补救措施才行。在某些案件中,教唆犯虽然明确表达了中止犯罪的意思,但最终这一意思并没有达到落实,被教唆的人仍然实施了具体犯罪的,不

[①] 参见耿文田:《教唆犯论》,59~61页,上海,商务印书馆,1935。

能认定为教唆犯的中止犯。例如黄土保等故意伤害案。[①] 珠海市香洲区人民法院经公开审理查明：2000年6月初，刘汉标（另案处理）被免去珠海市建安集团总经理职务及法人代表资格后，由珠海市兴城控股有限公司董事长朱环周兼任珠海市建安集团公司总经理。同年6月上旬，被告人黄土保找到刘汉标商量，提出找人利用女色教训朱环周。随后，黄土保找到被告人洪伟，商定由洪伟负责具体实施。洪伟提出要人民币4万元的报酬，先付人民币2万元，事成后再付人民币2万元。黄土保与刘汉标商量后，决定由刘汉标利用其任建源公司董事长的职务便利，先从公司挪用这笔钱。同年6月8日，刘汉标写了一张人民币2万元的借据。次日由黄土保凭该借据到建源公司财务开具了现金支票，并到深圳发展银行珠海支行康宁分理处支取了人民币2万元，分两次支付给了洪伟。洪伟收钱后，即着手寻觅机会利用女色来引诱朱环周，但未能成功。于是，洪伟打电话给黄土保，提出不如改为找人打朱环周一顿，黄土保表示同意。之后，洪伟以人民币1万元雇佣被告人林汉明去砍伤朱环周。后黄土保因害怕打伤朱环周可能会造成的法律后果，又于7月初，两次打电话给洪伟，明确要求洪伟取消殴打朱环周的计划，同时商定先期支付的2万元冲抵黄土保欠洪伟所开饭店的餐费。但洪伟应承后却并未及时通知林汉明停止伤人计划。林汉明在找来被告人谢兰中、庞庆才、林汉宁后，准备了两把菜刀，于7月24日晚，一起潜入朱环周住处楼下，等候朱环周开车回家。晚上9点50分左右，朱环周驾车回来，谢兰中趁朱环周在住宅楼下开信箱之机，持菜刀朝朱环周的背部连砍2刀、臀部砍了1刀，庞庆才则用菜刀往朱环周的前额面部砍了1刀，将朱环周砍致重伤。事后，洪伟向黄土保索要未付的人民币2万元。7月25日，黄土保通过刘汉标从建源公司再次借出人民币2万元交给洪伟。洪伟将其中的1万元交给林汉明作报酬，林汉明分给谢兰中、庞庆才、林汉宁共4 500元，余款自己占有。

[①] 参见杨振庆、洪冰：《黄土保等故意伤害案——如何认定教唆犯的犯罪中止》，载最高人民法院刑事审判第一庭、第二庭：《刑事审判参考》，第28集，16～24页，北京，法律出版社，2002。

第四节 共同犯罪的犯罪中止

香洲区人民法院经审理后认为：被告人黄土保、洪伟、林汉明、谢兰中、庞庆才、林汉宁共同故意伤害他人身体，致人重伤，其行为均已构成故意伤害罪。公诉机关指控被告人黄土保、洪伟、林汉明、谢兰中、庞庆才、林汉宁犯故意伤害罪，事实清楚，证据确实充分，应予支持。被告人黄土保为帮人泄私愤，雇佣被告人洪伟组织实施伤害犯罪，虽然其最终已打消犯意，但未能采取有效手段阻止其他被告人实施犯罪，导致犯罪结果发生。考虑到其在共同犯罪中的教唆地位和作用，因此，其单个人放弃犯意的行为不能认定为犯罪中止。故对其辩解及其辩护人的辩护意见不予采纳。被告人洪伟在共同故意犯罪中掌握着佣金的收取和分配，负责组织他人实施犯罪，起承上启下的纽带作用，并非一般的联系环节。因此，对其辩解及其辩护人的辩护意见亦不予采纳。

对于本案，在司法机关审理过程中，对被告人黄土保的行为是否认定为犯罪中止存在两种不同意见：第一种意见认为，被告人黄土保符合刑法有关犯罪中止的规定，主观上已自动放弃了犯罪故意，客观上已两次通知洪伟取消实施伤害计划，并已就先期支付的费用作出了处分。被告人洪伟在接到黄土保取消伤害计划通知后，未能按黄土保的意思采取有效措施，阻止他人继续实施犯罪，致伤害结果发生。该行为后果不应由被告人黄土保承担。第二种意见认为，评价被告人黄土保上述主观故意的变化及其两次通知洪伟取消实施伤害计划的行为，构不构成犯罪中止，应从本案的全过程及被告人黄土保在本案中的作用来看。教唆犯的犯罪中止与单个人的犯罪中止有所不同。雇佣犯罪人（教唆犯）黄土保虽然本人确已放弃犯罪意图，并在被雇佣人实施犯罪之前，已明确通知自己的下家停止伤害活动，但其上述行为未能有效地阻止其他被告人继续实施犯罪，以致其教唆的犯罪结果发生。因此，不能仅从其单个人的行为就认定其是犯罪中止，应考虑到其作为教唆犯的身份及其在案件发生、发展中的地位和作用。本案的裁判理由指出："所谓犯罪中止，根据刑法第二十四条的规定，是指在犯罪过程中，自动放弃犯罪或者自动有效地防止犯罪结果发生。犯罪中止发生在犯罪过程中，而犯罪过程又可包括犯罪预备与犯罪实行两个阶段。因此，犯罪中止可以包括预备阶段

的中止和实行阶段的中止两种情况。预备阶段的犯罪中止，就是指条文中自动放弃犯罪的情形。也就是说行为人在犯罪预备阶段，只要主观上放弃了犯罪意图，客观上自动停止了犯罪的继续实施，就可以成立犯罪中止。实行阶段的中止，是指行为人已经着手实施犯罪行为以后的中止。实行阶段的中止，如不足以产生危害结果，只要自动停止实行行为即可；如足以产生危害结果的，就必须以自动有效地防止犯罪结果发生为必要。对行为人来说，自动放弃犯罪或自动有效地防止犯罪结果的发生，只要满足其中一项即构成犯罪中止。但是我们也应意识到，上述关于犯罪中止的规定，主要是针对单独犯罪这种情形作出的。在单独犯罪中，按照上述规定认定犯罪中止是相对比较容易把握的。但是共同犯罪中也同样存在犯罪中止的情形。由于共同犯罪是由各共犯基于主观上的共同犯罪故意而实施的共同犯罪行为，并形成一个相互联系、相互作用、相互制约的整体，成为犯罪结果发生的共同原因，这就决定了共同犯罪中止有区别于单独犯罪中止的复杂性。比如，教唆犯在实施完其教唆行为后，在其他被教唆人为犯罪进行预备活动时，仅是其个人表示放弃犯罪意图，或仅仅通知其中一个或几个被教唆人，停止实施其教唆的犯罪行为，也不能认为该教唆犯是自动放弃犯罪，从而成立犯罪中止。又如，教唆犯在实施完其教唆行为后，在其他被教唆人已经着手实施犯罪以后，虽其个人意图中止犯罪，但未能积极参与有效阻止犯罪结果发生，也不能认为该教唆犯成立犯罪中止。本案中，被告人黄土保不是自己亲自去实行犯罪，而是以金钱作交换雇佣、利诱、唆使被告人洪伟去组织实施伤害他人的犯罪，以实现自己的犯罪目的，因此是共同犯罪中的教唆犯。教唆犯一般具有本人不亲自实行犯罪，而是通过把犯罪意图灌输给他人，使他人决意为自己实行某种犯罪的特点，因此，教唆犯要成立犯罪中止，单其本人主观上消极地放弃犯罪意图，客观上消极地不参与实行犯罪或不予提供事前所承诺的帮助、佣金等还不够，其必须还要对被教唆人实施积极的补救行为，如在被教唆人尚未实行犯罪或者在犯罪结果发生之前，及时有效地通知、说服、制止被教唆人停止犯罪预备或实施犯罪行为，彻底放弃犯罪意图，使之没有发生犯罪结果，方能成立犯罪中止。但实践中，也

不排除极端的例外,如被教唆人拒不放弃或阳奉阴违,仍然继续实施了该种犯罪。对此,应视为被教唆人已是单独决意犯罪,教唆人得成立犯罪中止。综上,我们认为,教唆犯要构成犯罪中止,其在教唆的预备阶段,只要放弃教唆意图即可;而在其已将犯意灌输给他人以后,则需要对被教唆人采取积极的补救措施从而有效地防止犯罪或犯罪结果的发生。具体地说,在被教唆人实施犯罪预备以前,教唆犯只有在劝说被教唆的人放弃犯罪意图的情况下,才能成立中止;在被教唆的人实施犯罪预备时,教唆犯只有在制止被教唆人的犯罪预备的情况下,才能成立中止;在被教唆的人实行犯罪后而犯罪结果尚未发生时,教唆犯只有在制止被教唆的人继续实行犯罪并有效防止犯罪结果发生时,才能成立中止。上述只是认定教唆犯犯罪中止的一个总的指导原则,由于实践中,雇佣、教唆犯罪的千差万别,因此,在具体认定教唆犯的犯罪中止时,还要根据具体案情具体对待。在单层次的雇佣、教唆关系中,如A雇佣、教唆了B实施犯罪,A要成立犯罪中止,只需对B实施积极的补救措施即可,如通知B取消犯罪意图或计划,停止犯罪预备行为,制止B的犯罪实行行为等。在两个以上的多层次的雇佣、教唆关系中,如A雇佣、教唆了B,B为实施被雇佣、教唆的犯罪又雇佣、教唆了C,这时认定第一雇佣、教唆人的A需要对谁采取积极的补救措施才能成立犯罪中止,就更复杂些。我们认为在这种情况下,还要考虑A对其下家B的再雇佣、教唆情况是否明知。如果A对其下家B的再雇佣、教唆情况明知,A要成立犯罪中止,按照犯罪中止彻底性的要求,A对被B雇佣、教唆的C,同样必须积极采取相应补救措施,至少其要确保B能及时有效地通知、说服、制止C停止犯罪预备或制止C实施犯罪并产生犯罪结果。否则,因此而导致犯罪行为和结果实际发生的,A对其应承担相应的刑事责任,不能成立犯罪中止。只有这样才能体现此类犯罪的特点,并与犯罪中止的立法意旨相吻合。本案中,被告人黄土保同意洪伟负责组织对被害人实施伤害犯罪,应视为教唆行为已实行完毕。其后,洪伟为实施黄土保所雇佣的犯罪,又雇用了林汉明,林汉明又进而雇用了其他被告人,并进行了犯罪预备。这显然是一个多层次的雇佣、教唆关系,对此黄土保

应当是知情的。这一点可以从洪伟对黄土保提议'找人打被害人一顿'反映出来。此后，被告人黄土保主观上因害怕打人的后果而决定放弃伤害计划，客观上也两次电话通知洪伟放弃伤人行动，并已就先期支付的犯罪佣金作出了清欠债务的处分。从表面上看，黄土保对其直接雇佣、教唆的人，已实施了积极的补救措施，似可成立犯罪中止。伤害行为和结果最终的实际发生，似乎只是由于洪伟的怠于通知所造成。但如上所述，本案黄土保是第一雇佣、教唆人，对其洪伟的再雇佣情况也是知情的，因此，其对其他被雇佣、教唆人亦负有积极采取相应补救措施的责任，至少其要确保中间人洪伟能及时有效地通知、说服、制止其他被雇佣、教唆人彻底放弃犯罪意图，停止犯罪并有效地防止犯罪结果的发生。显然，黄土保未能做到这一点，因此而导致犯罪行为和结果的实际发生。对此黄土保有相应的责任，故不能认定其构成犯罪中止。综上，本案被告人黄土保的行为不属于犯罪中止。香洲区人民法院的判决是妥当的。尽管对黄土保的行为不认定为犯罪中止，但考虑到其在被教唆人实施犯罪预备阶段，主观上能主动放弃犯罪故意，客观上能积极实施一定的补救措施，据此，香洲区人民法院决定对其在量刑上予以酌情从轻处罚，也是适宜的。"

本案的特殊性在于是一起连锁教唆的案件，属于间接教唆的情形，存在中间环节。因此，被告人黄土保虽然向其直接下家表达了中止犯罪的意思，但其下家却并未将这一意思传达给直接实施犯罪行为的人，因而犯罪结果仍然发生。在这种情况下，黄土保虽然具有中止的意思，但没有达到中止的效果，因而不能认定为教唆犯的中止，对于中止的意思表示只是可以作为从轻处罚的量刑情节予以考虑。

（二）教唆犯的犯罪中止的种类

（1）被教唆的人实施犯罪预备以前教唆犯的犯罪中止。在这种情况下，教唆犯必须劝说被教唆的人放弃犯罪意图，打消其犯罪决意。因为在这种情况下，被教唆的人的犯意是由教唆犯的教唆行为引起的。因此，只有打消了被教唆的人的犯意，才能对教唆犯以犯罪中止论处。

第四节 共同犯罪的犯罪中止

（2）被教唆的人实施犯罪预备时教唆犯的犯罪中止。在这种情况下，教唆犯必须制止被教唆的人的犯罪预备行为，促使被教唆的人放弃犯罪预备行为。

（3）在被教唆的人的犯罪行为未实行终了的情况下教唆犯的犯罪中止。在这种情况下，教唆犯必须制止被教唆的人继续实行犯罪，劝说他彻底放弃犯罪。

（4）在被教唆的人的犯罪行为实行终了而犯罪结果尚未发生以前教唆犯的犯罪中止。在这种情况下，教唆犯必须采取积极的行动，有效地防止犯罪结果的发生。如果在这种情况下，教唆犯虽然采取了补救措施，但未能有效地防止犯罪结果发生，那么，教唆犯不能成立犯罪中止，当然在量刑时可以酌情从轻。

（三）被教唆的人的犯罪中止效力不及于教唆犯

综上所述，教唆犯的犯罪中止是由其本人的积极行为而成立的。因为只有在这种情况下，才表明教唆犯主观上具有中止犯罪的意图，客观上也确实中止了犯罪并有效地防止了犯罪结果的发生，才符合我国《刑法》第24条所规定的犯罪中止的构成条件。因此，教唆犯的中止效力不及于其他共犯，其他共同犯罪人的中止效力也不及于教唆犯。正如日本刑法学家福田平、大塚仁指出：中止犯属于一身性的减免事由，因此，这种情况下刑的减免也仅限于中止人。[①] 但在我国刑法学界存在一种根据被教唆的人所处的犯罪阶段来确定教唆犯的犯罪停顿状态的观点。例如，甲因另有新欢，欲杀害其妻丙。他教唆乙乘丙不备时，将毒药下到丙的汤碗中，毒死丙。乙在把毒药下到丙的汤碗里面以后，因害怕罪行败露，又将丙的汤碗打翻在地。在这里，被教唆者乙在实施被教唆的犯罪行为的过程中，基于自身方面的原因，自动有效地防止了犯罪结果的发生，应当成立中止犯。教唆犯甲则属于中止犯的教唆犯，叫称中止的教唆。我国学者认为，在被教唆者犯了被教唆的罪的情况下，无论他是属于犯罪的预备、中止、未遂还是既遂，都应当把他和教唆者作为一个犯罪整体来看待（特殊情况除外），都应当把被教唆者

---

① 参见［日］福田平、大塚仁：《日本刑法总论讲义》，李乔等译，187页，沈阳，辽宁人民出版社，1986。

第二十四章　共同犯罪的未完成形态

的行为的法益侵害性程度看作他与教唆者共同造成的。因此，在一般情况下，根据被教唆者所处的犯罪阶段，来相应地确定教唆者的犯罪阶段是合适的。[①] 我认为这种观点不妥。因为我虽然承认教唆犯对于被教唆的人具有一定的从属性，但不认为在犯罪停顿状态问题上，教唆犯完全取决于被教唆的人。在共同犯罪中，各个共犯的中止效力不及于其他没有中止意图和行为的共犯，对于教唆犯也是如此。因为在这种情况下，教唆犯主观上没有中止犯罪的意图，客观上没有中止犯罪或者有效地防止犯罪结果发生的行为。对于这样的教唆犯以犯罪中止论处，岂不放纵了犯罪分子。所以，我认为被教唆的人中止犯罪，是教唆犯的意志以外的原因，教唆犯由此而成立犯罪未遂，而不是犯罪中止。

五、帮助犯的中止犯

帮助犯是指对实行犯罪的人予以各种形式的帮助的人。这里的各种形式，是指物理性的帮助与心理性的帮助等情形。因此，在考察帮助犯的中止时，应当根据帮助形式的不同而确定中止是否成立。帮助的形式是多种多样的，因而帮助犯中止犯罪的形态也各有所别。

（一）在实施帮助行为以前，帮助犯只要消极地不予帮助，就可以构成犯罪中止

在犯罪的预谋中，正犯要求帮助犯提供一定的帮助。如果帮助犯已经为帮助犯罪做了准备，但在提供帮助以前，收回帮助犯罪的承诺，放弃帮助犯罪的意图，就足以成立中止。

（二）在实施帮助行为以后，实行犯实施犯罪行为以前，帮助犯想要成立犯罪中止，必须及时有效地撤回其帮助，阻止实行犯利用本人所创造的条件去实行犯罪

帮助犯向杀人犯资助一把刀，在杀人犯利用这把刀去杀人以前，帮助犯想要

[①] 参见吴振兴：《论教唆犯》，148 页，长春，吉林人民出版社，1986。

中止犯罪，必须取回这把刀。如果帮助犯取回了这把刀，即使杀人犯又用其他凶器将他人杀死，对帮助犯也应以犯罪中止论处。因为在共同犯罪中，帮助犯一般只应对其参与实施的犯罪负责，对其未参与实施的犯罪不负刑事责任。而所谓帮助犯参与实施，主要就是指帮助行为为实行犯罪创造了条件。如果开始实施了帮助行为，后来又中止了帮助，使正犯不能利用自己所创造的条件去实施犯罪，帮助犯就应成立犯罪中止。

（三）在帮助犯实施帮助行为以后，正犯已经着手实行犯罪的情况下，帮助犯想要成立中止，必须及时制止正犯的犯罪行为，并且有效地防止犯罪结果发生

在这种情况下，帮助犯为正犯所提供的帮助即为犯罪创造的便利条件，已经被正犯所利用。因此，如果帮助犯只是消极地不作为，就不能成立犯罪中止。

（四）关于事后帮助犯，虽然他事前曾答应为正犯提供帮助，但在未将帮助行为付诸实施以前，仍可以消极中止的方式成立犯罪中止

事后帮助是指共同犯罪人事前互相约定，在一方实施犯罪行为以后，另一方为其提供帮助。例如，甲在盗窃以前曾与乙通谋，乙答应为其窝藏赃物。而在甲实施盗窃以后，乙又不愿为其窝赃。在这种情况下，尽管甲的犯罪行为已经实施完毕，并且乙允诺窝赃本身也对实行犯起到了精神帮助作用，但因其物质帮助行为没有实施，因此，乙仍然可以成立犯罪中止。

第五节　共犯关系的脱离

一、共犯关系脱离的概念

共犯关系的脱离，如果仅仅从字面上来看，是指从共犯关系中解脱出来。据此，共犯脱离并没有消灭共犯关系，而只是将其中个别共犯从现有的共犯关系中解除。至于共犯关系脱离的确切概念，可以参考日本学者大塚仁的以下论述：

"共犯关系的脱离,是指共犯从开始实施犯罪至犯罪既遂之前,共犯者中的一部分人反悔而从共犯关系中脱离出来。脱离者虽然不免除至脱离时的共犯责任,但是,脱离后没有脱离的其他共犯者实行的内容和由此产生的犯罪结果不能归责于脱离者。"[①] 由此可见,共犯关系的脱离是对共犯脱离者与其他共犯之间责任的一种切割,并对这两种不同的共犯予以区别对待,具有明显的刑事政策的意涵。

应该指出,共犯关系的脱离并不是刑法规定,而是一种刑法教义学的理论。在共犯中止的情况下,虽然刑法只是一般性地规定了犯罪中止,而没有对共犯中止予以特别规定,但是,对共犯中止适用刑法关于中止犯的规定,这是没有疑问的。而共犯关系的脱离并不符合刑法关于中止犯的适用条件,因而不能认定为犯罪中止。在这种情况下,对共犯关系的脱离依照刑法教义学理论,认定为共犯的未遂犯,准用犯罪未遂的规定,具有一定根据。共犯关系的脱离与共犯的中止之间具有一定的联系,然而又是两个不同的问题。因此,在界定共犯关系的脱离的时候,关键在于如何将其与犯罪中止加以区分。

根据我国《刑法》第 24 条第 1 款规定:"在犯罪过程中,自动放弃犯罪或者自动有效地防止犯罪结果发生的,是犯罪中止。"在单独犯罪的情况下,认定犯罪中止一般不会发生困难。然而,在共同犯罪中,由于各个共犯基于主观上的共同犯罪故意而实施的共同犯罪行为,是一个互相联系、互相制约的整体,成为犯罪结果发生的共同原因,所以,共同犯罪的中止具有一定的复杂性。为此,有些国家刑法对共同犯罪的中止作了明文规定。例如,《德国刑法典》第 31 条就是对共犯中止的特别规定。《日本刑法》对共同犯罪的中止未作明文规定。在这种情况下,对共同犯罪的中止如何处理,就成为一个值得研究的问题。我国刑法对共同犯罪与中止犯分别做了规定,但并没有明文规定共同犯罪的中止问题,对于共同犯罪的中止,应依我国刑法处理中止犯的一般原则解决。从这个意义上说,我国刑法中的共同犯罪的中止问题的处理较为接近于日本刑法,因而日本共犯教义

[①] 转引自刘雪梅:《共犯中止研究》,255 页,北京,中国人民公安大学出版社,2011。

第五节 共犯关系的脱离

学中的共犯脱离法理具有一定的借鉴意义。

共同犯罪的中止是以制止其他共犯实施犯罪为前提的。因此，在共同犯罪的情况下，其中的个别共犯虽然想要从共同犯罪中撤离，但如果未能有效地制止其他共犯实施犯罪的，则不能成立犯罪中止。对这种想要从共同犯罪中撤离的共犯，如果与其他继续实施犯罪的共犯一视同仁，在量刑上没有区别，明显不合理。在这种情况下，日本学者大塚仁提出了共犯关系脱离的命题，例如大塚仁认为共犯关系的脱离是与共犯的中止犯相关联而又不相当于中止犯的情形。[①] 根据这一论述，共犯关系的脱离首先是与共犯的中止犯相关联的，这里所谓相关联是指共犯关系的脱离发生在共犯关系的中止犯不能成立的场合，具有为共犯的中止犯起到补充作用的功能。如果能够成立共犯的中止犯，则不可能再成立共犯关系的脱离。因此，共犯关系的脱离不相当于共犯的中止犯。共犯关系的脱离与共犯的中止犯之间的根本区别就在于：共犯的中止犯是以制止其他共犯继续犯罪并且达到既遂为条件的。也就是说，虽然某个共犯想要中止犯罪，但如果只是自己消极地停止犯罪，或者虽然想要制止其他共犯继续犯罪，但并没有能够及时制止其他共犯的犯罪行为，其他共犯的犯罪得以既遂。在这种情况下，某个共犯不能成立共犯的中止犯。但在这种情况下，如果某个共犯虽然未能制止其他共犯继续犯罪并达到既遂，但该共犯不仅消极地放弃共犯行为，而且切断了本人行为与其他共犯行为之间的因果性，则在不能成立共犯的中止犯的情况下，退而求其次，可以成立共犯关系的脱离，其对脱离以后其他共犯的犯罪行为及其犯罪既遂不负刑事责任。因此，该脱离的共犯成立共犯的未遂犯。对于共犯关系的脱离与共犯的中止之间的区别，我国学者指出："从共犯脱离与共犯中止的概念看，共犯中止不仅表现在形式上，而且实质上就是共犯脱离的一种特殊形式，其间的差别主要在于犯罪是否因退出行为（脱离行为或中止行为）而止于未完成形态、脱离行为

[①] 参见［日］大塚仁：《刑法概说（总论）》3版，冯军译，340页，北京，中国人民大学出版社，2003。

是否具有自动性。这是因为，部分共犯的中止，是指部分共犯通过自己的积极中止行为消灭了共犯关系，共犯关系不复存在，中止者不仅脱离了共犯关系，而且彻底地消灭了共犯关系，再无谈及脱离之必要。因此，可以说，共犯脱离是共犯中止的前提。一旦部分共犯成立犯罪中止，当然也就已经成立了共犯脱离，只不过直接运用犯罪中止理论便足以解决中止行为人的刑事责任问题，而无须再运用脱离理论"[1]。由此可见，共犯脱离与共犯中止之间实际上存在部分重合的关系：共犯中止是更为彻底的脱离，而共犯脱离则没有达到中止的程度。在此基础上，就可以较为清晰地将共犯脱离与共犯中止加以区分。

共犯关系的脱离根据脱离时间的不同，可以分为实行着手之前的脱离和实行着手之后的脱离，这两种共犯关系脱离的性质有所不同。一般认为，实行着手之前的共犯关系脱离与实行着手之后的共犯关系所处的犯罪阶段不同，因而两种共犯关系脱离的性质也有所不同。其中，实行着手之前的共犯关系的脱离，如果是共同正犯，则此时处于共谋阶段。在这种共谋阶段，虽然尚未开始实施构成要件的共同行为，但处于犯罪预备阶段。因此，成立共犯关系脱离的正犯对其他正犯着手以后的犯罪行为不负刑事责任，但对共谋阶段的犯罪预备承担刑事责任，因而成立预备犯。

二、共犯关系脱离的学说

共犯关系的脱离，尤其是共同正犯关系的脱离，是对"部分行为之全体责任"的共犯承担刑事责任原则的一种突破，或者说一种例外。所谓部分行为之全体责任原则，是指在共同正犯的情况下，参与实施犯罪的正犯不仅要对本人所实施的犯罪行为负责，而且还要对其他正犯实施的犯罪行为负责。这是共同犯罪不同于单独犯罪承担刑事责任原则的主要区别。当然，共同正犯中的部分正犯对其

---

[1] 刘雪梅：《共犯中止研究》，307 页，北京，中国人民公安大学出版社，2011。

第五节 共犯关系的脱离

他正犯的犯罪行为承担刑事责任的前提是在共同故意的范围之内。如果超出共同犯罪故意的范围,则是一个实行过限的问题,应当由实行过限的正犯独自承担刑事责任。在共同正犯关系的脱离中,这种共犯关系的脱离通常发生在着手实施犯罪以后,数个犯罪人已经就共同实施犯罪取得犯意联络。但在具体实施犯罪过程中,其中某个正犯不想继续实施犯罪,欲从共同犯罪中撤离,如果满足共犯关系脱离的条件,则该正犯对此后其他正犯实施犯罪所造成的法益侵害结果不再承担刑事责任,由此发生共犯关系脱离的效果。在刑法教义学中,关于共犯关系脱离的理论根据,存在不同的学说之争,主要可以归纳为以下三种观点。

(一) 因果关系切断说

因果关系切断说是从客观方面为共犯关系脱离提供理论根据的一种学说,它以因果共犯论为基础。因果共犯论也称为惹起说,因果共犯论认为按照行为主义以及个人责任原则,与正犯一样,共犯也必须是因为与自己的行为存在因果性的事实而受到处罚。[①] 因此,因果共犯论是一种共犯处罚根据的理论。因果共犯论明确了共犯不是因为他人(正犯)的行为而受处罚,而是因为自己的行为而受处罚,这种处罚的客观基础就是共犯行为惹起正犯行为,在共犯行为与正犯行为之间具有因果性。关于这种因果性的具体内容,日本学者指出:按照惹起说或者因果共犯论,与单独正犯一样,共同正犯、教唆犯、从犯也要求,与针对基本构成要件所保护的法益的侵害及其危险之间,存在因果关系。当然,日本学者认为,这种因果性具有其特殊性。例如,这种因果性不仅包括物理性的因果性而且包括心理性的因果性。例如,教唆犯,是通过向正犯提供犯罪动机而让正犯决意实施实行行为;共谋共同正犯,是给予实行者以无法完全按照自己的意思放弃犯罪这种心理上的约束。即便是实行共同正犯,在自己分担实行行为的同时,也通过对其他实行者的意思施加影响,而诱导其他实行者实施实行行为。对从犯而言,除

---

① 参见〔日〕松原芳博:《刑法总论重要问题》,王昭武译,312 页,北京,中国政法大学出版社,2014。

提供凶器这种物理性帮助之外，还存在诸如提供信息、传授犯罪方法等技术性建言、激励以及约定给付报酬等心理性帮助，这种心理性帮助就是通过作用于行为人的心理而贡献于结果的发生。① 因此，惹起说所确定的共犯因果性包括物理性因果关系和心理性因果关系这两种类型。基于因果共犯论的因果关系切断说，也就包括物理性因果关系的切断和心理性的因果关系的切断这两种情形。例如，山口厚指出："作为共犯处罚根据采用因果共犯论及惹起说的实务上的意义是，对于和自己的共犯行为（教唆行为、帮助行为或者是共同正犯行为）之间欠缺因果关系的构成要件该当事实来说，不能追究其作为共犯的罪责。从而，即便是实施了共犯行为，由于已经祛除了该行为所具有的犯罪引起、促进效果，和构成要件该当事实之间的因果关系也就不存在了，这样的话，就能肯定通过脱离来消除共犯关系，此后即便是其他的共同者引起了构成要件该当事实，就此也不能承担作为共犯的罪责。这就是因共犯的因果关系（物理的因果性以及心理的因果性）的切断而致的共犯关系的消除（在共同正犯的场合，也称为共谋关系的消除）。"② 根据以上论述，共犯关系的脱离条件是指共犯的因果关系的切断，这里的共犯因果关系包括物理的因果性和心理的因果性。例如，帮助犯可以分为物理性帮助和心理性帮助。在物理性帮助的情况下，应当消除该帮助行为对正犯的作用。而在心理性帮助的情况下，则应当消除该帮助行为对正犯的影响。

（二）共同意思欠缺说

共同意思欠缺说是从主观方面为共犯关系脱离提供理论根据的一种学说，例如日本学者认为，故意属于主观违法要素，在共同正犯中，共同加功的意思即"意思的联络"发挥故意的作用。因此，如果欠缺"意思联络"，那么，对此后个人的行为就不能作为全体的行为来评价。共同正犯因具有共同加功的意思（即

---

① 参见［日］松原芳博：《刑法总论重要问题》，王昭武译，312页，北京，中国政法大学出版社，2014。
② ［日］山口厚：《刑法总论》，3版，付立庆译，373页，北京，中国人民大学出版社，2018。

"意思联络"),而应共同承担"故意"的责任。当共同正犯在犯罪过程中改变犯意、欠缺意思联络时,其后个人的行为,便不得作为全体行为加以评价,也就是说,在共同正犯关系中,只要欠缺意思联络,就不能再认为每个共犯的行为均是共犯整体行为,判断意思联络是否已经中断的重要标准是为阻止犯罪结果发生所付出的努力的真挚程度,而不一定依据是否实际上已阻止犯罪结果的发生。[①] 不同于因果关系切断说,共同意思欠缺说是从共犯的主观要素——故意为切入点进行考察的。共犯之间要求具有故意联络,这是共同故意的主要内容。在共犯关系脱离的情况下,共犯主观上改变共同犯罪的犯意,因而从主观上放弃了与其他共犯的意思联络。在这种情况下,共犯的脱离意思取代了共同意思,因而其对之后其他共犯的行为以及造成的犯罪结果不再承担责任。共同意思欠缺说虽然也具有一定的道理,然而与因果关系切断说相比,从客观的因果性中断的意义上为共犯关系的脱离提供理论根据更具有说服力。虽然从现象学的角度来说,先有共犯脱离的意思,后才有因果关系的切断,但从规范判断上来说,基于客观判断先于主观判断的原则,首先需要考虑的是客观上因果关系的切断,这才是共犯关系脱离之所以不再对其他共犯的行为以及犯罪结果承担责任的根据。

(三) 共犯关系消解说

共犯关系消解说是在因果关系切断说基础上提出来的,因果关系切断说认为只要达到切断与其他共犯的因果关系的程度即可成立共犯关系的脱离。而日本学者大谷实则认为,共犯关系脱离必须达到消解既存的共犯关系的程度才能成立。例如,大谷实指出:"脱离,必须是解除已经成立的共犯关系。为了成立共犯关系的脱离或者解除,必须是在具有共犯关系的人脱离之后,脱离人的影响力消除,而形成了新的共犯关系或者犯意。因此,首先,脱离人必须表达脱离的意思;其次,其他剩下的具有共犯关系的人必须知道脱离人的脱离。剩下的人实施犯罪的时候,是基于新的共犯关系、在新的犯意的基础上实施的行为,脱离者对

[①] 转引自刘雪梅:《共犯中止研究》,264 页,北京,中国人民公安大学出版社,2011。

该行为和结果不承担责任。"① 由此可见，相对于因果关系切断说而言，共犯关系消解说对共犯关系脱离成立条件的要求更为严苛。

在以上三种学说中，共犯意思欠缺说明显不足，它把共犯关系的脱离只是看作一个主观犯意联系的解除，而没有真正从共犯关系的客观结构的破除角度揭示共犯关系脱离的本质特征。而在因果关系切断说和共犯关系消解说这两种学说中，后者是以前者为基础的，因此两者并不是矛盾或者对立的。这两种学说的差异主要体现在共犯关系脱离成立条件的宽缓还是严格上。共犯关系的脱离，是从原来已经形成的共犯关系中解脱出来，解脱以后，原来的共犯关系可能解除了，或者形成了新的共犯关系。从这个意义上说，共犯关系消解说更为全面。

三、共犯关系脱离的形态

共犯关系的脱离是共同犯罪未完成罪的一种特殊情形，只有在共犯教义学的语境中才能深刻地把握共犯关系脱离的性质。在共犯教义学中，共同犯罪可以区分为不同的形态，这些共同犯罪形态无论在共犯构造还是在共犯关系上都存在一定的差异，因此对于共犯关系的脱离的成立及其认定都会带来一定的影响。为此，需要根据共犯形态的不同，对共犯关系脱离进行类型化的研究。

（一）共同正犯的脱离

共同正犯的脱离是共犯关系脱离中较为常见的情形。应该说，我国刑法中的共同正犯概念与日本刑法中的共同正犯概念存在一定的差异。日本刑法中的共同正犯可以分为共谋共同正犯和实行共同正犯，因而共犯关系的脱离既可能发生在共谋共同正犯的场合，也可能发生在实行共同正犯的场合。由于在共谋共同正犯的情况下，即使参与共谋而并未实施正犯行为的人亦构成共同正犯，因此仅参与

---

① ［日］大谷实：《刑法讲义总论》，新版2版，黎宏译，428页，北京，中国人民大学出版社，2008。

第五节　共犯关系的脱离

共谋，此后改变主意，不再继续参与共同犯罪，如果消除了其参与共谋的影响，则参与共谋者成立共犯关系的脱离，对其他正犯实施的犯罪行为以及发生的犯罪结果不再承担责任。至于实行共同正犯的脱离，则是指在共同实行过程中，其中部分正犯放弃共同实行故意，不再继续实行犯罪的情形。在这种情况下，如果部分正犯切断了其与其他正犯的因果关系，则即使其他正犯继续实行犯罪并且发生了犯罪结果，脱离的正犯对此亦不负责任。例如日本学者大塚仁在论及共同正犯关系的脱离时指出："所谓从共同正犯关系的脱离，是指在共同正犯的实行着手后，还未达于既遂的阶段，共同正犯中的这一部分人切断与其他共同者的相互利用、补充的共同关系，从其共同正犯关系中离去。脱离者虽然不免除至脱离时的共同实行的责任，但是，其后其他共同者实行的内容和由此而产生的犯罪结果不能归责于脱离者，即，应该追究准共同正犯的障碍未遂的责任。"① 这里的障碍未遂，就是指我国刑法中的未遂。日本刑法将未遂分为两种情形，这就是中止未遂和障碍未遂。其中，中止未遂就是我国刑法中的犯罪中止，与之相对的障碍未遂则是我国刑法中的犯罪未遂。当然，也有日本学者认为，共犯的脱离应当适用或者准用中止犯。②

我国刑法明文规定了犯罪中止，然而，在具体案件中存在着扩张适用犯罪中止的情形，由此而将共同犯罪的脱离认定为犯罪中止的现象时有发生。对此，应当正确区分共同正犯的中止与共同正犯的脱离。在我国司法实践中，在某些情况下存在着共犯关系的脱离与共同犯罪的中止之间的混淆。也就是说，在个别案件中将应当适用共犯关系脱离的情形认定为共同犯罪的中止。例如李映高等绑架案。③ 2012年11月，被告人李映高与同案人李生、李宗飞（均已判刑）多次合

---

① ［日］大塚仁：《刑法概说（总论）》3版，冯军译，341页，北京，中国人民大学出版社，2003。
② 参见［日］大塚仁：《刑法概说（总论）》3版，冯军译，341页，注29，北京，中国人民大学出版社，2003。
③ 参见开阳、王婧：《共同犯罪中从犯的中止——李映高绑架案》，载百度文库，最后访问时间：2021-10-13。

谋绑架他人勒索钱财。被告人李映高购买摩托车作为犯罪工具，并先后两次与同案人李生、李宗飞前往约定地点守候被害人李某玉，均因被害人李某玉未到现场而未能得逞，被告人李映高主动放弃继续参与上述犯罪。

2012年12月2日22时许，同案人李生将被害人李某玉骗至位于广州市白云区石井街大朗水涉南街某巷某号一楼的租住处，同案人李宗飞拿绳索勒住被害人李某玉的颈部并用铁锤击打其头部，随后同案人李生、李宗飞合力拉扯勒住被害人颈部的绳索致其当场死亡（经法医鉴定，被害人李某玉系被他人勒颈造成机械性窒息死亡），并将尸体抛至大朗村十六社河边的荒地。次日，同案人李生、李宗飞谎称被害人李某玉贩毒被抓获，打电话向被害人亲属索要人民币20万元未果。同年12月5日，同案人李生、李宗飞在广州市白云区夏茅村一无名旅店被抓获；2013年11月25日，被告人李映高在增城市新塘镇某会所物业管理中心办公室被抓获。

广州市中级人民法院裁判认为：被告人李映高受同案人纠合，以勒索财物为目的，共同密谋、准备绑架他人，其行为已构成绑架罪，依法应予惩处。公诉机关指控的事实清楚，证据确实充分，应予以支持。在共同犯罪中，同案人李生、李宗飞两人密谋绑架未成功后，纠合被告人李映高参与，李映高与李生、李宗飞三人在共同犯罪中有较为明确的分工，李生、李宗飞通过QQ聊天冒充女性的方式骗取被害人信任，将被害人骗出，李映高出钱购买摩托车，三人共同在约定地点蹲守被害人。被告人李映高虽出资购买了摩托车作为交通工具，并一起实施了两次埋伏等候，但均因被害人没有及时出现而未得逞，之后变卖了作案工具摩托车，离开了两同案人返回东莞，其在共同犯罪中起次要、辅助作用，是从犯，且情节较轻，依法应当减轻处罚。被告人李映高在两次蹲守未能得逞后，明确表示不再参与绑架行为，并变卖了摩托车，离开广州返回了东莞，且在离开之后没有再与两同案人保持犯意联络，是一种主动放弃犯罪行为，系犯罪中止。在被告人李映高放弃绑架后，作为主犯的同案人李生、李宗飞在近一个月后继续实施绑架行为并杀害被害人，这一后果虽与李映高参与的部分行为不具有直接因果关

系，但其参与绑架的上述行为具有一定的社会危害性，依法应减轻处罚。被告人李映高的犯罪行为给附带民事诉讼原告人造成经济损失应承担赔偿责任，其赔偿的范围和数额包括：丧葬费29 672.5元，交通费、食宿费酌情各计付3 000元，误工费酌情计付2 000元，以上共计人民币37 672.5元。广州市中级人民法院于2014年12月17日作出（2014）穗中法刑一初字第326号刑事附带民事判决：

一、被告人李映高犯绑架罪，判处有期徒刑一年三个月。

二、被告人李映高就（2013）穗中法刑一初字第271号刑事附带民事判决书中第三项判决赔偿数额人民币37 672.5元与同案人李生、李宗飞承担连带赔偿责任。

在案件审理过程中，存在三种不同意见，现分述如下。

第一种意见是预备说，认为李映高的行为构成犯罪预备。因为共同犯罪行为尚停留在准备工具、创造条件阶段，还没有针对被害人实施暴力或限制自由等属于绑架罪构成要件的行为。

第二种意见是未遂说，认为李映高的行为构成犯罪未遂。因为同案人已经设计好犯罪方案，打电话给被害人邀约其前来预定的作案现场，与被害人发生接触，犯罪方案已经开始着手实施。这个行为虽然不是犯罪构成要件的行为，但是与犯罪行为是一个密不可分的整体。李映高等人犯意坚决，方案明确，与被害人会合后即会继续不停顿地完成绑架行为，具有现实危险，似乎也可以认定为犯罪未遂。

第三种意见是中止说，认为李映高的行为构成犯罪中止。在本案中，被告人李映高的行为是典型的中途加入，而又中途离开，其虽实施了部分犯罪行为，但其行为对同案人的犯罪结果没有实际作用：（1）李映高既不认识被害人，也没有参与设计犯罪方案，是李生和李宗飞蹲守几次未果后，临时邀李映高前来，增加人手；其加入时，同案人的犯罪计划已经成形，李映高也没有继续参与谋划。

(2)李映高只蹲守了两次,并出钱买了摩托车供作案使用,但其离开时将摩托车变卖,消除了自己的行为可能造成的影响。(3)李映高之后离开广州去了东莞,与同案人不在同一城市;而同案人再次动手并成功是在半个月之后,时间上相隔比较久,中间双方没再发生任何联络,同案人李生、李宗飞也没有期待李映高回来参与。(4)李映高表示"我在那玩了几天,将带去的3 000多元赌光了,我想两次都没见到人,他们是不是骗我,第二天我将车开到一个修车小店卖掉,之后就回东莞找事做了。"不论其是因为良心发现,或是敬畏法律,或是觉得不值而不愿继续参加同案人的犯罪行为,其中止犯罪的意图是明确的。(5)其虽没有劝阻同案人放弃犯罪,但其离开对同案人的心理也有打击。综上,李映高主动放弃犯罪,其离开与同案人作案时间上有间隔,地理上有阻断,行为上有脱离,其唯一的贡献就是买了一辆作案工具,但其也没有将车留给同案人,而是在离开时卖掉,可以认定其已经彻底脱离了与同案人的联系,消除了自己行为在共同犯罪中的影响,因而成立犯罪中止。

对于本案,裁判理由主张犯罪中止的意见,其理由是:犯罪预备或未遂的意见的判断基础是前两次犯罪未成功是由于被害人未到场,即犯罪是由于被告人意志以外的原因而未得逞。同一次犯罪只能有一个停止形态,既然是因为预备或未遂而停止,就不会再出现中止。但是与中止论相比,这两种意见都忽略了两点:首先,被告人及同案人实施犯罪是一个连续的过程,即使前两次尝试失败,仍然可以继续尝试,同案人李生、李宗飞最后达到既遂。整起犯罪是针对同一个对象,使用同一套方案进行多次操作的过程,而非一次失败以后另起炉灶。其次,这两种意见没有体现李映高在主观上主动、自愿放弃犯罪的意图,与实际情况不相吻合,不利于鼓励行为人放下屠刀。裁判理由认为李映高的行为属于共犯关系的脱离,应当以犯罪中止论。由此可见,本案判决虽然对李映高认定为犯罪中止,但其实质根据还是认为李映高的行为符合共犯关系脱离的条件,只是在我国刑法对共犯关系脱离没有明文规定的情况下,对其以犯罪中止论。

以上三种意见涉及未完成罪的三种形态,这就是犯罪预备、犯罪未遂和犯罪

第五节 共犯关系的脱离

中止,由此可见意见分歧之大。在此,需要逐个问题进行评述。

预备说的主要理由是本案被告人李映高只是参加了准备犯罪工具、到犯罪现场蹲守等行为,但因放弃了继续实施犯罪而并没有参与此后其他共犯实施的绑架行为,因而李映高的行为属于犯罪预备。这种意见的主要缺陷在于将李映高的行为与其他共犯的行为割裂开来进行评价,因而忽视了共同犯罪中止不同于单独犯罪中止的特殊性。对于单独犯罪的中止,只要根据行为人本人的行为进行认定:如果本人行为处于预备阶段,因为意志以外的原因而未能着手实行犯罪,则其行为构成犯罪中止。但在共同犯罪的情况下,应当对各个共犯的行为进行整体考察,而不能只是根据个别共犯的行为认定是预备还是未遂。在本案中,李映高虽然实施了绑架罪的预备行为,但此后没有参与绑架罪的实行。从李映高事先存在实施绑架罪的预谋而言,其对绑架罪具有共同犯罪故意。在这种情况下,其他共犯实施的绑架罪的实行行为,并不是实行过限行为,而是包含在绑架罪的共同犯罪故意范围之内的,即使李映高没有具体实施绑架行为,根据"部分行为之全体责任"的原则,李映高仍然应当对其他共犯实施的绑架行为承担责任。就此而言,不能认为本案李映高的行为属于犯罪预备。

未遂说的理由仍然是个别地评价李映高的行为,认为李映高没有实施绑架罪的构成要件的行为,就其行为本身而言,只是犯罪的预备行为。之所以认定为犯罪未遂而非犯罪预备,是因为李映高的行为与其他共犯的犯罪行为是一个密不可分的整体,并且李映高的行为具有现实危险性,因而认定为犯罪未遂。但就本案的行为本身来说,李映高的行为并没有直接认定为犯罪未遂的余地。犯罪未遂发生在已经着手实行犯罪之后,但李映高个人的行为处在着手之前,如果仅仅根据李映高的个人行为,难以认定为犯罪未遂。如果将李映高的行为与其他共犯的行为结合起来进行考察,则绑架罪已经既遂,因此也不存在犯罪未遂的未得逞这一要件。

中止说的理由是否定李映高的行为对于其他共犯实施的犯罪具有影响,尤其是强调李映高所购买的犯罪工具,即一辆摩托车,并没有提供给其他共犯在犯罪

859

中使用。由此得出结论：李映高彻底脱离了与同案人的联系，消除了自己行为在共同犯罪中的影响，因而成立犯罪中止。在本案中，被告人李映高在两次蹲守未能得逞后，明确表示不再参与绑架行为，并变卖了摩托车，离开广州返回了东莞，且在离开之后没有再与两同案人保持犯意联络，对此，法院判决认为这是一种主动放弃犯罪的行为，系犯罪中止。然而，这里的犯罪中止并非刑法意义上的犯罪中止，因为李映高虽然放弃犯罪，但并未有效制止其他共犯继续进行犯罪，并不符合犯罪中止的有效性条件，不能成立犯罪中止。值得注意的是，在裁判理由中，作者引述了共犯关系脱离的理论，指出，在日本刑法理论界关于共同犯罪中止学者们提出了另外一种观点：共犯关系脱离，即共同犯罪行为人可以成立犯罪中止，前提是其从共同犯罪中脱离出来。共犯关系的脱离是指脱离共同正犯关系，在共同正犯着手实施犯罪之后、达到犯罪既遂之前，共同正犯者中的一部分，切断与其他正犯者之间的相互利用、补充的关系，从共同正犯关系中脱离出去。脱离者对脱离前的共同行为固然不能免除责任，但对脱离后其他正犯者的实行行为及其结果不承担责任。在此，作者将共犯关系脱离理解为是犯罪中止的一种情形，应当认定为中止犯。这也是裁判理由将本案被告人李映高的行为认定为犯罪中止的重要理论根据。我认为，本案认定为共同正犯的脱离是十分正确的。因为在本案中，李映高切断了自己与其他共犯的联系，主要表现在将为犯罪而专门购买的摩托车变卖，消除了自己的行为可能造成的影响。在这种情况下，李映高符合共同正犯脱离的成立条件，应以共同正犯的脱离处理。需要指出，我国司法实践中长期以来并没有采用共犯关系的脱离这个概念，而且即使认定为共犯关系的脱离，我国刑法也并没有对此规定处理原则。在这种情况下，类似本案这种符合共犯关系脱离的情形，处于一种无法可依的状态。为此，司法机关将本案认定为犯罪中止，以此作为从轻处罚的法律根据，可以说是无奈之举。

我国刑法对犯罪中止规定的处罚原则是：没有造成损害结果的，应当免除处罚；造成损害结果的，应当减轻处罚。对典型的中止犯适用这一处罚原则，是完

全没有问题的。但对共犯关系的脱离而构成的犯罪中止,如果适用这一原则,就存在一个问题,即如何理解共犯关系脱离中的损害结果?在李映高案中,对于这个问题存在以下争议:第一种意见认为李映高没有参与谋划,没有参与最终行动,撤回了对同案人的心理支持,其虽买了摩托车但又卖掉,因此最终的损害结果里没有体现其作用。如果在共同犯罪里可以认定部分被告人构成犯罪中止,就应当继续贯彻这一原则,正确评价李映高的作用,认定其行为本身没有造成损害,对其免除处罚。第二种意见则认为,本案是一宗绑架致被害人死亡的暴力犯罪,手段特别残忍,情节特别恶劣。李映高虽中途退出,但其参与在客观上对同案人的心理起到了鼓励和支持作用,也一同参与了两次蹲守,对犯罪结果起到了积极的作用,不能免除处罚。但是,考虑到李映高在参加作案时,同案人并未明确提出要杀死被绑架人,因此,李映高可以不对被害人的死亡结果承担责任。最终,合议庭采纳了上述第二种意见,对李映高判处有期徒刑1年3个月。应该说,这是一个较轻的处罚结果。在共犯关系脱离的情况下,是否造成损害结果,到底是指脱离者本人行为所造成的损害结果还是指其他共犯造成的损害结果?如果是指前者,那么就应当认为没有造成损害结果。如果是指后者,就应当认为已经造成损害结果。就本案而言,李映高只是参加了犯罪预备,因此可以认为没有造成损害结果。当然,如果将其他共犯造成的结果视为李映高的损害结果,那么就是已经造成损害结果,而且损害结果十分严重。对此,裁判理由采纳已经造成损害结果的意见,但又认为李映高不对其他共犯杀死被绑架人的结果承担责任,存在一定的矛盾之处。如果对共犯关系的脱离以犯罪未遂处理,根据我国《刑法》第23条第2款的规定,对于未遂犯,可以比照既遂犯从轻或者减轻处罚,则具有一定的裁量空间,对于共犯关系脱离案件的处理更为合理。

(二)教唆犯的脱离

教唆犯的脱离是指实施教唆行为并引发他人的犯罪意图以后,改变教唆意图,想要撤回教唆内容,但未能有效制止他人继续实施犯罪并达于既遂的情形。

第二十四章　共同犯罪的未完成形态

日本学者大塚仁指出：在教唆者的中止犯没有效果时，即，由于教唆行为正犯者作出了实行行为后，在其终了前的阶段，教唆者为了阻止正犯者的实行而进行了认真的努力，但是，正犯达于既遂时，以及正犯者虽然终止了实行行为，但是，尚未既遂，而且能够阻止达于既遂。在这种状况下，教唆者虽然为了防止达于正犯的既遂尽了全力，但是，正犯达于既遂时，可以认为是教唆犯关系的脱离。①因此，教唆犯的脱离区别于教唆犯的中止之处就在于未能有效阻止被教唆者继续实行犯罪并且犯罪达于既遂。但是，教唆犯毕竟为阻止被教唆者达于犯罪既遂尽了全力，因而其成立教唆犯的脱离，不对被教唆者其后的行为及其犯罪结果承担责任。例如，王某因借周某的款未还而与之发生矛盾，遂以5 000元价格让陈某为其刺杀周某，并给陈某出具了周某的家庭住址。后王某决定放弃杀人意图，便以电话方式通知陈某，让陈放弃。陈某虽表面允诺，但仍根据王某告知的地址到周某处，对周某连刺10余刀，致其死亡。陈某因杀害周某未从王某处得到5 000元钱，对其产生报复心理，持刀将王某的父母杀害。庭审中，王某及其辩护人辩称被告人的犯罪行为是一时冲动，事后又曾阻止陈某杀周某，被告人的行为是犯罪中止，请求减轻处罚。本案中争论的焦点是教唆犯王某的辩称和其辩护人的辩护主张是否成立，即被告人王某的行为是否构成犯罪中止。论者认为，王某的行为不能认定为犯罪中止，理由是：犯罪中止是在犯罪过程中，自动放弃犯罪或者自动有效地防止犯罪结果发生。根据上述理论及共同犯罪的特殊性，认定共同犯罪中的共犯是否构成中止应当把握以下四种情况。一是共犯决定中止后，积极主动地劝说其他共犯放弃犯罪，如其他共犯接受劝告放弃本可继续实施的犯罪，则全案人认定为犯罪中止。二是共犯决定中止后，其他共犯不愿中止，但中止者采取了有效措施防止危害结果的发生，中止者成立中止，其他共犯不成立。三是中止者采取了一定措施，中断与犯罪者之间的相互利用、补充的关系，且能有效地

---

① 参见［日］大塚仁：《刑法概说（总论）》3版，冯军译，343页，北京，中国人民大学出版社，2003。

切断自己先前行为与后来犯罪的联系,即中止者依其意志尽力采取措施,能消除因自己的参与而给其他共犯完成犯罪带来的有利、积极影响,使犯罪之发生与中止以前的参与行为无关,可以认定中止行为成立。如甲乙共谋杀丙,甲负责提供凶器和丙的住址给乙,乙具体实施杀人行为,后甲放弃杀丙意图,收回凶器并明确劝阻乙放弃犯罪,还通知丙注意防范,乙表面接受甲的劝阻,但仍将丙杀害。此种情形可认定甲是中止行为。四是中止者虽然有阻止行为,采取了一定措施,但未能阻止危害结果的发生,由于不具有效性也不能认定为是中止,只能作为一种悔罪情节在量刑上酌情从轻处罚。本案中,作为教唆犯的王某主观上确有中止犯罪的意图并曾打电话阻止陈某实施犯罪,但事实上未能消除陈某的犯罪念头,也未能有效地中断自己行为与犯罪间的联系,从而造成了杀人的犯罪后果,因而,其辩称及辩护理由不能成立。① 我认为,本案中王某确实不能成立犯罪中止,但应当成立教唆犯的脱离。因为王某为打消陈某的犯罪意图作出了真挚的努力,只是没有成功而已。

(三) 帮助犯的脱离

帮助犯的脱离是指实施帮助行为以后,改变帮助意图,想要撤回帮助,但未能有效制止他人继续实施犯罪并达于既遂的情形。帮助犯在日本刑法中也称为从犯,因此,帮助犯的脱离亦称为从犯的脱离。日本学者大塚仁指出:在从犯的中止犯终于不成功时,即,在从犯者为阻止正犯者的实行行为进行了认真的努力,或者在正犯者的实行行为终了后尚能够阻止正犯达于既遂的状况下,虽然为阻止它尽了全力,但是,正犯仍然达于既遂时,以及在正犯者的实行行为前或者实行行为中,从犯者放弃从犯的故意,完全地消除了由自己的帮助行为给正犯者的实行创造的有利状态时,可以认为是从从犯关系的脱离。② 因为帮助行为可以分为

---

① 参见胡建萍、马德鸿:《共同犯罪中共犯的中止行为如何认定》,载《人民法院报》,2003-03-12。
② 参见[日]大塚仁:《刑法概说(总论)》3版,冯军译,344页,北京,中国人民大学出版社,2003。

物理性的帮助和心理性的帮助,这两种帮助行为所构成的帮助犯的共犯关系脱离的具体条件亦有所不同。

四、共犯关系脱离的处理

刑法对共犯关系的脱离并没有规定,因此在认定为共犯关系的脱离以后,对其如何处理是一个需要讨论的问题。对此,日本学者山口厚指出:"在肯定了通过脱离而共犯关系消除的场合,若脱离是在正犯或者其他的共同者'实行的着手'之前的话,则脱离者(预备罪的场合除外)不产生刑事责任;即便脱离是在这些人'实行的着手'后但只要是在既遂之前的话,脱离者就仅在未遂的限度内产生共犯的责任。"[1] 参考山口厚的这一论述,共犯关系脱离成立以后,共犯关系的脱离者的责任具有以下两种情形。

(一) 实行着手之前的共犯关系脱离

在实行着手之前,由于未开始犯罪的实行,因此脱离者处于犯罪预备阶段。由于日本刑法对犯罪预备以不处罚为原则、以处罚为例外,在需要处罚犯罪预备的情况下,通常设立预备罪,将预备行为正犯化,因此,处于犯罪预备阶段的共犯关系脱离,对于脱离者来说,不产生刑事责任。但在我国刑法中,犯罪预备通常都是处罚的,因此即使是在预备阶段的共犯关系脱离,对于脱离者也应当按照预备犯进行处罚。在这种情况下,较之目前按照共同犯罪只要一人既遂即为全体既遂的处理原则,对脱离者以既遂犯论处的结果更为合理。

(二) 实行着手之后的共犯关系脱离

关于实行着手之后的共犯关系脱离,对于脱离者如何处理,这是一个值得讨论的问题。在日本刑法学界对此存在中止说与未遂说之争,中止说认为脱离者只要出于自己的意思而脱离即可认定为中止犯,而无论其他共犯是否造成犯罪结

---

[1] [日]山口厚:《刑法总论》,3版,付立庆译,373~374页,北京,中国人民大学出版社,2018。

果。未遂说认为在这种情况下，行为人虽然放弃犯罪行为，但并没有制止其他共犯，犯罪结果仍然发生。行为人因其共犯关系的脱离行为而不对其他共犯造成的犯罪结果承担既遂责任，但还是应当承担未遂责任。例如大谷实指出：关于着手后的脱离，由于是到脱离为止的共同关系所产生的实行行为的共同正犯。所以，原则上适用未遂犯。① 值得注意的是，我国学者张明楷认为，虽然在通常情况下只有当共犯自动消除了自己的行为与结果之间的因果性，才能成立中止犯，但共犯人为消除自己的行为与结果直接的因果性作出了真挚的努力，即使由于其他原因导致结果没有发生的，也应当认定为中止犯。② 该说主张，共同犯罪的脱离和共同犯罪的中止之间关系密切，其成立条件包括：其一，自动放弃共同犯罪故意；其二，实施脱离共同犯罪行为。一旦行为人成功脱离共犯关系，就构成共同正犯的中止；倘若行为人脱离共犯关系失败，则通过考虑其阻止他人实行犯罪或阻止犯罪结果发生的真挚努力而以共同正犯的准中止论处。③ 按照这种观点，只要成功脱离共犯关系就成立犯罪中止，即使脱离共犯关系失败，也准用犯罪中止。对此，我国学者评论指出："该说的理论定位错误，将共同犯罪脱离论融入共同犯罪中止论中，从而抹杀了共同犯罪的构成要件理论和共同犯罪的停止形态理论之间的界限。"④ 我认为，中止犯说与犯罪中止准用说的主要问题还是违背我国刑法关于犯罪中止的成立条件。根据我国《刑法》第24条的规定，有效性是犯罪中止的成立条件，只有在有效地防止犯罪结果发生的情况下，才能成立犯罪中止。这一规定同样适用于共同犯罪的犯罪中止。在共犯关系脱离的情况下，只是脱离者切断了本人行为与其他共犯行为之间的共犯关系，但并没有制止共同犯罪结果的发生。至于脱离共犯关系失败的，则共犯关系都没有实际脱离。因

---

① 参见［日］大谷实：《刑法讲义总论》，新版2版，黎宏译，429页，北京，中国人民大学出版社，2008。
② 参见张明楷：《刑法学》，上，6版，605页，注释255，北京，法律出版社，2021。
③ 参见袁彬：《准中止犯研究》，279~287页，北京，中国法制出版社，2015。
④ 李冠煜：《共同正犯脱离的中国经验及其教义学反思》，载《政治与法律》，2021（11）。

此，无论是共犯关系脱离的成功还是失败，都不具备我国刑法中犯罪中止成立的有效性条件，因而不能以犯罪中止论处或者准用犯罪中止。我认为，对着手实行以后的共犯关系的脱离应当以未遂犯论处。根据我国《刑法》第23条的规定，犯罪未遂是指已经着手实行犯罪，由于犯罪分子意志以外的原因而未得逞的情形。在着手实行以后的共犯关系脱离中，能否认定为犯罪未遂着手实行犯罪和意志以外的原因这两个条件都具备的，关键在于如何理解犯罪未得逞的条件。在一般犯罪未遂中，犯罪未得逞是指犯罪结果没有发生。例如故意杀人，死亡结果没有发生。即使是在共同故意杀人的情况下，也只有各个共犯都放弃杀人行为并制止死亡结果发生才能成立犯罪未遂。但在共犯关系脱离的情况下，虽然脱离者放弃了犯罪行为，但并没有避免共同犯罪结果的发生，怎么可能具备犯罪未得逞的条件呢？在此，我们需要思考的问题是：在预想中的犯罪结果已经发生的情况下，是否还能成立犯罪未遂？我认为，这种预想中的犯罪结果只要不是如其所愿而发生，换言之，脱离者对该结果是持否定态度的，则仍然可以构成犯罪未遂。

至于失败的共犯关系的脱离，则共犯关系并没有脱离，因而不仅不能构成犯罪中止，而且也不能成立犯罪未遂。在我国司法实践中，共犯关系脱离失败的情形，即脱离者本人具有脱离的意思，并且实施了脱离行为，但由于意志以外的原因未能脱离，因而未能防止共同犯罪的结果发生的，并不是准用犯罪中止，而只是作为一个酌定的从轻处罚情节。例如黄土保等故意伤害案中，存在连环教唆的情形：为了伤害朱环周，黄土保教唆洪伟，洪伟又教唆林汉明，林汉明又找来谢兰中、庞庆才、林汉宁对朱环周实施伤害行为。此后，黄土保害怕承担法律后果，明确要求洪伟取消殴打朱环周的计划，这一行为属于共犯的脱离。但洪伟应承后却并未及时通知林汉明停止伤人计划，最终伤害结果仍然发生。对于本案，香洲区人民法院经审理后认为：被告人黄土保、洪伟、林汉明、谢兰中、庞庆才、林汉宁共同故意伤害他人身体，致人重伤，其行为均已构成故意伤害罪。被告人黄土保为帮人泄私愤，雇佣被告人洪伟组织实施伤害犯罪，虽然其最终已打消犯意，但未能采取有效手段阻止其他被告人实施犯罪，导致犯罪结果发生。考

虑到其在共同犯罪中的教唆地位和作用，因此，其单个人放弃犯意的行为不能认定为犯罪中止。故对其辩解及其辩护人的辩护意见不予采纳。同时，法院判决指出：被告人黄土保在犯罪预备阶段，主观上自动放弃犯罪故意，并以积极的态度对待附带民事赔偿，有悔罪表现，故对其可以酌情从轻处罚。在本案中，黄土保确实基于脱离的意思实施了脱离行为，但由于洪伟获得该停止犯罪的讯息以后，没有及时转达给下家，因而未能阻止犯罪结果的发生。就此而言，黄土保的行为不仅不能成立犯罪中止，而且共犯关系的脱离也不能成立，因为其并没有切断教唆行为与犯罪结果之间的因果关系。因此，黄土保虽然具有中止犯罪的主观愿望，但并没有实现其愿望，应当对其教唆犯罪的结果承担刑事责任，但可以从轻处罚。

第二十五章
共同犯罪的共犯形态

共同犯罪之共同犯罪，亦称为共犯之共犯，是以共犯构成的共犯，它是共同犯罪的一种特殊形态。在通常情况下，共同犯罪是由正犯、组织犯、教唆犯和帮助犯共同构成同一之罪。在这种共同犯罪的普通形态中，正犯与共犯都是单一的，以此为标本可以对共同犯罪现象进行研究。然而，在现实生活中还可能存在共同犯罪的特殊形态。这种共同犯罪的特殊形态，包括间接共犯和共同共犯。

第一节 共犯之共犯概述

一、共犯之共犯的概念

共犯之共犯是指基于一定的共犯关系而构成的共犯，因而是共犯链条的延长。共犯之间的关系通常有两种：第一种是纵的共犯，这种共犯呈现为一种链接关系。例如教唆犯与被教唆的人之间的教唆关系，具有时间上的前后关系：教唆行为在前，被教唆行为在后。至于帮助犯与被帮助的人之间的帮助关系，情况较

为复杂。共犯教义学通常将帮助分为事前帮助、事中帮助和事后帮助。事前帮助的帮助行为发生在被帮助行为之前，事中帮助发生在被帮助行为之中。若为事前通谋的事后帮助，则帮助处于被帮助行为之后，但此种帮助是对"人"的帮助而不是对"事"的帮助。帮助通常都是对"事"的帮助，这里的对"事"通常是指对正犯行为的帮助，也可能是对组织行为、教唆行为的帮助。第二种是横的共犯，这种共犯呈现为一种并列关系。例如共同正犯，数个正犯互相通谋而共同实施犯罪。

无论是纵的共犯还是横的共犯，都是指单一共犯情况下的纵横关系。在某些情况下，共犯本身又生发出纵的关系与横的关系，这就是所谓共犯之共犯。

二、共犯之共犯的类型

共犯之共犯具有两种不同类型，这就是间接共犯与共同共犯。在共犯教义学中，间接共犯与共同共犯都是共同的特殊形态，需要对此进一步加以研究。

间接共犯与共同共犯是从纵横这两个不同角度对共犯之共犯所做的一种分类。间接共犯之所谓间接，是指共犯与正犯之间存在间接关系。例如，教唆犯之教唆犯，第一个教唆犯与正犯之间具有直接关系，而第二个教唆犯则与正犯之间存在间接关系。共同共犯之所谓共同，是指共犯之间的共犯，而不是正犯之间的共同。相对于共同正犯是数个正犯的共同而言，共同共犯是数个共犯的共同。例如，共同教唆犯就是数个教唆犯共同对一个正犯实施教唆行为，当然，也存在数个教唆犯对数个正犯实施教唆的情形。

通常的共犯是直接共犯与单一共犯，而间接共犯与共同共犯是在直接共犯与单一共犯基础上形成的特殊共犯，因此，共同共犯在适用共犯一般原理的同时，具有其特殊性，在共犯教义学中应当结合共犯之共犯的特殊情况进行深入分析。

第二节 间接共犯

间接共犯是指共犯所构成的共犯,也称为共犯之共犯。我国刑法中的共犯,有广义与狭义之分。广义上的共犯包括正犯与共犯,而狭义上的共犯是指教唆犯、帮助犯,我国刑法中还包括组织犯。在通常情况下,共犯是相对于正犯而言的,是在一定程度上从属于正犯而成立的,因而共犯是正犯之共犯。例如,教唆犯是指教唆他人实行犯罪,因而在通常情况下,教唆犯是指正犯之教唆犯。然而,在现实生活中,除正犯之教唆犯以外,还存在共犯之教唆犯,例如教唆犯之教唆犯和帮助犯之教唆犯。所谓教唆犯之教唆犯是指教唆他人进行教唆的教唆犯。所谓帮助犯之教唆犯是指教唆他人进行帮助的教唆犯。此外,还存在共犯之帮助犯,例如教唆犯之帮助犯和帮助犯之帮助犯等。

一、间接共犯的概念

相对于正犯之共犯是直接共犯,共犯之共犯则是间接共犯。在某种意义上说,间接共犯更为复杂,因而需要在刑法理论上进行专门研究。值得注意的是,正犯之共犯是共犯的常态,在现实生活中存在大量案例,因而具有研究的现实犯罪基础。而共犯之共犯是共犯的异态,案例较为罕见。因而,对间接共犯的研究主要借助于逻辑推理。

(一)间接性

间接共犯的间接性,是就共犯与正犯的关系而言的。在直接共犯的情况下,共犯对于正犯的联系具有直接性。例如,教唆他人杀人,教唆的人是故意杀人者的教唆犯,其与正犯的联系是直接的。基于共犯的从属性原则,教唆犯也应当认定为故意杀人罪。但在间接共犯的情况下,在共犯之共犯这两个共犯中,只有第

一个共犯才与正犯发生联系，而第二个共犯则只与共犯有联系，与正犯并不发生直接联系。因此，相对于正犯之共犯是直接共犯，共犯之共犯就是间接共犯。

（二）连锁性

间接共犯的间接性，是就共犯与正犯的关系而言的。如果就共犯与共犯的关系而言，则共犯之共犯具有连锁性，因而共犯之共犯亦称为连锁共犯。例如，教唆犯之教唆犯，在这两个教唆犯之间就具有连锁关系。在某些情况下，这个共犯的链条还可以进一步延长那个。例如，从逻辑上推演，完全可能存在教唆犯之教唆犯之教唆犯，即第一个教唆犯教唆第二个教唆犯，第二个教唆犯又教唆第三个教唆犯，最终由第三个教唆犯教唆正犯实施杀人行为。在上述三个教唆犯之间就存在连锁共犯之关系。

（三）衍生性

间接共犯的衍生性是指它是从直接共犯中延展出来的共犯，是共犯与正犯之间的因果关系的延长。我国学者从刑法因果关系的角度揭示了间接共犯的性质，指出，所谓共犯之共犯的衍生性是指共同犯罪中犯罪行为与犯罪结果之间的因果关系链条的延伸和拓展。[①] 应该说，这一界定是合理的，也是间接共犯区别于一般共犯的主要特征。因此，如果说在直接共犯的情况下，正犯与共犯之间存在直接因果关系，那么，在间接共犯的情况下，正犯与共犯之共犯之间存在间接因果关系。这种间接因果关系是因果关系的衍生，因而间接共犯具有衍生性。

二、间接共犯的形态

在共犯教义学中，间接共犯根据共犯的类型不同，可以区分为不同的形态。间接共犯的形态，根据共犯类型不同而有所不同。例如，在将共犯区分为教唆犯与帮助犯的情况下，通常将间接共犯区分为教唆犯之教唆犯与帮助犯之帮助犯。

[①] 参见田森：《共犯的共犯》，56页，北京，中国长安出版社，2013。

而在我国刑法将共犯区分为组织犯、教唆犯和帮助犯的情况下，就会将间接共犯区分为组织犯与组织犯、教唆犯与教唆犯、帮助犯与帮助犯。此外，我国学者还提出，间接共犯可以分为同态类间接共犯与异态类间接共犯。[①] 所谓同态类间接共犯，是指相同类型的共犯而构成的间接共犯，包括组织犯之组织犯、教唆犯之教唆犯、帮助犯之帮助犯。异态类间接共犯，是指异种类型的共犯而构成的间接共犯，包括组织犯之教唆犯、组织犯之帮助犯、教唆犯之组织犯、教唆犯之帮助犯、帮助犯之组织犯、帮助犯之教唆犯。以上各种形态中，较为常见的只有教唆犯之教唆犯、教唆犯之帮助犯、帮助犯之帮助犯、帮助犯之教唆犯。因此，以下对这四种间接共犯形态进行论述。

（一）教唆犯之教唆犯

教唆犯之教唆犯，也就是共犯教义学中的间接教唆或者连锁教唆。在司法实践中，间接教唆犯虽然为数不多，却是一个比较复杂的问题。尤其是多层次的间接教唆犯，涉及那些离被教唆的人距离比较远的间接教唆犯是否具有可罚性的问题。在间接教唆犯的情况下，间接教唆犯与被教唆的人之间隔着一个或者两个以上教唆犯，这种辗转教唆的情形，在学理上称为连锁教唆。[②] 那么，这些间接教唆犯是否具有可罚性呢？在共犯教义学中，第一个间接教唆犯具有可罚性是不成问题的。有些国家的刑法对此有明文规定，例如《日本刑法》第61条规定："教唆他人实行犯罪者，准正犯。教唆教唆者亦同。"第二个间接教唆犯（又称再间接教唆犯）和以后相隔更远的间接教唆犯是否具有可罚性，这是一个在共犯教义学中争论不休的问题。共犯从属性说认为应以法律所定之范围为界限，承认其存在，倘法未予规定时，则此种间接教唆犯自无存在之余地。在理论上，通常以因果关系中断说为根据，认为因果关系因有责任能力人之行为而生中断之效力。因此，再间接教唆犯的行为因间接教唆犯的行为的介入而中断其因果关系，间接教

---

① 参见田森：《共犯的共犯》，41页，北京，中国长安出版社，2013。
② 参见褚剑鸿：《刑法总则论》，5版，269页，台北，有盈印刷有限公司，1984。

唆犯的行为因教唆犯的行为的介入而中断其因果关系，因而不负刑事责任。共犯独立性说则认为共同犯罪乃恶性之共同表现，只要具有固有的反社会性格，足可构成独立的犯罪，因而教唆犯无所谓直接或间接之分，仍应成立教唆犯，于是间接教唆犯的范围永无止境，毫无限定之需要。[①] 根据我国共犯教义学原理，第二个间接教唆犯和以后的间接教唆犯是否具有可罚性不可一概而论，而是应该根据教唆行为的社会危害性程度加以综合评价。如果其法益侵害程度达到应受处罚程度的，应予处罚，否则，可以认定为情节显著轻微、危害不大，不认为是犯罪。

（二）教唆犯之帮助犯

教唆犯之帮助犯是指为他人的教唆行为提供便利条件的情形。从时间上来说，教唆犯之帮助犯是在他人已经产生教唆的犯意以后，为教唆犯实施教唆行为提供便利条件。因此，教唆犯之帮助犯不同于共同教唆犯。共同教唆犯是经过预谋同时产生教唆犯意，并共同实施教唆行为。

关于教唆犯之帮助犯的性质，即教唆犯之帮助犯到底是教唆犯还是帮助犯，在共犯教义学中存在两种不同的观点。[②] 第一种观点认为，教唆犯之帮助犯成立帮助犯。主要理由在于：帮助犯是帮助他人实施犯罪行为，但并不限于帮助他人为犯罪的实行行为。因此，帮助他人为实行行为，可以成立帮助犯，帮助他人为教唆行为，也可以成立帮助犯。帮助犯以正犯构成犯罪为不可或缺之要件，即帮助犯系从属于正犯而成立。虽然对于教唆犯予以帮助，但帮助者之犯罪并非从属于教唆犯，仍是从属于教唆犯所教唆之正犯。因此，教唆犯之帮助犯成立帮助犯而非教唆犯。第二种观点认为，教唆犯之帮助犯系对教唆犯为便利之援助行为，系帮助教唆行为，应当根据教唆犯的性质确定其性质。因此，教唆犯之帮助犯成立教唆犯而非帮助犯。在上述两种观点中，我赞同第二种观点，教唆犯之帮助犯属于教唆犯而非帮助犯。因为教唆犯之帮助犯是教唆犯的共犯，其性质取决于教

---

① 参见蔡墩铭：《刑法基本问题研究》，205页，台北，汉苑出版社，1976。
② 参见田淼：《共犯的共犯》，120页，北京，中国长安出版社，2013。

唆犯而不是取决于正犯。因此，教唆犯和教唆犯之帮助犯共同引起正犯的犯意，在这种情况下，将教唆犯之帮助犯认定为教唆犯是合适的。

（三）帮助犯之帮助犯

帮助犯之帮助犯是指为他人实施帮助行为而提供便利条件的情形，在共犯教义学中，这种帮助犯之帮助犯也称为间接帮助犯，以此区别于作为正犯之帮助犯的直接帮助犯。在通常情况下，帮助犯独自完成对正犯的帮助行为，因而构成直接帮助犯。例如，甲欲杀人，乙明知甲的杀人意图，仍然为其提供一把砍刀。甲利用这把砍刀将人杀死。在本案中，甲是故意杀人罪的正犯，乙是帮助犯。然而，在某些情况下，帮助犯难以直接完成提供便利条件的帮助行为，又求援于他人，他人明知是犯罪的帮助行为而为其提供便利条件。在这种情况下，最终提供便利条件者就是间接帮助犯。例如，在上述案件中，乙欲为甲杀人提供一把砍刀，但手头没有，就向丙借用砍刀。丙明知乙借用砍刀是提供给甲用于杀人，仍然将那把砍刀借给乙。在本案中，丙就是间接帮助犯。帮助犯和间接帮助犯共同为正犯实行犯罪提供了帮助，因而成立帮助犯。

关于间接帮助犯的性质，在共犯教义学中如何界定，这是一个值得研究的问题。间接帮助犯相对于直接帮助犯而言，可以说是帮助犯之帮助犯的情形。然而，日本学者认为，对于帮助犯之帮助犯不宜采用间接帮助犯的概念。例如，日本学者指出：间接正犯是指诸如利用不知情者寄出装有毒咖啡邮件的场合，从而间接帮助犯是指利用不知情者将寄出的装有毒咖啡的邮件交给正犯者的场合，这一意义上的间接帮助犯不是别的，正是帮助正犯者的场合。[①] 换言之，这个意义上的间接帮助犯是指间接正犯之帮助犯。在这种情况下，间接正犯之帮助犯对于利用不知情的正犯实施某种犯罪是知情的，并且仍然为间接正犯提供帮助，因而应当以帮助犯论处。此时的帮助犯是对间接正犯的帮助，因而就不是间接帮助犯，而是直接帮助犯。因此，虽然承认间接正犯之帮助犯，但并不妨碍将帮助犯

---

① 转引自刘凌梅：《帮助犯研究》，154～155页，武汉，武汉大学出版社，2003。

之帮助犯称为间接帮助犯。

(四) 帮助犯之教唆犯

帮助犯之教唆犯是指教唆他人为正犯实行犯罪提供便利条件的情形。在通常情况下，教唆犯都是教唆正犯，但在某些情况下，存在着帮助犯的教唆犯，也就是教唆帮助犯的情形。帮助犯之教唆犯虽然其行为样态属于教唆犯，但其性质应当归属于帮助犯。因为，帮助犯之教唆犯和其所教唆的帮助犯共同为正犯实行犯罪提供了便利条件。

第三节 共同共犯

一、共同共犯的概念

在刑法教义学中存在共同正犯，这是较为熟知的。然而，除共同正犯以外，还存在着共同共犯。共同共犯包括共同教唆犯、共同帮助犯等情形。相对于独立共犯，共同共犯是共犯的特殊类型。

共同共犯不同于共犯之共犯。从人数上来说，无论是共同共犯还是共犯之共犯，都是二人以上构成的，具有共同犯罪的性质。然而，共同共犯与共犯之共犯之间存在明显区分，这就是共犯结构不同：共同共犯在两个共犯之间具有横向的并列关系，而共犯之共犯在两个共犯之间具有纵向的衔接关系。

二、共同共犯的形态

(一) 共同组织犯

共同组织犯是指数个组织犯构成的共犯形态。在规模较小的集团犯罪中，通常只有一个组织犯，而在规模较大的集团犯罪中，往往存在数个组织犯。例如在

黑社会性质组织犯罪中,黑社会组织的组织者、领导者都是组织犯,由此形成共同组织犯的黑社会性质组织的组织构造。2009年12月9日最高人民法院、最高人民检察院、公安部《办理黑社会性质组织犯罪案件座谈会纪要》明确规定:"组织者、领导者,是指黑社会性质组织的发起者、创建者,或者在组织中实际处于领导地位,对整个组织及其运行、活动起着决策、指挥、协调、管理作用的犯罪分子"。这种组织者、领导者对于黑社会性质组织来说,具有操控性。在司法实践中,通常情况下,黑社会性质组织犯罪都具有数个组织者、领导者,因而存在共同组织犯。虽然组织犯都是主犯,但在对共同组织犯进行处罚的时候,还是应当根据这些组织犯在黑社会性质组织犯罪中的实际作用,进一步区分作用大小裁量刑罚,尤其是适用死刑的时候应当区别对待。

(二) 共同教唆犯

共同教唆犯是指二人以上通过对他人进行教唆,因此,共同教唆犯属于教唆犯的共同犯罪。共同教唆犯在主观上必须具有共同教唆的故意,也就是说教唆犯必须具有教唆的犯意联系。如果二人以上虽然共同教唆一个人实施犯罪,但该二人之间并无教唆的犯意联系,那么,该二人之间就不能构成共同教唆犯,而只是同时教唆犯。例如甲乙丙三人是好友,一天甲挨了丁一顿毒打,乙得知后来看望甲,并唆使甲将丁杀死报仇。乙走后,丙又来看望甲,也唆使甲杀丁。甲在乙丙二人的分别教唆下将丁杀害。在本案中,乙丙二人虽然在客观上对同一之人具有教唆行为,但主观上没有教唆的犯意联系,因此,属于同时教唆犯,而不是共同教唆犯。共同教唆犯与同时教唆犯虽然十分相似,但其法律性质是有所不同的。在同时教唆犯的情况下,各教唆犯之间在主观上没有犯意联系,是单独教唆犯的巧合,应分别以单独教唆犯论处。而在共同教唆犯的情况下,二人以上的教唆犯具有犯意联系,他们之间构成共同犯罪。在共同教唆中,各教唆犯的作用可能有所不同,对此应当加以区别对待。例如,甲乙二人共同教唆丙犯罪,甲乙是共同教唆犯,但教唆的犯意是由甲挑起的,并且在共同教唆中甲起主要作用,对甲就应以主犯论处,对乙则以从犯论处。

共同教唆犯在客观上必须具有共同教唆的行为,也就是说,二人以上共同实施了教唆行为。如果二人以上虽然对教唆他人犯罪进行了策划与通谋,但由其中一人实施教唆行为,则该二人以上不能构成共同教唆犯,而应视情节分别以间接教唆犯与帮助教唆犯论处。例如,甲向乙提出教唆丙犯罪,由乙去实施教唆行为,甲就是间接教唆犯。如果甲乙二人对教唆进行了通谋,乙只是为教唆出主意想办法,而由甲去实施教唆行为,那么,乙就是教唆犯之帮助犯。因此,教唆犯之帮助犯是指对教唆犯予以帮助之人。在有些国家的刑法中,帮助犯又被称为从犯,因此,在共犯教义学中将这种帮助教唆犯称为教唆犯之从犯。一般认为,教唆犯之帮助犯的行为具有一定的可罚性,对此应以帮助犯论处。而根据我国刑法的规定,帮助犯属于从犯。因此,对帮助教唆犯以从犯论处是合适的。①

(三) 共同帮助犯

共同帮助犯是指二人以上对他人实施帮助的情形,它是帮助犯的一种特殊类型。在一般情况下,帮助犯都是单独帮助,即每个人独自实施帮助行为。但在某些情况下,存在二人以上共同实施帮助行为的情形,这就是共同帮助犯。在共同帮助犯的情况下,各帮助犯之间对于实施帮助行为在客观上具有一定的分工,在主观上具有帮助的共同故意,因而应当对被帮助的正犯所实施的犯罪承担共同责任。

---

① 参见姜代境:《论共犯之共犯》,载《西北政法学院学报》,1986 (1)。

第二十六章
共同犯罪的罪数形态

罪数形态，也就是罪数问题，是犯罪形态之一。罪数形态和共同犯罪一样，是一个较为复杂的问题，而当共同犯罪与罪数形态发生交织的时候，其复杂性更是显而易见。由于罪数形态的内容十分丰富，本章仅就共同犯罪中如何认定罪数形态问题展开讨论，以开拓共同犯罪研究的广度与深度。

第一节 共犯罪数形态概述

一、单独犯罪的罪数形态

我国刑法教义学中存在一个罪数论向竞合论演变的过程，对此，我曾经指出，一罪与数罪的区分被认为是罪数理论的核心内容，因而我国学者关于罪数的讨论都是从一罪与数罪的区分标准着手的。也就是说，我国刑法教义学中讨论的是犯罪的单数、复数，但在德国刑法教义学中，除讨论行为的单数、复数外，还讨论法条的单数、复数。在行为之单复与法条之单复之间存在着以下对应关系：

（1）一行为触犯一法条；（2）一行为触犯数法条；（3）数行为触犯数法条；（4）数行为触犯一法条。一行为触犯一法条是单纯一罪，数行为触犯数法条是异种数罪，数行为触犯一法条是同种数罪（因其典型而不需专门讨论）。在一行为触犯数法条中，又可以分为想象竞合与法条竞合两种情形。由此可见，只有把法条的因素考虑进来，才能对罪数现象从本质上加以正确把握。而我国目前单纯考虑罪之单复数的做法存在不周延之处，按照这种逻辑，法条竞合问题往往不能得到合理兼顾。[①] 当然，考虑到我国刑法学界目前的研究状态，还需要在一定程度上将罪数论的内容与竞合论的内容兼容为一体。因此，在本章关于共同犯罪的罪数形态的论述中，除共犯罪数论的内容以外，还包括共犯竞合论的内容。

二、共同犯罪的罪数形态

罪数形态是指犯罪的个数，其核心内容是一罪与数罪的区分。在单独犯罪的情况下，只是根据单一行为人所实施的具体犯罪确定犯罪个数，因而是较为简单的。然而，在共同犯罪的情况下，存在二人以上的犯罪主体，共同犯罪个数的确定需要全面考虑各个不同共犯的行为，因而确定共犯的犯罪个数就是一个十分复杂的问题。

共同犯罪的罪数形态，是以共犯类型为基本而展开的。例如，各种不同的共犯形态，无论是罪数形态还是竞合形态，都具有其特殊性。在本章中，以共同正犯、组织犯、教唆犯和帮助犯为线索，对共同犯罪的罪数形态进行论述。虽然共犯罪数形态问题在司法实践中并不是一个经常需要解决的问题，但根据共犯类型，结合罪数论原理，从逻辑上对共同犯罪的罪数形态进行深入讨论具有重要的理论意义。

---

① 参见陈兴良：《教义刑法学》，3版，709页，北京，中国人民大学出版社，2017。

第二节　共同正犯的罪数形态

在共同正犯的情况下，各个共犯都实行了刑法分则所规定的犯罪构成要件的行为。因此，共同正犯的罪数形态问题具有不同于单独犯罪的特点，值得我们研究。

一、共同正犯的继续犯

在刑法教义学中，继续犯又称持续犯，指犯罪行为在一定时间内处于继续状态的犯罪。例如非法拘禁罪，其行为往往在时间上处于继续状态。如果在甲对他人实行非法拘禁的过程中，乙加入犯罪，甲乙共同对他人实行非法拘禁。对此，甲乙是否成立继续犯的共同正犯呢？我的回答是肯定的。因为继续犯是一种持续性的犯罪，其犯罪行为持续时间的长短并不影响犯罪的成立。在共同正犯的情况下，某一行为人在犯罪行为的持续过程中加入犯罪，就构成继续犯的共同正犯。当然，在量刑的时候，应考虑到参加犯罪时间的长短，对参加时间短的共同犯罪人予以适当的从轻处罚。

二、共同正犯的结合犯

在刑法教义学中，结合犯是指数个独立的犯罪行为，根据刑法的规定，结合而成为另一个独立的犯罪，用公式表示就是甲罪＋乙罪＝甲乙罪。例如，日本刑法中有抢劫杀人罪的规定，抢劫杀人罪是由抢劫罪与杀人罪结合而成的。如果甲乙具有共同犯罪的故意，由甲实施抢劫行为，由乙实施杀人行为。虽然甲乙二人分别实施了一个犯罪行为，但仍应成立结合犯的共同正犯。但如果在

甲抢劫行为实施完毕以后，乙参加进来实施了杀人行为。对此，甲乙不能成立结合犯的共同正犯。甲应成立结合犯，以抢劫杀人罪论处，乙则应以杀人罪的共同正犯论处。

三、共同正犯的牵连犯

在刑法教义学中，牵连犯是指以实施某一犯罪为目的，而其犯罪的方法行为或者结果行为又触犯其他罪名的情形。例如，犯罪分子伪造公文诈骗公私财物，其犯罪的方法行为触犯了伪造公文罪，其本罪行为又触犯了诈骗罪。在我国司法实践中，对牵连犯不实行数罪并罚，而是从一重罪从重处罚。如果甲乙二人具有共同犯罪的故意，由甲伪造公文，乙则使用甲所伪造的公文进行诈骗。虽然甲乙二人分别实施了一个犯罪行为，但仍应成立牵连犯的共同正犯，以其中的重罪即诈骗罪从重处罚。但如果在甲伪造公文以后，乙参与共同诈骗，对此，甲乙不能成立牵连犯的共同正犯，甲应构成牵连犯，以诈骗罪从重处罚；乙则应以诈骗罪的共同正犯论处。

四、共同正犯的转化犯

在刑法教义学中，转化犯又称为追并犯，是指某一种犯罪在一定条件下发生另一种更为严重的犯罪时，法律特别规定，必须依照后一种犯罪的条文定罪量刑。例如，我国《刑法》第 269 条规定，犯盗窃、诈骗、抢夺罪，为窝藏赃物、抗拒抓捕或者毁灭罪证而当场使用暴力或者以暴力相威胁的，以抢劫罪论处，就是转化犯的适例。如果甲乙二人具有共同盗窃的犯罪故意，在实施盗窃罪以后被事主发现，甲乙二人分头逃跑，在被事主追上时，甲乙二人共同将事主打伤，甲乙构成转化犯的共同正犯应以抢劫罪论处。但如果甲在乙不知情的情况下将事主打伤，甲乙不能成立转化犯的共同正犯，甲是转化犯，构成抢劫罪；乙则只能构

成盗窃罪的共同正犯。

五、共同正犯的结果加重犯

在刑法教义学中，结果加重犯是指刑法上规定的一种犯罪行为，由于发生了法定的某种严重后果，而加重其法定刑，也就是法定刑升格的情形。例如，我国《刑法》第234条规定的故意伤害罪，轻伤害是判处3年以下有期徒刑、拘役或者管制，但是如果故意伤害致人死亡，就要判处10年以上有期徒刑、无期徒刑或者死刑，这就是结果加重犯的适例。那么，如果共同正犯中的某一共同犯罪人在实行预谋的犯罪行为时发生了法律所规定的加重结果，其他共同犯罪人对这一加重结果是否承担刑事责任呢？我认为，共同正犯中发生加重结果的情形不同于实行过限。在实行过限的情况下，过限的犯罪行为超出了共同犯罪故意的范围。其他共犯主观上对于过限的犯罪行为没有罪过，因此不负刑事责任。但在结果加重犯的情况下，共犯既然共谋实施某一犯罪，那么其对于犯罪中可能发生的加重结果应当是有所预见的，所以主观上亦有过失。因此，共同正犯中的各个共犯对加重结果都应承担刑事责任，而不论其加重结果是否由本人的行为直接造成。例如，甲乙共谋伤害丙。在共同伤害的过程中，甲投石不意击中丙的头部致其死亡，构成了故意伤害罪的结果加重犯。为此，甲乙应成立结果加重犯的共同正犯。

第三节　组织犯的罪数形态

在组织犯的情况下，也会发生罪数形态的问题。但对这个问题在刑法教义学中历来缺乏研究，在此，对组织犯的罪数形态问题进行初步探讨。

第三节　组织犯的罪数形态

一、组织犯的连续犯

组织犯建立犯罪集团，一般并不是为了一次犯罪，而是为了多次实行犯罪。在犯罪集团多次实行犯罪的情况下，这些连续发生的犯罪构成连续犯。而这些连续发生的犯罪都是在组织犯的指挥、领导下实行的，因此，组织犯对这些犯罪都应承担刑事责任。例如，甲建立了一个盗窃集团，在甲的指挥、领导下，乙等集团成员连续实施了盗窃犯罪，乙等构成盗窃罪的连续犯，甲是组织犯的连续犯，也应以盗窃罪从重处罚。

二、组织犯的牵连犯

犯罪集团在犯罪的过程中，也会出现牵连犯的情形。例如，某一诈骗集团在进行诈骗犯罪时，伪造了大量的公文、印章等，这些犯罪集团的成员应以牵连犯论处。那么，组织犯是否也应以牵连犯论处呢？回答是肯定的。因为牵连犯中的数个犯罪行为都是在组织犯的指挥、领导下实施的，对此，组织犯应成立牵连犯，以一重罪从重处罚。

三、组织犯的结果加重犯

组织犯指挥犯罪集团的成员进行犯罪活动，如果犯罪集团的成员实施某一犯罪行为而发生了法律上的加重结果，对此，组织犯应该承担刑事责任。例如，强奸集团的组织犯指挥集团成员以暴力的手段强奸妇女，犯罪集团的成员在强奸过程中致被害妇女死亡。该集团成员应以强奸罪的结果加重犯论处，符合我国《刑法》第236条第3款的规定，处10年以上有期徒刑、无期徒刑或者死刑。对此加重结果，组织犯也应承担刑事责任。

第四节　教唆犯的罪数形态

在教唆犯的情况下，罪数形态问题较为复杂。因为教唆犯本身存在罪数形态的问题，被教唆的人的罪数形态对教唆犯也有影响。为此，需要对教唆犯的罪数形态问题加以深入研究。

一、教唆犯与想象竞合犯

在刑法教义学中，想象竞合犯是指一行为触犯数个罪名的情形。在教唆犯的情况下，也存在想象竞合犯的问题。现将教唆犯与想象竞合犯分为教唆犯的想象竞合犯与想象竞合犯的教唆犯两个问题予以说明。

（一）教唆犯的想象竞合犯

（1）一个教唆行为教唆一人触犯数个罪名。例如甲教唆乙以放火的方法杀丙。甲的一个教唆行为触犯了教唆放火罪与教唆杀人罪两个罪名，这就是一个教唆行为教唆一人触犯数个罪名的情形，属于教唆犯的想象竞合犯。对此，应按一个教唆行为所触犯的数个罪名中的重罪名处罚。以上所说的是一个教唆行为教唆一人触犯数个异种罪名的情况。如果触犯同种罪名，例如甲教唆乙将丙和丁杀死，教唆犯是否成立想象竞合犯呢？这个问题，与在刑法理论上承不承认同种类的想象竞合犯有关。如果承认同种类的想象竞合犯，则认为教唆犯构成想象竞合犯。例如民国时期最高法院1943年上字第111号判例指出："上诉人教唆某甲杀害某乙全家，结果被害者三人，即系一行为而触数罪名，应成立教唆之想象竞合罪。"[①] 我国刑法理论一般认为一行为触犯同种罪名就是一罪，不宜作为想象竞

---

① 褚剑鸿：《刑法总则论》，5版，273页，台北，有盈印刷有限公司，1984。

第四节 教唆犯的罪数形态

合犯。① 因此，我认为一个教唆行为教唆一人触犯同种罪名的，不宜视为教唆犯的想象竞合犯，只要径直按一个罪名从重处罚就可以了。

（2）一个教唆行为教唆数人触犯数个罪名。例如甲教唆乙杀人、丙放火，这就是一个教唆行为教唆数人触犯数个罪名的情形。对此，甲应成立教唆犯的想象竞合犯，以其中的重罪名处罚。以上所说的是一个教唆行为教唆数人触犯数个异种罪名的情况。如果是一个教唆行为教唆数人触犯数个同种罪名，则情况比较复杂。如果一个教唆行为教唆数人共犯一罪，例如甲教唆乙、丙杀丁，在刑法理论上一般认为在这种情况下，甲不成立教唆犯的想象竞合犯，而应以单一的教唆犯论。② 如果一个教唆行为教唆数人实施数个同种之罪，例如甲教唆乙杀丁、丙杀戊。在这种情况下，对甲应如何处罚呢？对于这个问题，在共犯教义学中存在两种观点：第一种观点认为，正犯既然不是犯同一个罪，则教唆犯应负数罪的刑事责任。第二种观点认为，教唆犯既然只有一个教唆行为，应以教唆犯的想象竞合犯论处。③ 我认为，上述两种观点都不妥。在这种情况下，教唆犯只有一个教唆行为，没有构成数罪的前提。而教唆犯一个教唆行为触犯的是同种罪名，也没有以想象竞合犯论处的必要。对此，只要径直以一罪从重处罚就可以了，还是属于单一的教唆犯。

（二）想象竞合犯的教唆犯

在司法实践中，还存在所谓想象竞合犯的教唆犯。例如，甲教唆乙杀丙，乙以放火的方法将丙杀死。在本案中，乙一行为触犯了两个罪名，应成立想象竞合犯，而甲则是想象竞合犯的教唆犯。在想象竞合犯的教唆犯的情况下，如果想象竞合犯中有的罪比教唆犯所教唆的罪还要重，那么，对教唆犯是否应以重罪名论处呢？对此，我国刑法学界存在两种观点：第一种观点认为，在想象竞合犯的教

---

① 参见高铭暄：《刑法学》，278页，北京，法律出版社，1982。
② 参见梁恒昌：《刑法总论》，13版，152页，台北，三民书局，1984。
③ 参见江镇三：《新刑法总论》，3版，205页，上海，上海会文堂新记书局，1937。

唆犯的情况下，教唆犯应在其教唆范围内承担刑事责任，不能以重罪论处。① 第二种观点则认为，在想象竞合犯的教唆犯的情况下，对教唆犯是否按重罪名处罚应区别对待：如果教唆犯只是概括地教唆他人犯某罪，并没有指明特定的犯罪手段，那么，对教唆犯就应以想象竞合犯中的重罪名论处。如果教唆犯在实施教唆行为时已经指明了特定的犯罪手段，并且利用这种手段犯罪不可能构成想象竞合犯，而被教唆的人却用其他的手段去实施犯罪，结果构成想象竞合犯。在这种情况下，对教唆犯就不能以想象竞合犯中的重罪名处罚。② 我认为，第二种观点更妥当一些。因为犯罪故意有确定故意与不确定故意之分，教唆故意也是如此。在教唆故意确定的情况下，教唆犯对犯罪方法已经指明。如果被教唆的人以其他手段犯罪因而构成想象竞合犯，是违背教唆犯本意的，因此不能让其承担重于被教唆的罪的刑事责任。在教唆故意不确定的情况下，教唆的内容是概括的，并没有限定犯罪方法。因此，被教唆的人构成想象竞合犯，触犯其他更重的罪名，应包括在教唆故意的范围之内，让教唆犯承担想象竞合犯中的重罪名的刑事责任，是有法律依据的。

二、教唆犯与连续犯

在刑法教义学中，连续犯是指基于同一的或者概括的犯罪故意，连续数次实施犯罪行为，触犯同种罪名的情形。在教唆犯与连续犯问题上，应把教唆犯的连续犯与连续犯的教唆犯加以区分，现分述如下。

（一）教唆犯的连续犯

教唆犯的连续犯是指连续教唆他人犯同一之罪。例如，甲教唆乙盗窃丙家的

---

① 参见吴振兴：《论教唆犯》，136页，长春，吉林人民出版社，1986。
② 参见李希慧：《论教唆犯的定罪处罚》，载《青年法学（中南政法学院研究生学报）》，1986（2），22页。

第四节 教唆犯的罪数形态

财物，得逞以后，又教唆乙盗窃丁家的财物，如此不断。构成教唆犯的连续犯必须具备以下四个要件：第一是连续实施了数个教唆行为。第二是连续实施的数个教唆行为之间必须具有连续性。第三是连续实施的数个教唆行为是基于同一的或者概括的教唆故意。第四是连续实施的数个教唆行为必须触犯同种罪名。

在认定教唆犯的连续犯的时候，必须把它和连续教唆加以区别。在共犯教义学中，先后连续数次教唆他人犯罪，为连续教唆。[①] 而连续教唆，根据所教唆之罪的异同，又可以分为同罪名的连续性教唆和异罪名的连续性教唆。所谓同罪名的连续性教唆，是指教唆犯向同一被教唆者反复进行的教唆在犯罪性质上是相同的。所谓异罪名的连续性教唆，是指教唆犯向同一被教唆者反复进行的教唆在犯罪性质上是相异的。根据教唆的效果，连续性教唆又可以分为四种：一是成功的连续性教唆，二是最终成功的连续性教唆，三是失败的连续性教唆，四是最终失败的连续性教唆，等等。[②] 显然，异罪名的连续性教唆不存在成立教唆犯的连续犯的问题，因为连续犯是以触犯同种罪名为前提的。而在同罪名的连续性教唆中，只有符合连续犯条件的才能构成教唆犯的连续犯。例如，甲出于对乙的怨仇，连续教唆丙分别将乙的三个女儿强奸，这就是教唆犯的连续犯。又如，甲因旷工被车间主任批评，遂教唆乙将车间主任打伤；因赌博输钱，怀疑庄家作弊，又教唆乙将庄家打伤；回家与老婆争吵，受到小舅子的指责，又教唆乙将小舅子打伤，这就不能认为是教唆犯的连续犯，而应视为同种数罪。是否并罚，应根据具体情况而定。

对于教唆犯的连续犯，不实行数罪并罚，而是按照一个罪名从重处罚；如果危害严重的，可以按照该罪名中的情节加重犯论处。[③]

（二）连续犯的教唆犯

连续犯的教唆犯，在刑法教义学中又称教唆连续，指一次教唆他人连续犯罪

[①] 参见梁恒昌：《刑法总论》，13 版，152 页，台北，三民书局，1984。
[②] 参见吴振兴：《论教唆犯》，136～140 页，长春，吉林人民出版社，1986。
[③] 参见陈兴良：《我国刑法中的情节加重犯》，载《法学研究》，1985（4），33 页。

的情形。① 例如，甲以一个教唆行为教唆乙连续杀害三人。在这种情况下，被教唆的乙应成立杀人罪的连续犯，而教唆人甲是连续犯的教唆犯。由于只有一个教唆行为，教唆犯不能成立连续犯。又由于教唆他人实施的是同种性质的犯罪，教唆犯也不能成立想象竞合犯。对于这种情况下的教唆犯，可直接以一罪论处。

三、教唆犯与结合犯

在教唆犯的情况下，教唆犯本身会发生结合犯的问题。因此，存在所谓教唆犯的结合犯。同时，在司法实践中还存在结合犯的教唆犯，即被教唆的人是结合犯的情形。现分述如下。

（一）教唆犯的结合犯

教唆犯教唆他人实施两种犯罪行为，刑法将该两种犯罪行为规定为结合犯，因而被教唆的人成立结合犯，教唆犯也应以结合犯论处。例如，甲教唆邮政工作人员乙私拆邮件并盗取财物。按照我国《刑法》第253条的规定，乙应以盗窃罪论处。在这种情况下，甲也应定盗窃罪的教唆犯。

（二）结合犯的教唆犯

结合犯的教唆犯，根据教唆犯是否构成结合犯，又可以分为两种情况：一是教唆犯也成立结合犯的情况。上述教唆犯唆使他人实施两个犯罪行为，在刑法将该两种犯罪行为规定为结合犯的情况下，教唆犯既是结合犯的教唆犯，又是教唆犯的结合犯。因此，在这种情况下，结合犯的教唆犯与教唆犯的结合犯具有重合关系。二是教唆犯不成立结合犯的情况。例如，教唆犯教唆他人实施一种犯罪行为，被教唆的人在实施这种犯罪行为的过程中，又实施了另一犯罪行为，构成结合犯。例如，甲教唆乙抢劫。乙在抢劫时又杀人。乙应成立结合犯，以抢劫杀人罪论处。那么，教唆犯甲是否也构成结合犯，以抢劫杀人罪的教唆犯论处呢？回

---

① 参见梁恒昌：《刑法总论》，13版，152页，台北，三民书局，1984。

答是否定的。因为乙在抢劫过程中的杀人行为属于实行过限,超出了教唆犯的教唆故意。对此,教唆犯当然不负刑事责任。

四、教唆犯与牵连犯

在司法实践中,存在教唆犯的牵连犯与牵连犯的教唆犯。这两种情况在观念上有所区别,但联系十分紧密,有时合为一体。现分别予以说明。

（一）教唆犯的牵连犯

教唆犯教唆他人实施两种犯罪行为,这两种犯罪行为之间具有牵连关系。因而被教唆的人成立牵连犯,教唆犯也应以牵连犯论处。例如,甲教唆乙使用伪造公文的方法去进行诈骗活动。在这种情况下,乙是牵连犯,应以其中的重罪诈骗罪论处,甲也应视为牵连犯,以教唆诈骗罪论处。

（二）牵连犯的教唆犯

牵连犯的教唆犯较为复杂,大体上可分为以下三种情况：第一是教唆犯明确教唆他人犯两个具有牵连关系的犯罪。在这种情况下,被教唆的人成立牵连犯,教唆者是牵连犯的教唆犯；教唆犯本身又是牵连犯。因此,在这种情况下,牵连犯的教唆犯与教唆犯的牵连犯合为一体。第二是教唆犯教唆他人实施一种犯罪行为,但教唆内容比较概括,有时甚至暗示可以采取构成犯罪的方法去实施某一犯罪。在这种情况下,被教唆的人如果构成牵连犯,教唆者对此应承担牵连犯的刑事责任。此外,如果某一结果行为是教唆犯所教唆的犯罪的必然结果,则教唆犯应对此承担刑事责任。例如,甲教唆乙盗窃枪支,乙盗枪以后必然私藏,乙成立牵连犯,甲对此也应承担牵连犯的刑事责任。第三是教唆犯教唆他人实施一种犯罪行为,被教唆的人在犯罪过程中,其方法行为或者结果行为又触犯了其他罪名。例如,甲教唆乙诈骗,乙伪造公文进行诈骗。在这种情况下,乙构成牵连犯,甲对于牵连方法不承担刑事责任。尤其是在教唆犯已经明确提示使用一种不构成犯罪的方法去实施犯罪的情况下,教唆犯对被教唆的人牵连触犯的其他罪名

不负刑事责任。

五、教唆犯的转化犯

教唆犯教唆他人实施某一犯罪行为,被教唆的人在实施这一犯罪的过程中发生了一种更为严重的犯罪结果,因而使罪质发生变化。例如,甲教唆国家工作人员乙刑讯逼供,乙在刑讯逼供中以肉刑致人伤残,依照我国《刑法》第247条的规定,应以故意伤害罪从重论处。在这种情况下,乙是转化犯,构成伤害罪,甲是否也应以故意伤害罪论处呢?我认为,这要根据教唆的具体情况而定:如果发生更严重的犯罪是教唆犯所能够预见的,教唆犯应对此承担刑事责任。但是,如果更为严重的犯罪的发生是违背教唆犯的本意的,教唆犯也根本没有预见,就不应对此承担刑事责任。

六、教唆犯的结果加重犯

教唆犯教唆他人实施某一犯罪行为,被教唆的人在实施这一犯罪的过程中发生了加重结果。例如,甲教唆乙伤害丙,乙在伤害丙的过程中失手将丙打死。在这种情况下,乙是结果加重犯,以故意伤害致人死亡罪论处,甲是否也构成教唆故意伤害致人死亡罪呢?我国学者认为,教唆犯仅对被教唆的人所实施的基本犯罪行为负责,而对其造成的加重的结果则不承担刑事责任。[①] 我认为,如果教唆犯对加重结果有预见的,应负刑事责任;否则,对加重结果不负刑事责任。因此,教唆犯对被教唆的人犯罪的加重结果是否承担刑事责任不可一概而论,宜区别对待。

---

① 参见吴振兴:《论教唆犯》,126页,长春,吉林人民出版社,1986。

第五节 帮助犯的罪数形态

在帮助犯的情况下，如何认定罪数形态，也是一个在刑法理论上较少涉及的问题。在此，仅就三个主要问题进行初步探讨。

一、帮助犯的连续犯

在帮助犯的情况下，如果被帮助的人是连续犯，帮助的人有数个帮助行为，就构成所谓帮助犯的连续犯，即帮助犯以连续犯意，先后帮助同一罪名者。例如，甲以概括的犯意，连续帮助他人从事盗窃，应以连续帮助盗窃犯论处。[1] 由此可见，构成帮助犯的连续犯，不仅帮助犯要有数个帮助行为，而且被帮助的人也必须是连续犯。

那么，如果帮助犯有数个帮助行为，被帮助的人只是犯一个罪，例如甲以一个帮助乙杀丙的故意，连续帮助乙杀丙，始而予以物质上的帮助，继而予以精神上的帮助，甲是否构成帮助犯的连续犯呢？在共犯教义学中一般认为在这种情况下不发生连续犯的问题。[2]

二、帮助犯的结合犯

在被帮助的人分别实施了两个犯罪行为，而这两个犯罪行为法律规定为一个独立犯罪的情况下，被帮助的人成立结合犯。那么，帮助犯是否也成立结合犯呢？如果帮助犯对两个犯罪行为都予以了帮助，则帮助犯也应以结合犯论处。

---

[1] 参见褚剑鸿：《刑法总则论》，5版，288页，台北，有盈印刷有限公司，1984。
[2] 参见凤锦祥：《刑法详解》，89页，上海，中国文化服务社，1947。

那么，如果帮助犯只对结合犯中的一个犯罪行为进行了帮助，帮助犯是否也以结合犯论处呢？这个问题不可一概而论。我认为，在帮助犯对另一犯罪行为完全不知情的情况下，帮助犯自然不应对这一犯罪行为承担刑事责任。如果帮助犯对结合犯中的一个犯罪行为提供了物质帮助，对另一个犯罪行为知情的情况下，应视为帮助犯对这一犯罪行为提供了精神上的帮助，因此也应视为结合犯。

三、帮助犯的牵连犯

在被帮助的人分别实施两个犯罪行为，而这两个犯罪行为具有牵连关系的情况下，被帮助的人成立牵连犯。如果帮助犯对具有牵连关系的两个犯罪行为都实施了帮助，自然应构成牵连犯的帮助犯。例如，帮助犯不仅帮助正犯伪造公文，而且帮助正犯使用伪造的公文进行诈骗活动，帮助犯应成立牵连犯。

那么，如果帮助犯只对具有牵连关系的两个犯罪行为中的一个行为进行了帮助。例如，正犯伪造公文并诈骗财物，帮助犯只对伪造公文进行了帮助。在这种情况下，是否构成牵连犯的帮助犯呢？民国时期大理院判例认为应随正犯而转移，如果只帮助伪造公文，而正犯使用伪造的公文进行诈骗，成立牵连犯，以其中的重罪诈骗罪论处，帮助犯亦应构成诈骗罪。后来的民国时期最高法院判例则认为只就其所帮助的那一犯罪行为承担帮助犯的刑事责任。[1] 我认为，在一般情况下，帮助犯应对其所帮助的那一犯罪行为承担刑事责任。但帮助行为有物质帮助与心理帮助之分。如果对牵连犯中的一个犯罪行为提供了物质上的帮助，但对另一犯罪行为也是知情的，就不能否定其对该犯罪行为具有心理帮助作用。例如，甲明知乙伪造公文是为了诈骗，对伪造公文提供了物质帮助。对诈骗虽然没有提供物质上的帮助，但为乙伪造公文提供物质帮助本身就表明甲是鼓励乙去进

---

[1] 参见凤锦祥：《刑法详解》，90页，上海，中国文化服务社，1947。

行诈骗活动的,这就是精神上的支持,应对甲以牵连犯论。当然,如果帮助犯对正犯的另一犯罪行为毫不知情,也就谈不上精神帮助的问题。

第六节 共同犯罪的竞合形态

在司法实践中,经常出现这种现象:甲先是教唆乙杀丙,继而又与乙共同杀丙。在这种情况下,甲属于一罪还是数罪?这就是本节所要研究的问题。

一、共同犯罪竞合的概念

共同犯罪的竞合,也称为共犯竞合,是指一行为同时符合两种以上共犯的性质,例如正犯与教唆犯的竞合或者教唆犯与帮助犯的竞合等。鉴于共同犯罪竞合现象具有一定的复杂性,所以,某些刑法对某些主要的共同犯罪竞合的处理有明文规定。例如,北洋政府《暂行新刑律》第32条规定:"于前教唆或帮助,其后加入实施犯罪之行为者,从其所实施者处断。"但大多数刑法对此没有明文规定,我国现行刑法亦是如此。这就要求共犯教义学对共同犯罪的竞合问题加以研究,并为解决共同犯罪的竞合提供理论依据。

对于共同犯罪的竞合,我国学者持否定观点,认为我国刑法对共犯采用作用分类法,较好地解决了共犯的刑事责任问题。这就决定了每个共犯只能是某一种共犯类型,不可能同时成为数种共犯。因此,在我国刑法中不存在共犯竞合的现象。[①] 我认为,我国刑法对共犯的分类并不是单一的作用分类法,而是以作用分类法为主,兼采分工分类法,因而两种分类法并存。从我国刑法对共犯的规定来看,基本上以参与者在共同犯罪中的作用为标准,适当照顾到共犯的分工。因

[①] 参见张明楷:《简评共犯的竞合》,载《法律学习与研究》,1991(2)。

此，我国刑法虽然将共犯区分为主犯、从犯、胁从犯和教唆犯，但从法条的内容辨析，仍涵括按照共犯分工划分的共犯类型，即正犯、组织犯、帮助犯和教唆犯。而所谓共同犯罪的竞合，就是指一个共犯实施了以上数种共同犯罪行为的情形。共同犯罪的竞合，主要是从共犯分工的角度考察共犯具有双重甚至双重以上共犯身份的现象，应属于共犯教义学中的罪数论范畴。因此，在我国共犯教义学中讨论共同犯罪的竞合仍然具有必要性。正如我国学者指出：我国刑法主要是以共犯在共犯中所起的作用对共犯进行分类，同时保留了按分工分类的共犯种类即教唆犯。同时由于我国刑法对共犯设定刑罚主要是以共犯在共犯中的作用进行评价，只对主犯、从犯和胁从犯设定了独立的刑罚，故以分工为前提的组织犯、正犯、教唆犯和帮助犯由于没有独立的刑罚配置，因而在共犯竞合中择一进行选择没有实践意义。确认共犯关系竞合的存在只是为正确认定各个共犯在共犯中的不同形态，以及各个共犯在共犯中的作用进行参考，从而为认定各个共犯为主犯或从犯服务。共犯关系竞合提出的归宿在于正确划定以分工为前提的共犯形态是否属于我国刑法中的主犯、从犯。刑法的这一规定，在一定程度上扼杀了我国共犯关系竞合的研究，使共犯关系竞合由于没有独立的刑罚配置而失去了一定的理论意义。正是基于此，我国刑法学界一般否定共犯竞合的存在，但这一点并不成为否认共犯竞合存在的理由。它仅表明，我国共犯竞合与德日刑法中的共犯竞合的逻辑起点和归宿有别，德日刑法中的共犯竞合在于从竞合的共犯形态中择一共犯形态进行定罪量刑，而我国的共犯竞合理论仅是为研究、了解犯罪参与者在共犯中的不同身份以及对共犯事实的作用大小，进而为认定各个共犯是否为主犯或从犯服务。[1] 这一论述，我认为是正确的。因此，共犯竞合问题是我国共犯教义学的应有之义，需要结合我国共犯立法与司法进行深入的研究。

---

[1] 参见林亚刚、赵慧：《论共犯关系的竞合》，载《当代法学》，2004（3）。

第六节 共同犯罪的竞合形态

二、共同犯罪竞合的形式

共同犯罪的竞合，从形式上来说，可以分为简单竞合和复杂竞合两种，现分述如下。

（一）共同犯罪的简单竞合

共同犯罪的简单竞合是指一个共同犯罪人实施了两种共同犯罪行为的情形。共同犯罪的简单竞合又可以分为以下四种类型。

（1）组织犯与正犯竞合。例如，甲先是建立一个犯罪集团，然后又在共同犯罪中起指挥、策划作用，并亲自参与犯罪的实行，组织行为与正犯行为发生竞合。

（2）教唆犯与正犯竞合。例如，甲先教唆乙杀害丙，后见乙一人身单力薄，遂伙同乙共同将丙杀害。甲先前的行为属于杀人的教唆行为，后来的行为则属于杀人的正犯行为，两者发生竞合。

（3）教唆犯与帮助犯竞合。例如，甲先教唆乙盗窃某厂的金柜，考虑到乙盗窃技术不佳，又提供一把万能钥匙，致使乙盗窃得逞。甲先前的行为属于盗窃的教唆行为，后来的行为则属于盗窃的帮助行为，两者发生竞合。

（4）帮助犯与正犯竞合。例如，甲得知乙要去杀丙。因甲对丙素有怨仇，十分赞许乙的行为，并向乙提供一把尖刀供杀人之用，后见乙敌不过丙，便伙同乙共同将丙杀害。甲先前的行为属于杀人的帮助行为，后来的行为属于杀人的正犯行为，两者发生竞合。

（二）共同犯罪的复杂竞合

共同犯罪的复杂竞合是指一个共犯实施了三种以上共同犯罪行为的情形。例如，甲先教唆乙杀丙，同时又提供一把尖刀供杀丙之用，最后在乙的请求下，二人合伙将丙杀害。在这个杀人案件中，甲同时具有杀人的教唆行为、帮助行为和实行行为，是共同犯罪的复杂竞合。

三、共同犯罪竞合的处理

在共同犯罪竞合的情况下，某个共犯虽然实施了数个不同的共同犯罪行为，但该数个共同犯罪行为不以数罪论，而应按照较重的共犯行为处理。例如日本学者大塚仁指出："共同正犯、教唆犯和从犯这三个共犯形态，其共同性质在于，都是对实现基本构成要件进行加担的行为形态。因此，在它们相竞合时，可以认为，轻的共犯形态被吸收在重的共犯形态中。即，教唆者、从犯者进而与正犯者共同地实施了实行行为时，只成立共同正犯；教唆者其后帮助了被教唆者的行为时，只成立教唆犯。"[①] 因此，根据共同犯罪竞合的具体情形，应当分别依照不同原则处理。

（一）组织犯与正犯竞合的处理

在组织犯与正犯的竞合的情况下，应当按照组织行为吸收正犯行为，以组织犯论处。根据我国刑法的规定，组织犯是主犯，而正犯则按其在共同犯罪中的作用分为主要的正犯与次要的正犯，两者分属主犯与从犯。因此，就组织犯与正犯而言，组织行为是高度行为，正犯行为是低度行为。所以，组织行为应吸收正犯行为。

（二）教唆犯与正犯竞合的处理

在教唆犯与正犯竞合的情况下，共犯教义学中一般都认为应当按照正犯行为吸收教唆行为的原则处理。关于这个问题，日本刑法学家大场茂马指出："教唆规定，乃关于正犯规定之补充的规定，是指教唆他人犯罪，而又为犯罪行为之实行时，正犯行为，吸收教唆行为。"[②] 根据我国刑法的规定，正犯按其在共同犯罪中的作用，分属主犯与从犯。对教唆犯按其在共同犯罪中的作用处罚，如果起

---

① ［日］大塚仁：《刑法概说（总论）》3 版，冯军译，344 页，北京，中国人民大学出版社，2003。
② ［日］大场茂马：《刑法总论》，日文版，1008 页。

主要作用，以主犯论；如果不起主要作用，以从犯论。因此，在我国刑法中，对于教唆犯与正犯的竞合，可分别按以下四种情况处理。

（1）正犯行为和教唆行为在共同犯罪中都起主要作用的，按照正犯行为吸收共犯行为的原则，视为正犯，以主犯论处。

（2）正犯行为在共同犯罪中起主要作用，教唆行为在共同犯罪中起次要作用的，教唆行为为高度行为，正犯行为为低度行为，按照高度行为吸收低度行为的原则，视为正犯，以主犯论处。

（3）正犯行为在共同犯罪中起主要作用，教唆行为在共同犯罪中不起主要作用的，按照正犯行为吸收共犯行为的原则，视为正犯，以主犯论处。

（4）正犯行为和教唆行为在共同犯罪中都不起主要作用的，综合全案情节，在共同犯罪中不起主要作用的，按照正犯行为吸收共犯行为的原则，视为正犯，以从犯论处。如果分别地看，正犯行为和教唆行为在共同犯罪中都不起主要作用，但综合全案情况，在共同犯罪中起主要作用的，以主犯论处。

（三）教唆犯与帮助犯竞合的处理

在教唆犯与帮助犯竞合的情况下，应当按照高度行为吸收低度行为的原则，以教唆犯论处。这里又可以分为两种情况处理。

（1）教唆行为在共同犯罪中起主要作用的，以主犯论处。

（2）教唆行为在共同犯罪中不起主要作用，综合全案情节，在共同犯罪中不起主要作用的，以从犯论处。如果分别地看，教唆行为在共同犯罪中不起主要作用，帮助犯依法属于从犯，但综合全案情节，在共同犯罪中起主要作用的，应以主犯论处。

（四）帮助犯与正犯竞合的处理

在帮助犯与正犯竞合的情况下，应当按照正犯行为吸收共犯行为的原则，以正犯论处。这里又可以分为两种情况。

（1）正犯行为在共同犯罪中起主要作用的，以主犯论处。

（2）正犯行为在共同犯罪中不起主要作用，综合全案情节，在共同犯罪中不

起主要作用的，以从犯论处。如果分别地看，正犯行为在共同犯罪中不起主要作用，帮助行为依法属于从犯，但综合全案情节，在共同犯罪中起主要作用的，应以主犯论处。

（五）共同犯罪的复杂竞合的处理

（1）在共同犯罪的复杂竞合的情况下，只要具有组织行为的，一律按高度行为吸收低度行为的原则，组织行为吸收正犯行为、教唆行为和帮助行为，视为组织犯，以主犯论处。

（2）正犯行为和教唆行为在共同犯罪中都起主要作用的，按照正犯行为吸收共犯行为的原则，正犯行为吸收教唆行为和帮助行为，视为正犯，以主犯论处。

（3）正犯行为在共同犯罪中起主要作用，教唆行为在共同犯罪中起次要作用的，按照高度行为吸收低度行为的原则，教唆行为吸收正犯行为和帮助行为，视为教唆犯，以主犯论处。

（4）正犯行为在共同犯罪中起主要作用，教唆行为在共同犯罪中不起主要作用的，按照正犯行为吸收共犯行为的原则，正犯行为吸收教唆行为和帮助行为，视为正犯，以主犯论处。

（5）正犯行为和教唆行为在共同犯罪中都不起主要作用，综合全案情节，在共同犯罪中也不起主要作用的，按照正犯行为吸收共犯行为的原则，正犯行为吸收教唆行为和帮助行为，视为正犯，以从犯论处。如果分别地看，教唆行为和正犯行为在共同犯罪中都不起主要作用，帮助行为依法属于从犯，但综合全案情节，在共同犯罪中起主要作用的，应以主犯论处。

第二十七章
共同犯罪的间接正犯

共犯教义学在研究共同犯罪的时候,总是要用一定的篇幅讨论间接正犯的问题。因为间接正犯本身虽然不属于共同犯罪的范畴,但它却是随着共犯理论的发展而产生的一个概念,并且在很大程度同共同犯罪发生瓜葛。尤其是间接正犯与教唆犯、帮助犯的区别,更是为各国刑法学家所瞩目。因此,无论是对间接正犯持肯定态度还是持否定态度,都不能不在共犯教义学中为间接正犯留下一席之地。[①]

第一节 间接正犯概述

一、间接正犯的演变

间接正犯,又称为间接实行犯,是指利用不为罪或不发生共犯关系的第三人

[①] 近年来,随着刑法评价从自然主义向规范主义的发展,间接正犯从共同犯罪理论中分离出来,作为构成要件行为的解释问题在构成要件该当性中加以讨论,这是一种值得注意的动向。当然,这并不妨碍我们对间接正犯与共同犯罪进行联结考察。参见〔日〕福田平、大塚仁:《日本刑法总论讲义》,李乔等译,160页,沈阳,辽宁人民出版社,1986。

实行犯罪的情形。间接正犯作为共犯教义学的概念及其法理虽然是近代确立的，但间接正犯的现象却可谓是古已有之。

（一）我国古代刑法关于间接正犯的立法

我国古代刑法对间接正犯没有明文规定，但存在处罚间接正犯的实例。例如，秦墓竹简中的《法律答问》指出："甲谋遣乙盗杀人，受分十钱，问乙高未盈六尺，甲可（何）论？当磔。"[①] 据我国法制史学家研究，在秦朝，身高六尺五寸，是男子成年与否的标准，身高六尺二寸是女子成年与否的标准。[②] 对于男子来说，身高不满六尺五寸的，不负刑事责任。而上述答问中的乙，高未盈六尺，显系未成年人，按照《秦律》不受刑事追究。因此，甲教唆不负刑事责任的未成年人乙去抢劫杀人，属于间接正犯，其应受磔（车裂）之刑。如果说，上述只是间接正犯的个别案例，不足为证，那么，中国古代刑法中教令犯的概念涵括间接正犯的内容，是对这种犯罪的高度概括。教令这个概念，与造意是有所区别的。关于教令，《汉律》就有"敢蛊人及教令者，弃市"的规定。汉书内常有使人杀伤的实例，此亦是教令。在晋朝，张斐律注云："殴人，教令者与同罪；即令人殴其父母，不可与行者同得重也。"[③] 这就是说，在一般情况下，教令者与行者同罪。但行者具有特定身份时，行者依身份从重，没有特定身份的教令者则处以通常之刑。关于造意，《汉书》就有记载，谓孙宝谕告群盗，非本造意，皆得悔过自出，遣归田里。春秋之义，诛首恶而已。[④] 及至晋朝，张斐律注指出："唱首先言，谓之造意。"[⑤] 由此可见，教令与造意的区别在于：造意犯是置身事内，即与他人共谋犯罪并分担实行行为。教令犯置身事外，即利用他人的行为而实现犯罪。因此，造意犯属于共同犯罪，教令犯则不属于共同犯罪。《唐律》在

---

① 《睡虎地秦墓竹简》，180页，北京，文物出版社，1978。
② 参见栗劲：《秦律通论》，161页，济南，山东人民出版社，1985。
③ 《晋书·刑法志》。
④ 参见《汉书·孙宝传》。
⑤ 《晋书·刑法志》。

"共犯罪"条中对造意犯作了规定，教令犯则规定在"老少废疾"条。《唐律》规定："有人教令，坐其教令者。"① 此条在上文规定老小废疾人，而年九十以上、七岁以下之人不加刑。此时若人有教令，则坐其教令者。《疏议》指出："若有教令之者，唯坐教令之人。"② 由此可知，不论被教令人是限制责任能力人、无责任能力人还是具有责任能力人，均独立于被教令人处罚教令人；若被教令人系无责任能力人时，只处罚教令人③；当被教令人是限制责任能力人或具有责任能力人时，教令犯相当于教唆犯；当被教令人是无责任能力人时，教令犯就是间接正犯。那么，对教令犯如何定罪呢？《疏议》指出："教令作罪，皆以所犯之罪，坐所教令。"④ 这就是说，教令犯是依被教令人所犯的罪处罚。从上述分析可以看出，教令犯虽然在某种意义上可以说是教唆犯与间接正犯的总称，但由于在《唐律》中教令犯是一个独立于共同犯罪的范畴，因而，它与间接正犯更有共同之处，而与近代刑法中作为共同犯罪人之一种的教唆犯则区别更大一些。

（二）大陆法系国家刑法关于间接正犯的立法

根据我国学者的考证，在古代希腊社会，盛行家族的连带责任。因此，家长虽没有犯罪，也应对其家族成员的犯罪承担刑事责任，这种现象颇似间接正犯。在古代罗马法中，存在代理共犯，即委托他人犯罪，而委托人对被委托人实施的犯罪承担刑事责任，这种代理共犯相当于间接正犯。⑤ 在中世纪日耳曼法中，相当于间接正犯的现象不乏其例，例如6世纪《萨利克法典》第28章规定处罚雇人杀人者等。⑥

近代共犯教义学中的间接正犯的概念，据说发生于主观主义未普遍发达时代

---

① 《唐律疏议》，84页，北京，中华书局，1983。
② 《唐律疏议》，84页，北京，中华书局，1983。
③ 参见戴炎辉：《中国法制史》，3版，82~83页，台北，三民书局，1979。
④ 《唐律疏议》，84页，北京，中华书局，1983。
⑤ 参见许鹏飞：《比较刑法纲要》，138页，上海，商务印书馆，1936。
⑥ 参见蔡墩铭：《唐律与近世刑事立法之比较研究》，223页，台北，汉苑出版社，1976。

第二十七章 共同犯罪的间接正犯

的德国刑法学。① 一般认为,间接正犯是客观主义的共犯理论为弥补其共犯从属性说之不足而推演出来的一个范畴。按照主观主义的共犯理论,只要具有共同犯罪行为,即使是具有刑事责任能力的人与没有刑事责任能力的人或者达到刑事责任年龄的人与没有达到刑事责任年龄的人也可以构成共同犯罪,这就是所谓共犯独立性说。按照此说,间接正犯显系正犯,在理论上毫无承认之必要。而按照客观主义的共犯理论,共犯具有从属性,即教唆犯和帮助犯系从属于正犯的犯罪,又称从属犯。在一般情况下,如果正犯不构成犯罪,就没有处罚教唆犯和帮助犯的理由。但具有刑事责任能力的人或者达到刑事责任年龄的人教唆或者帮助没有刑事责任能力的人或者没有达到刑事责任年龄的人实施犯罪行为,无异于利用工具犯罪。在这种情况下,如果仍然坚持以正犯构成犯罪作为教唆犯或者帮助犯承担刑事责任的前提,该教唆犯或者帮助犯就难以依法论处,这显然不合乎情理。在这种情况下,为调和客观主义共犯理论的矛盾,将这种教唆犯和帮助犯名之曰间接正犯,使之对正犯的犯罪行为承担完全的罪责,这就是大陆法系国家共犯教义学中间接正犯的由来。

间接正犯的概念产生虽早,但在立法上承认间接正犯,却迟至1913年的德国刑法草案,该草案明文规定将间接正犯视为教唆犯或帮助犯。1919年的德国刑法草案第26条明文规定了间接正犯的概念,指出:"对于非依犯意而行为之他人,或无责任能力之他人,以犯意教唆其为犯行之实施者,是为间接正犯。间接正犯依正犯处罚之。"这被认为是独立于共同犯罪的间接正犯的最早立法例,因此,说间接正犯的立法例始于德国1919年刑法草案并无不妥。② 在现代各国刑法中,明文规定间接正犯的只是少数。例如《意大利刑法典》第86条(利用无责任能力人犯罪)规定:"使他人陷于无辨别及无意思能力之状况,而利用其为犯罪行为者,应负该项犯罪行为之刑事责任。"又如,《德国刑法典》第25条第

---

① 参见蔡墩铭:《刑法基本问题研究》,216页,台北,汉苑出版社,1976。
② 参见马克昌:《日、德刑法理论中的间接正犯》,载《法学评论》,1986(2),64页。

1项规定:"假手他人以实行之者,依正犯处罚之。"还有日本刑法修改草案第26条第1款规定:"利用非正犯的他人实行犯罪者,也是正犯。"

(三)英美法系刑法关于间接正犯的立法

在英美刑法中,没有间接正犯的概念,但存在无罪之代理人的概念,与大陆法系中的间接正犯的概念具有异曲同工之妙。在英美刑法中,无罪之代理人是指一个人对主犯的犯意一无所知,而仅仅是正犯实施犯罪的工具的情形;或者一个人在他人的唆使与请求下实施了某一犯罪行为,但他对于犯罪事实缺乏了解或一无所知,因而不构成犯罪的情形。[①] 关于这种情形,在美国《模范刑法典》中有明文规定。该法典第206条第2款规定,"对其他人之行为具有下列情形应负责",其中第一种情形是"使不知情或无责任能力的其他人产生实施具有处罚一类犯罪条件的。"例如,甲在现场唆使一个13岁的男孩乙,在未经另一个女人丙同意的情况下跟她性交。乙由于不够法定年龄就可以不定为强奸罪,但甲应定为强奸罪。这是因为甲使用一个年幼无知的代理人强奸丙,就像一个人可以通过一个无知的代理人谋杀另一个人一样。在这种情况下,甲应作为主犯被起诉、审判和处罚,而对乙则可以不予起诉。[②] 在这种情况下,乙就是无罪之代理人,而甲则相当于大陆法系共犯教义学中的间接正犯。

(四)我国刑法中的间接正犯

间接正犯把一定的人作为中介实施其犯罪行为,其所利用的中介由于具有某些情节而不负刑事责任或不发生共同犯罪关系,间接正犯对于其所通过中介实施的犯罪行为完全承担刑事责任。这种实施犯罪行为的间接性和承担刑事责任的直接性的统一,就是间接正犯。值得注意的是,间接正犯也被称为正犯后正犯。例如我国台湾地区学者指出:所谓间接正犯即系利用"他人之手",用以实现自己之"犯罪行为"。利用者与被利用者之间形成"幕后者"与"犯罪行为中介者"

[①] 参见《布莱克法律词典》,英文版,708页,美国,西方出版公司,1979。
[②] 参见欧阳涛等:《英美刑事诉讼法概论》,79页,北京,中国社会科学出版社,1984。

或俗称"工具人"之间的关系。正是在这个意义上,间接正犯可以称为正犯后正犯。

我国刑法对间接正犯没有明文规定,刑法理论上对间接正犯也缺乏研究,由此对司法实践中存在的类似问题,由于认识上的模糊,往往不能正确处理。例如,某地法院对一个教唆不满 14 岁的人盗窃公私财物的犯罪分子,定为教唆盗窃罪,这就把间接正犯与教唆犯混为一谈了。有感于此,我曾对我国刑法中的间接正犯进行了初步探讨。① 近些年来,间接正犯逐渐引起我国刑法学界的重视,不少共同犯罪的论著都对间接正犯进行了研究。尤其是在最高人民法院的有关材料中也开始采用间接正犯的概念。② 例如,被告人刘某因与丈夫金某不和,离家出走。一天,其女(时龄 12 周岁)前来刘某住处,刘某指使其女用家中的鼠药毒杀金某。其女回家后,即将鼠药拌入金某的饭碗中,金某食用后中毒死亡。因其女没有达到刑事责任年龄,对被告人刘某的行为如何定罪处罚,有不同意见:一种意见认为,被告人刘某授意本无犯意的未成年人投毒杀人,是典型的教唆杀人行为,根据《刑法》第 29 条"教唆不满十八周岁的人犯罪的,应当从重处罚"的规定,对被告人刘某应按教唆犯的有关规定来处理;另一种意见认为,被告人刘某授意未成年人以投毒的方法杀人,属于故意向他人传授犯罪方法,同时,由于被授意人未达到刑事责任年龄,不负刑事责任,因此对被告人刘某应单独以传播犯罪方法罪论处。这是一个刊登在最高人民法院刑一庭、刑二庭主编的《刑事审判参考》2001 年第 5 辑上的案例。这个案例由于属于审判工作中遇见的典型问题,在审判长会议上进行了讨论。经过讨论以后,得出的结论认为:构成教唆犯必然要求教唆人和被教唆的人都达到一定的刑事责任年龄,具备刑事责任能力。达到一定的刑事责任年龄,具备刑事责任能力的人,指使、利用未达到刑事

---

① 参见陈兴良:《论我国刑法中的间接正犯》,载《法学杂志》,1984(1)。
② 参见最高人民法院刑一庭、刑二庭:《刑事审判参考》,第 5 辑,75 页,北京,法律出版社,2001。

第一节 间接正犯概述

责任年龄的人（如本案刘某的女儿）或精神病人实施某种犯罪行为，是不符合共同犯罪的特征的。因为在这种情况下，就指使者而言，实质上是在利用未达到刑事责任年龄的人或精神病人作为犯罪工具实施犯罪。就被指使者而言，由于其不具有独立的意志，或者缺乏辨别能力，实际上是教唆者的犯罪工具。有刑事责任能力的人指使、利用未达到刑事责任年龄的人或者精神病人实施犯罪，在共犯教义学中称为"间接正犯"或"间接的实行犯"。"间接正犯"不属于共同犯罪的范畴。因被指使、利用者不负刑事责任，其实施的犯罪行为应视为指使、利用者自己实施，故指使、利用者应对被指使、利用人所实施的犯罪承担全部责任，也就是说，对指使、利用未达到刑事责任年龄的人或精神病人犯罪的人，应按照被指使、利用者实行的行为定罪处罚。本案被告人刘某唆使不满14周岁的人投毒杀人，由于被教唆人不具有刑事责任能力，因此唆使人与被唆使人不能形成共犯关系，被告人刘某非教唆犯，而是"间接正犯"，故对刘某不能直接援引有关教唆犯的条款来处理，而应按其女实行的故意杀人行为定罪处刑。[①] 在最高人民法院审判长会议对这个案件的分析意见中，引入了间接正犯这一概念，从而使刘某利用其不满14周岁的女儿投毒杀人一案得以正确定性。因此，尽管在目前我国的刑法和司法解释中尚未使用间接正犯这一概念，但间接正犯的理论已经进入最高人民法院法官的视野，并在司法活动中发生了实际的作用。

在我国刑法学界存在否定间接正犯概念的观点，这种否定说包括两种情形：第一种观点是从单一正犯体系出发，否定间接正犯存在的必要性。例如我国学者认为，我国刑法在犯罪参与体系的问题上，采取不区分正犯与共犯的单一正犯体系，因此并无间接正犯概念赖以依存的法律基础；在我国，采用间接正犯概念不仅不能合理解决相关问题，而且在处理有关案件时存在明显的弊病；在不采用间接正犯概念的同时，运用单一正犯体系，反而能更好地解决相关问题，还有操作

---

① 参见最高人民法院刑一庭、刑二庭：《刑事审判参考》，第5辑，75页，北京，法律出版社，2001。

更为简便、易于司法人员掌握执行的优点。① 间接正犯的概念是以限制的正犯概念为前提的，如果采用扩张的正犯概念，教唆行为、帮助行为等各种共犯行为都包括在正犯概念之中，当然也就不需要间接正犯概念。正如我国学者指出："由于单一制的基本立场即扩张正犯概念并不区分直接实现构成要件与间接实现构成要件的行为类型。那么，间接正犯即是直接符合刑法分则构成要件的行为类型，其与所谓的直接犯罪在构成要件符合性层面上没有区别，也因此，间接正犯这一概念并没有存在的空间。"② 确实，根据单一正犯体系的逻辑，必然会得出否定间接正犯的结论。当然，就正犯与共犯的区分制与单一制这两种学说而言，区分制还是通说，我是站在正犯与共犯相区分的逻辑上确立间接正犯概念的。就此而言，间接正犯概念不能否定。第二种观点是从阶层犯罪论体系与双层制犯罪参与体系出发，否定间接正犯存在的必要性。例如我国学者指出，立足于我国犯罪成立理论转向阶层犯罪论体系与双层制犯罪参与体系的语境，根据行为共同说、限制从属性说、不法共犯论（因果共犯论）、限制正犯等概念、学说与逻辑，直接正犯、共同正犯、共犯（教唆犯、帮助犯）等概念，已经足以适当解决直接实施、共同实施、利用操纵、教唆、帮助他人实施犯罪等犯罪参与形态的定罪与处罚，间接正犯概念仅剩学术史考察和比较法研究的价值，其原初用以填补刑罚处罚空隙的功能已经丧失殆尽，因此，间接正犯概念应当在我国刑法教义学中寿终正寝。③ 不可否认，随着从犯罪共同说向行为共同说的发展，因果共犯论的提倡，尤其是共犯双重性说的放宽，确实对间接正犯存在的基础产生一定的冲击。然而我相信，虽然间接正犯的范围会有所收缩，但间接正犯概念，尤其是在与直接正犯相对应意义上，还是具有存在的合理性。因为间接正犯这个概念概括了司法实践中的某一类犯罪现象，而这类犯罪现象又是共同犯罪的概念所不能涵括

---

① 参见刘明祥：《间接正犯概念之否定——单一正犯体系的视角》，载《法学研究》，2015（6）。
② 阎二鹏：《犯罪参与体系之比较研究与路径选择》，182页，北京，法律出版社，2014。
③ 参见梁根林：《间接正犯的中国命运》，载《比较法研究》，2019（5）。

的。因此,从共犯教义学中对间接正犯进行研究,确立间接正犯理论在我国刑法体系中的地位,具有理论意义与实践意义。

二、间接正犯的性质

在确立间接正犯的概念的基础上,我们要进一步揭示间接正犯的性质。也就是说,间接正犯没有亲手实行犯罪,又为什么要将其视为正犯?这就是共犯教义学中所谓间接正犯的正犯性问题,这也是一个间接正犯的立论根据问题。对于这个问题,各国刑法学家曾经绞尽脑汁,提出形形色色的观点。

(一)工具说

工具说认为,间接正犯是利用他人犯罪,被利用者只不过是间接正犯罪的工具而已。日本刑法学者认为被利用者之法的性格与直接实行犯使用机械或器具之情形相同,因而极其率直地认为间接正犯只不过是利用有灵魂的道具而已。[1] 因此,工具说在共犯教义学中又称为道具理论。

(二)条件说

条件说认为,间接正犯对于通过他人所实现的犯罪结果赋予原因,而被利用者的行为只不过是犯罪结果发生的条件。

(三)犯意说

犯意说认为,间接正犯是以自己犯罪的意思而利用他人犯罪。所以,虽然利用者没有直接实施犯罪,也应视同正犯。

(四)支配说

支配说认为,间接正犯在利用他人犯罪中,起着支配作用,即间接正犯在整个犯罪过程中都居于支配的地位。犯罪支配理论是德国刑法学家罗克辛提出的,

---

[1] 参见[日]井上正治:《间接正犯》,载《日本刑法判例评释选集》,144页,台北,汉林出版社,1977。

第二十七章 共同犯罪的间接正犯

罗克辛将犯罪支配分为三种类型,这就是行为支配、意思支配和功能支配。其中,行为支配是直接正犯的本质,意思支配是间接正犯的本质,而功能支配是共同正犯的本质。[1] 这种意思支配说揭示了间接正犯区别于直接正犯和共同正犯的特征,具有一定的说服力。

在上述四种观点中,目前占据通说地位的是罗克辛的意思支配说。在意思支配说中,核心概念是支配,这里的支配也称为控制。罗克辛将正犯区分为三种类型,这就是支配犯、义务犯和亲手犯。罗克辛指出:支配犯是控制犯罪并导致犯罪实现的人。义务犯是指违反特定的不是每个人都要履行的义务的人。亲手犯是指只有亲自实施才能构成犯罪的人。在上述三种正犯中,支配犯是最为重要的,具有普遍适用性。罗克辛指出:"正确的做法是,人们也都在通常情况下,通过行为控制——并且仅仅通过行为控制——来确定实行人(指正犯——引者)。在实现犯罪中作为关键人物或核心人物而表现出对事件发挥决定性影响的人,就拥有希望控制,并且是实行人。"[2] 因此,正犯的本质是支配或者控制。其中,间接正犯就是通过对被利用者的意思控制而成立的。关于间接正犯对被利用者的支配,罗克辛指出了三种情形:"首先,一个人能够通过强制直接实施人去实现行为构成,从而作为幕后人控制构成行为(凭借强制的意志控制)。其次,一个人能够通过欺骗实施人并由此使之成为不知其犯罪计划的执行人,从而在背后引导着事件的发展(凭借认识错误的意志控制)。再次,一个人能够作为一个有组织的国家机器中的发布命令人,通过任意调换执行机构,由此不再依赖个体实行人的实行准备状态,从而能够决定性地操纵事件的发展(凭借有组织的国家机关的意志控制)。除此这三种基本的控制形式之外,其他控制形式是无法想象的。在利用无罪责能力人、减轻罪责能力人,以及在此特别处理的未成年人时,间接实

---

[1] 参见廖北海:《德国刑法学中的犯罪事实支配理论研究》,61 页,北京,中国人民公安大学出版社,2011。
[2] [德]克劳斯·罗克辛:《德国刑法学总论》,第 2 卷,王世洲主译,14 页,北京,法律出版社,2013。

第一节 间接正犯概述

行人在结构上仅仅是一种强制与认识错误的意志控制的结合。"① 罗克辛把间接正犯中的意思支配主要分为意志强制和认识错误两种情形,以此作为意思支配的手段。而国家机关的意思控制则是一种特殊情形,至于其他利用形式,都是意志强制和认识错误的组合。应该说,罗克辛的意思支配说对于理解间接正犯的性质具有重要意义。

我认为,对间接正犯,除采用意思支配说进行论证以外,还可以从主客观构成要件对间接正犯的可罚性展开论述。

间接正犯在客观上是实施了利用他人实行犯罪的行为,这一行为与犯罪结果之间存在间接因果关系。我认为,那种把被利用者的行为视为犯罪结果发生的条件的观点是不能成立的。如甲利用精神病人乙将丙杀死,乙的行为是丙死亡的直接原因,怎么能说是条件呢?乙之所以不负刑事责任,并不在于其行为是犯罪结果发生的条件,而主要是因为其没有刑事责任能力。而甲应视为间接正犯,也不仅仅因为其行为与犯罪结果之间存在因果关系,而且因为其主观上具有利用他人犯罪的故意。对于间接正犯的因果关系,我国学者认为在间接正犯的场合中,从哲学的立场来看,危害结果是儿童或精神病人的行为直接造成的,他们的行为是危害结果产生的直接原因,而教唆行为(应为间接实行行为,下同)则是产生这一原因的原因。但是在刑法上,从法律的观点来看,则儿童和精神病人的行为与危害结果之间没有因果关系,因为他们不理解自己的行为的性质、后果及社会政治意义,或者不能控制自己的行为。他们被教唆去实施犯罪,实际上是充当了教唆犯(应为间接正犯,下同)实施犯罪的工具,教唆犯是利用他们年幼无知或精神失常的状况,假手他们实施犯罪。教唆犯的教唆行为实质上就是实施犯罪的行为。因此,无责任能力的儿童或精神病人的实行行为与危害结果之间没有刑法上的因果关系,而教唆行为与危害结果之间则存在着刑法上的因果关系,并且是直

---

① [德] 克劳斯·罗克辛:《德国刑法学总论》,第 2 卷,王世洲主译,21 页,北京,法律出版社,2013。

接的单一的因果联系。在这里，刑法上的因果关系出现了哲学上的因果关系所没有的因果环节的超越，结果超越产生它的直接原因与产生原因的原因组成一个法律上的因果环节。[①] 这种观点至少在以下两点上是错误的：其一是将哲学上的因果关系与刑法上的因果关系割裂开来，其二是以行为人是否具有刑事责任能力或达到刑事责任年龄作为确认是否有在刑法上的因果关系的根据。因而上述观点不能科学地阐述间接正犯的因果关系。我认为，间接正犯与被利用者所造成的危害结果之间存在间接因果关系，这也正是它不同于直接正犯的特点。

间接正犯在主观上是明知被利用者是没有刑事责任能力的人或者没有达到刑事责任年龄的人而故意地加以利用，希望通过被利用者的行为达到其预期的犯罪结果。因此，间接正犯与被利用者之间在主观上没有共同犯罪的故意。间接正犯主观上所具有的只能是单独犯罪的故意。正是基于这种单独的犯罪故意，其利用他人作为犯罪工具的特点才得以充分肯定。

第二节　间接正犯的形式

间接正犯在其客观表现上是多种多样的，阐述间接正犯的形式有助于揭示间接正犯的本质。各国刑法学家对间接正犯存在的范围尚存争议，因而不存在关于间接正犯形式的统一认识。

间接正犯的形式与共犯从属性程度问题密切相关。在共犯教义学中，共犯从属性形式可以分为三种情形，这就是极端从属形式、限制从属形式、最小从属形式。极端从属形式以正犯具备构成要件、违法性、有责性作为共犯成立的条件。限制从属形式以正犯具备构成要件、违法性作为共犯成立的条件。最小从属形式以正犯具备构成要件作为共犯成立的条件。在日本刑法教义学中，将这三种从属

---

① 参见戎乙强：《谈谈共同犯罪中的因果关系》，载《学生学年论文选集》，50页，重庆，西南政法学院，1983。

第二节 间接正犯的形式

形式称为要素从属性，这里的要素是指犯罪成立要素。在日本，过去，极端从属形式是通说；现在，限制从属形式是通说，最小从属形式也是有力的学说。[1] 而在我国采用四要件的犯罪论体系的情况下，相当于采用极端从属形式。从属性程度不同，间接正犯的范围也就有所不同。也就是说，在采用极端从属形式的情况下，共犯范围较小而间接正犯范围较大。

根据罗克辛的意思支配说，意思支配可以分为三种情形，这就是强制、欺骗和有组织的国家机关的支配。其中，强制和欺骗是常见的意思支配手段，而有组织的国家机关的支配则是较为罕见的意思支配手段。应该说，间接正犯的形式就是意思支配的表现方式。以意思支配为根据，我认为间接正犯具有以下几种形式。

一、利用未达法定刑事责任年龄的人实施犯罪

我国《刑法》第29条第1款规定："教唆他人犯罪的，应当按照他在共同犯罪中所起的作用处罚。"这里所谓他人，是指达到刑事责任年龄的人。我国《刑法》第17条第1款规定："已满十六周岁的人犯罪，应当负刑事责任。"第2款规定："已满十四周岁不满十六周岁的人，犯故意杀人、故意伤害致人重伤或者死亡、强奸、抢劫、贩卖毒品、放火、爆炸、投放危险物质罪的，应当负刑事责任。"因此，利用不满14周岁的人为工具实施任何犯罪行为，利用者都以间接正犯论处。利用已满14周岁不满16周岁的人为工具实施除刑法所规定的故意杀人、故意伤害致人重伤或者死亡、强奸、抢劫、贩卖毒品、放火、爆炸、投放危险物质罪以外的犯罪行为，教唆犯以间接正犯论处。此外，《刑法》第17条第3款还规定："已满十二周岁不满十四周岁的人，犯故意杀人、故意伤害罪，致人

---

[1] 参见［日］左伯仁志：《刑法总论的思之道·乐之道》，于佳佳译，314页，北京，中国政法大学出版社，2017。

第二十七章 共同犯罪的间接正犯

死亡或者以特别残忍手段致人重伤造成严重残疾,情节恶劣,经最高人民检察院核准追诉的,应当负刑事责任。"根据这一规定,利用已满 12 周岁不满 14 周岁的人实施故意杀人、故意伤害罪,致人死亡或者以特别残忍手段致人重伤造成严重残疾的行为,没有达到情节恶劣程度或者最高人民检察院没有核准追诉的,利用者可以成立间接正犯;否则,就不成立间接正犯而成立共犯。

利用未达法定刑事责任年龄的人实施犯罪,就被利用者因缺乏责任能力而不构成犯罪,只有利用者单独构成犯罪而言,似乎应以间接正犯论处。对此,我国刑法理论和司法实践都采取这一观点。然而,根据罗克辛的意思支配说,利用未达法定刑事责任年龄的人实施犯罪构成间接正犯,并不仅仅因为被利用者缺乏责任能力,而是因为利用者对未达法定刑事责任年龄的人具有意思支配。如果没有这种意思支配,即使是利用未达法定刑事责任年龄的人实施犯罪,也不能构成间接正犯,而是在因果共犯论的意义上在利用者与被利用者之间构成共犯,只不过被利用者因为缺乏责任能力不承担刑事责任而已。因此,在利用未达法定刑事责任年龄的人实施犯罪的情况下,不能一概认为构成间接正犯,而是应当对利用者是否具有对被利用者的意思支配进行实质的、个案的判断。例如罗克辛指出:主流的观点同意,儿童是不可反驳地被推定为无罪责能力的,但是,应当正确地认为,在第 19 条①中安排的排除责任是部分地以缺乏罪责为根据,部分地以尽管存在责任,但是施加刑罚又具有预防上的不对症下药的属性为基础的。在这里,在青少年中必须根据个别案件才能确定相类似,儿童是否"根据其心理与精神的发展就足够成熟","能够认识构成行为的不法并且能够根据这种认识去行为",必须由此来认定是参加人还是间接实行人,这在理论上是可能的。《帝国法院刑事判例集》第 61 卷,第 265 页已经判决,促使一名 13 岁儿童纵火的是教唆犯,

---

① 《德国刑法典》第 19 条规定:"行为人于行为时未满十四周岁者,无罪责能力。"我国台湾地区学者指出:"这个规定在解释学上之意义是,绝对不能以反证推翻。"参见林东茂主编:《德国刑法翻译与解析》,26 页,台北,五南图书出版有限公司,2018。

第二节　间接正犯的形式

因为这名儿童对其作为的意义虽然没有完全理解，但仍然具有"足够的理解"①。因此，根据意思支配说，对利用未达法定刑事责任年龄的人实施犯罪应当进行实质的、个案的判断。

我国刑法学界一般认为只要是利用未达法定刑事责任年龄的人实施犯罪就构成间接正犯，并不需要进行个案判断。之所以如此，其原因在于在我国传统的四要件的犯罪论体系中，对共犯采取犯罪共同说，否定在上述利用者与被利用者之间成立共犯关系，因而对利用者只能推导出成立间接正犯的结论。例如，我国学者认为利用未达法定刑事责任年龄的人为工具犯罪的教唆犯，由于被教唆者未达法定刑事责任年龄，不具备犯罪主体资格而不能认为是教唆犯的共犯，对教唆犯应单独按所教唆的罪定罪，按《刑法》第29条的规定从重处罚。② 在此，还涉及另外一个具有我国立法特色的问题。

我国《刑法》第29条规定："教唆不满十八周岁的人犯罪的，应当从重处罚。"这里的不满18周岁的人，可以分为两个层次：无责任能力的未成年人和部分责任能力的未成年人。对于教唆部分责任能力的未成年人的教唆犯，在教唆犯与被教唆人之间构成共犯关系，因此按照这一规定从重处罚，这是没有争议的。争议在于：对于教唆无责任能力的未成年人的间接正犯，因为在教唆者与被教唆者之间并不存在共犯关系，是否也适用上述规定从重处罚？对此，我国学者认为，教唆无责任能力的未成年人犯罪的，可以从过去所说的间接正犯中分离出来，作为一种例外，按教唆犯从重处罚。其主要理由在于，我国《刑法》第29条第1款规定："教唆不满十八周岁的人犯罪的，应当从重处罚。"如果说这里的不满18周岁的人不包括不满14周岁的人，那就出现了一个矛盾：教唆已满14周岁未满18周岁的人犯罪的，应当从重处罚。教唆14周岁以下的人比前者更为

---

① [德]克劳斯·罗克辛：《德国刑法学总论》，第2卷，王世洲主译，47页，北京，法律出版社，2013。

② 参见石划：《刍议教唆犯成立共同犯罪的要件和单独论处》，载《法学与实践》，1985（6），44页。

恶劣，反倒没有从重处罚。这在理论上是难以自圆其说的，在司法实践上对于打击教唆未满14周岁的人的犯罪，也是有百害而无一利。① 我认为，这种观点是不能成立的。这里存在一个罪责的重与轻的观念问题：在一般情况下，教唆具有正常思维能力的人犯罪，正犯的罪责总是要比教唆犯重。因为教唆犯虽然进行了唆使，但被教唆的人毕竟不是一个令人摆布的道具，而是一个具有自由意志的人。如果一味地认为教唆犯的罪责大于正犯，是令人难以苟同的。况且，从客观上说，危害社会的犯罪结果毕竟还是正犯造成的。在教唆不满18周岁的人犯罪的情况下，由于这种人辨别是非、控制自己行为的能力相对来说弱一些，法律明文规定对这种教唆犯从重处罚是完全合理的。但即使从重也不见得比本人亲自实施这种犯罪还要重，因为一个人承担全部罪责与两个人共同承担罪责毕竟是有所区别的。而在间接正犯的情况下，利用者尽管本人没有直接实行犯罪，但视同正犯，由其承担全部的刑事责任。因此，从观念上说，间接正犯对犯罪结果承担全部刑事责任比教唆犯对犯罪结果承担共同犯罪的刑事责任，已经体现了从重处罚的精神，没有必要在适用《刑法》第29条关于教唆不满18周岁的人犯罪的，从重处罚的规定。

综上所述，我认为在我国刑法中，利用未达法定责任能力的人实施犯罪的，在具有意思支配的条件下，应当以间接正犯论处。在外国刑法中，也有这样的立法例。例如《意大利刑法典》第111条（对无行为能力人及不负刑责人之教唆犯）规定："唆使无责任能力或因身份资格关系不负刑责之人决意犯罪者，为教唆犯，依其所教唆之罪处罚，并加重其刑。"这一立法例可供我们理解这一问题时参考。

二、利用无责任能力的精神病人实施犯罪

我国《刑法》第18条第1款规定："精神病人在不能辨认或者不能控制自己

---

① 参见吴振兴：《论教唆犯》，74~77页，长春，吉林人民出版社，1986。

第二节 间接正犯的形式

行为的时候造成危害结果,经法定程序鉴定确认的,不负刑事责任……"精神病人的大脑由于受到各种致病因素的影响,机能活动发生紊乱,导致精神活动发生不同程度的变异,造成精神病人的意识和行为的异常,并极易受暗示的影响。犯罪分子往往利用精神病人的这种病态,教唆其实施一定的危害行为。在这种情况下,精神病人只不过是犯罪工具而已。精神病人由于没有刑事责任能力,法律规定不负刑事责任。所以,利用没有刑事责任能力的精神病人实施犯罪行为,应以间接正犯论处。

我国《刑法》第18条第2款规定:"间歇性的精神病人在精神正常的时候犯罪,应当负刑事责任。"所以,如果是利用间歇性精神病人为工具实施犯罪的,还必须查明其实施犯罪行为时是在精神正常期间还是在发病期间。只有在间歇性精神病人处于丧失刑事责任能力的发病期间,教唆其实施危害行为的,才构成间接正犯。否则,教唆犯和精神正常的间歇性精神病人构成共同犯罪。

我国学者认为,利用无责任能力的精神病患者实施犯罪的教唆犯,由于被教唆者不能辨认和控制自己的行为,不具有刑事责任能力,即使达到法定责任年龄,也不能成立刑法上的犯罪主体,也就不能认为是教唆犯的共犯,对教唆者亦应单独按其教唆的罪,从重处罚。[①] 按照这种观点,利用精神病人为工具实施犯罪,不是间接正犯,而属于《刑法》第29条单独论处的教唆犯。我认为这种观点是将教唆犯与间接正犯混为一谈了,因而是不妥的。我国《刑法》第29条所说的单独教唆犯是指教唆未遂的情形,这是教唆犯的一种特殊情况,它岂能容纳间接正犯的观念?这种观点根本否定间接正犯的存在,对《刑法》第29条关于教唆犯的规定作无限制的扩张解释,是没有理论根据和法律根据的。因此,利用无责任能力的精神病人实施犯罪,仍应以间接正犯论处。

值得注意的是,在利用无责任能力的精神病人实施犯罪的情况下,成立间接正犯仍然应当以是否具有意思支配为根据。这里的问题是,对于利用无责任能力

---

① 参见石划:《刍议教唆犯成立共同犯罪的要件和单独论处》,载《法学与实践》,1985 (6),44页。

的精神病人实施犯罪能否成立间接正犯,是否需要像利用未达法定责任年龄的人实施犯罪那样,进行实质的、个案的判断?对此,罗克辛持否定的态度,指出:这种个别化的解决方案并不可行,因为它否定了责任行为构成与在这个领域里通过个别案件区分实行人与参与人的相关性。[①] 也就是说,区分正犯还是共犯,这是一个构成要件的问题,而确定一个人是否具有责任能力,这是一个责任论的问题。尤其是在我国刑法中,行为人并不能仅仅因为患有精神病而否定其责任能力,而是根据在行为时是否具有辨认或者控制能力而确定其是否具有责任能力。因此,在利用无责任能力的精神病人实施犯罪的情况下不再可能需要经过实质的、个别的判断确定是否成立间接正犯。

三、利用他人的无罪过行为实施犯罪

我国《刑法》第16条规定:"行为在客观上虽然造成了损害结果,但是不是出于故意或者过失,而是由于不能抗拒或者不能预见的原因所引起的,不是犯罪。"这就是刑法理论上所说的无罪过行为,它包括不可抗力和意外事件。所谓利用他人的无罪过行为实施犯罪,就是指被利用的人的行为在客观上是法益侵害的行为,但他在实施这一行为时主观上没有罪过,属于不可抗力或者意外事件。对于利用者来说,其构成间接正犯,应对他人的无罪过行为所造成的损害结果承担刑事责任。在外国刑法中,也有这种立法例可供我们参考。例如《罗马尼亚刑法典》第31条(促成他人过失犯罪)第2款规定:"故意教唆、促成或以任何方式帮助他人无罪过地实施刑法所禁止的行为的,按故意犯此罪处罚。"我国刑法中的利用他人的无罪过行为实施犯罪,可以分为以下两种情形。

---

① 参见[德]克劳斯·罗克辛:《德国刑法学总论》,第2卷,王世洲主译,47页,北京,法律出版社,2013。

第二节 间接正犯的形式

（一）利用他人的不可抗力实施犯罪

利用他人的不可抗力实施犯罪是指采用强制手段，致使他人丧失行为能力，因而不得不实施犯罪。在这种情况下，利用者具有对被利用者的意思支配，因此构成间接正犯。对此罗克辛指出：在以强迫作用为基础的意志控制中，最简单的就是强制了。甲通过威胁要求杀死乙或者其家人而迫使乙去实施一个犯罪行为，例如袭击行为，甲就应当构成间接正犯。因为他已经"通过他人"实施了这个构成行为。虽然只有乙控制了实施过程，因此，乙也是直接正犯（尽管被免责了），但是，因为甲控制了乙，所以他也就间接地控制了这个实施过程。① 在被强制的情况下实施犯罪的，被强制的人只是他人利用的工具，利用者成立间接正犯，对于被利用者所实施的犯罪承担正犯后的正犯的责任。例如2008年10月14日，被告人石书伟等八人为勒索财物，持枪在河南省平顶山市将夏伟业绑架，对其进行捆绑、殴打，并连夜驾车到许昌市将25岁女青年王某某绑架回平顶山市区。被告人石书伟等人强行逼迫夏伟业与该女发生性关系，后又以枪杀夏伟业相威胁，强迫其将该女勒死。对于本案中的八名犯罪人，当然应依法追究刑事责任。但本案的争议主要是，对王某某实施强奸和杀害行为的夏伟业，是否构成犯罪。从本案的案情看，夏伟业确实对被害人实施了强奸和杀害行为，但这些行为并非出自其本意，而是在他人的暴力强制下实施的。换言之，夏伟业只是他人实施强奸和杀人的工具，应当由他人作为间接正犯对强奸和杀人承担刑事责任。对于这种情形，《刑法》第16条规定：行为在客观上虽然造成了损害结果，但是不是出于故意或者过失，而是由于不能抗拒的原因所引起的，不是犯罪。从这一规定看，重点是强调损害结果是由不能抗拒的原因引起的。那么，什么是"不能抗拒的原因"？我认为，"不能抗拒的原因"是指非出于行为人意志自由的原因。在这种情况下，虽然发生了损害结果，但由于损害结果非出于行为人的意志自由，故

---

① 参见［德］克劳斯·罗克辛：《德国刑法学总论》，第2卷，王世洲主译，21页，北京，法律出版社，2013。

对于该损害结果行为人无须承担刑事责任。我国台湾地区学者林山田曾指出,下述行为非出于行为人的意思决定,因而并非刑法概念上的行为:(1) 无意识参与作用的反射动作;(2) 受他人之力的直接强制,在完全无法抗拒,而其意思决定与意思活动完全被排除或被支配的情况下的机械动作;(3) 睡眠中或无意识中的行动或静止;(4) 因病情发作的抽搐,或因触电或神经反射而生的痉挛;(5) 手脚被捆绑而欠缺行动可能性的静止等。本案类似于第二种情形。在这种情形下,虽然不像第五种情形那样,完全丧失了行动可能性,但行为人遭受他人暴力的直接强制,已经丧失意志自由,应属于因"不能抗拒的原因"而导致损害结果发生,行为人不应承担刑事责任。当然,在这种情况下,需要考察行为人是否完全丧失意志自由。如果并未完全丧失,行为人仍然应当对损害结果承担刑事责任,只不过存在一定的可宽宥性,在量刑时应当从宽处罚。例如,在本案中,如果绑匪的胁迫构成了对夏伟业的精神强制,但这种强制尚未完全剥夺其意志自由,则夏伟业受胁迫实施犯罪的情形就构成胁从犯。根据《刑法》第 28 条的规定,对于胁从犯,应当按照行为人的犯罪情节减轻处罚或者免除处罚。我国刑法中也有关于不可抗力的规定,即《刑法》第 16 条规定:行为在客观上虽然造成了损害结果,但是不是出于故意或者过失,而是由于不能抗拒的原因所引起的,不是犯罪。我国刑法学界一般认为,所谓不可抗力是指在特定的场合下,非人力所能抗拒的力量,它包括自然力和非自然力的强制。自然力通常有:(1) 机械力量;(2) 自然灾害;(3) 动物的侵袭;等等。非自然力主要是指人力的作用。这些自然力和非自然力的强制与作用,致使行为人对于损害结果的发生无能为力,不能加以阻止或排除。例如,铁路扳道工被歹徒捆绑,不能履行扳道职责,致使列车相撞,造成重大事故。扳道工对于自己不履行扳道义务会导致事故发生,在主观上是有预见的,但是,身体受到外力强制而不能履行扳道义务,却不是出自其本意,而是由不可抗力决定的,所以扳道工不成立犯罪,不负刑事责任。总之,不可抗力作为出罪根据,应该是基于无行为而非无罪过。

关于"不能抗拒的原因",一般认为是指受到物理强制而不是受到精神强制。

第二节 间接正犯的形式

例如，我国学者认为，人们通常把"不能抗拒"解释为一种物理强制，例如身体被捆住，而不是扩大解释为一种精神强制，例如，被人用手枪逼着。在此，冯军将物理强制认定为不可抗力是正确的，但能否把物理强制限制地解释为身体被捆绑从而完全失去人身自由等情形，却将用手枪逼迫只是归为精神强制，是值得商榷的。我国学者在论及不可抗力与被胁迫时认为："所谓强制的不可抗力，应该是他人对行为人身体的绝对强制。这里的绝对强制包括限制与控制。所谓限制，就是对行为人人身的拘禁，使本身负有法定义务的行为人无法履行义务，而这种不作为行为与被胁迫的情况下的不作为的区别是，前者的不作为不具有刑法意义，而是被拘禁的自然后果，排除了行为的可能性；而后者的不作为则是虽然有可能作为，但是由于心理受到压力或者作为后可能导致严重的后果发生，因而不敢实施行为。所谓控制，就是在客观上绝对控制他人身体，如捆绑、用暴力导致昏迷等情况，在这种情况下，行为人的身体被强制人当作无意志之工具和机械来使用，造成后果的，也不能认为系出自行为人自身的行为。"以上论述对不可抗拒的强制和胁迫的区分提出了个人见解，具有一定的参考价值。

如前所述，在行为人受到捆绑等使人无法行动的物理强制的情况下，认定成立不可抗力，从而否定行为人具有他行为能力，一般是没有疑问的。但问题在于，在精神强制的情况下，能否成立不可抗力从而否定行为人具有他行为能力？对此存在争议。我认为，完全否认在精神强制的情况下可以成立不可抗力的观点，是值得商榷的。精神强制并不只是精神性的胁迫，在许多情况下是以暴力为后盾的。因此，物理强制和精神强制的区分标准有待进一步厘清。如果直接以暴力为后盾相胁迫，则应归为物理强制而不是精神强制；间接以暴力为后盾相胁迫，则应归为精神强制而不是物理强制。前者以即时暴力为内容，如果不服从，暴力即刻降临；后者以未来暴力为内容，如果不服从，暴力不会即刻发生。一般认为，抢劫罪中的暴力胁迫即以即时暴力为后盾，被害人因此会丧失意志自由；敲诈勒索罪中的暴力威胁则以未来暴力为后盾，被害人并不会因此而完全丧失意志自由。

根据以上标准进行分析，在前述夏伟业案中，虽然在实施被胁迫的行为时，夏伟业只是受到生命威胁，但事先夏伟业已经被歹徒绑架，处于丧失人身自由的状态。对此，将夏伟业的行为认定为是受到不可抗拒的强制的结果，是具有合理性的。夏伟业所面对的是会立即付诸实现的死亡威胁，从这种威胁尚未转化为现实的角度说，似乎仍停留在精神强制的层面，但是，如果夏伟业不对被害人实施强奸、杀害行为，就会直接面临自己被杀害的结局。就此而言，这种即时的生命威胁甚至比某些已经实施的暴力强制还要严重。在这种情况下，应当将夏伟业所面临的强制认定为以暴力为内容的物理强制。无论对物理强制和精神强制采取何种区分标准，对于以下这一点应该说是没有疑问的：在物理强制的情况下，行为人丧失了意志自由，欠缺他行为能力；在精神强制的情况下，虽然行为人的行为选择受到一定的外部制约，但行为人并没有完全丧失意志自由，仍然具有他行为能力。[①]

（二）利用他人的意外事件实施犯罪

如果说，利用他人的不可抗力实施犯罪是采用强制手段成立的间接正犯，那么，利用他人的意外事件成立的间接正犯，就是采用欺骗行为成立的间接正犯。例如，医生甲与病人乙有仇，一天在注射液内投入致命毒药，让护士丙为乙注射，结果乙被害死亡。在本案中，护士丙的行为虽然在客观上造成了乙的死亡，但丙对于死亡的原因是不能预见的。因此，乙的死亡对丙来说是意外事件。甲对于乙的死亡主观上具有杀人的故意，客观上虽然没有直接的杀人行为，但利用他人的意外事件实施杀人行为，属于间接正犯。在欺骗的情况下，被欺骗的人对行为性质产生认识错误，欺骗者就是利用这种他人的认识错误实施犯罪，因而欺骗对他人实施的犯罪具有意思支配，成立间接正犯。

---

① 关于他行为能力的进一步分析，参见陈兴良：《他行为能力问题研究》，载《法学研究》，2019 (1)。

第二节　间接正犯的形式

四、利用他人的合法行为实施犯罪

这里所谓合法行为，是指正当防卫、紧急避险等违法阻却事由。这些行为根据我国刑法的规定不负刑事责任，是合法行为。如果利用这些合法行为实施犯罪，被利用者不负刑事责任，利用者则构成间接正犯。因此，我国刑法中利用他人的合法行为实施犯罪，主要可以分为以下两种情形。

（一）利用他人的正当防卫实施犯罪

正当防卫是指为了国家、公共利益、本人或者他人的人身、财产权利免受正在进行的不法侵害而采取的制止不法侵害的行为。我国《刑法》第20条第1款规定了正当防卫的概念，第2款又对防卫过当做了规定。正当防卫只要没有超过必要限度就不负刑事责任，因此，正当防卫是公民享有的合法权利。在现实生活中，存在着利用他人正当防卫遂行本人的犯罪意图的情形。例如，甲对乙有仇，想置乙于死地，但又不想亲自下手，遂设一计，对乙谎称丙曾经在背后诽谤乙。乙听后勃然大怒，对丙进行不法侵害。但丙身强力壮，又曾从甲处得知乙将来寻衅，早已有所防备。因此，丙对乙实行正当防卫，致乙死亡。丙的行为没有超过正当防卫的必要限度，依法不负刑事责任，而甲则应对乙的死亡承担间接正犯的刑事责任。在上述案例中，甲设置陷阱，导致丙以正当防卫的方式置乙于死地。可以说，甲对整个事件都具有意思支配，其主要形式就是欺骗，使乙和丙陷于一方对另一方进行不法侵害和正当防卫的互害境地。

（二）利用他人的紧急避险实施犯罪

紧急避险是指为了国家、公共利益、本人或者他人的人身、财产和其他权利免受正在发生的危险，不得已采取的行为。我国《刑法》第21条第1款规定了紧急避险的概念，第2款又对避险过当做了规定。紧急避险只要没有超过必要限度就不负刑事责任，因此，紧急避险是公民享有的合法权利。在现实生活中，存在着利用他人紧急避险遂行本人的犯罪意图的情形。在这种情况下，实行者因为

第二十七章 共同犯罪的间接正犯

其行为属于紧急避险而不负刑事责任，但利用者应当认定为间接正犯。例如谭荣财、罗进东强奸、抢劫、盗窃案。① 2003年5月23日20时许，谭荣财、罗进东等在阳春市春城镇东湖烈士碑水库边，持刀对在此谈恋爱的蒙某、瞿某（女）实施抢劫，抢得蒙某230元、瞿某60元，谭荣财、罗进东各分得80元。抢劫后，谭荣财等用皮带反绑蒙某双手，用黏胶粘住蒙某的手腕，将蒙某的上衣脱至手腕处，然后威逼瞿某脱光衣服、脱去蒙某的内裤，强迫二人进行性交给其观看。蒙某因害怕，无法进行。谭荣财等人又令瞿某用口含住蒙某的生殖器进行口交。在口交过程中，蒙某趁谭荣财等人不备，挣脱皮带跳进水库并呼叫救命，方才逃脱。2003年5月期间，谭荣财、罗进东伙同他人先后在阳春市春城镇三桥等处先后5次持刀抢劫现金、手机等财物共计价值5 879元。2000年9月19日凌晨3时40分，谭荣财在阳春市圭岗镇明景游戏室，从屋顶揭瓦入室，将严仕章的一辆价值3 705元的轻骑Qm100-6摩托车盗走。

法院认为，谭荣财、罗进东等人以非法占有为目的，使用暴力手段劫取他人财物，其行为已构成抢劫罪；二被告人在抢劫过程中，违背妇女意志，使用暴力胁迫的手段，强迫他人与妇女发生性关系，其行为已构成强奸罪。谭荣财秘密窃取他人财物，数额较大，其行为已构成盗窃罪。谭荣财、罗进东参与抢劫多次，在共同抢劫犯罪中起主要作用，是主犯，应当按照其所参与的全部犯罪处罚。鉴于谭荣财在盗窃犯罪时未满18周岁，罗进东在参与的6次抢劫犯罪中，有4次作案时未满18周岁，依法应当对二被告人未满18周岁时参与的犯罪行为从轻处罚。二人犯数罪，依法应当数罪并罚。公诉机关指控的事实清楚，证据确实、充分，罪名成立，予以采纳。被告人谭荣财、罗进东的辩解、辩护意见不能成立，不予采纳。依照《刑法》第263条第（4）项，第236条第1款，第264条，第

---

① 参见曾昭光：《谭荣财、罗进东强奸、抢劫、盗窃案——强迫他人性交、猥亵供其观看的行为如何定性》，载最高人民法院第一、二、三、四、五庭主办：《刑事审判参考》，第63集，5~9页，北京，法律出版社，2008。

第二节 间接正犯的形式

25条，第26条第1款、第4款，第27条，第17条第1、3款，第55条第1款，第56条，第69条的规定，判决如下：

（1）被告人谭荣财犯抢劫罪，判处有期徒刑13年，剥夺政治权利3年，并处罚金人民币3 000元；犯强奸罪，判处有期徒刑9年；犯盗窃罪，判处有期徒刑10个月，并处罚金人民币1 000元；决定执行有期徒刑20年，剥夺政治权利3年，并处罚金人民币4 000元。

（2）被告人罗进东犯抢劫罪，判处有期徒刑11年，剥夺政治权利3年，并处罚金人民币3 000元；犯强奸罪，判处有期徒刑8年，决定执行有期徒刑18年，剥夺政治权利3年，并处罚金人民币3 000元。

一审宣判后，谭荣财、罗进东不服，提出上诉。谭荣财、罗进东上诉称，其强迫蒙某与瞿某发生性关系的目的是寻求精神上的刺激，调戏取乐，只是观看，没有强奸的故意和目的，原审法院定强奸罪有误，请求撤销原审法院的定罪量刑。

法院认为，谭荣财、罗进东以非法占有为目的，以暴力胁迫的手段劫取他人财物，其行为已构成抢劫罪；谭荣财采用秘密方法，入室窃取他人财物，数额较大，其行为构成盗窃罪。谭荣财、罗进东持刀胁迫二人脱光衣服，强迫二人性交，后又强迫瞿某口含蒙某生殖器再进行性交，其主观上是寻求精神上的刺激，调戏取乐，没有强奸的目的，客观上没有强奸行为，原审法院认定该行为构成强奸罪不当，应以强制猥亵妇女罪论处，故谭荣财、罗进东的该行为均已构成强制猥亵妇女罪。谭荣财、罗进东的该上诉理由成立，应予采纳。谭荣财、罗进东在本案中犯数罪，依法应数罪并罚。原审判决认定事实清楚，证据确实、充分，审判程序合法，但适用法律部分错误，定罪量刑部分不当。依照《刑事诉讼法》第189条第（2）项，《刑法》第263条第（4）项，第264条，第237条第1款，第17条第1款、第3款，第25条，第55条第1款，第56条，第69条的规定，判决如下：

（1）撤销阳春市人民法院（2003）春法刑初字第108号刑事判决的第一、二

项，即被告人谭荣财犯抢劫罪，判处有期徒刑13年，剥夺政治权利3年，并处罚金人民币3 000元；犯强奸罪，判处有期徒刑9年；犯盗窃罪，判处有期徒刑10个月，并处罚金人民币1 000元，决定执行有期徒刑20年，剥夺政治权利3年，并处罚金人民币4 000元。被告人罗进东犯抢劫罪，判处有期徒刑11年，剥夺政治权利3年，并处罚金人民币3 000元；犯强奸罪，判处有期徒刑8年，决定执行有期徒刑18年，剥夺政治权利3年，并处罚金人民币3 000元。

（2）上诉人（原审被告人）谭荣财犯抢劫罪，判处有期徒刑13年，剥夺政治权利3年，并处罚金人民币3 000元；犯强制猥亵妇女罪，判处有期徒刑3年；犯盗窃罪，判处有期徒刑10个月，并处罚金人民币1 000元，决定执行有期徒刑15年，剥夺政治权利3年，并处罚金人民币4 000元。

（3）上诉人（原审被告人）罗进东犯抢劫罪，判处有期徒刑11年，剥夺政治权利3年，并处罚金人民币3 000元；犯强制猥亵妇女罪，判处有期徒刑3年，决定执行有期徒刑13年，剥夺政治权利3年，并处罚金人民币3 000元。

在本案中，被告人谭荣财、罗进东对被害人蒙某、瞿某（女）两人构成抢劫罪并无争议。但对谭荣财、罗进东强迫蒙某、瞿某（女）两人实施的性交行为如何定罪，一审判决认定为强奸罪，二审判决改判为强制猥亵妇女罪。根据本案的裁判理由，之所以将一审判决认定的强奸罪改判为强制猥亵妇女罪，是因为本案被告人谭荣财、罗进东为追求精神刺激，先是希望通过强迫蒙某与瞿某性交来满足其低级欲望，因此可以认定此阶段行为中二被告人主观上有强奸瞿某的故意，客观上实施了威逼蒙某强奸瞿某的行为，上述行为已经符合强奸罪的构成要件，由于蒙某未能完成性交行为，则应认定为强奸未遂。在强奸未遂的情况下，二被告人又胁迫瞿某与蒙某口交，瞿某与蒙某的口交行为属于刑法意义上的猥亵行为，因此其后阶段实施的上述行为又符合强制猥亵妇女罪的构成要件。那么，是否应该按照强奸罪和强制猥亵妇女罪两个罪名对二被告人进行两罪并罚呢？裁判理由认为，犯罪构成是区分一罪与数罪的标准，通常情况下，一般是行为人的行为符合几个犯罪构成要件就构成几个罪名，分别对其各罪定罪量刑后进行并罚，

但对结合犯、结果加重犯、吸收犯、连续犯等情况，尽管行为人的行为构成形式上的数罪，但基于法律规定或刑法理论则应按一罪处断。本案二被告人基于寻求精神刺激这一目的、在同一时间段内强迫他人对同一行为对象先后实施强奸、猥亵行为的，符合刑法中的吸收犯成立要件，因此，应当依照吸收犯的处理原则，择一重处罚。本案涉及的强迫蒙某、瞿某（女）两人互相实施性交的行为如何定罪虽然是本案中的一个争议问题，然而本案更为重要的是被告人谭荣财、罗进东并未直接实施强奸、猥亵妇女行为，其强迫他人实施上述行为应当如何定罪处罚以及蒙某和瞿某的行为如何定性的问题。对此，本案裁判理由认为，一般情况下，强奸罪或强制猥亵妇女罪的行为人为满足性欲、追求性刺激，均亲自直接实施强奸或猥亵行为；但在特殊情况下，行为人不必直接实施实行行为，而让其他人代为实施强奸或猥亵行为，亦能达到宣泄性欲，或者追求其他目的的效果，如打击报复、羞辱被害人等。这种情况下，未直接实施实行行为的行为人实际上是利用其他人作为犯罪工具，其虽然没有亲自直接实施强奸、猥亵行为，但行为人本人仍然构成间接正犯，应当按照间接正犯处理。本案被告人谭荣财、罗进东为追求精神刺激，用暴力胁迫的方式，利用蒙某作为犯罪工具，强迫蒙某与瞿某先后发生性交行为和猥亵行为供其观看，其二人虽然没有亲自实施强奸、猥亵瞿某的行为，但强迫蒙某实施上述犯罪行为，实际是将无犯罪意图的蒙某作为犯罪工具实施了其二人本人意欲实施的犯罪行为，因此，对二人应当按间接正犯来处理。在本案中，蒙某和瞿某的行为则属于紧急避险。裁判理由指出：对于紧急避险，从权益衡量原理出发，允许为了保护较大的合法权益而牺牲较小的合法权益，并将之看作是对社会有益的行为；后者基于可期待性原理，对被胁迫参加犯罪的行为人只在量刑上予以适当考虑。在本案中，蒙某被他人持刀威胁，要求其和瞿某性交，否则蒙某、瞿某会遭受生命危险。蒙某在二人生命受到紧迫威胁的情况下，在没有其他方法避险的情况下不得已侵犯了瞿某的性权利，属于为了避免造成较大合法权益的损害而侵犯他人较小合法权益的行为，系紧急避险行为，不构成犯罪。

第二十七章　共同犯罪的间接正犯

本案是一个典型的胁迫他人实施犯罪的案件，在这种胁迫程度没有达到一定严重程度的情况下，被胁迫者仍然构成被胁迫之罪，只不过应当承担胁从犯的刑事责任。当这种胁迫达到较为严重程度，为避免遭受更大侵害在迫不得已的情况下实施犯罪的，被胁迫者构成紧急避险，胁迫者成立间接正犯。

五、利用他人的过失行为实施犯罪

我国刑法中的共同犯罪是二人以上共同故意犯罪。共同故意是共同犯罪的质的规定性之一，没有共同故意也就谈不上共同犯罪。因此，我国《刑法》第25条第2款规定："二人以上共同过失犯罪，不以共同犯罪论处；应当负刑事责任的，按照他们所犯的罪分别处罚。"那么，一人故意和一人过失的犯罪如何处罚？对此，我国刑法没有明文规定。根据我国刑法理论，二人不构成共同犯罪，应该分别处罚。因此，如果一人利用他人的过失行为犯罪，利用者应对犯罪行为承担故意犯罪的刑事责任，属于间接正犯，被利用者对该犯罪行为承担过失犯罪的刑事责任。例如，甲对乙有仇，意图枪杀乙。一天，丙向甲借枪，甲把装有子弹的枪借给丙，骗其枪中没有子弹，可以吓乙一跳。丙信以为真，朝乙开枪，乙中弹身亡。在本案中，甲主观上具有杀人的故意，客观上虽然没有直接实施杀人行为，但他是利用丙的过失行为杀人，因此构成间接正犯。丙则主观上具有疏忽大意的过失，客观上实施了杀人行为，其行为单独构成过失杀人罪。在外国刑法中，也有这样的立法例。例如《罗马尼亚刑法典》第31条（促成他人过失犯罪）第1款规定："故意教唆、促成或以任何方式帮助他人过失实施犯罪的，按故意犯此罪处罚"。

我国学者认为教唆他人实施过失行为的教唆犯，由于被教唆者行为是过失的，就不存在与教唆犯具有共同故意的问题，对于教唆者应根据其教唆过失行为的动机和目的进行分析，定罪量刑。例如，甲与丙乘车外出，巧遇乙开着车在前面行驶，顿起杀意。甲在明知道路情况不允许超车的情况下，千方百计怂恿，用激将法鼓动丙超车，结果将乙挤下山坡身亡。根据上述观点，甲应定为杀人罪，

负教唆杀人既遂的刑事责任；乙则只能按过失犯罪——交通肇事罪论处。① 这种观点认为，教唆他人实施过失行为的人是我国《刑法》第 29 条规定的教唆犯，而不是间接正犯。我认为，这种观点是不能成立的，因为它否定了间接正犯的存在，对我国《刑法》第 29 条规定的教唆犯的扩张解释是根本不符合立法原意的，因而是不妥的。

六、利用有故意无目的的工具实施犯罪

在共犯教义学中，所谓利用有故意无目的的工具实施犯罪，是指被利用者具有刑事责任能力并且故意实施某一犯罪行为，但缺乏目的犯中的必要目的的情形。这种间接正犯的类型与前述间接正犯存在较大的区别：在前述间接正犯的情形中，被利用者通常都不成立犯罪，因而在利用者与被利用者之间不可能存在共犯关系。因此，利用者如果不借助于被利用者实施的构成要件行为而认定为间接正犯，就难以为追究其刑事责任提供法理根据。然而，在利用有故意无目的的工具实施犯罪的间接正犯中，被利用者本身就构成故意犯罪。在这种情况下，为什么利用者与被利用者之间不是成立共犯，而是采用间接正犯的法理对利用者与被利用者分别定罪？这是一个值得研究的问题，也是利用有故意无目的的工具实施犯罪的间接正犯较为疑难复杂的原因。

对于利用有故意无目的的工具实施犯罪是否成立间接正犯，在我国刑法学界是一个具有争议的问题，主要存在两种观点：第一是肯定说，认为在利用无目的有故意的工具的情况下，利用者与被利用者之间不存在共同故意，利用者应成立间接正犯。② 第二是否定说，认为既然被教唆者具有犯罪的故意，那就证明他在

---

① 参见石刬：《刍议教唆犯成立共同犯罪的要件和单独论处》，载《法学与实践》，1985（6），44 - 45 页。

② 参见杨诚：《论教唆犯与间接实行犯的理论区别》，载《上海法学研究生论文集》，156 页，上海，上海市研究生法学协会、华东政法学院研究生会，1985。

第二十七章 共同犯罪的间接正犯

主观上是希望或放任危害结果的发生的，发生危害结果并非违背其意愿。因此，只要被教唆者存在着犯罪的故意，即使是在缺少目的这个要件的目的犯的情况下，对于教唆者也不应视为间接正犯。一般地说，根据具体情况理解为教唆犯更合理些。① 由此可见，我国刑法学界对于利用有故意无目的的工具实施犯罪是否成立间接正犯的观点并不统一。目前，德日刑法学界的通说承认在利用有故意的工具实施犯罪行为的情况下，利用者应成立间接正犯。例如，日本刑法学家福田平、大塚仁在论及间接正犯的构成范围时，明确地将目的犯被利用人缺乏目的的情形确认为间接正犯的形式。② 德国学者罗克辛对利用有故意无目的的工具实施犯罪的间接正犯法理的提出做了描述，指出："无目的的故意的工具"是一种来源于早期法律文本中占有型犯罪的设计方案。根据到1998年仍然有效的《德国刑法典》第242条、第246条、第249条的原文，盗窃、贪污与抢劫的前提条件是，正犯具有为"自己"违法占用这件财物的目的。现在，一名幕后人（洪某）要求一名幕前人（魏某）为他，也就是洪某，盗窃、贪污与抢劫一件财物时，根据主流意见与司法判决，魏某不可能是正犯，因为他并不想"自己"占有这件财物，而是为洪某占有的。相反，洪某应当是间接正犯，魏某是"无目的故意的工具"③。在这种利用有故意的工具实施犯罪的间接正犯的情况下，如何理解利用者对被利用者的意思支配，这是一个问题。正如德国学者指出："在通过无目的的或不合格的犯罪工具实施犯罪行为情况下，间接正犯的构成给行为支配理论出了难题。"④ 在这种情况下，罗克辛对这种类型的间接正犯做了否定，指出："这种方案（即将利用有故意的工具实施犯罪的情形认定为间接正犯——引者注）与

---

① 参见吴振兴：《论教唆犯》，73～74页，长春，吉林人民出版社，1986。
② 参见[日]福田平、大塚仁：《日本刑法总论讲义》，李乔等译，162页，沈阳，辽宁人民出版社，1986。
③ [德]克劳斯·罗克辛：《德国刑法学总论》，第2卷，王世洲主译，50页，北京，法律出版社，2013。
④ [德]汉斯·海因里希·耶赛克、托马斯·魏根特：《德国刑法教科书》，下，徐久生译，907页，北京，中国法制出版社，2017。

第二节 间接正犯的形式

行为控制理论不相一致。魏某仅仅具有对行为的实施具有控制，同时，洪某的贡献限制在要求执行行为构成的行为上。这样，由此由于教唆而恰如其分的惩罚，就会由于魏某缺乏的实行人身份而失败。"[1] 根据以上论述，罗克辛认为被利用者魏某不具有为"自己"犯罪的目的，其行为根本就不符合相关占有型犯罪的构成要件，不是合格意义上的正犯。既然如此，利用者洪某也就不能成立间接正犯。当然，前述《德国刑法典》对盗窃、贪污和抢劫等占有型财产犯罪为"自己"占有的目的的规定是极为特殊的。现在各国刑法典一般都规定为以非法占有为目的，这里的占有目的既包括为自己占有，也包括为他人占有。如果是在这种情况下，就不会因为被利用者因其主观上没有为"自己"占有的目的而不符合前述犯罪的构成要件，因而利用者不能成立间接正犯的问题。不过，即使是在上述这些目的犯中，罗克辛认为即使对占有目的没有限制于为"自己"占有，利用有故意的工具实施犯罪的情形也同样不符合以非法占有为目的的财产犯罪。罗克辛的论证思路是：以非法占有为目的并不要求贪利、谋好处、为自己利益等动机，亲手不受强制地偷走、侵占他人的财物就具备了非法占有目的。刑法规定"以非法占有为目的"不是基于共犯理论的考虑，而是为了区分其与盗用、毁弃行为的界限，因此构成要件的措辞并没有提供任何其他种类的正犯、共犯区分依据；在这种情况下也涉及外部世界的事件，以杀人、放火相同的方式予以支配。对此，我国学者评论指出："罗克辛讨论的情况实际上并非利用'无目的之故意工具'的情况，他所作的分析主要限于，应如何肯定这些情况下直接行为人具备'非法占有'的目的，而且在'以非法占有为目的'的目的犯中，只要实施的是盗窃行为，就具有了非法占有目的，因此这种情况下幕前者成立直接正犯，幕后者不可能比幕前者具有优越的认识，因此不可能具有错误支配，不可能成为间接正犯。"[2] 根据罗克

---

[1] [德] 克劳斯·罗克辛：《德国刑法学总论》，第 2 卷，王世洲主译，50 页，北京，法律出版社，2013。

[2] 廖北海：《德国刑法学中的犯罪事实支配理论研究》，161 页，北京，中国人民公安大学出版社，2011。

第二十七章 共同犯罪的间接正犯

辛的思路，利用有故意的工具实施犯罪是否成立间接正犯，根本就不在于非法占有目的，而在于利用者是否具有对被利用者的意思支配，罗克辛认为这种意思支配并不存在，因此利用者不是间接正犯，而是成立教唆犯。

应当指出，罗克辛的上述观点是以占有型财产犯罪为模型展开的，确有其道理。然而，刑法教义学中的目的犯可以分为两种，这就是断绝的结果犯和短缩的二行为犯。断绝的结果犯是指刑法将某种行为规定为犯罪，为了明确该种行为的法律性质，将一定的目的设定为该罪的构成要件要素。例如我国《刑法》第243条规定的诬告陷害罪，就是断绝的结果犯的适例。根据我国刑法规定，诬告陷害罪是指捏造事实陷害他人，意图使他人受刑事追究，情节严重的行为。本罪的构成要件行为是捏造事实陷害他人，然而仅此还不能构成本罪。本罪的构成要件还要求具有使他人受刑事追究的目的，但该目的所指向的刑事追究结果却并不是本罪的构成要件要素。因此，诬告陷害罪是行为犯而非结果犯。然而，该目的又对于认定行为性质具有规范功能，因而属于与行为并列的构成要件要素。正是在这个意义上，诬告陷害罪可以归之于断绝的结果犯。在断绝的结果犯中，目的的功能在于确定行为的性质，它与行为是紧密相联的，而不是独立于行为之外的主观实体。因此，在断绝的结果犯的情况下，利用无目的有故意的工具实施犯罪是不可能成立间接正犯的，因为该目的与行为直接关联，没有该目的犯罪就不能成立。正如我国学者指出：对于断绝的结果犯而言，通常实施了构成要件的行为，就实现了特定的目的，不可能存在利益无目的之故意工具的间接正犯。[①] 在这种利用断绝的结果犯实施犯罪的情况下，被利用者即使实施了构成要件的客观行为也因为不具有特定目的而不能成立某种故意犯罪。因此，利用者不成立间接正犯，那么，利用者的行为性质如何认定呢？对此，日本学者指出：在这种情况下，毋宁说是利用"无故意之工具"的情形。按照规范的障碍说，也可毫无障碍

---

① 参见廖北海：《德国刑法学中的犯罪事实支配理论研究》，162页，北京，中国人民公安大学出版社，2011。

第二节　间接正犯的形式

地肯定利用者的正犯性。① 也就是说，利用者应当成立直接正犯而非间接正犯。

相对于断绝的结果犯的目的犯而言，短缩的二行为犯在构造上是完全不同的：断绝的结果犯的目的实现行为是构成要件行为本身，而短缩的二行为犯的目的实行行为是构成要件行为之外的其他行为，但该行为并不是本罪的构成要件行为。短缩的二行为犯的目的犯根据其目的的功能可以分为两种情形：第一，目的的功能在于区分罪与非罪的界限。某种行为，只有具有特定的目的才成立犯罪。反之，犯罪不能成立。例如，我国《刑法》第152条规定的走私淫秽物品罪，刑法规定本罪以传播或者牟利为目的。显然，该目的是本罪成立的必备要件。如果没有该目的，则行为人虽具有走私淫秽物品的故意，但没有传播或者牟利的目的。利用这种情形实施犯罪的，利用者属于利用无目的有故意的工具的间接正犯。正如我国学者指出：在短缩的二行为犯中，如果没有特定目的，其行为的法益侵害性便没有达到值得科处刑罚的程度。因此，当有特定目的幕后者利用每一特定目的的直接行为人实施犯罪时，没有目的的直接行为人缺乏实质违法性认识，而幕后者具有实质违法性认识，故幕后者比直接行为人具有优越的认识，完全可能成立利用无目的之故意工具的间接正犯。② 第二，目的的功能在于区分轻罪与重罪。某种行为，如果没有目的也构成犯罪，但只是构成轻罪。如果具有特定目的，则构成相对较重的犯罪。例如，例如，甲出于破坏通讯设备的目的，教唆乙偷割正在使用中的电缆。乙说电缆正在使用，割了会破坏通讯。甲欺骗乙电缆早已报废，并使乙确信。乙出于非法占有的目的故意偷割了电缆，造成通讯中断的严重危害后果。在本案中，如果对甲以破坏通讯设施罪的教唆犯论处，将乙视为故意破坏通讯设施罪的正犯论处，则对乙来说，颇有客观归罪之嫌。我认为，乙的行为是想象竞合犯，一行为触犯过失破坏通讯设施罪与盗窃罪两个罪

---

① 参见[日]松原芳博：《刑法总论重要问题》，288页，北京，中国政法大学出版社，2014。
② 参见廖北海：《德国刑法学中的犯罪事实支配理论研究》，162页，北京，中国人民公安大学出版社，2011。

931

名。而甲则应以故意破坏通讯设施罪的间接正犯论处。在这种情况下，甲也是利用无目的有故意的工具的间接正犯。总之，应当肯定我国刑法中存在利用无目的有故意的工具的间接正犯。

七、利用无身份有故意的工具实施犯罪

利用无身份有故意的工具，在共犯教义学是与利用无目的有故意的工具相提并论的问题，然而，这两个问题在内容上存在一定的差别。利用无身份有故意的工具涉及身份犯，因而也往往在身份犯领域展开，其中包括两个问题：第一，有身份者利用无身份者实施有身份才能构成的犯罪；第二，无身份者利用有身份者实施有身份才能构成的犯罪。与间接正犯相关的应该是上述第一个问题。对于这个问题，在刑法教义学中存在较大争议。

关于利用无身份有故意的工具实施犯罪是否成立间接正犯，在德国刑法教义学中是按照罗克辛的义务犯理论展开的，因而其结论更倾向于否定说。如前所述，间接正犯是以罗克辛的意思支配说为根据的，因为间接正犯是支配犯的一种特殊情形。然而，义务犯是相对于支配犯而成立的另外一种犯罪类型，它不存在间接正犯的问题。义务犯是违反特定义务而成立的犯罪，义务犯的实行行为的自然形式是无关紧要的，问题的核心仅仅在于是否违反了义务，而不是违反义务的外部方式。[①] 罗克辛以《德国刑法典》第 120 条第 2 项规定为例进行说明。该项规定指出："行为人为公务员，或被认为担任公共勤务而对监所人犯之逃亡具有特殊义务者，处五年以下自由刑或者罚金。"本罪是纵放监所人犯罪，相当于我国刑法中的私放在押人员罪。根据我国《刑法》第 400 条的规定，私放在押人员罪是指司法工作人员私放在押的犯罪嫌疑人、被告人或者罪犯的行为。根据 2006 年 7 月 26 日最高人民检察院《关于渎职侵权犯罪案件立案标准的规定》第

---

① 参见何庆仁：《义务犯研究》，19 页，北京，中国人民大学出版社，2010。

9条规定:"私放在押人员罪是指司法工作人员私放在押(包括在羁押场所和押解途中)的犯罪嫌疑人、被告人或者罪犯的行为。涉嫌下列情形之一的,应予立案:1.私自将在押的犯罪嫌疑人、被告人、罪犯放走,或者授意、指使、强迫他人将在押的犯罪嫌疑人、被告人、罪犯放走的;2.伪造、变造有关法律文书、证明材料,以使在押的犯罪嫌疑人、被告人、罪犯逃跑或者被释放的;3.为私放在押的犯罪嫌疑人、被告人、罪犯,故意向其通风报信、提供条件,致使该在押的犯罪嫌疑人、被告人、罪犯脱逃的;4.其他私放在押的犯罪嫌疑人、被告人、罪犯应予追究刑事责任的情形。"在上述私放在押人员罪的构成要件行为中,就包括了授意、指使、强迫他人将在押的犯罪嫌疑人、被告人、罪犯放走的情形。在这种情况下,对司法工作人员并不是以间接正犯论处,而是直接以正犯论处。由此可见,我国刑法中的私放在押人员罪具有义务犯的性质。除此以外,我国刑法中的遗弃罪也具有义务犯的性质。根据我国《刑法》第261条的观点,遗弃罪是指对于年老、年幼、患病或者其他没有独立生活能力的人,负有抚养义务而拒绝扶养,情节恶劣的行为。本罪的主体是具有扶养义务的家庭成员,因此属于身份犯。同时,本罪的主体具有抚养义务而拒不履行抚养义务,因而属于义务犯。遗弃罪的构成要件不能从自然行为的观点理解,只有拒不履行抚养义务才构成本罪。因此,遗弃罪不可能利用无身份的故意工具而成立间接正犯。

综上所述,基于罗克辛的义务犯理论,义务犯的正犯性就体现在特定义务的违反上,而不是对因果流程的支配上,这是义务犯与支配犯的区别之所在。因此,罗克辛认为义务犯理论可以解决的、无法由犯罪支配理论解决的一个难题是:如何处理利用无身份的故意工具的情形。[①] 然而,义务犯理论也还存在其范围不清和界限不明等问题。例如,能否认为身份犯都是义务犯?如果身份犯并不都是义务犯,那么,身份犯中哪些情形成立义务犯?这些问题都是值得进一步研究的。我认为,并非所有的身份犯都是义务犯,也就是说,身份犯可以分为义务

---

① 参见何庆仁:《义务犯研究》,17页,北京,中国人民大学出版社,2010。

第二十七章 共同犯罪的间接正犯

犯的身份犯与支配犯的身份犯。只有义务犯的身份犯才不能利用无身份的故意工具而成立间接正犯。但如果说是支配犯的身份犯，则完全可以利用无身份的故意工具而成立间接正犯。例如，受贿罪的主体是国家工作人员，显然属于身份犯。那么，受贿罪可以归属于义务犯吗？我认为，受贿罪虽然是身份犯，但它并不是义务犯，其构成要件行为不能通过违反特定义务加以代替，还是要对利用职务上的便利索取或者收受财物的行为进行说明。在这个意义上说，受贿罪属于身份犯的支配犯，可以利用无身份的故意工具成立间接正犯。例如，国家工作人员指使非国家工作人员（通常是其家属）向有关人员索要财物，后者收受财物。在这种情况下，有身份的国家工作人员并没有实施收受财物的行为，而只是教唆他人收受财物，因此，其不具备受贿罪的构成要件行为。而无身份的非国家工作人员虽然实施了收受财物的行为，但因为无身份而不能成立受贿罪的正犯。对于这种案例应当如何处理？日本学者以公务员 X 让妻子 Y 代收贿赂为例进行了讨论，认为在这种利用"无身份有故意的工具"的场合，通说一直认为，X 属于受贿罪的间接正犯，Y 属于受贿罪的从犯。但是，由于介入了对犯罪事实不缺少认识、可以成立受贿罪之从犯的 Y，按照规范的障碍说，就难以认定 X 为间接正犯；按照该日本学者的观点，只要没有其他特别情况，也难以认定是 X 让 Y 完全按照自己的意思实施了行为。为此，规范的障碍说的部分论者认为，X、Y 分别成立受贿罪的教唆犯、从犯。但这种观点受到了强烈的批判：承认"无正犯之共犯"，超出了现行刑法的共犯规定。这样一来，现在有力的观点主张，X 与 Y 应成立受贿罪的（共谋）共同正犯。而且，也有观点开始主张，贿赂的"收受"，是指利益的归属主体所实施的一种观念上的行为，因而 X 属于亲自收受了贿赂的直接正犯。[①] 由此可见，在日本刑法学界对于该问题的观点可谓五花八门，莫衷一是。

我国刑法学界对无身份者利用有身份者实施有身份才能构成的犯罪问题主要

---

① 参见［日］松原芳博：《刑法总论重要问题》，288 页，北京，中国政法大学出版社，2014。

第二节 间接正犯的形式

存在以下两种观点：第一种观点认为，在有身份者利用无身份者实施有身份才能构成的犯罪的情况下，有身份者成立身份犯的间接正犯，无身份者则以间接正犯的帮助犯论处。例如我国学者指出：无身份者既然不能成为真正身份犯的实行者，有身份者教唆或者帮助他人犯罪，不过是把他人作为"无身份有故意的工具"来利用，这正符合间接正犯的要求。间接正犯是正犯，无身份者便利于间接正犯犯罪行为的实施，符合帮助犯的要求。所以将有身份者作为间接正犯、无身份者作为从犯（帮助犯）是能够自圆其说的。[1] 第二种观点认为，有身份者的间接正犯和无身份者的帮助犯是自相矛盾的。因为间接正犯之提出本是从反面否定共犯存在的理论，即无论行为人是有故意的工具，还是无故意的工具，其结果都是利用者与被利用者不成立共同犯罪，因而在存在间接正犯的情况下，无法同时存在间接正犯的帮助犯的情形。[2] 上述两种观点结论不同，然而其论证的焦点并不完全是同一问题。第一种观点意在解决利用无身份的故意工具能否成立间接正犯的问题，但第二种观点则重点解决间接正犯是否具有帮助犯的问题。此外，我国学者还基于义务犯理论，明确得出否定利用无身份的故意工具可以成立间接正犯，指出："无身份的故意工具至少对义务犯而言是毫无裨益的概念，有义务者总是在利用无身份的故意工具时就已经违反了自己的义务，因而成立义务犯的直接正犯，完全不必再画蛇添足地借用所谓的'无身份的故意工具'获得一种间接正犯性。"[3] 如果是在身份犯等同于义务犯的情况下，当然完全可以摒弃无身份的故意工具的间接正犯的命题。然而，如果身份犯不能等同于义务犯，则无身份的故意工具的间接正犯这一命题仍然具有一定的理论价值。间接正犯是一个理论范畴，没有法律依据，但它又对法律适用具有一定意义，在我国刑法理论中应予保留。例如，被告人张文俊，男，51岁，系北京汇众公司下属汇众金属表面合

---

[1] 参见马克昌主编：《犯罪通论》，3版，587页，武汉，武汉大学出版社，1999。
[2] 参见赵秉志、许成磊：《贿赂罪共同犯罪问题研究》，载《国家检察官学院学报》，2002（2）。
[3] 何庆仁：《义务犯研究》，232页，北京，中国人民大学出版社，2010。

第二十七章 共同犯罪的间接正犯

金化工厂厂长。被告人修启新,男,52岁,系北京汇众公司下属汇众金属表面合金化工厂副厂长。1995年年底,汇众公司出资60万元设立汇众金属表面合金化工厂,该厂为独立法人实体,由张文俊任厂长、法人代表,修启新任副厂长。该厂为股份制企业,张文俊、修启新等人以技术入股,占有25%的股份。1996年,汇众公司购买了一辆切诺基汽车,配发给汇众金属表面合金化工厂使用,产权属汇众公司,购车后向中国人民保险公司海淀支公司办理保险,投保人和受益人均为汇众公司。1996年12月26日,朝阳区三建东宝建筑公司工程队负责人万雨平因汇众金属表面合金化工厂拖欠其工程费4万余元,本人到该厂将切诺基汽车强行开走。张文俊随即向青龙桥派出所报案,该所称因此事属于经济纠纷,未予受理。张文俊遂伙同修启新,于当晚向海淀分局刑警队报案,谎称汽车当天放在工厂院内时丢失,后又向汇众公司谎报。汇众公司遂向中国人民保险公司海淀支公司索赔。1997年6月,保险公司向汇众公司支付理赔款12万元。在这个案件处理中,司法机关存在以下三种意见:第一种意见认为,张文俊、修启新的行为构成保险诈骗罪。理由是:张文俊、修启新以非法获取保险金为目的,利用保险进行诈骗活动,向保险人骗取保险金,数额较大,符合保险诈骗罪的特征,应认定为保险诈骗罪。第二种意见认为,张文俊、修启新的行为构成诈骗罪。理由是:保险诈骗罪的主体是特殊主体,即投保人、被保险人和受益人。本案中张文俊、修启新二人不属上述三种人的任何一种,不符合保险诈骗罪的主体要件,故不构成保险诈骗罪,而构成诈骗罪。第三种意见认为,张文俊、修启新的行为不构成犯罪,理由是,向保险公司索赔是由汇众公司进行的,张文俊、修启新并未参与,没有实施诈骗行为,从而不构成犯罪。[①] 以上三种意见似乎各有其理,但又都不能从根本上解决被告人张文俊、修启新的定罪根据问题。其实,在此引入间接正犯的概念,定罪问题就迎刃而解了。张文俊、修启新诈骗案,如果不借助于间接正犯的概念,就难以得出正确的定罪结论。因为就向保险公司诈骗而言,

---

[①] 参见陈兴良主编:《刑法疑案研究》,67页以下,北京,法律出版社,2002。

两被告人并未参与,没有保险诈骗行为。而就普通诈骗罪而言,两被告人只是向汇众公司谎报汽车丢失,并未诈骗汇众公司的财物。就此而言,似乎两被告人的行为不构成犯罪。但实际情况是,在本案中,保险公司的保险金被诈骗,其财产受到损失。两被告人是利用汇众公司诈骗保险公司,这是一种间接实行的诈骗犯罪,应以间接正犯论处。但在间接正犯的情况下,到底是保险诈骗罪还是诈骗罪呢?保险诈骗罪虽然是身份犯,但无身份者与有身份者实施诈骗行为均可构成犯罪,只是构成不同犯罪而已。在这种情况下,我认为,利用者可以构成这种不纯正身份犯的间接正犯。因此,两被告人应定保险诈骗罪。由于当时我国司法实践中间接正犯尚是一个陌生的概念,因而北京市海淀区人民法院对于本案被告人张文俊、修启新分别以诈骗罪判处有期徒刑各1年,并处罚金1万元。由此可见,间接正犯的法理对于解决司法实践中的疑难案件具有指导意义。虽然我国刑法并没有规定间接正犯,但它是刑法教义学的成果,完全可以适用于具体案件的分析。当然,间接正犯理论本身具有一定的复杂性,尤其是涉及间接正犯与其他正犯和共犯的区分,对此应当从法理上加以深入研究。

第三节　间接正犯的认定

一、间接正犯与亲手犯的区别

在认定间接正犯的时候,我们必须明确:间接正犯的存在不是绝对的与无条件的。当然,对于这个问题在刑法理论上尚有争论。例如,在身份犯的情况下,没有特定身份的人不可能直接实行这种犯罪,但是否可以利用具有特定身份的人而成为间接正犯呢?对此,刑法理论上存在三种观点:第一是肯定说,认为一切犯罪莫不可以成立间接正犯,纵属以一定的身份为成立要件的犯罪,若没有身份的人,利用有身份而无责任能力的人实施犯罪,该无身份的人仍为间接正犯。第

第二十七章　共同犯罪的间接正犯

二是否定说，认为犯罪以一定身份为成立要件的，没有这种身份就与要件不合，纵利用有身份而无责任能力的人实施犯罪，其自身亦不能成立该罪。第三是折中说，认为以一定的身份为成立要件的犯罪，无身份者对此可否成立间接正犯，应视身份对于犯罪的性质而决定。凡依法律的精神，可推知该项处罚规定是专对具有一定身份的人而设的，则无此身份的人不能成为直接正犯，亦不得成为间接正犯。反之，以身份为要件的犯罪，其身份仅为侵害法益事项发生的要件的，则无身份的人仍可利用有身份的人以完成侵害法益的事实，而无妨于犯罪的成立，应认为可以成立该罪的间接正犯。[①]

我认为，在上述三说中，肯定说认为一切犯罪都存在间接正犯，无疑是不适当地扩大了间接正犯的范围。例如，受贿罪的主体是国家工作人员，如果非国家工作人员在国家工作人员不知情的情况下，利用国家工作人员职务上的便利为第三者谋利益并收受财物，按照肯定说，该非国家工作人员应以受贿罪的间接正犯论处。而受贿罪是渎职犯罪，那么，该非国家工作人员无职可渎，焉能以渎职论罪？显然，在认定间接正犯的时候，如果根据肯定说，就会混淆罪与非罪的界限，因而是不妥的。否定说认为在身份作为构成要件的犯罪中一概没有间接正犯存在的余地，可以说是不适当地缩小了间接正犯的范围。例如，强奸罪的主体是男子，如果女子教唆丧失辨认和控制能力的男子强奸妇女，按照否定说，该女子不能构成强奸罪的间接正犯，因而不以犯罪论处。而在这种情况下，该女子主观上具有利用他人强奸妇女的犯罪故意，客观上使被害妇女遭到强奸，其行为的法益侵害性已经达到犯罪的程度，应以犯罪论处。所以，将该女子解释为强奸罪的间接正犯，使之承担强奸罪的刑事责任是合适的。显然，在认定间接正犯的时候，如果根据否定说，也会混淆罪与非罪的界限，因而是错误的。在我看来，对于以身份作为构成要件的犯罪能否成立间接正犯，应该区别对待：在纯正身份犯是由法定身份构成的情况下，没有特定身份的人不可能利用具有特定身份的人实

[①] 参见韩忠谟：《刑法原理》，增订14版，295～296页，台北，台湾大学法学院，1981。

施这种犯罪而构成间接正犯。而在纯正身份犯是由自然身份构成的情况下,没有特定身份的人可以利用具有特定身份的人实施这种犯罪而构成间接正犯。因此,我认为折中说是可取的。之所以会发生这种情况,根本原因就在于:法定身份是法律赋予的,法定身份构成的纯正身份犯对社会关系的侵犯只能由具有这种身份的人亲自实施才能实现。例如渎职,是以有职为前提的,否则就谈不上渎职。而自然身份是自然赋予的,自然身份构成的纯正身份犯对社会关系的侵犯可以借助于他人的行为实现,而不必亲自实施。例如强奸,女子虽没有强奸的能力,但可以利用男子强奸被害妇女,使妇女的性权利受到侵害。

由上观之,间接正犯的存在是有一定限制的。在共犯教义学中,为了将间接正犯限制在一定范围内,而把不能构成间接正犯的各种犯罪涵括在一定的概念之内加以理解,亲手犯就是适应这一需要而出现的一个概念。因此,亲手犯是以承认间接正犯为前提的,所以否认间接正犯的刑法学家对亲手犯当然是持排斥态度的。同时,亲手犯还是以限制间接正犯为己任的,所以认为在一切犯罪中都存在间接正犯的刑法学家,对亲手犯也持否定的态度。我则认为,亲手犯的概念还是具有一定积极意义的,在刑法教义学中存在具有一定的必要性。

那么,什么是亲手犯呢?所谓亲手犯,是指以间接正犯的形式不可能犯的犯罪。换言之,为了它的实现,以由行为人亲自实行为必要,利用他人不可能实现的犯罪。亲手犯与间接正犯是互相消长的,如果扩张亲手犯的范围,必然缩小间接正犯的范围;反之亦然。在刑法教义学中,一般认为亲手犯存在于下列各种犯罪之中。

(一)身份犯

身份犯有纯正身份犯与不纯正身份犯之别。在不纯正身份犯的情况下,身份是刑罚轻重的事由,因此,仍然可以成立间接正犯,而不属于亲手犯。纯正身份犯是否属于亲手犯也不能一概而论。如前所述,只有由法定身份构成的纯正身份犯才是亲手犯,由自然身份构成的纯正身份犯不是亲手犯。

（二）目的犯

目的犯是指以行为人主观上的特定目的为构成犯罪的要件的犯罪。没有这种特定目的，就不可能构成犯罪。在目的犯的情况下，具有特定目的的人可以利用没有特定目的的人实施犯罪而构成间接正犯。但如果是没有特定目的的人就不可能利用他人构成目的犯的间接正犯。因此，在这种情况下，目的犯是亲手犯。

（三）不作为犯

不作为犯是指以一定的作为义务作为构成犯罪的要件的犯罪。没有这种特定义务，就不可能构成犯罪。在不作为犯的情况下，没有特定义务的人可以利用具有特定义务的人实施不作为犯罪而构成间接正犯。例如，没有特定义务的甲利用谎言欺骗扳道工乙，使其未能履行职责，致使火车颠覆，甲就是间接正犯。但如果是具有特定义务的人就没有必要利用他人实施犯罪，因为只要其本人身体状态之静止，就足以构成犯罪。因此，在这种情况下，不作为犯就是亲手犯。

二、间接正犯与教唆犯的区别

在间接正犯的全部理论中，间接正犯与教唆犯的区别可以说是一个最复杂也最重要的问题。在我国刑法学界，关于间接正犯与教唆犯的区别，存在以下两种观点。第一种观点认为，两者的根本区别在于：对于间接正犯来说，被利用者的身体活动是特殊形态的犯罪工具。而对于教唆犯来说，被教唆者的犯罪活动则不具备这一特点。① 第二种观点认为，两者的实质区别在于间接正犯能以其独立犯罪直接造成具体结果的方式危害社会，而不是像教唆犯那样以制造共犯的方式危害社会。两者的形式区别在于构成要件的不同，间接正犯的构成是正犯的构成，

---

① 参见吴振兴：《论教唆犯》，73页，长春，吉林人民出版社，1986。

第三节 间接正犯的认定

主观上具有利用他人实行犯罪的故意，而不是像教唆犯那样制造他人的犯意。[1]我认为，上述两种观点对间接正犯与教唆犯的区别是分别从被利用者或被教唆者与利用者或教唆者这两个方面展开的。第一种观点从被利用者或被教唆者的意义上区分间接正犯与教唆犯，而第二种观点则从利用者或教唆者的意义上区分间接正犯与教唆犯。因此，尽管两种观点都言之有理，但从论证的完整性上说，都不无欠缺。我认为，应该取上述两种观点之长，从被利用者或被教唆者与利用者或教唆者的统一上，对间接正犯与教唆犯的区别作出圆满的解释。

从被利用者或被教唆者的意义上说，在间接正犯的情况下，无论被利用者是没有刑事责任能力的人还是故意或者过失的犯罪人，都是间接正犯用来实现其犯罪意图的工具。而在教唆犯的情况下，被教唆者是教唆犯在共同犯罪活动中的同伙，两者之间存在共犯关系。

从利用者或教唆者的意义上说，在间接正犯的情况下，利用者主观上具有利用他人犯罪的故意，这是一种实行的故意；客观上具有利用他人犯罪的行为，这是一种实行的行为。从主观和客观的统一上说，间接实行犯具有正犯的构成。可以认为，间接正犯与直接正犯相比，只存在形态上的差别性，而具有质的同一性。因此，尽管刑法没有关于间接正犯的明文规定，仍可直接依照刑法分则的规定对间接正犯定罪量刑。而在教唆犯的情况下，教唆者主观上具有教唆故意，客观上具有教唆行为，其犯罪构成是非正犯的构成——修正的构成，它必须依照刑法总则对共同犯罪的有关规定结合刑法分则的条文，才能对教唆犯定罪量刑。

把以上两个方面的内容结合起来，我们可以将间接正犯与教唆犯的区别归结为以下这个结论：间接正犯是在利用他人犯罪的故意的支配下将他人作为实现本人犯罪意图的工具，而教唆犯是在教唆他人犯罪的故意的支配下以共同犯罪的形式实现本人的犯罪意图。

---

[1] 参见杨诚：《论教唆犯与间接正犯的理论区别》，载《上海市法学研究生论文集》，154 页，上海，上海市研究生法学协会、华东政法学院研究生会，1985。

为了使间接正犯与教唆犯的区别具体化,下面我们根据法律规定加以阐述。教唆没有达到刑事责任年龄的人或没有刑事责任能力的人犯罪,十分类似于教唆犯,但由于在这种情况下,被教唆的人不构成犯罪,两者之间不发生共同犯罪关系,因而是间接正犯。从法律特征上说,间接正犯根本不同于教唆犯:教唆犯没有自己独立的罪名和刑罚,教唆他人盗窃就定为教唆盗窃罪,教唆他人杀人就定为教唆杀人罪,各按其在共同犯罪中的作用处罚。一般来说,由于被教唆的人是具有刑事责任能力、达到法定刑事责任年龄的人,具有正常的思维能力,因而其实施犯罪虽起因于教唆,本人仍应负主要责任。所以,除教唆不满18周岁的人犯罪,对教唆犯应依法从重处罚以外,对其他教唆犯一般都承担轻于正犯的刑事责任。而在间接正犯的情况下,由于其承担刑事责任的直接性,以其教唆的犯罪定罪,教唆他人盗窃,就定为盗窃罪,教唆他人杀人就定为杀人罪,一如其本人盗窃与杀人,各按我国刑法分则所规定的盗窃罪和杀人罪的刑度予以处罚。而且由于间接正犯陷人以罪、逃避制裁的特点,一般应从重处罚。间接正犯也不同于在被教唆的人没有犯被教唆的罪的情况下的教唆犯,即教唆犯的未遂犯。两者的共同之处在于都是单独犯罪,不同之处在于教唆未遂仍以教唆犯定罪,而且我国《刑法》第29条第2款明文规定可以从轻或者减轻处罚。而间接正犯则还是根据其承担刑事责任的直接性原则,以其所教唆的犯罪定罪,并应从重处罚。

三、间接正犯与帮助犯的区别

间接正犯与帮助犯也极易混淆,例如,利用他人的过失行为犯罪,利用者在形式上类似于帮助犯。其实不然。间接正犯与帮助犯存在本质区别,这种区别在于:由于间接正犯和被利用者的行为之间不发生共犯关系,或者被利用者的行为不被认为是犯罪,所以间接正犯从外表上好像是帮助他人犯罪,实质上则对于他人的行为具有支配性,是在利用他人犯罪。所以,应对他人实施的犯罪行为承担完全的刑事责任。而帮助犯在共同犯罪中起辅助作用,在我国刑法中被认为是从

犯，它对于正犯具有一定的从属性，法益侵害性较小。因此我国《刑法》第 27 条第 2 款规定，应当从轻、减轻处罚或者免除处罚。

第四节　间接正犯的处罚

正确地认定间接正犯，目的在于处罚。而间接正犯的处罚又涉及一些其他方面的问题，不能不一并加以研究。

一、间接正犯的着手标准

在直接正犯的情况下，以本人的实行行为的着手为犯罪的着手，不会发生任何疑问。例如，以刀杀人，犯罪分子举刀向被害人砍去的这一时刻，就是犯罪的着手。而在间接正犯的情况下，犯罪分子不是直接向被害人下手，而是利用他人加害于被害人。在这种情况下，如何认定间接正犯的着手，就成为一个值得研究的问题。

在共犯教义学中，关于间接正犯的着手标准，存在以下三种观点。第一种观点认为，被利用者行为的着手就是间接正犯的着手。第二种观点认为，利用者行为的着手是间接正犯的着手，而不以被利用者的行为为转移。第三种观点认为，间接正犯的着手不可一概而论，应区别对待：在一般情况下应以利用者行为的着手为间接正犯的着手，但在利用有故意的工具的情况下，则应以被利用者的着手为间接正犯的着手。① 上述第一种观点被认为是客观说，此说认为被利用者的行为就是间接正犯的犯罪行为，因此，间接正犯的着手标准应求诸被利用者的行为。第二种观点被认为是主观说，此说认为间接正犯在利用他人犯罪的故意的支

---

① 参见马克昌：《日、德刑法理论中的间接正犯》，载《法学评论》，1986（2），67 页。

配下开始实施利用他人的行为,是间接正犯的着手。至于第三种观点,被认为是折中说,主张以主观说为主,客观说为辅。上述三种观点对间接正犯着手标准认识上的差别,可能导致对同一行为的截然相反的结论。例如,在利用者已经着手、被利用者尚未着手而未得逞的情况下,根据客观说,这是间接正犯的预备犯;而根据主观说,这是间接实行犯的未遂犯。又如,利用有故意的工具的间接正犯,如果利用者已经着手,被利用者尚未着手而未得逞的情况下,根据主观说,这是间接正犯的未遂犯;而根据折中说,这是间接正犯的预备犯。

那么,在认定间接正犯的着手时,到底以什么为标准呢?我认为,间接正犯是实行犯的特殊形态,因此,间接正犯的着手无异于实行行为的着手。由此可以得出结论,在利用他人犯罪的故意的支配下,开始实施利用他人犯罪行为,就是间接正犯的着手。在这个意义上说,我主张主客观统一说。间接正犯的着手应以利用者行为的着手为标准,我的结论与主观说相同,但出发点却完全不同。主观说将被利用者的行为视为间接正犯的行为,因而从利用者的主观上寻找着手的标准。在将被利用者的行为视为间接正犯的行为这一点上,主观说与客观说并无二致,而我认为这是违背间接正犯的构成原理的。间接正犯是独立的正犯,它对于被利用者没有任何从属性,只有利用行为才是间接正犯的构成要件的行为,至于被利用者的行为,正如有的刑法学家所指出的,不过是利用行为与结果间之中间现象而已[1],简单地说,就是利用者实现犯罪结果的"中介"。所以,主观说的结论虽然正确,前提却不妥,客观说则前提与结论都错误。折中说对不同的间接正犯的形态采取不同的着手标准,其具体理由尚未见系统阐述,而放弃间接正犯的着手的统一标准,受到一些刑法学家的非难[2],但论据也不够充分。我理解,折中说之所以主张在利用有故意的工具的情况下,间接正犯的着手应以被利用者的行为为标准,就是因为被利用者的行为是故意犯罪行为,相当于共同犯罪中的

---

[1] 参见韩忠谟:《刑法原理》,增订14版,295页,台北,台湾大学法学院,1981。
[2] 参见[日]大塚仁:《注解刑法》,日文版,298页。

正犯。而根据客观主义的共犯从属性理论，应以正犯的着手为共同犯罪的着手。我认为，根据我国共犯教义学，这种观点是不能成立的。我国刑法中的教唆犯，应以教唆犯的教唆行为的着手为教唆犯着手的标准，而不以正犯的着手为转移。间接正犯与教唆犯相比，对被利用者具有完全的独立性，那就更没有理由将被利用者的行为的着手作为间接正犯着手的标准。

二、间接正犯的认识错误

间接正犯的认识错误，主要是指对被利用者的认识错误，即以间接正犯的故意，将具有刑事责任能力的人作为没有刑事责任能力的人，或将达到法定刑事责任年龄的人作为没有达到法定刑事责任年龄的人予以利用。在这种情况下，发生了主观与客观的矛盾：从主观上说，应属于间接正犯；从客观上说，起教唆犯的作用，应以教唆犯论处。那么，究竟应如何定性呢？关于这个问题，在刑法理论上主要存在以下三说：第一是主观说，认为应以行为人的意思为准，以决定利用者究竟应负教唆罪责，抑或应负间接正犯的罪责。第二是客观说，认为应以客观的事实为准，以实际上所发生的侵害事实为基准，判断行为人有无与此事相符的犯意，因而认为间接正犯的错误，应依其行为的客观意义对利用者定性。第三是折中说，主张应一并考虑利用者行为之主观面与客观面，认为利用者基于间接正犯的意思，使适合于教唆犯之事态，应以教唆犯论处。[①]

我认为，在一般情况下，行为人对其行为的法律性质的认识错误并不影响其行为的法益侵害性的有无以及应否对其追究刑事责任。而行为人对其行为的事实认识错误，则可能影响行为的性质。间接正犯的错误属于对事实的认识错误中的对象错误，或者说是一种特殊形态的对象错误。那么，这种对象错误是否影响行为的性质呢？从行为的后果上看，利用行为使他人产生了犯意而去实施犯罪，因

---

① 参见陈朴生、洪福增：《刑法总则》，253页，台北，五南图书出版公司，1982。

而这种行为还是具有法益侵害性的,应以犯罪论处。但到底是以间接正犯论处还是以教唆犯论处,则需要根据行为的性质加以判断。我认为,在这种情况下,对行为人应以间接正犯论处,因而主观说是可取的。但在具体论证上,我们还是应该坚持主观与客观相统一的原则。也就是说,在间接正犯对被利用者发生了错误认识的情况下,利用者主观上具有利用他人犯罪的间接正犯的故意,客观上实施了利用行为,尽管其行为客观上所起的是教唆作用,也不影响行为的性质。客观说与折中说都认为应以教唆犯论处,但教唆犯的成立除未遂以外是以他与被教唆的人具有共同故意为前提的。那么,在间接正犯的认识错误的情况下,利用者与被利用者之间是否存在共同故意呢?回答是否定的。由此可以得出结论,在间接正犯的认识错误的情况下,对利用者应以间接正犯论处,被利用者构成犯罪的,依法单独论处。

三、间接正犯的刑事责任

间接正犯既然是特殊形态的正犯,就应对其直接依照刑法分则的有关条文定罪量刑,这就是对间接正犯处罚的直接性原则。

间接正犯虽然没有直接实施犯罪行为,但由于他通过中介实施犯罪行为这一特点,表明其往往把未达到法定责任年龄的人、无责任能力的精神病人、无罪过之行为人等充当犯罪工具,以逃避法律制裁,具有较大的法益侵害性。因此,由间接正犯直接承担刑事责任正是罚当其罪,也充分体现了我国刑法中的罪刑均衡的基本原则。

第二十八章

共犯行为的正犯化

共犯行为的正犯化是以正犯与共犯的区分制为逻辑前提的，在此基础上，立法机关将某些共犯规定为正犯，由此扩张正犯的范围而限缩共犯的范围。如果采用扩张的正犯概念，则正犯概念中已经包含共犯行为，因而共犯行为的正犯化这个命题本身就难以成立。共犯行为的正犯化的立法现象，在某种意义上也可以说是共犯与正犯区分制的一种证明。对于共犯行为的正犯化进行深入研究，是共犯教义学的应有之义。

第一节 共犯行为正犯化概述

一、共犯行为正犯化的概念

正犯与共犯在行为实体上存在区分，这是区分制的事实根据之所在。在规范特征上，正犯是刑法分则规定的，而共犯则是刑法总则规定的，由此形成正犯与共犯的二元制。例如，强奸罪的正犯行为是指采用暴力、胁迫或其他手段，强行

第二十八章　共犯行为的正犯化

与妇女发生性关系的行为。实施该行为的是强奸罪正犯，而教唆或者帮助他人实施强奸罪正犯行为的则是强奸罪的共犯。在强奸罪共犯与正犯之间，存在着构成要件内容上的明显区别。然而，在晚近立法中越来越多地出现共犯行为正犯化的立法例。这里所谓共犯行为正犯化是指立法机关将实体上的共犯行为规定为正犯，这个意义上的正犯可以说是规范上的正犯而非实体上的共犯，因而是一种拟制的正犯。

正犯与共犯的区分具有相对性，虽然从是否被刑法分则规定为构成要件行为的意义上来说，正犯与共犯之间的区分具有确定的规范标准，然而，如果从实体性质上来说，正犯与共犯之间的区分只能在一定意义上来说是成立的，在另外意义上则可能是不成立的。例如，我国《刑法》第125条规定的非法买卖枪支罪，其构成要件行为包括出卖枪支与购买枪支，属于彼此俱罪的对合犯。假如甲以杀人为目的向乙购买枪支，而乙明知甲具有杀人故意而将枪支出卖给甲。在这种情况下，甲乙构成买卖枪支罪的共犯，甲另外构成故意杀人罪。那么，乙是否同时还构成故意杀人罪共犯的想象竞合犯呢？如果答案是肯定的，则出卖枪支行为在一定情况下具有共犯行为正犯化的性质。在正犯化以后，对乙的行为只能认定为买卖枪支罪，对故意杀人罪的共犯不再另行定罪。通过以上案例可知，不同罪名之间都可能存在相关性，包括正犯与共犯之间的竞合。立法机关之所以将买卖枪支行为设立为罪名，其保护的法益在于公共安全，而我国刑法中的公共安全罪不同于其他国家刑法中的公共危险罪，公共安全实际上包含了对个人人身法益与财产法益的内容，因而具有超越个人法益的优先保护价值。在这种情况下，就不能在共犯行为正犯化的意义上理解我国刑法中的买卖枪支罪的立法规定。

应当指出，共犯行为正犯化中的正犯与直接以组织、教唆或者帮助等行为为实体内容的正犯是不同的。共犯行为正犯化中的正犯本来是共犯，如果刑法分则没有规定，则其应当按照刑法总则的规定，以某一正犯的共犯论处。因此，共犯行为正犯化的前提是具有共犯性。例如《刑法》第287条之二规定的帮助信息网络犯罪活动罪，从罪名就可以看出，被帮助的行为是信息网络犯罪，因而该帮助

行为即使没有《刑法》第 287 条之二的规定，它本来就可以作为信息网络犯罪的共犯论处。但刑法将这种帮助信息网络活动的行为从共犯中抽离出来，设置为独立犯罪，因而从共犯转化为正犯。而刑法分则以组织、教唆或者帮助为实体内容的正犯行为则不具有共犯性，也就是说，如果刑法分则没有规定，则其就不能作为犯罪论处。这是因为在该种情况下，组织、教唆或者帮助的对象本身不是犯罪行为，因而其犯罪性不是来自这些行为对象，而是来自行为本身。例如，教唆他人吸毒罪的教唆行为，因为在我国刑法中吸毒行为本身不构成犯罪，因而教唆他人吸毒的教唆行为并不成立教唆犯。因此，如果刑法分则没有将教唆他人吸毒行为设置为犯罪，则其不能从属于正犯而成立共犯。在这个意义上说，这种教唆行为直接就是正犯，而不是共犯行为正犯化的正犯。

二、共犯行为正犯化的争议

随着我国共犯行为正犯化立法的发展，我国刑法学界对共犯行为正犯化现象进行了理论研究，并由此而出现两种不同的评价：第一是否定说。该说认为共犯行为正犯化违背了共犯与正犯区分的基本法理，破坏了构成要件定型化功能，进而违反了罪刑法定主义。共犯与正犯概念的划分就是为了实现正犯概念构成要件定型化的功能，实行行为的类型化、定型化是实现罪刑法定主义的必然选择，是法治国的基本要求。在限制正犯概念下，实行行为与非实行行为属于两种截然不同的犯罪参与类型，是泾渭分明的。正犯与共犯区分的实质客观说混淆了构成要件观点，而基于量刑的需要将共犯正犯化，彻底混淆了犯罪参与类型和程度，是对刑法基本理论立场的背叛。[1] 第二是肯定说。该说认为，网络时代的到来导致犯罪空间的位移、犯罪类型的异化，为了弥补处罚上的漏洞或者现有处罚上的疲软，帮助型正犯立法逐渐在网络犯罪领域适用和推广，尤其是中立帮助行为的正

---

[1] 参见阎二鹏：《共犯行为正犯化及其反思》，载《国家检察官学院学报》，2013 (3)。

第二十八章 共犯行为的正犯化

犯化问题。以上均体现了犯罪预防的刑事政策导向。该立法一方面提前了刑罚处罚的时点，正犯化后其脱离了共犯从属性，具备了独立可罚的不法内涵，在"质"上无须以正犯的构成要件符合性、违法性为前提，重点放在帮助行为自身的危险性，以及与法益侵害之间的重要因果关系上。在"量"上，其可罚性没有正犯者达到未遂阶段的要求。另一方面，该立法扩大了刑事处罚的范围，原先将其作为帮助犯处理时，间接帮助犯以及帮助犯的未遂形态通说认为处罚是不必要的，如今直接作为正犯的共犯形态和未完成形态处理，其有法益侵害的威胁，处罚必要性增加。肯定帮助型正犯立法的价值在于防范风险，以实现犯罪预防的目的，毕竟，不同于自由主义时期个人和国家之间的对立关系，在风险社会，表现的是犯罪与个人及共同体的对立，因此，个人对共同体的依附性越来越强，国家通过立法来防控风险、预防犯罪，维护社会的安全和稳定。立法的实践也表明了这样的立场，帮助型正犯立法适用的扩大主要是对侵害国家安全、公共安全以及社会管理秩序的法益保护。然而，仍然应该恪守刑法谦抑的秉性。[1] 在以上两种观点中，否定说是从正犯与共犯的关系会受到破坏的角度对帮助行为的正犯化提出质疑，而肯定说则是从刑法应对风险社会挑战的刑事政策的关切对帮助行为正犯化予以肯定。显然，两种观点侧重的关注点是有所不同的，这也决定了两种观点各说各话，并未形成直接的对峙与交锋。

我认为，立法具有较强的自主性，并不完全受到刑法教义学原理的束缚，因而单纯地从正犯与共犯的关系论证帮助行为正犯化的否定立场是显得轻忽的。事实上，立法机关更为重视的是完成立法使命，对于刑事立法来说，就是及时有效地应对犯罪，因而立法机关往往把应对犯罪的功利目的放在首位。在这种情况下，还是应当肯定帮助行为正犯化的立法的合理性。至于帮助行为正犯化是否会破坏正犯与共犯的关系，对此不能采取过于理想化的预期。因为在刑法中，任何

---

[1] 参见童德华、陆敏：《帮助型正犯的立法实践及其合理性检视》，载《湖南师范大学社会科学学报》，2018（1）。

原则规定都有例外规定，所有一般规定都有特殊规定，而原则与例外、一般与特殊是相辅相成的关系，并不能以原则规定否定例外规定，以一般规定否定特殊规定。例如，预备行为是刑法总则规定的修正的构成要件行为，但在刑法分则中存在预备行为正犯化的立法例。这些例外或者特殊立法例的出现，具有其一定的现实需要，因而不能只是从逻辑上对此进行否定。当然，即使帮助行为正犯化是必需的、合理的，它也还是应当遵循一定的原理，避免滥用。综上所述，对帮助行为正犯化我赞同肯定说。例如目前网络销售迷奸药的案件时有发生，这种药品中含有毒品成分，具有致人昏迷的效果。行为人销售含有毒品的迷奸药，这种药品属于毒品，因而其销售行为构成贩卖毒品罪。但如果该种药品不是毒品，而是一般的违禁品，购买者利用这种药品既可能实施强奸犯罪，也可能实施抢劫犯罪，因此，这种销售行为就具有中立帮助行为的性质。销售者应当以购买者所实施的具体犯罪的共犯论处。但在形式对象是不特定的、在多人购买的情况下，购买者中既有用于强奸犯罪的，又有用于抢劫犯罪的，对于销售者如何定罪就成为一个难题。在这种情况下，中立帮助行为正犯化就具有一定的合理性。

第二节　共犯行为正犯化的形式

在我国刑法中，共犯行为正犯化立法例的数量较多，下面根据组织行为的正犯化、教唆行为的正犯化和帮助行为的正犯化分别加以论述。

一、组织行为的正犯化

组织行为的正犯化是指将作为共犯的组织行为规定为正犯。组织犯在我国刑法的共犯分类中虽然没有明确被规定为独立的一种类型，然而它被主犯所涵盖。

第二十八章　共犯行为的正犯化

组织犯是聚众犯罪和集团犯罪，尤其是有组织犯罪中的主犯。这个意义上的组织犯是共犯，其应当对所组织的犯罪行为承担责任。然而，我国刑法设置了组织罪，将组织、领导、参加某种犯罪的行为直接规定为正犯，如果该组织又实施其他犯罪的，应当实行数罪并罚。我国刑法中的组织罪包括两种情形，这就是《刑法》第120条规定的组织、领导、参加恐怖组织罪和《刑法》第294条规定的组织、领导、参加黑社会性质组织罪。这两种犯罪涉及恐怖主义组织和黑社会性质组织，立法机关将组织、领导、参加上述两种组织的行为直接规定为正犯行为。在这个意义上说，这是最为典型的组织行为正犯化的立法例。除此以外，我国刑法中的组织行为的正犯化的立法例还包括以下情形。

（1）《刑法》第103条规定的分裂国家罪中包含组织行为，并将之与策划、实施行为并列。由此可见，分裂国家罪中的组织行为被正犯化，其不再是共犯行为而是正犯行为。

（2）《刑法》第104条规定的武装叛乱罪和武装暴乱罪中包含组织行为，并将之与策划、实施行为并列。由此可见，武装叛乱罪和武装暴乱罪中的组织行为被正犯化，其不再是共犯行为而是正犯行为。

（3）《刑法》第105条规定的颠覆国家政权罪中包含组织行为，并将之与策划、实施行为并列。由此可见，颠覆国家政权罪中的组织行为被正犯化，其不再是共犯行为而是正犯行为。

（4）《刑法》第318条规定的组织他人偷越国（边）境罪中包含组织行为，该组织行为本来是偷越国（边）境罪的组织犯，但刑法将其正犯化，成为与偷越国（边）境罪相对应的犯罪。

（5）《刑法》第364条规定的组织播放淫秽音像制品罪中包含组织行为，该组织行为本来是传播淫秽物品罪的组织犯，但刑法将其正犯化，成为与传播淫秽物品罪相对应的犯罪。

二、教唆行为的正犯化

教唆行为的正犯化是指将作为共犯的教唆犯规定为正犯。教唆犯作为共犯并不参加具体犯罪的实施,而是以制造犯意、唆使他人犯罪为特征,其在这个意义上与正犯存在实体内容上的区分。但立法机关在某些情况下将教唆行为规定为正犯,对于这种教唆犯不再按照刑法总则的共犯论处,而是以正犯论处。我国刑法中的教唆行为的正犯化的立法例包括以下情形。

(1)《刑法》第103条第2款规定的煽动分裂国家罪中的煽动是指以语言、文字、图像等方式对他人进行鼓动、宣传,意图使他人相信其所煽动的内容,或者意图使他人去实施所煽动的行为。[①] 由此可见,煽动其实就是教唆,其本人并不直接实施分裂国家的行为,而是唆使他人实施分裂国家的行为,因而煽动分裂国家罪是分裂国家罪的教唆犯。刑法将这种教唆行为正犯化,规定为独立罪名。

(2)《刑法》第105条第2款规定的煽动颠覆国家政权罪,其煽动方法包括造谣、诽谤或者其他方法,这也是一种教唆行为,是颠覆国家政权罪的教唆犯。刑法将这种教唆行为正犯化,规定为独立罪名。

(3)《刑法》第373条规定的煽动军人逃离部队罪,这里的煽动是一种教唆行为,是我国刑法规定的逃离部队罪的教唆犯。刑法将这种教唆行为正犯化,规定为独立罪名。

三、帮助行为的正犯化

帮助行为的正犯化是指将作为共犯的帮助犯规定为正犯。帮助犯所实施的是帮助行为,这里的帮助是指为他人实施犯罪提供便利条件的行为。因此,帮助行

---

① 参见胡康生、李福成主编:《中华人民共和国刑法释义》,114页,北京,法律出版社,1997。

为不同于正犯行为，它在犯罪中只是起辅助作用。但立法机关在某些情况下将帮助行为规定为正犯，对这种帮助犯不再按照刑法总则的共犯论处，而是以正犯论处。在我国刑法中，帮助行为正犯化可以分为两种情形：第一是同一犯罪的帮助行为正犯化。例如协助组织卖淫罪中的协助行为是对组织卖淫罪的帮助行为，因而属于同一犯罪的帮助行为的正犯化。第二是同类犯罪的帮助行为的正犯化。例如帮助信息网络犯罪活动罪中的帮助行为是对网络犯罪的帮助，而我国刑法中的网络犯罪属于同类犯罪。我国刑法中网络犯罪分为针对计算机信息系统的网络犯罪、利用计算机网络实施的传统犯罪和妨害网络业务、网络秩序的犯罪。因此，网络犯罪的帮助行为涉及我国刑法中的众多罪名。在我国司法实践中，既有对破坏计算机信息系统罪等狭义上的网络犯罪的帮助行为，又有对网络诈骗、网络盗窃等广义上的网络犯罪的帮助行为。同类犯罪帮助行为的正犯化，具有不同于同一犯罪帮助行为正犯化的复杂性与特殊性。我国刑法中的帮助行为的正犯化的立法例包括以下情形。

(1)《刑法》第107条规定的资助危害国家安全犯罪活动罪，这里的资助是指明知他人进行危害国家安全的犯罪活动，而向其提供金钱、物品、通信器材、交通工具等，以用于危害国家安全的犯罪，使犯罪分子得到物质上的帮助，更加有恃无恐地进行危害国家安全的犯罪活动。[1] 因此，所谓资助是一种物质上的帮助。立法机关将这种帮助行为正犯化，规定为独立罪名。

(2)《刑法》第285条第3款规定的提供侵入、非法控制计算机信息系统程序、工具罪，这是《刑法》第285条第1款和第2款规定的非法侵入计算机信息系统罪和非法获取计算机信息系统数据、非法控制计算机信息系统罪的帮助犯，该帮助行为表现为提供专门用于侵入、非法控制计算机新系统的程序、工具，或者明知他人实施侵入、非法控制计算机信息系统的违法犯罪行为而为其提供程序、工具的行为。立法机关将这一帮助行为正犯化，规定为独立罪名。

---

[1] 参见胡康生、李福成主编：《中华人民共和国刑法释义》，119页，北京，法律出版社，1997。

(3)《刑法》第287条之二规定的帮助信息网络犯罪活动罪，这里的帮助是指明知他人利用信息网络实施犯罪，而为其犯罪提供互联网接入、服务器托管、网络存储、通讯传输等技术支持，或者提供广告推广、支付结算等行为。本罪的帮助行为是信息网络犯罪的帮助犯，立法机关将其正犯化，规定为独立罪名。

(4)《刑法》第358条第4款规定的协助组织卖淫罪，这里的协助是指为他人组织卖淫提供便利条件的行为。2017年7月21日最高人民法院、最高人民检察院《关于办理组织、强迫、引诱、容留、介绍卖淫刑事案件适用法律若干问题的解释》第4条规定："明知他人实施组织卖淫犯罪活动而为其招募、运送人员或者充当保镖、打手、管账人等的，依照刑法第三百五十八条第四款的规定，以协助组织卖淫罪定罪处罚，不以组织卖淫罪的从犯论处。在具有营业执照的会所、洗浴中心等经营场所担任保洁员、收银员、保安员等，从事一般服务性、劳务性工作，仅领取正常薪酬，且无前款所列协助组织卖淫行为的，不认定为协助组织卖淫罪。"协助组织卖淫罪本来是组织卖淫罪的帮助犯，但立法机关将这种帮助行为正犯化，规定为独立罪名。

第三节　共犯行为正犯化的类型

我国刑法中的共犯行为正犯化存在两种情形：第一是司法的共犯行为正犯化，第二是立法的共犯行为正犯化。共犯行为正犯化呈现出从司法的共犯行为正犯化到立法的共犯行为正犯化的演变趋势。尤其是在网络犯罪领域，共犯行为正犯化的趋势较为明显。在某种意义上说，共犯行为的正犯化在一定程度上打破了正犯与共犯之间的界限，从而使得部分共犯脱离对正犯的从属性，获得了一定的独立性，这对于传统的建立在从属性基础之上的正犯与共犯的区分制具有一定的冲击。

第二十八章 共犯行为的正犯化

一、司法的共犯行为正犯化

我国学者提出了共犯行为正犯化解释的思路。其背景是在关于网络犯罪的司法解释中，存在这种所谓共犯行为正犯化解释的表现。例如2010年2月2日最高人民法院、最高人民检察院《关于办理利用互联网、移动通信终端、声讯台制作、复制、出版、贩卖、传播淫秽电子信息刑事案件具体应用法律若干问题的解释（二）》[以下简称《解释（二）》]第3条规定的利用互联网建立主要用于传播淫秽电子信息的群组行为，第4条规定的以牟利为目的，网站建立者、直接负责的管理者明知他人制作、复制、出版、贩卖、传播的是淫秽电子信息，允许或者放任他人在自己所有、管理的网站或者网页上发布行为，第5条规定的网站建立者、直接负责的管理者明知他人制作、复制、出版、贩卖、传播的是淫秽电子信息，允许或者放任他人在自己所有、管理的网站或者网页上发布行为，第6条规定的电信业务经营者、互联网信息服务提供者明知是淫秽网站，为其提供互联网接入、服务器托管、网络存储空间、通讯传输通道、代收费等服务，并收取服务费行为，《解释（二）》规定"以传播淫秽物品牟利罪定罪处罚"。但第7条规定的明知是淫秽网站，以牟利为目的，通过投放广告等方式向其直接或者间接提供资金，或者提供费用结算服务，《解释（二）》规定"以制作、复制、出版、贩卖、传播淫秽物品牟利罪的共同犯罪处罚"。由此可见，第3条至第6条是将帮助性质的共犯行为规定为以正犯论处，而第7条则规定以共犯论处。这种措辞上的区分反映了司法解释制定者对两种不同行为的区分对待，因而将第3条至第6条的司法解释理解为是共犯行为正犯化的司法解释具有一定的根据。正如我国学者指出："认真分析上述司法解释所确立的定罪规则可以发现，该解释对于'互联网群组的建立者和管理者'、'网站建立者和直接负责的管理者'、'电信业务经营互联网信息业务提供者'这三类传播淫秽物品行为的网络技术支持的提供者，直接作为传播淫秽物品罪、传播淫秽物品牟利罪的正犯加以评价和制裁，不

第三节 共犯行为正犯化的类型

再考虑其所帮助的、实际在网络中传播淫秽物品的行为人是否构成犯罪的问题，不再以传播淫秽物品罪、传播淫秽物品牟利罪的共犯来对相关的技术帮助行为进行定性评价，从而在司法实践中减少了烦琐的、对于具体传播淫秽物品行为加以认定的步骤，能够更为有效地评价和制裁危害性更大的传播淫秽物品的网络帮助行为，这显然也是遵循了'共犯行为的正犯化解释'的整体思路。"[1] 虽然我国司法实践和立法规定对共犯行为正犯化的举措具有一定的青睐，因为它能够解决司法实践中的定罪难题，然而，在刑法学界对于共犯行为正犯化的观点还是存在不同见解。例如我国学者对共犯行为正犯化的司法解释提出了质疑，认为对所谓网络共犯行为认定为共犯而非直接认定为相关犯罪的正犯（实行犯）不仅可以做到罪刑均衡，而且可以保证实行行为的类型性、定型性，而不至于与罪刑法定原则相冲突。[2] 因此，所谓共犯行为正犯化的解释现象需要进一步反思。

应该说，对共犯行为在没有解释为正犯的情况下，仍然是可以按照共犯定罪的，那么，司法解释所谓共犯行为正犯化解释的意义又何在呢？这是一个值得分析的问题。当然，司法解释中出现的共犯行为正犯化解释现象主要发生在网络犯罪，这是由网络犯罪的特殊性所决定的。网络犯罪不同于发生在现实空间的犯罪，它具有弥散化、疏离化和技术化的特征。在通常情况下，帮助犯是对正犯的帮助，因而共犯与正犯之间的关系较为密切，是所谓熟人之间的关系，帮助行为对于正犯的从属性特征表现得更为明显。然而，随着网络技术在网络空间的广泛应用，虽然每个人只是网络上的一个点，但陌生人之间却可以依赖网络技术而发生密切的关系。在这种情况下，帮助行为的独立性得以彰显，尤其是技术支持具有专业性和经营性，帮助者与正犯之间不是一对一的关系，而是一对多的关系，以技术支持为内容的网络帮助行为在很大程度上独立于正犯，因而独立成罪确实具有其一定的合理性。

---

[1] 于志刚：《传统犯罪的网络异化研究》，369页，北京，中国检察出版社，2010。
[2] 参见阎二鹏：《共犯行为正犯化及其反思》，载《国家检察官学院学报》，2013（3）。

二、立法的共犯行为正犯化

当然,共犯行为正犯化的司法解释并不能解决网络技术帮助的独立成罪问题,而只是将共犯的帮助解释为正犯行为,两者仍然属于同一犯罪之关系。在这种情况下,沿着共犯行为正犯化解释的思路继续向前推进,就会得出共犯行为正犯化立法的结论。我国学者对共犯行为的正犯化立法做了论述,指出:"所谓共犯行为的正犯化,是指帮助行为的正犯化,也就是指将共同犯罪中处于共犯地位的帮助犯提升到正犯的地位,使得原来的帮助犯脱离赖以依存的正犯而独立构成新罪。在刑事立法层面上实现帮助行为的正犯化,有助于对网络空间的技术帮助行为进行有效的评价和制裁,这将是今后因对网络犯罪所需要采取的立法方案之一。"[1] 确实,我国刑法立法是按照这一思路完成网络犯罪的共犯行为正犯化的立法。2015年的《刑法修正案(九)》增设的《刑法》第287条之二的帮助信息网络犯罪活动罪,在一定程度上说,就是将上述共犯行为正犯化解释的规定予以立法确认的结果。例如,立法机关明确将《刑法修正案(九)》增设的《刑法》第287条之二的修改主旨确定为增加明知他人利用信息网络实施犯罪,为其提供技术支持、广告推广、支付结算等帮助的犯罪,因而其是帮助犯的正犯化的立法适例,并且指出:"在刑法修正案(九)草案研究过程中,有关方面建议在刑法中对各种网络犯罪帮助行为作出专门规定,以便准确、有效地打击各种网络犯罪帮助行为,保护公民人身权利、财产权利和社会公共利益,维护信息网络秩序,保障信息网络健康发展。"[2] 由此可见,共犯行为正犯化的司法解释和共犯行为正犯化的立法规定之间存在一定的承继关系。

---

[1] 于志刚:《传统犯罪的网络异化研究》,388页,北京,中国检察出版社,2010。
[2] 全国人大常委会法制工作委员会刑法室编著,雷建斌主编:《〈中华人民共和国刑法修正案(九)〉解释与适用》,165页,北京,人民法院出版社,2015。

虽然我国司法实践和立法规定对共犯行为正犯化的举措具有一定的青睐，因为它能够解决司法实践中的定罪难题，然而，在刑法学界对于共犯行为正犯化的观点还是存在不同见解。例如我国学者对共犯行为正犯化的司法解释提出了质疑，认为对所谓网络共犯行为认定为共犯而非直接认定为相关犯罪的正犯（实行犯）不仅可以做到罪刑均衡，而且可以保证实行行为的类型性、定型性，而不至于与罪刑法定原则相冲突。[1]需要注意的是，这是对共犯正犯化的司法解释以及相关理论的批评，因为当时共犯行为正犯化的立法尚未出台。

我认为，我国刑法中的共犯行为正犯化存在两种不同的形态：第一是司法的共犯行为正犯化；第二是立法的共犯行为正犯化。虽然两者都称为共犯行为正犯化，但其实内容与结果完全不同。司法的共犯行为正犯化对于正犯与共犯仍然以同一之罪论处，只是将某罪的共犯解释为正犯。而立法的共犯行为正犯化则对共犯另行成罪，与其相对应的正犯不是同一之罪。因此，这两种共犯行为正犯化是完全不同的。由于其他国家并不存在类似我国的司法解释制度，因而其所谓共犯行为正犯化只能是指立法的共犯正犯化而并不包含司法的共犯行为正犯化。应该说，司法的共犯行为正犯化是难以成立的，而且也超越了司法解释的权限，因而并不妥当。至于立法的共犯行为正犯化则在必要的情况下具有一定的合理性。这里所谓必要，是指共犯具有专业性和营利性的情况下，帮助行为的独立评价具有必要性。在这个意义上，可以采用共犯行为正犯化的立法。然而，有些共犯行为正犯化的立法是没有必要的，例如我国《刑法》第358条在组织卖淫罪之外，另行设立独立的协助组织卖淫罪，这种共犯行为正犯化的立法纯属多余。

第四节　共犯行为正犯化的界定

共犯行为正犯化以后，给如何处理单独设立的正犯罪名与共犯的关系带来一

---

[1] 参见阎二鹏：《共犯行为正犯化及其反思》，载《国家检察官学院学报》，2013（3）。

第二十八章 共犯行为的正犯化

定的问题,因而需要从共犯教义学上对共犯行为正犯化进行研究。在我国刑法中,帮助信息网络犯罪活动罪可以说是帮助行为正犯化的典型立法例。在此,我以帮助信息网络犯罪活动罪为例,对网络犯罪中的共犯行为正犯化的相关问题进行探讨。

一、共犯行为正犯化的判断标准

共犯行为正犯化是一种立法现象,立法具有拟制性,在拟制立法的情况下,法律规定的内容可以背离事实,是对事实评价的一种创制。在共犯行为正犯化的立法中,就事实本身来说,被正犯化的行为是共犯行为而非正犯。但立法机关将这种共犯行为拟制为正犯。那么,共犯行为正犯化的标准是什么?也就是说,符合什么条件,某种共犯行为才能被认定为已经拟制为正犯?这是一个值得研究的问题。

根据我国《刑法》第287条之二的规定,帮助信息网络犯罪活动罪是指明知他人利用信息网络实施犯罪,为其犯罪提供互联网接入、服务器托管、网络存储、通讯传输等技术支持,或者提供广告推广、支付结算等帮助,情节严重的行为。从法条规定来看,本罪的帮助行为可以分为三种情形:第一是技术支持。技术支持包括互联网接入、服务器托管、网络存储、通讯传输。这里的互联网接入是指为他人提供访问互联网或者在互联网发布信息的通路。服务器托管是指将服务器及相关设备托管到具有专门数据中心的机房。网络存储通讯传输是指用户直接传输信息的通路。技术支持具有专业性和专门性,因而主要是针对互联网接入服务提供商等专业机构,或者其他具有专门技术的机构或个人。第二是提供广告推广的帮助。这里的广告推广是指帮助本罪主体做广告,拉客户,获得广告收入。第三是提供支付结算的帮助。这里的支付结算是指向他人出售、出租银行卡,提供各种资金的支付结算便利。这里应当指出,只有上述三种帮助行为,才能构成帮助信息网络犯罪活动罪,而不是所以对信息网络犯罪活动的帮助行为都

第四节 共犯行为正犯化的界定

可以构成本罪。因此，本罪的客观行为范围具有严格的法律限制。以上三种行为就其事实属性而言，是对信息网络犯罪活动的帮助行为，本来在刑法分则没有明文规定的情况下，对它完全可以按照其所帮助的信息网络犯罪的共犯论处。然而，立法机关出于某种立法目的，在刑法分则中对这种帮助行为做了罪状和法定刑的规定，由此完成了从共犯向正犯的转变。

  我国学者对于网络帮助行为是否都属于共犯的帮助行为还存在不同见解。例如我国学者认为，网络帮助行为可以分为共犯的帮助行为与非共犯的帮助行为两种情形，采用非共犯的独立化解释思路，可以认为《刑法》第287条之二的帮助信息网络犯罪活动罪是将共犯与非共犯这两种类型的帮助行为容纳在一个法条之中。[①] 这种观点的独特性在于提出了非共犯的帮助行为的概念，并将这些所谓非共犯的网络犯罪帮助行为纳入帮助信息网络犯罪活动罪的范围，由此跳出了局限在共犯行为正犯化范围内讨论帮助信息网络犯罪活动罪的现象。当然，这一观点的难点在于：共犯的帮助行为与非共犯的帮助行为之间如何界分？在我国共犯教义学的语境中，共犯的帮助行为所指内容明确，而非共犯的帮助行为则通常是指容留他人吸毒罪等对非犯罪的帮助行为的情形。在我国《刑法》第287条之二第1款规定的帮助信息网络犯罪活动罪中，立法机关明确规定以明知他人利用信息网络实施犯罪为主观要素。2019年10月21日最高人民法院、最高人民检察院《关于办理非法利用信息网络、帮助信息网络犯罪活动等刑事案件适用法律若干问题的解释》第11条规定，为他人实施犯罪提供技术支持或者帮助，具有下列情形之一的，可以认定行为人明知他人利用信息网络实施犯罪，但是有相反证据的除外：(1) 经监管部门告知后仍然实施有关行为的；(2) 接到举报后不履行法定管理职责的；(3) 交易价格或者方式明显异常的；(4) 提供专门用于违法犯罪的程序、工具或者其他技术支持、帮助的；(5) 频繁采用隐蔽上网、加密通信、销毁数据等措施或者使用虚假身份，逃避监管或者规避调查的；(6) 为他人逃避

[①] 参见江溯：《帮助信息网络犯罪活动罪的解释方向》，载《中国刑事法杂志》，2020 (5)。

监管或者规避调查提供技术支持、帮助的;(7)其他足以认定行为人明知的情形。司法解释对明知采取了推定的认定方法,在行为人具备上述情形的前提下,可以直接认定其主观上具有对他人利用信息网络实施犯罪的明知。在具有这种明知的情况下,网络犯罪帮助行为的共犯性质是难以否定的。例如赵瑞帮助信息网络犯罪活动案。被告人赵瑞经营的网络科技有限公司的主营业务为第三方支付公司网络支付接口代理。赵瑞在明知申请支付接口需要提供商户营业执照、法人身份证等五证信息和网络商城备案域名,且明知非法代理的网络支付接口可能被用于犯罪资金走账和洗钱的情况下,仍通过事先购买的企业五证信息和假域名备案在第三方公司申请支付账号,以每个账号收取2 000元至3 500元不等的接口费将账号卖给他人,并收取该账号入金金额千分之三左右的分润。2016年11月17日,被害人赵某被骗600万元。其中,被骗资金50万元经他人账户后转入在第三方某股份有限公司开户的某贸易有限公司商户账号内流转,该商户账号由赵瑞通过上述方式代理。对于本案,浙江省义乌市人民法院判决认为:被告人赵瑞明知他人利用信息网络实施犯罪,为其犯罪提供支付结算的帮助,其行为已构成帮助信息网络犯罪活动罪。被告人赵瑞到案后如实供述自己的罪行,依法可以从轻处罚。以帮助信息网络犯罪活动罪判处被告人赵瑞有期徒刑7个月,并处罚金人民币3 000元。该判决已发生法律效力。在本案中,赵瑞在明知他人从事网络诈骗犯罪的情况下,仍然为他人提供支付结算的帮助,该帮助显然是共犯的帮助,因此,非共犯的网络犯罪帮助行为这个概念的事实基础是存在疑问的。

在我国刑法学界对于帮助信息网络犯罪活动罪是否属于共犯行为正犯化的立法仍然存在争议,通说认为这是帮助行为正犯化的立法例。因为本罪行为本来是帮助,而帮助行为属于共犯,应当以其所帮助的正犯的犯罪性质定罪。然而,我国刑法将此种帮助行为设置为独立罪名,从而转变为正犯,因而这是典型的帮助行为正犯化的立法例。[①] 另一种观点是量刑规则。该种观点认为帮助信息网络犯

[①] 参见刘艳红:《网络犯罪帮助行为正犯化之批判》,载《法商研究》,2016(3)。

罪活动罪不是帮助行为正犯化，仍然属于帮助犯，只是因为刑法分则条文对该帮助犯设置独立的法定刑，所以排除刑法总则关于从犯（帮助犯）处罚规定的适用。[1] 我国学者张明楷教授提出帮助行为绝对正犯化、帮助行为相对正犯化与帮助犯的量刑规则三种情形：所谓帮助行为绝对正犯化是指帮助犯已经被分则条文提升为正犯，与其他正犯没有任何区别，只不过分则条文可能使用了"帮助""资助""协助"等用语的情形。所谓帮助行为相对正犯化，是指帮助犯是否被提升为正犯不可一概而论，需要独立判断帮助行为是否值得科处刑罚的情形。换言之，在这种场合，帮助犯既可能被正犯化，也可能没有被正犯化。在没有其他正犯的场合，帮助犯是否值得处罚，取决于该帮助行为本身是否侵害法益以及侵害的程度。所谓帮助犯的量刑规则，是指帮助犯没有被提升为正犯，帮助犯依然是帮助犯，只是因为分则条文对其规定了独立的法定刑，而不再适用刑法总则关于帮助犯（从犯）的处罚规定的情形。论者认为，我国《刑法》第287条之二第1款规定的帮助信息网络犯罪活动罪，就属于量刑规则。[2] 我认为，上述观点对帮助行为正犯化设立了过于复杂而烦琐的标准。帮助行为本来是共犯行为，从属于正犯而存在，这里的从属包括罪名从属与处罚从属。也就是说，作为共犯的帮助犯是由刑法总则规定的犯罪类型，即使刑法分则没有规定，也可以按照刑法总则关于共犯的规定定罪量刑。在帮助行为正犯化的情况下，立法机关将帮助行为设置为独立罪名，在一定程度上切断了与其所帮助的正犯的从属性，获得了定罪量刑的独立性。在这种情况下，对正犯化以后的帮助行为不再认定为被帮助的正犯之罪，同时也不再适用被帮助的正犯之刑，因为正犯化以后的帮助行为具有独立的罪名与法定刑。因此，我认为，只要立法机关对帮助行为设置了独立罪名并规定了独立的法定刑，就是帮助行为正犯化的立法规定。除此以外，没有其他判断帮助行为正犯化的标准。张明楷在论证本罪不是帮助行为正犯化的立法例时指

---

[1] 参见张明楷：《论帮助信息网络犯罪活动罪》，载《政治与法律》，2016（2）。
[2] 参见张明楷：《论帮助信息网络犯罪活动罪》，载《政治与法律》，2016（2）。

第二十八章　共犯行为的正犯化

出:"不管是从字面含义上解释我国《刑法》第287条之二第1款的规定,还是对该款规定进行实质的分析,都应当认为,该款并没有将帮助犯正犯化,只是对特定的帮助犯规定了量刑规则。首先,为他人犯罪提供互联网技术支持的行为依然是帮助行为,其成立犯罪以正犯实施了符合构成要件的不法行为为前提。其次,教唆他人实施上述帮助行为的,不成立教唆犯,仅成立帮助犯;单纯帮助他人实施帮助行为,而没有对正犯结果起作用的,就不受处罚。最后,对于实施本款行为构成犯罪的行为人不得依照我国《刑法》第27条的规定从轻、减轻处罚或者免除处罚,只能直接按照《刑法》第287条之二第1款的法定刑处罚。"[1]针对以上三点理由,我认为都是难以成立的。

第一,帮助行为正犯化以后并不改变帮助行为的自然属性,此时的正犯只是法律拟制的正犯,因而不能以信息网络犯罪活动的帮助行为在正犯化以后仍然具有帮助属性而否定帮助行为正犯化的性质。至于将信息网络犯罪活动的帮助行为设置为独立罪名以后,还是否以正犯实施了符合构成要件的不法行为为前提,我的回答是否定的。在2019年10月21日最高人民法院、最高人民检察院《关于办理非法利用信息网络、帮助信息网络犯罪活动等刑事案件适用法律若干问题的解释》(以下简称《解释》)第12条关于本罪情节严重的犯罪成立条件的规定中,并没有要求本罪的成立以被帮助对象构成犯罪为前提。例如明知他人利用信息网络实施犯罪,为三个以上对象提供帮助的,即可构成本罪。此外,第12条第2款还规定:"实施前款规定的行为,确因客观条件限制无法查证被帮助对象是否达到犯罪的程度,但相关数额总计达到前款第二项至第四项规定标准五倍以上,或者造成特别严重后果的,应当以帮助信息网络犯罪活动罪追究行为人的刑事责任。"在此,《解释》更是明确规定在无法查证被帮助对象是否达到犯罪的程度的情况下,只要具备一定的条件,即可构成本罪,这充分表明本罪构成犯罪的独立性,本罪的不法并不依附于被帮助的对象。

---

[1] 张明楷:《论帮助信息网络犯罪活动罪》,载《政治与法律》,2016(2)。

第四节 共犯行为正犯化的界定

第二，在本罪正犯化以后，虽然是拟制的正犯，但仍然具有正犯的属性。因此，教唆他人实施本罪之帮助行为的，我认为应当是本罪的教唆犯而不是本罪的帮助犯。只有当本罪之帮助行为没有正犯化的情况下，该帮助行为是从属于被帮助的正犯行为而存在的，因此对帮助犯的教唆，成立帮助犯的教唆犯，而不是正犯的教唆犯。而在帮助行为正犯化以后，该正犯脱离被帮助的正犯而成立，因而对正犯化以后的帮助行为的教唆，应当以本罪的教唆犯论处，认定为帮助信息网络犯罪活动罪。

第三，帮助行为正犯化以后，已经被立法机关拟制正犯，不再是共犯，当然就不能适用刑法总则关于共犯的量刑规则。在帮助信息网络犯罪活动行为正犯化之前，只能按照其所帮助的信息网络犯罪活动罪确定罪名并适用刑罚。因为帮助犯是从犯，因而应当适用我国《刑法》第27条关于从轻、减轻处罚或者免除处罚的规定。但在正犯化以后，立法机关已经对本罪设立了独立的法定刑，对此应当依照本罪的法定刑进行刑罚裁量。只能在实施本罪行为的共犯中根据作用大小区分主犯与从犯，对于本罪的从犯仍然可以适用《刑法》第27条从轻、减轻处罚或者免除处罚的规定。鉴于本罪具有帮助的性质，因而即使在正犯化以后，也设立了较轻的法定刑。例如，本罪的法定最高刑是3年有期徒刑。但在正犯化之前，如果按照被帮助的信息网络犯罪活动的犯罪定罪量刑，则其法定刑远高于本罪。从这个意义上说，帮助行为正犯化在很大程度上并不是为了加重法定刑，而是为了克服依照传统的共犯教义学，对这些帮助行为定罪带来的困难，因而有效地惩治这些信息网络犯罪活动的帮助行为。

总之，共犯行为正犯化的立法虽然表现为不同的方式，但最根本的标志在于：共犯行为是否从正犯中脱离，被立法机关设置为独立罪名，并具有独立的法定刑。只要符合这一条件的，就应当归属于共犯行为正犯化，而不是所谓量刑规则。

第二十八章　共犯行为的正犯化

二、共犯行为正犯化的合理边界

共犯行为正犯化在我国已经成为一种较为常见的立法方式，如前所述，共犯行为正犯化的立法会在一定程度上限缩共犯法理的适用，因此，需要探究共犯行为正犯化的合理边界。只有在确实必要的情况下，才能采用共犯行为正犯化的立法方式。换言之，共犯行为正犯化的立法方式应当避免滥用。在此，我们首先需要确定共犯行为正犯化的根据，即在何种情形下共犯行为正犯化具有必要性与合理性。因为共犯行为正犯化的前提是共犯本身成立犯罪并非无法可依，对于共犯完全可以根据刑法总则关于共犯的规定以正犯所犯之罪定罪量刑。在这种情况下，共犯行为正犯化的必要性何在？这是一个需要追问的问题。例如，帮助信息网络犯罪活动罪中的帮助行为，在独立设置罪名之前，对其本来就可以按照其所帮助的信息网络犯罪的共犯论处。那么，立法机关又有什么必要将其正犯化呢？对此，我国刑法学界对于帮助信息网络犯罪活动行为的正犯化存在肯定说、否定说与折中说之争。肯定说认为，帮助信息网络犯罪活动罪这一独立罪名，对于技术帮助、金融服务、广告宣传等三种帮助行为统一规定了独立的罪名和法定刑，实现了共犯行为的高度独立化，将司法上、理论上的共犯行为的正犯化通过立法予以实现，原有的帮助行为即共犯行为通过立法独立为新的实行行为即正犯化。在立法直接规定正犯化后的独立的实行行为，在主观上只要求帮助行为人的单方明知，在客观上实现了帮助行为的独立化，只要求他人实施的是符合构成要件该当性的犯罪行为即可，对于帮助行为本身则有独立的入罪标准即严重情节，而不再依赖于他人达到刑事违法性的程度。[1] 否定说认为，帮助信息网络犯罪行为属于中立的帮助行为，因此，帮助信息网络犯罪活动行为的正犯化实际上就是中立

---

[1] 参见于志刚：《共犯行为正犯化的立法探索与理论梳理——以"帮助信息网络犯罪活动罪"立法定位为角度的分析》，载《法律科学》，2017 (3)。

第四节 共犯行为正犯化的界定

帮助行为的正犯化。论者指出，我国刑法中已经存在大量的共犯行为正犯化的帮助型犯罪立法。然而，这种帮助行为正犯化的立法模式本身存在诸多理论争议。在这些争议尚未完全解决之前，盲目扩大帮助行为正犯化的适用范围，并且将帮助信息网络犯罪活动行为加入其中，从立法技术上看显得过于草率，不符合现代刑事法治发展的基本精神。[①] 折中说认为，对于网络犯罪帮助行为正犯化这个命题，既不能一概固守原有的刑法理论而对其予以否定，又不能一味推崇新的刑法理念而对其予以肯定，应当结合当前各种网络犯罪帮助行为的特点，联系相关立法条文和司法解释的规定展开具体分析。论者认为，网络接入行为和网络链接行为没有必要正犯化，而网络存储和网络推广行为则有必要予以正犯化。其主要理由是依据犯罪支配说，考察帮助行为对正犯行为是否具有支配关系：如果具有支配关系，则应当予以正犯化；反之，如果不具有支配关系，则没有必要予以正犯化。[②] 上述三种观点反映了我国学者对帮助信息网络犯罪活动罪之立法设置的不同态度，也在一定程度上彰显了对帮助行为正犯化立法的不同立场，因而值得重视。

对帮助信息网络犯罪活动罪设立持积极肯定立场的观点，主要是基于对网络犯罪蔓延以后，刑法的立法与司法如何及时调整，以便能够适应惩治网络犯罪的实际需要的考量。确实，随着我国进入网络社会，传统犯罪的网络化与网络犯罪的新型化的趋势十分明显，这对刑法来说是一场挑战，对刑法教义学同样具有挑战性。例如，网络犯罪的帮助行为，相对于传统的犯罪帮助行为而言，出现了四种趋势：一是从一对一的帮助到一对多的帮助。传统的帮助一般都是一对一的帮助，在正犯与帮助犯之间存在密切联系。在这种情况下，帮助犯对于正犯具有紧密联系，在刑法教义学中表现为共犯对正犯的从属性。然而，在网络犯罪中，传统的一对一帮助已经被一对多的帮助所取代。在一对多的帮助中，帮助行为的独

---

① 参见刘艳红：《网络犯罪帮助行为正犯化之批判》，载《法商研究》，2016（3）。
② 参见赵雷：《网络犯罪帮助行为正犯化研究》，载《江西警察学院学报》，2017（1）。

立性越来越明显,对于正犯的从属性程度越来越松弛。二是从一般帮助到中立帮助。传统的帮助绝大多数是一般的帮助,只要根据帮助犯理论即可处理。但网络犯罪的帮助却呈现出中立帮助的性质。尤其是技术支持的帮助,使得帮助行为具有专业性与业务性,而且帮助行为对于犯罪结果的作用也大为增加。在很多情况下,网络犯罪都离不开技术支持,并且形成链条化的网络犯罪中的不可或缺的一个环节。三是从个体化的帮助到团体化的帮助。传统犯罪的帮助行为都是个人行为,因而其帮助行为具有个体化的特征。但在网络犯罪的情况下,由于其帮助行为具有专业性,因而网络犯罪的帮助行为并不是个体完成的,而往往是集体完成的,网络犯罪的帮助行为具有团体化的特征。在目前司法实践中,甚至出现网络犯罪的黑灰产业,具有网络犯罪帮助行为产业化的趋势。四是网络帮助行为证明难度的大幅提升。传统犯罪的帮助行为通常都是与正犯同案处理,无论是证据采信、事实证明还是刑事管辖都较为简单。但在网络犯罪的情况下,帮助行为无论是在空间还是时间上都独立于正犯行为,无形之中提高了控方的证明难度。例如,在传统犯罪案件中,只要正犯归案,共犯的事实与证据收集都与正犯一并进行,案件处理难度较小。但在网络犯罪中,正犯与共犯具有疏离性,甚至正犯对共犯完全不了解,反之亦然。对于产业化的网络犯罪帮助集团来说,某个正犯只不过是其成千上万客户中的一个,其对正犯如何利用其所提供的帮助从事何种犯罪活动都并不了解,而且也没有了解的意愿。这对于警方的侦查、控方的举证、法院的裁判都是一个全新的课题。基于网络犯罪帮助行为的以上特征,我认为网络犯罪帮助行为的正犯化确实具有其刑事政策上的必要性与合理性。当然,我并不同意那种认为网络犯罪的帮助行为具有甚至超过正犯的严重法益侵害性的观点。例如我国学者指出:在传统犯罪中,实行行为才是直接触犯法律所保护的利益的行为,实行行为的危害性远远大于帮助行为的危害性。但是,网络犯罪的帮助行为的危害性却远远大于实行行为的危害性。[1] 对于这一判断,我并不认同。

---

[1] 参见于志刚:《网络空间中犯罪帮助行为的制裁体系与完善思路》,载《中国法学》,2016(2)。

第四节 共犯行为正犯化的界定

以网络诈骗犯罪而言，具体实施诈骗行为的是正犯，直接非法占有他人财物的也是正犯，而对网络诈骗犯罪提供帮助的共犯来说，在整个网络诈骗链条中，还是处于辅助地位，不能认为网络犯罪帮助行为的危害性大于网络诈骗犯罪的实行行为。我们只能说，网络犯罪的帮助行为的危害性远远大于传统犯罪的帮助行为。因为传统犯罪的帮助是个别性的帮助，而网络犯罪的帮助是产业化的帮助。而且，以我国《刑法》第287条之二规定的帮助信息网络犯罪活动罪为例，正犯化以后的法定刑也才是3年以下有期徒刑或者拘役，并处或者单处罚金，该法定最高刑远远低于按照共犯论处情况下所可能判处的刑罚。

对帮助行为正犯化持否定说的学者，主要是基于对扩张刑罚处罚范围的担忧，尤其是在中立帮助的情况下，帮助行为正犯化无异于堵塞了中立帮助行为无罪化的出路。因为一般的帮助行为与中立的帮助行为之间存在明显区分，对于一般帮助行为的正犯化争议并不大，但对中立的帮助行为正犯化却在中立帮助行为具有出罪可能性的逻辑前提下，使这种可能性丧失，因而无形之中扩张了刑罚处罚范围。例如我国学者指出，在信息网络化时代，犯罪形式出现了诸多变化，通过网络实施犯罪已经成为一种新的趋势。利用网络实施犯罪对法益的侵害确实存在不同于传统犯罪的一面，从某种意义上讲，其社会危害性要高于一般犯罪行为的社会危害性。面对这一新的形势，立法者需要采取相应的措施予以应对，法益保护的严苛化和前置化也因此成为我国立法者乐于采取的重要手段，如将中立帮助行为的出罪空间予以限缩，将帮助行为予以正犯化。通过对帮助信息网络犯罪活动罪的分析可以看出，这两种立法手段却存在诸多问题，会模糊可罚与不可罚行为之间的界限，容易将不具有可罚性的行为认定为犯罪。[1] 因此，根据论者的观点，网络帮助行为具有中立帮助的性质，对于中立的帮助行为在刑法教义学中存在全面处罚说与限制处罚说之分。如果采用限制处罚说，则中立的帮助行为具有出罪的可能性。但将网络犯罪的中立帮助行为正犯化以后，实际上相当于对

---

[1] 参见刘艳红：《网络犯罪帮助行为正犯化之批判》，载《法商研究》，2016（3）。

中立的帮助行为采用全面处罚说，这扩张了刑法处罚范围。这一论证当然具有其逻辑上的合理性，如同论者所言，在肯定网络犯罪帮助行为属于中立帮助的基础上，将其正犯化，确实相对于以共犯论处的规定而言，处罚范围有所扩张。但这是由网络犯罪的帮助行为的特殊性所决定的。对于网络犯罪帮助行为不同于一般帮助行为的特殊性，这是被我国刑法学界所广泛认同的，正是为了有效应对网络犯罪帮助行为的这种特殊性，我国刑法对其采用了共犯行为正犯化的立法举措。在这种情况下，如果完全否定共犯行为正犯化的立法必要性并不妥当。

折中说是对网络犯罪的帮助行为正犯化加以区别对待，认为在网络犯罪帮助行为中，部分帮助行为应当正犯化，部分帮助行为则不应正犯化。然而，其支撑正犯化的根据是对犯罪是否具有支配性：具有支配性的帮助行为应当正犯化，否则不应当正犯化。我认为，帮助行为对犯罪是否具有支配性，这个问题本身就值得质疑。犯罪支配性的命题是德国学者罗克辛提出的，根据罗克辛的观点，只有在单独正犯、共同正犯和间接正犯这三种情形中，才需要考察犯罪支配性。例如，在共同正犯的情形中，各个正犯之间存在功能支配。因此，犯罪支配说是一种正犯理论而非共犯理论。包括帮助行为在内的共犯行为对于犯罪本来就不可能具有支配性，以支配性作为共犯正犯化的正当化根据，似乎找到某种实质标准，其实是难以成立的。

基于以上分析，我认为当前我国刑法中关于网络帮助行为正犯化的立法具有合理性与必要性，因而赞同肯定说的观点。当然，共犯行为正犯化立法只是基于正犯与共犯的区分制立法的一种例外，不能滥用。

三、共犯行为正犯化的性质界分

共犯行为正犯化中，帮助行为的正犯化占据着较为重要的地位，在我国刑法中，帮助行为正犯化的立法例是受到较高关注的一个问题。在帮助行为正犯化的理解中，应当正确厘清中立的帮助行为与帮助行为正犯化之间的关系。

第四节 共犯行为正犯化的界定

中立的帮助行为是共犯教义学中的一个独特问题,本书第17章设专题对中立的帮助行为进行了研究。帮助行为正犯化中的帮助行为既可能是中立的帮助行为,也可能是非中立的帮助行为。例如协助组织卖淫罪是一种帮助行为正犯化的立法例,这里的协助组织卖淫行为就不能归之于中立的帮助行为。但帮助信息网络犯罪活动罪中的帮助行为,例如技术支持的帮助、广告推广的帮助和支付结算的帮助,是否属于中立的帮助行为,因而帮助信息网络犯罪活动罪是否属于中立帮助行为的正犯化,这是一个存在争议的问题。对此,我国刑法学界存在两种观点:第一种观点认为,帮助信息网络犯罪活动罪属于中立帮助行为的正犯化。例如我国学者指出,刑法分则中含有帮助、协助、提供等具有帮助行为性质的罪名,都可以分解为明知+帮助的规范解读模式。例如,帮助恐怖活动罪可以被分解为明知他人是恐怖活动组织或者恐怖分子,而为其提供金钱或者物资的帮助行为,分解后的罪名与帮助信息网络犯罪活动罪没有任何区别。由此可见,帮助信息网络犯罪活动罪与资助恐怖活动罪、协助组织卖淫罪等含有帮助、协助等类似字眼的罪名一样,都属于帮助行为的正犯化。[1] 第二种观点认为,帮助信息网络犯罪活动罪并非中立帮助行为的正犯化。例如我国学者指出:网络服务提供者的刑事责任与中立帮助行为仅存在较为有限的交集。一方面,网络技术或者信息服务本身具有社会价值,并不意味着信息网络服务提供行为就一般性地构成不可罚的中立帮助行为。[2] 我认为,网络犯罪的帮助行为具有复杂性,既存在中立的帮助行为,又存在一般的帮助行为,不可一概而论。例如技术支持、广告推广等帮助行为通常具有中立性,但资金结算等帮助行为则未必具有中立性。例如侯博元、刘昱祈等帮助信息网络犯罪活动案。2018年5月28日,被告人侯博元、刘昱祈在台湾地区受人指派,带领被告人刘育民、蔡宇彦等进入大陆到银行办理银行卡,用于电信网络诈骗等违法犯罪活动。刘育民、蔡宇彦明知开办的银行卡可

---

[1] 参见刘艳红:《网络犯罪帮助行为正犯化之批判》,载《法商研究》,2016(3)。
[2] 参见王华伟:《中立帮助行为的解构与重建》,载《法学家》,2020(3)。

第二十八章 共犯行为的正犯化

能用于电信网络诈骗等犯罪活动,但为了高额回报,依然积极参加。当日下午,四人抵达杭州机场,后乘坐高铁来到金华市区并入住酒店。当晚,侯博元、刘昱祈告知其他人办理银行卡时谎称系来大陆投资,并交代了注意事项及具体操作细节。5月29日上午,蔡宇彦、刘育民在金华多家银行网点共开办了12张银行卡,并开通网银功能。另,2018年5月14日至18日,被告人侯博元、刘昱祈以同样的方式在金华市区义乌两地办理银行卡,并带回台湾地区。浙江省金华市婺城区人民法院判决认为:被告人侯博元、刘昱祈、蔡宇彦、刘育民明知开办的银行卡可能用于实施电信网络诈骗等犯罪行为,仍帮助到大陆开办银行卡,情节严重,其行为均已构成帮助信息网络犯罪活动罪。以帮助信息网络犯罪活动罪判处被告人侯博元、刘昱祈有期徒刑1年2个月,并处罚金人民币1万元;被告人蔡宇彦、刘育民有期徒刑9个月,并处罚金人民币5 000元。该判决已发生法律效力。在本案中,被告人侯博元、刘昱祈等人实施的是为网络诈骗犯罪提供资金结算的帮助行为,这种帮助行为是以个人名义在银行办理银行卡,提供给网络诈骗犯罪人使用。十分明显,这种网络犯罪帮助行为不是中立的帮助行为而只是一般帮助行为。由此可见,网络犯罪的帮助行为虽然存在中立帮助行为,但也存在一般帮助行为。

在帮助信息网络犯罪活动罪的部分帮助行为属于中立的帮助行为的情况下,如何理解划分中立帮助行为的可罚与不可罚的界限,在我国刑法学界可谓众说纷纭。对于中立的帮助行为,共犯教义学认为并不一概处罚,而是限制处罚。在这种情况下,立法机关将中立的帮助行为正犯化,对此不仅处罚而且按照正犯处罚,这种立法是否违反中立的帮助行为的法理呢?对此,我国学者从网络中立的帮助行为的角度对帮助信息网络犯罪活动行为的正犯化立法进行了检讨,主要观点认为,帮助信息网络犯罪活动行为正犯化扩张了刑事处罚范围,违反中立的帮助行为的处罚原则。论者指出:"就帮助信息网络犯罪活动罪而言,根据其构成要件可以转化为两种类型:(1)明知正犯的犯罪计划或意图且有促进犯罪行为更容易实现的意思(以下简称明知且促进型),(2)虽然明知正犯的犯罪计划或意

图但是没有促进该犯罪行为易于实现的意思(以下简称明知非促进型)。依据对立法的解读,这两种情形都该当于帮助信息网络犯罪活动罪的构成要件。根据犯罪意思联络说,只有明知且促进型才具有可罚性,而明知非促进型则不具有可罚性。帮助信息网络犯罪活动罪的设定实际上对于上述两种类型都予以犯罪化,并且意在将上述第二种类型的出罪可能予以封堵。即使没有帮助信息网络犯罪活动罪这一罪名,对于明知且促进型的帮助行为人完全可以通过刑法总则予以入罪。帮助信息网络犯罪活动罪的设定实际上是以立法的形式肯定了明知非促进型的中立帮助行为的可罚性,而这种情形在德日等国的刑法学理论上以及诸多判例中均被认为不应处罚。"[1] 我认为,中立的帮助行为的法理与帮助行为正犯化立法之间并不矛盾。因此,不能简单地以中立的帮助行为的法理否定帮助行为正犯化的立法。

就帮助信息网络犯罪活动罪的构成要件行为而言,确实具有中立性。如前所述,本罪的帮助行为包括技术支持、广告推广和支付结算这三种情形。从这三种行为的外观来看,具有业务性与专业性,可以评价为中立的帮助行为。在中立的帮助行为的刑事归责问题上,无论是德日还是我国的刑法教义学中都存在较大争议,例如全面处罚说与限制处罚说之间的分歧就相当之大。如果立法机关没有将帮助信息网络犯罪活动行为正犯化,则对于此种中立的帮助行为应当根据相关法理予以解决,因为我国刑法和司法解释对此并无明文规定。刘艳红将帮助信息网络犯罪活动行为区分为两种情形,这就是明知且促进型与明知非促进型。只有明知且促进型具有可罚性,而明知非促进型不具有可罚性。这种观点是从客观与主观两个方面限制中立的帮助行为的归责范围。对明知且促进型是容易理解的,那么,对明知非促进型如何理解呢?我认为,行为人只要实施《刑法》第287条之二所规定的技术支持、广告推广和支付结算等三种行为,对于信息网络犯罪活动必然具有促进作用。很难想象,在他人实施信息网络犯罪活动时提供上述三种帮

---

[1] 刘艳红:《网络犯罪帮助行为正犯化之批判》,载《法商研究》,2016(3)。

助行为而对其信息网络犯罪活动没有促进的情形。

更为重要的是，中立的帮助行为的刑事归责与帮助行为正犯化是两个不同的问题：中立的帮助行为是否归责这是一个法理问题，因为刑法对此没有直接规定，只能根据共犯教义学原理确定中立的帮助行为刑事处罚的条件，以此合理限制中立的帮助行为的处罚范围。但帮助行为正犯化这是一个立法问题，立法机关完全有权对其认为应当处罚的行为规定为犯罪。只要立法机关做了规定，在司法实践中就应当严格依照刑法规定，正确认定帮助信息网络犯罪活动罪的构成要件，并根据刑法规定予以刑罚处罚。因此，不能将中立的帮助行为的处罚范围与帮助行为正犯化的处罚问题混为一谈。

第二十九章

共同犯罪的数额犯

在共同实施经济犯罪的情况下，犯罪对象是国家、集体或者公民个人的财产，或者其他具有经济价值的物品。这些财产或者物品往往具有一定的数额，这种数额集中地体现了经济犯罪与财产犯罪的法益侵害性。因此，数额对于共同经济犯罪的定罪与量刑都具有十分重要的意义。尤其是我国刑法中的犯罪概念存在罪量要素，因此在刑法分则中对经济犯罪与财产犯罪规定了数额犯，即以一定的数额作为基本犯和加重犯的构成条件。我国共犯教义学对共同犯罪与数额犯缺乏深入研究，在刑事立法与司法实践中存在一些亟待解决的问题。本章在对数额犯的一般问题的研究的基础上，分别对共同犯罪的定罪与数额犯和共同犯罪的量刑与数额犯进行初步探讨。

第一节 数额犯概述

一、数额犯的数额概念

数额犯中的数额是指一定的财产价值。在经济犯罪与财产犯罪中，以财产数

额作为定罪量刑的根据或者标准是合乎逻辑的。马克思曾经强调，对于一定的罪行要有一定的惩罚尺度，即为了使惩罚成为实际的，惩罚也应该有界限，这个界限就是实际存在的罪行；并且，要使惩罚成为合法的惩罚，它就应该受到法的原则的限制。这样，才能使惩罚真正成为罪犯的责任，才能使罪犯懂得惩罚乃是他的行为的必然结果。总之，罪犯受惩罚的界限应该是他的行为的界限，犯法的一定内容就是一定罪行的界限，因而衡量这一内容的尺度也就是衡量罪行的尺度。[1] 为了进一步说明侵犯财产罪的惩罚标准，马克思把政治经济学中的"价值"范畴引入法学领域，并赋予其法学的意义。马克思认为，对于财产来说，惩罚侵犯财产罪的尺度就是它的价值。马克思明确指出：价值是财产的市民存在的形式，是使财产第一次获得社会意义和互相转让能力的逻辑术语……也应该成为惩罚的客观的和本质的规定。[2] 因此，正如我国学者指出：马克思发展并改造了贝卡里亚的观点，对他的抽象的"罪刑均衡"（即笼统地以罪行危害性的大小来确定刑罚的轻重）原则，进一步提出罪刑适应的内涵应当以价值为尺度（特别对侵犯财产罪来说是如此），也就是以社会劳动为客观的标准和尺度，从而将原来意义上的罪刑适应原则，从抽象改造成为具体，从没有客观标准改造成为有客观标准，从主观任意性的认识改造成为实事求是的认识，因而从资产阶级古典刑法学派的不彻底性改造成为马克思主义的彻底性。[3] 我认为，马克思关于价值应当成为侵犯财产罪的惩罚标准或者尺度的思想，对于我们理解数额在经济犯罪的定罪量刑中的作用，具有指导意义。

二、数额犯中数额的立法沿革

以财产数额作为经济犯罪的定罪量刑的标准，在中国刑法史上具有十分悠久

---

[1] 参见《马克思恩格斯全集》，第1卷，140~141页，北京，人民出版社，1956。
[2] 参见《马克思恩格斯全集》，第1卷，141页，北京，人民出版社，1956。
[3] 参见李光灿：《马克思主义与刑法学（续）》，载《法学》，1983（5），12页。

的传统。以赃论罪,向来是中国古代刑法惩治财产方面的犯罪的一条原则。

(一) 我国古代刑法关于数额的立法

以赃论罪,始于《秦律》。在秦以前,虽然也重视作为财产犯罪的对象的赃物的数量,但并没有明确揭示赃物的数量与犯罪的刑事责任之间的关系。例如《周礼·秋官司寇·司厉》云:"盗贼之任器、货贿,辨其物,皆有数量。贾而揭之,入于司兵。"这段话是指,盗贼除被依罪处刑外,对于他们所用杀伤人的兵器、凶器和抢、盗赃物,则要分辨清楚,点清数量,标明价值,没收入官。[①] 及至秦代,《秦律》明确开列赃值及应处的刑罚,例如《法律答问》指出:"士伍甲盗,以得时值赃,赃值一百一十,吏弗值,其狱鞠乃值赃,赃值过六百六十,黥甲为城旦,问甲及吏何论?甲当耐为隶臣,吏为失刑罪。甲有罪,吏知而端重若轻之,论何也?为不值。"[②] 根据我国刑法史专家的研究,认为秦律将赃款分为660 钱以上、不满 660 钱已满 220 钱、1 钱以上未满 220 钱三个等级,适应赃款的等级,分别处黥劓以为城旦、黥为城旦和迁移的刑罚。其刑罚的轻重和赃款的多少是成正比例的。[③] 及至汉代,汉高祖刘邦约法三章中的"盗抵罪",就是指按盗赃的多少论罪,使各当其罪。例如李奇曰:"伤人有曲直,盗臧有多少,罪名不可豫定,故凡言抵罪,未知抵何罪也。"师古曰:"抵,至也,当也。"[④]《唐律》对盗窃是根据赃值大小论罪的,根据《唐律》的规定:"诸窃盗不得财笞五十,一尺杖六十,一匹加一等,五匹徒一年,五匹加一等,五十匹加役流。"[⑤] 由此可见,《唐律》对赃值是以布为价值衡量物,以尺、匹、疋为计算单位的,随着赃值的增加,刑罚的严厉程度也相应加大。《宋刑统》承袭了《唐律》的规定,只字不改。《明律》《清律》均有此类规定。例如,1910 年 5 月 15 日颁行的

---

① 参见周密:《中国刑法史》,91 页,北京,群众出版社,1985。
② 《睡虎地秦墓竹简》,166 页,北京,文物出版社,1978。
③ 参见宁汉林:《中国刑法通史》,第二分册,503 页,沈阳,辽宁大学出版社,1986。
④ 《汉书·高帝纪》。
⑤ 《唐律疏议》,358 页,北京,中华书局,1983。

《大清现行刑律》规定:"凡监督、主守自盗仓库钱粮等物,不分首、从,并赃论罪:一两以下,工作六个月。一两以上至二两五钱,工作八个月。五两,工作十个月。七两五钱,徒一年。一十两,徒一年半。一十二两五钱,徒二年。一十五两,徒二年半。一十七两,徒三年。二十两,流二千里。二十五两,流二千五百里。三十两,流三千里。四十两,绞。"

(二)外国当代刑法关于数额的立法

在当代外国刑法中,有些国家的刑法也以犯罪数额作为惩罚尺度。例如,《西班牙刑法典》第515条规定:"偷窃罪犯应受下列处罚:第一项:偷窃价值超过西币10万元者,应处以长期苦役。第二项:偷窃价值超过西币25 000元,未超过西币10万元者,应处以短期苦役。第三项:偷窃价值超过西币2 500元,未超过西币25 000元者,应处以长期监禁。"又如,《奥地利刑法典》第128条,对窃取价值逾5 000先令之物者处3年以下自由刑;窃取价值逾10万先令之物者,处1年以上10年以下自由刑。这些规定都以数额大小作为处刑标准,对于我国的刑事立法也具有借鉴意义。

(三)我国根据地法律关于数额的立法

把数额作为经济犯罪的惩罚标准,也是我国革命根据地法制建设的历史经验。早在革命根据地时期人民政权颁布的一些单行刑事法规中,就规定了数额是经济犯罪的定罪量刑的根据。例如1941年颁行的《晋西北修正扰乱金融惩治暂行条例》第7条规定:"凡贩运或意图贩运而持有银洋(银锭金银条在内)都依以下规定处理:(一)50元未满处一年以下有期徒刑或科二倍以下之罚金。(二)50元以上300元未满处二年以下有期徒刑得并科五倍以下之罚金……(五)千元以上者处死刑。"又如1941年公布的《晋西北行署惩治贪污暂行条例》第3条规定:"犯第二条所举罪状中之任何一项或一项以上者,以其数目之多少及情节之轻重,依左列之规定惩治之。(一)贪污数目(或物品相当价格数目——下同)在1 000元以上者处死刑……(五)贪污数目未满50元者处一年以下之有期徒刑。"新中国成立以后,有关刑事法规承袭了这种以数额作为经济犯罪惩罚标准的立法例。

例如中央人民政府于1952年颁布的《中华人民共和国惩治贪污条例》第3条规定:"犯贪污罪者,依其情节轻重,按下列规定,分别惩治:一、个人贪污的数额,在人民币一亿元(指旧币——引者注)以上者,判处十年以上有期徒刑或无期徒刑;其情节特别严重者判处死刑……"

(四)我国现行法律关于数额的立法

我国现行刑法没有明确规定具体的数额,代之以对数额的概括性规定。例如我国《刑法》第264条,以数额较大作为盗窃罪的构成要件之一,如果数额达不到"较大"的程度,就不认为是犯罪。这种以一定的数额作为犯罪构成要件的,在刑法理论上可以称为数额犯。我国《刑法》第264条,还把盗窃数额巨大,作为加重其法定刑的条件。盗窃公私财产数额较大的,根据《刑法》第264条,判处3年以下有期徒刑、拘役或者管制。而盗窃公私财产数额巨大的,根据《刑法》第264条,就应当判处3年以上10年以下有期徒刑。这种以一定的数额作为法定刑升格的条件的,在刑法理论上可以称为数额加重犯。除此以外,其他一些经济犯罪,虽然没有规定以"数额较大"作为犯罪构成要件,但法律规定"情节严重"才构成犯罪。在司法实践中认定情节严重的时候,不能不考虑数额的大小。因此,这些犯罪实际上也是以一定的数额作为犯罪构成要件的。

在刑法中,立法者对于数额的规定是概括性的;但在司法实践中,需要有一个明确的标准,因此,由司法解释加以具体规定。例如2013年4月2日最高人民法院、最高人民检察院《关于当前办理盗窃刑事案件适用法律若干问题的解释》第1条规定:盗窃公私财物价值1 000元至3 000元以上、3万元至10万元以上、30万元至50万元以上的,应当分别认定为《刑法》第264条规定的"数额较大""数额巨大""数额特别巨大"。

法律对数额规定过于概括,不便于执行;但如果过于具体,又缺乏灵活性。我国刑事立法在总结司法实践经验的基础上,将原则性与灵活性有机地统一起来,在刑事立法中将数额与情节结合起来规定。例如我国《刑法》第383条规

定:"对犯贪污罪的,根据情节轻重,分别依照下列规定处罚:(一)贪污数额较大或者有其他较重情节的,处三年以下有期徒刑或者拘役,并处罚金。(二)贪污数额巨大或者有其他严重情节的,处三年以上十年以下有期徒刑,并处罚金或者没收财产。(三)贪污数额特别巨大或者有其他特别严重情节的,处十年以上有期徒刑或者无期徒刑,并处罚金或者没收财产;数额特别巨大,并使国家和人民利益遭受特别重大损失的,处无期徒刑或者死刑,并处没收财产。"

三、数额犯中数额的种类

在经济犯罪中,数额表现出一定财产的价值,因而在具有可计量性这一点上是共同的,但在具体反映行为的社会危害性程度上却具有不同的特点。因此,数额是一个外延十分丰富的概念。为了准确地把握数额的内涵,我们有必要对数额的种类进行研究。我认为,数额可以分为以下四类。

(一)犯罪指向数额与犯罪所得数额

1. 犯罪指向数额

犯罪指向数额,是指经济犯罪所指向的金钱和物品的数量。在司法实践中,犯罪指向数额主要是指以下几种:(1)非法经营的物品的数额,这些数额体现了犯罪活动的规模、范围,因而对行为的法益侵害程度具有一定的影响。(2)犯罪行为对国家、集体或者个人的财产所造成的损失数额,例如在故意毁坏公私财物罪、重大责任事故罪中,其犯罪指向数额就是损失数额,损失数额的大小直接反映了犯罪的社会危害性程度。

2. 犯罪所得数额

犯罪所得数额,是指行为人通过犯罪行为的实施而实际得到的非法利益的数量。经济犯罪,从行为人的主观目的上来说,都是为了牟取非法利益。而犯罪所得数额的大小正是反映了这一目的的实现程度,因而对于定罪量刑具有重要意义。

第一节 数额犯概述

在我国刑法中,有些犯罪只存在犯罪指向数额,而没有犯罪所得数额。在营利性的犯罪中,实际上存在或者可能存在犯罪所得数额,但法律没有以它作为处罚标准。在非营利性的犯罪中,则根本不可能存在犯罪所得数额,因此只存在犯罪指向数额,例如重大责任事故罪。还有些犯罪,犯罪指向数额与犯罪所得数额是同一的,例如逃税罪中,行为人逃避缴纳的税款既是犯罪指向数额,又是犯罪所得数额。最为复杂的是,在有些犯罪中,同时存在犯罪指向数额和犯罪所得数额,并且两者存在差别。在这种情况下,应该同时兼顾两种数额,以便正确地对犯罪分子定罪量刑。

(二)直接损失数额与间接损失数额

1. 直接损失数额

直接损失数额是指国家、集体或者公民的现有财产因犯罪行为而减少或者丧失的数量。我国刑法规定某些犯罪以使公私财产遭受重大损失作为犯罪构成要件,这里的"重大损失"指直接损失数额。例如我国《刑法》第133条规定的交通肇事罪,法律规定使公私财产遭受重大损失的,处3年以下有期徒刑或者拘役。根据2000年11月15日最高人民法院《关于审理交通肇事刑事案件具体应用法律若干问题的解释》第2条第3项的规定,这里的"使公私财产遭受重大损失"是指造成公私财产或者他人财产直接损失,负事故全部或者主要责任,无能力赔偿数额在30万元以上的。在此,司法解释所规定的就是直接损失数额。

2. 间接损失数额

间接损失数额是指国家、集体或者公民的现有财产因犯罪行为而减少或者丧失之后而造成的,借此财产应当得到的财产数量的减少或者丧失。财物的间接损失具有以下三个特征:(1)损失的是一种未来的可得利益,它尚需经历一个过程才能得到。(2)这种丧失的未来利益是具有实际意义的,而不是抽象的或者假想的。(3)这种可得利益必须是在一定范围内的,即损害该财物的是直接影响所及

的范围,超出这个范围不能认为是间接损失。[①] 间接损失数额虽然不是经济犯罪的定罪的直接根据,但它却是定罪、量刑应当考虑的情形之一。

(三)挥霍的数额和追缴、退赔的数额

我国《刑法》第 64 条规定:"犯罪分子违法所得的一切财物,应当予以追缴或者责令退赔。"刑法的这一规定,意义在于从经济上打击犯罪分子,使之不能占便宜。因此,从量刑的角度,数额可以分为挥霍的数额和追缴、退赔的数额。

1. 挥霍的数额

挥霍的数额是指已经被犯罪分子消费而不能返还的数额,例如用于大吃大喝等。经济犯罪的主观目的是牟取非法利益,将犯罪所得作为其生活或挥霍的主要来源,以满足不劳而获、穷奢极欲的腐朽生活需要。因此,经济犯罪分子往往是将非法所得用于大肆挥霍浪费。非法所得被犯罪分子挥霍而不能退赔的,在量刑时应当从重处罚。

2. 追缴的数额

追缴的数额是指将犯罪分子的犯罪所得追回,上缴国库的数额。一般有两种情况:一是犯罪所得的一切非法利润,一律追回上缴国库。二是找不到失主的赃款、赃物,也追回上缴国库。追缴的数额,对犯罪行为的社会危害性程度有所影响,因此也是量刑时应当考虑的情节之一。

3. 退赔的数额

退赔是指责令犯罪分子把其非法所得的公私财物,退回给受害的原单位或个人,无法原物退还的应照价赔偿。1987 年 8 月 26 日最高人民法院《关于被告人亲属主动为被告人退缴赃款应如何处理的批复》指出:"被告人是成年人,其违法所得都由自己挥霍,无法追缴的,应责令被告人退赔。"该批复还明确指出,已作了退赔的,均可视为被告人退赃较好,可以依法适当从宽处罚。

[①] 参见杨立新:《怎样计算财物损害价值》,载《法学季刊》,1986(2),67 页。

第一节 数额犯概述

（四）犯罪总额、参与数额、分赃数额和平均数额

在共同经济犯罪中，数额更为复杂，可以分为犯罪总额、参与数额、分赃数额和平均数额。

1. 犯罪总额

犯罪总额是指整个共同犯罪案件总共的经济犯罪数额，任何共同经济犯罪案件都存在犯罪总额，它反映了该共同犯罪的规模和范围，是影响共同犯罪的法益侵害性程度的重要情节之一。

2. 参与数额

参与数额是指各个共犯具体参与实施的经济犯罪数额。在同一共同犯罪中，并非每个共犯都参加每一起经济犯罪，在这种情况下，各个共犯参与实施的经济犯罪的数额，就对该犯罪分子的定罪量刑具有重要意义。

3. 分赃数额

分赃数额是指各个共犯所分得的赃款或赃物的数额。共同实施经济犯罪之后，往往存在一个分赃的问题，分赃是对犯罪所得的非法利益的一种分配，其原则一般是按"劳"分配。因此，分赃数额在一定程度上反映了各个共犯在共同犯罪中的地位与作用，对于正确适用刑罚具有重大影响。

4. 平均数额

平均数额是指共同犯罪的总额与共同犯罪人数的比值，这一数额在某些情况下对于共同犯罪的处理也具有一定的意义。例如1989年11月6日最高人民法院、最高人民检察院《关于执行〈关于惩治贪污罪贿赂罪的补充规定〉若干问题的解答》（现已失效）指出："共同贪污尚未分赃的案件，处罚时应根据犯罪分子在共同贪污犯罪中的地位、作用，并参照贪污总数额和共犯成员间的平均数额确定犯罪分子个人应承担的刑事责任。"在此，该司法解释就明确规定在处理共同贪污尚未分赃的案件时，平均数额是确定犯罪分子刑事责任的应当参照的因素之一。

第二节　共同犯罪的定罪数额犯

一、理论现状

如前所述，我国刑事立法与司法贯彻了以价值作为侵犯财产罪的惩罚尺度的思想，强调数额在经济犯罪的定罪中的作用。在单独犯罪中，应以其非法所得的数额作为定罪的依据，这是没有疑问的。然而，在共同犯罪中各个共犯根据何种数额定罪，却是一个十分复杂的问题。关于这个问题，我国刑法学界存在下述六种观点。

（一）分赃数额说

分赃数额说主张，各个共犯只对自己实际分得赃物的数额承担刑事责任。例如我国学者指出："一般共同犯罪，原则上应以个人非法所得的数额作为处罚的基础，同时考虑其在共同犯罪中的地位和作用，综合予以量刑。但是，对于集团犯罪的首犯，则应当按照共同犯罪的总额处罚。"[①] 根据这种观点，在司法实践中，首先应当根据共犯各自分赃的数额确定其适用的刑法条款，然后按照个人参与犯罪的情况和分赃数额以及在犯罪中的地位作用和其他情节，进行全面分析，依法对各个共犯处罚。这种观点的主要理由在于：首先，刑法和有关司法解释规定的数额，是指非法占有财物的数额，也就是分赃的数额。其次，以共犯各自分赃所得数额作为量刑标准，符合罪责自负的原则。

（二）参与数额说

参与数额说主张，各共同犯罪人应对本人实际参与的经济犯罪数额承担刑事责任。例如我国学者指出："每个共犯的行为与犯罪结果之间都存在因果关系。

[①] 单长宗、欧阳涛：《谈谈经济领域中严重犯罪案件的定罪和量刑问题》，载《法学研究》，1983（3）。

对于自己参与实施的盗窃行为，各个共犯主观上有共同的故意，客观上有共同的行为，他理应对这些行为负责。可见，以参与盗窃财物的数额作为各共犯承担责任的主要依据，是由共同犯罪的特点决定的。"① 这种观点的主要理由在于：第一，参与数额说符合共同犯罪理论。第二，参与数额说没有违背罪责自负和罪刑相适应的原则。第三，参与数额说符合实际、切实可行。

（三）犯罪总额说

犯罪总额说主张，以共同犯罪的财物总额作为确定各共同犯罪人的刑事责任的标准。例如我国学者指出："在经济犯罪案件中，所有共犯都应对他们造成的公共财产损失的总额负责，而不应搞所谓的'分别负责'。当然，在决定各个犯罪成员的处罚时，应根据各人所起的作用和责任大小，以及认罪态度好坏等加以区别对待。但是这种区别只能建立在他们对共同犯罪结果负责的基础之上，否则，共同犯罪和单个人犯罪就没有什么区别了。"②

（四）分担数额说

分担数额说主张，各个共犯应对本人"应当分担"的数额负责。至于如何确定各个共犯"应当分担"的数额，应采用百分比的计算方法。例如我国学者指出："对共同盗窃案件中各被告人承担盗窃数额的计算应使用百分比的计算方法。就是综观被告人在共同盗窃犯罪中参与的数额、个人所得数额，及其地位与作用和整个案情，先确定各被告人应承担百分之多少的责任，根据这个责任的百分比数值，再换算成作为对共犯中每个行为者是否定罪和怎样处刑的依据的'数额'（不等于个人分赃的真实数额）。例如，某甲伙同他人共同盗窃1万元，根据整个案情确定某甲应承担60%的责任，那么，某甲就应承担6 000元的盗窃'数额'

---

① 陈新亮：《盗窃罪刑事责任中的几个问题》，载《经济体制改革与刑法》，395页，成都，四川省社会科学院出版社，1987。
② 孙振东：《经济共同犯罪中的赃款数额与定罪量刑》，载《法学》，1983（9），19～20页。

的责任。"①

（五）综合数额说

综合数额说实际上也是折中说，主张综合考虑全案因素，确定各共同犯罪行为的大小，然后据此定罪量刑。例如我国学者指出："不能只对自己参与盗窃或分得的数额承担责任，而是应按照各共犯在共同盗窃活动中的实际作用，结合各自窃取和分得的财物数额，分别承担各自应负的刑事责任，谁的罪行大，情节严重，就对谁处罚重。"②

（六）主、从犯区别说

主、从犯区别说认为，对于共同犯罪数额的确定，应当根据共同犯罪成员的不同情况具体分析数额与共同犯罪量刑的关系。具体而言，第一，首要分子应对犯罪总额承担刑事责任。第二，对于犯罪集团中的主犯应对其参与犯罪的数额承担刑事责任。但是，在一般共同犯罪案件中，由于不存在首要分子，因而主犯的行为就起着决定的作用。一般共同犯罪中的主犯应对犯罪总额承担刑事责任。第三，对于从犯和胁从犯一般均以分赃数额作为其承担刑事责任的标准。③

在我国刑法学界，上述六种观点互相对立，其中有些观点为个别学者所主张，例如分担数额说和主、从犯区别说；有些观点为少数学者所主张，例如犯罪总额说、综合数额说；还有些观点则为多数学者所主张，例如分赃数额说、参与数额说。

二、法律规定

我国刑事立法与司法解释对于共同犯罪定罪与数额问题的认识，也存在一个

---

① 裴洪泉：《如何确认共同盗窃案件中各被告人承担的盗窃数额》，载《法学与实践》，1986（1），31页。
② 常忠：《对于共同盗窃犯刑事责任的探讨》，载《人民司法》，1984（4）。
③ 参见鲜铁可：《共同金融犯罪的数额与量刑》，载《人民检察》，2007（8）。

发展过程。

(一) 1952年《惩治贪污条例》的规定

1952年4月18日中央人民政府公布的《中华人民共和国惩治贪污条例》（以下简称《条例》）规定："集体贪污，按各人所得数额及其情节，分别惩治。"根据上述《条例》的规定，对集体贪污，也就是共同贪污的，按照各人的贪污所得数额及其情节进行处罚，这可以说是分赃数额说的肇始。

(二) 1984年及1985年两个司法解释的规定

1984年11月2日最高人民法院、最高人民检察院《关于当前办理盗窃案件中具体应用法律的若干问题的解答》（以下简称《盗窃犯罪解答》）指出："对于共同盗窃犯，应按照个人参与盗窃和分赃数额，及其在犯罪中的地位与作用，依法分别处罚。对主犯依法从重处罚。对盗窃集团的首要分子，应按照集团共同故意盗窃总额依法处罚。"《盗窃犯罪解答》除采分赃数额说外，还提出参与数额说，并把参与数额与分赃数额相提并论。但当两个数额存在差别，而又涉及是适用1979年《刑法》第151条还是第152条时，到底以哪一个数额为准，《盗窃犯罪解答》没有明确回答，导致在司法实践中无所适从。此外，《盗窃犯罪解答》对首要分子仍采犯罪总额说。

1985年7月18日最高人民法院、最高人民检察院《关于当前办理经济犯罪案件中具体应用法律的若干问题的解答（试行）》（以下简称《经济犯罪解答》）指出："对二人以上共同贪污的，按照个人所得数额及其在犯罪中的地位和作用，分别处罚。共同犯罪的贪污案件，特别是内外勾结的贪污案件，对主犯应当依法从重处罚。贪污犯罪集团的危害尤为严重。贪污集团的首要分子，要按照集团贪污的总数额处罚。"该《经济犯罪解答》虽然对共同贪污犯罪的情形，仍采分赃数额说，但对首要分子则采犯罪总额说，这是对于《条例》的分赃数额说的突破。

(三) 1988年两个补充规定的规定

1988年1月21日全国人大常委会《关于惩治走私罪的补充规定》指出：

第二十九章 共同犯罪的数额犯

"二人以上共同走私的,按照个人走私货物、物品的价额及其在犯罪中的作用,分别处罚。对走私集团的首要分子,按照集团走私货物、物品的总价额处罚;对其他共同走私犯罪中的主犯,情节严重的,按照共同走私货物、物品的总价额处罚。"同日颁行的《关于惩治贪污罪贿赂罪的补充规定》也有类似规定,指出:"二人以上共同贪污的,按照个人所得数额及其在犯罪中的作用,分别处罚。对贪污集团的首要分子,按照集团贪污的总数额处罚;对其他共同贪污犯罪中的主犯,情节严重的,按照共同贪污的总数额处罚。"这两个补充规定不同于以往的刑事立法与司法解释的有以下两点:第一,二人以上共同走私的,按照个人走私的货物、物品的价额处罚。这里所谓个人走私的含义颇难理解:既然是共同走私,又何来个人走私?这里"个人走私"的含义似乎是想与贪污罪中的个人所得相对应,主张分赃数额说。但由于大部分走私都未能发展到分赃阶段即被破获,只有非法经营数额,没有犯罪所得数额,因此法律没有采用"个人所得"一语,而采用"个人走私"一词。但个人走私的含义不清,必然造成司法实践中的有法难依。第二,除首要分子对犯罪总额承担刑事责任以外,情节严重的主犯也按照共同犯罪的总数额处罚,加重了主犯的刑事责任,扩大了犯罪总额说的适用范围。

从以上刑事立法与司法解释可以看出:除犯罪集团的首要分子和情节严重的主犯对总额负责以外,其他共犯应以个人所得(或称分赃数额)论处。当然,在盗窃共同犯罪中,也提到参与数额。但总体来说,还是分赃数额说占主导地位。由于我国刑法没有对共同犯罪的定罪与数额问题作出统一规定,而是对各个犯罪进行具体规定与解释,因此各个犯罪之间不够统一协调,司法实践中各行其是,比较混乱,这是一个值得重视的问题。

(四) 2003年《全国法院审理经济犯罪案件工作座谈会纪要》

1997年修订以后的《刑法》第383条对贪污罪的数额采用了"个人贪污数额"的表述,这一表述十分容易产生误解,即误认为我国刑法关于贪污罪的数额规定采用的是分赃数额说。为此,2003年最高人民法院《全国法院审理经济犯

罪案件工作座谈会纪要》（以下简称《纪要》）第 2 条第 4 项明确规定：《刑法》第 383 条第 1 款规定的"个人贪污数额"，在共同贪污犯罪案件中应理解为个人所参与或者组织、指挥共同贪污的数额，不能只按照个人实际分得的赃款数额来认定。对共同贪污犯罪中的从犯，应当按照其所参与的共同贪污的数额确定量刑幅度，并依照《刑法》第 27 条第 2 款的规定，从轻、减轻处罚或者免除处罚。《纪要》的这一规定表明，我国刑法对共同贪污犯罪的数额不采用分赃数额说，而是按照各个共犯参与的共同贪污犯罪的总额计算。

三、诸说评述

关于共同犯罪的定罪与数额问题之所以存在各种观点的分歧，最根本的一点就是把共同犯罪的定罪与数额的关系和量刑与数额的关系混为一谈。共同犯罪的定罪与数额，是要解决共犯承担刑事责任的标准，以便确定适用的法定刑幅度问题。而共同犯罪的量刑与数额，是要解决共犯承担刑事责任的程度，以便确定具体刑罚的裁量问题。这是既相互联系，又相互区别的两个问题，但有些学者往往没有区分，而是毕其功于一役，结果发生了意想不到的混乱与纠纷。为了阐述我的观点，有必要先对各说予以评述。

（一）分赃数额说

分赃数额说将个人非法所得的数额作为处罚的基础，表面上看十分公允：得多罚重，得少罚轻。但此说过于强调各个共犯的刑事责任的独立性，忽视共同犯罪的刑事责任的整体性，存在较大的弊病。

1. 违背共同犯罪定罪的一般原理

共同犯罪的特点是在主观上的共同犯罪故意的支配下，客观上实施了共同犯罪行为。因此，各个共犯无论是主犯还是从犯，都应当对共同犯罪总的结果承担刑事责任。例如在共同杀人的场合，甲砍了一刀，将被害人砍伤；乙则一枪将被害人打死。在这种情况下，由于甲乙具有杀人的共同故意，都应以故意杀人罪既

遂论处，对甲既不能以故意杀人未遂定罪，更不能以故意伤害罪论处，这也正是共同犯罪区别于单独犯罪的特征。如果甲乙没有共同杀人的故意，而只是同时犯，那么，上述案例中甲乙应分别对自己的行为承担刑事责任，即对甲以故意杀人未遂论处，对乙则以故意杀人既遂定罪。在经济犯罪中，数额虽然具有可分割性，但也不能违背共同犯罪定罪的一般原则。而依分赃数额说，各个共犯只对个人所得承担刑事责任，是违背共同犯罪定罪的一般原理的。

2. 违背罪刑均衡的刑法基本原则

罪刑均衡是我国刑法的基本原则，根据这一原则，对共同犯罪处罚要重于单独犯罪，因为共同犯罪具有单独犯罪所不可比拟的严重危害性。但分赃数额说却将共同犯罪总额分解为个人所得的分赃数额，对各个共犯只以个人所得数额处罚。这显然违背共同犯罪从重处罚的原则，实际上是轻纵了共同犯罪。适用分赃数额说的观点，就会产生大罪化小、小罪化无的结果。按照共同犯罪的一般原理，参加共同犯罪的人越多，社会危害性就越大，处罚也就越重。但根据分赃数额说则会得出相反的结论：参加共同犯罪的人越多，各个共犯的刑事责任反而越小。因为共同犯罪的参与者越多，参加分赃的人越多，每个人分赃数额就越小，处罚也就越轻。在造成同样大小的经济损失的情况下，仅因为参加犯罪及分赃的人数不同，而导致各个共犯的刑事责任大相径庭，显然有悖于罪刑均衡的刑法基本原则。

3. 分赃数额说不仅在刑法理论上是有缺陷的，在司法实践中也不具有可行性

例如，在共同犯罪未遂的情况下，分赃数额说难以执行。在犯罪未遂的情况下，犯罪分子没有得到任何财物，根本谈不上分赃，如何根据分赃数额处罚？而在这种情况下，司法解释规定以犯罪指向目标的数额作为处罚标准。例如1984年11月2日最高人民法院、最高人民检察院《关于当前办理盗窃案件中具体应用法律的若干问题的解答》指出："对于潜入银行金库、博物馆等处作案，以盗窃巨额现款、金银或珍宝、文物为目标，即使未遂，也应定罪并适当处罚。"显

第二节 共同犯罪的定罪数额犯

然,在这种共同犯罪未遂的情况下,无法贯彻分赃数额说。而且,在共同犯罪所得由各个共犯共同挥霍的情况下,也无法贯彻分赃数额说。在共同犯罪案件中,并非每一案件都进行分赃,在不少场合是不分彼此共同挥霍的。既然没有进行分赃,分赃数额说也就行不通了。此外,共同犯罪得逞后尚未分赃就被破获的案件,也无法贯彻分赃数额说。共同犯罪得逞以后,由于各种客观原因或者主观原因,未进行分赃就被破获,在这种情况下,无法按分赃数额说办理,在司法实践中各行其是,造成一定的混乱:有的是平均分割,即二人共同盗窃1 000元而未分赃的,各人分担500元,以此类推。有的是以犯罪总额论处,即二人共同盗窃1 000元而未分赃的,都承担1 000元的刑事责任。这种做法无疑起到了鼓励犯罪分子抓紧分赃的作用,因为只要一经分赃,就只承担分赃数额的刑事责任,未分赃则以犯罪总额论处,其不合理处显而易见。由此可见,分赃数额说在司法实践中难以贯彻到底,因而产生了一些混乱。

(二) 参与数额说

参与数额说以各个共犯实际参加的共同犯罪数额为处罚标准,作为共同正犯承担刑事责任的原则,这是正确的。因为在共同正犯的情况下,各个正犯在共同故意的支配下,彼此联系、互为条件,其共同的经济犯罪行为造成了总的犯罪结果。因此,各个正犯都应对本人参与的经济犯罪数额承担刑事责任。但参与数额说不能成为共同犯罪定罪的一般原则,因为在共同犯罪中,除共同正犯以外,还有组织犯即首要分子、教唆犯和帮助犯。这些共犯在共同犯罪中属于非实行犯,即没有直接参与经济犯罪的实施,而是对经济犯罪进行策划、指挥(组织犯),或者对经济犯罪予以教唆(教唆犯),或者对经济犯罪提供帮助(帮助犯)。因此,对于非实行犯,不能适用参与数额说,例如对于经济犯罪集团中的首要分子,整个经济犯罪活动是在其策划、指挥下进行的,虽然首要分子本人没有直接实施某一经济犯罪行为,但其应对预谋内的经济犯罪集团造成的犯罪总额承担刑事责任。当然,基于部分行为之全体责任的原则,参与犯罪的数额也就是各个共犯的犯罪总数额,只不过在不同条件下的表述不同而已。

(三）犯罪总额说

犯罪总额说以共同犯罪的财物总额作为确定各个共犯的刑事责任的标准，我认为是可取的。但目前我国刑法学界对于犯罪总额说的论述过于空泛，容易使人发生误解。因此，需要根据共同犯罪的具体情况加以深入分析。

（四）分担数额说

分担数额说，根据参与者在共同犯罪中的作用确定各个共犯应当分担的数额，在一定程度上克服了分赃数额说的缺陷。因为在没有分赃数额的情况下，各个共犯在共同犯罪中的作用都是客观存在的，据此可以换算成相应的应当分担的数额。但这种观点除因将在共同犯罪中的作用（质）转换成应当分担的数额（量）较为复杂而缺乏可行性以外，还存在一个根本缺陷，这就是把共同犯罪的定罪与量刑问题混为一谈。共犯对何种数额承担刑事责任，首先是一个定罪问题；而根据共同犯罪中的作用确定各个共犯应当分担的数额，只是一个量刑问题。这样做的结果，就是只强调各个共犯的刑事责任的独立性，忽视共同犯罪的刑事责任的整体性；把共同犯罪视为数个单独犯罪的简单相加。在这一点上，分担数额说可以说是与分赃数额说如出一辙。

根据分担数额说，将参与者在共同犯罪中的作用换算成应当分担的数额，这实际上还是主张由各个共犯按比例地承担犯罪总额，只是它确定分担比例的方法不同于分赃数额说罢了。分赃数额说是以个人所得为标准将共同犯罪总额分为若干份额，分别由各个共犯承担。而分担数额说则是以犯罪分子在共同犯罪中的作用为标准，由于作用是抽象的、不可计量的，所以需要换算成数额。同时，由于作用这一因素具有抽象性，所以能适应各种案件，较之机械的分赃数额说具有一定的优越性，但它仍然未脱分赃数额说的旧案。按照分担数额说，甲乙丙丁4人共同盗窃1 000元，甲是主犯，承担70%的刑事责任，换算为700元数额，应以700元作为处罚标准。而乙丙丁3人为从犯，分别承担10%的刑事责任，换算为各100元数额，是否就可以不以犯罪论处了呢？这样做，显然是放纵了共同犯罪。因此，分担数额说看似观点新颖，实则未脱旧案，不为我们所取。

第二节 共同犯罪的定罪数额犯

（五）综合数额说

综合数额说表面上看十分公允，照顾到了各种因素，但实际上这种观点并没有真正解决问题。例如，甲乙共同盗窃 3 000 元，每人分赃各得 1 500 元，如果按分赃数额说，应适用 1979 年《刑法》第 151 条；而按犯罪总额说或参与数额说，则应适用 1979 年《刑法》第 152 条；按照分担数额说，甲乙作用相当，都是主犯，各承担 50％的刑事责任，应适用 1979 年《刑法》第 151 条。那么，按照综合数额说，到底是适用 1979 年《刑法》第 151 条还是第 152 条，不能得到明确回答，所以综合数额说也不足取。

（六）主、从犯区别说

主、从犯区别说是以主犯还是从犯这一犯罪参与者在共同犯罪中所起的作用作为对犯罪数额承担刑事责任的根据。从表面上看，这种观点似乎考虑了犯罪参与者在共同犯罪中所起的作用，以此作为分担犯罪数额的实质标准，符合公平原则。然而，主犯与从犯是共同犯罪量刑的概念，而各个共犯对何种犯罪数额承担刑事责任，这是一个定罪的问题。我认为，以主犯与从犯相区别作为确定共同犯罪承担数额的根据，并不符合逻辑。

四、观点论证

基于以上对诸说的评述，我主张犯罪总额说，同时包括在某些情况下的参与数额说。我认为，犯罪总额是一个总的提法：对于组织犯来说，这一犯罪总额就表现为犯罪集团预谋实施的经济犯罪的总数额，简称为预谋数额或曰组织数额。对于共同正犯来说，这一犯罪总额就表现为参与数额或曰实行数额。对于教唆犯来说，这一犯罪总额就表现为教唆数额，即在教唆犯的教唆下被教唆的人所实施的经济犯罪总额。对于帮助犯来说，这一犯罪总额就表现为帮助数额，即在帮助犯的帮助下被帮助人所实施的经济犯罪总额。

对犯罪数额的表述，我国刑法认为，对集团犯罪的首要分子采用犯罪总额

第二十九章 共同犯罪的数额犯

说，但对于其他主犯和从犯则采用参与数额说。例如1998年最高人民法院《关于审理盗窃案件具体应用法律若干问题的解释》（以下简称《解释》，现已失效）第7条规定："审理共同盗窃犯罪案件，应当根据案件的具体情形对各被告人分别作出处理：（一）对犯罪集团的首要分子，应当按照集团盗窃的总数额处罚。（二）对共同犯罪中的其他主犯，应当按照其所参与的或者组织、指挥的共同盗窃的数额处罚。（三）对共同犯罪中的从犯，应当按照其所参与的共同盗窃的数额确定量刑幅度，并依照刑法第二十七条第二款的规定，从轻、减轻处罚或者免除处罚"。在此，《解释》对共同盗窃犯罪的数额采用了两种表述，这就是总数额和参与数额。对此，容易误解为总数额和参与数额是两种不同的数额计算方法。其实，我认为，这里的犯罪总额与参与数额在含义上是相同的。因为所谓参与数额就是共犯所参与的共同犯罪的总额，只不过表述方法不同而已。无论是犯罪总额还是参与数额，都属于共同犯罪故意内应当承担刑事责任的犯罪数额。

我国学者认为，经济犯罪领域中的共同犯罪的情况较为复杂，不少是一案多犯，少则几人，多则十几人，甚至几十人。在共同犯罪的结合形式上，有的有主从，有的就很难区分主从；有的是一般结伙，也有的是集团犯罪。每个参与者在犯罪活动中的地位与作用不同，犯罪所得的数额也不同，如果要每个参与者都对全案赃款总额负责，对每个共犯都以共同犯罪数额作为量刑的基础，那就是不加区别地要每个参与者都承担其他共犯的罪责，这不符合罪责自负的原则，扩大了打击面，不利于对犯罪分子的分化瓦解。[①] 我认为，这种批评是不能成立的。罪责自负是一条原则，但共同犯罪的罪责自负与单独犯罪的罪责自负并不完全相同。在单独犯罪的情况下，行为人对自己犯罪行为所造成的危害结果承担刑事责任，这就是罪责自负。而在共同犯罪的情况下，由于各个共犯主观上具有共同犯罪故意，在客观上互相配合共同造成了一定的危害结果，因此，各共同犯罪人都

---

① 参见单长宗、欧阳涛：《谈谈经济领域中严重犯罪案件的定罪和量刑问题》，载《法学研究》，1983（3）。

第二节 共同犯罪的定罪数额犯

应该对共同犯罪的结果承担刑事责任,这就是罪责自负。例如,甲乙共谋杀害丙,甲砍了3刀,乙砍了3刀,共同将丙砍死。分开来看,甲乙的各3刀都不足以致丙死亡,但6刀却足以致丙死亡。那么,能不能说甲乙应该分别对本人所砍的3刀承担刑事责任,以故意杀人未遂论处呢?回答是否定的。由此可见,共同犯罪不是单独犯罪的简单相加,而是各共同犯罪人的行为的有机结合,是一个密不可分的整体,共同犯罪的这一点决定了共犯的罪责自负具有不同于单独犯罪的表现形式。并且,同案与共同犯罪不能等同。因此,全案总额与共同犯罪总额也不能简单地画等号。在经济犯罪集团的案件中,可能一案有十几个人,其中有的正犯参与了此数起经济犯罪,另一些正犯则参与了彼数起经济犯罪。在这种情况下,首要分子应对预谋的总额承担刑事责任。在一般情况下,预谋总额就是全案总额。在个别存在实行过限的案件中,正犯实施了首要分子预谋以外的其他经济犯罪,则全案总额大于预谋总额。在这种情况下,首要分子只对预谋范围内的共同犯罪总额承担刑事责任。至于经济犯罪集团中的正犯,则只对本人参与的总额承担刑事责任。而且,确定了对共同犯罪总额承担刑事责任以后,还要根据犯罪分子在共同犯罪中的地位、作用等因素区分主从,这怎么能说是不加区别?我认为,对共犯区别对待,并不表现在各个共犯对本人分赃所得数额承担刑事责任上,而体现在综合地考察其在共同犯罪中的作用,并根据作用大小予以轻重有别的处罚上。分赃数额说表面上好像是区别对待,但实际上它对共同犯罪与单独犯罪一视同仁,这恰恰是一种最大的不区别对待。

我国学者认为,共同承担责任不是要每个共犯都对共同犯罪的全部法益侵害结果承担责任,也不是要对所有共犯都根据全部法益侵害结果判处刑罚。毫无区别地叫参加共同犯罪的每一个成员均负全部的责任,就违背了罪刑均衡原则。[1]举例子说,假如10个人盗窃1万元,如果各个共犯都对这1万元承担刑事责任,

---

[1] 参见裴洪泉:《如何确认共同盗窃案件中各被告人承担的盗窃数额》,载《法学与实践》,1986(1),31页。

那么，就等于是10万元，不符合犯罪分子造成的实际损失，因此是加重了共犯的责任。我认为，这一责难也是不能成立的。我们说各个共犯对共同犯罪总额承担刑事责任，是指各个共犯对该共同犯罪总额都要承担一份刑事责任，而并不意味着每个共犯都必须对共同犯罪总额负全部刑事责任，或者负平均的责任。至于每个共犯所承担的那份刑事责任的大小，还要根据其在共同犯罪中所处地位和作用大小来加以确定。由于共同犯罪的法益侵害性大于单独犯罪的，因此，各个共犯承担刑事责任的总量肯定要大于单独犯罪的，但绝不意味着每个共犯都对共同犯罪总额承担全部刑事责任。假如甲乙二人共同将丙杀害，对甲乙都应定故意杀人罪，那么，是否就等于一案杀死两个人了呢？显然不是。在一般情况下，如果甲乙有主犯与从犯之分，那么，主犯甲被判处死刑，从犯乙被判处10年有期徒刑。在这种情况下，甲乙都对丙死亡的结果承担刑事责任，并不是说甲乙对丙死亡的结果承担全部责任。当然，如果甲乙情节都特别严重，依法都被判处死刑，也不能说就是违反罪刑相适应原则。既然在故意杀人罪中是这样，在经济犯罪中为什么不应当如此呢？

综上所述，我认为在对共同犯罪定罪的时候，应以犯罪总额为标准。只有这样，才能充分体现对共同犯罪从重处罚的原则。

第三节 共同犯罪的量刑数额犯

一、数额在共同犯罪量刑中的意义

数额是体现经济犯罪的法益侵害程度的重要指数之一，因此，在共同犯罪量刑的时候，数额是应当参考的因素之一。但我们又不能把数额在共同犯罪量刑中的作用绝对化，而是要把数额与其他犯罪情节结合起来考察。对于那种将数额在量刑中的意义绝对化的弊端，宋人曾布便曾经指出："盗，情有轻重，赃有多少，

第三节 共同犯罪的量刑数额犯

今以赃论罪,则劫贫家,情虽重,而以赃少,减免。劫富室,情虽轻,而以赃重,论死。是盗之生死,系于主之贫富也。"[1] 在共同犯罪中,犯罪总额是共同犯罪的结果。我国刑法对共犯量刑,主要是根据参与者在共同犯罪中的作用,因此,以赃论罪在共同犯罪量刑中与单独犯罪具有不同的特点。

我认为,要明确数额在共同犯罪量刑中的意义,十分重要的一点是阐明数额与犯罪分子在共同犯罪中的作用的关系。在以财物的数额作为犯罪结果的共同犯罪中,所谓犯罪分子在共同犯罪中的作用,在很大程度上就是在取得一定财物的过程中的体力与精神的支出。凡是在非法占有一定财物的犯罪过程中出力大的,就是在共同犯罪中起主要作用;否则就是起次要作用。因此,共犯的分赃往往是按"劳"分配。从这个意义上来说,分赃数额间接地起着衡量犯罪分子在共同犯罪中的作用的尺度的功能,在对犯罪分子具体裁量适用刑罚时,应当加以考虑。但我们还不能把分赃数额与参与者在共同犯罪中的作用等同起来,因为它们毕竟是两个不同的概念。在对共犯量刑的时候,除考虑分赃数额以外,还要同时兼顾其他情节。

二、数额在共同犯罪量刑中的裁量

在司法实践中,如何根据一定的数额和情节对共犯正确地裁量刑罚,是一个十分复杂的问题。例如张常胜、叶之枫收受贿赂案。[2] 被告人叶之枫于1984年11月与张常胜相识后,即互相勾结,合谋进行犯罪活动。1984年11月至1985年4月,叶之枫利用主管国家专项进口汽车的职务之便,多次主动地将国家专项进口汽车的重要机密及与外商、港商谈判进口汽车的重要机密,通过张常胜分别

---

[1] 上海社会科学院政治法律研究所编:《宋史刑法志注释》,138~139页,北京,群众出版社,1962。

[2] 参见《最高人民法院公报》,1987(2),34页。

泄露给外商和港商。在我国有关公司与外商谈判进口汽车时,叶之枫利用职权施加压力,要我国有关公司接受某外商提出的价格,并从速签订合同。张常胜多次为外商、港商出谋划策。叶之枫在得知国家关于进口汽车将有变动的情况后,通过张常胜示意港商及我国有关公司,采取倒签合同日期等手段,欺骗国家主管部门。在此期间,张常胜先后索取、收受外商、港商贿赂港币1 808 000元、美元2 000元、"日立"录像机2台和照相机1架。叶之枫分得港币25 000元、人民币7 000元、"日立"录像机1台。这一收受贿赂的共同犯罪,从分赃数额上来说,张常胜达人民币711 100余元,叶之枫达人民币20 000余元,叶之枫明显少于张常胜。那么,能否据此而认定张常胜为共同犯罪的主犯,叶之枫为从犯呢?不能。因为从共同犯罪中的作用来看,叶之枫并不轻于张常胜。因为叶之枫作为国家工作人员,违反国家保密法规,向张常胜泄露国家重要机密,由此向外商、港商索取、收受贿赂。所以,叶之枫在共同犯罪中起着十分恶劣的作用。北京市中级人民法院经审理认为,被告人张常胜和叶之枫合谋并共同实施犯罪行为,属于1979年《刑法》第22条第1款规定的共同故意犯罪。两被告人在共同犯罪中均起主要作用,依照1979年《刑法》第23条第1款的规定,系本案主犯,应当从重处罚。我认为,这一审理结论是完全正确的。但张、叶两被告都是主犯,是否就意味着不加区别地判处同一之刑呢?回答是否定的。在量刑的时候,同时还要考虑个人所得的贿赂数额。从犯罪事实来看,叶之枫收受贿赂数额巨大,张常胜收受贿赂数额特别巨大,因此,对张、叶两犯量刑还是应当有所区别的。北京市中级人民法院判决,被告人张常胜除犯收受贿赂罪以外,还犯有泄露国家机密罪和私藏枪支、弹药罪,判处其死刑。被告人叶之枫犯收受贿赂罪,判处其有期徒刑11年。我认为,这一判决具有合法性与合理性。

第三十章

共同犯罪的身份犯

我国刑法中的主体，可以分为一般主体和特殊主体。一般主体是指达到法定刑事责任年龄、具有刑事责任能力的自然人。而特殊主体是指除具备一般主体的要件以外，还要求具有一定身份作为其特定要件的犯罪主体。由这种特殊主体构成的犯罪，在共犯教义学中称为身份犯。在身份犯的情况下，没有特定身份的人当然不能单独构成这种犯罪。那么，没有特定身份的人与具有特定身份的人是否可以构成这种犯罪的共同犯罪呢？此外，在法律规定具有特定身份的人实施犯罪应当从重或者从轻、减轻和免除处罚的情况下，这种从重或者从轻、减轻和免除处罚的效力是否及于没有特定身份的其他共犯？这就是本章所要研究的问题。

第一节 身份犯概述

一、身份犯中身份的溯源

（一）我国古代刑法关于身份的立法

身份与刑法具有密切的关系。我国古代是一个封建家族制的等级社会，在这

种社会制度下，人因血缘、官职、职业、出身的差别而具有不同的身份，这种身份对刑法中的罪与刑都具有重大影响。我国封建刑法中的身份关系，大体上可分为官人、亲属、夫妻妾、良贱及主贱五种，法律对这些人的罪与刑的规定可谓错综复杂。正如我国法制史学家指出："身份不但为犯罪的主客体，且为情况，对犯罪的成否及刑的加减，亦有影响。且于处罚上，亦顾虑罪人的身份或其处境，各有其特例。"①

身份与共同犯罪的关系，是身份与刑法的关系的重要内容之一。《唐律》规定的许多共同犯罪都与身份有关，例如户婚律规定："诸同姓为婚者，各徒二年。"② 这是因同姓身份构成的必要共同犯罪，主体没有这种身份，就不能构成本罪。不仅如此，《唐律》还在名例律中规定了处理共同犯罪与身份的关系的一般原则。《唐律》指出："诸共犯罪而本罪别者，虽相因为首从，其罪各依本律首从论。"③ 例如，甲有特别身份，乙无此种身份，仍视甲与乙之为首或为从，甲依身份犯之首或从论，乙则依常人犯之从或首论。因此，根据《唐律》的这一规定，对具有特定身份的人的从重或从轻、减轻和免除处罚的效力不及于没有这种特定身份的人。自唐以后，明清律沿袭此例。

（二）外国现代刑法关于身份的立法

欧洲近代的启蒙运动提出了平等的口号，并在法律上宣布法律面前人人平等。因此，大陆法系国家刑法摒弃了封建刑法纯粹以人之身份决定罪之有无与刑之轻重的做法，但保留了对行为的法益侵害性程度具有影响的身份对于罪刑的意义。尤其是共同犯罪与身份，大多数大陆法系国家的刑法都有明文规定。例如《日本刑法》第65条规定："（1）凡参与因犯人身份而构成的犯罪行为的人，虽不具有这种身份，仍是共犯。（2）因身份致刑罚有轻重时，没有这种身份的人，

---

① 戴炎辉：《中国法制史》，3版，33页，台北，三民书局，1979。
② 《唐律疏议》，262页，北京，中华书局，1983。
③ 《唐律疏议》，116页，北京，中华书局，1983。

仍判处通常的刑罚。"又如《德国刑法典》第 28 条（特定之个人要素）规定："（1）正犯之可罚性取决于特定之个人要素（第 14 条第一项），而共犯（教唆犯或帮助犯）欠缺此要素者，主犯之刑依第 49 条第一项减轻之。（2）法律规定刑因行为人特定之个人要素而加重、减轻或免除者，其规定仅于具此要素之共同加功者（正犯或共犯）适用之。"此外，《意大利刑法典》第 117 条、《奥地利刑法典》第 14 条、《德意志民主共和国刑法典》第 22 条、《瑞士刑法典》第 26 条等均有此类规定。

（三）我国刑法关于身份的立法

我国 1979 年《刑法》没有关于共同犯罪与身份的明文规定，而在新中国成立初期公布实施的《中华人民共和国惩治贪污条例》中曾有关于共同犯罪与身份的个别规范。该条例第 12 条规定："非国家工作人员勾结国家工作人员伙同贪污者，应参照本条例第三、四、五、十、十一各条的规定予以惩治。"1997 年《刑法》对贪污罪的共犯也作了规定，第 382 条第 3 款规定，"与前两款所列人员勾结，伙同贪污的，以共犯论处。"我国学者认为，这一规定属于注意规定而非法律拟制，因而其他未作此类规定的犯罪，例如受贿罪，非国家工作人员也可以成为其共犯。[①] 我国刑法虽然没有关于共同犯罪与身份的一般规范，但在司法实践中仍然存在这个问题。例如，妇女能否成为强奸罪的共犯，国家工作人员的家属能否和国家工作人员构成受贿罪的共犯等，司法解释也曾个别地涉及这些问题。例如，最高人民法院、最高人民检察院、公安部《关于当前办理强奸案件中具体应用法律的若干问题的解答》指出："妇女教唆或帮助男子实施强奸犯罪的，是共同犯罪，应当按照她在强奸犯罪活动中所起的作用，分别定为教唆犯或从犯，依照刑法有关条款论处。"

我认为，在我国刑法没有明文规定共同犯罪与身份的情况下，尤其需要在参考与借鉴古今中外刑法有关规定的基础上，对共同犯罪与身份问题进行深入研

[①] 参见张明楷：《刑法分则的解释原理》，277 页，北京，中国人民大学出版社，2004。

究，为司法实践解决共同罪犯与身份问题提供理论依据。

二、身份犯中身份的概念

关于身份，各国刑法规定的用语不一。有仅称"身份"的，例如《日本刑法》第65条；有称为"特定之个人要素"的，例如《德国刑法典》第28条；还有称为"特殊身份关系、资格及情况"的，例如《瑞士刑法典》第26条；另外还有称为"个人联系"的，例如《阿根廷刑法典》第48条。上述立法例对身份的规定，只是表述上的差别，尽管对身份的范围的规定有宽窄之分，就其实质内容而言，并无原则区别。

在刑法教义学中，对身份所下的定义也各不相同。我国学者认为，刑法上所谓身份，乃指犯人人身所具有之资格、地位或状态。[1] 还有学者认为，刑法上所谓身份，系指行为人本身所具有之特定资格，亦即为行为人罪犯行为中，本身所必须具备之特殊条件。[2] 另外有些学者认为，刑法上所谓身份，指所有与一定犯罪行为有关的人的这种特殊地位或状况。[3] 上述表述都认为身份是表明犯罪主体的人身或其他特定关系的特征的总和。身份有广狭二义，广义的身份包括其他特定关系，而狭义的身份则仅指主体所具有的资格。在刑法教义学中，一般都倾向于对身份作广义的解释。但无论从广义还是狭义上理解身份，都只有与主体有关的某些特征才能被解释为身份，其他与犯罪的主观方面有关的特征，例如目的犯之特定目的，或者与犯罪的客观方面有关的特征，例如结果犯之特定结果，当然就不得解释为身份。

以上刑法学者对刑法中的身份的定义，只是揭示了身份的外在特征。不仅如

---

[1] 参见蔡墩铭：《刑法要义》，204页，台北，汉苑出版社，1976。
[2] 参见褚剑鸿：《刑法总则论》，5版，294页，台北，有盈印刷有限公司，1984。
[3] 参见［日］福田平、大塚仁：《日本刑法总论讲义》，李乔等译，183页，沈阳，辽宁人民出版社，1986。

此，我们还应当把握身份的本质内容。我认为，身份是人在一定的社会关系中的地位。人的本质在其现实性上是一切社会关系的总和①，因此，每个人无不具有一定的身份。在揭示身份的一般特征的基础上，我们可以就刑法中的身份得出结论：法律明文规定的对定罪量刑具有影响的一定的个人要素，是刑法中的身份。由此可见，刑法中的身份有以下三个特征。

（一）事实特征

刑法中的身份是一定的个人要素。所谓个人要素是指依附于个人而存在的某种情状，例如职务、性别等。个人因具有这些要素，而在法律上发生一定的权利义务关系。当该权利义务关系涉及犯罪，应当由刑罚的手段来加以调整的时候，这种个人要素就成为刑法中的身份。因此，一定的个人要素是刑法中的身份的事实特征。

（二）本质特征

刑法中的身份必须对定罪量刑具有影响。身份之所以成为刑法教义学的研究对象，就在于它对定罪量刑能够发生一定的影响。否则，一定的个人要素就不能成为刑法中的身份。因此，对定罪量刑具有影响是刑法中的身份的本质特征。

（三）法律特征

刑法中的身份是由法律明文规定的。一定的个人要素能对定罪量刑发生影响，从而成为刑法中的身份，当然有其事实基础，但从效力上说却完全取决于法律的规定。因此，法律的明文规定是刑法中的身份的法律特征。

三、身份的种类

刑法中的身份是一个外延十分广泛的概念，我们可以根据一定的标准对身份进行适当的分类，以便准确地理解身份的意义。在刑法理论上，身份可以分为以

---

① 参见《马克思恩格斯选集》，2版，第1卷，4页，北京，人民出版社，1995。

下几类。

(一) 自然身份与法定身份

自然身份是指个人因自然的赋予而具有的要素，例如性别、年龄、血缘、疾病等。法定身份是指个人因法律的赋予而具有的要素，例如职务、职责等。自然身份和法定身份虽然来源不同，但它们都能够体现一定的个人在社会关系中的地位，并且对定罪量刑具有影响。

(二) 主体身份与客体身份

主体身份是行为主体所具有的特定身份，客体身份是行为客体所具有的特定身份。在我国刑法中，主体身份可以分为以下三种情况：一是职务上的身份，例如国家工作人员（第 382 条第 1 款）、司法工作人员（第 247 条）、邮政工作人员（第 253 条）。二是职业上的身份，例如航空人员（第 131 条），铁路职工（第 132 条）。三是其他基于一定的法律关系而产生的身份，例如受国家机关、国有公司、企业、事业单位、人民团体委托管理、经营国有财产的人员（第 382 条第 2 款），证人、鉴定人、记录人、翻译人（第 305 条）。我国刑法中的客体身份可以分为以下四种情况：一是基于刑事法律关系而产生的身份，例如犯罪嫌疑人、被告人（第 247 条）、被监管人（第 248 条）、犯罪的人（第 310 条）。二是基于其他法律关系而产生的身份，例如控告人、申诉人、批评人、举报人（第 254 条），会计、统计人员（第 255 条）。三是职务上的身份，例如国家机关工作人员（第 277 条）。四是基于自然关系而产生的身份，例如妇女、不满 14 岁的幼女（第 236 条），家庭成员（第 260 条），年老、年幼、患病或者其他没有独立生活能力的人（第 261 条）以及不满 14 岁的未成年人（第 262 条）。

(三) 积极身份与消极身份

如前所述，身份对定罪量刑具有一定的影响，这是刑法中的身份的本质特征。身份对定罪量刑的影响，不外乎以下两种情况。

1. 积极身份

行为人由于某种身份的存在，而使其行为成为刑法中所规定的犯罪，或者成

为从重与从轻处罚的事由，这是身份对定罪量刑的积极影响。例如我国《刑法》第21条第3款指出："第一款中关于避免本人危险的规定，不适用于职务上、业务上负有特定责任的人。"这是对紧急避险的例外规定。根据我国《刑法》第21条第1款的规定，紧急避险行为不负刑事责任。但如果行为人具有职务、业务上的特定身份，则不适用避免本人危险的规定。他们因避免本人危险而造成一定危害的，仍应承担刑事责任。这种职务、业务上的特定身份，就是积极身份。

2. 消极身份

行为人由于某种身份的存在，而使其责任得以免除，这是身份对定罪量刑的消极影响。在共犯教义学中，这种消极身份又称为一种阻却刑罚事由。我国《刑法》第17条关于不满12周岁的人不负刑事责任、第18条关于精神病人在不能辨认或者不能控制自己行为的时候造成危害结果的，不负刑事责任的规定，就是适例。这种因年龄、疾病而产生的特定身份，就是消极身份。

（四）定罪身份与量刑身份

1. 定罪身份

我国刑法中规定的某些犯罪，以犯罪主体或者犯罪对象的一定身份作为犯罪构成的要件。在这种情况下，身份成为行为之可罚性的基础，直接影响犯罪的成立，因此称为定罪身份。在共犯教义学中，定罪身份又称为构成身份。

2. 量刑身份

我国刑法还规定了以身份作为刑之从重、从轻、减轻的根据。在这种情况下，身份决定着罪责之大小，直接影响刑罚的裁量，因此称为量刑身份。在共犯教义学中，量刑身份又称为加减身份。

第二节 共犯身份犯的比较法考察

在共犯教义学中，共犯的身份犯是一个共犯与身份的关系问题，它可以说是

第三十章 共同犯罪的身份犯

刑法共犯理论中的沼泽地，一不小心陷进去就会遭受灭顶之灾。不过，也正因该问题的复杂性，诱惑着更多的刑法学者奋不顾身地投向这片沼泽地。本节以比较法为视角，结合德国、日本刑法典对共犯与身份的规定，以及我国关于身份犯之共犯问题的司法解释，从刑法教义学的角度进行论述，以期对共犯与身份这一重要刑法理论问题进行深入探讨。

一、共犯与身份的各国刑法规定

共犯与身份这一问题，在我国刑法总则中并无规定，但其基本原理来自对此问题有规定的德、日。以下，首先列出相关刑法条文，然后在此基础上引申出关于共犯与身份的学说。

《德国刑法典》第28条
第1款　共犯（教唆犯或帮助犯）欠缺正犯可罚性基础之特定个人要素时，依第49条减轻其刑。
第2款　法律对于特别的个人要素致刑有加重或者免除规定时，该规定仅适用于具有该要素之参与者（正犯或共犯）。

《德国刑法典》第29条
数人参与一犯罪行为时，个人仅就自己之责任受处罚而不受他人责任的影响。

《日本刑法》第65条
第1款　对于因犯罪人身份而构成的犯罪行为进行加功的人，虽不具有这种身份的，也是共犯。
第2款　因身份而特别加重或者减轻刑罚时，对于没有这种身份的人，判处通常之刑。

在以上德日两国刑法典中，《德国刑法典》所称特定的个人要素，也就是

《日本刑法》所规定的身份，只是文字表述上有所不同而已。当然，特定的个人要素这个概念是十分容易引起争议的。例如，对于目的、信念、动机等不法的主观要素是否属于《德国刑法典》所规定的特定的个人要素就曾经产生争论。不过，通说是不法的主观要素不能被视为《德国刑法典》第28条意义上的特定的个人要素。[1] 而在《日本刑法》第65条只规定了身份而没有规定身份之外的特定关系的情况下，则侵占罪的持有关系被解释为身份。例如日本学者山口厚指出：侵占委托物罪是违法身份犯，其主体必须是处于具有侵犯所有权以及委托关系之可能的地位者。[2] 因此，立法用语的不同也许并不意味着实质内容上的区分，而可能只影响解释策略的选择。

在一般情况下，对于《德国刑法典》第28条和《日本刑法》第65条在理解上并无问题。即：第1款规定的是纯正身份犯，第2款规定的是不纯正身份犯；前者解决定罪问题，后者解决量刑问题。但是，德日及我国台湾地区学者都提出了一个问题，这就是第1款与第2款之间的矛盾。上述第1款与第2款的矛盾其实是建立在极端从属形态基础之上的，即：如果是共犯对正犯极端从属，则作为正犯责任的身份共犯亦应从属，因此存在上述矛盾。但如果采用的是限制从属形态，即：正犯具有违法性，共犯即可成立。在这种情况下，上述第1款与第2款之间的矛盾并不存在。然而，以上论述只是形式性地解决了第1款与第2款之间的关系，而没有实质性地解决第1款与第2款之间的关系。我认为，对于上述问题的实质性解决，还是应当建立在对违法与责任这两个犯罪成立要素的正确认识基础之上，并由此引申出以下法律格言："违法身份的连带性，责任身份的个别性。"[3]

在此，首先需要区分的是违法身份与责任身份。违法身份又称为构成的身

---

[1] 参见［德］冈特·施特拉腾韦特、洛塔尔·库伦：《刑法总论Ⅰ——犯罪论》，杨萌译，348页，北京，法律出版社，2006。
[2] 参见［日］山口厚：《刑法各论》2版，王昭武译，340页，北京，中国人民大学出版社，2011。
[3] ［日］西田典之：《日本刑法总论》，刘明祥、王昭武译，334页，北京，中国人民大学出版社，2009。

份，属于构成要件要素，由此身份构成的身份犯称为纯正的身份犯，或者构成的身份犯。而责任身份又称为加减的身份，属于责任要素，由此构成的身份犯称为不纯正的身份犯，或者加减性身份犯。按照这一原理，一般认为，《德国刑法典》第28条第1款、《日本刑法》第65条第1款规定的是纯正身份犯的共犯，即没有特定身份的人可以成为纯正身份犯的共犯，其法理根据就在于违法身份具有连带性。当然，对于这里的共犯，《德国刑法典》第28条第1款已经明确系狭义的共犯，即教唆犯与帮助犯。但《日本刑法》第65条第1款并未明确，因此对其是指狭义的共犯，还是指广义的共犯，则存在争议。争议点就在于共同正犯是否包含其中。《德国刑法典》第28条第2款、《日本刑法》第65条第2款规定的是不纯正身份犯的共犯，即加减身份的效力不及于不具有这种身份的人，其法理根据就在于责任身份具有个别性。

　　违法身份的连带性、责任身份的个别性这一原理，是建立在违法的连带性、责任的个别性这一前置性原理的基础之上的。在共犯与正犯的关系上，历来存在着共犯从属性说与共犯独立性说之争。通说均主张共犯从属性说，唯在从属性程度上存在区分。德国学者迈耶曾经提出四个从属形态：第一是最小从属形态，即认为只要正犯符合构成要件就够了；第二是限制从属形态，即认为需要正犯符合构成要件并且是违法的；第三是极端从属形态，即认为需要正犯具有构成要件符合性、违法性和责任；第四是夸张从属形态，即认为正犯处理具有构成要件符合性、违法性和责任之外，进而必须具备一定的可罚条件。[①] 上述夸张从属形态使正犯的个人处罚条件之效力及于共犯，同时也与德日刑法典的规定相抵牾，明显不妥。而德日的通说是限制从属形态，而违法的连带性、责任的个别性正是从限制从属形态中引申出来的必然结论。例如，日本学者西田典之在论及限制从属形态时指出：其主要观点为"个别责任原则"，即在各犯罪参与者之间，"违法连带

[①] 参见［日］大塚仁：《刑法概说（总论）》，3版，冯军译，281页，北京，中国人民大学出版社，2007。

第二节 共犯身份犯的比较法考察

作用、责任个别作用"。这也是共犯论目的处罚根据由责任共犯论转化为违法共犯论或因果共犯论之结果。① 这里的违法的连带性，是指违法评价的对象在一般情况下是客观事实，因此违法评价具有一般性，其效力及于参与的所有人。参与者之间所共同存在的终究只是由他们的行为所引起的法益侵害这一实体。例如，在 A 杀害了 X 之时，X 的死亡这一事实（相对于违法性，这称为不法事实）对所有实施了杀人行为者均通用。② 这种构成要件事实对于所有参与者的通用性，也就是违法的连带性。在违法的连带性的原理之下，无身份者可以成为身份犯的共犯。例如，教唆他人贪污的，应当对被教唆者以贪污罪的共犯论处。在共同正犯的情况下，部分行为之全体责任原则也是违法的连带性的体现。当然，违法的连带性也是有限度的，在此还存在一个违法评价相对性的问题。③ 而责任的个别性，是指责任具有个别评价的性质。例如，在论及共犯从属性说时，日本学者山口厚指出：共犯也是就自己的行为被追究自己固有的责任，在此意义上，责任要件无论如何都应该按照每个人逐一个别地加以判断。这样，就不需要正犯行为具备责任要件，作为共犯的成立要件来说，极端从属性说想来是不妥当的。④ 责任所具有的这种个别判断的性质，决定了其功能有别于违法性。

违法身份是一种构成要件要素，其对于违法性具有决定意义。即：只有具有这种身份的人实施某一行为才具有违法性，没有这种身份的人单独实施相同行为则不具有可罚性或者根本不可能单独实施该行为。在违法身份犯的情况下，没有这种身份的人单独实施相同行为不具有可罚性，例如我国《刑法》第 165 条规定的非法经营同类营业罪，其主体是国有公司、企业的董事、经理。如果是非国有公司、企

---

① 参见［日］西田典之：《日本刑法总论》，刘明祥、王昭武译，326 页，北京，中国人民大学出版社，2009。
② 参见［日］西田典之：《日本刑法总论》，刘明祥、王昭武译，326 页，北京，中国人民大学出版社，2009。
③ 参见［日］西田典之：《日本刑法总论》，刘明祥、王昭武译，326 页，北京，中国人民大学出版社，2009。
④ 参见［日］山口厚：《刑法总论》，2 版，付立庆译，314 页，北京，中国人民大学出版社，2011。

业的董事、经理,即使其实施了非法经营同类营业行为,也不具有刑事上的可罚性。在这种情况下,非法经营同类营业罪所要求的国有公司、企业的董事、经理这一身份对于决定行为的违法性具有意义,因而属于违法身份。在违法身份犯的情况下,没有这种身份的人不可能单独实施该行为,例如我国《刑法》第360条规定的传播性病罪,其主体是患有梅毒、淋病等严重性病的人。如果不是患有梅毒、淋病等严重性病的人,有可能卖淫、嫖娼,但绝不可能传播性病。因此,该罪处罚的是传播性病的行为,而不是卖淫、嫖娼行为。在这种情况下,患有梅毒、淋病等严重性病这一身份对于决定行为的违法性具有意义,因而属于违法身份。

值得注意的是,日本学者主要是从法益侵害说出发论证违法的连带性这一原理的。例如山口厚指出:"由于违法身份意味着是处在能够引起作为犯罪成立之基础的法益侵害的地位,因此,如果不处于这种地位的无身份者通过有身份者而介入,则可以间接地惹起法益侵害,也便能够认定可以构成违法身份犯的共犯。由此而论,应该认为违法身份具有连带的作用。"[①] 这种连带作用是以与法益侵害之间的因果性为连接点的。这也为在违法身份犯的情况下,没有这种身份的人可以通过教唆或者帮助而成为身份犯的共犯提供了实体根据。与之不同,德国学者则是从义务犯的角度提供理论根据的。例如德国学者指出:"争议最大的是第28条包含了哪些属于犯罪不法的特征。一般认为,只有身份犯中的特殊义务才能构成特别的个人特征。这就是说,如果某一不具备资格之人参与了纯正的身份犯罪,比如教唆他人枉法(第339条),则可以依照第28条第1款的规定对其减轻处罚。如果他参与的是不纯正的身份犯罪,比如参与职务上的伤害(第340条),则只对其处以伤害罪(第223条)的基本构成要件里规定的刑罚。由于只有负有特定义务之人才能违反特定义务,理论上而言,这一规定有充分根据。"[②]

---

① [日] 山口厚:《日本刑法中的"共犯与身份"》,载马克昌、莫洪宪:《中日共同犯罪比较研究》,142页,武汉,武汉大学出版社,2003。
② [德] 冈特·施特拉腾韦特、洛塔尔·库伦:《刑法总论Ⅰ——犯罪论》,杨萌译,345页,北京,法律出版社,2006。

当然，这一论述还没有解析出第 1 款的义务与第 2 款的义务之间的差别。而德国学者罗克辛教授则直接指出："对于那些教唆者自己不可能成为正犯的犯罪，也可以成立教唆犯。这主要针对义务犯而言，同时也适用于亲手犯。"① 在义务犯的情况下，特定义务之违反是可罚性的根据，因此，以义务犯说明第 1 款的身份犯是能够成立的。只是由于义务犯理论本身的复杂性，为身份犯的解释带来一定的难度。

责任身份是一种责任要素，其并不决定行为的违法性而是对于加重或者减轻处罚具有意义。这里的不决定行为的违法性，是指即使没有这一身份，行为仍然构成犯罪。只不过具有这一身份，使责任加重或者减轻而已。这种责任身份，通常是在没有身份的人构成基本犯的前提下，具有身份的人构成加重犯或者减轻犯。责任身份构成的加重犯，在共犯教义学中称为身份加重犯。身份加重犯是指行为人实施了基本罪的犯罪行为，当他具有法律规定的特定身份时，依法加重其刑的犯罪形态。② 当然，责任身份除加重或者减轻刑罚以外，也还包括从重或者从轻处罚。例如，我国《刑法》第 243 条规定的诬告陷害罪，第 1 款是基本犯的规定，对该罪的构成并无身份上的限制。第 2 款则规定："国家机关工作人员犯前款罪的，从重处罚。"这里的国家机关工作人员的身份就是一种责任身份：其只影响量刑，并不影响定罪。

二、共犯与身份的刑法教义学原理

关于违法身份犯与责任身份犯的区分，亦即纯正身份犯与不纯正身份犯的区分，在一般情况下并不存在问题。例如，纯正身份犯是以不具有身份的人不可能

---

① ［德］克劳斯·罗克辛：《德国刑法中的共犯理论》，劳东燕、王钢译，载陈兴良主编：《刑事法评论》（第 27 卷），119 页，北京，北京大学出版社，2010。
② 参见卢宇蓉：《加重构成犯罪研究》，212 页，北京，中国人民公安大学出版社，2004。

单独实施相同行为则不具有可罚性或者根本不可能单独实施该行为为前提的。在这种情况下，纯正身份犯不存在与其对应的基本犯；而不纯正身份犯则以没有身份的人构成基本犯为前提，具有身份的人构成的是加重犯或者减轻犯。在这种情况下，第1款与第2款分别解决共犯与身份中不同的问题。问题出在某些违法身份与责任身份竞合，亦即纯正身份犯与不纯正身份犯竞合的场合。通常所举的例子就是：杀害尊亲属罪与杀人罪的关系。在甲与乙共同杀害乙的父亲丙的情况下，甲乙是构成杀人罪的共同正犯，还是杀害尊亲属罪的共同正犯，抑或是分别构成杀人罪与杀害尊亲属罪？这取决于如何看待亲属关系在犯罪论体系中的地位。杀害尊亲属罪是身份犯，这在认识上并无分歧。但这是纯正身份犯，还是不纯正身份犯？即这里的亲属关系这一身份是不法身份还是责任身份？换言之，是构成身份还是加减身份？从亲属关系属于杀害尊亲属罪的构成要件来说，其属于构成身份，因此杀害尊亲属罪是纯正身份犯。但从没有这种身份的人杀人的可以构成杀人罪，杀害尊亲属只不过处以较之普通杀人罪更重的刑罚而言，则亲属关系又是杀害尊亲属罪的加减身份，因此杀害尊亲属罪是不纯正身份犯。在这种情况下，我认为存在纯正身份犯与不纯正身份犯的竞合。对这种情形，日本学者称为双重身份犯，例如日本学者西田典之在论及业务侵占罪时，指出："本罪以基于业务而占有他人之物者为主体，属于单纯侵占罪的加重类型。在必须具有他人之物的占有者这一身份（第65条第1项）的同时，还必须具有业务人员这一身份，属于双重意义上的身份犯。"[①] 此外，我国台湾地区学者论及双重身份犯这一概念时，也指出："刑法有极少数罪名兼具纯正身份犯及不纯正身份犯之双重性格，典型的例子是侵占罪与业务侵占罪。基于法律或事实上之原因对他人之物取得持有支配联系，是普通侵占罪成立之要件，属于纯正身份犯；但就从事业务或公务身份之人加重处罚而论，又具有不纯正身份犯之特性，故业务侵占罪包含纯

[①] [日] 西田典之：《日本刑法各论》，3版，刘明祥、王昭武译，188页，北京，中国人民大学出版社，2007。

正身份犯与不纯正身份犯之特性。"① 这种双重身份犯，同时兼具纯正身份犯与不纯正身份犯的性质。对其如何处理，是一个在共犯与身份中值得研究的问题。我认为，这种双重身份犯是以法条竞合为前提的，根据法条竞合原理，这是一种特别法与普通法的竞合，应当采用特别法优于普通法的原则，适用特别法。在杀人罪与杀害尊亲属罪竞合的情况下，对于正犯应当以杀害尊亲属罪论处。在这种情况下，纯正身份犯与不纯正身份犯的竞合，也应该以不纯正身份犯对待。因此，对于具有亲属关系与不具有亲属关系的行为人共同杀害他人的，应当分别适用《德国刑法典》第 28 条第 2 款和《日本刑法》第 65 条第 2 款，即将亲属关系视为一种责任身份，其加重效力只及于具有这种身份的人。例如甲教唆乙杀害乙的父亲，乙构成杀害尊亲属罪是没有问题的，那么，甲是构成杀害尊亲属罪的教唆犯还是杀人罪的教唆犯？对于《日本刑法》来说，主要是适用第 65 条第 1 款还是第 2 款的问题。从形式上来看，适用第 1 款是没有问题的，因此应该以杀害尊亲属罪的教唆犯论处。但是，如果把亲属关系理解为加减的身份，适用第 2 款也是没有问题的，如此又应以杀人罪的教唆犯论处；由此形成所谓第 1 款与第 2 款之间的矛盾。在这种情况下，如果强调连带性作用，则会得出结论：在甲教唆乙杀害乙的父亲的场合，只要正犯乙属于杀害尊亲属，那么，根据第 1 款的规定，甲的罪名是杀害尊亲属罪的教唆，再根据第 2 款的规定，在单纯杀人罪的限度之内科刑。② 这样的话，虽然保持了正犯与教唆犯在罪名上的一致性，即罪名从属性，但定此罪而量彼刑，颇为不当。但如果强调个别性作用，则会得出结论：在甲教唆乙杀害乙的父亲的场合，教唆犯与正犯应该分别定罪，即甲构成杀人罪的教唆犯，乙构成杀害尊亲属罪的正犯。在乙教唆甲杀害甲的父亲的场合，也同样存在上述问题。对此，我认为这不是第 1 款与第 2 款之间的矛盾，而第 1

---

① 高金桂：《不纯正身份犯之"身份"在刑法体系上之定位问题》，载《共犯与身份》，153 页，台北，台湾学林文化事业有限公司，2001。
② 参见［日］西田典之：《日本刑法总论》，刘明祥、王昭武译，333 页，北京，中国人民大学出版社，2009。

款与第 2 款之间的竞合，也就是前面所说的违法身份与责任身份的竞合。按照竞合的原理，还是应当适用第 2 款的规定，分别定罪，使亲属关系这一身份的加重效力只及于具有这一身份的人。

这种分别定罪的观点，实际上是使具有身份的人与不具有身份的人适用不同的构成要件，因此在共犯教义学中又称为构成要件移用方案。与之相反，对于具有身份的人与不具有身份的人定相同之罪的观点，虽然使具有身份的人与不具有身份的人适用相同的构成要件，但却适用不同刑罚，因此在共犯教义学中又称为刑罚移用方案。上述两种方案会面对不同的批评，其中对构成要件移用方案的批评主要是如何处理不同罪名之间是否存在共犯的问题。而对刑罚移用方案的批评主要是罪刑相分离的问题。我认为，罪刑相分离的法理障碍更大一些，而不同罪名之间的共犯问题则根据部分犯罪共同说可以得到解决。

这里涉及在共犯问题上的行为共同说与犯罪共同说之争。行为共同说与犯罪共同说主要是围绕着共同正犯的成立而展开的，但其原理对于教唆犯、帮助犯的成立同样具有参考价值。行为共同说认为共同犯罪是各人因共同的行为而实现了各自的犯罪，因此是数人犯数罪的关系。例如，甲乙分别以伤害的故意与杀害的故意共同打击丙并致其死亡。根据行为共同说，甲乙之间成立共同犯罪，甲定故意杀人罪，乙定故意伤害罪。而犯罪共同说则认为共同犯罪是数人共同实行某一特定的犯罪，因此是数人犯一罪的关系。上述甲乙的例子，因为甲乙分别犯故意杀人罪与故意伤害罪，因此并不承认甲乙之间成立共同犯罪。由此可见，行为共同说与犯罪共同说之间的表面分歧就在于不同犯罪之间能否成立共同犯罪：行为共同说肯定不同犯罪之间可以成立共同犯罪，而犯罪共同说则否认不同犯罪之间可以成立共同犯罪。对于以上分歧，目前存在折中并趋近的观点，例如犯罪共同说从传统的完全犯罪共同说转向部分犯罪共同说；而行为共同说也出现了从自然的行为共同说到构成要件的行为共同说的转变。就部分犯罪共同说而言，是可以承认不同罪名之间成立共同犯罪的。例如，上述甲乙的例子，就会在杀人罪与伤害罪所重合的伤害（致死）罪的限度内肯定共同正犯的成立。至于行为共同说承

认甲乙存在共同正犯的关系当然更没有问题。

基于以上理解，我认为对于具有身份的人与没有身份的人之间，无论是行为共同说还是部分犯罪共同说，只要肯定在不同罪名之间可以成立共同犯罪，则按照构成要件移用方案，对其分别定罪但承认在竞合范围内发生共犯关系，并不存在法理上的障碍。

三、共犯与身份的处理原则

我国刑法对共犯与身份并无总则性的一般规定，但在身份犯的共犯问题上接受以下两条原则：（1）没有身份的人可以成为身份犯的共犯（相当于德日刑法第1款的规定），以及（2）身份的加减效力不及于没有这种身份的人（相当于德日刑法第2款的规定）。其中，上述第1条原则可见我国《刑法》第382条第3款的规定："与前两款所列人员勾结，伙同贪污的，以共犯论处。"这一规定被认为是注意规定，具有提示功能。通过刑法教义学的解释，使这一分则性规定的效力及于没有这一规定的其他情形，从而成为事实上的总则性规定。

上述第2条原则可见我国《刑法》第177条之一第3款的规定："银行或者其他金融机构的工作人员利用职务上的便利，犯第二款罪（窃取、收买、非法提供信用卡信息罪——引者注）的，从重处罚。"根据这一规定，只有具有银行或者其他金融机构的工作人员这一特定身份的人犯本罪的，才能从重处罚。应当指出，尽管我国刑法对共犯与身份的规定是分则性的，也是较为简单的，但在司法适用中同样存在一些争议问题。

（一）没有身份的人与具有身份的人共同实行纯正身份犯之罪

这涉及第1款的理解问题，即没有身份的人可以教唆或者帮助具有身份的人构成纯正身份犯的共犯，对此，在理解上都是没有问题的。问题在于，没有身份的人是否可以与具有身份的人构成纯正身份犯的共同正犯？对于这一问题，《德国刑法典》第1款是明确规定不可以的，只有教唆或者帮助才能成为共犯。但

《日本刑法》第1款则较为暧昧：既未明确肯定，也未明确否定，由此导致对第1款理解上的差异。例如日本学者山口厚持肯定的观点，指出："若是共同正犯属于和单独正犯同样意义上的正犯的话，那么非身份者大概就不可能成立身份犯的共同正犯。但是，共同正犯即便是属于'一次责任'类型，在共同惹起了构成要件该当事实的意义上，其也是单独正犯的扩张形态，属于是共犯的一种。在此意义上，就像欠缺身份者也可以通过参与身份者的行为而成立共同正犯的不可欠缺的要件。也就是说，尽管单独不能成为正犯，但若和身份者一起的话，就可能共同地惹起构成要件该当事实，故而非身份者亦可能成立身份犯的共同正犯。但是，这一点仅在违法身份犯来说是妥当的，对于责任身份犯则并不妥当。在此意义上，可以认为，刑法第65条第1款也可能适用于共同正犯。"① 在日本刑法学界，上述观点是通说。但也存在否定的观点，例如日本学者大塚仁指出："重视实行行为的规范意义时，在真正身份犯中，不能承认基于非身份者的实行行为。例如，非公务员与公务员一起接受了与公务员的职务相关的不正当财物时，该行为对公务员来说是'贿赂的收受'，但是，对非公务员来说，该财物不是'贿赂'，接受它的行为也不能说是'收受'。即，只应该对身份者承认身份犯的共同正犯，在非身份者与身份者之间不能考虑身份犯的共同正犯。"② 大塚仁在以上论述中提及的实行行为的规范意义，是一种义务犯的视角。例如日本学者西田典之本人赞同肯定说，但在论及否定说的观点时指出了其理论根基，认为纯正身份犯是一种义务犯。具体而言，纯正身份犯（例如，受贿罪）的处罚根据在于违反了身份者所具有的特别义务，因而非身份者根本不可能成为（共同）正犯。③ 对于以上问题，我倾向于义务犯理论。例如，对于受贿罪来说，只有具有国家工作人员身份的人才能实施受贿行为，没有国家工作人员身份的人，则不可能实施受

---

① [日] 山口厚：《刑法总论》，2版，付立庆译，335页，北京，中国人民大学出版社，2011。
② [日] 大塚仁：《刑法概说（总论）》，3版，冯军译，北京，中国人民大学出版社，2007。
③ 参见 [日] 西田典之：《日本刑法总论》，刘明祥、王昭武译，342页，北京，中国人民大学出版社，2009。

第二节 共犯身份犯的比较法考察

贿行为。国家工作人员的家属在国家工作人员不在家的情况下，收受行贿者交付的财物，这一收受行为具有代为收受的性质，属于受贿罪的帮助犯，而不是与国家工作人员一起构成受贿罪的共同正犯。在这一点上，我完全赞同我国学者林维的以下观点："无身份者所实施的形式上符合构成要件要素的行为（例如受贿罪中的收受财物行为），由于并不具备身份犯的构成要件行为所必需具备的、基于身份所实现的义务违反性，无身份者的类似行为在单独犯中无论如何都不可能被评价为实行行为，身份不能通过行为的分担而获得分享，义务违反性也因此不能通过行为在形式上的分担而获得共有。"[①] 就此我认为，应当坚持义务犯的立场。

在纯正身份犯中，除义务犯以外，还存在所谓能力犯。能力犯的能力是与生俱来的，因而是一种自然身份。例如强奸罪的主体是男子，只有男子才具有强行与妇女发生性行为的能力。在这个意义上，强奸罪是能力犯。在强奸罪中，女性在现场摁住被害妇女的手脚以便于男子强奸的行为，尽管在存在论意义上属于强奸罪的构成要件的暴力行为，但从规范论的角度来说，这种作为手段行为的暴力，只有在男子本人实施的情况下才具有实行性，而在妇女实施的情况下则具有非实行性。对此，应该以事中帮助论处。这里还应当指出，即使现场实施暴力的是男子，在其不具有发生性行为的目的的情况下，为另一男子强行与被害妇女发生性关系提供便利的，也属于事中帮助。只有两名男子基于共同的与妇女发生性行为的故意而使用暴力、胁迫手段并与该被害妇女发生性关系的，才能构成强奸罪的共同正犯，即我国刑法所规定的轮奸。

（二）没有身份的人与具有身份的人共同实行不纯正身份犯之罪

除必要共犯以外，刑法分则是以单独犯罪为标本设置某一具体犯罪的构成要件的，对于不纯正身份犯的规定也是如此。例如，我国《刑法》第243条第1款规定了诬告陷害罪的基本犯，第2款规定了不纯正的身份犯，即：国家机关工作

[①] 林维：《真正身份犯之规范问题展开——实行行为决定论的贯彻》，载林维主编：《共犯论研究》，159页，北京，北京大学出版社，2014。

人员犯诬告陷害罪的，从重处罚。就这一规定而言，一般是指个人单独犯罪。但是，在国家机关工作人员与非国家机关工作人员共同诬告陷害他人的情况下，对于国家机关工作人员从重处罚当然没有问题。那么，对于非国家机关工作人员是以基本犯论处，还是以不纯正身份犯的共同正犯论处？对于这个问题，我国共犯教义学一般都认为对于非国家机关工作人员应以基本犯论处。换言之，基本犯的正犯不能成为不纯正身份犯的共同正犯。但如果是非国家机关工作人员教唆或者帮助国家机关工作人员进行诬告陷害的，则构成不纯正身份犯的共犯。当然，对于这种不纯正身份犯的共犯是处以基本犯之刑还是应当从重处罚，可能存在争议。但我的观点是：既然在不纯正身份犯的情况下，其身份属于责任身份，则其加重或者减轻的效力不及于不具有这种身份的人。因此，非国家机关工作人员教唆或者帮助国家机关工作人员进行诬告陷害的，尽管构成不纯正身份犯的共犯，但仍然应当按照基本犯量刑。在这种情况下，可能存在不合理的问题。例如，对于纯正身份犯的共犯，因为不存在基本犯，即其行为本来是不构成犯罪的，因此应当按照纯正身份犯的刑罚处刑。但对于不纯正身份犯的共犯，因为存在基本犯，即其行为本来是构成犯罪的，所以应当按照基本犯的刑罚处刑。正是为了弥补这一不合理之处，德日刑法典才规定对于纯正身份犯的共犯应当减轻处罚。由于我国刑法没有这一总则性的规定，因此对纯正身份犯的共犯就不具有刑法总则规定的法定减轻处罚事由，对于帮助犯当然可以视为从犯处以较轻的刑罚。但是，对于教唆犯如果认定为主犯就有可能处以与纯正身份犯相同甚至更重的刑罚，这显然不合理。对此，应当在对纯正身份犯的共犯量刑时予以特别关切。

较为复杂的情形在于，刑法对同一行为根据其身份规定了不同罪名以及轻重不同的法定刑。例如我国《刑法》第252条规定的侵犯通信自由罪，其行为是隐匿、毁弃或者非法开拆他人信件。而第253条规定的私自开拆、隐匿、毁弃邮件、电报罪，其行为主体是邮政工作人员，行为是私自开拆或者隐匿、毁弃邮件、电报。这里的邮件显然包含了信件，因此在实施相同的开拆、隐匿或者毁弃他人信件行为的情况下，没有身份的人以侵犯通信自由罪论处，具有邮政工作人

员身份的人则以私自开拆、隐匿、毁弃邮件、电报罪论处。在没有邮政工作人员身份的人与具有邮政工作人员身份的人分别单独犯罪的情况下，应当各定其罪，这是没有问题的。但在没有邮政工作人员身份的人与具有邮政工作人员身份的人共同实施上述行为的情况下，问题则变得复杂了，可能应该区分以下两种情形分别考察。

第一种情形是没有邮政工作人员身份的人与具有邮政工作人员身份的人共同开拆或者隐匿、毁弃与其身份无关的他人信件。在这种情况下，具有邮政工作人员身份的人是否构成身份犯？这取决于私自开拆、隐匿、毁弃邮件、电报罪的邮件、电报是否必须与其身份相关。从刑法条文规定来看，虽然没有使用利用职务便利一语，但邮件本身是邮政工作的特定用语，我认为具有邮政工作人员身份的人开拆或者隐匿、毁弃与其身份无关的他人信件不构成身份犯，而是与没有邮政工作人员身份的人构成侵犯通信自由罪的共同正犯。当然，在我国刑法学界对此也有不同的观点，认为私自开拆、隐匿、毁弃邮件、电报罪虽属独立罪名，但实际上是侵犯通信自由罪的身份加重犯。因此，利用职务上的便利并不是本罪的构成要件，邮政工作人员没有利用职务上的便利实施本罪行为，也成立本罪，而不是侵犯通信自由罪。[①] 按照这种观点，私自开拆、隐匿、毁弃邮件、电报罪是不纯正身份犯。

第二种情形是没有邮政工作人员身份的人与具有邮政工作人员身份的人共同开拆或者隐匿、毁弃与其身份有关的他人信件。在这种情况下，没有邮政工作人员身份的人是与具有邮政工作人员身份的人共同构成身份犯的共同正犯还是分别定罪？在这种情况下，首先需要明确的是，私自开拆、隐匿、毁弃邮件、电报罪是纯正身份犯还是不纯正身份犯。从形式上看，私自开拆、隐匿、毁弃邮件、电报罪是一个独立罪名，并没有本身的基本犯，因此是纯正身份犯。但从实质上看，没有邮政工作人员身份的人隐匿、毁弃或者非法开拆他人信件，也是构成犯罪的，即存在不同罪名的基本犯。因此，私自开拆、隐匿、毁弃邮件、电报罪又

---

① 参见阎二鹏：《共犯与身份》，55页，北京，中国检察出版社，2007。

似乎是不纯正身份犯。这里取决于我们采取何种立场。我个人倾向于认为，私自开拆、隐匿、毁弃邮件、电报罪是不纯正身份犯。因此，没有邮政工作人员身份的人不能与具有邮政工作人员身份的人构成私自开拆、隐匿、毁弃邮件、电报罪的身份犯。与此同时，没有邮政工作人员身份的人因为其行为本身构成犯罪，所以邮政工作人员这一身份是责任身份，其效力不能及于没有这种身份的人员。在这种情况下，没有邮政工作人员身份的人与具有邮政工作人员身份的人应当分别定罪，即没有邮政工作人员身份的人应当以侵犯通信自由罪论处，而具有邮政工作人员身份的人则应以私自开拆、隐匿、毁弃邮件、电报罪论处。那么，如何看待两者之间的共犯关系呢？我认为，在这种情况下，没有邮政工作人员身份的人的行为具有竞合的性质，即侵犯通信自由罪的正犯与私自开拆、隐匿、毁弃邮件、电报罪的帮助犯的竞合，在其所竞合的限度内成立共犯。但基于正犯与共犯竞合，一般应以正犯论处的原则，对于没有邮政工作人员身份的人，应当以侵犯通信自由罪论处。

值得注意的是，对于以上这种同一行为根据其身份构成不同犯罪而共同实施的情形，我国有关司法解释曾经规定了按照主犯的身份处罚的原则。这一原则的完整表述出自1985年7月18日最高人民法院、最高人民检察院《关于当前办理经济犯罪案件中具体应用法律的若干问题的解答（试行）》（以下简称《解答》，现已失效）。该《解答》规定："内外勾结进行贪污或者盗窃活动的共同犯罪（包括一般共同犯罪和集团犯罪），应按其共同犯罪的基本特征定罪。共同犯罪的基本特征一般是由主犯犯罪的基本特征决定的。如果共同犯罪中主犯犯罪的基本特征是贪污，同案犯中不具有贪污罪主体身份的人，应以贪污罪的共犯论处……如果共同犯罪中主犯犯罪的基本特征是盗窃，同案犯中的国家工作人员不论是否利用职务上的便利，应以盗窃罪的共犯论处。"这一司法解释的基本出发点是认为同一个共同犯罪案件只能以一个罪名论处。但以上这种类似于贪污罪与盗窃罪的情况，又不是纯正身份犯，不能按照没有身份的人以身份犯的共犯论处的原则办理，在这种情况下，便设计出了按照主犯犯罪的基本特征处罚的原则。这个原则受到的普遍质疑是：主犯犯罪的基本特征根本不能决定犯罪的性质。因为主犯与

从犯是量刑的概念，而只有主犯与共犯才是定罪的概念。相对于这种所谓主犯决定论，我国学者提出了身份决定论，即按照身份犯的犯罪特征决定犯罪性质，没有身份的人与具有身份的人共同实行的，对没有身份的人按照身份犯的共犯论处。但这种身份决定论其实是把上述情况下的身份看作是违法身份，其身份犯是纯正身份犯。但如果把上述情况下的身份视为责任身份，其身份犯是不纯正身份犯，则对没有身份的人按照身份犯的共犯论处就是合适的。对于这个问题，我还是主张采用竞合的视角，把没有身份的人看作是正犯，同时又是身份犯的共犯。例如，在内外勾结的情况下，国家工作人员应当认定为贪污罪，这是没有问题的，除非行为人没有利用职务上的便利，因而不符合贪污罪的构成要件。而对于非国家工作人员，一方面其行为构成盗窃罪的正犯，同时又构成贪污罪的帮助犯，两者之间存在竞合关系。按照正犯与共犯的竞合应以正犯论处的原则，在这种情况下，非国家工作人员应认定为盗窃罪。最终的结果是国家工作人员与非国家工作人员分别定贪污罪与盗窃罪，但根据部分犯罪共同说，又不否认在竞合的限度内共犯关系的存在。

（三）关于具有不同身份的人共同实行犯罪的问题

在我国刑法中，身份关系较为复杂，存在大量不同种类的身份犯。在某些情况下，可能出现具有不同身份的人共同实行犯罪的情形。例如，对于利用职务上的便利侵吞本单位财物的行为，我国刑法根据主体身份的不同分别设置了贪污罪与职务侵占罪。即根据我国《刑法》第382条的规定，国家工作人员利用职务上的便利，侵吞、窃取、骗取或者以其他手段非法占有公共财物的是贪污罪。而根据我国《刑法》第271条的规定，公司、企业或者其他单位的人员，利用职务上的便利，将本单位财物非法据为己有，数额较大的是职务侵占罪。这一规定中的公司、企业或者其他单位的人员就是指非国家工作人员。因此，尽管两个条文在罪状的表述上有所不同，但除行为主体以外，其他犯罪构成要件都是相同的。我们完全可以这样说：贪污罪是国家工作人员的职务侵占罪；职务侵占罪则是非国家工作人员的贪污罪。

第三十章　共同犯罪的身份犯

在这种具有不同身份的人共同实行犯罪的情况下，如何对不同身份的人员定罪呢？关于这个问题，在我国司法实践中，曾经存在各自定罪的案例。例如苟兴良等贪污、受贿案。[①] 四川省高级人民法院经审理查明：1993年1月至1995年8月，被告人苟兴良伙同毕宏兴、苟在全、刘书洪利用担任通江县百货公司经理、副经理等职务之便，大肆索取、收受他人现金；采取收入不入账和虚开发票等手段，侵吞公共财产。四川省高级人民法院认为：被告人苟兴良任通江县百货公司经理期间虽行使管理职权，但不具有国家工作人员身份，其以职务之便索取收受他人现金和采取收支不入账等手段侵吞公司钱财的行为，已构成商业受贿罪和（职务）侵占罪，且数额较大，在共同犯罪中起主要作用，系本案主犯，应依法惩处。被告人苟在全、毕宏兴、刘书洪任通江县百货公司副经理等职务期间，具有国家工作人员身份，其索贿收贿和侵吞公司钱财的行为，已构成受贿罪和贪污罪，在共同犯罪中起次要作用，系本案从犯，均应依法判处。因此，本案是一起国家工作人员与其他公司、企业工作人员共同贪污、受贿的案件，对此，四川省高级人民法院分别按照各自身份以不同罪名论处。

本案的裁判理由指出："本案苟兴良不是国家工作人员，但是公司经理，具有职务侵占罪和商业受贿罪的特殊主体身份，另三名被告人是国家干部，具有国家工作人员身份，符合受贿罪和贪污罪的主体身份特征，在这种情况下，苟兴良和另三名被告人是统一定贪污、受贿罪还是定职务侵占、商业受贿罪，按过去司法解释规定的精神，全案应按主犯犯罪的性质定罪。但对此，我国刑法学界存在不同观点：第一种观点认为，应当根据主犯犯罪的基本特征定罪；第二种观点认为，应当以正犯实行行为的性质定罪。主张按主犯犯罪性质定罪的观点，虽然有其合理的因素，但是总的来说不够科学。刑法教义学原理认为，区分此罪与彼罪的标准是看行为符

[①] 参见高憬宏：《苟兴良等贪污、受贿案——具有两种不同特定身份的人共同实施侵吞企业财产、收受他人财物的行为应如何定罪处罚》，载最高人民法院刑事审判第一庭：《刑事审判参考》，第4辑，34～40页，北京，法律出版社，1999。

合何种犯罪的构成要件,共同犯罪也不例外,其性质主要是以行为特征来确定的,各个共犯的共同故意与共同行为符合何种罪的构成要件,就应定何种犯罪。而共犯是主犯还是从犯,不是对共犯定罪的根据。共同犯罪只能解决在同一犯罪活动中各被告人的作用、地位问题,并不能反映全案犯罪的基本特征。一个共同犯罪中可能有数个主犯,如果主犯的身份不同,以哪个主犯身份定罪也产生问题。因此共同犯罪应以有特定身份犯的行为性质作为定案的依据,无身份者应当按照有特定身份者的犯罪性质来定罪。但是,本案的特殊性在于:四被告人中都是有特定身份的人,而且具有不同的特定身份。刑法对本案有两种不同特定身份的人实施的行为,分别规定了不同的罪名。在这种情况下,我们认为,虽然本案为共同犯罪,但应当按照他们各自的职务便利和身份构成的不同犯罪定罪量刑。"由此可见,本案的裁判理由否定了按照主犯的身份定罪的规则,而是按照各自身份定罪。

然而,在2000年6月30日最高人民法院颁布《关于审理贪污、职务侵占案件如何认定共同犯罪几个问题的解释》(以下简称《解释》)以后,以主犯身份定罪的身份规则又获得进一步确认。《解释》对不同身份的人共同实施贪污、职务侵占行为如何定罪的问题,作出了以下规定:

第1条　行为人与国家工作人员勾结,利用国家工作人员的职务便利,共同侵吞、窃取、骗取或者以其他手段非法占有公共财物的,以贪污罪共犯论处。

第2条　行为人与公司、企业或者其他单位的人员勾结,利用公司、企业或者其他单位人员的职务便利,共同将该单位财物非法占为己有,数额较大的,以职务侵占罪共犯论处。

第3条　公司、企业或者其他单位中,不具有国家工作人员身份的人与国家工作人员勾结,分别利用各自的职务便利,共同将本单位财物非法占为己有的,按照主犯的犯罪性质定罪。

第三十章 共同犯罪的身份犯

在以上规定中，第1条和第2条规定的是身份犯的共犯问题。但这一身份犯是纯正身份犯还是不纯正身份犯，仍然值得研究。《解释》是按照纯正身份犯看待的，对于不具有这种身份但具有另外一种身份的人，按照纯正身份犯的共犯论处。但是，正如我在前面所分析的那样，贪污罪与职务侵占罪都不能简单地认为是纯正身份犯。事实上，没有身份的人完全可以构成普通的财产犯罪，例如盗窃罪、诈骗罪或者侵占罪。这里我需要着重分析的是第3条的规定，这一规定涉及具有不同身份的人共同实行犯罪的问题。

按照《解释》第3条的规定，其行为是两种具有不同身份的人员，共同利用各自的职务便利，侵吞本单位财物。对此，《解释》规定按照主犯的犯罪性质定罪。关于按照主犯的犯罪性质定罪这一原则，我认为存在明显的缺陷，对此已在前文指出。关于这个问题，我国学者周光权认为是一个身份犯竞合的问题，即共同犯罪的参与者都具有身份。[1] 我认为，身份犯的竞合这一提法是具有新意的，可以科学地概括这种身份犯的共同犯罪现象。对于这种身份犯的竞合，周光权采用义务犯理论，提出了义务重要者正犯说。其基本原理是：在共同犯罪中，各参与者的行为成立何种犯罪取决于各自的特殊身份，以及在定罪时这种身份的影响力、义务重要性的规范判断。对于身份犯的竞合应当按照如下的进路处理：步骤Ⅰ：就各行为人的身份所对应的犯罪而言，由于每一个身份对应于一项义务，义务具有一身专属性，因此各行为人成立身份犯的同时正犯，而非共同正犯。步骤Ⅱ：仅就义务重要者的身份所对应的犯罪而言，义务重要者成立正犯，义务相对次要者成立共犯。步骤Ⅲ：肯定成立义务次要者成立（与其身份相对应的身份犯的直接正犯和身份重要者的共犯的）想象竞合犯。[2] 应该说，周光权的以上观点是颇有想象力的，其中建立在义务犯基础之上的义务重要者的概念，在我国刑法学界还是首次提出。

---

[1] 参见周光权：《论身份犯的竞合》，载《政法论坛》，2012（5）：123～132页。
[2] 参见周光权：《论身份犯的竞合》，载《政法论坛》，2012（5）：123～132页。

第二节 共犯身份犯的比较法考察

关于具有不同身份的人共同实行犯罪的问题，我曾经提出对于身份犯的竞合应当按照想象竞合犯的原理处理。但在共犯与正犯竞合的情况下，是从一重罪处断还是以正犯处断，这是一个值得研究的问题。我认为，在一般情况下，对于想象竞合犯应当实行从一重罪处断的原则，但在共犯与正犯相竞合的情况下，应以正犯论处。因为正犯是刑法分则规定的犯罪类型，而共犯是刑法总则规定的犯罪形态，刑法总则的规定是对刑法分则规定的补充，在已有分则规定的情况下，应以分则规定论处。在这个意义上说，刑法分则规定具有优于刑法总则规定的效力。因此，在共犯与正犯竞合的情况下，应以正犯论处。在双重身份犯中，职务侵占罪的主体既是贪污罪的帮助犯又是职务侵占罪的共犯，贪污罪的主体也是如此。根据正犯优于共犯的原则，分别应以职务侵占罪的正犯与贪污罪的正犯论处。[①] 我的以上观点与周光权的不同之处仅仅在于：在双重身份犯的情况下，是否双方行为人相互均为双重身份犯。我的回答是肯定的。在贪污罪与职务侵占罪的情况下，国家工作人员与非国家工作人员双方均为双重身份犯。即国家工作人员在构成贪污罪正犯的同时，又构成职务侵占罪的帮助犯；非国家工作人员也是在构成职务侵占罪的同时，又构成贪污罪的帮助犯。但周光权则根据义务重要者正犯说，认为只有义务次要者才存在身份犯的竞合，即同时构成职务侵占罪的正犯与贪污罪的帮助犯。但义务重要者则不存在身份犯的竞合，即如果国家工作人员的义务重要，则其只构成贪污罪的正犯，并不构成职务侵占罪的帮助犯。反之，如果是非国家工作人员的义务重要，则其只构成职务侵占罪的正犯，并不构成贪污罪的帮助犯。这里涉及需要讨论的问题是：从义务犯的原理出发，共同义务共同违反才能成立义务犯的共同正犯。在这个意义上，具有不同身份的人共同实行犯罪的，不可能构成义务犯的共同正犯。但是，具有不同身份的人在构成其自身的正犯的同时，能否构成对方的共犯呢？我的回答是肯定的。而周光权则认为，只有义务次要者才能同时构成对方的共犯，义务重要者则不能构成对方的共

---

① 参见陈兴良、周光权：《刑法学的现代展开》，339页，北京，中国人民大学出版社，2006。

犯。我认为，义务之有无是一个决定性质的问题，而义务之大小（重要者与次要者）则是一个程度或者数量的问题。因此，按照义务是重要还是次要这个标准作为界定是否构成对方的共犯的根据，是存在疑问的。因此，我还是坚持在承认身份犯的互相竞合的基础上，对具有不同身份的人分别定罪。

第三节 共同犯罪的定罪身份犯

一、共同正犯的身份犯

（一）双方都有身份并利用共同职务上的便利构成的共同正犯

具有特定身份的人共同实施法律要求犯罪主体具有特定身份的犯罪，并且利用共同职务上的便利，可以构成共同正犯。例如，国家工作人员甲乙互相勾结，共同将他们保管的公共财物窃为己有，应以贪污罪的共同正犯论处。因为在这种情况下，不仅甲乙都具有特定的国家工作人员的身份，而且利用了共同职务上的便利，所以完全可以构成共同正犯。

（二）双方都有身份但未利用共同职务上的便利构成的共同正犯

关于这个问题，我国刑法理论一般认为，只要双方都有身份，无论是利用一方职务上的便利还是利用共同职务上的便利都构成共同正犯。例如张常胜、叶之枫一案，张常胜系中国少数民族经济文化开发总公司职员，具有国家工作人员的身份；叶之枫系国家经济委员会进出口局技贸结合处副处长，也具有国家工作人员的身份。那么，是否意味着只要二人互相勾结进行受贿活动，就必然构成共同正犯呢？事实上，在这个案件中，张常胜并无职务上的便利可以利用，而是利用叶之枫职务上的便利进行受贿活动。因此，对于这种虽然双方都有身份，但未利用共同职务上的便利是否构成共同正犯问题，值得从刑法理论上进行探讨。

我认为，对双方都有身份但未利用共同职务上的便利是否构成共同正犯问

第三节 共同犯罪的定罪身份犯

题,不可一概而论,而应当区分下述两种情况。

第一种情况是法律虽然要求犯罪主体具有特定身份,但并未将利用职务上的便利作为犯罪构成要件的,只要具有特定身份,就可以构成共同正犯。这些犯罪主要有:《刑法》第251条非法剥夺公民宗教信仰自由罪、侵犯少数民族风俗习惯罪,第398条故意或者过失泄露国家秘密罪等。对于这些犯罪来说,只要具有特定的身份而共同实施犯罪的,就可以构成共同正犯。例如,司法工作人员甲乙互相勾结,利用甲值班的机会,将在押人员丙放走,尽管乙不存在利用其职务上的便利,对于甲乙也应以私放在押人员罪的共同正犯论处。

第二种情况是法律不仅要求犯罪主体具有特定身份,而且将利用职务上的便利作为犯罪构成要件的,如果没有利用共同职务上的便利,即使都有特定的身份,也不能构成共同正犯。这些犯罪主要有:《刑法》第254条报复陷害罪、第382条贪污罪、第384条挪用公款罪、第385条受贿罪等。对于这些犯罪来说,只有特定的身份,未利用共同职务上的便利的,不能构成共同正犯。例如前述张常胜、叶之枫受贿案就是这样。因为在这种情况下,没有利用其职务之便的人虽然有特定身份,但仍然不可能实施该犯罪的正犯行为。在这一点上,其无异于没有特定身份的人。

(三)具有特定身份的人与没有特定身份的人构成的共同正犯

法律规定某些犯罪只能由具有特定身份的人构成。那么具有特定身份的人与没有特定身份的人共同实施法律要求犯罪主体具有特定身份的犯罪,是否可以构成共同正犯呢?例如,国家工作人员甲与非国家工作人员乙共同将甲保管的公共财物窃为己有,甲乙是否构成贪污罪的共同正犯?关于这个问题,在刑法理论上素有争论,观点可以分为否定说与肯定说两说。

否定说认为,只有两个以上具有特定身份的人共同实施法律要求犯罪主体具有特定身份的犯罪,才能构成共同正犯。否则,具有特定身份的人与没有特定身份的人不可能构成法律要求犯罪主体具有特定身份的犯罪的共同正犯。例如苏俄刑法学家A. H. 特拉伊宁指出:"问题的实质在于,非公职人员可以是渎职罪的

组织犯、教唆犯或帮助犯,但是渎职罪的执行犯却只能是公职人员。之所以有这个特点,是因为在实际中只有他们才能构成渎职罪。因此,职务行为的唯一执行者——公职人员——自然也就是渎职罪的唯一执行犯。由此得出结论:在渎职罪的共犯中,非公职人员只能作为组织犯、教唆犯或帮助犯负责。"[1] 我国学者一般都赞同否定说,例如我国学者指出,真正身份犯或者说特殊主体的犯罪,毕竟只有具有一定身份的特殊主体实施犯罪才可能构成,无身份者是不可能实施真正身份犯的正犯行为的,例如我国刑法中规定的背叛国家罪,只有我国公民才能构成,外国人是不可能实施我国刑法中的背叛国家罪的。因而除非法律特别规定无身份者与有身份者可以构成真正身份犯的共同正犯,实际二者是不可能构成真正身份犯的共同正犯的。[2]

肯定说认为,具有特定身份的人与没有特定身份的人可以构成法律要求犯罪主体具有特定身份的犯罪的共同正犯。例如,强奸罪的主体是男子,女子如果在男子强奸的现场,将被害妇女的手脚按住,使男子得以顺利强奸,该男女二人构成强奸罪的共同实行犯。肯定说在日本刑法学界几成通说,例如主张共同意思主体的共犯论的草野教授、主张共犯独立性说的木村教授等。[3] 当然,在具体论证上,根据未必完全相同。共同意思主体说强调共同犯罪人之间的意思联络,在此基础上,没有特定身份的人成为同心一体而取得身份之立场,故而肯定其为共同正犯。共犯独立性说则强调各共同犯罪人的犯罪性与可罚性的独立性,认为没有特定身份的人对于具有特定身份的人不存在从属性。因此,两者之间本无共同犯罪可言,只是因为法律的例外规定而使其成为共同犯罪。所以,共犯独立性说主要是从法律的规定上,论证具有特定身份的人与没有特定身份的人可以构成法律

---

[1] [苏] A. H. 特拉伊宁:《犯罪构成的一般学说》,王作富等译,243~244 页,北京,中国人民大学出版社,1958。

[2] 参见马克昌:《共同犯罪与身份》,载《法学研究》,1986 (5),22 页。

[3] 参见 [日] 吉川经夫:《共犯与身份》,载 [日] 木村龟二等:《日本刑法判例评释选集》,132 页,台北,汉林出版社,1977。

要求犯罪主体具有特定身份的犯罪的共同正犯。我国学者明确地提出具有特定身份的人与没有特定身份的人可以构成法律要求犯罪主体具有特定身份的犯罪的共同正犯。例如我国学者指出：在强奸罪中，妇女本人虽然不能直接实施与妇女性交的行为，但是妇女为了让男子的强奸得逞，能实施暴力、胁迫手段，这一行为正是强奸罪的实行行为的一部分，这就表明，妇女可以直接实施属于强奸犯罪构成客观要件的某种行为。因此，妇女也可以成为强奸罪的正犯。进而言之，由于妇女可以成为强奸罪的正犯，所以，当妇女为男子实行强奸而实施暴力、胁迫等行为时，妇女与该男子构成共同正犯。①

在上述两种观点中，我认为否定说是可取的。在肯定说中，共同意思主体说仅因具有特定身份的人与没有特定身份的人之间具有犯意联系，就肯定其为法律要求犯罪主体具有特定身份的犯罪的共同正犯，而没有从客观行为上进行分析，割裂了主观与客观的联系，其不足之处是显而易见的。而共犯独立性说从法律的例外规定上来对此问题作出解释，其论证显然缺乏说服力。否定说对具有特定身份的人与没有特定身份的人不能构成法律要求犯罪主体具有特定身份的犯罪的共同正犯进行了论述，其基本观点是正确的，但尚需进一步从犯罪构成上进行深入的论证。

我认为，具有特定身份的人与没有特定身份的人之所以不能构成法律要求犯罪主体具有特定身份的犯罪的共同正犯，就在于没有特定身份的人不可能实施法律要求犯罪主体具有特定身份的犯罪的正犯行为。因为身份是犯罪主体的构成要素之一，身份决定着犯罪主体的性质。身份总是和犯罪主体的权利与义务相联系的，尤其是法定身份，其身份是由法律赋予而具备的，法律在赋予其一定身份的同时，必然加诸一定的权利与义务。例如我国《刑事诉讼法》（2018年修正）第125条规定："询问证人，应当告知他应当如实地提供证据、证言和有意作伪证或者隐匿罪证要负的法律责任。"根据这一规定，刑事诉讼中的证人具有提供证

---

① 参见张明楷：《浅论强奸罪的主体》，载《法学评论》，1988（5），58页。

据、证言的权利，同时又有如实作证的义务。如果证人不如实作证，就违背了其因身份而产生的法律义务，因此应当承担法律责任。我国《刑法》第305条规定了证人对与案件有重要关系的情节故意作虚假证明，意图陷害他人或者隐匿罪证的刑事责任。显然，伪证罪的刑事责任是因证人的身份而产生的。没有证人这一特定身份的人，无论从何种意义上说，都不可能实施伪证罪的正犯行为。而且，身份还对犯罪行为的性质具有决定意义。我国刑法规定某些犯罪行为必须是利用职务上的便利实施的，例如第382条规定的贪污罪、第385条规定的受贿罪等。在这些犯罪中，利用职务上的便利是其犯罪行为的一个必不可少的组成部分。因此，是否利用职务上的便利，就成为确定其犯罪行为性质的重要标准。而利用职务上的便利是以行为人具备一定的身份为前提的，如果没有一定的身份，就不存在利用职务上的便利的问题。因此，没有国家工作人员的身份的人，不可能实施贪污或者受贿的实行行为。那种认为非国家工作人员把贿赂收受下来，就是实施了受贿罪的实行行为，因而其与国家工作人员构成受贿罪的共同正犯的观点[1]，只是看到了非国家工作人员的行为与国家工作人员的行为之间的形式上的一致性，而没有看到两者之间的本质上的差别，因而错误地将其混为一谈。

  最后还必须指出，上述关于具有特定身份的人与没有特定身份的人不可能构成共同正犯的观点，是具有法律根据的。以法定身份而言，《刑法》第382条第3款规定："与前两款所列人员勾结，伙同贪污的，以共犯论处。"这里的共犯是指组织犯、教唆犯或者帮助犯，而不包括共同正犯。以自然身份而论，1984年4月26日最高人民法院、最高人民检察院、公安部《关于当前办理强奸案件中具体应用法律的若干问题的解答》第7条在解答"对妇女教唆或帮助男子强奸的如何处罚"时明确指出："妇女教唆或帮助男子实施强奸犯罪的，是共同犯罪，应当按照她在强奸犯罪活动中所起的作用，分别定为教唆犯或从犯，依照刑法有关

---

[1] 参见欧阳涛：《关于经济领域中严重犯罪的几个问题》，85页，长沙，湖南省政法管理干部学院，1986。

条款论处。"

（四）具有特定身份的人与没有特定身份的人实施同一犯罪行为构成的共同正犯问题

法律对同一犯罪行为，根据犯罪主体身份的有无，分别规定为两种犯罪。例如，我国《刑法》第252条规定："隐匿、毁弃或者非法开拆他人信件，侵犯公民通信自由权利，情节严重的，处一年以下有期徒刑或者拘役。"而我国《刑法》第253条又规定："邮政工作人员私自开拆或者隐匿、毁弃邮件、电报的，处二年以下有期徒刑或者拘役。"从法律的规定来看，侵犯通信自由罪与私自开拆、隐匿、毁弃邮件、电报罪在其客观表现上具有重合之处，但两者因主体身份不同而异其罪质。如果是邮政工作人员和非邮政工作人员共同私拆、隐匿、毁弃邮政工作人员所保管的邮件，是否构成共同正犯以及应如何定罪呢？我认为，在这种情况下，对邮政工作人员当然应定私自开拆、隐匿、毁弃邮件、电报罪。但非邮政工作人员则属于想象竞合犯，即一行为同时触犯侵犯通信自由罪（正犯）和私自开拆、隐匿、毁弃邮件、电报罪（帮助犯）两个罪名。在这两个罪名中，侵犯通信自由罪（正犯）重于私自开拆、隐匿、毁弃邮件、电报罪（帮助犯），因而应以侵犯通信自由罪论处。就此而言，邮政工作人员与非邮政工作人员不能构成共同正犯。

二、组织犯的身份犯

没有特定身份的组织犯能否与具有特定身份的人构成法律要求犯罪主体具有特定身份的犯罪的问题，在刑法教义学中并无涉及。因为，大多数大陆法系国家刑法对共同犯罪人实行三分法，即正犯、教唆犯与帮助犯，而没有关于组织犯的规定。因此，也就谈不上对组织犯与身份的关系进行研究。1952年《阿尔巴尼亚刑法典》对共同犯罪人实行四分法，即在正犯、教唆犯与帮助犯以外，增加组织犯。在1960年《苏俄刑法典》也采用了对共犯的四分法以后，组织犯与身份的关系问题逐渐受到重视，刑法理论对此展开了研究。例如，苏俄刑法学家

А. Н. 特拉伊宁就明确指出，在渎职罪的共同犯罪中，非公职人员可以成为组织犯。① 在我国刑法学界也有学者指出，一般公民个人在职务上的共同犯罪中，可以是组织犯。② 我认为，这种观点是完全正确的。因为组织犯虽然没有特定身份，但在他所建立的犯罪集团的成员中，某些正犯却具有特定身份，由这些正犯实施法律要求犯罪主体具有特定身份的犯罪，没有特定身份的组织犯与具有特定身份的正犯就构成共同犯罪。

三、教唆犯的身份犯

在教唆犯与身份的关系问题上，可能发生各种复杂的情形。为了正确地对教唆犯定罪，需要对这些问题进行深入探讨。

（一）没有特定身份的人教唆具有特定身份的人实施法律要求犯罪主体具有特定身份的犯罪

某些犯罪，刑法规定具有一定的身份才能构成。在这种情况下，没有特定身份的人单独是不可能构成这种犯罪的。例如，我国《刑法》第382条规定的贪污罪，法律要求犯罪主体具有国家工作人员或者受国家机关、国有公司、企业、事业单位、人民团体委托从事公务的人员的身份，没有这一身份不能单独构成贪污罪。那么，没有特定身份的人教唆具有特定身份的人实施法律要求犯罪主体具有特定身份的犯罪，是否成立共同犯罪呢？我国刑法对此没有明文规定，但我国刑法学界和司法实践一般都认为，在这种情况下，对没有特定身份的人应以法律要求犯罪主体具有特定身份的犯罪的教唆犯论处，如果他在共同犯罪中起主要作用，可以成为主犯。例如，温淑华，女，原系某合作商店出纳。1980年4月，

---

① 参见［苏］А. Н. 特拉伊宁：《犯罪构成的一般学说》，王作富等译，244页，北京，中国人民大学出版社，1958。
② 参见李光灿主编：《中华人民共和国刑法论》，上册，302页，长春，吉林人民出版社，1984。

温利用职务之便，先后4次挪用公款740元，借给恋爱对象李平。李平因无钱归还，多次动员温淑华窃取公款。李平还拉拢待业青年王某一起密谋策划，由温淑华于同年7月9日下午下班时，先窃走自己经管的保险箱内现金1 008.46元，后由李平伙同王于当夜11时，拿了预先放在厕所间里的商店大门和保险箱的钥匙，潜入店内，伪造盗窃现场，企图转移目标，嫁祸于人。同时，李平怕搜查，把温淑华窃取的全部赃款，除分给王120元外，其余都转移到自己寝室窝赃。对于本案的定性，一审法院存在两种意见：第一种意见认为，温淑华身为出纳，利用管理现金的便利，事先窃取商店公款，具备了贪污罪的特征。至于随后伪造现场，仅仅是为了逃避罪责而已。因此，本案应定为贪污罪，温淑华是正犯，李平是教唆犯，王是帮助犯。第二种意见认为，李平是为首的犯罪分子，温淑华与王某的犯罪行为，都是在李平的策划、指使下进行的，因此，本案应定为盗窃罪。

我认为，本案的正犯行为是温淑华利用职务上的便利实施的贪污行为，因此应以贪污罪论处。至于事后李平与王某伪造盗窃现场的行为，并非犯罪的正犯行为，而只是逃避侦查的行为。因此，第二种意见将本案定为盗窃罪是错误的。因为在本案中，李平与王某都没有实施盗窃行为。但这并不意味着李平与王某因没有国家工作人员的身份就不能构成贪污罪。从本案的情况来看，李平是贪污罪的教唆犯，他虽然不具有国家工作人员的身份，仍可以构成贪污罪的共犯。王某是贪污罪的帮助犯。关于没有特定身份的人帮助具有特定身份的人实施法律要求犯罪主体具有特定身份的犯罪应如何定罪，在此且先不问，留待下文讨论。所以，本案应以贪污罪论处，第一种意见是可取的。由此可见，明确没有特定身份的人教唆具有特定身份的人实施法律要求犯罪主体具有特定身份的犯罪，没有特定身份的人可以成为这种犯罪的教唆犯，对于司法实践具有现实意义。

（二）具有特定身份的人教唆没有特定身份的人犯罪

1. 具有特定身份的人教唆没有特定身份的人实施没有特定身份的人可以构成的犯罪

如前所述，刑法中的身份可以分为自然身份与法定身份。例如，强奸罪的犯

第三十章 共同犯罪的身份犯

罪主体是男子，犯罪主体的这种性别就是自然身份。在自然身份的情况下，具有特定身份的人不可能教唆没有特定身份的人实施法律要求犯罪主体具有特定身份的犯罪，如同男子不可能教唆女子去强奸妇女，因为女子不存在实施强奸犯罪的客观基础。因此，在这种情况下，也就不会发生具有特定身份的人教唆没有特定身份的人实施法律要求犯罪主体具有特定身份的犯罪应如何论处的问题。但在法定身份的情况下则有所不同，例如邮政工作人员私拆、隐匿、毁弃邮件、电报而构成的犯罪，该罪的主体邮政工作人员是法定身份。在法定身份的情况下，具有特定身份的人完全可能教唆没有特定身份的人实施法律要求犯罪主体具有特定身份的犯罪。例如，邮政工作人员可能教唆非邮政工作人员毁弃邮件。在这种利用无身份有故意的人的情况下，应如何论处呢？对于这个问题，我国刑法学界存在两种观点：第一种观点认为，具有特定身份的人教唆没有特定身份的人实施某一犯罪行为，在两者可以构成不同犯罪的情况下，具有特定身份的人只能构成没有特定身份的人所实施的犯罪的教唆犯，而不能构成法律要求犯罪主体具有特定身份的犯罪的教唆犯。① 例如，邮政工作人员教唆非邮政工作人员毁弃邮件，对非邮政工作人员应以侵犯通信自由罪论处，对邮政工作人员则应以侵犯通信自由罪的教唆犯论处，而不应视为私自开拆、隐匿、毁弃邮件、电报罪的教唆犯。第二种观点正好与上述观点相反，认为具有特定身份的人教唆没有特定身份的人实施某一犯罪行为，在两者可以构成不同犯罪的情况下，具有特定身份的人可以构成法律要求犯罪主体具有特定身份的犯罪的教唆犯，而不能构成没有特定身份的人所实施的犯罪。② 例如，邮政工作人员教唆非邮政工作人员毁弃邮件，对邮政工作人员应以私自开拆、隐匿、毁弃邮件、电报罪的教唆犯论处，非邮政工作人员则构成侵犯通信自由罪。

我认为，上述两种观点都不妥。在具有特定身份的人教唆没有特定身份的人

---

① 参见马克昌：《共同犯罪与身份》，载《法学研究》，1986（5），25页。
② 参见吴振兴：《论教唆犯》，167页，长春，吉林人民出版社，1986。

实施法律要求犯罪主体具有特定身份的犯罪,而两者可以构成不同的犯罪的情况下,对教唆犯以什么犯罪论处,可以分为两种情况:第一种情况是,具有特定身份的人利用了本人身份,例如国家工作人员教唆非国家工作人员去盗窃自己保管的公共财物。在这种情况下,对非国家工作人员应以盗窃罪论处,是没有问题的。而具有特定身份的人既有法律要求犯罪主体具有特定身份的犯罪的故意,即具有贪污的犯罪故意,又与没有特定身份的人具有没有特定身份的人所实施的犯罪的共同故意,即具有盗窃的共同故意。因此,就贪污罪而言,国家工作人员具有犯罪故意,可以认为是利用无身份有故意的人作为工具的间接正犯。就盗窃罪而言,国家工作人员与非国家工作人员具有共同故意,国家工作人员可以认为是盗窃罪的教唆犯。这种一行为触犯数罪名的情形,就是刑法理论上的想象竞合犯。对想象竞合犯应以重罪论处。显然,贪污罪是重罪。[①] 所以,对国家工作人员应视为贪污罪的间接实行犯。第二种情况是,具有特定身份的人没有利用本人身份,例如国家工作人员教唆非国家工作人员去盗窃其他国家工作人员保管的公共财物。在这种情况下,非国家工作人员当然构成盗窃罪,而对国家工作人员则应以盗窃罪的教唆犯论处。

上述两种情况的区分是必要的,也是有法律依据的。法律之所以规定某些犯罪必须犯罪主体具有特定身份才能构成,是因为这些身份对行为具有一定的意义。因此,只有在行为人具有一定身份并且利用了身份所带来的便利的情况下,才能构成这种法律要求犯罪主体具有特定身份的犯罪。如果行为人虽然具有特定身份,但在实施犯罪时并没有利用这种身份,就不能构成法律要求犯罪主体具有特定身份的犯罪,而应以其他犯罪论处。例如,最高人民法院指导案例第 11 号杨延虎等贪污案的裁判要旨指出:"贪污罪中的'利用职务上的便利',是指利用职务上主管、管理、经手公共财物的权力及方便条件,既包括利用本人职务上主管、管理、经手公共财物的职务便利,也包括利用职务上有隶属关系的其他国家工

[①] 这是就立法精神而言的,至于司法实践中处罚盗窃罪远比贪污罪重,另当别论。——作者注

作人员的职务便利。"因此，如果是出纳员利用其职务上保管现金的便利，盗窃由其保管的公款，是贪污罪；如果出纳员仅是利用对本单位情况熟悉的条件，盗窃由其他国家工作人员保管的公共财物，则应是盗窃罪。在具有特定身份的人教唆他人犯罪的情况下，也应区分有没有利用本人的身份。而前述两种观点对此都没有加以区分。第一种观点没有注意到具有特定身份的人在教唆没有特定身份的人犯罪的时候可能利用本人的身份，对具有特定身份的人一概以没有特定身份的人构成的犯罪的教唆犯论处，因而是不妥的。第二种观点则没有注意到具有特定身份的人在教唆没有特定身份的人犯罪的时候可能不利用本人的身份，对具有特定身份的人一概以法律要求犯罪主体具有特定身份的犯罪的教唆犯论处，因而也是不妥的。

2. 具有特定身份的人教唆没有特定身份的人实施没有特定身份的人不能构成的犯罪

以上所说的是没有特定身份的人的行为可以构成犯罪的情况。那么，在具有特定身份的人教唆没有特定身份的人实施法律要求犯罪主体具有特定身份的犯罪，而没有特定身份的人的行为依法又不构成犯罪的情况下，应如何处理呢？例如，国家工作人员教唆非国家工作人员向有关公民索取贿赂。在这种情况下，非国家工作人员不能单独构成犯罪，但又需要处罚，应如何适用法条呢？对于这个问题，在共犯教义学中存在以下三种观点：第一种观点认为，具有特定身份的人教唆没有特定身份的人实施因身份而构成的犯罪，两者已结为一体而使没有特定身份的人取得该种身份，因而可依共犯处理。第二种观点认为，具有特定身份的人教唆没有特定身份的人实施因身份而构成的犯罪，具有特定身份的人构成教唆犯，没有特定身份的人构成帮助犯。第三种观点认为，具有特定身份的人教唆没有特定身份的人实施因身份而构成的犯罪，具有特定身份的人构成间接实行犯，没有特定身份的人构成间接实行犯的从犯。[1] 我国学者主张上述第三种观点，认为在这种情况下，可以把教唆者看作利用具有故意的人作为工具的间接正犯，把

---

[1] 参见马克昌：《共同犯罪与身份》，载《法学研究》，1986 (5)，23 页。

被教唆者视为这种极为特殊的间接正犯的从犯。①

我认为，上述第一种观点根据具有特定身份的人与没有特定身份的人之间在主观上具有同心一体的关系，因而认为没有特定身份的人取得了该种身份是没有科学根据的。因为身份是客观存在的一种主体特征，它是不以人的主观意志为转移的。没有特定身份的人不可能因为与具有特定身份的人具有共同犯罪故意而取得该种身份。因此，第一种观点难以成立。第二种观点将具有特定身份的人与没有特定身份的人分别解释为教唆犯与帮助犯，似乎有理。但在没有正犯的情况下，教唆犯与帮助犯的立论根据颇可责难。如果进一步地问：教唆犯是对正犯的教唆呢，还是对帮助犯的教唆？如果是对帮助犯的教唆，那么，帮助犯又是对谁帮助的？由于不存在正犯，当然也就谈不上对正犯的帮助。如果是对教唆犯的帮助，那么，就犯了逻辑学上的循环论证的错误。因而，第二种观点也是不能自圆其说的。我认为，第三种观点对问题的解决虽然不十分圆满，但基本上还是可取的。将具有特定身份的人解释为法律要求犯罪主体具有特定身份的犯罪的间接正犯，可以直接按照刑法分则的有关规定论处。而没有特定身份的人虽然也是帮助犯，但既不是直接正犯的帮助犯，也不是教唆犯的帮助犯，而是间接正犯的帮助犯，这在理论上是说得通的。至于我国学者认为，在这种情况下，没有特定身份的人还可能成为间接正犯的胁从犯②，这也是正确的。例如，国家工作人员胁迫或者诱骗非国家工作人员收受贿赂，国家工作人员是受贿罪的间接正犯，而非国家工作人员则是受贿罪的间接正犯的胁从犯。

四、帮助犯的身份犯

帮助犯与身份的关系和教唆犯与身份的关系有许多相同之处，为避免内容上

---

① 参见吴振兴：《论教唆犯》，169 页，长春，吉林人民出版社，1986。
② 参见马克昌：《共同犯罪与身份》，载《法学研究》，1986 (5)，24 页。

的重复与累赘，论述力求简洁。

没有特定身份的人可以帮助具有特定身份的人而成为法律要求犯罪主体具有特定身份的犯罪的帮助犯，这是通说，也为我国司法实践所采纳。例如，林素梅（女）在外出探亲期间与王一竹勾搭成奸，并一同跑买卖。在二人鬼混的半年期间，林为王多次介绍对象不成。后林见王家有房屋五间，独身一人，便想将不满13岁的女儿刘某嫁给王。两人经过共谋，由林将女儿带到王家。在林的帮助下，王趁刘熟睡之机进行强奸。在本案中，王构成奸淫幼女罪，而林则是强奸罪的帮助犯。

具有特定身份的人帮助没有特定身份的人实施犯罪，两者可以构成不同的犯罪的，对没有特定身份的人应依法论处，对具有特定身份的人则应区分两种不同情况：第一种情况，具有特定身份的人在帮助他人犯罪时利用了本人的身份。例如，非国家工作人员想去盗窃现金，国家工作人员就让其去盗窃本人保管的现金，并为其指点方位、提供情报。在这种情况下，非国家工作人员构成盗窃罪，国家工作人员则属于想象竞合犯。就贪污罪而言，国家工作人员是利用无身份有故意的人作为工具，是间接正犯。就盗窃罪而言，国家工作人员是帮助犯。国家工作人员一行为触犯两个罪名，对其应按处理想象竞合犯的原则，以其中的重罪即贪污罪的间接正犯论处。第二种情况，具有特定身份的人在帮助他人犯罪时没有利用本人的身份。在这种情况下，对具有特定身份的人应以被帮助的人所犯之罪的帮助犯论处。

具有特定身份的人帮助没有特定身份的人实施某种犯罪行为，没有特定身份的人的行为依法不构成犯罪的，对具有特定身份的人可以利用有故意无身份的人作为工具的间接正犯论处，而没有特定身份的人则作为间接正犯的从犯论处。

第四节 共同犯罪的量刑身份犯

一、处理共犯量刑与身份关系的原则

身份不仅对共同犯罪的定罪具有意义，对于共同犯罪的量刑也具有重要的意义。所谓共犯量刑与身份的关系，主要是研究具有特定身份的人与没有特定身份的人共同实施某一犯罪，而法律规定具有特定身份的人应从重或者从轻、减轻和免除处罚的情况下，从重或者从轻、减轻和免除处罚的效力是否及于没有特定身份的人这一问题。关于这个问题，有些国家的刑法加以明文规定。例如，《瑞士刑法典》第26条（身份关系）规定："因特殊身份关系、资格及情状，致刑有加重、减轻或阻却情事时，将对具有此等身份、资格或情状之正犯、教唆犯及从犯，始得加以斟酌。"这就是说，具有影响刑罚轻重的特定身份的人与没有这种特定身份的人共同实施某种犯罪时，对没有特定身份的人处以通常之刑，对具有特定身份的人则依法予以从重或者从轻、减轻和免除处罚，这就是处理共同犯罪的量刑与身份的关系的原则。

我国刑法对处理共同犯罪的量刑与身份的关系的原则虽然没有明文规定，但根据我国共犯教义学，具有特定身份的人的从重或者从轻、减轻和免除处罚的效力当然不及于没有这种特定身份的人。因为我国刑法中的身份反映了犯罪主体的某些特殊情状，这些特殊情状对具有特定身份的人所实施的犯罪行为的社会危害性程度具有一定的影响，因而影响其刑罚的轻重。而没有这种特定身份的人，虽然是和具有特定身份的人一起实施犯罪，但其犯罪行为的法益侵害性程度并不受他人身份的影响，这就是具有特定身份的人的从重或者从轻、减轻和免除处罚的效力不及于没有特定身份的人这一处理共同犯罪的量刑与身份的关系的原则的科学根据。

二、共犯量刑与纯正身份犯

在刑法教义学中，以身份作为犯罪构成要件的犯罪，称为纯正身份犯。如果具有特定身份的人与没有特定身份的人共同实施一种犯罪行为，刑法对此分别规定为不同的犯罪。在这种情况下，具有特定身份的就是纯正身份犯。这时，这种身份不仅对定罪具有影响，而且对量刑也有影响。例如，邮政工作人员与非邮政工作人员共同毁弃邮政工作人员保管的邮件，前者构成私自开拆、隐匿、毁弃邮件、电报罪，后者构成侵犯通信自由罪。我国《刑法》第253条规定：犯私自开拆、隐匿、毁弃邮件、电报罪的，处2年以下有期徒刑或者拘役；而我国刑法第252条规定：犯侵犯通信自由罪的，处1年以下有期徒刑或者拘役。显然，私自开拆、隐匿、毁弃邮件、电报罪的刑罚重于侵犯通信自由罪的。在这种情况下，对非邮政工作人员只能以侵犯通信自由罪论，处1年以下有期徒刑或者拘役。而邮政工作人员因其身份而被加重刑罚，应以私自开拆、隐匿、毁弃邮件、电报罪论，处2年以下有期徒刑或者拘役。

那么，身份不同的两种人实施同一种犯罪行为，刑罚为什么有轻重之分呢？这主要是因为身份决定着犯罪行为所侵害的犯罪客体的性质。我国刑法中的犯罪客体是刑法所保护而为犯罪所侵害的法益。而身份是人在一定的社会关系中的地位，人在社会关系中的地位不同，其犯罪行为所侵害的法益性质也有所不同。例如侵犯通信自由罪，是由非邮政工作人员实施的，其所侵害的客体是公民的通信自由权利。而私自开拆、隐匿、毁弃邮件、电报罪，是由邮政工作人员实施的，其所侵害的客体主要是邮政部门的正常秩序。两种犯罪相比较，私自开拆、隐匿、毁弃邮件、电报罪的法益侵害性显然大于侵犯通信自由罪的。因此，在邮政工作人员与非邮政工作人员共同毁弃邮政工作人员保管的邮件的情况下，对具有特定身份的人处以重于没有特定身份的人的刑罚，是罪刑均衡的刑法基本原则的体现。

三、共同犯罪的量刑与不纯正身份犯

在共犯教义学中，以身份作为刑罚轻重要素的犯罪，称为不纯正身份犯。具有特定身份的人与没有特定身份的人实施同一种犯罪行为，法律明文规定对具有特定身份的人应予以从重或者从轻、减轻和免除处罚时，具有特定身份的人构成的犯罪就是不纯正身份犯。例如，我国《刑法》第243条规定了诬告陷害罪，其中第2款规定："国家机关工作人员犯前款罪的，从重处罚。"如果是非国家机关工作人员与国家机关工作人员共同犯诬告陷害罪，对非国家机关工作人员处以通常之刑，而对国家机关工作人员则应依法予以从重处罚。又如，我国《刑法》第19条规定："又聋又哑的人或者盲人犯罪，可以从轻、减轻或者免除处罚。"如果是又聋又哑的人或者盲人与正常的人共同犯罪的，对正常的人处以通常之刑，而对又聋又哑的人或者盲人则应依法予以从轻、减轻或者免除处罚。

第三十一章
共同犯罪的连累犯

共同犯罪的范围经历了一个历史演变过程，总的趋势是逐渐限制共同犯罪的构成，从而缩小共同犯罪的范围，使共同犯罪制度更加科学与合理。连累犯，就是在共同犯罪范围的历史演变过程中，从共同犯罪中排除出来的那些与共同犯罪具有一定牵连的犯罪行为。这些犯罪行为曾经被纳入共同犯罪的范畴，而现在各国刑法与刑法理论一般都认为它是单独犯罪。但由于这种连累犯又与共同犯罪发生着一定的牵连关系，在认定共同犯罪的时候，一定要把它和共同犯罪加以区别。因此，在共犯教义学中，有必要对连累犯展开研究。

第一节 连累犯的嬗变

一、我国古代刑法中的连累犯

连累犯在我国古代起源甚早，并且与连坐具有密切联系，可以说是从连坐中分离出来的。因此，探究连累犯的起源不能不从连坐谈起。

第一节 连累犯的嬗变

连坐，又称相坐、随坐、从坐、缘坐，是指因他人犯罪而使与犯罪者有一定关系的人连带受刑的制度。① 连坐的最早记载，见于《尚书》，夏启有一条军令："予则孥戮汝。"② 所谓孥戮，是指除惩罚犯罪者本人以外，还罪及他的妻和子。《尚书》还有"罪人以族"③ 的记载，其株连的范围更为广泛。从以上记载来看，被连坐的人根本没有任何罪过，仅因与犯罪的人具有一定的身份关系，而无辜地受到连带的刑事责任。

在商鞅时代，立相坐之法，与连累犯有关系的内容主要是以下几点：一是十家为伍，有问题要互相纠举揭发，否则连坐。例如《史记》有"令民为什伍而相牧司连坐。不告奸者腰斩，告奸者与斩敌首同赏，匿奸者与降敌同罪"④ 的记载。二是里典和伍老因其管辖范围内有人犯罪未检举而连坐。例如《史记》有"吏见知不举者，与同罪"⑤ 的记载。在上述连坐的内容中，"不告奸"或"见知不举"是原因，"同罪"或"与同罪"是结果。不告与不举，是犯罪的连累行为。但对于这种行为不是单独论罪，而是作为共同犯罪论处。因为同罪、与同罪，又称同论，是指共同犯罪中从犯与主犯同样定罪科刑。⑥ 这就说明，连累犯已经从连坐中分离出来，却又与共同犯罪结下了不解之缘。

《秦律》虽然没有严格意义上的连累犯，但将那些主观上对先前的犯罪并不知情因而予以帮助的行为从共同犯罪中排除出去。因此，从刑法观念上来说，这不能不认为是一大进步。例如《法律答问》指出："削（宵）盗，臧（赃）直（值）百五十，告甲，甲与其妻、子智（知），共食肉，甲妻、子与甲同罪。"⑦ 这段话的含义是：夜间行盗，赃值一百五十钱，盗犯将此事告甲，甲和甲的妻、

---

① 参见《中国大百科全书·法学》，375 页，北京，中国大百科全书出版社，1984。
② 《尚书·甘誓》。
③ 《尚书·泰誓》。
④ 《史记·商君列传》。
⑤ 《史记·秦始皇本纪》。
⑥ 参见乔伟主编：《新编法学词典》，327 页，济南，山东人民出版社，1985。
⑦ 《睡虎地秦墓竹简》，158 页，北京，文物出版社，1978。

子知情后,与盗犯一起用赃钱买肉吃,甲的妻、子和甲都应同样论罪。《法律答问》还指出:"甲盗钱以买丝,寄乙,乙受,弗智(知)盗,乙论可(何)殹(也)?毋论。"[1] 这段话的含义是:甲窃钱用以买丝,把丝寄存乙处,乙收受了,但不了解盗窃的事,乙应如何论处?不应论罪。从上述两段话可知,对他人的犯罪是否知情是构成犯罪的前提。

如果说,在《秦律》中连累犯还与共同犯罪混杂在一起,那么,《汉律》已经将连累犯从共同犯罪中独立出来。例如,王充在《论衡》中指出:"汉正首匿之罪。"[2] 可见首匿在汉朝已经独立成罪。《后汉书》在谈到首匿之所以为罪时指出:"武帝……军役数兴,豪杰犯禁,奸吏弄法,故重首匿之科。"[3] 到南北朝的《北魏律》,出现了对某些连累犯的具体规定,例如:"知人掠盗之物而故买者,以随从论。"从这一规定可以看出,《北魏律》将知情买赃的人以掠盗罪的从犯论处,在观念上仍未把连累犯与共同犯罪区分开来。及至《唐律》,连累犯的观念才日臻成熟,连累犯的立法规定也逐渐完备,成为后世各代连累犯立法之楷模。根据《唐律》的规定,连累犯可以分为以下三种。

(一)赃物犯

赃物犯是指因他人犯强盗、窃盗等赃罪而产生的连累犯,它既不是强盗,也不是窃盗,而是由于强盗、窃盗所牵连的犯罪行为。[4] 赃物犯规定在《唐律·贼盗》。可见《唐律》是把赃物犯视为依附于贼盗罪而存在的一种犯罪。根据《唐律》的规定,赃物犯又有以下五种情况。

(1)分赃犯。《唐律》规定:"诸知略、和诱及强盗、窃盗而受分者,各计所受赃,准窃盗论减一等。"[5]《疏议》指出:"知略、和诱人及略、和诱奴婢,或

---

[1] 《睡虎地秦墓竹简》,155页,北京,文物出版社,1978。
[2] (汉)王充:《论衡》。
[3] 《后汉书·梁统列传》。
[4] 参见乔伟:《唐律研究》,231页,济南,山东人民出版社,1985。
[5] 《唐律疏议》,375页,北京,中华书局,1983。

第一节 连累犯的嬗变

强盗、窃盗，若知情而受分者，为其初不同谋，故计所受之赃，准窃盗论减一等。"① 由此可见，分赃犯必须以事前没有通谋为前提，只有这样，才能享受减一等治罪的"优惠"待遇。否则，就应按共同犯罪处理。

（2）买赃犯。《唐律》规定："知盗赃而故买者，坐赃论减一等。"② 这就是说，明知是强盗、窃盗所得的赃物，而故意地加以收买，也应坐赃论减一等。《唐律》明文规定买赃犯是知赃故买，这就把不知情而收买的情况排除在连累犯以外，这是继承了《秦律》的规定。

（3）藏赃犯。《唐律》规定："知而为藏者，又减一等。"③ 根据《唐律》，隐藏赃物，较之分赃与买赃为轻，因此在减一等的基础上，又减一等。例如，假如有知人强盗，受绢五疋，减窃盗一等，合杖一百，那么，知而故藏，又减一等，合杖九十。

（4）其他赃罪的连累犯。《疏议》指出："其余犯赃，故买及藏者；律无罪名，从'不应为'，流以上从重，徒以下从轻。"④ 《唐律》对强盗与窃盗的连累犯作了明文规定，但并不是说对其他赃罪的连累犯不予处罚。《疏议》指出，对其他赃罪的连累犯虽法无明文，但应以"不应为"罪论处。

（5）容止犯。《唐律》规定："诸部内有一人为盗及容止盗者，里正笞五十，坊正、村正亦同。三人加一等；县内，一人笞三十，四人加一等……州随所管县多少，通计为罪。各罪止徒二年。强盗者，各加一等。"⑤ 这种强盗、窃盗的容止犯，颇似当今刑法中犯罪的纵容行为。《唐律》关于容止盗贼的立法，是对封建官吏的特殊约束，其目的是督促主管官吏加强对盗贼行为的镇压。

---

① 《唐律疏议》，375 页，北京，中华书局，1983。
② 《唐律疏议》，375 页，北京，中华书局，1983
③ 《唐律疏议》，375 页，北京，中华书局，1983。
④ 《唐律疏议》，375 页，北京，中华书局，1983。
⑤ 《唐律疏议》，379 页，北京，中华书局，1983。

（二）窝藏犯

窝藏犯规定在《唐律·捕亡》中，可见《唐律》是把窝藏犯作为妨碍审判的犯罪论处的。《唐律》规定："诸知情藏匿罪人，若过致资给，令得隐避者，各减罪人罪一等。"①《疏议》将知情藏匿解释为知罪人之情，主人为相藏隐。②可见构成窝藏犯是以知情为前提的。那么，怎么才是知罪人之情呢？注云："谓事发被追及亡叛之类。"③《疏议》解释说，若非事发，未是罪人，故须事发被追，始辨知情之状。逃亡或叛国，虽未追摄，行即可知。④《疏议》将"过致资给"解释为指授道途，送过险处，助其运致，并资给衣粮，遂使凶人潜隐他所。⑤由此可见，窝藏犯使罪人逃避刑事追究，严重地妨碍了司法审判，因此应以犯罪论处。由于窝藏犯的情况比较复杂，《唐律》对此加以详细的规定，现例举五种情况分析如下。

（1）匿无日限。所谓匿无日限，是指不限藏匿日数之多少；只要实施了藏匿行为，就应以窝藏犯论处。过致资给也是如此，不受时日的限制。

（2）尊长匿罪人。注云："尊长匿罪人，尊长死后，卑幼仍匿者，减五等。"⑥这就是说，尊长在世的时候，隐匿罪人，卑幼得相容隐，不得告发。尊长死后，卑幼匿之如故，不限日数多少，减尊长之罪五等。

（3）赦前藏匿罪人。注云："若赦前藏匿罪人，而罪人不合赦免，赦后匿如故；不知人有罪，容寄之后，知而匿者，皆坐如律。"⑦这就是说，假如藏匿犯有十恶的罪人，会赦而十恶不合赦免；赦后藏匿如故，不得减免其罪。如果藏匿之前不知其为罪人，而容寄之后知其为罪人而继续藏匿者，并依藏匿之罪科之。

---

① 《唐律疏议》，540页，北京，中华书局，1983。
② 参见《唐律疏议》，541页，北京，中华书局，1983。
③ 《唐律疏议》，541页，北京，中华书局，1983。
④ 参见《唐律疏议》，541页，北京，中华书局，1983。
⑤ 参见《唐律疏议》，541页，北京，中华书局，1983。
⑥ 《唐律疏议》，541页，北京，中华书局，1983。
⑦ 《唐律疏议》，541页，北京，中华书局，1983。

第一节 连累犯的嬗变

（4）展转藏匿。注云："其展转相使而匿罪人，知情者皆坐，不知者勿论。"① 所谓展转相使是指非本人藏匿，而是转付他人藏匿，如此层次既多，形成展转之势。在各层次中的人，有的知情，有的不知情，《唐律》规定只处罚知情者。

（5）罪人有数罪，止坐所知。如果被藏匿的罪人犯有杀人、放火二罪，藏匿者只知杀人之罪，则以藏匿杀人罪论。其人虽还犯有放火罪，而藏匿者不知时不为罪。

（三）知情不举

知情不举规定在《唐律·斗讼》中，是指对犯法者知情而不加举劾的犯罪。《唐律》规定："诸监临主司知所部有犯法，不举劾者，减罪人罪三等。纠弹之官，减二等。即同伍保内，在家有犯，知而不纠者，死罪，徒一年；流罪，杖一百；徒罪，杖七十。其家唯有妇女及男十五以下者，皆勿论。"② 根据《唐律》的规定，知情不举可以分为以下两种情况：

（1）监临主司知情不举。按《疏议》的解释，监临，谓统摄之官。主司，谓掌领之事及里正、村正、坊正以上。③ 凡上述人员对其部下的犯法之事知情不举，按罪人所犯之罪减三等。

（2）同伍保内知情不举。所谓同伍保内，是指依令五家相保之内。如果在同五保内，有人犯罪而知情不举，视犯罪的严重程度而予以相应的处罚。

自唐以后，宋、元、明、清各朝的律令对连累犯都有规定。例如《宋刑统赋》规定："若买人盗、诈、枉法赃者，杖一百，减一等。知而为藏者，杖九十。"又如，《明律》规定："若知强窃盗赃而故买者，计所买物坐赃论。"《清律》更为明确具体地规定："知强、窃盗赃而故买者，计所买之物以坐赃论；明知是

---

① 《唐律疏议》，542页，北京，中华书局，1983。
② 《唐律疏议》，449页，北京，中华书局，1983。
③ 参见《唐律疏议》，450页，北京，中华书局，1983。

犯罪所得赃物而予以寄藏者，减故买一等。"由此可见，中国古代刑法中关于连累犯的规定可谓源远流长。

二、外国刑法中的连累犯

（一）外国古代刑法关于连累犯的规定

在外国古代的刑法中就有关于连累犯的规定。古巴比伦的《汉穆拉比法典》规定了知情不举的连累犯。该法典第109条规定："倘犯人在卖酒妇之家聚议，而卖酒妇不报捕此等犯人，送之宫廷；则此卖酒妇应处死。"[1] 后期罗马法把窝藏、收受他人犯盗窃罪所得的物品的行为作为犯罪处罚。在《十二铜表法》第15条就提及窝藏犯，其原文为：根据《十二铜表法》的规定，当正式搜查时，物件在某人处寻到，或当该物件被带到窝藏者处时又在该处寻到者，处以该物件价值之3倍的罚款。[2]

（二）大陆法系国家刑法关于连累犯的规定

在外国近代，早期刑法将某些犯罪的连累犯视为共同犯罪的从犯。例如，1810年《法国刑法典》第61条规定："明知其为危害国家安全、公共秩序、人身或财产之匪徒，经常供给其住宿、窝藏或集合地点者，以从犯论。"第62条规定："故意隐匿因抢夺、诈取或犯重罪、轻罪而取得之财物之全部或一部者，亦以从犯论。"由于《法国刑法典》将连累犯不适当地作为共同犯罪的从犯论处，就扩大了共同犯罪的范围，加重了连累犯的刑事责任。

1871年《德国刑法典》第一次在立法上明确地将连累犯与共同犯罪加以区别，该法典在"庇护及收赃物"一章中规定："在正犯或从犯实施重罪或轻罪后，为使其避免刑罚，或为确保其因犯罪所得的利益，而故意帮助之者，为庇护罪。"

---

[1] 《外国法制史资料选编》，上册，31页，北京，北京大学出版社，1982。
[2] 参见《外国法制史资料选编》，上册，153页，北京，北京大学出版社，1982。

对于"在实行犯罪前允诺给予帮助者,其庇护依从犯处罚"。自此以后,世界上大多数西方国家的刑法将连累犯与共同犯罪加以区别,并在刑法分则中明文规定了连累犯。例如《瑞士刑法》第144条(赃物)规定:"明知或应可推知其为因犯罪所得之物而买受、受赠、受质、隐匿或帮助出售者,处五年以下重惩役或轻惩役。"又如《日本刑法》第103条规定:"藏匿已犯应处罚金以上刑罚时人犯或拘禁中的脱逃人,或使之隐避的,处二年以下惩役或二百元以下罚金。"第256条还规定:"(一)收受赃物的,处三年以下惩役。(二)搬运、寄藏、故买赃物或代为销售的,处十年以下惩役及一千元以下罚金。"当然,世界上仍有个别国家的刑法典将连累犯当作共同犯罪处理。例如《加拿大刑法典》第23条(事后从罪)第1项规定:"犯罪事后之从犯系指明知参与犯罪之人,为便利其脱逃而容留、安慰或帮助之人。"

(三)英美法系国家刑法关于连累犯的规定

在英美法系国家的刑法中,连累犯原先是作为共同犯罪中的事后从犯论处的。所谓事后从犯,是指明知他人已犯重罪,而有意窝藏、包庇或协助其逃跑,使罪犯得以逃避罪责的人。根据1967年英国《刑事法令》等法律的规定,不再使用事后从犯这个名词,对这种窝藏行为单独以犯罪论处。例如该法令第4条规定,任何人在明知或认为某人犯有应予逮捕的罪行的情况下,而采取任何未经合法授权或无正当理由的行为,意图阻止该人被逮捕或起诉,就是犯罪行为。[①] 这就是"对应予逮捕的犯罪给予帮助"的犯罪,这种犯罪与传统上的事后从犯具有某些相同特征,但不再作为共犯处理。

三、苏东国家刑法中的连累犯

苏联是在刑法中规定连累犯的第一个社会主义国家。1919年《苏俄刑法指

---

① 参见欧阳涛等:《英美刑法刑事诉讼法概论》,81~82页,北京,中国社会科学出版社,1984。

第三十一章　共同犯罪的连累犯

导原则》将连累犯归入共同犯罪的范畴，1922年《苏俄刑法典》对共同犯罪、纵容行为和犯罪的牵连行为的概念作了区分，这就非常合理地排除了把不检举行为认定为帮助行为而适用类推的可能性。[1] 及至1926年《苏俄刑法典》对不检举行为加以明文规定，该刑法典第18条规定："对于实施犯罪或者预备犯罪不加以检举的行为，只有在本法典中有特别规定的情形下，才可以适用司法改造性的社会保卫方法。"在苏联刑法理论中，将连累犯分为以下三种形式。

（一）隐匿

隐匿行为，又称窝藏行为，是指以湮灭罪迹，或者企图隐匿犯罪者本人以逃避审判而故意帮助犯罪者的行为。1926年《苏俄刑法典》及大多数其他加盟共和国刑法典没有把窝藏罪犯和湮灭罪迹等隐匿行为规定为连累犯，而把它们规定为共同犯罪的帮助行为。只有乌克兰与格鲁吉亚两个加盟共和国的刑法典没有把这种隐匿行为（没有事前通谋的隐匿行为）列入共同犯罪以内。根据这两个加盟共和国的刑法典，这种没有事前通谋的隐匿行为乃是连累行为的形式之一，而不是共同犯罪。因此，根据这两个刑法典，此种隐匿行为的责任，并不依照关于共同犯罪的规则来决定，而是作为阻碍对该罪犯实行社会主义审判的犯罪，而依照特别程序来决定。[2] 但1960年《苏俄刑法典》则将隐匿行为从共同犯罪中独立出来，成为连累犯形式之一。该法典第18条规定："预先未通谋而隐匿犯罪人、犯罪所用的物品和工具以及消灭罪迹或藏匿犯罪所得的物品的行为，只在本法典分则有特别规定时，才负刑事责任。"该刑法典分则第189条还对隐匿犯罪的各种情况作了十分详尽的规定。

（二）不告发

不告发行为，又称知情不举行为，是指确知他人预备犯罪或实施犯罪而不向

---

[1] 参见［苏］A.A.皮昂特科夫斯基等：《苏联刑法科学史》，曹子丹等译，84页，北京，法律出版社，1984。

[2] 参见［苏］B.M.契希克瓦节主编：《苏维埃刑法总则》，中央人民政府法制委员会编译室、中国人民大学刑法教研室译，375页，北京，法律出版社，1957。

第一节 连累犯的嬗变

政权机关报告的行为。1926年《苏俄刑法典》对不告发行为作了概括性的规定，该刑法典分则第58条规定了处罚军职人员对背叛祖国罪的不告发行为、对其他反革命罪的不告发行为。第59条规定了对几种特别危险的妨害管理秩序罪（如聚众骚乱、盗匪行为、伪造货币）的不告发行为。苏联最高苏维埃主席团1947年6月4日《关于盗窃国家财产和盗窃公共财产的刑事责任的命令》第5条规定了对盗窃国家财产或者盗窃公共财产的不告发行为，以及苏联最高苏维埃主席团1947年6月4日《关于加强保护公民个人财产的命令》第3条规定了对强盗的不告发行为。[①] 由此可见，对不告发的刑事责任的范围在逐步扩大。1960年《苏俄刑法典》第19条规定："确知正在预备犯罪或已实施犯罪而不检举的，只在本法典分则有特别规定的，才负刑事责任。"该刑法典分则规定了对14种犯罪知情不举的，处3年以下的剥夺自由或1年以下的劳动改造。

（三）纵容

纵容行为是指某人能阻止犯罪或采取某种防止犯罪的方法，而对犯罪不加阻止的行为。1919年《苏俄刑法指导原则》将纵容行为列在帮助行为之内，把它视为共同犯罪。1922年《苏俄刑法典》把纵容行为从共同犯罪中分离出来，有些纵容行为不负刑事责任，有些纵容行为则视为特殊罪行。例如1922年10月9日《关于修改刑法典第一百十四条》的第165号法令规定了"不设法阻止贿赂"的犯罪。[②] 1926年《苏俄刑法典》没有关于纵容行为的任何规定，因此，苏联公民已不再担负阻止他人犯罪的一般法律责任。此种职责系由有关政府机关担任，纵容行为照一般常例已不负刑事责任。同执行犯事前约定之纵容行为，构成犯罪实行的真实可能的条件。此种纵容行为同执行犯所实行的犯罪具有因果关系，故此种纵容行为应负参与犯罪实行的刑事责任。同执行犯无事前约定的纵容行为，

[①] 上述两个法令参见［苏］A. 盖尔青仲：《苏联和苏俄刑事立法史料汇编（1917—1952）》，郑华等译，797~798页，北京，法律出版社，1956。

[②] 参见［苏］A. 盖尔青仲：《苏联和苏俄刑事立法史料汇编（1917—1952）》，郑华等译，290页，北京，法律出版社，1956。

如系对反革命罪、违犯治安管理秩序的特别危险罪（刑法典第59付13条所列举者）与掠夺罪（1947年6月4日指令所规定者），则应列于不告发概念内。公务人员的纵容犯罪行为，应属于政府人员的不作为或怠慢职务罪（《苏俄刑法典》第111条）。① 1960年《苏俄刑法典》对纵容行为也未予规定。

其他苏东国家刑法对连累犯也都有明文规定。例如《罗马尼亚刑法典》第262条规定了知情不举的刑事责任、第263条规定了不向司法机关检举的刑事责任、第264条规定了庇护罪犯的刑事责任、第265条规定了不报告审判机关的刑事责任。其中，第264条（庇护罪犯）规定："在实施犯罪前或在犯罪过程中未与犯罪人通谋的帮助犯罪、妨碍刑事诉讼、判决、刑罚的执行，或使其不能进行的或担保犯罪者受益与接受犯罪所得行为，处三个月至三年监禁。"又如，《蒙古刑法典》总则第14条和第15条规定了隐匿与不检举行为，分则第141条与第142条又具体地规定了隐匿与不检举的刑事责任的范围。其中第142条（隐匿犯罪）规定："预先没有通谋而隐匿下列犯罪的：叛国、间谍活动、恐怖行为、破坏活动，为实施特别危险的国事罪而进行组织活动，参加反国家的组织，故意杀人、抢劫、盗窃国家或公共财产（小量盗窃除外），盗窃公民个人所有的财产，走私，制造或使用伪造的货币或证券，越狱，逃避动员征召，脱逃，处五年以下剥夺自由，或一年零六个月以下劳动改造。"

第二节 连累犯的概念

一、连累犯的界说

在汉语中，连累与牵连的含义基本一致。连累是指因事牵别人，使别人也受

---

① 参见苏联司法部全苏法学研究所主编：《苏联刑法总论》，下册，彭仲文译，461～462页，上海，大东书局，1950。

第二节 连累犯的概念

到损害。[①]而牵连则是指因某个人或某件事产生的影响而使别的人或别的事不利。[②]但由于牵连行为容易和牵连犯相混淆,而牵连罪又容易误解为某一种特定的犯罪,因此,我认为使用连累犯一词来概括那些与共同犯罪有一定的联系但又不属于共同犯罪的现象能与其他刑法术语相区别,因而是可取的。值得注意的是,我国学者还使用派生犯的概念概括这种犯罪的连累行为,认为派生犯是指我国刑法规定的、在犯罪构成上以其本犯的相关人或物为犯罪对象的一种事后帮助型犯罪。[③]应该说,派生犯的概念较为明确地揭示了其与本犯之间的关系,因而具有一定的合理性。由于本书已经采用连累犯的概念,因而派生犯概念可以作为一种参考。

那么,什么是连累犯呢?对此,我国刑法学界存在以下四种表述:第一种表述认为,连累犯是指同实施犯罪有关,但并不是组织或者利用各种方式帮助犯罪实施的行为。[④]这种表述以否定的方式将连累犯与共同犯罪中的组织犯或帮助犯加以区别,但并没有正面揭示连累犯的内涵,因而作为一个概念,这种表述是不完整的。第二种表述认为,连累犯是对实施犯罪后的犯罪者给予帮办的犯罪行为。[⑤]这种表述从正面回答了连累犯是什么的问题。较之前一种表述是有进步的。但这种表述只着眼于对连累犯的客观特征的描述,而没有揭示连累犯的主观特征。因此,未能把连累犯与共同犯罪加以区别。例如,我国《刑法》第310条第2款规定犯窝藏、包庇罪,事前通谋的,以共同犯罪论处。显然,这种情况也是对实施犯罪后的犯罪者的一种帮助[⑥],但它不是连累犯,而是帮助犯。显然,

---

[①] 参见中国社会科学院语言研究所词典编辑室编:《现代汉语词典》,695页,北京,商务印书馆,1979。
[②] 参见中国社会科学院语言研究所词典编辑室编:《现代汉语词典》,898页,北京,商务印书馆,1979。
[③] 参见谢望原、吴光侠:《派生犯研究》,载《中国刑事法杂志》2003(3)。
[④] 参见李光灿主编:《中华人民共和国刑法论》,上册,319页,长春,吉林人民出版社,1984。
[⑤] 参见罗平:《论犯罪的牵连行为》,载《法学与实践》,1985(6),22页。
[⑥] 应当指出,帮助与帮办,没有本质的区别。帮办指帮助主管人员办公务(参见中国社会科学院语言研究所词典编辑室编:《现代汉语词典》,33页,北京,商务印书馆,1979),是帮助的一种特指。可见,依靠文字的变换并不能将连累犯与帮助犯区别开来。

这种表述也是有所欠缺的。第三种表述认为,连累犯是指某人虽未参加或帮助实施某种犯罪,但却纵容了该项犯罪或实施了与该项犯罪有关的行为。① 这种表述较之前两种表述都要具体,但仍失之笼统,尤其是没有揭示连累犯的主观特征,也未能把连累犯与共同犯罪中的帮助犯加以明确的区别。因此,这种表述也是不够圆满的。第四种表述认为,连累犯是指在犯罪构成上以其本犯的有关人或物作为自己犯罪的对象,从而使它们之间存在必要条件联系的犯罪。也就是说,连累犯的存在与成立是以他人犯有相关犯罪为必要条件,如没有他人的相关犯罪,就没有连累犯的存在。② 这种表述突出了连累犯与本犯之间的关系,强调连累犯的成立以本犯的存在为必要条件,这对于正确理解连累犯具有重要意义。

我认为,连累犯是指事前与本犯没有通谋,在本犯实施犯罪行为以后,明知本犯的犯罪情况,而故意地以各种形式予以帮助,依法应受处罚的行为。

二、连累犯的特征

根据上述连累犯的界说,我认为连累犯具有以下三个基本特征。

(一)客观特征

在本犯实施犯罪以后,基于主观上的故意而给予本犯各种形式的帮助,这是连累犯的客观特征。

1. 连累犯的行为特征

连累犯的帮助行为必须发生在本犯实施犯罪以后,它不是对本犯的犯罪实行行为的帮助,或者说,并非帮助本犯实行犯罪,而是帮助本犯逃避法律制裁。因此,连累犯的行为不是犯罪结果发生的原因,而只是使犯罪结果得以巩固。如果是在他人实施犯罪的过程中予以帮助,其行为对犯罪结果的发生起着原因的作

---

① 参见孙飞:《干部对经济犯罪知情不举应负刑事责任》,载《法学季刊》,1983(3),33页。
② 参见吴光侠:《论连累犯》,载《政法论丛》,2003(2)。

第二节 连累犯的概念

用，当然也就谈不上连累犯，而是共同犯罪中的帮助犯。

连累犯还必须实施了一定的帮助行为。关于连累犯的行为类型，有些国家刑法规定连累犯可以由不作为构成，例如 1960 年《苏俄刑法典》第 19 条规定的不检举，就是由不作为构成的。根据我国刑法的规定。连累犯一般只能由作为构成，例如我国 1979 年《刑法》第 162 条规定的窝藏、包庇等行为。但 1982 年全国人大常委会《关于严惩严重破坏经济的罪犯的决定》增加了国家工作人员对经济犯罪知情不举的刑事责任，一般认为这是由不作为构成的。我国学者还明确地将连累犯区分为作为的连累犯（派生犯）与不作为的连累犯（派生犯）。[①] 其中，除拒绝提供间谍犯罪证据罪、放纵走私罪、放纵制售伪劣商品犯罪行为罪、徇私舞弊不移交刑事案件罪四个罪名属于不作为类型外，其他多数连累犯（派生犯）属于作为型。总之，无论是作为还是不作为，连累犯必须对犯罪者实施了一定的帮助行为，这是连累犯应受刑罚处罚的客观基础。

2. 连累犯中本犯的特征

连累犯是以本犯的存在为前提的，在连累犯与本犯之间存在派生关系。在这个意义上说，没有本犯也就没有连累犯。我国刑法关于连累犯的规定中，将本犯表述为犯罪，例如我国《刑法》第 310 条规定的窝藏、包庇罪的本犯是"犯罪的人"。如果窝藏、包庇的本犯同时具备不法和责任，依照我国刑法构成犯罪，应当追究刑事责任，则其本犯是一个完整意义上的"犯罪的人"。但在司法实践中存在窝藏、包庇不满 12 周岁而实施了符合犯罪构成要件行为的人的情形，例如父母窝藏、包庇实施了故意杀人行为的不满 12 周岁的儿子，在这种情况下，父母是否构成窝藏、包庇罪呢？如果按照完整意义理解"犯罪的人"，则不满 12 周岁的人依法不追究刑事责任，因而其杀人行为并不构成犯罪。因此，其父母的窝藏、包庇行为也就不能构成连累犯。在我国刑法学界对这里的"犯罪的人"存在不同理解，这种不同理解在一定程度上影响连累犯的成立范围。正如我国学者指

[①] 参见谢望原、吴光侠：《派生犯研究》，载《中国刑事法杂志》，2003（3）。

出,这里的"犯罪的人",应当从一般意义上理解。"犯罪的人"虽然包括严格意义上的罪犯,但不仅是指已经被法院作出有罪判决的人。此外,"犯罪的人"还包括以下情形:第一,已被公安、司法机关依法作为犯罪嫌疑人、被告人而成为侦查、起诉对象的人,即使事后被法院认定为无罪的,也属于"犯罪的人"。第二,即使暂时没有被公安、司法机关作为犯罪嫌疑人,但确实实施了犯罪行为,因而将要作为犯罪嫌疑人、被告人被公安、司法机关侦查、起诉的人,同样属于犯罪的人。第三,实施了符合构成要件的不法行为但没有达到法定责任年龄、不具有刑事责任能力的人,原则上属于"犯罪的人"[1]。由此可见,作为连累犯相对应的本犯,只要实施构成要件,具有不法性质,即可成立。

3. 连累犯对于本犯的派生性

连累犯对于本犯具有某种派生性,这就决定了连累犯与本犯之间存在时间上的前后关系:本犯在前,连累犯在后,这种时间顺序不能颠倒。关于派生关系,我国学者指出:所谓派生关系,是指派生犯在犯罪构成上以其本犯的有关人或物作为自己犯罪的对象,从而使它们之间存在必要条件联系。也就是说,派生犯的存在与成立,是以他人犯有相关犯罪的存在与成立为先决的必要条件,如没有他人的相关犯罪,就没有派生犯的存在。这一特征可称为派生性,是派生犯成立的关键条件。[2]

(二)主观特征

1. 连累犯与本犯没有事先通谋

连累犯事前与本犯没有通谋,这是连累犯与共同犯罪中的帮助犯的重要区别之一。事前如果与他人具有犯罪的通谋,就意味着两者之间具有共同的犯罪故意。并且,允诺他人犯罪以后予以帮助,实际上对他人的犯罪起着一种精神上的帮助作用,因此,就在通谋者之间发生了共同犯罪的关系,因而可以排除连累犯

---

[1] 张明楷:《刑法学》(下),6版,1440页,北京,法律出版社,2021。
[2] 参见谢望原、吴光侠:《派生犯研究》,载《中国刑事法杂志》,2003(3)。

第二节 连累犯的概念

的存在。总之，事前与他人没有通谋，是构成连累犯的一个重要前提。

2. 连累犯对本犯的犯罪具有主观上的明知

虽然事前与本犯没有通谋，但在本犯实施犯罪以后，提供帮助的时候对本犯的犯罪应该是明知的，这是连累犯应受刑罚处罚的主观基础。明知本犯的犯罪情况，为本犯逃避法律的追究而予以帮助，这就严重地妨害了社会管理秩序，是具有法益侵害性的行为。如果对本犯的犯罪并不知情，虽然与犯罪有一定的关系或者提供了一定的帮助，也不构成连累犯。例如，甲将抢劫来的赃物存放在好友乙处，谎称是自己买来的，不久即取走。乙在客观上为甲窝藏了赃物，但主观上完全不知情，不能构成窝赃罪。

关于连累犯主观上的明知如何认定，这是一个值得研究的问题，过分扩展或者限缩明知的内容，都会影响到连累犯的正确认定。在司法实践中，明知存在两种情形：第一种是有证据证明的知道，第二种是推定的知道。在我国刑法学界，通常都将明知界定为知道。在第一种情况下，这种知道是有证据证明的，例如连累犯本人的供述，及其他证人证言的佐证等。在第二种情况下，没有直接证据明知连累犯知道，而是依靠司法推定的方式加以认定的。在我国司法实践中，通常采用"应当知道"来表述这种推定的知道。但正如我国学者指出，应当知道包括故意与过失两种情形。因此，将应当知道理解为明知，则否认了过失与故意的区分，意味着处罚过失连累犯。[①] 这是明显不妥的。

在对连累犯的明知进行推定的时候，应当严格遵循司法推定的一般规则，尤其是应当准确地确定推定的事实前提。值得注意的是，相关司法解释对连累犯的明知认定做了具体规定，这对于明知的推定具有重要指导意义。例如，2009年11月4日《关于审理洗钱等刑事案件具体应用法律若干问题的解释》第1条规定："刑法第一百九十一条、第三百一十二条规定的'明知'，应当结合被告人的认知能力，接触他人犯罪所得及其收益的情况，犯罪所得及其收益的种类、数

---

① 参见张明楷：《刑法学》（下），6版，1449页，法律出版社，2021。

额，犯罪所得及其收益的转换、转移方式以及被告人的供述等主、客观因素进行认定"。这是明知认定的一般规则。同时，该司法解释还具体规定了洗钱罪中对上游犯罪明知的各种情形，据此可以正确推定洗钱罪中的明知。而且，这种推定是可以反证的。也就是说，如果被告人或者辩护人提出证据证明确实不知道的，应当予以排除。

（三）法律特征

连累犯是由法律明文规定的，如果没有法律规定，那些与犯罪具有连累关系的行为也就不能作为犯罪论处。这也是连累犯的重要特征之一。

关于法律对连累犯的规定形式，从世界各国的刑法规定来看，可以分为以下两种形式。

（1）总则规范与分则规范对应规定的形式。例如《苏俄刑法典》，在刑法总则对连累犯作了概括规定，然后在刑法分则中加以具体规定。之所以这样规定，主要是为了从立法上对连累犯的范围加以限制。例如1960年《苏俄刑法典》在总则第19条规定不检举只在本法典分则有特别规定时才负刑事责任。在分则第190条规定了对14种犯罪不检举的，处3年以下的剥夺自由或1年以下的劳动改造。例如，该条规定对情节严重的强奸罪不检举构成连累犯应负刑事责任，这就意味着对情节一般的强奸罪不检举不构成连累犯，因而不负刑事责任。因此，这种立法例对连累犯的规定明确而具体，便于司法机关执行，但在立法技术上有失烦琐。

（2）分则规范规定的形式。例如我国刑法在分则中对几种应受刑罚处罚的连累犯加以明文规定，总则对此则并无规定。例如，我国《刑法》第310条规定了窝藏、包庇罪，因为刑法总则没有对窝藏、包庇的对象加以限制，所以，原则上说窝藏、包庇一切犯罪分子都构成本罪。但事实上，有些犯罪本身情节就很轻，例如第253条第1款规定的私自开拆、隐匿、毁弃邮件、电报罪，处2年以下有期徒刑或者拘役。窝藏、包庇这样的犯罪分子，一般来说构不上犯罪。对此，可以按照《刑法》第13条但书的规定不认为是犯罪，或者按照《刑法》第37条的

规定免予刑事处罚。因此，虽然总则对连累犯的范围没有限制，但并不是说对窝藏、包庇犯罪分子的，毫无例外地都构成连累犯而追究刑事责任。在司法实践中，也只是对反革命犯罪、严重破坏社会治安的刑事犯罪、严重的经济犯罪等几类性质严重的犯罪的连累犯追究刑事责任。所以，这种立法例虽然从立法技术上说较为简便，但因为不够明确与具体，需要通过法律解释对立法精神进行阐发。司法机关在执行的时候，也应结合刑法的其他规定，正确地区分连累犯的罪与非罪的界限。

三、连累犯的性质

连累犯的性质，主要是指它和共犯的区分，尤其是和帮助犯的区别问题。在司法实践中连累犯与共犯的区分应当以行为人之间对于实施犯罪有无犯意沟通为根据。而且，犯意沟通是对实施犯罪所达成的某种约定，乃至于形成某种行为协同模式，并不需要每次犯罪都要重新进行犯意沟通。同时，在认定事先通谋的时候还应当考虑本犯实施犯罪行为中的间断性，根据案件具体情节认定事先通谋是否存在。例如陈家鸣等盗窃、销赃案[①]，就涉及连累犯与共犯的区分问题。天津市第二中级人民法院经公开审理查明：1997年10月，被告人经俊杰通过其兄被告人经俊义得知被告人陈家鸣能"卖车"后，即分别伙同经俊义和被告人王建勇在天津市窃得大发牌汽车2辆，共价值人民币3.2万元，开往沈阳交由陈家鸣销赃。陈销赃后未将赃款分给经氏兄弟。1998年1月，被告人陈家鸣在沈阳的朋友得知陈能弄到"便宜"车，便托其购买2辆黑色桑塔纳2000型轿车。陈用电话与经俊义联系，提出要2辆黑色桑塔纳轿车。因上次销赃之事，经氏兄弟对陈

[①] 参见汪鸿滨：《陈家鸣等盗窃、销赃案——如何认定事前通谋的盗窃共犯》，载最高人民法院刑事审判第一庭、第二庭：《刑事审判参考》，第22辑，16～23页，北京，法律出版社，2001。这里的销赃罪的罪名经2006年《刑法修正案（六）》第19条修改为掩饰、隐瞒犯罪所得、犯罪所得收益罪。在本案例中，仍然使用销赃罪。特此说明。

第三十一章 共同犯罪的连累犯

产生不满，不愿与其合作。陈便于当月下旬到天津找到经氏兄弟，提出要"买"车，经氏兄弟碍于朋友情面，表示按其要求在当月给陈弄到车。为盗窃桑塔纳轿车，经俊杰先窃得1辆价值人民币2.6万元的大发牌汽车作为作案工具，后伙同经俊义、王建勇于1月22日晚在天津市体院北居民区，窃得价值人民币14.72万元的黑色桑塔纳2000型轿车1辆。经氏兄弟让陈家鸣验车，并欲告知此车来源，陈阻止并言明"别告我车是怎么来的，我只管卖车"。后陈家鸣让王建勇随同到天津提车的买主同往东北将卖车款带回，当王建勇一行途经辽宁省开原市时被当地交警查获。随后，公安机关于2月23日将经俊义抓获。经俊杰、陈家鸣闻讯后潜逃。负案在逃的经俊杰认为，陈家鸣仍有汽车销路，又分别于1998年2月23日窃得价值人民币2.6万元的大发牌汽车1辆，2月16日窃得价值人民币11万元的灰色桑塔纳轿车1辆，全交由陈家鸣销赃。陈家鸣将大发汽车卖掉，留下桑塔纳轿车自用待卖。同年3月3日经俊杰窃得价值人民币3万元的大发牌汽车1辆为作案工具，在天津市和平区陕西路窃得黑色桑塔纳2000型轿车1辆，价值人民币16.4万元，通过陈家鸣联系到东北买主。经俊杰与买主将车开往东北，途经天津市宁河县时被交警查获。后公安机关于3月9日将陈家鸣抓获归案。

案发后，公安机关已将追缴的大发牌汽车2辆、桑塔纳轿车3辆发还失主。天津市第二中级人民法院认为：被告人经俊杰单独或伙同被告人经俊义、王建勇盗窃大发牌汽车5辆、桑塔纳轿车3辆，共计价值人民币53.52万元；被告人经俊义、王建勇参与共同盗窃大发牌汽车2辆、桑塔纳轿车1辆，共计价值人民币17.92万元。其行为均已构成盗窃罪，且数额特别巨大，情节严重。在共同盗窃活动中，经俊杰系主犯，经俊义、王建勇系从犯。考虑到经俊杰归案后，能如实交代部分罪行，认罪悔罪态度较好，且被盗车辆大部分被追回，可酌情从轻处罚。被告人陈家鸣销赃3辆大发牌汽车，得赃款1.45万元，其行为已构成销赃罪；事先与经俊杰等人通谋，事后并代为销售，参与共同盗窃桑塔纳轿车1辆，价值人民币14.7万元，其行为已构成盗窃罪。鉴于其在共同盗窃犯罪中作用小

于其他主犯，可酌情从轻处罚。依照《刑法》第 264 条、第 312 条、第 25 条第 1 款、第 26 条、第 27 条、第 69 条和第 64 条的规定，于 1998 年 9 月 4 日判决如下：

> 被告人经俊杰犯盗窃罪，判处有期徒刑十五年，罚金二万元。被告人经俊义犯盗窃罪，判处有期徒刑十一年，罚金一万元。被告人王建勇犯盗窃罪，判处有期徒刑十年，罚金一万元。被告人陈家鸣犯盗窃罪，判处有期徒刑七年，罚金一万元；犯销赃罪，判处有期徒刑二年零六个月，罚金一万元，决定执行有期徒刑八年，罚金二万元。

一审宣判后，被告人陈家鸣上诉辩称其向经俊义联系买车不是事先通谋，没有参与盗窃，其行为不构成盗窃罪。天津市高级人民法院经审理后认为，被告人经俊杰、经俊义、王建勇勾结一起，秘密窃取机动车辆销售，其行为均构成盗窃罪；陈家鸣事先与盗窃案犯通谋，应以盗窃共犯论处；陈家鸣明知是盗窃的车辆仍予销售，其行为又构成销赃罪。原审判决事实清楚，证据确实、充分，量刑适当，审判程序合法。各上诉人的上诉理由均不能成立。依照《刑事诉讼法》第 189 条第（1）项的规定，于 1998 年 11 月 3 日裁定如下：驳回上诉，维持原判。

在本案审理过程中，本案被告人经俊杰、经俊义、王建勇犯盗窃罪和被告人陈家鸣犯销赃罪的事实清楚，定性无异议。但对被告人陈家鸣事先与经氏兄弟联系"购买"黑色桑塔纳轿车，事后为其销赃的行为是否构成盗窃罪共犯，在审理中有三种意见：第一种意见认为，陈家鸣是替人购买汽车，案件中并没有他与经氏兄弟预谋盗车的具体情节，经氏兄弟也未明确告诉过陈是为他去偷车，陈家鸣只是明知或应知所购的是赃车，故仅应按销赃罪来论处。第二种意见认为，陈家鸣明知经氏兄弟不经营汽车交易，也根本没有正当的现货或货源，却要经氏兄弟为其提供 2 辆"廉价"桑塔纳轿车。此前，陈已替经氏兄弟销赃 2 辆汽车，已知经氏兄弟只会通过盗窃获取其所要的"廉价"轿车，且亲往天津"督办"。陈实

际上是用暗示的方式让经氏兄弟去盗窃其所要的轿车，以便自己从销赃中获取利差。此时，陈与经氏兄弟在内心已经形成默契，主观已产生意思联络，即完成了你盗我销的事先通谋，故对此节应以盗窃罪共犯论处。经俊杰潜逃后继续实施盗窃机动车辆，并交陈家鸣销赃的行为，是继续完成他们的事先通谋，陈家鸣在潜逃后继续为经俊杰销赃的行为，亦应以盗窃罪的共犯论处。第三种意见，同意第二种意见中关于陈家鸣主动到天津"要车"一节以盗窃罪共犯论处的意见，但对经俊杰潜逃后盗车并交付陈家鸣销赃的行为，却持相反意见，即认为此是经俊杰单独的犯意行为，然后找陈家鸣销赃，现没有证据证明二人是在为继续完成以前的"通谋"进行犯罪活动，陈与经俊杰在潜逃后的几次盗车行为中，没有形成事先的通谋，因而就此节而言，对陈不能以盗窃罪的共犯论处，仍应认定为事后的单纯销赃行为。这也是本案一、二审判决所采纳的观点。

  本案的裁判理由认为：本案争议的焦点主要涉及对"事先通谋"应如何理解。我们认为，认定事先通谋的共犯，必须同时具备两个要件：一是加入犯必须在本犯未完成犯罪之前与其有意思联络；二是加入犯必须在事后实施了赃物犯罪构成要件的行为。行为人仅知道某人可能要盗窃，但事前未与其形成意思联络，事后与之共谋销赃的，或者虽与盗窃犯有事前意思联络，但事后未再实施销赃等行为的，均不能构成盗窃共犯。所谓"事先通谋"，通常表现为与本犯在本罪的准备阶段或实行之前就形成了意思联络，但不仅限于此，"事先"的本质在于本罪未完成之前。"通谋"，经常表现为双方有明确的关于"你盗我销"等类似内容的约定，但也不限于此。"通谋"的本质在于双方已形成了意思联络或沟通，而意思联络或沟通的方式，既可以是相互明示的，也可以是默示的、双方心照不宣的。值得指出的是，对于事先通谋、事后销赃的共犯来说，并不要求其对犯罪的时间、地点、方法、目标等具体情节都参与共谋或了解，只要其与实行犯共谋了特定的犯罪行为，并事后进行销赃，就可以说双方已形成了"事先通谋"，即已形成共同盗窃的故意。就本案而言，案情可分三阶段分析如下：第一阶段，经俊杰在得知陈家鸣有赃车销路时，即伙同他人共同盗窃两辆大发牌汽车，并开往异

第二节 连累犯的概念

地交由陈家鸣销赃。此节中，陈家鸣没有参与盗窃行为，也无证据表明双方有过"事先通谋"，陈家鸣的行为仅属事后明知是赃物而予以销售。因此，经俊杰等人构成盗窃罪，陈家鸣的行为构成销赃罪。第二阶段，陈家鸣亲往天津向经俊杰等人要求"购车"，陈家鸣在经氏兄弟等人盗窃第一辆桑塔纳轿车时，事先与他们有过通谋活动，在盗窃得手后安排销赃等行为均有证据证明，尽管这一"事先通谋"活动，不是典型的相互明示，但双方应该是默示的、心照不宣的。这一点可从以下情况得到验证：（1）陈家鸣此前已为经氏兄弟销售过赃车，该次又主动要求"购车"是在明知经氏兄弟只会通过盗窃获得其所要轿车的前提下提出的，且是在经氏兄弟实施盗窃行为前提出；（2）经氏兄弟盗窃桑塔纳轿车的犯意系由陈家鸣的要求所引起，而且是完全按陈所要求的品牌、颜色、车型盗窃的；（3）陈家鸣在提车时，制止经氏兄弟言明车的来源，恰恰表明其明知的心态，不能以此否认双方已实际形成的事先意思联络。因此，在此节中，就经俊杰等人盗窃得手的那一辆桑塔纳轿车而言，陈家鸣与经俊杰等人构成事先通谋的盗窃共犯。由于在桑塔纳轿车的销赃过程中即案发，同案犯王建勇、经俊义被捕归案，陈家鸣、经俊杰各自潜逃。此时，双方关于"盗窃两辆黑色2000型桑塔纳轿车的事先通谋"即告中断。第三阶段，潜逃中的经俊杰又独自起意盗窃车辆若干并交由陈家鸣联系销赃，陈允诺并有独自或从中安排销赃的行为。在此节中，陈家鸣均是在经俊杰单独完成盗窃犯罪后，才加入销赃行为的。没有证据证明陈与经俊杰在潜逃后的几次盗车行为中，形成过事先通谋，也没有证据证明两人是在为继续完成以前的"通谋"进行犯罪活动。因此，就此节而言，经俊杰构成盗窃罪，陈家鸣构成销赃罪。

本案的裁判理由对如何正确区分本犯与连累犯进行了论述，尤其是对于事先通谋的司法认定具有一定的参考价值。我认为，对于连累犯与共犯的区分，应当从以下两个方面进行考察。

（一）连累犯客观上没有共同犯罪的行为及其因果关系

连累犯的行为与先前的犯罪结果之间在客观上没有因果关系。因此，连累犯

不能以共同犯罪论处。事前通谋的事后帮助犯，虽然物质上的帮助行为是在他人实施犯罪以后提供的，但由于在犯罪以前，就与犯罪的实行者之间存在通谋关系，而这种通谋本身就是对犯罪的实行者的一种精神上的帮助，因而仍应认为事后帮助犯的行为与犯罪具有因果关系。但在连累犯的情况下，由于事前没有通谋，帮助是在他人犯罪以后实施的，因而连累犯的行为与先前的犯罪结果之间不存在因果关系。因为因果关系具有严格的时间先后的顺序性，即原因在先，结果在后，结果不能在原因之前，而只能在原因之后，所以，只能在结果发生以前的行为中去找原因。如果查明某人的行为是在结果发生之后才实施的，那么就应当作出结论，该人的行为与结果之间没有因果关系。例如，甲将乙杀害以后潜逃到丙家，告之以前情，丙明知其为杀人犯而予以窝藏。丙的窝藏行为只是与甲逃避法律追究之间具有因果关系，而与杀人之间不存在因果关系。在明知是犯罪所得的赃物而予以窝藏或者代为销售的情况下，连累犯的行为与犯罪结果也没有因果关系，只是使先前的犯罪结果得以巩固而已。

（二）连累犯主观上没有共同犯罪的故意

连累犯与先前的犯罪者之间主观上没有共同的犯罪故意，因此，连累犯不能以共同犯罪论处。共同犯罪故意，是共同犯罪构成的重要条件之一，没有共同犯罪故意就没有共同犯罪可言。而共同犯罪故意，在其内容上表现为明知是在和他人共同实行犯罪，而故意地实施犯罪行为，对共同犯罪结果持希望或者放任的态度。在连累犯的情况下，虽然连累犯与先前的犯罪者之间也有某些思想上的交流——就连累犯来说，是明知其为犯罪分子而故意地提供帮助，就先前的犯罪者来说，在一般情况下也明知其在故意地为本人逃避法律追究而提供帮助[①]，但连累犯与先前的犯罪者之间这种互相的思想交流的内容不是共同犯罪故意。因为共同犯罪故意是以共同实施某一犯罪行为为前提的，各共同犯罪人都是置身事内

---

① 在知情不举的情况下，连累犯对先前的犯罪者的情况必须是明知，但先前的犯罪者对连累犯则可能并不了解，但这并不妨碍知情不举构成连累犯。

的。而在连累犯的情况下，先前的犯罪者已经将犯罪实施完毕，在此以后逃避法律追究的行为只是前一犯罪行为的延续，并不构成单独的犯罪，在刑法理论上称为不可罚之事后行为。[①] 而连累犯对于先前的犯罪者的前一犯罪来说，可谓置身事外，因为该犯罪已经实施完毕，他也没有参与。帮助先前的犯罪者逃避法律追究的行为依法应受处罚，是一种独立的犯罪行为。对于这一犯罪行为来说，先前的犯罪者也是置身事外的，因为他本人对此并不构成独立的犯罪。因此，既然谈不上共同实施某一犯罪的问题，也就没有共同犯罪故意可言。

以上连累犯客观上与先前的犯罪结果没有因果关系，在主观上与先前的犯罪者没有共同犯罪故意，两个方面的统一，表明连累犯是与共同犯罪具有根本区别的，它是一种独立的犯罪。但连累犯又不同于其他单独犯罪，它与共同犯罪存在着一定的瓜葛，否则就没有必要在共犯教义学中对连累犯加以研究。与共同犯罪具有内在的区别，又存在某些外在的联系，就是连累犯的性质。

第三节 连累犯的种类

在革命根据地刑法中，就有关于连累犯的规定。[②] 新中国成立以后，有些单行刑事法规将它纳入共同犯罪的范畴。例如1951年《中南区惩治贪污暂行条例》规定："直属首长明知属员贪污有据，予以庇护或不为举发者，以共犯论。"1951年《中华人民共和国惩治反革命条例》将连累犯与共同犯罪加以区别，规定连累犯构成独立的犯罪。该条例第13条规定："窝藏、包庇反革命罪犯者，处十年以下徒刑；其情节重大者，处十年以上徒刑、无期徒刑或者死刑。"1952年《中华人民共和国惩治贪污条例》也将连累犯与共同犯罪加以区别，但没有明确规定法定刑。该条例第13条规定："一切国家机关、企业、学校及其附属机构的领导人

---

① 参见［日］藤木英雄等：《法律学小辞典》，日文版，794页，东京，有斐阁株式会社，1972。
② 参见本书第一章第一节第三部分：我国革命根据地刑法中的共同犯罪。

第三十一章 共同犯罪的连累犯

员，凡发觉其所属工作人员贪污而故意包庇或不予举发者，应依其情节轻重，予以刑事处分。"

在我国 1979 年刑法的制定过程中，对于是否把"知情不举"视为犯罪行为，列入共同犯罪一节的条文中，存在一定的争议。立法者考虑，非事前通谋的"知情不举"，主要是觉悟问题，是一种落后行为，应当给予批评教育，但不宜当作犯罪处理。至于事前通谋的"知情不举"，那是帮助他人犯罪的一种情况，可以包括在从犯之内，也无须单独规定。① 因此，在我国 1979 年刑法总则中对连累犯未加规定，在分则规定了窝藏、包庇、窝赃、销赃四类连累犯。此后，1982 年全国人大常委会《关于严惩严重破坏经济的罪犯的决定》中补充规定了对相关经济犯罪知情不举的刑事责任，扩大了我国刑法中的连累犯的范围。我国学者认为我国刑法中存在 14 个连累犯（派生犯）：（1）第 191 条洗钱罪；（2）第 294 条第 4 款包庇、纵容黑社会性质组织罪；（3）第 311 条拒绝提供间谍犯罪证据罪；（4）第 341 条第 1 款非法收购、运输、出售珍贵、濒危野生动物、珍贵、濒危野生动物制品罪；（5）第 344 条非法收购、运输、加工、出售珍贵树木、珍贵植物及其制品罪；（6）第 345 条第 3 款非法收购、运输盗伐、滥伐的林木罪；（7）第 349 条第 1 款、第 2 款包庇毒品犯罪分子罪；（8）第 349 条第 1 款窝藏、转移、隐瞒毒品、毒赃罪；（9）第 411 条放纵走私罪；（10）第 414 条放纵制售伪劣商品犯罪行为罪；（11）第 310 条窝藏、包庇罪；（12）第 312 条窝藏、转移、收购、销售赃物罪；（13）第 402 条徇私舞弊不移交刑事案件罪；（14）第 417 条帮助犯罪分子逃避处罚罪。② 上述连累犯的范围还是较为广泛的，其本犯的犯罪包括管理秩序犯罪、渎职犯罪等，并且在某些连累犯之间存在竞合关系，例如包庇罪与包庇毒品犯罪分子罪。在此，我将我国刑法中主要的连累犯分述如下。

---

① 参见高铭暄：《中华人民共和国刑法的孕育和诞生》，54～55 页，北京，法律出版社，1981。
② 参见谢望原、吴光侠：《派生犯研究》，载《中国刑事法杂志》，2003（3）。

第三节 连累犯的种类

一、洗钱罪

洗钱罪是指为掩饰、隐瞒毒品犯罪、黑社会性质的组织犯罪、恐怖活动犯罪、走私犯罪、贪污贿赂犯罪、破坏金融管理秩序犯罪、金融诈骗犯罪的所得及其产生的收益,而为他人或者为自己洗钱的行为。

(一)洗钱罪的客观特征

根据《刑法》第191条〔《刑法修正案(十一)》第14条〕第1款的规定,洗钱行为具有下列表现形式。

(1)提供资金账户的。这里的提供资金账户,是指为犯罪分子提供银行账户,为其转移犯罪所得及其产生的收益提供方便。

(2)协助将财产转换为现金、金融票据、有价证券的。这里的协助将财产转换为现金、金融票据或者有价证券,是指协助犯罪分子将犯罪所得财产或者财产的实物收益通过交易变为现金或者汇票、支票等金融票据或者有价证券,从而掩饰了原财产的真实产权关系。

(3)通过转账或者其他支付结算方式转移资金。这里的通过转账或者其他支付结算方式转移资金,是指以此种方式将犯罪分子的违法所得及其产生的收益非法转往异地,或者以票据形式取得现金,使这笔财产的真实来源进一步被隐藏。

(4)跨境转移资产。这里的跨境转移资产,是指以投资、购物、旅游、存款等各种名义,以汇兑、结算等方式,将犯罪分子的违法所得及其产生的收益转移到境外,使查清此笔资金的真实来源更加困难。

(5)以其他方法掩饰、隐瞒犯罪的违法所得及其收益的性质和来源。这里的其他方法,根据最高人民法院2009年11月4日颁发的《关于审理洗钱等刑事案件具体应用法律若干问题的解释》第2条的规定,是指具有下列情形之一的:
1)通过典当、租赁、买卖、投资等方式,协助转移、转换犯罪所得及其收益的;
2)通过与商场、饭店、娱乐场所等现金密集型场所的经营收入相混合的方式,

协助转移、转换犯罪所得及其收益的；3）通过虚构交易、虚设债权债务、虚假担保、虚报收入等方式，协助将犯罪所得及其收益转换为"合法"财物的；4）通过买卖彩票、奖券等方式，协助转换犯罪所得及其收益的；5）通过赌博方式，协助将犯罪所得及其收益转换为赌博收益的；6）协助将犯罪所得及其收益携带、运输或者邮寄出入境的；7）通过前述规定以外的方式协助转移、转换犯罪所得及其收益的。

（二）洗钱罪的主观特征

洗钱罪的罪责形式是故意。这里的故意，是指明知自己或者他人实施毒品犯罪、黑社会性质的组织犯罪、恐怖活动犯罪、走私犯罪、贪污贿赂犯罪、破坏金融管理秩序犯罪、金融诈骗犯罪的所得及其产生的收益而掩饰、隐瞒其来源和性质的主观心理状态。这里的明知，根据前引《关于审理洗钱等刑事案件具体应用法律若干问题的解释》第1条的规定，是指具有下列情形之一，但有证据证明确实不知道的除外：（1）知道他人从事犯罪活动，协助转换或者转移财物的；（2）没有正当理由，通过非法途径协助转换或者转移财物的；（3）没有正当理由，以明显低于市场的价格收购财物的；（4）没有正当理由，协助转换或者转移财物，收取明显高于市场的"手续费"的；（5）没有正当理由，协助他人将巨额现金存于多个银行账户或者在不同银行账户之间频繁划转的；（6）协助近亲属或者其他关系密切的人转换或者转移与其职业或者财产状况明显不符的财物的；（7）其他可以认定行为人明知的情形。此外，根据前引《关于审理洗钱等刑事案件具体应用法律若干问题的解释》的规定，在认定本罪之"明知"时，应当结合被告人的认识能力，接触他人犯罪所得及其收益的情况，犯罪所得及其收益的种类、数额，犯罪所得及其收益的转换、转移方式，以及被告人的供述等主、客观因素进行认定。并且，被告人将刑法规定的某一上游犯罪所得的收益误认为是法律规定范围内的其他犯罪所得及其收益的，不影响"明知"的认定。

（三）洗钱罪的认定

在《刑法修正案（十一）》之前，我国刑法中的洗钱罪是以明知上游犯罪为

前提的，因而洗钱罪属于他洗钱。但在《刑法修正案（十一）》之后，删除了"明知"，因而洗钱罪包含了自洗钱。由此可见，我国刑法中的洗钱罪可以分为他洗钱和自洗钱。所谓他洗钱是指为他人洗钱，而自洗钱则是指为自己洗钱。从连累犯的性质来看，是指明知他人犯罪而掩饰、隐瞒所得及其产生收益的来源和性质。因此，只有他洗钱才具有连累犯的性质，而自洗钱则不具有连累犯的性质。在自洗钱的情况下，对行为人应当以本人所实施的上游犯罪和洗钱罪实行数罪并罚。值得注意的是，自洗钱行为实际上是一种上游犯罪的事后行为，可以说是行为人所实施的上游犯罪的延伸，对此，在刑法教义学中通常都视为不可罚的事后行为，被上游犯罪所吸收，按照上游犯罪一罪处理。例如，我国在《刑法修正案（十一）》对洗钱罪的规定进行修改之前，对洗钱行为要求"明知"是上游犯罪的违法所得及其产生的收益。但修改以后，删去了"明知"的内容，直接规定为为掩饰、隐瞒犯罪所得及其产生的来源和收益。通过这一修改，将自洗钱行为纳入洗钱罪的构成要件。在我国刑法中，明知彼种犯罪行为而实施此种犯罪行为的，例如《刑法》第214条规定的销售假冒注册商标的商品罪，是指销售明知是假冒注册商标的商品，违法所得数额较大或者有其他严重商品的行为。在上述规定中就有"明知"，这表明如果是实施假冒商标的行为人在生产假冒商标的商品以后，又有销售假冒注册商标的商品的行为，则只定假冒注册商标罪，不能同时与销售假冒注册商标的商品罪实行数罪并罚。因为《刑法》第214条规定中有"明知"的内容，如果是销售本人假冒商标的商品，则无须规定明知。只有在销售他人假冒商标的商品的情况下，才需要主观上的明知。因此，这里的明知就间接排斥了假冒商标的行为人成为本罪主体的可能性。当然，除洗钱罪以外，我国刑法还规定了其他具有洗钱性质的赃物犯罪，例如《刑法》第312条规定的掩饰、隐瞒犯罪所得、犯罪所得收益罪。该罪也同样规定了"明知"的内容，因而如果上游犯罪的行为人为自己掩饰、隐瞒犯罪所得、犯罪所得收益的，不能与上游犯罪实行数罪并罚。

洗钱罪的上游犯罪是毒品犯罪、黑社会性质的组织犯罪、恐怖活动犯罪、走私犯罪、贪污贿赂犯罪、破坏金融管理秩序犯罪、金融诈骗犯罪的所得及其产生

的收益。毒品犯罪、黑社会性质的组织犯罪、恐怖活动犯罪、走私犯罪、贪污贿赂犯罪、破坏金融管理秩序犯罪、金融诈骗犯罪是洗钱罪的上游犯罪。这里的所得，是指犯罪分子进行上述犯罪活动所获得的非法收入。产生的收益，是指犯罪分子将以上犯罪所得收入用于合法或者非法投资、经营、储蓄、放贷等所获取的经济利益。洗钱罪的行为是以各种方法，掩饰、隐瞒毒品犯罪、黑社会性质的组织犯罪、恐怖活动犯罪、走私犯罪、贪污贿赂犯罪、破坏金融管理秩序犯罪、金融诈骗犯罪的所得及其产生收益的来源和性质。

二、窝藏罪

根据我国《刑法》第310条的规定，窝藏罪是指明知是犯罪的人，为使其逃避刑罚处罚而予以藏匿的行为。

（一）窝藏罪的客观特征

窝藏罪在客观上表现为隐匿犯罪的人的行为。这里的隐匿，不仅是指将犯罪的人隐藏在自己的住所之内，而且还指采用提供物质帮助、指示方向等方式，帮助其逃往他处隐藏。

（二）窝藏罪的主观特征

窝藏罪在主观上必须是故意的，即明知是犯罪的人而仍予以窝藏。如果行为人不知其为犯罪的人而提供住所或其他帮助，则不构成本罪。

（三）窝藏罪的认定

在认定窝藏罪的时候，要划清窝藏罪与共同犯罪的界限。我国《刑法》第310条第2款指出："犯前款罪，事前通谋的，以共同犯罪论处。"根据这一规定，应以事前有无通谋作为区分窝藏罪和共同犯罪的标准。由此可见，法律的规定是十分明确的，关键在于如何理解"事前通谋"。在刑法理论上，事前通谋是指事前商定，进行预谋策划，在这种情况下，事后窝藏是共同犯罪中的分工。但在司法实践中，对于事前通谋的理解存在分歧，影响对窝藏罪的认定与处罚。

1985年11月7日,上海市高级人民法院向最高人民法院呈交了《关于窝藏、包庇罪中"事前通谋的,以共同犯罪论处"如何理解的请示报告》,1985年12月28日,最高人民法院对此作出答复,指出:"我国刑法第一百六十二条第三款所说的'事前通谋',是指窝藏、包庇犯与被窝藏、包庇的犯罪分子,在犯罪活动之前,就谋划或合谋,答应犯罪分子作案后,给以窝藏或者包庇的,这和刑法总则规定的主客观要件是一致的。如,反革命分子或其他刑事犯罪分子,在犯罪之前,与行为人进行策划,行为人分工承担窝藏,或者答应在追究刑事责任时提供虚假证明来掩盖罪行等等。因此如果只是知道作案人要去实施犯罪,事后予以窝藏、包庇,或者事前知道作案人员要去实施犯罪,未去报案,犯罪发生后又窝藏、包庇犯罪分子,都不应以共同犯罪论处,而单独构成窝藏、包庇罪。"我认为,这一批复对事前通谋加以严格的科学界定,是完全正确的。

三、包庇罪

根据我国《刑法》第310条的规定,包庇罪是指明知是犯罪的人,为使其逃避刑罚处罚而作假证明予以庇护的行为。

(一)包庇罪的客观特征

包庇罪在客观上表现为作假证明庇护犯罪的人的行为。包庇犯罪的人的方法是多种多样的,不仅指刑法规定的作假证明包庇犯罪的人的情形,而且在犯罪的人完成犯罪以后,帮助其换掉血衣、掩埋尸体、掩藏凶器等,在司法实践中也都以包庇罪论处。

(二)包庇罪的主观特征

包庇罪在主观上必须是故意的,即明知是犯罪的人而仍予以包庇。如果行为人不知其为犯罪的人而作假证明,则不构成本罪。

(三)包庇罪的认定

包庇罪是一种妨碍司法活动的犯罪,其客观行为——包庇是指隐瞒罪证,庇

护犯罪的人，使其不受刑事追究，从而妨碍国家司法权的正确行使。在司法实践中认定包庇罪的时候，应当严格把握包庇罪的行为特征，将其与其他妨碍司法活动的行为加以区分。例如1998年11月15日，某市市容监察大队工作人员10余人前往某地段清理违章占道经营。因被害人许某行动迟缓，遭市容局该片负责人唐某指责，双方发生口角。唐即指使队员将许的桌子抬上汽车。许阻拦，不让车走。唐某要许某到队里解决问题。监察大队队员李某、刘某等人即将许某拉到客货车后排座位上。因许反抗，刘某等人将许压躺在前后排座位中间的空隙。因许挣扎反抗，李某、常某、张某等即殴打许某。李某将许某拉到监察大要写队后，计某即向监察大队副队长王某报告，"今天执勤拉回一个人，脸色不好。"许某随后被送往医院。经医生诊断，许某已死亡。王某即告知监察大队政委夏某"出事了"。经法医鉴定，许某系胸腹部受到挤压，造成窒息，在极力挣扎及情绪激动等因素的作用下，导致冠心病急性发作，最终因急性呼吸、循环功能衰竭而死亡。同日下午写报案材料时，张某讲，"不要写进车队部院子，不要写将许拉上车，写自己上的车。"王某赞同张某的意见，夏某未表态。当日晚，刘某向王某、夏某汇报了自己与其他队员殴打被害人的详细情节。同月16日下午在去派出所接受询问途中，夏某、王某对队员讲，不要慌、要实事求是，该怎么说就怎么说。同月19日在有关领导询问前，夏某说，"尸检没有外伤，人有心脏病，给孙老板汇报要干脆，是就是，不是就不是，按报案的情况讲"。王某则说，"该咋说，就咋说，按原来的讲"。在公安机关调查询问王某时，王否认知道队员打过人，称队员"都说没有打"。直至公安机关首次传讯夏某时，夏某也否认案发后知道队员打过死者，直到第二次询问其才供出刘某汇报过有关情况。在本案中，对于王某、夏某的行为是否构成包庇罪存在不同意见，涉及包庇罪与知情不举行为之间的区别。对此，本案的司法观点认为：包庇罪客观上属于积极的作为犯罪，不作为不构成本罪。在司法实践中，明知是犯罪的人而不向司法机关检举、告发但也未实施积极帮助行为的，属于知情不举，一般不构成犯罪。但是，具有追究犯罪职责的国家工作人员，对犯罪人员和犯罪事实知情而不依法报案或不如

实作证，构成犯罪的，可以以玩忽职守罪、徇私枉法罪等追究刑事责任。与包庇行为不同，知情不举属于不作为。认定行为人的行为是否属于包庇行为，应综合全案证据而定。对于不明知是犯罪的人，因受蒙蔽而作假证明的行为，不能认定为包庇。本案王某、夏某的行为已构成包庇罪，而非单纯的知情不举。王某、夏某虚假报案并鼓励、暗示队员统一口径，公安机关询问时又作假证明，明显属于积极的包庇行为。其行为性质与知情不举相异。王某、夏某包庇之目的是为其队员开脱罪责，使有故意伤害之嫌疑的队员逃脱法律制裁。王某、夏某包庇犯罪分子的行为，加大了本案的侦查难度，延缓了破案时间，法益侵害性较大。所以，王某、夏某的行为已构成包庇罪。[①] 由此可见，应当根据行为人在客观上是否实施积极的作假证明庇护犯罪分子，正确地区分包庇罪与知情不举。

四、掩饰、隐瞒犯罪所得、犯罪所得收益罪

根据我国《刑法》第312条的规定，掩饰、隐瞒犯罪所得、犯罪所得收益罪是指明知是犯罪所得及其产生的收益而予以窝藏、转移、收购、代为销售或者以其他方式掩饰、隐瞒的行为。在我国1997年刑法中，原先规定了窝赃罪和销赃罪，及至《刑法修正案（六）》对此做了修改，取消了窝赃罪和销赃罪，设立了掩饰、隐瞒犯罪所得、犯罪所得收益罪。

掩饰、隐瞒犯罪所得、犯罪所得收益不属于赃物犯罪，关于赃物犯罪的性质，在刑法理论上存在以下四种观点：第一是追求权说，认为赃物犯罪的法益侵害性主要体现在给被害人追索赃物上造成困难，由此阐发其犯罪的本质。第二是维持违法状态说，认为赃物犯罪的行为是以继续维持违法的财产状态为内容的，由此阐发其犯罪的本质。第三是利益关联说，认为赃物犯罪是与取得不法利益相

---

① 参见《包庇还是知情不举》，载最高人民法院刑事审判第一庭、第二庭：《刑事审判参考》，第20辑，63~65页，北京，法律出版社，2001。

关联的犯罪，由此阐发其犯罪的本质。第四是事后共犯说，认为赃物犯罪是利用赃物帮助犯罪，由此阐发其犯罪的本质。① 我认为，在上述诸说中，事后共犯说违背共同犯罪的一般理论，有悖于我国刑法的规定，显然不妥。其他三说，从不同的侧面揭示了赃物犯罪的性质，但都不够全面。赃物犯罪的法益侵害性主要体现在对社会管理秩序的破坏，这也正是我国刑法将赃物犯罪列入我国刑法分则第六章妨害社会管理秩序罪的根本原因之所在。所以，对于赃物犯罪的性质，既不能仅仅从违法状态的维持，也不能从赃物的经济价值上认识其性质，而是应该着眼于它对刑事追究的妨碍，由此阐述赃物犯罪的不法内涵。

（一）掩饰、隐瞒犯罪所得、犯罪所得收益罪的客观特征

掩饰、隐瞒犯罪所得、犯罪所得收益罪在客观上表现为窝藏、转移、收购、代为销售或者以其他方法掩饰、隐瞒的行为。这里的窝藏是指为其他犯罪分子提供隐藏赃物的场所。转移是指将犯罪所得及其产生的收益从一个地点转移到另一个地点。收购是指为自己或者为他人使用而购买。代为销售是指为其他犯罪分子销售犯罪所得及其产生的收益。根据最高人民法院2021年4月13日修订的《关于审理掩饰、隐瞒犯罪所得、犯罪所得收益刑事案件适用法律若干问题的解释》（以下简称《解释》）第1条对本罪的成立条件做了以下规定："明知是犯罪所得及其产生的收益而予以窝藏、转移、收购、代为销售或者以其他方法掩饰、隐瞒，具有下列情形之一的，应当依照刑法第三百一十二条第一款的规定，以掩饰、隐瞒犯罪所得、犯罪所得收益罪定罪处罚：（一）一年内曾因掩饰、隐瞒犯罪所得及其产生的收益行为受过行政处罚，又实施掩饰、隐瞒犯罪所得及其产生的收益行为的；（二）掩饰、隐瞒的犯罪所得系电力设备、交通设施、广播电视设施、公用电信设施、军事设施或者救灾、抢险、防汛、优抚、扶贫、移民、救济款物的；（三）掩饰、隐瞒行为致使上游犯罪无法及时查处，并造成公私财物损失无法挽回的；（四）实施其他掩饰、隐瞒犯罪所得及其产生的收益行为，妨

---

① 参见甘雨沛、何鹏：《外国刑法学》，下册，949~950页，北京，北京大学出版社，1985。

害司法机关对上游犯罪进行追究的。人民法院审理掩饰、隐瞒犯罪所得、犯罪所得收益刑事案件,应综合考虑上游犯罪的性质、掩饰、隐瞒犯罪所得及其收益的情节、后果及社会危害程度等,依法定罪处罚。"第10条对本罪的"犯罪所得"、"犯罪所得产生的收益"和"其他方法"做了规定。其中,第1款规定:通过犯罪直接得到的赃款、赃物,应当认定为《刑法》第312条规定的"犯罪所得"。上游犯罪的行为人对犯罪所得进行处理后得到的孳息、租金等,应当认定为《刑法》第312条规定的"犯罪所得产生的收益"。第2款规定:明知是犯罪所得及其产生的收益而采取窝藏、转移、收购、代为销售以外的方法,如居间介绍买卖、收受、持有、使用、加工、提供资金账户、协助将财物转换为现金、金融票据、有价证券、协助将资金转移、汇往境外等,应当认定为《刑法》第312条规定的"其他方法"。这一规定,对于正确认定本罪的客观行为具有指导意义。

(二)掩饰、隐瞒犯罪所得、犯罪所得收益罪的主观特征

掩饰、隐瞒犯罪所得、犯罪所得收益罪在主观上具有对犯罪所得、犯罪所得收益的明知。这里的明知是一种主观违法要素,对于认定掩饰、隐瞒犯罪所得、犯罪所得收益罪具有参考价值。在认定这里的明知的时候,除已经知道的情形以外,还可以采用推定的方法,即将应当知道的情形认定为明知。在推定明知的时候,应当参考以下六个因素:(1)时间,或是深更半夜,或是某处发生某种案件不久。(2)地点,或在某厂(商店)墙外,或在偏僻无人处。(3)价格,大多明显低于市场价。(4)人,或一贯素有劣迹,或所带物品与本人职业具有直接联系。(5)财物,禁止流通或限制流通物。(6)方式,联系方式十分诡秘且有时还不断变化,交换方式急迫鬼祟,运输方式多有伪装,等等。[①] 在司法实践中,要对上述因素予以综合考察,以便正确地认定是否明知。

(三)掩饰、隐瞒犯罪所得、犯罪所得收益罪的认定

在刑法教义学中,对于事先与盗窃犯通谋,事后为其窝赃、销赃应如何论处

---

① 参见史赞文:《对窝赃销赃罪几个问题的探讨》,载《法学内参》,1983(3),27页。

的问题，存在两种观点：第一种观点认为，对这种人只能定为赃物犯罪，不能定为盗窃罪的共犯。其理由主要是：我国1979年《刑法》第162条第3款规定，犯窝藏、包庇罪，事前通谋的，以共同犯罪论处。但1979年《刑法》第172条对窝赃、销赃罪却未作类似的规定。可见，如果窝赃、销赃人事前没有挑唆他人去盗窃，也未与盗窃犯一起策划如何盗窃，仅仅答应为其窝赃、销赃的，就不能以共同犯罪论处。第二种观点认为，对这种人应以盗窃罪的共犯论处，不必再另定窝赃、销赃罪了。其主要理由是：事前答应为盗窃犯窝赃、销赃，可以视为事前通谋。如何处理赃物是盗窃计划中一个不可缺少的有机部分。事前答应为盗窃犯窝赃、销赃，等于为处理赃物提供了担保，对盗窃犯下决心或坚定犯罪的决心具有举足轻重的作用，可视为他在共同犯罪中承诺了一定的分工。因此，应以共同犯罪论处。① 应该指出，这种情况从立法原意上说，是属于共同犯罪的。因为在立法的时候，已经考虑到如果事先答应犯罪分子在作案后帮助他窝藏、销售赃物或者引诱指使青少年进行犯罪活动，坐地分赃或廉价收购其赃物从中渔利，这些都应以共同犯罪论处，不属于本罪的范围。② 但在法条上没有明确规定犯窝赃、销赃罪，事前通谋的，以共同犯罪论处，这就容易发生误解。这个问题从立法上解决较好，但1997年《刑法》修订对此仍然未作规定。在这种情况下，只有根据刑法教义学加以解决，即将《刑法》第310条第2款的规定视为注意规定而非法律拟制，因此《刑法》第312条即使无此规定也应照此处理。值得注意的是，《刑法修正案（六）》将窝赃、销赃罪改为掩饰、隐瞒犯罪所得、犯罪所得收益罪以后，《解释》第5条明文规定："事前与盗窃、抢劫、诈骗、抢夺等犯罪分子通谋，掩饰、隐瞒犯罪所得及其产生的收益的，以盗窃、抢劫、诈骗、抢夺等犯罪的共犯论处。"由此可见，只有在未与上游犯罪的犯罪分子通谋的情况下，才能构成掩饰、隐瞒犯罪所得、犯罪所得收益罪，以此与共同犯罪加以区分。

---

① 参见顾肖荣：《也谈赃物和窝赃、销赃罪》，载《法学研究》，1987（1），48页。
② 参见高铭暄：《中华人民共和国刑法的孕育和诞生》，233页，北京，法律出版社，1981。

第三十二章
共同犯罪的刑事诉讼

共同犯罪不仅在实体法的意义上不同于单独犯罪,而且在程序法的意义上也有其特殊性,因而有必要将其作为刑事诉讼法的一个专门问题加以研究。由于本书是一本实体法著作,因而对共同犯罪主要是进行教义刑法学的研究。为了使我们对共同犯罪的法律问题有一个全面的认识,本书特设专章,附带地对共同犯罪进行刑事诉讼法学的研究。

第一节 共犯案件的管辖

刑事诉讼中的管辖,是指人民法院、人民检察院和公安机关立案受理刑事案件以及人民法院系统内审判第一审刑事案件的分工制度。

我国《刑事诉讼法》(2018年修正,下同)第19条至第28条,对刑事诉讼中的管辖问题作了明确的规定。根据这些规定,管辖可以分为立案管辖和审判管辖两类。立案管辖又称部门管辖或职能管辖,是指人民法院、人民检察院和公安机关之间在立案受理刑事案件上的分工,也就是解决哪类刑事案件应由上述哪个

机关立案侦查或者调查的问题。审判管辖则是指各级人民法院之间，普通人民法院同专门人民法院之间，以及同级人民法院之间，在审判第一审刑事案件上的分工，也就是解决某个具体的刑事案件应由哪个人民法院作为第一审法院进行审判的问题。

共同犯罪中涉及的主要是审判管辖问题。根据我国刑事诉讼法的规定，审判管辖包括级别管辖、地区管辖和专门管辖，下面分别加以探讨。

一、共犯案件的级别管辖

级别管辖是指各级人民法院，即基层、中级、高级和最高人民法院之间，在审判第一审刑事案件上的分工。其中，《刑事诉讼法》第21条规定："中级人民法院管辖下列第一审刑事案件：（一）危害国家安全、恐怖活动案件；（二）可能判处无期徒刑、死刑的案件。"我认为，在共同犯罪的情况下，全案中只要有一人可能判处无期徒刑、死刑的共同犯罪案件，都应当由中级人民法院管辖。

二、共犯案件的地区管辖

地区管辖是指同级人民法院之间，按照各自的辖区在审理第一审刑事案件上的分工。我国《刑事诉讼法》第25条规定："刑事案件由犯罪地的人民法院管辖。如果由被告人居住地的人民法院审判更为适宜的，可以由被告人居住地的人民法院管辖。"根据这一规定，刑事案件原则上由犯罪地的人民法院管辖。在共同犯罪的情况下，原则上也应由犯罪地的人民法院管辖。但如果由被告人居住地的人民法院审判更为适宜的，而同案二个以上的被告人的居住地有所不同，应由哪一个被告人居住地的人民法院管辖呢？我认为，存在一个主犯的共同犯罪案件，应由主犯的居住地的人民法院管辖；如果存在数个主犯，而各主犯的居住地有所不同的，应由最初受理的人民法院审判。

三、共犯案件的专门管辖

专门管辖是指专门人民法院在审判第一审刑事案件上的分工。目前,我国在共同犯罪与专门管辖关系上存在的主要问题是军地互涉的共同犯罪案件的管辖问题。

1982年最高人民法院、最高人民检察院、公安部、总政治部《关于军队和地方互涉案件几个问题的规定》提出了处理军地互涉的共同犯罪案件的管辖的一般原则,该决定第2条指出:"现役军人和地方人员共同在部队营区作案的,以军队保卫部门为主组织侦查,地方公安机关配合;现役军人和地方人员共同在地方作案的,以地方公安机关为主组织侦查,军队保卫部门配合。对犯罪分子,由地方和军队共同研究,通盘考虑,在取得一致意见后,分别由地方、军队公安机关、保卫部门、人民检察院、人民法院依法处理。"根据这一决定,对于军地互涉的共同犯罪案件,由军地的司法机关分别管辖。1987年12月21日,最高人民检察院、公安部、总政治部《关于军队和地方互涉案件侦查工作的补充规定》对发生在军队营区或非军队营区的地方人员与现役军人(含军队编制序列内的其他人员)共同作案的侦查问题作了补充规定,军地互涉的共同犯罪案件由军地的司法机关分别管辖原则依然如故。在司法实践中,在执行这些司法解释时还存在一些问题,值得进一步加以探讨。

首先,军地互涉的共同犯罪案件分别审理会造成适用刑罚上的不协调,影响刑罚的社会效果。例如,某部战士钱某勾结本部临时工杨某,乘部队精简整编之机,共同盗窃了部队各种型号的汽车轮胎17套、内胎3条、衬带2条、盖布1块,共计价值人民币近8 000元。经过军地双方共同侦查,钱、杨二犯均构成了犯罪。根据上述规定的精神,本案被告杨某由地方司法机关审理,应定为盗窃罪,被告钱某由军队司法机关审理,应定为盗窃军用物资罪。由于同一案件的共同犯罪人分别由不同的司法机关审理,在主犯、从犯的认定与处罚上,不可能像

第三十二章 共同犯罪的刑事诉讼

一案审理那样协调一致,因此可能发生处罚上的差异,甚至出现主犯处刑轻于从犯的现象。当然,由于适用不同的法律而带来的处刑不协调,并不完全是管辖问题,与法律之间的不协调也是有关的。这个问题需要通过修改法律加以协调,但即使是在协调以后,如果对军地互涉的共同犯罪案件由军地司法机关分别审理,仍然会出现不相协调的现象。

其次,军地互涉的共同犯罪案件分别审理还可能会放纵某些犯罪分子。例如,解放军某部通讯连战士刘某的父亲,系大队支部副书记,因与邻居划分住宅地界引起纠纷,自感吃亏后,连续三次发电报给正在部队服役的儿子刘某,要他速回家。刘某请假时因正逢连队战备训练紧张阶段而未被批准,他便擅自离队,被记过处分。刘父闻知此事对部队甚为不满,又多次写信唆使刘"提前退伍",否则,"躺倒不干"。见仍不能遂其心愿后,刘父于四月初赶到部队,公然要求部队领导让刘"退役",当其无理行径遭到指责时,刘父竟恼羞成怒,于4月12日晚擅自携带其子逃离部队。后来,部队多次派人前往刘父家中,劝其将刘某送回部队,均被刘父蛮横拒绝。在此期间,刘某曾一度打算返回部队,也被其父极力阻挠,后经地方人武部门、公社党委出面干预,刘父才被迫让其子返回部队。但刘某逃离部队已达72天,严重影响了部队的通讯战备训练和演习任务的完成。某军事法院依照《惩治军人违反职责罪暂行条例》(以下简称《条例》)第6条的逃离部队罪判处刘某有期徒刑1年。[①] 同时,根据军地互涉案件的有关规定,将刘父唆使其子逃离部队一案的案卷材料移交刘父所在县司法机关,要求对刘父依法处理。地方司法机关也认为刘父的行为恶劣,情节严重,本应治罪,但鉴于地方司法机关不能适用《条例》,刑法分则没有适当罪名,最终将案卷退回部队。针对这一案件,我国学者认为:地方司法机关对构成军职罪共犯,刑法分则又无

---

① 本案发生在1979年《刑法》实施期间,当时刑法中尚未设立军人违反职责罪,而是适用单行刑法《惩治军人违反职责罪暂行条例》。及至1997年《刑法》修订,才在刑法中设立军人违反职责罪。特此说明。

适当罪名可以论处的军外犯罪分子，可以适用《条例》有关条款给予处罚。具体地说，对上述案例中的刘父，当地司法机关应当适用《条例》，予以一定的刑事处罚。① 还有人更为明确地指出：军地人员共同触犯《条例》的罪名，而对地方人员又无最相类似的刑法条款可类推的，如逃离部队罪、破坏武器装备罪、破坏军事设施罪、战时自伤罪、战时造谣惑众罪、遗弃伤员罪、临阵脱逃罪等，应当适用《条例》，分别由军地政法部门处理。② 我认为，这种观点是可取的。在前述案件中，刘父身为党员干部，竟然无视国法，公然唆使、携带其子逃离部队，严重影响部队的战备工作，应当认定刘父的行为已构成犯罪。但刘父之所以得以逍遥法外，主要是由军地互涉的共同犯罪案件分案审理这一原则造成的。根据分案审理的原则，在刑法分则有适当罪名可以适用于地方犯罪分子的情况下，问题尚不突出，仅会发生处刑不协调的现象；在刑法分则没有适当罪名可以适用的情况下，就会出现放纵犯罪分子的问题。

综上所述，我认为，军地互涉的共同犯罪案件，凡在部队营区作案的，应一律由军队司法机关同案审理。地方犯罪分子教唆、帮助、组织军人犯罪的，也应由军队司法机关同案审理。

四、共犯案件的特殊管辖

这里所称的特殊管辖，是指大陆（内地）人民法院对涉港、澳、台的犯罪案件的管辖问题。本部分涉及的是香港、澳门、台湾与大陆（内地）互涉的共同犯罪案件的管辖问题（以下简称"港内互涉的共同犯罪案件"）。

1984年9月26日中华人民共和国政府和大不列颠及北爱尔兰联合王国政府

---

① 参见张建田、金桦楚：《探讨地方司法机关适用军职罪条例的有关问题》，载《法制建设》，1985 (2)，39页。

② 参见王光华、李尚彬：《审理军队地方人员共同犯罪案件中遇到的几个问题》，载《法学季刊》，1986 (2)，21页。

草签了关于香港问题的联合声明,该声明确认将以"一国两制"的原则解决香港问题。联合声明附件一第二节对香港特别行政区的法律制度作了下述说明:"香港特别行政区成立后,香港原有法律(即普通法及衡平法、条例、附属立法、习惯法)除与《基本法》相抵触或香港特别行政区的立法机关作出修改者外,予以保留。香港特别行政区的立法权属于香港特别行政区立法机关。立法机关可根据基本法的规定并依照法定程序制定法律,报中华人民共和国全国人民代表大会常务委员会备案。立法机关制定的法律凡符合基本法和法定程序者,均属有效。在香港特别行政区实行的法律为基本法,以及上述香港原有法律和香港特别行政区立法机关制定的法律。"以上声明表明,1997年7月1日中国政府恢复对香港行使主权后,香港特别行政区实行其特殊的法律制度,完全不同于内地。

那么,在港内互涉的共同犯罪案件中,参加共同犯罪的既有港(澳、台)人,又有大陆(内地)居民,对这类案件应当如何解决其管辖问题呢?我同意以下观点,应以犯罪地管辖的原则作为确定涉港刑事案件的司法管辖权的基本原则,即凡犯罪发生在香港特别行政区区域内的刑事案件,归香港特别行政区司法机关管辖;凡犯罪发生在内地的刑事案件,归内地有关的司法机关管辖。因此,对于港内互涉的共同犯罪案件的管辖也按照这一原则解决:凡犯罪地在香港特别行政区的港内互涉的共同犯罪案件,无论犯罪行为所侵害的对象是中华人民共和国国家、内地居民、香港居民或外国人,均由香港特别行政区司法机关管辖,依照香港特别行政区法律审判。同样,凡犯罪地在大陆(内地)的港内互涉的共同犯罪案件,一概归大陆(内地)司法机关管辖。

第二节 共犯案件的证据

在共同犯罪案件的审理中,往往碰到共同犯罪人的口供能否作为定案的证据

这样一个问题。关于这个问题，在我国刑事诉讼法学界存在争论，司法实践也做法不一，需要加以探讨。

一、我国刑事诉讼法学界的争论

共犯是一个实体法上的概念，从程序法的意义上说，共犯属于共同被告人，但两者又不能等同。共同被告人是指行为已经构成犯罪而在同一诉讼程序上受审的被告人。我国学者认为，根据被告人在犯罪审理时和其他被告人的联系，共同被告人可分为三类：(1) 共犯共案，即被告人在主观上有共同犯罪的故意，在客观上实施了共同的犯罪行为，并在同一的诉讼程序中受审的共同犯罪人。(2) 共犯异案，即指被告人在主观上有共同的犯罪故意，客观上实施了共同的犯罪行为，人民法院在审理过程中，为了便于弄清犯罪事实，区分罪责，将共同被告人分案审理的共同犯罪人。(3) 异犯共案，即被告人有过严重共同犯罪，但是在其他犯罪上共同被告人之间在主观上没有共同的犯罪故意，在客观上也没有共同的犯罪行为，人民法院为了便于弄清犯罪事实，将几案合并在一起审理。[①] 我认为，这一归纳分类是符合实际情况的，因而可取。

关于异犯共案的共同被告人可以互为证人，这在我国刑事诉讼法学界已成定论，因为异犯共案中的共同被告人不存在利害冲突关系，而又相互了解对方的某些犯罪事实，当然可以互相作证，提出证言，也应当享受并承担证人的权利和义务。

关于共犯异案的共同被告人是否可以互为证人，我国刑事诉讼法学界也基本上取得一致的意见，认为可以互为证人。例如我国学者指出，二人以上共同犯罪的案件，先受审的共同被告人，在分离程序中，分别受审并已结案的，可以作为

---

① 参见章剑生：《论共同被告人的口供在刑事诉讼中的证据价值》，载《法学与实践》，1988 (2)，24页。

后受审的共同被告人的证人。其理由在于：先受审的共同被告人的案件事实，已被本人的供述及其他证据所证实，并已审结。他同后受审的共同被告人的利害关系已经排除，不存在互相包庇、互相推卸的因素了。特别是他在为后受审的共同被告人作证时，已不是以受审的被告人的身份，而是以证人的身份参与法庭的审判活动。他基本上享受并承担证人的权利和义务。他必须据实陈述他所知道的案件情况，不得作伪证或隐匿罪证；特别是在法庭上，他必须接受公诉人、被害人和被告人、辩护人的双方询问、质证。① 我基本上同意这一观点，但又认为，共犯异案的共同被告人可以互为证人是有条件的，即已经审理完毕的共同被告人的犯罪已经得到其他证据的证明。如果共同被告人之间除互相的口供以外，别无其他证据，仅因分案审理而使其得以互为证人，则无异于承认共犯共案的共同被告人可以互为证人，这恰恰是下面我们需要研究的一个问题。

关于共犯共案的共同被告人是否可以互为证人，我国刑事诉讼法学界存在以下三种观点。

第一种观点认为，同案被告不能互为证人。例如我国学者指出："只有共犯的供述，而没有其他任何证据的，一般不能据以定案。因为如果有共犯供述，并且可能属实，一般情况下，总会有其他证据可供验证。假如找不到任何其他证据可以验证，对于这样的共犯论述，就一定要提高警惕，切勿上当，以免铸成大错。"② 这种观点的主要理由在于：（1）被告是诉讼参与人，根据诉讼参与人地位单一性的原则，被告人的地位只能是一个，所以被告人在充当被告的同时不能又当证人。（2）法律规定被告人和证人的权利与义务不同。比如证人享有公民的自由权利，而被告人的自由往往受到限制。被告人享有辩护权，证人则没有此项权利，证人故意作伪证或隐匿罪证要承担法律责任等。（3）被告是当事人一方，而证人是当事人以外的第三者。且证人和案件没有利害关系，而被告人是被追究

---

① 参见曹盛林：《论共同被告人的供述》，载《法学研究》，1983（5），31页。
② 王国枢主编：《刑事诉讼法概论》，141页，北京，北京大学出版社，1981。

第二节 共犯案件的证据

刑事责任的人,与案件有利害关系。总之,这些学者以共同被告人不得具有被告人与证人的双重身份为根据否定共同被告人可以互为证人。

第二种观点认为,同案被告可以兼作证人。例如我国学者指出:"同案犯的口供可以作为证据,同案犯可以作为证人出庭作证,这完全符合我国刑事诉讼法的规定,并且在司法实践中也是由来已久、行之有效的成功经验。那种认为同案犯不能互为证人,或者只有在同案某一被告人已经结案之后才能作证的说法,既没有任何法律根据,也严重脱离我国的司法实践。"① 这种观点的主要理由在于:(1)刑事诉讼法规定,证人是知道案件情况的人,其没有附加规定证人必须是第三者,也没有把同案犯排除在外。(2)刑事诉讼法还规定,被告人的供述和辩解可作为证据,同案犯是被告人,其供述和辩解既可作为证据也是对同案其他罪犯的检举揭发,其地位就是证人。(3)被告人有义务如实回答,不应虚伪陈述或拒绝陈述,不存在强迫作证及被告与证人义务不同的问题。(4)刑事政策还鼓励同案犯检举揭发同伙的犯罪行为。(5)可以使用同案犯的口供作为定案根据,因为法律并未规定有利害关系的人不能作证。(6)审判实践有不少案例就使用同案犯的供述作为证人证言来定案。总之,我国学者认为同案犯中的被告人既是被告人,又是证人,具有双重身份。共犯的供述可作为证据,其可以证人身份出庭作证。

第三种观点认为,同案被告人可作为证人不能笼统地说,必须具备一定的条件。例如我国学者指出:"共同被告人的口供作为定案的依据是有条件的。(1)共同被告人之间无串供的情况;(2)司法人员在取得被告人口供时,没有刑讯逼供、诱供等非法手段。因为我国刑诉法规定对被告人讯问不能用非法手段,就是为了保证被告人口供的真实性。具备以上两个条件,如果各被告人的口供一致,我认为其口供可以作为定案依据。"②

---

① 陈建国、方成志:《审判艺术》,58 页,北京,中国政法大学出版社,1987。
② 章剑生:《论共同被告人的口供在刑事诉讼中的证据价值》,载《法学与实践》,1988(2),25 页。

在我看来，上述第二种观点与第三种观点并没有原则上的区别，因为主张第二种观点的学者也认为，由于同案被告人具有既是被告人又是证人的双重身份，这样的特殊地位决定了他们供述的复杂性。在使用同案被告人口供作为定案根据时，必须严格审查，并且提出以下五点考察意见：(1) 要充分考虑到同案被告人作虚假供述的可能性。(2) 必须排除串供的可能性。(3) 必须排除逼供、诱供的可能性。(4) 必须分别逐个对同案各被告人进行法庭审理。(5) 必须尽可能收集除各被告人口供之外的证据。① 到目前为止，我国刑事诉讼法学界尚未就共同被告人是否可以互为证人问题达成共识。

二、外国刑事诉讼法中的规定

我国刑事诉讼法对共同被告人是否可以互为证人没有加以明确的规定。为此，我们有必要借鉴和参考外国刑事诉讼法中的有关规定。在外国刑事诉讼法中，由于诉讼制度与证据制度存在差异，因而对于共同被告人能否互为证人的规定也有所不同，下面分别加以论述。

(一) 英美法系国家的规定

英美法系国家实行当事人主义，比较重视当事人的诉讼权利。在英美法系国家的刑事诉讼中，一般规定被告人没有资格为起诉人作证，提供不利于同案另一被告人的证据，但也有例外的情况。在扰乱公共秩序案件的诉讼中，为了保护公共利益，被告人有资格，也有义务为起诉人作证。被告人有资格在审讯自己的刑事案件中作为其他被告人的证人。如果同时有几个被告人，每个被告人都有资格，但无义务为另一同案被告人作证。尽管每个被告人都无资格为起诉人作证反对其他被告人，但他可以代表自己提供不利于其他被告人的证言。此外，被告人

---

① 参见陈建国、方成志：《审判艺术》，59页，北京，中国政法大学出版社，1987。

还可以提供未经宣誓的证言①，这样，起诉人和其他被告人就不能对他进行交互询问②，但这种证言是不会受到陪审团的信任的。③例如，英国1898年《证据法》规定："对和被告人一起共同受审的任何其他人，总的原则是该被告人有资格作证，但不能强制作证。"我国学者认为，普通法中被告人的证人资格是被告人只能以提供有利于同案被告的证据为限，即不得充当控诉方的证人去反对同案人。④我认为这种观点不妥，实际上英美证据法中并无此种限制。但应当指出的是，英国证据法规定，共同被告人之供述，作为法院判处有罪的唯一依据时，必须将该共同被告人从公诉案件中剔出，另行起诉，以示其为纯粹证人所提供的证言。美国的法律和实践也有类似的规定和惯例。英美法系国家认为，共同被告人虽然可以互为证人，但基于共同被告人之间有直接的利害关系，难免有虚伪供述之危险。为保证其供述的真实性，英美法系国家的证据法还规定，必须有"补强证据"，才能将其作为认定案件事实的根据。⑤

（二）大陆法系国家的规定

大陆法系国家实行职权主义。大陆法系国家的证据法认为，证人应当是指诉讼关系以外的第三人。而共同被告人既然是诉讼关系的一方当事人，那么，共同被告人不能作为证人。例如《法国刑事诉讼法典》第105条规定："负责正式侦查的预审审判官以及接受嘱托的法官和司法警察官，不得使辩护人无法行使其权利，不得把具有严重罪迹和符合有罪的人当作证人讯问。"一般都认为，这里确认的被告人（即具有严重罪迹和符合有罪的人）不得作为证人进行询问的原则同

---

① 在英美法系中，证人一般应在宣誓后提供证言，宣称以全能的上帝名义或在全能的上帝面前，保证自己提供的证言是真实的、完全是事实真相。未经宣誓的证言，证人不能保证其真实性。

② 在英美法系中，交互询问是指在提供证人的一方对证人进行主询问后，对方当事人或代理人对证人所进行的反询问。

③ 参见欧阳涛等：《英美刑法刑事诉讼法概论》，295页，北京，中国社会科学出版社，1984。

④ 参见草剑生：《论共同被告人的口供在刑事诉讼中的证据价值》，载《法学与实践》，1988（2），24页。

⑤ 参见曹盛林：《论共同被告人的供述》，载《法学研究》，1983（5），28页。

样适用于共同被告人。又如,《日本刑事诉讼法》第 146 条(自己有刑事责任与拒绝证言权)规定:"任何人对于自己有可能受到刑事追诉或受到有罪判决的证言,可以拒绝。"此外,《德意志联邦共和国刑事诉讼法典》规定,在同一诉讼程序中,共同被告人只能以当事人的身份讯问,不能令其作证人,其陈述也不能作为证人证言。

(三)苏俄刑事诉讼法的规定

在苏俄的刑事诉讼法中,共同被告人不得互为证人。例如,苏俄刑事诉讼法学家吉洪诺夫指出:"不能为获取被告人对本人罪行或其他同案被告人罪行的陈述,而把被告人做本案的证人进行传讯。"① 但共犯异案的共同被告人则可以作为证人,例如苏俄刑事诉讼法学家 M.A. 切里佐夫指出:"被告人不能作证人,即使对同案其他的被告人,也不能作证。但如果该被告人的案件已经审结,则可以对于他们所参与的共犯案件作证。"②

以上介绍了外国刑事诉讼法中对于共同被告人能否互为证人问题的规定,虽然在具体表述上存在一定的差异,但基本上都倾向于否定的观点,这是值得我们参考的。当然,对于这个问题的认识,归根到底还是应该立足于我国刑事诉讼的立法与司法。只有这样,才能得出正确的结论。

三、关于共犯能否互为证人的探讨

对于共犯能否互为证人问题的回答,与对证人的资格和范围问题的回答密切相关。我们对于共犯能否互为证人持否定的观点,为此必须从证人的概念开始论述。

---

① [苏]吉洪诺夫:《苏维埃刑事诉讼中的证人证言》,董镜苹、俞康勤译,50 页,北京,法律出版社,1956。

② [苏]M.A. 切里佐夫:《苏维埃刑事诉讼法》,周亨元等译,255 页,北京,法律出版社,1955。

第二节 共犯案件的证据

我国 2018 年《刑事诉讼法》第 62 条指出："（第 1 款）凡是知道案件情况的人，都有作证的义务。（第 2 款）生理上、精神上有缺陷或者年幼，不能辨别是非、不能正确表达的人，不能作证人。"这一规定的第 1 款是对证人的积极规定，根据这一规定，证人是指根据司法机关的要求，陈述自己所知道的案件情况的人。第 2 款是对证人的消极规定，即限制了证人的范围，那些生理上、精神上有缺陷或者年幼，不能辨别是非、不能正确表达的人，不能作证人。但是否除此以外一切知道案件情况的人，都可以是证人呢？回答是否定的。根据我国证据学的基本原理，审判人员、检察人员、侦查人员和鉴定人员、翻译人员，不能同时充当本案的证人，以免先入为主，影响案件的正确处理。上述人员如果事先了解案件情况的，应当以证人的身份参加诉讼，不应再在该案中担任以上职务。同时，辩护人不能充当其辩护案件的证人。因为辩护人是依法保护被告人合法权益的，他的任务是根据事实和法律，提出对被告人有利的材料和意见，如果辩护人又兼作本案的证人，这就可能与辩护人的身份发生矛盾。辩护人如果在接受该案辩护任务前就了解本案情况，应当拒绝为被告人辩护，而以证人的身份参加诉讼，以便帮助司法机关查清案件事实。[①] 由此可见，对于法律的理解，不能采取简单化的态度，而是应当理解其精神实质。当然这与我国刑事诉讼立法的不完善也有关系。《日本刑事诉讼法》对于证人的范围就有明确限制，该法第 143 条规定，"法院除本法有特别规定的以外，得以任何人作为证人进行讯问"。第 144 条和第 145 条是对公务上具有保密义务的人不得作为证人讯问的特别规定，第 146 条是对自己有刑事责任的人可以拒绝作证的规定，第 147 条和第 148 条是对近亲人有刑事责任的人可以拒绝作证的规定，第 149 条是对业务上具有保密义务的人可以拒绝作证的规定。但我国的刑事诉讼法对于证人范围的规定就要简单得多，这表明从实质上说我国刑事诉讼法中的证人范围大于日本的，但对于某些应当限制的情况也未明确加以限制，因而不够严密。我国学者根据我国《刑事诉讼法》的规

[①] 参见巫宇甦主编：《证据学》，190～191 页，北京，群众出版社，1983。

定得出如下结论：凡是知道案件情况的人都有作证的义务；除生理上、精神上有缺陷或者年幼，不能辨别是非、不能正确表达的人不能作证人外，都可作证人。请注意"凡是知道案件情况的人"这句话。被告人（包括共犯）既然知道案件的情况，当然包括在内。如果他生理上、精神上没有缺陷，能够辨别是非和正确表达，他就可以作证人。这难道还有什么疑问吗？！[1]

果真没有什么疑问了吗？疑问是十分明显的。根据论者的上述观点，知道案件的情况的被告人（包括共犯）都是证人，那么，作为证人的被告人是指对其他案件的被告人的证人呢？还是指对于本人犯罪的证人？如果是前者，当然是正确的，因为甲案被告人对于乙案来说是第三者。即使是规定被告人不得作为证人讯问的《日本刑事诉讼法》，也指出"对于自己有可能受到刑事追诉或受到有罪判决的证言，可以拒绝"，其用意在于"禁止强行要求对于自己不利的供述"（该条之注）。因此，被告人对于与自己无关的他案，当然可以作证，不得拒绝。如果是后者，则就从根本上违反了举证责任的原则，意味着本人成为本人犯罪的证人。显然，这是与证人的概念相矛盾的，而且将举证责任转移到被告身上，要求被告人自己证明自己有罪，是根本错误的。我们姑且承认论者所指的是前者而非后者，那么，共同犯罪人互相作证是否等于自己证明自己有罪呢？回答是肯定的。因为任何对其他共犯不利的证言都有可能使自己受到刑事追究或者有罪判决，这与举证责任的一般原则也是矛盾的。

我认为，前述论者之所以得出共犯可以互为证人的结论，就是没有划清证人证言与被告人的供述和辩解这两种证据的界限。我国 2018 年修正的《刑事诉讼法》第 50 条将证据分为八种，证人证言与犯罪嫌疑人、被告人的供述和辩解是两类不同的证据。根据法律的规定，这两类证据的证明力是有强弱之分的。因为证人是本案的第三者，其证言的可信程度高；被告人是本案的当事人，其供述和辩解的可信程度低。所以，我国 2018 年修正的《刑事诉讼法》第 55 条规定：

---

[1] 参见陈建国、方成志：《审判艺术》，61 页，北京，中国政法大学出版社，1987。

第二节 共犯案件的证据

"对一切案件的判处都要重证据,重调查研究,不轻信口供。只有被告人供述,没有其他证据的,不能认定被告人有罪和处以刑罚;没有被告人供述,证据确实、充分的,可以认定被告人有罪和处以刑罚。"根据这一规定,明确共同犯罪人不利于本案其他共同犯罪人的言辞是属于证人证言还是被告人的供述,就具有十分重要的意义。如果是证人证言,那么经过审查判断,即使没有其他证据,也可以定案。如果是被告人的供述,则还必须有其他证据,否则不能定案。那么,同一种言辞是否可能既是证人证言又是被告人的供述呢?论者对此作了肯定的回答,认为共犯不同于单一被告人,无论在他的供述或者辩解中,都有两重性。当他根据事实在供认自己的罪行时,不可避免地要证明其他共犯,而当他根据事实辩解时,既可以包括他对其他共犯的揭发或者证实其他共犯的罪行,也会包括供认自己的罪行。[①] 我对于这种观点不敢苟同。因为证人证言和被告人的供述是两种具有完全不同的法律性质的证据。不可混为一谈。证人证言是指了解案件真实情况的第三者就其直接或间接感受到的有关案件事实的某些情况,向审判、检察、侦查人员所作的陈述。而被告人的供述是指承认犯有某种罪行的交代。如果认为同一言辞既可以是证人证言又可以是被告人的供述,那就意味着同一个人具有证人与被告人双重身份,而且是同一句话发生两种法律效力:作为证人证言,证明其他共同犯罪人有罪;作为被告人供述,承认本人有罪。如果共同被告人中只有一个被告人承认有罪,其口供同时作为证人证言和被告人供述定罪,那就等于自己证明自己有罪。如果各共同被告人都承认有罪,而没有其他证据,情况是否就改观了呢?没有,还是等于自己证明自己有罪。因为甲犯的口供是本人的供述,又是对乙犯的证人证言。乙犯的口供是本人的供述,又是对甲犯的证人证言。两者处于一种互相支持的状态:甲的供述靠乙的供述(对甲来说是证人证言)支持;乙的供述靠甲的供述(对乙来说是证人证言)支持。一旦某一方翻供,整个证据体系就会瓦解,其可靠性是值得怀疑的。我认为,在这种情况下,

---

① 参见陈建国、方成志:《审判艺术》,63页,北京,中国政法大学出版社,1987。

第三十二章 共同犯罪的刑事诉讼

仍然处于一种自己证明自己有罪的状态，属于只有被告人供述没有其他证据的情况，因而不能定案。

不同于上述将共同被告人的供述同时看作证人证言由此肯定共犯可以互为证人的观点，下述观点认为：共同被告人的供述不是证人证言，但却又肯定只有共同被告人的供述可以定案。对此，有必要加以辨析。

我国学者指出，如果共犯共案中的被告人出于悔悟之心，如实交代自己的罪行，我们又收集不到证据。在这样的情况下，如果几个被告人口供一致，是可以定案的。当然我们必须认真核对各被告人之间的口供，尽可能使其如实反映客观实际。在这种案件中，共同被告人的口供具有证据价值，但不能说被告人具有证人身份。[①] 这种观点认为共同被告人不具有证人身份，是正确的。但既然如此，只有共同被告人的供述没有其他证据，就属于2018年修正的《刑事诉讼法》第55条所说的情况，不能定案，为何又得出可以定案的结论，没有论证。我国学者认为，在这种情况下，并不违反2018年修正的《刑事诉讼法》第55条的规定，因为我们这里讲的共同犯罪案件，不仅有共同被告人基本一致的供述，而且还有其他证据，就是证明共同被告人基本一致的供述是在共同被告人之间没有串通，司法人员没有采用非法的方法的情况下取得的一切材料。而证明共同被告人之间没有串供，司法人员也没有采取非法的方法收集口供的证据，就属于证明诉讼程序方面有关事实的证据，尽管这种证据不能直接证明案件主要事实，但它却可以证明有关诉讼程序方面的事实，从而间接证明案件主要事实，保证司法机关准确及时地处理案件。[②] 我认为，这种观点是错误的，因为它把证据和对证据的审查判断混为一谈了。我国2018年修正的《刑事诉讼法》第50条规定："可以用于证明案件事实的材料，都是证据。"这里所谓案件真实情况，是指犯罪事实

[①] 参见章剑生：《论共同被告人的口供在刑事诉讼中的证据价值》，载《法学与实践》，1988（2），26页。

[②] 参见赵德平：《谈谈依靠共同被告人供述定案》，载《法学内参》，1987（6、7），43、44页。

的存在与否以及罪行轻重的有关真实情况。根据 2018 年修正的《刑事诉讼法》第 50 条的规定，证据也须经过查证属实，才能作为定案的根据。这里所谓查证属实，就是指对证据的审查判断。例如，取得证人证言以后，并非当然地可以作为定罪的根据，而是要对证人证言进行审查判断，看是否存在伪证等。如果把证明不是伪证的事实也作为证据，岂非无限制地扩大了证据的外延。如果论者的上述观点可以成立，那么，2018 年修正的《刑事诉讼法》第 55 条的规定就名存实亡了。因为在单个被告人的情况下，只有被告人的供述，没有其他证据，根据 2018 年修正的《刑事诉讼法》第 55 条不能认定被告人有罪和处以刑罚。但如果把证明该单个被告人的供述是在没有进行刑讯逼供的情况下出于衷心悔悟而交代的事实也作为证据，那就也可以视为具有其他证据，可以定案了。显然，这种观点是不能成立的。总之，我认为，只有共同被告人的供述，没有其他证据的，不能定案。

第三节　共犯案件的程序

一、共犯案件全案审理的原则

（一）共犯案件全案审理原则的意义

共同犯罪必须坚持全案审理，这是共同犯罪审判的一条基本原则。1984 年 6 月 15 日最高人民法院、最高人民检察院、公安部《关于当前办理集团犯罪案件中具体应用法律的若干问题的解答》指出："办理共同犯罪案件特别是集团犯罪案件，除对其中已逃跑的成员可以另案处理外，一定要把全案的事实查清，然后对应当追究刑事责任的同案人，全案起诉，全案判处。切不要全案事实还没有查清，就急于杀掉首要分子或主犯，或者把案件拆散，分开处理。这样做，不仅可能造成定罪不准，量刑失当，而且会造成死无对证，很容易漏掉同案成员的罪

行，甚至漏掉罪犯，难以做到依法'从重从快，一网打尽'。"由此可见，坚持共同犯罪全案审理的原则，具有以下两个方面的意义。

(1) 实体法上的意义。对共同犯罪进行审判，目的是要对共犯正确地定罪与量刑。由于在共同犯罪案件中，各个共犯在共同犯罪中的地位与作用、分工与参与程度都有所不同，因而存在主犯与从犯之分，各个共犯的刑事责任是互相关联的，具有一定的比例关系。只有坚持同案审理，才能对共犯正确地定罪。因为定罪是以各个共犯的整体行为为基础的，如果将其分割，就会出现定罪不一致的现象，从而影响刑事审判的质量。同样，也只有坚持同案审理，才能对共犯正确地量刑。在司法实践中，有些共犯案件由于不适当地分案审理，结果造成从犯处罚重于主犯的失当现象。而如果坚持全案审理，这种现象是完全可以避免的。

(2) 程序法上的意义。共犯案件的案情一般都比单独犯罪复杂，同案审理，可以对共犯的供述进行对质，对其他证据进行审查判断，从而使证据更为可靠扎实。如果分案审理，共犯在审判过程中不能互相对质，可能影响审理的质量。在某些情况下，由于只有共同被告人的供述，没有其他证据，根据《刑事诉讼法》第55条不能定案。有些司法机关就分而治之：同犯异案审理，然后把已经审结的其他共同被告人的供述作为证人证言互相作证。我认为，这种人为地分割案件，同案不能共同审理的做法是极为有害的。还有些司法机关片面强调"从重从快"，将共犯案件中应当判处死刑的被告人单独审理，结果造成死无对证，不利于打击严重刑事犯罪活动。

(二) 共犯案件全案审理原则的例外

以上我们从实体法与程序法两个方面论述了对共同犯罪坚持全案审理的意义。必须指出，共犯案件全案审理是一条原则，但在某些情况下会有例外。现对例外情况论述如下。

第一种例外情况是，有些犯罪分子参加数起共同犯罪活动的，可以分案审理。1984年6月15日最高人民法院、最高人民检察院、公安部《关于当前办理集团犯罪案件中具体应用法律的若干问题的解答》在回答"有些犯罪分子参加几

第三节 共犯案件的程序

起共同犯罪活动,应如何办理这些案件"时指出:"对这类案件,应分案判处,不能凑合成一案处理。某罪犯主要参加那个案件的共同犯罪活动,就列入那个案件去处理(在该犯参加的其他案件中可注明该犯已另案处理)。"由于在这种情况下,共同犯罪活动之间存在交叉:有些犯罪分子参加了这几起共同犯罪,有些犯罪分子参加了那几起共同犯罪。如果将这些案件一案审理,不仅被告人数多,案情复杂,不容易审理清楚;而且费时费力,影响审理的速度。因此,对于这种情况可按罪犯主要参加的共同犯罪活动,分案审理。

第二种例外情况是,同案犯在逃,而在押犯的犯罪事实清楚的,可以分案审理。在共犯案件中,往往有同案犯同时逃跑或部分逃跑的情况发生,对此应如何处理?对于这个问题,我国《唐律》就有规定。《唐律》指出:"诸犯罪共亡,轻罪能捕重罪首……及轻重等,获半以上首者,皆除其罪。"[1] 根据《疏议》的解释,这里的犯罪,包括同犯与别犯。只要犯轻罪的人(共犯的从犯)将犯重罪的人(共犯的主犯)捕获自首,或者轻重相等的人(都是共犯的主犯,例如《唐律》中言"皆"者)将半数以上的人捕获自首,都可以免除其罪。《唐律》还规定:"诸共犯罪而有逃亡,见获者称亡者为首,更无证徒,则决其从罪。后获亡者,称前人为首,鞫问是实,还依首论,通计前罪,以充后数。"[2] 这实际上是规定共犯罪而有逃亡的,可以分案审理,首从暂时分不清的,按被告人供述,其他共犯捕获后再按实际情况加以调整。我国刑事诉讼法对于这些情况都没有规定,但在司法实践中反映,有一些县、市公检法三机关在处理共同犯罪案件过程中,有的案件因同案犯在逃,影响了对在押犯的依法处理。其中有的超过法定羁押时限,长期拖延不决;有的不了了之,放纵了犯罪分子,引起群众不满。为了及时有力地打击刑事犯罪活动,保护国家和人民的利益,最高人民法院、最高人民检察院、公安部于1982年4月5日发出《关于如何处理有同案犯在逃的共同

---

[1] 《唐律疏议》,106页,北京,中华书局,1983。
[2] 《唐律疏议》,118页,北京,中华书局,1983。

犯罪案件的通知》，指出："一、公安机关应对在逃的同案犯，组织力量，切实采取有力措施，积极追捕归案。二、同案犯在逃，对在押犯的犯罪事实已查清并有确实、充分证据的，应按照刑事诉讼法规定的诉讼程序，该起诉的起诉，该定罪判刑的定罪判刑。如在逃跑的同案犯逮捕归案后，对已按上项办法处理的罪犯查明还有其他罪没有判决时，可以按照刑事诉讼法规定的诉讼程序对新查明的罪行进行起诉和判决。人民法院应依照刑法第六十五条和全国人民代表大会常务委员会《关于处理逃跑或者重新犯罪的劳改犯和劳教人员的决定》的有关规定判处这类案件。三、由于同案犯在逃，在押犯主要犯罪事实情节不清并缺乏证据的，可根据不同情况，分别采取依法报请延长羁押期限、监视居住、取保候审等办法，继续侦查，抓紧结案。四、由于同案犯在逃，没有确实证据证明在押犯的犯罪事实的，或已查明的情节显著轻微的，应予先行释放，在同案犯追捕归案、查明犯罪事实后再作处理。"我认为，上述司法解释弥补了刑事诉讼法规定的不足，是十分必要的。按照这一司法解释，同案犯在逃，而在押犯的犯罪事实清楚、证据确实充分的，就可以单独先行审理。

在上述两种情况下虽然可以分案审理，但在审理的时候，还是要注意互相之间的协调。如果条件允许，应当由同一合议庭审理。除以上两种情况外，一般都应当对共同犯罪人同案审理。例如，有些法院问：对于共同犯罪案件中，有一人因病不能到庭时，在不影响全案审理的情况下，可否分案处理？最高人民法院在《关于人民法院审判严重刑事犯罪案件中具体应用法律的若干问题的答复（三）》（现已失效）中对此回答指出："对于共同犯罪（包括集团犯罪）案件中有一个被告人患病不能到庭时，可以采取依法确能保障被告人诉讼权利的办法，如就地审问、听取该被告人的陈述，尽量避免影响到对整个案件不能及时审判。"该答复虽然没有正面回答在这种情况下能否分案处理，但从内容看，还是否定分案审理，要求在依法保障被告人诉讼权利的前提下全案审理。

二、共犯案件的一审

一审是刑事审判的一个重要程序。在对共犯案件进行一审的时候,要注意以下问题。

(一)审查起诉是否遗漏了同案犯

在对共犯案件进行一审的时候,首先要查明人民检察院在起诉时是否遗漏了应当追究刑事责任的同案犯。1981年7月21日,最高人民法院、最高人民检察院《关于共同犯罪案件中对检察院没有起诉,法院认为需要追究刑事责任的同案人应如何处理问题的联合批复》(现已失效)指出:"一、人民法院按照第一审程序在审理共同犯罪案件中,如果发现人民检察院遗漏了应当追究刑事责任的同案人,可以依照刑事诉讼法(指1979年刑事诉讼法——引者注)第一百零八条或第一百二十三条的有关规定,提出意见,要求人民检察院对遗漏部分补充侦查,由人民检察院查清事实后补充起诉。人民检察院如果发现已经起诉的共同犯罪案件中有需要追究刑事责任的同案人没有起诉时,应当补充侦查后补充起诉。如果人民法院认为人民检察院遗漏了应当追究刑事责任的同案人,而人民检察院仍认为不应起诉时,应由人民检察院作出不起诉或免予起诉的决定。二、第一审人民法院认为同级人民检察院对共同犯罪案件中有的被告人作出的不起诉或免予起诉的决定有错误时,应当提出意见,由同级人民检察院改变原来的决定,重新起诉或补充起诉,而不宜由人民法院直接对不起诉或免予起诉的被告人进行逮捕、审判。人民法院在向同级人民检察院提出书面意见时,如果认为必要,可以抄送上一级人民检察院。人民检察院接到同级人民法院上述意见后,如果认为原来作出的不起诉或免予起诉的决定确有错误,应当改变原来的决定,重新起诉或补充起诉;如果认为原决定正确不需改变时,应于请示上一级人民检察院后,答复同级人民法院。被害人不服人民检察院作出的不起诉或者免予起诉的决定,直接向人民法院提出控告时,人民法院应在接受控告后移送人民检察院处理,并告知控告

人。"因此，如果在一审中，遇到此类问题，应按上述司法解释办理。

（二）确定共犯案件是否公开审判

在对共犯案件进行一审的时候，如果有的共犯已满12周岁不满16周岁，对全案是否公开审理呢？对于这个问题，也有的法院提出。对此，1985年8月21日最高人民法院《关于人民法院审判严重刑事犯罪案件中具体应用法律的若干问题的答复（三）》（现已失效）中指出："有的共同犯罪案件的被告人中既有成年人又有未成年人，全案是一律不公开审理还是一般不公开审理，也应按审理时未成年被告人的年龄来定。"根据这一司法解释和刑事诉讼法的规定，我认为，凡是共犯案件中有一个被告是犯罪时12周岁以上不满16周岁的未成年人的，一律不公开审理；凡是共同犯罪案件中有一个被告是犯罪时16周岁以上不满18周岁的未成年人的，一般也不公开审理。之所以这样做，主要是为了保障未成年人的合法权益。

三、共犯案件的二审

经过一审的审理以后，案件还会因被告人上诉或者检察机关抗诉而进入二审程序。在共犯案件的二审中，应当注意以下五个问题。

（一）上诉期限的确定

1983年9月2日全国人大常委会《关于迅速审判严重危害社会治安的犯罪分子的程序的决定》（现已失效）规定："前条所列犯罪分子的上诉期限和人民检察院的抗诉期限，由刑事诉讼法第一百三十一条规定的十日改为三日。"该决定颁行后，有些人民法院提出，遇到共同犯罪的案件包括集团犯罪的案件，应当如何适用？具体地说，在这些案件中，有的犯罪分子判处了死刑，有的判处了死缓、无期徒刑或者有期徒刑。对于这些犯罪分子的上诉期限，是统一给3天？是统一给10天？还是对判处死刑的给3天，对判处死缓、无期徒刑或者有期徒刑的给10天呢？对此，1983年9月20日最高人民法院《关于人民法院审判严重

刑事犯罪案件中具体应用法律的若干问题的答复》（现已失效）指出："对这些案件中的所有被告人（包括已判处死刑的被告人），应当统一给十天上诉期限，人民检察院的抗诉期限也是十天。如果对全案的所有被告人都判处了死刑立即执行，则适用这个决定的审判程序，对被告人的上诉期限统一给三天，人民检察院的抗诉期限也是三天。"之所以如此规定，主要是因为在二审中，共犯案件须全案审理，这也是为了保障被告人的合法权益。

（二）全面审查的原则

我国《刑事诉讼法》第233条规定："第二审人民法院应当就第一审判决认定的事实和适用法律进行全面审查，不受上诉或者抗诉范围的限制。共同犯罪的案件只有部分被告人上诉的，应当对全案进行审查，一并处理。"这就是二审全面审查的原则。这一原则充分体现了我国刑事诉讼的实事求是原则和对人民负责的精神，对于保证完成第二审程序的任务，具有重要的意义。根据这一原则，对共同犯罪案件，不仅要审查提出上诉的人的部分，也要审查未提出上诉的人的部分。但是，如果在这种共同犯罪的案件中，有的被告人提出上诉，有的被告人没有上诉，第二审人民法院对全案进行审理后，认为原判量刑不当，应当改判，提出上诉的被告人和没有提出上诉的被告人，是否都应受《刑事诉讼法》第237条规定的不得加重被告人刑罚的限制？我认为，在这种情况下，对已提出上诉的被告人，应当受《刑事诉讼法》第237条第1款不得加重被告人刑罚规定的限制，对没有提出上诉的被告人，也不应加重其刑罚，以体现适用法律的统一，不因被告人没有提出上诉而遭受不利的后果。因为刑事诉讼法之所以规定共同犯罪的案件只有部分被告人上诉的，应当对全案进行审查，一并处理，主要是为了维护没有上诉的被告人的合法权利，同时也是由共同犯罪案件的特点所决定的。在共同犯罪中，各共同犯罪人的刑事责任是相依存的。如果只对上诉人审理，就会发生改判后各个共犯的量刑失衡的情况。但是，无论是上诉的被告人还是没有上诉的被告人，都应受不加刑原则的限制，此外，人民检察院对部分被告人提出抗诉，对有的被告人没有提出抗诉的，根据《刑事诉讼法》第237条第2款的规定，被

抗诉的被告人应不受不得加重被告人刑罚的限制。但对人民检察院没有提出抗诉的被告人，则受不加刑的限制。

（三）上诉的被告人死亡仍应审理全案

在共同犯罪案件中，有一个被告人在审理过程中死亡，如果是上诉人死亡，其他被告人没有上诉，应如何处理？1985年8月21日最高人民法院《关于人民法院审判严重刑事犯罪案件中具体应用法律的若干问题的答复（三）》（现已失效）指出："在法院审理共同犯罪（包括集团犯罪）案件的过程中，如有一被告人死亡，应对死亡的被告人宣告终止审理，对该案其他被告人仍应继续进行审理；如果上诉案件已经移送第二审人民法院后，上诉人死亡，其他被告人没有上诉，第二审人民法院仍应当就第一审判决认定的事实和适用法律进行全面审查，对已死亡的上诉人宣告终止审理，对其他同案犯作出判决或裁定。"由此可见，只要上诉一经提出，即使上诉人已经死亡，而其他被告人又都没有提出上诉，二审法院仍应对该案进行审理。

（四）二审发现遗漏同案犯应发回重审

我国《刑事诉讼法》第236条规定了第二审人民法院对不服第一审判决的上诉、抗诉案件，经过审理后，应当按照三种情形分别处理。其中第三种情形是原判决事实不清楚或者证据不足的，可以在查清事实后改判；也可以裁定撤销原判，发回原审人民法院重新审判。如果办理的是共犯案件，发现遗漏了应当追究刑事责任的同案人等情况是事实不清楚的表现之一。对此，应当裁定撤销原判，发回原审人民法院重新审判。

（五）重大的犯罪集团案件审理期限的延长

我国刑事诉讼法对刑事案件的审理期限都作了严格的限制，司法机关应当在保证办案质量的基础上提高审判效率，认真按照刑事诉讼法规定的办案期限执行，并且实事求是地尽可能缩短办案期限。但重大的犯罪集团案件往往案情十分复杂，有时在法定期限内不能审结。为此，1984年7月7日第六届全国人民代表大会常务委员会第六次会议通过的《关于刑事案件办案期限的补充规定》（现

已失效)第1条指出:"重大的犯罪集团案件和流窜作案的重大复杂案件,在刑事诉讼法第九十二条第一款规定的侦查羁押期限、第一百二十五条规定的一审期限以及第一百四十二条规定的二审期限内不能办结的,侦查羁押期限经省、自治区、直辖市人民检察院批准或者决定,可以延长二个月;一审、二审期限经省、自治区、直辖市高级人民法院批准或者决定,可以延长一个月。"这里所谓重大的犯罪集团案件,是指犯罪集团成员多、集团犯罪次数多并且性质严重或者疑难的犯罪集团案件,只有这样的案件才能依照上述人大常委会的《关于刑事案件办案期限的补充规定》延长审理期限,其他一般共犯案件,仍应严格执行刑事诉讼法规定的期限,不得延长。

主要参考书目

1. [苏] A. H. 特拉伊宁. 犯罪构成的一般学说. 王作富，等译. 北京：中国人民大学出版社，1958
2. 宁汉林. 中国刑法通史（第二分册）. 沈阳：辽宁大学出版社，1986
3. 睡虎地秦墓竹简. 北京：文物出版社，1978
4. 唐律疏议. 北京：中华书局，1983
5. 吴振兴. 论教唆犯. 长春：吉林人民出版社，1986
6. 戴炎辉. 中国法制史. 3 版. 台北：三民书局，1979
7. 周密. 中国刑法史. 北京：群众出版社，1985
8. 郭卫，周定枚主编. 六法判解理由总集（第三册，刑法及其附录）. 上海：上海法学书局，1935
9. 杨鸿烈. 中国法律发达史. 上海：商务印书馆，1930
10. 蔡枢衡. 中国刑法史. 南宁：广西人民出版社，1983
11. 石松. 刑法通义. 上海：商务印书馆，1928
12. 郭卫. 新编刑法学总论. 上海：会文堂新记书局，1946

13. 俞承修. 中华民国刑法总则释义. 上海：上海编译社，1947
14. 赵琛. 刑法总则. 上海：商务印书馆，1947
15. 肖永清主编. 中国法制史简编. 太原：山西人民出版社，1982
16. 韩延龙，常兆儒. 中国新民主主义革命时期根据地法制文献选编（第 3 卷）. 北京：中国社会科学出版社，1981
17. 蔡墩铭. 唐律与近世刑事立法之比较研究. 台北：汉苑出版社，1976
18. 外国法制史资料选编. 北京：北京大学出版社，1982
19. 郭守田主编. 世界通史资料选辑（中古部分）. 北京：商务印书馆，1964
20. ［苏］康·格·费多罗夫. 外国国家和法律制度史. 叶长良，曾宪义，译. 北京：中国人民大学出版社，1985
21. ［意］贝卡里亚. 论犯罪与刑罚. 黄风，译. 北京：中国大百科全书出版社，1993
22. 马克思恩格斯选集
23. 布莱克法律词典. 英文版. 1979
24. 欧阳涛等. 英美刑法刑事诉讼法概论. 北京：中国社会科学出版社，1984
25. 储槐植. 美国刑法. 北京：北京大学出版社，1987
26. ［苏］A.A.皮昂特科夫斯基等. 苏联刑法科学史. 曹子丹，等译. 北京：法律出版社，1984
27. 郭君勋. 案例刑法总论. 2 版. 台北：三民书局，1983
28. 韩忠谟. 刑法原理. 增订 14 版. 台北：台湾大学法学院，1981
29. 李光灿等. 论共同犯罪. 北京：中国政法大学出版社，1987
30. 法学词典. 增订版. 上海：上海辞书出版社，1984
31. 杨春洗等. 刑法总论. 北京：北京大学出版社，1981
32. 高铭暄. 刑法总则要义. 天津：天津人民出版社，1986
33. ［日］福田平，大塚仁. 日本刑法总论讲义. 李乔，等译. 沈阳：辽宁人

民出版社，1986

34. ［日］小野清一郎. 刑法讲义全订版. 日文版

35. 洪增福. 日本刑法判例评释选集. 台北：汉林出版社，1977

36. 高铭暄主编. 刑法学. 北京：法律出版社，1982

37. 何鹏主编. 刑法概论. 长春：吉林人民出版社，1981

38. 樊凤林主编. 犯罪构成论. 北京：法律出版社，1987

39. 曾宪信等. 犯罪构成论. 武汉：武汉大学出版社，1988

40. 张尚鹜. 中华人民共和国刑法概论·总则部分. 北京：法律出版社，1983

41. 褚剑鸿. 刑法总则论. 5版. 台北：台北有盈印刷有限公司，1984

42. 张友渔主编. 中国大百科全书·法学. 北京：中国大百科全书出版，1984

43. 高格主编. 刑法教程. 长春：吉林大学出版社，1984

44. 李光灿主编. 中华人民共和国刑法论. 长春：吉林人民出版社，1984

45. ［日］久礼田益喜. 日本刑法总论. 日文版

46. ［日］牧野英一. 日本刑法. 日文版

47. 高清海主编. 马克思主义哲学基础. 北京：人民出版社，1985

48. 华东政法学院刑法教研室编. 刑法概论. 杭州：浙江人民出版社，1987

49. 最高人民检察院《人民检察》编辑部. 论法·析案·释疑. 长春：吉林人民出版社，1987

50. ［日］小野清一郎. 新订刑法讲义总论. 日文版

51. ［日］团藤重光. 刑法纲要总论. 日文版

52. ［德］麦兹格. 教唆犯论. 德文版

53. 蔡墩铭. 刑法基本问题研究. 台北：汉苑出版社，1976

54. 苏联法律辞典（第二分册·刑法部分）. 北京：法律出版社，1957

55. 杨敦先主编. 刑法学概论. 北京：光明日报出版社，1985

56. 林文肯，茅彭年. 共同犯罪理论与司法实践. 北京：中国政法大学出版社，1987

57. 陈子平. 共同正犯与共犯论——继受日本之轨迹及其变迁. 台北：五南图书出版公司，2000

58. 王觐. 中华刑法论. 增订6版. 北京：朝阳学院印行，1933

59. 苏联司法部全苏法学研究所主编. 苏联刑法总论. 彭仲文，译. 上海：大东书局，1950

60. 中央政法干校刑法刑事诉讼法教研室编. 中华人民共和国刑法总则讲义. 北京：法律出版社，1957

61. 力康泰. 刑法学自修函授教程. 石家庄：河北省政法函授自修辅导大学印行，1985

62. 陈宝树等. 刑法中的若干理论问题. 沈阳：辽宁大学出版社，1986

63. 中国人民大学哲学系逻辑教研室. 形式逻辑（修订本）. 北京：中国人民大学出版社，1984

64. 吴家麟主编. 法律逻辑学. 北京：群众出版社，1983

65. 巫宇甦主编. 证据学. 北京：群众出版社，1983

66. ［苏］安德列耶娃. 社会心理学. 南开大学社会学系译. 天津：南开大学出版社，1984

67. 高铭暄主编. 新中国刑法学研究综述（1949—1985）. 郑州：河南人民出版社，1986

68. 高铭暄. 中华人民共和国刑法的孕育和诞生. 北京：法律出版社，1981

69. 何秉松主编. 刑法教程. 北京：法律出版社，1987

70. 梁世伟. 刑法学教程. 南京：南京大学出版社，1987

71. 耿文田. 教唆犯论. 上海：商务印书馆，1935

72. 罗建平，王元. 刑法基本知识. 北京：教育科学出版社，1986

73. 陈朴生，洪增福. 刑法总则. 台北：五南图书出版公司，1986

74. 李光灿等. 刑法因果关系论. 北京：北京大学出版社，1986

75. ［德］黑格尔. 大逻辑. 杨一之译. 北京：商务印书馆，1976

76. ［苏］B. H. 库德里亚夫采夫. 违法行为的原因. 韦政强，译. 北京：群众出版社，1982

77. ［俄］H. Ф. 库兹涅佐娃，N. M. 佳日科娃主编. 俄罗斯刑法教程（总论）：上卷·犯罪论. 黄道秀，译. 北京：中国法制出版社，2002

78. 赵廷光主编. 中国刑法原理（各论卷）. 武汉：武汉大学出版社，1992

79. 李黎明主编. 新罪刑各论. 北京：群众出版社，1992

80. 全国人大常委会法制工作委员会刑法室. 《关于严禁卖淫嫖娼的决定》和《关于严惩拐卖、绑架妇女、儿童的犯罪分子的决定》释义. 北京：中国检察出版社，1991

81. 高铭暄主编. 中国刑法学. 北京：中国人民大学出版社，1989

82. 周其华主编. 全国人大常委会修改和补充的犯罪. 北京：中国检察出版社，1992

83. ［日］小野清一郎. 犯罪构成要件理论. 王泰，译. 北京：中国人民公安大学出版社，1991

84. 蔡墩铭. 现代刑法思潮与刑事立法. 台北：汉林出版社，1977

85. ［日］大塚仁. 犯罪论的基本问题. 冯军，译. 北京：中国政法大学出版社，1993

86. 赵秉志主编. 刑法修改研究综述. 北京：中国人民公安大学出版社，1990

87. 周道鸾等主编. 刑法的修改与适用. 北京：人民法院出版社，1997

88. 胡康生，李福成主编. 中华人民共和国刑法释义. 北京：法律出版社，1997

89. 陈兴良主编. 刑法各论的一般理论. 呼和浩特：内蒙古大学出版社，1992

90. 李光灿. 论共犯. 2 版. 北京：法律出版社，1981

91. ［德］汉斯·海因里希·耶赛克，托马斯·魏根特. 德国刑法教科书. 徐久生，译. 北京：中国法制出版社，2001

92. ［日］西田典之. 日本刑法总论. 刘明祥，王昭武，译. 北京：中国人民大学出版社，2007

93. 高铭暄主编. 刑法学. 修订本 2 版. 北京：法律出版社，1984

94. ［日］大塚仁. 刑法概说：总论. 3 版. 冯军，译. 北京：中国人民大学出版社，2003

95. 樊凤林. 犯罪构成论. 北京：法律出版社，1987

96. 王作富主编. 中国刑法适用. 北京：中国人民公安大学出版社，1987

97. 陈世伟. 论共犯的二重性. 北京：中国检察出版社，2008

98. 张明楷. 刑法的基本立场. 北京：中国法制出版社，2002

99. 陈子平. 刑法总论. 2008 年增修版. 北京：中国人民大学出版社，2009

100. ［德］冈特·施特拉腾韦特，洛塔尔·库伦. 刑法总论 1——犯罪论. 杨萌，译. 北京：法律出版社，2006

101. 张明楷. 刑法学. 北京：法律出版社，1997

102. 陈家林. 共同正犯研究. 武汉：武汉大学出版社，2004

103. 阎二鹏. 共犯与身份. 北京：中国检察出版社，2007

104. 陈兴良. 本体刑法学. 北京：商务印书馆，2001

105. 陈兴良. 规范刑法学. 北京：中国政法大学出版社，2003

106. 刘凌梅. 帮助犯研究. 武汉：武汉大学出版社，2003

107. 杨金彪. 共犯的处罚根据. 北京：中国人民公安大学出版社，2008

108. 马克昌，莫洪宪主编. 中日共同犯罪比较研究. 武汉：武汉大学出版社，2003

109. 柯耀程. 变动中的刑法思想. 北京：中国政法大学出版社，2003

110. ［日］大谷实. 刑法讲义总论. 新版 2 版. 黎宏，译. 北京：中国人民

大学出版社，2008

111.［意］杜里奥·帕罗瓦尼. 意大利刑法学原理. 注评版. 陈忠林，译评. 北京：中国人民大学出版社，2004

112.［德］乌尔斯·金德霍伊泽尔. 刑法总论教科书. 6版. 蔡桂生，译. 北京：北京大学出版社，2015

113. 庞冬梅. 俄罗斯犯罪构成理论研究. 北京：中国人民大学出版社，2013

114.［苏］契科瓦则主编. 苏维埃刑法总则（中）. 中央人民政府法制委员会翻译室，中国人民大学刑法教研室，译. 北京：中国人民大学出版社，1954

115. 杨春洗，等主编. 刑法总论. 北京：北京大学出版社，1981

116. 徐朝阳. 比较刑法纲要. 北京：商务印书馆，2014

117.［日］高桥则夫. 共犯体系和共犯理论. 冯军，毛乃纯，译. 北京：中国人民大学出版社，2010

118.［德］贝林. 构成要件理论. 王安异，译. 北京：中国人民公安大学出版社，2006

119. 刘斯凡. 共犯界限论. 北京：中国人民公安大学出版社，2011

120. 林东茂主编. 德国刑法翻译与解析. 台北：五南图书出版公司，2018

121.［德］汉斯·韦尔策尔. 目的行为论导论：刑法理论的新图景. 陈璇，译. 北京：中国人民大学出版社，2015

122.［日］山口厚. 刑法总论. 3版. 付立庆，译. 北京：中国人民大学出版社，2018

123. 最高人民法院刑事审判第一、二、三、四、五庭主办. 刑事审判参考. 北京：法律出版社

124. 郑泽善. 共犯论争议问题研究. 北京：中国书籍出版社，2019

125. 陈兴良，张军，胡云腾主编. 北京：人民法院刑事指导案例裁判要旨通纂. 北京：北京大学出版社，2018

126.［日］大塚仁. 刑法概说：各论. 3版. 冯军，译. 北京：中国人民大学

出版社，2003

127. 国家法官学院，中国人民大学法学院编. 中国审判案例要览（2001年刑事审判案例卷）. 北京：中国人民大学出版社，2002

128. 陈兴良. 判例刑法学. 2版. 北京：中国人民大学出版社，2017

129. 江溯. 犯罪参与体系研究——以单一正犯体系为视角. 北京：中国人民公安大学出版社，2010

130. ［德］弗兰茨·冯·李斯特. 德国刑法教科书. 徐久生，译. 北京：北京大学出版社，2021

131. 张开骏. 共犯从属性研究. 北京：法律出版社，2015

132. ［日］西田典之. 共犯理论的展开. 江溯，李世阳，译. 北京：中国法制出版社，2017

133. 秦雪娜. 共犯从属性研究. 北京：中国法制出版社，2020

134. 张明楷. 刑法学. 6版. 北京：法律出版社，2021

135. ［日］高桥则夫. 刑法总论. 李世阳，译. 北京：中国政法大学出版社，2020

136. ［日］松原芳博. 刑法总论重要问题. 王昭武，译. 北京：中国政法大学出版社，2014

137. ［日］井田良. 刑法总论的理论构造. 秦一禾，译. 北京：中国政法大学出版社，2021

138. 张伟. 非典型正犯与犯罪参与体系研究. 北京：中国法制出版社，2021

139. 许玉秀. 当代刑法思潮. 北京：中国法制出版社，2005

140. 廖北海. 德国刑法学中的犯罪事实支配理论研究. 北京：中国人民公安大学出版社，2011

141. ［德］克劳斯·罗克辛. 德国刑法学总论. 2版. 王世洲，主译. 北京：法律出版社，2013

142. 于志刚. 传统犯罪的网络异化研究. 北京：中国检察出版社，2010

143. 全国人大常委会法制工作委员会刑法室编著，雷建斌主编.《中华人民共和国刑法修正案（九）》解释与适用. 北京：人民法院出版社，2015

144. ［日］前田雅英. 刑法总论讲义. 6版. 北京：北京大学出版社，2017

145. 叶良芳. 实行犯研究. 杭州：浙江大学出版社，2008

146. 周道鸾，张军主编. 刑法罪名精释. 3版. 北京：人民法院出版社，2007

147. 周光权. 刑法各论讲义. 北京：清华大学出版社，2003

148. ［日］大谷实. 刑法讲义总论. 新版2版. 黎宏，译. 北京：中国人民大学出版社，2008

149. 刘士心. 竞合犯研究. 北京：中国检察出版社，2005

150. 陈志辉. 刑法上的法条竞合. 台北：自版，1998

151. 曾宪信，等. 犯罪构成论. 武汉：武汉大学出版社，1988

152. 黄常仁. 间接正犯与正犯后之正犯. 台北：汉兴书局，1998

153. 赵辉. 组织犯及其相关问题研究. 北京：法律出版社，2007

154. ［日］西原春夫. 犯罪实行行为论（重印本）. 戴波，江溯，译. 2版. 北京：北京大学出版社，2018

155. 最高人民法院中国应用法学研究所编. 人民法院案例选. 北京：人民法院出版社

156. 吴振兴，主编. 犯罪形态研究精要. 北京：法律出版社，2005

157. 任海涛. 承继共犯研究. 北京：法律出版社，2010

158. 中国社会科学院语言研究所词典研究室. 现代汉语词典. 北京：商务印书馆，1979

159. 贾宇. 犯罪故意研究. 北京：商务印书馆，2021

160. 最高人民检察院《人民检察》编辑部. 论法·析案·释疑. 长春：吉林人民出版社，1987

161. 杨志刚. 诱惑侦查研究. 北京：中国法制出版社，2008

162. 刘凌梅. 帮助犯研究. 武汉：武汉大学出版社，2003

163. 全国人大常委会法制工作委员会刑法室编. 中华人民共和国刑法条文说明、立法理由及相关规定. 北京：北京大学出版社，2009

164. ［日］野村稔. 刑法总论. 全理其，等译. 北京：法律出版社，2001

165. 杨春洗，杨敦先主编. 中国刑法论. 2版. 北京：北京大学出版社，1998

166. 高铭暄，马克昌主编. 刑法学. 北京：中国法制出版社，1999

167. 赵秉志主编. 外国刑法原理（大陆法系）. 北京：中国人民大学出版社，2000

168. 高铭暄主编. 新编中国刑法学. 北京：中国人民大学出版社，1998

169. 刘德法. 聚众犯罪理论与实务研究. 北京：中国法制出版社，2011

170. 游伟主编. 华东刑事司法评论. 第4卷. 北京：法律出版社，2003

171. 李宇先. 聚众犯罪研究. 长沙：湖南人民出版社，2004

172. 王作富主编. 刑法分则实务研究. 3版. 北京：中国方正出版社，2007

173. ［苏］安德列耶娃. 社会心理学. 南开大学社会学系，译. 天津：南开大学出版社，1984

174. 赵颖. 当代黑社会性质组织犯罪分析. 沈阳：辽宁人民出版社，2009

175. 贾宏宇. 中国大陆黑社会组织犯罪及其对策. 北京：中共中央党校出版社，2006

176. 钱叶六. 共犯论的基础及其展开. 北京：中国政法大学出版社，2014

177. 刘士心. 美国刑法中的犯罪论原理. 北京：人民出版社，2010

178. 何秉松主编. 刑法教程. 北京：法律出版社，1987

179. 吴光侠. 主犯论. 北京：中国人民公安大学出版社，2007

180. 孙立红. 刑法被胁迫行为研究. 北京：中国人民公安大学出版社，2010

181. 林山田. 刑法通论. 增订版. 北京：北京大学出版社，2012

182. 童德华. 刑法中的期待可能性论. 北京：法律出版社，2015

183. 李文健. 罪责概念之研究——非难的实质基础. 台北：自版，1998

184. 冯军. 刑事责任论. 北京：社会科学文献出版社，2017

185. 罗建平，王元. 刑法基本知识. 北京：教育科学出版社，1986

186. 陈朴生，洪增福. 刑法总则. 台北：五南图书出版公司，1982

187. 李光灿，等. 刑法因果关系论. 北京：北京大学出版社，1986

188. ［德］黑格尔. 大逻辑. 下册. 杨一之，译. 北京：商务印书馆，1976

189. ［苏］B. H. 库德里亚夫采夫. 违法行为的原因. 韦政强，译. 北京：群众出版社，1982

190. 马克思恩格斯全集. 北京：人民出版社，1956

191. 陆敏. 中立帮助行为研究. 北京：中国政法大学出版社，2021

192. 陈洪兵. 中立行为的帮助. 北京：法律出版社，2010

193. 田鹏辉. 片面共犯研究. 北京：中国检察出版社，2005

194. 袁雪. 共犯认识错误问题研究. 北京：中国人民公安大学出版社，2011

195. 刘明祥. 错误论. 北京，东京：法律出版社、日本成文堂，1996

196. 赵秉志主编. 中国疑难刑事名案法理研究. 第五卷. 北京：北京大学出版社，2011

197. 周峰，主编. 刑法罪名精释. 北京：中国法制出版社. 2019

198. 曲新久. 刑法学. 3 版. 北京：中国政法大学出版社，2012

199. 黎宏. 刑法学. 各论. 2 版. 北京：法律出版社，2016

200. 刘瑞瑞. 不作为共犯研究. 桂林：广西师范大学出版社，2009

201. 李勇. 结果无价值论的实践性展开. 北京：中国民主法制出版社，2013

202. 廖正豪. 过失犯论. 台北：三民书局，1993

203. 黄源盛，纂辑. 晚清民国刑法史料辑注. 台北：元照出版有限公司，2010

204. 李世阳. 共同过失犯罪研究. 杭州：浙江大学出版社，2018

205. ［日］高桥则夫. 刑法总论. 李世阳，译. 北京：中国政法大学出版

社，2020

206. 高铭暄，等. 西原春夫先生古稀祝贺论文集. 北京，东京：法律出版社，成文堂，1997

207. 陈忠林. 意大利刑法纲要. 北京：中国人民大学出版社，1999

208. 何庆仁. 共同犯罪的归责基础与界限. 北京：中国社会科学出版社，2020

209. 周枏，吴文翰，谢邦宇. 罗马法. 北京：群众出版社，1983

210. ［南］尼古拉·塞伦蒂克. 南斯拉夫新刑法概述. 童彦，译. 北京：群众出版社，1985

211. 邢志人. 犯罪预备研究. 北京：中国检察出版社，2001

212. ［英］鲁珀特·克罗斯，菲利普·A. 琼斯. 英国刑法导论. 赵秉志，等译. 北京：中国人民大学出版社，1991

213. ［英］杰瑞米·侯德. 阿什沃斯刑法原理. 8版. 时延安，史蔚，译. 北京：中国法制出版社，2019

214. 江溯. 美国《模范刑法典》研究. 台北：元照出版有限公司，2021

215. 王爱立主编.《中华人民共和国刑法》解释与适用. 北京：人民法院出版社，2021

216. 陈兴良主编. 刑法疑难案例评释. 北京：中国人民公安大学出版社，1998

217. 刘雪梅. 共犯中止研究. 北京：中国人民公安大学出版社，2011

218. 田淼，共犯的共犯. 北京：中国长安出版社，2013

219. 陈兴良. 教义刑法学. 3版. 北京：中国人民大学出版社，2017

220. 粟劲. 秦律通论. 济南：山东人民出版社，1985

221. 阎二鹏. 犯罪参与体系之比较研究与路径选择. 北京：法律出版社，2014

222. 廖北海. 德国刑法学中的犯罪事实支配理论研究. 北京：中国人民公安

大学出版社，2011

223. ［日］左伯仁志. 刑法总论的思之道·乐之道. 于佳佳，译. 北京：中国政法大学出版社，2017

224. 何庆仁. 义务犯研究. 北京：中国人民大学出版社，2010

225. 马克昌主编. 犯罪通论. 3 版. 武汉：武汉大学出版社，1999

226. 陈兴良主编. 刑法疑案研究. 北京：法律出版社，2002

227. 张明楷. 刑法分则的解释原理. 北京：中国人民大学出版社，2004

228. 上海社会科学院政治法律研究所编. 宋史刑法志注释. 北京：群众出版社，1962

229. 蔡墩铭. 刑法要义. 台北：汉苑出版社，1976

230. 梁恒昌. 刑法总论. 台北：三民书局，1984

231. 江镇三. 新刑法总论. 上海：会文堂新记书局，1937

232. 凤锦祥. 刑法详解. 上海：中国文化服务社，1947

233. ［日］大场茂马. 刑法总论. 日文版

234. ［日］泉二新熊. 日本刑法论. 日文版

235. ［德］冈特·施特拉腾韦特，洛塔尔·库伦. 刑法总论Ⅰ——犯罪论. 杨萌，译. 北京：法律出版社，2006

236. 甘添贵. 体系刑法各论·第二卷·侵害个人非专属法益之犯罪，台北：自版，2004

237. 黄荣坚. 基础刑法学（下）. 北京：中国人民大学出版社，2009

238. 卢宇蓉. 加重构成犯罪研究. 北京：中国人民公安大学出版社，2004

239. 林维主编. 共犯论研究. 北京：北京大学出版社，2014

240. 陈兴良，周光权. 刑法学的现代展开. 北京：中国人民大学出版社，2006

241. 乔伟主编. 新编法学词典. 济南：山东人民出版社，1985

242. 乔伟. 唐律研究. 济南：山东人民出版社，1985

243. ［苏］B. M. 契希克瓦节主编. 苏维埃刑法总则. 中央人民政府法制委员会编译室、中国人民大学刑法教研室译. 北京：法律出版社，1957

244. ［苏］A. 盖尔青仲. 苏联和苏俄刑事立法史料汇编（1917—1952）. 郑华，等译. 北京：法律出版社，1956

245. ［日］藤木英雄等. 法律学小辞典. 日文版，1972

246. 甘雨沛，何鹏. 外国刑法学. 下册. 北京：北京大学出版社，1985

247. 许鹏飞. 比较刑法纲要. 上海：商务印书馆，1936

248. 王国枢主编. 刑事诉讼法概论. 北京：北京大学出版社，1981

249. 陈建国，方成志. 审判艺术. 北京：中国政法大学出版社，1987

250. ［苏］吉洪诺夫. 苏维埃刑事诉讼中的证人证言. 董镜苹，俞康勤，译. 北京：法律出版社，1956

251. ［苏］M. A. 切里佐夫. 苏维埃刑事诉讼法. 周亨元，等译. 北京：法律出版社，1955

252. 沈宗灵. 比较法总论. 北京：北京大学出版社，1987

索 引

特拉伊宁 93-95，107，127，128，230，234-236，310，634，725，726，1027，1031

望风 117，118，202-206，227，264，342，519，678，683

帮助行为 39，50-52，54，56-58，70，71，74-76，85，87，88，93，96，103，139，146-148，155，159，160，181，182，192，196，203，232，241，243，245-247，250，251，256，281，284，296-302，304，324，333-337，461，464，477，505，514，522，542，561，585，586，588，594，595，597，599-609，612，614，618-620，622，624，625，633，640，646，647，678，681，688，689，695，696，699，706-708，718，729，800，804，818，827，828，830，831，846，847，852，863，864，869，874，877，891，892，895，898，906，949，950，951，953-955，957-974，1050，1051，1054，1055，1064，1072

部分犯罪共同说 106，110-114，117，118，150，151，180，208，211，213，214，275，1014，1015，1021

包庇罪 55，57，58，342，514，1053，1055，1058，1066，1071-1073，1076

不可抗力　528，531-536，538，629，916-920
不作为犯的正犯　692，695，704
不作为犯的教唆犯　703，705
不作为犯的帮助犯　706，713
必要共犯　59，60，133，161，231，238，239，344，345，348-350，359，375，474，1017
并进的共同正犯　258，263，268，273
不纯正身份犯　937，939，1007，1008，1011-1013，1017-1021，1024，1041
不纯正的必要共犯　345
必要共犯的聚众犯罪　359，364，482，483
彼此俱罪的对合犯　255，350，355，357，948
彼此同罪的对合犯　350，351
彼此异罪的对合犯　352
帮助行为的正犯化　602，605，626，950，951，953，954，958，967，971
帮助信息网络犯罪活动罪　87，88，605，948，954，955，958，960-967，969，971-974
帮助犯的不作为犯　706，707
帮助犯的脱离　863
帮助犯的连续犯　891
帮助犯的结合犯　891
帮助犯的牵连犯　892
帮助犯的预备犯　804
预备犯的帮助犯　804，805
帮助犯之帮助犯　300，870-872，874
帮助犯之教唆犯　870，872，875
帮助犯的身份犯　1037
纯粹惹起说　120-122，130，139，140，143，145

纯正的必要共犯　345

次要从犯　507，509，511，512

参与数额说　83，984-987，991，993，994

策划行为　287，288，368，643，797，798

抽象的二重性说　100，101，184-186

重合性过限　559，654，665

传授犯罪方法罪　125，288，560-570，645

纯正身份犯　251，712，938，939，1007，1008，1011-1013，1015-1021，1024，1040

刺激　290，291，295，302，364，368，392，397，572，576，923-925

从犯　4，7，8，11-16，21-23，27-30，32，33，39-41，46，47，49，53-55，58，62，66，68-71，74-76，78，79，81-84，90，92，103，107，111，115-118，128-131，150，151，154，155，160，165，167，169，180-182，189，202-204，208，215，228，234，237，269，270，279，281，285，297，319，328，339，341，343，363，370，373，374，405，416，456-462，464-469，471-474，476，477，479-481，493，498，504-520，522-526，572，574，575，577，586，597，598，618，635，678，687，689，709，715，716，724，737，745，768-770，774，778-780，784，785，787，788，794，804，808，818，824，827，828，831，836，837，851，856，863，876，877，894，896-898，934，935，955，963，965，986，989，992-994，996，998，1001，1018，1021-1023，1030，1036-1039，1043，1044，1048，1049，1060，1066，1079，1080，1094，1095

《大清新刑律》　11-14，39，40，635

单独教唆犯　545，549，876，915

单独正犯　86，91，150，207，215，255-258，263，344，629，630，653，712，831，851，970，1016

单一制　86，131，132，151，153，155，156，161，163，164，166-169，182，187，633，634，906

对合犯　133，255，341，342，345，348-351，355，356，358，948

对合犯罪　127，128，130，131，142，145，149，150，338，347-350

对合共犯论　146，149

《德国刑法典》　28，29，40，43，44，58，105，122，123，132，137，154，155，157，158，166，173，181，257，457，461，505，515，717，805，819，848，902，912，928，929，932，1001，1002，1006-1008，1013，1015，1048

定罪身份　1005，1026

独立教唆犯　545，546，548，549

恶势力犯罪　347，375，379-392，394，396-400，402，404，412，423，427，437，614

恶势力集团犯罪　384，385，398-400，403-405

服务型中立帮助行为　613，615，616

法定身份　56，938，939，1004，1029，1030，1033，1034

《法国刑法典》　26-29，75，154，157，180，457，505，515，752，791，1048

单位犯罪　67，68，517，749，750，755-763，766-773，775-782，785-788

单位共同犯罪　749，759-764，768-770，772，775，779-781，787

单位与个人的共同犯罪　781，782，787

犯罪共同说　40，73，75，106-114，116-118，142，144，145，149-151，180，206-211，213，215，217，218，235，237，275，584，585，631，715，718，720，729，906，913，1014

犯罪集团　4，49，51，63，66，67，69，79，80，82，171，202，243，244，285-288，319-322，324，340，343，369-374，378，381，383-385，388，393，398-400，403，404，406，408，416，417，423，443，446，467，472，476，478，479，481-484，486-489，491，493，498，507，589-

1119

591，614，616，643，658，659，663，679，684，760，800，801，811，812，838，883，895，986-988，991，993-995，1032，1100，1101

犯罪数额　83，373，501，786，978，983，984，986，991，993，994

犯罪总额说　83，985-988，992，993

非实行行为　87，231，246，792，812，949

非重合性过限　559，654，665

分担数额说　83，985，986，992，993

分工分类法　45，65，68，69，76，78，457，458，460-467，471，473，475，480，507，526，893

分赃数额说　83，984，986-993，995

复杂共犯　233，234，799

辅助从犯　507，509，511，512，514

广义的共犯　344，1008

概然性教唆　555，556，667，668

共盗　10，649，676

共犯从属性说　29，70，73，97，98，102-106，108，119-124，140，142，143，147，172-174，180，181，184，186-188，547-549，557，570，802，803，805，812，872，902，1008，1009

共犯独立犯说　70，71，182，183

共犯独立性说　29，30，44，70，74，97，102-104，106，108，119-121，140，142，143，172，176，181-184，186，547，570，802，803，805，812，873，902，1008，1028，1029

共犯不作为犯　692

共犯关系的脱离　833，847-855，858，860，861，864-867

共犯关系消解说　853，854

共犯罪　6-8，12，14，38-40，45，46，505，901，1000，1095

共犯分类　11，33，45，65，76-79，91，97，339，455-458，460-471，473-

475，477，480，523，524，951

共犯认识错误 649，650，675-677，682

共犯教义学 3，50，56，59，66，76，86，89-92，95，97，98，105，108，117-119，121，122，124，125，127，129，130，140，153，156，158，160，161，163，166，167，169，170，172，175，188，191，200，206，208，209，211，214，231，239，250，255-259，261，299，300，310，312，314，316，318，338，339，344-346，350，455，459，460，474，476，477，480，490，506，540，545，557，558，571，582，584，587，588，595，599，601，602，605-607，627，631，643，648，650，665，691，692，700，702，703，705-707，713-715，717，719，720，724，729-731，786，799-801，803，805，806，812-814，828，832，838，854，869，871-874，877，885，887，891，893，894，896，899-903，905，907，910，927，932，939，943，945，947，960，961，965，971，972，974，975，999，1005，1011，1014，1018，1036，1039，1041，1042，1065

共犯处罚论 118，119，122，124

共犯行为正犯化 86，395，947-949，951，955-962，965-967，970

共犯二重性说 97，142，183，184，187

共犯之共犯 868-871，875

共犯形态 206，338，339，344，347，359，406，460，490，770，854，868，872，875，879，894，896，950

共同过失犯罪 67，68，714，715，717-721，724，727-731，733-737，740，741，745，747，926

共同教唆犯 545，546，549，550，869，873，875-877

共同实行行为 586，719，808

共同正犯 7，12，13，15，29，30，39，40，90-92，94，111，113，114，116，118，125，126，134，135，137，139，142，144，150，155，160，161，165-169，194，201-203，206-208，211，214，215，218-227，242，252，256-

261，263，264，268，273-277，284-286，288，315，318-320，339，340，458，459，461，462，472，480，505，544，545，585，587，589，632，636，642，653，654，657，658，677-679，683，695，699-702，705，709-713，715，716，718-724，730，792，793，796，800，806，807，809，810，826，828-835，837，850-855，860，865，869，875，879-882，896，906，908，934，970，991，993，1008，1009，1012，1014-1019，1024-1031

共同正犯的身份犯　1026

共同正犯的预备犯　793，796，830

共同正犯的未遂犯　806，819，834

共同正犯的继续犯　880

共同正犯的结合犯　880

共同正犯的牵连犯　881

共同正犯的转化犯　881

共同正犯的结果加重犯　882

共同组织犯　875，876

共同帮助犯　875，877

共同意思主体说　91，201，260，261，1028，1029

共谋共同正犯　91，145，169，170，201，202，260-263，459，460，464，800，828，829，851，854

共谋　5，8，10，30-32，105，106，169，201，202，204，209，221，224，234，256，258-268，273，276，283，294，299，306，308，309，319，342，343，463，508，574，575，589，609，610，612，628，651，653，654，658，670，671，676，678，682，683，709，792，795-800，819，822，823，828-830，850，852，854，855，863，882，900，934，995，1038，1062

共殴　10

共同单位犯罪　749，760，770-773，775，777-779，781

共同犯罪的竞合　12，801，893-895

共同正犯的脱离　854，855，860

构成要件的修正形式　72，92，134，230，231，233，258

过失的帮助犯　718，729

过失的教唆犯　718，724-726

过失共犯　13，16，17，715，716

雇佣行为　294，667

积极身份　1004，1005

阶层共犯论　142，145，149

紧急避险　528-530，537，538，921，922，925，926，1005

极端从属形式　124，145，178，179，181，209，910，911

即时性教唆犯　552

结合犯的教唆犯　888

集团犯　345，369

集团犯罪　51，60，77，79，82，250，285-288，321，324，338，342-344，347，369-371，373，374，378，379，384，385，399，400，403，406，478，479，482-487，489，491，493，498，508，511，589-591，597，643，658，659，663，664，679，684，875，952，984，993，994，1020，1093，1094，1096，1098，1100，1101

禁止重复评价　436，450-452，795，796

技术中立原则　621，622，624

技术型中立帮助行为　620

聚众斗殴罪　226，227，359-366，392，397，661，662

《加洛林纳刑法典》　25，26，131

间接教唆犯　545，550，669，872，873，877

间接共犯　868-872

间接正犯　12，32，64，66，97，104，117，118，125，126，138，142-145，

155，164－166，191，192，194，200，201，257，261，262，293，313，314，459，460，528，567，629，630，633，640，641，685－687，689，695，711，829，874，899－917，920－922，925－946，970，1035－1038

简单共犯　233，234

教令犯　6，12，458，900，901

教唆犯　5，6，9，11－13，15，16，18，20－23，25－31，34－36，39－47，56，63－65，67，68，70，71，74－79，90，91，94，97－101，103，104，106，122－125，129－137，139，141－146，151，154，155，157－161，165－169，173－186，189，190，199，202，204，207，208，225，231－234，242，244，245，247，251－254，257，259，263，286－296，301，302，304，305，308，312－315，325－331，339，341，343，356，370，456－458，460，461，463－465，467－469，471－474，477，480，481，484，505，508，509，518，522，543－550，552－561，566－577，585－588，591－594，598，633，634，644，645，664，665，667－673，679－681，684－689，703－706，715，717，724－726，729，785，790，792，801－804，808，812－819，826，827，839－846，851，862，863，867－877，879，884－890，893－899，901，902，904－906，909，911－915，926－928，930，931，934，940－942，945，946，949，953，964，965，991，993，1001，1006，1008，1011，1013，1014，1018，1028，1030－1037，1039

教唆犯的连续犯　886，887

教唆犯的未遂犯　176，547，688，812，942

教唆犯的结合犯　888

教唆犯的牵连犯　889

教唆犯的转化犯　890

教唆犯的结果加重犯　890

教唆犯的预备犯　801，802

教唆犯的脱离　861－863

教唆犯的想象竞合犯　630，884，885

教唆犯的身份犯　1032

教唆犯之教唆犯　550，869-872

教唆犯之帮助犯　300，870，872-874，877

教唆犯的不作为犯　703-705

教唆行为的正犯化　951，953

教唆行为　28，31，42，50，70，71，74-76，93，95，96，98-100，103，104，139，155，160，176，177，181-183，192，241-245，250，256，287-296，301，302，304，305，308，313-315，324-330，461，547，549，552-555，557，558，561，566-568，570-573，575，585-588，591-594，597，598，633，634，642，645，665，679，680，684，685，687，688，696，704-706，718，726，797，800，802，803，812-817，839，842-844，852，861，862，867-869，873，876，877，884-888，895-898，906，909，941，945，949，953

黑社会性质组织犯罪　250，347，375，376，379，380，382，385，387-389，395，399，400，406-412，419，420，422，424，425，427，432，435-438，441，450，451，453，454，487，489，491，492，659，876

黑社会性质组织犯罪的组织特征　408

拟制的正犯　50，460，948，964，965

聚众犯罪　60，62，66，79，82，202，285，338，342-344，347，358-360，364-368，472，478，479，482-485，493，498，509，511，952

具体的二重性说　101，184-186

区分制　49，86，131，132，151，153-156，158-161，163，164，167-171，173，187，199，312，474，633，634，695，906，947，955，970

快播案　620，624，625

客观联结　243

客体身份　1004

索 引

扩张正犯论　71，72，133，136，162，165，231，232

连锁教唆　550，669，844，872

连续犯的教唆犯　886-888

利诱　21，291，294，572，842

立法的共犯行为正犯化　955，958，959

连累犯　18，21，22，28，29，35，55-58，66，68，208-210，251，252，254，255，284，490，506，1042-1050，1052-1059，1063-1066，1069

量刑身份　1005，1039

派生犯　1053，1055，1056，1066

片面帮助犯　13，627，646

片面共犯　13，66，97，119，208，211，311，611，627-636，640，641，643-646

片面教唆犯　13，627，644，645，705

片面共同正犯　627，635-637，641，642

片面组织犯　627，642，643

亲手犯　165，193，194，199，200，704，908，937，939，940，1011

牵连犯的教唆犯　889

请求　190，247-250，269，289，290，552，572，724，862，895，903，923

期待可能性　252，253，528，530，531

劝说　30，251，289，302，572，698，826-828，843-845，862

惹起说　120，139，140，145，252，347，851，852

《日本刑法》　32，39，207，356，461，802，848，872，1000，1002，1006-1008，1013，1016，1049

任意共犯　59，133，237，238，344，345，348，474，483

任意共犯的聚众犯罪　359，366，368，482

身份　12，13，16，56，66，67，69，78，112，141，196，200，220-222，251，253，290，294，373，379，426，471，472，503，629，663，694，699，705，712，713，781，785，786，841，894，900，914，929，932-935，937-

1126

939，961，999-1041，1043，1084-1086，1088，1089，1091，1092

身份犯　12，55，56，67，68，97，195，196，198，200，221，251，354，355，711-713，785，932-935，937，939，999，1000，1002，1005-1013，1015-1021，1023-1026，1028，1031，1032，1037，1039

三阶层　124，126-128，131，137，164，179，557

四要件　93，95，114，124-128，131，179，209，557，911，913

设定性教唆犯　552

事实的二重性说　184-186

司法的共犯行为正犯化　955，956，959

实行犯　11，18，20，22，25，26，31，32，34-36，42-44，46，50，71，76，77，90，92，94，96，97，99，130，144，170，182，184，189，217，298，299，343，405，457，458，464-467，477，518，519，544，558，575，589，616，644，645，657，658，684，685，718，725，729，785，790，793，799，803，804，806，808，811，812，818，827，846，847，899，905，907，941，944，957，959，991，1028，1035，1036，1062

实行故意　96，315，855

实行过限　113，219，283，323，486，487，558-560，648-654，656-659，663-674，681，851，859，882，889，995

实行行为　27，31，50，70，75，87，93，96，100，103，110，121，133，134，140，150，165，173，175，182，191，192，196，202，203，207，225，245，246，252，258，259，261，263，264，274，275，284，287，301，302，304，312-314，322，324，333，365，395，475，477，522，549，555，585，588，591，592，594，595，600，602-605，618，624，625，629，633，637，645，667，678，685，689，699，700，704，710，712，729，790，792，793，799-803，806，812，813，816，826，832，836，837，839，842，843，851，859，860，862，863，865，873，895，896，900，909，925，931，932，943，944，949，957，959，966，968，969，1016，1017，

1022，1029，1030，1054

实行从属性　121，123，175-177

事后帮助行为　55，209，212，299，300

事后共犯　208-212，231，300，490，506，1074

事前帮助行为　299

事前共犯　299，490

事前通谋的共同犯罪　342，344，372

事前无通谋的共同犯罪　306，342，344

事中帮助行为　299，300

事中共犯　283，300，490

首恶　4，6，18，46，468，470，479，483，525，526，900

首要分子　22，47，60-64，66，79-82，171，202，244，285，321，323，358-362，364-368，372-374，378，384，394，398，399，404，405，409，412，426，464，466，469，472，474，478，479，481-493，498，507，509，511，525，590，614，662，986-988，991，993-995，1093

授意　125，143，287，293，294，326，353，439，440，572，573，660，661，666，667，671，758，765，767-769，776，783，904，933

怂恿　35，161，291，292，572，573，727，926

《苏俄刑法典》　34-36，42-44，46，75，97，130，170，457，458，461，753，791，1031，1050-1052，1055，1058

《唐律》　6-12，14，32，39，45，46，58，71，152，329，458，461，472，505，506，649，676，900，901，977，1000，1044-1047，1095

同时犯　224，271，310，316，318，628，719，720，990

他行为能力　531，532，534，536，537，919，920

他洗钱　254，1069

特殊共犯　344，869

特殊教唆犯　545，546，548，549

挑拨　27，147，290，295，330，566，572，680

违法共犯论　120，122，124，137-139，1009

未遂犯的教唆犯　176，547，818

窝藏犯　1046，1048

窝藏罪　55，265，492，553，662，663，1050，1070

无形共犯　299

物质性的帮助行为　299

洗钱罪　254，443，1058，1066-1070

行为支配说　191-194，261，262，275

限制从属形式　121，124，141，143，145，178，181，910，911

限制正犯论　71，72，133，136，162，164，165，231，232，250

陷害教唆　327-331，545

狭义的共犯　102，134，160，257，344，1008

消极身份　1004，1005

胁从犯　19，21，46，47，49，50，66，69，76，78，79，84，90，151，169，234，293，343，370，460，464-466，468，469，471-474，480，521-532，537-542，572，575，597，598，617，618，678，737，745，894，918，926，986，1037

胁迫行为　527，528，708，711

修正惹起说　139，140

心理性的帮助行为　299

刑罚缩小原因说　232

行为共同说　73，106-114，117，142，144，149-151，180，206，207，210-215，217，218，235，237，275，584，585，631，715，718，720，729，785，906，1014，1015

销售型中立帮助行为　612，613，615

想象竞合犯的教唆犯　884-886

选择性教唆　556，668

陷害性教唆　556，557

虚假帮助　335-337

一般共犯　80，172，273，324，699，871，1101

一般教唆犯　545-547，549

隐匿　22，28，35，200，221，252，298，339，514，765，766，783，1018-1020，1029-1031，1034，1040，1046，1048-1050，1052，1058，1070，1084

隐匿行为　35，298-300，1050

因果共犯论　120，121，124，129，137，139，140，252，275，277，632，830，851，852，906，912，1009

有形共犯　299

有组织的犯罪　369，370，401，479，484

预备犯的共同正犯　792，793，796

预备犯的教唆犯　176，547，801-803

诱饵侦破　330-332

诱骗　68，69，293，374，469，572，575，1037

要素从属性　121，175，178，911

义务犯　193-200，625，693-697，699，908，932-935，1010，1011，1016，1017，1024，1025

掩饰、隐瞒犯罪所得、犯罪所得收益罪　252，357，681，1059，1069，1073-1076

《暂行新刑律》　14-17，39，40，716，893

赃物犯　1044

造意犯　6-8，11-13，15，544，716，900，901

正犯　9，11-18，20-22，25-30，34，39-47，49-51，53，55，56，58，67-72，74-76，78，85-88，90-93，95-103，105，106，118-122，127-141，143，145-147，149，151-175，177-196，198-206，208，209，212，215，221，223-225，231-234，238，239，241-246，250-264，268，273，284，

285，287 - 289，294，296，299 - 302，304，312，313，315，316，321 - 324，328，330，333，335，336，344，395，455 - 468，471 - 477，479 - 481，484，486，498，505 - 509，511，515，518，519，522，542，544，545，547 - 549，552，555，557，561，566，570，571，575，585，587，589，590，594，595，597 - 601，603 - 605，607 - 609，611，612，615 - 617，623，625，628，630，632，633，635 - 637，642，643，646 - 648，650，653，658，669 - 673，678，683，684，692，695 - 697，699，700，703 - 707，709 - 713，716，717，719，722，723，792，800，818，827，828，831 - 834，837，846，847，850 - 852，854，855，860，862 - 864，868 - 875，877，885，892 - 898，902 - 908，910，914，916，917，928，929，931，933 - 935，937，940 - 974，991，995，1001，1006 - 1009，1011，1013，1016，1018，1020 - 1022，1024，1025，1027 - 1033，1037，1039，1048

正犯故意　304，305，312 - 315，318，319，688

自洗钱　254，1069

知情不举　58，59，68，1047，1048，1050 - 1052，1055，1064，1066，1072，1073

直接教唆犯　545，550，669

直接共犯　869 - 871

直接正犯　32，155，165，166，191，194，257，460，695，712，906，908，910，917，929，931，934，935，938，941，943，1024，1037

指挥行为　243，285，286，288，289，643，768

《中华民国刑法》　15，17，20，716，717

主犯　4，22，32，33，41，46，47，49，51，53，54，62 - 64，66，68，69，76 - 84，90，92，111，129，151，169，171，202 - 205，215，234，237，269，270，279，286，289，296，308，321，322，343，370，373，374，404，405，413，414，459 - 462，464 - 469，471 - 474，476 - 487，492 - 494，496 - 498，502，503，505，506，508 - 512，514 - 520，522 - 526，572，574 - 577，597，

598，639，641，678，687，737，745，768-770，774，778-780，785，787，791，821，825，835，837，856，876，894，896-898，903，922，951，952，965，986-989，992-994，996，998，1001，1018，1020-1024，1032，1043，1060，1061，1078-1080，1093-1095

主观联络　309-311

主体身份　77，195，196，1004，1020-1022，1031

嘱托　149，292，572，1087

自然身份　939，1004，1017，1030，1033，1034

综合数额说　83，986，993

责任共犯论　120，124，130，137-139，254，1009

支配犯　193，194，196-199，695-697，908，932-934

组织犯　18，35，36，42，44-47，49，51，52，65，67，68，76-78，94，96，97，130，170，171，173，233，234，243，257，262，263，285-289，300，312，321-325，343，458，460，461，463-467，471-473，478-481，486，587，589-591，597，643，658，659，662-664，679，684，790，800，801，808，811，838，839，868，870，872，875，876，879，882，883，894-896，898，951，952，991，993，1028，1030-1032，1053

组织行为　51，54，76，96，241，243-245，250，256，285，286，301，304，321-325，387，436-438，441，589-591，597，800，801，838，869，895，896，898，951，952

组织行为的正犯化　951，952

组织犯的连续犯　883

组织犯的牵连犯　883

组织犯的结果加重犯　883

中立的帮助行为　599-605，607-610，612，613，618，622，624，625，966，969-974

最极端从属形式　178，181

最小限度从属形式 124，178

作用分类法 45，46，65，69，76，78，91，92，97，458-465，471，473，475，477，480，507，524，526，893

折中惹起说 139，140

罪名从属性 175，180，208，1013

T

后　记

1988年3月25日是我最难忘的日子之一。这天，举行了我的博士论文答辩会。答辩委员会主席是武汉大学马克昌教授，答辩委员会委员是：导师高铭暄教授、副导师王作富教授、中国政法大学曹子丹教授、中国人民大学徐立根教授。答辩在紧张、热烈的气氛中进行，历时4个小时，最后答辩委员会通过决议，一致同意建议授予我法学博士学位。答辩委员会对我的博士论文作出如下学术评价：

《共同犯罪论》一文的选题，不仅具有很高的学术价值，而且具有重大的实践意义；该论文资料丰富，内容充实。是新中国成立以来内容较为完整，具有相当深度的一部关于共同犯罪问题的论著；作者提出了许多独创、新颖的见解，将我国关于共同犯罪问题的研究推向了一个新的高度；全文论点明确、论证充分、条理清楚、文字流畅。

在激动之余，我想起了为我的博士论文的顺利通过付出了巨大劳动的导师高

后 记

铭暄教授、王作富教授，没有他们的悉心指导，就不会有我今天在学术上取得的这些成就。我还应当列出下述参加我的博士论文评审的刑法学专家学者的姓名：武汉大学教授马克昌、中国政法大学教授曹子丹、吉林大学教授何鹏、四川大学教授伍柳村、中南政法学院教授曾宪信、西北政法学院教授周柏森、华东政法学院教授苏惠渔、华东政法学院教授朱华荣、中国人民公安大学教授宋涛、北京大学教授周密、北京大学教授储槐植、北京大学副教授张文、中国人民大学副教授力康泰、中国人民大学副教授陈德洪、中国社会科学院法学研究所副研究员陈宝树、上海社会科学院法学研究所副研究员顾肖荣等。这些专家学者对我的博士论文作了充分的肯定，并且提出了使我受益匪浅的意见。根据这些意见，我对博士论文的内容进行了适当的修改与补充，以现在这一面目呈现在读者面前。在博士论文的出版过程中，恩师高铭暄教授、答辩委员会主席马克昌教授分别在百忙中拨冗为之作序。在本书行将付印之际，谨向上述各位专家学者致以一个青年刑法理论工作者的诚挚谢意。

自从1977年12月考入北京大学法律系学习以来，弹指之间，已经10年过去了；除4年北京大学法律系的本科学习以外，其余6年是在中国人民大学法律系师从于高铭暄教授和王作富教授，专攻刑法学。这10年是我人生经历中值得怀念与弥足珍惜的一页；博士论文正是这段美好时光的一个休止符号，它宣告了我的漫长却又短暂的十年求学生涯的结束。缅怀逝去的青春岁月，展望未来的人生道路，不禁思绪纷繁，感慨系之！往者已逝，来者可追。让本博士论文作为我学术经历中的一个足印留在身后，而我将一如既往地在这条艰难而坎坷的治学道路上向前走去，义无反顾！

在本博士论文出版之际，略缀以上数语，是为后记。

陈兴良

1988年9月18日于北京西郊红楼陋室

图书在版编目（CIP）数据

共同犯罪论：上册、下册/陈兴良著. --4 版. --北京：中国人民大学出版社，2023.6
（刑法学文丛）
ISBN 978-7-300-31733-5

Ⅰ.①共… Ⅱ.①陈… Ⅲ.①团伙犯罪-研究-中国 Ⅳ.①D924.114

中国国家版本馆 CIP 数据核字（2023）第 090848 号

刑法学文丛
共同犯罪论（第四版）（上、下册）
陈兴良　著
Gongtong Fanzuilun

出版发行	中国人民大学出版社	
社　　址	北京中关村大街 31 号	邮政编码　100080
电　　话	010-62511242（总编室）	010-62511770（质管部）
	010-82501766（邮购部）	010-62514148（门市部）
	010-62515195（发行公司）	010-62515275（盗版举报）
网　　址	http://www.crup.com.cn	
经　　销	新华书店	
印　　刷	涿州市星河印刷有限公司	
开　　本	720 mm×1000 mm　1/16	版　次　2006 年 11 月第 1 版
		2023 年 6 月第 3 版
印　　张	74.25 插页 8	印　次　2023 年 6 月第 1 次印刷
字　　数	1 073 000	定　价　398.00 元（上、下册）

版权所有　侵权必究　印装差错　负责调换